長短經

全注全译

（上）

〔唐〕赵蕤 著
学谦 注译

团结出版社

前 言

《长短经》，又名《长短要术》《儒门经济长短经》《反经》，是唐代赵蕤所著的一部纵横谋略之书。

赵蕤，字太宾，号东岩子。唐梓州盐亭（今四川省盐亭县两河镇）人，约生于唐高宗显庆四年（659年），卒于唐玄宗天宝元年（742年），是唐代杰出的思想家。孙光宪《北梦琐言》载：“蕤，梓州盐亭人。博学韬钤，长于经世。夫妇俱有隐操，不应辟召。”《新唐书·艺文志》亦载：“蕤，字太宾，梓州人。开元中召之不赴。”赵蕤自幼好帝王之学，“博学韬衿，长于经世”，并且“任侠有气，善为纵横学”，唐玄宗多次征召他为官，他都推辞不就，只愿过隐居的生活。“诗仙”李白对他极为推崇，曾经跟随他学习帝王学和纵横术，二人并称唐代“蜀中二杰”，时人称“赵蕤术数，李白文章”。

《长短经》一书，成书于唐代开元四年（716年），作者自序称“总六十有三篇，合为十卷”。今本《长短经》实存九卷六十四篇。

宋代的马端临在《文献通考》中说：“第十卷载阴谋家，本阙，今存者六十四篇。”《四库全书御题长短经诗》注认为“意者六十三篇，‘三’乃‘五’字之讹，其第十卷阴谋家止有一篇，亦未可知”。此以推论可以作为一种说法。

《长短经》的“长短”二字，《四库提要》上说：“刘向序《战国策》，称或题曰‘长短’。此书辨析事势，其言盖出于纵横家，故以‘长短’为名。”实际上，我们看作者的自序，就可以知道作者以“长短”为书名的含义所在。作者在自序中说：“夫霸者，驳道也，盖白黑杂合，不纯用德焉。期于有成，不问所以；论于大体，不守小节。虽称仁引义，不及三王；而扶颠定倾，其归一揆。恐儒者溺于所闻，不知王霸殊略，故叙以长短术，以经论通变者。”可见，作者著作此书的目的，在于教导人用长短之术来经论通变。其著作之宗旨，在其自序中也有论述，“大旨在乎宁固根蒂，革易时弊。兴亡治乱，具载诸篇。为沿袭之远图，作经济之至道，非欲矫世夸俗，希声慕名。辄露见闻，逗机来哲。凡厥有位，幸望详焉”。赵蕤虽然隐居避世，但是他撰写此书的目的，还是希望有位之人能够从中懂得治乱兴亡之道，从而能够经世济民，有益于世。

《长短经》又名“反经”，实际上也是告诉我们要看到事物的两面性，一件事情，要从正面去看，也要从反面去看，分析其中的利弊，取其长，补其短，讲究做事的策略，减少其中的流弊，才能够真正达到“经论通变”的目的。

《长短经》的内容上起尧舜，下迄隋唐；融会儒家、道家、法家、兵家、杂家和阴阳家等思想而自成体系，作者依据历史史事提出谋略，涉及君臣德行、量才用人、钓情察势、权变霸略、用兵攻伐等多方面的内容，突出政治谋略和知人善任两个重点，以此探讨济世安邦的长短纵横之术，对往哲先贤的智勇奇谋做出品评，旁征博引，高谈雄辩。

从整体内容上看，帝王之道是《长短经》的核心，主要包括“为政”“王霸”和“治兵”三部分，其中以政治谋略所占篇幅最多。赵蕤认为，君主治国之术应以“设官分职”“委任责成”“好谋无倦”“宽以得众”“含垢藏疾”为“大体”（《大体》），提出“夫欲论长短之变，故应政道以为经焉”（《政论》）。他认为，诸子百家的治国方略，各有利弊，应“繁简唯时，宽猛相济”（《正论》），博采众长，王霸并用，“以刑德成治”（《君德》）。他还认为分封制和郡县制各有利弊，秦废除五等分封，设置郡县，“郡县而理，则生布衣之心，五等御代，则有纵横之祸”（《七雄略》），但是两者比较，郡县制带来的好处多，祸患少，所以说它要强于分封制。在《适变》《正论》《时宜》等篇中，赵蕤提出“革易时弊”的主张，认为治国之道，要与时俱进，反对“时移而法不变，务易而事以古”，主张“随时变通，不可执一”。他还认为，应明察六种不同类型的君主，“以观君德”；总结九种类型的社会风气，“以定国常”（《理乱》）。再来探讨“四乱”，核定“四危”，那么拨正理乱的政策也就清楚了。如果君主能够任用匡世辅政之臣，那么国家就会走向大治。

唐宋以来，《长短经》和《资治通鉴》历来是领导者政治教育的必读之书。《资治通鉴》从正面讲谋略，为人们所熟知。而《长短经》则是从反面来讲，知道的人不多。但历代有政绩的帝王将相都对该书甚为推崇，将其尊奉为小《资治通鉴》。例如清代的乾隆就对这部书尤为喜爱，在组织编撰《四库全书》时，他特意为大臣励守谦进献的南宋净戒院刊本《长短经》题诗一首：

郪县创为救弊论，爱憎殴业匠和函。

向时虽类纵横说，忧末原归理道谈。

宋刊弆自教忠堂，通变称经曰短长。

比及乱时思治乱，不如平日慎行王。

卷原称十今失一，总目翻看余一篇。

既是梓州善经济，不应辟召又何焉。

津瀛文苑继家声，四库搜罗俾赞成。

邂逅世臣献遗简，向年论学忆西清。

由此可以看出，这位以文武双全自诩的帝王对《长短经》的重视。

《长短经》问世之后，由于历代统治者对此书避而不谈，严加看管，所以在社会上极少流传，能够流传的也只是手抄本，而刊刻流通的相对较少。到了南宋，杭州净戒院刊刻发行了《长短经》，这是目前发现的《长短经》最早刊本，版本价值极高。

我们此次注译的《长短经》，以杭州净戒院刊本为底本，不只收录了《长短经》的正文，赵蕤为此书所作的注文也一并收录，并作了大量注释和完整翻译，区别字体、字号，力求为读者提供一个方便阅读的《长短经》读本。作为一部全面、权威的谋略之书，《长短经》中的韬略，并不是低劣的阴谋诡计，而是作者呕心沥血而总结出来的经世致用之道，集中体现了中国传统文化的实用性和灵活性，其目的在于开阔人的思维，让我们的所为减少流弊，长久有益于社会。书中的权谋机变和经验教训，对现代社会各界人士来说，亦有着极强的借鉴意义。熟读此书，对于我们做人处事，是能够起到很好的启迪和帮助的。

由于注译者能力所限，书中难免会有不当和疏漏之处，欢迎读者批评指正。

《儒门经济长短经》自序

赵子曰：匠，成舆者忧人不贵，作箭者恐人不伤。彼岂有爱憎哉？寔伎业驱之然耳。是知当代之士，驰骛之曹，书读纵横，则思诸侯之变；艺长奇正，则念风尘之会。此亦向时之论，必然之理矣。故先师孔子深探其本，忧其末，遂作《春秋》，大乎王道；制《孝经》，美乎德行。防萌杜渐，预有所抑。斯圣人制作之本意也。

然作法于理，其弊必乱。若至于乱，将焉救之？是以御世理人，罕闻沿袭。三代[①]不同礼，五霸[②]不同法。非其相反，盖以救弊也。是故国容一致，而忠文之道必殊；圣哲同风，而皇王之名或异。岂非随时设教沿乎此，因物成务牵乎彼？沿乎此者，醇薄继于所遭；牵乎彼者，王霸存于所遇。故古之理者，其政有三：王者之政化之，霸者之政威之，强国之政胁之。各有所施，不可易也。管子[③]曰："圣人能辅时，不能违时。智者善谋，不如当时。"邹子[④]曰："政教文质，所以匡救也。当时则用之，过则舍之。"由此观之，当霸者之朝，而行王者之化，则悖矣；当强国之世，而行霸者之威，则乖矣。若时逢狙诈，正道陵夷，欲宪章先王，广陈德化，是犹待越客以拯溺，白大人以救火。善则善矣，岂所谓通于时变欤？

夫霸者，驳道也。盖白黑杂合，不纯用德焉。期于有成，不问所以；论于大体，不守小节。虽称仁引义，不及三王；而扶颠定倾，其归一揆。恐儒者溺于所闻，不知王霸殊略，故叙以长短术，以经论通变者。创立题目，总六十有三篇，合为十卷⑤，名曰《长短经》。大旨在乎宁固根蒂，革易时弊。兴亡治乱，具载诸篇。为沿袭之远图，作经济之至道，非欲矫世夸俗，希声慕名。辄露见闻，逗机来哲。凡厥有位，幸望详焉。

梓州郪县长平山安昌岩草莽臣赵蕤撰

【注释】①三代：特制夏、商、周三代。②五霸：一般是指春秋时期参与争霸的最具代表性的五人，各类史家、学者的看法也不尽相同。按《史记》所载，这五个诸侯为：齐桓公、晋文公、秦穆公、楚庄王、宋襄公。③管子：指管仲，世人尊称为管子，春秋时期法家代表人物，周穆王的后代，是春秋齐桓公时齐国的宰相，曾帮助齐桓公成就霸业。④邹子：指邹忌，是战国齐威王时齐国的宰相，曾劝说齐威王奖励群臣吏民进谏，主张革新政治，修订法律，选拔人才，奖励贤臣，处罚奸吏，并选荐得力大臣坚守四境，从此齐国渐强。⑤总六十有三篇，合为十卷：现存版本以本书所用南宋初年杭州净戒院刊本为母本，共九卷64篇。第十卷《阴谋》今已缺失。

【译文】赵蕤说："制造车子的人，担忧别人不富贵；制作弓箭的人，却害怕弓箭不能伤人。他们这样做，难道是对别人的态度本就是爱憎不同吗？只是因为他们的职业促使他们必须这样考虑罢了。”由此可知，当代的名士，奔走趋赴，学习纵横谋略之术，就盼着诸侯之间有大的动乱；通晓了兵法战略，就希望在战场上有展示自己的机会。这也是一向就有的观点，正常人的必然想法。所以先师孔子深刻探究这种观点的根本所在，担心它所造成的不良后果，于是创作了《春秋》，以此光大王道；撰述《孝经》，借此褒奖美德。防微杜渐，在萌芽的时候就预先有所防范。这就是圣人创作、撰述的真实意图。

但是，制定一种政策运用于治理国家，弊端就会逐渐显现，必定会出乱子。如果到了出乱子的时候，那又怎么能挽救得了呢？因此，治理天下，管理百姓，很少听说有沿袭过去制度的。夏、商、周三代有不同的礼教，春秋五霸采有不同的法规。这并不是有意要反其道而行，而是为了用不同的政策来补救弊端。因此，国家的风貌虽然一样，但治理国家的方法却一定各不相同；圣人、先哲虽然同受天子教化，但帝王取得天下的方式却往往有别。这难道不是根据时代变迁而实施教化，根据事物的变化规律而成就自己的事业吗？传承教化的，是选择淳厚还是浇薄完全由当时的社会条件所决定；依照事物的变化规律而成就事业的，是选择王道还是霸道由遇到的形势所决定。所以，古人治理国家主要有三种方式：王道采用教化的方式，霸道采用威摄的手段，强国采取强制胁迫的办法。自己根据自己的具体情况，不能随意更换。管仲说：“圣人能顺应时势，而不能违背时势。智者虽然善于谋划，但谋划能够顺应时势才是高明。”邹忌说：“一切政治文化都是为了匡正时弊、补救失误。顺应时势就运用它，一旦过时了就舍弃它。”由此看来，在处于霸道的统治时却推行王道的教化，就会适得其反；应当处在强国的时代，却施行霸道的威摄手段，则会荒谬百出。如果正遇上天下大乱，人心狡猾奸诈，传统道德受到破坏，而统治者却想遵从先王的传统，广泛推行道德教化，这就好像是等待擅长水性的越地人来救落水的人，向那些尊贵的人请求救火一样。想法虽好，可难道这符合我们所说的因时而变吗？

霸道，是一种混杂不清的政治，也就是说黑白夹杂，不单纯用道德教化的方法。这种治国方法只求成就事业，不问如何成就；只强调总体效果，而不顾细微末节。虽然这种政治在仁义道德上比不了夏禹、商汤、周文王，但在匡救危急、稳定倾覆的国势上，二者却是相同的。我担心儒生们被自己的学识所局限，不懂得王道和霸道之间的区别，所以专门阐述长短术，以此分析通变的道理。本书确立题目共六十三篇，合为十卷，书名为《长短经》。本书的中心思想是希望可以巩固国家的统治根基，改革时弊。国家的兴衰治乱，在各个篇章中都有说明。这些都是吸取了先前经验教训的深远谋虑，是经邦济世的至高道理。我并不想借此来纠正世俗，博取虚名。发表我的见解，为的是等待后世明哲的赏识。如果有在帝王之位的，能仔细读读这本书，那我就深感荣幸了。

梓州郪县长平山安昌岩草莽臣赵蕤撰

目 录

卷一 文上

大体第一

臣闻老子①曰:“以政理国,以竒②用兵,以无事③取天下。”荀卿④曰:“人主者,以官人为能者也。匹夫者,以自能为能者也。”傅子⑤曰:“士大夫分职而听,诸侯之君分土而守,三公⑥揔⑦方而议,则天子拱己⑧而正矣。”何以明其然耶?当尧之时,舜为司徒,契⑨为司马,禹为司空,后稷⑩为田畴⑪,夔⑫为乐正⑬,倕⑭为工师⑮,伯夷⑯为秩宗⑰,皋陶⑱为理官⑲,益⑳掌驱禽,尧不能为一焉,奚以为君,而九子者为臣,其故何也?尧知九赋之事,使九子各授其事,皆胜其任以成九功,尧遂乘成功以王天下。

【注释】①老子:姓李,名耳,字伯阳,春秋时期思想家、哲学家、道家学派创始人。②竒:古同“奇”。出人意外,诡变莫测。③无事:指无为。道家主张顺乎自然,无为而治。④荀卿:即荀子,名况,字卿,战国末期赵国人,著名的思想家、文学家、政治家。⑤傅子:即傅玄,字休奕,北地池阳(今陕西耀县)人,西晋时期的哲学家、文学家。⑥三公:古代中央三种最高官衔的合称,这里以太尉、司徒、司空为三公。⑦揔:古同“总”。⑧拱己:垂拱。谓无为而治。⑨契:古人名,商朝的祖先,传说是舜的大臣,助禹治水有功而封于商。⑩后稷:古人名,名弃,周的始祖,善于种植各种粮食作物,被认为是开始种稷和麦的人。⑪田畴:田官,即农官。职掌农事、粮税等。⑫夔：古人名，相传为尧、舜时的乐官。⑬乐正：古代在宫廷中负责管理音乐的官名。相传尧时已置，春秋战国沿之，分大、小乐正。⑭倕：古人名，相传为尧、舜时的一名巧匠，善做弓、耒、耜。⑮工师：古官名。专掌营建工程和管教百工等事。⑯伯夷：古人名，生活在尧、舜时期，曾负责掌管礼仪、诸侯事务等。⑰秩宗：古代掌宗庙祭祀的官。⑱皋陶：古人名，辅佐过尧、舜、禹，传说中历史上的首任大法官。⑲理官：职官名。治理狱讼的官吏。⑳益：古人名，又称伯益，嬴姓的始祖，为尧、舜、禹掌管畜牧，后与夏启争天下，失败被杀。

【译文】我听说老子曾说过："用法令治理国家，以诡变莫测的计谋用兵，用无为夺取天下。"荀子曾说过："作为君主，能够管理臣下才可称为有才能的人；普通人，认为自己能干就是有才能。"傅玄曾说过："能让士大夫各司其职，服从命令；让诸侯国的君主都分到土地并且能够坚守；让朝廷里的三公总揽天下大事并进行参议，这样天子就能毫不费力地一统天下了。"怎么才能知晓其中的秘诀呢？通过分析尧、舜怎样坐拥天下就知道了。在尧统治的时代，舜作司徒，契作司马，禹作司空，后稷掌管农业，费掌管礼乐，倕管理工匠，伯夷管理祭祀，皋陶负责审理案件，益负责驯练在作战时会用到的野兽。这些事尧一件也不管，却能悠哉地坐他的帝王，而这九人也心甘情愿地做他的臣子，这是什么缘故呢？这是因为尧明白他们各自的天赋才华所在，然后让他们各自从事自己擅长的事，并让他们都成就了一番事业。于是尧在他们成就的基础上统治了天下。

汉高帝曰："夫运筹策于帏幄之中，决胜于千里之外，吾不如子房[①]；镇国家，抚百姓，给饷馈，不绝粮道，吾不如萧何[②]；连百万之军，战必胜，攻必取，吾不如韩信[③]。三者，皆人杰也。吾能用之，此吾所以有天下也。"《人物志》[④]曰："夫一官之任，以一味协五味；一国之政，以无味和五味。故臣以自任为能，君以能用人为能；臣以能言⑤为能，君以能听为能；臣以能行为能，君以能赏罚为能。所以不同，故能君众能也。”

【注释】①子房：即张良，字子房，颍川城父人，是汉高祖刘邦的谋臣，汉朝的开国元勋之一，与萧何、韩信同为汉初三杰。②萧何：沛（今属江苏沛县）人，西汉初期政治家，汉初三杰之一。③韩信：淮阴人，西汉开国功臣，是我国历史上杰出的军事家。④《人物志》：三国时期曹魏思想家刘劭所作，是一部系统品鉴人物才性的玄学著作，也是一部研究魏晋学术思想的重要参考书。⑤能言：长于辩论；有独到的见解。

【译文】汉高祖曾说过：“在军帐之中拟定作战策略，在千里之外与敌人一决胜负，我比不上张良；定国安邦、安抚民众、满足军需、保证粮道畅通，我比不上萧何；统领百万大军，战无不胜，攻无不克，我比不上韩信。这三个人，都是才智杰出的人。但是我可以善用他们，这就是我能够坐拥天下的原因。”三国时期刘邵在他写的《人物志》中说：“一个官员的责任是用一种味道协调五种味道；一个国家的统治者是把没有味道调和成有五种味道。所以大臣们把自己能承担某项工作当做有才能，而君主却把会用人当做有才能；大臣们把能言善辩、有独到的见解当做有才能，而君主却把能够听取臣民们的意见当做有才能；大臣们把能身体力行当做有才能，而君主却把能够赏罚分明当做有才能。之所以君主和大臣们如此不同，在于君主能够让众人的才能得到最大限度的发挥。”

故曰：知人者，王道也；知事者，臣道也。无形者，物之君也；无端者，事之本也。鼓不预五音①，而为五音主；有道者，不为五官②之事，而为理事③之主。君守其道，官知其事，有自来④矣。先王知其如此也，故用非其有如己有之，通乎君道者也。议曰：《淮南子》[⑤]云：“巧匠为宫室，为圆必以规，为方必以矩[⑥]，为平直必以准绳[⑦]。功已就矣，而不知规、矩、准绳，而赏巧匠。宫室已成，不知巧匠，而皆曰某君、某王之宫室也。”孙卿[⑧]曰：“夫人主欲得善射中微，则莫若使羿[⑨]；欲得善御致远，则莫若使王良[⑩]；欲得调一天下，则莫若聪明君子矣。其用智甚简，其为事不劳，而功名甚大。”此能用非其有，如己有者也。

【注释】①五音：指五声音阶中的角、徵、宫、商、羽。②五官：泛指百官。③理事：治事、处理事务。④自来：由来；历来。⑤《淮南子》：西汉皇族淮南王刘安及其门客集体编写的一部哲学著作，属于杂家作品。⑥矩：即矩尺，画直角或方形的工具。⑦准绳：测定物体平直的器具。准，测平面的水准器；绳，量直度的墨线。⑧孙卿：即荀子，名况，字卿，后避汉宣帝讳，改称孙卿。⑨羿：古人名，传说夏代有穷国的君主，善于射箭，也称“后羿”“夷羿”。⑩王良：本名孙阳，乃赵简子御者，善相马，字子良，又称王良。

【译文】所以说，能了解他人的人，是君道；能通晓事理的人，是臣道。无形的东西，才是万物的主宰；看不见尽头的东西，才是世事的根本。鼓不参与到五音中，却能当五音的主帅；掌握了君道真谛的人，不去做百官该做的具体事情，才可以成为处理国家大事的君主。做君主的严守君道，做官的知道他们应当做的事情，历来如此。正因为做君主的明白这一道理，所以他才会把不是他自己的东西反而当成是他自己的来使用。懂得这样做的人，才算是真正通晓君道的人。评论：西汉刘安写的《淮南子》中说：“技艺精巧的工匠在建造宫室的时候，做圆的东西一定会用圆规，做方的东西一定会用矩尺，做平而直的东西一定会用准绳。精巧的东西做成后，人们不知道圆规、矩尺、准绳等这些测量的工具，只是奖赏工匠的技艺高明。宫室造成后，人们也再不会去管那些技艺精巧的工匠了，而只是说，这是某君某王的宫室。”荀子说：“做君主的射箭想要做到百发百中，就不如用后羿；驾驶车马想要做到驰骋万里，就不如用王良；治国想要做到一统天下，就不如任用明察事理的君子。这样做要运用到的智谋很简单，要办的事也不辛苦，但能成就的功名却很大。”这就是善于驾驭有能力的人就像自己也拥有这种能力的意思。

人主不通主道者，则不然。自为之则不能任贤，不能任贤则贤者恶之，此功名之所以伤，国家之所以危。议曰：《申子》①云："君知其道也，臣知其事也。十言十当，百言百当者，人臣之事也，非人君之道也。"《尸子》②云："人臣者，以进贤为功也；君者，以用贤为功也。"贾谊③云："臣闻圣主言问其臣，而不自造事，故使人臣得必尽其愚忠，唯陛下财幸。"由是言之，夫君不能司契委任，而妒贤恶能，取败之道也。

【注释】①《申子》：战国时期法家代表人物申不害的著作。②《尸子》：战国时期尸佼的著作，书早佚，后由唐代魏征、清代惠栋、汪继培等辑成。《汉书、艺文志》着录《尸子》二十篇。唯《群书治要》中尚残存十三篇佚文。③贾谊：洛阳（今河南洛阳东）人，西汉初年著名的政论家、文学家。

【译文】不懂得君道的君主，就不是这样做了。他们往往事无巨细，都要亲力亲为，因此就无法委用德才兼备的人。不能委用德才兼备的人，那么贤明有才德的人就会讨厌他。其最终结果，会造成功名受损、国家危亡。评论：申不害在他写的《申子》中说："君主应当知道他治国的方法，群臣应当知道他们应该担负的职责。每次说的话都很得当，是群臣的职责，并不是君主应当遵循的原则。"尸佼在他写的《尸子》中说："群臣把能举荐贤能作为功绩，君主就应该把能善用贤能作为功绩。"贾谊说："我曾听说，英明的君主说过，但凡有事应该先询问群臣的意见，而不应该擅自行事，这样才能让群臣可以竭尽他们的忠诚，让陛下量情采纳他们的建议。"这样说来，君主如果不能根据才能委任官员，而只是对品德、才能比自己强的人心怀怨恨，这是在自取灭亡。

汤[①]武[②]一日而尽有夏商之财，以其地封，而天下莫敢不悦服；以其财赏，而天下皆竞劝，通乎用非其有也。议曰：孙卿云："修礼者王，为政者强，取人者安，聚敛者亡。故王者富人，霸者富士，仅存之国富大夫，亡国富筐箧（qiè）[③]、实府库。是谓上溢下漏。"又曰："天子不言多少，诸侯不言利害，大夫不言得失。"昔者周厉王[④]好利，近荣公[⑤]，芮良夫[⑥]谏曰："王室其将卑乎？荣公好专利而不知大难。夫利，百物之所生也，天地之所载也；而有专之，其害多矣。天地百物皆将取焉，何可专也！所怨甚多而不备大难，以是教王，其能久乎？"后厉王果败。魏文侯[⑦]御廪（lǐn）[⑧]灾，素服避正殿，群臣皆哭。公子成父趋入贺曰："臣闻天子藏于四海，诸侯藏于境内。非其所藏，不有火灾，必有人患。幸无人患，不亦善乎！"孔子曰："百姓足，君孰不足？"周谚有言曰："囊漏储中[⑨]。"由此言之，夫圣王以其地封，以其财赏，不与人争利，乃能通于主道，是用非其有者也。

【注释】①汤：即成汤，子姓，名履，河南商丘人，是商朝开国的君主。②武：即周武王姬发，岐周（今陕西岐山）人，是西周王朝的开国君主。③筐箧：指竹子或柳条等编成的盛东西的器具。④周厉王：名姬胡，周夷王之子，夷王病死后继位。在位37年，在"国人暴动"中被驱逐出都城，后凄凉病殁于彘（今山西省霍县），葬于彘。姬胡死后的庙号为厉王。⑤荣公：荣夷公，是西周时期诸侯国荣国的第六任国君。⑥芮良夫：西周时期周朝的卿士，芮国国君。姬姓，字良夫。⑦魏文侯：战国时期魏国的建立者。姬姓，魏氏，名斯（一作都）。在位期间，以卜子夏、田子方、段干木等贤者为师，任用李悝为相，吴起为将，西门豹为邺（今河北临漳西南）令。兴修水利，奖励耕战，进行封建制的改革。又取秦河西（今黄河与北洛水间），灭中山国，使魏成为战国初期的强国。⑧御廪：诸侯之珍宝库。⑨囊漏储中：指粮食从小器漏入大器，其实并未漏掉。常比喻实际利益并未外流。

【译文】商汤、周武王一天之内就能拥有夏朝和商朝全部的财富，把土地封赏给亲族以及有功的大臣，举国上下没有不心悦诚服的；把财富赏赐给功臣，整个国家的臣民都争相劝勉。这就是懂得了如何使用本不属于自己的东西。评论：荀子说："能施行礼教的人，可以当君王；懂得为政之道的人，会变得很强大；善于拢络人心，社会就会安定；只知道搜刮民财，必然会灭亡。所以，做君主的能让百姓富有，做霸主的能让士人富有，苟延残喘的国家只会让做官的富有，而快要灭亡的国家，统治者就把财富塞满私库和箱柜。这就叫做上富下贫。"荀子又说："做君主的不谈论自己有多少财富，诸侯不应讲求是否对自己有利，大夫不应计较自身的得失。"从前周厉王爱财，因而亲近擅长敛财的荣夷公，大夫芮良夫劝谏说："难道周王室要衰微了吗？荣夷公这种人，喜欢专谋私利，不知大难就要临头了。财富，是世上万物自然产生的，是天地包容承载的，如果想独占它，那可就后患无穷了。天地万物，每个人都可以去获取，怎么可以独占呢？天下人怨恨的多了，而又不知道要大难临头，荣夷公还用这种方法来教唆大王，这还能长久得了吗？"后来，周厉王果真因"国人暴动"而被驱逐出都城，身败名裂。战国时魏文侯的宝库发生了火灾，魏文侯身穿素衣，离开正殿，以示哀痛。大臣们都哭了。公子成父却走进来向魏文侯祝贺说："臣听说天子把整个国家的财富收藏在四海之内，诸侯把财富收藏在自己的领地内。而大王把国家的财富都储藏在国库里，这种藏法，纵然不发生火灾，也会发生人患。现在幸亏没有发生人患，不也是挺好的吗？"孔子说："老百姓富足了，作君主的怎么会不富足呢？"周朝的谚语曾说："囊漏储中。"这样说来，英明的君主用土地分封诸侯，用财物赏赐功臣，不和老百姓争夺利益，才算是真正懂得了为君之道，支配了自己未曾拥有的东西。

故称设官分职，君之体也；委任责成，君之体也；好谋无倦，君之体也；宽以得众，君之体也；含垢藏疾[①]，君之体也。君有君人之体，其臣畏而爱之，此帝王所以成业也。

【注释】①含垢藏疾：包容污垢，藏匿恶物。形容宽仁大度。

【译文】所以说，设立官位，分派职务，是做君主的本分；委派任命官吏，让他们各自知道自己的职责，是做君主的本分；喜好谋划而不知倦怠，是做君主的本分；用宽容大度的心，以此获得百姓的拥护，是做君主的本分；包容臣子的问题和缺点，也是做君主的本分。君主有了这些为人之君的领悟，他的臣子们就会对他既畏惧又爱戴，这就是帝王成就统一大业的根本所在。

任长第二

臣闻料才核能，治世之要。自非圣人，谁能兼兹百行，备贯众理乎？故舜合群司，随才授位；汉述功臣，三杰[1]异称。况非此俦（chóu），而可备责耶？夫刚略之人，不能理微，故论其大体，则弘略而高远；历纤理微，则宕往而疏越。亢厉之人，不能回挠。其论法直，则括据而公正；说变通，则否戾而不入。宽恕之人，不能速捷。论仁义，则弘详而长雅；趋时务，则迟后而不及。好奇之人，横逸而求异。造权谲（jué）[2]，则倜傥而瑰壮；案清道，则诡常而恢迂。又曰：王化之政，宜于统大，以之理小则迂；策术之政，宜于理难，以之理平则无奇；矫亢之政，宜于治侈，以之治弊则残；公刻之政，宜于纠奸，以之治边则失其众；威猛之政，宜于讨乱，以之治善则暴；伎俩之政，宜于治富，以之治贫则民劳而下困。此已上皆偏材也。昔伊尹[3]之兴土工也，强脊者使之负土，眇（miǎo）[4]者使之推，伛者使之涂，各有所宜，而人性齐矣。

【注释】①三杰：指张良、萧何、韩信这三位开国功臣。②权谲：权谋、诡诈。③伊尹：伊姓，名挚，是商朝初年著名的政治家、思想家，是已知最早的道家人物之一，也是中华厨祖。他辅助商汤灭夏朝，为商朝的建立立下汗马功劳。④眇：眼睛失明。

【译文】我听说，估量才干、考核能力，是治理国家的首要任务。既然我们不是圣人，谁又能通晓各行各业，懂得天下各种事理呢？所以舜从总体考虑各个部门，根据每个人的才能授予官职；汉高祖刘邦在评论功臣的时候，对张良、萧何、韩信这三位开国功臣都有不同的看法。更何况一般人是不能和这些人相比的，怎么可能追求完美呢？那些刚正而有谋略的人，不善于做细小琐碎的事情。原因是当谈论到有关大局的道理时，他们的眼界宽阔而高远；而让他们处理细小琐碎的事时，他们又会粗心大意。严厉亢奋的人，不会灵活处事。但这种人在论断法律方面的事情时，就会做到有理有据，公平正义；对于变通的事，一定会悖逆不驯，拒不采纳。宽容的人，往往处理事情不能迅速敏捷。他们说到仁义道德的时候，就会周全而文雅；但对待时势，则会迟缓，做不到迅速准确地把握。喜欢与众不同的人，就会不受拘束、追求新奇。当他们在运用权谋、诡计的时候，就会不同寻常、卓异出众；但如果让他们考究事物的深刻道理时，这种人往往会违背常规而不切实际。还可以从另一个角度来说：实行王道德化的政策，适合从全局性、长远性的角度考虑，要是用这种方法处理小事就会很迂腐；讲求策略权术的政策，适合处理危急之事，但在安定太平的时局下就不会有显著的效果；匡正时弊的政策，适合纠正奢侈堕落的风气，但假如靠它解决弊病，只会越弄越糟。公正严刻的政策，适合纠正奸邪，假如靠它来治理边地就容易失去民心；威猛暴烈的政策，适合讨伐叛乱，假如靠它来治理和平时期的老百姓，则未免太残暴了；注重本领的政策，适合治理富国强民，假如用它来解决贫困，只会劳民伤财，给民众增加困苦。以上种种，都是针对特定的时势而采取的一时之策。从前商朝丞相伊尹大兴土木的时候，让后背强壮的人背土，瞎子推车，驼背的人干涂抹，各自有他们适合做的事，从而让每个人的长处都能充分发挥出来。

管仲[①]曰："升降揖让，进退闲习，臣不如隰朋[②]，请立以为大行[③]；辟土聚粟，尽地之利，臣不如宁戚[④]，请立以为司田[⑤]；平原广牧，车不结辙，士不旋踵，鼓之而三军之士视死如归，臣不如王子城父[⑥]，请立以为大司马[⑦]；决狱折中，不杀不辜，不诬不罪，臣不如宾胥无[⑧]，请立以为大理[⑨]；犯君颜色，进谏必忠，不避死亡，不挠富贵，臣不如东郭牙[⑩]，请立以为大谏[⑪]。君若欲治国强兵，则五子者存焉；若欲霸王，则夷吾在此。”

【注释】①管仲：姬姓，管氏，名夷吾，字仲，谥敬，世人尊称为管子，春秋时齐国著名的政治家、思想家。辅佐齐桓公实行了一系列重大的政治和社会改革，使齐桓公成为春秋时期第一个霸主。②隰朋：姜姓，出身于齐国公族，春秋时期齐国大夫，朋氏鼻祖。与管仲、鲍叔牙等辅佐齐桓公，齐国大治。曾率军会合秦军安定晋国的内乱，拥立晋惠公。③大行：古代接待宾客的官吏，相当于现在的外交官员。④宁戚：春秋时期卫国人，早年怀经世济民之才而不得志，后来齐桓公拜宁戚为大夫，长期任齐国大司田，为齐桓公主要辅佐者之一。⑤司田：管理农务的官。⑥王子城父：琅琊人（今山东潍坊临淄区），春秋时期齐国著名将领。⑦大司马：古代官名，是对中央政府中专司武职的最高长官的称呼，类似于后世的“天下兵马大元帅”，现代的“武装部队总司令”。⑧宾胥无：春秋时齐国人，齐桓公时大臣。主管军事，与管仲一起辅助齐桓公姜小白称霸中原。⑨大理：即大司理，古代官名。掌管刑狱。⑩东郭牙：春秋时期齐国著名的谏臣，是齐桓公时期的五杰之一，由齐国名相管仲所推举。⑪大谏：古代官名，掌谏诤。

【译文】春秋时期齐国丞相管仲对齐桓公说：“进退揖让，迎送应酬，我比不上隰朋，请让他担任大行；开荒种地，收集粟米，充分发挥地利，我比不上宁戚，请让他担任大司田；在广阔的平原上，战车井然有序，战士勇往直前，能让三军将士视死如归，我比不上王子城父，请让他担任大司马；断案公正，不滥杀无辜，不冤枉好人，我比不上宾胥无，请让他担任大司理；敢于犯颜直谏，尽职尽忠，不畏权贵，以死抗争，我比不上东郭牙，请让他担任大谏。如果您想富国强兵，那么有这五个人就足够了。如果您想成就霸业，那么就得靠我管夷吾了。”

黄石公[①]曰：“使智，使勇，使贪，使愚。智者乐立其功，勇者好行其志，贪者决取其利，愚者不爱其死。因其至情而用之，此军之微权也。”

【注释】①黄石公：秦汉时隐士，别称圯上老人、下邳神人。相传曾经传授汉朝开国元老张良兵法。

【译文】黄石公说：“起用有智谋、有勇气、甚至贪财、愚钝等各种各样的人，有智谋的人喜欢争相立功，有勇气的人喜欢舒展志向，贪财的人想追求自己的利益，愚钝的人能够勇于牺牲。根据他们每个人的特点来使用他们，这就是用兵时最微妙的权谋。”

《淮南子》曰：天下之物，莫凶于奚毒[①]附子也，然而良医橐而藏之，有所用也。麋之上山也，大章不能跂；及其下也，牧竖能追之，才有修短也。胡人便于马，越人便于舟，异形殊类，易事则悖矣。

【注释】①奚毒：一种中草药的名字，其释名有乌头、乌喙、草乌头、土附子、耿子、毒公、金鸦。主治中风瘫痪等症。

【译文】《淮南子》中说：“天下万物再也没有比附子这种中草药更狠毒的了，但是医术高明的医生会把它放在口袋里收藏起来，以备治病时用。麋鹿上山的时候，就连善于奔驰的大獐都追不上它；等它下山以后，连牧童也能追上它，这正是说明，在不同的环境下，任何才能都会有长短的不同。比如胡人擅长骑马，越人擅长乘船，虽然形式和种类都不同，但如果让他们互相换过来做，那么就会很荒谬了。”

魏武[①]诏曰：“进取之士，未必能有行；有行之士，未必能进取。陈平[②]岂笃行，苏秦[③]岂守信耶？而陈平定汉业，苏秦济弱燕者，任其长也。”

【注释】①魏武：指魏武帝曹操，字孟德，一名吉利，小字阿瞒，沛国谯县（今安徽亳州）人，是东汉末年杰出的政治家、军事家、文学家、书法家，是三国中曹魏政权的缔造者。②陈平：阳武户牖乡（今河南省原阳县）人，西汉王朝的开国功臣之一。在楚汉相争时，曾多次出计策助刘邦。汉文帝时，曾任右丞相，后迁左丞相。③苏秦：字季子，雒阳（今河南洛阳）人，跟随鬼谷子学习纵横之术，是战国时期著名的纵横家、外交家和谋略家。

【译文】魏武帝曹操下诏说：“有进取心、力图有所作为的人，未必会有德行。而有德行的人，又不一定有进取心。西汉时期的陈平难道是行为淳厚、纯正踏实的人吗？战国时期的苏秦难道就是讲信用的人吗？可是，陈平却帮助汉高祖刘邦奠定了汉王朝的基业，苏秦却拯救了弱小的燕国。这都是因为他们发挥了各自的特长。”

由此观之，使韩信下帏，仲舒[①]当戎，于公[②]驰说，陆贾[③]听讼，必无曩时之勋，而显今日之名也。故任长之道，不可不察。议曰：魏桓范[④]云：“帝王用人，度世授才。争夺之时，书策为先。分定之后，忠义为首。故晋文[⑤]行咎犯[⑥]之计而赏雍季[⑦]之言，高祖用陈平之智而托后于周勃[⑧]。”古语云：“守文之代，德高者位尊；仓卒之时，功多者赏厚。”诸葛亮曰：“老子长于养性，不可以临危难；商鞅[⑨]长于理法，不可以从教化；苏、张⑩长于驰辞，不可以结盟誓；白起⑪长于攻取，不可以广众；子胥⑫长于图敌，不可以谋身；尾生⑬长于守信，不可以应变；王嘉⑭长于遇明君，不可以事暗主；许子将⑮长于明臧否，不可以养人物。”此任长之术者也。

【注释】①仲舒：即董仲舒，广川（河北景县广川镇大董故庄村）人，西汉时期思想家、政治家、教育家，唯心主义哲学家和今文经学大师。他提出了天人感应、三纲五常等重要儒家理论。②于公：东海郡郯县人，西汉丞相于定国之父，曾任县狱吏、郡决曹。他精通法律，治狱勤谨，以善于决狱而成名，无论大小案件，他都详细查访，认真审理。③陆贾：汉初楚国人，西汉思想家、政治家、外交家。楚汉相争时以幕僚的身份追随高祖刘邦，因能言善辩常出使游说各路诸侯，深得刘邦赏识，被誉为“有口辩士”。④桓范：字元则，沛国龙亢（今安徽省怀远县西龙亢镇北）人。三国时期曹魏大臣、文学家，画家。⑤晋文：指晋文公，姬姓，名重耳，在位期间文治武功卓著，是春秋五霸中第二位霸主。⑥咎犯：即狐偃，姬姓，狐氏，字子犯，是晋文公的舅舅。⑦雍季：春秋时期晋国大臣，故事竭泽而渔的主要人物。⑧周勃：秦末汉初的军事家和政治家、西汉开国功臣，沛县（今江苏沛县）人，被封为绛侯。⑨商鞅：战国时期政治家、改革家、思想家，法家代表人物，卫国国君的后裔，姬姓公孙氏，故又称卫鞅、公孙鞅。后因在河西之战中立功获封商于十五邑，号为商君，故称为商鞅。他主张变法，使秦国成为富裕强大的国家。⑩苏、张：指战国纵横家苏秦、张仪。苏秦任职于六国，主张合纵以抗秦；张仪任职于秦国，主张秦连横以瓦解六国。⑪白起：战国时期秦国郿县（今陕西省眉县常兴镇白家村）人，是战国时期军事家、秦国名将，兵家代表人物，《千字文》将他与廉颇、李牧、王翦并称为战国四大名将，位列战国四大名将之首。⑫子胥：即伍子胥，名员，字子胥，春秋时吴国的大夫。⑬尾生：古代传说中坚守信约的人物。战国鲁人。尾生与女子约定在桥梁相会，久候女子不到，水涨，尾生仍坚持不离开，抱桥柱而死。⑭王嘉：西汉后期大臣。字公仲，平陵人，汉哀帝时为丞相，封新甫侯。⑮许子将：即许劭，字子将，汝南平舆（今河南平舆县射桥镇）人，是东汉末年著名的人物评论家。据说他每月都要对当时人物进行一次品评，人称为“月旦评”。

【译文】由此看来，如果让韩信去当谋士，让董仲舒去领兵打仗，让于公去游说，让陆贾去判案，那么他们谁也不会有先前那样的功勋，也不会有今天这样的美名。所以，对于善于利用他们特长的道理，不能不仔细研究。评论：三国时期曹魏的桓范说：“帝王用人，要审时度势，合理使用人才。争夺天下的时候，懂得军事谋略的人就会率先被重用；天下安定之后，忠臣义士就非常重要了。因此晋文公重耳虽然遵照了狐偃的计策，但也奖赏了雍季的直谏。汉高祖刘邦在作战时采用陈平的智谋，但临终时却把巩固国家的重任托付给了周勃。”古语说：“和平时期，品德高尚的人地位尊贵；战乱时期，战功多的人应该得到重赏。”诸葛亮说：“老子善于修身养性，但不可以解救危难；商鞅善于法治，但不可以施行道德教化；苏秦、张仪善于游说，但不可以和他们缔结盟约；白起善于攻城掠地，但不善于团结百姓；伍子胥善于图谋敌国，但保全不了自己的性命；尾生能守信，但不能够随机应变；王嘉善于侍奉明主，但他不能侍奉昏君；许子将善于品评别人，但不能靠他来笼络人才。”这就是用人要利用他们特长的道理。

品目第三

夫天下重器，王者大统，莫不劳聪明于品材，获安逸于任使。故孔子曰：“人有五仪：有庸人，有士人，有君子，有圣，有贤。审此五者，则治道毕矣。”

【译文】天下就像珍贵的宝物，君主就是这个宝物的主人。君主统一天下，在辨别人才、选贤任能上无不费心费力。只有这样做了，作君主的才能得到安逸、高枕无忧。所以孔子说：“人分五等：庸人、士人、君子、圣人、贤人。如果能清清楚楚地分辨这五类人，那么治理国家的政策就全明白了。”

所谓庸人者，心不存慎终之规，口不吐训格之言格，法，不择贤以托身，不力行以自定，见小暗大而不知所务，从物如流而不知所执。此则庸人也。

【译文】那些被称做庸人的人，内心深处一定没有严肃谨慎的信念，嘴里也说不出有道理的话，只会满口胡言；交友不慎，不会主动选择贤人去结交；不努力行事使自己得到安定的生活；他们往往小事清楚大事糊涂，自己都不知道自己该干什么；凡事随大流，没有自己的原则，不知道自己所追求的是什么。有这些表现的人，就是庸人。

所谓士人者，心有所定，计有所守。虽不能尽道术之本，必有率也率，犹述也；虽不能遍百善之美，必有处也。是故智不务多，务审其所知；言不务多，务审其所谓所谓，言之要也；行不务多，务审其所由。智既知之，言既得之得其要也，行既由之，则若性命形骸之不可易也。富贵不足以益，贫贱不足以损。此则士人也。

【译文】那些被称做士人的人，内心一定有确定的信念，有明确的计划。士人虽然不能尽到行道义治国家的本分，但一定有自己的主张；虽然不能事事都做得十全十美，但必定有值得称道的地方。因此，士人并不要求智慧有多少，但务必要对已知的事物了解透彻；话不求多，但务必要言语确当，切中事理；做的事情不一定要很多，但每做一件事都务必要明白缘由。清楚了解自己已知的事物，言语确当，切中事理，对自己做的每一件事能够明白缘由，这些就像人的灵魂和形骸一样不可改变。所以富贵了，也不会对他有什么增益；贫贱了，也不会对他有什么损害。这就是士人。

所谓君子者，言必忠信而心不忌忌，怨害也，仁义在身而色不伐，思虑通明而辞不专，笃行信道，自强不息，油然若将可越而终不可及者，此君子也。油然，不进之貌也。越，过也。孙卿曰："夫君子能为可贵，不能使人必贵己；能为可信，不能使人必信己；能为可用，不能使人必用己。故君子耻不修，不耻见污；耻不信，不耻不见信；耻不能，不耻不见用。不诱于誉，不怨于诽，率道而行，端然正己，谓之君子也。”

【译文】那些被称做君子的人，说话一定诚实守信，内心没有忌恨。秉行仁义但从不向人炫耀，考虑问题明智通达，但说话从不武断。遵循仁义之道，坚信自己的信念，自强不息。在别人看来，君子并没有什么特别出众之处，但真要超越他，却很难做到。这就是君子。荀子说：“君子可以做到品德高尚而被人尊重，但不能做到让每一个人都尊重自己；可以做到忠诚老实而被人信任，但不能做到让每一个人都信任自己；可以做到满腹经纶而被人任用，但不能让别人一定任用自己。所以君子会为自身修养不够而感到羞愧，但不会因被人轻蔑而感到羞愧；会因自己不讲信义而感到耻辱，但不会因不被别人信任而感到耻辱；会为自己无能而感到羞愧，但不会因不被别人任用而感到羞愧。不被荣誉所诱惑，不因别人诽谤而怨恨，遵循道义来做事，严肃地端正自己，这才叫君子。”

所谓贤者，德不逾闲闲，法也，行中规绳，言足法于天下而不伤其身言满天下，无口过也，道足化于百姓而不伤于本本，亦身也。富则天下无菀财菀，积，施则天下不病贫。此则贤者也。

【译文】那些被称做贤人的人，品德一定不能逾越常规，行为一定要符合法度，他们的言论完全可以被天下人奉为道德准则而不会招来灾祸，道德准则完全可以教化百姓而不会给自己带来伤害。他虽富有，但也不会囤积财物，好善乐施，普济天下，让天下的百姓没有疾病和贫困。这就是贤人。

所谓圣者，德合天地，变通无方，穷万事之终始，协庶品之自然，敷其大道，而遂成情性，明并日月，化行若神，下民不知其德，睹者不识其邻邻，以喻界畔也，此圣者也。庄子曰："刻意、尚行，离世、异俗，高论、怨诽，为亢而已矣，此山谷之士，非世之人，枯槁、赴渊者之所好也。语仁义忠信，恭俭推让，为修而已矣，此平世之士，教诲之人也，游居博学者之所好也。语大功，立大名，礼君臣，正上下，为治世而已矣，此朝廷之士，尊主强国之人也，致功兼并者之所好也。就薮泽，处闲旷，钓鱼闲处，无为而已矣，此江海之士，避世之人也，闲暇者之所好也。吹呴（hǒu）[①]呼吸，吐故纳新，熊经鸟伸[②]，为寿而已矣，此导引之士，养形之人也，彭祖[③]寿考者之所好也。若夫不刻意而高，无仁义而修，无功名而治，无江海而闲，不导引而寿，无不亡也，无不有也。澹然无极而众美从之，此天地之道，圣人之德也。"

【注释】①吹呴：道家所谓呼吸吐纳之术。②熊经鸟伸：古代一种导引养生之法。状如熊之攀枝，鸟之伸脚。③彭祖：名篯字铿，又称彭铿，传以长寿见称，是先秦道家先驱之一。

【译文】那些被称做圣人的人，必须达到自身的品德能与天地融合，变通自如，对万事万物的终始能探究透彻，与万事万物能够协调无间，自然相处。在大道之中修炼自己的情性，达到光明如日月，造化如神明。普通百姓永远也不能明白他的品德是如此的崇高伟大，即使看见的人，也不能真正了解他品德的底线在哪里。这就是圣人。庄子说："刻意崇尚德行，超脱世俗，高谈阔论，怨气冲天，这些只不过是为了显示自己的清高而已。这都不是普通世人的行为，而是那些身体憔悴、嫉浊避世的山林隐士所喜好的。言必仁义忠信，行必恭俭推让，这样做只不过是为了标榜自己的品行美好而已。这都是太平盛世时那些读书人喜爱教导人，以及那些闲居学识渊博的人所喜好的。一说话就要宣扬大功，树立大名，用礼仪规范来确定君臣的秩序，匡正朝野上下，这都是为了追求治国济世而已。这些都是朝廷中的官员，尊奉君主让国家强盛的人，致力于建功立业、开疆拓土的人所喜好的。归隐山林，身处旷野，在僻静之处钓鱼，这都是为了追求无为自在而已。这是悠游江海、逃避尘世的人所喜好的。吞吐呼吸，吐故纳新，做一些黑熊伸颈、飞鸟展翅的功法，只是为了延年益寿而已。这是导引养生、修练气功，像彭祖那样高寿的人所喜好的。如果有人不需要磨砺心志但品德高尚，不需要倡导仁义但道德美好，不需要追求功名但天下得到大治，不需要悠游江海但内心得到安适悠闲，不需要修练气功但自然高寿，一无所有但又无所不有，不需要恬谈无极但各种美好都会聚集过来，这才是天地的永恒之道，圣人至高无上的品德。”

《钤经》[①]曰：德足以怀远，信足以一异，识足以鉴古，才足以冠世，此则人之英也；法足以成教，行足以修义，仁足以得众，明足以照下，此则人之俊也；身足以为仪表，智足以决嫌疑，操足以厉贪鄙，信足以怀殊俗，此则人之豪也；守节而无挠，处义而不怒，见嫌不苟免，见利不苟得，此则人之杰也。德行高妙，容止可法，是谓清节，延陵[②]、晏婴[③]是也。思通道化，策谋奇妙，是谓术家，范蠡[④]、张良是也。其德足以厉风俗，其法足以正天下，其术足以谋庙胜，是谓国体，伊尹、吕望[⑤]是也。其德足以率一国，其治法足以正乡邑，其术足以权事宜，是谓器能，子产[⑥]、西门豹[⑦]是也。清节之流，不能弘恕，好尚讥诃，分别是非，是谓臧否，子夏[⑧]之徒是也。法家之流，不能创思图远，而能受一官之任，错意施巧，是为伎俩，张敞[⑨]、赵广汉[⑩]是也。术家之流，不能创制垂则，而能遭变用权；权智有余，公正不足，是谓智意，陈平、韩安国[⑪]是也。能属文著述，是谓文章，司马迁[⑫]、班固[⑬]是也。能传圣人之业，而不能干事施政，是谓儒学，毛公[⑭]、贯公[⑮]是也。辩不入道，而应对资给，是谓口辩，乐毅[⑯]、曹丘生[⑰]是也。胆力绝众，材略过人，是谓骁雄，白起、韩信是也。”

【注释】①《钤经》：即《素书》，又名《玉钤经》，是一部类似“语录”体的书，相传为秦末黄石公作，民间视为奇书、天书。②延陵：古邑名，大约在今常州、江阴、丹阳等吴地沿江一带地区。为春秋吴邑，季札（季子）所居之封邑。春秋时，吴王寿梦之子季札为避让王位躬耕于舜过山，周灵王二十五年（公元前547年）于是吴王余祭封季札于延陵。③晏婴：春秋后期政治家、思想家、外交家。字平仲，世称晏子，夷维（山东高密）人，春秋时齐国大夫，以有政治远见和外交才能，作风朴素闻名诸侯，历任灵公、庄公、景公三世。④范蠡：春秋末著名的政治家、军事家、经济学家和道家学者。字少伯，春秋时楚国宛地三户（今河南淅川县滔河乡）人。曾献策扶助越王勾践复国，后隐去。⑤吕望：即姜太公，商末周初著名的政治家、军事家和谋略家。本名姜尚，字子牙，曾被封于吕地，故又称吕尚，被尊称为太公望。他辅助周文王、周武王灭商兴周，因首功被封于齐。⑥子产：春秋时期著名政治家、思想家。姬姓，公孙氏，名侨，字子产，又字子美，谥成。先后辅佐郑简公、郑定公，治郑多年，有政绩。⑦西门豹：战国时期魏国安邑人（今山西省运城市盐湖区安邑一带）。魏文侯时任邺令，是著名的政治家、水利家，曾立下赫赫功勋。⑧子夏：即卜子夏，姓卜名商，春秋时晋国人，孔子的学生，“孔门十哲”之一，“七十二贤”之一。少时家贫，苦学而入仕，曾作过鲁国太宰。孔子死后，他来到魏国的西河（今山西河津）讲学。⑨张敞：西汉大臣。曾任京兆尹，直言敢谏，颇有政绩。⑩赵广汉：字子都，西汉时期涿郡蠡吾县人。我国古代十大清官之一，与包拯、狄仁杰、海瑞等并列。曾任京兆尹、颍川太守。执政不避权贵，后被下狱腰斩。⑪韩安国：字长孺，西汉梁县成安（今汝州小屯村北）人。曾学习《韩子》及杂家学说，后到梁国，为梁孝王中大夫。文精武备，能言善辩，他不仅在平息吴、楚七国叛乱时有功，而且在后来对匈奴的作战中也是重要的将领。⑫司马迁：字子长，夏阳（今陕西韩城南）人。西汉伟大的史学家、文学家、思想家。因替李陵败降之事辩解而受宫刑，出狱后任中书令，发愤继续完成所著史籍。人称其书为《太史公书》，后称《史记》，是我国最早的记传体通史。⑬班固：字孟坚，扶风安陵（今陕西咸阳东北）人，东汉著名史学家、文学家。在父亲班彪《史记后传》的基础上，撰写《汉书》，前后历时二十余年。⑭毛公：西汉人，相传为古文诗学“毛诗学”的传授者，曾任河间献王博士。⑮贯公：西汉赵人。相传为毛公的学生，以治《诗经》出名。⑯乐毅：战国后期杰出的军事家。子姓，乐氏，名毅，字永霸，中山灵寿人，魏将乐羊后裔，拜燕上将军，受封昌国君，辅佐燕昭王振兴燕国。后因受燕惠王猜忌，投奔赵国，被封于观津，号为望诸君。⑰曹丘生：西汉楚人，著名辩士。才华横溢，口才闻名于世。曾为季布扬名，因为他季布最终得以闻名天下。他也是我国最早的法学家，曾创作《大律书》。

【译文】《钤经》说：“如果一个人的品德足以让远方的人慕名而来投奔，如果一个人的信义足以把形形色色的人凝聚在一起，如果一个人的见识足以鉴别古人的正误，如果一个人的才学足以冠绝当代，这样的人就可以称作是人中的精英；如果一个人的理论规范足以成为教育世人的典范，如果一个人的行为足以遵循道义，如果一个人的仁义足以获得众人的拥戴，如果一个人的英明足以照耀下属，这样的人就可以称作是人中的俊杰；如果一个人的形象足以成为众人的模范，如果一个人的智慧足以决断疑难问题，如果一个人的操行足以警策贪婪卑鄙的人，如果一个人的诚信足以团结不同风俗的人，这样的人就可以称作是人中的英豪；如果一个人能恪守节操而百折不挠，如果一个人能多有义举但无怨无悔，见到让自己厌恶的人和事但不求苟且免于损害，见到利益但不随随便便去获取，这样的人就可以称作是人中的豪杰。”品德行为高尚巧妙，进退举止都可以成为别人的楷模，有这种品质的人就可以称得上是“清节”之人。延陵、晏婴就是这样的人。思虑通达，计策谋略出神入化，有这种能力的人就可以称得上是“术家”之人。范蠡、张良就是这样的人。德行足以警策风俗，理论规范足以匡正邪恶，权术足以谋取天下，这样的人就可以称得上是“国体”之人。伊尹、吕望就是这样的人。品德足以成为一国的表率，治国的方法足以改变乡野之人，权术足以权衡时事的契机，这样的人就可以称得上是“器能”之人。子产、西门豹就是这样的人。具有“清节”之风的人，不能做到宽宏大量，喜欢讥责非难别人，凡事喜欢分辨是非，这就是“臧否”之人。子夏就是这样的人。“法家”之人，并不能做出具有开创性的计划，他们的思想缺乏长远性的考虑，但能承担独当一面的重任，他们最大的特点是创意新奇，策略巧妙，这就是“伎俩”之人。张敞、赵广汉就是这样的人。“术家”这类人，不能建立制度，垂示法则，但能够随机应变，运用谋略，他们最大的特点是谋略和权术有余，公正不足，这可以称得上是“智意”之人。陈平和韩安国就是这样的人。能写传世文章，著书立说，这可以称得上是“文章”之人。司马迁、班固就是这样的人。能够传承圣人的学问，但不能从事实际的政治活动，这就是“儒学”之人。毛公、贯公就是这样的人。论辩不符合大道，但反应敏捷，对答如流，这就是“口辩”之人。乐毅、曹丘生就这样的人。胆量和魄力过人，才能和谋略出众，这就是“骁雄”之人。白起、韩信就是这样的人。

《家语》[①]曰：昔者明王，必尽知天下良士之名。既知其名，又知其实，然后用天下之爵以尊之，则天下理也。此之谓矣。

【注释】①《家语》：即《孔子家语》，是一部记录孔子及孔门弟子思想言行的著作。

【译文】《孔子家语》说：“从前贤明的君主一定要对天下的名流贤士了如指掌，不但知道他们名声的好坏，而且要了解他们品质的优劣，然后授予他们相应的爵位，让他们显得尊贵荣耀。这样一来，天下就治理得井井有条了。”孔子在这里说的，也正是这种道理。

量才第四

夫人才能参差，大小不同。犹升不可以盛斛[①]，满则弃矣。非其人而使之，安得不殆乎？傅子曰："凡品才有九：一曰德行，以立道本；二曰理才，以研事机；三曰政才，以经治体；四曰学才，以综典文；五曰武才，以御军旅；六曰农才，以教耕稼；七曰工才，以作器用；八曰商才，以兴国利；九曰辩才，以长讽议。"此量才者也。

【注释】①斛：旧量器名，也是容量单位，一斛本为十斗，后来改为五斗。

【译文】人的才能高低不齐，大小不同，就像用升无法盛下斛的容量一样，盛不下就会溢出来，溢出来就全浪费了。在使用人才方面，用了不该用的人，怎么会没有危险呢？傅玄说："品评人才可分九等：一是有德行的人才，这类人可用来作为道德的根基；二是治理之才，可以让他们推究事物变化的规律；三是政务之才，可以让他们从事治理国家的运作；四是学问之才，可以让他们研究经典文章和学术；五是用兵之才，可以让他们统帅军队；六是理农之才，可以让他们指导百姓耕作；七是工匠之才，可以让他们制作器具；八是经商之才，可以用他们来振兴国家经济，让国家获利；九是雄辩之才，可以发挥他们讽谏和议政的长处。"这样就是量才适用。

故伊尹曰：“智通于大道，应变而不穷，辨于万物之情，其言足以调阴阳、正四时、节风雨，如是者举以为三公。”故三公之事，常在于道。汉文帝问陈平曰：“君所主何事？”对曰：“陛下不知臣驽下，使臣待罪宰相。宰相者，上佐天子，燮（xiè）理[1]阴阳，下遂万物之宜，外镇抚四夷，内亲附百姓，使公卿大夫各得其职。”上曰：“善！”汉魏相[2]书曰：“臣闻《易》[3]曰：‘天地以顺动，故日月不过、四时不忒。圣人以顺动，则刑罚清而人服。’天地变化，必由阴阳。阴阳之分，以日月为纪。各有常职，不得相干。明王谨于尊天，慎于养人。故立羲和[4]之官，以乘四时，敬授人事。君动静以道，奉顺阴阳，则日月光明，风雨时节，寒暑调和。三者得叙，则灾害不生，人不夭疾，衣食有余矣。此燮理阴阳之大体也。”事具《洪范》[5]篇。不失四时，通于地利，能通不通，能利不利，如是者举以为九卿[6]。故九卿之事，常在于德。通于人事，行犹举绳，通于关梁，实于府库，如是者举以为大夫。故大夫之事，常在于仁。蜀丞相诸葛亮主簿杨颙[7]曰：“坐而论道，谓之三公；作而行之，谓之卿大夫。”忠正强谏，而无有奸诈，去私立公，而言有法度，如是者举以为列士。故列士事，常在于义也。故道德、仁、义定而天下正。清节之德，师氏之任也；法家之材，司寇之任也；术家之材，三孤[8]之任也；臧否之材，师氏之佐也；伎俩之材，司空之任也；儒学之材，保氏之任也；文章之材，国史之任也；骁雄之材，将帅之任也。

【注释】①燮理：协和治理。②魏相：字弱翁，济阴郡定陶县（今山东省菏泽市定陶区）人，西汉政治家。为人严毅，刚正不阿，先后任茂陵令、扬州刺史、谏大夫、河南太守等职，官至丞相，封高平侯。③《易》：《易经》的简称，是我国最早的卜筮专著。它以特殊的体系和表达方式，为我国术数学的建立奠定了牢固的基础。④羲和：我国上古神话中的太阳女神与制定时历的女神。⑤《洪范》:《尚书》其中的一篇。旧传为箕子向周武王陈述的“天地之大法”。今人或认为是战国后期或两汉儒者所作,或认为作于春秋。⑥九卿:官职名总称。秦汉时期通常以奉常、郎中令、卫尉、宗正、太仆、廷尉、典客、治粟内史、少府为九卿。在古代也可以作为中央各行政机关的总称。⑦杨颙:字子昭,荆州襄阳(今湖北襄樊)人,三国时期蜀汉官吏。先后担任巴郡太守、丞相主簿、丞相东曹属。⑧三孤:指少师、少傅、少保。

【译文】伊尹说:“如果一个人的智慧能与大道相通,能不断地应付事物的各种变化,了解万物发展变化的原因,他的言论足以调和阴阳,核正四时,调节风雨。这样的人,要推举他担任三公。”所以,三公的职责是把握社会和自然的发展规律,并能让国家顺应这样的规律。汉文帝刘恒曾问陈平说:“你负责的都是些什么事?”陈平说:“陛下不嫌我愚钝,让我当宰相。当宰相的职责就是对上辅佐皇上,协和阴阳,对下要把万物都安排妥当,对外要镇抚四方,对内要亲近百姓,要让各级官吏各尽其职。”汉文帝说:“说得很好!”汉宣帝时的御史大夫魏相上书说:“我知道《易经》中讲过:‘天地协调而动,所以日月运行正常,四时没有差错;圣明的君主和谐地统治天下,那么虽然用得严刑峻法很少但百姓心悦诚服。’天地运行,因为阴阳变化。阴阳的区分,由日月限定,各有各的职责,互不冲犯。贤明的君主谨慎地遵守自然规律,并小心地对待百姓,所以君主设立制定时历的官职,顺应四时的变化,借此协调人事。君主的言行合乎自然之道,顺应阴阳之变,才能使日月光明,风调雨顺,寒暑适宜。日月、风雨、寒暑这三者和顺,那么灾害就能不生,百姓就能长寿没有疾病,衣食就能富足。这些都是协和阴阳的关键。”以上的记述在《洪范》中说得很清楚。不违背一年四季的变化,懂得充分利用土地资源,能疏通不通的环节,能利用不利的地利。这样的人可以推举他担任九卿。所以,九卿的职责常常在于以德服人。了解人情事故,作风正派,使关口和桥梁畅通,府库充实,这样的人可以推举他担任大夫。所以,大夫的职责常常在于用仁爱之心对待百姓。三国时蜀国丞相诸葛亮的主薄杨颙说:“坐而论道的是三公,做具体工作的是卿大夫。”忠诚正直,犯颜直谏,而且没有奸诈之心,大公无私,说话符合国家法律规范,这样的人可以推举他担任列士。所以,列士的职责常常在于以仁义待人。因此道德、仁、义实现了之后,天下就能得到治理。有“清节”之风的人,可以担任太师;“法家”之才,可以负责司法工作;“术家”之才,可以担任少师、少傅、少保;善于评价别人的人,可以作为太师的辅佐;有技能本领的人,可以让他担任司空;精通儒学的人,可以让他担任太保;能写传世文章的人,可以做编修国史的工作;“骁雄”之才,可以让他担任将帅,带兵打仗。

太公曰:“多言多语,恶口恶舌,终日言恶,寝卧不绝,为众所憎,为人所疾,此可使要遮闾巷,察奸词祸。权数好事,夜卧早起,虽剧不悔,此妻子之将也。先语察事,劝而与食,实长希言,财物平均,此十人之将也。忉(dāo)忉截截,垂意肃肃,不用谏言,数行刑戮,刑必见血,不避亲戚,此百人之将也。讼辩好胜,嫉贼侵凌,斥人以刑,欲整一众,此千人之将也。外貌怍怍,言语时出,知人饥饱,习人剧易,此万人之将也。战战栗栗,日慎一日,近贤进谋,使人知节,言语不慢,忠心诚毕,此十万人之将也。《经》曰:“夫将虽以详重为贵,而不可有不决之疑;虽以博访为能,而不欲有多端之惑。此论将之妙也。”温良实长,用心无两,见贤进之,行法不枉,此百万人之将也。勋勋纷纷,邻国皆闻,出入豪居,百姓所亲,诚信缓大,明于领世,能效成事,又能救败,上知天文,下知地理,四海之内,皆如妻子,此英雄之率,乃天下之主也。”聪明秀出,谓之英;胆力过人,谓之雄。此其大体之别名也。夫聪明者,英之分也,不得雄之胆,则说不行;胆力者,雄之分也,不得英之智,则事不立。若聪能谋始,而明不见机,可以坐论,而不可以处事;若聪能谋始,明能见机，而勇不能行，可以修常而不可以虑变；若力能过人，而勇不能行，可以为力人，未可以为先登；力能过人，勇能行之，而智不能料事，可以为先登，未足以为将帅。必聪能谋始，明能见机，胆能决之，然后乃可以为英，张良是也。气力过人，勇能行之，智足料事，然后乃可以为雄，韩信是也。若一人之身兼有英雄，则能长世，高祖①、项羽②是也。”

【注释】①高祖：指汉高祖刘邦，字季，沛县丰邑中阳里人，谥号高皇帝，汉朝开国皇帝，是我国历史上杰出的政治家、卓越的战略家和指挥家。②项羽：名籍，字羽，秦末下相（今江苏宿迁）人，秦末起义军领袖。早年跟随叔父项梁在吴中（今江苏苏州）起义，于巨鹿之战击破章邯、王离领导的秦军主力，秦亡后称西楚霸王，后与刘邦展开了历时四年的楚汉战争。公元前202年，项羽兵败垓下（今安徽灵璧南），突围至乌江（今安徽和县乌江镇）边自刎而死。

【译文】姜太公说：“多言多语，整天说话恶毒，躺下都不停，让众人讨厌。这种人可以让他管理里巷，盘察奸人，发现灾祸。爱管杂事，晚睡早起，任劳任怨的人，这种人只能做一家之主。听察是非，做事勤奋，和大家同吃同住，平时言语很少，财物平均分配，这种人可以当统领十个人的小头目。对上能言善语，严肃认真，对下不听劝说，好用刑罚压制下属，刑必见血，六亲不认，这种人可以当统率一百人的将领。争强好胜，与人争辩总想压倒别人，遇到敌人侵犯，寸土必争，用刑罚来惩治部下，总想让一群人统一在自己的手下，这种人可以当统率一千人的将领。外表很谦卑，言语很谨慎，知道部下的饥饱，熟悉部下的难易，这种人可以当统率一万人的将领。谨小慎微，亲近贤能的人，又能献计献策，能让人知道什么是大节，说话不傲慢，忠心耿耿，这种人可以当统率十万人的将领。经书中说：“作为将领，虽然以周详稳重为贵，但是不可以犹豫不决；虽然以广泛寻查访求为能，但是不能顾忌太多，患得患失。”这正是评论将领职责最精妙的言论。温和善良有长者之风，用心专一，遇到贤能的人能够向上举荐，执法公正，这种人可以当统率一百万人的将领。功勋卓著，威名远扬，住的是豪华大宅，但百姓愿意亲近他，诚信宽怀，对治理天下很有见识，能成就大事，也能补救败亡，上知天文，下知地理，对待普天之下的百姓，就像对待他的妻子儿女一样，这种人是英雄的表率，是天下的共主。”聪明出众，叫做“英”；胆量和魄力过人，叫做“雄”。这是对“英”、“雄”所作的大体上的区分。聪明，是“英”本应该就有的，但是“英”如果没有“雄”的胆量和魄力，说的话人们就不会去听；胆量和魄力，是“雄”本应该就有的，但是“雄”如果没有“英”的智慧，那么事情就会办不成。假如依靠智慧能够在事前就有所谋划，但不能看清行动的契机，这样的人只能坐而论道，不能够让他们做具体的事情；假如依靠智慧能够在事前就有所谋划，而且能够看清行动的契机，但没有勇气实行，这样的人只能处理平常的工作，而不能应付突然变故；如果力气过人，但没有勇气实行，这样的人只可以当出力的人，不能当开路的先锋；如果力气过人，也有勇气实行，但智慧不能应对事变，这样的人只可以当先锋，但不能当将帅。一定要依靠智慧在事前就有所谋划，能够看清行动的契机，而且能做到行动果断，这样的人才可以叫做“英”，张良就是这样的人。气力过人，又有勇气去做，智慧足以应对事变，这样的人才可以叫做“雄”，韩信就是这样的人。如果能一人身兼“英”、“雄”两种特点，那就能够掌管天下，汉高祖刘邦、西楚霸王项羽就是这样的人。

经曰：“智如源泉，行可以为表仪者，人师也；智可以砥砺，行可以为辅弼者，人友也；据法守职而不敢为非者，人吏也；当前快意，一呼再诺者，人隶也。故上主以师为佐，中主以友为佐，下主以吏为佐，危亡之主以隶为佐。欲观其亡，必由其下。故同明者相见，同听者相闻，同志者相从，非贤者莫能用贤。故辅佐、左右所欲任使者，存亡之机，得失之要。”

【译文】经书上说：“智慧有如泉涌，德行可以作为众人的表率，这样的人可做众人的导师；智慧可以磨砺他人，行为可以作为众人的辅助，这样的人可做良友；安分守己，奉公守法，不敢做坏事的人，这样的人可做官吏；只图眼前的高兴，只要一叫唤他，他就会连连答应，这种人只能做奴隶。所以最好的君主要用堪为导师的人来辅佐自己，中等的君主要让良友来辅佐自己，下等的君主要用官吏来辅佐自己，亡国的君主却只会用奴隶来辅佐自己。要想知道一个君主是否会亡国，只要看他的手下是些什么人就能知道了。因此，眼睛都能看见的人才可以相互见面，耳朵都能听见的人才可以相互讲话，有共同志向的人才可以相互跟随，不是贤能的人就不会任用贤能的人。因此，任用什么样的人来辅佐，是存亡的关键，得失的根本。”

孙武[①]曰：“主孰有道？昔汉王见围荥阳，谓陈平曰：‘天下纷纷，何时定乎？’平曰：‘项王为人，恭敬爱人，士之廉节好礼者，多归之。至于行功赏爵邑重之，士亦以此不附。今大王嫚人少礼，士之顽钝嗜利、无耻者，亦多归汉。诚宜各去两短，集其两长，天下指麾不足定也。’魏太祖[②]谓郭嘉[③]曰：‘袁本初[④]地广兵强，吾欲讨之，力不能敌，何如？’嘉对曰：‘刘、项之不敌，公所知也。汉祖唯智胜，项羽虽强，终为所擒。嘉窃料之，绍有十败，公有十胜，虽兵强，无能为也。绍繁礼多仪，公体任自然，此道胜，一也。绍虽兵强，绍以逆动，公以奉顺，以率天下，此义胜，二也。汉末政失于宽，绍以宽济，故不慑，公纠之以猛，而上下知制，此治胜，三也。绍外宽内忌，用人而疑之，所任唯亲戚子弟耳，公外简易而内机明，用人无疑，唯才能所宜，不问远近，此度胜，四也。绍多计少决，失在后事，公策得辄行，应变无穷，此谋胜，五也。绍因累世之资，高议揖作，以收名誉，士之好言饰外者多归之，公至心待人，推诚而行之，不为虚美，以俭率下，与有功者无所吝，士之忠正远见而有实者皆愿为用，此德胜，六也。绍见人饥寒，恤念之情，形于颜色，其所不见，虑或不及，所谓妇人之仁耳，公于目前小事，时有所忽，至于大事，与四海相接，恩之所加，皆过其望，虽所不见，虑之所周，无不可也，此仁胜，七也。绍以大臣争权，谗言惑用，公御下以道，浸润不行，此明胜，八也。绍是非不可知，公所是进之以礼，所不是正之以法，此文胜，九也。绍好为虚势，不知兵要，公以少克众，用兵如神，军人恃之，敌人畏之，此武胜，十也。'曹公曰：'吾知之，绍为人志大而智小，色厉而胆薄，忌克而少威，兵多而分画不明，将骄而政令不一，土地虽广，粮食虽丰，适所以为吾奉也。'杨阜[⑤]曰：'袁公宽而不断，好谋而少决。不断则无威，少决则后事。今虽强，终为所擒。曹公有雄才远略，决机无疑，法一而兵精，必能济大事也。'将孰有能？袁绍率大众攻许，孔融[⑥]谓荀彧（yù）[⑦]曰：'袁绍地广兵强，田丰、许攸，智计之士，为其谋；审配、逢纪，尽忠之臣，任其事；颜良、文丑，勇冠三军，统其兵。殆难克乎？'彧曰：'绍兵虽多，而法令不整。田丰刚而犯上，许攸贪而不治，审配专而无谋，逢纪果而自用。此二人留，知后事。许攸贪而犯法，必不能纵，不纵，必为变。颜良、文丑，一夫之勇耳，可一战而擒也。'后许攸贪不奉法，审配收其妻子，攸怒，奔曹公。又颜良临阵授首，田丰以谏死。皆如彧所料也。吾以此知胜之谓矣。"

【注释】①孙武：字长卿，齐国乐安（今山东省北部）人，是春秋时期著名的军事家、政治家，尊称兵圣或孙子，又称"兵家至圣"，被誉为"百世兵家之师""东方兵学的鼻祖"。著有巨作《孙子兵法》十三篇，被誉为"兵学圣典"，置于《武经七书》之首。②魏太祖：即曹操，字孟德，小字阿瞒，沛国谯（今安徽亳州）人。东汉末年杰出的政治家、军事家、文学家、书法家，三国中曹魏政权的奠基人。③郭嘉：字奉孝，东汉末颍川阳翟（今河南禹州）人。原为袁绍部下，后转投曹操，为曹操统一北方立下了功勋，官至军师祭酒，封洧阳亭侯。④袁本初：即袁绍，字本初，汝南汝阳人。东汉末年军阀，汉末群雄之一。出身东汉名门“汝南袁氏”，早年曾指挥诛杀宦官，后被推举为关东联军首领，逐步占有冀、青、幽、并四州，成为当时最强大的割据势力。但在公元200年的官渡之战中大败于曹操，不久病死。⑤杨阜：字义山，天水冀县（今甘肃甘谷东南）人，三国时期曹魏名臣。东汉时因讨马超有功，赐爵关内侯。曹操征汉中时，担任益州刺史，回来后又担任武都太守。魏文帝曹丕、明帝曹睿时，在朝廷任职，德才兼备、刚正不阿。⑥孔融：字文举，鲁国（今山东曲阜）人。东汉末年文学家，“建安七子”之一，孔子的后代。⑦荀彧：字文若，颍川颍阴（今河南许昌）人。东汉末年著名政治家、战略家，曹操统一北方的首席谋臣和功臣。

【译文】孙武说：“哪个君主有道义？从前汉王刘邦被围困在荥阳，对陈平说：‘天下这样纷乱，什么时候才能安定下来啊？’陈平说：‘项王为人恭敬仁爱，廉节好礼的士人大多投奔他。等到论功行赏、分封爵邑时，项王却很看重这些爵位和土地，因此士人也不真心与他亲近。如今大王您对人傲慢，不讲礼数，顽劣愚钝、贪图小利和不知羞耻的士人也大多投奔了汉军。你们二人确实应当去掉各自的短处，吸取各自的长处，那么天下很快就会安定下来。’魏太祖曹操对郭嘉说：‘袁绍地广兵强，我想讨伐他，但我打不过他，该怎么办？’郭嘉回答说：‘刘邦打不过项羽，您是知道的。但汉祖刘邦用智谋战胜了项羽。虽然项羽强大，最终还是被刘邦打败了。我私下猜想，袁绍有十个失败的理由，您有十个胜利的理由。第一，袁绍虽然兵力强盛，但此人没有才能。他礼仪繁多，您崇尚自然，不喜繁文缛节，在根本上您就战胜袁绍了。第二，袁绍虽然兵力强盛，但是逆时势而动，自立为王，而您顺应时势，奉皇命统率百姓，在道义上您就战胜袁绍了。第三，汉末的统治过于宽松，袁绍用宽松的政策来拯救宽松，所以没有威慑力。而您用严酷的政策来纠正汉末的宽松，从而使上下都懂得遵守法律规范，在法治上您就战胜袁绍了。第四，袁绍表面宽宏大度，内心却容易猜忌，任用了谁不久又会怀疑，只信任他自己的亲戚子弟而已。而您外表纯朴，内心却机智明白，用人不疑，唯才是用，不管远近亲疏，在度量上您就战胜袁绍了。第五，袁绍计谋虽多，但优柔寡断，失在后事。而您有了好计策就马上实行，不断地适应各种变化，在谋略上您就战胜袁绍了。第六，袁绍因出身名门，有好几代积累下来的资本，注重礼仪，以此获取好名声，士人中那些喜欢高谈阔论的人大多投奔了他。而您诚心待人，实实在在做事，不做虚假的表面功夫，以朴素的作风带领下属，赏赐有功的人也一点都不会吝啬，士人中那些忠厚、正直、有远见又有真实才能的人都愿意为您效劳，在品德上您就战胜袁绍了。第七，袁绍看见百姓挨饿受冻，怜悯之情马上就表现出来了，但他没有看见百姓挨饿受冻的时候，想也不会去想，这不过是人们常说的妇人之仁而已。而您对眼前的小事，有时会疏忽，但对那些大事，却能考虑得很长远，带给别人恩惠，都超过了他们自己的期望。即使看不见百姓的困苦，但会考虑周全，没有不接济扶助的，在仁爱上您就战胜袁绍了。第八，袁绍因大臣争夺权力，有时会被谗言迷惑，而您用正道领导部下，想法也会慢慢地渗透到部下中，在明智上您就战胜袁绍了。第九，袁绍不能明辨是非，而您用应有的礼节对待正确的人或事，用法律纠正错误的人或事，在策略上您就战胜袁绍了。第十，袁绍好搞虚假声势，不懂得兵法的要旨，而您以少胜多，用兵如神，军队都仰仗您，敌人都害怕您，在军事上您就战胜袁绍了。'曹操说：'我知道这些，袁绍为人志大才疏，表面严厉，但胆子却很小，猜忌很多却又没有威严，兵力虽强但布署混乱，将帅骄横，政令不一，土地虽广，粮食虽丰，但正好都是给我准备的。'杨阜说：'袁绍为政宽松且优柔寡断，喜欢谋划但很少决断。优柔寡断就没有威望，少决断就会耽误大事。现在虽然强大，但是最终还是要被打败的。曹操有雄才远略，决断的时候不会猜疑，法令一致，将士精干，一定能成就大事。'**哪一个将帅有才能？**袁绍率领大军攻打许昌，孔融对荀彧说：'袁绍地广兵强，有田丰、许攸这样的谋士为他出谋画策；有审配、逢纪这样尽忠职守的大臣辅佐他；有颜良、文丑这样勇冠三军的将领为他统率军队。恐怕很难战胜他吧？'荀彧说：'袁绍兵力虽然强盛，但法令混乱。田丰刚直但容易犯上，许攸贪图小利而不律己，审配专横而没有谋略，逢纪果敢但刚愎自用。审配、逢纪留在袁绍身边，之后的事就不难知道了。许攸贪图小利将来就会犯法，一定不能纵容他，不纵容就一定会生变。颜良、文丑，只不过是匹夫之勇罢了，可以一战而擒。'后来，许攸果然因贪图小利而违法，审配收押了他的妻儿，许攸一气之下投奔了曹操。还有颜良在战场上被砍了头，田丰因劝谏袁绍而被处死。一切都像荀彧预料的那样。**我凭这就知道谁会获胜了。**”

知人第五

臣闻主将之法，务览英雄之心。然人未易知，知人未易。汉光武①，听聪之主也，谬于庞萌②；曹孟德，知人之哲也，弊于张邈③。何则？夫物类者，世之所惑乱也。故曰：狙者类智而非智也狙，音自舒反，慢也，愚者类君子而非君子也，戆者类勇而非勇也。亡国之主似智，亡国之臣似忠，幽莠之幼似禾，骊牛之黄似虎，白骨疑象，碔砆（wǔ fū）④类玉。此皆似是而非也。《人物志》曰："轻诺似烈而寡信，多易似能而无效，进锐似精而去速，诃者似察而事烦，许施似惠而无终，面从似忠而退违。此似是而非者也。亦有似非而是者，大权似奸而有功，大智似愚而内明，博爱似虚而实厚，正言似讦而情忠。非天下之至精，孰能得其实也？"

【注释】①汉光武：即东汉光武帝刘秀，字文叔，南阳郡蔡阳县人，庙号世祖，谥号光武皇帝。东汉开国皇帝，我国历史上著名的政治家、军事家。②庞萌：山阳昌邑（今山东金乡县）人，东汉初年将领。为人谦逊和顺，深得光武帝刘秀宠信，后因被怀疑失宠于刘秀，起兵造反，被杀。③张邈：字孟卓，东平寿张（今山东东平县）人。东汉末年陈留太守，汉末群雄之一，曾参与讨伐董卓。在汴水之战后归附曹操，后背叛曹操又归附吕布，再跟随吕布投奔刘备。张邈在向袁术借兵的路上，被部下所杀。④碔砆：

似玉之石。

【译文】我听说带兵将帅的原则是一定要了解手下将士的内心世界。然而，人是不容易被了解的，了解人也并不容易。东汉光武帝刘秀是一位善于辨别臣下建议的君主，但却被庞萌迷惑；曹操是明察部下的高手，但却被张邈欺骗。这是为什么呢？这是因为事物的表面相似但实质却不同，很容易迷惑扰乱人。所以，行动缓慢的人，看上去很聪明其实并不聪明；愚蠢的人，看上去是君子其实并不是君子；鲁莽的人，看上去很勇敢其实并不勇敢。历史上亡国的君主看上去很有智慧，亡国的大臣看上去忠心耿耿。混杂在禾苗里的莠草在幼苗的时候与禾苗几乎没有什么区别，身上有黄色花纹的牛很像是老虎，白骨像是象牙，色泽像玉的石头很像是美玉。这些都是貌似相同但却完全不同的事物。《人物志》中说："随随便便许诺的人给人的印象似乎是刚强正直的，实际这种人缺乏信用；什么事都要试一试的人好像很有能力，实际很难有什么成就；锐意进取的人似乎精诚专一，可是这种人的热情保持的时间很短；吹毛求疵的人似乎调查的很仔细，实际上做事很烦琐；动不动就答应给人好处的人似乎很慷慨，但是这种人往往说话不算数；当面百依百顺的人貌似忠诚，但这种人大多会阳奉阴违。这都是一些似是而非的情况。还有一些似非而是的情况，掌握大权的人看似奸诈，却能成就大事；有大智慧的人看似痴愚，但内心看得很透彻；博爱的人看似虚伪，但心胸实际上非常宽厚；正直的言论虽然听了让人不高兴，但却是出自一片至诚。如果不是天下最精明的人，谁能把这些似是而非、似非而是的本来面目分辨得清楚呢？"

孔子曰："凡人心险于山川，难知之于天。天犹有春秋、冬夏、旦暮之期，人者厚貌深情。故有貌愿而益，有长若不肖长，音竹两反，有顺怀而达，有坚而缦，有缓而釬音汗。"

【译文】孔子说："人心比山川还要险恶，知人比知天还难。天还有春秋、冬夏和早晚的区别，可是人虽然表面看上去敦厚老实，但真实情感却包得严严实实，深藏不露。所以有的人外表温和，内心却骄横傲慢；有的人貌似是儒雅的长者，其实品行不好；有的人外表圆滑，内心却刚强正直；有的人看似坚强，实际很脆弱；有的人看上去平实，但内心却总是焦躁不安。"

太公曰："士有严而不肖者，有温良而为盗者，有外貌恭敬、中心欺慢者，有精精而无情者，有威威而无成者，有如敢断而不能断者，有恍恍惚惚而反有忠实者，有倭倭迤迤而有效者，有貌勇佷而内怯者，有梦梦而反易人者。无使不至，无使不遂。天下所贱，圣人所贵，凡人莫知，非有大明，不见其际。"此士之外貌而不与中情相应者也。桓范曰："夫贤愚之异，使若葵之与苋，何得不知其然？若其莠之似禾，类是而非是，类贤而非贤。"扬子《法言》[1]曰："或问难知曰：'太山之与蚁蛭，江河之与行潦，非难也。大圣与大佞，难也！於乎！唯能别似者，为无难矣！'"

【注释】①扬子《法言》：扬子，即扬雄，字子云，蜀郡成都（今四川成都郫都区）人，西汉著名辞赋家。《法言》是扬雄晚年编撰，共十三篇，是模仿《论语》而作的一部语录体哲学著作，内容为尊圣人，谈王道，旨在捍卫和发扬儒家学说。

【译文】姜太公说："士人里有看似庄重而实际上品行不好的人，有看似温柔敦厚而实际是做盗贼的人，有外表恭敬而心里却对你欺凌轻慢的人，有貌似专心致志而其实心猿意马的人，有表面威风而实际一事无成的人，有看上去果断而实际优柔寡断的人，有看上去恍恍惚惚反而是忠诚老实的人，有表面拖拖拉拉而实际办事很有效率的人，有外表勇猛而实际内心怯懦的人，有表面迷迷糊糊而实际却和外表不同的人。有的人无所不能，无所不通，天下人却看不起他，只有圣人才推崇他。一般人不能真正了解他，只有非常有智慧的人，才能看清真相。”这些都是士人的外表和真实情况不统一的例子。桓范说：“贤能的人和痴愚的人两者的不同，像葵花和苋菜的区别，怎么会不好辨认呢？就像莠草与禾苗一样，外表很像却实际不同，似乎很贤能却实际并不贤能。”扬雄在《法言》中说：“有人问到知人之难时说：‘人要区别泰山与蚁蛭，江河与水洼，那就不难分辨了。可是要区别大圣与大奸，就太难了！呜呼！只有把相似的东西辨别清楚后，才可以说知人不难的话！’”

知此士者而有术焉。微察问之，以观其辞；穷之以辞，以观其变；与之间谋，以观其诚；明白显问，以观其德；远使以财，以观其廉又曰：委之以财，以观其仁；临之以利，以观其廉；试之以色，以观其贞又曰：悦之以色，以观其不淫；告之以难，以观其勇又曰：告之以危，而观其勇。又曰：惧之，以验其特；醉之以酒，以观其态又曰：醉之以酒，而观其则。又曰：醉之以酒，观其不失。

【译文】要想了解这种士人还是有些方法的。观察询问，仔细观察他说的话；连连追问，观察他的应变能力；与他谋划，观察他是否诚实；直来直去地提问，观察他的品德如何；让他外出处理有关钱财的事，观察他是否廉洁另一种说法是：把钱财交给他，观察他是否仁义，或者让他处理有利可图的事情，也可以观察他是否廉洁；用女色试探他，观察他是否坚贞另一种说法是：用美色来让他高兴，以此观察他是否淫乱；把事情的艰难告诉他，观察他是否有勇气另一种说法是：告诉他危险就要来临，从而观察他是否有勇气。另一种说法是：突然让他害怕，以此考察他是否有特别之处；**拿酒灌醉他，观察他的态度**另一种说法是：拿酒灌醉他，观察他是否有自己的原则。另一种说法是：拿酒灌醉他，观察他是否会失态。

《庄子》[①]曰：远使之，而观其忠又曰：远使之，以观其不二，近使之，而观其敬又曰：近之以昵，观其不狎，烦使之，而观其能又曰：烦之以事，以观其理，卒然问焉，而观其智又曰：设之以谋，以观其智。太公曰：事之而不穷者，谋，急与之期，而观其信太公曰：使之而不隐者，谓信也，杂之以处，而观其色又曰：纵之以视，观其无变。

【注释】①《庄子》：又称《南华经》，是道家经文，是战国早期庄子及其门徒所著。全书以"寓言""重言""卮言"为主要表现形式，继承老子学说而倡导相对主义，蔑视礼法权贵而倡言逍遥自由。

【译文】《庄子》中称：**派人到遥远的地方办事，能观察他是否忠诚**另一种说法是：派人到遥远的地方办事，观察他有没有二心；**让他在身边办事，能观察他是否尽职**另一种说法是：让他在身边办事，与他亲近，观察他的态度是否会不庄重；**不断地让他做繁杂的工作，能观察他有没有办事才能**另一种说法是：不断地让他做繁杂的工作，以此观察他处理烦杂事务的本领；**突然提问他，能观察他是否机智**另一种说法是：对他用计谋，以此观察他是否机智。姜太公说：能够应对连续不断的事，就是有谋略的人；**在仓猝之间和他约定某事，观察他是否讲信用**姜太公说：在办事过程中不向你隐瞒情况，就是讲信用的人；**不同的人和他呆在一起，观察他的神色**另一种说法是：让他随意看各种各样的事物，观察他对哪些事物是坚持不变的。

《吕氏春秋》[①]曰：通则观其所礼通，达也；贵则观其所进又曰：达，视其所举也；富则观其所养又曰：富，视其所与。又曰：见富贵人，观其有礼施。太公曰：富之而不犯骄逸者，谓仁也；听则观其所行行则行仁；近则观其所好又曰：居，视其所亲。又曰：省其居处，观其贞良；省其交游，观其志比；习则观其所言好则好义，言则言道；穷则观其所不爱又曰：穷，则视其所不为非。又曰：贫，视其所不取；贱则观其所不为又曰：贫贱人，观其有德守也。喜之以验其守守，慎守也。又曰：喜之，以观其轻；乐之以验其僻僻，邪僻也。又曰：娱之以乐，以观其俭；怒之以验其节节，性也。又曰：怒之仇，以观其不怨也；哀之以验其仁仁人，见可哀者则哀；苦之，以验其志又曰：捡之，以观其能安。

【注释】①《吕氏春秋》：由秦国丞相吕不韦主持，集合门客们编撰而成，是一部黄老道家名著。此书以儒家学说为主干，以道家理论为基础，以名、法、墨、农、兵、阴阳家思想学说为素材，熔诸子百家学说为一炉。

【译文】《吕氏春秋》中称："仕途顺利时观察他是否能够保持礼仪；显达的时候观察他会进献什么东西另一种说法是：显达的时候观察他会举荐什么样的人；富贵的时候观察他会救助什么样的人另一种说法是：富贵的时候观察他会给予别人什么东西。还有一种说法是：看到富贵的人，观察他是否懂得礼貌，是否会施舍别人。姜太公说：虽然富贵但并不骄奢安逸，这种人叫做仁人；听他的言论，首先要观察他的行为行就是要行仁德之事；要接近一个人，首先要观察他的爱好另一种说法是：观察他住的地方，就能知道他亲近什么样的人；另一种说法是：了解他住的地方，观察他是否忠正诚信；了解他的朋友，观察他的志向；要想熟悉一个人，就要观察他说的话人应该喜欢仁义，交谈就要谈论道德；一个人穷困时，观察他不喜欢什么另一种说法是：穷困时观察他会不会做坏事。另一种说法是：穷困时观察他不敢做什么事；一个人贫贱时，观察他不爱做什么事另一种说法是：一个人贫贱时，观察他是否有道德操守；一个人高兴时，观察他是否有自制力另一种说法是：一个人高兴时，观察他是否轻佻；一个人快乐时，观察他是否品行不端另一种说法是：一个人快乐时，观察他是否俭朴；让他发怒，观察他是

否有节操另一种说法是：用仇人触怒他，观察他是否会怨恨；**让他伤心，观察他是否仁爱**仁爱的人看见别人伤心也会跟着伤心；**让他生活困苦，观察他是否有志气**另一种说法是：检验他，观察他是否有随遇而安的修养。

经曰：任宠之人，观其不骄奢太公曰：贵之而不骄奢者，义也；疏废之人，观其不背越；荣显之人，观其不矜夸；隐约之人，观其不慑惧。少者，观其恭敬好学而能悌《人物志》曰：夫幼志之人，在于童龀（chèn），皆有端绪。故文本辞繁，辨始给口，仁出慈恤，施发过与，慎生畏惧，廉起不取者也；壮者，观其廉絜，务行而胜其私；老者，观其思慎，强其所不足而不逾。父子之间，观其慈孝；兄弟之间，观其和友；乡党之间，观其信义；君臣之间，观其忠惠太公曰："付之而不转者，忠也。"此之谓观诚。傅子曰："知人之难，莫难于别真伪。设所修出于为道者，则言自然而贵玄虚；所修出于为儒者，则言分制而贵公正；所修出于为纵横者，则言权宜而贵变常。九家殊务，各有所长，非所为难也。以默者观其行，以语者观其辞，以出者观其治，以处者观其学。四德或异，所观有微，又非所谓难也。所谓难者，典说诡合，转应无穷，辱而言高，贪而言廉，贼而言仁，怯而言勇，诈而言信，淫而言贞。能设似而乱真，多端以疑暗。此凡人之所常惑，明主之所甚疾也。君子内洗其心，以虚受人，立不易方，贞观之道也。九流有主，贞一之道也。内贞观而外贞一，则执伪者无地而逃矣。夫空言易设，但责其实事之效，则是非之验立可见也。"故韩子[①]曰："人皆寐，盲者不知；人皆默，喑者不识。觉而使之视，问而使之对，则喑、盲穷矣。发齿吻，视毛色，虽良、乐[②]不能必马；连车蹴驾，试之行途，则臧获[③]定其驽良。观青黄，察瑕销，虽欧冶[④]不能必剑；陆断狗马，水截蛟龙，虽愚者识其利钝矣。是知明试责实，乃圣功也。"

【注释】①韩子：即韩非，战国末期著名思想家、法家代表人物。被世人尊称韩非子或韩子，著有《韩非子》一书。备受秦王嬴政赏识，但遭到李斯等人的嫉妒，最终被下狱毒死。②良、乐：即伯乐，本名孙阳，善相马，字子良，又称王良。③臧获：古代对奴婢的贱称。④欧冶：即欧冶子，春秋末期到战国初期越国人，我国古代铸剑鼻祖，龙泉宝剑创始人，曾为越王允常、楚昭王铸宝剑。

【译文】经书上说：对受宠爱的人，要观察他是否骄横奢侈姜太公说：富贵而不骄奢的人，是有仁义；对被当权者疏远、罢黜的人，要观察他是否会背叛；对荣贵显达的人，要观察他是否会骄傲自夸；对默默无闻的人，要观察他是否会有所畏惧。对年轻人，要观察他是否恭敬、好学，能否与兄弟互爱互敬。《人物志》中称：从小聪慧的人，在小时候就会表现出来。所以说，文才本于辞藻丰富，辩才始于口齿伶俐，仁爱出于仁慈顾惜，好施生于大方，谨慎生于畏惧，廉洁起自不随便拿不该自己拥有的东西。对正值壮年的人，要观察他是否廉洁实干，勤恳敬业，大公无私；对年老的人，要观察他是否思虑慎重，主动加强自己不足之处，还不会违背道德规范。父子之间，观察他们是否慈爱、孝顺；兄弟之间，观察他们是否和睦友善；邻里之间，观察他们是否讲信义；君臣之间，观察君主是否施恩于人，臣子是否忠心。姜太公说：“给他权力还不会变心的，才是忠臣。”这些方法叫做“观诚”。傅玄说：“了解一个人很困难，最难的是辨别真伪。如果一个人的思想是源于道家，他就会谈论自然，崇尚玄学的虚幻；如果一个人的思想是源于儒家，他就会谈论分制，崇尚公平正直；如果一个人的思想是源于纵横家，他就会谈论权宜机变，崇尚改革、变法。九家各有不同的追求，各有不同的长处。分辨他们的不同，并不是很困难。对沉默的人观察他的行为，对说话的人观察他的言辞，对外出为官的人观察他的治政策略，对赋闲在家的人观察他的学问。这四种人的德行虽然各不相同，仔细观察，总能发现他们的不同。所以这也不是我们所说的困难。我们所说的了解一个人很困难，是指有些人说起话来喜欢引用经典，能言巧辩，千变万化，受到羞辱却标榜自己如何品德高尚，贪得无厌却满口正直廉洁，残害众生却说自己有仁爱之心，怯懦无能却说自己英勇非凡，刁滑奸诈却说自己言出必行，淫荡好色却说自己坚贞不屈。这些伪君子，都是在以假乱真，迷惑人们的视听。普通人经常被他们迷惑，当权者也最痛恨这样的人。有德行的君子，力求自己心灵纯洁，虚心平和地待人，安身立命不改变自己正直的品德。百家九流，都有他们自己坚持的原则。内心坚持正道，外表坚持原则，那些千方百计伪装的奸险小人就无处藏身了。空话好说，但假如要求具体事情的成效，那么是非正误马上就暴露无遗了。”因此韩非子说：“在人们都睡着的时候，就无法知道谁是盲人；当人们都不说话的时候，就无法知道谁是哑巴。睡醒之后让他们看东西，提出问题让他们回答，那么哑巴和盲人就无法隐藏了。只是看牙齿，观毛色，即使是伯乐王良也看不出哪个是好马。只要让马驾车，试着跑一跑，就是奴仆也能辨别出马的好坏。只是看颜色，观纹理，即使是铸剑大师欧冶子也看不出剑的好坏，只要在地上宰狗杀马，水里斩杀蛟龙，就是蠢人也能分辨出剑是否锋利。由此可见，能够明白通过实践考查事情，是最高明的方法。”

《人物志》曰：凡有血气者，莫不禀阴阳以立性，体五行而着形。其在体也，木骨、金筋、火气、土肌、水血，五物之象也。五物之实，各有所济也：骨植而柔立者，谓之弘毅。弘毅也者，仁之质也。木则垂阴，为仁之质。质不弘毅，不能成仁。气清而朗者，谓之文理。文理也者，礼之本也火则照察，为礼之本。本无文理，不能成礼。体端而实者，谓之贞固。贞固也者，信之基也土必吐生，为信之基。基不贞固，不能成信也。筋劲而精者，谓之勇敢。勇敢也者，义之决也金能断割，为义之决。决不勇敢，不能成义也。色平而畅者，谓之通微。通微也者，智之原也水流疏达，为智之原。原不通微，不能成智。五质恒性，故谓之五常。

【译文】《人物志》中称：只要是由血和气构成的生物，无不是由阴、阳二气生成来确定它的品性，由金、木、水、火、土五种元素构成它的外形。所以在人的身体中，木骨、金筋、火气、土肌、水血都是五种元素在人身上的体现。五种物质，各有各的功用：骨骼坚硬而外表柔和的，本性就坚强刚毅。坚强刚毅，是仁的本质木的本性是低垂而阴湿，是仁的本质。本质不坚强刚毅，就不能成仁。气质清净爽朗的，被称作有文理。文理，是礼的本质火的本性是能照亮万物，所以是礼的本质。如果本质没有文理，就不能成礼。身体端正坚实的，被称作贞固。贞固，是信的基础万物皆由土生，是信的基础。基础不贞固，就不能成信。筋脉强劲而有生气，被称作勇敢。勇敢，是义的前提金能切割，是义的前提。前提没有勇敢，就不能成义。气色平和通畅的，被称作通微。通微，是智的来源水流通畅，是智的来源。来源不通微，就不能成智。这五种物质的属性是不可变更的，所以称之为五常。

故曰：直而不刚则木木强徼（jiǎo）讦，失其正色，劲而不精则力负鼎绝膑（bìn），失其正劲，固而不端则愚悫己自是，陷于愚戆，气而不清则越辞不清顺，发越无成，畅而不平则荡好智无涯，荡然失己。然则平陂之质在于神神者，质之主也。故神平则质平，神陂则质陂也，明暗之实在于精精者，实之本。精清则实明，精浊则实暗，勇怯之势在于筋筋者，势之用也。故筋劲则势勇，弱则势怯，强弱之植在于骨骨者，植之基。故骨粗则植强，骨细则植弱，躁静之决在于气气者，决之地也。气盛，决于躁；气冲，决于静，惨怿之情在于色色者，情之候。故色悴由情惨，色悦由情怿也，衰正之形在于仪仪者，形之表。故仪衰由形殆，仪正由形肃，态度之动在于容容者，动之符，哀动则容哀，态正则容度也，缓急之状在于言言者，心之状。心恕则言缓，心偏则言急也。若质素平淡，中睿外朗，筋劲植固，声清色怿，仪崇容直，则纯粹之德也。

【译文】因此说，只是劲直但不刚硬就是木木性太僵直就枯干，就将丧失其本色，**强劲而没有生气就是徒有蛮力**用死劲扛鼎就会压折膝盖骨，这是因为不会用巧劲，**固执而不端正就是愚笨**只考虑对自己有利，自以为是，就会陷入愚笨戆直，**有血性但不清纯就会放纵**说话不清楚，不顺畅，过于放纵就会一事无成；**舒畅而内心不平和就是放荡**喜欢表现自己聪明，没有约束，过于放荡就会失去自我。**然而，平和还是偏颇的本质取决于是否有神气**神气主宰着气质，所以神气平和的人，气质上也显得平和，神气偏颇的人气质也会偏颇，**聪明还是愚笨取决于精气**精气，是身体的根本，精气清爽则聪明，精气浑浊则愚笨，**勇敢还是怯懦取决于筋脉**筋脉，是气魄的基础，所以筋脉强劲就显得有气势，筋脉微弱就显得怯懦，**坚强还是柔弱取决于骨骼**骨骼，是体质的基础，所以骨骼粗壮就显得强健；骨骼纤细就显得柔弱，**急躁还是安静取决于气**气，是决断的基础。气盛就急躁，气平就安静，**悲伤还是欢喜会表现在人的面色上**面色，是情感的外现，所以心情悲伤面色就会憔悴，心情愉悦就显得容光焕发，**衰怠还是端正会表现在仪表上**仪表，是身体的外在表现，所以身体有了毛病，外表就显得疲惫；身体严肃，外表就显得端正，**态度的变化表现在容貌上**容貌，是内心变化的符号，内心悲伤容貌就显得悲伤，内心端正容貌也显得大度，**和缓、急躁的情绪会在言谈中流露出来**言谈，体现内心的情况，内心宽容必然言语平和，内心偏急必然言语急躁。**如果一个人的心性质朴纯洁，怡淡平和，内心聪慧，外表开朗，筋脉强劲，骨骼坚固，声音清雅，面色和悦，仪表高洁，容貌端正，这就是具有纯粹品德的人。**

夫人有气。气也者，谓诚在其中，必见诸外。故心气粗讼者，其声沈散；心气详慎者，其声和节；心气鄙戾者，其声粗犷；心气宽柔者，其声温润。信气中易，义气时舒，和气简略，勇气壮立，此之谓听气以其声，处其实。气生物，物生有声。声有刚、柔、清、浊，咸发乎声。听其声，察其气，考其所为，皆可知矣。

【译文】人都有精气。精气只要在人的身体中，就一定会表现出来。因此，心气粗闷的人，他的声音就会沉重而散漫；心气周详谨慎的人，他的声音就一定会平和而有节制；心气鄙陋乖戾的人，他的声音就粗犷；心气宽广柔和的人，他的声音就会温和圆润。讲信用的人心气一定端正平易，讲道义的人心气一定从容不迫，心态平和的人心气一定简易随和，勇敢的人心气一定雄壮奇绝。用这种方法来观察人，叫做"听气"因为声音的不同，判断一个人的内在。气产生物质，物质发出声音。声音有刚、柔、清、浊，听声音就能判断发声之物，通过听其声，观其气，考察其作为，就可以了解一个人的品性了。

又有察色。察色，谓心气内蓄，皆可以色取之。夫诚智必有难尽之色又曰：诚智，必有明达之色，诚仁必有可尊之色又曰：诚仁，必有温柔之色，诚勇必有难慑之色又曰：诚勇，必有矜奋之色也，诚忠必有可观之色，诚洁必有难污之色，诚贞必有可信之色。质色浩然固以安，伪色曼然乱以烦。此之谓察色。《人物志》曰：夫心质亮直，其仪劲固；心质平理，其仪安闲。夫仁固之精，悫(què)然以端；勇胆之精，晔然以强。夫忧患之色，乏而且荒；疾疢之色，乱而垢杂；喜色，愉然以怿；愠色，厉然以扬；妒惑之色，冒昧无常。是故其言甚怿而精色不从者，中有违也；其言有违而精色可信者，辞不敏也；言未发而怒色先见者，意愤溢也；言已发而怒气送之者，强所不然也。凡此之类，虽欲违之，精色不从，威愕以明，虽变可知也。

【译文】了解一个人的品性，还可以用“察色”的方法。可以察色，是因为人的心气隐藏在体内，都可以通过人的神色去把握它。真正聪慧的人一定有难以言说、无法穷尽的神色另一种说法是：真正聪慧的人一定有明朗、通达的神色，真正仁厚的人一定具有值得尊重的神色另一种说法是：真正仁厚的人一定有温柔的神色，真正勇敢的人一定具有不可威慑的神色另一种说法是：真正勇敢的人一定有以勇气自恃的神色，真正忠诚的人一定具有值得观赏的神色，真正高洁的人一定具有难以玷污的神色，真正有节操的人一定具有值得信任的神色。神色质朴，浩气凛然，坚强而稳重；神色虚伪，犹豫不决，让人烦燥不安。这就叫做“察色”。《人物志》中称：心地诚实正直的人，他的仪表一定会强劲坚定；心地平和明理的人，他的仪表一定会安闲自在。一个人的仁爱之心到了极致的时候，就会显得诚实而端正；一个人的勇敢之心到了极致的时候，神色就显得骠悍而刚强。人有忧患，神色一定会疲乏而迷茫；身有疾患，神色就会慌乱而垢杂；人有喜色，神色就会愉快；人很生气，神色一定会眉横目竖；人很困惑，神色一定会莽莽撞撞，反复无常。所以，如果一个人说得非常动听，而表情神色与言语却不协调，一定不是出自本心；如果一个人语无伦次，可是表情神色可以让人信赖，那一定是他不善言辞；没有说话就怒形于色的，那一定是他胸中充满了愤怒；言语和怒气同时喷发的，那一定是他要强迫别人改变他认为不对的事情。凡此种种，虽然言语上想竭力遮掩，但内心的真实情况与外在的对应表现却不匹配。即便是受到威胁或恐吓，临时改变他的面孔，仍然骗不了人。

又有考志。考志者，谓方与之言，以察其志。其气宽以柔，其色捡而不谄，其礼先人，其言后人，每自见其所不足者，是益人也。若好临人以色，高人以气，胜人以言，防其所不足，而废其所不能者，是损人也太公曰：博文辩辞，高行论议，而非时俗，此奸人也。王者慎勿宠之也。其貌直而不侮，其言正而不私，不饰其美，不隐其恶，不防其过者，是质人也又曰：与之不为喜，夺之不为怒，沉静而寡言，多信而寡貌者，是质静人也。议曰：太公云：朴其身头，恶其衣服，语无为以求名，言无欲以求得，此伪人也。王者慎勿近之。夫质人之中有如此之伪者也。若其貌曲媚，其言谀巧，饰其见物，务其小证，以故自说者，是无质人也议曰：晏子云：谗夫、佞人之在君侧，材能皆非常也。夫藏大不诚于中者，必谨小诚于外，以成其大不诚。此难得而知也。荀悦[①]曰：察人情术，观其言行，未必合道，而悦于己者，必佞人也；观其言行，未必悦己，而合于道者，必正人也。此察人之情之一端也。喜怒以物而色不作，烦乱以事而志不惑，深导以利而心不移，临慑以威而气不卑者，是平心固守人也又曰：荣之以物而不娱，犯之以卒而不惧，置义而不迁，临货而不回者，是果正人也。议曰：孔子称取人之法，无取健。健，贪也。夫健之弊有如此者矣。若喜怒以物而心变易，乱之以事而志不治，示之以利而心迁动，慑之以威而气恇惧者，是鄙心而假气人也又曰：若移易以言，志不能固，已诺而不决者，是情弱之人也。设之以物而数决，惊之以卒而屡应，不文而慧者，是有智思之人议曰：太公云：有名而无实，出入异言，扬美掩恶，进退为功，王者慎勿与谋。夫智思之人，弊于是矣。若难设以物，难说以言，守一而不知变，固执而不知改，是愚佷人也议曰：志士守操，愚佷难变。夫不变是同，而愚智异者，以道为管也。何以言之？《新语》[②]云：夫长于变者，不可穷以诈；通于道者，不可惊以怪；审于辞者，不可惑以言；达于义者，不可动以利。故君子闻见欲众而采择欲谨，学问欲博而行己欲敦。目不淫炫耀之色，耳不乱阿谀之辞。虽利以齐鲁之富而志不移，谈以松、乔[③]之寿而行不改，然后能一其道而定其操，致其事而立其功。观其道业，此其所以与愚佷异也。若屏言而勿顾，自私而不护，非是而强之，是诬嫉人也议曰：刘备以客见诸葛亮而贤之，亮曰："观客色动而神惧，视低而忤数。奸形外露，邪心内藏。必曹氏刺客。"后果然。夫奸人容止，大抵如是。何晏[④]、夏侯玄[⑤]、邓飏[⑥]等，求交于傅嘏[⑦]而不纳也。或怪而问之，嘏白："太初志大，其量能合虚声而无实才；何平叔言远而情近，好辩而无诚，所谓利口覆国之人也；邓玄茂有为而无要，外要名利，内无关钥，贵同而恶异，多言而妒前。多言多败衅，妒前而无功。以吾观此三人，皆败德也。远之犹恐祸及，况昵之乎？"后皆如嘏言。夫妒者之行，有如此者。此之谓考志《人物志》曰：夫精欲深微，质欲懿重，志欲弘大，心欲谦小。精微所以入神妙也，懿重所以崇德守也，志大所以堪物任也，心小所以慎咎悔也。故《诗》[⑧]咏文王"小心翼翼"，不大声以色，心小也；"王赫斯怒"，以对于天下，志大也。由此论之，心小志大者，圣贤之伦也；心大志大者，豪杰之隽也；心大志小者，傲荡之类也；心小志小者，拘懦之人也。

【注释】①荀悦：字仲豫，颍川颍阴（今河南许昌）人。东汉史学家、政论家、思想家。②《新语》：西汉时期陆贾的著名政论散文集，全书共十二章。陆贾主张"行仁义，法先圣"，礼法结合，同时强调人主必须无为。③松、乔：古代传说中的仙人赤松子和王乔。指像仙人那样的长寿。④何晏：字平叔，南阳宛（今河南南阳）人。三国时期曹魏大臣、玄学家。后因结党于曹爽，被司马懿诛灭九族。⑤夏侯玄：字太初，沛国谯（今安徽亳州）人。三国时期曹魏玄学家、文学家。⑥邓飏：字玄茂，南阳新野（今河南新野）人，曹魏大臣。后因结党于曹爽，被司马懿所杀。⑦傅嘏：字兰石，北地郡泥阳县（今甘肃宁县米桥乡）人。三国曹魏后期重臣。⑧《诗》：我国第一部诗歌总集，收集了自西周初年至春秋中叶五百多年的诗歌305

篇。先秦称《诗》，或取其整数称《诗三百》。西汉时被尊为儒家经典，称《诗经》，并沿用至今。

【译文】了解一个人的品性，还可以用“考志”的方法。“考志”的方法，就是通过与人交谈来考察他的心志。如果一个人的语气宽缓柔和，神色恭敬而不谄媚，先礼后言，常常能自己发现自己的不足之处，这样的人是对别人有好处的人。如果一个人在说话的时候，喜欢盛气凌人，话语上总想占上风，想方设法掩盖自己的不足，故意掩饰自己的无能，这种人只能对别人造成损害。姜太公说：“喜欢跟人争辩，高谈阔论，批评世俗，这种人是奸人。作君王的一定不要宠幸这样的人。”如果一个人的外貌端正而不轻慢，言谈正直而不偏私，不粉饰自己的长处，不隐瞒自己的短处，不掩盖自己的过失，这种人是质朴的人。另一种说法是：给他好处而不因此高兴，夺走他的东西也不因此恼怒，沉静而寡言，坚守信用但不加矫饰，这种人是质朴而沉静的人。评论：太公说：“不打扮，不修饰，破衣烂衫，讲的都是些清静无为，求的却是功名利禄；说是无欲无求，实际上贪得无厌，这种人是虚伪的人。君王千万不要亲近这种人。那些好像是质朴的人中就有这种虚伪的人。”如果一个人的神情总是讨好别人，说的话总是谄谀巧伪，好做表面文章，说一些微不足道的事，因此而自鸣得意，这种人就不是质朴的人。评论：晏子说：“如果君王的身边都是些好进谗言的奸佞小人，他们就会施展出非常的才能，来获取君王的恩宠。那些心中隐藏极大的不诚实的人，必定会把小小的诚实表露出来，以此成就其极大的不诚实，这种人是最难察知的。”荀悦说：“观察人的方法是如果发现一个人的言行并不合乎道义，但他很会讨你欢喜，那么这个人一定是奸佞的小人；如果发现一个人的言行虽然不一定能让你高兴，但却合乎道义，那么这个人一定是正人君子。”这是考察人的方法之一。假如一个人感情的喜怒不会因外界环境的变化而表现出来，不会因遇到乱七八糟的琐事就心志迷惑，不会为厚利的诱惑所动，不会在权势的威胁面前低声下气，这种人是内心平静、坚贞不屈的人。另一种说法是：得到足够让他荣耀的财物但不会高兴得手舞足蹈，猛地惊吓他也不惧怕，坚守着正义而不会改变，面对财宝心也不会动摇，这才是真正的正人君子。评论：孔子说：“选择人才的方法，是不选择那些强行进取的人。强行进取的人表现在贪婪上。”强行进取的弊端竟然如此之大！**如果一个人感情的喜怒很容易因外界环境的变化而表现的或喜或怒，会因遇到繁杂的事情而意志动摇，见了蝇头小利就动心，一受威胁就恐惧，这种人是心性鄙陋而志气不坚定的人。**另一种说法是：如果很容易被动听的言辞诱惑，意志动摇，已经答应又犹豫不决的人，这种人是感情脆弱的人。**在面对种种困难时能果断地处理事情，以无穷的应变能力面对突然的惊扰，虽然没有文采但是内心聪慧的人，这是有智慧、有思想的人。**评论：姜太公说：“有名而无实，里外说的话不一样，宣扬自己的优点，掩饰自己的不足，进退都是为了功名，作君王的千万不能和这种人共谋大事。”有智慧、有思想的人，经常会有这样的毛病。**假如一个人不能适应各种变化的情况，又不愿意听人劝说，固守一种观念而不懂得变通，固执己见而不懂得改变，这是愚昧刚愎的人。**评论：志士坚守节操，而愚昧刚愎的人不知变通，两种都是不改变，但还是一个表现了智慧，一个表现了愚昧，应该把是否坚持道义作为标准。为什么这样说呢？西汉陆贾写的《新语》中提到：善于应变的人无论对什么样的欺诈都有办法应付，通达事理的人对任何怪异的事都不会感到惊慌，谨慎辨别言辞的人对任何花言巧语都不会被迷惑，秉承仁义的人不会为利益而动摇。所以君子的特点是虽然尽可能让自己博闻多见，但是他对所见所闻的选择却非常谨慎。学问虽然非常渊博，但行为却很忠厚。五彩缤纷的颜色不会玷污他的眼睛，甜言蜜语不会扰乱他的听觉。即使把整个齐、鲁的财富都给了他，也不能动摇他的志向；即使让他活到仙人王乔、赤松子那样长的寿命，他的行为也不会改变。他始终坚持自己的道义，保持自己的节操，做自己的事业，建立自己的功名。观察他对待道德、事业的态度，就可以发现坚守节操的志士与愚昧刚愎的人之间的根本区别了。**如果别人说什么也不听，自私自利，还不加约束，强词夺理，颠倒黑白，这种人是好诬陷、嫉妒他人的人。**评论：刘备让一个门客去见诸葛亮，并认为这个门客很有才能。诸葛亮说：“我观察此人的言谈举止，神情游移畏惧，低着头，好几次显示出桀骜不驯的样子，外露奸形，内藏邪心。此人一定是曹操派来的刺客。”后来果然发现他就是刺客。一般奸佞之人的仪容举止大多数都是这样。何晏、夏侯玄和邓飏等人都希望与傅嘏交好，但傅嘏不接受。有人感到奇怪，问傅嘏为什么。傅嘏回答说：“夏侯玄志向远大，徒有其名而无真才实学；何晏说起话来让人捉摸不透，其实内心急功近利，喜欢辩论但没什么成就，这就是人们所说的会因为能说会道的嘴而让国家亡国的人；邓飏貌似有作为，但实际上有始无终，在外贪求名利，内心又没有一个自我约束的尺度，喜欢与自己意见相同的人，厌恶与自己意见不同的人。整天滔滔不绝，但对先贤心怀嫉恨。言多易起争端，嫉贤就会没有成就。依我看，这三个人都是道德败坏之辈。远远地避开他们还怕招惹灾祸，更何况是亲近他们呢？”后来这三个人的结局都像傅嘏说的那样。嫉妒他人的下场就会是这样。**以上了解人品性的方法，就叫做“考志”**。《人物志》中说：精神要做到深沉悠远，气质要做到美好凝重，志向要做到远大，内心要做到谦虚谨慎。只有精神深沉悠远才能进入神妙的境界，只有气质美好凝重才能尊崇道德操守，志向远大才能担负重任，内心谦虚谨慎才会警惕灾祸。所以《诗经》中歌颂文王姬昌“小心翼翼”，连讲话都不敢大声，是因为小心谨慎；“王赫斯怒”，是说文王有心怀天下的大志。由此论之，心小志大的人，是可以与圣贤比肩的人；心大志大的人，属于豪杰；心大志小的人，是不知天高地厚、放荡任性的狂妄之徒；心小志小的人，是拘谨软弱的人。

又有测隐。测隐者，若小施而好得，小让而大争，言愿以为质，伪爱以为忠，尊其行以收其名，此隐于仁贤。孙卿曰：“仲尼之门，五尺童子羞言霸道者，何也？彼非本政教也，非服人心也，以让饰争，依乎仁而蹈利者也。小人之桀耳，曷足称大君子之门乎？”若问则不对，详而不穷，貌示有余，假道自从，困之以物，穷则托深。此隐于艺文也又曰：虔诚不及而佯为不言，内诚不足而色亦有余，此隐于智术者也。《人物志》曰：有处后特长，从众所安，似能听断者；有避难不应，似若有余而实不解者；有姻胜情错失，穷而称妙，似理不可屈者。此数似者，众人之所惑也。若高言以为廉，矫厉以为勇，内恐外夸，亟而称说，以诈气临人，此隐于廉勇也议曰：太公云：“无智略大谋，而以重赏尊爵之故，强勇轻战，侥幸于外。王者慎勿使将。”此诈勇之弊也。若自事君亲而好以告人，饰其见物而不诚于内，发名以君亲，因名以私身，此隐于忠孝也。此谓测隐矣。《人物志》曰：尤妙之人，含精内真，外无饰姿；尤虚之人，硕言瑰姿，内实乖违。而人之求奇，不以精微测其玄机，或以貌少为不足，或以瑰姿为巨伟，或以真露为虚华，或以巧饰为真实。何由得哉？故须测隐焉。

【译文】了解一个人的品性，还可以用“测隐”的方法。“测隐”的方法，就是指看一个人，如果发现他吃小亏而要占大便宜，让小利而争大利，言语恭顺以争取人心，假装慈爱以充忠厚，小心翼翼地做事以博取好名声，这就是用仁爱贤良来隐瞒自己真实本质的人。荀子说：“孔子门中的五尺童子都以谈论霸道为耻辱，这是为什么呢？因为霸道之类的学说不符合政治教化，不能让人心悦诚服，用退让掩饰必争，以仁德为幌子，实际驱使人争名夺利。霸道只是势利小人成为枭雄的工具罢了，怎么值得让孔子这样大君子的门徒谈论呢？”如果向他提问但不回答，想让他详细回答却又含糊其辞，外表让人感到很有学识，打着仁义的幌子来放纵自己，处在困境时，一旦没有办法就故作深沉。这是借学识理论来掩饰自己贫乏另一种说法是：有的人没有虔诚心，却以沉默不言来掩饰，本来没有诚心，但在神情上却装得非常诚恳。这是用智谋来掩盖自己虚伪。《人物志》中说：有的人特别善于甘居人后，喜欢随大流，表面上能听取别人的意见，看上去是做事果断的人；有的人善于不动声色地回避困难，好像是胸有成竹，实际上他根本没有办法；有的人善于对自己的过错、失误进行辩解，说得头头是道，让别人理屈辞穷。这几种人，人们最容易被他们迷惑了。如果有的人高谈阔论以示廉洁，装作雷厉风行以显示自己勇敢，内心恐惧，外表却在虚张声势，急切地称赞自己，狐假虎威，盛气凌人，这是用廉洁、果敢来掩饰自己的私心评论：姜太公说："没有超人的谋略，只因为贪求重赏和爵位而逞强好胜，轻率请战，抱着侥幸的心理上战场。作君王的千万不能让这种人担任将帅。"这些是假装勇敢的弊端。如果有的人侍奉君主和双亲时，喜欢向人炫耀他是如何忠心、孝顺，好做表面文章，其实并没有忠孝的诚心，只不过是想以侍奉君亲来获得美名。这就是用忠孝之名来掩饰自己的私欲。以上说的就是"测隐"的方法。《人物志》中说：最为高妙的人，内心清纯，外表毫不修饰；最为虚伪的人，总是大唱高调，刻意塑造形象，内心其实完全不同。可是人们追求新奇，不善于用精微的洞察力发现其中的玄机，或者还会因为外表不够理想而遗憾，或者只因为仪表非凡就把他当作伟人，或者把真情流露误以为浮华不实，或者把巧妙的伪装当作真实。怎么才能了解一个人的真面目呢？这就需要"测隐"了。

夫人言行不类，终始相悖，外内不合，而立假节以感视听者，曰毁志者也。《人物志》曰：夫纯讦性违，不能公正，依讦似直，以讦讦善。纯宕似流，不能通道，依宕似通，行傲过节。故曰：直者亦讦，讦者亦讦，其讦则同，其所以为讦则异；通者亦宕，宕者亦宕，其宕则同，其所以为宕则异。观其依似，则毁志可知也。若饮食以亲，货赂以交，损利以合，得其权誉而隐于物者，曰贪鄙者也太公曰："果敢轻死，苟以贪得，尊爵重禄，不图大事，待利而动，王者慎勿使也。若小知而不大解，小能而不大成，规小物而不知大伦，曰华诞者也文子[①]曰："夫人情莫不有所短，诚其大略是也，虽有小过，不足以为累；诚其大略非也，闾里之行，未足多也。"

【注释】①文子：姓辛氏，号计然。道家始祖老子的弟子。春秋战国时期的哲学家、文学家、教育家、思想家。是《文子》一书作者，文子思想尚阳。

【译文】如果一个人言行不一，前后相违背，内心和外表不符合，假立名节以迷惑他人耳目，这就叫“毁志”。《人物志》中说：纯粹攻击别人短处的人，本性是违背常理的，对人对事都永远不会公正。攻击别人短处的人看上去好像不想受到约束，实际攻击的是善良的人。真正放荡不羁的人表面上不受约束，但是永远不能走上正道，依照放荡行事，似乎很痛快，但是行为狂傲，必将违背礼节。所以说，直率的人和攻击别人的人在揭人短处这一点上是相同的，但出发点则不同；不受约束的人和放荡不羁的人在率性自然这一点上是相同的，但本质却不同。考查他们出发点的本质区别，就可以知道“毁志”的含义是什么了。如果一个人与别人因吃喝而亲近，因行贿送礼而结交，因损人利己而臭味相投，一旦有了权力和名誉就把自己的欲望隐藏起来，这种人就是贪婪而卑鄙的人。姜太公说：“果敢却不珍惜生命，如果只是为了获得高官厚禄，而不是为了成就大事，只要有利，就闻风而动。这种人作君王的千万不要任用。”如果某个人只有一些小聪明而没有大的领悟，只有小能耐而不能办大事，只知道小的规则而不知大道理，这种人叫做“华诞”。文子曾说：“每个人都有自己的短处，只要大节不坏，虽有微小的过失，不能认为是拖累。但是如果不讲大节，而只看乡里的芝麻小事，是不值得去赞扬的。”

又有揆德。揆德者，其有言忠行夷，秉志无私，施不求反，情忠而察，貌拙而安者，曰仁心者也。有事变而能治，效穷而能达，措身立功而能遂，曰有知者也。有富贵恭俭而能威严，有礼而不骄，曰有德者也。议曰：鱼豢[①]云：“贫不学俭，卑不学恭，非人性分，处所然耳。”是知别恭俭者，必在于富贵人也。有隐约而不慑，安乐而不奢，勋劳而不变，喜怒而有度，曰有守者也。有恭敬以事君，恩爱以事亲，情乖而不叛，力竭而无违，曰忠孝者也。此之谓揆德。桓范曰："夫帝王之君，历代相踵，莫不慕霸王之任贤，恶亡国之失士。然犹授任凶愚，破亡相属，其故何哉？由取人不求合道，而求合己也。"故《人物志》曰：清节之人，以真正为度，故其历众材也，能识性行之常而或疑法术之诡；术谟之人，以思谋为度，故能识策略之奇而或失遵法之良；伎俩之人，以邀功为度，故能识进趣之功，而不通道德之化；言语之人，以辩析为度，故能识捷给之慧而不知含章之美，是以互相非驳，莫肯相是。凡此之类，皆谓一流。故一流之人能识一流之善，二流之人能识二流之美。尽有诸流，则亦能兼达众材矣。又曰：夫务名者不能出陵己之后，是故性同而相倾，则相援而相赖也；性同而势均，则相竞而相害也。此又同体之变，不可不察也。

【注释】①鱼豢：长鱼氏，京兆（今陕西西安）人。三国时期曹魏国郎中、著名史学家。撰写有著名的纪传体史书《魏略》。

【译文】了解一个人的品性，还可以用"揆德"的方法。"揆德"的方法，就是用估量一个人的品德来判断人。有的人言语忠厚，行为稳重，意志坚定，大公无私，做了好事不求回报，内心忠厚而能明察，外表蠢笨但性情安稳，这是宅心仁厚的人。如果一个人遇有突发性变故而能有效地处理，身处穷困之境而能奋发向上，置身立功而能够如愿，这是有智慧的人。如果一个人富贵显赫之后仍然恭敬勤俭而不失威严，对人彬彬有礼而不骄横，这是有德行的人。评论：鱼豢曾说："贫穷的人不需要学习俭朴，卑贱的人不需要学习谦恭，这不是人性的不同，而是由人处的环境决定。"所以要知道一个人是不是真正的谦恭俭朴，必须看他在成为富贵的人后才能鉴别出来。有的人处在简陋清贫的状况下而无所畏惧，处在安乐富裕的情况下而不奢侈，功勋卓著而不变心，高兴或是愤怒时都很有节制，这是有操守的人。有的人侍奉君王时毕恭毕敬，孝敬父母时恩爱有加，与人感情不和但决不背叛，竭尽全力也不违背原则，这是忠孝的人。这就是“揆德”的方法。桓范说：“历代帝王没有一个不羡慕那些成就霸业的君王能够任用贤能，憎恨亡国的君王失去人才。然而他们依然要任用那些凶险愚顽的奸臣，结果国破家亡的事连绵不绝。这到底是什么原因呢？这是因为亡国的君王在选择人才上不看这个人是否符合道德标准，只求符合自己的要求。”所以《人物志》中说：高风亮节的人，以真实公正为尺度，所以虽然他阅人无数，但也能依照每个人的性格、品行是否合乎常态而用人，对于他们的法术是否诡诈持怀疑态度；推崇计谋的人，以谋划为尺度，所以能够鉴别策略是奇特还是平庸，但是往往会失去遵纪守法的良才；玩弄权术的人，以是否能立功为尺度，所以能够看清进退的功用，但是不明白道德的教化作用；能言善辩的人，以能否辩论和折服别人为尺度，所以能够识别辩论的捷径和技巧，但是不明白文采的内在之美，因此互相争辩但都不愿服输。这些人都属于一流人才。所以一流之人能识别一流之善，二流之人能识别二流之美。如果做到诸流之长皆备，那么也就能兼达众才了。另一种说法是：追求名声的总是不甘人后，因此对性情相同而才能不同的人就会互相帮助，互相依赖；而对性情相同而势均力敌的人，就会互相竞争，彼此伤害。这又是相同本体的一个变数，不能不详加考察。

夫圣贤之所美，莫美乎聪明；聪明之所贵，莫贵乎知人。知人识智，则众材得其序，而庶绩之业兴矣又曰：夫天下之人不可尽与游处。何以知之？欲观其一隅，则终朝足以识之；将究其详，必三日而后足。何谓三日而后足？夫国体之人，兼有三材，故不谈三日，不足以尽之。一以论道德，二以论法制，三以论策术。然后乃能竭其所长，而举之不疑。然则何以知其兼偏而与之言乎？其为人也，务以流数，抒人之所长，而为之名目。如是者兼也；好陈己善，欲人称之，不欲知人之所有，如是者谓偏也。是故仲尼训“六蔽[1]”，以戒偏材之失仁者爱物，蔽在无断；信者诚露，蔽在无隐。此偏材之常失也。思狂狷以通拘抗之材，疾空空而无信，以明为似之难保。察其所安，观其所由，以知居止之行。率此道也，人焉廋哉？人焉廋哉？

【注释】①六蔽：指因不好学而造成的六种弊端，分别是好仁不好学，其蔽也愚；好知不好学，其蔽也荡；好信不好学，其蔽也贼；好直不好学，其蔽也绞；好勇不好学，其蔽也乱；好刚不好学，其蔽也狂。

【译文】圣贤最赞赏的是聪明，聪明的人最注重的是知人。能知人识才，各种人才就会得到恰当的位置，小事大事就都能办好。另一种说法是：我们不可能和天下所有的人交游相处，如何才能知人呢？如果要了解一个人的某一方面，有一天就够了。如果要全面了解，最起码也要三天。为什么要用三天才足够呢？这是因为能做国家柱石的人，必须兼备三种才能，所以不交流三天，是不能完全了解的。第一天用来谈论道德，第二天用来谈论法制，第三天用来谈论谋略。然后才能竭尽他的长处以便毫不怀疑地举荐他。但是，又如何知道他是全才还是偏才，然后与他谈论呢？如果他在为人上务求与他人相处融洽，不断讲别人的长处，并为他人寻找相应的理由，这种人就是全才。如果是光喜欢讲自己的优点，希望别人称赞他，而不愿看到别人的长处，这种人就是偏才。因此，孔子在教导弟子们时提出六种弊端，想借此防备偏才的缺失。仁者爱物，弊端在于优柔寡断；信者坦诚，弊端在于不善保密，这是偏才最容易缺失的地方。他还指出拘谨自守与正直的偏失，以此疏导有偏执拘谨或高傲刚直缺陷的人才；痛斥空虚而不讲信用的弊病，以此向人们讲明那些似是而非的东西是不能保证的。观察一个人安身立命的所在，考究他所作所为的动机，借以了解他的日常行为。依照这样的方法去观察人，无论他是什么样的人，又怎么能掩饰得了呢？又怎么能掩饰得了呢？

察相第六

《左传》[①]曰：周内史[②]叔服如鲁，公孙敖[③]闻其能相人也，见其二子焉。叔服曰："谷也食子也，难也收子。谷也丰下，必有后于鲁国。杜预[④]曰：丰下，谓面方也。"郑伯享赵孟[⑤]于垂陇，七子从。赵孟曰："七子从君，以宠之也。请皆赋，以卒君贶。"子展[⑥]赋《草虫》。赵孟曰："善哉！人之主也。抑武也不足以当之。"印段[⑦]赋《蟋蟀》。赵孟曰："善哉！保家之主。吾有望矣。"子展其后亡者也，在上不忘降。印氏其次也，乐而不荒。乐以安人，不淫以使之，后亡，不亦可乎？

【注释】①《左传》：全称《春秋左氏传》，儒家十三经之一，是我国第一部叙事详细的编年史著作，相传是春秋末年鲁国史官左丘明根据鲁国国史《春秋》编成，记叙范围起自鲁隐公元年（前722年），迄于鲁哀公二十七年（前468年）。②内史：官名。西周时开始设置，主要任务是掌管法令、拟定文书，协助国君策命诸侯及卿大夫，并负责爵禄的废置。③公孙敖：春秋时鲁国贵族，孟孙氏，鲁桓公之孙，公子庆父之子。④杜预：字元凯，京兆杜陵（今陕西西安东南）人，西晋时期著名的政治家、军事家和学者，灭吴统一战争的统帅之一。灭吴功成之后，耽思经籍，博学多通，多有建树，被誉为"杜武库"。他是明朝之前唯一一个同时进入文庙和武庙的人。⑤赵孟：春秋时期晋国赵氏的领袖，原名赵鞅，又名志父。先后败范氏、中行氏，拓展封地，奠定了后来建立赵国的基业。⑥子展：即公孙舍之，姬姓，郑氏，名舍之，字子展，春秋时期郑国的当国。⑦印段：姬姓，印氏，名段，字子石，谥号献，是子张的儿子，郑国的卿。

【译文】《左传》上说：周襄王派内史叔服到鲁国去参加葬礼，公孙敖听说叔服很善于看相，于是把他的两个儿子引见给叔服。叔服说："你的儿子谷可以供养你，儿子难将来可以安葬你。谷的下颔丰满，他的子孙后代一定会在鲁国兴旺发达。杜预注：丰下，是指脸是方的。"春秋时期郑简公在垂陇宴请赵孟，带着郑国七位卿大夫作陪。赵孟说："这七位跟随您一起来，这是我的宠幸。请让他们赋诗，以此完成大王的恩赐。"子展赋了一首《草虫》。赵孟说："好啊！这是百姓的主人。像我这样的人，不能够担当啊！"印段赋了一首《蟋蟀》。赵孟说："好啊！这是能保护家族的宗主。我对他很有期望。"后来事实证明了赵孟的预测，子展的家族在最后灭亡，虽然他身居高位，但是没有忘记时刻保持谦逊。印段的家族比子展的家族灭亡的稍早一些，虽然他喜好乐舞，但是没有因此荒废。乐舞可以安定百姓，不过分沉浸，合理使用，灭亡的比较晚，不也是可以吗？

《汉书》[①]曰：高祖立濞（bì）[②]为吴王。已拜，上相之曰："汝面状有反相，汉后五十年，东南有乱，岂非汝耶？天下一家，慎无反！"《经》曰：眉上骨斗高者，名为九反骨。其人恒有包藏之志。又曰：黄色绕天中，从发际通两颧，其两眉下各发黄色，其中正上复有黄色直下鼻者，三公相也。若下贱有此色者，能杀君父。《春秋左氏传》曰：楚子将以商臣[③]为太子，访诸令尹子上[④]。子上曰："是人也，蜂目豺声，忍人也，不可立也。"弗听。后谋反，以宫甲围成王，缢之。又曰：楚司马子良生子越椒，子文[⑤]曰："必杀之。是人也，熊虎之状而豺狼之声。弗杀，必灭若敖氏矣。谚曰：'狼子野心。'是乃狼也，其可畜乎？"子良不可，后果反，攻王，楚王鼓而进，遂灭若敖氏。又曰：晋韩宣子[⑥]如齐，见子雅[⑦]。子雅召其子子旗，使见宣子。宣子曰："非保家之主也，不臣。"杜预曰：言子旗志器亢也。后十年，来奔。周灵王[8]之弟儋季卒，其子括将见王而叹。单公子愆期闻其难，叹也，入以告王曰："不戚而愿大，视躁而足高，心在他矣。不杀必为害。"王曰："童子何知！"及灵王崩，儋括欲立王子佞夫。周大夫杀佞夫。齐崔杼[9]帅师伐我，公患之。孟公绰[10]曰："崔子将有大志，不在病我，必速归，何患焉？其来也不寇，使人不严，异于他日。"齐师从归，果弑庄公。晋、楚会诸侯而盟，楚公子围设服离卫，鲁大夫叔孙穆子[11]曰："楚公子美矣，君哉！"杜预曰：设，君服也。此年，子围篡位。卫孙文子[12]来聘，君登亦登。叔孙穆子趋进曰："诸侯之会，寡君未尝后卫君，今吾子不后寡君，未知所过。吾子其少安。"孙子无辞，亦无悛容。穆叔曰："孙子必亡。为臣而君，过而不悛，亡之本也。"后十四年，林父逐君。初，郑伯享赵孟，七子赋诗，伯有[13]赋《鹑之贲贲》。享卒，赵孟告叔向曰："伯有将为戮矣。诗以言志，志诬其上，而公怨之，以为宾荣，其能久乎？"魏时管辂[14]相何晏、邓飏当诛，死。辂舅问之，答曰："邓飏行步，节不束骨，脉不制肉，起立倾倚，若无手足，谓之鬼躁。何之视候，魂不守宅，面无华色，精爽烟浮，容若枯木，谓之鬼幽。鬼躁者，为风所收；鬼幽者，为火所烧。自然之符，不可蔽也。"守孔熙先[15]就姚生曰："夫相人也，天欲其贠，地欲其方，眼欲光曜，鼻须柱梁。四渎欲明，五岳欲强。此数者，君无一焉。又君之眸子，服服如望羊，行委曲而失步，声嘶散而不扬。岂唯失其福禄，将乃罹其祸殃。"后皆谋反，被杀之矣。

【注释】①《汉书》：我国第一部纪传体断代史，"二十四史"之一。由东汉史学家班固编撰。全书主要记述了上起西汉的汉高祖元年（公元前206年），下至新朝王莽地皇四年（公元23年）共230年的史事。②濞：即刘濞，沛郡丰邑（今徐州丰县）人，汉高祖刘邦之侄，封吴王。他在封国内大量铸钱、煮盐，并招纳工商和“任侠奸人”，以扩张割据势力，图谋篡夺帝位。景帝时他带领楚、赵等七国公开叛乱，后被汉军主将周亚夫击败。③商臣：指楚穆王，芈姓，熊氏，名商臣，楚成王长子，春秋时期楚国国君。商臣弑父篡位，逼迫楚成王上吊而死，自立为君。④令尹子上：芈姓，斗氏，名勃，字子上，若敖氏后裔。城濮之战时辅助子玉，指挥楚军右翼，被晋文公击溃。楚成王打算立商臣为太子时，他提出反对意见，因此遭到商臣的怨恨。令尹，楚国在春秋战国时代的最高官衔，是掌握政治事务，发号施令的最高官，其执掌一国的国柄，对内主持国事，对外主持战争，总揽军政大权于一身。⑤子文：即斗谷于菟，芈姓，字子文，斗邑人（今湖北郧西），春秋时期著名的楚国令尹，对楚国的强大和北上争霸作出了杰出的贡献。⑥韩宣子：即韩起，姬姓，韩氏，名起，谥号宣，史称韩宣子，春秋时期晋国卿大夫，六卿之一。⑦子雅：姜姓，栾氏，名灶，字子雅，又称公孙灶。齐惠公之孙、公子坚之子。以父字为氏，所以为栾氏的始祖，又为子雅氏的始祖。春秋时期齐国大夫。⑧周灵王：姓姬，名泄心，是周简王之子，东周第11代国王。在位期间，周朝国势日益衰败，周天子威信日益低落。⑨崔杼：姜姓，崔氏，名杼，谥武，又称崔子、崔武子，春秋时齐国大夫，齐丁公的后代，后为齐国执政。⑩孟公绰：鲁国大夫，三桓孟氏族人。他是孔子非常敬重的人之一。孔子在教育弟子的时候常引用孟公绰的德行。⑪叔孙穆子：姬姓，叔孙氏，名豹，谥号曰“穆”，故史称叔孙穆子（亦称叔孙穆叔），春秋时鲁国大夫。提出“三不朽”之说。⑫孙文子：即孙林父，谥文，故称孙文子。春秋时期卫国人，孙良夫之子，世袭卫卿。⑬伯有：即春秋时郑大夫良霄，字伯有，是子耳的儿子，郑国的卿。他主持国政时，和贵族驷带发生争执，被杀于羊肆。⑭管辂：字公明，平原（今山东德州平原县）人。三国时期曹魏术士，被后世奉为卜卦观相的祖师。⑮孔熙先：南朝宋人，奉圣亭侯孔隐之之侄，通文史、星算，精医术，尤长于脉学，曾以一剂治好许耀忠之疾。官至散骑员外郎。后因与范晔等人密谋拥立刘义康，以谋反罪名被处死刑。

【译文】《汉书》上说：**汉高祖刘邦立刘濞为吴王，行了拜礼之后，高祖看了看他的面相说："看你的相貌，像是有反相。汉朝建立五十年后，东南地区将有内乱，难道会是你作乱吗？天下都是我们刘姓一家的，你一定要慎重，不要造反啊！"**经书上说：眉毛上的两块骨头太高，叫做九反骨。这种人常常包含隐藏的祸心。又说：黄色环绕天中，并从发际通向两颧，两块眉骨下各发黄色，或黄色从中正直通鼻梁，这是位至三公的贵相。假如出身下贱的人有这种骨相，那就是将来会弑君杀父。《春秋左氏传》中记载了几件事：楚成王将要立商臣为太子，征求令尹子上的意见。子上说："商臣这个人两眼像胡蜂，声音像豺狼，是天生残忍的人。这样的人不能立为太子。"楚成王不听他的话，后来商臣果然谋反，率领东宫的甲士包围了楚成王，并逼他上吊而死。还记载：楚国的司马子良生了一个叫越椒的儿子。子良的兄长令尹子文说："一定要杀死他。这个孩子长得像熊又像虎，声音像豺狼，现在如果不杀他，将来必然会让若敖氏一族灭亡。谚语说：'狼子野心。'这孩子就是狼，怎么能抚养他呢？"子良不同意，后来越椒果然谋反，攻打楚庄王，楚庄王击鼓而进，若敖氏因此被灭族。还记载：晋国的韩宣子出使齐国，拜见齐国大夫子雅。子雅又召他的儿子子旗拜见宣子。宣子说："这不是能保护家族的人，也不是一个好臣子。"杜预注：宣子这样说的意思是子旗志气高傲。十年后子旗果然因作乱失败而出奔鲁国。周灵王的弟弟儋季去世，他的儿子儋括要去见灵王之前发出一声声的叹息。单公的儿子愆期听到儋括的叹息声，入宫告诉灵王说："儋括这人，父亲死了却不悲伤，说明他心愿不小。看人的时候烦躁不安，且趾高气昂，说明他的心思在别的事情上。不杀他今后肯定会为害国家。"灵王说："小孩子家能知道什么！"等到灵王驾崩以后，儋括想立王子佞夫，周朝的大夫联合杀了佞夫。齐国的崔杼率领军队攻打鲁国，鲁襄公很担忧。孟公绰说："崔杼有更大的志向，志不在鲁，很快就会撤军回国，有什么可担忧的呢？崔杼这次来，既不四处惊扰，军纪也不严明，与过去大不相同。"果然崔杼很快就率领齐军撤退，回去后就杀了齐庄公。晋国与楚国约各国诸侯结盟。楚国公子围身穿国君的衣服离开卫国。鲁国大夫叔孙穆子说："楚公子真威风啊，像是国君一样！”杜预注：这里的意思是指他穿着国君的衣服。这一年，公子围果然夺权篡位。卫国的孙文子访问鲁国，鲁襄王上一个台阶，孙文子也上一个台阶。叔孙穆子快步上前说：“诸侯会盟的时候，我们大王从来不曾走在你们国君的后面，今天你却不走在我们大王后面，不知我们大王是有什么过错。请你稍停会儿。”孙文子无言以对，但也没有悔改的表情。穆叔说：“孙文子必定灭亡。身为臣子却要摆出一副君王的派头，有了过错又不知悔改，这就是灭亡的根本原因。”十四年后，孙文子驱逐了他的国君。起初，郑简公宴请赵孟的时候，七位卿大夫赋诗，当时伯有赋了一首《鹑之贲贲》。宴会结束后，赵孟对叔向说：“伯有将要被处死了。诗以言志，诗中诬蔑国君，还公开表示他的怨恨，以此来恭维客人。这样做怎么能长命呢？”三国时期魏国的管辂给何晏和邓飏相面后认为他俩将来会被诛灭。后来果然何晏、邓飏被诛杀。管辂的舅舅问他是怎么看出来的，他说：“邓飏在走路的时候，关节约束不住骨头，筋脉牵制不住肌肉，站立时倾斜着，就像没有手足，这种就叫做‘鬼躁’。何晏看人，魂不守舍，面无血色，神气飘浮，相貌如同枯木，这种就叫做‘鬼幽’。有‘鬼躁’相的人，将会被风收去性命；有‘鬼幽’相的人，将会被火烧死。这都是自然相生相克的征兆，是隐藏不了的。”南北朝时宋朝的孔熙先让姚生看相，姚生说：“相面要首先看额头是否饱满，下颌是否方圆，眼神是否灵光，鼻梁是否挺直。两眼、人中和嘴要棱角分明，五官要圆满完整。这几样您一样都没有，而且您的眼神流动不止，好像老在观望什么。走路歪歪扭扭，声音嘶哑。这不但会失去福禄，而且将来也要遭到灾祸。”后来孔熙先果然因谋反被杀。

由此观之，以相察士，其来尚矣。故曰：富贵在于骨法，忧喜在于容色《经》曰：青主忧，白主哭泣，黑主病，赤主惊恐，黄主庆喜。凡此五色，并以四时判之。春三月，青色王，赤色相，白色囚，黄、黑二色皆死。夏三月，赤色王，白色、黄色皆相，青色死，黑色囚。秋三月，白色王，黑色相，赤色死，青、黄二色皆囚。冬三月，黑色王，青色相，白色死，黄与赤二色囚。若得其时，色王、相者，吉；不得其时，色王、相若囚、死者，凶。魏管辂往族兄家，见二客。客去，辂谓兄曰：“此二人，天庭及口耳之间，同有凶气俱起，双魂无宅，流魄于海，骨归于家。”后果溺死。此略举色变之效。成败在于决断，以此参之，万不失一。

【译文】由上面的这些事例来看，看相论人，由来已久了。所以说：看一个人的富贵，主要是看他的骨骼。看一个人是喜还是忧主要是看他的面色。经书上说：从面色来看，青色主忧愁，白色主哭泣，黑色主疾病，赤色主惊恐，黄色主喜庆。这五种面色，还可以用四时来分辨。春季三月，青色旺，赤色次旺，白色被拘禁，黄、黑二色都丧失生命。夏季三月，赤色旺，白色、黄色次旺，青色丧失生命，黑色被拘禁。秋季三月，白色旺，黑色次旺，赤色丧失生命，青、黄二色都被拘禁。冬季三月，黑色旺，青色次旺，白色丧失生命，黄与赤二色被拘禁。五行所对应的面色和人的身心所处的状态以及四时的变化密切相关。假如时节合适，面色是旺、次旺的人，就会很吉利；时节不合适，面色是旺、次旺就像丧失生命、被拘禁的情况，就会是大凶。三国时魏国的管辂有一次去他族兄家，看见两个客人。客人走后，管辂对族兄说：“这两个人的前额中央和口耳之间都有凶气，必定要发生异变。两个人的魂魄游移不定，魂魄流于海，尸骨归于家。”后来这两人果然淹死。这里列举了一些面色变化的验证。一个人成功还是失败关键在于能不能作出决断，在这基础上，再参考他的相貌，基本就能做出万无一失的判断了。

《经》曰：言贵贱者，存乎骨骼；言修短者，存乎虚实《经》曰：夫人喘息者，命之所存也。喘息条条，状长而缓者，长命人也；喘息急促，出入不等者，短命人也。又曰：骨肉坚硬，寿而不乐；体肉软者，乐而不寿。《左传》曰：鲁使襄仲[①]如齐，复曰：“臣闻齐人将食鲁之麦。以臣观之，将不能。齐君之语偷。臧文仲[②]有言曰：‘人主偷，必死。’”后果然。郑伯[③]如晋拜成，授玉于东楹之东。晋大夫贞伯曰：“郑伯其死乎？自弃也已！视流而行速，不安其位，宜不能久。”杜预曰：言郑伯不端谛也。六月卒。天王[④]使刘康公、成肃公[⑤]会晋侯伐秦。成子受脤于社，不敬。刘子曰：“吾闻之，人受天地之中以生，所为命也。是以有动作、礼义、威仪之则，以定命也。能者养之以福，不能者败以取祸。是故，君子勤礼，小人尽力。勤礼莫如致敬，尽力莫如敦笃。敬在养神，笃在守业。国之大事，在祀与戎。祀有执膰，戎有受脤，神之大节也。今成子堕，弃其命矣。其不及乎？”五月，卒于瑕。晋侯嬖程郑[⑥]，使佐下军。郑行人[⑦]公孙挥（huī）[⑧]如晋聘。程郑问焉，曰：“敢问降阶何由？”子羽不能对。归以语然明[⑨]，然明曰：“是将死矣！不然将亡。贵而知惧，惧而思降，乃得其阶，下人而已，又何问焉？且夫既登而求降者，知人也，不在程郑。其有亡衅乎？不然，其有惑疾，将死而忧乎？”明年，程郑卒。天王使单子会韩宣子于戚，视下言徐。叔向曰：“单子其将死乎？朝有著定，会有表，衣有襘，带有结。会朝之言，必闻于表、著之位，所以昭事序也。视不过结、襘之中，所以道容貌也。言以命之，容貌以明之，失则有阙。今单子为王官伯而命事于会，视不登带，言不过步，貌不道容，而言不昭矣。不道不恭，不昭不从，无守气矣。”此冬，单子卒。宋平公[⑩]享昭子，宴饮乐，语相泣也。乐祁[⑪]佐，退而告人曰：“今兹君与叔孙其将死乎？吾闻之，哀乐而乐哀，皆丧心也。心之精爽，是谓魂魄。魂魄去之，何以能久？”此年，叔孙、宋公皆卒。邾隐公[⑫]来朝，执玉高，其容仰。鲁公受其玉卑，其容俯。子贡[⑬]曰：“以礼观之，二君皆有死气。高仰，骄也；卑俯，替也。骄近乱，替近疾。君为主，其先亡乎？”此年，公薨。哀七年，以邾子益归，卫侯会吴于郧。吴人藩卫侯之舍。子贡说太宰嚭（pǐ）[⑭]而免之。卫侯归，效夷言。子之尚幼曰：“君必不免。其死于夷乎？执焉而又说其言，从之固矣。”后卒死于楚。鲁公作楚宫，穆叔曰：“《泰誓》[⑮]云：人之所欲，天必从之。君欲楚也夫，故作其宫。不复适楚，必死是宫。”六月辛巳，公薨于楚宫。晋侯使郄犨（xì chōu）[16]送孙林父于卫。卫侯飨之，苦成叔敖。卫大夫宁子曰：“苦成家其亡乎？古之飨食也，以观威仪、省祸福。故《诗》云：兕觥（sì gōng）其觩（qiú），旨酒思柔。彼交匪敖，万福来求。今夫子敖，取祸之道也。”十七年，郄氏亡。齐侯与卫侯会于商任，不敬。叔向曰：“二君者必不免。会朝，礼之经也。礼，政之舆也。政，身之守也。怠礼失政，失政不立，是以乱也。”二十五年，齐弑光[17]。二十六年，卫弑剽也。言性灵者存乎容止。斯其大体。

【注释】①襄仲：姬姓，东门氏，名遂，字襄仲，春秋前期鲁国公族，权倾朝野的政治家，鲁庄公之子。因家住曲阜东门而立东门氏，故又称东门襄仲，也称公子遂。②臧文仲：姬姓，臧氏，名辰，谥文，谓臧孙辰，死后又称臧文仲。臧哀伯次子，春秋时鲁大夫，世袭司寇，执礼以护公室。③郑伯：这里指郑悼公，姬姓，郑氏，名费，春秋时郑国第十二位第十四任国君，郑襄公之子，郑成公之兄。在位两年，谥号悼。④天王：这里指周天子。⑤刘康公、成肃公：刘康公，名季子，为东周诸侯国刘国开国君主，周顷王的儿子，周匡王、周定王的弟弟。成肃公，春秋时期成国诸侯。⑥程郑：春秋晋大夫，荀氏别族。⑦行人：官名，掌接待诸侯及诸侯之上卿之礼。⑧公孙翚：姬姓，名翚，字羽父。鲁宗室。春秋初年鲁国的权臣，手握军权。⑨然明：鬷氏，名蔑，字然明，又称鬷明。春秋时期郑国大夫，智者。⑩宋平公：子姓，宋氏，名成，宋共公之子，春秋时期宋国国君，商丘人。⑪乐祁：子姓，乐氏，名祁，字子梁。春秋后期宋国卿大夫，侍奉宋元公、宋景公，担任司城，又称司城子梁。多次代表宋国出使，与诸侯会盟。⑫郏隐公：曹姓，名益，为春秋诸侯国郏国第17代君主，是郏庄公的儿子。⑬子贡：即端木赐，字子贡，孔门七十二贤之一，利口巧辞，善于雄辩，且有干济才，办事通达，还善于经商之道。⑭太宰嚭：即伯嚭，春秋晚期人，出身于楚国贵族，吴王夫差时期太宰，人称太宰嚭。太宰，掌管国家的治典、教典、礼典、政典、刑典、事典六种典籍，用来辅佐国王治理国家。⑮《泰誓》：出自《尚书》，是记述周武王九年诸侯大会于孟津时，武王告诫友邦诸侯和治事大臣的话。⑯郄犨：即郤犨，姬姓，苦成氏，名犨，因苦成氏出自郤氏，故又称郤犨，尊称苦成叔子。春秋中期晋国卿大夫，后位列晋国八卿，与二侄郤锜、郤至并称“三郤”，权倾朝野。郄，古同“郤”。⑰光：这里指齐庄公吕光，姜姓，吕氏，名光，齐灵公之子，春秋时期齐国国君。后因与崔杼之妻东郭姜私通，而遭崔杼等人杀害。

【译文】经书上说：一个人的贵贱取决于骨骼，一个人寿命的长短则取决于精神气质的虚实。经书上说：人通过呼吸才能活命。呼吸均匀，气长而缓慢的，就是寿命长的人；呼吸急促，一呼一吸不均匀的，就是寿命短的人。又说：骨肉坚硬的人虽长寿但欢乐少，骨肉柔软的人虽寿命短但很快乐。《左传》中说：鲁国的襄仲出使齐国，回国后复命说：“我听说齐国人准备来我国抢小麦吃。依我看，齐国人不会这样做。齐国国君说话吱吱呜呜、吞吞吐吐。臧文仲曾说过：‘作君王的说话吱呜含糊，一定快要死了。’”后来果然就像襄仲说的那样。郑悼公前往晋国庆祝结盟成功，授受玉璧的仪式在厅堂的东侧举行。晋大夫贞伯说：“郑悼公恐怕是快要死了吧？他是在自己放弃自己！他目光流散，脚步匆匆，不安于自己的位置，大概是活不了多久了！”杜预注：这里的意思是说郑悼公不能集中注意力。郑悼公果然死在这年六月。周简王派刘康公和成肃公会合晋厉公讨伐秦国。成肃公在土地庙接受祭肉时，态度很不恭敬。刘康公说：“我听说人受天地的中和之气而降生，这就是命。因此产生了行为、礼义和威仪的准则，为了巩固命。能遵守这些准则的人就可以得到福禄，不能遵守这些准则的人就要遭到灾祸。因此君子们对待这些准则总是很勤谨，老百姓也是尽力而为。勤谨不如恭敬，尽力而为不如敦厚笃实。恭敬在于供奉神灵，笃实在于安守本分。国家的大事，在于祭祀和征战。祭礼要供献熟肉，作战前要接受生肉，这两种仪式都是人神交接的重大礼节。现在成肃公怠慢神灵，这是自己放弃自己的生命。恐怕他再也不能回到自己的国家了吧？”这年五月，成肃公果然死在瑕这个地方。晋平公宠幸程郑，让他担任下军佐。郑国负责外交的官员公孙挥访问晋国，程郑问他：“请问怎样才能降低自己的阶品?”公孙翚回答不上来。回国后对然明讲起这件事，然明说：“程郑快要死了吧！要不然将要逃亡。富贵而知道害怕，害怕而求降职，才能得到应该得到的阶品，他自己降低自己的官职就是了，有什么好问的？身居高位而求降职的人是有智慧的人，但程郑不是那样的人。他想要降职，恐怕是碰上迫不得已要逃亡的挑战了吧？要不然就是精神失常，担心自己随时会死吧？”第二年程郑果然死了。周景王派单成公到戚邑会见韩宣子。单成公目光低垂，言语迟缓。叔向说：“单成公快要死了吧？大臣上朝都有一定的位置，会见诸侯时进退有一定的秩序。上衣的左右襟要在胸前交会，腰带的结子要打在前面。上朝会见时所说的话，一定要让大家都能听到，这是为了把事情表达得清清楚楚。目光不能超出腰带结和左右襟交会之间，这是为了让容貌端正。用语言明确自己所说的事情，再用端正的容貌加强它，丧失了这些准则就会自损形象。现在单成公作为周王的特派官员，在朝会中传达周王的命令，目光高不过腰带的地方，声音传不出一步远，神情委靡不振，言语含糊不清。神情不振就无法让人敬重他，言语不清就无法让人顺从。这都表明他已经不能守护自己的精神状态了。”这年冬天，单成公果然死了。宋平公宴请鲁国大夫叔孙昭子，酒喝得很酣畅，两人说着话却哭了起来。当时乐祁作陪，退下后对别人说：“我们国君和叔孙昭子恐怕都活不长了吧？我听说，该悲哀的时候却快乐，该快乐的时候却悲哀，都是丧失心志的表现。心志神清气爽，人才有魂魄。现在他们的魂魄都不在了，怎么能长久得了呢？”这年，叔孙昭子和宋元公果然相继去世。邾隐公到鲁国朝见鲁定公，他拿着玉圭的手举得很高，脸向上仰。鲁定公接受玉圭的手放得很低，脸向下。子贡说：“如果按照礼仪来观察他们，这两位国君都有死去或逃亡的征兆。高仰，是骄傲的表现；卑俯，是衰颓的标志。骄傲很容易造成昏乱，衰颓很可能有了疾病。我们国君是主人，恐怕是他要先死吧？”这年，鲁定公果然去世了。鲁哀公七年，鲁国放回了被俘的邾隐公。卫出公在郧邑会见吴国。吴国人包围了卫出公的房舍。子贡劝说吴国的太宰嚭，才放了卫出公。卫出公回国后学着说吴语。子之年龄还很小，对卫出公说：“大王您一定不能免除灾祸，恐怕要死在夷国吧？您被他们抓过，还要学吴国的语言，说明您追随他们的心愿是很坚定的。”后来卫出公最终死在了楚国。鲁襄公依照楚国宫殿的风格建筑宫室。穆叔说："《尚书·泰誓》中称：人们所希望的，上天必定听从它。大王是想到楚国去了吧，所以才修建这种楚式的宫殿。如果不能再去楚国，也一定会死在这座宫殿里。"六月辛巳，鲁襄公果然死在了这座楚式的宫殿里。晋厉公派郤犨送孙林父去卫国。卫定公设宴款待郤犨，郤犨表现得很傲慢。卫国大夫宁子说："郤犨的家族快要灭亡了吧？古时候设宴款待，是为了观察威仪和思虑祸福。所以《诗经》中称：牛角杯弯弯，香甜的酒绵软。彼此交往谦恭温和，各种幸福自然会到来。现在他这样傲慢，这是要自取灭亡了！"鲁成公十七年，郤氏果然灭亡。齐庄公和卫国国君公孙剽在商任与各国诸侯会盟，两人态度都很不恭敬。叔向说："这两个国君必定不能免除灾祸了！会盟和朝见，是礼仪的经纬。礼仪，是政治的车子。政治，是身体的守卫。在礼仪上怠慢，政治上就会有过失；政治上有了过失，就不能安身立命。因此必定要发生祸乱。"鲁襄公二十五年，齐国发生了弑杀国君齐庄公吕光的事件。鲁襄公二十六年，卫国又发生了弑杀国君公孙剽的事件。说到人的性格与灵气，都会通过仪容、举止表现出来。上述事例，大体上可以说明这一道理。

夫相人先视其面。面有五岳四渎五岳者，额为衡山，颏颐为恒山，鼻为嵩山，左颧为泰山，右颧为华山。四渎者，鼻孔为济，口为河，目为淮，耳为江。五岳欲耸峻圆满，四渎欲深大，崖岸成就。五岳成者，富人也，不丰则贫；四渎成者，贵人也，不成则贱矣，五官六府五官者，口一，鼻二，耳三，目四，人中五。六府者，两行上为二府，两辅角为四府，两颧衡上为六府。一官好，贵十年；一府好，富十年。五官六府皆好，富贵无已。左为文，右为武也，九州八极九州者，额从左达右，无纵理，不败绝，状如覆肝者为善。八极者，登鼻而望，八方成形，不相倾者为良也，七门二仪七门者，两奸门①，两阙门②，两命门③，一庭中④。二仪者，头圆法天，足方象地。天欲得高，地欲得厚。若头小足薄，贫贱人也；七门皆好，富贵人也。总而言之，夫额为天，颐为地，鼻为人，左目为日，右目为月。天欲张，地欲方，人欲深广，日月欲光。天好者贵，地好者富，人好者寿，日月好者茂。上亭为天，主父母贵贱；中亭为人，主昆弟、妻子，仁义年寿；下亭为地，主田宅、奴婢、畜牧、饮食也。

【注释】①奸门：位置在两个眉尾、眼尾延伸至鬓发之处。②阙门：位置在双眉后、额角处。③命门：位置在太阳穴下、颧骨后。④庭中：面的正中。

【译文】**相人先相面。面有五岳四渎**五岳指的是，额头为衡山，下颌为恒山，鼻子为嵩山，左颧骨为泰山，右颧骨为华山。四渎指的是，鼻孔为济水，嘴为黄河，眼睛为淮水，耳朵为长江。五岳要高峻圆满，四渎要深大，边际分明。五岳生得好的人，是富人相，不丰满则是穷困相；四渎分明的人，是贵人相，不分明则是贱民相，**有五官六府**五官是口、鼻、耳、目、人中。六府是额头两旁、两颧骨、下巴两旁。一官生得好，可以做十年权贵，一府生得好，可以富贵十年。五官六府都好，那么就会富贵不止。左为文，右为武，**有九州八极**九州是指额头从左到右没有纵理纹，不将纹路断开，形状像倒过来的肝脏那样为好。八极是指以鼻梁为中心，八方成形且不歪斜为好，**有七门二仪**七门是指两奸门、两阙门、两命门、一庭中。二仪是指头像天一样圆，脚像地一样方。天想它高，地想它厚。如果头小脚薄，那就是贫贱人的相；要是七门都好，那就是富贵人的相。总而言之，额头为天，下巴为地，鼻子为人，左眼为日，右眼为月。天要伸展开，地要方圆，人要深广，日月要有光泽。天生得好就是贵相，地生得好就是富相，人生得好就是长寿相，日月生得好就是旺盛相。人的面相还可分为上、中、下三亭。上亭为天，主父母贵贱；中亭为人，主兄弟、妻子，仁义、年寿；下亭为地，主田宅、奴婢、畜牧、饮食。

若夫颧骨才起，肤色润泽者，九品之侯也又曰：腰腹相称，臀髀才厚及高视广步，此皆九品侯也。夫色须厚重，腰须广长。故《经》曰：面如黄瓜，富贵荣华。白如截脂，黑色如漆，紫色如椹（shèn），腰广而长，腹如垂囊，行如鹅龟，此皆富贵人也。凡称夫公侯将相已下者，不论班品也。辅骨[①]小见，鼻准微端者，八品之侯也又曰：胸背微丰，手足悦泽，及身端步平者，此皆八品之侯也。夫鼻须洪直而长，胸脾须丰厚如龟形，手足色须赤白，此皆富贵人也。故《经》曰：手足如绵，富贵终年。手足厚好，立使在傍也。辅角成棱，仓[②]、库[③]皆平者，七品之侯也又曰：胸厚颈粗，臂胫傭均，及语调顾定者，此皆七品之侯也。夫颈须粗短，手臂须纤长，语须如篁及凤，此皆贵相也。故《经》曰：额角高耸，职位优重。虎颈圆粗，富贵有余。牛顾虎视，富贵无比。天仓满，得天禄；地仓满，丰酒肉也。天中[④]丰隆，印堂端正者，六品之侯也又曰：脑起身方，手厚腰圆，及声清音朗者，此皆六品之侯也。夫人额上连天中，下及司空，有骨若肉如环者，名曰天城。周匝无缺者大贵，有缺若门者为三公。夫声者须深实，大而不浊，小而能彰，远而不散，近而不亡，余响激澈，似若有篁，宛转流韵，能圆能长，此善者也。宫声重大沉壅，商声坚劲广博，角声圆长通彻，徵声抑扬流利，羽声奄蔼低曳，此谓正声也。伏犀[⑤]明峻，辅角丰秾者，五品之侯也又曰：颈短背隆，乳阔腹垂，及鹅行虎步者，皆五品之侯也。夫人脑缝骨起，前后长大者，将军二千石，领兵相也。出发际，为伏犀，须耸峻棱利，公侯相也。不用宽平，有坎者，迍剥；有峰者，大佳。宽平者，犹为食禄。夫腹须端妍。故曰：马腹庞庞，玉帛丰秾也。边地[⑥]高深，福堂[⑦]广厚者，四品之侯也又曰：头高面丰，长上短下，及牛顾龙行者，此皆四品之侯也。边地，在额角近发际也；福堂，在眉尾近上也。夫头须高大。故《经》曰：牛头四方，富贵隆昌。虎头高峙，富贵无比。象头高广，福禄长厚。犀头律崒（zú），富贵郁郁。狮头蒙洪，福禄所钟。虎行将军，雁行大富也。犀及司空，龙角纤直者，三品之侯也又曰：胸背极厚，头深且尖，及志雄体柔者，此皆三品之侯也。司空从发际直下，次天庭是也。龙角，在眉头上也。

头顶高深，龙、犀成就者，二品之侯也又曰：头骨奇起，支节合度，及貌杰性安者，此皆二品之侯也。夫容貌慷慨，举止汪翔，精爽清澄，神仪安定，言语审谛，不疾不徐，动息有恒，不轻不躁，喜怒不妄发，趋舍合物宜，声色不变其情，荣枯不易其操，此谓神有余者，主有贵位也。四仓尽满，骨角俱明者，一品之侯也头颈皆好，支节俱成，及容质姿美、顾视澄澈者，此皆一品之侯也。

【注释】①辅骨：双眉与上发际中间的额骨。②仓：这里指额头、鬓角处。③库：下欸处。④天中：相学名词，位于在额部发际下的正中间，是代表财富、地位的部位。⑤伏犀：指人前额至发际骨骼隆起。⑥边地：发际边缘。⑦福堂：指福德官所处的位置，此部位关系人的财运和福气的吉凶。福堂又分为内福堂，外福堂，靠近印堂处的是内福堂，靠近眉尾处的是外福堂。

【译文】如果一个人的颧骨稍微隆起，并且肤色滋润，这是九品官的面相还说：腰、腹匀称，屁股、大腿稍微厚实，眼睛平视，走器平稳，这都是九品官的面相。肤色要厚重，腰要宽长。所以，经书上说：面如黄瓜，富贵荣华。白如截脂，黑色如漆，紫色如葚，腰宽而长，腹部像垂下的包袱，走起路来像鹅、龟，这些都是富贵人的相。只要是说到公侯将相以下的人，不管是什么官位品级。辅骨微微露出，鼻梁稍微端正的，这是八品官的面相还说：胸、背稍微有些丰满，手、脚光润悦目，并且身体端正、走路平稳，这都是八品官的面相。鼻梁要又直又长，胸、脾要丰厚像龟的形状，手脚的颜色要白里透红，这些都是富贵人的相。所以，经书上说：手脚如绵，富贵终年。手脚厚好，有人伺候。下巴有棱角，仓、库都是平的，这是七品官的面相还说：胸脯厚实，脖子粗壮，手臂、小腿均匀，并且语调坚定的，这些都是七品官的相。脖子要粗短，手臂要纤长，说话要像吹奏簧，发声像风凰那样鸣叫，这些都是富贵人的相。所以，经书上说：额角高耸，位高权重。虎颈圆粗，富贵有余。像牛一样左顾右盼，像虎一样威严地注视，富贵无比。天仓饱满，能得到天赐的福禄；地仓圆满，能够酒肉丰足。**天中丰满隆起，印堂端正的，这是六品官的面相**还说：后脑隆起，身材方正，手厚腰圆，并且声清音朗的，这些都是六品官的相。一个人额头上连天中，下到司空，有骨若肉，如环形，名叫天城，周围没有其他缺口的人大贵，有缺口像门那样的，是做三公的贵相。声音要深沉厚实，大声的时候没有浊音，小声的时候能听得非常清楚。在远处听声音也不分散，在近处听声音也不会消失。余音激澈，像吹奏篁那样，宛转流韵，能圆能长，这才是好的声音。发五音时，宫声要浑重厚实，商声要坚劲广博，角声要圆润通彻，徵声要抑扬流畅，羽声要低绵流长，这叫做正声。**伏犀骨隐约分明，下巴丰满的，这是五品官的面相**还说：脖子短，脊背隆起，并且鹅行虎步的，这些都是五品官的相。人的脑骨隆起，并且前后又长又大的人，是俸禄二千石将军之相，可以领兵打仗。伏犀骨从发际而出，高峻分明，这是公侯之相。不需要宽平，有坎的，则会遭遇艰难、不得志；有峰的就更好了。宽且平的，仍然享受皇家的俸禄。腹部要端正美好。因此说：马腹庞庞，玉帛丰盛。**边地高深，福堂广大深厚的，这是四品官的面相**还说：头高且脸丰满，上身长下身短，像牛一样四处看，像龙一样走路，这些都是四品官的相。边地在额角靠近发际的地方，福堂在眉毛尾端靠上的部位。头一定要高大。所以，经书上说：头像牛一样，四四方方，富贵隆昌。头像虎一样高高耸立，富贵无比。头像大象一样高大宽广，福禄长厚。头像犀牛一样高耸，富贵繁盛，头像狮子一样大而蓬松，福禄聚集。像虎一样走路的是将军，像大雁一样飞行的会大富大贵。**伏犀骨到了司空、龙角细直的，这是三品官的面相**还说：脚、背极厚，头长且尖，志气雄壮且身体柔软的，这些都是三品官的相。司空从发际直下到天庭的位置，龙角在眉头上。**头顶高深，龙角、犀骨完美无缺的，这是二品官的面相**还说：头骨突起，支节适宜，且相貌突出、性情安稳的，这些都是二品官的相。容貌充满正气，举止稳重广博，神清气爽，仪态安定，言语谨慎仔细，不急不慢，动、静有恒，不轻不躁，喜怒不随便，取舍合乎情理，声音、面色不改变情绪，人世的盛衰不改变节操，这就叫做神色有余，是位高权重的象征。**四仓都很圆满，骨、角都很分明，这是一品官的面相**头、脖子都生得好，支节都很完整，且容貌姿质都很美好，看上去清亮透撤，这些都是一品官的相。

似龙者为文吏似龙者甚贵。龙行者为三公也，似虎者为将军虎行者为将军。驿马骨[①]高，为将军也，似牛者为宰辅，似马者为武吏似马亦甚贵也，似狗者有清官，为方伯[②]似猪、似猴者，大富贵。似鼠者，唯富而已。凡称似者，谓动静并似之。若偏似一处，乃贫寒者也。

【注释】①驿马骨：由颧骨延伸至耳前位置处的，又叫玉堂骨。②方伯：指一方诸侯之长。

【译文】行动像龙的是文官的相像龙的大贵。走路像龙的是可以位列三公的贵相，行动像虎的是将军的相走路像虎的是将军之相。驿马骨高，也是将军之相，行动像牛的是宰辅的相，像马的是武官的相像马的也是大贵，行动像狗的是清官的相，也是诸侯的相像猪的、像猴的，都是大富大贵之相。像老鼠的，只会大富而已。只要谈到像什么，是指行动举止都相似。如果只是某一方面相似，那就是贫寒之相。

天中主贵气，平满者宜官禄也天中最高，近发际，发黄色，上入正角，至高广，参驾迁刺史、牧、守。黄色如日月，在天中左右，侍天子也。黄色出天中，圆大光重者，暴见天子，经年及井、灶，有功受封，恒有黄气，如悬钟鼓，三公之相也。又发黄气如龙形，亦受封也。四时官气发天部，如镜光者，暴贵相也。天庭主上公[①]，大丞相之气天庭直下，次天中，有黑子，市死[②]。司空主天宫，亦三公之气司空直下，次天中，色恶，主上书，大凶。中正主群寮之气，平品人物之司也中正直下，次司空，色好者，迁官转职，若司空、中正，发赤色而历历者，在中正为县官，在天庭为郡官、州县、兰台、尚书，各视所部也。印堂主天下印绶，掌符印之官也印堂在两眉间，微下眉头少许，次中正。发赤色，如连刀，上至天庭，下至鼻准③，为县令；直阙庭④，发色者，长吏⑤也。如车轮与辅角相应者，大贵。印堂，一名阙庭也。山根⑥平美，及有奇骨伏起，为婚连帝室，公主婿也山根直下，次印堂，亦主有势、无势也。

【注释】①上公：位在三公以上的公。西汉时，有太师、太傅、太保，称为上公，而东汉上公则仅有太傅一人，汉末别置大司马，位在三公上，大将军有时也位在三公上。三国时魏国大司马、大将军均为上公。②市死：在闹市处死。指弃市，古代死刑之一。③鼻准：指鼻前下端隆起之顶部。又名准头、鼻尖、面王。④阙庭：指印堂，即额部两眉之间的部位。⑤长吏：地位较高的县级官吏。⑥山根：两眼中央的一段鼻梁起点。

【译文】天中主宰有没有贵气，平和饱满的人适合做官天中最高，靠近发际，如果呈现黄色，向上进入正角，高且广，是参军、幕僚之相，并可能会升官做刺史、州牧、太守。如果天中呈现的黄色像日、月那样，围绕在天中左右，是侍奉天子的近臣之相。如果黄色从天中而出，圆形、大、发光、浓重的，预示着会突然得到天子召见，经过几年后，黄色到了井、灶位时，预示着将因为功劳受到封赏。井、灶之位一直有黄气，像悬挂的钟鼓那样，是可以位列三公的贵相。如果还能发出像龙形一样的黄气，也预示着将会受封。四时官气发自天部，像镜中之光，这是突然显露的贵相。天庭预示着有没有可能担任上公、大丞相之气天庭直下到天中，有黑子，会处以市死之刑。司空主宰天宫，也就是三公之气司空直下到天中，颜色不好，主将向皇帝上书，大凶。中正主宰百官之气，是可以担任品评人物之职中正直下到司空，颜色好的，可以升官转职。如果司空、中正发红色并且看得清清楚楚的，红色在中正的可以当县官，在天庭的可以当郡官。其余做州县、兰台、尚书的，视各部颜色而定。印堂预示着将掌握天下印绶，是掌管符节印信的官员印堂在两眉间，稍微向下一点到中正。如果印堂发红色，像连着的刀一样，上至天庭，下至鼻准，是可以做县令的面相；到阙庭，发出颜色，是可以做长吏的面相。如果印堂像车轮一样，与辅角相对应，这是大贵之相。印堂又名阙庭。**山根平实美丽，且有奇骨突起，预示着将会与皇室联姻，有机会做驸马**山根直下到印堂，也预示有势、无势。

高广主方伯之坐从天中横列至发际，凡七名，高广位在第三。高广忽发黄色，如两人捉鼓者，将军相也。阳尺主州佐之官横次高广，位在第四。阳尺亦主少出，方伯有气，忧远行也。武库主兵甲典库之吏横次阳尺，位在第五。辅角主远州刺史之官横次武库，位在第六。骨起色好，主黄门舍人之官也。边地主边州之任横次辅角，位在第七。有黑子，落难为奴也。日角主公侯之坐从天庭横列至发际，凡八名，日角位在第一。平满充直者，宜官职。房心主京辇[①]之任横次日角，位在第二。房心左为文，右为武。骨起宜作人师。黄色见房心，上至天庭，为丞令。直见房心而光泽者，召为国师也。驿马主急疾之吏横次，位在第七。驿马好色应印堂上，秋冬得官也。额角主卿寺[②]之位从司空横列至发际，凡八名，额角横次，位第一。色红黄，大吉昌也。上卿主帝卿之位横次额角，上卿跃跃，封卿大乐。虎眉主大将军从中正横列至发际，凡九名，虎眉横次，位在第二。发青白色者，应行。牛角主王之统师小将横次虎眉，位在第三，亦主封侯食禄。成角者，更胜于肉也。玄角主将军之相横次，位在第五。无角者，不可求官。凡欲知得官在任久不，先视年上发色长短，发色长一分主一年，二分二年，以此消息，则可知也。有恶色间之者，主其年有事。白色，遭丧；赤色，弹夺；黑色，病；青色，狱厄。天中有气横干者，无官也。然官色既久，忽有死厄色间之者，代人死也。若年上有好色，如连山出云雨，处处皆通，则无处不达。发际有黄气，为已得官；若黑气，未也。有黄气如衣带，发额上，迁官益禄也。

【注释】①京辇：指国都。②卿寺：九卿的官署。

【译文】高广预示着将成为一方诸侯从天中横列到发际，有七个部位，高广位于第三个。高广突然呈现黄色，就像两人拿着鼓的形状，这是将军的面相。阳尺预示着将成为州里的佐吏从天中横列到发际，阳尺在高广之后，位于第四个。阳尺也预示着将会少年成名，有一方诸侯之相，还有远离故土之忧。武库预示着将担任兵甲典库的官吏武库在阳尺之后，位于第五个。辅角预示着将担任远州刺史辅角在武库之后，位于第六个。骨骼突起，颜色好，预示着将担任黄门侍郎与太子舍人。边地预示着将在边疆任职边地在辅角之后，位于第七个。如果边地有黑子，预示着将会遭遇灾祸成为奴仆。日角预示着将会成为公侯从天庭横列到发际，有八个部位。日角位于第一。日角平满充直的，适合做官。房心预示着将在京师做官房心在日角之后，位于第二。房心左为文，右为武。骨骼突起适合做老师。房心呈现黄色，上至天庭，可以当县丞、县令。能直接看到房心，并且有光泽的，将会被皇帝召为国师。驿马预示着将担任办紧要事务的官吏横着排列，驿马排在第七。驿马色泽好，并与印堂对应，预示着将在秋、冬时节得到官职。额角预示着将会担任九卿从司空横列到发际，有八个部位。额角横列居第一位。额角颜色红中带黄，这是大吉大利之相。上卿预示着将担任帝王的卿相上卿的位置在额角之后。上卿跳动，官拜卿相而大乐。虎眉预示着将担任大将军从中正横列到发际，有九个部位。虎眉横列居第二位。虎眉呈现青白色，预示着将会出征。牛角预示着将会担任君王的统兵小将牛角横列在虎眉之后，位于第三，也主宰封拜侯爵、享受俸禄之事。成角的，比肉团更吉利。玄角预示着将担任将军玄角横列位于第五。没有玄角的，不能够求官。凡是想知道得官后能在位多久，先看每年头发的颜色与长短，每年头发长一分主一年，二分二年，从这里可以知道能够在位多久。如果头发里有其他不好的颜色夹杂其中，预示着这一年将有事发生。白色预示着将遇到丧事，红色预示着官职将被削夺，黑色预示着将会患病，青色预示着将遭到牢狱之灾。天中有横干之气的，预示要丢官。然而如果官色已久，突然有死厄色夹杂其中，预示要代人去死。如果一年中有好色，就像连绵不绝的山出现云雨，处处都通，则预示着无处不达。发际有黄气，表明已经当了官；如果有黑气，表明尚未当官。如果从额头上呈现出像衣带那样的黄气，表明即将升官且会增加俸禄。

夫人有六贱：头小身大，为一贱又曰：额角陷缺，天中洼下，亦为一贱。《经》曰：额促而窄，至老穷厄。蛇颈薄曲，糟糠不足。蛇头平薄，财物寥落。貉（hé）头尖钝，穷厄无计也；目无光泽，为二贱又曰：胸背俱薄，亦为二贱。《经》曰：陷胸薄尻（kāo）及猴目，皆穷相也；举动不便，为三贱又曰：音声雌散，亦为三贱。《经》曰：语声喷喷，面部枯燥，面毛戎戎，无风而尘，皆贫贱相也。夫声之恶者，粗浊飞散，细嗄聊乱，声去则若尽，往则不还，浅乱涩细，沉浊瘘弊，舌短唇强，蹇吃无响，此恶相也。夫人不笑似笑，不嗔似嗔，不喜似喜，不畏似畏。不醉似醉，常如宿酲；不愁似愁，常如忧戚；容貌阙乏，如经痫病；神色凄怆，常如有失；举止慞惶，恒如趋急；言语涩缩，若有隐藏；体貌低摧，如遭凌辱，此并神不足也。神不足者，多牢狱厄。有官隐藏而失，有位贬逐而黜者也；鼻不成就，准向前低，为四贱又曰：眇目斜视，亦为四贱。《经》曰：人中平满，耳无轮郭，皆贫贱相也；脚长腰短，为五贱又曰：唇倾鼻曲，亦为五贱。《经》曰：蛇行雀趋，财物无储。鼻柱薄，主立诺。鼻头低垂，至老独吹。摇腰急步，必无所使。腰短者则被人夺职也；文策不成，唇细横长，为六贱又曰：多言少信，亦为六贱。《经》曰：口薄，人不提携，僻侧，为人所毁。口如炊火，至老独坐。舌色白，下贱人也；舌短，贫穷人也。凡欲知人是贱者，贵处少而贱处多。多者，广也；少者，狭也。六贱备具，为仆隶之人。此贵贱存乎骨骼者也论曰：尧眉八彩，舜目重瞳，禹耳三漏，文王四乳，然则世人亦时有四乳者，此则驽马一毛似骥也。若日角月偃[1]之奇，龙栖虎踞之美，地静镇于城垣，天关运于掌策，金槌玉枕，磊落相望，伏犀起盖，隐辚交映。井宅既兼，仓匮已实。斯乃卿相之明效也。若深目长颈，颓颜蹙齃（è）[2]，蛇行鹜立，虾啄鸟味，筋不束体，面无华色，手无春荑之柔，发有寒蓬之悴，是则穷乏征验也。昔姑布子卿[3]谓子贡曰："郑东门有一人，其长九尺六寸，河目而隆颡（sǎng），其头似尧，其项似皋陶，其肩似子产，然自腰以下不及禹三寸，儡然若丧家之狗。"河目谓上下匡而长也。颡，额也。汉高祖隆准而龙颜。准，鼻也。颜，额颡也。两角为龙角，一角为犀角。言高祖似龙，两眉颡骨高而鼻上隆。魏陈留王[4]丰下兑上，有尧图之表。陈宣帝[5]颈缜，貌若不惠。初贱时，杨忠[6]见而奇之曰："此人虎头，必当大贵。"后皆果然。此贵贱之效也。

【注释】①日角月偃：旧时相术家称极贵之相。日角，旧时把人的右额称作日角，在天庭的右边。月偃，指额角似半弦月。②蹙齃：鼻与眉相聚拢。③姑布子卿：春秋战国时期著名相术师。由于他相术精明，影响甚大，后世相士把他奉为相人术之祖，相人术也被后人称为姑布子卿术。④陈留王：指曹奂，本名曹璜，字景明，沛国谯县（今安徽亳州）人，魏武帝曹操之孙，燕王曹宇之子，三国时期魏国最后一位皇帝。后来司马炎嗣位晋王，篡夺魏国政权，魏国灭亡，曹奂被降封为陈留王。⑤陈宣帝：即陈顼，又名陈昙顼，字绍世，小字师利，陈武帝陈霸先之侄，始兴昭烈王陈道谭次子，陈文帝陈蒨之弟。南北朝时期陈朝第四位皇帝。⑥杨忠：字揜于，小字奴奴，弘农华阴（今陕西华阴）人，隋文帝杨坚之父，南北朝时期西魏、北周将领，西魏十二府兵大将军之一。

【译文】人有六种贱相。头小身大，是第一种贱相另一种说法是：额角陷缺，天中向下陷，也是一种贱相。经书上说：额头小且窄，到了年老也会穷困潦倒。长着像蛇一样细长的脖子，就连糟糠都不会充足。长着像蛇一样平薄的头，预示财物稀少。长得像貉一样又尖又钝的头，预示穷困潦倒无计可施；**眼睛没有光泽，是第二种贱相**另一种说法是：胸和背都很单薄，也是第二种贱相。经书上说：胸脯陷进去，臀部瘦小以及像猴一样的眼睛，都是穷酸相；**一举一动不协调，是第三种贱相**另一种说法是：说话带女声且分散，也是第三种贱相。经书上说：说话太快，面部枯燥，脸上的汗毛浓密，没有风却看上去好像覆盖了一层灰尘，都是贫贱相。言语凶狠，污言秽语，发音短细、刺耳、无韵，声去则若尽，往则不还，浅乱涩细，沉浊痿弊，舌短唇强，结结巴巴，都是恶相。人不笑似笑，不嗔似嗔，不喜似喜，不畏似畏。不醉似醉，常常像喝醉了酒；不愁似愁，常常像是有忧伤。容貌困乏，好像经历过痼病一般；神色凄惨悲伤，常常恍若有失；举止慌乱，一直保持随时很着急的样子。说话畏畏缩缩，吞吞吐吐，像是有所隐瞒。身体相貌都很疲劳，像遭受过凌辱一样，这些都是精神不足的表现。精神不足的人，预示着将多牢狱之灾。当了官的也会丢掉官，现在虽然在官位上，将来也会被贬黜撤职；**鼻子不成形，鼻梁向前低垂，是第四种贱相**另一种说法是：瞎了一只眼睛，斜视，也是第四种贱相。经书上说：人中平满，耳朵轮廓并不明显，都是贫贱相；**脚长腰短，是第五种贱相**另一种说法是：嘴歪鼻曲，也是第五种贱相。经书上说：走路像蛇，跳跃像麻雀，预示着将攒不下钱财。鼻柱薄，说明讲信义，重承诺。鼻头低垂，到了年老孤独无伴。摇动腰部，走起路来急促，预示着一定没有人可供使唤。腰短的预示着将被人夺去官职；**策问不好，唇细且长，是第六种贱相**另一种说法是：说的话多却诚信少，也是第六种贱相。经书上说：嘴薄，得不到别人的提携；嘴歪，容易被他人所毁。嘴像烧饭的烟火，到老无人陪伴。舌头发白，是下贱人之相；舌头短，是贫贱人之相。但凡知道人是贫贱的，总是贵处少而贱处多，有贱相的人多，有贵相的人少。这六种贱相都具备的人，是做奴仆的人。**上面说的就是从骨骼中可以看出贵贱之相**评论：传说尧的眉毛有八种颜色，舜的眼睛有四个瞳孔，禹的耳朵有三个孔，周文王有四个乳头，然而世人中有时也有四个乳头的，这叫做“劣马也有一撮毛像千里马”。如果一个人的长相有额角像半弦月那样奇特，有龙栖虎踞那样美丽，地静镇于城垣，天关运于掌策，像金槌玉枕，磊落相望，伏犀骨隆起，若隐若现，互相映照。额头鬓角都很丰满，各种骨相完美无缺，这是卿相明显的特征。假如是眼睛凹陷，脖子很长，面容衰老，鼻与眉相聚拢，像蛇一样走路，像鸷鸟一样站立，嘴像虾嘴、鸟嘴，筋脉不能约束身体，脸上没有光彩，手不像春芽那样柔软，头发像寒天的枯草那样憔悴，这都是穷苦的证据。从前姑布子卿对子贡说："郑国东门有一个人，身高九尺六寸，上下眼眶平而长，额头隆起，他的头像尧，脖颈像皋陶，肩膀像子产，但是自腰以下差禹三寸，看上去像一条丧家之犬。"河目，指上下眼眶平而长。颡，指额头。汉高祖高鼻梁儿，长的像龙。准，指鼻子。颜，指额头。两角为龙角，一角为犀角。指汉高祖长得像龙，两眉、额骨高且鼻子上隆。曹魏陈留王曹奂，下巴丰满但额头尖，看上去和画像中的尧相似。南朝时陈宣帝陈顼脖子细，其貌不扬。起初他贫贱的时候，北周大将军杨忠见到他感到很奇怪，并说："此人头大如虎，今后一定会大富大贵。"后来果然做了皇帝。这些都是贵贱之相的证明。

夫木主春，生长之行也春主肝，肝主目，目主仁。生长敷荣者，施恕惠与之意也；火主夏，丰盛之时夏主心，心主舌，舌主礼。丰盛殷阜者，富博宏通之义也；金主秋，收藏之节也秋主肺，肺主鼻，鼻主义。收藏聚敛者，吝啬悭鄙之情也；水主冬，万物伏匿之日也冬主肾，肾主耳，耳主智。伏匿隐弊者，邪谄奸佞之怀也；土主季夏，万物结实之月也季夏主脾，脾主唇，唇主信。结实坚确者，贞信谨厚之理也。

【译文】木主春，是万物蓬勃生长的标志春主肝，肝主日，目主仁。欣欣向荣之人，天生宽容、施人与恩惠。**火主夏，是丰盛之时的标志**夏主心，心主舌，舌主礼。丰盛富足之人，天生心胸开阔，通达事理。**金主秋，是收藏之时的标志**秋主肺，肺主鼻，鼻主义。收藏聚敛之人，天生吝啬。**水主冬，是万物躲藏之时的标志**冬主肾，肾主耳，耳主智。躲藏隐蔽之人，易生邪谄奸佞之心。**土主季夏，是万物结果的标志**季夏主脾，脾主唇，唇主信。果实坚硬，标志着人正直诚实、谨慎敦实。

故曰：凡人美眉目、好指爪者，庶几好施人也肝出为眼，又主筋，穷为爪，荣于眉，藏于魂。《经》曰：凡人眉直而头昂，意气雄强。缺损及薄，无信人也。如弓者，善人也。眼有光彩而媚好者，性识物理而明哲人也。眼光溢出睑外，不散不动，睑又不急不缓，而精不露者，智惠人也。睑蹇缩、精无光者，愚钝人也。眼光不出睑者，藏情人也，加以睑涩盗视，必作偷也。若务瞆（音戍）眣矀（而叶切）者，蛆嫉人也。急眍（侧夹切）者，不嫉妒则虚妄人也。盯（竹耕切）睢眰血者，恶性人也。瞕睻（时间切）瞠（tǎng）晃者，憨喷（呼个切）人也。睔（丁念切）瞧（馨念切），珉睐（时巾切）者，淫乱人也。弥词矒瞢者，奸诈人也。涖澄拗（乌巧切）瞰（胡巧切）者，掘强人也。羊目眐（乌江切）瞳（敕江切）者，毒害人也。睢盱眣烁者，回邪人也。精色杂而光彩浮浅者，心意不定，无信人也。精清光溢者，聪明人也。精沉光定者，大胆人也。上目眦下，眦中深厚，气色秾厚者，有威武，亦大胆人也。气色飘眇，浅薄人也。土地不洁者，无威，怯懦人也。精紫黑而光彩端定者，刚烈人也。精洁白而端定者，好隐遁人也。精多光而不溢散，清澈而视端审者，直性人也。精黄而光彩澄澈者，慕道术人也。点精近上者，志意下劣人也；点精近下者，志意高尚人也；点精近里者，自收敛人也；点精近外者，傲慢憨人也。羊目直视，能杀妻子；猪目应澄，刑祸相仍；鹰视狼顾，常怀嫉妒；蝼蛄目，心难得。夫指者欲纤秾如鹅，有皮相连者，性淳和人也。指头方怼者，见事迟人也。妍美者，嘱授人信之；恶者，人不遵承也。毛发光泽，唇口如朱者，才能学艺人也心出为舌，又主血。血穷为毛发，荣于耳，藏于神。《经》曰：野狐鬓，难期信；羖䍽鬓，多狐疑。唇急齿露，难与为友；唇宽端正，出言有章；唇口不佳，出言不信。口边无媚，好扬人恶；口喙如鸟，不可与居，恶心人也。口急缓如鸟，言语皆撮聚者，此人多口舌。缓急不同，少信人也。鼻孔小缩，准头低曲者，悭吝人也肺出为鼻孔，又主皮肤，又为气息，藏于魄。好鼻者，有声誉。鼻柱薄而梁陷者，多病厄人也。鼻无媚，憨蠢人也。蜣蜋（qiāng láng）鼻，少意智人也。耳孔小，齿瓣细者，邪谄奸佞人也肾出为骨，又主髓。髓穷为耳孔，骨穷为齿，藏于志。《经》曰：耳孔深广者，心虚而识玄。耳孔丑小者，无智而不信神理。耳边无媚，鄙拙人也。耳孔小而骨节曲戾者，无意智人也。老鼠耳者，杀之不死。又云：鼠耳之人，多作偷盗者也。耳轮厚大，鼻准圆实，乳头端净，颏颐深广厚大者，忠信谨厚人也脾出为肉，肉穷为孔，又主耳轮、准、鼻梁、颏颐等，藏于意。《经》曰：夫头高大者，性自在而好凌人。头卑弊者，性随人而细碎。故曰：鹿头侧长，志气雄强；兔头蔑颉，意志下劣；獭头横阔，心意豁达。夫颈细而曲者，不自树立人也。若色斑驳或不洁净者，性随宜而不坚固。夫手纤长者，好舍施；短厚者，好取，舍则庶几，取则贪惜。故曰：手如鸡足，意智褊促。手如猪蹄，志意昏迷。手如猴掌，勤劬伎俩。夫背厚阔者，刚决人也；薄者，怯弱人也。夫腹端妍者，才华人也。故曰：牛腹婪贪，财物自淹。蛤蟆腹者，懒人也。夫腰端美者，则乐而能任人也。蜥蜴腰者，缓人也。夫臂髀厚广者，可倚任，安稳人也。夫蛇行者，含毒人也，不可与之共事。鸟行跄跄，性行不良，似鸟鹊行也。鹰行雄烈。豺狼行者，性粗觅利人也。牛行，性直也。马行，猛烈人也。此性灵存乎容止者也范蠡曰："越王①为人，长颈鸟喙，可与共患难，不可与共安乐。"尉缭②曰："秦始皇，隆准长目，鸷膺豺声，少恩信，虎狼心。居约易出人下，得志亦轻食人。不可与之久游。"叔鱼③生，其母视之曰："是虎目而豕心，鸢肩而牛腹。溪壑可盈，是不可厌也。"晋叔向④欲娶于巫臣氏，其母不欲，曰："昔有仍氏生女，黰黑而甚美，光可以鉴，名曰玄妻。乐正后夔娶之，生伯封，实有豕心，贪婪无厌，忿类无期，谓之封豕。有穷后羿灭之，夔是以不祀。且三代之亡，皆是物也。汝何为哉？天有尤物，足以移人。苟非德义，则必有祸。"叔向惧，乃止。魏安鳌王⑤问子从曰："马回梗梗亮直，大夫之节，吾欲为相，可乎？”答曰：“长目而豕视，则体方而心圆。每以其法相人，千百不失一。臣见回非不伟其体干，然甚疑其目。”平原君⑥相秦将白起，谓赵王曰：“武安君之为人也，小头而锐下，瞳子白黑分明，视瞻不转。小头而锐下者，断敢行也；瞳子白黑分明者，见事明也；视瞻不转者，执志强也。可与持久，难与争锋。”王莽大口蹶颐，露目赤精，声大而身长七尺五寸，反膺仰视，瞰临左右。或言莽所谓鸱目虎喙，豺狼之声，故敢食人，亦当为人所杀。莽后篡汉位，后兵败归，果被杀也。

【注释】①越王：指勾践。姒姓，本名鸠浅，古时华夏文字不同，音译成了勾践，又名菼执，夏禹后裔，春秋末年越国国君。曾败于吴，屈服求和。后卧薪尝胆，发愤图强，终成强国。②尉缭：战国兵家人物。魏国大梁（今河南开封）人。名缭，秦王政十年（公元前237年）入秦游说，被任为国尉后，改称尉缭。他为秦王嬴政统一六国立下汗马功劳，主张“并兼广大，以一其制度”。③叔鱼：即羊舌鲋，复姓羊舌，名鲋，也称叔鲋，字叔鱼，春秋时期晋国大夫，羊舌四族之一，是史书中第一个因为贪污而受到惩罚的官员。④叔向：姬姓，羊舌氏，名肸，字叔向，又字叔誉。春秋后期晋国贤臣，政治家、外交家。⑤魏安釐王：姬姓，魏氏，名圉。东周魏国第六代国君。⑥平原君：即赵胜，嬴姓，东武（今山东武城）人，赵国宗室大臣，赵武灵王之子，赵惠文王之弟，封于东武（今山东武城），号平原君。在赵惠文王和赵孝成王时任相，以善于养士而闻名。和齐国孟尝君田文、魏国信陵君魏无忌、楚国春申君黄歇合称战国四公子。

【译文】因此说，但凡人的眉毛、眼睛生得好看，十指纤细柔软，大多数是喜欢做善事和施舍的人肝在外体现在眼睛上，又主筋脉，直到手指，显示在眉毛中，隐藏在魂魄里。经书上说：但凡人的眉毛直且眉头昂起，表示意气强劲有力。眉毛有缺损且单薄，大多是不讲信用的人。眉像弯弓，大多是善良的人。眼睛有光彩且娇媚，是明事理且明智通达的人。眼光溢出眼睑之外，不散不动，眼睑眨动又不急不缓，且精神不外露，这是有智慧的人。眼睑困顿，眼睛没有光彩，这是愚笨迟钝的人。眼光不出眼睑的，这是能隐藏情绪的人，再加上眼涩并喜欢偷看，这种人一定是盗贼。如果谄媚眨眼，眼珠转动，属于卑鄙小人。把眼睛张得很大，不嫉妒则是荒诞之人。睁眼仰视，且以目使人，是邪恶之人。左顾右盼，眼睛无神，是憨厚或痴傻之人。眼睛低垂，是淫乱之人。漫天谎言，眼睛迷离，是奸诈之人。眼神清澈坚定，是固执之人。像羊一样眯着眼，是能毒害人的人。仰视眨眼，是邪佞之人。眼珠的颜色杂且眼光浮浅的，是心意不定且没有信用的人。眼珠清澈且眼光流动的，是聪明的人。眼珠沉静，眼光镇定，是胆大的人。上眼角下垂，且眼角深厚，气色浓厚的，有威武之气，也是胆大的人。气色飘渺，是浅薄之人。眼、眉周围不干净，是没有威严且胆小懦弱的人。眼珠发紫黑色，且眼光端正坚定的，是刚强坚毅的人。眼珠发白色且眼光端正坚定的，是喜欢隐居、逃避尘世的人。眼珠多光彩且不溢散，清澈且眼神端正的，是直性子的人。眼珠发黄色且光彩清澈的，是向往道术的人。眼球靠上，是意志低劣的人。眼球靠下，是意志高尚的人。眼球向里凹，是行为收敛的人。眼球向外凸，是傲慢痴傻的人。眼睛像羊一样直视的人，能杀死妻子；眼睛像猪一样瞪视的人，灾祸不断。像鹰一样注视，像狼一样环顾西周，这种人常怀嫉妒之心；眼像蝼蛄，内心很难得到。至于手指，如果十指纤细丰腴如鹅皮相连，这是性情质朴温和的人。指头方正且相互冲撞，这种人反应迟钝。指头漂亮的，口嘱心传别人很容易相信；指头丑的，别人不愿意遵从。**毛发有光泽，嘴唇红润的，这种人是有才能、技艺的人**心体现在舌头上，又主血。血直贯至毛发，从耳朵显示出来，藏于神。经书上说：长着狐狸鬓的人，很难期望他讲信用。长着公羊鬓的人，大多是生性多疑的人。嘴唇短，牙齿外露的人，很难和他作朋友；嘴唇宽且端正的人，能出口成章；嘴唇长得不好看的人，信口开河；嘴边没有媚态的人，喜欢到处说别人的坏话；嘴像鸟嘴一样，不能和他在一起住，这种人是内心阴险的人。嘴一张一合像鸟嘴一样的节奏，说话时嘴唇都是聚在一起，这种人多嘴多舌。缓急不同，是不讲信用的人。**鼻孔小并往里缩，鼻头低且弯曲的人，是吝啬的人**肺在外从鼻孔中体现，又主皮肤，又为呼吸之用，藏于魂魄中。鼻子生得好，一定会有声望。鼻柱薄而鼻梁塌陷的人，是多病多灾的人。鼻子长得没有媚态，是憨厚蠢笨的人。鼻形像蜣螂一样的人，是没有主见的人。**耳孔小，齿瓣细的，是奸邪谄媚之人**肾在外体现在骨骼上，又主骨髓。骨髓止于耳孔，骨骼止于牙齿，藏于志。经书上说：耳孔深且大的，这种人虚心而且见识玄妙。耳孔丑且小的，这种人不聪明而且不信神理。耳边长得不好看，是浅俗拙劣之人。耳孔小且骨节弯曲的，是没有主见的人。耳朵长得像老鼠的，杀他也不会死。另一种说法是：耳朵长得像老鼠的人，大多是盗贼。**耳轮厚大，鼻头圆实，乳头端正干净，下巴深广厚大的，是忠诚信实、谨慎笃厚之人**脾在外体现在肉上，肉止于耳孔，又主耳轮、鼻梁、下巴等，藏于意。经书上说：头高大的人，天性自在并且喜欢以势压人。头小有缺陷的人，性格随和并且细碎。因此说：头像鹿那样长，志气强劲有力；头像兔那样小，意志低劣；头像獭那样粗壮宽厚，心意豁达。脖子细且弯曲，是没有自信心的人。如果颜色相杂或不洁净的，性情随意且意志不坚固。手细而长的，乐善好施；手短而厚的，好索取；施舍别人的时候非常吝啬，索取的时候就贪得无厌。因此说：手像鸡爪，心胸狭隘，脾气急躁。手像猪蹄，意志低迷。手像猴掌，辛苦劳累。背厚且宽的，是刚毅果断的人；背薄的，是胆小的人。腹部端正美丽的，是有才华的人。因此说：腹部像牛的肚子，贪爱财物。腹部像蛤蟆的肚子，是懒惰的人。腰部端正美丽的，天生快乐而且善于用人。腰像蜥蜴一样，是迟缓的人。臂膀、大腿厚实的，可以倚重信任，是安全而稳当的人。像蛇一样走路，是心狠手辣的人，不能与之共事。像鸟一样走路，步履从容有节奏，是品性不良的人。像鹰一样行走，是勇武刚烈的人。像豺狼一样行走，性情粗犷，是注重实利的人。像牛一样行走，是性情耿直的人。像马一样行走，是勇猛刚强的人。**以上说的是人的性格命运能够从容貌、举止等大致推测出来**春秋时越国的范蠡说：“越王这人脖子长，嘴像鸟嘴，可与他共患难，不可与他共安乐。”战国时秦国的尉缭说：“秦始皇，高鼻梁，长眼睛，鹰胸，声音像豺狼。这种人不讲恩德信义，心如虎狼，受约束时甘居人下，一旦得志，就可轻易食人。不能与这种人长期相处。”春秋时晋国的叔鱼出生后，他的母亲说：“长着老虎般的眼睛，像猪一样的心，肩膀像鹰，腹部像牛肚。只有吞下整个溪谷才可以填满，他是贪得无厌的。”晋国叔向想要娶巫臣氏的美人为妻，他的母亲不愿意，说：“过去有仍氏生了一个女儿，头发稠黑而且非常美丽，光彩照人，取名叫玄妻。后来嫁给了乐正后夔，生的儿子叫伯封，伯封实际有猪一样的心，贪婪无厌，家人对他很怨恨，叫他封豕。后来有穷氏的后羿消灭了他，后夔因此绝了后。而且夏、商、周三代的灭亡，都是由于贪恋美人的缘故。你为什么还要这样做呢？天有尤物，完全能够改变一个人的命运。假如不是有道德信义的人，必定会带来灾祸。”叔向害怕了，于是打消了娶巫臣氏美人的念头。战国时魏国的安釐王问子从：“马回刚强正直，有大夫的节操，我打算任命他为宰相，可以吗？”子从回答说：“马回眼睛长，且像猪那样看人，外表虽然长得方正，但内心圆滑。每次我用这种方法看人，千百个人中不会有一个失误。臣看马回并非长得不魁梧，但我非常怀疑他的眼睛。”平原君赵胜看了秦国大将白起的面相后，对赵王说：“武安君白起这人，头小且下巴尖，表明他做事武断果敢；瞳孔白黑分明，表明他对事情有自己的见解；看东西目不转睛，表明他意志坚定。这种人可以和他打持久战，很难决出胜负。”新朝开国皇帝王莽嘴大，下巴短，眼球凸出并带红色，声音大，身长七尺五寸，挺胸仰视，居高视下。有人说王莽的眼睛像鸮鹰，嘴巴像老虎，声音像豺狼，所以才敢吃人，也会被人杀死。后来王莽篡夺汉朝政权，之后兵败返回，果然被人杀死。

夫命之与相，犹声之与响也。声动乎几，响穷乎应，必然理矣。虽云：以言信行，失之宰予[①]；以貌度性，失之子羽[②]。然《传》称：无忧而戚，忧必及之；无庆而欢，乐必还之。此心有先动而神有先知，则色有先见。故扁鹊[③]见桓公，知其将亡；申叔[④]见巫臣[⑤]，知其窃妻。或跃马膳珍，或飞而食肉，或早隶晚侯，或初刑末王。铜岩无以饱生，玉馔终乎饿死。则彼度表扪骨，指色摘理，不可诬也。故列云尔。

【注释】①宰予：字子我，亦称宰我，春秋末鲁国人，孔子著名弟子，

“孔门十哲”言语科之首，“孔门十三贤”之一。口齿伶俐，擅长辞辩。②子羽：即澹台灭明，复姓澹台，名灭明，字子羽，鲁国武城（今属山东临沂市平邑县南武城）人。孔子弟子。貌丑，品性端正。③扁鹊：姓秦，名越人，又号卢医，战国时期医学家。善于运用四诊法——望闻问切。尤其是脉诊和望诊来诊断疾病精于内、外、妇、儿、五官等科，应用砭刺、针灸、按摩、汤液、热熨等法治疗疾病，被尊为医祖。④申叔：春秋时楚国大夫，名展，又称申叔展、叔展。⑤巫臣：字子灵，后为申氏，又称屈巫，原是楚国的大夫。后辅佐晋景公，建议晋国联合吴国，夹击楚国。又亲自到吴国，教吴国人驾驶战车。这成为楚国衰落、吴国崛起的序幕。

【译文】命运和相貌的关系，就好像是声音与回响一样。声音响动，回响就会发出，与之相呼应，这是必然的道理。虽然说：根据言语判断一个人的诚信德行，就会发生像孔子冤枉他的学生宰予那样的错误；根据相貌判断一个人的品性，就会错过像子羽那样的人才。然而《左传》中说：没有忧愁却心里哀伤，那么忧愁一定会到来；没有快乐的事却莫名其妙地欢喜，那么快乐也会马上来临。这就是说，人们的心理会有超前感应，并且会首先在面色上反映出来。所以扁鹊见到蔡桓公，就知道他将要死去；楚国大夫申叔展见到巫臣后，就知道他有窃妻的事。有的人骑着高头大马，吃着美味佳肴，有的人四处走动也可以吃到肉，有的人早年给人当奴隶，晚年却封了侯，有的人起初受到刑罚，最后却称了王。拥有铜山却不能一生都吃上饱饭，吃过美味佳肴最终却落得饿死的下场。因此，揣度一个人的相貌，摸清他的骨骼，根据他的面色，再按照相术原理来进行预测，是不应该轻易否定的。因此单列这一章，作为知人的参考。

论士第七

臣闻黄石公曰："昔太平之时，诸侯二师，方伯三师，天子六师。世乱则叛逆生，王泽竭则盟誓相罚，德同无以相加，乃揽英雄之心。故曰得人则兴，失士则崩。"何以明之？昔齐桓公见小臣稷，一日三往而不得见，从者止之。桓公曰："士之傲爵禄者，固轻其主；其主傲霸王者，亦轻其士。纵夫子傲爵禄，吾庸敢傲霸王乎？"五往而后得见。

【译文】我听黄石公曾说："从前天下太平的时候，诸侯有两支军队，方伯有三支军队，天子有六支军队。世道混乱就会发生叛乱，王恩枯竭，诸侯之间就开始结盟、立誓或者相互征伐。诸侯的德行势均力敌，无法一决高下的时候，于是想方设法招揽天下的英雄。"所以说，得到人才国家就会兴盛，失去人才国家就会衰亡。为什么这样说呢？从前齐桓公去见一个叫稷的小吏，一天去了三次还没有见到，随从就劝说桓公不要再去了。桓公说："士人轻视爵位、俸禄，当然也会轻视给予他们爵位、俸禄的君主；君主如果藐视天下霸主，自然也会轻视士人。即便他轻视爵位和俸禄，我难道敢藐视天下霸主吗？"就这样，齐桓公去了五次才得以见到稷。

《书》[①]曰：能自得师者王。何以明之？齐宣王[②]见颜斶（chù）[③]曰："斶前。"斶亦曰："王前。"议曰：夫斶前为慕势，王前为趋士。与使斶为慕势，不若使王为趋士。宣王作色曰："王者贵乎？士者贵乎？"对曰："昔秦攻齐，令曰：'有敢去柳下季[④]垄五百步而樵采者，罪死不赦。'令曰：'有能得齐王头者，封万户侯，赐金千镒。'由是言之，生王之头，曾不如死士之垄。"宣王竟师之。宣王左右曰："大王据千乘之地，而建千石之钟，东南西北，莫敢不服。今夫士之高者，乃称匹夫，徒步而处于农亩，之下则鄙野、监门、闾里。士之贱也，亦甚矣。"斶曰："古大禹之时，诸侯万国。舜起农亩而为天子。及汤之时，诸侯三千。当今之世，南面称寡人者，乃世四。由此观之，非得失之策与？稍稍诛灭，灭亡无族之时，欲为监门、闾里，安可得哉？《易传》[⑤]不云乎：居上位，未得其实。故无其实而喜其名者削，无其德而望其福者约，无其功而受其禄者辱，祸必握。故曰：矜功不立，虚愿不至。此皆夸其名，华而无其实德也。是以尧有九佐，舜有十友，禹有五丞，汤有三辅，自古及今，而能虚成名于天下者，无有。是以君王无羞亟问，不愧下学，而成其道。老子曰：'虽贵，必以贱为本；虽高，必以下为基。是以侯王称孤、寡、不毂。'夫孤、寡者，困贱下位者也，而侯王以自谓，岂非以下人而尊贵士与？夫尧传舜，舜传禹，周成王任周公旦，而世世称明，是以明乎士之贵也。"

【注释】①《书》：指《尚书》，也称《书》、《书经》。儒家经典之一，是我国上古历史文献和部分追述古代事迹著作的汇编，是我国最早的一部历史文献汇编。②齐宣王：妫姓、田氏，名辟疆，战国时代齐国国君，齐威王之子。为招揽人才，建立稷下学宫，集中了各家学派的人才，著书立说，开展学术研究，形成了前所未有的"百家争鸣"。③颜斶：战国时期齐国人，隐居不仕，因提出“晚食以当肉，安步以当车，无罪以当贵”而著名于史。④柳下季：指春秋时鲁国柳下惠的别称。原名展获，字子禽，谥号惠，后人尊称其为“柳下惠”或“和圣柳下惠”。周朝诸侯国鲁国柳下邑（今山东平阴孝直镇展洼村）人，曾担任鲁国大夫，后隐遁。他是遵守中国传统道德的典范，“坐怀不乱”的故事广为传颂。⑤《易传》：战国时期解说和发挥《易经》的论文集，共7种10篇。自汉代起，它们又被称为“十翼”。

【译文】《尚书》中称：能得到贤人并拜他为师的诸侯可以成就霸业。为什么这样说呢？战国时齐宣王召见颜斶时说：“颜斶你到我面前来。”颜斶也说：“大王您到我面前来。”评论说：颜斶到齐宣王面前去表明他仰慕权势，齐宣王到颜斶面前去说明他礼贤下士。宣王因恼怒而变了脸色，说：“到底是君王尊贵，还是士人尊贵啊？”颜斶回答说：“从前秦国攻打齐国的时候，曾经下过一道命令：‘有谁敢去柳下季的坟墓周围五十步之内打柴的，一律处死，不予赦免。’还下过一道命令：‘有谁能得到齐王人头的，封他为万户侯，赏赐黄金千镒。’由此看来，活着的齐王人头，还不如一个死士的坟墓。”于是宣王被颜斶说服，拜他为师。当时宣王身边的人说：“大王拥有千乘之地，建有千石之钟，东南西北，没有敢不服从的。现在名声大的士人也只不过是一介匹夫，每天要步行到地里干活。甚至有些还住在边远偏僻的地方，做乡里的守门人。士人的低贱，真是到了极点啦！”颜斶说：“从前大禹的时代，有诸侯万国。舜是从农田耕作开始，而成为天子的。到了汤的时代，诸侯只有三千。而到了如今，南面称王的，传不到四代。由此看来，这难道不是由于不重视士人而造成的吗？诸侯渐渐地被消灭，等到国破家亡之时，就是想要做乡里的守门人，也不可能做了吧？《易传》上不是说过：身居高位而不具备实在的德才。所以没有实在的才能但喜欢好名声的，国家就会被日益削弱；没有实在的德行却祈求享福的，必然会变得穷困窘迫；没有功劳却享受俸禄的人，必然要遭到侮辱，带来灾祸。所以说，自以为能立大功而大功必不成，不具备实在的德才，终究不能实现其理想。这都是那些爱虚名、好浮夸，而不具备实在德才之人的必然下场。所以尧有九个帮手，舜有七个朋友，禹有五个丞相，汤有三个助手。自古至今，如果得不到贤德之士的辅佐而能建功立业的从未有过。因此君王不应该以经常向人求教为耻辱，不应该以向属下学习为惭愧，这样才能够实现他的理想。老子说：'即使尊贵，也必须把卑贱作为根本；即使高峻，也必须把低下作为基础。所以君王、诸侯们自称孤、寡、不穀。'孤、寡，是穷苦、卑贱的意思，而君王、诸侯们却用来自称，难道不是为了表示谦居人下而尊重士人吗？尧传位给舜，舜传位给大禹，周成王任用周公旦，世世代代都称他们为明主，就是因为他们懂得士人的可贵啊！"

谚曰：浴不必江海，要之去垢；马不必骐骥，要之善走；士不必贤也，要之知道；女不必贵种，要之贞好。何以明之？淳于髡（kūn）[1]谓齐宣王曰："古者好马，王亦好马；古者好味，王亦好味；古者好色，王亦好色；古者好士，王独不好！"王曰："国无士耳。有则寡人亦悦之。"髡曰："古有骅骝（liú）[2]骐骥，今之无有，王选于众，王好马矣；古有豹象之胎，今之无有，王选于众，王好味矣；古有毛嫱[3]、西施[4]，今之无有，王选于众，王好色矣；王必待尧、舜、禹、汤之士，而后好之，则尧、舜、禹、汤之士，亦不好王矣。"鲁仲连[5]谓孟尝君[6]曰："君好士，未也。"孟尝君曰："文不得士，故也。"对曰："君之厩马百乘，无不被绣衣而食菽粟，岂有骐骥騄耳哉？后宫十妃，皆衣缟纻，食粱肉，岂有毛嫱、西施哉？色与马取于今之世，士何必待古哉？故曰：'君好士，未也。'"张敞[7]与朱邑[8]书曰："饥者甘糟糠，饱者饫粱肉。何则？有无之势异也。昔陈平虽贤，须魏倩[9]而后进；韩信虽奇，赖萧何而后信。故士各达其及时之宜。若待古之英俊，必若伊尹、吕望而后荐之，则此人不因足下而进矣。"《淮南》曰："待騕褭、飞兔而后驾，则世莫乘车矣；待西施、洛浦[10]而后妃，则终身不家矣。然不待古之英俊而自足者，因其所有而遂用之也。"

【注释】①淳于髡：黄县（今山东省龙口市）人，战国时期齐国的政治家和思想家。以博学多才、善于辩论著称，是稷下学官中最具有影响的学者之一。②骅骝：指赤红色的骏马，周穆王的“八骏”之一。常指代骏马。③毛嫱：春秋时期越国的美女之一，大体与西施同时，相传为越王勾践的爱姬。④西施：本名施夷光，越国美女，自幼随母浣纱江边，故又称“浣纱女”。她天生丽质、秀媚出众，与王昭君、貂蝉、杨玉环并称为“中国古代四大美女”，其中西施居首。⑤鲁仲连：又名鲁连，战国末期齐国人。有奇策，但不肯仕宦任职，常周游各国，排难解纷。⑥孟尝君：名田文，战国四公子之一，齐国宗室大臣。以广招宾客，食客三千闻名。⑦张敞：字子高，西汉茂陵（今陕西兴平）人。为官清廉，忠言直谏。⑧朱邑：字仲卿，庐江舒县（今安徽舒城）人，西汉官员。少时为桐乡啬夫，廉平爱民。举贤良为大司农丞，迁北海太守，以政绩优异，入为大司农。居处节俭，家无余财。⑨魏倩：即魏无知，秦末人。楚汉战争时从汉王刘邦。陈平背楚降汉，因其求见刘邦，遂得重用。⑩洛浦：代指洛神，即宓妃，是我国先秦神话中，黄河之神河伯的配偶，司掌洛河的地方水神。

【译文】谚语说：沐浴不一定要去江海里，只要能去除污垢就可以了；马不一定非要千里马，只是它能跑就可以了；士人不需要多么贤能，只要他懂得治国之道就可以了；女子不必出身有多高贵，只要她守贞节漂亮就可以了。为什么这样说呢？淳于髡对齐宣王说：“古时候的人喜欢马，大王也喜欢马；古时候的人喜欢美味，大王也喜欢美味；古时候的人爱美色，大王也爱美色；古时候的人喜欢士人，大王却偏偏不喜欢士人。”齐宣王说：“国家没有士人啊，如果有，我也会喜欢他们的。”淳于髡说：“古时候有骅骝、骐骥，现在没有，大王能从众多的马中挑选出好马，这说明大王是喜欢马的；古时候的人喜欢吃豹子、大象的胎盘，现在没有，大王从众多美味中挑选出佳肴，这说明大王是喜欢美味的；古时候有毛嫱、西施这样的美女，现在没有，大王从众多美女中挑选出丽人，这说明大王是爱美色的。大王如果要等尧、舜、禹、汤时那样的贤士出现，才去爱惜他们，那么尧、舜、禹、汤时那样的贤士，可能也不会喜欢像您这样的大王了。”鲁仲连对孟尝君说：“您其实并不喜欢士人。”孟尝君说：“那是因为我没有得到士人的缘故。”鲁仲连回答说：“您的马厩中有上百匹好马，没有一匹不是身披绣衣、吃着好饲料，难道马厩中的马都是像骐骥、騄耳这样的千里马吗？您的后宫中的十个妃子，都是身穿绫罗绸缎，吃着美味佳肴，难道她们都是毛嫱、西施那样的美女吗？美色、骏马都取自当今之世，那么士人又何必一定要用古代那样的呢？所以我才说，您其实并不喜欢士人。”张敞在给朱邑写的信中说：“饥饿的人吃着糟糠都认为是美味，而吃饱饭的人吃着粱肉也不觉得美味，那是为什么呢？原因就在于有还是没有。从前陈平虽然很贤能，但也必须通过魏倩的举荐才能得到刘邦的重用；韩信虽然有奇才，但也必须依靠萧何的推荐才能被信任。所以每个士人的发达都有个时机问题。假如一定要等待古时候的英雄豪杰，必须有像伊尹、吕望那样的人才才推荐，那么这些人就无须通过您的推荐上位了。”因此《淮南子》中称：“等有腰袅、飞兔这样的骏马才驾车，那世上就没车可乘；等有西施、洛神这样的美女才娶为妃，那终身别想成家了。如果不等古时的英才出现，而选择当世的人才任用，其实完全够用了。”

语曰：琼艘瑶楫，无涉川之用；金弧玉弦，无激矢之能。是以分絜而无政事者，非拨乱之器；儒雅而乏治理者，非翼亮之士。何以明之？魏无知见陈平于汉王，汉王用之。绛、灌[①]等谗平曰：“平盗嫂受金。”汉王让魏无知。无知曰：“臣之所言者，能也；陛下所问者，行也。今有尾生[②]、孝已[③]之行，而无益于胜负之数，陛下假用之乎？今楚汉相距，臣进奇谋之士，顾其计，诚足以利国家耳。盗嫂受金，又安足疑哉！”汉王曰：“善。”

【注释】①绛、灌：绛指绛侯周勃，西汉开国将领、宰相。因军功封绛侯。灌指灌婴，睢阳（今河南省商丘市）人，汉朝开国功臣，官至太尉、丞相。②尾生：春秋时期有一位叫尾生的男子与女子约定在桥梁相会，久候女子不到，水涨，乃抱桥柱而死。后用尾生抱柱一词比喻坚守信约。③孝己：传说为殷高宗武丁之子，以孝行著，因遭后母谗言，被放逐而死。后用作孝子的典范。

【译文】俗语说：美玉做的船和桨，没有渡江的功用；金玉做成的弓弦，没有发射箭矢的功能。因此光是清高而不懂政事的人，不是治理乱政的人才；温文尔雅而缺乏治理才能的人，不是能承担辅政重任的人。为什么这样说呢？魏无知把陈平举荐给汉王刘邦，汉王重用陈平。周勃、灌婴等人进谗言陷害陈平说："陈平和他嫂子私通，还接受过别人的贿赂。"于是汉王责备魏无知。魏无知说："我所说的是陈平的才能；陛下您听说的是陈平的德行。现在即便有尾生、孝己那样有德行的人，但对战争的胜负没有好处，陛下能够任用这样的人吗？如今楚汉相争，我举荐的是奇谋之士，只考虑到他的计谋是否能够对国家有帮助而已。陈平与嫂子私通，接受别人的贿赂，又何必因此而怀疑他的才能呢？"汉王说："说得好。"

黄石公曰："有清白之士者，不可以爵禄得；守节之士，不可以威刑胁。致清白之士，修其礼；致守节之士，修其道。"何以明之？郭隗[①]说燕昭王[②]曰："帝者与师处，王者与友处，霸者与臣处，亡国者与厮役处。诎指而事之，北面受学，则百己者至；先趋而后息，先问而后默，则什己者至；人趋己趋，则若己者至；凭几据杖，眄视指使，则厮役之人至；恣睢奋击，呴（hǒu）藉叱咄，则徒隶之人至矣。此乃古之服道致士者也。"

【注释】①郭隗：战国中期燕国人，燕国大臣、贤者。昭王为报齐灭燕之仇，拜访郭隗，求计问策。郭隗以古人千金买骨为例，使昭王广纳社会贤才，建筑“黄金台”，昭王尊郭隗为师。后来乐毅、邹衍、剧辛及其他有才能的人皆来归附燕国，燕国因此强大起来。②燕昭王：本名姬职，战国时燕国第三十九任君主。燕王哙之子，曾经在韩国做人质，后来由赵武灵王派送重兵回国即位。即位后招贤纳士，在位期间燕将秦开大破东胡、朝鲜、真番，上将军乐毅联合五国攻齐，占领齐国七十多城，造就了燕国的盛世。

【译文】黄石公说：“品行高洁的人，无法用爵位、俸禄打动；坚守节操的人，无法用严刑峻法逼迫。对品行高洁的人，要以礼相待；对坚守节操的人，要用仁道大义感召。”为什么这样说呢？郭隗对燕昭王说：“成就帝业的国君以贤者为师，成就王业的国君以贤者为友，成就霸业的国君以贤者为臣，快要灭亡的国君以贤者为仆役。如果降低身分，曲意顺从，虚心求教，那么才能超过自己百倍的人才就会前来；早些学习晚些休息，先去求教别人过后再默思，那么才能超过自己十倍的人才就会前来；别人怎么做，自己也跟着做，那么才能与自己相当的人就会前来。靠着几案，拄着手杖，颐指气使，那么只能得到奴仆之类的人；放纵骄横，行为粗暴，怒吼喝叫，那就只能得到奴才了。这就是古时候实行王道和招致人才的方法。”

黄石公曰：“礼者，士之所归；赏者，士之所死。招其所归，示其所死，则所求者至矣。”何以明之？魏文侯太子击礼田子方①，而子方不为礼，太子不悦，谓子方曰：“不识贫贱者骄人乎？富贵者骄人乎？”子方曰：“贫贱者骄人耳，富贵者安敢骄人！人主骄人而亡其国，大夫骄人而亡其家。贫贱者若不得意，纳履而去，安往而不得贫贱乎？”

【注释】①田子方：姓田，名无择，字子方，道家学者，魏国人，拜孔子学生端木赐（字子贡）为师，以道德学问闻名于诸侯。

【译文】黄石公说："懂礼，士人就会依附；赏赐，士人就会为之而死。把懂礼和赏赐的做法明明白白地展示出来，那么所需要的人才就会前来。"为什么这样说呢？魏文侯的太子魏击向田子方行礼，但田子方不还礼，太子很不高兴，对田子方说："不知道是贫贱的人傲慢呢？还是富贵的人傲慢？"田子方说："当然是贫贱的人傲慢。富贵的人怎么敢傲慢呢？做君主的傲慢就会失去他的国家，当大夫的傲慢就会失去他的家。贫贱的人如果不如意，穿上鞋就走，到哪儿还不是一样贫贱吗？"

宋燕相齐，见逐罢归，谓诸大夫曰："有能与我赴诸侯乎？"皆执杖排班，默而不对。燕曰："悲乎！何士大夫易得而难用也？"陈饶曰："非士大夫易得而难用，君不能用也；君不能用，则有不平之心。是失之于已而责诸人也。"燕曰："其说云何？"对曰："三升之稷，不足于士，而君雁鹜有余粟，是君之过一也。果园梨栗，后宫妇女，以相提挃，而士曾不得一尝，是君之过二也。绫纨绮縠（hú），美丽于堂，从风而弊，士曾不得以为缘，是君之过三也。夫财者，君之所轻；死者，士之所重。君不能行君之所轻，而欲使士致其所重，譬犹铅刀畜之，干将用之，不亦难乎？"宋燕曰："是燕之过也。"

【译文】宋燕在齐国担任宰相，遭到罢免后，对大夫们说："有谁愿意跟我去投奔别的诸侯？"大家都拿着手杖整齐地站在那里，谁也不回答。宋燕说："可悲啊！为什么士大夫能轻易得到却难以任用呢？”陈饶说：“并不是士大夫能轻易得到却难以任用，是您不知道该怎么用；您不知道该如何任用，士大夫就会有怨愤。这是您的过失，反而责备别人。”宋燕说：“你这话是什么意思？”陈饶回答说：“士人连三升的粮食都领不全，而您养的鹅和鸭却有多余的粮食，这是您的第一个过失；您果园里的梨子和栗子，后宫的妇女们可以随意拿来互相投掷打闹，而士人却连一个都尝不到，这是您的第二个过失；绫罗绸缎，堆得满堂都是，有的都被风吹坏了，士人却无法得到一件，这是您的第三个过失。财富是您所轻视的，生死是士人所看重的。您都不能把自己轻视的东西赏给士人，却希望士人为您卖命，这就好比把这些士人像铅做的刀子一样存放着，却幻想有一天像干将那样会使剑的人可以让他们发挥利剑的作用，这不是太难了吗？”宋燕说：“是我的过失。”

语曰：夫人同明者相见，同听者相闻。德合则未见而相亲，声同则处异而相应。韩子曰：“趣舍同则相是，趣舍异则相非。”何以明之？楚襄王问宋玉[①]曰：“先生其有遗行欤？何士人众庶不誉之甚？”宋玉曰：“夫鸟有凤而鱼有鲸，凤凰上击九万里，翱翔乎窈冥之上。夫蕃篱之鷃（yàn），岂能与料天地之高哉？鲸鱼朝发于昆仑之墟，暮宿于孟津。夫尺泽之鲵（ní），岂能与量江海之大哉？故非独鸟有凤而鱼有鲸，士亦有之。夫圣人瑰琦意行，超然独处。夫世俗之民，又安知臣之所为哉？”议曰：世之善恶，难得而知；苟非其人，莫见其际，何者？夫文章为武人所嗤，未必鄙也；为杨、马[②]所嗤，此真鄙矣。夫人臣为桀、纣所毁，未必为愚也；必若尧、舜所毁，此真愚矣。世之毁誉，不足信也。故曰：不夜出，安知有夜行人？太公曰：“智与众同，非人师；伎与众同，非国工。”老子曰：“下士闻道，大笑之；不笑，不足以为道。”故曰：凡人所贱，圣人所贵。信矣哉！

【注释】①宋玉：又名子渊，宋国（今河南商丘）人，战国末期辞赋家。②杨、马：这里指扬雄、司马迁。扬雄，西汉著名的辞赋家，蜀郡成都（今四川成都郫都区）人。司马迁，西汉时期史学家、文学家，创作了我国第一部纪传体通史《史记》。

【译文】俗语说：同样有明亮眼睛的人才能看见同样细小的东西，同样有敏锐听力的人才能听见同样细微的声音。同心同德的人，即使从没有见过，但依然会相亲相爱。说的话音相同，即使在不同的地方，也依然会互相呼应。韩非子说：“志趣相同才会彼此欣赏，志趣不同就会互相排斥。”为什么这样说呢？楚襄王问宋玉说：“先生您莫非在哪些地方做得不够好吗？为什么那些士人和老百姓都不称赞您呢？”宋玉说：“鸟中有凤凰，鱼中有巨鲸。凤凰可以冲上九万里云霄，翱翔于高空之中。而那笼中的鹦雀怎能与凤凰讨论天地有多高呢？鲸鱼早晨于昆仑山脚出发，晚上就能住在孟津，水沟里的小鱼，怎能与鲸鱼一起测量江海有多大呢？所以不只是鸟中有凤凰，鱼中有巨鲸，士人中也有像凤凰和巨鲸那样不一般的人。圣人的思想行为瑰丽奇异，超出世事。世俗之人，又怎会明白我的所作所为呢？”评论说：世间的善恶，是很难了解的。如果不是非同寻常之辈，是分辨不出善与恶的界限的。为什么呢？如果一个人的文章被武人嗤笑，这文章不一定不好；如果被扬雄、司马迁所嗤笑，那才是真的不好了。大臣被桀、纣那样的暴君否定，大臣不一定就真的蠢笨；如果被尧、舜那样的明君否定，那才是真的蠢笨。人世间的毁损与赞誉不可以完全相信。所以说，晚上不出门，怎么会知道还有夜晚在路上行走的人呢？太公说：“智慧与众人相同的人，不足以做别人的老师；技艺与众人相同的人，不足以做国家一流的工匠。”老子说：“凡夫俗子听到‘道’时，会哈哈大笑，如果他们不大笑，‘道’就不足以为‘道’了。”所以说，常人所轻贱的，正是圣人所重视的。千真万确是这样啊！

语曰：知人未易，人未易知。何以明之？汗明[①]说春申君[②]，春申君悦之。汗明欲谈，春申君曰："仆已知先生意矣。"汗明曰："未审君之圣孰与尧？"春申君曰："臣何足以当尧！"汗明曰："然则君料臣孰与舜？"春申君曰："先生即舜也。"汗明曰："不然。臣请为君申言之。君之贤不如尧，臣之能不及舜。夫以贤舜事圣尧，三年而后乃相知也。今君一时而知臣，是君圣于尧而臣贤于舜也。"

【注释】①汗明：战国时春申君舍人。初见春申君不得见，等候三个月方才得见，后与春申君相知。②春申君：嬴姓，黄氏，名歇，东周战国时期楚国公室大臣，是著名的政治家、军事家。游学博闻，善辩。与魏国信陵君魏无忌、赵国平原君赵胜、齐国孟尝君田文并称为"战国四公子"，曾任楚相。

【译文】俗语说：要想了解一个人并不容易，而且人也不容易被人了解。为什么这样说呢？战国时汗明游说楚国的春申君，春申君很喜欢他。汗明想谈自己的主张，春申君说："我已经知道先生的来意了。"汗明说："不知道您和尧相比，谁更圣明？"春申君说："我怎么敢和尧比较呢？"汗明说："那么您看我和舜相比怎么样呢？"春申君说："先生您与舜相同。"汗明说："不是这样的。请让我为您细说。您的贤明不如尧，我的才能也比不上舜。用舜那样贤能的人侍奉圣明的尧，三年以后两人才能彼此了解。现在您一时之间就说了解我，这就等于您比尧还圣明，而我比舜还贤能。"

《记》曰：夫骥，唯伯乐独知之，若时无伯乐之知，即不容其为良马也。士亦然矣。何以明之？孔子厄于陈、蔡，颜回[1]曰：“夫子之德至大，天下莫能容。然夫人推而行之，世不我用，有国者之丑也。夫子何病焉故曰：文王明夷则主可知，仲尼旅人则国可知？”《穀梁传》[2]曰：子既生，不免乎水火，母之罪也；羁冠成童，不就师傅，父之罪也羁冠，谓交互剪发。成童，谓八岁以上；就师，学问无方，心志不通，身之罪也；心志既通，而名誉不闻，友之罪也；名誉既闻，有司不举，有司之罪也；有司举之，王者不用，王者之过也孔子曰：“夫内行不修，己之罪也；行修而名不彰，友之罪也。”

【注释】①颜回：尊称颜子，字子渊，春秋末期鲁国人，孔子最得意的门生，极富学问。②《穀梁传》：即《穀梁春秋》《春秋穀梁传》的简称，是儒家经典之一。与《左传》《公羊传》同为解说《春秋》的三传之一。

【译文】《礼记》中称：千里马只有伯乐认识它，如果当时没有伯乐的相马能力，千里马就不会被世人当作良马。士人也一样。为什么这样说呢？孔子受困于陈、蔡，颜回说：“先生的德行高远，天下却容不下您。但是先生推行您的学说，却不被世人采纳，这是当权者的丑陋。先生有什么可忧虑的呢所以说，周文王被囚禁在羑里，由此可知他的君主商纣王是何等的昏庸；孔子受困于陈、蔡，由此可知陈、蔡的国君是何等的愚昧？”《穀梁传》说：孩子出生后，不能避免水火之害，这是母亲的罪过；到了六岁、八岁还不拜师学习的，这是父亲的罪过所谓羁冠，是指六岁剪发。所谓成童，是指八岁以上；拜师学习，求教不得法，心志不通，这是自己的过错；心志已通，名气却不大，这是朋友的过错；名气大了，有关部门不举荐，这是有关部门的过错；有关部门向朝廷举荐了，君王却不重用，这是君王的过错孔子说：“内在的品行不好，是自己的过错；品行好却名气不显，是朋友的过错。”

论曰：行远道者，假于车马。济江海者，因于舟楫。故贤士之立功成名，因于资而假物者。何以明之？公输子[①]能因人主之材木，以构宫室台榭，而不能自为专屋狭庐，材不足也。欧冶能因国君之铜铁，以为金炉大钟，而不能自为壶鼎盘盂，无其用也。君子能因人主之政朝，以和百姓、润众庶，而不能自饶其家，势不便也。故舜耕于历山，恩不及州里；太公屠牛于朝歌，利不及于妻子。及其用也，恩流八荒，德溢四海。故舜假之尧，太公因之周文，君子能修身以假道，不能枉道而假财。《慎子》[②]曰：螣蛇游雾，飞龙乘云，云罢雾霁，与蚯蚓同，则失其所乘矣。韩子曰："千钧得船则浮，锱铢失船则沉，非千钧轻而锱铢重，有势之与无势耳。故势有不可得，事有不可成。乌获[③]轻千钧而重其身，非其身重于千钧也，势不便也；离娄[④]易于百步而难于眉睫，非百步近而眉睫远，道不可也。"

【注释】①公输子：姬姓，公输氏，名班，人称公输盘、公输般、班输，尊称公输子，又称鲁盘或者鲁般，惯称"鲁班"。出身于世代工匠的家庭，是我国古代最杰出的土木建筑工匠、著名的发明家，被后世奉为木工的祖师爷。②《慎子》：书名。战国时齐国稷下先生慎到著。反对儒家"尚贤"，主张法治。③乌获：战国时秦国的大力士。与任鄙、孟贲齐名。据说能举千钧之重，年寿至八十以上。④离娄：传说中的视力特强的人。

【译文】评论：走远路的人，要借助车马；渡江海的人，要凭借船只。所以贤能的士人要想功成名就，就需有外在事物的援助。为什么这样说呢？鲁盘能用君主的木材建造宫室、台谢，却不能为自己建一间窄小的屋子，这是因为木料不充足。欧冶子能用君主的铜铁铸成金炉大钟，却不能给自己做壶鼎盘盂等日常用具，这是因为材料不充足。君子能够通过君主的朝政，使百姓和睦，对百姓施恩，却不能使自己的家庭变得富有，这是条件不允许的缘故。所以舜在历山耕种的时候，不能给州里的人带来任何恩惠；姜太公在朝歌宰牛的时候，不能让自己的妻子得到一点利益。等到他们被重用后，他们造福于民众的恩泽遍布四海八荒。所以舜需要尧的重用，姜太公需要周文王的赏识，君子能通过修身来等候君王的赏识，却不应当打着行道的旗号来为自己谋取私利。《慎子》中说：腾蛇驾雾，飞龙乘云，等到云开雾散时，它们就和蚯蚓相同了，那是因为它们失去了自身所凭借的东西。韩非子说："千钧的重量有船就能漂浮在水面上，像锱铢一样细小的东西没有船的承载就会沉入水中。这不是因为千钧轻而锱铢重，而是因为有依托和无依托造成的。所以失去了依托，事情就不能成功。秦国的大力士乌获能轻易举起千钧重物，而无法举起自己，并不是他的身体重于千钧，而是因为他自己举不起自己。离娄能轻松看到一百步外的东西，却无法看到自己的眉睫，并不是百步的距离近而眉睫的距离远，而是因为自己本来就无法看见自己的眉睫。"

语曰：夫有国之主，不可谓举国无深谋之臣、阖朝无智策之士，在听察所考精与不精、审与不审耳。何以明之？在昔汉祖，听聪之主也，纳陈恢[①]之谋，则下南阳。不用娄敬[②]之计，则困平城。广武君[③]者，策谋之士也。韩信纳其计，则燕、齐举。陈余[④]不用其谋，则泜水败。由此观之，不可谓事济者有计策之士、覆败者无深谋之臣。虞公不用宫之奇[⑤]之谋，灭于晋；仇由不听赤章[⑥]之言，亡于智氏；蹇（jiǎn）叔之哭[⑦]，不能济崤渑之覆；赵括之母[⑧]，不能救长平之败。此皆人主之听不精、不审耳，天下之国莫皆不有忠臣谋士也议曰：天下无灾害，虽有贤德，无所施才。老子曰："大道废，有仁义；国家昏乱，有忠臣。"《淮南子》曰：未有其功而知其贤者，唯尧之知舜也；功成事立而知其贤者，市人之知舜也。陆机[⑨]

曰："飞辔西顿，则离朱与矇瞍收察；悬景东秀，则夜光与碔砆匿耀。是以才换世则俱困，功偶时而并劭。"以此推之，向使殷无鸣条之事，则伊尹，有莘之媵臣；周无牧野之师[10]，则太公，渭滨之渔者耳。岂能勒名帝籍，策勋天府乎？故曰：贤、不肖者，才也；遇与不遇者，时也。诚哉是言也。

【注释】①陈恢：西汉刘邦的谋士。曾献计刘邦，拯救了宛城全体军民。②娄敬：西汉刘邦的谋士，后因刘邦赐姓改名刘敬，西汉初齐国卢人。③广武君：即李左车，西汉柏人（今邢台隆尧人）。赵国名将李牧之孙，秦汉之际谋士，韩信曾用他做军师。④陈余：魏国大梁（今河南开封）人。魏国名士，性格高傲，与张耳为刎颈之交。秦末参加农民军，跟随武臣占据赵地，先后立武臣、赵歇为王，自任大将军。项羽分封诸侯王时，陈只被封为侯，心有不满，击走张耳，自为代王。后被汉将韩信所杀。⑤宫之奇：春秋时期政治家，虞国辛宫里（今山西省平陆县）人。明于料事，具有远见卓识，忠心耿耿辅佐虞君，并推荐百里奚，共同参与朝政，对外采取了联虢拒晋的策略，使国家虽小而强盛。⑥赤章：即赤章曼枝，又名赤章曼伯，战国时仇犹国（今盂县）大夫。⑦蹇叔之哭：春秋时，秦国蹇叔谋划国政，秦国日强。公元前628年，秦谋袭郑，蹇叔哭泣劝阻，穆公不听，果然兵败。⑧赵括之母：战国时赵国欲用已故大将赵奢之子赵括为将，赵括之母力陈自己儿子不能担任赵国大将。赵王不听，结果导致长平之战的失败，赵国四十万军队被秦将白起活埋。⑨陆机：字士衡，吴郡吴县（今江苏苏州）人。西晋著名文学家、书法家。出身吴郡陆氏，与其弟陆云合称"二陆"，又与顾荣、陆云并称"洛阳三俊"。⑩牧野之师：指周武王联军与商朝军队在牧野（今河南淇县南、卫河以北）进行决战的军队，牧野之战是武王伐纣的决胜战。

【译文】俗语说：拥有国家的君王，不能说全国没有一个深谋远虑的臣子，整个朝廷没有一个计策高明的士人，这完全取决于君王能不能精细、审慎地考察人才。为什么这样说呢？从前的汉高祖刘邦是善于听取别人意见的明君，他采纳陈恢的计谋，攻下了南阳；但也因为不采用娄敬的计策，被困在了平城。广武君，是一位足智多谋的人。韩信采纳他的计策，攻下了燕、齐；而陈余不用他的计策，泜水之战以失败告终。由此看来，不能说事情成功了就归功于出谋划策之士，失败了就归咎于没有深谋远虑之臣。虞公不采用宫之奇的计谋，而被晋所灭；仇由不听赤章的建议，而被智氏所灭；秦国老臣蹇叔的哭谏，都不能挽救秦国崤、渑之战的失败；赵括母亲的谏言，也不能挽救赵国长平之战的失败。这都是由于当权者听取意见时不够精细审慎造成的，天下之国肯定是有忠臣谋士的。评论说：天下如果没有灾害发生，虽然有贤德之人，也无处能够施展才能。老子说："大道败坏，然后才有仁义产生；国家昏乱，然后才有忠臣出现。"《淮南子》中说：一个人在没有功绩的时候就知道他是贤能之人，只有尧对舜的赏识才能做到；功成名就之后才了解他的才能，这是普通人了解舜的途径。陆机说："太阳落山后，只有离朱那样好的眼神或者本身是瞎子的人才适合发挥；太阳从东边升起后，就连夜明珠与似玉之石也会大失光彩。因此才能与时世应该相辅，功绩与时运应该相成。"由此可以推断，如果商朝没有在鸣条打败夏桀一事，伊尹就只能是有莘氏随嫁的臣仆；如果周朝没有牧野之战的胜利，姜太公就只能是渭水河畔钓鱼的老翁。他们又怎么能留名青史，功勋记载在史册中呢？所以说，贤能与不贤能，由人的才能决定；能不能得到君主的赏识，要靠机遇。这话说得对啊！

黄石公曰："罗其英雄，则敌国穷。"夫英雄者，国家之干；士民者，国家之半。得其干，收其半，则政行而无怨。知人则哲，唯帝难之。慎哉！

【译文】黄石公说："网罗敌国的英雄豪杰，敌国就会势穷力竭。”所谓英雄豪杰，是国家的栋梁；所谓百姓，是国家的基石。只有得到英雄豪杰和百姓的拥护，国家政策才会贯彻执行，百姓也不会再有怨言。能识别人的智愚好坏，才算明智，这一点就连帝尧也很难做到。千万谨慎啊！

政体第八

议曰：夫政理，得人则兴，失人则毁。故首简才行，次论政体焉。

【译文】评论：任何政治制度，都是得到人才就会兴盛，失去人才就会衰败。所以此篇首先简要地讨论了人才的品行，然后才探讨政体。

古之立帝王者，非以奉养其欲也。为天下之人，强掩弱，诈欺愚，故立天子以齐一之。谓一人之明，不能遍照海内，故立三公、九卿以辅翼之。为绝国殊俗，不得被泽，故立诸侯以教诲之。

【译文】古代拥立帝王的原因，不是为了满足他们的欲望，而是为了天下间的百姓。因为社会中总是会出现倚强凌弱、以诈欺愚的现象，因此才拥立天子来解决这些现象，好让天下公平正义，万众一心。又因为天子一人无论多么英明，也不能治理天下所有的地方，所以才设立三公、九卿来辅佐天子。又因为风俗不同的偏远地方感受不到天子的恩泽，所以设立诸侯来教导、训诫他们。

夫教诲之政，有自来矣。何以言之？管子曰："措国于不倾之地，有德也。周武王问于粥子[①]曰："寡人愿守而必存，攻而必得，为此奈何？"对曰："攻守同道，而和与严，其备也。故曰和可以守，而严不可以守，严不若和之固也；和可以攻，而严不可以攻，严不若和之得也。故诸侯发政施令，政平于人者，谓之文政矣；接士而使吏，礼恭于人者，谓之文礼也；听狱断刑，治仁于人者，谓之文诛矣。故三文立于政，行于理，守而不存，攻而不得者，自古至今，未之尝闻。"尸子曰："德者，天地万物之得也；义者，天地万物之宜也；礼者，天地万物体也。使天地万物，皆得其宜、当其体，谓之大仁。"文子曰："夫人无廉耻，不可以治也；不知礼义，不可以行法也。法能杀人，不能使人孝悌。能刑盗者，不能使人有廉耻。故圣王在上，明好恶以示之，经非誉以导之，亲贤而进之，贱不肖而退之，刑措不用，礼义修而任得贤也。"又曰："夫义者，非能尽利天下者也，利一人而天下从；暴者，非能尽害海内者也，害一人而天下叛。故举措废置，不可不审也。"积于不涸之仓，务五谷也。晁错[②]说汉文帝曰："今土地人民，不减于古，无尧、汤之水旱，而蓄积不及古者，何也？地有遗利，人有余力，生谷之土未尽垦辟，山泽之利未尽出，游食之人未尽归农也。当今之务，在于贵粟。贵粟之道，在于使人以粟为赏罚。今募天下之人入粟塞下，得以拜爵，得以除罪。如此，则富人有爵，农人有钱，粟有所余，而国用饶足。不过三岁，塞下之粟必多矣。"汉景帝[③]诏曰：雕文刻镂，伤农事者也；锦绣纂组，害女工者也。农事伤则饥之本也，女工害则寒之原也。夫饥寒并至而能毋为非者，寡矣。朕亲耕，后亲桑，以奉宗庙，为天下先，欲天下务农蚕，素有畜积，以备灾害。《盐铁论》[④]曰：国有沃野之饶，而人不足于食者，工商盛而本业荒也。有山海之货，而人不足于财者，不务人用而淫巧众也。藏于不竭之府，养桑麻、育六畜也。汉景帝诏曰：农，天下之本也。黄金珠玉，饥不可食，寒不可衣。其令郡国劝农桑，益种树，可充衣食物。吏发人取庸、采黄金珠玉者，坐赃为盗，二千石，听者与罪同。《申鉴》[5]论曰：人不畏死，不可惧之以罪；人不乐生，不可劝之以善。故在上者先丰人财，以定其志也。下令于流水之原，令顺人心也。《尉缭子》[6]曰：令，所以一众心也。不审所出，则数变，数变则令虽出，众不信也。出令之法：虽有小过，无更，则众不二听，即令行矣。《尹文子》[7]曰：父之于子也，令有必行，有不必行者。去贵妻，卖爱妾，此令必行者也。因曰汝无敢恨，汝无敢思。此令不行者也。故为人上者，必慎所出令焉。《文子》曰：治国有常，而利人为本；政教有道，而令行为右也。使士于不诤之官，使人各为其所长也。孙卿曰："相高下，序五谷，君子不如农人；通财货，辨贵贱，君子不如贾人；设规矩，便备用，君子不如工人。若夫论德而定次，量能而授官，言必当理，事必当务，然后君子之所长。"《文子》曰：力胜其任，即举之不重也；能胜其事，则为之不难也。明必死之路，严刑罚也。议曰：孔子曰："上失其道而杀其下，非理也。故三军大败，不可斩；狱犴不治，不可刑。何也？上教之不行，罪不在人故也。夫慢令谨诛，贼也；征敛无时，暴也；不诫责成，虐也。政无此三者，然后刑，即可也。陈道德以先服之，犹不可，则尚贤以劝之。又不可，则废不能以惮之。而犹有邪人不从化者，然后待之以刑矣。"袁子[8]曰："夫仁义礼制者，法之本也；法令刑罚者，治之末也。无本者不立，无末者不成。何则？夫礼教之法，先之以仁义，示之以礼让，使之迁善，日用而不知。儒者见其如此，因为治国不须刑法。不知刑法承于下，而后仁义兴于上也。法令者，赏善禁淫，居理之要。商、韩见其如此，因曰治国不待仁义为体，故法令行于下也。故有刑法而无仁义则人怨，怨则怒也；有仁义而无刑法则人慢，慢则奸起也。本之以仁，成之以法，使两道而无偏重，则治之至也。"故仲长子[9]曰："昔秦用商君之法，张弥天之网。然陈涉大呼于沛泽之中，天下响应。人不为用者，怨毒结于天下也。"桓范曰："桀、纣之用刑也，或脯（fǔ）醢（hǎi）人肌肉，或刳（kū）割人心腹，至乃叛逆众多，卒用倾危者，此不用仁义为本者也。”故曰仁者，法之恕；义者，法之断也。是知仁义者乃刑之本。故孙子曰：“令之以文，齐之以武，是谓必取。”此之谓矣。开必得之门，信庆赏也。《吕氏春秋》曰：夫信立则虚言，可以赏矣，六合之内皆可以为府矣。人主见此论者，其王久矣；人臣知此论者，可以为王者佐矣。徐干《中论》⑩曰：天生蒸民，其情一也。刻肌亏体，所同恶也。被文垂藻，所同好也。此二者常在，而人或不理其身，有由然也。当赏者不赏，而当罚者不罚，则为善者失其本望，而疑其所行；则为恶者轻于国法，而怙其所守。苟如是，虽日用斧钺于市，而人不去恶矣；日赏赐爵禄于朝，而人不兴善矣。蜀张裔⑪谓诸葛亮曰：“公赏不遗远，罚不阿近，爵不以无功取，刑不可以势贵免，此贤愚之所以佥忘其身也。”不为不可成，量人力也。《文子》曰：夫债少易偿也，职寡易守也，任轻易劝也。上操约少，下效易为之功，是以为君为臣，久而不相厌也。末世之法，高为量而罪不及，重为任而罚不胜，危为难而诛不敢。人困于三责，即饰智以诈上，虽峻法严刑，不能禁其奸也。《新语》曰：秦始皇设刑法，为车裂之诛，筑城域以备胡、越，事愈烦，下愈乱；法愈众，奸愈纵。秦非不欲治也，然失之者，举措太众、刑罚太极故也。不求不可得，不强人以其所恶也。故其称曰：政者，政之所行，在顺人心；政之所废，在逆人心。夫人恶忧劳，爱逸乐。逸乐之人恶贫贱，富贵之人恶危坠，存安之人恶绝灭。生生者育之。能逸乐之，则人恐之忧劳；能富贵之，则人恐之贫贱；能存安之，则人恐之危坠；能生育之，则人恐之绝灭。故从其四欲，则远者自亲；行其四恶，则近者亦叛。晏子曰：“谋度于义者必得，事因于仁者必成。反义而行，背仁而动，未闻能成也。”《吕氏春秋》曰：树木茂则禽兽归之，水泉深则鱼鳖归之，人主贤则豪杰归之。故圣主不务归之者，而务其所归。故曰强令之笑，不乐；强令之哭，不悲；强之为道，可以成小，而不可以成大也。不处不可久，不偷取一世宜也。董仲舒论安边之策，欲令汉与匈奴和亲，又取匈奴爱子为质。班固以匈奴桀骜，每有人降汉，辄亦拘留汉使以相报复，安肯以爱子为质？孝文[12]时，妻以汉女，而匈奴屡背约束，昧利不顾，安在其不弃质而失重利也？夫规事建议，不图万事之固，而偷恃一时之事者，未可以经远。晁错说汉文帝，令人入粟塞下，得以拜爵，得以赎罪，上从之。荀悦曰："圣人之政，务其纲纪，明其道义而已。若夫一切之计，必推其公议，度其时宜，不得已而用之，非有大故，弗由之也。"

【注释】①粥子：亦作鬻子，名熊，楚国君主的祖先。在商末西周初之际，粥熊率部众弃商从周，为文王、武王师，成为楚国的肇业奠基之人，有《粥子》记录其思想。②晁错：颍川（今河南禹州）人，西汉政治家、文学家。汉文帝时，任太常掌故，后历任太子舍人、博士、太子家令；景帝即位后，任为内史，后迁至御史大夫。后因七国之乱被腰斩于西安东市。③汉景帝：名刘启，汉文帝刘恒第五子，西汉第六位皇帝。在位期间，推行"削藩策"，削诸侯封地，平定七国之乱，巩固中央集权，勤俭治国，继续奉行"与民休息"政策，发展生产、减轻赋税，并继承和发展其父汉文帝的事业，与父亲一起开创"文景之治"，为其子刘彻的"汉武盛世"奠定基础。④《盐铁论》：西汉的桓宽根据著名的"盐铁会议"记录整理撰写的重要史书，书中记述了当时对汉武帝时期的政治、经济、军事、外交、文化的一场大辩论。⑤《申鉴》：东汉末思想家荀悦著，集中体现了其政治和哲学思想，此书对魏晋玄学产生了相当大的影响。⑥《尉缭子》：我国古代重要的兵书，是我国古典军事文化遗产的重要组成部分。此书从人性论的视角考察了人的心理，提出了不少精辟治国思想。⑦《尹文子》：先秦论法术和形名的专著。上篇论述形名理论，下篇论述治国之道，可以看作是形名理论的实际运用。作者尹文，齐国人，战国时代著名的哲学家，为稷下学派的代表人物。⑧袁子：即袁宏，字彦伯，小字虎，时称袁虎。东晋玄学家、文学家、史学家。编著《后汉纪》等书。⑨仲长子：即仲长统，字公理，山阳郡高平（今山东省邹城市）人。东汉末年哲学家、政论家。其思想和才华集中表现在《昌言》之中。⑩徐干《中论》：徐干，字伟长，汉末文学家、哲学家、诗人。"建安七子"之一。以诗、辞赋、政论著称。《中论》为徐干的代表性著作，分上下二卷，共计二十篇，对历代统治者和文学者影响深远。⑪张裔：字君嗣，蜀郡成都（今四川成都）人，东汉末年至三国时期蜀汉官员。⑫孝文：即北魏孝文帝拓跋宏，又名元宏。在位时推行了一系列政治改革，对各族人民的融合和发展，起了积极作用。

【译文】这种用教化来统治人民的方法已经由来已久。为什么这样说呢？管仲说："能让国家处在不被倾覆的稳固状态，是因为有道德的教化。"周武王问粥子："我希望守住一块土地就一定能保存，想攻占一块土地就一定能得到，怎样才能做到呢？"粥子回答说："攻与守的道理相同，而和睦与严厉是要具备的基本手段。所以说，守业可以依靠和睦但不可以依靠严厉，严厉不像和睦那样可以让国家稳固；和睦可以用来进攻而严厉不可以用来进攻，严厉不像和睦那样容易获得成功。因此当诸侯发布政令时，能对百姓公正的，叫做文政；接待士人，使用官吏时，能做到恭敬有礼的，叫做文礼；断案用刑，能做到以仁义待人的，叫做文诛。如果用这三种政策作为国策，并且能够贯彻落实，那么对于那些守业不存、攻而不得的情况，从古至今还未曾听说过。"战国时尸佼曾说："德，是天地万物生生不息的产物；义，是天地万物和谐融洽的产物；礼，是天地万物井然有序的产物。能让天地万物各得其所，使形式和本质相统一，叫做最大的仁。"文子说："人不懂廉耻就无法管理，不知礼义就不能实行法治。法律能杀人，但不能让人孝顺父母，敬爱兄长。可以惩罚盗贼，但不能让人懂得廉耻。因此明君在位时，应将善恶美丑明明白白地显示给百姓，用非议和称誉来引导百姓，亲近贤人并任用他，蔑视小人并黜退他。不随便动用刑罚，同时要修明礼义，任用贤人。"又说："仁义并不能让天下之人都得到好处，但只要让某一个人得到好处，天下之人就会追随；残暴也不可能危害所有人，但只要危害到某一个人，天下之人就会生谋反之心。所以任何政策法令的实施或者放弃，不能不反复考虑，谨慎再谨慎。”**要想让粮仓里的粮食取之不尽，就必须重视发展农业生产**。晁错劝说汉文帝：“现在土地和人民不比古代少，而且没有尧、汤时的水旱灾害，但是粮食的积蓄却不如古代多。为什么呢？因为土地没被充分开发，百姓有多余的劳力，能生长庄稼的土地没有充分开垦，山林湖海的资源也没有全部利用，流民没有全部回乡务农。当务之急，在于重视粮食生产。重视粮食生产的方法，就是按照生产粮食的多少作为赏罚的标准。如今应当招募百姓到边塞从事农业生产。生产粮食多的，可以给他们封授官爵，有罪判刑的也可以免罪。这样，富人有了爵位，农民有了钱，粮食有了剩余，而国家就富足了。过不了三年，边塞的粮食一定会多起来。”汉景帝下诏说：制作只供玩赏、劳民伤财的东西，一定会损害农业生产；华丽的刺绣只会消耗丝线，一定会影响成衣的制作。农业生产受到损害将导致饥荒，成衣制作受到影响就会让百姓挨冻。饥寒交迫还不为非作歹，那是很难啊。我要亲自耕作，皇后要亲自采桑养蚕，以此供奉宗庙，为天下百姓做出表率，希望天下百姓都能从事农业生产，让衣服和粮食都能有积蓄，以便防备灾荒的到来。《盐铁论》中说：国家有很多肥沃的田野而百姓的粮食却不充足，是由于工商业发展了，而农业却荒废了。有丰富的山林江海物产而百姓却钱财不足，是由于这些物产并不致力于生产百姓所需要的日常用品，而过多地制作那些奢侈奇巧的物品。**要想让府库里的财富储备用之不竭，就必须大力种植桑麻，饲养六畜**。汉景帝下诏说：农业是天下的根本。那些黄金珠玉，饿了不能吃，冷了不能穿。要让各郡县和诸侯国颁布法令劝课农桑，大力植树造林，这样就可以保证百姓的衣食充足。官吏有征发、雇佣人去开采黄金珠玉的，要按盗窃论罪。对开采二千石以上的，知情不报的要以与盗窃同罪论处。《申鉴》中说：不怕死的人不能用治罪来恐吓他；不热爱生命的人不能用做善事来勉励他。因此，执政的必须先让百姓生活富裕才能稳定人心。**必须针对治乱的根源制定政策，这样才能顺应民心**。《尉缭子》中说：颁布法令是为了凝聚人心。假如在法令出台之前不反复审定，出台之后又多次更改，那么法令虽然颁布了，百姓也不会相信。所以凡是颁布的法令，即便有些小的过错，也不要随便更改。这样，百姓就不会无所适从，法令就能够贯彻执行。《尹文子》中说：父亲给儿子下的命令，有的会照办，有的却不会。假如命令儿子赶走尊贵的妻子，卖掉心爱的小妾，儿子肯定会照办。如果命令儿子不许有怨恨，不许有想法，这些他肯定不会听从。因此，作为执政的人，对待法令的颁布一定要慎重。《文子》中说：治理国家有最基本的原则，那就是以有利于人民为出发点。刑赏与教化有基本的规律，那就是以从令如流为最高原则。**使用官吏，必须选择那些不犯言直谏的人，同时要让他们各自做自己擅长的工作**。荀子说："察看地势高低，安排播种五谷，君子不如农民；流通货物，辨别贵贱，君子不如商人；使用规、矩，以便方便使用，君子不如工人。至于评价一个人的品德，根据能力安排官职，说话合情合理，做事能抓住要害，这是君子的特长。"《文子》中说：力量能够胜任其所担负的职务，那么拿起来也不觉得沉重；能力足以应付所承担的职责，那么做起来也就不觉得有什么困难。**明确告诉百姓哪是必死之路，这是为了树立刑罚的威严**。评论：孔子说："当权的不讲道义而杀死部下，这是不符合道理的。所以三军大败，不可斩杀将领；有法不依，不可动用刑罚。为什么呢？因为当权者对百姓教化不足，责任不在民众。蔑视法律而自取灭亡的是盗贼；横征暴敛的是暴君；不预先告诫民众，却事后责备的是虐政。政事没有这三种弊端，然后才能实行法治。宣传道德先让百姓心悦诚服，如果行不通，那么就用贤能之人作为榜样来进行劝诫；如果还不行，那就施以微刑让他害怕。如果还有心术不正的人不服从教化，这就得用刑罚严厉制裁了。"袁宏说："仁、义、礼、制，是法治的基础，法、令、刑、罚，是法治的手段。没有基础，法治就无法建立，没有手段，法治就无法成功。为什么这样说呢？因为以礼仪教化为主的方法，必须先用仁义教育，然后用礼仪示范，使人迁恶向善，并且每日每时都体现在日常生活中，成为自觉的行动。儒家看到这种情况，会觉得治理国家不需要刑法。他们不明白只有对百姓实施法治，仁义才会在上面兴盛。实施法令，是为了扬善抑恶，是治国的关键。法家的商鞅和韩非子等人看到这种情况，会觉得治理国家无须以仁义为本，只须推行法令就可以了。然而只有刑法而没有仁义，人民就会产生怨恨，有怨恨就会产生愤怒；有仁义而没有刑法，人民就会轻慢，有了轻慢，邪恶之事就会随之产生。以仁义为根本，靠法令来实现，双管齐下，二者并重，这才是治理国家的最高境界。”所以东汉末年的仲长统说：“从前秦国利用商殃变法，张弥天法网以便控制天下苍生。然而陈胜在沛县大泽乡振臂一呼，天下都来响应。举国上下都不愿为朝廷效力，这都是因为老百姓极度怨恨朝廷的缘故。”桓范说：“夏桀、商纣使用刑罚，不是把人做成肉酱，就是剖人心腹，导致反叛的人越来越多，最终因此亡国，这就是因为他们不把仁义作为治国的根本。”所以说，仁，作为法律的宽恕；义，作为法律的决断。由此可知，仁义是刑罚的根本。所以孙子说：“用仁义来教育他们，用法纪来约束他们，这样就一定能获得成功。”说得就是这个道理。**要想打开成功之门，就必须赏罚有信**。《吕氏春秋》中说：信用建立后，整个国家就会井然有序。懂得这个道理的君王，他的基业就能长久；懂得这个道理的臣子，就可以更好地辅佐君王。徐干在《中论》中说：上天孕育众生，他们的情感是相同的。身体受到伤害，人人都会厌恶。生前显赫，死后留名，人人都会喜欢。而受害和显赫这两方面每天都在发生，但有的人依然不懂得修养自身，这是有一些原因的。就因为该赏的不赏，该罚的不罚，结果让想行善的人失去本来的愿望，甚至对自己以前的善行产生怀疑；而作恶的人就会蔑视国法，并对自己的恶行不觉得是羞耻。倘若如此，即使每天在集市上砍头示众，作恶的人还是层出不穷；每天都在朝堂上封官加禄，人们还是不会去做善事。三国时蜀国的张裔对诸葛亮说：“先生赏赐时不会漏掉同自己关系疏远的人，惩罚时不会偏袒和自己亲近的人。不会让无功之人获得爵位，不会因有权有势就免去刑罚。这就是我们国家无论贤愚都愿意舍生忘死的原因。”**不做不可能成功的事，因为凡事都要量力而行**。《文子》说：欠债少就容易偿还，职责少就容易坚守，任务轻就容易上进。君主约束少，臣民就容易建立功业。这样一来，为君为臣虽然相处久了，也不会互相厌烦。到了朝代的末期，法律会变得繁杂而苛刻，却捉不住真正犯罪的人；虽然动不动要严惩重罚，但还是罚不胜罚；已经严重危害社会，但不敢杀。人们被这三种重负所困扰，就变着法子来欺骗上级，虽然采用严刑峻法，但还是不能禁止奸诈与邪恶。《新语》说：秦始皇设立刑法，用车裂之刑杀人，修筑长城以防备少数民族的入侵，事情越麻烦，国家就越混乱，法令越多，恶人就越放纵。秦始皇不是不想治理好国家，然而他的一系列举措恰恰让他失去了天下，就是因为措施太多、刑罚太严。**不追求得不到的东西，不勉强人做他们厌恶的事。**所以说，所谓政治，就是要实行顺应民心的制度，要废除违背民心的制度。人都厌恶忧愁、劳苦，那就设法使他们安逸、快乐；人都厌恶贫贱，那就设法使他们富贵；人都厌恶危难、动荡，那就设法使他们安定；人都害怕没有后代，那就设法使他们繁衍后代。能带给人们安逸快乐的人，人们担心他会忧愁、劳苦；能带给人们富贵的人，人们担心他会贫贱；能带给人们安定的人，人们担心他有危难、动荡；能帮助人们繁衍后代的人，人们担心他会没有后代。因此如果顺从百姓的这四种欲望，那么远方的人也会来亲近；如果带来四种百姓厌恶的事，那么亲近的人也会背叛。晏子说："依照义来谋划，必然会获得；根据仁去做事，必然会成功。违背仁义而行动，没听说过有能成功的。"《吕氏春秋》说：树木茂盛，禽兽才会来栖息；水泉深，鱼鳖才会来居住；君王贤明，豪杰才会来归附。所以，圣明的君王不会刻意要求豪杰来归附他，而是做好能让豪杰前来归附的准备。所以说，强迫人笑，笑了也不会快乐；强迫人哭，哭了也不会悲伤；强硬地推行某种政策，只会有小的成就而不会成就大业。**不要固守在不能久留的地方，不要为一时方便而苟且敷衍。**董仲舒在谈论安抚边境的策略时，想让汉朝与匈奴和亲，又以匈奴单于的爱子作为人质。班固认为，匈奴人倔强、不驯顺，每当匈奴人中有人投降汉朝，他们就立刻扣留汉朝的使者来报复，他们怎么会同意拿爱子作人质呢？孝文帝时，匈奴单于娶汉朝女子为妻，但是匈奴还屡次违背和约。他们如此贪利且不顾大义，怎么能指望他们不会为了重利而放弃人质呢？谋略大事，议定国策，不求长治久安，只图一时的稳定，这样的人不可以规划长久大计。"晁错劝汉文帝颁布命令移民到边塞发展农业生产，以交纳粟的多少封授官爵或者抵免刑责，文帝听从了他的意见。荀悦说："圣明的君主致力于法令的制定和道义的阐明。如果一切政策法规都要大家去评议，揣度它是否合乎时宜，最后迫不得已了才采用它，如果不是有重大的变故，不应当这样做。"

知时者，可立以为长范蠡曰："时不至，不可强生；事不究，不可强成。"管子曰："圣人能辅时，不能违时。"语曰：圣人修备，以待时也。审于时，察于用，而能备官者，可奉以为君。议曰：孙卿曰："盗王者之法，与王者之人为之，则亦王矣；盗霸者之法，与霸者之人为之，则亦霸矣；盗亡国之法，与亡国之人为之，则亦亡矣。夫与积礼义之君子为之，则王矣；与端诚信令之士为之，则霸矣；与权谋倾覆之人为之，则亡矣。三者，明主之所谨择，此能察于用也。"管仲曰："大位不仁，不可授以国柄；见贤不让，不可与尊位；罚避亲戚，不可使主兵；不好本事，不可与都邑。"又曰："使贤者食于能，则上尊崇；斗士食于功，则卒轻死。使二者设于国，则天下理。"傅子曰："凡都县之考课有六：一曰以教课治，则官慎德；二曰以清课本，则官慎行；三曰以才课任，则官慎举；四曰以役课平，则官慎事；五曰以农课等，则官慎务；六曰以狱课讼，则官慎理。此能备官也。"

【译文】懂得把握时机的人，可以任命他为长官范蠡说："时机未到，不可以勉强植物生长；形势不允许，不应当强求成功。"管仲说："圣人能顺应时势，不能违背时机。"俗语说：圣人做好准备，只等时机到来；**能审时度势，对一切准备了然于胸，并能恰当地选用官吏的人，可以拥护他为君主**评论：荀子说："盗取帝王的治国方法，给予能做帝王的人去实行它，他就可以成为帝王了；盗取霸主的治国方法，给予能做霸主的人去实行它，他就可以称霸了；盗取亡国之法，给予亡国之君去实行它，他的国家就会灭亡了。和讲究礼义的君子共事，可以称王；和正直诚信的士人共事，可以称霸；和妄图颠覆国家的人共事，只能是自取灭亡。以上这三种情况，圣明的君主必须谨慎选择，这可以帮助他正确地使用人才。"管仲说："执政者不讲仁义道德，就不能把国家大权交给他；有了更贤能的人还不愿意让位，这样的人不能让他居于尊位；因为是自己的亲戚，犯了罪并不使用刑罚，这样的人不能让他掌握兵权；不喜欢从事农业生产，这样的人不能任命他做地方长官。”又说：“让贤能的人靠自己的才能吃饭，那么国君就会得到敬重和推崇；让勇士靠战功而得到回报，那么士兵就会看轻生死，拼死卖命。如果这两个方面都能在全国推行，天下就能得到治理了。”西晋的傅玄说：“国都与郡县考察官吏有六条标准：第一，以文明教化的情况来考察政绩，这样官吏就会注重自身的道德修养；第二，以清正廉明来考察官吏的本质，这样官吏就会约束自己的行为；第三，以才能来考察官吏能否胜任，这样官吏就会慎重地举荐人才；第四，通过服役的情况来考察是否公平，这样官吏就会处事谨慎；第五，通过农业发展情况来考察官吏的水平，这样官吏就会致力于农业生产；第六，通过狱讼情况来考查官吏的执法能力，这样官吏就会谨慎地审理案件。如果能做到这几点，就可以很好地考察和任用官吏了。”

故曰：明版籍、审什伍、限夫田、定刑名、立君长、急农桑、去末作、敦学教、核才艺、简精悍、修武备、严禁令、信赏罚、纠游戏、察苛克，此十五者，虽圣人复起，必此言也。夫欲论长短之变，故立政道以为经焉。

【译文】所以说，弄清户籍管理，建全乡村组织，限定每人耕种的田亩数量，确定刑罚的名称，设立地方长官，加紧农作物的种植，抑制工商业，注重教育事业，考核士人的才艺，精简政府机构，整治武备，严明法制，证验赏罚，纠正娱乐活动，察举苛刻的法令，这十五条，即使是圣人再世，也一定会这么要求。要想探讨一个国家的统治时间为什么有长有短，就应当把以上这几条作为为政之道的基本准则。

卷二 文中

君德第九

夫三皇无言，化流四海，故天下无所归功。伏羲、女娲、神农，称三皇也。帝者体天则地，有言有令，而天下太平。君臣让功，四海化行，百姓不知其所以然。故使臣不用礼赏功，美而无害。黄帝者，顺天地之纪，时播百谷，勤心力耳目，节用水火时物，有土德之瑞，故号黄帝；颛顼①者，养材以任地，载时以象天，依鬼神以制义，治气以教化，洁诚以祭祀，动静之物，大小之神，日月所照，莫不砥砺；高辛②者，取地之财而节用之，抚教万人而利诲之，历日月而迎送之，明鬼神而敬事之，其色郁郁，其德嶷（yí）嶷；帝尧者，其仁如天，其智如神，就之如日，望之如云，富而不骄，贵而不舒；虞舜者，善无微而不著，恶无隐而不彰，任自然以诛赏，委群心而就制。故能造御乎无为，运道于至和，百姓日用而不知，合德若自有者，此五帝德也。王者制人以道，降心服志。议曰：韩信云："项王所过无不残灭，百姓不亲，特劫于威，强服耳。名虽为霸，实失天下心。故曰其强易弱。"诸葛亮曰："荆州之人，附操者，逼兵势耳，非心服。今将军诚命猛将与豫州协规同力，破操军必矣。"由此言之，人心不服，其势易破。故王者之道，降心服志也。设矩备衰，有察察之政、兵甲之备，而无争战血刃之用，天下太平，君无疑于臣，臣无疑于主，国定主安，臣以义退，亦能美而无害。昔三代明王，启建洪业，文质殊制，而令名一致。故曰：夏人尚忠，忠之弊也朴，救朴莫若敬，殷人革而修焉；敬之弊也鬼，救鬼莫若文，周人矫而变焉；文之弊也薄，则又反之于忠。三代相循，如水济火。所谓随时之宜、救弊之术，此三王之德也。霸主制士以权，结士以信，使士以赏。信衰士疏，赏毁士不为用。《左传》曰：楚围宋，宋如晋告急。先轸③曰："报施救患，取威定霸，于是乎在矣。狐偃④曰：'楚始得曹而新婚于卫，若伐曹、卫，楚必救之，则齐、宋免矣。"于是乎搜于被庐，作三军，谋元帅，使郤縠将中军。晋侯始入而教其民。二年，欲用之，子犯曰："人未知义，未安其居。"于是乎出定襄王，入务则利人，人怀生矣。将用之，子犯曰："人未知信，未宣其用。"于是乎伐原以示信。人易资者，不求丰焉，明征其辞。公曰："可矣？"子犯曰："民未知礼，未生其恭。"于是乎大搜以示之礼，作执秩以正其官，人听不惑而后用之。出谷戍，释宋围，一战而霸，文之教也。此五霸德也。故曰：理国之本，刑与德也。二者相须而行，相待而成也。天以阴阳成岁，人以刑德成治，故虽圣人为政，不能偏用也。故任德多、用刑少者，五帝也；刑德相半者，三王也；杖刑多、任德少者，五霸也；纯用刑，强而亡者，秦也。议曰：古之理者，其政有三：王者之政化之，霸者之政威之，强国之政胁之。故化之不变而后威之，威之不变而后胁之，胁之不变而后刑之。故至于刑，则非王者之所贵矣。故虞南⑤云："彼秦皇者，弃仁义而用威力，此可以吞并，而不可以守成，此任刑之弊也。"

【注释】①颛顼：我国上古部落联盟首领，"五帝"之一，姬姓，号高阳氏，黄帝之孙，后来的夏国、楚国都是他的子孙。②高辛：即帝喾，高辛氏，名俊，是黄帝的曾孙，上古时期部落联盟首领，五帝之一。③先轸：曲沃（今山西闻喜）人，春秋时期晋国名将、军事家。曾辅佐晋文公、晋襄公两位霸主，屡出奇策，并以中军主将的身份指挥城濮之战、崤之战，打败强大的楚国和秦国，成为我国历史上第一位同时拥有元帅头衔和元帅战绩的军事统帅。④狐偃：姬姓，狐氏，字子犯。是晋文公的舅舅，晋国重臣。⑤虞南：即虞世南，字伯施，越州余姚（今浙江省慈溪市观海卫镇）人。南北朝至隋唐时期书法家、文学家、诗人、政治家，凌烟阁二十四功臣之一。陈朝太子中庶子虞荔之子、隋朝内史侍郎虞世基之弟。

【译文】三皇没有留下话语，但他们的道德品质流传四海，所以天下人不知道把功劳归到谁的身上。伏羲、女娲、神农称为三皇。**帝王依据天命，效仿大地，有言论有条令，从而天下太平。君臣互相谦让功劳，四海之内的百姓都受到教化并效仿他们，百姓遵守却不知道这样做的原因是什么。所以驱使臣子工作却不需要用礼仪法规，奖赏奖励，和谐又不互相伤害。**黄帝是根据天地的法规制度，按照农时，播撒五谷，将心、身、耳、目都充分利用，按照时节利用水、火、时、物，有土德将兴的预兆，所以称之为黄帝；颛顼养育材物，利用土地。依照天象四时来行事，依据鬼神来制定尊卑之义。修养气质来教化百姓，祭祀时态度真诚。动物与植物，地位高的神仙，地位低的神仙，日月所照之处，没有不臣服的；高辛取用土地的财务并且节省使用，抚养教育万民，教导他们获得利益。根据日月变化制定历法。通晓鬼神之事，并且恭敬奉事。部落兴盛，道德高尚；尧帝，他的仁义就像天一样宽广，他的智慧就像神明一样高明，靠近他时，他就像太阳一样，望着他时，他就像云一样，富贵却不骄纵，尊贵却不傲慢；虞舜，善事无论多么微小都不会漏下，恶事无论多么隐蔽都会被揭露，运用自然的法则来决定奖赏惩处，让群臣的心都聚集在一起做事。所以能够运用无为的法则，体现最大的和谐，百姓每天都在受到恩惠却不自知，做事合乎德行却又好像是自己本身就有这种道德，这就是五帝的德行。**君王统治百姓的方法是征服百姓的心，使他们臣服。**评论：韩信说：“项羽所到的地方，没有不残杀毁灭的，百姓都不爱戴他，不过是慑于他的威胁，勉强臣服罢了。名义上虽然是称霸天下，实际上是失去天下人的心。所以说他的强大其实是假的。”诸葛亮说：“荆州的人，依附曹操，不过是迫于曹操军队的势力，并不是从心底臣服。如今将军真的命令猛将与豫州的军队协同一致，打败曹操是一定的，”由此说来，如果人不是从心底臣服，他的势力就容易攻破。所以王者的治国之道是征服人的心，使他臣服。制定方针政策防备衰败，有清楚明晰的政局、充足的兵器装备，没有发生战争，天下太平，君王没有怀疑臣下，臣子没有疑心君王，国家安定，君王平安，臣子按照礼义进退，也能和谐又互不伤害。当初夏、商、周三代的贤明君王，开创大业，国家的形式和制度不同，但是最终都获得了一样的好名声。所以说：夏朝的人崇尚忠义，忠义过头就是粗野，拯救粗野没有比崇敬更好的了，在商朝的时候得到了修正；崇敬过头就是崇拜鬼神，拯救崇敬鬼神，没有比礼仪教化更好的了，周朝的人改正了这个问题；礼仪教化过头就是虚伪，那么就需要返回夏朝的忠义。三代相互循环，互相补充，所说的根据时机制定合适的政策，有拯救弊端的方法，这是三王的治国之道。霸主用权势统治士人，用信义结交士人，用赏赐来役使士人。信义衰竭，士人就会疏远，赏赐制度毁坏，士人就不为所用。《左传》说：楚国围攻宋国，宋国派人到晋国求救，先轸说：“报恩、救患、立威、称霸，就在这了。”狐偃说：“楚国刚刚得到曹国并且又与魏国刚刚成为亲家，如果讨伐曹国、卫国，楚国一定会来援助，那么齐国、宋国就安全了。”于是在被庐集结三军，选择元帅，让儒将统领中军。晋文公刚刚回到晋国就想要训练百姓。两年之后就想让这些百姓去打仗。狐偃说：“百姓还不知道什么叫做义，还没有安居乐业呢。”于是晋文公离开国家帮助楚襄王复位，回到国家为百姓谋福利，使百姓安于生计。又想要打仗，狐偃说：“百姓还不知道什么叫做信义，没有向他们宣传信义的作用。”于是晋文公用讨伐原国来展示证明信义。百姓中做买卖的人，不求暴力，明码标价。晋文公说：“可以打仗了吗？”狐偃说：“百姓还不知道什么是礼仪，没有向他们宣传礼仪的作用。”于是通过大规模的阅兵显示礼仪的威严，设置执法官来管理端正官员。百姓听了之后没有疑惑的，可以使用他们了，然后开始出兵打仗，解了宋国被围的困境，成为春秋五霸之一，这是晋文公教化训练百姓的结果。这是五霸用仁德治理国家的一个例子。所以说：治理国家的根本是刑法与德行。这两者必须相互依存且行动一致，相互辅佐用来取得成功。上天要根据阴阳来构成一年四季，人以刑法和德行构成治国之道。

所以即使是圣人掌权也不能偏私。所以使用仁德多、使用刑法少的是五帝；使用仁德刑法各一半的是三王；使用刑法多、仁德少的是五霸；只用刑法的是先强盛后灭亡，秦国就是这样。评论：古时候治理国家，一般有三种政策：王者的政策是教化民众，霸者的政策是威慑民众，强国的政策是胁迫民众。因此教化不能改变的就用威慑，威慑不能改变的就用胁迫，胁迫不改变的就用刑法。所以对于刑法，不是王者所推崇的。所以虞南说："当初秦始皇，放弃仁义而使用威慑暴力，这种做法可以吞并，却不能守护以前的功绩和成就。这是任用刑法的弊端。"

或曰："王霸之道，既闻命矣。敢问高、光二帝，皆拔起垄亩，芟夷祸难，遂开王业。高祖豁达以大度，光武谨细于条目，名擅其美，龙飞凤翔，故能拨乱庇人，拯斯涂炭。然比大德，方天威，孰为优劣乎？"曹植曰："昔汉之初兴，高祖因暴秦而起，遂诛强楚，光有天下，功齐汤、武，业流后嗣，帝王之元勋，人君之盛事也。然而名不纯德，行不纯道，身没之后，崩亡之际，果令凶妇肆酷虐之心，嬖妾被人彘之刑[①]。赵王幽囚，祸殃骨肉，诸吕专权，社稷几移，凡此上事，岂非高祖寡计浅虑以致斯哉？然其枭将画臣，皆古今之所鲜，有历代之希睹，彼能任其才而用之，听其言而察之，故兼天下而有帝位也。世祖体乾灵之休德，禀贞和之纯精，蹈黄中之妙理，韬亚圣之懿才，其为德也，聪达而多识，仁智而明恕，重慎而周密，乐施而爱人。值阳九无妄之世，遭炎精厄会之运，殷尔雷发，赫然神举，奋武略以攘暴，兴义兵以扫残，军未出于南京，莽已毙于西都。尔乃庙胜而后动众，计定而后行师，故攻无不陷之垒，战无奔北之卒。宽仁以和众，迈德以来远，故窦融[②]闻声而影附，马援[③]一见而叹息。敦睦九族，有唐虞之称；高尚纯朴，有羲皇之素；谦虚纳下，有吐握[4]之劳；留心庶事，有日昃之勤。是以计功则业殊，比隆则事异，旌德则靡愆，言行则无秽，量事则势微，论辅则臣弱，卒能效乾图之休征，立不刊之遐迹，金石铭其休烈，诗书载其懿勋。故曰光武其优也。”荀悦曰：“高祖起于布衣之中，奋剑而取天下，不由唐虞之禅，不阶汤、武之王，龙兴虎变，率从风云，征乱伐暴，廓清帝宇，八载之间，海内克定，遂荷天衢，登建皇极，上古以来，书籍所载，未尝有也。非雄俊之才，宽明之略，历数所授，神祇所相，安能致功如此？焚鱼断蛇，异物同符，岂非精灵之感哉？”《书》曰：“天功人其代之。”《易》曰：“汤、武革命，顺乎天而应乎人。”斯之谓矣。夏政忠，忠之弊野朴，故殷承之以敬。敬之弊鬼，故周承之以文。文之弊薄，救薄莫若忠。三王之道，周而复始。周、秦之间，可谓文弊。秦不改，反酷刑。汉承其弊，得天统矣。孔融曰：“周武从后稷以来，至其身，相承积十五世，但有鱼鸟之瑞。至如高祖，一身修德，瑞有四五，白蛇分，神母哭，西入关，五星聚。又武王伐纣，斩而枭之。高祖入秦，赦子婴[5]而遣之。是其宽裕，又不如高祖。”虞南曰：“帝者与师处，王者与友处，霸者与臣处。汉祖之臣，三杰是也；光武之佐，二十八将是也。岂得以邓禹[6]、吴汉[7]匹于张良、韩信者乎？然汉祖功臣，皆以强盛诛灭；光武佐命，悉用优秩安全，君臣之际，良可称也。绝长补短，抑其次焉。”由此言之，夫汉高克平秦、项，开创汉业，衣冠礼乐，垂之后代，虽未阶王道，霸德之盛也。

【注释】①人彘之刑：一种把四肢剁掉，挖出眼睛，用铜注入耳朵，使其失聪（熏聋），用喑药灌进喉咙，割去舌头，破坏声带，使其不能言语，然后扔到厕所里，有的还要割去鼻子，剃光头发，剃尽眉发的刑罚。这是吕后发明用来对付戚夫人的一种非常残忍的酷刑。②窦融：字周公。扶风平陵（今陕西咸阳西北）人。新莽末至东汉时期军阀、名臣，云台三十二将之一。③马援：字文渊。扶风郡茂陵县（今陕西省咸阳市杨凌区）人。西汉末年至东汉初年著名军事家，东汉开国功臣之一。④吐握：即吐哺握发，意谓洗发时多次挽束头发停下来不洗，进食时多次吐出食物停下来不吃，急于迎客。比喻为了招揽人才而操心忙碌。形容礼贤下士，求才心切。⑤子婴：即秦三世，嬴姓，名子婴或婴，秦朝最后一位统治者，在位46天。刘邦率兵入关，子婴投降刘邦，秦朝灭亡。一个多月后，项羽率军进入咸阳，屠城纵火，杀害子婴。⑥邓禹：字仲华，南阳新野（今河南南阳新野）人，东汉初年著名军事家，云台二十八将第一位。⑦吴汉：字子颜，南阳宛县（今河南省南阳市）人，东汉开国名将、军事家，云台二十八将第二位。

【译文】有的人说："王霸的治国之道我们已经知道了。想要请教汉高祖、光武帝两位，都是出身田野，平定天下的祸乱，于是开创霸业。高祖豁达且大度，光武帝谨慎小心，各有所长，龙飞凤翔，所以能拨乱反正，庇护百姓，拯救百姓于生灵涂炭中。然而比较他们的德行、天威，谁更加优秀呢？"曹植说："当初汉朝刚刚建立，高祖因为反抗秦国的暴虐，揭竿而起，于是打败强大的项羽，坐拥天下，功劳与商汤、武王齐名，功业流传给子孙后代，是帝王中的元勋，君主中建立最盛大功业的人。然而他的名声、行为不是完全符合正道，驾崩之后，果然让凶恶的妇人吕雉肆意做残酷凶狠的事，爱妾戚夫人被做成人彘，儿子赵王被幽禁。其他儿子也遭到残害，让吕氏家族的人掌权，政权几乎易主，这些事情，难道不是高祖少计谋浅思虑所导致的吗？然而高祖手下的猛将谋臣都是古今所少有的，高祖可以根据他们的才能任用他们，听取他们的意见，所以能够获得天下夺得帝位。光武帝继承了皇室的仁德，秉承了正直平和的性格，遵循修习内德的道理，有足以和亚圣齐名的才能。他具有聪明豁达、知识广博、仁义聪慧、贤明宽恕、谨慎周密、乐善好施和仁爱的美好品德。到了灾荒年间，世道艰难，灾难连发之际，光武帝就像一道春雷，举兵起事，集合武力来抗击暴政，扫除残余，军队还没有到达南京，王莽已经死在了洛阳。就像光武帝这样，先谋划再集合众人，计划定了在行动，所以没有攻打不下的堡垒，也没有临阵逃跑的士兵。宣传仁义用来团结百姓，通过高尚的德行使远方的士人前来追随，所以窦融就是听说了他的名声之后才像影子一样追随他，马援一见到他就赞叹他。是亲戚都亲善和睦，有虞舜的称号；品格高尚淳朴，有伏羲的本质；谦和虚心，容纳属下，像周公一样吐哺握发；关注政事，像日昃一样勤劳。因此论功劳则非同寻常，比兴盛则无与伦比，比道德则无可挑剔，比言行则没有瑕疵。光武帝初起时势力微弱，比起辅佐高祖的臣子要差，最终能掌握天下，建立不可磨灭的功绩，在金石上篆刻他的功绩，在诗书上记载他的功勋。所以说：光武帝比汉高祖优秀。”荀悦说：“高祖出身平民，因为推翻秦朝的暴政而得到天下，不是经由向虞舜那样的禅让制，也没有像商汤、武王那样的名臣辅佐，革故鼎新，创建功业，风起云涌，在乱世征战，讨伐暴虐，肃清天下，八年之间，海内平定，于是走上通天的道路，登上至尊之位，从上古以来，书籍中所记载的，从来没有和他一样的。不是与众不同的人，没有宽厚贤明的策略，天命所授，神明帮助，怎么能有如此的功劳呢？武王焚鱼，高祖砍蛇，虽然事物不同但都是相同的意义，这难道不是神明的感应吗？”《尚书》说：上天的工作需要人去代劳。《易经》说：商汤、武王揭竿而起，反抗暴政是顺应天命，符合民意的。说的就是这个道理。夏朝的人崇尚忠义，忠义的弊端是粗野，所以殷商继承并用崇敬进行挽救。崇敬的弊端是信任鬼神，所以周朝继承并且用礼仪教化进行挽救。礼仪教化的弊端是虚伪，想要挽救虚伪没有比忠义更适合的了。三王的治国之道，周而复始的进行着。秦朝取代周朝的时候，已经有礼仪教化的弊端了。但是秦朝没有改正，反而是施以酷刑暴政。汉朝因为这个弊端，得到了天下。孔融说：“周武王是稷的后代，从稷到周武王已经延续了十五代，有白鱼跃入船中、赤乌落在屋檐上的祥瑞之兆。等到了高祖，只是一人修习的德行就可以是天降祥瑞四五起，如他砍杀白蛇，蛇母向其哭诉；梦见西入长安，五星相聚。又如周武王讨伐纣王，斩了纣王的头颅挂起来示众。汉高祖攻入秦宫，赦免子婴并将他放走。因此说武王不如高祖宽容和善。”虞南说：“帝王和能够成为自己老师的人相处，王者和能够成为自己朋友的人相处，称霸的人和能够成为自己臣子的人相处。汉高祖的臣子中有三杰，张良、萧何、韩信；辅佐光武的臣子中，有云台二十八将。怎么能将邓禹、吴汉等人与张良、韩信等人相比呢？然而帮助汉高祖的功臣都在他们强盛之年被高祖诛杀；辅佐光武帝的人都受到重用，都有优厚的俸禄，安全的处境。就君臣之间的关系来说，光武帝值得被称颂。对这两个人截长补短的比较，也许在其次吧。”由此而言，汉高祖战胜秦朝，平定项羽，开创汉朝大业，衣服头饰，礼乐制度，都传给后代，虽然没有达到王道，但作为霸道已经很伟大了。

或曰：“班固称：周云成、康，汉言文、景，斯言当乎？”虞南曰：“成、康承文、武遗迹，以周、召为相，化笃厚之氓，因积仁之德，疾风偃草，未足为喻。至如汉祖开基，日不暇给，亡嬴之弊，犹有存者。太宗体兹仁恕，式遵玄默，涤秦、项之酷烈，反轩、昊之淳风，几致刑厝。斯为难矣！若使不溺新垣[1]之说，无取邓通[2]之梦，懔懔乎庶几近于王道。景帝之拟周康，则尚有惭德。”《汉文赞》曰：文帝即位二十三年，宫室苑囿，车骑服御，无所增益。有不便，辄施以利人。南越尉他，自立为帝，召贵他兄弟，以德怀之，他遂称臣。与匈奴结亲，而背约入盗；令边备守，不发兵深入，恶烦百姓。吴王诈病不朝，赐以机杖，群臣谏说虽切，常假借纳用焉。张武等受赂金钱，觉加赏赐，以愧其心。专务以德化人，是以海内殷富，兴于礼义，断狱数百，几致刑措。呜呼！仁哉！或问傅子[3]曰：“汉太宗除肉刑，可谓仁乎？”对曰：“匹夫之仁也。夫王天下者，大有济者也，非小不忍之谓。由此言之，班固以太宗为仁，不在除肉刑[4]矣。”《景帝赞》曰：孔子称：“斯人也，三代之所以直道而行。”信哉！周、秦之弊，网密文峻，而奸宄不胜。汉兴，扫除烦苛，与人休息。至于孝文，加之以恭俭。孝景遵业，五六十载之间，至于移风易俗，黎人醇厚。周云成、康，汉言文、景，美矣哉！此王道也。”

【注释】①新垣：即新垣平，西汉赵人。在汉文帝面前装神弄鬼，屡屡得逞。后被丞相张苍和廷尉张释之查出其所说的话没有一句是实话，汉武帝悔悟之后令人革去新垣平的职位，把他交送廷尉张释之审问。后已大逆不道的重罪，被灭三族。②邓通：蜀郡南安（今四川乐山）人，汉文帝男宠，依靠铸钱业，广开铜矿，富甲天下。在景帝登基后，被罢官饿死。③傅子：即傅玄，字休奕。北地郡泥阳县（今陕西铜川耀州区）人。西晋时期名臣及文学家、思想家。④肉刑：广义指死刑以外的其他刑罚。狭义指括黥（刺面并着墨）、劓（割鼻）、刖（斩足）、宫（割势）、大辟（即死刑）等五种刑罚。

【译文】有的人说：“班固说：‘周朝当属周成王和周康王，汉朝当属汉文帝和汉景帝，这话是真的吗？’”虞南说：“周成王和周康王继承周文王和周武王留下的帝业，任用周公、召公为相，教化百姓忠厚老实，凭借先世积累的仁德，就像急剧而猛烈的风将草吹倒，没有什么了不起的，等到汉高祖建立基业，百废待兴，已经灭亡的秦朝留下的弊端还存留许多。文帝以仁爱宽容为本，把清静无为当作法，去除秦朝和项羽留下的残酷暴虐的政策，恢复黄帝、尧、舜时期的淳朴民风，几乎使刑法停滞，这实在是太难了！如果文帝不沉溺在新垣平的胡言乱语中，没有相信关于黄衣人帮助他上天的梦而宠信邓通，他差不多就接近王道了。汉景帝和周康王相比，尚且有不足的地方。”

《汉文赞》说：文帝在位二十三年，宫室花园，车马服饰没有什么增加的。百姓有困难，总是拿着国家的积蓄帮助他们。南越的尉他，自立为帝，文帝将尉他的兄弟召来使他们富贵，用仁德感化他们，于是尉他称臣。与匈奴结亲，但匈奴却违背约定入侵边境，文帝命令守护边疆，却不发兵攻打，生怕打仗会打扰百姓。吴王假装生病，不入朝觐见，文帝赐给他手杖以示慰问，群臣都劝说文帝能够对吴王采取强硬措施，但是文帝常常假装接纳，却并没有采取任何措施。张武等人接受吴王贿赂的金钱，文帝察觉后对其加以赏赐，使他们内心有所愧疚。文帝只崇尚以德教化百姓，所以国家富足，礼义兴盛，审判的案件只有数百件，基本不会使用刑罚，这是真的仁君啊！有人问傅玄说："文帝废除肉刑，可以说是仁义吗？"傅玄回答说："这是匹夫的仁义。作为天下的主人，应该考虑全天下，而不只拘泥在小事上。由此可以说，班固认为文帝仁义，不在于废除肉刑。"《景帝赞》称：孔子说："人，要能继承夏、商、周三代的正道并且一直延续下去。"汉景帝就是这样的人！周、秦的弊端是法规政策繁多且严厉，但违法作乱的人却没有穷尽。汉朝建立，清除苛刻繁琐的法规制度，让百姓可以休养生息。到了文帝时期，再加上恭谨俭约的作风。汉景帝遵循前人的政策，在五六十年间，做到了移风易俗，百姓淳朴忠厚。周朝当属周成王和周康王，汉朝当属汉文帝和汉景帝，美啊！这就是王道。

或曰："汉武帝雄才大略，可方前代何主？"虞南曰："汉武承六世之业，海内殷富。又有高人之资，故能总揽英雄，驾御豪杰，内兴礼乐，外开边境，制度宪章，焕焉可述。方于始皇，则为优矣。至于骄奢暴虐，可以相亚，并功有余而德不足。"《武帝赞》曰："汉承百王之弊，高祖拨乱反正，文、景务在养人，至于稽古礼文之事，犹多阙焉。孝武初立，卓然罢黜百家，表章六经，遂畴咨海内，举其俊茂，与之立功。兴太学，修郊祀，改正朔，定历数，协音律，作诗乐，建封禅，礼百神，绍周后，号令文章，焕焉可述。后嗣得遵洪业，而有三代之风。如武帝之雄材大略，不改文、景之恭俭，以齐斯人，虽《诗》《书》所称，何有加焉？"推此而言之，彼汉武、秦皇，皆立功之君，非守成之主也。

【译文】有的人说："汉武帝雄才大略，可以与前代哪一位国君相比呢？”虞南说：“汉武帝继承从汉高祖开始六代帝王传下来的大业，国家富足。又有高人一等的资质，所以能总揽英雄，统御豪杰，对内推崇礼乐制度，对外开拓边境，规章制度，焕然一新，有许多地方可以称颂。与秦始皇比较，更胜一筹。对于骄奢暴虐，也不如秦始皇多，都是功劳有很多但是仁德不足。”《武帝赞》称：汉朝继承历代的弊端，高祖拨乱反正，文帝和景帝专注于使百姓休养生息，对于考究古代礼乐制度的事情，有许多缺漏。汉武帝即位，突然罢黜百家，独尊儒术，表彰六经，于是遍访全国有才能的人，选择其中才智杰出的人，让其建功立业。兴办太学、修建祠庙、确定历法、协和音律，制定诗歌的规章、举行封禅大典、祭祀百神，封赏周朝的后裔。制定法律规章，焕然一新，值得称颂。后代能够遵循他留下的大业，并且有先代贤王的风范。就像汉武帝这样雄才大略的人，如果不改变文帝和景帝留下的恭敬节俭，并全力救助百姓，即使有《诗经》《尚书》中所称赞的帝王，又有几个能够胜过武帝呢？从这里可以推出，汉武帝、秦始皇都是建功立业的君王，而非守护基业的君王。

昔周成以孺子继统，而有管、蔡四国之变；汉昭幼年即位，亦有燕、盖、上官①逆乱之谋。成王不疑周公，汉昭委任霍光②，二主孰为先后？魏文帝曰：“周成王体圣考之休气，禀贤妣之胎诲，周、召为保傅，吕望为太师。口能言则行人称辞，足能履则相者导仪。目厌威容之美，耳饱德义之声，所谓沉渍玄流，而沐浴清风矣。犹有咎悔，聆二叔之谤，使周公东迁，皇天赫怒，显明厥咎，然后乃寤。不亮周公之圣德，而信《金縢》之教言，岂不暗哉？夫汉昭父非武王，母非邑姜，养惟盖主，相则桀、光。保无仁孝之质，佐无隆平之治，所谓生于深宫之中，长于妇人之手。然而德与性成，行与礼并，在年二七，早知夙达，发燕书之诈，亮霍光之诚。岂将启《金縢》，信国史，而后乃寤哉？使成、昭钧年而立，易世而化，贸臣而治，换乐而歌，则汉不独少，周不独多也。”大将军霍光及上官桀秉政，桀害光宠，欲诛之，乃诈为帝兄燕王旦上书，称光行上林称跸等事。帝不信。

【注释】①上官：即上官桀，字少叔，陇西上邽（今甘肃省清水县）人。西汉外戚大臣，汉昭帝上官皇后的祖父。②霍光：字子孟，河东郡平阳县（今山西临汾市）人。西汉时期大臣，政治家，麒麟阁十一功臣之首。

【译文】过去周成王年少即位，却有管叔和蔡叔发动的三监之乱；汉昭帝年幼即位，也有燕王旦、盖长公主、上官桀犯上作乱。周成王没有怀疑周公旦，汉昭帝委任霍光，都平息了内乱，两位君王谁做的更好呢？魏文帝曹丕说："周成王继承了他父亲周武王的祥瑞之气，秉承亡母的胎教，任命周公和召公为太保和太傅，姜太公任太师。在刚刚能够开口说话时就有人教他辞令，刚刚学会走路就有人教他礼仪。看惯了威严从容的仪态，听惯了道德仁义的话语，能够称之为血液里有着高贵的精神，沐浴在清风当中。即便如此，他还是听信了两位叔叔的诽谤之言，将周公旦东迁，上天震怒，明示他的过错，然后才醒悟了。没有明察周公的圣明贤德，而是只信任《金縢》所记载的祷言，这难道不是愚昧吗？汉昭帝父亲没有周武王那样仁德，母亲没有成王母亲邑姜那样贤惠，他只是盖长公主养大的，辅佐的大臣是上官桀、霍光。老师没有仁义孝顺的品质，辅臣没有使国家兴隆安定的治世之才，他就是所说的出生在深宫之中，成长在妇人旁边。然而仁德的性格是天生的，行为天生合乎礼仪。在十四岁的时候就十分聪慧通达，能够发现燕王诬陷霍光的书信是假的，明察霍光的忠诚。他哪里是打开《金縢》，看到国史之后才醒悟的啊？如果让周成王和汉昭帝的年龄相等，换个时代，换个辅臣，换个礼乐制度，那么汉昭帝被称赞的地方不会比周成王的少。”大将军霍光和上官桀共同辅政，上官桀嫉妒霍光受昭帝的宠信，想要杀了霍光，就假冒汉昭帝的兄长燕王旦的名义上书，称霍光以帝王的仪仗检阅羽林军以及其他犯上作乱的行为。

汉昭帝不相信。

或曰："汉宣帝[①]政事明察，其光武之俦欤？"虞南曰："汉宣起自闾阎，知人疾苦，是以留心听政，擢用贤良，原其循名责实，峻法严令，盖流出于申、韩也。古语云：图王不成，弊犹足霸；图霸不成，弊将如何？光武仁义，图王之君也；宣帝刑名，图霸之主也。今以相辈，恐非其俦。"议曰：元帝[②]之为太子，尝谏宣帝，以为持法太严。帝作色曰："我汉家以霸王之道杂之，奈何纯任德化，用害政乎？"虽以此言之，知其度量不远，然宽猛之制有自来矣。昔高祖入秦，约法三章，秦人大悦。此言缓刑之美也。郭嘉说曹公云："汉末政失于宽。绍以宽济，故不摄；公纠之以猛，而上下知制。"此言严刑之当也。故《传》曰：政宽则人慢，慢则纠之以猛；猛则人残，残则施之以宽。宽以济猛，猛以济宽，政是以和。《书》曰：刑罚世轻世重。《周礼》曰：刑新国用轻典，刑乱国用重典，刑平国用中典。由此观之，但问时代何如耳！严刑恶足小哉！

【注释】①汉宣帝：刘询，原名刘病已，字次卿，西汉王朝第十位皇帝，汉武帝刘彻曾孙，是我国历史上有名的贤君，史称"孝宣之治"。②汉元帝：刘奭，汉宣帝刘询与嫡妻许平君所生之子，西汉第十一位皇帝。在位期间，因为宠信宦官，导致皇权式微，朝政混乱不堪，西汉由此走向衰落。

【译文】有的人说："汉宣帝明察政务，他是能够和光武帝齐名的帝王吗？"虞南说："汉宣帝在市井间长大，知道百姓生活的疾苦。因此他关心政事，选拔任用德才兼备的人，追根溯源，他只注重实际，不图虚名，法令严酷，大体是向法家的申不害和韩非子学习。古语说：图谋王位不成，以现有的条件可以图谋霸位；图谋霸位不成，以现有的条件又能图谋什么呢？光武帝广施仁义，是图谋王位的君主；汉宣帝崇尚严刑峻法，是图谋霸位的君主。如今拿这两位对比，恐怕不能比较。”评论：元帝在做太子的时候，曾劝谏宣帝，认为宣帝持法太过严明。宣帝神情严肃地说：“我们汉朝一直是霸道和王道掺杂在一起使用的，怎么能只任用仁德来教化百姓、治理国家，这不是危害我们的统治吗？”虽然从这些话里可以知道宣帝的度量不大，但是宽容和严厉两种统治手段是以前就有的。当初高祖进入秦国咸阳，约法三章，秦国的百姓都很高兴。这是在说刑罚宽松的好处。曹操的谋臣郭嘉对曹操说：“汉朝末年在政治制度的错误在于刑罚过于宽松。袁绍用更宽松的手段来纠正，所以不会有结果；您用严厉的手段来纠正，所以官员百姓都知道了这种制度。”这是在说刑罚严厉的好处。所以《左传》说：政治制度宽松，那么百姓就会变得散漫，散漫就需要用严厉来纠正；严厉的政治制度会使百姓受到伤害，受到伤害就需要施以宽容。宽松纠正严厉，严厉纠正宽松，国家政权就会变得和谐。《尚书》说：刑罚要时轻时重。《周礼》说：治理新的国家，需要用宽松的制度，治理混乱的国家需要用严厉的制度，治理安定的国家，需要用宽松和严厉相平衡的制度。从这里可以看出，想要知道政治制度是宽松还是严厉，只要弄清楚处在什么时代就可以了。怎么能小看严厉的刑法呢？

或曰：“汉元帝才艺温雅，其守文之良主乎？”虞南曰：“夫人君之才，在乎文德武功而已。文则经天纬地，词令典策；武则禁暴戢兵，安人和众。此南面之宏图也。至于鼓瑟吹箫，和声度曲，斯乃伶官之职，岂天子之所务乎？”议曰：元帝多才艺，善鼓瑟琴，虽如此，非善之善也。何则？徐干《中论》曰：夫详小事而略大道，察近物而暗远数，自古及今，未有如此而不乱也，未有如此而不亡也。所谓“详小事、察近物”者，谓耳聪于丝竹歌谣之和，目明于雕琢彩色之章，口给于辩惠切对之词，心通于短言小说之文，手习于射御书数之巧也。所谓“远数、大道”者，谓仁足以覆焘群生，惠足以抚养百姓，明足以照见四方，智足以统理万物，权足以应变无端，义足以阜生财用，威足以禁遏奸非，武足以平定祸乱，详于听受而审于官人，达于废兴之原，通于安危之分。如此，则君道毕矣。昔鲁庄[①]多伎艺，诗人刺之；鲁昭[②]善容仪，有出奔之祸。由是言之，使人主视如离娄、听如师旷[③]、射如夷羿[④]、书如史籀（zhòu）[⑤]，可谓善于有司之职，何益于理乎！匡衡[⑥]《谏元帝改政书》曰：受命之王，务在创业垂统，传之无穷。继体之君，必存于承宣先王之德而褒大其功。今陛下圣德天覆，子爱海内，然阴阳未和，奸邪未禁者，殆议论者未丕扬先帝之盛功，争言制度不可用。臣窃恨国家释乐成之业，而虚为此纷纷也。愿陛下详览统业之事，此守文也。

【注释】①鲁庄：即鲁庄公，姬姓，名同，为春秋时期鲁国第十六任君主，鲁桓公与其正妻文姜所生嫡长子。②鲁昭：即鲁昭公，姬姓，名裯，一名稠、袑，鲁襄公之子，春秋时期鲁国第二十四位国君。③师旷：字子野，今山西省临汾市洪洞县人，春秋时著名乐师、道家。他生而无目，故自称盲臣、瞑臣。为晋大夫，亦称晋野，博学多才，尤精音乐，善弹琴，辨音力极强。以“师旷之聪”闻名于后世。④夷羿：善于射箭，传说十日齐出，祸害苍生，羿射九日，只留一日，给大地带来复苏的生机，人们遂尊称他为“大羿”。⑤史籀：周宣王时为史官，善书。⑥匡衡：字稚圭，东海郡承县人，西汉经学家，官至丞相。自幼十分好学，勤奋努力，由于家境贫寒，他不得不靠替人帮工以获取读书资用，因“凿壁借光”的故事被世人广为称颂。

【译文】有的人说：“汉元帝多才多艺，温文尔雅，他是崇尚以文教礼乐治国的好皇帝吗？”虞南说：“对于一国之君来说，在于治理国家和对外用兵都有显著的成效。对于文，要有治理国家的经世之才，要有应对得宜的言词，并且制定法规政策；对于武来说，要

有制止暴乱，平息战火，使人心安定，百姓和顺。这是称王的宏图伟业。至于鼓瑟吹箫，调和音调，制作谱曲，那是乐官的职责，哪里是天子所要做的事呢？”评论：元帝多才多艺，擅长弹琴，即使如此，也不是什么优点，为什么这么说呢？徐干在《中论》中说：对小的事情细心，却对大的事情忽略；仔细观察近处的事物，却对远处的事物忽略。从古到今，从来没有这样做却不发生动乱的，没有如此做却不灭亡的。所谓“对小事情仔细，仔细观察近处的事物”，指的是耳朵可以听出音乐歌谣的美妙，眼睛可以看出书法雕刻的精妙，口中能够说出辩论的应对之词，对骑射、书法、术数很有心得。所谓“大的事情，远处的事物”，就是指仁义足够对苍生施恩，恩惠足够抚养百姓，明察足够照亮四方，智慧足够统治万物，权势足够应对变化无端，信义足够使经济增长，威慑足够遏制邪恶不法，武力足够平定祸乱。对于建议能够仔细听取，并且能够判断意见的真伪，明白天下兴盛衰败的原因，通晓把握天下安危的差别。能做到这些，那为君之道就完整了。当初鲁庄公有很多技艺，诗人就讽刺他；鲁昭公注重面容仪态，最后导致逃亡的祸患。从这里可以看出，让君主像离娄一样，视力特别好；像师旷一样听力敏锐，像夷弈一样，射箭精准，像史籀一样，书法精妙，可以说都是各种职位应该具备的才能，但是对治理国家有什么好处呢？西汉匡衡的《谏元帝改政书》说：顺应天命的帝王，专注于建功立业，把基业一直流传下去。继承帝位的君主，一定具有继承先王的仁德，并且有发扬光大的愿望。如今陛下的圣明仁德是上天赐予的，并且仁爱四海之内的百姓。然而阴阳不和，奸邪、违法之事还没有全部禁止，大概是谈论政事的官员还没有宣扬先帝的丰功伟绩，只是争论制度是否应该被执行。臣痛恨把国家已取得的功绩放在一边却讨论没有实际理论的事情。希望陛下可以详尽考虑治理国家的方法，这才是以文教礼乐治理国家的好皇帝。

或曰：“观伪新王莽，谦恭礼让，岂非一代之名士乎？至作相居尊，骄淫暴虐，何先后相背甚乎？”虞南曰：“王莽天姿惨酷，诈伪人也。未达之前，徇名求誉；得志之后，矜能傲物。饬情既尽，而本质存焉。愎谏自高，卒不改寤，海内冤酷，为光武之驱除焉。”班固曰：“王莽始起外戚，折节力行，以要名誉。哀、成之际，勤劳国家，直道而行，动见称述，岂所谓在国必闻，在家必闻，色取仁而行违之者也？莽既非仁，而有邪佞之材，又承四父世业之权，遭汉中微，国统三绝，而太后寿考，为之宗主，故得肆其奸慝，以成篡盗之祸。推此言之，亦有天时，非人力所致。及其窃位南面，处非所据，颠覆之势，险于桀、纣，而莽晏然，自谓皇、虞复出也。乃矜其威诈，滔天虐人，是以海内嚣然，丧其乐生之心，内外怨恨，远近俱发，城池不守，支体分裂，遂令天下城邑为墟，自《书》《传》所载，乱臣贼子，无道之人，未有如莽之甚者也。紫色蝇声，余分闰位，为圣王之驱除云。”吴王孙权论吕蒙曰：“子明①少时，孤谓不辞剧易，果敢有胆而已。长大学问开益，筹略奇至，可以次于公瑾②，图取关羽，胜于子敬③。子敬答孤书云：帝王之起，皆有驱除。羽不足忌。此子敬内不能辩，而外为大言耳。孤亦恕之，不苟责也。”此驱除之意也。

【注释】①子明：即吕蒙，东汉末年名将，汝南富陂人（今安徽阜南吕家岗）。其发愤勤学的事迹，成为我国古代将领勤补拙、笃志力学的代表。②公瑾：即周瑜，东汉末年吴国大都督，庐江舒县（今安徽省庐江县西南）人。建安十三年，他率江东孙氏集团军队与刘备军队联合，在赤壁之战大败曹军，由此奠定了三分天下的基础。③子敬：即鲁肃，临淮郡东城县（今安徽定远）人，东汉末年杰出战略家、外交家。

【译文】有的人说：“考察伪新朝王莽，谦逊恭谨，守礼谦让，难道不是一代名士吗？等到他成为丞相、帝王后，骄纵放荡，凶暴残虐，为什么先后如此不一样呢？”虞南说：“王莽天性残酷刻薄，是个奸诈虚伪的人。没有发达之前，使用各种方法骗取好的名声；获得成功后，夸耀自己的才能，高傲自负，轻视他人。修饰的外表已经没有了，留下的只有本质。他刚愎自用，不听规劝，自视甚高，从不醒悟改过，国家到处都是冤案，最后被光武帝推翻了。”班固说：“王莽是外戚出身，为了好名声，屈己下人，竭力而行。哀帝、成帝时，他对国事任劳任怨，办事公正，处处被人称赞，难道这就是所说的在国家中有名望，在百姓家中有赞誉，表面仁爱，行动却背道而驰的伪君子吗？王莽不是有仁义的人，并且有虚伪奸佞之才，又继承四位叔父的权力。遇到汉朝衰微，三位皇帝都没有后代，并且太后年寿已高，成为他的靠山，所以王莽才变成肆意妄为的奸恶之人，最后造成夺位篡权的祸患。由此推出，王莽的篡位是有天意的，并不是人力所导致的。等到他夺得皇权，登基为帝后，待在他不应该占据的位子上，被人推翻的形势比夏桀、商纣的情况还要危险，而王莽却依旧安然，自称黄帝、虞舜再世。依仗着自己的权势和狡诈，肆无忌惮地残害百姓。因此整个国家扰攘不宁，百姓丧失生活下去的信心，内外怨恨，远近举事，城池失守，分崩离析，于是天下的城池都成为废墟。在《尚书》《左传》中都有记载，乱臣贼子，无道昏君，没有比王莽更过分的。用假的冒充真的，并非正统，最终会被圣明的君王推翻。”吴王孙权在谈论吕蒙时说：“子明年幼的时候，我曾认为他不辞艰辛，做事果敢有胆量。他长大后学问长进，谋略奇计有很多，仅次于周瑜。图谋关羽的荆州，胜过鲁肃。鲁肃回答我的书信中说：帝王兴起之初，都要有所驱除。关羽有什么可顾忌的呢。鲁肃做事能力不足，只是对外说大话罢了。我也宽恕了他，没有严厉地责备他。”以上说的是驱除的意思。

夏少康[①]、汉光武，皆中兴之君，孰者为最？虞南曰：“此二帝皆兴复先绪，光启王业，其名则同，其实则异。何者？光武之世，藉思乱之民，诛残贼之莽，取乱侮亡，为功差易。至如少康，则夏氏之灭已二代矣羿及寒浞（zhuó）[②]。藐然遗体，身在胎孕，母氏逃亡，生于他国。不及过庭之训，曾无强近之亲，遭离乱之难，庇身非所，而能踦跂于丧乱之间，遂成配天之业。中兴之君，斯为称首。”魏高贵乡公问荀顗[③]曰：“有夏既衰，后相殄灭，少康收辑夏众，复禹之绩。高祖拔起垄亩，芟夷秦、项。考其功德，谁为先后？”顗等曰：“造之与因，难易不同。少康功德虽美，犹为中兴，汉世祖④同流可也。至如高祖，臣等以为优。”上曰：“少康生于灭亡之后，降为诸侯之隶，能布其德而兆有其谋，卒灭过、戈，复禹之绩，祀夏配天，不失旧物，非至德弘仁，岂能济斯勋乎？汉祖因土崩之势，收一时之权，为人子则数危其亲，为人君则囚贤相，为人父则不能卫其子，身没之后，社稷几倾。若与少康易时而处，或未能复大禹之绩也。”推此言之，宜高夏康而下汉祖矣。

【注释】①少康：即姒少康，又名杜康，姒相之子，夏朝君主。恢复了夏王朝的统治，史称“少康中兴”。②寒浞：妘姓，又名韩浞、寒漪，夏朝君主。因为他的名声不好，我国以儒家思想为主体的历史把他排斥在帝王之外，称他为枭雄，把他统治的时期从史书上抹掉。晚年骄奢淫逸，不修政事，最后死于少康的复国之战中。③荀顗：字景倩，颍川颍阴人，西晋重臣、开国元勋。④汉世祖：即东汉光武帝刘秀。

【译文】夏朝的少康帝，东汉的光武帝都是转衰为盛的君主，哪一个更厉害？虞南说：“这两位帝王都是复兴先代君主的事业，扩大帝王霸业，他们名义上是相同的，但是实际却并不同。为什么这么说呢？光武帝时期，借着百姓思念汉朝的统治，诛灭逆贼王莽，趁天下大乱，击败将亡国的新朝，相对比较容易。至于夏朝的少康帝，夏朝灭亡已经有两代了后羿及寒浞。祖先的事业已经很远了，他还是胎儿的时候，就跟随母亲逃亡，在别国出生。没受到过长辈的教诲，也没有强大的亲戚，遭受变乱的苦难，流离失所。但他辗转在动乱的时局中，最终成就了帝王之业。在转衰为盛的君主中，少康当属第一。”魏国高贵乡公问荀顗说：“夏朝既然衰败，之后的君臣相继死去，少康帝召集夏朝百姓，恢复大禹的帝业。汉高祖出身于布衣，铲除秦朝、项羽。考察他们的功德，谁更优秀呢？”荀顗回答说：“继承和开创，难易不同，少康帝功德虽大，却是转衰为盛的君主，汉世祖可以和他相比。至于汉高祖，臣认为更优秀。”高贵乡公说：“少康帝是生于亡国之后，沦为诸侯的奴隶，能够广施恩德，并且深谋远虑，最终消灭过、戈两个部落，恢复大禹的王朝大业，使夏朝的宗庙能够重新得到祭祀，祖先的遗产没有散失。没有广大的仁义道德，怎么能建立这样的功勋呢？汉朝的祖先因为分崩离析的形势，获得了天下。但他作为儿子，使得父亲多次遇到危险；作为君王，拘禁贤明的丞相；作为父亲，不能保护自己的孩子。过世之后，国家政权几乎被吕后颠覆。如果与少康帝交换时代，他或许不能恢复大禹的王朝大业。”从这些可以推出，应该是夏朝的少康帝在汉高祖之上。

后汉衰乱，由于桓、灵二主，凶德谁则为甚？虞南曰：“桓帝赫然奋怒，诛灭梁冀[①]，有刚断之节焉，然阉人擅命，党锢事起[②]，非乎乱阶，始于桓帝？古语曰：‘天下嗷嗷，新主之资也。’灵帝承疲民之后，易为善政；黎庶倾耳，咸冀中兴。而帝袭彼覆车，毒逾前辈，倾覆宗社。职帝之由，天年厌世，为幸多矣。”议曰：桓帝问侍中爰延[③]曰：“朕何如主也？”对曰：“汉中主。”“何者？”“尚书令陈蕃任事则理，中常侍黄门豫政则乱。是以知陛下可与为善，可与为非。此中主之谓也。”虞南曰：“夫岷江初发，其源可以滥觞。及其远也，方舟而后能济。元帝之时，而任弘恭[④]、石显；暨于桓、灵，加以单超、张让；既斁（dù）彝伦，遂倾宗国。其所由来者渐矣。故曰：‘荧荧不灭，炎炎奈何？’言慎其始也。呜呼！百代之后，其鉴之哉！”古语曰：“寒者易为衣，饥者易为食。”晁错云：“夫国富强而邻国乱者，帝王之资。”由此言之，是知昏乱之君，将以开圣德矣。

【注释】①梁冀：字伯卓。安定郡乌氏县（今甘肃泾川）人。东汉时期外戚、权臣。残暴不堪、肆意妄为，专擅朝政，结党营私，任人唯亲，大肆将官爵给予亲族。后汉桓帝，借宦官单超、徐璜、具瑗、左悺、唐衡等五人之力杀死梁冀，并将之灭族。②党锢：东汉桓、灵二帝统治时期官僚士大夫因反对宦官专权而遭禁锢的政治事件。③爰延：字季平，东汉时期官员，陈留外黄人。官至大鸿胪。以善士著称。④弘恭：西汉沛（今安徽濉溪县）人，汉宣帝宦官，长期在内朝专政，凡不附己者，加以排挤打击，以至丞相、御史大夫都阿附敬容。

【译文】东汉衰乱，是由于桓帝、灵帝两位君主违背仁德的恶行，他们两位谁的责任更大呢？虞南说："桓帝发怒，诛杀梁冀，有刚毅果断的气概，然而宦官当政，党锢之事发生，朝政混乱不正是从桓帝开始的吗？古语说：'天下苦苦哀叫的百姓，正是新皇执政才能的表现。'灵帝是在百姓疲惫、朝政混乱之时即位的，容易推行善政；黎民百姓都侧耳倾听，希望灵帝可以转衰为盛。然而灵帝却重蹈覆辙，残酷暴虐更是超过了先王，推翻了宗庙社稷。像灵帝这样的作为，没有死于非命，是多么的幸运啊。"评论：桓帝问侍中爰延说："朕是什么样的君主？"回答说："在汉朝的君王中属于中等。""为什么这么说呢？""让尚书令陈蕃主政，国家就能治理好；让中常侍黄门豫干涉政事，国家就会大乱，因此陛下可以做好事，也可以做坏事，这就是所说的中主。"虞南说："在岷江的源头，它的水量只可以浮起酒杯。等到离源头远了，只有乘坐船只才能渡江。元帝时期，信任宦官弘恭、石显；到了桓帝、灵帝时期，让宦官单超、张让干政，既败坏伦常，又使国家倾覆。可以说信任宦官已经由来已久。所以说：'小火不灭，变成大火又该怎么办呢？'可见应该从开始就谨慎。呜呼！百年之后都要以此为鉴！"古语说："寒冷的人给他衣服，饥饿的人给他食物。"晁错说："国家富强而邻国大乱，是新帝建立政权的大好时机。"从这里可以看出，昏庸无道的君王是为盛世的出现做铺垫的。

自炎精不竞，宇县分崩，曹孟德挟天子而令诸侯，刘玄德[1]凭蜀汉之阻，孙仲谋[2]负江淮之固，三分天下，鼎足而立，皆肇开王业，光启霸图。三方之君，孰有优劣？虞南曰："曹公兵机智算，殆难与敌，故能肇迹开基，居中作相，实有英雄之才矣！然谲诡不常，雄猜多忌，至于杀伏后③，鸩荀彧，诛孔融，戮崔琰④，娄生毙于一言，桓邵⑤劳于下拜。弃德任刑，其虐已甚，坐论西伯，实非其人。许邵所谓'治世之能臣，乱世之奸雄'，斯言为当。刘公待刘璋⑥以宾礼，委诸葛而不疑，人君之德，于斯为美。彼孔明者，命世之奇才，伊、吕之俦匹。臣主同心，鱼水为譬，但以国小兵弱，斗绝一隅，支对二方，抗衡上国。若使与曹公易地而处，骋其长算，肆关、张之武，尽诸葛之文，则霸王之业成矣。孙主因厥兄之资，用前朝之佐，介以天险，仅得自存，比于二人，理弗能逮。"陈寿⑦云："刘备机权干略，不逮魏武，所以基宇亦狭。"张辅⑧曰："何为其然？夫拨乱之主，当先以收相获将为本，一身善战，不足恃也。诸葛孔明达礼知变，殆王佐之才，玄德无强盛之势而令委质；关羽、张飞皆人杰也，服而使之。夫明暗不相为用，能否不相为使。武帝虽处安强，不为之用也，况在危急之间乎？若令玄德据有中州，将与周室比隆，岂徒二杰而已？"魏帝问吴使赵咨曰："吴王何等主也？"咨对曰："聪、明、仁、智、雄、略之主也。"帝问其状，咨曰："纳鲁肃于凡品，是其聪也；拔吕蒙于行阵，是其明也；获于禁而不害，是其仁也；取荆州兵不血刃，是其智也；据三州虎视天下，是其雄也；屈身于陛下，是其略也。"孙策⑨疮甚，呼弟权曰："举江东之众，决机于两阵之间，与天下争衡，卿不如我；举贤任能，各尽其才，以保江东，我不如卿。"陈寿云："孙权屈身忍辱，任才尚计，有勾践之奇，人之杰也。故能自擅江表，成鼎峙之业。"

【注释】①刘玄德：即刘备，汉昭烈帝，字玄德，东汉末年幽州涿郡涿县（今河北省涿州市）人，西汉中山靖王刘胜之后，三国时期蜀汉开国皇帝、政治家。史家多称其为先主。②孙仲谋：即孙权，字仲谋。吴郡富春县（今浙江省杭州市富阳区）人。三国时代孙吴的建立者。③伏后：东汉献帝的皇后。④崔琰：字季珪，清河郡东武城县（今河北故城县）人。东汉末年名士，司空崔林从兄，丞相曹操谋士。建安二十一年，通信杨训，写道“时乎时乎，会当有变时”，露出不逊之意。坐罪下狱，为曹操所赐死。⑤桓邵：字元将，汉末沛国名士。⑥刘璋：字季玉，江夏竟陵（今湖北天门）人。东汉末年宗室、军阀，益州牧。⑦陈寿：字承祚，巴西郡安汉县（今四川南充）人。三国时蜀汉及西晋时著名史学家。⑧张辅：字世伟，南阳西鄂人，东汉著名天文学家、发明家张衡的后代，西晋时官至秦州刺史，封宜昌亭侯。⑨孙策：字伯符，吴郡富春（今浙江杭州富阳区）人。破虏将军孙坚长子、吴大帝孙权长兄。东汉末年割据江东一带的军阀，汉末群雄之一，孙吴政权的奠基者之一。

【译文】从汉朝开始衰落，天下分崩离析，曹操挟天子以令诸侯，刘备凭借蜀汉的险阻，孙权占据江淮的牢固之地，三分天下，鼎足而立，都建立了王朝，扩大了宏图伟业。这三个人，谁更有优势呢？虞南说：“曹操用兵打仗的神机妙算，很难有能与他匹敌的人，所以曹操能够开创自己的基业。虽然在朝廷任丞相，实际有英雄的才能！然而他变化无常，心性狡诈多疑，以至于杀掉了想要谋杀自己的伏后，毒杀了与自己意见相左的荀彧，杀死了不与自己合作的孔融，杀掉了怀疑其有不敬之言的崔琰，杀死了说错一句话的娄生，桓邵已经跪下求饶认罪，却不能免于一死。抛弃仁德，任用刑罚，极其暴虐，然而他自比周文王，实在是差得多。徐邵所说的‘治世之能臣，乱世之奸雄’，这句评论是恰当的。”刘备以宾客之礼对待益州牧刘璋，任用诸葛亮却从不疑心，作为一位君王来说，他的德行是出众的。诸葛亮是举世闻名的奇才，可以和伊尹、吕尚相匹敌。君臣同心，就像鱼和水的关系。但是国家小，兵力弱，待在一个小地方，同时与其他两方相抗衡。如果让刘备与曹操交换地盘，使他的谋算逐渐实现，凭借关羽、张飞的勇武，以及充分发挥诸葛亮的才能，那么霸王之业就成功了。孙权凭借他已经去世的兄长留下的基业，任用兄长留下的臣子，凭借天险，也只是自保，与其他两人相比，实在是有差距。”陈寿说：“刘备的机智权谋、治世才能比不上曹操，所以基业很小。”张辅说：“为什么这么说呢？拨乱反正的君主，应当先以招揽能臣猛将为根本，一个人擅长作战，不足以让人害怕。诸葛亮聪明豁达、通晓礼义，对天下大事有充分的了解，是辅佐帝王的人才。刘备没有强盛的实力，却令诸葛亮臣服；关羽、张飞都是人中俊杰，都服从于刘备并且供其驱使。光明正大的人不会与阴险狡诈的人合作，有才能的人也不会与无能之人合作。曹操即使是势力强大，他们也不会为曹操效力，更别说是在危急的情况下了。如果让刘备占据中原，他将可以与周王室比肩，又怎么会只是与曹操称二杰？”魏文帝曹丕问吴国的使者赵咨说：“吴王是什么样的君王？”赵咨回答说：“是具备聪、明、仁、智、雄、略的君王。”文帝问他什么意思，赵咨说：“鲁肃出身贫寒，吴王却能任用他，这是他的聪；将吕蒙从普通士兵中提拔出来，这是他的明；抓获你们的大将于禁只是囚禁却没有杀害，这是他的仁；夺取荆州却不费一兵一卒，这是他的智；能够占据三州，虎视天下，这是他的雄；向陛下屈身，这是他的略。”孙策箭伤发作时，呼喊弟弟孙权说：“率领江东的士兵，在两军对阵时，争夺天下，你不如我；举荐贤才，任用贤能，各尽其才，守护江东，我不如你。”陈寿说：“孙权忍辱负重，任用贤才，崇尚计谋，有越王勾践的才能，是人中俊杰。所以能独自占据江淮，建立三足鼎立的霸业。”

晋宣帝[1]雄谋妙算，诸葛亮冠世奇才，谁为优劣？虞南曰：“宣帝起自书生，参佐帝业，济世危难，克清王道，文武之略，实有可称，而多杖阴谋，弗由仁义，猜忍诡伏，盈诸襟抱。至如示谬言于李胜，委鞫狱于何晏，愧心负理，君子不为。以此伪情，行之万物，若使力均势敌，俱会中原，以仲达之奸谋，当孔明之节制，恐非俦也。”吴张俨[②]《默记》论诸葛亮、司马宣王二相优劣曰：“汉朝倾覆，天下分崩，二公并遭值际会，托身明主。孔明起蜀汉之地，蹈一州之土，方之大国，盖有九分之一也。提步卒数万，长驱祁山，慨然有饮马河洛之志；仲达据天下十倍之地，杖兼并之众，据牢城，拥精锐，无擒敌之意，务自保而已。使彼孔明若此而不亡，则凉、雍不解甲，中国不释鞍，胜负之势亦已决矣。方之司马，不亦优乎？”

【注释】①晋宣帝：即司马懿，字仲达，河内郡温县孝敬里（今河南省焦作市温县）人。三国时期魏国政治家、军事谋略家，魏国权臣，西晋王朝的奠基人。②张俨：字子节。吴郡吴县（今江苏苏州）人。三国时吴国学者。著《默记》。

【译文】晋宣帝司马懿雄才大略，神机妙算，诸葛亮旷世奇才，谁更优秀呢？虞南说：“宣帝是书生出身，参与辅佐曹魏的帝业，在时势危难之际，拯救黎明百姓，恭行王道，文才武略，实在是有值得称颂的地方，然而他多依仗阴谋算计，不讲仁义，生性疑忌残忍，狡诈且深藏不漏。就像在李胜面前说假话，使曹爽放弃对他的怀疑，最终消灭了曹爽；将何晏下狱，让狱吏严刑拷打他，最终株连三族。像这样违背良心道义的事情，是君子所不会做的。用这样狡诈虚伪的情义，应对世间万物，如果让他们在势均力敌的情况下去角逐中原，以司马懿的奸诈谋略，对付诸葛亮的节制三军，恐怕就不是对手了。”吴国的张俨在《默记》中论述诸葛亮、司马懿的优劣时说：“汉朝的朝政倾覆，天下分崩离析，二人都碰到这样的因缘际遇，都投靠到自己认为贤明的君主手下。孔明在蜀汉起事，占地大概一个州，和大国相比，大概只有大国的九分之一。带领士兵数万，进出祁山，有征战渭河、洛水的气势；仲达占据比诸葛亮大十倍的地盘，依仗从各个地方兼并来的士兵，占据坚固的城池，拥有精锐的军队，却没有开辟疆土的意愿，只是想要自保。如果孔明没有去世，凉州、雍州的军队没有解散，继续征战下去，那么胜负就很明显了。诸葛亮比司马懿，不是更优秀吗？”

或曰：“晋景、文，兄弟孰贤？”魏明帝崩，立养子齐王芳，遗诏使曹爽①与司马宣王辅政。宣王诛爽，自专政。宣王薨，子景王名师，字子元，代立辅政，废齐王芳，立高贵乡公②。景王薨，弟文王名昭，字子上，又代立辅政，杀高贵乡公，立陈留王③。后陈留王以魏禅晋，武帝名炎，字安世，即位，平吴，天下一统。及子惠帝立，天下大乱，五胡入中原矣。虞南曰：“何晏称：‘惟深也，故能通天下之志，夏侯太初④是也；惟机也，故能成天下之务，司马子元⑤是也。’故知王佐之才，著于早日。及诛爽之际，智略已宣，钦、俭称兵，全军独克，此足见其英图也。虽道盛三分，而终身北面，威名振主而臣节不亏，侯服归全，于斯为美。太祖嗣兴，克宁祸乱，南定淮海，西平庸蜀，役不逾时，厥功为重。及高贵纂历，聪明夙智，不能竭忠协赞，拟迹伊周，遂乃伪谤士彦，委罪成济⑥，自贻逆节，终享恶名，斯言之玷，不可磨也。”干宝⑦《晋总论》曰：“昔宣帝以雄才硕量，应运而仕。值魏太祖创基之初，筹画军国，嘉谋屡中，遂服舆轸，驱驰三世。性深阻，有城府，而能宽绰以容纳，行任数以御物，而知人，善采拔。故能西擒孟达⑧，东举公孙渊⑨，内夷曹爽，外袭王陵，屡距诸葛亮节制之兵，而东支吴人辅车之势。于是百姓与能，大象始构矣。世宗承基，太祖继业，玄、丰乱内，钦、诞寇外，潜谋虽密，而在机必兆；淮、浦再扰，而许、洛不震，咸黙异图，用光前烈。然后推毂钟、邓，长驱庸蜀。三关电扫，刘禅入臣。天符人事，于是信矣。始当非常之礼，终受备物之锡。至于世祖，遂享皇极，仁以厚下，俭以足用，和而不弛，宽而能断。故人咏维新，四海悦劝矣。沉舟三峡，介马桂阳，役不二时，江湖来同。夷吴、蜀之垒垣，通二方之险塞。太康之中，天下书同文，车同轨。虽太平未洽，亦足以明。吏奉其职，人乐其生，百代之一时也。武皇既崩，山陵未干，而杨骏[10]被诛，母后废黜，朝士旧臣，夷灭者数十族。寻以二公、楚王之变，宗子无维城之助，而阏伯实沈之隙岁构。师尹无具瞻之贵，而颠坠戮辱之祸日有。方岳无均石之镇，关门无结草之固。李辰、石冰，倾之于荆、扬；刘渊、王弥，挠之于青、冀。二十余年而河、洛为墟，戎、羯称制，二帝失尊，山陵无所。何哉？树立失权，托附非才，四维不张，而苟且之政多也。故观阮籍[11]之行而觉礼教崩弛之所由，察庾纯、贾充之事而见师尹之多僻，思郭钦之谋而寤戎、狄之有衅，核傅玄之奏、《钱神》[12]之论而睹宠赂之彰。民风国势如此，虽以中庸之才，守文之主治之，辛有必见之于祭祀，季札[13]必得之于乐声，范燮必为之请死，贾谊必为之痛哭，又况我惠帝以荡荡之德临之哉？淳耀之烈未渝，故大命重集于中宗元皇帝也。”

【注释】①曹爽：字昭伯，沛国谯县（今安徽亳州）人，大司马曹真长子，三国时期曹魏宗室、权臣。②高贵乡公：即曹髦，字彦士，豫州沛国谯县（今安徽省亳州市）人，三国时期曹魏第四位皇帝，曹丕之孙。③陈留王：即曹奂，本名曹璜，字景明，沛国谯县（今安徽亳州）人，魏武帝曹操之孙，三国时期魏国最后一位皇帝，虽名为皇帝，但实为司马氏的傀儡。④夏侯太初：即夏侯玄，字泰初，沛国谯县（今安徽亳州）人。三国时期曹魏玄学家、文学家，大将军曹爽表弟。博学多识，才华出众，尤其精通玄学，被誉为“四聪”之一，与何晏等人开创了魏晋玄学的先河，是早期的玄学领袖。⑤司马子元：即司马师，字子元，河内温县（今河南温县西）人。三国时期曹魏权臣，西晋的奠基人之一，晋文帝司马昭的同母兄，晋武帝司马炎的伯父。⑥成济：扬州丹杨（今安徽宣城市）人，三国后期曹魏大臣。依附于司马氏家族，拜太子舍人，得到司马昭的心腹贾充指使，刺死魏帝曹髦。司马昭为平息众怒，将成倅、成济兄弟二人杀死。⑦干宝：字令升，新蔡（今河南省新蔡县）人。东晋文学家、史学家。著述颇丰，除《搜神记》外，还有《周易注》《晋纪》《春秋序论》等。⑧孟达：字子度，本为刘璋属下，后降刘备。后又欲反曹魏而归蜀汉，事败而死。⑨公孙渊：字文懿，辽东郡襄平县（今辽宁辽阳）人。三国时辽东地方割据军阀。⑩杨骏：字文长，弘农华阴人。西晋时期权臣、外戚，东汉太尉杨震之后。因女为晋武帝皇后，而受晋武帝宠信，与弟杨珧、杨济势倾天下，时称三杨。⑪阮籍：三国时期魏国诗人。字嗣宗，陈留尉氏（今河南开封）人。竹林七贤之一。崇奉老庄之学，政治上则采取谨慎避祸的态度。⑫《钱神》：即西晋鲁褒所著。该书对货币权力作了揭露和嘲讽。⑬季札：姬姓，寿氏，名札，又称公子札、延陵季子、延州来季子、季子，春秋时吴王寿梦第四子，是具有远见卓识的政治家和外交家。

【译文】有的人说："晋朝的景帝和文帝，两兄弟谁比较贤能？"魏明帝曹睿驾崩之后，立养子齐王曹芳为帝，遗诏委托曹爽和司马懿共同辅佐曹芳。司马懿诛杀曹爽，独掌朝政。司马懿死后，儿子景王名叫司马师，字子元，代替他辅佐天子，废掉齐王曹芳，立高贵乡公为帝。景王死后，弟弟文王司马昭，字子上，又代替兄长辅助天子，杀掉高贵乡公，立陈留王为帝。后来陈留王将皇位禅让给晋武帝，晋武帝名司马炎，字安世，即位后平定吴国，统一天下。等到他的儿子惠帝即位后，天下大乱，五胡乱中原。虞南说："何晏称：'只有深刻理解，才能通晓心怀天下的志向，夏侯玄就是这样的人；只有把握住事物的细微变化之处，才能成就天下大事，司马子元就是这样的人。'因此我们知道司马子元辅佐帝王的才能很早就显露出来了。到了杀曹爽的时候，他的机智谋略已经开始显露，曹魏的大将文钦、毋丘俭率兵攻打时，被他击败，这足以看出他的英明和宏图大志。虽然他在智谋上比别人胜三分，却终身都为人臣。即使威赫的名声已经能够震慑君主，却始终不忘臣子的礼节，最终成全了他臣子的名声，这是值得称赞的。司马昭代替司马师辅佐帝王，平定祸乱，向南平定淮海，向西平定平庸的蜀国。带兵打仗能够把握时机，战功最大。等到高贵乡公即位，帝王聪明睿智，但司马昭却不能对国家忠心，尽心竭力地辅佐帝王，像伊尹、周公一样。于是诽谤高贵乡公，将刺杀高贵乡公的罪名诬赖给成迹，自毁名声，终身背负着弑主犯上的名声，污点不可磨灭。”干宝在《晋纪总论》中说：“当初汉宣帝以雄才伟略，顺应时势走入仕途。赶上曹操建功立业之初，司马懿谋划军国大事，提出的计谋次次能够成功，于是又投身于军事，为曹丕、曹睿、曹芳三代帝王继续效力。他心性深沉且有城府，但是却可以气量宽宏地听取别人的意见，敢于任用属下担当重任，知人善任。所以能够在西边擒获孟达，在东面平定公孙渊，对内除掉曹爽，对外杀掉王陵，屡次阻碍诸葛亮的西蜀大军，并且在东面抵挡东吴帮助西蜀的军队。于是百姓都称赞他的才能，西晋统一天下的形势已逐渐形成。司马师与司马昭先后继承他的基业。夏侯玄、李丰在京城内叛乱，文钦、诸葛诞在扬州叛乱，这些密谋虽然都很隐蔽，但是最终还是被走漏了消息；虽然淮南再次叛乱，但许昌、洛阳巍然不动，各种谋叛的意图都被消除，司马氏的基业反而更加稳固了。之后他举荐钟会、邓艾，长驱直入进攻平庸的蜀国。迅速取得成功，刘禅投降。天命人事都倾向于司马氏夺得天下，不能不让人信服。司马氏终于一步步接受了曹魏的禅让，统一天下，建立晋朝。到了司马炎，就登基为帝，对属下宽厚仁义，勤俭节约，平和却不懈怠，宽厚却又能遇事果断。所以百姓都歌颂国家维新，四海之内都喜悦。然后泛舟游三峡，驰马走桂阳，所到之处皆臣服，连边远的少数名族都来归顺。一举平定吴国、蜀国的要塞险阻。在晋武帝太康年间，天下使用的文字都相同，车子的车轮距离也都相同。即使还没有达到太平景象，但也足够明显了。官吏遵纪守法，百姓安居乐业，可以说是百代以来难得一见的盛世。但晋武帝驾崩后，皇陵的土还没有干，就发生了叛乱，杨骏被杀，武帝的皇后被废黜，朝廷旧臣被灭族的有数十人。不久后又发生了贾后假传圣旨让楚王杀掉大宰司，后贾后又杀掉楚王的事情，没有人帮助皇室宗亲保卫城池，但是像阏伯、实沈这样兄弟相争的事情每年都有。忠良贤臣没有封侯拜相之日，但是被牵连到杀身羞辱的责罚时有发生。导致国家没有严密的防御，对外没有还手之力。李辰、石冰等带领百姓占领荆州、扬州，刘渊、王弥的军队在青州、冀州扰乱。二十余年里河洛都是废墟，戎、羯相继建国，怀帝、愍帝相继被胡人掳去做俘虏，皇陵也被夷为平地，为什么会这样呢？是因为惠帝的权利被架空，将相所托非人，礼义廉耻不被重视，并且做事情敷衍了事，已经成了常态。因此观察阮籍的行为，就知道礼教制度崩坏的原因；考察庾纯、贾充的争斗，可见朝堂争斗的荒诞乖张；认真思考郭钦有关向边境移民的建议不被接受，就可以明白少数民族为什么可以有机可乘；细看傅玄的奏章，鲁褒的《钱神论》，就知道行贿受贿、买官邀宠是如何的明目张胆。国家的形式、民间的风气成了这样，即使有中庸之才的臣子辅佐，坚持仁政的君主治理，也无法改变了。如果有奇迹发生，辛有一定会在祭祀中发现，季札一定会从乐声中察觉，范燮一定会为之请死效命，贾谊一定会为之痛哭流涕。晋惠帝这样的君王当政，又怎会有这样的情况发生呢？司马氏的大业还没有完全崩塌，光复政权的重担就落在了晋元帝司马睿的身上了。”

东晋自元帝以下，何主为贤？虞南曰：“晋自迁都江左，强臣擅命，垂拱南面，政非己出。王敦①以盘石之宗，居上流之要，负才矜地，志怀问鼎，非肃祖②之明断，王导③之忠诚，则晋祚其移于王氏矣。若使降年永久，仗任群贤，因瀍、涧之遗黎，乘刘、石之衰运，则克复中原，不难图也。”**元帝值天下崩离，创立江左，后肃祖即位，大将军王敦威震内外，将谋为逆。帝与王导、温峤④等决计征敦。敦败，死也。**

【注释】①王敦：字处仲，小字阿黑，琅邪临沂（今山东临沂北）人，东晋将领、权臣。②肃祖：即晋明帝司马绍，字道畿，河内温县（今河南温县）人，东晋第二个皇帝，晋元帝之子。③王导：字茂弘，小字赤龙，琅琊郡临沂县（今山东省临沂市）人。东晋时期政治家、书法家，历仕晋元帝、明帝和成帝三朝，是东晋政权的奠基人之一。④温峤：字泰真，太原祁县（今山西祁县）人。东晋名将，司徒温羡之侄。

【译文】东晋从晋元帝司马睿以后，哪位君主比较贤明？虞南说："晋朝自从迁都建邺后，强臣专权，架空皇权，政令都不是由皇帝制定。王敦凭借封藩宗室的地位，身居长江上游的要塞，自恃才高，野心勃勃，想要称霸天下。如果不是明帝司马昭英明决断，王导忠诚，那么司马氏的皇位就要让给王氏了。如果晋明帝的寿命更长久一些，凭借忠心跟随晋朝的贤臣良将，依靠洛阳一带的百姓，趁着刘聪刚刚称帝、匈奴石勒衰弱的时机，攻克收复中原地区，也不是难以成功的。"元帝在天下分崩离析之际，创立东晋，之后明帝登基，大将军王敦威名震慑国内外，想要谋逆。明帝与王导、温峤等人决定征讨王敦。最后王敦兵败身死。

或曰："伪楚桓玄[①]有奇才远略，而遂至灭亡，何也？"桓玄字敬道，父温。大司马玄博综术艺，以雄豪自处。晋安帝以为丞相，封楚王，遂禅位。虞南曰："夫人君之量，必虚己应物，覆载同于天地，信誓拟于暄寒，然后万姓乐推而不厌也。彼桓玄者，盖有浮狡之小智，而无含弘之大德，值晋末衰乱，威不逮下，故玄得肆其爪牙，以侥幸之余，而逢神武之运，至于夷灭，固其宜也。"鬻子曰："发政施令，为天下福者，谓之道。上下相亲，谓之和。民不求而得所欲，谓之信。除天下之害者，谓之仁。仁与信，和与道，帝王之器也。"由此言之，豪雄小智，何益于乐推哉？

【注释】①桓玄：字敬道，小字灵宝，谯国龙亢（今安徽怀远龙亢镇）人。谯国桓氏代表人物，东晋将领、权臣，大司马桓温之子。

【译文】有的人说："建立楚国政权的桓玄有杰出的才能，深远的谋略，最后却灭亡了，这是为什么？”桓玄，字敬道，父亲是桓温，曾担任大司马，通晓经义，经常以英雄豪杰自称。晋安帝任命他为丞相，封为楚王，后他又强迫晋安帝禅位于自己。虞南说：“作为一位君王的气量，待人接物必须谦虚谨慎。恩德要与天地相同，信义和誓言要像寒暑一样准确真诚，之后百姓才会爱戴你，不抛弃你。桓玄这个人，轻浮狡诈且有小聪明，却没有包容博厚的品德。赶上晋朝末年，政权衰乱，皇帝的威严不足以让臣民信服，所以桓玄就肆意妄为，侥幸获得帝位，等到碰上宋高祖刘裕的英明神武，最终被灭亡，这也是应当的。”鬻子说：“能够借助发布政令，实施法令，来为天下谋福利的就称之为道；君臣百姓，上下相亲相爱称之为和；百姓不要求却可以得到想要的称之为信；消除天下的祸害称之为仁。仁和信，和与道，是帝王都应该具备的品质。”由此可以看出，强雄轻浮狡诈的小聪明，百姓怎么会乐于拥戴他呢？

宋祖[①]诛灭桓玄，再兴晋室，梁代裴子野[②]优之于宣、武，其事云何？虞南曰：“魏武，曹腾[③]之孙，累叶荣显，濯缨汉室三十余年。及董卓之乱，乃与山东俱起，诛灭元凶，曾非己力。晋宣历任卿相，位极台鼎，握天下之图，居既安之势，奉明诏而诛逆节，建瓴为譬，未足喻也。宋祖以匹夫提剑，首创大业。旬月之间，重安晋鼎，居半州之地，驱一郡之卒，斩谯纵[④]于庸蜀，禽姚绍[⑤]于崤、函，克慕容超[⑥]于青部，枭卢循[⑦]于岭外。戎旗所指，无往不捷。观其豁达，则汉祖之风；制胜胸襟，则光武之匹。惜其祚短，志未可量！此为优矣。”裴子野曰：“宋武皇帝，苛迹多于魏武，大德厚于晋宣。拔足行间，却孙恩[⑧]蚁聚之众；奋臂荆、郢，扫桓玄盘石之宗，方轨长驱则三齐无坚垒，回戈内赴则五岭靡余妖，命孙季高[⑨]于巨海之上而番隅席卷，擢朱龄石[⑩]于百夫之下而庸蜀来王，羌胡畏威，反为表里，董率虎旅，以事中原。然后请呼上帝，步骤前王，光有帝图，谓之义取者也。”又曰：“桓敬道有文武奇才，志雪余耻，校动离乱之中，奄有天下而不血刃，既而啸命六合，规模进取，未及逾年，坐盗社稷，自以名高汉祖，事捷魏晋，思专其侈，以冀恭己。若王谧[11]、桓谦[12]以人望镇领袖，王绥[13]、谢混[14]以后进相光辉，群从兄弟，方州连郡，民骇其速而服其强，无异望矣。高祖于时，朱方之一匹夫也，无千百之众，纠合同盟，电击二州，未及半旬，荡清京邑，号令群后，长驱江汉，推亡楚于匪隙，援衰晋于已颓，自轩辕以来，用兵之疾，未始有也。自非雄略不世，天命底止，焉能若此者乎？于是人知攸暨，而王迹兴矣。”

【注释】①宋祖：即刘裕，字德舆，小名寄奴。东晋至南北朝时期杰出的政治家、改革家、军事家，南朝刘宋开国皇帝。②裴子野：字几原，祖籍河东闻喜（今山西闻喜县），南朝齐梁间著名史学家、文学家。③曹腾：字季兴，沛国谯（今安徽亳州）人，西汉相国曹参之后。东汉宦官。曹腾死后由养子曹嵩嗣为侯，曹操是曹嵩之子。魏明帝曹叡即位后，被追尊为高皇帝。④谯纵：巴西南充（今四川南部县）人，自称成都王，建立西蜀政权。东晋刘裕派兵讨伐，谯纵兵败自杀，西蜀政权灭亡。⑤姚绍：抚军将军，封东平公。⑥慕容超：字祖明，昌黎棘城（今辽宁义县）人，鲜卑族，十六国时期南燕末代皇帝。在位不理政事，奢侈糜费，凌虐宗室大臣，人心离散。掠扰东晋边境，导致东晋刘裕领兵攻打，角逐失利后，据守广固城，誓死不降。⑦卢循：字于先，小字元龙，范阳涿县（今河北涿州市）人。东晋末年群雄之一，乘刘裕北伐南燕之际，发兵进犯建康，连败何无忌和刘毅的军队。刘裕凯旋回师后，发兵讨伐，卢循兵败自杀。⑧孙恩：字灵秀，琅邪临沂（今山东临沂市）。东晋时期五斗米道士和起义军领袖，中书监孙秀后代。⑨孙季高：即孙处，东晋将领。随刘裕东征，平定京城建康。⑩朱龄石：字伯儿，沛郡沛县（今江苏沛县）人，东晋将领。东晋末年刘裕系大将，后随刘裕平定桓玄、卢循之乱，威名甚著。⑪王谧：字稚远，琅琊临沂（今山东临沂）人。东晋大臣，丞相王导之孙。与刘裕交好。⑫桓谦：字敬祖，谯国龙亢（今安徽省怀远县）。东晋末年将领，车骑将军桓冲次子。桓玄死后，桓谦仍然抵抗东晋，失败后出奔后秦。后又因支持谯纵对抗东晋而入蜀，在西蜀的军事行动下而再度与东晋作战，被刘道规杀死。⑬王绥：字万子，又称王万，琅邪临沂人，王戎的儿子，王兴的兄弟。⑭谢混：字叔源，小字益寿，陈郡阳夏（今河南太康）人，东晋名士，太保谢安之孙，晋孝武帝司马曜之婿。

【译文】南朝宋高祖诛杀桓玄，再次恢复晋朝统治，梁朝的裴子野认为他比晋宣王司马懿、魏武帝曹操更优秀，这话是怎么说的呢？虞南说："魏武帝是宦官曹腾的孙子，家族世代荣耀显赫，已经为汉朝效命了三十多年。等到董卓之乱，他与山东的百姓一起举事，杀掉董卓，并非是依靠他一人的力量。晋宣王在魏朝已经是几朝元老了，地位尊贵，掌握天下权势，地位稳固。他奉旨诛杀逆贼曹爽，在居高临下的形势下，不能与刘裕相比。宋高祖平民出身，建立大业。只用了不到一个月的时间，就安定了晋室，占据半个州的地盘，统领一个郡的士兵，在平庸的蜀地杀掉谯纵，在崤、函抓住姚绍，在青部战胜慕容超，在岭外杀死卢循。战旗所指之处，没有不取得胜利的。观察他的豁达，有汉高祖的风范；战胜别人的志向，就和光武帝一样。可惜他的生命短暂，否则他的志向不可限量！所以说他比魏武帝、晋宣王更优秀。"裴子野说："宋武帝不平凡的功绩比魏武帝多，品德比晋宣王高尚。他从普通士兵开始，消灭孙恩的乌合之众；在荆州、郢州振臂高呼，扫除桓玄牢不可破的势力，长驱直入，山东一带的坚固堡垒都被攻破，调转兵戈，将五岭的匪贼消灭干净，命令孙季高从海上袭击番禺，迅速收复城池，任用籍籍无名的朱龄石，使得西蜀不得不向晋朝称臣，羌胡畏惧他的威名，使得两国关系变好。他带领虎狼之师，平定中原，然后假装受命于天，效仿司马炎，登上帝位，这就是以仁义获取天下。"又说："桓玄有文才武德，立志要雪洗国破家亡的耻辱，在天下大乱的时候，桓玄兵不血刃就获得天下，随后号令天下众生，计划继续进攻，不到一年，就取代晋朝政权，夺得帝位。他认为自己的名望已经高过汉高祖，功德比得上曹操、司马懿，想要天下都顺从自己，对自己恭敬。王谧、桓谦等名望之士都臣服于他，王绥、谢混等后起之秀都想要为他争光添彩，他的亲戚兄弟，都做了州郡长官，百姓对他的速度表示惊骇，却不得不屈服于他的强权，不敢有什么反对的声音。高祖在当时，只是一个平民百姓，没有成千上万的士兵。后来他集结自己的同乡，共同举事，很快袭击了徐州和京口，不到半个月，荡平建康，号令群雄，长驱直入江汉，灭亡楚国，重新恢复晋朝。从黄帝开始，用兵如此神速，是从来没有的。如果不是有雄才伟略，桓玄的气数将尽，怎么能做到呢？由此我们知道，当百姓需要休养生息时，能治理衰乱的王朝一定会兴起。”

宋孝武①、明帝②，二人孰贤？虞南曰：“二帝残忍之性，异体同心。诛戮贤良，割剪枝叶，内无平、勃之相，外阙晋、郑之亲，以斯大宝，委之昏稚，故使齐氏乘衅，宰制天下，未逾岁稔，遂移龟玉。缄縢虽固，适为大盗之资。百虑同失，可为长叹。鼎社倾沦，非不幸也。”孝武名骏，文帝第三子，为江州刺史。弟劭既弑逆帝，与颜竣于江州起义征劭，平之。明帝名彧，文帝第十八子，即位尽杀孝武诸子，务为雕饰，天下骚然，崩，子昱立，无道，萧道成杀之。

【注释】①宋孝武帝：即刘骏，字休龙，小字道民，宋文帝刘义隆第三子，宋明帝刘彧异母兄。南朝刘宋第五位皇帝，太子刘劭弑杀宋文帝之后，刘骏亲率大军讨伐，很快便将其击溃，夺取了皇位。打破了士庶门阀的界标，在魏晋南北朝文学史上，具有重要的历史地位。②宋明帝：即刘彧，字休炳，小字荣期，南朝宋第七位皇帝。

【译文】宋孝武帝、宋明帝，两位皇帝谁更贤明？虞南说：“两位皇帝都有残忍的心性，虽然是不同的身体，但是有一样的本质。诛杀贤臣良将，手足相残，朝内没有陈平、周勃那样的贤臣名相，外部没有像晋国、郑国那样的友好邦交，将国家政权交给这样昏庸的人，所以才使萧道成乘机崛起，主宰天下，不到一年，国家政权就被夺走了。将珍贵之物捆扎的越是牢固，越是给盗贼提供了方便。千思百虑，最终还是失去了，实在是可悲可叹啊。政权的倾覆沦丧，已经不是最不幸的事了。”孝武帝名骏，是文帝的第三个儿子，曾担任江州刺史。太子刘劭杀掉父亲文帝后，刘骏与颜竣在江州起义，讨伐刘劭，将刘劭打败后自己登基做了皇帝。明帝名彧，是文帝的第十八个儿子，登基称帝，将孝武帝的儿子尽数杀死，又想将自己的罪行掩饰，导致天下骚乱，明帝驾崩后，儿子刘昱即位，荒淫无道，萧道成将其杀死。

齐建元、永明之间，号为治世，诚有之乎？虞南曰：“齐高[1]创业之主，知稼穑之艰难，且立身俭素，务存简约。武帝[2]则留意后庭，彫饰过度，然能委任王俭[3]，宪章攸出，礼乐之盛，咸称永明。宰相得人，于斯为美。”议曰：子言卫灵公[4]之无道，康子[5]曰：“夫如是，奚为不丧？”孔子曰：“仲叔围[6]治宾客，祝鮀[7]治宗庙，王孙贾[8]治军旅。夫如是，奚其丧？”此言委任有德之美也。田单[9]相齐，过淄水，有老人涉淄而寒。田单解裘而衣之。襄王恶之，曰：“田单之厚施，将欲以取我国乎？不早图，恐后之。”此言委任有德之恶也。故齐侯[10]恶陈氏厚德，晏子[11]谓齐侯曰：“在礼，家施不及国，大夫不收公利，可以止之。”齐襄恶田单厚施，贯珠者谓襄王曰：“王不如嘉单之善，令曰：‘寡人忧人之饥也，单收而食之；寡人忧人之寒也，单解裘而衣之。称寡人意。’单有是善而王嘉之善，单之善，亦王之善也。”后里闾相与语曰：“田单之爱人，乃王之教也。”夫收臣下之权，宜如晏子及贯珠者。昔汉祖疾甚，吕后问为相，曰：“曹参可。”问其次，曰：“王陵可。然少戆，陈平可以助之。陈平智有余，然难独任。周勃厚重少文，然安刘氏者，必勃也。可令为太尉。”宋高祖大渐，诫太子曰：“檀道济⑫虽有干略而无远志，徐羡之、傅亮⑬当无异图，谢晦⑭常从征伐，颇识机变，若有同异，必此人也，可以会稽处之。”夫任用贤能，宜如汉高及宋祖矣。

【注释】①齐高：即齐高帝萧道成，字绍伯，小名斗将，南北朝时期南齐开国皇帝。西汉丞相萧何二十四世孙，刘宋右军将军萧承之之子。②武帝：即齐武帝萧赜，字宣远，小名龙儿，南齐第二位皇帝，齐高帝萧道成长子。关心百姓疾苦，下令多办学校，挑选有学问之人任教，以培育人们的德行。提倡节俭，延续其父萧道成的检籍政策。③王俭：字仲宝，南齐名臣、文学家、目录学家，东晋丞相王导五世孙、刘宋侍中王僧绰之子。辅佐齐太祖萧道成即位，礼仪诏策，皆出其手。④卫灵公：姬姓，名元，春秋时期卫国第二十八代国君，因多猜忌且脾气暴躁留下不好的史学评价。但他擅长识人，知人善任，因为他提拔的三个大臣孔圉、祝鮀、王孙贾的合作，使卫国的国家机器运行正常。⑤康子：即季孙肥，春秋时期鲁国的正卿。⑥仲叔圉：即孔圉，春秋时期卫国大夫，卫灵公时名臣。⑦祝鮀：字子鱼，春秋时期卫国大夫，卫灵公时重要大臣，管理国家的祭祀。有口才，以能言善辩受到卫灵公重用。⑧王孙贾：春秋时卫国大夫。⑨田单：妫姓，田氏，名单，临淄（今山东临淄市）人。战国时期齐国名将，齐国远房宗室。后来受到齐王猜忌，前往赵国出将入相，封号都平君。⑩齐侯：即齐景公，姜姓，吕氏，名杵臼，齐灵公之子，齐庄公之弟，春秋时期齐国君主。⑪晏子：即晏婴，姬姓，晏氏，字仲，谥“平”，史称“晏子”，夷维（今山东省高密市）人，春秋时期齐国著名政治家、思想家、外交家。⑫檀道济：高平金乡（今山东金乡县）人。东晋末年将领，南朝宋开国元勋，左将军檀韶之弟。后全家被宋文帝所害。⑬徐羡之：字宗文，东海郯（今山东郯城县）人，南朝宋开国功臣。东晋左将军徐宁之孙、上虞令徐祚之之子。宋文帝稳固权力后，以废弑君主等罪名下诏将徐羡之、傅亮、谢晦等治罪，徐羡之遂自杀。傅亮：字季友，北地郡灵洲县（今宁夏吴忠市）人，南朝宋大臣，东晋司隶校尉傅咸玄孙。博涉经史，尤善文辞。元嘉三年，遭诛，时年五十三。⑭谢晦：字宣明，陈郡阳夏（今河南太康）人，南朝宋大臣，东晋东阳太守谢朗之孙。

【译文】南朝齐高帝建元年间到永明年间，被称作是太平盛世，真的是这样吗？虞南说："齐高帝萧道成是开创帝业的君王，知晓农事的艰难，并且自身也节俭朴素，崇尚简约。齐武帝却重视后宫的华美，装饰过度，但他却能委任王俭这样有能力的人，朝廷的典章制度都是由王俭制定的，齐朝礼教文化的兴盛，当属永明年间最好。能够得到有贤能的宰相辅佐，实在是太好了。"评论：孔子说卫灵公昏庸无道。康子说："既然这样，那为什么他还不亡国呢？"孔子说："有仲叔圉这样的臣子接待宾客，祝鮀这样的臣子管理宗庙祭典，王孙贾这样的臣子治理军队，既然这样，他怎么会灭亡呢？"这句话是在说任用有德行的人的好处。田单在齐国做丞相时，经过淄水，有一位老人渡过淄水时，冻得直打颤。田单解下自己的裘衣给老人穿上。襄王不高兴，说："田单乐善好施，是想要夺取我的国家吗？不早早谋划，恐怕他就会动手了。"这句话是在说任用有德行的人的坏处。所以齐景公嫉恨陈氏的仁德过高，晏子对齐景公说："从礼制上来说，个人给别人的恩惠不能比国家给的多，士大夫不能假公济私，这种事必须制止。"齐襄王讨厌田单对别人施恩，贯珠者对襄王说："大王不如嘉奖田单的善行，下令说：'寡人担忧百姓挨饿，田单就收养饥饿的人到府里吃饭；寡人担心百姓受冻，田单就将自己的裘衣解下给受冻的人穿，田单的行为令寡人很满意。'田单做善事，大王嘉奖田单，田单做的善事，就是大王做的善事了。"后来大街小巷都在说："田单对百姓的仁爱，都是大王教导的。"所以君王想要限制臣子的权利，就应该像晏子和贯珠者说的那样做。当初汉高祖病危，吕后问何人该为相，高祖说："曹参可以。"问还有谁可以，回答说："王陵也可以，但是王陵有些憨厚，需要陈平辅助，陈平聪明有余，却难以独担大任。周勃仁义却缺少文化教养，然后安定刘氏天下的人，一定是周勃。

可以让周勃做太尉。”宋高祖刘裕在弥留之际，告诫太子说：“檀道济虽然有才干谋略，却没有远大的志向。徐羡之、傅亮应当没有野心。谢晦经常跟随我征战，很懂得随机应变，如果以后有什么变故，一定是这个人，可以让他去会稽郡做太守。”在任用贤能的方面，都应该像汉高祖和宋高祖那样。

宋、齐二代，废主有五，并骄淫狂暴，前后如一。或身被贼杀，或倾坠宗社。岂厥性顽凶，自贻非命，将天之所弃，用亡大业乎？虞南曰：“夫上智下愚，特禀异气；中庸之才，皆由训习。自宋、齐以来，东宫师傅，备员而已。贵贱礼隔，规献无由，多以位升，罕由德进。此五君者，禀凡庸之性，无周、召之师保，远益友之箴规，狎宵人之近习，以斯下质，生而楚言，覆国亡身，理数然也。”议曰：贾生云：“昔成王幼，在襁褓之中，召公为太保，周公为太傅，太公为太师。保，保其身体；傅，傅之德义；师，导之教训。此三公之职也。又置三少，曰少傅、少保、少师，是与太子宴者也。乃孩抱有识，三公、三少固明孝、仁、礼、义，以导习之，逐去邪人，不使见恶行；选天下之端士、孝悌、博闻、有道术者，以翼卫之，使与太子居处。故太子乃生见正事、闻正言、行正道，左右前后，皆正人也。夫习与正人居，不能无正，犹生长齐地，不能不齐言也；习与不正人居，犹生长楚地，不能不楚言也。秦使赵高①傅胡亥②，而教之狱，所习者非斩、劓人则夷人之三族也。故胡亥今日即位，明日射人。忠谏者谓之诽谤，深计者谓之妖言，视杀人为刈草菅然。岂胡亥之性恶哉？彼其所以导之者，非其理也。”晋惠帝太子遹（yù）③有罪，阎缵（zuǎn）④上书谏曰：“臣伏念遹长养深宫，沉沦富贵，受饶先帝，父母骄之。每见选师傅，下至群吏，率取高梁，击钟鼎食之家，希有寒门儒素，如卫绾⑤、周文⑥；洗马⑦、舍人⑧，亦无汲黯⑨、郑庄⑩之比，遂使不见事父君之道。古礼，太子以士礼与国人齿，欲令知贱，然后乃贵。自顷东宫亦微太盛，所以致败，非但东宫。诸王师友、文学，亦取豪族力能得者，岂有切磋，能相长益？今遹言语悖逆，受罪之日，不失子道，尚可重选师傅。置游谈文学，皆选寒长孤宦、以学行自立者，及涉履艰难、名行素立者，使与游处。绝贵戚子弟、轻薄宾客，但道古今孝子慈亲、忠臣事君，及思愆改过，皆闻善道，庶几可全。”由此观之，故知太子者，选左右俾喻教之，最急也。

【注释】①赵高：秦朝二世皇帝时丞相，任中车府令，兼行符玺令事。秦始皇死后，赵高发动沙丘政变，与丞相李斯合谋伪造诏书，逼秦始皇长子扶苏自杀，另立始皇幼子胡亥为帝，并自任郎中令。任职期间独揽大权，结党营私，征役更加繁重，行政更加苛暴。后又设计害死李斯，迫秦二世自杀，另立子婴为秦王。不久被子婴设计杀掉，诛夷三族。②胡亥：嬴姓，赵氏，名胡亥，秦始皇第十八子，公子扶苏之弟，秦朝第二位皇帝，即秦二世，亦称二世皇帝。③太子遹：字熙祖，小字沙门，自幼聪慧，有其高祖父司马懿之风。但长大后，不修德业，性刚且奢侈残暴，于宫中摆摊切肉卖酒，并在西园销售杂货，以收其利。又好算卦巫术，忌讳颇多。④阎缵：西晋官吏。字续伯，东汉军阀张鲁的部下阎圃之孙。巴西安汉（今四川南充北）人。出身士族，交结英豪，博览典籍。⑤卫绾：西汉大臣，官至丞相，位居显要，既无拾遗补阙之功，更谈不上兴利除弊之绩，只是默默无言，守道而已。⑥周文：秦末农民起义军将领。即周章，陈县人。战国末年，曾为项燕军视日，推算时辰吉凶。侍奉过春申君黄歇，自称懂得兵法。陈胜称王后，授予将军印，西向攻秦。⑦洗马：即太子洗马。秦汉时为太子的侍从官，出行时为前导。⑧舍人：官名，掌理王宫中用谷之政务，计其人数多寡、爵秩高下，以定禄食用谷之多少。⑨汲黯：西汉名臣，字长孺，濮阳（今河南濮阳）人。为人耿直，好直谏廷诤，汉武帝刘彻称其为“社稷之臣”。主张与匈奴和亲。后犯小罪免官，居田园数年，召拜淮阳太守。⑩郑庄：即郑当时，字庄，西汉大臣，任侠善交，在梁、楚扬名。

【译文】南北朝时期宋朝和齐朝，被废掉的君王有五位，都是骄奢淫逸、残暴不仁的人，彼此都没有不同的地方。他们有的被人杀死，有的国家被倾覆。难道不是他们本性残暴，自己给自己留下祸患，因此被上天抛弃，使国家灭亡的吗？虞南说："机智和愚笨都是上天给的，有中庸之才的人都是经过后天的学习和训练。从宋朝和齐朝开始，东宫的少师、少傅、太师、太傅、太保都只是形同虚设而已。尊卑贵贱都被礼教所分开，卑贱的人即使有才能，也无法把自己的才能贡献给太子。太子的老师大多是因为官位升迁而担任的，很少有因为德行而担任的。这五位老师都只是中庸才能，没有像周公、召公那样的老师，也没有良善的朋友劝诫，学到的是小人的陋习。以如此低下的品质，生活在粗俗恶劣的环境中，灭国身死是正常的事情。"评论：贾谊说："当初成王年幼，还在襁褓之中，召公是他的太保，周公是他的太傅，太公是他的太师。保就是保全他的身体；傅就是教授他德义；师就是教导他礼仪教训。这是三公的职责。又设置了三少，称为少傅、少保、少师，都是为了照顾太子日常起居的。为了让太子在还是孩童时就开始增长见识，三公、三少就用孝、仁、义、礼来教导他，驱逐奸邪之人，不让太子见到邪恶的行为；选择天下中正直、尊敬父母、友爱兄弟、见闻广博、懂得治理国家的人来做他的左右随从，和太子居住在一处。那么太子就是从出生起就见到的是正直的行为，听到的是正直的言论，走的也是正道。前后左右，都是正直的人。与正直的人生活在一起，就不会变得不正直，就像是生活在齐国，不可能不说齐国高雅的方言；与不正直的人生活在一起，就像是生活在楚国，不可能不说楚国粗俗的方言。秦王让赵高做胡亥的老师，教授胡亥学习断案，所学习到的不是割掉人的鼻子，就是灭人三族。所以胡亥今天刚刚即位，第二天就开始把人当靶子射。把忠心规劝他的人说的话当成是诽谤，把为他深谋远虑的人说的话当成是妖言惑众，把杀人当做是割草一样。难道胡亥天性就如此恶劣吗？是因为教导他的人没有教授他正确的道理。"晋惠帝的太子遹被诬陷有罪，阎缵上书劝谏说："臣认为太子一直生活在深宫中，沉沦在富贵里，受到先帝的宠爱，父母都娇惯他。每次选择老师，最低也是郡吏，大多来自豪门贵族之家，很少有出身贫寒人家的学子，没有像卫绾、周文那样的老师；洗马和舍人也不能和汲黯、郑庄相比，于是太子学不到保卫国家、孝敬长辈的道理。古代的礼仪规定，太子要以士人的礼仪和百姓相处，是想要让他知道什么是卑贱，然后懂得珍惜尊贵的地位。自从东宫开始衰微，盛极则败，这不是太子一个人的错误，还有各位王子的老师、朋友，交往的文人墨客都来自豪门贵族，怎么能有学问上的切磋，怎么会有所长进呢？如今太子言语忤逆，但他愿意心甘情愿地接受惩罚，还没有丢失为人子的孝道，还可以重新选择师傅。将来和他交谈的老师、朋友，文人墨客都应该选取在贫寒人家长大，凭借道德学问而立足于朝廷的人，或者经历过艰难困苦，名声和行为都获得认可的人，让他们和太子生活在一起。断绝豪门贵族子弟、轻薄宾客的往来。与太子只能谈论孝子孝顺双亲、忠臣效忠君王、以及知错就改的大道理，听得都是良善的道理，这样就可以万无一失了。”从这里可以看出，对于太子来说，选择伴随在他左右的人，便于教导他，是最重要的。

梁元帝①聪明才学，克平祸乱，而卒致倾覆，何也？元帝，梁武第七子，名绎，为荆州刺史。破侯景，都荆州，为西魏万纽于谨来伐，执帝害之。虞南曰：“梁元聪敏伎艺，才兼文武，杖顺伐逆，克雪家冤，成功遂事，有足称者。但国难之后，伤夷未复，信强寇之甘言，袭褊心于怀楚。蕃屏宗支，自为仇敌，孤远悬僻，莫与同忧，身亡祚灭，生人涂炭，举鄢、郢而弃之，良可惜也。”议曰：《淮南子》云：夫仁智，才之美者也。所谓仁者，爱人也；所谓智者，知人也。爱人则无虐刑，知人则无乱政。此三代所以昌也。智伯有五过人之才，而不免于身死人手者，不爱人也；齐王建有三过人之巧，而身虏于秦者，不知贤也。故仁莫大于爱人，智莫大于知人。二者不立，虽察慧捷巧，不免于乱矣。或曰:“周武之雄才武略,身先士卒,若天假之年,尽其兵算,必能平宇内,为一代之明主乎?”虞南曰:“周武骁勇果毅,有出人之略,观其卑躬厉士,法令严明,虽勾践、穰苴②无闻于天下。此猛将之仁,非人君之度量也。”由此观之,夫拨乱之主,当先以收相获将为本,一身善战,不足恃也。故刘向曰:“知人者,王道也;知事者,臣道也。伎艺善战,何益哉?”

【注释】①梁元帝:即萧绎,字世诚,小字七符,自号金楼子,南北朝时期南朝梁皇帝。②穰苴:即田穰苴,又称司马穰苴,春秋末期齐国人,是田完(陈完)的后代,齐田氏家族的支庶。是继姜尚之后一位承上启下的著名军事家,曾率齐军击退晋、燕入侵之军,因功被封为大司马,子孙后世称司马氏。

【译文】梁元帝聪明有才学,平定祸乱,却最终导致亡国,这是为什么呢?元帝,是梁武帝的第七个儿子,名绎,早期在荆州做刺史。之后攻破侯景,建都荆州,西魏大将于谨侵犯梁朝,元帝被劫,后被杀害。虞南说:“梁元帝聪明有才学,文武兼备,曾经率领军队讨伐逆贼,洗刷了梁简文帝被杀的耻辱,成功后登上帝位,确实有值得被称颂的地方。但是在平定内乱之后,创伤还没有修复,就相信了强寇的甜言蜜语,因为偏爱江汉而留恋楚地,与自己的宗室亲族隔绝,最终变为仇敌,把他们放逐到偏远的地方,使他们在自己危难之时无法为自己分忧,最终身死国灭,百姓生灵涂炭,鄀、郢两州被西魏占领,实在是可惜。”评论:《淮南子》说:仁和智是最美的才能。仁就是爱他人的意思;智就是了解人的意思。爱他人就不会有残酷的刑罚,了解人就不会使政局混乱。这就是夏商周三代昌盛的原因。智伯有五项过人之处,却不能避免死在他人手里,原因是他没有爱他人;齐王建有三项过人之处,但却被秦人俘虏,原因是不知人的贤能。所以,仁没有比爱他人更好的,智没有比了解人更好的。这两者不能做到,即使是聪明有智慧,也不能避免祸乱。有的人说:“周武帝宇文邕雄才伟略,身先士卒,如果上天让他更长寿一点，让他能尽情施展他的军事谋划，一定能平定天下，成为一代明君吗？”虞南说：“周武帝骁勇善战，果敢刚毅，有超人的谋略。他礼贤下士，法令严明，即使是勾践、穰苴也不能相比。这都是猛将的仁爱，不是为人君王的度量。”从这里可以看出，能够拨乱反正的君王，应当先以求取贤臣良将为主，一个人骁勇善战，是不足以让人害怕的。所以刘向说：“知人善任，是君王应该具备的；懂得如何做事，是臣子应该具备的。多才多艺、骁勇善战，对于君王来说有什么用处呢？”

后齐文宣帝①，狂悖之迹，桀、纣之所不为，而国富人丰，不至于乱亡，何也？宣帝名洋，后齐高欢②第二子，受后魏禅也。虞南曰：“昔齐桓奢淫亡礼，人伦所弃，假六翮于仲父，遂伯诸侯。宣武帝鄙秽忍虐，古今无比，委万机于遵彦③，保全宗国，以其任用得才，所以社稷犹存者也。”议曰：殷有三仁，太康有五弟，亦皆贤者，而国为墟，何哉？鬻子曰：“君子与人之谋也，能必用道，而不能必见受也；能必忠，而不能必见入也；能必信，而不能必见信也。故虞公不用宫之奇谋，灭于晋；仇由不听赤章之言，亡于智氏。天下之国，莫不有忠臣谋士，但在用与不用耳。苟为不用，反贻君谛，贤人君子，安能救败乱乎？”

【注释】①后齐文宣帝：即高洋，字子进，鲜卑名侯尼于，南北朝时期北齐开国皇帝。北齐神武帝高欢次子，文襄帝高澄同母弟，孝昭帝高演、武成帝高湛同母兄。执政后期以功业自矜，纵欲酗酒，残暴滥杀，大兴土木，赏费无度，最终饮酒过度而暴毙。②后齐高欢：字贺六浑，兵户之家，东魏权臣，北齐王朝奠基人，史称北齐神武帝。因祖父高谧犯法，移居怀朔镇，成为鲜卑化汉人。③遵彦：即杨愔，小字秦王，弘农华阴（今陕西华阴市）人。南北朝时期北齐宰相，北魏司空杨津之子。

【译文】后齐文宣帝，狂妄悖逆之极，夏桀、商纣都比不过他。但他使国家富足、人民富裕，没有造成国家混乱灭亡，为什么会这样呢？宣帝名洋，是后齐高欢的第二个儿子，接受东魏禅让后称帝。虞南说：“当初齐桓公奢侈淫逸，不尊礼教，背弃人伦道德，但是他将国家都托付给管仲，所以成为春秋五霸之一。文宣帝卑鄙、残忍、暴虐，从古到今都没有比得上他的，但是他把国家大事都委托给了遵彦，保全了国家宗室，是因为他用人得当，才能使社稷得以保存。”评论：殷商有三仁，夏朝太康年间有五位贤良的弟弟，但使国家都变成了废墟，这是为什么呢？鬻子说：“君王任用臣子治理国家，都认为要走正道，但是不一定能够接受臣子的意见；都知道要任用忠臣，但是忠臣不一定能够被发现；都知道要讲信义，但却不一定能够将信义付诸行动。因此，虞公不接受宫之奇的计谋，最终被晋国所灭；仇由不听赤章的意见，最终被智氏所灭。天底下所有国家，都有忠臣谋士，只是在于任不任用罢了。如果不任用谋士，反而耽误了军国大事。到那时，有才能道德的人，又怎么能够拯救这败局呢？”

陈武帝[①]起自草莱，兴创帝业，近代以来，可方何主？虞南曰：“武帝以奇才远略，怀匡复之志，龙跃海嵎，豹变岭表，扫重氛于绛阙，复帝座于紫微。西抗周师，北夷齐寇，宏谋长算，动无遗册，实开基之令主，拨乱之雄才。比宋祖则不及，方齐高则优矣。”

【注释】①陈武帝：即陈霸先，字兴国，小字法生，南北朝时期陈朝开国皇帝。

【译文】陈武帝陈霸先出身乡野，开创帝业，近代以来，可以和哪位皇帝相比呢？虞南说：“武帝雄才伟略，心怀匡扶梁朝的志向，就像龙跃入大海，豹子腾跃在峻岭上，扫除笼罩在朝廷的阴气，恢复了梁朝的天下。向西抗击北周的军队，向北阻挡齐国的军队，深谋远虑，眼光长远，算无遗策，实在是开创基业的明君，拨乱反正的英雄之才。与宋高祖刘裕相比可能比不上，但是与齐高帝萧道成相比则优秀的多。”

隋文帝[1]起自布衣，光有神器。西定庸蜀，南平江表，比于晋武，可为俦乎？虞南曰：“隋文因外戚之重，周室之微，负图作宰，遂膺宝命。留心政治，务从恩泽，故能绥抚新旧，缉宁遐迩，文武制置，皆有可观。及克定江淮，咸同书轨，率土黎献，企伫太平。自金陵灭后，王心奢汰，虽威加四海，而情堕万机，荆璧填于内府，吴姬满于下室。仁寿彫饰，事将倾宫，万姓力殚，中民产竭。加以猜忌心起，巫蛊事兴，戮爱子之妃，离上相之母猫鬼事起，秦王妃及仆射杨素母，皆坐焉，纲维已紊，礼教斯亡，牝鸡晨响，皇枝剿绝，废黜不辜，树立所爱废太子勇为庶人，立晋王广也，功臣良佐，诛剪无遗。季年之失，多于晋武，卜世不永，岂天亡乎？”议曰：汉高祖欲以赵王如意易太子，叔孙通[2]谏曰：“昔晋献公以骊姬故，废太子，立奚齐，晋国乱者数十年，为天下笑。秦以不早定扶苏，令赵高得以诈立胡亥，自使灭祀。此陛下所亲见。今陛下必欲废嫡而立少，臣愿先伏诛，以颈血污地。”帝曰：“吾直戏耳。”叔通曰：“太子天下本，本之一摇，天下震动。奈何以天下戏？”乃听之。袁绍爱少子尚，乃以太子谭继兄后。沮授[3]谏曰：“世称万人逐兔，一人获之，贪者悉止，分定故也。且年均以贤，德均以长，上古之制也。愿上惟先代成败之诫，下思逐兔分定之义。若其不改，祸始此矣。”绍不从，后果构隙。故曰：立嫡子者，不使庶孽疑焉。疑则动，两则争。子两位者，家必乱；子两位而家不乱者，亲犹在也。恃亲不乱，失亲必乱。有旨哉！

【注释】①隋文帝：杨坚，隋朝开国皇帝，鲜卑小字那罗延，鲜卑姓氏普六茹，杨坚掌权后恢复杨氏。在位期间，锐意改革，政绩卓著。但是在位晚期逐渐多疑，杀害功臣，并且听信文献皇后之言，废黜长子杨勇，立晋王杨广为太子，埋下了亡国的祸根。②叔孙通：秦末汉初儒生。自荐为汉王制定朝仪，采用古礼并参照秦的仪法而制礼。③沮授：东汉末年袁绍帐下谋士。史载他“少有大志，擅于谋略”。

【译文】隋文帝杨坚平民百姓出身，最终登上帝位。在西面平定蜀国，在南面打败了陈，与晋武帝司马炎相比，可以相提并论吗？虞南说：“隋文帝凭借外戚的身份，因为周王室衰微，担负起辅佐皇帝的重任，最终自己登上帝位。他留心政务，为百姓谋福利，所以能安抚新旧朝臣，全国各地都可以平稳过渡。他的文治武功，都有不俗的建树。等到平定江淮，书同文，车同轨，天下百姓都盼望着天下太平。自从金陵的陈灭亡之后，他开始变得奢侈无度，虽然威名震慑整个国家，但是不在关心国家大事，美玉填满整个内府，吴地的美女充斥整个后宫。修建仁寿宫，几乎花光整个国库，致使万民财力枯竭，中等家产的人家都面临破产。加上隋文帝猜忌心重，巫蛊之事兴起，他杀掉爱子的妃子，离间杨素的母亲独孤皇后的弟弟用猫鬼巫蛊，诅咒皇后，秦王妃和杨素的母亲都被牵连。朝纲已经紊乱，礼教已经衰亡，独孤皇后窃权乱政，致使皇家血脉被杀，陷害无辜之人，立自己宠爱的儿子将太子杨勇贬为庶人，立晋王杨广为太子。功臣良将，都被杀死，没有遗漏。隋文帝晚年的过失比晋武帝还多，建国不到三十年就灭亡了，这难道是上天的意思吗？”评论：汉高祖想要让赵王如意做太子，叔孙通劝谏说：“当初晋献公因为骊姬的缘故，废掉太子，立骊姬的儿子奚齐为太子，导致晋国内乱了数十年，被天下耻笑。秦国因为不早早定立扶苏为太子，使得赵高可以假传圣旨立胡亥为帝，使得国家灭亡。这些陛下都清楚地了解。如今陛下想要废黜嫡子去立少子，臣愿意以死为谏。”高祖说：“我只是开玩笑罢了。”叔孙通说：“太子是天下的根本，根本一动摇，天下就会震动，怎么能拿天下开玩笑呢？”高祖听从了他的建议。袁绍宠爱少子袁尚，就把太子袁谭过继给自己的哥哥。沮授劝谏说：“世人常说万人追逐兔子，一个人获得，其他想要的人就会停止行动，是因为名分定了。况且年龄相同以贤能为重，德行相同以年龄为重，这是上古留下的制度。希望君王能够吸取前代的成败教训，思虑逐兔定名分的意义。如果不改正，祸患就会从此开始。”袁绍不听从，后来兄弟间果然生了嫌隙。所以说：“立嫡子的，就要使庶子不生非分之想。有了非分之想，就会有行动，二者就会相争。两个儿子都有机会继承家业的，家一定会乱；有两个儿子，家里却没有乱的，是因为双亲还在世。双亲在世所以不乱，双亲不在世一定会乱。这大有深意。”

或曰：“王霸之略，请事斯语矣。敢问殁而作谥，及改正朔、易服色，以变人之耳目，其事奚象？”对曰：“古之立谥者，将以戒夫后代，随行受名，君亲无隐。今之臣子，不论名实，务在尊崇，斯风替也久矣。”

【译文】或者有的人说：“王道、霸道的道理，你说的很好。敢问人死后赐谥号，以及修改历法，改变衣服颜色，使人耳目一新，这又是为什么？”回答说：“古代订立谥号，是为了对后代进行告诫，根据人的品行，决定谥号，对君王和亲属没有隐瞒。如今的臣子不考虑名声，只在乎谥号的尊崇，这样的风气已经有很长时间了。”

昔季康子问五帝之德于孔子，孔子曰：“天有五行，木、火、金、水及土。分时货化，育以成物一岁三百六十日，五行，行七十二日，化生长育。其神为五帝纬五帝，五行之神。”古之王者，易代改号，取法五行。五行更王，终始相生，亦象其义。故其生为明王者，而死配五行。是以太皞配木勾芒为木正也，炎帝配火祝融为火正也，少皞配金蓐收为金正也，颛顼配水玄冥为水正也，黄帝配土后土为土正也。帝王改号，于五行之德，各有所尚，从其所王之德次焉木家次位，火也。木家尚赤，以木德义之普，循其母，兼其子也。夏后氏以金德王而尚黑，殷人以水德王而尚白水家尚青，而尚白者，避土家之尚青也。土家宜尚白，为土者，四行之主，主于四季。五行用事，先起于木，故土家尚木，色青也。周人以木德王而色尚赤，此三代之所以不同也。及汉之初，公孙臣①、贾谊以为汉土德，以五行之传，从所不胜传，移之传也。五帝相代，常从金、木、水、火、土相胜之法也。秦在水德，故谓汉据土而克之。刘向父子以为帝出于震，故庖牺氏②始受木德，其后以母传子，终而复始。自神农、黄帝，下历唐虞三代，而汉得火焉。故高祖始起，神母夜号，着赤帝之符，得天统矣。昔共工③以水德间于木、火，与秦同运，非其次，故皆不永也。以吾观之，帝王之兴，各本其所出五帝之后，以定五德。何以明之？汉，尧后也。尧，火德王，故汉为火焉。袁绍时，耿包④曰："赤德衰尽，袁为黄胤，以为袁舜后，舜，土德君，故劝进焉。"是知帝王之兴，各本其所出，五帝之后，有自来矣。今秦，颛顼后，水德也。故秦为水德焉。以此观之，虽百代可知也。

【注释】①公孙臣：汉初学者。鲁（治今山东曲阜）人，文帝时召拜博士，上书言五德始终之说，称汉为土德，其符应有黄龙见，当改正朔，易服色。②庖牺氏：即伏羲，华夏民族人文先始，三皇之一，也与女娲同为福佑社稷之正神，是我国古籍中记载的最早的王，是我国医药鼻祖之一。③共工：又称共工氏，为我国古代神话中的水神。④耿包：袁绍主簿。宣称汉朝将亡，劝袁绍代汉自立，被人们认为是妖言。被袁绍不得已杀死。

【译文】当初季康子问孔子关于五帝的德行，孔子说："上天有五行，木、火、金、水、土。这五行交替变化，滋养孕育万物一年有三百六十天，五行中每行七十二天，以便生长繁育。五行由五帝掌管五帝成为五行之神。"古代的帝王，朝代改变就会更改国号，效仿五行的变化。五行正神，轮流主事，有始有终，相生相克，有象征意义。所以生来就是君王的人，死后要配五行。所以太皞配木勾芒为木行正神，炎帝配火祝融是火行正神，少皞配金蓐收为金行正神，颛顼配水玄冥为水行正神，黄帝配土后土为土行正神。帝王改国号对应五行的德行，各自有各自所崇尚的，而所崇尚的只是在五行中排在自己后面的物质的德行木行后面排着火，崇尚木德的就是崇尚火的颜色即赤色，木为本，木与火就像母亲和孩子的关系。夏代后稷以金德称王，却崇尚黑色，殷人以水德称王，却崇尚白色水德本应崇尚青色，却崇尚白色，是因为要避讳土德崇尚青色。土德本应崇尚白色，但是土行是其他四行之主，四季都是有土行主事。五行主事，先从木行开始，所以土行崇尚木的颜色即青色。周人以木德称王，却崇尚赤色。这就是三代服饰颜色不同的原因了。到了汉朝初年，公孙臣、贾谊认为汉朝以土德称王，顺应五行的运行规律，从来就没有不胜利的五行按照金、木、水、火、土的运行规律交替进行。秦朝以水德称王，所以汉朝依靠土德打败了秦朝。刘向父子认为帝王应该从木德代表的震位产生，所以庖牺氏首先接受的是木德，之后母传子，周而复始。从神农、黄帝到下面的唐虞三代，汉朝应该是火德。所以汉高祖刚开始起事的时候，神母夜晚哭嚎，应了白帝死、赤帝生的祥瑞，是天命所归啊。当初共工以水德夹在木德和火德之间，于秦朝是一样的命运，因为所处的位置不同，所以国运不能长久。依我来看，帝王的兴起，从本源来说，每个都是出自五帝之后，所崇尚的五德也是从五帝那里继承来的，为什么这么说呢？汉朝是尧的后代，尧是以火德称王，所以汉朝也是以火德称王。袁绍的手下耿包说："赤色的火德已经将要衰尽，袁氏是舜的后代，舜是以土德称王，所以你应该进取。"因此说帝王的兴起，各有各的本源，五帝之后，各有各的继承。现在的秦朝是颛顼的后代，颛顼以水德称王，所以秦朝也以水德称王。**由此可以看出，即使是经历百代，还是可以知道朝代的兴衰变化。**

臣行第十

夫人臣萌牙未动，形兆未见，昭然独见存亡之机，得失之要，豫禁乎未然之前，使主超然立乎显荣之处，如此者，圣臣也。虚心尽意，日进善道，勉主以礼义，谕主以长策，将顺其美，匡救其恶，如此者，良臣也。夙兴夜寐，进贤不懈，数称往古之行事，以厉主意，如此者，忠臣也或问袁子曰：“故少府杨阜①，岂非忠臣哉？”对曰：“可谓直士，忠则吾不知。何者？夫为人臣，见主失道，指其非而播扬其恶，可谓直士，未为忠也。故司空陈群②则不然，其谈语终日，未尝言人主之非，书数十上而外不知，君子谓陈群于是乎长者，此为忠矣。”明察成败，早防而救之，塞其间，绝其源，转祸以为福，使君终已无忧。如此者，智臣也。依文奉法，任官职事，不受赠遗，食饮节俭，如此者，贞臣也。国家昏乱，所为不谀，敢犯主之严颜，面言主之过失，如此者，直臣也。是谓六正桓范《世要论》曰：臣有辞拙而意工，言逆而事顺，可不恕之以直乎？臣有朴騃（ái）而辞讷，外疏而内敏，可不恕之以质乎？臣有犯难以为上，离谤以为国，可不恕之以忠乎？臣有守正以逆众意，执法而违私欲，可不恕之以公乎？臣有不曲己以求合，不祸世以取名，可不恕之以贞乎？臣有从仄（zè）陋而进显言，由卑贱而陈国事，可不恕之以难乎？臣有孤特而执节，介立而见毁，可不恕之以劲乎？此七恕者，所以进善也。

【注释】①杨阜：字义山，天水冀县（今甘肃甘谷东南）人，德才兼备、刚正不阿，三国时期曹魏名臣。②陈群：字长文，颍川郡许昌县（今河南许昌东）人，三国时期著名政治家、曹魏重臣，是魏晋南北朝选官制度“九品中正制”和曹魏律法《魏律》的主要创始人。

【译文】当官的，如果能在天下大事还处在萌芽阶段、兆头还没有显现的时候，就已经独具慧眼，率先发现存亡的先机、得失的关键，做到防患于未然，使他的君主超然独立，永远站在显赫荣耀之处。这样的大臣，是圣臣。谦虚谨慎，尽心竭力，每日把好的治国策略向君主进言，勉励君主恪守礼仪、勤政爱民，劝说君主要眼光长远、胸怀大志，顺势助成君主的美德，对君主的错误加以纠正，这样的大臣，是良臣。早起晚睡，终生不懈地举贤荐能，经常拿古时明君的历史经验启发激励君主，这样的大臣，是忠臣。有人问东晋史学家袁宏：“三国时期曹魏的少府杨阜，难道不是忠臣吗？”袁宏回答说：“可以称得上是正直之士，算不算忠臣我就不知道了。为什么这样说呢？因为作为臣子，发现君主无道，当着众人的面指出他的错误，把君主的恶名传扬天下，只能算是正直之士，但这不是忠臣的做法。当时的司空陈群就不是这样了，他和同僚即使谈一天，也不会讲到君主的错误，只是几十次地上奏章给皇帝，提出意见和建议，而同僚们却都不知道他写过奏折。君子都说陈群是一位德高望重的长者。这才是真正的忠臣。”明察成败得失的原因，并能事先预防，采取补救的措施，堵塞其中的漏洞，把可能导致成败得失的不利因素提前消灭，转祸为福，转危为安，使君主自始至终不必忧虑，这样的大臣，是智臣。奉公守法，以身作则，忠于职守，清正廉洁，不接受别人赠送的礼物，饮食上节俭朴素，这样的大臣，是贞臣。当君主昏庸、国家大乱的时候，不阿谀逢承，而且敢冒犯君主，敢当面指出君主的过失，这样的大臣，是直臣。这就是为官六种正当的品行。三国时期曹魏的桓范在他写的《世要论》中说：有些官员不善言辞但很内秀，说出来的话虽然不顺耳，但是能顺着君主的意志行事。对这样的官吏，难道不应该体谅他的心直口讷，而对他宽容一些吗？有的官员愚笨迟钝且不善言辞，不修边幅，但内心聪慧敏锐，对这样的官员难道不应当体谅他的本性质朴而对他宽容一些吗？有的官员为主上不怕艰难，为国家甘受诽谤。对这样的官员，难道不应当体谅他的忠心而对他宽容一些吗？有的官员坚守正义，宁可违背众人的意愿，执法严明，宁可牺牲个人的利益。对这样的官员，难道不应当体谅他的大公无私而对他宽容一些吗？有的官员道德标准很高，不愿意为了迎合别人而改变自己，不会为了能得到好名声就去做祸害社会的事，对这样的官员，难道不应当体谅他的忠贞而对他宽容一些吗？有的官员有才德但地位卑微，却能明明白白地说出自己的看法，虽然地位低贱但心系国家大事，对这样的官员，难道不应当体谅他为国尽忠之难而对他宽容一些吗？有的官员个性孤僻独特，但有高尚的节操，因为耿直而遭到诽谤，对这样的官员，难道不应当体谅他个性独特而对他宽容一些吗？这七种应当被原谅的官员，应该受到朝廷的重用和提拔。

安官贪禄，不务公事，与世沉浮，左右观望，如此者，具臣也。主所言皆曰“善”，主所为皆曰“可”，隐而求主之所好而进之，以快主之耳目，偷合苟容，与主为乐，不顾后害。如此者，谀臣也。中实险诐，外貌小谨，巧言令色，又心疾贤。所欲进则明其美，隐其恶；所以欲退则彰其过，匿其美，使主赏罚不当，号令不行，如此者，奸臣也。智足以饰非，辩足以行说，内离骨肉之亲，外妒乱于朝廷，如此者，谗臣也。专权擅势，以轻为重，私门成党，以富其家，擅矫主命，以自显贵，如此者，贼臣也。谄主以佞邪，坠主于不义，朋党比周，以蔽主明，使白黑无别，是非无闻，使主恶布于境内，闻于四邻，如此者，亡国之臣也。是谓六邪桓范《世要论》曰：臣有立小忠以售大不忠，效小信以成大不信，可不虑之以诈乎？臣有貌厉而内荏，色取仁而行违，可不虑之以虚乎？臣有害同侪以专朝，塞下情以壅上，可不虑之以嫉乎？臣有进邪说以乱是，因似然以伤贤，可不虑之以谗乎？臣有因赏以偿恩，因罚以作威，可不虑之以奸乎？臣有外显相荐，内阴相除，谋事托公而实挟私，可不虑之以欺乎？臣有事左右以求进，托重臣以自结，可不虑之以伪乎？臣有和同以取谐，苟合以求进，可不虑之以祸乎？臣有悦主意以求亲，悦主言以取容，可不虑之以佞乎？此九虑者，所以防恶也。

【译文】有的官员只是为了安稳，做官可以拿俸禄，对公事敷衍应付，不当回事，随大流，瞻前顾后，怕得罪人，怕负责任，这种人就是具臣。有的官员只要是君主说的，都说好，只要是君主做的，都说对。暗中揣摩君主的喜好并且投其所好，让君主看得高兴，听得舒心。这种官员奉承君主，为了让自己官位稳定，只考虑君主的喜乐，而不考虑会造成什么危害，这种人就是谀臣。内心阴险奸诈，而外表谦恭谨慎，能说会道，讨人喜欢，实际上嫉贤妒能，想提拔谁，就美化他的优点，隐瞒他的缺点；对想要打击的人，就夸大他的过失，隐瞒他的优点，结果让君主赏罚不当，号令不能贯彻实行，这种人就是奸臣。有的官员有些才智，善于掩饰自己的过错，辩论起来振振有词，小则可以挑拨离间父子兄弟反目成仇，大则可以在朝廷内煽风点火，制造混乱，这种人就是谗臣。位高权重，颠倒黑白，对别人小的过失也要给予重罚，培植私人势力，结党营私，假传圣旨，以此显示自己尊贵，这种人就是贼臣。在君主面前阿谀奉承，诱导君主往邪路上走，陷君主于不义，结党营私，互相包庇，蒙蔽君主，欺上瞒下，让君主黑白不分，是非不明，把君主的过失传遍国内，周边的邦国都听说了，这种人就是亡国之臣。这就是为官六种不正当的品行。桓范在他写的《世要论》中说：有的官员在小事上忠心耿耿，其实为了掩饰他的大不忠之心，在小事上表现得很讲信用，其实为了在大事上搞阴谋诡计，对这类官员难道不应该担心他的狡诈吗？有的官员表面上很有魄力，实际上没有真胆识，表面上非常仁义，可在实际行动上却与仁义相违背，对这类官员难道不应该担心他在弄虚作假吗？有的官员陷害同僚，以便独揽大权，阻止下面的官员向君主反映实际的情况，对这类官员难道不应该担心他的妒忌吗？有的官员向君主进邪说，以混淆是非，貌似合情合理，实际上会伤害真正的贤能之士，对这类官员难道不应该担心他进谗言吗？有些官员用国家的赏赐来偿还私人恩情，用不公正的处罚来树立自己的威信，对这类官员难道不应该担心他的奸诈吗？有的官员在外举荐某人，而暗地里却用阴谋诡计要搞垮他，打着公事公办、一心为公的旗号，实际上假公济私，对这类官员难道不应该担心他的欺骗吗？有的官员专门结交上司身边的人，以求升官，或者借助权臣来巩固自己的权力和地位，对这类官员难道不应该担心他的伪装吗？有的官员随声附和，八面玲珑，以此取悦别人，通过违心地苟合别人来达到往上爬的目的，对这类官员难道不应该担心他会成为祸患吗？有的官员一门心思顺从君主的意思，讨好君主，专说君主喜欢听的话，为的是求得君主的欢心，取得君主的信任，对这类官员难道不应该担心他是佞臣吗？这九种需要顾虑的官员，应当提防他们作恶。

子贡曰：“陈灵公君臣宣淫于朝①，泄冶谏而杀之，是与比干②同也，可谓仁乎？”子曰：“比干于纣，亲则叔父，官则少师，忠款之心，在于存宗庙而已，固以必死争之，冀身死之后而纣悔寤，其本情在乎仁也。泄冶位为下大夫，无骨肉之亲，怀宠不去，以区区之一身，欲正一国之淫昏，死而无益，可谓怀矣！《诗》云：民之多僻，无自立辟。其泄冶之谓乎？”

【注释】①陈灵公君臣宣淫于朝：春秋时郑穆公的女儿夏姬嫁给陈国的大夫御叔。丈夫死后，她和陈灵公及朝中大夫孔宁、仪行父私通。陈国的大夫泄冶因提出规谏而被陈灵公杀死。②比干：子姓，比氏，名干，沫邑（今河南卫辉）人。商代帝王文丁的次子，帝乙的弟弟，帝辛（商纣王）的叔叔，是殷商王室的重臣，官拜少师。20岁，就以太师高位辅佐商王帝乙，又受托孤重任辅佐帝辛（商纣王），忠君爱国，为民请命，敢于直言劝谏。因屡次劝谏纣王，被剖心而死。

【译文】子贡说："陈灵公君臣与夏姬公然淫乱朝纲，泄冶规劝，招来杀身之祸。泄冶的遭遇与商朝的比干相同，泄冶的做法合乎仁道吗？"孔子说："比干对于纣王，从亲情上说，比干是纣王的叔父；从官位上说，比干担任少师。比干是为保住殷商的宗庙社稷，所以下决心牺牲自己，希望自己死后纣王可以悔悟，他的本心是真正的仁爱之心。泄冶不过担任的是下大夫，和陈灵公没有血缘上的亲情，因为留恋君王的恩宠所以不愿离去。他以如此低微的地位，抱着不切实际的幻想，想用区区一身，纠正一国之君的淫乱昏庸，死了也是白死，对国家没有一点帮助，不过他的这种精神值得怀念！《诗经》中说：民间多邪僻之事，立法便无从做起。寻常百姓一旦走到偏激的邪路上去，是没有办法让他们回头的。这不就是在说泄冶吗？"

或曰："叔孙通阿二世意，可乎？"司马迁曰："夫量主而进，前哲所韪。叔孙生希世，度务制礼，进退与时变化，卒为汉家儒宗。古之君子，直而不挺，曲而不挠，大直若诎（qū），道同蝼蚍（shé），盖谓是也。"议曰：太公云："吏不志谏，非吾吏也。"朱云[1]廷诘张禹[2]曰："尸禄保位，无能往来，可斩也。"班固曰："依世则废道，违俗则危殆，此古人所以难受爵位。"由此言之，存与死，其义云何？对曰："范晔[3]称，夫专为义则伤生，专为生则骞义。若义重于生，舍生可也；生重于义，全生可也。"

【注释】①朱云：字游，西汉大臣。元帝时上书请求诛杀佞臣张禹获死罪，后因左将军辛庆忌搭救免死。②张禹：字子文，河内轵县（今河南济源东）人，西汉大臣。师从施仇学《易经》，师从王阳、庸生习《论语》，诸儒推荐做了博士。汉元帝时教太子刘骜《论语》。汉成帝刘骜继位后，赐爵关内侯。常为子婿向汉成帝求官。③范晔：字蔚宗，顺阳（今河南南阳淅川）人，南朝宋时史学家、文学家。著有《后汉书》，与《史记》《汉书》《三国志》并称“前四史”。

【译文】有人问：“叔孙通阿谀奉承秦二世胡亥，可以这样吗？”司马迁说：“考量做君主的是不是英明，以便决定自己的进退，这种做法是前代贤哲所认可的。叔孙通在那样的时代，根据需要制定礼仪，根据时局的变化进退有度，最终成为汉王朝的儒学宗师。古代的君子，正直但有变通，懂得应变但不屈服，走在直路上也看上去是在走弯路，说的就是这个意思。”评论：姜太公说：“在朝为官而不给上级提意见，这种官员不能要。”朱云在朝堂上责问张禹：“你空拿俸禄而不尽职守，只想保住自己尊贵的地位，什么都不干，使上下的意见、消息无法沟通，你应该被斩首！”班固说：“人生在世如果跟着时代、世俗走就会违背伦理道德，如果逆潮流而行就会举步维艰，危机四伏，这就是古人不愿求取功名的原因。”照这样看，生存与死亡，应该怎样取舍呢？回答说：“范晔称，一心追求道义就会伤害生命，一心求生就会违背道义。如果坚持大义比生存更重要，那么舍去生命也是可以的；如果生存比坚持大义更重要，那么可以先保全生命。”

或曰：“然则窦武①、陈蕃②，与宦者同朝廷争衡，终为所诛，为非乎？”范晔曰：“桓、灵之世，若陈蕃之徒，咸能树立风声，抗论昏俗，驱驰岨峗（wéi）之中，而与腐夫争衡，终取灭亡者，彼非不能洁情志，违埃雾也。悯夫世士，以离俗为高，而人伦莫相恤也。以遁世为非义，故屡退而不去；以仁心为己任，虽道远而弥厉。及遭值际会，协策窦武，可谓万代一时也。功虽不终，然其信义足以携持世心矣。”议曰：此所谓义重于生，舍生可也。

【注释】①窦武：字游平，扶风平陵（今陕西咸阳西北）人，东汉时期大将、外戚。年轻时以经术德行而著名，名显关西。灵帝继位，拜大将军，辅佐朝政。后与太傅陈蕃定计翦除诸宦官，谋划泄露，结果兵败自杀。②陈蕃：字仲举，汝南平舆（今河南平舆北）人，东汉时期名臣。灵帝即位，为太傅、录尚书事，与大将军窦武共同谋划翦除宦官，事败而死。

【译文】有人问：“东汉的窦武、陈蕃与宦官在朝廷上抗争，最终还是被宦官诛杀了，他们不应该这么做吗？”范晔说：“汉桓帝、灵帝时，像陈蕃这样的人，都能在社会上树立正义，与阴暗的世俗风气相抗争，就像骏马在坎坷崎岖的险路上驰骋那样。与宦官争斗，最终遇难的人，他们并非不能洁身自好，明哲保身。但他们不屑于避开俗世，并且鄙视那些不关心社会、没有人情味的士人。他们认为避开俗世是不合乎道义的行为，所以即使屡遭打击也并不退让；以恢复仁义道德为己任，虽然道路遥远，但意志更加坚定。一旦遇到合适的机会，他们马上协助窦武，扫除宦官势力，可以说是千秋万世难得一见的功业。虽然最终没有成功，但他们的精神却引导着世人之心。”评论：这就是上面说的坚持大义比生存更重要，那就可以舍去生命了。

或曰：“臧洪[①]死张超之难，可谓义乎？”范晔曰：“雍丘之围，臧洪之感愤，壮矣！想其徒跣且号，束甲请举，诚足怜也。夫豪雄之所趣舍，其与守义之心异乎？若乃缔谋连衡，怀诈算以相尚者，盖惟势利所在而已。况偏城既危，曹、袁方穆，洪徒指外敌之衡，以纾倒悬之会。忿悁之师，兵家所忌，可谓怀哭秦之节，存荆则未闻。”昔广陵太守张超委政臧洪，后袁绍亦与结友。及曹操围张超于雍丘，洪闻超被围，乃徒跣号泣，勒兵救超，兼从绍请兵。绍不听，超城陷，遂族诛超。洪由是怨绍，与之绝。绍兴兵围之，城陷，诛死。议曰：臧洪当纵横之时，行平居之义，非立功之士也。

【注释】①臧洪：字子源，广陵郡射阳县（今江苏射阳县）人，东汉末群雄之一。为人雄气壮节，施政有方，政绩卓越，深得百姓拥护。因袁绍不肯援救张超，而对袁绍产生怨恨，于是举城叛变，被袁绍围攻一年后，城破被杀。

【译文】有人问："臧洪为救朋友张超而死，这可以称之为义吗？"范晔说："曹操兵围雍丘，张超处境危急，臧洪为朋友悲愤交加，真是悲壮啊！他光着脚奔走呼号，到处去求救，确实值得同情。可是英雄豪杰在是非善恶面前的取舍，与寻常人的讲信义不一样吗？如果表面上缔结盟约，联合抗敌，而实际却心怀鬼胎，打着自己的小算盘，这都是形势、利益造成的罢了。更何况虽然雍丘这么一个偏远小城形势危急，曹操、袁绍正是关系和睦的时候，臧洪只想借用已与曹操联合的袁绍军队来缓解张超的危急情形。再说逞一时的义愤，贸然起兵，犯了兵家的大忌。这与楚国申包胥到秦国请兵帮助楚国一雪吴国破楚之仇，哭了七天七夜是一样的，在个人情感上无可指责，但对解决问题而言，一点用也没有。"从前广陵大守张超把政务委托给臧洪管理，后来袁绍也和臧洪结为朋友。等到曹操在雍丘兵围张超之后，臧洪听说张超被围，光着脚到处奔走呼号，到处去请兵救张超，也到袁绍那里去请兵。袁绍没有答应，等到雍丘被攻陷后，曹操杀了张超全家。因为这个原因，臧洪对袁绍产生怨恨，并和他断绝往来。袁绍一气之下派兵围攻广陵，广陵被攻陷后，臧洪被袁绍诛杀。评论：臧洪处在合纵连横的时期，但奉行的却是和平时期的大仁大义，他不是能建功立业的人。

或曰："季布[1]，壮士，而反摧刚为柔，髡（kūn）钳匪匿，为是乎？"司马迁曰："以项羽之气，而季布以勇显于楚，身屡典军，搴（qiān）音绮连反旗者数矣，可谓壮士。然至被刑戮，为人奴而不死，何其下也！彼必自负其材，故受辱而不羞，欲有所用其未足也，故终为汉名将。贤者诚重其死。夫婢妾贱人，感慨而自杀者，非勇也，其计尽，无复之耳。"议曰：太史公曰："魏豹[2]、彭越[3]虽故贱，然以席卷千里，南面称孤，喋血乘胜，日有闻矣。怀叛逆之意，及败，不死而虏，因身被刑戮，何哉？中材以上且羞其行，况王者乎！彼无异，故智略绝人，独患无身耳。得摄尺之柄，其云蒸龙变，欲有所会其度，以故幽囚而不辞云。"此则纵横之士，务立其功者也。又《蔺公[4]赞》曰：知死必勇，非死者难也，处死者难。方蔺相如引璧睨柱，及叱秦王左右，势不过诛，然士或怯懦不敢发。相如一厉其气，威信敌国；退而让廉颇，名重太山。其处智勇，可谓兼之矣！此则忠贞之臣，诚知死所者也。管子曰："不耻身在缧绁（léi xiè）之中，而耻天下之不理；不耻不死公子纠，而耻威之不申于诸侯。"此则自负其才，以济世为度者也。斯皆士之行已，死与不死之明效也。

【注释】①季布：楚地人，曾效力于西楚霸王项羽，多次击败刘邦军队。项羽败亡后，被汉高祖刘邦悬赏缉拿。后在夏侯婴说情下，刘邦饶赦了他，并拜他为郎中。汉惠帝时，官至中郎将。汉文帝时，任河东郡守。此人为人仗义，好打抱不平，以信守诺言、讲信用而著称。②魏豹：秦末人，原战国时魏国的贵族。陈胜起义时立其兄咎为魏王。秦将章邯攻魏，魏咎被迫自杀。他逃亡至楚，向楚怀王借兵，攻下魏地二十余城，自立为魏王。项羽大封诸侯，改封西魏王。继投刘邦，又叛归项羽。后韩信破魏，被虏至荥阳，为汉将周苛所杀。③彭越：字仲，砀郡昌邑（今山东省菏泽市巨野县）人，西汉王朝开国功臣。楚汉战争中归刘邦，屡立奇功。汉朝建立，封为梁王。后被诬以谋反罪，被吕后所杀。④蔺公：即蔺相如，战国时期赵国上卿，著名的政治家、外交家。赵惠文王时，秦强索赵“和氏璧”。他受命携璧入秦，当廷陈词力争，终完璧归赵。之后随赵王赴渑池会盟，因善于应对，使赵王免遭屈辱，并且对赵相廉颇能一再容忍谦让，最后二人成为知交。

【译文】有人问：“季布是壮士，在跟随项羽被刘邦打败之后，反而一改过去刚勇豪迈的气概，剃去头发，用铁圈束颈，四处逃匿，这样对吗？”司马迁说：“在以英雄气概著称的楚霸王项羽的帐下，季布还能靠英勇出名，常常身先士卒，多次拔旗斩将，可以算得上是真正的壮士。然而失败后被刘邦追杀，他宁愿做别人的奴隶也不自杀，又是多么下贱的一个人啊！他一定坚信自己是个不凡的人才，所以才能忍辱负重，委曲求全，盼望能有机会施展自己未尽的才能，所以最终成为汉朝的名将。贤明有才德之人，固然把死看得很重，但不会像婢妾贱人那样，为了一点小事不如意而自杀。因为这并非是有勇气的表现，而是计穷力竭，觉得没有办法挽回局面，所以才去自杀。”

评论：太史公司马迁说：“魏豹、彭越虽然出身低贱，然而他们有自己的军队，能征惯战，攻城略地，席卷千里，最终得以南面称王。他们每天都活在腥风血雨之中，想的都是如何才能杀敌取胜。后来他们有了谋反之心，最后却以失败告终，即便如此，他们也没有选择自杀，而是选择被俘虏，在受尽凌辱之后被斩首，这是为什么呢？即使中等才能以上的人也会为这种身为阶下之囚、受尽凌辱而死的结局感到羞耻，更何况是君王啊！他们之所以不自杀而甘愿成为阶下之囚，受尽凌辱而死，没有别的原因，只因为他们认为自己智慧谋略都高人一等，唯独害怕性命不保，不再有翻身之日。他们只要不死，即使获得很小的权力，也会在云气兴起之中发挥自己的作用。所以他们宁愿沦为阶下之囚、受尽凌辱，也不愿轻言自杀。”这是纵横之士的心态，他们一心想的都是建功立业。司马迁在《蔺相如列传·赞》中称：面对死亡必须有勇气，对死的人来说本身并不难，难的是如何去死。当蔺相如捧着和氏璧，眼睛盯着石柱，随时做好玉石俱焚的时候，他大声呵斥秦王身边的人，心里想得是大不了一死，但在场的秦国勇士被蔺相如的凛然正气吓倒而不敢轻易动手。蔺相如一身正气，威震敌国；回到赵国后，又对老将廉颇谦虚退让，使得将相和睦，赢得重于泰山的好名声，流芳千古。他可以称得上是智勇双全。这就是忠贞之臣的典范，真正明白死得其所的道理。管仲说：“我不因曾被关在牢狱中而感到耻辱，能让我感到耻辱的是天下得不到治理；我不认为没有同公子纠一起死就很耻辱，而耻辱的是不能让齐国称雄于诸侯。”这是认为自己很有才能，以济助世人为目标的人的生死观。士人对自己的行为，就连死或不死，都有明确的判断标准。

或曰：“宗悫（què）①之贱也，见轻庾业，及其贵也，请业为长史，何如？”裴子野曰：“夫贫而无戚，贱而无闷，恬夫天素，弘此大猷（yóu），曾、原②之德也；降志辱身，俛眉折脊，忍屈庸曹之下，贵骋群雄之上，韩、黥③之志也。卑身之事则同，居卑之情已异。若宗元干无怍于草具，有韩、黥之度矣，终弃旧恶，长者哉！”宋宗悫之贱也，州人庾业丰富，待客必方丈。其为悫设则粟饭，悫亦致饱。及为豫州，请业为长史也。

【注释】①宗悫：字元干，南阳涅阳（今河南邓州）人，东晋书画家宗炳之侄，南朝宋名将。②曾、原：即孔子的弟子曾参、原宪。两人都是蓬户、褐衣、蔬食而不减其乐的人。③韩、黥：指西汉大将韩信、黥布。二人未富贵时能忍辱负重，从事贱业。后成为一代名将，为西汉的建立立下不朽的功勋。

【译文】有人问：“宗悫出身低贱，曾被庾业轻视。等到他显贵之后，居然请庾业做他的长史，这是为什么呢？”裴子野说：“一个人贫穷时不沉迷于悲伤，低贱时心中并不感到苦闷，能够坦然面对自己的处境，但又不放弃自己的雄心壮志，这是孔子的弟子曾参、原宪才有的品德气度；在不得志的时候，不惜降低自己的理想要求，甚至可以忍受人格侮辱，低头弯腰，能够甘愿屈居无能之辈的手下，等到显贵之时，也能在英雄豪杰面前指点江山，这是韩信、黥布那样的人才有的志向。这两种人都做过低头弯腰的事，但是处于卑微之时的心态却完全不同。至于宗悫，当庾业高朋满座时冷落自己，依然可以面不改色，确实有韩信、黥布那样的气度。后来可以不计前嫌，请庾业做自己的长史，确实有长者的风范！”南北朝时宋朝的宗悫出身低贱，同乡庾业有钱有势，招待客人一定要用大桌子，唯独招待宗悫时只准备粗茶淡饭，宗悫认为只要能吃饱就行。等到宗悫做了豫州刺史，竟然聘请庾业做自己的长史。

世称郦寄①卖交，以其绐（dài）吕禄②也，于理何如？班固曰：“夫卖交者，谓见利忘义也。若寄，父为功臣而执劫，虽权吕禄以安社稷，义存君亲，可也。”

【注释】①郦寄：字况，高阳（今河南杞县）人，汉初大臣郦商之子。因和吕禄交好，借此帮助周勃等人诛除吕氏家族。②吕禄：砀郡单父（今山东省单县）人，汉高祖皇后吕雉的侄子。吕后在世时，他掌管禁军。吕后死，陈平、周勃设谋，将诸吕一网打尽，使刘氏皇位得以复定。

【译文】世人认为郦寄出卖至交，是因为要给周勃等人推翻吕氏的机会，才把吕禄骗到郊外游玩，这又是什么道理呢？班固说：“出卖至交，是说那种见利忘义的行为。至于郦寄，他的父亲郦商身为功臣，郦寄本人在吕氏阴谋篡夺政权的劫难中，用欺骗手段帮助周勃摧毁了吕氏家族，从而安定了国家社稷。从道义上讲，虽然出卖了至交吕禄，但是拯救了国难，捍卫了君主开创的大业，这没什么不对的。”

或曰：“靳允①违亲守城，可谓忠乎？”徐众②曰：“靳允于曹公，未成君臣。母，至亲也，于义应去。昔王陵母为项羽所拘，母以高祖必得天下，因自杀以固陵志。明心无所系，然后可得事人，尽其死节。卫公子开方仕齐，十年不归，管仲以为不怀其亲，安能爱君？不可以为相。是以求忠臣，必于孝子之门。允宜先救至亲。徐庶③母为曹公所得，刘备乃遣庶归。欲为天下者，恕人子之情，公又宜遣允也。”魏太祖征徐州，使程昱④留守甄城。张邈叛太祖，迎吕布。布执范令靳允母。太祖遣昱说靳允，无以母故，使固守范。允流涕曰：“不敢有二也。”

【注释】①靳允：东汉末年兖州范县（今山东范县）令。吕布与曹操争夺兖州时，曹操谋士程昱劝说靳允智识明主，不要屈从吕布。其实，吕布已经抓走了靳允的母亲、弟弟和妻子儿女，很有可能被杀害。但靳允在听完程昱的至理劝说后，毅然作出弃亲从操的抉择。②徐众：东晋人，撰著有《三国评》，最早著录其书的史志是《隋书经籍志》，称其为《三国志评》，是一部值得注意的史学著作。③徐庶：汉末三国时期谋士，本名单福，寒门子弟，早年为人报仇，被同党救出后改名徐庶，求学于儒家学舍。刘备屯驻新野时，徐庶前往投奔，并向刘备推荐诸葛亮。后辞刘备归曹操，仕魏至右中郎将、御史中丞。④程昱：字仲德，兖州东郡东阿（今山东东阿）人，东汉后期至三国时期曹魏谋士、名臣、将领。本名程立，因梦中在泰山捧日，更名程昱。曾于东阿率领民众抗击黄巾。后被曹操征辟为寿张令，从此为其出谋献策、征战四方。

【译文】有人问：“靳允置亲人于不顾，死守范城，可以称他为忠心吗？”东晋《三国评》的作者徐众说：“靳允对曹操来说，称不上是君臣关系。而母亲，是和他关系最亲密的人，从道义上讲，应该为了救母亲而放弃守城。从前王陵的母亲被项羽抓住囚禁起来，他的母亲认为刘邦一定会得到天下，担心王陵耽误了自己的前途，因此用自杀来坚定王陵对抗项羽的决心，让王陵做到心中没有牵挂，一心一意跟随刘邦，誓死效忠。战国时卫国公子开方在齐国做官，十年都没有回家。管仲认为开方心里都不记挂自己的亲人，又怎么会爱护国君呢？因此认为他不能担任宰相。这就是说看一个人是否可以做忠臣，先要看他是不是孝子，能不能做到孝顺父母。因此，靳允应该先救自己的母亲。东汉末年，徐庶的母亲被曹操抓走，要挟徐庶归顺自己，刘备于是放徐庶去归顺曹操。想要得到天下的人，首先必须尊重别人的母子之情，所以说曹操也应该让靳允弃城救母。”魏太祖曹操征讨徐州时，曾命程昱留守甄城。张邈反叛，投降了吕布。吕布将范县令靳允的母亲抓住囚禁起来，逼他叛曹。曹操听说后，派留守甄城的程昱去劝说靳允，不要因为母亲的缘故从了吕布，让他坚守范县。靳允流着泪说：“我不敢有二心，一定会守好范城。”

魏文帝问王朗[①]等曰：“昔子产治郑，人不能欺；子贱[②]治单父，人不忍欺；西门豹治邺，人不敢欺。三子之才，于君德孰优？”对曰：“君任德，则臣感义而不忍欺；君任察，则臣畏觉而不能欺；君任刑，则臣畏罪而不敢欺。任德感义，与夫导德齐礼，有耻且格，等趋者也；任察、畏罪，与夫导政、齐刑，免而无耻，同归者也。优劣之悬，在于权衡，非徒钧铢之觉也。”

【注释】①王朗：本名王严，字景兴，东海郡郯县（今山东临沂市郯城西北）人，汉末至三国曹魏时期重臣、经学家。学识渊博，与其子王肃都为经学大家。②子贱：即宓子贱，名不齐，字子贱，春秋末年鲁国人，孔子的得意门生，孔门七十二贤之一。曾任单父（今山东省菏泽市单县）宰。

【译文】魏文帝曹丕问大臣王朗等人说：“从前子产治理郑国时，众人欺骗不了他；孔子的学生子贱治理单父时，人们不忍心欺骗他；西门豹治理邺城时，百姓不敢欺骗他。这三人的治理才能和你的才能相比，谁更优秀？”王朗回答说：“君王以德治天下，那么臣子就会感念君王的仁义，而不忍心欺骗君王；君王对臣子的动态能做到了如指掌，那么臣子害怕被君王觉察，就不能欺骗君王；君王靠严刑峻法治天下，那么臣子就会因害怕被治罪，而不敢欺骗君王。以德治天下，百姓才会感念他的仁义，这就合乎孔子提出的用道德诱导，用礼教整顿，让百姓归服，人有了知耻之心后，就能自我检点而归于正道的道理；至于靠明察秋毫、严刑峻法来治天下，这和孔子所说的靠政令来治理国家，用刑罚来整顿人民，百姓们为了免受刑罚而不去做违背法令的道理是一样的。这两种方法差别很大，关键在于统治者能做到衡量轻重，而不是斤斤计较，因小失大。”

或曰：“季文子[①]、公孙弘[②]，此二人皆折节俭素，而毁誉不同，何也？”范晔称：“夫人利仁者，或借仁以从利。体义者，不期体以合义。季文子妾不衣帛，鲁人以为美谈；公孙弘身服布被，汲黯讥其多诈。事实未殊而毁誉别者，何也？将体之与利之异乎？故前志云：仁者安仁，智者利仁，畏罪者强仁。校其仁者，功无以殊；核其为仁，不得不异。安仁者，性善者也；利仁者，力行者也；强仁者，不得已者也。三仁相比，则安者优矣。”

议曰：夫圣人德全，器无不备。中庸已降，才则好偏。故曰：柴[③]也愚，参[④]也鲁，师[⑤]也僻，由[⑥]也喭。由此观之，全德者鲜矣！全德既鲜，则资矫情而力善矣！然世恶矫伪，而人贤任真。使其真贪愚而亦任之，可为贤乎？对曰：吁！何为其然？夫宵精天地，负阴抱阳，虽清浊贤愚，其性则异，而趋走嗜欲，所规则同。故靡颜腻理，人所悦也；乘坚驱良，人所爱也；苦心贞节，人所难也；徇公灭私，人所苦也。不以礼教节之，则荡而不制，安肯攻苦食淡，贞洁公方，临财廉而取与义乎？故《礼》曰：欲不可纵，志不可满。古语云：廉士非不爱财，取之以道。《诗》云：如切如磋，如琢如磨。皆矫伪之谓也。若肆其愚态，随其鄙情，名曰任真而贤之，此先王之罪人也。故吾以为矫伪者，礼义之端；任真者，贪鄙之主。夫强仁者，庸可诬乎？

【注释】①季文子：即季孙行父，姬姓，季氏，谥文，史称“季文子”。春秋时期鲁国正卿，辅佐鲁宣公、鲁成公、鲁襄公三代君主。忠贞守节，克勤于邦，克俭于家。他执掌鲁国朝政和财富，大权在握，一心安社稷。②公孙弘：名弘，字季，齐地菑川人（今山东寿光南纪台乡人），为西汉名臣。他是西汉建立以来第一位以丞相封侯者，为西汉后来“以丞相褒侯”开创先例。任职期间，广招贤士，关注民生，并为儒学的推广做出了不可替代的贡献。③柴：指高柴，字子羔，齐国人，东周春秋时期齐文公十八世孙，又称子皋、子高、季高、季皋、季子皋，少孔子三十岁。孔子学生。④参：指曾参，字子舆，春秋末年鲁国南武城（今山东省临沂市平邑县南武城）人。孔子的晚期弟子之一。⑤师：指颛孙师，字子张，春秋战国时期陈国人，孔门十二哲之一。⑥由：指仲由，字子路，又字季路，鲁国卞（今山东省济宁市泗水县卞桥村）人，“孔门十哲”之一。以政事见称，为人伉直，好勇力，跟随孔子周游列国。

【译文】有人问：“季文子、公孙弘，这二人虽然都出身显贵，但能做到吃穿都很俭朴，然而后世对他们的批评与赞赏完全不同，这是为什么呢？”范晔说：“有的人做事完全是出于仁义，有的人只是借仁义的名义来谋取私利。真正身体力行去实践仁义的人，并不知道自己的行为是否真正合乎仁义。春秋时鲁国宰相季文子的侍妾从不穿华美的衣服，鲁国人认为此事值得称颂；汉武帝时期的宰相公孙弘身穿麻布衣服，盖麻布被子，汲黯讥讽他是在假装俭朴。两者行为相同，而批评与赞赏却不一样，这是为什么呢？是不是因为目的不同的缘故呢？所以前人的记述称：有德行的人把仁义作为自己的行为标准，有智慧的人则是知道仁义对自己有利才去行仁义，而担心犯罪的人不得不按照仁义的标准做事情。比较这三者，行为合乎仁义表面上是一样的，但仔细考察，三者之间有很大的差别。把仁义作为自己行为标准的人，是本性善良的人；知道仁义对自己有利才去行仁义的人，努力用仁义的标准要求自己，并能身体力行；不得不按照仁义的标准做事情的人，是只能勉强这样做罢了。比较这三种仁义的行为，把仁义作为自己的行为标准是最好的。”评论：圣人的德行完备，才能、学问、品德无不完美。中等禀赋的人，才能各有所长。所以孔子在评论他的学生时说：高柴愚直，曾参迟钝，颛孙师偏激，仲由鲁莽。由此看来，德才兼备的人太少了！既然德才兼备的人很少，就需要通过克服、纠正自己的缺点，以此达到尽善尽美。然而世人又讨厌虚伪，喜欢坦率。但是，如果一个人并不隐瞒自己的贪婪和愚蠢，表现得很坦率，难道这个人是有德行的人吗？回答说：当然不是。为什么会这样说呢？因为人是依照天地的法则而生，本身就具备阴阳之性。虽然生下来后有清浊、贤愚的区别，个性也都各自不同，但总的趋势、走向、嗜好、欲望大体是相同的。所以说，对于迷人的容貌，细腻柔滑的皮肤，人人都喜欢；坐坚固的车，骑上等的马，人人都喜爱；费尽心思，坚守贞操，人人都感到困难；尽忠于国家民众之事而弃置个人私利，人人都感到痛苦。如果不拿道德礼义来约束，那么人心就会放荡没有节制，怎么肯做艰苦的工作，吃清淡的食物，忠贞高洁，公正方直，看到财富也不动心呢？所以《礼记》称：欲望不可放纵，志向不可太满。古语说：廉洁的人并非不喜欢财宝，只是取之有道。《诗经》称：如切如磋，如琢如磨。就是要用后天努力的慢功，像加工玉器那样，雕凿自己，打磨自己，把自己虚假的地方去掉，这样才能成为珍宝。假如放纵其愚蠢之态任意发展，放任低劣的感情泛滥，还说是要顺其自然，并加以赞赏，这都是违背了先王的教诲。所以我认为，虚假的人，是实现礼义教化的开始；顺其自然的人，最终会被贪婪卑鄙所主宰。即使用强制手段去推行仁义的人，怎么可以被轻易否定呢？

或曰：“长平之事，白起[①]坑赵卒四十万，可为奇将乎？”何晏[2]曰："白起之降赵卒，诈而坑其四十万，其徒酷暴之谓乎？后亦难以重得志矣！向使众人豫知降之必死，则张虚拳，犹可畏也，况于四十万被坚执锐哉？天下见降秦之将头颅依山，归秦之众骸积成丘，则后日之战，死当死耳，何众肯服，何城肯下乎？是为虽能裁四十万之命，而适足以强天下之战，欲以要一朝之功，而乃更坚诸侯之守。故兵进而自伐其势，军胜而还丧其计，何者？设使赵众复合，马服[3]更生，则后日之战，必非前日之对也，况今皆使天下为后日乎？其所以终不敢复加兵于邯郸者，非但忧平原之补缝，患诸侯之救至也，徒讳之而不言耳。且长平之事，秦人十五以上，皆荷戟而向赵矣。夫以秦之强，而十五已上，死伤过半，此为破赵之功小，伤秦之败大也，又何称奇哉！"议曰：黄石公称："柔者能制刚，弱者能制强。柔者德也，刚者贼也。柔者，人之所助；刚者，怨之所居。"是故，纣之百克，而卒无后；项羽兵强，终失天下。故随何[4]曰："使楚胜，则诸侯自危惧而相救。夫楚之强，适足以致天下之兵耳。"由是观之，若天下已定，籍一战之胜，诈之可也。若海内纷纷，雄雌未决而失信义于天下，败亡之道也。当七国之时，诸侯尚强，而白起乃坑赵降卒，使诸侯畏之而合纵。诸侯合纵，非秦之利，为战胜而反败。何晏论当矣。

【注释】①白起：秦国郿县（今陕西省眉县）人，战国时期军事家、秦国名将。他担任秦国将领三十多年，攻城七十余座，歼灭近百万敌军，被封为武安君。②何晏：字平叔，南阳宛（今河南南阳）人，三国时期曹魏大臣、玄学家。③马服：战国赵地，在今河北省邯郸市西北。赵封其名将赵奢于此，赐号为马服君。后以"马服"指赵奢。赵奢，嬴姓赵氏，名奢，赵国邯郸人（今河北邯郸），战国后期赵国名将，战国时代东方六国八名将之一。④随何：西汉初年人，汉高祖军中的谒者（主管传达禀报的人），被派去说服九江王英布降汉。为英布分析了天下的形势，并在楚国使者来时说英布已降汉，使英布投降。灭楚后，汉高祖贬低他的功劳，他用分析推理的手段为自己的功劳辩护。官至护军中尉。

【译文】有人问："长平之战，秦将白起坑杀了赵国的四十万降兵，可以称他为奇将吗？"何晏说："白起诱使赵军投降，是因为他用手段诓骗赵军，所以赵军才投降，他却把赵国的四十万降兵全部坑杀了，这岂止是残酷暴虐的问题？从此以后再也没有人敢相信他了。假如当时赵军事先知道投降必死，那么四十万人即使赤手空拳反抗，仍然会让人害怕，更何况这四十万人都是身穿坚固甲胄、手握锐利武器的呢？天下人看到投降秦国将领们的头颅堆积成山，归顺秦国的士兵们尸体堆积成丘，以后再和秦国作战，战死也就战死了，怎么还会有人肯归顺，还会有哪个城池肯投降呢？所以秦国虽然坑杀了四十万人的生命，但完全可以让天下各国拼死与秦国作战；白起贪图一时之功，反而坚定了六国保家卫国的决心。所以说，在军队进攻时自己削弱自己的兵势，在军事上的一时胜利反而造成了战略上的失败，为什么这样说呢？假设让赵国的军队重新振作，大将赵奢重生，那以后作战必和之前作战截然不同，更何况从今以后，白起让天下各国一致对抗秦朝呢！后来秦国之所以不敢再派兵攻打赵国的都城邯郸，并非只是担忧平原君赵胜统帅的抵抗部队，而是担心天下诸侯联合起来援救赵国，这只是秦国有顾忌不愿说出来罢了。况且长平之战，十五岁以上的秦国人，都拿着戟与赵军作战。以秦国这样的强国，十五岁以上的国人都死伤过半。所以说，攻破赵国的功小，但秦国的元气损失更大，又怎么能说白起是奇将呢？"评论：黄石公说："柔能克刚，弱能胜强。柔是美德，刚是祸害。柔者更容易得到别人的帮助，刚者更容易遭到人们的怨恨和攻击。"所以，商纣王打了一百次胜仗，最后还是国破家亡；项羽兵力强盛，最后还是丢了天下。因此西汉的随何说："如果西楚霸王项羽获胜，那么各路诸侯就会忧虑恐惧而互相扶助。西楚霸王项羽的强大，只会把天下的军队都吸引过来与自己作对罢了。”由此看来，如果天下已定，借助一战而得天下，即便像白起那样用手段诓骗的做法也是可以。倘若海内纷乱，胜负未定，就不能失信义于天下了，这样做只会自取灭亡。当战国七雄争霸的时候，诸侯势力还很强大，而白起却坑杀了赵国的降兵，使诸侯人人自危而合纵抗秦。诸侯合纵，对秦国非常不利，所以这次作战虽然胜利了，但实际却是失败的。何晏的观点很正确。

或曰：“乐毅[①]不屠二城，遂丧洪业，为非乎？”夏侯玄曰：“观乐生遗燕惠王[②]书，其殆乎知机合道，以礼终始者欤！夫欲极道德之量，务以天下为心者，岂其局迹当时，止于兼并而已哉？夫兼并者，非乐生之所屑；强燕而废道，又非乐生之所求。不屑苟利，不求小成，斯意兼天下者也。举齐之事，所以运其机而动四海也。围城而害不加于百姓，此仁心著于遐迩矣；迈令德以率列国，则几于汤、武之事矣。乐生方恢大纲，以纵二城，收人明信，以待其弊，将使即墨、莒人，顾仇其上。开弘广之路，以待田单（dān）[③]之徒；长容善之风，以申齐士之志。昭之东海，属之华裔。我泽如春，人应如草，思戴燕王，仰风声，二城必从，则王业隆矣。虽淹留于两邑，乃致速于天下也。不幸之变，世所不图，败于垂成，时变所然。若乃逼之以兵，劫之以威，奓杀伤之残，以示四海之人，虽二城几于可拔，则霸王之事，逝其远矣。乐生岂不知拔二城之速了哉？顾城拔而业乖也。岂不虑不速之致变哉？顾业速与变同也。由是观之，乐生之不屠二城，未可量也。”或曰：“乐毅相弱燕，破强齐，合五国之兵，雪君王之耻，围城而不急攻，将令道穷而义服，此则仁者之师，咸以为谟谋胜武侯也。可乎？”张辅[④]曰：“夫以五国之兵共伐一齐，不足为强；大战济西，伏尸流血，不足高仁。彼孔明包文武之德，长啸俟时。刘玄德以知人之明，屡造其庐，咨以济世，奇策泉涌。遂东说孙权，北抗大魏，以乘胜之师，翼佐取蜀。及玄德临终，禅以大位，在扰攘之际，立童蒙之主，设官分职，班叙众才，文以能内，武以折冲，然后布其恩泽于国中之人。其行军也，路不拾遗，毫毛不犯。勋业垂济而陨。观其遗文，谟谋弘远矣。己有功则让于下，下有阙则躬自咎。见善则迁，纳谏则改，故声烈震遐迩也。孟子曰：'闻伯夷之风，贪夫自廉。'余以为睹孔明之忠，奸臣立节。殆将与伊、吕争胜，岂徒以乐毅为伍哉？"

【注释】①乐毅：子姓，乐氏，名毅，字永霸，中山灵寿人，战国后期杰出的军事家，魏将乐羊后裔，拜燕上将军，受封昌国君，辅佐燕昭王振兴燕国。②燕惠王：姬姓，燕昭王之子，战国时期燕国国君。当燕惠王为太子时，与将军乐毅有过节。燕惠王即位后，因中齐国反间计，对乐毅有所猜忌，任用骑劫代任其职，乐毅逃亡赵国。之后齐将田单以火牛阵大败燕军，骑劫战死，齐国收复全部失地。燕惠王责备乐毅逃到赵国，乐毅回致一封《报燕惠王书》。③田单：妫姓，田氏，名单，临淄（今山东临淄市）人。战国时期齐国名将，齐国远房宗室。初任市掾，管理临淄市场秩序。乐毅率领五国军队，攻打齐国。危亡之际，田单坚守即墨，以火牛阵大破燕军，收复失地七十余城，拜为相国，封为安平君。后来，受到齐王猜忌，前往赵国出将入相，封号都平君。④张辅：字世伟，南阳西鄂人，东汉时著名天文学家、发明家张衡的后代，西晋官员，官至秦州刺史，封宜昌亭侯。

【译文】有人问："战国时燕国的乐毅在攻打齐国时，只剩下莒城、即墨两个城池没有被攻破，结果丧失了一举定天下的机会，这是不是他的过错？"夏侯玄说："看了乐毅写给燕惠王的信，就可以知道他差不多是一个懂得把握时机、行事符合道义，并且能按礼义善始善终处理大事的了！一个人如果要最大限度地贯彻道德原则，把兼济天下作为自己责任的时候，怎么会被眼前的形势所迷惑，仅仅把兼并敌国、称霸诸侯作为目标呢？乐毅不屑于兼并他国，他也不愿意为了燕国的强大而不讲道义。既不屑于苟且得到的好处，又不贪图渺小的成就，这表明他的志向是要一统天下。与五国联合攻打齐国，是他运用智谋而震动四海的结果。围困齐国仅剩的两座城池却并不加害百姓，这是为了向世人显示他的仁爱之心。通过广布恩泽来影响其他国家，这差不多类似商汤和周武王的做法了。乐毅正准备发扬自己的远大战略，对这两座城池围而不歼，以期得到百姓的信任，等待齐国做出什么错事，使被围的即墨、莒城两座城池的百姓怨恨他们的主上。到那时他再打开宽大的道路，等待田单等人前来归顺。他将用宽容和善的政策，使齐国的仁人志士都有施展抱负的机会。在东海之滨做出表率，在华夏大地收到成效，使燕国的恩泽如同春风、春雨那样和煦，让世人像春草那样受到滋润。天下百姓感激燕王的恩德，那两座城池的百姓也会闻风而降，必定归顺，那么帝王大业就可以手到擒来了。乐毅虽然长期逗留在这两座城池，但目的却是要尽快取得天下。至于后来发生了意外变化，这也是无法事先预料的。在事情将要成功的时候遭到失败，完全是时势变化造成的。如果他借助兵力上的优势进逼，以凌厉的攻势洗劫、屠杀两座城池的百姓，把自己的残暴不仁暴露于天下，虽然两座城池差不多可以攻下，但燕国称霸天下的大业就全完了。乐毅怎么会不知道要快速地占领这两座城池呢？他只是考虑如果这样攻下这两座城池，燕国称霸天下的大业也就被破坏了。他难道不担心因为不能速战速决而会有变数吗？他只是考虑到速战速决和时局变化的结果其实是一样罢了。由此看来，乐毅不灭即墨、莒城这两座城池，他的心理是不能用常规去衡量的。”有人问：“乐毅辅佐弱小的燕国，攻破强大的齐国，联合五国的军队，一雪燕王的耻辱。在攻取了齐国七十余城后，包围了剩下的即墨、莒城却不急于攻取，想要让齐国走投无路后投降。由此看来，乐毅率领的是仁者之师，世人都认为乐毅在谋略方面胜过了武侯诸葛亮，可以这样说吗？”西晋的张辅说：“联合五国的兵力共同讨伐齐国，不能算是强大；在济水西岸大战一场，尸横遍野，血流成河，不能说是仁义。诸葛孔明兼有文武之德，仰天长啸，待时而发。刘备有知人之明，三顾茅庐，请教经世济用的谋略。诸葛亮的奇计良策有如泉水一般涌出，天下形势被他分析得清清楚楚，因此刘备拜他为军师，接着到江东说服孙权，联合对抗北方的曹操，抓住赤壁击败曹操的大好形势，辅佐刘备取得四川。到刘备临终之际，把军政大权委托给了诸葛亮。在战乱不息、天下纷扰的局势下，诸葛亮辅佐幼主刘禅即位，统筹建立政府机构，配备各级官员，调整安置各类人才，对内用礼义教化百姓，对外用武力对抗外敌，然后广施仁政，使蜀国境内的老百姓都得到恩惠。他在行军打仗的时候，纪律严明，路不拾遗，秋毫无犯。可惜的是在他大功尚未告成之际不幸辞世。读他留下来的文章，他的志向、谋略是多么远大。他自己立了功，却把功劳让给下属，下属犯错，他就引咎自责。他听到别人好的建议就服从，接受意见就一定会改正，因此他的声望名震天下。孟子说：'听到伯夷这样高风亮节的人，连贪婪的人都会自觉地变得清廉。'我认为如果亲眼看到诸葛亮的忠烈，连奸臣都会变得有气节。诸葛亮是可以与伊尹、吕望一争高下的贤臣，乐毅怎么能比得上呢？"

或曰："商鞅起徒步，干孝公，挟三术之略，吞六国之纵，使秦业帝，可为霸者之佐乎？"刘向曰："夫商君，内急耕战之业，外重战伐之赏，不阿贵宠，不偏疏远。虽《书》云'无偏无党'，《诗》云'周道如砥，其直知矢'，《司马法》[①]之厉戎士，周后稷之劝农业，无以易此。此所以并诸侯也。故孙卿曰：'四世有胜，非幸也，数也。'夫霸君若齐桓、晋文者，桓不倍柯之盟，文不负原之期[②]，而诸侯信之，此管仲、咎犯之谋也。今商君倍公子卬之旧恩，弃交魏之明信，诈取三军之众，故诸侯畏其强而莫亲信也。藉使孝公遇齐桓、晋文，得诸侯之统将，合诸侯之君，驱天下之兵以伐秦，秦则亡矣。天下无桓、文之君，故秦得以兼诸侯也。卫鞅始自以为知王霸之德，原其事，不论也。昔周、召公施美政，其死也，后世思之，《蔽芾（fèi）甘棠》之诗，是尝舍于树下，不忍伐其树，况害于身乎！管仲夺伯氏骈邑三百户，无怨言。今卫鞅内刻刀锯之刑，外深鈇钺（fū yuè）之诛，身死车裂，其去霸者之佐亦远矣！然惠王杀之，亦非也。可辅而用，使卫鞅施宽平之法，加之以恩，申之以信，庶几霸者之佐乎！”议曰：商鞅初因景监[3]求见秦孝公，说以帝道，孝公意不入，时时睡，后又与鞅语，不知膝之过席。景监曰：“子何以中吾君？君之欢甚也。”鞅曰：“始吾说公以帝道，而君曰：‘久远，安能邑邑待数十百年以子孙成事乎？’吾又说以霸道，其意欲之而未能也。吾又以强国之术说君，君大悦之。然亦难以比德于殷、周矣！”昔齐桓公与鲁庄公会于柯而盟，曹沫[4]以匕首劫桓公反鲁侵地。桓公许之，后悔，欲无与鲁地而杀曹沫。管仲曰：“弃信于诸侯，失天下之援，不可。”于是与曹沫三败所亡地。诸侯闻之，皆信齐而欲附焉。山戎伐燕，燕告急于齐。齐桓公救燕而还，燕庄公送桓公入齐境。桓公曰：“非天子，诸侯相送不出境。吾不可以无礼于燕。”于是分沟割燕君所至与燕君，令复修召公之政，纳贡于周，诸侯闻之皆从，齐桓公于是始霸。由此观之，商鞅深刻弃信，非霸者之佐，明矣。然孝公欲速，不从鞅言，孝公过也。商鞅牵于世，迫于君，不得行其志耳。刘向以鞅无霸王之术，谬矣。

【注释】①《司马法》：我国古代重要兵书之一，大约成书于战国初期。又称《司马兵法》《司马穰苴兵法》。②原之期：春秋时，晋文公围攻原邑，与城中居民约定，三日攻城不下，就领兵而去，决不为争夺城池杀伤百姓。后来果然如期退兵。③景监：秦孝公宠臣。曾为商鞅三劝秦孝公，成功为商鞅变法铺路。④曹沫：春秋时鲁国人，以力大勇敢著称。鲁庄公对他很欣赏，任命他为将军，同齐国交战。未料三战皆败，鲁庄公心怯，赶紧商议割地求和。齐桓公和鲁庄公在柯地会盟，曹沫手执匕首劫持了齐桓公，桓公被迫归还了侵夺鲁国的土地。

【译文】有人问："商鞅以一个普通人的身份，千里迢迢去游说秦孝公，带着帝术、王术、霸术三种谋略和吞并六国的纵横捭阖策略，奠定了秦国称霸天下的基业，他可以算得上是称霸之人的理想助手吗？"刘向说："商鞅这个人，对内重视农耕，在外重视对有战功之人的奖赏。他不迎合权贵，对普通百姓也不分亲疏远近。《尚书》上所说的'不偏私，不结党'，《诗经》上说的'周朝的治国之道如磨刀石般平坦，又好像射出去的箭一样笔直'，《司马法》所说的善于激励将士，周朝的后稷善于发展农业，对商鞅制定的一系列新法也不能再改变了。这也是秦国最后能兼并诸侯的原因。所以荀子说：'秦国四代人都有胜过别国的地方，不是靠幸运，而是治理得法的必然结果。'就春秋五霸的齐桓公、晋文公来说，齐桓公不违背柯邑会盟的承诺，归还了鲁国的土地，而晋文公不负原邑之约，如期退兵，从此以后，各国诸侯信任他们，最终赢得了盟主的地位。这当然要归功于齐桓公的谋臣管仲和晋文公的谋臣咎犯二人的智谋。可是商鞅背叛与魏国公子卬的昔日恩情，抛弃与魏国缔结的信约，欺骗了魏国三军，从这以后，各国诸侯惧怕他强横且不讲信用，没有人敢和秦国建立友好关系。假使秦孝公遇到的是齐桓公、晋文公这样的对手，他们联合各诸侯国的统将，率领天下之兵讨伐秦国，秦国必定灭亡。然而当时天下已经没有齐桓、晋文那样的君主了，所以秦国才能逐一兼并诸侯国。商鞅开始以为自己懂得王霸之道，但他的所作所为却与之南辕北辙。从前周公、召公施行仁政，他们死后，后世的人一直思念他们，所以做了《蔽芾甘棠》诗来歌颂他们。曾经在甘棠树下休息过的人，不忍心砍伐甘棠树，更何况是去伤害周公、召公本人呢！齐桓公曾经把伯氏的骈邑三百户赏赐给管仲，伯氏都没有怨

言。而如今商鞅对内实行杀人、断趾的刑罚，对外穷兵黩武，东征西伐，最后因车裂而死，他离做霸者的理想助手还差得远呢！然而秦惠文王杀死商鞅也是不对的。他在任用商鞅变法的同时，同时还要求商鞅施行宽仁公平的法律，并广施恩泽，再向天下证明自己的诚信，那商鞅就差不多真能当霸者的理想助手了！”评论：商鞅最初是借宠臣景监的引荐才能够见到孝公，向孝公讲述帝者之道，而孝公却听不进去，不时听着听着就睡着了。后来又与商鞅交谈，不知不觉膝盖就往前移，到了坐席的下面。景监说：“您是用什么办法打动大王的？大王兴奋极了。”商鞅说：“开始的时候，我向孝公讲述帝者之道，而孝公说：‘这太遥远了，我们怎么能安心等上数十百年让子孙去成就大业呢？’我又向孝公讲述霸者之道，他的意思是虽然想这样做，但做不到。我又向孝公讲述强国之道，他这才非常高兴。但秦国今后很难达到殷、周那样的盛德！”从前齐桓公与鲁庄公在柯邑会盟，鲁国的曹沫用匕首劫持齐桓公，想让他归还齐国侵占鲁国的土地。齐桓公被迫答应，但事后反悔，想不归还鲁国的土地，并杀了曹沫。管仲说：“如果对诸侯不讲信用，将来出事将得不到天下的援助，千万不能这样做。”于是齐国遵守承诺把鲁国三战所失的土地悉数归还。各国诸侯听说后，都相信齐国讲信用，并想依附齐国。山戎攻打燕国，燕国向齐国告急。齐桓公帮燕国打退了山戎，领兵归国时，燕庄公送齐桓公，一直送入齐国国境。齐桓公说：“如果不是天子，诸侯相送不能送出自己的国境，我不能对燕国不讲礼节。”于是齐桓公便将燕庄公所到的地方划为齐国和燕国的国界，把已经走过的齐国土地送给了燕国，并嘱咐燕国复兴召公的政策，向周王交纳贡品。诸侯听说这件事后，都追随齐桓公，桓公从此建立了霸业。由此来看，商鞅实行严刑峻法，背信弃义，显然不是霸主的理想助手，这已经很清楚了。然而秦孝公想要迅速强盛，不听从商鞅提出的帝者、霸者之术，这是秦孝公的过错。商鞅屈从于当时的形势，为了迎合君王，不能真正施展自己的志向。刘向认为商鞅不懂真正的霸者之术，这是错误的。

诸葛亮以马谡（sù）[1]败于街亭，杀之。后蒋琬[2]谓亮曰：

“昔楚杀得臣[3]，然后文公喜，可知也。天下未定，而戮智计之士，岂不惜哉？”亮流涕曰：“孙武所以能制胜者，用法明也。是以杨干[4]乱法，魏绛[5]戮之。四海分裂，兵交方始，若复废法，何用讨贼耶？”习凿齿[6]曰：“诸葛亮之不能兼上国也，岂不宜哉？夫晋人视林父[7]之后济，故废法而收功。楚成暗得臣之益己，故杀之以重败。今蜀僻陋一方，才少上国，而杀其俊杰，退收驽下之用，明法胜才，不师三败之道，将以成业，不亦难乎？”晋侯使荀桓子与楚战于邲，桓子败归而请死，晋侯欲许之。士贞子[8]曰：“不可。城濮之役，晋师三日馆穀，文公犹有忧色。左右曰：‘有喜而忧，如有忧而喜乎？’公曰：‘得臣犹在，忧未歇也。困兽犹斗，况国相乎！’及楚杀子玉，公喜而后可知，曰：‘是晋再克而楚再败也。’楚是以再世不竞。今天或者大警晋也，而又杀林父，以重楚胜，其无乃不竞乎？林父之事君也，进思尽忠，退思补过，社稷之卫也。君若之何杀之？夫其败也，若日月之蚀，何损于明？”晋侯使复其位也。

【注释】①马谡：字幼常，襄阳宜城（今湖北宜城南）人，三国时期蜀汉将领。初以荆州从事身份跟随刘备入蜀，后蜀汉丞相诸葛亮任用他为参军。他才器过人，好论军计，诸葛亮向来对他深为器重。他跟随诸葛亮北伐时，因违背诸葛亮作战指令，而导致街亭失守，撤军后被诸葛亮斩首。②蒋琬：字公琰，零陵湘乡（今湖南省湘乡县）人，三国时期蜀汉宰相。与诸葛亮、董允、费祎合称“蜀汉四相”。③得臣：芈姓，成氏，名得臣，字子玉，斗伯比之子，子文之弟。若敖氏后裔。春秋时期楚国令尹。率楚军灭夔，又北征背楚亲晋的宋国。之后与救宋之晋、齐、秦联军战于城濮，楚军溃败，引咎自杀于归国途中。④杨干：春秋时晋悼公之弟。⑤魏绛：姬姓，魏氏，名绛，谥庄，史称魏庄子，春秋时晋国卿。在执法上严毅方正，在政治上具有远见卓识，是一位善于领兵作战的将领。最大的贡献是提出并实施和戎之策，开创了我国历史上汉族争取团结少数民族的先例。⑥习凿齿：字彦威，襄阳（今湖北襄阳）人，东晋著名史学家、文学家。⑦林父：姬姓，荀氏，名林父，因曾任中行之将，以官为氏，别为中行氏，谥桓，又称荀伯、荀桓子、中行伯、中行桓子、中行林父。春秋中期晋国正卿，中军元帅，名将。主要活动在晋文公、襄公、灵公、成公、景公时期。⑧士贞子：即士渥浊，春秋时晋国人。景公时大夫。晋楚邲之战，晋败，谏止荀林父之请死。后与荀林父攻灭赤狄，得赏瓜衍之县。悼公立，为太傅，使修范武子之法。

【译文】诸葛亮因马谡失守街亭，按军法斩了马谡。后来蒋琬对诸葛亮说："以前楚、晋交战，楚国元帅得臣因兵败被逼自刎，晋文公听说后非常高兴，可见往事不能不引以为戒。现在天下未定，处死马谡这样有谋略的大将，难道不可惜吗？"诸葛亮流着眼泪说："孙武之所以能克敌制胜，是因为他军法严明的缘故。当晋悼公伐郑在虎牢交战时，杨干仗着自己是晋悼公的弟弟，不听军令，被司马魏绛以军法处死。如今四海分裂，战争刚刚开始，如果再废止军法，还怎么讨伐贼寇呢？"东晋的习凿齿说："诸葛亮不能兼并魏国，难道不是理所当然的吗？晋国人观察荀林父将来必有作为，因此没有按军法处置他。后来他率师攻破赤狄的潞氏，为晋国立下大功。楚成王不了解得臣对自己有利，所以才会因为一时的失败而杀了得臣，最终导致更大的失败。如今蜀国偏安西南，人才比不上魏国兴旺，如今又处死国中俊杰，只好使用才德更加低下的人。把严明法纪看得比人才更重要，且不吸取三次北伐失败的教训，还想成就大业，这不是很困难吗？"晋景公派荀林父率军与楚国在邲地交战，荀林父战败而归，请求处死自己，景公本来想答应他一死。士贞子劝阻说："不可以让他死。城濮之战时，晋军占领了楚军大寨，寨中屯积着大量的粮草，晋军整整吃了三天，但晋文公脸上仍有忧虑之色。左右随从问：'有喜事但还有忧虑，难道有了忧虑才会高兴吗？'晋文公说：‘楚军的主帅得臣还在，我忧心的事还没有完。困兽犹斗，何况他还是一位国相呢！’等到楚成王杀了得臣，文公才后知后觉欢喜地说：‘这是晋国的再次胜利，楚国的又一次失败。’从此以后，楚国两代也翻不了身。现在上天或许是要给晋国一个严重警告，如果再杀了荀林父，这是要让楚国获得双重胜利，晋国从此以后大概再不会有与其它国家抗衡的力量了吧？荀林父为您办事，处理军务时竭尽忠诚，回家休息的时候还想着如何弥补过失，这是国家的栋梁之材啊！国君为什么要杀他呢？他的这次失败，就像太阳有日蚀、月亮有月蚀一样，怎么能损害日月的光明呢？”晋景公接受了劝谏，恢复了荀林父的官职。

代以周勃功大，霍光何如？对曰：“勃本高帝大臣，众所归向，居太尉位，拥兵百万。既有陈平、王陵之力，又有朱虚①诸王之援，郦寄游说，以谲诸吕，因众之心，易以济事。若霍光者，以仓卒之际，受寄托之任，辅弼幼主，天下晏然。遇燕王旦②之乱，诛除凶逆，以靖王室。废昌邑，立孝宣，任汉家之重，隆中兴之祚，参声伊、周，为汉贤相。推验事效，优劣明矣。”**袁盎③问汉文帝曰：“陛下以绛侯周勃何如人？”上曰：“社稷臣也。”盎曰：“所谓功臣，非社稷臣。社稷臣者，主在与在，主亡与亡。方吕后时，刘氏不绝如带，绛侯为太尉，主兵柄，不能正。吕后崩，大臣相与诛诸吕，太尉主兵，适会其成功。所谓功臣，非社稷臣也。”**

【注释】①朱虚：指汉朱虚侯刘章。高后吕氏时封为朱虚王，高后死，与周勃、陈平共诛诸吕，以功封为王。②燕王旦：即刘旦，西汉宗室、藩王，汉武帝刘彻第三子，广陵厉王刘胥同母兄。③袁盎：字丝，汉初楚国人，西汉大臣，个性刚直，有才干，以胆识与见解为汉文帝所赏识。为人敢言直谏，后因此触犯汉文帝，被调任陇西都尉，后迁徙做吴相。汉景帝即位，吴楚七国叛乱，袁盎奏请斩晁错以平众怒，官拜太常，出使吴国。叛乱平定后，封为楚相。后因反对立梁王刘武为储君，遭到梁王忌恨，为刺客所杀。

【译文】汉代的周勃诛灭了吕氏家族，恢复了汉家江山，历来被认为比霍光的功劳大，是这样吗？回答说："周勃本是汉高祖刘邦的大臣，众望所归，官居太尉之职，拥兵百万。既有陈平、王陵这样的文人谋士鼎立相助，又有朱虚侯刘章这样的皇亲国戚施以援手，再加上郦寄在吕氏家族中的游说，以此欺骗诸吕，靠着众人之心，所以诛灭吕氏家族很容易就成功了。至于霍光，在汉武帝刘彻病重时，慌忙之间接受托孤的重任，辅佐年幼的汉昭帝刘弗陵，天下才得以安定。后来遇到燕王刘旦发动叛乱，他诛杀了叛乱元凶，肃清了朝廷里的反对势力。在汉昭帝去世后，他及时废除昌邑王刘贺，改立汉武帝曾孙刘询为汉孝宣帝。霍光肩负着汉王朝的重任，使汉室实现中兴。他的名声与伊尹、周公不相上下，是汉朝有贤名的辅相。从他与周勃对汉朝稳定与发展所做的贡献来看，谁优谁劣是很明显的。"袁盎问汉文帝刘恒说："陛下认为绛侯周勃是怎样的一个人？"文帝说："是社稷之臣。"袁盎说："可以说是功臣，但不能说是社稷之臣。所谓社稷之臣，君主在他在，君主亡他也亡。在吕后篡权时，刘氏的子孙还有很多，当时周勃担任太尉，掌握兵权，却不能拨乱反正。吕后死了以后，大臣们一致要求诛灭诸吕，周勃又掌握兵权，正碰上这种机会，所以才能大功告成。所以说他是功臣，而不是社稷之臣。"

后汉陈蕃上疏荐徐稚①、袁闳②、韦著③三人。帝问蕃曰："三人谁为先后？"蕃曰："闳生公族，闻道渐训。著长于三辅④，礼义之俗，所谓不扶自直，不镂自雕。至于稚者，爰自江南卑薄之域，而角立杰出，宜当为先。"

【注释】①徐稚：字孺子，豫章南昌人（今丰城白土乡隐溪村），东汉隐士。少学今文经学，兼通天文，历算。②袁闳：字夏甫，东汉时期隐士，袁安玄孙，袁贺长子，袁彭之孙，隐居不仕。少励操行，苦身修节。③韦著：字休明，扶风平陵人，东汉后期大臣。出身三辅冠族，少修节操，博通术艺，以明经操行知名。④三辅：又称“三秦”，本指汉代治理长安京畿地区的三位官员京兆尹、左冯翊、右扶风，同时指这三位官员管辖的京兆、左冯翊、右扶风三个地方。

【译文】东汉的太尉陈蕃向汉桓帝刘志上疏举荐徐稚、袁闳、韦著三人。桓帝问陈蕃说：“三人中谁更好一些？”陈蕃说：“袁闳出身于世家大族，通晓安身立命的道理后洁身修行，行为合乎圣人遗训。韦著在京畿长大，自小耳濡目染礼义道德的教诲，正像人们所说的不扶自直，不镂自雕。至于徐稚，他是江南人氏，家境清贫，但他持身恭俭，能做到卓尔不群，应当说他最为杰出。”

或曰：“谢安石[1]为相，可与何人为比？”虞南曰：“昔顾雍[2]封侯之日，而家人不知，前代称其质重，莫以为偶。夫以东晋衰微，疆埸日骇，况永固符坚[3]字也六夷英主，亲率百万；苻融[4]俊才名相，执锐先驱，厉虎狼之爪牙，骋长蛇之锋锷，先筑宾馆，以待晋君。强弱而论，鸿毛太山，不足为喻。文静深拒桓冲[5]之援，不喜谢玄[6]之书，则胜败之数，固已存于胸中矣。夫斯人也，岂以区区万户之封，动其方寸者欤？若论其度量，近古已来，未见其匹。”

【注释】①谢安石：即谢安，字安石，陈郡阳夏（今河南太康）人，东晋政治家、名士。简文帝逝后，谢安与王坦之挫败桓温篡位意图。桓温死后，更与王彪之等共同辅政。在淝水之战中，谢安作为东晋一方的总指挥，以少胜多，打败了号称百万的前秦军队，为东晋赢得几十年的安静和平。战后因功名太盛而被孝武帝猜忌，被迫前往广陵避祸，不久病卒。②顾雍：字元叹，吴郡吴县（今江苏苏州）人，三国时吴国重臣。深受孙权信任，官至丞相。③符坚：字永固，又字文玉，小名坚头，十六国时期前秦第三位国君。在位前期励精图治，使前秦基本统一北方；但后来在伐晋的“淝水之战”中大败，自此一蹶不振，又遭到之前投降的鲜卑、羌人的背叛而出逃，最后被羌人姚苌所杀。④苻融：字博休，略阳临渭（今甘肃天水东北）人，氐族，苻坚的幼弟。在前秦历任征南大将军、录尚书事，封阳平公。他力阻苻坚发动对东晋的战争，但苻坚没有接受。⑤桓冲：东晋名将，字幼子，小字买德郎，大司马桓温之弟。忠于晋室，虽桓氏与陈郡谢氏有冲突，但仍以国家为重，牺牲宗族利益，将原本桓温时取得的扬州刺史之职让给谢安，自愿出镇外地。后与谢氏于东西两边协力防御前秦的进攻，助东晋于淝水之战中获胜。⑥谢玄：字幼度，陈郡阳夏（今河南太康）人。东晋名将，太傅谢安之侄。有经国才略，善于治军。在淝水之战中，任前锋都督，取得以少胜多的巨大战果。之后乘胜开拓中原，先后收复了今河南、山东、陕西南部等地区。

【译文】有人问：“谢安作为东晋孝武帝司马曜的宰相，可以和谁相比？”虞南说：“过去顾雍受封为侯的那天，连他的家人都不知道，前代的人都夸他诚朴敦厚，无人能及。而谢安做宰相的时候，正逢东晋国势衰微，战火四起，而且身为六个少数民族国家盟主的前秦王苻坚亲自率兵百万进攻东晋。有荷融这样英姿勃发的名相指挥精锐部队担任前锋，百万大军如狼似虎，浩浩荡荡，直逼江南。苻坚还事先建造了馆舍，等待东晋国君的到来。就双方的强弱来说，用鸿毛与泰山来比喻也不过分。但谢安在大兵压境之时，依旧坦然自若，拒绝了桓冲的主动支援，对侄子谢玄送来的捷报仍然不动声色。这说明，谁胜谁败他早已了然于胸。谢安这个人，怎么会因为区区万户侯的封赏，就方寸大乱了呢？如果从度量来说，近古以来，还没有哪个人能比得上他。”

隋炀帝在东宫，尝谓贺若弼[①]曰：“杨素[②]、韩擒虎[③]、史万岁[④]三人，俱称良将，其间优劣何如？”对曰：“杨素是猛将，非谋将议曰：胆气果敢，猛将也；渊而有谋，谋将也；韩擒虎是斗将，非领将议曰：拳捷矫悍，斗将也；御军齐肃，领将也；史万岁是骑将，非大将议曰：领一偏师，所向无敌，骑将也；包罗英雄，使群才各当其用，大将也。”太子曰：“善。”

【注释】①贺若弼：字辅伯，河南洛阳人，隋朝著名将领。出生于将门之家，以武猛而闻名。因伐陈有功，封上柱国，进爵宋国公，官至右武候大将军，后来被隋炀帝加以诽谤朝政的罪名杀害。②杨素：字处道，隋朝权臣。出身弘农杨氏，不拘小节，胸怀大志。初仕北周，隋朝建立后，升御史大夫。率水军东下攻灭陈朝，以功拜荆州总管，封越国公。暗中帮助晋王杨广，夺嫡成为太子。杨广即位后，领兵讨平汉王杨谅叛乱。③韩擒虎：字子通，隋朝名将。容仪魁伟，颇有胆略，爱好读书。在灭陈之战中担任先锋将军，俘虏了陈后主陈叔宝。功勋卓著，进位上柱国、大将军，封寿光县公。后以行军总管屯兵金城，防御突厥，拜凉州总管。④史万岁：隋朝名将。长于骑射，好读兵书。每次行军作战，身先士卒，善抚部下，将士乐为效力。南征北战，屡建战功，遭宰相杨素嫉妒诬陷，终为隋文帝所杀。

【译文】隋炀帝在东宫做太子的时候，曾经问大将贺若弼说：“杨素、韩擒虎、史万岁这三人，都被称作良将，该怎么评价他们的优劣呢？”贺若弼回答说：“杨素是猛将，但不是谋将评论：胆量过人、敢作敢为，是猛将；精通兵法、胸有谋略，是谋将；韩擒虎是斗将，不是领将评论：勇壮敏捷、矫健彪悍的，是斗将；统帅军队纪律严明、整齐严肃的，才是领将；史万岁是骑将，不是大将评论：只能率领一支部队，战无不胜的是骑将；

能聚集英雄豪杰，并能人尽其才的才是大将。”太子说：“说得好。”

故自“六正”至于“问将”，皆人臣得失之效也。古语曰：禹以夏王，桀以夏亡；汤以殷王，纣以殷亡。阖庐①以吴战胜，无敌于天下，而夫差②以见擒于越；穆公以秦显名尊号，而二世以劫于望夷。其所以君王者同，而功迹不等者，所任异也。是以成王处襁褓而朝诸侯，周公用事也；赵武灵王③年五十而饿死于沙丘，任李兑④也。故魏有公子无忌⑤，削地复得；赵任蔺相如，秦兵不敢出；楚有申包胥⑥，而昭王反位；齐有田单，而襄王得国。因斯而谈，夫有国者，不能陶冶世俗，甄综人物，论邪正之得失，撮霸王之余议，而能立功成名者，未之前闻故知量能授官，至理之术。

【注释】①阖庐：春秋末期吴国君主，也称阖闾，姬姓，名光，又称公子光。执政时期，以楚国旧臣伍子胥为相，以齐人孙武为将军，确定先破强楚，再服越国的争霸方略，采取分兵轮番击楚之策，使楚疲于奔命。之后从淮水流域西攻到汉水，五战五胜，攻克楚国都城郢都，迫使楚昭王出逃。②夫差：姬姓，吴氏，春秋时期吴国末代国君，阖闾之子。夫椒之战大败越国，攻破越都（今浙江绍兴），使越屈服。继而北上争霸。前482年，于黄池之会与中原诸侯歃血为盟，从晋手中争得盟主之位。前473年，越王勾践灭吴，夫差自杀。③赵武灵王：嬴姓赵氏，名雍，战国中后期赵国的君主。死后谥号武灵。在位期间，推行的“胡服骑射”政策，赵国因而得以强盛，灭中山国，败林胡、楼烦二族，辟云中、雁门、代三郡，并修筑了“赵长城”。后让位给少子何，引起内乱，被困沙丘宫，饿死。④李兑：战国时期赵国权臣。与安平君赵成合谋击杀赵武灵王的长子赵章与代相田不礼，平定了“沙丘之乱”；后担任相邦，封奉阳君，主张联齐抗秦。⑤公子无忌：即信陵君，魏国公子，与春申君黄歇、孟尝君田文、平原君赵胜并称为“战国四公子”。战国时期魏国著名的军事家、政治家，魏昭王少子、魏安厘王的异母弟。⑥申包胥：风姓，包氏，名胥，因封于申邑，故称申包胥，春秋时期楚国大夫。原与伍子胥交好，后伍子胥率领吴军破楚，申包胥到秦国求救，在秦城墙外哭了七天七夜，滴水不进，秦哀公才遣车五百乘救楚。楚昭王复国后要封赏申包胥，他坚持不受。

【译文】因此从“六正”说到隋炀帝的“问将”，都是总结人臣得失的经验。古语说：大禹使夏朝兴旺，而桀使夏朝亡国；汤使商朝兴旺，而纣使商朝亡国。阖庐使吴国战无不胜，无敌于天下，而他的儿子夫差则被越国所擒，国破身亡。秦穆公使秦国显赫于诸侯，得到周王的封赏，而秦二世胡亥却被劫杀于望夷宫。当君主的，名号、权势虽然相同，然而功过、成败却各自不同，根本原因就在于各自任用的臣子不同。之所以周成王还在襁褓时诸侯就来朝拜，是因为有周公当权执政。赵武灵王五十岁时被围困在沙丘饿死，是因为他任用李兑那样的人。所以魏国有了公子魏无忌这样的贤臣，被侵夺的土地才能再收回来；赵国重用蔺相如，秦兵才不敢出兵攻打赵国；楚国有申包胥，楚昭王才能够重返王位；齐国有田单，齐襄王才得以回到故土。由此可以得出，一个国家的君主，如果不能领导国家移风易俗，网罗、选拔人才，辨别正义与邪恶的得失，吸取霸者和王者的经验教训，而能够建功立业，名垂千古，还从来没有听说过有这种先例所以拥有鉴别大臣的能力，并授予他们合适的官职，是治理国家的最高原则。

德表第十一

孔子曰:“性相近也,习相远也。”言嗜欲之本同,而迁染之途异也。夫刻意则行不肆,牵物则其志流。是以圣人导人理性,裁抑流宕,慎其所与,节其所偏。故《传》曰:审好恶,理情性,而王道毕矣。治性之道,必审己之所有余,而强其所不足。盖聪明疏通者,戒于太察;寡闻少见者,戒于壅蔽;勇猛刚强者,戒于太暴;仁爱温良者,戒于无断;湛静安舒者,戒于后时;广心浩大者,戒于遗忘。

【译文】孔子说:“性相近也,习相远也。”意思是说,人的嗜好、欲望从根本上讲,是相同的,只因为环境、教育途径的不同,所以每个人的个性、志趣才会各有区别。总的来说,故意修炼意志的人,他的行为就不会过分放肆;追求物质享受,容易被周围环境影响的人,他的意志就显得软弱,随波逐流。所以圣人在引导人理智的时候,就会帮助人克服、抑制他的放荡任性,对他来往的对象慎重选择,努力节制他的偏激嗜好。所以《左传》中说:审察人的好恶,理顺人的本性,王者之道全在于此。改造人性的办法,关键是一定要看清自己的长处,克服自己的不足。总的来说,聪明通达的人,要警惕过于明察;孤陋寡闻的人,要避免闭塞无知;勇猛刚强的人,要警惕遇事急躁粗暴；善良温和的人，要警惕对人对事优柔寡断；澹泊宁静的人，要警惕错过时机；心胸宽广的人，要警惕因事情过多而有所遗忘。

《人物志》曰：厉直刚毅，材在矫正，失在激讦强毅之人，很刚不和，不戒其强之唐突，而以顺为挠，厉其亢。是故，可与立法，难与入微也；柔顺安恕，美在宽容，失在少决柔顺之人，缓心寡断，不戒其事之不摄，而以亢为刿，安其舒。是故，可与循常，难与权疑也；雄悍桀健，任在胆烈，失在少忌雄悍之人，气奋英决，不戒其勇之毁跌，而以顺为恇，竭其势。是故，可与涉难，难与居屈也；精良畏慎，善在恭谨，失在多疑精慎之人，畏患多忌，不戒其懦于为义，而以勇为悍，增其疑。是故，可与保全，难与立节也；强指坚劲，用在桢干，失在专固凌楷之人，秉意劲持，不戒其情之固护，而以辩为虚，强其专。是故，可与持正，难与附众也；论辩理绎，能在释结，失在流宕博辩之人，论理赡给，不戒其辞之泛滥，而以楷为系，遂其流。是故，可与泛序，难与立约也；普博周洽，崇在覆裕，失在混浊弘普之人，意爱周洽，不戚其友之混杂，而以介为狷，广其浊。是故，可与抚众，难与厉俗也；清介廉洁，节在俭固，失在拘局狷介之人，砥诃清激，不戒其道之隘狭，而以普为秽，益其拘。是故，可与守节，难与变通也；休动磊硌，业在攀跻，失在疏越休动之人，志慕超越，不戒其意之太猥，而以静为滞，果其锐。是故，可与进趋，难与持后也；沉静机密，精在玄微，失在迟懦沉静之人，道思回复，不戒其静之迟后，而以动为疏，美其懦。是故，可与深虑，难与捷速也；朴露径尽，质在中诚，失在不微朴露之人，中款实确，不戒其质之野直，而以谲为诞，露其诚。是故，可与立信，难与消息也；多智韬情，权在谲略，失在依违韬谲之人，原度取容，不戒其术之难正，而以尽为愚，贵其虚。是故，可以赞善，难与矫违也。此拘亢之材，非中庸之德也。

【译文】《人物志》说：严肃正直、刚强坚毅的人，适合于做纠正失误、整顿治理的工作，可是又很容易犯激烈率直地揭发、斥责别人的隐私、过失之类的错误坚强刚毅的人，性格耿直，很难与人和睦相处，容易忽视由于太耿直而造成言谈举止冒失莽撞的不足，反而认为柔顺就是屈从，从而变本加厉地加强他的过火行为。所以有这种性格的人可以让他参加立法工作，而不能让他处理具体的事务；性情温柔随和、安静宽恕的人，优点是宽容大度，缺点是优柔寡断温柔和顺的人，性情迟缓，遇事总是犹豫不决，容易忽视自己拿不起放不下的缺点，反而认为刚强决断太伤人，对自己的不紧不慢心安理得。所以有这种性格的人，可以让他做循规蹈矩的日常工作，不能让他裁决疑难问题；勇武强悍、精力旺盛的人，优点在于有胆量而勇烈，缺点在于不太顾忌别人的情面或事情的不良后果勇武强悍的人总是意气奋发，敢做敢当，不警惕自己勇往直前的做法可能会带来的挫折和失败，反而认为随和就是胆小怕事，做什么事总要把自己的精力使尽才罢休。所以有这种性格的人，可以让他去做充满艰难险阻的工作，但很难让他去做忍辱负重的任务；精明能干、戒惕谨慎的人，优点在于做事恭敬谨慎，缺点在于顾虑重重精明谨慎的人，瞻前顾后，顾虑重重，容易忽视自己不敢承担责任的弱点，反而认为敢想敢做是胡闹，结果加重了他的猜疑之心。所以有这种性格的人，可以让他去做继业守成的工作，很难让他开创局面，树立榜样；不畏艰难、劲健有力的人，长处在于能起到骨干作用，缺点在于专横固执、刚愎自用凌厉劲直的人百折不挠，意志坚定，但容易忽视自己固执己见的缺点，反而认为明辩是非是没有意义的作法，结果使他变得更加一意孤行。所以有这种性格的人，可以让他做持守公正的执法工作，但他很难得到众人拥戴；善于论证辩驳、推理分析的人，优点在于能够解惑说理、化解矛盾，缺点在于总是夸夸其

谈、不着边际博学善辩的人，说话条理清楚，口才好，但容易忽视自己滔滔不绝的演说总是浮华不实、过于啰嗦的缺点，反而认为遵守一定的模式是束缚人的枷锁，结果使自己更加放任自流。所以有这种性格的人，可以让他去做只用肤浅的讲出看法、不要求精密结果的工作，很难让他去制定法规、条约；**好善乐施、普济博爱的人，优点在于能造福百姓，救苦救难，缺点在于容易好坏不分**心胸宽广、交际广泛的人，喜欢让周围的人都感到舒服，但结交的人三教九流，鱼龙混杂，反而认为性格正直就是胸襟狭窄，结果自己的交友圈越来越杂。所以有这种性格的人可以让他去安抚大众，很难让他去纠正不良的社会风气；**清正耿直、廉洁自律的人，优点在于俭朴节约，缺点在于过分拘谨**正直孤傲、洁身自好的人嫉恶如仇，不愿随波逐流，但容易有狭隘偏激、固步自封的问题，反而认为广交朋友有辱清名，结果使他变得越来越孤僻、拘谨。所以有这种性格的人可以让他去做坚守节操的工作，很难让他去做灵活变通的工作；**注重行动、才能卓越的人，优点在于志在攀登高峰，超越同辈，缺点在于好高骛远，根基不稳**注重行动的人，羡慕那些凡事能打头领先的人，并且立志超越他们，但容易做事马马虎虎、得过且过，反而认为沉静就是停滞不前，结果更加锐气凌人。所以有这种性格的人可以让他开拓进取打先锋，但不适合做打基础、当后援的工作；**沉静老练、机敏周密的人，对于细微奥秘的事情很精通，缺点在于遇事迟疑懦弱**性格沉静的人，对什么事都要反复推敲，深思熟虑，但容易由于过于推敲造成良机贻误，反而认为贸然行动就会粗心大意，结果更加迟疑懦弱。所以有这种性格的人可以让他做深思熟虑的工作，很难交给他雷厉风行、讲究效率的任务；**质朴坦率、一览无余的人，具有忠诚老实的品质，缺点在于没有城府，容易泄密**纯朴坦率的人，心有疑惑也不愿意相信是真的，但容易由于性格朴实而造成粗疏直率的问题，反而认为讲究谋略是一种荒诞的作法，结果更加坦诚相见。所以有这种性格的人可以让他去做讲信用的任务，不能让他做保密的工作；**足智多谋、胸怀韬略的人，做事老谋深算，诡计多端，缺点在于老奸巨滑，做事模棱两可**满腹计谋的人，凡事都要审时度势，把事情做得让人人满意，但容易错误地使用计谋，反而认为坦诚是愚蠢的表现，结果更加推崇自己的计策高明。所以有这种性格的人可以让他去做扬善积德的事情，不能让他做查处违法乱纪的工作。**上面列举的这十二种人，都是有用之才，但也都有各自的不足和缺陷，都不是标准适度、德才兼备的人才。**

《文子》曰：凡人之道，心欲小，志欲大，智欲圆，行欲方，能欲多，事欲少。所谓心小者，虑患未生，戒祸慎微，不敢纵其欲也。志大者，兼包万国，一齐殊俗，是非辐凑，中为之毂也。智圆者，终始无端，方流四远，深泉而不竭也。行方者，直立而不挠，素白而不污，穷不易操，达不肆志也。能多者，文武备具，动静中仪也。事少者，执约以治广，处静以待躁也。夫天道极即反，盈则损。故聪明广智，守以愚；多闻博辩，守以俭；武力毅勇，守以畏；富贵广大，守以狭；德施天下，守以让。此五者，先王所以守天下也。《传》曰：无始乱，无怙富，无恃宠，无违同，无傲礼，无骄能，无复怒，无谋非德，无犯非义。此九言，古人所以立身也。

【译文】《文子》中说：人的处世之道，应该具备心小、志大、智圆、行方、能多、事少这六点。所谓“心小”，是说心要谨慎周密，在祸患还没有发生的时候，就能考虑到预防的措施，灾祸刚刚显露出征兆的时候，就能提高警惕，有所戒备，不可放纵内心的欲望。所谓“志大”，是说立志要宏大，以实现天下苍生的共同利益为己任，在错综复杂的是非风云面前，坚持不偏不倚、公正无私的总则。所谓“智圆”，是说智慧要圆融无隙，处处融合，没有起点，也没有终点，但是能够包容四方，没有达不到的地方，就像地底深处的泉水那样，永远不会枯竭。所谓“行方”，是说行为要正直，不屈不挠，纯洁清白没有污垢，在贫穷的煎熬下，也不会改变他的操守，即使飞黄腾达，也不会被冲昏头脑。所谓“能多”，是说才能要达到文武兼备，不论是在有所作为还是静默孤独的时候，都能让自己的言行合乎道德规范。所谓“事少”，是说善于把握事情的关键之处，做到牵一发而动全身，以静制动，以静待躁。天道运行的规则是物极必反，盈满则亏。所以做人要想保持大聪明、大智慧，就必须让自己处在愚昧无知的状态之下；要想保持学识广博、善于辩驳，就必须让自己处在孤陋寡闻、才疏学浅的状态之下；要想保持身体强健、刚毅勇猛，就必须让自己明白天外有天的道理，永远处在有所敬畏的状态之下；要想保持大富大贵，就必须让自己享有的物质永远有所节制；要想兼济天下，恩泽苍生，就必须保持谦让恭顺的美德。这五条原则，是先王之所以能守住天下的秘诀。《左传》中说：不要首先发动祸乱，不要依仗财势，不要仗着自己受到宠信，不要违背共同的意愿，不要傲慢无礼，不要恃才自傲，不要为同一事情反复发怒，不要谋划不合道德的事，不要触犯不合仁义的事。这九句话，就是古人赖以安身立命的原则。

《玉铃经》[1]曰：夫以明示者浅，有过不自知者弊，迷而不反者流，以言取怨者祸，令与心乖者废，后令缪前者毁，怒而无威者犯，好众辱人者殃，戮辱所任者危，慢其所敬者凶，貌合心离者孤，亲佞远忠者亡，信谗弃贤者惛，私人以官者浮，女谒公行者乱，群下外恩者沦，凌下取胜者侵，名不胜实者耗，自厚薄人者弃，薄施厚望者不报，贵而忘贱者不久，用人不得其正者殆，为人择官者失，决于不仁者险，阴谋外泄者败，厚敛薄施者凋。此自理之大体也孙卿曰：“口能言之，身能行之，国宝也；口不能言，身能行之，国器也；口能言之，身不能行之，国用也；口言善，身行恶，国妖也。”

【注释】①《玉钤经》：即《素书》，另名《钤经》《玉钤经》，类似语录体，相传为秦末黄石公作，民间视为奇书、天书。黄石公，秦末时人，后得道成仙，被道教纳入神谱。

【译文】《玉钤经》说：一个人把自己的本事动不动就显示出来，只能证明这个人很浅薄；有了过错自己还不知道，只能证明他很愚蠢；执迷不悟、不知悔改的人，注定要被淘汰；出言不逊、招人怨恨的人，灾祸就要临头；言行不一、口是心非的人，大家肯定会抛弃他；文过饰非、挖空心思想掩盖自己过失的人，定会自毁前程；即使发怒但并没有威摄力的人，将会受到别人的侵犯；喜欢当众欺辱别人的人，必定遭殃；杀戮污辱自己重用的人，他的处境就危险了；对自己敬重的人轻视怠慢，将会带来凶险；与别人相处貌合神离、阳奉阴违的人，最后将被别人孤立；亲信奸邪、疏远忠心的人，这种人必然灭亡；听信谗言、远离贤良的人，这种人很糊涂；暗地里封官许愿的人，政治就会出现乱象；女子干预政治，必然要引起混乱；部下暗中施惠于人的人，就快倒霉了；用欺凌部下的办法邀功请赏的人，早晚要被赶下台；名声与实际不相称的人，必然会受到损害；肥了自己，克扣下属的人，最终要被人唾弃；给别人带来微薄的好处而希望得到重重报答的人，到头来必定落空；富贵了而忘记自己贫贱之时的人，好景不会长久；任用不正派的人，必定会有危险；为了安排一个人而选为官员的人，将会失败；让不仁不义的人出谋划策，是非常危险的；阴谋被泄露于外的人，肯定要失败；向百姓征收的多，用在百姓身上的少，这将导致民生调蔽。以上种种，都是自我修行提高时必须警惕的主要问题荀子说：“嘴里能讲出来，又能身体力行，这是国家的珍宝；嘴不能讲，但有实际行动，这是国家的人才；嘴上讲得好，而行动上做不到，还可以为国所用；嘴上说得漂亮，而行动上则为非作歹，这是国家的妖孽。”

故傅子曰：“立德之本，莫尚乎正心。心正而后身正，身正而后左右正，左右正而后朝廷正，朝廷正而后国家正，国家正而后天下正。故天下不正，修之国家；国家不正，修之朝廷；朝廷不正，修之左右；左右不正，修之身；身不正，修之心。所修弥近，所济弥远，禹、汤罪己，其兴也勃焉，正心之谓也。”《尸子》曰：心者，身之君也。天子以天下受令于心，心不当则天下祸；诸侯以国受令于心，心不当则国亡；匹夫以身受令于心，心不当则身为僇矣。

【译文】因此傅玄曾说：“修身立德最根本的是要使自己的心地纯正。心正了之后才能身正，身正了之后才能让身边的人也跟着正了，身边的人正了之后朝廷也就正了，朝廷正了之后国家自然就正了，国家正了之后天下才能正了。反过来说，天下不正要从国家治理做起，国家不正要整顿朝纲，朝廷不正要整顿身边的人，身边的人不正要修行自身，自身不正要从修心做起。治理的对象和自己越近，所带来的影响、效果就越久远。大禹、成汤能够自我反省，所以国家才会兴旺，这就是正人心的意义。”《尸子》中说：心是身体的君主。天子把自己当作天下的心，心不正，天下就会遭殃；诸侯把自己当作国家的心，心不正，国家就会灭亡；平民百姓的身体受思想的支配，思想不正确，自身也就难免会受到伤害。

理乱第十二

夫明察"六主",以观君德。审惟"九风",以定国常。探其"四乱",核其"四危",则理乱可知矣。

【译文】分辨清楚六种类型的君主,就可以拿来观察每一位君主的德行。总结出九种类型的社会风气,就能鉴定一个国家是兴盛还是衰败。探讨四种乱国的表现,核定四种危国的征兆,那么拨正理乱的政策也就清楚了。

何谓"六主"?荀悦曰:"体政性仁,心明志固,动以为人,不以为己,是谓王主议曰:王主者,谓天姿仁德;克己恕躬,好问力行,动以从义,不以从情,是谓治主议曰:治主者,谓抑情割欲;勤事守业,不敢怠荒,动以先公,不以先私,是谓存主议曰:存主者,谓拘法守律;悖义交争,公私并行,一得一失,不纯道度,是谓衰主;情过于义,私多于公,制度逾限,政教失常,是谓危主;亲用谗邪,放逐忠贤,纵情追欲,不顾礼度,出入游放,不拘仪禁,赏赐行私,以越公用,忿怒施罚,以逾法理,遂非文过,而不知改,忠言拥塞,直谏诛戮,是谓亡主。"故王主能致兴平,治主能修其政，存主能保其国，衰主遭无难则庶几能全，有难则殆；危主遭无难则幸而免，有难则亡；亡主必亡而已矣。

【译文】有哪六种类型的君主？荀悦说："执政时天生仁慈，内心清醒，志向明确，所有的举措都是为了别人，而不是为了满足自己的私欲，这是王主评论：所谓王主，就是具有先天的仁慈品德；能克制自己的私欲，性格宽厚，能身体力行，勤学好问，办事遵循仁义的原则，并不感情用事，这是治主评论：所谓治主，就是能克制感情，制约欲望；尽心尽力于职事，兢兢业业地保护先辈开创的基业，丝毫不敢懒惰放荡，处理国家大事能做到先公后私，这是存主评论：所谓存主，就是能奉行先主的法规条约；违背正道，在朝堂上争权夺利，公私不分，执政上得失都有，政策不完全符合道德法度，这是衰主；私情压倒公义，私利重于公益，国家制度超过道德法度的界限，政治教化失去了常态，这是危主；亲信、重用诬陷忠良的邪恶小人，排挤、打压贤明的忠臣，放纵情欲，不顾忌礼教法度，出入游幸放荡，不受礼仪的约束，拿着国家的财物赏赐亲信，超过了用在国家公事上的开支，一不高兴就乱加刑罚，完全不依据法理，文过饰非，有错不改，忠直之言听不到，敢于冒死直谏的大臣都要被杀死，这是亡主。"所以说，王主能让天下兴盛太平；治主能整顿国家的政事；存主能保住国家；衰主如果国家不发生大的灾难可以勉强保全，如果国家遭遇灾难就危险了；危主没有大难就可以庆幸免遭灭亡，如果有难则必定亡国；亡主则必亡无疑了。

何谓"九风"？君臣亲而有礼，百僚和而不同，让而不争，勤而不怨，唯职是司，此理国之风也《尹文子》曰：上不能胜其下，下不能犯其上，上下不相胜犯，故禁令行，人人无私，虽经崄易而国不可侵，治国者也；礼俗不一，职位不重，小臣谗疾，庶人作议，此衰国之风也《尹文子》曰：君年长，多妾媵，少子孙，疏强宗，衰国也；君臣争明，朝廷争功，大夫争名，庶人争利，此乖国之风也；上多欲，下多端，法不定，政多门，此乱国之风也《尹文子》曰：君宠臣，臣爱君，公法废，私欲行，乱国也；以侈为博，以伉为高，以滥为通，遵礼谓之拘，守法谓之固，此荒国之风也议曰：夫晋家尚于浮虚，所以败也。此之谓矣；以苛为察，以利为公，以割下为能，以附上为忠，此叛国之风也叔向曰：大臣重禄而不极谏，近臣畏罪而不敢言，下情不上通，此患之大者也；上下相疏，内外相疑，小臣争宠，大臣争权，此危国之风也；上不访下，下不谏上，妇言用，私政行，此亡国之风也《尹文子》曰：国贫小，家富大；君权轻，臣势重，亡国也。内无专宠，外无近习，支庶繁息，长幼不乱，昌国也。农桑以时，仓廪充实；兵甲劲利，封疆修理，强国也。《文子》曰：夫乱国若盛，治国若虚，亡国若不足，存国若有余。虚者，非无人，各守其职也；盛者，非多人，皆邀于未也；有余，非多财，节欲事寡也；不足者，非无货，人躁而费多也。

【译文】有哪九种类型的社会风气？君臣之间亲近有礼，文武百官虽政见不同但仍然和睦相处，互相谦让，不争名夺利，勤勤恳恳为国效力，不互相埋怨，一心一意把本职工作做好。这是理国之风《尹文子》说：上级不压制下属，下属不冒犯上级，上下融洽，因此能做到令行禁止，人人无私，即使经受艰难险阻的考验，国家仍可坚如盘石，不会受到侵犯。这就是治国；礼仪习俗不统一，当官的不受敬重，基层官员攻击国家的弊病，平民百姓议论时政，这是衰国之风《尹文子》说：国君虽然年迈还有许多嫔妃，而子孙不多，有势力的宗族被疏远，这就是衰国；君臣互相争荣誉，朝中大臣争功劳，士大夫争名声，老百姓争私利，这是乖国之风；上层私欲泛滥，下层作恶多端，法规不稳定，政出多门，这是乱国之风《尹文子》说：国君宠幸大臣，大臣只爱君王，国家的法律废弛，私欲横行，这就是乱国；把奢侈误以为繁盛，把骄纵误以为高贵，把自由散漫误以为开明，遵守礼义的人被认为是顽固不化，奉公守法的人被认为是固步自封，这是荒国之风评论：西晋时期崇尚虚无玄理，所以很快就亡了国。这就是历史的明证；把苛刻当成明察，为国家服务是为了捞取好处，把剥削老百姓当作能耐，把对上级溜须拍马当作忠诚，这是叛国之风叔向说：大臣只看重俸禄，就是不进忠言，身边的亲信怕得罪人而不敢说真话，下面的真实情况反映不到朝廷，这就是最大的隐患；上下疏远，内外猜疑，小官争着讨上司的欢心，当大官的忙着争夺权力，这是危国之风；上级官员不深入基层了解情况，下层官员也不向上级反映情况，听信妇人之言，私自处置政事，自己想怎么做就怎么做，这是亡国之风《尹文子》说：国家贫困弱小，个人富有强大；国主的权力削弱，大臣的势力增强，这就是亡国的征兆。官内没有专宠一人的现象，朝廷没有宠幸的弄臣，家族人丁兴旺，长幼有序，这是国家昌盛的标志；农事活动适时，粮仓储备充实，军队精锐，疆土治理得很好，这是强国的标志。《文子》说：动乱的国家看上去很繁盛，井然有序的国家看上去很空虚，快要灭亡的国家看上去资源不足，能够保存的国家看上去富足有余。空虚不是没有人，而是各司其位，各尽其责；繁盛不是人多，而是都在追逐蝇头小利；富足有余不是财富多，而是节制欲望，少生事；资源不足不是市场无货，而是人心浮躁，耗费就多。

何谓“四乱”？管子曰：“内有疑妻之妾，此家乱也；庶有疑嫡之子，此宗乱也；朝有疑相之臣，此国乱也；任官无能，此众乱也故曰：立天子者，不使诸侯疑焉；立诸侯者，不使大夫疑焉；立正妻者，不使嬖妾疑焉；立嫡子者，不使庶孽疑焉。疑则动，两则争，杂则相伤。故臣有两位者，国必乱；臣两位而国不乱者，君犹在也，恃君不乱，失君必乱矣。子两位者，家必乱；子两位而家不乱者，亲犹存也，恃亲不乱，失亲必乱矣。臣疑其君，无不危之国；孽疑其宗，无不危之家也。”

【译文】有哪四种乱国的表现呢？管仲说：“家中有猜忌正妻的小妾，这是家乱；庶子猜忌嫡子，这是族乱；朝廷里有猜忌宰相的大臣，这是国乱；任命的官员昏庸无能，这是众乱所以说，确立天子，可以让各地诸侯不相互猜忌；确立诸侯，可以让朝中大夫不相互猜忌；确立正妻，可以让小妾之间不相互猜忌；确立嫡子，可以让庶子之间不相互猜忌。一有猜忌就要有所行动，有两个人选就会相互争斗，多人互相猜忌就会互相伤害。因此两个大臣同时争抢同一职务，国家必定发生动乱，如果没有发生动乱，那是因为国君还健在，国君在，大臣们有所畏惧，还不敢乱来。国君一死，必乱无疑。两个儿子同时争抢嫡子的位置，家必定会乱，如果不乱，那是因为父母健在，父母在，儿子们有所畏惧，还不敢乱来。父母一去世，必乱无疑。大臣疑忌国君，没有不危害国家的；庶子疑忌家长，没有不危害家庭的。”

何谓“四危”？又曰：“卿相不得众，国之危也；大臣不和同，国之危也；兵主不足畏，国之危也；民不怀其产，国之危也。”此治乱之形也。

【译文】有哪四种危国的征兆呢？管仲又说：“公卿和宰相得不到百姓的拥护，国家就危险了；大臣们不能同心协力，国家就危险了；统帅军队的将领完全不能引起敌人的畏惧，国家就危险了；百姓不关心生产，国家也就危险了。”这就是识别天下大乱或天下大治的征兆。

凡为人上者，法术明而赏罚必者，虽无言语而势自治；法术不明而赏罚不必者，虽曰号令，然势自乱管子曰：“理国有三器，乱国有六攻。明君若能胜六攻而立三器，故国理；不肖君不能胜六攻而立三器，故国乱。三器者，何也？曰号令也，斧钺也，禄赏也。六攻者，何也？曰亲也，贵也，货也，色也，巧佞也，玩好也。三器之用，何也？曰非号令无以使下，非斧钺无以威众，非禄赏无以劝人。六攻之败，何也？曰虽不听而可以得存，虽犯禁而可以得免，虽无功而可以得富。夫国有不听而可以得存者，则号令不足以使下；有犯禁而可以得免者，则斧钺不足以威众；有无功而可以得富者，则禄赏不足以劝人。号令不足以使下，斧钺不足以威众，禄赏不足以劝人，则人君无以自守也。是故，势理者，虽委之不乱；势乱者，虽勤之不治。尧、舜拱己无为而有余，势理也；胡亥、王莽驰骛而不足，势乱也《商子》[①]曰：法令者，人之命也，为治之本也。一兔走而百人逐之，非以兔可分以为百，由名分之未定也。夫卖兔者满市，盗不敢取，由名分之定也。故夫名分定，势治之道也；名分不定，势乱之道。故势治者，不可乱也；势乱者，不可治也。夫势乱而欲治之，愈乱矣；势治而治之，则治矣。故圣人治治、不治乱也。圣人为人作法，必使之明白易知，愚智偏能知之。故圣人立天下，而天下无刑死者，非可刑杀而不刑杀也，万人皆知所以避祸就福，而皆自治也。明主因治而治之，故天下大治也。

【注释】①《商子》：即《商君书》，现存26篇，战国时期法家学派的代表作之一，是商鞅及其后学的著作汇编。该书解决了在当时条件下实行变法的理论基础问题，提出了变法的几大原则，既有宏观理论阐述，也有具体的法令军规。

【译文】凡是作为君主的，政策、法规严明，赏罚必定兑现，即使不下达命令，大势所趋，国家自然能达到大治；政策、法规不严明，赏罚不一定兑现，即使天天下达命令，国家也必然要大乱。管仲说：“治国有三种武器，乱国有六种隐患。贤明的国君如果能战胜这六种隐患，并且掌握这三种武器，国家必然会得到治理；昏君不能战胜这六种隐患，并且掌握这三种武器，所以国家就会大乱。这三种武器是什么呢？一是号令，二是刑罚，三是俸禄和赏赐。六种隐患是什么呢？一是亲信，二是宾客，三是行贿的人，四是女色，五是奸诈机巧、阿谀奉承的小人，六是陪着玩赏的人。三种武器有什么作用呢？没有号令不能驱使臣民，没有刑罚不能威摄百姓，没有俸禄和赏赐不能鼓舞百姓效命。六种隐患为什么会导致败亡呢？虽然不服从法令也可以安然无恙，虽然犯了法也可以逃避罪行，虽然没有功劳也可以发财致富。一个国家，有了不服从号令却能平安无事的人，号令就会失去作用；有了违法却不追究的人，刑罚就没有了威严；有了没有功劳却能富贵的人，俸禄和赏赐就不能鼓舞臣民效命了。号令不能驱使臣民，刑罚不能威慑百姓，俸禄和赏赐不能鼓舞臣民，那么当国君的就无法坐稳江山。**因此，国家如果已经形成治理的格局，即使国君把国家交给别人，国家也不会大乱；国家如果已经形成大乱的格局，即使国君每日勤勤恳恳，料理政事，国家也不会得到治理。尧、舜无为而治，国家有条不紊，这是因为已经形成治理的格局；胡亥、王莽奔波劳碌，都制止不了天下大乱，这是因为国家已经形成大乱的格局。**《商君书》说：法令，是人民的生命，治国的根本。上百个人追捕一只野兔，不是因为一只兔子可以分成一百份，而是由于兔子的所有权还没有确定。市场上到处都有卖兔子的人，但是盗贼不敢随便拿，这是因为兔子的所有权已经明确了。因此，确定名分，是治国的重要前提。名分不确定，所有权不明确，势必要引起混乱。如果已经形成治理的格局，想乱也乱不了；已经形成大乱的格局，想治也治不了。已经形成大乱的格局再去治理，只会越治越乱；已经形成治理的格局再去治理，自然就会天下大治了。所以圣人只治理可以大治的国家，不会去治理已经形成大乱格局的国家。圣人为百姓制定法律，一定要让老百姓对法律了解明白，通俗易懂，不管是愚笨还是聪明都能明白。所以在圣人建立的国家里，天下没有因犯法而被杀的，不是该杀而不杀，而是因为人人守法，所以避祸就福，都能很好的自我约束。英明的君主顺应大治而加强治理，所以天下自然会出现大治的局面了。

故曰：善者，求之于势，不责于人。是故，明主审法度而布教令，则天下治矣《左传》曰：国将亡，必多制。杜预云数变法也。

【译文】因此说，善于治理国家的人，追求的是形成国家大治的格局，而不是把希望寄托在某一个人身上。所以英明的君主先审察法令制度，然后再颁布法令并教导百姓，天下就会实现大治了《左传》说：一个国家快要灭亡的时候，必然会有很多法令制度颁布。杜预解释说：这里的意思是改变法令频繁。

论曰：夫能匡世辅政之臣，必先明于盛衰之道，通于成败之数，审于治乱之势，达于用舍之宜，然后临机而不惑，见疑而能断，为王者之佐，未有不由斯者矣。

【译文】评论：能够匡扶世道人心、辅佐国家大政的权臣，务必要首先明白盛衰的道理，精通成败的规律，研究造成大治或大乱的体制根源，通晓任用和罢免官员的合适方法，然后才能面临纷繁复杂的时局而不被迷惑，遇到疑难、棘手的问题才能决断，做为君王的辅佐之臣，古往今来，都要首先从这些做起。

卷三　文下

反经第十三

议曰：理国之要，以仁义赏罚，此其大略也。然用失其宜，反以为害。故著“反经”一章以明也。

【译文】评论：治理国家，以仁义、赏罚分明为要点，这是治国的策略。但是如果使用仁义、赏罚的方法不对，反而会对治理国家有害。因此写“反经”这一章来说明这个问题。

臣闻三代之亡，非法亡也，御法者非其人矣。故知法也者，先王之陈迹，苟非其人，道不虚行。故尹文子曰：“仁义礼乐、名法刑赏，此八者，五帝三王治世之术。”故仁者，所以博施于物，亦所以生偏私反仁也。议曰：在礼，家施不及国，大夫不收公利。孔子曰：“天子爱天下，诸侯爱境内，不得过所爱者，恶私惠也。”故知偏私之仁，王者恶之也。义者，所以立节行，亦所以成华伪反义也。议曰：亡身殉国，临大节而不可夺，此正义也。若赵相虞卿[1]，弃相捐君，以周魏、齐之危；信陵无忌，窃符矫命，以赴平原[2]之急。背公死党之义成，守职奉上之节废，故毛公数无忌曰：“于赵则有功矣，于魏则未为得。”凡此之类，皆华伪者。礼者，所以行谨敬，亦所以生惰慢反礼也。议曰：汉时欲定礼，文帝曰："繁礼饰貌，无益于理，躬化谓可耳。"故罢之。郭嘉谓曹公曰："绍繁礼多仪，公体任自然，此道胜者也。"夫节苦难贞，故生惰慢也。乐者，所以和情志，亦所以生淫放反乐也。《乐书》[3]曰：郑卫之音，乱代之音；桑间濮上之音，亡国之音也。故严安[4]曰："夫佳丽珍怪，固顺于耳目。故养失而泰，乐失而淫，礼失而彩，教失而伪。伪彩淫泰，非所以范人之道。"名者，所以正尊卑，亦所以生矜篡反名也。议曰：古者名位不同，礼亦异数，故圣人明礼制以序尊卑，异车服以彰有德。然汉高见秦皇威仪之盛，乃叹曰："大丈夫当如此！"此所以生矜篡。《老经》[5]曰：夫礼者，忠信之薄而乱之首。信矣哉！法者，所以齐众异，亦所以生乖分反法也。议曰：《道德经》云：法令滋彰，盗贼多有。贾谊云："法出而奸生，令下而诈起，此乖分也。"刑者，所以威不服，亦所以生凌暴反刑也。赏者，所以劝忠能，亦所以生鄙争反赏也。

【注释】①虞卿：名信，卿是他的官职。赵国中牟（今河南鹤壁）人，战国时期名士。善于战略谋划，在长平之战前主张联合楚魏迫秦求和；邯郸解围后，力斥赵郝、楼缓的媚秦政策，坚持主张以赵为主联合齐魏抵抗秦国。后因拯救魏相魏齐的缘故，抛弃高官厚禄离开赵国，终困于魏都大梁，于是发愤著书。著有《虞氏征传》《虞氏春秋》等。②平原：即赵胜，赵国贵族，赵武灵王之子，惠文王之弟。因贤能而闻名，号平原君，战国四君子之一。③《乐书》：指《史记》中的《礼记·乐记》，深入地阐述了"礼""乐"的区别以及二者的社会功能。④严安：西汉武帝文学侍从之一，与司马相如等俱被尊学。后为骑马令。⑤《老经》：又称《道德经》，春秋时期老子（李耳）的哲学作品，又称《道德真经》《老子》《五千言》《老子五千文》，是我国古代先秦诸子分家前的一部著作，是道家哲学思想的重要来源。

【译文】臣听说夏商周三代的灭亡，不是因为它们法规制度的落后，而是因为执行法规制度的人不行。虽然知道法规制度都是先王总结出来的，但是如果没有真正懂得执行法规制度的人，法规制度就不会得到正确执行。因此，尹文子说：“仁、义、礼、乐、名、法、刑、赏这八项是五帝、三王治理国家的方法。”就仁来说，是为了广泛的施惠大众，但也容易在这个过程中产生偏私之心这是仁义的反面。评论：按礼法讲，给某一家施惠，不能够普及全国，士大夫不应该拿公家的好处。孔子说：“天子爱整个天下的百姓，诸侯爱自己封地内的百姓，不能爱超过自己所管辖的人，是为了防止出现偏心施惠。”因此，有偏心施惠的人是为君者所厌恶的。**就义来说，是为了树立正确的节操和品行，但也容易成为华而不实，虚伪的行为**这是义的反面。评论：牺牲自己，以身殉国，在面临生死危难之际，志不可夺，这是真正的大义。如果像赵国的丞相虞卿，抛弃宰相之位，偷偷逃离赵王，去帮助魏齐解除危难，或者像信陵君魏无忌，偷盗兵符，假传命令，去帮助平原君解除危难。虽然违背国家利益成全了朋友的情义，但却废弃了尽忠职守，克己奉公的节操，所以毛公数落无忌说：“你对赵国有功，但对魏国却没有好处。”凡是像这样的事，都是华而不实，虚伪有害的。**就礼来说，是为了使行为严谨恭敬，但也容易生出懒惰散漫**这是礼的反面。评论：汉朝时有人想要制定礼仪制度，文帝说：“繁琐的礼仪只是装饰表面，对于治理国家没有好处，只要以身作则去教化大家就可以了。”所以就否定了这个建议。郭嘉对曹操说：“袁绍制定的礼仪繁琐，曹公您制定的直接自然，从这个方面您便胜过他了。”繁琐的礼节让人叫苦不迭，人们就会生出懒惰散漫。**就乐来说，是为了陶冶情操，和谐心灵，但也容易生出淫逸放荡**这是乐的反面。《乐记》指出：郑国、卫国的音乐，是乱世的音乐；反映男女幽会的音乐，是亡国的音乐。因此严安说：“那些好的、美的、珍贵的、稀奇的东西本来就能让人耳目愉悦。所以过于保养就会安逸，过度娱乐就会荒淫，过度讲究礼节就容易使人追求华丽，管教过度就容易使人虚伪。虚伪、华丽、荒淫、安逸并不能规范人们的言行。”**就名来说，是为了划分尊卑等级，但也容易产生骄矜篡夺的野心**这是名的反面。评论：

古时候名望地位不同，礼仪待遇也会不同，所以圣人用礼仪制度明确名望地位，使人们尊卑有序，用不同的车马来表彰那些有德行的人。然而当汉高祖刘邦见到秦始皇仪仗的威仪时，就感叹说："大丈夫就应当如此！"这样就产生了骄矜篡夺的想法。《道德经》说：礼仪，是忠信观念淡薄之后才制定的，是大乱的开始。确实是这样。**就法来说，是为了约束规范大家的行为，让人们安分守己，但也容易背离法令，寻找法令的漏洞，做出违反法令的事**这是法的反面。评论：《道德经》说：法令越是显著繁多，盗贼就越多。贾谊说："法令出台，有人在做坏事前就先研究法令的漏洞，做了坏事又不触犯法令，法令也没有办法约束他。"这就是分离法令。**就刑来说，是为了威慑不服管教的人，但也容易产生欺压暴虐百姓的事**这是刑罚的反面。**就赏来说，是为了能奖励忠诚有能力的人，但也容易产生用不正当手法竞争的情况**这是赏的反面。

《文子》曰：圣人其作书也，以领理百事，愚者以不忘，智者以记事。及其衰也，为奸伪，以解有罪而杀不辜反书也。《文子》曰：察于刀笔之迹者，即不知理乱之本；习于行阵之事者，即不知庙胜之权。《庄子》[①]曰：儒以《诗》[②]《书》[③]发冢。大儒曰："东方作矣！事之何若？"小儒曰："未解裙襦，口中有珠。《诗》固有之曰：青青之麦，生于陵陂。生不布施，死何含珠为？接其鬓，压其顪（huì），儒以金椎控其颐，徐徐列其颊，无伤口中珠。"由此言之，诗礼乃盗资也。顪音许秽反，控音腔。其作囿也，以奉宗庙之具，简士卒，戒不虞。及其衰也，驰骋弋猎，以夺人时反囿也。齐宣王见文王囿大，人以为小，问于孟子[④]。孟子曰："周文王之囿，方七十里，刍荛者往焉，雉兔者往焉，与人同之，民以为小，不亦宜乎？臣闻郊关之内，有囿方四十里，杀其麋者，如杀人之罪，民以为大，不亦宜乎？"楚灵王[⑤]为章华之台，伍举[⑥]谏曰："夫先王之为台榭也，榭不过讲军实，台不过望氛祥。其所不夺穑地，其为不匮财用，其事不烦官业，其日不妨时务。夫为台榭，将以教人利也，不闻其以匮乏也。”其上贤也，以平教化，正狱讼，贤者在位，能者在职，泽施于下，万人怀德。至其衰也，朋党比周，各推其与，废公趋私，外内相举，奸人在位，贤者隐处反贤也。太公谓文王曰：“君好听世俗之所举者，或以非贤为贤，或以非智为智。君以世俗之所举者为贤智，以世俗之所毁者为不肖，则多党者进，少党者退。是以群邪比周而蔽贤，是以世乱愈甚。”文王曰：“举贤奈何？”太公曰：“将相分职，而君以官举人，案名察实，选才考能，则得贤之道。”古语曰：“重朋党则蔽主，争名利则害友，务欲速则失德也。”

【注释】①《庄子》：又名《南华经》，道家经文，战国中期庄子及其后学所著。内容丰富，博大精深，涉及哲学、人生、政治、社会、艺术、宇宙生成论等诸多方面。与《老子》《周易》合称“三玄”。②《诗》：即《诗经》，是我国第一部诗歌总集。③《书》：即《尚书》，又称《今文尚书》，儒家经典之一，是我国最早的一部历史文献汇编。④孟子：姬姓，孟氏，名轲，字号子舆，战国时期邹国（今山东济宁邹城）人。著名哲学家、思想家、政治家、教育家，儒家学派的代表人物之一，与孔子并称“孔孟”。宣扬“仁政”，最早提出“民贵君轻”的思想。元朝尊称为“亚圣”。著有《孟子》一书。⑤楚灵王：芈姓，熊氏，初名围，楚共王的次子，杀了侄儿楚郏敖自立，即王位后改名虔，是春秋时代有名的穷奢极欲、昏暴之君。⑥伍举：春秋时期楚国人。因封于椒（今安徽省阜南县焦陂镇），又称椒举。楚国大夫伍参之子，伍奢之父，伍员（即伍子胥）祖父。曾任春秋楚庄王时期负责军事兵员管理的武职右司马。楚庄王“一鸣惊人”的典故就源于与伍举的对话。

【译文】《文子》说：圣人创造文字，是用来引领百姓理解天下大事的，使愚昧的人变聪明，使聪明的人更加有学识。当人们都有了学识文化后，社会风气变得不好，有学识的人变得奸佞虚伪，为有罪

的人辩护，冤枉杀害无辜的人这是文字的反面。《文子》说：那些熟悉文字、学识渊博的人，不知道治国安邦的根本；那些通晓行军打仗、排兵布阵的人，不知道整个国家的施政方略。《庄子》说：读书人一边念着《诗经》《尚书》，一边去挖坟盗墓。学问品德高尚的人说：“东方发白，天快亮了，事情怎么样了？”学问浅陋的人说：“还没有解开死者的衣服，他口中有宝珠。《诗经》本来就有这样的话：绿油油的麦子，在山坡上生长，熟了以后让人吃。生前不向人布施，死后凭什么能口中含着宝珠？抓着他的头发，按着他的胡子，用金椎控制他的下巴，慢慢敲到他的脸颊，不要伤到口中的珠子。”从这里可以看出，诗书礼乐只不过是盗墓的工具。**国家修建林园，是为了让祖先灵位有存放的地方，以便祭祀供奉祖先，也可以训练选拔士兵，防备意外发生。后来园林发生了不好的变化，变成了骑马打猎的地方，耽误了农时，影响了生产**这是建造林园的反面。齐宣王看见周文王的园林很大，但百姓却认为小，向孟子请教。孟子说：“周文王的园林，方圆七十里，割草打柴的人可以自由出入，捕食野鸡野兔的人也可以自由出入，与百姓一起使用，百姓认为园林小，还希望再大一点，不是正常的吗？我听说大王您在城里有园林四十里，如果百姓捕杀里面的麋鹿，就会按杀人罪论处，百姓认为园林大，不是正常的吗？”楚灵王修建章华台，伍举劝谏说：“先王修建楼台亭榭，亭榭是为了训练军队，楼台是为了观测天气星象。修建这些楼台亭榭没有强占农田，建造花费的费用没有影响国家财政，修建的工作没有扰乱公家的正常事务，修建的日子也不妨碍农时。这样修建的楼台亭榭，将会对百姓有利，也没听说使国家财政匮乏。”**推崇有德才的人，是为了能让文化教育得到普遍发展，使刑事诉讼能够公平正义。贤能的人拥有应有的地位，有才能的人在正确的官位上，君主广施恩德给天下人，万民都会感念君主带来的好处。后来政治衰败，结党营私，拉帮结派，为了自己的利益，各自推荐与自己关系好的人，一心谋求私利，损害国家的利益，对自己帮派里的人一味举荐，对帮派外的人竭力打压，邪恶狡诈的人占据要位，有道德才能的人被迫退隐**这是贤的反面。姜太公对周文王说：“君主，您喜欢听世俗所推荐的，实际上有的人把没有德行的人而当作有德行的人推荐给您，而有的人把没有才能的人当作有才能的人推荐给您。您认为世俗所推荐的人是有德行才能的人，世俗所诋毁的人是品德低下的人，那么就会造成结党营私的人高升，而没有拉帮结派的人受到排挤。人们就都会去结党营私而排挤有德才的人，天下就会更乱。”文王说：“那么怎样举荐贤能呢？”太公说：“将文官和武官分开职能，您根据官位的职能要求来选拔他们，实事求是，选拔人才，考察才能，这才是获得有德才之人的方法。”古语说：“重视结党营私就会蒙蔽君主，争夺名利就会伤害朋友，急功近利就会失掉德行。”

《韩诗外传》①曰：夫士有五反，有势尊贵，不以爱人行义理，而反以暴傲反贵也。古语曰：“富能富人者，欲贫不可得；贵能贵人者，欲贱不可得；达能达人者，欲穷不可得。”梅福②曰：“存人所以自立也，壅人所以自塞也。”家富厚，不以振穷救不足，而反以侈靡无度反富也。资勇悍，不以卫上攻战，而反以侵凌私斗反勇也。凡将帅轻去就者，不可使镇边，使仁德守之则安矣。心智惠，不以端计教，而反以事奸饰诈反智惠也。《说苑》③曰：君子之权谋正，小人之权谋邪。貌美好，不以统朝莅人，而反以蛊女从欲反貌也。此五者，所谓士失其美质。

【注释】①《韩诗外传》：一部记述我国古代史实、传闻的著作，共十卷。由360条轶事、道德说教、伦理规范以及实际忠告等不同内容的杂编。一般每条都以一句恰当的《诗经》引文作结论，以支持政事或论辩中的观点。②梅福：字子真，九江郡寿春（今安徽寿县）人。少年求学长安，是《尚书》和《谷梁春秋》专家。西汉南昌县尉，经常上书言政。后去官归寿春。③《说苑》：又名《新苑》，古代杂史小说集。刘向编。成书于鸿嘉四年。原20卷，后仅存五卷，又经宋曾巩搜辑，复为二十卷，每卷各有标目。按各类记述春秋战国至汉代的遗闻轶事。其中以记述诸子言行为主，不少篇章中有关于治国安民、家国兴亡的哲理格言。

【译文】《韩诗外传》说：士大夫有与贵、富、勇、智、貌五种本意相反的情况。有了大的权势、尊贵的地位却没有用来广爱百姓，施行仁义，通情达理，反而变得暴虐傲慢这是贵的反面。古语说："自己富也能让他人富的人，想要贫穷也是不能够的；自己当官地位高也能让他人当官地位变高的人，想要卑贱也是不能够的；自己发达也能让他人发达的人，想要贫穷也是不能够的。"梅福说："心中有他人的人，自己也能独立自足，堵塞他人道路的人，自己的道路也会堵塞。"家底丰厚富足的人，却不愿赈济穷人，救助衣食不足的百姓，反而变得奢侈糜烂，挥霍无度这是富的反面；智慧勇敢的人，不用自己的能力去保卫国家，征战沙场，反而是恃强凌弱、沉溺私斗、好勇斗狠这是勇的反面。所有行动轻率的将领，不可以派遣他们去镇守边关，而应该派遣那些待人宽厚、好施恩德的人去镇守，那么国家就可以安定了。聪慧的人，却不能端正心态去做正确的事，反而是做事奸诈狡猾这是智惠的反面。《说苑》说：君子用权谋做正义的事，小人用权谋做坏事。容貌美丽，不是用来在公众面前树立美好的形象，反而用来蛊惑女子，放纵私欲这是貌的反面。如果士大夫走向这五类的反面，就会失去美好的品质。

太公曰："明罚则人畏慑，人畏慑则变故出反明罚也。明察则人扰，人扰则人徙，人徙则不安其处，易以成变反明察也。"太公曰："明赏则不足，不足则怨长。明王理人，不知所好，而知所恶；不知所归，而知所去。使人各安其所生，而天下静矣。"晋刘颂①曰："凡监司欲举大而略小，何则？夫细过微阙，谬妄之失，此人情所必有，所固不许在不犯之地，而悉纠以法，则朝野无立人。此所谓以治而乱也。"

【注释】①刘颂：字子雅，广陵（治今江苏淮阴县）人。西晋时期律法学家，西汉广陵厉王刘胥之后。历任司马昭相府掾、尚书三公郎、中书侍郎、议郎等职，后代理廷尉，在职六年，号称详察公平，被时人比作西汉张释之。

【译文】姜太公说：“刑罚严明就会让百姓感到畏惧，百姓感到畏惧就会生出意外的事情这是刑罚严明的反面。观察细微会让百姓感到困扰，百姓感到困扰就会迁徙到其他地方，百姓的搬迁会使这个地方动荡不安，就容易生出变动这是观察细微的反面。”姜太公说：“次次明示赏赐就会让人感到不满足，不满足就会产生怨恨。”圣明的君主管理百姓，不知道百姓喜欢什么，却知道百姓厌恶什么；不知道百姓为什么归顺自己，却知道为什么离弃自己。让百姓都安居乐业，那么天下就太平了。西晋刘颂说：“为什么所有负责监察的官吏都攻克大的案件而忽略小的案件呢？是因为漏掉细小的谬误、过失，这本来就是人之常情，理所当然的事情，不应当将这些人放在犯法的行列里，再全部按法律处罚，如果这样做了，那么朝廷里将没有人去做官。这就是想要治理却变得动乱的意思。”

晏子曰：“臣专其君，谓之不忠；子专其父，谓之不孝；妻专其夫，谓之嫉妒反忠孝也。”《吕氏春秋》曰：夫阴阳之和，不长一类；甘露时雨，不私一物；万人之主，不阿一人。申子[①]曰：“一妇擅夫，众妇皆乱；一臣专君，群臣皆蔽。故妒妻不难破家也，而乱臣不难破国也。”是以明君使其臣，并进辐凑，莫得专君焉。

【注释】①申子：即申不害，东周郑国京（今河南省荥阳县东南）人，著名的思想家和改革家。法家创始人之一。著作《申子》。

【译文】晏子说：“臣子只专注于君王，就是不忠；孩子只专注于父亲，就是不孝；妻子只专注于丈夫，就是嫉妒这是忠孝的反面。”《吕氏春秋》说：阴阳调和，不局限在一种类别里；甘美的露水，应时的雨水，不只滋润一种事物；天下的君主，不偏袒任何一个人。申子说：“妻子独占丈夫，其他的小妾就都乱了；一个臣子独占君王，其他臣子的才能就会被遮蔽。所以一个善妒的妻子可以毁灭一个家庭，一个专权的大臣会毁灭一个国家。”所以贤明的君主任用臣子，是把臣子都聚集在一起，齐头并进，听取意见，就不会有专权的事情发生了。

韩子①曰：“儒者以文乱法，侠者以武犯禁反文武也。”曹公曰：“恃武者灭，恃文者亡，夫差、偃王②是也。”《吴子》③曰：昔承桑氏④之君，修德废武，以灭其国；有扈⑤之君，恃众好勇，以丧社稷。明主鉴兹，必内修文德，外治武训，故敌而不进，无逮于恭；僵尸而哀之，无及于仁矣。《钤经》曰：文中多武，可以辅主；武中多文，可以匡君；文武兼备，可任军事；文武兼阙，不可征伐。

【注释】①韩子：即韩非，战国时期韩国都城新郑（今河南省郑州市新郑市）人，法家代表人物，杰出的思想家、哲学家和散文家。著有《韩子》。②偃王：即徐偃王，嬴姓徐氏，名诞，西周时徐国国君。周穆王末年，徐君偃好行仁义，前来归顺的东夷国家有四十多个。后被周穆王使计杀害。③《吴子》：又名《吴起兵法》或《吴子兵法》，是吴起军事思想的主要载体。④承桑氏：又名穷桑氏、空桑氏，即古代传说中的少昊氏。因生于西海之滨的穷桑，故名。⑤有扈：有扈氏，古部落名，姒姓，是夏代时期一个部落或酋邦。

【译文】韩非子说：“读书人用文献典籍来扰乱国家法度，崇尚武力的人用武力来触犯国家的禁令这是武的反面。”曹操说：“只依赖文或只依赖武都会导致国家灭亡，吴王夫差和徐偃王就是这样的。”《吴子》说：从前承桑氏的国君，钻研道德教化而放弃武力统治，最终造成国家被灭。有扈氏的国君，仗着人多喜欢好勇斗狠，最后国家也灭亡了。贤明的君主吸取这些教训，一定会对内钻研道德教化，对外加强武力建设。因此，面对敌人不进攻抓捕，这不是仁义；看到僵硬的尸体而感到哀伤，这不是仁爱。《钤经》说：在有道德修养的人中多些勇猛有军事才能的人可以辅佐君王；在勇猛有军事才能的人中多些有道德修养的人，可以匡扶君主；文才武德都具备的人，可以担任军事要职；文才武德都缺的人，不能够去带兵打仗。

子路拯溺而受牛谢，孔子曰：“鲁国必好救人于患也。”子贡赎人而不受金于府鲁国之法，赎人于他国者，受金于府也。孔子曰：“鲁国不复赎人矣。”子路受而劝德，子贡让而止善。由此观之，廉有所在，而不可公行反廉也。匡衡云：“孔子曰：‘能以礼让为国乎？何有？’朝廷者，天下之桢干也，公卿大夫相与修礼恭让，则人不争；好仁乐施，则下不暴；上义高节，则人兴行；宽柔惠和，则众相爱。此四者，明王之所以不严而化成也。何者？朝有变色之言，则下有争斗之患；上有自专之士，则下有不让之人；上有克胜之佐，则下有伤害之心；上有好利之臣，则下有盗窃之人。此其本。”

【译文】子路因为拯救溺水的人而收到别人一头牛的谢礼，孔子说：“鲁国人一定会喜欢救人于危难。”子贡从别国把人赎回却没有接受政府给的赏金鲁国的法令规定，从别的国家把人赎回，可以向政府收取赏金。孔子说：“鲁国人不会再有人从别国赎人了。”子路接受谢礼的行为能劝勉大家行善，而子贡谦让的行为却制止了大家行善。从这里可以看出，廉洁谦让也分场合，公然进行是不可以的这是廉洁谦让的反面。匡衡说：“孔子说过：‘能用礼让治理国家吗？哪里有这样的事？’朝廷是天下的重中之重，公卿大夫们相互之间恭敬谦让，与人为善，不互相争斗；公卿大夫们乐善好施，那么百姓就不会粗暴；公卿大夫们高风亮节，百姓们就会学习效仿他们的行为；公卿大夫们宽容温和，那么大家就都会相互爱护。这四类，不是靠贤明的君王威严就能达成。为什么这样说呢？因为朝廷官员如果变脸争吵，对于下层的人来说就会有争斗的忧患；上层官员如果独断专行，那么下层中就会互不谦让；上层官员如果忌刻好胜，下层的人就会生出伤害他人的心；上层官员贪图财利，下层就有偷盗财物的人。这就是为什么说朝廷的风气好坏是整个社会风气的根本。”

《慎子》[①]曰：忠未足以救乱代，而适足以重非。何以识其然耶？曰：父有良子而舜放瞽叟，桀有忠臣而过盈天下。然则孝子不生慈父之家六亲不和，有孝慈，而忠臣不生圣君之下国家昏乱，有忠臣。故明主之使其臣也，忠不得过职，而职不得过官反忠也。京房[②]论议，与石显[③]有隙，及京房被出为魏郡太守，忧惧上书曰：“臣弟子姚平[④]谓臣曰：‘房可谓小忠，未可谓大忠，何者？昔秦时，赵高用事，有正先者，非刺高而死，高威自此成，秦之乱，正先趣之。’今臣得出守郡，唯陛下毋使臣当正先之死，为姚平所笑。”由此而观之，夫正先之所谓忠，乃促秦祸，忠何益哉？

【注释】①《慎子》：具有明显的道家和法家的特点，主张因循自然，清静而治，作者慎到。②京房：西汉学者，本姓李，字君明，东郡顿丘（今河南清丰西南）人。治易学，师从梁人焦延寿，详于灾异，开创了京氏易学，有京氏易传存世。③石显：字君房，济南人（今济南章丘县西）。西汉汉元帝刘奭时期奸臣。④姚平：河东人，西汉著名学者、经学家，舜帝第69世嫡长孙。官至冀州刺史、谏议上大夫。

【译文】《慎子》说：忠臣在乱世中不能够拯救国家，甚至还会使情况变得更坏。为什么这样说呢？话说瞽叟有一个好儿子舜，但瞽叟对舜不好甚至要杀死舜，舜却原谅了瞽叟；夏桀很坏，恶贯满盈，但他却有忠心的臣子。然而孝顺的孩子与仁慈的父亲却不会出自一家六亲不和睦时才能看出子女的孝顺，父母的慈爱，忠心的臣子不会在圣明的君王底下效力国家昏乱时才能看出臣子的忠心。所以圣明的君主任命他的臣子时，既要臣子忠心又不能让臣子做超过他们职权范围的事，臣子可以使用职权但不能使用超过他们自己官职的职权这是忠心的反面。京房与石显因为对事情的看法不同而有了嫌隙。到了京房被贬为魏郡太守时，他担忧恐惧，上书给皇上说："臣的舅子姚平对臣说：'我只能算是小忠，不能说是大忠，为什么这么说呢？当初秦朝时，赵高掌权，有一位叫正先的臣子，因为非议讽刺赵高而死，赵高的威名从此树立，可以说秦朝的动乱是正先促成的。如今臣任职守郡，只希望陛下不要让臣向正先那样死去，被姚平嘲笑。'"从这里可以看出，像正先那样的忠臣，却促成了秦朝的祸乱，这样的忠心又有什么好处呢？

《鬼谷子》[1]曰：将为胠箧、探囊、发匮之盗胠，音起居反。胠、发也。从傍开为胠，为之守备，则必摄缄縢摄，结也，固扃鐍音决，细也，此代俗之所谓智也。然而巨盗至，则负匮揭箧揭，音其谒反，担囊而趋，唯恐缄縢扃鐍之不固也，然则向之所谓智者，有不为盗积者乎？反智也。《孙子》曰：小敌之坚，大敌之擒也。其所谓圣者，有不为大盗守者乎？何以知其然耶？昔者齐国，邻邑相望，鸡狗之音相闻，罔罟之所布，耒耨之所刺，方二千余里，阖四境之内，所以立宗庙社稷，治邑、屋、州、闾、乡、里者，曷常不法圣人哉？然而田成子[2]一朝杀齐君而盗其国，所盗者，岂独其国耶？并与圣智之法而盗之，故田成子有乎盗贼之名，而身处尧、舜之安，小国不敢非，大国不敢诛，十二代而有齐国，则是不乃窃齐国，并与其圣智之法，以守其盗贼之身乎？反圣法也。昔叔向问齐晏子曰："齐其如何？"晏子曰："此季世，吾弗知。齐其为陈氏矣。公弃其人而归于陈氏。齐旧四量：豆、区、釜、钟。四升为豆，各自其四，以登于釜，釜十则钟。陈氏三量，皆登一焉，钟乃大矣。以家量贷，而以公收之。山木如市，弗加于山；鱼盐蜃蛤，弗加于海；人三其力，二入于公而衣食其一。

公聚朽蠹而三老[3]冻馁，国之诸市，屦贱踊贵，人多疾病，而或燠休之。其爱之如父母，归之如流水，欲无获人，将焉避之？

【注释】①《鬼谷子》：战国著名道家、纵横家鼻祖鬼谷子王诩的著作。又名《捭阖策》，该书侧重于权谋策略及言谈辩论技巧。②田成子：即田恒，因其家族出自陈国，也称为陈恒，汉朝为汉文帝刘恒避讳，改称田常。③三老：指上寿、中寿、下寿的年龄分别以120岁、100岁、80岁为界，他们都80岁以上。

【译文】《鬼谷子》说：为了防备撬箱子、摸口袋、撬柜子的盗贼，人们守护他们的财物，一定会用绳子在箱子、柜子外面牢牢地扎紧，再用锁子牢牢地锁住，这就是世人所说的聪明的防盗方法。然而等到江洋大盗来了，他们可以背着箱子、柜子，担着行囊走，人们唯恐绳结、锁子不够牢靠。可是那些所谓聪明的人是为了防盗，最后哪个不是为大盗积累财富呢？这是聪明的反面。《孙子》说：在两军对战中，弱小军队的坚固武器最后会被强大的军队所获得。那些所谓的圣人，不也是在为大盗积累精神财富吗？为什么这样说呢？当初的齐国，城与城之间相邻，两城中的鸡鸣狗叫之声都可以互相听见，捕鱼打猎的人，种田耕地的人，遍布方圆两千里。在整个国家之中，建立宗庙社稷，治理城市乡村，哪一样不是按照圣人制定的法规办的呢？然而，田成子一夕之间杀掉了齐简公，窃取了齐国的政权，难道他所偷盗的只是国家的政权吗？连圣人的法规制度也一起偷盗了。因此田成子虽然有盗贼的名声，但也像尧、舜一样稳坐江山，小的国家不敢非难他，大的国家不敢讨伐诛杀他，他将齐国的江山传给了自己的子孙后代。那么他就不只是盗窃了齐国的政权，还一并盗取了圣人的制度法规来保护他这个盗贼。这是圣人法规制度的反面。曾经叔向问齐国的晏子说："齐国怎么样了？"晏子说："这时是齐国衰败的时期，我也不知道会怎么样。齐国可能会是陈氏的吧。齐国政府抛弃了百姓，百姓都归顺了陈氏。"齐国以前有四种测量工具，即豆、区、釜、钟。四升为一豆，按照顺序逢四进一级，等到釜的时候就变成了十釜为一钟。陈氏有三种测量工具，都在齐的基础上涨了一倍，到钟的时候容量就大多了。用私家的测量标准去放贷，用政府的测量标准去收取。山中的木材进入市场的价钱，却不如在山里的价钱高，把海鲜食盐运到市场去卖，价格却没有海边的价格高。若把百姓的力气分成三份，其中两份都奉献给国家，自己穿衣吃饭用一份力气。但是政府的钱物都多到腐朽虫蚀了，老人们却都饥寒交迫，国都的各个市集上，鞋子的价格便宜，假肢的价格很贵，百姓生活艰苦，陈氏就去抚慰百姓。百姓爱戴陈氏就像爱戴自己的父母一样，像流水一样纷纷归顺陈氏，想要陈氏不获得人心，怎么可能呢？齐国的灾难又怎么能避免呢？

跖[①]之徒问于跖曰："盗亦有道乎？"跖曰："何适其无有道耶？夫忘意室中之藏，圣也；入先，勇也；出后，义也；知可否，智也；分均，仁也。五者不备而能成大盗者，天下未之有也。"后汉末，董卓入朝，将篡位，乃引用名士。范晔论曰："董卓以虓阚为情，遭崩剥之势，故得蹈藉彝伦，毁裂畿服。夫以刳肝斮趾之性，则群生不足以压其快，然犹折意缙绅，迟疑凌夺，尚有盗窃之道焉。"由是观之，善人不得圣人之道不立，盗跖不得圣人之道不行。天下之善人少，而不善人多，则圣人之利天下也少，而害天下也多矣。反仁义也。议曰：昔仲由为郈宰，季氏以五月起长沟。当此之时，子路以其私秩粟为浆饭，以饷沟者。孔子闻之，使子贡往覆其饭，击毁其器。子路曰："夫子嫉由之为仁义乎？"孔子曰："夫礼，天子爱天下，诸侯爱境内，大夫爱官职，士爱其家。过其所爱，是曰侵官。"汉武时，河间献王[②]来朝，被服造次，必于仁义。武帝色然难之，谓曰："汤以七十里，文王以百里，王其勉之！"王知其意，归即纵酒。由是言之，夫仁义兼济，必有分乃可。故《尸子》曰：君臣父子，上下长幼，贵贱亲疏，皆得其分曰理，爱得分曰仁，施得分曰义，虑得分曰智，动得分曰适，言得分曰信，皆得其分而后为成人。由是言之，跖徒之仁义，非其分矣。

【注释】①跖：原名展雄，姬姓，展氏，名跖，又名柳下跖、柳展雄，春秋时期的率领盗匪数千人的大盗。②河间献王：即刘德，汉景帝刘启第二子，废太子刘荣同母弟，汉武帝刘彻异母兄，西汉宗室、藏书家。

【译文】盗跖的徒弟问盗跖说："强盗也有道义吗？"盗跖说："做什么事情能没有道义呢？偷盗前猜想房中有没有值钱的物品，值不值得动手，这是圣；偷盗时先动手，这是勇；结束后最后撤离，这是义；能够知道行动是否安全可行，这是智；偷来的赃物事后可以平均分配，这是仁。能够成为大盗却不具备这五项的，天下还从来没有过。"东汉末年，董卓在朝为官，想要篡位，就招揽任用有名望却没有做官的人。范晔说："董卓勇猛强悍，碰到东汉政权崩塌的局面，于是就践踏伦理道德，毁灭纲常制度。他那挖剖人肝脏，砍人手足的性格，将众生都杀了都不能满足他的快意，然而就是这样的人，也会对有名望的人尊敬有礼，慢慢地夺得政权，他也尚且懂偷窃之道。"从这里可以看出，善良的人要遵循圣人之道才能成功，像盗跖这样的盗贼，不遵循圣人之道就更不能成功了。天下好人占少数，坏人占多数，那么圣人之道能给天下人带来的好处就少，而带给天下人的祸患却多。这是道义的反面。评论：当初子路担任郈的长官，掌权者想用五个月就挖一条长沟。当时，子路用自家的粮食给民工做饭吃，奖赏鼓励民工。孔子听说了这件事，派遣子贡去将做好的饭倒掉，打破锅灶。子路说："先生你这是嫉妒我做好事施仁义吗？"孔子说："礼法规定，天子爱天下的百姓，诸侯爱自己封地内的百姓，当官的做好自己分内的事，百姓爱自己的妻儿。爱超过自己所能够爱的范围，就是侵犯他人的权力。"汉武帝时，河间献王来朝见皇帝，穿著打扮、衣食住行都简单随意，展现了仁义之风。汉武帝的脸色难看，对他说："商汤有七十里，周文王有百里，献王你的领地比他们的大，可以继续努力。"献王知道汉武帝不放心自己，于是回到封地就开始饮酒作乐，不理庶务。从这里可以看出，想要仁与义都具备，必须要掌握分寸才行。因此《尸子》说：君臣父子，上下长幼，贵贱亲疏，都应该知道自己的位置，不要僭越，这叫做理；爱他人要掌握分寸，这叫做仁；施舍财物要掌握分寸，这叫做义；考虑问题要掌握分寸，这叫做智；行动举止要掌握分寸，这叫做适；言谈要掌握分寸，这叫做信，这些都能做到掌握分寸才能算是成熟的人。从这里可以看出，盗跖的道义并没有掌握好分寸。

由是言之，夫仁义礼乐、名法刑赏，忠孝贤智之道，文武明察之端，无隐于人，而常存于代，非自昭于尧、汤之时，非故逃于桀、纣之朝。用得其道则天下理，用失其道则天下乱。孙卿曰："羿之法非亡也，而羿不世中；禹之法犹存也，而夏不代王。"故法不能独立，得其人则存，失其人则亡矣。《庄子》曰：宋人有善为不龟手之药者，代以洴澼绒为事。客闻之，请买其方百金。客得之，以说吴王。越人有难，吴王使之将。冬，与越人水战，大败越人，裂地而封。能不龟手一也，或以封，或不免于洴澼绒，则其所用之异。故知制度者，代非无也，在用之而已。

【译文】由此可以得出，仁义礼乐、名法刑赏这八项治国的方法，以及忠孝贤智这四项做人的道理以及文才武德、审查严明的才能都不会对别人隐瞒，而会一直都存在。并不是在尧、汤的时代就显露出来，也不是在夏桀、商纣的时代就隐藏起来。正确的运用这些道理，天下就能实现大治，错误的使用这些道理，天下就会大乱。荀子说："后羿射日的方法并没有消亡，但后羿却已经不在世上；大禹的方法还犹存于世，但夏朝却没有代代相传下去。"因此这些道理方法是不能独立的存在于世上，必须掌握在有能力、会运用的人手中才能流传下去，掌握在不会运用、没有能力的人手中只能消亡湮灭。《庄子》说：宋国有人擅长做防止皮肤冻裂的药，他们家世代以漂布为生，有此药，手上从来不会有冻裂。有客人听说了这件事，请求用百两黄金购买他的秘方。客人得到了这个秘方后就告诉了吴王。在与越国的战争中，吴王任命这个客人担任将军。到了冬天，与越国人打水战，越国人大败，这个客人立了大功，分到土地，受封诸侯。同样的一种防止皮肤冻裂的药，有的人受封诸侯，有的人还在世代以漂洗为生，这就是方法使用的不同。**因此我们知道，好制度每个时代都会有，只是看你会不会运用了。**

是非第十四

夫损益殊途，质文异政。或尚权以经纬，或敦道以镇俗。是故，前志垂教，今皆可以理违。何以明之？

【译文】增加或减少是改革政治制度的两种方法，而仁义与礼乐是统治阶级推行政治制度的两种方法。有的人崇尚用权力来治理国家，有的人崇尚用道德教化来教育百姓。因此前人的观点现在都可以从中找到正反两种论点。为什么这样说呢？

是曰《大雅》[①]云：既明且哲，以保其身。《易》[②]曰：天地之大德曰生。非曰《语》[③]曰：士见危致命。又曰：君子有杀身以成仁，无求生以害仁。

【注释】①《大雅》：《诗经》二雅之一，为先秦时代我国诗歌。共三十一篇。多为西周王室贵族的作品，主要歌颂周王室祖先乃至武王、宣王等之功绩，有些诗篇也反映了厉王、幽王的暴虐昏乱及其统治危机。②《易》：即《易经》，指《连山》《归藏》《周易》三部易书。现仅存《周易》。③《语》：即《论语》，孔子及其弟子的语录结集，由孔子弟子及再传弟子编写而成，至战国前期成书。

【译文】正方《大雅》说：明智聪慧，为人处世周到才能保全自己。《易经》说：天下最大的德行就是爱惜生命。反方《论语》说：士人碰到危难，应该舍身取义。又说：君子只有为了正义的事情而牺牲自己生命的，没有为了生存就放弃仁义的。

是曰《管子》①曰：疑今者察之古，不知来者视之往。古语曰："与死人同病者，不可生也；与亡国同行者，不可存也。"非曰《吕氏春秋》曰：夫人以食死者，欲禁天下之食，悖矣；有以乘舟死者，欲禁天下之船，悖矣；有以用兵丧其国者，欲偃天下之兵，悖矣。杜恕②曰："夫奸臣贼子，自古及今，未尝不有。百岁一人，是为继踵；千里一人，是为比肩。而举以为戒，是犹一噎而禁人食也。噎者虽少，饿者必多。"

【注释】①《管子》：先秦时期各学派的言论汇编，内容广博，包括法家、儒家、道家、阴阳家、名家、兵家和农家的观点，是先秦时期政治家治国、平天下的大经大法。②杜恕：字务伯，京兆杜陵人。西汉御史大夫杜延年之后，尚书仆射杜畿之子。在太和年间任散骑黄门侍郎。在朝中不结朋党，专心公事，每有政事得失，都据引纲纪来说理。

【译文】正方《管子》说：如果怀疑现实，可以看看从前。对未来迷茫，可以看看从前。古语说："与死人患同样的病，是不能活命的；与灭亡的国家使用同样的政策，是不能生存的。"反方《吕氏春秋》说：一个人因为吃饭被噎死，就要禁止全天下的人吃饭，这是谬误；有的人因为乘船淹死了，就要禁止天下人乘船，这是谬误；有的人因为打了败仗而被灭国，就想要取消天下的军队，这是谬误。杜恕说："奸臣贼子，从古到今，从来都有。百年中出现一个，就认为奸臣贼子是接踵而至；方圆千里之内出现一个，就认为奸臣贼子是比肩而行的。若把这个作为举荐人才的禁忌，就像是因为一个人被噎死就让所有人禁止吃东西一样，噎死的人虽然少了，但是饿死的人就多了。”

是曰孔子曰：“恶讦以为直。”非曰管子曰：“恶隐恶以为仁者。”魏曹羲[①]《至公论》曰：夫代人所谓掩恶扬善者，君子之大义；保明同好者，朋友之至交。斯言之作，盖闾阎之白谈。所以收爱憎之相谤，非笃正之至理，折中之公议也。世士不料其数，而系其言，故善恶不分，以覆过为弘也。朋友忽义，以雷同为美也。善恶不分，乱实由之。朋友雷同，败必从焉。谈论以当实为清，不以过难为贵；相知以等分为交，不以雷同为固。是以达者存其义，不察于文；识其心，不求于言。

【注释】①曹羲：三国时期魏国人，豫州沛国谯县（今安徽亳州），曹真之子，曹爽之弟。著作《至公论》。

【译文】正方孔子说：“敢讨厌那些揭发别人隐私的人，才是正直的人。”反方管子说：“敢厌恶那些隐瞒别人恶行的人，才是仁义的人。”魏国曹羲的《至公论》说：替别人掩藏恶行、宣扬善意的人是有君子大义的人；保持和宣扬同样的爱好，是有深厚感情的朋友。这样的说法，大概是民间的说法。所以受到了喜欢和不喜欢两种言论的攻击，这并不是淳厚正直的真理，是公众议论中适中的部分。世上的读书人不知道其中的道理，只是记住了其中几句话，所以不分善恶，世道人心就是这样开始乱的。朋友之间不注重情义，同样不分善恶，混淆是非，失败会随之而来。谈论事情应该以事实为基础，不以相互为难、苛责看作是可贵的精神；与人交往以平等本分为交往的前提，不把是非不分、彼此附和作为友谊稳固的标志。因此豁达聪慧的人只要大致的意思相同，不要求形式上绝对相同；只要心意是一样的，不要求言语一定相同。

是曰《越绝书》[①]曰：衒女不贞，衒士不信。非曰《汉书》曰：大行不细谨，大礼不让辞。

【注释】①《越绝书》：记载古代吴越地方史的杂史，又名《越绝记》。该书以春秋末年至战国初期吴越争霸的历史事实为主干，上溯夏禹，下迄两汉，旁及诸侯列国，对这一历史时期吴越地区的民族政治、经济、军事、天文、地理、历法、语言等多有所涉及，被誉为“地方志鼻祖”。

【译文】正方《越绝书》说：炫耀美貌的女子不贞洁，炫耀文采的读书人不可靠。反方《汉书》说：做大事的人不拘泥于小节，行大礼的人不在小事上谦让。

是曰黄石公曰：“务广地者荒，务广德者强；有其有者安，贪人有者残。残灭之政，虽成必败。”非曰司马错[①]曰：“欲富国者，务广其地；欲强兵者，务富其人；欲王者，务博其德。三资者备，而后王业随之。”

【注释】①司马错：少梁（今陕西韩城南）人。战国时期秦国名将，历史学家司马迁八世祖，历仕秦惠文王、秦武王、秦昭襄王三朝。

【译文】正方黄石公说：“追求扩大领土的国家，土地可能会荒芜；追求广施德行的国家，国家总会变得强大。享受自己所拥有的，会使人变得安定；贪图别人拥有的，会使人变得残暴。残暴的政权，虽然会成功，但最终必将失败。”反方司马错说：“想要国家富强，必须要扩大领土；想要使军队强大，必须要让百姓富起来；想要成为天下之主，必须要推行仁政。三个条件都具备了之后才能成就王业。”

是曰《传》曰：心苟无瑕，何恤乎无家？语曰：“礼义之不僭，何恤于人言？”非曰语曰：“积毁销金，积谗磨骨，众羽溺舟，群轻折轴。”

【译文】正方《左传》说：内心如果没有瑕疵，为什么要担忧没有家呢？古语说：“礼义上没有僭越，为什么要担忧人们的评论呢？”反方古语说：“不断的毁谤，能使人毁灭；羽毛虽轻，众多的羽毛也能将船压沉；东西再轻，多了也能将车轴压断。”

是曰孔子曰：“君子不器，圣人智周万物。”非曰列子[①]曰：“天地无全功，圣人无全能，万物无全用全，备也。故天职生覆，地职载形，圣职教化。”

【注释】①列子：战国前期道家代表人物。名寇，又名御寇。周朝郑国圃田（今河南省郑州市）人，古帝王列山氏之后。先秦天下十豪之一，著名的道学者、思想家、哲学家、文学家、教育家。著有《列子》。

【译文】正方孔子说：“君子心怀天下，不像器具那样，作用仅限于某一方面。圣人的智慧，世间万物无所不知。”反方列子说：“天地不是万能的，圣人也不是无所不知的。世间万物也不是完全有用的。”所以天的职能是养育众人，地的职能是承载万物，圣人的职能是教化百姓。

是曰孔子曰："君子坦荡荡，小人长戚戚。"非曰孔子曰："晋重耳[1]之有霸心也，生于曹、卫；越勾践之有霸心也，生于会稽。故居下而无忧者，则思不远；覆身而常逸者，则志不广。"

【注释】①重耳：即晋文公，姬姓，名重耳，春秋时期晋国的第二十二任君主。晋文公文治武功卓著，是春秋五霸中第二位霸主，也是先秦五霸之一，与齐桓公并称"齐桓晋文"。

【译文】正方孔子说："君子心胸坦荡，小人经常忧伤。"反方孔子说："晋文公重耳有称霸天下的雄心，是在流亡于曹国、卫国之间受到不好的待遇后产生的；越王勾践有称霸天下的雄心，是困在会稽时生出的。所以一个人地位低下却没有忧虑，说明他没有远大的志向；身处困境却能安逸的生活，说明他没有远大的志向。"

是曰韩子曰："古之人，目短于自见，故以镜观面；智短于自知，故以道正己。"非曰老子曰："反听之谓聪，内视之谓明，自胜之谓强。"

【译文】正方韩非子说："古时候的人，因为眼睛不能看到自己的面容，所以发明了镜子来看自己；因为思想上对自己所掌握的知识产生了疑惑，所以用道义来修正自己。"反方老子说："能够倾听别人的意见，就叫做聪明；能够进行自我反省，就叫做明智；能够自己战胜自己，就叫做强大。"

是曰唐且[1]曰："专诸[2]怀锥刀而天下皆谓之勇，西施被短褐而天下称美。”非曰慎子曰：“毛嫱、西施，天下之至姣也，衣之以皮倛，则见者皆走；易之以玄緆，则行者皆止。由是观之，则玄緆，色之助也。姣者辞之，则色厌矣。”

【注释】①唐且：即唐雎，战国时代魏国著名策士。为人有胆有识，忠于使命，不畏强权，敢于斗争并敢于为国献身。②专诸：春秋时吴国棠邑（今南京市六合区西北）人，是古代“四大刺客”（一说五大刺客）之一。

【译文】正方唐雎说：“专诸拿着鱼肠刀去刺杀吴王僚，天下人都说他勇敢；西施穿着粗布短衣，天下人都说她美丽。”反方慎子说：“毛嫱、西施是天底下最美丽的人。如果她们都穿着兽皮做的衣服，那么人们见了都会跑开；如果她们换上细麻布衣服，那么见到她们的人都会停下来欣赏。从这里可以看出，那好看的衣服，是美色的助力，漂亮的女子失去好看的衣服，容貌也会失色。”

是曰项梁[①]曰：“先起者制服于人，后起者受制于人。”《军志》[②]曰：先人有夺人之心。非曰史佚[③]有言曰：“无始祸。”又曰：“始祸者死。”语曰：“不为祸始，不为福先。”

【注释】①项梁：泗水郡下相县（今江苏省宿迁市宿城区）人。秦末著名起义军首领之一，楚国贵族项燕之子，西楚霸王项羽的叔父。②《军志》：是我国早已失散的一部古代兵书，也是迄今为止，发现最早的一部兵书。作为西周时期的军事代表作，反映了西周时期的军事思想。③史佚：原名尹佚、尹逸，西周初年太史，今唐兴镇东关村人。

【译文】正方项梁说：“先动手的人把别人制服，后动手的人被别人制服。”《军志》说：先动手的人有震慑别人的优势。反方史佚说：“不要先去惹祸。”又说：“先惹祸的人必死。”古语说：“不要先去惹祸，也不要带头享福。”

是曰慎子曰：“夫贤而屈于不肖者，权轻也；不肖而服于贤者，位尊也。尧为匹夫，不能使其邻家，及至南面而王，则令行禁止。由此观之，贤不足以服物，而势位足以屈贤矣。”非曰贾子[①]曰：“自古至今，与民为仇者，有迟有速耳，而民必胜之矣。故纣自谓天王也，而桀自谓天父也，已灭之后，民以骂之也。以此观之，则位不足以为尊，而号不足以为荣矣。”

【注释】①贾子：即贾谊，洛阳（今河南洛阳东）人，西汉初年著名政论家、文学家，世称贾生。代表作有《过秦论》《论积贮疏》《陈政事疏》《吊屈原赋》等。

【译文】正方慎子说：“贤能的人屈居在无能人之下，是因为贤能的人权力小；无能人臣服于贤能的人之下，是因为贤能的人地位高。尧为平民时，不能差遣他的邻居。等到他称王，就可以让天下人都令行禁止。从这里可以看出，道德才能不能让所有事物都臣服，但是权势却能让贤能的人屈居人下。”反方贾谊说：“从古到今，和百姓作对的人，失败是一定的，只是到来的有早有晚，百姓一定是胜利的一方。所以纣王自称是天王，夏桀自称是天父，在亡国之后，百姓也咒骂他们。从这可以看出，权势地位不值得尊崇，头衔称号也不值得炫耀。”

是曰汉景帝时，辕固[①]与黄生[②]争论于上前。黄生曰：“汤、武非受命，乃杀也。”固曰：“不然。夫桀、纣荒乱，天下之心皆归汤、武。汤、武与天下之心，而诛桀、纣，桀、纣之人，弗为使而归汤、武，汤、武不得已而立，非受命为何？”非曰黄生曰：“冠虽弊，必加于首；履虽新，必贯于足。何者？上下之分也。今桀、纣虽失道，然君上也；汤、武虽圣，臣下也。夫主有失行，臣不正言匡过，以尊天子，反因过而诛之，代立南面，非杀而何？”

【注释】①辕固：又名辕固生，西汉齐郡西安县（今淄博市桓台县）人。早年是清河王刘乘的太傅，景帝时为《诗经》博士。②黄生：西汉时期黄老学说的代表人物。

【译文】正方汉景帝时，辕固和黄生在景帝面前争论。黄生说：“商汤、武王不是受命于天，是通过杀害夏桀和商纣夺得的王位。”辕固说：“不是这样，夏桀、商纣荒淫无道，天下百姓的心都归顺于商汤、武王。商汤、武王顺应天下百姓而诛灭夏桀、商纣。夏桀、纣王的臣民没有听他们的差遣却归顺了商汤、武王，商汤、武王是逼不得已才自立为王的，这不是受命于天又是什么呢？”反方黄生说：“帽子虽然是破的，却是戴在头上的；鞋子虽然是新的，却是穿在脚下的。这是为什么呢？由于上下的分别。夏桀、商纣即使是失去道义，仍然是君王；商汤、武王即使是圣明之人，还是臣下。君主有错误的行为，臣子没有讲实话纠正君王的过失，使君王更加尊贵，反而是因为君王的过失去诛杀他，取代他成为君主，这不是杀害君王取而代之又是什么呢？”

是曰太公曰：“明罚则人畏慑，人畏慑则变故出；明赏则不足，不足则怨长。故明王之理人，不知所好，不知所恶。”非曰文子曰：“罚无度则戮而无威，赏无度则费而无恩。”故诸葛亮曰：“威之以法，法行则知恩；限之以爵，爵加则知荣。”

【译文】正方姜太公说：“刑罚严明，百姓就会感到畏惧，百姓感到畏惧就容易生出变故。次次明示赏赐就会产生不满足，不满足就会产生怨恨。所以贤明的君主治理百姓，不能让百姓知道自己的喜恶。”反方文子说：“惩罚不加节制，杀戮再多也不能立威，赏赐不加节制，花费再多也不能得到感恩。”所以诸葛亮说：“用法律立威，执法严明，人们才会知恩图报；对加官进爵的条件进行限制，得到爵位的人才会感到荣耀。”

是曰文子曰：“人之化上，不从其言，从其行也。故人君好勇，而国家多难；人君好色，而国昏乱。”非曰秦王曰：“吾闻楚之铁剑利而倡优拙。夫铁剑利则士勇，倡优拙则思虑远。以远思虑御勇士，吾恐楚之图秦也。”

【译文】正方文子说：“百姓听从君王的教化，不是听从君王的言论，而是学习他的行为，上行下效。所以如果君王好勇斗狠，那么国家就会变得灾难不断；如果君王好色，那么国家就会变得淫乱动荡。”反方秦王说：“我听说楚国的铁剑锋利但歌舞音乐杂技却拙劣，铁剑锋利说明士兵勇猛，歌舞音乐杂技拙劣说明君王思虑长远。用长远的思虑来统御勇猛的士兵，我担心楚国是在图谋秦国。”

是曰墨子①曰：“虽有贤君，不爱无功之臣；虽有慈父，不爱无益之子。”非曰曹子建②曰：“舍罪责功者，明君之举也；矜愚爱能者，慈父之恩也。”《三略》③曰：含气之类，皆愿得其申志，是以明君贤臣，屈己申人。

【注释】①墨子：名翟，春秋末期战国初期宋国人。墨家学派的创始人，战国时期著名的思想家、教育家、科学家、军事家。创立了墨家学说，与儒家并称“显学”。著作《墨子》。②曹子建：即曹植，字子建，沛国谯县（今安徽省亳州市）人，三国时期著名文学家，建安文学的代表人物之一。代表作有《洛神赋》《白马篇》《七哀诗》等。与曹操、曹丕合称为“三曹”。③《三略》：原称《黄石公三略》，我国古代著名的军事著作。此书侧重于从政治策略上阐明治国用兵的道理，不同于其他兵书。它是一部糅合了诸子各家的某些思想，专论战略的兵书。

【译文】正方墨子说：“即使有贤明的君主，也不喜欢没有功劳的臣子；即使是慈爱的父亲，也不喜欢没有优点的儿子。”反方曹植说：“宽恕有罪的臣子，严格要求有功的臣子，这才是一个贤明的君王应该有的做法；怜惜愚笨的儿子，喜爱聪敏的儿子，这才是仁慈的父亲。”《三略》说：凡是有志气的人，都希望得到一个施展抱负的机会。所以明君贤臣都会牺牲自己去成全别人。

是曰《传》曰：人心不同，其犹面也。曹子建曰：“人各有好尚。兰芷荪蕙之芳，众人所好，而海畔有逐臭之夫；《咸池》[①]《六英》[②]之发，众人所乐，而墨子有非之之论，岂可同哉？”非曰语曰：“以心度心，间不容针。”孔子曰：“其恕乎！己所不欲，勿施于人。”

【注释】①《咸池》：古乐曲名。相传为尧乐。一说为黄帝之乐，尧增修沿用。②《六英》：古乐名。相传为帝喾或颛顼之乐。

【译文】正方《左传》说：人的内心不同，就像人的面容也不同。曹植说：“每个人都有各自的爱好，兰草的芬芳是众人都喜欢的，可海边有嗜好怪癖的人，喜欢闻鱼臭味；《咸池》《六英》这样的音乐，众人都喜欢听，但墨子有不同的看法，怎么能让天下人的爱好都一样呢？”反方古语说：“将心比心，亲密无间。”孔子说：“可以终身奉行的道理大概是‘恕’吧，自己不想要的，不要强加给别人。”

是曰管子曰：“仓廪实，知礼节；衣食足，知荣辱。”非曰古语曰：“贵不与骄期而骄自至，富不与侈期而侈自来。”

【译文】正方管子说：“储存米谷的地方都满了，人们都不会挨饿了，才会懂得礼仪规矩；丰衣足食后才知道荣耀和耻辱。”反方古语说：“地位变尊贵后不想变得骄傲，但骄傲却自己会来；富贵之后不想变得奢侈，但奢侈却自己会来。”

是曰语曰：“忠无不报。”非曰《左传》曰：乱代则谗胜直。

【译文】正方古语说：“只要忠诚就会得到回报。”反方《左传》说：在乱世中，谗言胜过忠诚正直。

是曰韩子曰：“凡人之大体，取舍同则相是，取舍异则相非也。”《易》曰：同声相应，同气相求。水流湿，火就燥；云从龙，风从虎。非曰《易》曰：二女同居，其志不同。语曰：“一栖不两雄，一泉无二蛟。”又曰：“凡人情以同相妒。”故曰同美相妒，同贵相害，同利相忌。

【译文】正方韩非子说：“大多数的人大致都是，取舍相同，就会相互认同；取舍不同，就会相互排斥。”《易经》说：同种声音相互呼应，同种气息相互寻求。水流向潮湿的地方，火跑向干燥的地方；云跟着龙涌动，风跟着虎咆哮。反方《易经》说：两位女子共同居住，她们的志向也不相同。古语说："一个栖息地不住两个雄性动物，一眼泉水中没有两条蛟龙。"又说："两个人相似就会互相妒忌，这是人之常情。"所以说，一样的美丽就会互相妒忌，一样的富贵就会互相伤害，一样的利益就会互相猜忌。

是曰韩子曰："释法术而以心理，尧、舜不能正一国；去规矩而以妄意度，奚仲①不能成一轮。使中主守法术，拙匠执规矩，则万不失矣。"非曰《淮南子》②曰：夫矢之所以射远贯坚者，弓弩力也；其所以中的剖微者，人心也。赏善罚暴者，政令也；其所以行者，精诚也。故弩虽强，不能独中；令虽明，不能独行。杜恕曰："世有乱人，而无乱法。若使法可专任，则唐、虞不须稷、契之佐，殷、周无贵伊、吕之辅矣。"

【注释】①奚仲：夏朝时期工匠，发明了两轮马车。是古薛国的发明家、政治家，过世后被百姓奉为车神。②《淮南子》：又名《淮南鸿烈》《刘安子》。是西汉皇族淮南王刘安及其门客集体编写的一部哲学著作，属于杂家作品。该书在继承先秦道家思想的基础上，综合了诸子百家学说中的精华部分，对后世研究秦汉时期文化起到了不可替代的作用。

【译文】正方韩非子说："让每个人凭自己的思想感情去办事，尧、舜也不能治理好一个国家。舍弃规和矩，忘记标准尺度，即使是奚仲也不能造出一个车轮。让平庸的君主遵守方法和技术去治理国家，让拙劣的工匠拿着规和矩，按照标准尺度去造轮子，就不会有失误了。"反方《淮南子》说：射箭能够射的远并且穿透坚硬的物体，是因为弓弩的力量；能够射中目标并且将细小的物体剖开，是因为人用心。赏善罚恶，这是法令的作用职能；但政令能够施行的原因是因为百姓的精诚。所以弓弩虽然强大，却不能独自射中目标；法令虽然严明，但不能独自施行。杜恕说："世上有胡作非为的人，却没有杂乱无章的法令，如果让法令可以自己施行，那么唐尧、虞舜就不需要稷、契的帮助了，商朝和周朝就不需要伊尹和吕尚的辅佐了。"

是曰虑不先定，不可以应卒；兵不先办，不可以应敌。《左传》曰：豫备不虞，古之善政。非曰《左传》曰：士蒍[1]谓晋候曰："臣闻之，无丧而戚，忧必仇之；无戎而城，仇必保焉。"《春秋外传》曰：周景王[2]将铸大钱。单穆公[3]曰："不可。古者天灾降戾，于是乎量资币，权轻重，以振救人。夫备预，有未至而设之修国备也。预备不虞，安不忘危。有至而后救之若救火、疗疾，量资币之属，是不相入也二者先后各有宜，不相入。可先而不备，谓之怠怠，缓也；可后而先之，谓之召灾谓人未有患，轻而重之，离人匮财，是以召灾也。周固羸国也，天未厌祸焉，而又离人以佐灾，无乃不可乎？"

【注释】①士蒍：祁姓，士氏，名蒍，字子舆。春秋前期晋国卿大夫，晋献公时担任大夫。善于法度，在现有的史料中估测他是晋国刑法的制定者。他制定的法律成为晋国后世刑法的模板。②周景王：姓姬，名贵，是周灵王的儿子。东周第十二任君主，在位时，财政困难，连器皿都要向各国乞讨。③单穆公：春秋时期单国国君，名旗，伯爵。

【译文】正方没有事先准备商定，就无法应付紧急情况；士兵没有事先训练好，就不能去对付敌人。《左传》说：古时候妥善的法则就是事先准备，防备出乎意料的事情发生。反方《左传》说：士蒍对晋侯说："臣听说，没有丧事发生就开始忧伤，忧愁一定生仇怨；没有敌人就修建城墙，城内的敌人一定会动乱，占据这里。"《春秋外传》说：周景王打算铸造大钱，单穆公说："不可。古时候天灾降临，于是估计灾情的大小，衡量轻重，发放货币用来救济百姓。储备货币，有的是在灾难还没有降临时就开始了这是增加国库的储备。事先预备，防止出乎意料的事情发生，居安思危。有的是在灾难降临后，根据需要进行铸造救灾例如救火，治病等，根据情况决定铸造钱币的多少。这两种情况是不一样的二者前后各不相同，不能混为一谈。可以提前预备却没有预备的，叫做懈怠；可以事后做的提前做了，叫做招灾就是说人民还没有遭灾，就把救灾的工作当成重点，会与百姓离心，并引起国家财政匮乏，这就是给国家招灾。周本来是一个弱国，老天没有停止灾祸，又和百姓离心来加重灾难，恐怕不行吧？"

是曰《左传》曰：古人有言，一日纵敌，数世之患也。非曰晋、楚遇于鄢。范文子[①]不欲战，曰："吾先君之亟战也有故。秦、狄、齐、楚皆强，不尽力，子孙将弱。今三强服矣齐、秦、狄矣，敌，楚而已。唯圣人能内外无患。自非圣人，外宁必有内忧骄而冗，则忧患生，盍释楚以为外惧乎？"

【注释】①范文子：士燮，祁姓，士氏，春秋时期晋国大夫。范武子士会之子。为人道德高尚，才能卓越。

【译文】正方《左传》说：古人有言：一旦放过敌人，就会给自己及后代留下祸患。反方晋国、楚国在鄢陵相遇，范燮不想打仗，就说："我们的先君急于打仗也是有原因的。秦、狄、齐、楚都很强大，不尽力拼搏，子孙后代就会被削弱。如今三个强国都已经臣服三强，指齐、秦、狄，敌人只有楚国罢了。只有圣人才能内外都没有祸患。我们不是圣人，外患解除了，国内一定会有忧患骄傲自满，一定会生出忧患，何不放过楚国，让这个外患来提醒我们忧惧的心呢？”

是曰《三略》曰：无使仁者主财，为其多恩施而附于下。非曰陶朱公①中男杀人，囚于楚。朱公欲使其少子，装黄金千镒，往视之。其长男固请，乃使行。楚杀其弟。朱公曰：“吾固知必杀其弟。是长与我俱，见苦为生之难，故重其财。如少弟生见我富，乘坚驱良，逐狡兔，岂知财所从来？固轻弃之。今长者果杀其弟，事理然也，无足悲。”

【注释】①陶朱公：即范蠡，字少伯，楚国宛地三户（今河南淅川县滔河乡）人。春秋末期政治家、军事家、经济学家和道家学者。曾献策扶助越王勾践复国，后隐去。

【译文】正方《三略》说：不要让那些有德行的人掌握财物，因为他们会向百姓施舍恩惠，使百姓依附他们。反方范蠡的次子杀人，被囚禁在楚国。范蠡想要派遣小儿子拿着黄金千镒去楚国打点关系，可他的长子请求前往营救弟弟，于是就派了长子前往。楚国没有答应范蠡长子的要求，仍然杀了范蠡的次子。范蠡说：“我就知道长子一定会害了次子的，我和长子都是从穷苦的日子里过来的，所以重视钱财，像小儿子从出生起就知道我富有，乘好车，骑良驹，驰骋打猎，怎么会知道钱财是怎么辛苦赚来的？所以挥金如土。如今长子真的害死了自己的弟弟，理所当然，没有什么悲伤的。”

是曰语曰：“禄薄者不可与入乱，赏轻者不可与入难。”慎子曰：“先王见不受禄者不臣，禄不厚者，不与入难。”非曰田单将攻狄，见鲁仲子①。仲子曰：“将军攻狄，弗能下也。何者？昔将军之在即墨，坐而织蒉，立而杖插，为士卒唱，此所以破燕。今将军东有液邑之奉，西有蒉上之娱，黄金横带，而驰乎淄、渑之间，有生之乐，无死之心，所以不胜也。”后果然。

【注释】①鲁仲子：即鲁仲连，又名鲁连，尊称“鲁仲连子”或“鲁连子”，战国末期齐国人。常为人排难解忧，不计报酬。

【译文】正方古语说：“俸禄少的人不能去动乱的地方办事，赏赐少的人不能去做艰难的任务。”慎子说：“先王不任用那些不接受俸禄的人，不派遣那些赏赐薄的人去做艰难的事。”反方田单打算进攻狄人，去拜访鲁仲子，仲子说：“将军攻打狄人，不会获胜，为什么这么说呢？曾经将军在即墨，坐下来就编竹筐，站起来就铲土，为士兵做榜样，所以才能打败燕国。如今将军东边有液邑的封地，西边有蒉上的娱乐，黄金腰带，驰骋在淄、渑之间，有享受生活的乐趣，没有舍身取义的决心，所以不会胜利。”后来果然战败。

是曰语曰：“贫贱之交不可忘，糟糠之妻不下堂。”非曰语曰：“交接广而信衰于友，爵禄厚而忠衰于君。”

【译文】正方古语说：“在贫贱时结交的朋友不能忘记，共患难的妻子不能抛弃。”反方古语说：“交友广泛的人对朋友的信用就会减少，爵禄优厚的人对君王的忠诚就会减少。”

是曰《春秋后语》①曰：楚春申君使孙子为宰。客有说春申君曰：“汤以亳，武王以鄗，皆不过百里，以有天下。今孙子，贤人也，而君藉之百里之势，臣窃为君危之。”春申君曰：“善。”于是使人谢孙子。孙子去之赵，赵以为上卿。非曰客又说春申君曰："昔伊尹去夏入殷，殷王而夏亡；管仲去鲁入齐，鲁弱而齐强。夫贤者之所在，其君未尝不尊，其国未尝不荣也。今孙子，贤人也，君何为辞之？"春申君又曰："善。"复使人请孙子。

【注释】①《春秋后语》：晋代孔衍创作的国别体史书。上承春秋，始自秦穆公，迄于楚汉之际，按秦、齐、楚、赵、魏、韩、燕七国分别记载，且以记言为主。故称《春秋后语》《春秋后国语》。

【译文】正方《春秋后语》记载：楚国的春申君任命孙子为邑宰，有一个门客对春申君说："商汤以亳为根据地，武王以鄗为根据地，这些根据地都没有超过百里地，后来他们都夺得了天下。如今，孙子是一个德才兼备的人。然而您却借给他百里地的势力，我私下里认为您有危险。"春申君说："你说得对。"于是就派人去辞退孙子。孙子去了赵国，赵国任命他为上卿。反方门客又对春申君说："曾经伊尹离开夏朝去了殷商，结果殷商称霸天下而夏朝灭亡；管仲离开鲁国进入齐国，结果鲁国被削弱而齐国却强大起来。德才兼备的人在的地方，他的君王就会受到尊重，他的国家就会感到荣耀。如今，孙子这样一个德才兼备的人，您为什么要辞退他？"春申君又说："你说得对。"又派人请孙子回来。

是曰韩宣王①谓摎留曰："吾两欲用公仲、公叔②，其可乎？"对曰："不可。晋用六卿而国分，简公③用田成、阚止④而简公弑，魏两用犀首⑤、张仪⑥而西河之外亡。今王两用之，其多力者，内树其党；其寡力者，又藉于外权。群臣或内树其党，以擅主命；或外为势交，以裂其地，则王之国危矣。"又曰："公孙衍为魏将，与其相田儒不善。季文子⑦为衍说魏王曰：'王独不见夫服牛骖骥乎？不可百步。今王以衍为可使将，固用之也，而听相之计，是服牛骖骥之道。牛马俱死而不成其功，则王之国伤矣。愿王察之。’”非曰傅子曰：“天地至神，不能同道而生万物；圣人至明，不能一检而治百姓。故以异致同者，天地之道也；因物制宜者，圣人之治也。既得其道，虽有相害之物，不伤乎治体矣。水火之性，相灭也，善用之者，陈鼎釜乎其间，爨（cuàn）之煮之，而能两尽其用，不相害也。天下之物，为水火者多矣。何忧乎相害？何患乎不尽其用耶？”《易》曰：天地睽，而其事同也；男女睽，而其志通也；万物睽，而其事类也。

【注释】①韩宣王：即韩宣惠王韩康，姬姓，亦称韩威侯。战国时期韩国第一位称王的君主。②公仲、公叔：战国时韩国的贵族，曾为韩相。③简公：即齐简公，姜姓，吕氏，名壬，齐国国君，齐悼公之子。后被田成子杀死。④阚止：又名监止，字子我，与田成子任齐国的左右相。⑤犀首：即公孙衍，魏国阴晋（今陕西省华阴市东）人。战国时期著名的政治家、外交家、军事家、纵横家，和张仪是对手，主张诸国合纵抗秦。⑥张仪：姬姓，张氏，名仪，魏国安邑（今山西万荣县王显乡张仪村）人。魏国贵族后裔，战国时期著名的纵横家、外交家和谋略家。⑦季文子：即季孙行父，春秋时期鲁国的正卿。姬姓，季氏，谥文，史称“季文子”。

【译文】正方韩宣王对摎留说：“我想要重用公仲、公叔两人，你觉得怎么样？”摎留回答说：“不行，从前晋国重用六卿，造成国家分裂；齐简公任用田成子、阚止两人，最后齐简公被田成子杀死；魏国任用公孙衍、张仪两人，致使西河外的土地全部丧失。如今君王想要重用公仲、公叔两人，而受到重用的人一定会在朝廷内拉帮结派，任用势力少的，一定会借助其他国家的势力。大臣们有的会在朝中培植自己的党派，超越职权，以君主的名义号令百姓；有的会结交其他国家的势力，想要分裂国土，那么大王您的国家就有危险了。”又说：“公孙衍是魏国的将领，与宰相田儒关系不好。季文子替公孙衍向魏王说情：‘大王没有见过把牛和马套在一起拉车的吗？那样走不过百步。如今大王任命公孙衍为将领，可以随意任用，可如果听从田儒的话，就是与用牛和马套在一起拉车是同样的道理啊，结果牛和马都累死了，目的还没有达到。那么大王的国家就会受到损害，希望大王明察。’”反方傅子说：“天与地是最神秘的，也不能按照同一种方法孕育天下万物；圣人是最聪慧的，也不能用一种方法去治理天下百姓。因此不同的方法却得到同一种结果，这是天地的规律；根据不同的事物选择适宜的方式，是圣人治理国家的原则。只要知道这个道理，即使有彼此伤害的事物，也不妨碍从整体上治理。比如，水与火的天性是互灭的，可善于利用这两者的，将鼎锅放在其中，用火来热水煮饭，两者都能使用且不会彼此伤害。天底下的事物中，类似水与火的有很多，为什么要担忧他们会相互伤害呢？为什么要忧虑他们不能物尽其用呢？”《周易》说：天与地不同，可他们孕育万物的职能是一样的；男与女不同，但他们的思想感情是相通的；世间万物是不同的，但他们的生长规律是类似的。

是曰陈登[1]为吕布说曹公曰：“养吕布，譬如养虎，常须饱其肉，不饱则噬人。”非曰曹公曰：“不似卿言。譬如养鹰，饥则为人用，饱则扬去。”

【注释】①陈登：字元龙，下邳淮浦（今江苏涟水西）人。东汉末年将领。向曹操献灭吕布之策，被授广陵太守。以灭吕布有功，加伏波将军。

【译文】正方陈登因为吕布劝曹操说：“吕收养布，就像收养一只猛虎，必须经常吃肉并且喂饱它，没有喂饱就会吃人。”反方曹操说：“不是卿所说的那样，例如养鹰，只有饿着才会为人所用，吃饱了就会飞向远方。”

是曰刘备来奔曹公，曹公以之为豫州牧。或谓曹公曰：“备有雄志，今不早图，后必为患。”曹公以问郭嘉，嘉曰：“有是。然公提剑起义兵，为百姓除暴，推诚仗信，以召俊杰，犹惧其未来也。今备有英雄之名，以穷归己而害之，以害贤为名，则智士将自疑，回心择主，公谁与定天下者？夫除一人之患，以沮四海之望，安危之机，不可不察。”曹公曰：“善！”非曰傅子称，郭嘉言于太祖曰：“备有雄志而甚得众心，关羽、张飞皆万人之敌也，为之死用。以嘉观之，其谋未可测也。古人有言曰：‘一日纵敌，数世之患。’宜早为之所。”曹公方招怀英雄，以明大信，未得从嘉谋。

【译文】正方刘备投靠曹操，曹操任命刘备为豫州牧。有人对曹操说：“刘备有雄心壮志，现在不早早图谋，以后一定会有后患。”曹操拿这件事问郭嘉。郭嘉说：“有道理，然而您现在拔剑起义，为百姓除暴安良，依仗信义，以诚相待，广招天下豪杰，杀了刘备恐怕其他人也不会来投奔了。如今刘备是有名的英雄，因为没有出路所以投靠您却被杀害，恐怕您会有杀害贤才的罪名。那么，聪明人就会产生怀疑，回头重新选择主公。到那时，您将与谁一起平定天下呢？因为担忧而除掉一个人，却使天下人都失望，如此安危之际，不能够不谨慎。”曹操说：“您说得对！”反方傅玄曾说：“郭嘉对魏太祖说：‘刘备有雄心壮志且得人心，关羽和张飞都有一夫当关万夫莫开之勇，且都是誓死效忠刘备。依我看，刘备的谋略深不可测。’古人有言：‘一旦放过敌人，自己与后代都会有祸患。’您应该尽早做安排，把刘备杀了。”曹操当时正在招揽天下英雄，向天下人表明他讲信义，因此没有听从郭嘉的建议。

是曰《家语》[①]曰：子路问孔子曰：“请释古之道，而行由之意，可乎？”子曰：“不可也。昔东夷慕诸夏之礼，有女而寡，为内私婿，终身不嫁。不嫁则不嫁矣，然非贞节之义也。仓吾娆音奴乌反取妻而美，让与其兄。让则让矣，然非礼让之让也。今子欲舍古之道而行子之意，庸知子意以非为是乎？”语曰：“变古乱常，不死则亡。”《书》云：事弗师古，以克永代，匪说攸闻。非曰赵武灵王欲胡服，公子成[②]不悦。灵王曰：“夫服者，所以便用；礼者，所以便事。圣人观乡而顺宜，因事而制礼，所以利其人而厚其国。夫剪发文身，错臂左衽，临越之人也。黑齿雕题，鳀冠秫缝，大吴之国也。故礼服莫同，而其便一也。乡异而用变，事异而礼易。是以圣人谋可以利其国，不一其用；谋可以便其礼，不法其故。儒者一师而俗异，中国同礼而离教，况于山谷之便乎？故去就之变，智者不能一；远迩之服，贤圣莫能同。穷乡多异俗，曲学多殊辩。今叔父之言，俗也；吾之所言，以制俗也。叔父恶变服之名，以忘效事之实，非寡人之所望也！”公子成遂胡服。

【注释】①《家语》：即《孔子家语》，又名《孔氏家语》，是一部记录孔子及孔门弟子思想言行的著作。②公子成：即赵成，嬴姓，赵氏，名成。战国中后期赵国公族，赵成侯之子，赵肃侯之弟，号安平君。

【译文】正方《孔子家语》记载：子路问孔子：“放下古人的礼义

规范，顺从自己的心意做事，可以吗？”孔子说：“不可以，当初东夷仰慕中原的礼仪，如果有一个妇女寡居，家里人私下给她找一个夫君，但表面上终身不能再嫁。妇女虽然不改嫁，但却不是真正意义上的守贞节。仓吾有一个叫娆的男子，娶了一位美丽的妻子，就把妻子让给了他的哥哥。让是让了，却不是真正的谦让。如今，你想要舍弃古人的礼义规范，按照你自己的心意做事，怎么知道你是不是把错的心意当作对的执行了呢？”古语说：“改变古法，扰乱纲常，结果只能是死路一条。”《尚书》说：做事不效仿古人，又想要能够永世流传，还没有听说过。反方赵武灵王想要在赵国推行改穿胡人的服饰，公子成不高兴。灵王说：“衣服，是为了方便行动；礼义是为了方便行事。圣人入乡随俗，根据实际情况制定礼仪规矩，是为了给百姓带来利益，给国家带来财富。剪发纹身衣襟向左开，这是越国人的装扮；染黑牙齿，在额头上刺花纹，带着用鱼皮粗拙缝制的帽子，这是吴国人的装扮。所以礼仪服饰虽然不同，但是为了方便的目的是一样的。乡俗不同，使用的东西就会不同；事情不同，礼仪就会改变。所以圣人只要谋划可以对国家有利的总体策略就好，不需要使用全部都一样的策略；谋划使用礼仪怎样可以更方便就好，不用效仿过去的方法。读书人师从一个老师，但礼节习惯却不同，中原地区学习的是同一种礼仪制度，但风俗却各不相同，何况是山野村民呢？所以舍弃还是保留，聪明人也不能统一意见；远近地区居住的百姓服饰不同，圣人也不能统一起来。穷苦的乡间有很多不同的风俗，邪说也各有不同，富于诡辩。如今叔父说的是普通的风俗，而我说的是改变风俗，叔父讨厌改变服饰，却忘了便于行动的目的，这不是我所希望的。”于是公子成同意改穿胡服。

是曰移风易俗，莫善于乐。非曰孟子曰：“天道因则大，化则细。因也者，因人之情也。”

【译文】正方改变旧的风俗，没有比音乐更好的方法了。反方孟子说：“顺应自然就会成大事，不顺应自然就会路越来越窄。顺应自然就是顺应人之常情。”

是曰李寻①曰：“夫以喜怒赏诛，而不顾时禁，虽有尧、舜之心，犹不能致和平。善言古者，必有效于今；善言天者，必有征于人。设上农夫欲冬田，虽肉袒深耕，汗出种之，犹不生者，非人心不至，天时不得也。”《易》曰：时止则止，时行则行，动静不失于时，其道光明。《书》曰：敬授人时。故古之王者，尊天地，重阴阳，敬四时，严月令，顺之以善政，则和气可立致，犹枹鼓之相应也。非曰太公谓武王曰：“天无益于兵胜，而众将所居者九，曰：法令不行而任侵诛，无德厚而用日月之数，不顺敌之强弱而幸于天，无智虑而候氛气，少勇力而望天福，不知地形而归过于时，敌人怯弱，不敢击而信龟策，士卒不勇而法鬼神，设伏不巧而任背向之道。凡天道鬼神，视之不见，听之不闻，不可以决胜败，故明将不法。”司马迁曰：“阴阳之家，使人拘而多忌。”范晔曰：“阴阳之道，其弊也巫。

【注释】①李寻：字子长，西汉时人，推阴阳言灾异，指陈朝政弊端，要求政治改革。

【译文】正方李寻说：“只凭个人的喜恶去赏赐诛杀大臣，不顾及政令法度，即使有尧、舜那样的仁爱之心，也不能使天下太平。擅长谈论历史的人，一定会对今天有好处。擅长谈论天道的人，一定会对人事有好处。假设一个技术高的农夫想要在冬天种田，即使努力耕种，出的汗都可以浇灌天地了，也不能使作物生长。不是人的心意不到，而是种庄稼的节气不到时候。”《周易》说：该停止就停止，该行动就行动，行动和停止都不要错过时机，它的道路才会光明。《尚书》说：上天将历法传授给百姓，使百姓知道时令变化，不会耽误农时。所以古代的君王尊重天地，重视天气变化，敬重四季时令。顺应他们，祥瑞之气就能马上到来，就如同鼓槌和鼓，击打它就会相互呼应。反方姜太公对周武王说：“上天对于能够打胜仗是没有决定影响的，但是将领士兵的表现对于能够打胜仗的机率占了九成。不施行法令条例，反而任意侵凌诛杀；没有厚待属下，反而是依赖占卜之术；不根据敌人的强弱来布置兵力，却把希望寄托给上天；没有智慧远虑，却只是看天气；没有勇气力量，却希望天降福瑞；不知道地形，却把过错归结于时机错误；知道敌人怯懦却不敢攻打，只相信占卜出的吉凶；士兵不勇猛却不想办法鼓舞士气，反而是求鬼神保佑；设置埋伏不巧妙，却听信地势向背的说法。所有的天地鬼神，看不见、听不到，不能够决定战争的胜败，所以贤明的将帅不寄希望于神明。”司马迁说：“阴阳家们使人拘泥于阴阳时辰，动辄畏首畏尾。”范晔说：“阴阳之道的弊端就是像巫术一样装神弄鬼。”

是曰翼奉①曰：“治道之要，在知下之邪正。人诚向正，虽愚为用，若其怀邪，智益为害。”非曰夫人主莫不爱己也。莫知爱己者，不足爱也。故桓子曰：“捕猛兽者，不令美人举手；钓巨鱼者，不使稚子轻预。非不亲也，力不堪也。奈何万乘之主，而不择人哉？”故曰：夫犬之为猛，有非则鸣吠，而不遑于夙夜，此自效之至也。昔宋人有沽酒者，酒酸而不售，何也？以有猛犬之故。夫犬知爱其主，而不能为其主虑酒酸之患者，智不足也。

【注释】①翼奉：字少君，西汉经学家。颛学不仕，好律历阴阳之占。治齐《诗》，与萧望之、匡衡同师后苍。

【译文】正方翼奉说：“治国之道的要点是要知道下属是正还是邪。如果下属确实是正直善良，即使是愚钝也可以任用；如果他心怀邪念，聪慧反而会变成祸害。”反方帝王没有不爱自己的，不知道爱自己的君主，也不值得别人去爱。所以桓玄说：“捕食猛兽的行动，不会让美人动手；钓大鱼的行动，不会让小孩子参加。这不是不亲近他们，只是因为他们的力气太小了。何况是君主，怎么能不选择好治国之人呢？”例如一只猛犬，有事情就会狂吠，不论白天夜晚，这是猛犬努力工作的表现啊。曾经有一个宋人卖酒，酒放到变酸了也没有卖出，为什么呢？因为有猛犬的缘故。猛犬只知道爱它的主人，却不能为它的主人考虑解决酒变酸的问题，这是因为猛犬的智力不足。

是曰语曰：“巧诈不如拙诚。”非曰晋惠帝[1]为太子，和峤[2]谏武帝曰：“季世多伪，而太子尚信，非四海之主，忧不了陛下家事。”武帝不从，后惠帝果败。

【注释】①晋惠帝：即司马衷，字正度，河内温县（今河南省温县）人。西晋王朝第二位皇帝，晋武帝司马炎次子。②和峤：字长舆，汝南西平（今河南西平）人，曹魏后期至西晋初年大臣，曹魏太常和洽之孙。吏部尚书和逌之子。

【译文】正方古语说：“做人巧智伪诈，不如笨拙诚实。”反方晋惠帝被立为太子时，和峤对晋武帝说：“当世有很多虚伪狡诈的人，但太子却崇尚信义，并不适合做天下的主人，不能继承陛下的大业。”武帝不听，后来惠帝果然亡了国。

是曰《左传》曰：孔子叹子产[①]曰："言以足志，文以足言，不言谁知其志？言之无文，行而不远。晋为伯，郑入陈，非文辞而不为功。慎辞也哉！"《论语》曰：诵诗三百，授之以政，不达；使于四方，不能专对。虽多，亦奚以为？非曰汉文帝登虎圈，美啬夫口辩，拜为上林令。张释之[②]前曰："陛下以绛侯周勃，何如人也？"上曰："长者。"又问曰："东阳侯张相如[③]，何如人也？"上复曰："长者。"释之曰："此两人言事，曾不能出口，岂效此啬夫，喋喋利口捷给哉？且秦以任刀笔之吏，争以亟，疾苛察相高。然其弊，徒文具耳！亡恻隐之实，以故不闻其过，陵迟至于二世，天下土崩。今陛下以啬夫口辞而超迁之，臣恐天下随风而靡，争口辩，无其实，且下之化上，疾于影响。举错之间，不可不审。"帝乃止。

【注释】①子产：姬姓，公孙氏，名侨，字子产，又字子美，春秋时期著名政治家、思想家。②张释之：字季，堵阳（今河南南阳方城）人，西汉法学家。以执法公正不阿闻名，时人称赞"张释之为廷尉，天下无冤民"。③张相如：汉初名将，西汉开国功臣，跟随汉高祖刘邦南征北战，屡立战功，在平定陈豨叛乱立下赫赫之功。

【译文】正方《左传》记载：孔子称赞子产说："言语能够表达思想，文采能够更好地修饰言语，不用言语说出，谁知道他的思想呢？语句没有文采，就不能流传到远处。晋国称霸，使郑国主动依附晋国，是子产有文采的功劳。一定要慎重对待语言的技巧。"《论语》说：读诗三百首，处理政事，却无法胜任；出使各国，不能够随机应答。读再多的诗，又有什么用呢？反方汉文帝去虎圈，对管理虎圈啬夫的口才很赏识，想要给他升官。张释之上前说：“陛下认为绛侯周勃怎么样？”文帝说：“是个有德行的人。”张释之又问：“东阳侯张相如这个人怎么样？”文帝又说：“也是个有德行的人。”张释之说：“这两个人议论政事，经常说不出话来，哪里像这位啬夫喋喋不休、能言善辩呢？秦国负责审查的官员，争着比谁的工作更苛刻繁琐。但是它的弊端是仅仅空有条文罢了！没有恻隐之心的人，因此君王无法知道他的过错。衰败延续到秦二世，天下最终土崩瓦解。如今陛下因为啬夫的口才而给他越级升迁，臣恐怕天下人会跟随这种风气，只有口舌之能，却没有真正的实力。况且君主对臣民的影响，传播得很快，只在说话、行动中，陛下不能不仔细考虑啊。”于是文帝取消了这个打算。

是曰太史公曰：“《春秋》推见至隐，《易》隐之以显。《大雅》言王公大人，而德建黎庶，《小雅》[1]讥己之得失，其流及上。所言虽殊，其合德一也。相如[2]虽虚辞滥说，然其要归，引之节俭，此与《诗》之讽谏何异？”非曰扬雄以为，赋者，将以讽也，必推类而言，极丽靡之辞，闳侈钜衍，竞于使人不能加也。既乃归之于正，然览已过矣。往时武帝好神仙，相如上《大人赋》欲以讽帝。帝反漂漂有凌云之志。由是言之，赋劝而不止，明矣。又颇类俳优，非法度所存。贤人君子，诗赋之正也。

【注释】①《小雅》：《诗经》的一部分，共74篇。内容十分广泛丰富，其中最突出的，是关于战争和劳役的作品。②相如：即司马相如，字长卿，蜀郡（今南充蓬安）人。西汉大辞赋家。其代表作品为《子虚赋》。作品辞藻富丽，结构宏大，使他成为汉赋的代表作家，后人称之为赋圣。与卓文君的私奔故事也广为流传。

【译文】正方太史公说："《春秋》就是从史实中推论出隐含的深刻意义。《周易》是用很隐晦的语句表述显而易见的人事。《大雅》是讲述王公大臣的事情，其中所包含的道德教化也会对黎明百姓有一定的影响。《小雅》是讽刺小我的得失，但它的寓意也会影响到上层阶级。这些作品所讲述的内容不一样，但是同样合乎仁德。司马相如的文章虽然辞藻华丽，浮夸不实，但他文章的要点是引导人们节俭，这和《诗经》中的婉言相劝有什么不同呢？"反方扬雄认为，赋就是用来讽刺的。言语一定经过比类推究，文章宏大恣肆，文辞广博华丽，以至于让人不能再添加其他词语。即使它的目的是将人往正面引导，但是看过文章后，就会将它的目的忘却。以前汉武帝沉迷神仙的事，司马相如写《大人赋》想要用来讽刺汉武帝，但武帝看过文章之后反而是飘飘然，更加沉迷神仙的事。由此说来，赋有劝说的意思，却不能阻止这种行为，已经很明确了。赋很像是滑稽的表演，没有遵循正统的法度。只有德才兼备之人的言论才是诗赋的正统。

是曰《淮南子》曰：东海之鱼名鲽音士盍反。与床榻字同，比目而行；北方有兽，名曰娄，更食，更候；南方有鸟，名曰鹣音兼，比翼而飞。夫鸟兽鱼鲽，犹知假力，而况万乘之主乎？独不知假天下之英雄俊士，与之为伍，岂不痛哉？非曰狐卷子[①]曰："父贤不过尧而丹朱[②]放，兄贤不过周公而管蔡诛，臣贤不过汤、武而桀、纣伐。况君之欲治，亦须从身始，人何可恃乎？"

【注释】①狐卷子：战国时魏国人。口才出众，头脑机敏，跟人对答中最能彰显出他的聪慧。他对治国理政也有着深刻独到的见解。②丹朱：姓伊祁，名源明，字监明，号丹朱。上古部落联盟首领尧的长子，是我国围棋界最早的"棋圣"。

【译文】正方《淮南子》说：东海有一种鱼叫做鲽，并排而行；北方有一种兽叫做娄，一个吃饭一个守候轮流进行；南方有一种鸟叫做鹣，并排飞行。这些鸟兽鱼蝶，尚且知道借力，更何况是天下之主呢？君王不知道借助武力非凡、才智杰出的人，与他们一起治理国家，这难道不是让人痛心的事吗？反方狐卷子说："再没有比尧更贤明的父亲了，但他却把儿子丹朱流放在外；再没有比周公更贤明的兄长了，但他却杀死管叔、蔡叔；再没有比商汤、武王更贤明的臣子了，但是他们却讨伐他们的君王夏桀、商纣。何况君王想要治理国家，必须从自身开始，有什么人是可以依靠的呢？"

是曰孔子曰："不患无位，患己不立。"非曰孔子厄于陈、蔡，子路愠，见曰："昔闻诸夫子，积善者，天报以福。今夫子积义怀仁久矣，奚居之穷也？"子曰："由，未之识也，吾语汝。汝以仁者为必信耶？则伯夷①、叔齐②为不饿首阳。汝以智者为必用耶？则王子比干不见剖心。汝以忠者为必报耶？则关龙逄③不见刑。汝以谏者为必听耶？则伍子胥不见杀。夫遇不遇者，时也；贤不肖者，才也。君子博学深谋而不遇时者，众矣，何独丘哉？"

【注释】①伯夷：商末孤竹国人，子姓，名允，商纣王末期孤竹国第八任君主亚微的长子，弟亚凭、叔齐。后因耻食周粟，饿死在首阳山。②叔齐：商末孤竹国（今河北卢龙西）君第三子，名致。开始孤竹国君想要立叔齐为继承人，等到国君死后，叔齐让位给伯夷，伯夷不接受，兄弟二人投靠文王，后因不食周粟，饿死在首阳山。③关龙逄：我国历史上第一位名相，因为进谏忠言而被桀所杀。

【译文】正方孔子说："不要担心自己没有地位，只需要担心自己品行不够端正，不能树立威信。"反方孔子被困在陈国和蔡国，子路大怒，去见孔子说：“以前听您说，积德行善的人，上天会给他福报。如今您积攒信义、心怀仁义已经很久了，为什么还住在这么恶劣的环境里？”孔子说：“子路，这你就不清楚了吧，让我告诉你，你认为讲仁义的人就一定会被人尊重吗？如果真是这样，那么伯夷、叔齐就不会在首阳山上饿死了。你认为聪明的人就一定会被任用吗？如果真是这样，那么王叔比干就不会被挖心了。你认为忠心的人就一定会有好报吗？如果真是这样，那么关龙逢就不会被诛杀了。你认为忠言劝谏一定会有人听吗？如果真是这样，那么伍子胥就不会被杀了。一个人能不能遇到发展的机会，是时机的问题；至于是贤明还是无能，这是自己才能的问题。君子博学又深谋远虑，却没有遇到机遇的人太多了，哪里只有我一人呢？”

是曰神农形悴，唐尧瘦臞，舜梨黑，禹胼胝，伊尹负鼎而干汤，吕望鼓刀而入周，墨翟无黔突，孔子无暖席。非以贪禄位，将欲起天下之利，除万人之害。非曰李斯①以书对秦二世云：“申子曰：‘有天下而不恣睢，命之曰以天下桎。’若尧、禹然，故谓之桎也。夫以人徇己，则己贵而人贱；以己徇人，则己贱而人贵。故徇人者贱，而所徇者贵。自古及今，未有不然。夫尧、禹以身徇天下，谓之桎者，不亦宜乎？”

【注释】①李斯：李氏，名斯，字通古。战国末期楚国上蔡（今河南省驻马店市上蔡县）人。秦代著名的政治家、文学家和书法家。

【译文】正方炎帝面容憔悴，唐尧身体瘦弱，舜皮肤黝黑，禹手足都有老茧，擅长厨艺的伊尹背着鼎辅佐商汤，作为屠夫的姜尚辅佐武王建立周朝。墨子四处奔波，家里的烟囱都很久不冒烟了；孔子也周游列国，很久没有安居闲坐了。他们不是为了贪图俸禄爵位，而是想要给天下人造福，除去天下人的危害。反方李斯上奏给秦二世说："申子说：'拥有天下的人，不会放纵暴戾，这就叫以天下为桎梏。'就像尧、禹那样，就是把天下当作桎梏。让别人依从自己，那么就显得自己高贵而别人卑贱；让自己依从别人，那么就会使别人高贵而自己卑贱。所以依从别人的人是卑贱的，被别人依从的人是高贵的。从古到今，没有不是这样的。尧、禹用自身去依从天下，说他们把天下作为桎梏，不是很恰当吗？"

是曰《论语》曰：举逸人，天下之人归心焉。魏文侯①受艺于子夏②，敬段干木③，过其庐，未尝不式。于是秦欲伐魏，或曰："魏君贤，国人称仁，上下和洽，未可图也。"秦王乃止。由此得誉于诸侯。非曰韩子曰："夫马似鹿，此马直千金。今有千金之马，而无一金之鹿者，何也？马为人用，而鹿不为人用。今处士不为人用，鹿类也。所以太公至齐而斩华士，孔子为司寇而诛少正卯④。"赵主父⑤使李疵视中山可攻否，还报曰："可攻也。其君好见岩穴之士、布衣之人。"主父曰："如子之言，是贤君也，安可攻？"李疵曰："不然。夫上显岩穴之士，则战士殆；上尊学者，则农夫惰。农夫惰则国贫，战士殆则兵弱。兵弱于外，国贫于内，不亡何待？"主父曰："善。"遂灭中山。

【注释】①魏文侯：姬姓魏氏，名斯。安邑（今山西夏县）人，魏桓子之孙。魏国百年霸业的开创者。②子夏：即卜商，姬姓，卜氏，名商，字子夏，南阳温邑（今河南温县黄庄镇）人。春秋末期思想家、教育家，孔门十哲之一。提出"仕而优则学，学而优则仕"的思想，主张"做官取信于民，然后才能使民效劳"。③段干木：姓李，名克，封于段，为干木大夫，故称段干木。④少正卯：春秋时期鲁国人，能言善辩，是鲁国的著名人物，被称为“闻人”。办私学，招收学生。⑤赵主父：即赵武灵王，东周中后期赵国君主、政治家、改革家，赵肃侯之子。在位之时，推行“胡服骑射”政策，推动赵国日益强盛。

【译文】正方《论语》说：推举避世隐居的人，天下人都会归顺于你。魏文侯在子夏那里学习，敬重段干木，每次路过他的屋子，没有不下车扶着车子走的。当时秦国想要攻打魏国，有人说：“魏国君主贤明，百姓都说他仁义，君王百姓上下一心，和睦融洽，不应该图谋魏国。”秦王就停止了这个打算。从这件事后，魏文侯在各诸侯中很有名气。反方韩非子说：“如果这匹马长的像鹿，那这匹马就价值千金。如今有值千金的马，而鹿却不值一金，为什么呢？马可以被人使用，但鹿却不行。如今有才学、隐居不仕的人同样不能被君主任用，和鹿是一样的。所以太公到了齐国后就把只会说好话的人杀了，孔子做司寇的时候就把少正卯杀了。”赵武灵王让李疵去视察中山国能不能攻打。李疵回来报告说：“可以攻打，他们国君喜欢接见隐居在山中洞穴里的人和平民布衣。”灵王说：“如你所说，他们国君是贤君啊，怎么能攻打呢？”李疵说：“不是这样，君王尊敬隐居在山中洞穴的人，那么战士们就会懈怠；君主尊敬有知识的人，那么农民就会变的懒惰。农民懒惰就会使国家贫困，战士懈怠就会使国家兵力衰弱。对外兵力衰弱，对内国家贫困，不灭亡还等什么呢？”灵王说：“说得对。”于是就灭了中山国。

是曰《汉书》曰：陈平云：“我多阴谋，道家所禁，吾世即废亡已矣，终不能复起，以吾多阴祸也。”其后玄孙坐酎金失侯。非曰后汉范晔论耿弇①曰：“三代为将，道家所忌。而耿氏累叶以功名自终。将其用兵，欲以杀止杀乎！何其独能崇也？”

【注释】①耿弇：字伯昭，扶风茂陵（今陕西省兴平市东北）人，东汉开国名将、军事家，云台二十八将第四位。

【译文】正方《汉书》记载：陈平说："我有许多的阴险谋略都是道家所禁止的。到了我这一辈，即将废弃了，终究是不能再复起，因为我有很多冥冥之中的惩罚要承受。"后来他的玄孙由于上贡的酎金有误而失掉了侯位。反方范晔在《后汉书》中评论耿弇时说："一家三代都是将领，这是道家所忌惮的。然而耿家却因为累世的功名而得到了善终。将领用兵，是想要用杀伐来停止杀伐吗？为什么只有他们一家能等到尊崇呢？"

是曰《易》曰：崇高莫大于富贵。又曰：圣人之大宝曰位。非曰孙子为书谢春申君曰："鄙谚曰：厉人怜王。此不恭之言也。虽然，古无虚谚，不可不审察也。此为劫杀死亡之主言也。夫人主年少而矜材，无法术以知奸，则大臣主断图私，以禁诛于己也。故杀贤长而立幼弱，废正嫡而立不义。《春秋》戒之曰：楚王子围聘于郑，未出境，闻王病，反问病，遂以冠缨绞王杀之，因自立也。齐崔杼[①]之妻美，庄公通之。崔杼率其党而攻庄公，庄公走出，逾于外墙，射中其股，遂杀之，而立其弟。近代李兑[②]用赵，饿主父于沙丘，百日而杀之。淖齿[③]用齐，擢闵王[④]之筋，悬于庙梁，宿昔而死。夫厉虽肿胞之疾，上比前代，未至绞缨、射股也；下比近代，未至擢筋、饿死也。夫劫杀死亡之主，心之忧劳，刑之困苦，必甚于厉矣。由此观之，厉虽怜王，可也。"

【注释】①崔杼：姜姓，崔氏，名杼，谥武，又称崔子、崔武子，春秋时期齐国大夫，齐丁公的后代，后为齐国执政。②李兑：战国时期赵国权臣。③淖齿：战国时楚将。④闵王：即齐湣王，妫姓，田氏，名地，临淄（今山东淄博市临淄区）人。战国时期齐国第六任君主，齐宣王之子。

【译文】正方《易经》说：富贵是最崇高的了。又说：圣人最大的宝物就是他的权位了。反方孙子写信告诉春申君说："民间的谚语说，一个将要遭到屠戮命运的国君，被一个长癞疮的人看到，也会产生怜悯之心。这是不恭敬的言论。即使古语中没有虚伪的言语，也不能不认真思考。这是说那些被杀害的亡国之君。那些国君年纪小，恃才傲物，没有办法辨别忠奸，那些大臣独断专行，为自己谋求私利。大臣们害怕自己被诛杀，所以他们会杀掉贤明而年长的君王，拥立年幼且弱小的君王；废黜正宫嫡子，反而拥立年弱、不符合道义的人为君。《春秋》就这件事曾劝诫说：楚国的王子围去郑国访问，还没有出边境，听说大王病了，便返回去询问病情，用帽子上的绳子把楚王绞死，然后自立为王。齐国崔杼的妻子很美丽，庄公与他的妻子私通。崔杼带领他的同党去攻打庄公，庄公逃跑，在翻越外墙时被射中大腿，崔杼将庄公杀死，后立庄公的弟弟为君。近代李兑在赵国把持朝政，把赵武灵王困在沙丘百天后，被活活饿死。淖齿在齐国把持朝政，拔掉齐湣王的筋，挂在宗庙横梁上，很快就死了。癞疮虽然是红肿的皮肤病，很难受，但是对比前代，没有到用绳子绞死、用箭射大腿的程度；对比近代，没有到抽筋、饿死的程度。那些被杀害的君王，心里感受到的忧愁苦闷，身体上受到的摧残痛苦，一定超过了癞疮病人。从这里可以看出，一个将要遭到屠戮命运的国君，被一个头上有癞疮的人看到，也会产生怜悯之心，这句话是有道理的。"

是曰《易》曰：备物致用，立成其器以为天下利者，莫大于圣人。非曰庄子曰："圣人不死，大盗不止。虽重圣人而治天下，则是重利盗跖也。为之斗斛以量之，则并与斗斛而窃之；为之权衡以称之，则并与权衡而窃之；为之符玺以信之，则并与符玺而窃之；为之仁义以教之，则并与仁义而窃之。何以知其然耶？彼窃钩者诛，窃国者为诸侯。诸侯之门，而仁义存焉，则是非窃仁义圣智耶？故逐于大盗，揭诸侯，窃仁义，并斗斛、权衡、符玺之利，虽有轩冕之赏弗能劝，斧钺之威弗能禁，此重利盗跖，而使不可禁者，是乃圣人之过也。故曰：'国之利器，不可以示人。'彼圣人者，天下之利器也，非所以明天下也。"

【译文】正方《易经》说：准备物品供百姓使用，制作工具使天下人都能得到好处，这么伟大的就只能是圣人了。反方庄子说："圣人不死，盗贼就不会停止。虽然圣人能治理好天下，然而对类似盗跖那样的盗贼也有好处。圣人发明斗、斛用来测量东西，大盗偷东西时连斗、斛也偷走了；发明称重的秤杆用来衡量轻重，大盗偷东西时连秤杆、秤锤也一并偷走了；发明兵符、玉玺是为了作为信物，大盗偷东西时连兵符、玉玺也一起偷走了；宣扬仁义是为了教化百姓，大盗连道德仁义也偷走了。为什么这么说呢？那些偷铁钩的人被杀了，而窃取国家政权的人却成了诸侯。只要成为诸侯，就会有仁义。这难道不是窃取了圣人的智慧仁义吗？所以人们都想要做大盗，当诸侯，盗窃仁义、斗斛、秤锤称杆、玉玺兵符。即使有官位和俸禄的赏赐，有兵器的威胁也不能阻止他们的行为。这些对盗贼来说有了很多好处，从而导致不能制止，这是圣人的过错啊。所以说国家的利器是不能展示于人前的。那些圣人就是国家的利器，不能在天下人面前展示。"

是曰《论语》曰：君子固穷，小人穷，斯滥矣。非曰《易》曰：穷则变，通则久。是以自天佑之，吉无不利。太史公曰：“鄙人有言，何知仁义？以飨其利者为有德。故伯夷丑周，饿死首阳山，而文、武不以其故贬王；跖、跻暴戾，其徒诵义无穷。由此观之，窃钩者诛，窃国者为诸侯。诸侯之门，仁义存焉，非虚言也。今拘学或抱咫尺之义，久孤于代，岂若卑论侪俗，与代沉浮而取荣名哉？”

【译文】正方《论语》说：君子固然穷，但仍能坚守节操；小人贫穷时就会不自检束，胡作非为。反方《易经》说：穷就会想要变通，变通了才能够长久。因此得到上天的保佑，就会吉祥，无往不利。司马迁说：“民间有人说：怎么知道这个人是否仁义呢？那些给别人好处的人就是有德行的人。因此，伯夷讨厌周朝，所以不吃周朝的粮食，饿死在首阳山。但是文王、武王没有因为他们的缘故而受到贬低。盗跖与庄跻暴躁狠戾，但他们的信徒却一直宣扬他们讲仁义。从这里可以看出，盗窃铁钩的人被诛杀，盗窃国家政权的人却成了诸侯。只要成为诸侯，仁义就一定会存在，这不是假话。如今有些人拘泥于偏执之学，怀抱狭义的义理，长期与世隔绝，怎么比得上迁就流俗、随俗变迁而获得荣誉美名呢？”

是曰东平王[1]苍曰：“为善最乐。”非曰语曰：“时不与善，己独由之。”故曰：非妖则妄。

【注释】①东平王：即刘苍，东汉光武帝刘秀之子，是东汉时期唯一在朝辅政的藩王。

【译文】正方东平王刘苍说："做善事是最开心快乐的。"反方古语说："做善事没有遇到好时机，自己也可以随心地做善事。"即使不被称为邪魅，也会被称为是狂妄。

是曰庞统①好人伦，勤于长养，每所称述，多过于才。时人怪而问之，统曰："当今天下大乱，正道凌迟，善人少而恶人多，方欲兴风俗，长道业，不美其谈，即声名不足慕企。不足慕企，而为善者少矣。今拔十失五，犹得其半，而可以崇迈代教，使有志者自励，不亦可乎？"非曰《人物志》曰：君子知自损之为益，故功一而美二；小人不知自益之为损，故伐一而并失。由此论之，则不伐者，伐之也；不争者，争之也；让敌者，胜之也。是故，郤至②上人，而柳下滋甚；王叔③好争，而终于出奔。蔺相如以回车取胜于廉颇④，寇恂⑤以不斗取贤于贾复⑥。物势之反，乃君子所谓道也。

【注释】①庞统：字士元，号凤雏，汉时荆州襄阳（治今湖北襄阳）人。东汉末年刘备帐下重要谋士，与诸葛亮同拜为军师中郎将。后中流矢而亡，年仅三十六岁。②郤至：即温季，即郤昭子，姬姓，步氏，春秋中期晋国卿大夫，才华横溢的军事家、外交家。与堂兄郤锜、叔父郤犨并称"三郤"。③王叔：即王子虎，东周时期周惠王庶弟。④廉颇：嬴姓，廉氏，名颇，字洪野，中山苦陉（今河北定州市邢邑镇）人。战国末期赵国名将，与白起、王翦、李牧并称"战国四大名将"。赵惠文王时期，官拜上卿。赵悼襄王即位后，郁郁不得志，老死于楚地。⑤寇恂：字子翼，上谷昌平（今北京市）人，东汉开国名将，云台二十八将第五位。协助刘秀建立东汉，后任执金吾，封雍奴侯。⑥贾复：字君文，南阳冠军（今河南省邓县西北）人，东汉名将，云台二十八将第三位。儒生出身，后加入绿林军。归顺刘秀后，战功赫赫，在东汉中兴功臣中以勇武见称。

【译文】正方庞统喜欢谈论人伦道德，擅长品评人物，但每次称赞的人，大多都是名气大的人。那时有人感到奇怪就问他，庞统说："现在天下大乱，正道衰败，好人少，恶人多，应当振兴风俗，增加善行美德。不大力赞美他们，那么他们的名声就不能够让人仰慕。不能够让人仰慕，那么行善的人就会少。如今提拔、赞美十个人，有五个人不合格，还能得到一半合格的人，就可以让百姓崇拜他们，让他们教化百姓，让有志向的人自我鼓励，这有什么不可以呢？"反方《人物志》说：君子知晓吃亏对人有益处，会得到一份功劳两份美誉。小人不知道占便宜是有害处的，所以自夸却会使功劳和名声一起失去。从这里可以看出，不自夸的人，才是宣扬自己的功劳；不争夺名利的，才是真正名利双收；谦让敌人的，才是最终获胜的。所以郤至喜欢夸赞别人，其实是借机夸赞自己；王子虎喜欢争高低，结果最终出走。蔺相如用给廉颇让路的方式赢了廉颇；寇恂用不与贾复争斗的方式赢得了贤明的名声。事物的趋势是反的，这就是君子说的"道"。

是曰《孝经》[1]曰：居家理，治可移于官。非曰郦生[2]落魄，无以为衣食业。陈蕃[3]云："大丈夫当扫天下，谁能扫一室？"

【注释】①《孝经》：古代儒家的伦理著作，是儒家十三经之一。以孝为中心，比较集中地阐述了儒家的伦理思想。②郦生：即郦食其，陈留县高阳乡人，秦末楚汉时人，刘邦手下，是我国历史上著名的说客。③陈蕃：字仲举。汝南平舆（今河南平舆北）人。东汉时期名臣，与窦武、刘淑合称"三君"。

【译文】正方《孝经》说：在家中能够把家事打理的井井有条，就可以把这些经验用在做官上，管理好国家。反方郦食其生活窘迫，没有找到能够维持生活的工作。陈蕃说："大丈夫应当以扫平天下为己任，怎么能只做打扫自己屋子的小事呢？"

是曰公孙弘曰："力行近乎仁，好问近乎智，知耻近乎勇。知此三者，知所自理。知所以自理，然后知所以理人。天下未有不能自理而能理人者也。此百代不易之道。"非曰《淮南子》曰：夫审于毫氂之计者，必遗天下之数；不失小物之选者，或于大事之举。今人才有欲平九州，存危国，而乃责之以闺阁之礼，修乡曲之俗，是犹以斧剪毛，以刀伐木，皆失其宜矣。

【译文】正方公孙弘说："身体力行就接近仁，勤学好问就接近智，知道廉耻就接近勇。知道这三者，就知道怎么自我管理了。知道怎么自我管理，就知道怎么管理别人。天下没有不知道怎么自我管理却可以管理别人的人，这是百代也不能改变的道理。"反方《淮南子》说：计较毫厘之差的人，一定会忽略天下大事；在小事上计较，在大事上一定会疑惑。如今有人想要平定天下，拯救危国，然而却要求他遵守家中的礼仪，学习乡间的风俗，这样就好像是用斧头剪毛，用刀砍树，都是不适当的。

是曰商鞅谓赵良[①]曰："子之观我理秦，孰与五羖大夫[②]贤乎？"赵良曰："夫五羖大夫，荆之鄙人也。闻缪公[③]之贤，而愿望见，行而无资，自鬻于秦客，被褐饭牛。缪公知之，举之牛口之下，而加之百姓之上，秦国莫敢望焉。今君之见秦王也，因嬖人景监以为主，非所以为名也。"非曰《史记》曰：蔺相如因宦者缪贤[④]见赵王。又曰：邹衍[⑤]作《谈天论》，其语闳大不经，然王公大人尊礼之。适梁，梁惠王⑥郊迎，执宾主之礼；如燕，昭王拥篲先驱。岂与仲尼菜色陈、蔡，孟轲困于齐、梁同乎哉？卫灵公问阵于孔子，孔子不答；梁惠王谋攻赵，孟轲称大王去邠。持方枘欲纳圜凿，其能入乎？或曰：伊尹负鼎而辅汤以王，百里奚饭牛，缪公用霸。作先合，然后引之大道。邹衍其言虽不轨，亦将有牛鼎之意乎？

【注释】①赵良：嬴姓赵氏，名良。秦孝公时人。曾劝商鞅隐退。②五羖大夫：即百里奚，辅佐秦缪公称霸。因被缪公用五张黑公羊的皮赎回，所以称他为五羖。③缪公：即秦穆公，春秋五霸之一。曾协助晋文公回到晋国夺取君位，以实现秦晋之好。称霸西戎，为日后秦统一中国奠定了基石，对秦的发展和古代西部的民族融合都做出了一定的贡献。④缪贤：战国时候赵国的宦者令，蔺相如的举荐者。⑤邹衍：战国末期齐国临淄人。阴阳家代表人物、五行创始人，著有《邹子》一书。燕惠王时听信谗言，把邹衍逮捕下狱，因而六月降霜。⑥梁惠王：姬姓，魏氏，名罃。在位时是魏国鼎盛时期，和齐威王在徐州会盟，互相承认对方为王。

【译文】正方商鞅对赵良说："你看我治理的秦国，与百里奚比谁更贤明呢？"赵良说："百里奚不过是一个住在郊野的人。听说秦穆公贤明，所以想要拜见。出行却没有盘缠，就把自己买给了秦国的客商，穿着粗布短衣给人喂牛。秦穆公知道了这件事，把他救了出来不让他再喂牛，提拔他做官，最终秦国人不敢望其项背。如今你被秦王任用是因为秦王的宠臣景监的缘故，并不是你自己有什么名气。"
反方《史记》记载：蔺相如因为缪贤的举荐而被赵王任用。又记载：邹衍写《谈天论》，他的话语不着边际，且不符合常理，然而高官贵人们都尊重他。他去了魏国，魏惠王用宾主之礼到郊外迎接他；到了燕国，燕昭王手拿扫把扫地先行开路。这种景象怎么能和孔子被困陈蔡两国时面如菜色，孟轲被困齐梁两国的情况一样呢？卫灵公请教孔子关于两军对阵排兵布阵的事，孔子不回答；梁惠王谋划攻打赵国，询问孟轲的意见，孟轲却说了周太王为了避免戎狄的侵犯而离开邠邑的事情，建议他不要攻打赵国。拿着方的木棒想要放进圆孔中，怎么能放进去呢？有的人说，伊尹精通厨艺，却辅佐商汤称王；百里奚原来是喂牛的，却辅佐秦穆公称霸。他们都是先用自己的行为引起君王的注意，然后才施展抱负。邹衍的言行虽然怪异，不符合正道，难道也要做喂牛、做饭这样出乎意料的举动，才能吸引君王的注意吗？

是曰陈仲举[①]体气高烈，有王臣之节；李元礼[②]忠平正直，有社稷之能。陈留蔡伯喈[③]以仲举强于犯上，元礼长于接下。犯上为难，接下为易，宜先仲举而后元礼。非曰姚信[④]云："夫皋陶戒舜，犯上之征也；舜理百揆，接下之效也。故陈平谓王陵言：'面折庭诤，我不如公；至安刘氏，公不如我。'若犯上为优，是王陵当高于良、平，朱云当胜于吴、邓乎？"

【注释】①陈仲举：即陈蕃，字仲举。汝南平舆（今河南平舆北）人。东汉时期名臣，与窦武、刘淑合称"三君"。②李元礼：即李膺，字元礼，颍川郡襄城县（今属河南襄城县）人。东汉时期名士、官员。屡破鲜卑，声振远域。③蔡伯喈：即蔡邕，字伯喈。陈留郡圉县（今河南杞县南）人。东汉时期著名文学家、书法家。精通音律，才华横溢，通经史、善辞赋，精于书法，擅篆、隶书。④姚信：东吴时期人物，吴兴（今浙江省湖州市）人，著作有《周易注》。

【译文】正方陈蕃秉性高傲刚烈，有帝王之臣的气节；李膺忠义正直，有治理天下的才能。陈留的蔡邕认为陈蕃勇于以下犯上，李膺擅长笼络下属。冒犯上级很难，笼络下属比较简单，所以陈蕃的能力应该在李元礼之上。反方姚信说："皋陶劝诫舜，这是冒犯上级的表现；舜管理百官，这是笼络下级的结果。所以陈平对王陵说：'直言进谏，我不如你。至于安定刘氏天下，你不如我。'如果冒犯上级是优点，那么王陵就比张良、陈平强，朱云就比吴汉、邓禹强，但真是这样吗？"

是曰《史记》曰：韩子称："儒者以文乱法，而侠士以武犯禁。"二者皆讥，而学士多称于世。至如以术取宰相、卿大夫，辅翼其世主，固无可言者。及若季次、原宪季次，孔子弟子，未尝仕，孔子称之，读书怀独行，议不苟合当世，当世亦笑之。今游侠，其行虽不轨于正义，然其言必信，其行必果，已诺必诚，不爱其躯，赴士之阨困，羞伐其德，盖亦有足多者。且缓急，人之所时有也。虞舜窘于井廪，伊尹负鼎俎，傅说[1]匿于傅险，吕尚困于棘津，夷吾桎梏，百里奚饭牛，仲尼畏匡，菜色陈、蔡，此皆学士所谓有道仁人也，犹遭此灾，况以中材而涉近代之末流乎？其遇害何可胜道哉！而布衣之徒，设所取吊然诺，千里故士穷窘而得委命，此岂非人之所谓贤豪者耶？诚使乡曲之侠，与季次、原宪，比权量力，效功于当代，不同日而论矣。曷足小哉！非曰《汉书》曰：天子建国，诸侯立家，自卿大夫以至庶人，各有等差。是以人服事其上，而下无觊觎。孔子曰："天子有道，政不在大夫。"百官有司，奉法承令，以修所职，越职有诛，侵官有罚。然故上下相顺，而庶事理焉。周室既微，礼乐征伐，出自诸侯。桓、文之后，大夫世权，陪臣执命。陵夷至于战国，合纵连横，力政争强。由是列国公子，魏有信陵，赵有平原，齐有孟尝，楚有春申，皆藉王公之势，竞为游侠，鸡鸣狗盗，无不宾礼。而赵相虞卿，弃国捐君，以周穷交魏、齐之厄；信陵无忌，窃符矫命，杀将专师，以赴平原之急，皆以取重诸侯，彰名天下。搤腕而游谈者，以四豪为称首。于是背公党之议成，守职奉上之义废矣。及至汉兴，禁纲疏阔，未之匡改也。魏其、武安之属，竞逐于京师；郭解、剧孟之徒，驰骛于闾阎，权行州域，力折公侯。众庶荣其名迹，觊而慕之，虽陷刑辟，自与杀身成名，若季、路、仇牧②，死而不悔也。曾子曰："上失其道，民散久矣。"非明王在上，示之以好恶，齐之以礼法，人曷由知禁而反正乎？古之正法，五伯，三王之罪人也；而六国③，五伯之罪人也；夫四豪者，六国之罪人也。况于郭解之伦，以匹夫之细微，窃杀生之权，其罪也，不容于诛矣！

【注释】①傅说：古虞国（今山西平陆）人，殷商时期著名贤臣，为"三公"之一，是我国古代的政治家、军事家和建筑学家。②仇牧：春秋时期的历史人物，宋哀公的曾孙，宋湣公时任宋国大夫。③六国：战国时期除秦国以外的齐、楚、燕、赵、魏、韩六个国家。

【译文】正方《史记》记载：韩非子说："读书人用文献典籍来扰乱国家法度，而侠士用武力来违反法律禁令。"这两者都受到韩非子的讥讽，然而有学问的人大多被世人称赞。就像用权谋之术谋取宰相、卿大夫的官位，辅佐他们的君主，就更没有什么说的了。但像季次、原宪季次，孔子的弟子，没有做官，孔子很赞赏他，读书懂礼，心怀天下，坚持自己的原则，言论不附和世人，世人都讥笑他们。当代的游侠，行为虽不符合道义，但他们说出的话一定讲信用，行动就一定要有结果，已经承诺别人的事一定会做到，不惜牺牲生命，帮助他人解除困境，不会自夸自己的德行，这样的人大概有很多值得学习的地方。况且每个人都有可能遇到危急的时候，比如虞舜被困在井里，差点被父亲瞽叟害死；伊尹曾是一个厨师，背着做饭的鼎被商汤赏识；傅说曾在傅岩打土墙；姜子牙曾被困在棘津靠钓鱼为生；管仲曾披枷带锁；百里奚曾给人喂牛；孔子曾被困于匡，在陈蔡两国挨过饿，这些都是有学识的人所说的有道德仁义的圣贤，他们尚且遭此灾难，更何况只有平庸才能却生活在乱世的人呢？他们遇到的伤害又怎么可能说的完呢？身为平民百姓的游侠，秉承取予不苟且、做出承诺就一定做到的行为准则。他们的名声被流传远方，所以读书人在生活穷困窘迫时就会寄希望于游侠，这些游侠难道不是人们所说的贤士豪杰吗？真的让乡间的游侠与季次、原宪比较权势力量，对于当代的效命立功，不能同日而语，怎么能小看侠士呢？反方《汉书》说：天子建立国家，诸侯得到封地，从卿大夫到平民，都有等级差别。所以人们对上级服从，下级也没有觊觎上级的想法。孔子说："天子治国有道，政权就不会落在大夫手中。"百官有各自的职权，遵守法令，各尽其责，如果做超过自己的职权的事就会被诛杀，侵犯别人的职权就会被惩罚，所以上下和顺，各种事情都可以办好。周王室衰微后，礼乐制度和征伐权利都落在诸侯手中。齐桓公和晋文公之后，大夫们世世代代掌权，臣子们替天子发号施令，由胜到衰一直到战国，诸侯国合纵连横，用武力和强权争夺霸主。于是有了各国的公子们，魏国有信陵君，赵国有平原君，齐国有孟尝君，楚国有春申君，都是借王公的权势，竞相收罗游侠，对那些有微不足道本领的人没有不用宾礼对待的。然而赵国的丞相虞卿，放弃国家利益，抛弃国君，去帮助魏齐解除困难；信陵君魏无忌盗窃兵符，假传命令，杀死将军夺取军权，去解救平原君的危难。这些行为，都是为了得到诸侯的信任，扬名天下。那些愤慨惋惜且四处游说的人都把信陵君、平原君、孟尝君、春申君作为一流豪杰。于是这些背弃主公而为私交效命的人被广为传颂，而遵守法令忠于君主的大义却被废弃。等到汉朝兴起，法令过于宽松，这种现象也没有被纠正。魏其侯、武安侯这一类卿大夫，在京师激烈竞逐；郭解、剧孟这一类游侠，奔驰在乡间。他们的势力遍布州郡，公侯都对他们尊敬有加。百姓们都为他们的声名功绩感到荣耀，羡慕并且仿效他们。即使违反法律，受到惩罚，还认为自己是杀身成仁，就像季布、子路、仇牧一样，死而不悔。曾参说："君主失掉道义，人心离散已经很久了。"要不是贤明的君王在位，明示善恶的标准，然后用礼法规范教化百姓，百姓怎么会知道国家在禁止什么，从而返回正道呢？按古代的正统观点来看，春秋五霸祸害了夏禹、商汤、周武王的正道，是有罪的人；六国是祸害了五霸的罪人；战国四公子是六国的罪人。至于像郭解这样的游侠，凭借匹夫的卑微，竟然盗窃了生杀大权，这是犯罪，必须诛杀。

是曰尸子曰："人臣者，以进贤为功；人主者，以用贤为功也。"《史记》曰：鲍叔举管仲，天下不多管仲之贤，而多鲍叔能知人也。非曰苏建[①]常责大将军青[②]曰："至尊重，而天下之贤士大夫毋称焉。愿观古今名将所招，选择贤者。"大将军谢曰："自魏其、武安之厚宾客，天子尝切齿，彼亲附士大夫、招贤黜不肖者，人主之柄也。人臣奉法遵职而已，何与招士？"其为将如此议曰：此一是一非，皆经史自相违者。

【注释】①苏建：西汉人，随大将军卫青攻打匈奴，后因功被封为平陵侯。②大将军青：即卫青，字仲卿，河东平阳（今山西临汾市）人。西汉时期名将，汉武帝第二任皇后卫子夫的弟弟，汉武帝在位时官至大司马大将军，封长平侯。

【译文】正方尸子说："作为臣子，以为朝廷举荐贤能的人作为功劳；作为国君，以任用贤能的人作为功劳。”《史记》说：鲍叔举荐管仲，天下人对管仲的贤能称赞的少，但却对鲍叔识人的能力十分称赞。反方苏建曾责备卫青说：“你的地位极其尊贵，但是天底下的贤士大夫却没有称赞你的，希望你效仿古今的名将招揽选拔贤能的人才。”卫青推辞说：“自从魏其侯、武安侯厚待宾客、招贤纳士开始，天子就对这种行为咬牙切齿，厌恶至极。因为亲近士大夫，招揽贤才，废黜无能之人，是天子的权力；作为臣子，只要奉公守法，遵守自己的职责就好了，为什么要招贤纳士呢？”卫青作为大将一直都是这样做的评论：这些一正一反的观点，都是经史典籍中自相违背的内容。

班固云：“昔王道既微，诸侯力政。时君世主，好恶殊方。是以诸家之术，蜂起并作，各引一端，崇其所善，以此驰说，取合诸侯。其言虽殊，譬犹水火相灭，亦能相生也。仁之与义，敬之与和，事虽相反，而皆相成也。”《易》曰：天下同归而殊途，一致而百虑。此之谓也。

【译文】班固说：“当初周王朝衰微，各诸侯致力于掌握政权。各国君主喜好不同，爱憎各异。所以诸子百家，各种学术风然并起，大家各引一端，推崇自己所擅长的学说，并用这些学说四处游说，争取诸侯们的赏识。他们的言论虽然不同，但又如水火般既能相互毁灭，也能相互依存。仁与义，敬与和，虽然相反，但也能相辅相成。”《易经》说：天下人虽然走的路不同但是目的地都是一样的。真理只有一个，但却有许多种思虑和表达的方式。说的就是这个意思。

适变第十五

昔先王当时而立法度，临务而制事。法宜其时则理，事适其务故有功。今时移而法不变，务易而事以古，是则法与时诡，而事与务易，是以法立而时益乱，务为而事益废。故圣人之理国也，不法古，不修今，当时而立功，在难而能免秦孝公用卫鞅。鞅欲变法，孝公恐天下议己，疑之。卫鞅曰："疑行无名，疑事无功。夫有高人之行，固必见非于世；有独智之虑者，必见傲于人。愚者暗于成事，智者见于未萌。人不可与虑始，而可与乐成。论至德者，不和于俗；成大功者，不谋于众。是以圣人苟可以强国，不法其故；苟可以利人，不修其礼。"孝公曰："善。"甘龙[1]曰："不然。圣人不易人而教，智者不变法而治。因人而教，不劳而功成；缘法而理，吏习而人安。"卫鞅曰："龙之所言，世俗之言。常人安于习俗，学者溺于所闻。以此两者居官守法可也，非所以与论于法之外也。三代不同礼而王，五百不同法而霸。智者作法，愚者制焉；贤者更礼，不肖者拘焉。"杜挚曰："利不百，不变法；功不十，不易器。法古无过，修礼无邪。"卫鞅又曰："治代不一道，便国不必故。故汤、武不修古而主，夏、殷不易礼而亡。反古者不可非，而修礼者不足多。"孝公曰："善。"遂变法也。由是言之，故知若人者，各因其时而建功立德焉孟子曰："虽有兹基，不如逢时；虽有智惠，不如逢代。"范蠡曰："时不至，不可强生；事不究，不可强成。”语曰：“圣人修备以待时也。”何以知其然耶？桓子曰：“三皇以道治，五帝用德化；三王由仁义，五霸用权智说曰：无制令刑罚，谓之皇；有制令而无刑罚，谓之帝；赏善诛恶，诸侯朝事，谓之王；兴兵众，立约盟，以信义矫代，谓之伯。《文子》曰：帝者，贵其德也；王者，尚其义也；霸者，迫于理也。道狭然后任智，德薄然后任刑，明浅然后任察。议曰：夫建国立功，其政不同也如此。”五帝以上，久远，经传无事，唯王、霸二盛之美，以定古今之理焉秦、汉居帝王之位，所行者霸事也。故以为德之次。夫王道之治，先除人害，而足其衣食论曰：五亩之宅，树之以桑，匹妇蚕之，年五十者，可以衣帛矣。百亩之田，数口之家，耕稼修理，可以无饥矣。鸡豚狗彘之畜，不失其时，老者可以食肉矣。夫上无贪欲之求，下无奢淫之人，藉税省少而徭役不繁，其仕者，食禄而已，不与人争利焉。是以产业均而贫富不得相悬，然后教以礼仪故明王审己正统，慎乃在位。宫室舆服，不逾礼制。九女[②]正序于内，三公分职于外。制井田以齐之，设诸侯以牧之，使饶不溢侈，少不匮乏，然后申以辟雍之化，示以揖让之容，是以和气四塞，祸乱不生，此圣王之教也，而威以刑诛，使知好恶去就虞帝先命禹平水土，后稷播植百谷，契班五教[③]，皋陶修刑，故天下太平也。是故，大化四凑，天下安乐，此王者之术王者，父天母地，调和阴阳，顺四时而理五行，养黎元而育群生，故王之为言，往也。盖言其惠泽优游，善养润天下，天下归往之，故曰王也。霸功之大者，尊君卑臣，权统由一，政不二门，赏罚必信，法令著明，百官循理，威令必行夫霸君亦为人除难兴利，以富国强兵，或承衰乱之后，或兴兵征伐。皆未得遵法度、申文理，度代而制，因时施宜，以从便善之计，而务在于立功也。此霸者之术王道纯而任德，霸道驳而任法。此优劣之差也。

【注释】①甘龙：秦孝公之臣。变法反对派，是秦国的世族名臣。②九女：古代诸侯所娶的九个嫔妃。③契班五教：契颁行五常之教。班，同“颁”。

【译文】过去先王根据情况来设立法度，根据事务来制定政策，法规适合时势就能治理好国家，政策适合当时的事务就会办好事情。如今时势改变但法规不变，事务改变但还是按以前的政策办，那么法规与时势脱轨。时势与事务改变，那么法规虽然建立起来了，但时势却更乱了，事务办不成，政策也是废纸。所以圣人治理国家，不拘泥于古法，也不拘守现状，而是根据情况进行改革，碰到困难的事情也能解决秦孝公任用卫鞅。卫鞅想要变法，秦孝公害怕天下人非议自己，对变法的事情迟疑。卫鞅说：“行动迟疑得不到好名声，做事迟疑得不到好效果。有比常人高的行为，本来就会被世俗非议；有单独见解的谋士，一定会被世人诋毁。愚昧的人都是事情已经成功了还没有弄明白，聪明的人一定是事情还未见苗头就能注意到。不能够在事情开始的时候就与百姓商量，却可以在事情成功时与他们一起庆祝。道德高尚的人不附和世俗，想建大功的人不与众人商量。因此，圣人治理国家，只要能够使国家强大，就不需要遵守旧的法规制度；只要可以使人民得到好处，就不需要遵守旧的礼法。”秦孝公说：“好。”甘龙说：“不是这样。圣人教化百姓不会改变旧的习俗，聪明人不改变旧的法度就能治理国家。根据百姓的习俗来施行教化，不用辛劳就能成功；遵循旧的法度来治理国家，官吏熟悉，百姓也安心。”卫鞅说：“甘龙大人说的是世俗的言论。普通人安定于旧的风俗习惯，学者们沉溺在旧的见闻。让这两种人做官守法是可以的，但不能与他们讨论旧法之外的东西。夏、商、周三代的法规都不同，但都能称霸天下；春秋五霸的法规也各不相同，但也都能成为霸主。聪明的人制定法规，愚昧的人只能受法规的约束；贤能的人更换礼制，品行不好的人只能受礼制的约束。”杜挚说：“利益不超过百倍，就不变法；功效不达到十倍，就不更换器具。效仿古法没有过错，遵循古礼不会有偏差。”卫鞅又说：“治理国家不用同一种方法，使国家获得利益也不必一定遵守旧的制度。所以商汤、武王没有遵守旧的制度也能称霸天下，夏桀、殷纣没有改变礼制却最终亡国。反对旧的制度不应该受到非议，遵循旧的礼制也不应该被赞扬。”秦孝公说：“说得好。”于是就同意变法。**由此可以说，像卫鞅这样的人，能因顺应时势而建功立业**孟子说：“即使有锄头，也不如按照季节时令耕种；即使有聪明才智，也不如赶上好时代。”范蠡说：“时令不到，不能强行要求作物生长；事情没有进行过研究，不能强行要求成功。”古语说：“圣人修习德行，来等待时机。”**从哪里知道呢？桓子说：“三皇以道义治天下，五帝用德行教化百姓，三王用仁义引导百姓，春秋五霸用权谋智慧在列国称霸**解释说：不制定法令刑罚就能治理国家，称为皇；有制定法令却没有刑罚的，称为帝；赏赐好人，诛杀坏人，诸侯入朝议事的，称为王；发动战争，订立盟约，凭借信义来改朝换代的，称为霸。《文子》说：帝，最宝贵的是德行；王，崇尚的是仁义；霸，迫不得已用严刑峻法来治理百姓。道义作用变小之后用智谋，德行薄弱之后用刑罚；情况不够明朗，就严加考察。评论：这些人建功立业，使用的政策如此不同。”**五帝之前的事已经很久远了，经、传都没有记载，只有王道和霸道的盛名流传至今，我们只能用他们来判断古今治国的经验和教训了**秦朝、汉朝的君王居帝王之位，所行的却是霸道，所以把德行放在第二位。**王道的治理是先除掉危害人民的祸患，使人民丰衣足食**评论：一个农妇在五亩的宅地上种桑养蚕，五十岁的老人就可以穿用帛做的衣服。百亩的田地，数口之家一起耕种收拾，就可以不饿肚子了。按时喂养鸡、猪、狗这类牲畜，老人就可以吃上肉了。只要上级没有贪婪的需求，下级没有奢侈淫逸的人，苛捐杂税少，徭役不繁重，当官的只拿俸禄，不与百姓争利。这样就能产业均衡，贫富差距不悬殊。**丰衣足食之后，然后教导他们礼仪**所以贤明的君王经常审查自己的作为是否符合正道，谨慎地保持自己的地位。宫室、车舆、服饰不逾越礼制，后宫嫔妃按照各自的位份执掌内宫，三公大臣按照各自职能管理国家。制定井田制来统一管理农田，设立诸侯来管理百姓，使富饶的地方不会过度奢侈，贫穷的地方不会物资匮乏。然后再推行学校教育，给百姓展示礼乐文德的模范。使国家四处都透露着和气，不生祸乱，这是圣明的君王用来教化百姓的方法，**用刑罚去树立威信，使百姓知道什么是好，什么是恶，什么**

可以做，什么不可以做虞舜首先命令禹治理水患，后稷播种农作物，发展农业，再让契颁布施行五常的教化，让皋陶修定刑法，所以天下太平。**因此，这些广远深入的教化、治理的方法凑在一起，天下就安生乐业了，这是王者治国的方法**王者，以天为父，以地为母，调和阴阳，顺应四季的变化，掌握五行的变化规律，滋养百姓，养育众生，王就是往的意思。大概是说，王者惠泽百姓，使百姓能够悠闲地生活，天下人都归顺于他，所以称之为王。**那些成就霸业的人，能够使君尊臣卑，大权都掌握在君王手中，号令统一，不政出多门，赏罚一定做到言出必行，法令严明，百官都遵循法规条例**那些霸主也为百姓解除危难，创造福利，使国家富强，军队强大。他们有的是在国家衰落之后，有的是在征战讨伐的时候，都不遵守法规制度，讲究文辞义理，根据时代而制定政策，因时制宜，以方便、有利为原则，以建功立业为目的，**这是霸者治理国家的方法**王道纯正，用仁德治理国家，霸道斑驳，用法规制度治理国家。这就是好坏的差别啊。

《道德经》曰：我无为而人自化。文子曰："所谓无为者，非谓引之不来，推之不往，谓其循理而举事，因资而立功，推自然之势也。"故曰智而好问者圣，勇而好问者胜。乘众人之智，即无不任也；用众人之力，即无不胜也。故圣人举事，未尝不因其资而用也。故曰汤、武，圣主也，而不能与越人乘舲舟，泛江湖。伊尹，贤相也，而不能与胡人骑原马，服騊駼（táo tú）①；孔、墨，博通也，而不能与山居者入榛薄，出险阻。由是观之，人智之于物，浅矣。而欲以炤海内，存万方，不因道理之数，而专己之能，则其穷不远。故智不足以为理，勇不足以为强，明矣。然而君人者，在庙堂之上，而知四海之外者，因物以识物，因人以知人也。《吕氏春秋》曰：昊天无形，而万物以成；大圣无事，而千官尽能，此谓不教之教，无言之诏也。夫冬日之阳，夏日之阴，万物归之，而莫之使。至精之感，弗召自来。待目而昭见，待言而使令，其于理难矣。文子曰：“三月婴儿，未知利害，而慈母之忧喻焉者，情也。”故曰言之用者小，不言之用者大。又曰不言而信，不施而仁，不怒而威，是以天心动化者也。施而仁，言而信，怒而威，是以精诚为之者也。施而不仁，言而不信，怒而不威，是以外貌为之也。皋陶喑而为大理，天下无虐刑；师旷瞽（gǔ）而为太宰，晋国无乱政。庄子曰：“天地有大美而不言，四时有明法而不议，万物有成理而不说。圣人无为，大圣不作，观于天地之谓也。”不言之令，不视之见，圣人所以为师。此黄老之术也。文子曰：“圣人所由曰道，所为曰事。道犹金石，一调不可更；事犹琴瑟，每终而改调。故法制礼乐者，理之具也，非所以为理也。”昔曹参②相齐，其治要用黄老术，齐国安集。及代萧何为汉相，参去，属其后相曰：“以治齐，狱市为寄，慎勿扰也。”后相曰：“治无大于此者乎？”参曰：“不然。夫狱市者，所以并容也。今君扰之，奸人安所容乎？吾是以先之。”由是观之，秦人极刑而天下叛，孝武峻法而狱繁，此其弊也。《经》曰：我无为而人自化，我好静而人自正。参欲以道化其本，不欲扰其末也。太史公曰：“参为汉相国，清静寡欲，言合道意。然百姓离秦之酷扰，参与休息无为，故天下俱称其美矣。”议曰：黄老之风，盖帝道也。

【注释】①駒駼：北方产的一种毛色以青为主的野马，一直为历代名马，得到人们的重视。②曹参：字敬伯，沛人，西汉开国功臣、名将，是继萧何后的汉代第二位相国，史称“曹相国”。

【译文】《道德经》说：我清净无为，百姓就可以自我管理。文子说：“所说的清净无为，不是说拉着不来，推着不去，什么也不做。而是指遵循规律办事，凭借帮助获得成功，顺其自然。”因此说：聪明并且好问的人圣明，勇猛并且好问的人会获得胜利。借着众人的智慧，就没有不能做成功的事；借众人的力量，就没有不获得胜利的事。因此，圣人做事，也是借助众人的帮助，并善加利用。所以说商汤、武王是圣明的君主，却不能和越人同乘舲船，泛舟江湖；伊尹是一位贤能的丞相，却不能与胡人同骑骏马，驯服騊駼；孔子、墨子知识广博，却不能与山野之人穿梭在丛杂的草木之间，出入险阻之地。从这里可以看出，人的聪慧对于万物来说，太过浅陋，想要眼观大海，心怀四方，不借助各种道理方法，只靠自己，那么就会陷入穷途末路。所以单靠一个人的聪慧不足以治理国家，单靠一个人的勇猛不足以使国家强大，这个道理是很明显的。然而做君王的人，在朝堂上就知道四海之外的事情，是因为他能够根据已经知道的事物规律去认识其他新的事物，利用自己已有的智慧去了解其他人。《吕氏春秋》说：苍天没有形状，但可以成就世间万物；圣人没有事事亲自动手，却可以让百官各尽其能。这就是所说的没有教导的教导，没有话语的诏令。冬日的阳光，夏日的阴凉，世间万物都向往它们，没有人让它们这样做。可见只要有非常真挚的感情，所向往的事物不用召唤就会来了。等待目光的示意或命令才做事，这就很难做到无为而治了。文子说："刚出生三个月的婴儿，不知道利害，但慈母的爱却更加深厚，这是亲情的表现。"所以说，语言的作用小，但语言之外表达的感情却深。又说：不说话就让人信服，不施恩就让人感到仁义，不发怒就让人感到威严，这是用自然的心去感化别人。施恩获得仁义，说话获得信义，发怒获得威严是通过人的真心诚意所造成的。施恩却没有获得仁义，说话却没有获得信义，发怒却没有获得威严，是因为只是做做样子，并不是真心诚意。皋陶虽然是个哑巴，但他做了执掌刑罚的官员，天下就没有了酷刑；师旷虽然是盲人，但他做了太宰后，晋国就没有出现过混乱的政局。庄子说："天地有大功德却不宣扬，四季有严明的分界却不议论，世间万物有固定的规律却不游说。圣人无为而治，大圣人只讲述道理却不作为，这都是效仿天地的做法。"不说话就能命令，不看就能知道世间万物，这就是圣人可以成为万民之师的原因。这就是黄老的治国方法。文子说："圣人所凭借的叫做道，根据道所做的就叫做事。道就像金石发出的声音，只有一种曲调不能更改；事就像琴瑟一样，有很多种音调，每次一曲终了就可以改变音调。所以法制、礼乐都是具体的治国方法，并不是治国的原则和目的。”从前曹参在齐国任丞相，他在治国时就是使用黄老学说，因此齐国安定太平。等到曹参取代萧何成为汉朝的丞相，曹参离去，嘱咐下一任丞相说：“我把齐国刑律、监狱管理都交给你了，你要谨慎不要频繁去打扰那些犯人。”后任丞相说：“难道您没有比这更重要的事要交代了吗？”曹参说：“不是这样，刑律、监狱管理，几乎把所有社会问题都包括在内了。如今您去打扰他们，囚犯怎么能安稳地待下去呢？所以我把这个作为首要问题。”从这里可以看出，秦人刑罚严苛，所以天下人背叛他；汉武帝法令严酷，使刑狱繁重，这是严刑峻法的弊端。经书上说：我清净无为，百姓就可以自我管理；我内心平静，百姓就可以自己走向正途。曹参想要把黄老学说的无为作为治国的根本，却不想扰乱刑罚、监狱这类细枝末节。司马迁说：“曹参作为汉朝的丞相，清心寡欲，言行合乎黄老学说的意义。老百姓刚刚摆脱秦国酷政的骚扰，曹参使百姓休养生息，无为而治，所以天下都称赞曹参。”评论：黄老的主张就是帝王的治国之道。

孔子闲居，谓曾参曰：“昔者明王内修七教，外行三至。七教修而可以守，三至行而可以征。明王之守也，则必折冲千里之外；其征也，还师衽席之上。”曾子曰：“敢问七教？”孔子曰：“上敬老则下益孝，上尊齿则下益悌，上乐施则下益亮，上亲贤则下择交，上好德则下无隐，上恶贪则下耻争，上廉让则下知节。此之谓七教也七教者，治之本也。教定则本正矣。凡上者，人之表也，表正则何物不正也。”昔明王之治人也，必裂而封之，分属而理之，使有司月省而时考之，进贤良，退不肖然则贤良者悦，不肖者惧矣，哀鳏寡，养孤独，恤贫穷，诱孝悌，选才能，此七者修，则四海之内无刑人矣。上之亲下也，如腹心；则下之亲上也，如幼子之于慈母矣。其于信也，如四时；而人信之也，如寒暑之必验。故视远若迩，非道迩也，见明德也。是以兵革不动而威，用利不施而亲，此之谓“明王之守，折冲千里之外”者也议曰：昔管子谓齐桓公曰：“君欲霸王，举大事，则必从其本矣。夫齐国百姓，公之本也。人甚忧饥而税敛重，人甚惧死而刑政险，人甚伤劳而上举事，不时。公轻其税，缓其刑，举事以时，则人安矣。”此谓修本而霸王也。

【译文】孔子避人独居，对曾参说：“当初贤明的君主对内修习七教，对外实行三至。修习七教可以用来守护国家政权，实行三至可以用来征战讨伐。贤明的君王守护国家政权，那么一定会克敌制胜于千里之外；君王若是出征讨伐，一定会凯旋归来。”曾子说：“什么是七教？”孔子说：“如果君王尊敬老人，那么臣民就会更加孝顺父母；如果君王敬重年长的人，那么臣民就会更加顺从长辈；如果君王乐善好施，那么臣民就会更加对人坦诚；如果君王亲近贤臣，那么臣民就会选择良善的人结交；如果君王讲究道德修养，那么臣民就会互相没有隐瞒；如果君王恶劣贪婪，那么臣民就会争名夺利，没有羞耻；如果君王廉洁谦让，那么臣民就会知道讲究节操。这就是所说的七教七教，是治国的根本。教化的原则定下来，治国的根本才能走上正途。君王就是臣民的表率，有了好的表率，还会有什么不能纠正的。”过去贤明的君王管理臣民，一定会把土地分封给诸侯，让诸侯去管理自己封地的百姓，派遣有关部门每个月按时考察，推荐贤良的人，罢黜品德不好的人这样贤良的人高兴，品德不好的人也会担忧恐惧。照顾鳏夫寡妇，抚养孤儿和独居老人，救济穷人，选拔有才能的人，把这七种问题解决了，整个国家就没有犯法的人了。君王爱臣民就像爱自己的心腹，臣民爱君王就像年幼的孩子爱慈爱的母亲一样。君王对于臣民的信任，就像四季一样准确，臣民对于君王的信任，就像大自然的寒暑一样准确。所以君王看远方就像看近处，不是距离变近了，而是君王的贤明仁德传播得远了。所以武器装备不用动就显出威仪，不施恩就让人感到亲近。这就是“贤明的君王守护国家政权，就已经克敌制胜于千里之外”的意思评论：从前管仲对齐桓公说：“君王想要成为霸主，做大事，那么必须从根本做起。齐国的百姓就是您的根本。人民担忧挨饿，国君却增重税收；人民担忧死亡，国君却加重刑罚，施行严苛的政策；人民担忧劳民伤财，国君却想要发动战争，不守农时。君王应该减轻税赋，明德慎罚，发动战争不耽误农时，那么人民就可以安宁。”这就是所说的从根本做起成就霸业。

曾子曰：“何谓三至？”孔子曰：“至礼不让，而天下之自理；至赏不费，而天下之士悦；至乐无声，而天下之人和。”何则？昔者明王必尽知天下良士之名。既知其名，又知其实；既知其实，然后因天下之爵以尊之。此谓至礼不让而天下治。因天下之禄，以富天下之士，此之谓至赏不费而天下之士悦。如此，则天下之明誉兴焉，此谓之至乐无声而天下之人和故曰所谓天下之至仁者，能合天下之至亲；所谓天下之至智者，能用天下之和；所谓天下之至明者，然能举天下之至贤也。故仁者莫大于爱人，智者莫大于知贤，政者莫大于能官。有德之君，修此三者，则四海之内，供命而已矣。此之谓折冲千里之外夫明王之征，必以道之所废，诛其君，改其政，吊其人，而不夺其财矣。故曰明王之征，犹时雨之降，至则悦矣，此之谓还师衽席之上言安而无忧也。故扬雄曰：“六经之理，贵于未乱；兵家之胜，贵于未战。”此孔氏之术也议曰：孔氏之训，务德行义，盖王道。

【译文】曾子说：“三至是什么？”孔子说：“最大的礼义就是不

谦让，天下就能安定和平；最大的赏赐就是不浪费，那么天下的贤士都会高兴；最好的音乐就是还没有发声，人们就开始应和。”这是为什么呢？当初贤明的君主一定知道天下所有贤士的名字，不仅知道他们的名字，还知道他们的实际才能。知道他们的实际才能，然后授予他们官职爵位，让他们受到天下人的尊敬。这就是“最大的礼义是不需要谦让，而天下却可以自治”的意思。凭借朝廷的俸禄可以让天下的贤士富足，这就是“最大的赏赐不是浪费，却能够使天下的贤士高兴”的意思。就像这样，那么天下人称赞的美誉就兴盛起来了，社会风气也得到了极大地改善，这就是“最好的音乐就是还没有发声，人们就开始应和”的意思因此说天底下最仁义的人，能凝聚天下最亲密的感情；天底下最聪明的人，能够使天下人和睦相处；天底下最贤明的人，能够推举天下最有德行才能的人。因此对于仁来说，没有比爱人民更重要了；对于智来说，没有比了解贤才更重要了，对于从政的人来说，没有比知人善用更重要了。有仁德的君王，如果做到这三点，那么整个国家的人都会听他的命令。这就是“克敌制胜于千里之外”的意思贤明的君王出征打仗，一定是因为敌国的君王统治无道，政事败坏。所以贤明的君王才会诛杀敌国的昏君，改革他的统治，安抚他的百姓，却不夺走他们的财宝。所以说贤明的君王出征打仗，就像是在下及时雨，降到哪里，哪里的人民就高兴，这就是“凯旋而归”意思是指安稳没有忧患。所以扬雄说：“六经的道理，贵在国家还没有开始动乱就被治理；兵家的胜利，贵在还没有打仗就做好准备。”这是儒家的治国方法评论：儒家的训诫，致力仁德，施行仁义，这才是三王治国的道理。

墨子曰：“古之人未知为宫室，就陵阜而居，穴而处。故圣王作，为宫室。为宫室之法，高足以避润湿，边足以圉风寒。宫墙之高，足以别男女之礼。谨此则止，不以为观乐也。故天下之人，财用可得而足也。当今之王为宫室，则与此异矣。必厚敛于百姓，以为宫室，台榭曲直之望，青黄刻镂之饰，为宫室若此，故左右皆法而象之。是以其财不足以待凶饥，振孤寡，故国贫而难理也。为宫室不可不节议曰：此节宫室者。古之人未知为衣服时，衣皮带茭，冬则不轻而暖，夏则不轻而清。圣王以为不中人之情，故圣人作，诲妇人，以为人衣。为衣服之法，冬则练帛，足以为轻暖；夏则絺绤，足以为轻清；谨此则止，非以荣耳目，观愚人也。是以其人用俭约而易治，其君用财节而易赡也。当今之王，其为衣服，则与此异矣。必厚敛于百姓，以为文彩靡曼之衣，铸金以为钩，珠玉以为珮。由此观之，其为衣服，非为身体，皆为观好也。是以其人淫僻而难治，其君奢侈而难谏。夫以奢侈之君也，御淫僻之人，欲国无乱，不可得也。为衣服不可不节议曰：此节衣服者也。”此墨翟之术也议曰：墨家之议，去奢节用，盖强本道。

【译文】墨子说：“古人不知道建造宫室，就在丘陵、山洞居住。从圣王开始，建造宫室。建造宫室的原则，选择高的地方，用来避免湿润潮湿；建在边角的地方，用来遮挡风寒；建造宫墙的高度，能够满足男女有别的礼仪。仅此而已，他们并不把宫室用来做观赏玩乐的地方。所以天下人的财富可以满足这个花费。如今君王的宫室，就与古人的宫室不同，一定是向百姓征收重税，用来建造宏伟壮观的宫室楼台亭榭，涂上青、黄等颜色，雕刻各种花纹做装饰。他们建造的宫室如此华丽，因此大臣们都向他们效仿。所以国家的财富就不能够应付凶年灾荒和赈济孤寡百姓，所以国家贫困到了难以治理。所以建造宫室不能不节俭评论：这里说的是节约建造宫室的开支。古人不知道制作衣服，当时用兽皮做衣服，用草绳做腰带，冬天暖和却笨重，夏天凉快却也笨重。圣王认为这不合人之常情，所以从圣人起，教导妇人制作衣服。做衣服的原则，冬天用熟帛，轻便又暖和；夏天用葛布，轻便又凉快。仅此而已，他们并不把穿戴当作供人欣赏娱乐的东西。所以百姓用度简朴，容易管理；君王用度节省，容易供养。如今的君王制作的衣服，与古人的衣服不同。一定是向百姓征收重税，用来制作色彩艳丽的华美衣服，使用金铸的挂钩，珠玉作为配饰。从这里可以看出，他们制作衣服，不是为了身体暖和，而是为了看上去好看。所以百姓贪图安逸，难以治理；君王奢侈淫逸，难以劝诫。让这样奢侈淫逸的君王统御贪图安逸的百姓，想要国家不发生动乱是不可能的。因此制作衣服不能不节俭评论：这里说的是节约制作衣服的开支。”这是墨子的治国之道评论：墨家的主张是去掉奢侈、用度节俭，才是使国家强大的根本道理。

商子曰：“法令者，人之命也，为治之本《慎子》曰：君人者，舍法而以身治，则受赏者虽当，望多无穷；受罚者虽当，望轻无已。君舍法而以心裁轻重，怨之所由生也。是以分马者之用策，分田者之用钩，非以钩、策为过人之智也，所以去私塞怨也。故曰大君任法而不躬为，则怨不生，而上下和也。一兔走，百人逐之，非以兔可分为百，由名分之未定也。卖兔满市，盗不敢取者，由名分之定也。故名分未定，虽尧、舜、禹、汤，且皆加务而逐之；名分已定，则贫、盗不敢取。故圣人之为法令也，置官也，置吏也，所以定分也《尸子》曰：夫使众者，诏作则迟，分地则速，是何也？无所逃其罪也。言亦有地，不可不分，君臣同地，则臣有所逃其罪矣。故陈绳则木之枉者有罪，审名分则群臣之不审者有罪矣。名分定则大诈贞信，巨盗愿悫，而各自治也《尹文子》曰：名定则物不竞，分明则私不行。物不竞，非无心，由名定，故无所措其心；私不行，非无欲，由分明，故无所措其欲。然则心欲人人有之，而得同于无心无欲者，在制之有道故也。”

【译文】商鞅说：“法令是人的生命，是治国的根本《慎子》说：为人君王，如果舍弃法度，只凭借自己的意志治理国家，那么受赏者虽然能够获得恰当的赏赐，但是还是希望获得更多；受罚者虽然受到恰当的惩罚，但还是希望惩罚更轻。君王舍弃法度，却凭自己的心意来裁决赏罚的轻重，臣民的怨恨就从此产生了。所以分马的人用抽签的方式决定，分田的人用抓阄的方式决定。不是抽签、抓阄的方法有什么过人之处，而是用这种办法能够去掉私怨，堵塞怨恨。所以说君王使用法制，而不是按照自己的意志做事，那么就不会生怨恨，全国上下也会和谐稳定。一只兔子在前面跑，有百人追逐，并不是兔子可以分成百份，而是兔子的归属问题没有确定。市集上有很多卖兔子的，盗贼不敢拿走，是因为兔子的归属问题定下来了。因此，名分没有定下来，即使是尧、舜、禹、汤也可以尽力去追逐。名分定下来，那么即使是穷人、盗贼也不敢随便拿。因此，圣人制定法令，设置官吏，是为了定名分《尸子》说：那些奴役民众的人，对于下达的诏令，执行的很迟缓。如果是分化属地，确定职权范围后，速度就会很快，这是为什么呢？是因为名分确定了，没有能够逃避罪责的借口了。言语形成的名分也有职权范围，不能不分化属地。如果君臣的职权混淆，那么臣子就能逃避自己的责任了。就像用墨斗画线，弯曲的木头就可以被校正，审定君臣的名分，那些想要逃避责任的大臣就不能逃避了。名分定了，就是骗子、大盗也会变得正直诚实，各自安分守己《尹文子》说：名分定了，万物就不竞争了，万物不竞争，不是没有这个想法，只是因为名分定了，私心没有地方安置；私心没有用，不是因为没有私欲，而是因为名分明确，没有地方实现私欲。然而私心、私欲人人都有，但最后变成人人都没有私心、私欲，就是因为君主治国有道。”

《申子》曰：君如身，臣如手，君设其本，臣操其末。为人君者，操契以责其名。名者，天地之网，圣人之符。张天地之网，用圣人之符，则万物无所逃矣议曰：《韩子》曰：人主者，非目若离娄[1]乃为明也，耳若师旷乃为聪也。不任其数而待目以为明，所见者少矣，非不弊之术也。不因其势，而待耳以为聪，所闻者寡矣，非不欺之道也。明主者，使天下不得不为己视，使天下不得不为己听。身居深宫之中，明烛四海之内，而天下不能蔽、不能欺者，何也？匿罪之罚重，而告奸之赏厚也。孙卿曰："明职分，序事业，材伎官能，莫不治理。如是，则厚德者进，廉节者起，兼听齐明，而百事无留，故天子不视而见，不听而闻，不虑而知，不动而功，块然独坐而天下从之。此操契以责名者也。"《尸子》曰：明君之立，其貌庄，其心虚，其视不躁，其听不淫，审分应辞，以立于朝，则隐匿疏远，虽有非焉，必不多矣。明君不长耳目，不行间谍，不强闻见，形至而观，声至而听，事至而应；近者不过，则远者理矣；明者不失，则微者敬矣。此万物无所逃也。动者摇，静者安；名自名也，事自定也议曰：《尸子》曰：治水潦者，禹也；播五谷者，后稷也；听狱折衷者，皋陶也；舜无为也，而为天下父母。此则名自名也。太公谓文王曰："天有常刑，人有常生，与天人共其生者，而天下静矣。"此则事自定之矣。是以有道者，因名而正之，随事而定之《尹文子》曰：因贤者之有用，使不得不用；因愚者之无用，使不得用。用与不用，各得其用，奚患物之乱也？《尸子》曰：听朝之道，使人有分。有大善者，必问其孰进之；有大过者，必问其孰任之，而行赏罚焉。且以观贤、不肖也，明分则不弊，正名则不虚。贤则贵之，不肖则贱之。贤不肖，忠不忠，以道观之，犹白黑也。昔者尧之治天下也以名，其名正则天下治；桀之治天下也，亦以名，其名倚而天下乱。是以圣人贵名之正也议曰：夫暗主以非贤为贤，不忠为忠，非法为法，以名之不正也。

【注释】①离娄：指传说中视力特强的人

【译文】《申子》说：君王就像人的身体，臣子就像人的手臂，君王设定根本法制，臣子执行具体事务，作为国君，拿着法规条例检查臣子的言行是否符合他的名分。名分就像是天罗地网、圣人的符咒，张开天罗地网，使用圣人的符咒，那么世间万物就都不能逃脱了评论：《韩子》说：作为君王，不需要拥有像离娄那样的视力才算明亮，耳朵也不需要像师旷那样才算灵敏。不借助他人的视力去看，而是只依靠自己的眼睛，所能看见的太少了，这可不是使自己不受蒙蔽的办法啊。不借助别人的帮助，只依靠自己的耳朵，所能听清的太少了，这可不是使自己不受欺骗的办法啊。贤明的君王，能够使天下人不得不成为自己的眼睛，不得不成为自己的耳朵，代自己去看去听。在深宫居住，但却可以知道四海之内发生的事，而且天下人不能蒙蔽、欺骗他，这是为什么？因为君王对隐藏罪犯的人重罚，对举报恶行的人重赏。荀子说："明确职能，办事有序，人尽其才，才尽其用，官尽其能，没有什么不能治理好的。"如果像这样，那么品德高尚的人受到重视，廉洁节俭的人受到任用，广泛听取意见就会变得明智，什么事情都可以胸有成竹。所以天子没有亲眼看也能够看见，没有亲自听也能够听见，不亲自思考也能知道，不亲自动手事情也能成功，安然独坐天下也能顺从自己的意志做事。这就是他抓住名分的结果。《尸子》说：明君要保证自己的王位稳定，需要体貌端庄，心怀谦虚，他对所看到的一切不感到焦躁，对所听到的靡靡之音也不淫乱，审定官员的名分职位，对答大方得体，安然坐在朝堂之上，隐匿疏远，即使有非议也一定不多。明君不派遣耳目去探查，不派遣间谍去探听，不强行去听去看，事物到了就看，声音到了就听，事情临头就去应对。身边的事情没有过错，远方的事情也能够处理；对贤明的人没有失误，那么平民百姓就会心怀敬意。这样世间万物就掌握于手了。应该活动的活动，应该安静的安静，应该有名分的有名分，该办好的事情就会办好《尸子》说：治理水患的人是大禹，播种五谷的人是后稷，听诉讼审理案子的人是皋陶。舜无为而治，却是天下人的君主。这就是"该有名分的有名分"。姜太公对文王说："天有固定的形状，人有固定的寿命，如果能让天、人和谐地生活，那么天下就安稳太平了。这就是‘该办好的事情就会办好’的意思。”**因此有道之人用名分去纠正与名分不符的事情，根据事物的不同来确定不同的名分**《尹文子》说：因为贤能的人有用，所以君王不得不用。因为愚昧的人不能用，所以君王不能任用。任用和不任用，都各得其所，为什么还要担心会造成混乱呢？《尸子》说：管理朝政的方法就是使大臣们各有各的名分。有品格高尚的臣子，一定要问清这个臣子是谁引荐的；有犯大错的臣子，一定要问清这个臣子是谁聘用的，然后对引荐品格高尚的臣子和聘用犯错误的臣子进行奖赏、惩处。并且用这个办法观察臣子是贤能还是品德败坏。如果责任明确，那么臣子们就不敢徇私舞弊；如果名正言顺，那么臣子们就不敢弄虚作假。对贤能的人要重用，对品德败坏的人要贬黜。臣子是品德高尚还是品德败坏，是忠还是奸，用这个方法观察，一切就黑白分明了。**当初尧治理天下也凭借名分，名分正了就能够治理国家；桀治理国家也是用名分，但他的名分不正，所以国家大乱。因此圣明的君主最重视的是名分正还是不正**评论：昏庸的君主把不贤的人当作有贤能的人，把奸邪之人当作忠心的人，把非法当作合法，就是因为名分不正。

李斯书曰：“韩子称‘慈母有败子，而严家无格虏’者，何也？则罚之加焉必也。故商君之法，刑弃灰于道者。夫弃灰，薄罪也；而被刑，重罚也。夫轻罪且督，而况有重罪乎？故人弗敢犯矣。今不务所以不犯，而事慈母之所以败子，则亦不察于圣人之论矣。”商君之法，皆令为什伍，而相司牧，犯禁相连于不告奸者，明尊卑、爵秩等级，各以差次；田宅、妻妾、衣服，以家次。有功者显荣，无功者虽富无芬华。务于耕战。此商君之法也。此商鞅、申、韩之术也桓范曰：“夫商鞅、申、韩之徒，贵尚谲诈，务行苛克。废礼义之教，任刑名之数，不师古始，败俗伤化。此则伊尹、周、召之罪人也。然则尊君卑臣，富国强兵，守法持术，有可取焉。逮至汉兴，有宁成[①]、郅都[②]之辈，放商、韩之治，专以杀伐残暴为能，顺人主之意，希旨而行，要时趋利，敢行祸败，此又商、韩之罪人也。然其抑强友，抚孤弱，清己禁奸，背私立公，亦有取焉。至于晚代之所谓能者，乃犯公家之法，赴私门之势，废百姓之务，趋人间之事，决烦理务，临时苟辩，使官无谴负之累，不省下人之冤，复是申、韩、宁、郅之罪人。”

【注释】①宁成：西汉酷吏。景帝时，先后任济南都尉、中尉。因贪暴残酷，宗室豪杰人人惴恐。武帝即位，徙为内史。②郅都：西汉时期河东郡杨县（今山西省洪洞县）人，是西汉最早以严刑峻法镇压不法豪强，维护封建秩序的酷吏。执法不畏避权贵和皇亲，连列侯和皇族之人见到他，都要侧目而视，称呼他为“苍鹰”。为雁门太守时，匈奴人直到郅都死去时，一直没敢靠近雁门。与战国时期赵国的廉颇、赵奢等名将并列，被誉为“战克之将，国之爪牙”。

【译文】李斯上书说：“韩子称：‘慈爱的母亲会教导出败家的儿子，但严厉的主人家中没有强悍不逊的奴仆’，这是为什么？是因为是否会受到严厉的惩罚。所以商鞅变法规定将垃圾倒在道路上将会受到刑罚。随意倒垃圾是轻罪，但受到的刑罚却是重罚。轻罪就如此责罚，更何况是重罪呢？所以百姓都不敢犯罪，如今不致力于如何使人民不犯法，而是学习慈母如何教导出败家的儿子，这真是没有学习圣人的教诲啊。”商鞅变法，规定将百姓的户籍进行编制，百姓互相监督，发现别人犯法却不举报的人与犯法的人连坐，都会被处以腰斩；明确尊卑、爵禄的等级不同，各有差别，田地、宅院、妻妾、衣服也根据等级的不同有所划分。有功劳的人，可以显示荣耀；没有功劳的人，即使富贵也不能荣耀显达。致力于农耕和征战。这就是商鞅变法的内容。这是商鞅、申不害、韩非子的治国方法桓范说：“商鞅、申不害、韩非子这一类人，崇尚诡谲狡诈，致力于执行严苛的刑罚。废除礼义的教化，主张循名责实，慎赏明罚，不学习效仿古人的治国方法，伤风败俗，有伤风化，有负于伊尹、周公、召公等的教诲。然而他们主张的尊君卑臣、富国强兵、坚守法度，掌握治国方针是有可取之处的。等到汉朝兴起，有宁成、郅都这一类人，效仿商鞅、韩非子的治国方法，专把杀伐残暴作为能事，顺从君主的心意，迎合君主的意愿行动，趋炎附势，争名夺利，肆无忌惮地祸乱朝政，他们是辜负商鞅、韩非子等人的教诲。然而他们抑制豪门贵族，扶助孤寡老弱，清正廉洁，禁止奸佞之臣做坏事，不敢因私废公，也是有可取之处的。到了后来的朝代中所说的有能力的人，是触犯国家法律，依附私人的势力，不为百姓做事，追求吃喝玩乐，在解决公家事务的时候，敷衍了事，得过且过，使官员不用担心遭到谴责，不管百姓的冤情，这又是违背了申不害、韩非子、宁成、郅都等人的教诲。”

由是观之，故知治天下者，有王、霸焉，有黄、老焉，有孔、墨焉，有申、商焉，此其所以异也，虽经纬殊制，救弊不同，然康济群生，皆有以矣。今议者或引长代之法，诘救弊之言议曰：救弊为夏人尚忠，殷人尚敬，周人尚文者；或引帝王之风，讥霸者之政，不论时变，而务以饰说。故是非之论，纷然作矣。言伪而辩，顺非而泽，此罪人也。故君子禁之。

【译文】从这里可以看出，我们知道的治理天下的方法有王道、霸道，有黄、老学说，有儒家、墨家学说，有申不害、商鞅的法家学说，各有不同。虽然治国方略不同，修正弊病的方法不同，但都是为了安民济世。如今的评议者，有的引用能够长期使用的法令，来谴责纠正弊政者的言论评论：纠正弊端就是指夏朝崇尚忠诚，商朝崇尚尊敬，周朝崇尚文德教化；有的引用前代君王的仁义之风，来讥讽霸者的政治制度，这些人不考虑时代的变迁，而是致力于粉饰太平。所以议论是非的言论就纷纷开始传出。他们言辞虚伪却进行诡辩，附和谬论还想自圆其说，这都是历史的罪人。所以有道德的人都应该禁止这些行为。

正论第十六

议曰："反经""是非""适变"三篇，虽博辨利害，然其弊流遁漫羡，无所归。故作"正论"以质之。

【译文】评论："反经""是非""适变"三篇，虽然从多方面论述了各家学说的利弊，但他们的弊端是过于松散，不够具体，所以写"正论"来加以完善。

孔子曰："六艺[①]于理一也。《礼》以节人，《乐》以发和，《书》以导事，《诗》以达意，《易》以神化，《春秋》以义。"司马谈[②]曰："《易》著天地阴阳、四时五行，故长于变；《礼》经纪人伦，故长于行；《书》记先王之事，故长于政；《诗》记山川溪谷、禽兽草木、牝牡雌雄，故长于风；《乐》所以立，故长于和；《春秋》是非，故长于理人也。"故曰入其国，其教可知也。其为人也，温柔敦厚，《诗》教也；疏通知远，《书》教也；广博易良，《乐》教也；洁静精微，《易》教也；恭俭庄敬，《礼》教也；属辞比事，《春秋》教也。故《诗》之失愚，《书》之失诬，《乐》之失奢，《易》之失贼，《礼》之失烦，《春秋》之失乱。其为人也，温柔敦厚而不愚，则深于《诗》也。

子夏曰："声成文谓之音。治世之音安以乐，其政和；乱世之音怨以怒，其政乖；亡国之音哀以思，其人困。故正得失，动天地，感鬼神，莫近于《诗》。"太史公曰："《大雅》言王公大人，而德建黎庶；《小雅》讥己得失，其流及上。所言虽殊，其合德一也。"晋时王政陵迟，南阳鲁褒③著《钱神论》，吴郡蔡洪④作《孤愤》。前史以为乱世之音，怨以怒，其政乖，此之谓也。疏通知远而不诬，则深于《书》也。《书》著帝王之道，典谟训诰、誓命之文，三千之徒，并受其义也。广博易良而不奢，则深于《乐》也。《乐书》曰：凡音者，生人心者也。情动其中，故形于声，声成文谓之音。是故治世之音安以乐，其政和；乱世之音怨以怒，其政乖；亡国之音哀以思，其人困。《乐书》曰：声音之道，与正相通。宫为君，商为臣，角为人，徵为事，羽为物。五者不乱，则无沾滞之音矣。宫乱则荒，其君骄；商乱则捶，其臣坏；角乱则忧，其人怨；徵乱则哀，其事勤；羽乱则危，其财匮。五者皆乱，则诬佚相陵，谓之慢。如此，国灭亡无日矣。夫上古明王举乐者，非以娱心快意，所以动荡血脉，流通精神，而和正心也。故宫动脾而和正圣，商动肺而和正义，角动肝而和正仁，徵动心而和正智，羽动肾而和正礼。故闻宫音者，使人温舒而广大；闻商音者，使人方正而好义；闻角音者，使人恻隐而爱人；闻徵音者，使人乐善而好施；闻羽音者，使人整齐而好礼。夫礼由外入，乐自内出。故圣王使人耳闻雅、颂之音，目视威仪之礼，足行恭敬之容，口言仁义之道。故君子终日言而邪僻无由入也。班固曰："乐者，圣人之所乐也，而可以善人心，其感人也深。故先王著其教焉。夫人有血气心知之性，而无哀乐喜怒之常。应感而动，然后心术形焉。故纤微憔悴之音作，而民思忧；阐谐慢易之音作，而民康乐；粗厉猛奋之音作，而民刚毅；廉直正诚之音作，而民肃敬；宽裕顺和之音作，而民慈爱；流僻邪散之音作，而民淫乱。先王耻其乱也，故制雅、颂之声。本之情性，稽之度数，制之礼义，合生气之和，导五常之行，使之阳而不散，阴而不集，刚气不怒，柔气不慑，四畅交于中，而发作于外。足以感人之善心，而不使邪气得接焉。是先王立乐之方也。”《吕氏春秋》曰：亡国戮人，非无乐也，其乐不乐。溺者，非不笑也；罪人，非不歌也；狂者，非不舞也。乱世之乐，有似于此。范晔曰：“夫钟鼓，非乐之本，而器不可去：三牲⑤，非孝之主，而养不可废。夫存器而亡本，乐之失也。调气以和声，乐之盛也。崇养以伤行，孝之累也。行孝以致养，孝之大也。”议曰：东方角主仁，南方徵主礼，中央宫主信，西方商主义，北方羽主智。此常理也。今太史公以为：徵动心而和正智，羽动肾而和正礼。则以徵主智，羽主礼，与旧例乖殊。故非末学所能详也。洁净精微而不贼，则深于《易》也。《易》之精微，爱恶相攻，远近相取，则不能容人，近相害之。恭俭庄敬而不烦，则深于《礼》也。太史公曰：“余至大行礼官，观三代损益，乃知缘人情而制礼，依人性而作仪。人道经纬，万端规矩，无所不实，诱进以仁义，缚束以刑罚，故德厚者位尊，禄重者宠荣，所以总一海内而整齐万人也。人体安驾乘，为之金舆错衡以繁其饰；目好五色⑥，为之黼黻文章以表其能；耳乐钟磬，为之调谐八音⑦以荡其心；口甘五味⑧，为之庶羞酸咸以致其美；情好珍善，为之琢磨珪璧以通其意。故大路越席⑨，皮弁布裳，朱纮洞越，大羹玄酒⑩，所以防其淫佚，救其弊也。是以君臣朝廷尊卑贵贱之序，下及黎庶、车舆、衣服、宫室、饮食、嫁娶、丧祭之分，事有适宜，物有节文。周衰，礼废乐坏，大小相逾。管仲之家，遂备三归。循法守正者，见侮于世；奢溢僭差者，谓之显荣。自子夏门人之高弟也，犹云出见纷华盛丽而悦，入闻夫子之道而乐，二者心战，未能决。而况中庸以下，渐渍于失教，被服于成俗乎？孔子必正名，于卫所居不合，岂不哀哉！”班固曰：“人函天地阴阳之气，有喜怒哀乐之情，天禀其性而不能节也，圣人能为之节，而不能绝也。故象天地而制礼乐，所以通神明、立人伦、正情性、节万事也。人性有男女之情，妒忌之别，为制婚姻之礼；有交接长幼之序，为制乡饮之礼[11]；有哀死思远之情，为制丧祭之礼；有尊尊敬上下之心，为制朝觐之礼。哀有哭踊之节，乐有歌舞之容，正人足以副其诚，邪人足以防其失。故婚姻之礼废，则夫妇之道苦，而淫僻之罪多；乡饮之礼废，则长幼之序乱，而争斗之狱烦；丧祭之礼废，则骨肉之恩薄，而背死忘生者众；朝聘之礼废，则君臣之位失，而侵凌之渐起。故孔子曰：'安上治人，莫善于礼；移风易俗，莫善于乐。揖让而治天下者，礼乐之谓也。'"属辞比事而不乱，则深于《春秋》也。壶遂[12]曰："昔孔子何为作《春秋》哉？"太史公曰："余闻之董生曰：'由周道衰微，孔子为鲁司寇，诸侯害之，大夫壅之。孔子知言之不用，道之不行也，是非二百四十二年之中，以为天下仪表，贬天子，退诸侯，讨大夫，以达王事而已矣。'子曰：'我欲载之空言，不如见之于行事之深切著明也。'夫《春秋》，上明三王之道，下辨人事之纪，别嫌疑，明是非，定犹豫，善善恶恶，贤贤贱不肖，存亡国，继绝代，补弊起废，王道之大者也。拨乱代，反之正道，莫近于《春秋》。《春秋》之中，弑君三十六，亡国五十二，诸侯奔走不得保其社稷者，不可胜数。察其所以，皆失其本也。"壶遂曰："孔子之时，上无明君，下不得任用，故作《春秋》，垂空文以断礼义，当一王之法。今夫子上遇明天子，下得保其社稷者，不旷守职，夫子所论，欲以何明？"太史公曰："伏羲至纯厚，作易八卦。尧舜之盛，《尚书》载之，礼乐作焉。汤、武之隆，诗人歌之。《春秋》采善贬恶，推三代之德，褒周室，非独刺讥而已。汉兴已来，至明天子，受命于穆清，泽流罔极，臣下百官，力诵圣德，犹不能宣尽其意。且士贤能而不用，有国之耻也；主上明圣，而德不布闻，有司之过也。且余掌其官，废明圣，罪莫大焉。余所谓述，非所谓作也，而君比之《春秋》，谬矣。"

【注释】①六艺：又叫六经，指经过孔子整理而传授的六部先秦古籍，即《诗经》《尚书》《礼经》《易经》《乐经》《春秋》。②司马谈：西汉时史学家，左冯翊夏阳（今陕西韩城市芝川镇）人，司马迁之父。博学多识，曾对先秦的思想发展史作过广泛的涉猎和研究。③鲁褒：西晋文学家，字元道，南阳（今属河南省）人。好学多闻，以贫素自立。著《钱神论》讥讽金钱崇拜。④蔡洪：西晋文学家。字叔开，吴郡（治今苏州）人。著有《化清经》。⑤三牲：用于祭祀的牛、羊、猪。⑥五色：指青、黄、赤、白、黑五色，也泛指各种色彩。古代以此五者为正色。⑦八音：我国古代八种制造乐器的材料，通常为金、石、丝、竹、匏、土、革、木。⑧五味：指酸、苦、甘、辛、咸五味。⑨大路越席：天子大车上铺着蒲席。⑩大羹玄酒：大羹，不和五味的肉汁；玄酒，古代当酒用的水。喻诗文风格古朴雅淡。⑪乡饮之礼：即乡饮酒礼。周代乡学三年业成大比，考其德行道艺优异者，荐于诸侯。将行之时，由乡大夫设酒宴以宾礼相待。历朝沿用，亦指地方官按时在儒学举行的一种敬老仪式。⑫壶遂：西汉术士，梁（治今河南商丘南）人，通晓律令。

【译文】孔子说："《诗经》《尚书》《礼经》《易经》《乐经》《春秋》这六经内容虽然不同，但其教化百姓的目的是一样的。《礼经》是用来约束人的，《乐经》是用来诱发人的和睦之心，《尚书》是用来引导人们做事的，《诗经》是用来表达感情的，《易经》是用来预测神奇变化的，《春秋》是用来阐明道义的。"司马谈说："《易经》阐述天地、阴阳、四季、五行的变化，因此擅长研究变化；《礼经》阐述伦理道德，因此擅长于指导行为；《尚书》记载先王的事迹，因此擅长于政治；《诗经》记载山川、溪谷、禽兽、草木、鸟兽雌雄，因此擅长风土人情；《乐经》阐述音乐，因此擅长于用音乐抒发感情；《春秋》辨别是非，因此擅长于引导群众。"所以说进入一个国家，通过民风就可以知道它的教育方式。如果民风温柔敦厚，那么是通过《诗经》教导的；如果通晓古今，并且有远见，那

么是通过《尚书》教导的；如果百姓知识广博，平易善良，那么是通过《易经》教导的；如果百姓恭敬谦虚，庄严节俭，那么是通过《礼经》教导的；如果百姓撰文记事，那么是通过《春秋》教导的。但是，通过《诗经》的教导，会让人失去它就变得愚昧；通过《尚书》的教导，会让人失去它就变得狡诈；通过《乐经》的教导，会让人失去它就变得奢侈；通过《易经》的教导，会让人失去它就变得狡猾；通过《礼经》的教导，会让人失去它就变得繁琐；通过《春秋》的教导，会让人失去它就变得慌乱。民风温柔敦厚却不愚昧，这是深刻理解了《诗经》的结果。子夏说："不同的声音通过加工就变成了音乐。盛世的音乐安祥且快乐，它的政局一定平和；乱世的音乐仇怨并且愤怒，它的政局一定动荡；亡国的音乐哀伤并且思念，这个国家的百姓一定生活困苦。所以要纠正得失，惊天动地，感动鬼神，没有比《诗经》更接近的了。"司马迁说："《大雅》讲述王公大臣，但它的道德教化却影响了广大百姓；《小雅》讥讽的是百姓的得失，但它也影响到了上层社会。它们的内容虽然不同，但是却同样合乎道德。"晋朝政局衰败，南阳人鲁褒写了《钱神论》，吴郡人蔡洪写了《孤愤》，以前的史书认为"乱世的音乐是愤怒且怨恨，它的政局是动荡的"，这两篇文章就反映了这一点。**百姓通晓古今，有远见并且没有欺诈之心，这一定是深刻理解了《尚书》的结果。**《尚书》写的是帝王的治国之道、典谟训诰和誓命之文等文章，孔子的三千弟子都能够通晓《尚书》的精髓。**知识广博，平易善良并且不奢侈淫逸，那么一定是深刻理解了《乐经》的结果。**《乐经》说：凡是音乐都是从人的心底产生的，感情在音乐中波动，所以就形成了声调，声调组成乐章，就变成了音乐。因此盛世的音乐安祥且快乐，它的政局一定平和；乱世的音乐仇怨并且愤怒，它的政局一定动荡；亡国的音乐哀伤并且思念，这个国家的百姓一定生活困苦。《乐经》说：声音的原理和治国的道理是相通的，五音中的宫就是君王，商是臣子，角是百姓，徵是事务，羽是万物。五音不乱，那么就不会有杂乱的噪音。宫调乱了，音乐就废掉了，说明国君骄纵；商调乱了，音乐就会不稳，说明臣子败坏；角调乱了，音乐就会忧郁，说明百姓有怨愤；徵调乱了，音乐就会哀伤，说明国家的事务太过频繁；羽调乱了，音乐就会危亡，说明国家的财政匮乏。五音都乱，就会互相干扰抵触，这被称为慢。如此，国家的灭亡之日很快就会到来。上古时期贤明的君王提倡音乐，不是为了让心情愉悦舒畅，而是为了激荡血脉，振奋精神，聚合端正人心。所以宫调与脾脏对应，可以调整信；商调与肺对应，可以调整义；角调与肝对应，可以调整仁；徵调与心对应，可以调整智；羽调与肾对应，可以调整礼。所以听到宫调，可以使人温和舒畅，心胸宽广；听到商调，可以使人大方端正，喜好正义；听到角调可以使人有同情心，并且慈悲爱人；听到徵调，可以使人乐善好施；听到羽调，可以使人打扮端庄，遵守礼仪。礼仪是通过外部的学习展现出来的，音乐是从内心散发出来的。所以圣明的君王让人听雅、颂这类高雅的音乐，学习威严的礼仪，行走的姿态恭敬，口说仁义道理。因此君子即使每天不停地讲话，邪僻的思想也不能靠近他。班固说："音乐是圣人所喜欢的，它可以使人心向善，能够感动人心。所以先王很注重音乐的教化作用。人的血气心智是天生的，而喜怒哀乐是后天形成的。因为音乐而感动，心也会随着动。所以当细微感伤的音乐响起，百姓就会思虑忧愁；当宽舒和谐的音乐响起，百姓就会平静安乐；当高急而壮猛的音乐响起，百姓就会刚毅果敢；当正直朴实的音乐响起，百姓就会肃穆恭敬；当宽容和顺的音乐响起，百姓就会慈祥仁爱；当邪淫散漫的音乐响起，百姓就会淫乱放荡。先王以淫乱放荡为耻，所以创造了雅、颂等高雅的音乐。根据本性，按照一定的韵律，制定礼义，聚合蓬勃生气，引导民众的喜怒哀乐，使阳刚之气不消散，阴柔之气不聚集，阳刚之气不过于刚猛，阴柔之气不过于萎靡，让阴阳刚柔聚合起来，向外发散。这样就能打动人的善心，使邪气不能靠近。这就是先王创作音乐的原因。"《吕氏春秋》说：亡国或行刑杀人，不是没有相应的音乐，而是这些音乐不能使人快乐。溺水的人，不是不会笑；判罪的人，不是不会歌唱；发狂的人，不是不会跳舞。乱世的音乐，都与这些类似。范晔说："钟、鼓不是音乐的本质，但乐器不能没有它们；祭祀的牛、羊、猪，不是孝顺的主体，但奉养老人不能没有这些。留下乐器却失去根本，音乐就失去了意义。用音乐来调整气质，这才是音乐最大的意义。奉养老人却不符合孝道，是孝顺的负累；遵守孝道来奉养老人，是孝顺的最大体现。"评论：东方，角调与仁对应；南方，徵调与礼对应；中央，宫调与信对应；西方，商调与义对应；北方，羽调与智对应。这是音乐的基本常识。如今司马迁认为徵调与心对应，可以调整智；羽调与肾对应，可以调节礼，那么徵调与智对应，羽调与礼对应，这与旧例完全不同。所以这不是我所能参透的。**如果百姓心思洁净，见解精微却不狡诈，这一定是深刻理解了《易经》的结果。**《易经》的精微之处在于喜恶互相攻击，远与近相互吸取，就不会使人太过亲近而互相伤害。**如果百姓恭谨谦逊，庄严恭敬却不烦琐，这一定是深刻理解《礼经》的结果。**司马迁说："我到大行令官署，考察夏商周三代礼仪的优劣之处，才明白根据人情制定礼仪，依据人性制定各种法规制度。人的规矩道理有千万种，要合理调配，用仁义来诱导百姓，用刑罚来束缚百姓，所以道德高尚的人才能地位尊贵，高俸禄的人才能受到荣宠。因此通过这些规矩来统一海内，管理百姓。人们喜欢驾马乘车，所以在车上用金银来装饰；人们喜欢看各种色彩，就在衣服上绣制各种各样的纹饰；人们喜欢听钟磬发出的声音，所以用八种材料制作的乐器协调韵律，发出震荡人心的音乐；人们喜欢品尝各种美味，所以制作各种各样的美味佳肴；人们喜好珍美之物，所以雕琢打磨玉器满足人的心理。所以君王的车驾上铺着蒲席，戴着皮帽，穿着素衣，使用的乐器是朱色丝弦和底部有孔的瑟，祭品是用清水煮的肉汤和水酒，目的是为了防止发生骄奢淫逸，能够拯救国家的危难。因此上至朝廷君臣，尊卑贵贱的次序，下至黎民百姓的车马、衣服、住宅、饮食、嫁娶、丧祭的名分，每件事物都做得适宜，每件物品都有节制。周朝衰败，礼乐废弃和败坏，君臣之间都逾越了自己的职权。比如管仲的家里，也有和齐桓公一样的三归台。遵守法规、守护正义的人，被世人欺辱；骄奢僭越的人，却显贵尊荣。连孔子的弟子子夏也说：'出门看到繁华的景象就感到高兴，在屋里听到夫子讲授的道理也觉得开心。这两者在心中交战，不能分出胜负。子夏尚且这样，何况是中庸之才，浸润在不良教育之中，怎么能不屈服于俗世呢？孔子想要在卫国纠正缺失的名分，却适应不了卫国的风气，难道不哀伤吗？'"班固说："人包含天地阴阳之气，有喜怒哀乐的情感，上天赋予的性格不能节制，圣人能够节制，却不能彻底灭绝。所以根据天地的变化制定礼乐制度，是为了与神明沟通，树立人伦道德，端正性情，节制人事。人性中有男女有别，有相互嫉妒的阻隔，所以制定了婚姻的礼法；有交接之道和长幼有序的规矩，所以制定了乡饮酒礼；有哀悼死者、思念远祖的感情，所以制定了丧祭的礼仪；尊崇国君、尊敬长辈的心理，所以制定了朝拜觐见的礼仪。哀伤时有哭泣顿足的节奏，开心时有唱歌跳舞的行动，使正直的人能够展示他的真诚，防备邪佞的人行为失常。因此婚姻的礼法一旦被废弃，夫妻之间的关系就会变差，淫辟的罪行就会增多；乡饮的礼仪制度一旦被废弃，那么长幼的秩序就会被打乱，争斗就会增多；丧祭的礼仪制度一旦被废弃，那么骨肉亲情就会淡薄，而背叛死者、忘记生者的人就会变多；入朝觐见的礼仪制度一旦被废弃，那么君臣的地位就会颠倒，而侵犯欺凌的事情就会产生。”所以孔子说：“安稳君王，管理百姓，没有比礼更好的了；改变旧的风俗习惯，没有比音乐更好的了。用谦恭礼让来治理天下，就是所说的礼、乐。”**擅长言辞，明白事理却不混乱的人，这一定是深刻理解《春秋》的结果**。壶遂问司马迁：“当初孔子为什么要写《春秋》呢？”司马迁说：“我听董仲舒先生说：‘因为周朝衰败时，孔子作为鲁国的司寇，诸侯陷害他，大夫阻挠他。孔子知道自己说话没有用，自己奉行的大道也行不通。就把自己的是非褒贬写在了《春秋》二百四十二年的的史实当中。贬斥天子，斥责诸侯，声讨大夫，是为了振兴王室罢了。’孔子说：‘我想与其空言说教，不如将所见到的事情的深切感受写在书中。’《春秋》上能阐明三王的治国之道，下能辨别伦理纲常，辨别嫌疑，明辨是非，决定犹豫的事，惩恶扬善，注重贤能，鄙视品德低下之人，记载亡国的史实，接续断绝的历史，弥补残缺，振兴衰败，这是王道最重要的内容。拨乱反正，没有比《春秋》更好的了。《春秋》中记载，被杀的君王有三十六人，亡国的有五十二个国家，诸侯各处奔走却不能保全社稷的，不可胜数。调查原因，都是失掉了王道这个根本。”壶遂说：“孔子当时，上没有贤明的君主，像孔子这样的臣子又不得重用，所以写了《春秋》，留下文章用来判断礼义对错，以此作为统一的王法。如今您遇到贤明的君王，官员可以保全社稷，不偷懒耍滑，坚守职责，您还要留下言论，是想要说明什么呢？”司马迁说：“伏羲纯善敦厚至极，创造伏羲八卦。尧、舜的盛德贤明在《尚书》中有记载，礼乐制度开始兴起。商汤、武王的兴隆景象，诗人写诗歌颂赞美他们。《春秋》惩恶扬善，推崇三代的盛德，赞扬周朝，不仅仅是讥讽而已。汉朝建国以来，一直到如今圣明的天子，受命于天，天子的恩泽没有边界，臣下百官大力宣扬天子的盛德，尚且不能充分表达。况且士人有贤能却没有受到任用，是国家的耻辱；君王圣明，但他的德行却没有被宣扬，是臣子的过错。并且我掌管的是记载历史，如果不宣扬君王的圣明，这不是莫大的罪行吗？我所叙述的只是历史，不是著作，而您却将它与《春秋》比较，这是极其错误的。”

自仲尼没而微言绝，七十子丧而大义乖。战国纵横，真伪分争，诸子之言，纷然散乱矣。

【译文】自从孔子去世后，他的微言大义就绝迹了，他的七十二位弟子去世后，儒家的大义就开始混乱了。战国时期，各诸侯合纵连横，造成真伪纷争的局面，诸子的言论，纷繁杂乱。

儒家者，盖出于司徒[①]之官。助人君，顺阴阳，明教化者也。游文于六经之中，留意于仁义之际，祖述尧、舜，宪章文、武，崇师仲尼，此其最高也。然惑者既失精微，而僻者又随时抑扬，违离道本，苟以哗众取宠，此僻儒之患也。司马谈曰：“儒者，博而寡要，劳而少功，是以其事难尽从，然其叙君臣父子之礼，列夫妇长幼之别，不可易也。夫儒者，以六艺为法，经传以十数，累世不能通其学，当年不能究其礼，故曰博而寡要，劳而少功。若夫列君臣父子之礼，序夫妇长幼之别，虽百家弗能易也。”范晔曰：“夫游庠序[②]，服儒衣，所谈者仁义，所传者圣法也。故人识君臣父子之纲，家知违邪归正之路。自桓、灵之间，朝纲日陵，国隙屡启，中智以下，靡不审其崩离，而刚强之臣，息其窥盗之谋；豪俊之夫，屈于鄙生之义者，民诵先王之言也，下畏逆顺之势也。至如张温[③]、皇甫嵩[④]之徒，功定天下之半，声驰四海之表，俯仰顾眄，则大业移矣，犹鞠躬昏主之下，狼狈折礼之命，散成兵、就绳约而无悔心者，斯岂非学者之效乎？故先师褒励学者之功笃矣。”

【注释】①司徒：我国古代的一个重要官职名，汉为三公之一，主掌教化。②庠序：指古代的地方学校，后也泛称学校或教育事业。③张温：字伯慎。东汉末年南阳穰县人。官至司隶校尉、太尉，封互乡侯。曾经为董卓、孙坚、陶谦等人的上司，奉命讨伐韩遂、边章、北宫伯玉的叛乱，威震天下。董卓掌权后，以和袁术勾结的罪名杀害张温。④皇甫嵩：字义真。安定郡朝那县（今宁夏彭阳）人，东汉末期名将。

【译文】儒家大多都出自司徒这类官职。他们帮助君王、理顺阴阳、点明教化。在读遍六经，留意仁义道德的时候，效法尧、舜的行为，效仿文王、武王的榜样事迹，崇敬孔子，这是儒家学说最高明的地方。然而那些迷惑不解的人会失去儒家学说的精微之处，没有进行正统学习的人又会根据时代的变迁对儒家学说或褒或贬，违背了儒家学说的根本，有人说儒家学说是哗众取宠，这就是没有正统学习儒家学说的祸患。司马谈说：“儒家学说内容广博却没有要点，用力虽多却收效少。所以它的主张难以全部依从。然而儒家学说叙述的君臣父子之间的礼仪，区分夫妇长幼的差别，不能够改变。儒家学说以六艺为大道，经文和注释数以千计，几代人研究也不能学通它的学说，一个人终生都不能明白它的礼仪。所以说学说广博却没有要点，用力虽多收效却少。至于它所阐述的君臣父子的礼仪，夫妇长幼的差别，即使是百家学说也不能取代。”范晔说：“在地方学校中游学求教，穿着读书人的衣服，所谈论的是仁义，所传播的是圣人的思想。所以学习儒家学说的人都知道君臣父子的伦理纲常，都知道改邪归正的道路和方法。从汉桓帝、灵帝开始，朝纲日渐衰败，国内的矛盾屡屡发生。就连中庸之才的人，没有哪个不知道国家政权分崩离析的原因的，然而刚正不阿的大臣，只能窥探盗取国家政权的大盗的阴谋，势大才高的人，只能屈从于见识浅陋之人的言论，百姓只能反复念叨先王的言论，臣子不敢违抗权势，担心会有可怕的后果。像张温、皇甫嵩这一类人，他们的功劳只是安定了一半的天下，就已经声名远播至四海，转瞬之间，天下大业就发生改变。他们还在为昏庸的君王效命，处境狼狈地奉行君王的命令，聚合残兵征讨敌寇，毫无怨恨，这难道不是儒家学说的作用吗？所以儒家的先师褒奖鼓励学习儒家学说的人的功劳是笃定的。”

道家者，盖出于史官，历纪成败，秉要执本，清虚以自守，卑弱以自持，此君人南面者之术也。合于尧之克让，《易》之谦谦，此其所长也。及弊者为之，则欲绝去礼乐，兼弃仁义，独任清虚，何以为治？此道家之弊也。司马谈曰：“道家使人精神专一，动合无形，赡足万物，其为术也，因阴阳之大顺，采儒、墨之善，撮名法之要，与时迁徙，应物变化，立信施事，无所不宜。指约而易操，事少而功多。夫道家无为又曰无不为，其实易行，其辞难知，其术以虚无为本，以因循为用，无成势，无常形。故能究万物之情。不为物先，不为物后，故能为万物主。有法无法，因时为业；有度无度，因物与合。故曰圣人不巧，时变是守。虚者，道之常；因者，君之纲；君臣并至，使自明也。”

【译文】道家大多出自史官。他们记录了历代王朝成败的经验教训，知晓执政的要点与根本，坚持清净虚无，主张卑下柔弱，认为这是为君者称霸天下的方法。道家的思想，与尧的谦让、《周易》的谦逊相符合，这是道家思想的长处。但等到放浪形骸的人来实现道家学说时，他们就想要挣脱礼乐制度的束缚，并且放弃仁义道德，只做到清净虚无，这怎么能治理好国家呢？这是道家学说的弊端。司马谈说：“道家学说使人的精神专一，行为举止合乎无形的道，世间万物可以自足，不需要向外界汲取。凭借阴阳顺乎伦常天道，学习墨家、儒家学说的长处，聚合名家、法家学说的精华，与时俱进，顺应时代的变迁，在符合风俗习惯的情况下办事，就没有什么事情是做不好的。道家学说的要点简约，便于操作，用力少但收获却多。道家学说主张无为却又说无不为，其实操作简单，只是他们的用词却难以理解。他们的学说以虚无为根本，把顺其自然作为办事原则，没有固定的形式和形态，所以能探究万物的实际情况。做事情不争先恐后，所以能成为万物的主人，有法规还是无法规，是根据当时的情况决定的；有法度还是无法度，是根据事物的变化决定的。所以说，圣人能够永垂不朽，是因为他们掌握了因时变通的规律。虚无，是道家学说的根本；顺其自然，是为君者治理国家的纲要。众臣子做事都竭尽所能，才能使他们各自清楚明白。”

阴阳家者，盖出于羲和[①]之官，敬顺昊天，历象日月星辰，敬授人时，此其所长也。及拘者为之，则牵于禁忌，泥于小数，舍人事而任鬼神，此阴阳之弊也。司马谈曰：“阴阳之术，大详而众忌讳，使人拘而多畏，然其叙四时之大顺，不可失也。夫阴阳、四时、八位[②]、十二度[③]、二十四节[④]，各有教令。曰顺之者昌，逆之者亡，未必然也。故曰使人拘而多忌。夫春生、夏长、秋收、冬藏，此天之大经，弗顺则无以为天下纪纲。故曰叙四时之大顺。不可失也。”《汉书》曰：天人之际，精祲有以相荡，善恶有以相推。事作乎下者，象动乎上。阴阳之理，各应其感。阴变则静者动，阳蔽则明者暗。水旱之灾，随类而至。故曰日蚀、地震，皆阳微阴盛也。臣者，君之阴也；子者，父之阴也；妻者，夫之阴也；夷狄者，中国之阴也。《春秋》日蚀三十六，地震五十二。或夷狄侵中国，或政权在臣下，或妇弃夫，或臣子背君父。事虽不同，其类一也。是以明王即位，正五事。五事者，貌、言、视、听、思也。建大中以承天心，则庶征序于下，日月理于上。如人君淫溺后宫，般乐游田，五事失于躬，大中之道不立，则咎征降而六极[⑤]至。凡灾异之发，各象过失，以类告人。《传》曰：田猎不宿，饮食不享，出入不节，夺人农时，及有奸谋，则木不曲直。又曰：弃法律，逐功臣，杀太子，以妾为妻，则火不炎上。又曰：好治宫室，饰台榭，内淫乱，犯亲戚，侮父兄，则稼穑不成。又曰：好攻战，轻百姓，饰城郭，侵边城，则金不从革。又曰：简宗庙，不祷祠，废祭祀，逆天时，则水不润下。管辂[⑥]曰："贵人有事，其应在天。在天则日月星辰也。兵动人忧，其应在物。在物则山林鸟兽也。"又曰："夫天虽有大象而不能言，故运星精于上，流神明于下，驱风云以表异，役鸟兽以通灵。表异者必有沉浮之候，通灵者必有宫商之应。是以宋襄[⑦]失德，六鹢退飞；伯姬将焚，鸟鸣其灾；四国未火，融风已发；赤云夹日，殃在荆。此乃上天之所使，自然之明符也。"后汉窦武上书曰：间者有嘉禾、芝草、黄龙之瑞见。夫瑞生必于嘉土，福至实由吉人。在德为瑞，无德为灾。陛下所行，不合天意，不宜称庆。又裴楷[⑧]曰："按春秋已来，及古帝王，未有河清者也。臣以为河者，诸侯位也。清者属阳，浊者属阴。河当浊而反清者，阴欲为阳，诸侯欲为帝也。京房《易传》曰：河水清，天下平。今天垂异，地吐天，民疠疫，三者并时而有河清，犹春秋麟不当见而见。孔子书以为异也。"魏青龙中，张掖郡玄川溢涌宝石负鼎状，麟凤龙马，炳焕成形，时人以为魏瑞，任令于绰齐以问张臶（jiàn）[⑨]，臶密谓绰曰："夫神以知来，不追以往。以祯祥先见，然后废兴从之。汉已久亡，魏以得之，何所追废与征祥乎？此石当今之变异，而将来之祯祥。"后司马氏果代魏。汉武时，巫为上致神君，神君但闻其声，不见其形。荀悦曰："《易》称：有天道焉，有地道焉，有人道焉。各当其理而不相乱，乱则有气变而然。若夫大石自立，僵柳复生，此形之异也；男化为女，死而复生，此含气之异也；鬼神仿佛在于人间，言语音声，此精神之异也。夫形神之异，各以类感。善则生吉，恶则生凶，精气之际，自然之符异也。故逆天之理，则神失其节，而妖神妄兴；逆地之理，则形失其节，而妖形妄生；逆中和之理，则含气失其节，而妖物妄出。此其大旨也。若夫神君之类，精神之异也。”《春秋传》曰：作事不时，怨讟动于人，则有非言之物而言。当汉武之时，赋敛繁众，人民雕弊，故有无形而言至也。其于《洪范》言僭则生时妖。此盖怨讟而生妖之类也。故通于道者，正身则万物精神形气，各反其本也。后汉陈蕃上书曰：昔春秋之末，周德衰微，数十年间，无复灾眚者，天所弃也。天之于汉，悢悢无已，故殷勤示变，以悟陛下，除妖去孽，实在修德。故《周书》⑩曰：天子见怪则修德，诸侯见怪则修政，大夫见怪则修职，士庶见怪则修身。神不能伤道，妖不能害德。《汉书》曰：夫动人以行不以言，应天以实不以文。此天人之大略矣。

【注释】①羲和：我国上古神话中的太阳女神与制定时历的女神。②八位：八卦之位。③十二度：古代天文学家为观测日、月、五星的位置和运动，把黄赤道带自西向东划分为十二个部分，也称十二次，即星纪、玄枵、娵訾、降娄、大梁、实沈、鹑首、鹑火、鹑尾、寿星、大火、析木。④二十四节：干支历中表示季节、物候、气候变化以及确立“十二月建”（时令）的特定节令。它最初是以北斗七星斗柄旋转指向确定。⑤六极：六种极凶恶之事，即凶短折、疾、忧、贫、恶、弱。⑥管辂：字公明，平原（今山东德州平原县）人。三国时期曹魏术士。精通《周易》，善于卜筮、相术，习鸟语，相传每言辄中，出神入化。体性宽大，常以德报怨，被后世奉为卜卦观相的祖师。⑦宋襄：即宋襄公，名兹甫，春秋时期宋国第二十任国君，春秋五霸之一。⑧裴楷：字叔则。河东闻喜（今山西闻喜县）人。三国曹魏及西晋时期大臣、名士。⑨张臶：字子明，钜鹿人。东汉末至三国时期的隐士、音乐家，精通谶纬之学。活了105岁，是三国时期有可靠记载的最长寿的人之一。⑩《周书》：《尚书》组成部分之一，相传是记载周代史事的书。

【译文】阴阳家大多出自掌管天文历法的官职，敬重苍天，推测日月星辰的变化规律，将历法付予百姓，使百姓知晓时令变化，不误农时，这是阴阳家思想的长处。等到一些拘于古法、不知变通的人从

事阴阳家的学说，就受到各种禁忌的牵制，拘泥于细枝末节，忽视人的作用，只信任鬼神，这是阴阳家的弊端。司马谈说：“阴阳家的学说，博大详尽，但是有太多的禁忌，使人感到拘束并且有很多畏惧，然而阴阳家的学说阐述了四季的变化规律，必须遵守。阴阳、四季、八位、十二度、二十四节气，各有各的规律，但也不能说顺应规律就一定会昌盛，违背规律就一定会灭亡。阴阳家的学说忌讳太多，使人感到拘束并且有很多禁忌。春天萌生，夏天生长，秋天收获，冬天贮藏，这是大自然的运行规律，不顺从就会使天下万物失去头绪。所以说，顺应四季的变化规律，是必须遵守的。”《汉书》说：天人之间，阴阳灾害之气，相互发生震荡，善恶之间相互争斗推动。事情发生在人间，现象就会表现在天上。阴阳之间的道理，会有天人感应。阴气变化了，静止的东西就会动起来；阳气衰退了，明亮的东西就会变暗。水灾、旱灾就会接踵而至。所以说，日食、地震都是因为阳气衰退、阴气强盛导致的。对于君王来说，臣子是阴；对于父亲来说，孩子是阴；对于丈夫来说，妻子是阴；对于处在中原的国家来说，周围的夷狄是阴。《春秋》记载：日食发生了三十六次，地震发生了五十二次。有的是对应夷狄入侵中原国家，有的是对应政权掌握在臣子手中，有的是对应妻子抛弃夫君，有的是对应臣子背叛君王，儿子违逆父亲。事情虽然不同，但都是天人感应的表现。所以贤明的君王登上王位，一定端正五件事。这五事包括貌、言、视、听、思。学习儒家的大中思想，用来上承天命，那么就能将人间的事务打理得有条不紊。天上的日月星辰也可以按规律变化。如果人间的君王沉迷于后宫的荒淫，大肆玩乐，出游打猎，不亲自做五事，建立不起来大中之道，那么就会根据他的过失招致六种凶兆降临。凡是灾异发生，都是为了表达人类的过失，上天向人类发出警告。《左传》说：晚上不休息在田间打猎，吃饭的时候不先祭祀祖先，出入不守礼节，抢占农民的农时以及发生奸谋的事情，就会使树木生长的该直不直、该弯不弯。又说：抛弃法律，驱逐功臣，杀太子，把小妾当作妻子，就会发生火苗不向上窜而向下窜的现象。又说：喜欢建造宫室、楼台亭榭，宫内淫乱，冒犯亲戚，侮辱父兄，那么农业劳动就没有收成。又说：喜欢征战，修建城池，侵犯边城，那么就会发生金属不能割断皮革的事情。又说：对于宗庙，简单修建，不去祠堂进行祈祷，不进行祭祀活动，违逆天时，那么就会发生水不向下流的事情。管辂说：“贵人有事情发生，就会在天象上反应出来。在天象上反应出来就是指在日月星辰上反应出来。爆发战争，百姓忧愁就会在物象上反应出来。在物象上反应出来就是指在山林鸟兽上反应出来。”又说：“上天即使有大的异象要发生，也不能说出来，所以在天上就运用星星驱动风云来表示异象，在人间通过神明役使鸟兽来表示灵异。表达异象时一定会发生上下沉浮的现象，表达灵异时一定会有声音响起。所以当宋襄公失德的时候，会发生六只鹢鸟边飞边向后退；伯姬将要自焚，鸟儿为其遇到的灾祸哀鸣；四国还没有起火，东风就先刮来；红云在太阳周围，灾难将要降临在楚。这是上天的命令，是天人感应的明证。”后汉窦武上书说：最近有嘉禾、芝草、黄龙的祥瑞出现。祥瑞一定出现在肥沃的土地上，福气实际上是由吉祥的人带来的。君王有德行就会产生祥瑞，没有德行就会产生灾祸。陛下所做的事情不符合天意，不适宜庆祝。裴楷说：“春秋以来以及古代帝王，没有使黄河变清澈的。臣认为黄河与诸侯的地位一样。黄河清澈就是阳，浑浊就是阴。河流原本是浑浊的，现在变清澈了，说明阴想要变成阳，诸侯想要称帝。”京房在《易传》中说：河水清澈，天下太平。如今上天有异象发生，大地吐露妖气，百姓被瘟疫侵扰，三者同时存在而河水却变得清澈，就像春秋时期麒麟不该出现却出现了一样，是不正常的，孔子把这个现象当作异象记录了下来。在魏国青龙年间，张掖郡的玄川涌出了一块宝石，宝石上面背着一个鼎，形状像麒麟、像凤凰、像飞龙、像骏马，颜色艳丽，当时人们都认为这是魏国的祥瑞，于是命令于绰去请教张臶，张臶悄悄告诉于绰说：“神仙预知未来，不探究过去。先看见吉祥的预兆，然后才开始废立。汉朝已经灭亡很久了，魏国已经得到天下，为什么要追究废立的征兆呢？这个石头如今是异象，将来是吉祥的预兆。”后来司马氏果然取代了魏国。汉武帝时期，巫师为皇帝招来神君，只能听见神君的声音，却看不见神君的身形。荀悦说：“《易经》说：有天道、有地道、有人道。三道各有各的道理，不能相互扰乱，乱了就会有精气发生变动，之后出现各种征兆。例如大石头自己站立，僵死的柳树复活，这是有形之物的变异；由男变成女，死而复生，这是人的变异；鬼神好像就在人间，能够发出声音，这是精神的变异。身形和精神的变异都是事物的自然感应。做好事就会有吉祥的事情发生，做坏事就会有灾祸发生，这是精气的感应，自然现象也会发生变动。所以违背天理，精神就会失去调节，那么精神上的妖怪就会兴起；违背地理，身形就会失去调节，那么身形上的妖怪就会出来；违背中正平和的人理，人体内的精气就会失去调节，妖怪就会出来。这是《易经》的主要内容。至于神君，就是精神的变异。”《春秋》说：务农不看农时，百姓就会产生怨恨，那些不能说话的东西也会说话了。在汉武帝时期，赋税繁重，百姓生活困苦，因此不能展现形体的神君就出现了。至于《洪范》中说的臣子僭越就会出现妖怪，这大概也是仇怨产生妖怪的证明。所以通晓道的人，一身正气，那么世间万物、精神形体都会返回本体。东汉陈蕃上书说：当初春秋末期，周王朝衰微，但数十年间，没有灾难发生，这是上天厌弃了周王朝。而上天对于汉朝眷念不已，所以频繁降灾，是为了提醒陛下，除去妖孽，真正地修习德行。所以《周书》说：天子见到怪异的现象就会修习德行，诸侯见到怪异的现象就会专心政务，大夫见到怪异的现象就会专注于政事，百姓见到怪异的现象就会完善自己。这样神灵就不能伤害道义，妖怪就不能损坏德行。《汉书》说：感动人要通过行动而不是言语，顺应天命要用事实而不是文采。这就是天人感应的大概。

法家者，盖出于理官①，信赏必罚，以辅礼制，此其所长也。及刻者为之，则亡教化，去仁爱，专任刑法，而欲以致治，至于残贼至亲，伤恩薄厚，此法家之弊也。司马谈曰：“法家严而少恩，然正君臣上下之分，不可改也。夫法家不别亲疏，不殊贵贱，一断于法，则亲亲尊尊之恩绝矣。可使行一时之计，而不可长用也。故严而少恩。至于尊主卑臣，明职分，不相逾越，虽百家不能改也。”

【注释】①理官：指掌管司法的官。

【译文】法家大多是出自掌管司法的官职，有功必赏，有过必罚，再通过礼制来治理，这是法家思想的长处。等到苛刻的人执行法家思想，他们不理教化，抛弃仁爱，只专注于刑罚，并且为了治理国家，甚至伤害至亲的人，忘恩负义，这是法家思想的弊端。司马谈说："法家思想严厉并且少恩情，然而他们端正了君臣上下名分的区别，这是其他思想不能替代的。法家不顾及亲疏关系，不分贵贱，统一用法律来判断，那么爱亲人，尊师长的伦理道德就被舍弃了。这个可以使用一时，但是不能够长时间地使用。所以说它严厉却少恩情。至于君主地位尊贵，臣子地位卑微，明确职位权限，不互相逾越。这个原则即使有百家学说也是不能替代。"

名家者，盖出于礼官，古者名位不同，礼亦异数。孔子曰："必也正名乎！"此其所长也。及缴者为之缴，音工钓反，则苟钩鈲析乱而已，此名家之弊也。司马谈曰："名家使人俭而善失真。然其正名实，不可不察。夫名家，苛察缴绕，使人不得反其意，专决于名而失人情，故曰使人俭而善失真。若夫控名责实，参伍不失，此不可不察也。鈲，音普觅反。"

【译文】名家大多是出自礼官，古时候名分地位不同，礼仪也各不相同。孔子说："一定要端正名分！"这是名家思想的长处。等到吹毛求疵的人来执行名家思想时，只注重名分的细节，把名分搞得支离破碎，这是名家思想的弊端。司马谈说："名家让人节俭，却失去了善良。然而它端正名分，使名分与实际相符，不能不明察。名家思想苛刻繁琐，曲折迂回，让人不能理解它的含义。只专注于名分却失掉了人情，所以说它让人节俭却失去善良。让名分与实际相符，综合考虑事物的本质，这不能不明察。"

墨家者，盖出于清庙之守，茅屋采椽，是以贵俭；养三老五更，是以兼爱；选士大射，是以上贤；宗祀严父，是以右鬼右，信也；顺四时而行，是以非命言无吉凶之命，但有贤、不肖、善、恶也；以孝示天下，是以上同言皆同于治也。此其所长也。及弊者为之，见俭之利，因以非礼；推兼爱之意，而不知别亲疏。此墨家之弊也。司马谈曰："墨者，俭而难遵，是以其事不可偏循。然其强本节用，不可废也。夫墨者亦上论尧、舜，言其德行曰：'堂高三尺，土阶三等；茅茨不剪，采椽不斲（zhuó）。饭土簋，饮上形，粝梁之食，藜藿之羹。夏日葛衣，冬日鹿裘。'其送死，桐棺三寸，举音不尽其哀。教丧礼，必以此为万人率。使天下法若此，则尊卑无别。夫世异时移，事业不同，故曰俭而难遵也。要曰强本节用，则家给人足之道。此墨家之所长，虽百家不能废也。"汉武帝问董仲舒策曰："盖俭者不造玄黄旌旗之饰，及至周室，设两观，乘大辂，八佾陈于庭而颂声兴。夫帝王之道，岂异旨哉？"对曰："制度文彩玄黄之饰，所以明尊卑、异贵贱，而劝有德也。故春秋受命，所先制者，改正朔，易服色，所以应天也。然则宫室旌旗之制，有法而然者也。孔子曰：'奢则不逊，俭则固。'俭非圣人之中制，故曰奢不僭上，俭不逼下，此王道也。"

【译文】墨家大多是出自掌管宗庙的官吏，他们住在用木椽搭建的茅草屋中，生活简朴，赡养老人，所以推崇兼爱；选拔贤士，举行射礼，所以推崇有德才的人；提倡祭祀，尊敬父亲，所以信任鬼神；顺应四时变化而行动，所以不行天命是说不相信觉得吉凶的天命，但相信有贤愚、善恶；以孝治天下，所以主张统一是说统一于天下大治。这是墨家思想的长处。等到愚笨的人执行墨家思想时，只看到节俭带来的好处，然后忽略礼仪；只知道推崇兼爱的思想，而不知道分辨亲疏关系。这是墨家思想的弊端。司马谈说："墨家思想，节俭却难以遵守，因此有的事情不必要一定遵守。然而它们强本节用的思想不能废除。墨家也推崇尧、舜。是这样描述尧、舜德行的：'房子高三尺，台阶只有三阶，茅草屋上的茅草也没有修剪，木质的屋檐也没有被砍齐；吃饭用陶簋，喝水用瓦盆，吃的是糙米做的食物，喝的是粗劣的菜叶子汤；夏天穿着葛布做的衣服，冬天穿着鹿皮做的衣服。'安葬死者，棺材板只有三寸厚，举行丧礼的时候声音不是那么的哀伤。教育人民举行丧礼的规矩，一定要做万人的表率。所以天下如果都按照这样的方式去做，就没有尊卑之分了。时间在推移，世界在改变，功业也各不相同，所以说墨家思想节俭却难以遵循。主张的强本节用，就是家家户户丰衣足食，这是墨家学说的长处，即使是有百家学说也不能取代。”汉武帝问董仲舒说：“节俭的人不装饰玄黄旌旗，到了周朝，宫门口树立起两座望楼，出行乘坐大辂，在朝堂上跳八佾舞且赞颂声起。帝王的治国之道，难道宗旨不同吗？”董仲舒回答说：“制定各种纹饰色彩的装饰，是为了表明尊卑、贵贱的不同，奖赏品德高尚的人。所以春秋时期受命于天的帝王，登基后的第一件事是改变制度，修改历法，改变衣服颜色，是为了表示自己顺应天命。然而建造宫室、制作衣服，都必须符合一定的规章制度。孔子说：‘奢侈就会不谦逊，节俭才会稳固。’节俭并不是圣人推崇的最适合的制度，所以说自己奢侈却不能要求上级节俭，自己节俭却不能逼迫下级也节俭，这才是王道。”

纵横家者，盖出于行人[①]之官。孔子曰：“使乎，使乎！”言当权事制宜，受命而不受辞，此其所长也。及邪人为之，则上诈谖许远反，而弃其信，此纵横之弊也。荀悦曰：“世有三游，德之贼也。一曰游侠，二曰游说，三曰游行。夫立气势，作威福，结私交，以立强于世者，谓之游侠；饰辩辞，设诈谋，驰逐于天下，以要时世者，谓之游说；色取人，合时好，连党类，立虚誉，以为权利者，谓之游行。此之三者，乱之所由生，伤道害德，败法惑世，先王之所慎也。凡三游之作，主于季世，周、秦之末尤甚焉。上不明，下无正；制度不立，纲纪弛废；以毁誉为荣辱，不核其真；以爱憎为利害，不论其实；言论者，计厚薄而吐辞；选举者，度亲疏而下笔。然则利不可以义求，害不可以道避。是以君子犯礼，小人犯法，饰华废实，竞取时利，薄骨肉之恩，笃僚友之厚，忘修身之道，而求众人誉，苞苴盈于门庭，聘问友于道路，于是流俗成而正道坏矣。游侠之本生于武，毅不挠，久要不忘平生之言，见危受命，以救时难，而济同类，以正行之者，谓之武义。其失之甚者，至于为盗贼矣。游说之本，生于是非，使于四方，不辱君命。出疆，有可以安社稷、利国家，则专对解结之，辞绎矣，民之瘼矣。以正行之者，谓之辩智。其失之甚者，至于诈矣。游行之本，生于道德仁义，泛爱容众，以文会友，和而不同，进德及时，以立功业于世。以正行之者，谓之君子。其失之甚者，至于因事害私，为奸宄矣。甚相殊远，岂不哀哉？故大道之行，则三游废矣。”

【注释】①行人：古代官名，掌接待诸侯及诸侯之上卿之礼。

【译文】纵横家大多是出自接待宾客的官吏。孔子说：“使者，使者啊！”这是在说使者需要根据事物的不同权衡轻重、随机应变，接受任命却不纠结于外交辞令。这是纵横家的长处。等到心术不正的人做了使者时，他们崇尚弄虚作假，背弃信义。这是纵横家的弊端。荀悦说：“世界上有三游，都是不道德的人。一是游侠，二是游说的人，三是游行的人。那些制造气势，作威作福，结党营私，在世上称王称霸的人，称之为游侠；擅长辩论，在天下间游走，为了取得世人好评的人称之为游说的人；以色取人，迎合世人的喜好，联络同类，建立虚假的声势，为了获得权利的人称之为游行的人。这三类人，是祸乱产生的根源，伤害道德，败坏法律，迷惑世人，是先王为之谨慎的人。三游主要是在衰败的朝代产生，周朝、秦朝的末期出现了更多。君王不贤明，臣下不正直，朝堂纲纪败坏；把损毁他人名誉当作自己的功绩，不核实事情的真伪；把爱憎作为对国家是否有利害的标准，不考虑实际情况；发表意见需要计较好处的多少后才会开口说话；推荐人才需要思考关系的亲疏后才会下笔。然而利益不能用仁义求得，伤害不能通过道德而避免。所以有道德的人开始违反礼制，人格卑下的人开始违反法律，装饰华丽却抛开事实，争相夺取利益，对骨肉亲情淡薄，注重与同僚之间的感情，忘记修身之道，反而去谋求众人的赞誉，馈赠的礼物堆满门庭，各地来使站满道路，于是俗世的风气形成，高尚的道德却被破坏。游侠本是刚毅勇武、百折不挠的，他们不会忘记自己平生所言，答应别人的请求就一定会做到，帮助别人解决困难，救济同类之人，把走正道的人，称之为义侠。而失去道义的人有很多，甚至变成了盗贼。游说的人是在辩论是非中形成的，出使各个国家，不辜负君王的命令。出使边疆，可以安定社稷，对国家有利。出使国家时，独自随机应答解开两国的症结之处，言辞有条理，消除百姓的困惑。行正道的人，称之为有辩才和智慧；没有行正道的人，就变成了弄虚作假之人。游行的人本是道德仁义的，广施仁义，容纳众生，通过文字来结交朋友，关系融洽却不互相附和，随时用道义激励对方，是为了在世上建功立业。行正道的人，称之为君子。没有走正道的人，就变成为了自己的事情，损害别人的利益，就变成了违法作乱的坏人。这两者相差甚远，难道不可悲吗？因此在正确的治国之道被施行时，三游就没有用了。”

杂家者，盖出于议官，兼儒、墨，合名、法，知国体之有此，见王理之无不贯，此其所长也。及荡者为之，则漫羡而无所归心，此杂家之弊也。

【译文】杂家大多是出自负责谏议的官吏。他们对于儒家、墨家的思想都有所借鉴，糅合了名家、法家的学说，他们知道想要治理好国家就必须将这些学说都兼容在一起，因为这些学说对于治国之道都是相通的，这是杂家学说的长处。等到不受约束的人执行杂家的学说时，就变得散漫且没有重点，这是杂家的弊端。

农家者，盖出于农稷之官，播百谷，劝耕桑，以足衣食。孔子曰：“所重人食。”此其所长也。及鄙者为之，则欲君臣之并耕，悖上下之序，农家之弊也。班固曰：“司马迁《史记》，其是非颇谬于圣人。论大道，则先黄老，而后六经；序游侠，则退处士，而进奸雄；述货殖，则崇利势，而羞贫贱。此其所弊也。然其善序事理，辩而不华，质而不俚，其文直事核，不虚美，不隐恶，故世谓之实录。”

【译文】农家大多是出自掌管农业的官吏，播种百谷，奖励耕种和养蚕的人，以满足百姓丰衣足食。孔子说：“最重视的是百姓和粮食。”这是农家学说的长处。等到粗鄙的人执行农家学说时，却想要君臣都来耕种，扰乱君臣上下的次序，这是农家学说的弊端。班固说：“司马迁在《史记》中写的是非对错有许多与圣人不同。在论述治国之道时，首先想到的是黄老之术，然后是儒家的六经；讲述游侠的事迹，就贬低隐士，推崇奸雄；在讲述经商盈利时，则推崇财富、权势，以贫贱为耻。这是《史记》的弊端。然而它擅长梳理事物的逻辑，善辩却不浮华，质朴却不粗俗，文字直白，叙述的事情详实正确，不虚假赞美，不隐藏丑恶，所以称之为历史的真实记录。”

文子曰：“圣人之从事也，所由异路而同归。秦楚燕魏之歌，异转而皆乐；九夷八狄之哭，异声而皆哀。夫歌者，乐之徵也；哭者，哀之效也。愔愔于中而应于外，故在所以感之矣。”论曰：范晔称：“百家之言政者，尚矣！大略归乎宁固根柢，革易时弊也。而遭运无恒，意见偏杂，故是非之论，纷然相乖。”尝试论之：夫世非胥庭，人乖鷇（kòu）饮，理迹万肇，情故萌生。虽周物之智，不能研其推变；山川之奥，未足况其纡险；则应俗适事，难以常条。何以言之？若夫玄圣御代，则大同极轨，施舍之道，宜无殊典。而损益异运，文朴递行，用明居晦，回穴于曩时；兴戈陈俎，参差于上世。及至戴黄屋，服絺衣，丰薄不齐，而致治则一。亦有宥公族，黥国仇，宽躁已隔，而防非必同。此其分波而共源，百虑而一致者也。若乃偏情矫用，则枉直必过。故葛屦履霜，弊由崇俭；楚楚衣服，戒在穷奢。疏禁厚下，以尾大陵弱；敛威峻法，以苛薄分崩。斯曹魏之刺，所以明乎国风；周秦末轨，所以彰于微灭。故用舍之端，兴败资焉。是以繁简唯时，宽猛相济，刑书镌鼎，事有可详；三章在令，取贵能约。太叔[1]致猛政之裒（póu），国子流遗爱之涕。宣孟[2]改冬日之和，平阳[3]循画一之法。斯实驰张之弘致，庶可以征其统乎？

【注释】①太叔：即游吉，春秋时期郑国的正卿。②宣孟：即赵盾，春秋中前期晋国卿大夫，赵衰之子，杰出的政治家、战略指挥家。晋文公之后，晋国出现的第一位权臣，集军政大权于一身，担任执政，号称正卿，法治晋国。③平阳：即曹参，字敬伯，泗水沛（今江苏沛县）人，西汉开国功臣，名将，是继萧何后的汉代第二位相国。

【译文】文子说："圣人做事，所走的路虽然不同，但是目的是相同的。秦楚燕魏的歌曲，虽然音调不同，但是都可以使人快乐；夷狄的哭声，虽然声调不同，但都使人感到悲伤。歌曲，是快乐的征兆；哭泣，是悲伤的表现。内心愉悦就要向外表现出来。因此也能感染其他人。"评论：范晔说："谈论政治的百家言论都是高尚的！要点是巩固根本，革除时弊。然而碰到的运势不是一成不变的，意见是偏颇繁杂的。因此对是非的评论有许多并且相互违背。"尝试评论：这个世界已经不是远古黄帝和炎帝时的那个生活简朴、不求享受的年代了，世上的道理有许多，人类的感情也萌生出来了很多。即使有足够应付一切的智慧，也不能研究通应付随时变化的情况；即使用山川的幽深险峻，也不能描述它的盘曲险阻。所以世事的变迁，难以用常规的办法解决。为什么这么说呢？如果圣人治理国家，那么天下大同的最高法则和具体措施的取舍应该是相同的。法规制度的增减要根据时局的不同而变化，文化与质朴交替进行，开创新局面或者保守旧传统，对于以前的事情进行思量；发动战争或者缔结和平，用上一代的得失做参照。等到登上皇位，穿细葛布衣，虽然厚薄不同，但把国家治理好的目的是相同的。有时宽恕王公贵族，对犯罪的人严惩，虽然宽严不同，但是防止做坏事的目的一定是相同的。这就是制度不相同，但是本质是一样的；思虑有许多，但是目标是一样的。如果故意矫情做事，那么判断是非好坏就一定会过头。因此就像冬天穿着夏天的衣服，弊端是过分的崇尚节俭；穿着整齐漂亮的衣服，应该戒除过分奢侈；防制太宽，对部下太过宽容，就容易出现臣下权势过大、欺凌弱小的现象；集中威严法令严酷，容易导致政权分崩离析。曹魏时期，文人的讽刺，可以表明当时国家的风气；周朝、秦朝末期的越轨行为，可以彰显当时朝政的衰败。所以任用或舍弃制度，可以使国家兴盛或衰败。因此法规条令的繁杂还是简单，要根据当时的朝政决定，宽大和严厉相互补充。把刑法的条文刻在鼎上，详细明晰。把法规条令缩减为三条，贵在简约。春秋时期郑国的正卿游吉因执法严厉而受到孔子的夸奖；齐国公卿大夫的子弟却对楚国公子围的僭越行为流下怜爱的眼泪；晋国的赵盾修改冬日休战的政策；西汉的曹参仍遵循萧何的旧制，没有妄加改变，创造了安定的政局。这些都是执政宽容严厉不同的证明，怎么能够要求他们一样呢？

数子之言，当世失得，皆悉究矣。然多谬通方之训，好申一隅之说。贵清净者，以席上[①]为腐议；束名实者，以柱下为诞辞。或推前王之风，可行于当年；有引救弊之规，宜流于长世。稽之笃论，将为蔽矣。由此言之，故知有法无法，因时为业，时止则止，时行则行，动不失其时，其道光明。非至精者，孰能通于变哉？

【注释】①席上：指儒学。

【译文】以上诸子议论当代朝政的得失，都是我们细细研究过的。然而世人对这些道理方法有很多误解，只看事物的一个方面。尊崇道家清净无为学说的人，把儒学当作迂腐的言论；拘束于名家学说的人，把道家的学说当作荒诞不羁的言辞。有的人推行先王的治国之道，认为如今也可以使用；有的人推行拯救弊端的方法，认为这个方法可以在世间长存。考察这些确切的言论，发现都有弊端。从这里可以说，有方法还是无方法，是根据当时的情况决定的。这个时代结束了，适合这个时代的方法制度也就无用了；时代进步了，适合这个时代的方法制度也要进行创新，行动不错过时机，它的道路就是光明的。不是精妙绝伦的人，怎么能知道这其中的奥秘呢？

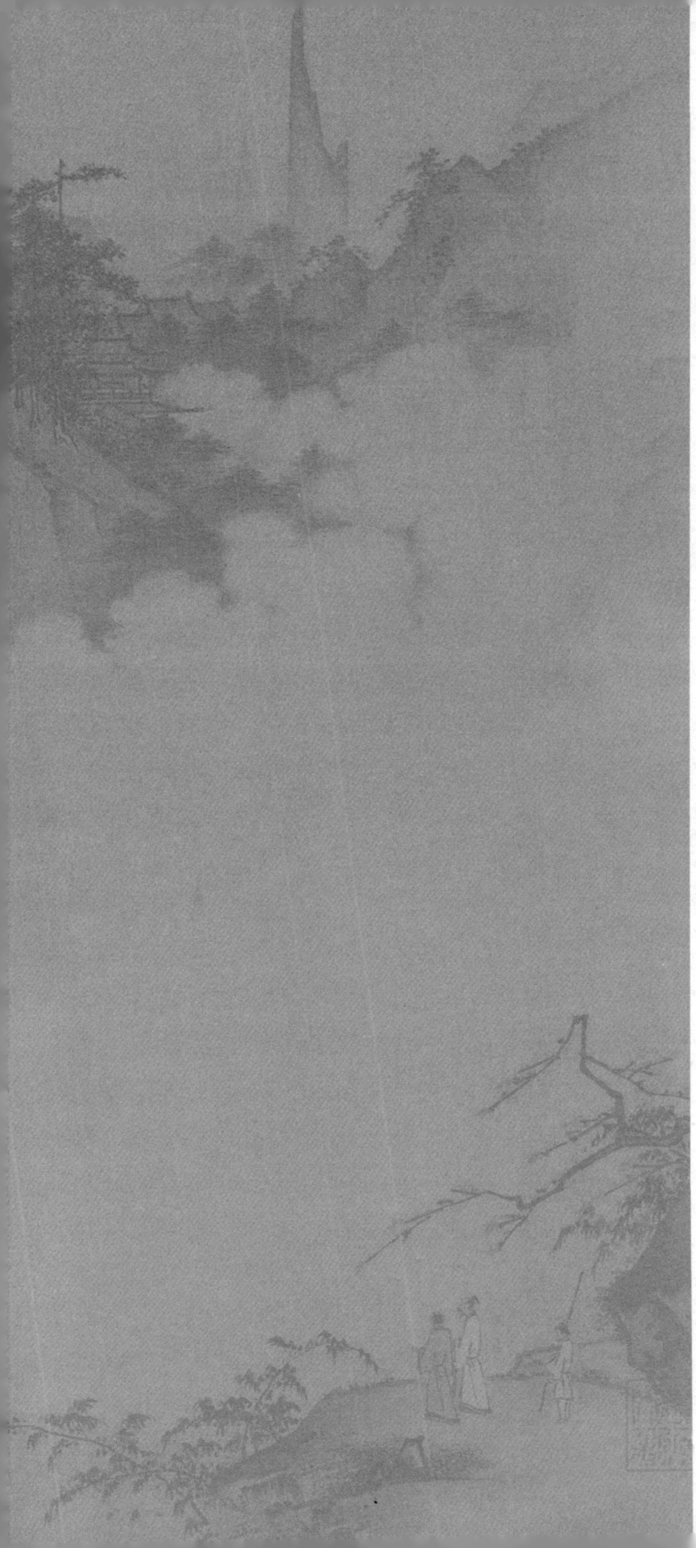

全注全译

長短經

（中）

〔唐〕赵蕤 著
学谦 注译

團结出版社

目 录

卷四　霸纪上

霸图第十七

臣闻周有天下，其理三百余年。成康之隆[1]也，刑措四十余年而不用。及其衰也，亦三百余年太公说文王曰："虽屈于一人之下，则申于万人之上，唯贤人而后能为之。"于是文王所就而见者六人，求而见者十人，所呼而友者千人，友之友谓之朋，朋之朋之党，党之党谓之群，以此友天下贤人者，二人而归之，故曰：三分天下有其二，以服事殷。此之谓者也。故五伯音霸更起。伯者常佐天子，兴利除害，诛暴禁邪，匡正海内，以尊天子。五伯既没，贤圣莫续。天子孤弱，号令不行。诸侯恣行，强凌弱，众暴寡。吴王问伍胥曰："伐楚如何？"对曰："楚执政众而乖，莫适任患。若为三师以肄之，一师至，彼必皆出，彼出即归，彼归即出，楚必道弊，亟肄以疲之，多方以误之。既疲，而后以三军继之，必大克。"阖闾（hé lǘ）从之。楚于是乎始病。越王勾践问于大夫种曰："伐吴何如？"对曰："伐吴有七术，其略云：尊天事鬼，以空其邪；遗之好美，以荣其志；遗之巧工，使起宫室，以尽其财；遗之谀臣，使之易伐；强其谏臣，使之自杀；坚甲历兵，以承其弊。"越王于是饰美女西施，献之吴王。吴王悦之。子胥谏，不受。吴王诛子胥。越又为荣楣，镂以黄金，献之吴王。吴王受之，而起姑苏之台，五年乃能成，百姓道死。越又蒸粟种遗吴王，吴王付人种之，不生，吴大饥。齐桓公欲弱楚，乃铸钱，市生鹿于楚。楚闻之，喜，废耕而猎鹿，桓公藏粟五倍。楚足钱而乏粟。桓公乃闭关，楚降者十四五。及柯之盟[2]，桓公欲倍曹沫[3]之约，管仲因而信之，诸侯由是归齐。故其称曰知与之为取，政之宝也。郑桓公欲袭郐（kuài），先问郐之豪杰、良臣、辩士，书其名姓，择郐之良田赂之，为官爵之名而书之，因为疆场郭门之外而埋之，衅以鸡猳之血。郐君以为内难也，尽杀之。桓公因袭郐。此皆诸侯恣行，天子之令不行也。田常篡齐④，六卿分晋⑤，并为战国，此人之始苦也齐侯与晏子坐于露寝，公叹曰："美哉兹室！其谁有此乎！"晏子曰："如君之言，其陈氏乎？陈氏虽无大德，而有施于人，豆区釜钟之数，其取之公也薄，其施之人也厚。公厚敛焉，陈氏厚施焉，人归之矣。《诗》云：'虽无德与汝，式歌且舞。'陈氏之施，人歌舞之矣。后世若少堕，陈氏而不亡，则国其国也已。"后果篡齐。智伯⑥从韩魏之君伐赵，韩魏阴谋叛。智果⑦曰："二主殆将有变，不如杀之；不杀，则遂亲之。"智伯曰："亲之奈何？"智果曰："魏宣子⑧之谋臣赵葭，韩康子之谋臣段规⑨，是皆能移其君之计。君与二君约破赵，则封二子万家之县各一。如是，则二主之心可以无变。"智伯不从。韩魏果反，杀智伯。于是强国务攻，弱国务守，合纵连衡，驰车毂击，介胄生虮虱，人无所告诉。

【注释】①成康之隆：西周时周成王姬诵、康王姬钊的统治期间出现的治世。②柯之盟：指柯邑之盟，齐桓公与鲁庄公在柯邑缔结的盟约。③曹沫：鲁国人，鲁将，与齐战，三战皆败。鲁庄公遂邑求和。在齐鲁之会上，他挟持齐桓公，逼迫其退还所占领的鲁国领土。④田常篡齐：指战国初年陈国田氏后代取代齐国姜姓吕氏成为齐侯的事件。田常，即田恒，也称田成子，因其家族出自陈国，也称为陈恒，汉朝为汉文帝刘恒避讳，改称"田常"。是齐国田氏家族第八任首领。⑤六卿分晋：春秋后期，晋国范氏、中行氏、知氏、韩氏、赵氏、魏氏六卿秉持国政，并相继改革田亩制、税制，图谋富强，相互兼并，导致晋室瓦解，最后分立为赵、韩、魏三国。⑥智伯：即荀瑶，也称智瑶，因智氏源自荀氏，亦称荀瑶，谥号"襄"，史称智襄子。春秋晋国执政大臣。⑦智果：智文子之子，春秋晋国大夫，智氏家族军师，智氏六世祖。为人多智，颇有政治远见，在晋阳之战中识破韩魏谋逆之心，为了保全智氏血脉，另立宗庙，别为辅氏，智氏兵败晋阳后，得以免遭殃及。⑧魏宣子：又称魏桓子，春秋时期晋国魏氏的领袖，姬姓，魏氏，名驹，魏襄子魏侈之子。⑨韩康子：姬姓，韩氏，讳虎，原名韩虎。春秋战国时期晋国韩氏的领袖，韩庄子之子。段规：战国初期的著名策士，辅佐晋国的“六卿”之一韩虎，并为后来战国七雄之一韩国的建立发挥了重要作用。

【译文】我听说周朝拥有天下，天下得以治理的时间有三百多年，成康兴盛之际，刑罚搁置了四十多年而不被使用，等到周朝衰落，又延续了三百多年姜太公对周文王说：“仅屈居于一人之下，却高居在万人之上，唯有贤能之士才能做到。”于是周文王亲近并见到的有六人，经过寻找后见到的有十人，一经呼唤即成为朋友的有上千人。由友及朋，由朋及党，由党及群，周文王用这种办法来结交了天下三分之二的贤能之人，百姓也都归顺他。周文王得了天下的三分之二，仍然向商纣称臣。说的就是这种情况。所以五霸相继兴起。这些霸主常常辅佐天子，兴利除害，诛除暴虐，禁止邪恶之事，扶正天下，使天子得到尊崇。五霸死后，圣贤之人没有继续出现，天子孤独无助，号令无法实施，诸侯恣意罔行，以强凌弱，以众欺寡吴王阖闾问伍子胥：“你认为攻打楚国会怎么样？”伍子胥回答说：“楚国执掌大权的人很多但不和睦，没有一个能在忧患时担当大任的。如果派三支军队骚扰楚军，一支军队到达，楚军必定会全部出动。楚军出动，我军撤退，楚军撤退，我军出动，楚军一定疲惫不堪。多次骚扰楚军，再多方面对它进行误导。等到楚军疲乏，再用三军攻打它。这样必定能大败楚军。”吴王阖闾听从了伍子胥的建议。楚军因此开始衰败。越王勾践问大夫文种：“你认为攻打吴国怎么样？”文种回答说：“攻打吴国有七种方法，策略是这样的：尊天命，事鬼神，控制邪异之说；赠送贵重的东西，消磨吴王的心志；赠送能工巧匠，建造华美的宫室，使吴国财物散尽；赠送阿谀奉承的奸臣，使吴国容易攻打；怂恿进谏的大臣向吴王进言，使吴国内斗；趁吴国衰弱之时，用精锐的部队攻打。”越王勾践因此装扮美女西施，把她进献吴王，吴王很高兴。伍子胥劝谏，吴王不听，反而杀了伍子胥。越国又把梧桐木做的栏杆雕上黄金并进献给吴王。吴王接受了，开始建筑姑苏台，花了五年时间才建成，老百姓的尸体塞满路边。越国又把蒸熟的粟种送给吴王。吴国发给老百姓播种，结果颗粒不生，吴国发生大饥荒。齐桓公想要削弱楚国，就铸造大量的钱币从楚国收买大量的活鹿。楚人听说后，大喜，纷纷放弃耕作猎鹿。齐桓公储藏五倍的粮食。楚国钱多，却缺乏粮食，齐桓公封闭关门，楚国投降齐国的人有十分之四五。等到在柯地会盟，齐桓公想要背弃与曹沫的盟约，管仲劝说齐桓公，齐桓公因此不违背盟约，诸侯们从而归顺齐国，所以说，知道给予，是夺取政权的法宝。郑桓公想要偷袭郐国，先打听郐国的豪杰、良臣、辩士，书写他们的姓名，挑选郐国的良田赐给他们，继而封以高官显爵，并把这些封赐书写在册籍上，埋在城门外的战场上，用鸡狐的血来祭祀。郐国国君认为国内发生内乱，把这些豪杰、良臣、辩士全都杀了。郑桓公于是偷袭郐国。以上这些都是诸侯恣意罔行，天子的号令不被施行的例子。**陈氏后代田常篡夺齐国大权，范氏、中行氏、知氏、赵氏、魏氏、韩氏把持晋国朝政，赵、魏、韩三家分晋，成为战国时的诸侯国，从此百姓开始遭难**齐景公与晏子坐在露寝。景公感叹道：“露寝真美呀，像这样的宫室还有谁会拥有呢？”晏子说：“你所说的话，是与陈氏相比吗？陈氏虽然没有大的功德，却能向别人施行恩惠，官爵奉禄这些东西，他从您这儿索取的少，施予别人的却很多。您横征暴敛，陈氏优厚施予，所以百姓都归顺他。《诗经》说：‘虽无德与汝，式歌且舞。’陈氏施恩的行为，使百姓载歌载舞安康快乐。您的后代如果稍微懈怠懒惰，陈氏也没有衰亡，那么齐国将成为陈氏的了。”后来陈氏果然篡夺齐国大权。智伯令韩国、魏国的君主跟随自己攻打赵国，韩魏两国阴谋反叛。智果对智伯说：“韩、魏二王大概要反叛，不如杀掉他们；不杀他们就亲近他们。”智伯说：“该怎么亲近他们呢？”智果说：“魏宣子的谋臣赵葭，韩康子的谋臣段规，都是能劝说其君主改变计策的人，你与这两个人约定攻破赵国，就分别送给二人万户的县。如果这样，韩魏二王的心就不会变。”智伯不听智果的计策，韩、魏两家果然反叛，杀了智伯。**当时强国攻打弱国，弱国严守强国，合纵连衡，战火四起，士兵的铠甲头盔长满了虱子，百姓的冤苦无**

处诉说。

及至秦蚕食天下，并吞战国，一海内之政，坏诸侯之城，法严政峻，谄谀者众，使蒙恬[①]将兵北攻胡、尉佗[②]将卒以戍越，宿兵无用之地，人不聊生。始皇崩，天下大叛。陈胜、吴广举于陈陈涉、吴广戍渔阳，屯大泽。会天雨，道不通，度已失期，失期当斩。二人乃谋曰："今已失期，当斩。今举大计亦死，死为国，可乎？"乃先以鬼神威众，因斩尉。召令徒属曰："公等遇雨，皆已失期，失期当斩。藉第令无斩而戍，死者固十六七目。壮士不死则亡已，死则举大名。侯王将相，宁有种乎？"徒属皆曰："敬受命。"遂分将徇（xùn）地，自立为陈王。武臣、张耳[③]举于赵武臣略定赵地，号武信君。蒯（kuǎi）通[④]说范阳令徐公曰："臣范阳百姓，蒯通也。窃悯公之将死，故吊。虽然，贺公得通而生也。"徐公再拜曰："何以吊之？"通曰："足下为令十年矣，杀人之父，孤人之子，断人之足，黥人之首，甚众。然而慈父孝子所以不敢倳（zì）刃公之腹中者，畏秦法也。今天下大乱，秦政不施，然而慈父孝子将争接刃公之腹，以复其怨，而成其名，此通之所以吊也。"曰："何以贺得子而生也？"通曰："赵武信君不知通不肖，使人候通，问其死生，通见武信君而说之曰：必将战胜而后略地，攻得而后取天下城，臣窃以为殆矣。用臣之计，无战而略地，不攻而下城，传檄而千里可定，可矣！彼将曰：何谓也？臣因说曰：范阳令宜整顿其士卒，以守战者也。怯而畏死，贪而好富者，故欲以其城先下君，先下君而不利，则边地之城皆将相告曰：范阳令先降而身死。必将婴城固守，皆若金城汤池，不可攻矣。为君计者，莫如以黄屋朱轮迎范阳令，使驰骛于燕赵之郊，则边城皆将相告曰：范阳令先下而身富贵矣。必相率而降，由是如坂上走丸也。此臣所谓传檄而千里定者也。"徐公再拜，遗其车马遣通。通遂以此说武臣。武臣以车百乘、骑二百、侯印，迎徐公。燕赵闻之，降者三十余城，如蒯通策也。项梁举吴梁令项羽杀假守通，便举兵起吴。吴，今苏州也。田儋[⑤]举齐儋从少年，缚奴欲杀之，以见狄令，因杀令举兵也。景驹⑥举郢，周市⑦举魏，韩广⑧举燕。穷山通谷，豪杰并起，而亡秦族矣。

【注释】①蒙恬：姬姓，蒙氏，名恬，祖籍齐国（今山东省临沂市蒙阴县）人，秦朝著名将领。②尉佗：指赵佗，曾任秦南海郡尉，故称。即南越武帝，恒山郡真定县（今河北正定县）人，秦朝南海龙川令，南越国创建者。原为秦朝将领，与任嚣南下攻打百越。秦末大乱时，赵佗割据岭南，建立南越国。③武臣：陈（今河南淮阳）人，秦末农民起义军将领，陈王陈胜部将，率义军到达邯郸，自立为赵王，后为李良所杀。张耳：秦末汉初人物，曾参加秦末农民起义军，项羽分封十八路诸侯时，被封为常山王（后世为避汉文帝讳，恒山皆作常山）定都襄国（今邢台市）后归汉成为刘邦部属，被加封为赵王。汉高帝五年薨，谥曰景王。习称赵景王。④蒯通：本名蒯彻，范阳（今河北徐水北固镇）人，因为避汉武帝之讳而改为通。他辩才无双，善于陈说利害，曾为韩信谋士，先后献灭齐之策和三分天下之计。韩信死后被刘邦捉拿后释放，后成为相国曹参的宾客。⑤田儋：原是战国时期齐国王族，秦国灭亡齐国后，与其堂弟田荣、田横移居狄县（今山东高青县东南）。陈胜、吴广起义后，他趁机杀死狄县县令，举兵起义，自立为齐王，后被章邯在临济城下打败，被杀。⑥景驹：秦末楚国贵族，被拥立为楚王。⑦周市：秦末抗秦名将，陈胜派其收复魏国旧地，周市立魏国王室后裔魏咎为王，章邯攻打魏地，杀死周市，包围临济。⑧韩广：秦朝末年人，原赵国上谷小吏。陈胜吴广起义后，张楚政权派赵人武臣经略赵地。武臣稳定赵地之后就派韩广安抚燕地，韩广被当地贵族立为燕王（或说韩广自立为燕王）。

【译文】等到秦国蚕食天下，并吞六国，统一海内，攻下诸侯们的城池，就实行严酷的法律，残暴的统治，阿谀谄媚的朝臣变多。秦始皇派蒙恬北攻匈奴，派大将尉佗戍卫南越，在荒凉的不毛之地驻兵，弄得民不聊生。**秦始皇驾崩后，天下大乱，陈胜吴广在陈地起义** 陈胜、吴广去渔阳服役，路经大泽乡时，赶上天下大雨，道路不通，估计已经超过预定的期限。按秦朝法律，超期要被斩首。于是陈胜、吴广二人商议："现在已经超期，按律当斩。现在起义也是死，同样是死，为了夺取国家政权而死不是更值得吗？"于是二人先用鬼神之事在众人中积攒威望，然后杀了押送他们的校尉。二人招集一同戍边的人说："大家在这里遇大雨，全都已经超期，超期按法律当被斩首，假使不被斩首，那么戍边而死的人也有十分之六七，大丈夫不死便罢，死也应当成就大名。王侯将相难道都是天生的吗？"众人都说："愿意听从你们的命令。"于是二人分派将领，掠取土地。陈胜自立为陈王。**武臣、张耳在赵地起义** 武臣刚刚平定赵地，自封为武信君。蒯通游说范阳县令徐公："我是范阳百姓蒯通。因私下怜悯你快要死了，所以来吊唁。虽然如此还是祝贺你遇到我而得以起死回生。"徐公拜了两拜说："你因为什么吊唁呢？"蒯通说："你在范阳做县令已经十年了，杀害别人的父亲，使别人的孩子成为孤儿，砍断别人的脚，在他人额上刺字，这样的事干得太多了。但是慈父孝子之所以不敢用刀刺入你的腹中，是因为畏惧秦朝的法律。现在天下大乱，秦朝的政治法律不被施行，慈父孝子必将争先恐后用刀刺入你的腹中，来平复他们心中的怨气，成就他们的美名。这就是我来吊唁你的原因。"徐公又说："凭什么祝贺我得到你可以起死回生呢？"蒯通回答道："赵武信君不知道我蒯通无才，所以派人来拜访我，询问将来成败之事，我拜见赵武信君，并对他说：'通过战争来夺取土地，获得天下的城池。我私下以为这是很危险的事。如果你使用我的计策，可以不必通过战争就能夺取土地，攻下城池。只要传递檄文，千里之地就可以安定。'赵武信君一定会问：'为什么这么说？'我因此说：'范阳县令要整顿军队，守卫城池，准备作战。而城中贪生怕死、贪图富贵的人，必定想把范阳城献给你，先投降却没得到好处，那么边地的其它城池就会相互转告，范阳令先投降而被杀，我们一定要据城池牢固设防，使城池固若金汤，不能被攻破。为您谋划，不如用高大的宫室、华贵的马车结交范阳令，让他奔走在燕赵边境，那么边地的各城池间就会相互转告，范阳令先投降而身有富贵。他们必定会如坡地上滚动的泥丸一样相继向你投降。这就是我所说的传递檄文，可以安定千里之地的计策。'”徐公又拜了两拜，准备车辆马匹派遣蒯通游说武信君。蒯通就用这件事来劝说赵武信君。赵武信君用一百乘车、二百匹马、侯爵的印绶拜迎徐公。燕地赵地的其它城池听说后，前来归降的有三十多个城池。一切都如蒯通的计策那样。**项梁在吴地举兵**项梁命令项羽杀掉代理郡守的殷通，便从吴地起兵。吴地，就是今天的苏州。**田儋在齐地举兵**田儋跟着一群少年，捆绑着奴仆假装要把奴仆杀了，来面见狄县令，趁机杀了县令起兵。**景驹在郢地举兵，周市在魏地举兵，韩广在燕地举兵，深山通谷，豪杰并起，最终灭亡了秦朝。**

汉高祖名邦，字季，姓刘氏，沛国丰邑人，为泗上之亭长。秦二世元年，陈胜等起，胜自立为楚王。张耳、陈余[1]谏曰："将军出万死之计，为天下除害，今始至陈，而自立为王，是示天下之私也。不如立六国后，自为树党，进师而西，则野无交兵、城无守墙。诛暴秦，据咸阳，以令诸侯，天下可图也。"胜不听。沛人杀其令，立高祖为沛公。时项梁止薛，沛公往从之，共立义帝范增[2]说项梁曰："秦灭六国，楚最无罪。自怀王[3]入秦不反，楚人怜之。故语曰：'楚虽三户，亡秦必楚。'今陈胜首事，不立楚后，其势不长。今君起江东，楚锋起之将，皆争附君者，以君代代楚将，为能复立楚后也。"梁因求怀王孙心[4]立也。约曰："先入咸阳者王之。"秦将章邯[5]，大败项梁于定陶。梁死，章邯以为楚不足忧，乃北伐赵。楚使项羽等救赵，遣沛公别将西入关。沛公遂攻宛，降之沛公攻宛，南阳太守吕锜保城不下。沛公欲遂西，张良曰："强秦在前，宛兵在后，此危道也。"乃围宛。宛急，锜欲自杀，其舍人陈恢逾城见沛公，曰："宛吏人惧死坚守，足下尽日攻之，死殒者必众，引兵而去，宛必随之。足下前失咸阳之约[6]，后有强宛之患。不如约降，封其守，引其甲卒而西，诸城未下者，必开门而待足下。"沛公曰："善。"封吕锜为殷侯。攻武关，大破秦军赵高杀二世，立子婴，遣兵拒关。张良曰："秦兵尚强，未可轻也。愿益张旗帜诸山上，为疑兵。令郦食（yì）其（jī）持重宝啖秦。”秦将果欲连和俱西。沛公欲听之，良曰：“此独其将欲叛，恐士卒不从。士卒不从，必危。不如因其懈而击之。乃击秦军，破之。入咸阳，与秦人约法三章[⑦]秦人献牛、酒，沛公让不受。于是人知德矣。遣兵拒关，欲王关中。是时项羽破秦军于河北，率诸侯兵四十万至鸿门，欲击沛公。沛公因项伯[⑧]自解于羽。羽遂杀子婴而东都彭城，立沛公为汉王，王巴、汉汉王不肯就国，欲攻楚。萧何曰：“王虽王汉之恶，不犹愈于死乎？且《诗》曰：天汉，其称甚美。夫能屈于一人之下，而申于万人之上，汤、武是也。愿大王王汉中，抚其士人，以致贤人，收用巴蜀，还定三秦[⑨]，天下可图。”于是用韩信策，乃东伐，还定三秦汉王之国也。韩信亡楚，从入蜀，无所知名。数与萧何语，何奇之，荐为大将军。信拜礼毕，王曰：“丞相数言将军，将军何以教寡人计策？”信谢，因问王曰：“今东向争权天下者，岂非项王耶？”曰：“然。”信曰：“大王自料勇悍仁强孰与项王比？”汉王默然良久，曰：“不如也。”信再拜贺曰：“虽信亦以为大王不如。然臣尝事之，请言项王之为人也。项王喑哑叱咤，千人皆废，然不能任属贤将，此特匹夫之勇也。项王见人恭敬慈爱，言语呴呕（xǔ ǒu），人有疾病，涕泣分食饮。至使人有功当封爵者，销印列币，忍不能与，此所谓妇人之仁也。项王虽霸中国而臣诸侯，不居关中而都彭城，有倍义帝之约，而以亲爱王，诸侯不平。诸侯之见项王迁逐义帝，置江南，亦皆归逐其主而自王善地。项王所过，无不残灭者天下多怨，百姓不亲附，特劫于威强服耳。名虽为霸，实失天下心。故曰：其强易弱。今大王诚能反其道，任天下武勇，何所不诛！以天下城邑封功臣，何所不服！以义兵从思东归之士，何所不散！且三秦王为秦将，将秦子弟数岁矣，杀亡不可胜计，又欺其众降诸侯，至新安，项王诈坑秦降卒二十余万，唯独邯、欣、翳[⑩]得脱，秦人父兄怨此三人，痛入骨髓。今楚强以威而王此三人，秦人莫威也。大王之入武关，秋毫无所害，除秦苛法，与秦约法三章耳。秦人无不欲得大王王秦者。于诸侯之约，大王当王关中，关中人户咸知之。大王失职入汉中，秦人无不恨者。今大王举而东，三秦可传檄而定。”于是汉王大喜，遂听信计。初，汉王之国也。张良送至褒中，说汉王曰：“王何不烧绝所过栈道，示天下无还心，以固项王意？”汉王乃使张良还，因烧之。楚以此无忧汉王之心也。

【注释】①陈余：魏国大梁（今河南开封）人。魏国名士，性格高傲，被韩信的背水列阵法击败斩杀于泜水。②范增：居鄛人（今安徽巢湖西南）。秦末农民战争中为项羽主要谋士，被项羽尊为“亚父”。③怀王：指楚怀王，芈姓，熊氏，名槐，楚威王之子，楚顷襄王之父，战国时期楚国国君。④怀王孙心：指楚义帝熊心，芈姓，熊氏，名心。楚怀王熊槐之后。秦末诸侯王之一。⑤章邯：秦朝著名将领，上将军。⑥咸阳之约：指义帝楚怀王与秦末众将领的约定：先入咸阳者为王。⑦约法三章：汉王刘邦攻入咸阳与秦人约定的三条禁令：杀人者处死，伤人者和盗窃者判罪。⑧项伯：名缠，字伯，出生于下相，战国末期的楚国贵族，项羽最小的叔父，在鸿门宴解救刘邦。汉王朝建立后，刘邦赐他刘姓，封为射阳侯。⑨三秦：秦王子婴投降后，项羽自立西楚霸王，三分关中，立秦三将：章邯为雍王、董翳为翟王、司马欣为塞王。⑩邯、欣、翳：指章邯、司马欣、董翳。

【译文】汉高祖刘邦，字季，沛国丰邑人，早年是泗水亭长，秦二世元年，陈胜吴广等人起义，陈胜自立为楚王张耳、陈余向陈胜劝谏说：“将军您甘冒万死，为天下百姓除害，现在刚刚到达陈地，就自立为王，这是告诉人们天下是您的私产。不如立六国的后代为王，让他们自己树立党羽，您挥师西进，那么在外不必作战，所到城池也不会抵抗。诛灭残暴的秦国，据守咸阳，传令诸侯，天下可以图谋了。”陈胜没有听从。**沛地的百姓杀掉沛县令，立刘邦为沛公。当时项梁在薛地驻军，刘邦去追随他，共同立楚怀王的孙子为义帝**范增对项梁说：“秦朝灭六国，楚国最没有罪过。自从楚怀王进入秦国不能回国，天下人都怜悯他。俗话说‘楚国哪怕只剩三户人家，灭掉秦朝的必定是楚人’。如今陈胜首先起事，不立楚王的后代，他肯定不会长久。如今您从江东举事，楚地之人纷纷归附你，是因为你家世代为楚将，能立楚王的后代为王。”项梁于是寻找楚怀王的孙子熊心，立为怀王。**义帝和起义军将领约定：先攻破咸阳的，做关中王。秦将章邯在定陶大败项梁的军队，项梁战死，章邯认为楚军不值得忧虑，于是北攻赵地。楚王派项羽等率军救援赵地，派遣沛公为别将向西进入函谷关。沛公于是攻打宛城。宛城投降**沛公攻打宛城，南阳太守吕锜坚守城池，沛公屡攻不下。沛公想舍弃宛城向西进兵，张良进谏说：“强大的秦兵在前，宛城的士兵在后，向西进军将进入危险的境地。”于是沛公围困宛城。宛城告急，吕锜想要自杀，他的侍从宾客中有个叫陈恢的，翻过城墙出城来见沛公说：“宛城的官吏百姓怕投降不能免死，于是坚守城池。您整天攻打宛城，必定有很大的死伤。您率军撤退，宛城的士兵必定从后追赶。您一方面失去先入咸阳为王的机会，另一方面又有强大的宛军后患，不如招降宛城，封赏宛城的太守，然后带着宛城的守军向西，没有被攻下的城池，必定打开城门迎接您。”沛公说：“好！”于是封吕锜为殷侯。**沛公又攻打武关，大败秦军**赵高杀了秦二世胡亥，立子婴为皇帝，派遣兵马拒守武关。张良说：“秦军现在还很强大，不可轻敌。希望多用旗帜，把它们插在各座山上，迷惑秦军。并派郦食其带重礼贿赂秦朝将领。”秦朝将领果然想和沛公一同向西攻入咸阳。沛公想要答应他们，张良说：“这只是将帅想要背叛，恐怕士卒不会听从。士兵不听从，必会出现危险，不如趁他们松懈时攻击。”于是沛公率军攻打秦军，结果把秦军打得大败。**沛公攻入咸阳，和秦人约法三章**秦人献牛肉、美酒给沛公，沛公推辞不接受。于是人们都知道了沛公的德行。**沛公派兵拒守武关，想要在关中称王。当时项羽在黄河以北打败秦军，率领各诸侯兵四十万到达鸿门，想要攻打沛公。沛公因为项伯相救，才能逃脱。项羽于是杀掉子婴，向东定都彭城。封沛公为汉王，统治巴、蜀**刘邦不肯到巴蜀就任，想攻打楚国。萧何说：“大王虽然在巴、汉这样的穷山恶水之地称王，但不是比死还要强吗？况且《诗经》上说‘天汉’，这个称呼也很好。能够屈居于一人之下，而高居在万人之上，商汤、周武王就是这样的人。希望大王能管理汉中，安抚士族百姓，收罗贤才，取得巴蜀的土地，再安定三秦。这样天下就可以图谋了。”于是

汉王刘邦采用韩信的计策，向东进攻，再次平定三秦之地刘邦到巴蜀就任，韩信从楚王那儿逃出来，跟着汉王进入蜀地，没有人知道他的名字。韩信多次与萧何交谈，萧何认为他是奇才，推荐给汉王刘邦任大将。韩信拜谢后，汉王说："萧丞相多次在我面前谈到将军，将军用什么计策来教我呢？"韩信拜谢，问汉王说："现在在东边和你争夺天下大权的，难道不是项王吗？"刘邦说："是。"韩信说："大王自己估量您的勇敢强悍仁义强大与项羽比怎么样？"刘邦沉默了很久说："我不如项羽。"韩信又施礼祝贺说："虽然我也认为大王在这些方面不如项羽。然而我曾经事奉项羽，请让我说说项羽的为人。项羽威势强大，力敌千人，然而却不能任用手下的贤才将士。这只是匹夫之勇罢了。项羽待人恭敬慈爱，说话和颜悦色，属下生病，项羽哀痛哭泣，把自己的饮食分给病人，等到属下有功应当封赏时，却把印章磨损，不舍得封赏。这就是所谓的妇人之仁。项羽虽称霸天下使诸侯臣服，不定都关中而定都彭城，背弃和义帝的盟约，任用亲信为王，使天下诸侯产生不满之心。诸侯见项羽把义帝放逐到江南，也都放逐自己的君主，而自己却在富饶之地称王。项羽军队经过的地方，没有不残害生灵的，天下怨声载道，百姓不想归顺，只是迫于暴力而屈服。项羽虽名为霸主，实际已经失去天下的民心。所以说他的强大也容易衰落。现在大王确实能反其道而行，任用天下武勇的人，什么人不可以诛杀？把天下的城池分封功臣，有谁不服？用想要东归的正义之师征战，敌人怎么会不失败？况且三秦之地的诸侯是秦朝的旧将，统帅秦朝士兵已经多年了，战死的人不可计数，他们又欺骗部下投降诸侯，到达新安，项羽用欺诈手段坑杀二十多万投降的秦军士兵，唯独章邯、司马欣、董翳三人得以逃脱。秦地的百姓怨恨这三个人，痛入骨髓。如今楚国强用威势封这三个人为王，秦人没有拥戴他们的。大王您进入武关，秋毫无犯，废除秦朝严苛的律法，与秦地百姓约法三章，秦地百姓都希望大王您在秦地称王。按照与诸侯的约定，大王应当在关中称王，关中的百姓都知道这些。大王失去关中王而进入汉中，秦地之人没有不怨恨的。如今大王举兵向东，三秦之地可通过传递檄文而获得平定。"于是刘邦非常高兴，就听从韩信的计策。起初，汉王到巴蜀上任，张良送他到褒中，劝汉王说："大王为什么不烧尽所经过的栈道，向天下人表示没有回到关中的野心，来稳固项羽的心呢？”汉王于是让张良回去，烧掉经过的所有栈道。楚王项羽因此不再担心汉王有回关中的野心了。

田荣[1]怨项王之不己立，杀田巿（fú）[2]，自立为齐王。羽北击灭齐项羽以吴令郑昌[3]为韩王，拒汉。张良遗项羽书曰：“汉王失职之蜀，欲得王关中，如约即止，不敢反。”又以齐反书遗羽曰：“齐欲灭楚。”羽以故不西行，而北击齐。而使九江王[4]杀义帝于郴（chēn）。汉王为之缟素发丧，临三日，以告诸侯董公说汉王曰：“臣闻顺德者昌，失德者亡；兵出无名，事故不成。故曰明其为贼，敌乃可服。项王为无道，放杀其主，天下之贼也。夫仁不以勇，义不以力，三军之众为之素服，以告诸侯，为此东伐。四海之内，莫不仰德。此三王之举也。”汉王曰：“善。”汉王因项羽之击齐，率诸侯衣师五十六万东袭楚，破彭城。羽闻之，留其将击齐，自以精兵三万归击汉。汉王与羽大战彭城下，汉王不利，出梁地。至虞，谓左右曰：“孰能为使淮南王黥布，令发兵背楚，留项王于齐数月。我之取天下，可以万全。”随何[5]乃使淮南，说布背楚随何说淮南王曰：“汉王使使臣敬进书与大王御者，窃惟大王与楚何亲也？”淮南王曰：“寡人北面而臣事之。”随何曰：“大王与项王俱列为诸侯，北面而臣事之，必以楚为强，可以托国也。项王伐齐，身自负版筑，以为士卒先。大王宜悉淮南之众，身自将之，为楚军前锋。今乃发四千人以助楚，北面而臣事人者，固若是乎？夫汉王战于彭城，项王未出齐也，大王宜扫淮南之兵渡淮，日夜会战彭城下。大王抚万人之众，无渡淮者，垂拱而观孰胜。夫托国于人臣者，固若是乎？大王提空名以向楚，而欲厚自托，臣窃为大王不取也。然大王不背楚者，以汉为弱也。夫楚兵虽强，天下负之以不义之名，以其背约而杀义帝也。然而楚王将以战胜自强，汉王收诸侯，还守荥阳，下蜀汉之粟，深沟高垒，分卒守徼乘塞。楚人还兵，间以梁地，深入敌国八九百里，欲战则不得，攻城则力不能，老弱转粮千里之外；楚兵至荥阳、成皋，汉坚守而不动，进则不得攻，退则不得解。

故曰楚不足恃（shì）也。使楚胜，则诸侯自危惧而相救。夫楚之强，适足以致天下之兵耳。故楚不如汉，其势易见也。今大王不与万全之汉，而自托于危亡之楚，臣窃为大王惑之。臣非以淮南之兵足以亡楚也。夫王发兵而背楚，项王必留齐数月，汉之取天下，可以万全。臣请与大王提剑而归汉，汉王必裂地土而分天下大王，又况淮南？淮南必大王有也。故使臣进愚计，愿大王留意也。”淮南王曰：“请奉命。”阴许叛楚与汉，未敢泄。楚使者在淮南，方急责英布发兵，传舍，随何直入，坐楚使者上坐，曰：“九江王已归汉，楚何得以令发兵？”布愕然。楚使者起。何因说布曰：“事已构矣。独杀楚使者，无使归，而疾走汉并力。”乃如汉使者教。于是杀楚使者，因起兵攻楚也。汉王如荥阳，使韩信击魏王豹⑥，虏之汉王问郦生曰：“魏大将谁也？”曰：“柏直。”王曰：“此其口尚乳臭，不能当韩信。”“骑将冯敬⑦。”王曰：“不能当灌婴⑧。”“步将项他⑨。”王曰：“不能当曹参。在，吾无患矣。”王乃以信为左丞相击魏。信进兵，为陈船，欲渡临晋，魏聚兵距之。信乃伏兵从夏阳以木罂渡军，袭安邑，虏魏王豹，使进兵伐赵也。汉遂与楚相距于荥阳。楚围汉王，用陈平计，间得出汉王急问陈平：“策安出？”陈平曰：“彼项王骨鲠之臣亚父、钟离末之属，不过数人。大王能出捐数万金，行反间，间其君臣，以疑其心，项王为人，意忌信谗，必内相诛。汉因举攻之，破楚必矣。”汉王乃以四万斤金与平，恣其所为，不问出入。平既多以金纵反间于楚军，宣言诸将钟离末等为项王将功多矣，然终不能裂地而封：“欲与汉为一，以灭项氏，分王其地。”项王果疑。使使至汉。汉为太牢之具，举进见楚使，即佯惊曰：“吾以为亚父使，乃项王使也。”复持去，以恶具进楚使。使归，具报项王。项王大疑亚父。亚父欲急击汉王，项王不信亚父。亚父闻项王疑，乃曰：“天下事大定矣！君王自为之。愿赐骸骨。”项王从之。入关收兵，欲复东。辕生说汉王出军宛、叶，引项王南渡，使韩信等得集河北。羽果引兵南渡，如其策辕生说曰：“汉与楚相拒于荥阳、成皋数月，汉常困。愿王出武关，项王必引兵南走，王深壁，令荥阳、成皋间且得休息。使韩信等得集于河北赵地，君王乃复走荥阳。如此，则楚备者多，力分，汉得休息，复与之战，破楚必矣。”汉王从此计，出军宛、叶间。项王闻汉王在宛，果引兵南渡，如辕生之策。韩信与张耳以兵数万东下井陉，击赵，破之。乃报汉，因请立张耳为赵王，以镇抚其国。汉王从之初，赵王与成安君陈余闻汉且袭之，聚兵井陉口。广武君李佐车[10]说曰：“闻汉将韩信涉西河，虏魏王，擒夏说（yuè）[11]，新喋血阏（è）与。今乃辅以张耳，议欲下赵，此乘胜而去国远斗，其锋不可当。臣闻：千里馈粮，士有饥色；樵苏后爨（cuàn），师不宿饱。今井陉之道，车不得方轨，骑不得成列，行数百里，其势粮食必在后。愿足下假臣奇兵三万人，从间道出，绝其辎重。足下深沟高垒，坚营勿与战，使前不得斗，退不得还。吾奇兵绝其后，野无所掠卤。不至十日，而两将之首，可致于戏下。愿足下留意臣之计。不，必为二子所擒。”成安君不听广武君。广武君策不用。信闻知之，大喜，乃进军击赵，破之。赵之破也，韩信令军中无杀广武君，有能生得者，购千金。于是有缚广武君而致戏下者。信乃解其缚，师事之。问曰：“仆欲北攻燕，南伐齐，何若而有功？”广武君辞谢曰：“臣闻：败军之将，不可与言勇；亡国之大夫，不可与图存。今臣败亡之虏，何足以权大事乎？”信曰：“仆闻百里奚居虞而虞亡，在秦而秦霸。非愚于虞而智于秦，用听与不用听也。试令成安君听足下计，若信者亦为擒矣。仆委心归计，愿足下勿辞。”广武君曰：“臣闻智者千虑，必有一失；愚者千虑，必有一得。故曰：狂夫之言，圣人择焉。顾恐臣计未必足用，愿效愚忠。夫成安君有百战百胜之计，一旦而失之，军破鄗下，身死泜上。今将军涉西河，虏魏王，擒夏说、阏与，一举而下井陉，不终朝破赵二十万众，诛成安君，名闻海内，威震天下，农夫莫不辍耕释耒，工女下机，褕（yú）衣甘食，倾耳以待命。若此者，将军之所长也。然而众劳卒疲，其实难用。今将军欲举倦弊之兵，顿燕坚城之下，欲战恐不得，攻城不能拔，情见势屈，旷日粮竭。而弱燕不服，齐必距境以自强也。燕、齐相持而不可下，刘、项之权未有所分也。若此者，将军之短也。臣愚，窃以为过矣。故善用兵者，不以短击长，而以长击短。”韩信曰：“然则何由？”广武君曰：“方今为将军计，莫如按甲休兵以镇赵，抚其孤弱，百里之内，牛酒日至，以飨士大夫，醳（yì）兵，北首燕路，而后遣辩士奉咫尺之书，暴所长于燕，燕必不敢不听。燕已从，使喧言者东告齐，齐必从风而服，虽有智者，亦不知为齐计矣。如是，则天下事可图也。兵固有先声而后实者，此之谓矣。”韩信曰：“善。”从其策，发使燕、齐，从风而靡也。

【注释】①田荣：秦末齐国狄县（今山东高青县东南）人，故齐王田氏宗族。陈涉起义后，与其兄田儋在齐地响应，恢复齐国，田荣为相国。后自立为齐王，起兵反抗项羽。后田荣兵败，为平原县民所杀。②田市：秦末齐国人，田儋的儿子，被叔叔田荣率兵击杀。③郑昌：秦朝时吴县县令，与项羽关系很好。项羽起兵后跟随项羽。项羽杀死韩王韩成后，立郑昌为韩王，后郑昌投降汉王刘邦。④九江王：指英布，九江郡六县（今安徽六安市）人，坐罪受秦律被黥，又称黥布。秦末汉初名将。初属项梁，后为归项羽，封九江王，后叛楚归汉。汉朝建立后，封淮南王，韩彭被杀后，心生畏惧起兵反汉。兵败，以谋反罪被杀。⑤随何：西汉初年人，汉高祖军中的谒者（主管传达禀报的人），说服九江王英布降汉。灭楚后，汉高祖贬低他的功劳，他用分析推理的手段为自己的功劳辩护。官至护军中尉。⑥魏王豹：秦末人。原战国时魏国的贵族。陈胜起义时立其兄咎为魏王。章邯攻魏，咎被迫自杀。他逃亡至楚，向楚怀王借兵数千人，攻下魏地二十余城，自立为魏王。项羽大封诸侯，改封西魏王。后投刘邦，又叛归项羽。韩信破魏，被虏至荥阳，被汉将周苛所杀。⑦冯敬：西汉大臣，上党人。祖上冯亭，战国时韩国郡守。秦亡后为西魏王魏豹骑将。魏豹反，冯敬与韩信及曹参率领的汉军交战被俘而降汉。汉景帝后二年（前142年），匈奴进攻雁门，太守冯敬力战而死。⑧灌婴：睢阳（今河南省商丘市）人，汉朝开国功臣，官至太尉、丞相，死后被追谥为“懿侯”。⑨项他：项氏子弟，项羽族侄，治政才能比较突出。史书中又称“项佗”。汉元年（前206年），汉王刘邦起兵平定三秦，楚将龙且与魏相项他同汉将灌婴在定陶之南交战失败。后于彭城被刘邦部下灌婴所俘。⑩广武君李佐车：西汉柏人（邢台隆尧）人。赵国名将李牧之孙，秦汉之际谋士，辅佐赵王歇，为赵国立下了赫赫战功，被封为广武君。赵亡以后，李左车提出“百战奇胜”的良策，使韩信收复燕、齐。著有《广武君略》兵书一部。⑪夏说：秦汉时期人，陈余谋士，汉高祖二年（公元前205年）后九月，在韩信攻赵时被擒杀。

【译文】田荣怨恨项羽不立自己为王，就杀掉田市，自立为齐王。项羽领军向北灭齐项羽封吴县县令郑昌为韩王，抵挡汉王，张良给项羽送信说：“汉王失掉关中王到蜀地就任，原来先入咸阳就做关中王的约定立即废止，不敢反叛。”又把齐王谋反的书信送给项羽，说：“齐王想灭掉楚国。”项羽因此不向西攻打刘邦，而向北攻打齐王。**项羽派遣九江王英布在郴地杀死义帝。汉王刘邦为义帝披麻戴孝，举行丧事，聚哭告哀了三天，把这件事宣告天下诸侯**董公对汉王刘邦说：“我听说顺应民德的人昌隆，失掉民德的人灭亡。出兵没有原因，事情就不会成功。所以说让天下人明白敌人是贼寇，他们才可能归服。项羽没有德行，放逐杀害他的主公义帝，是天下的贼寇。仁义不靠勇猛，义气不靠武力，三军的士卒为义帝穿丧服，把这件事遍告诸侯，因这件事东伐。四海之内没有不敬仰你的德行的，这才是三王的义举。”汉王说：“你说得对。”**汉王因为项羽攻打齐王，就率五十六万诸侯联军向东袭击楚国，攻破彭城。项羽听到彭城被攻破，留下将领继续攻打齐国，自己带领三万精锐士兵回师攻打汉王。汉王与项羽在彭城下展开大战，汉军没有获胜，退出梁地。汉王退到虞地，对左右大臣说：“谁能劝说淮南王黥布，让他发兵背叛楚王，把楚王的军队拖在齐国几个月，我攻取天下，就万无一失了。”大臣随何于是出使淮南，说服黥布背叛楚王**随何游说淮南王说：“汉王派使臣敬进书信给大王左右。我私下考虑大王与楚王是什么关系？”淮南王说：“我向北对楚王称臣。”随何说：“大王您与项王都是诸侯，却向北对楚王称臣，必定认为楚国强大，可以托付国家。项王攻打齐国，亲自背着版和筑，身先士卒。大王您应当倾淮南军队，亲自为将，作为楚军的先锋。如今您发四千士兵帮助楚王，而向北对楚王称臣，应当这样吗？汉王攻打彭城，项王还没有从齐国撤军，大王您应当率领淮南所有士兵渡过淮河，日夜与汉军在彭城下会战。大王拥有上万的士卒，却没有渡过淮河，而是隔河观望，把国家托附给别人，应当这样做的吗？大王您拿空名来向楚称臣，是想从中得到好处。我私下为大王感到不值。然而大王您不背叛楚国，是认为汉王弱小。虽然楚兵强大，天下人却认为它有不义的名声，是因为项王背弃前约杀死义帝，然而楚王靠武力取胜而变得强大，汉王收服诸侯，归守荥阳，收走蜀汉的粟米，挖深沟渠建立高垒，分兵把守边界要塞。楚军回兵，中间隔着梁地，军队深入敌国八九百里，想要作战却不能，想要攻城却实力不够，老弱士兵从千里之外转运粮食。楚兵到达荥阳、成皋，汉军坚守不出，楚军进不能攻，退不能回，所以说楚军不值得依赖。如果楚军获胜，那么诸侯害怕自己被灭就会相互救助。楚军的强大，只不过是招致天下的攻击罢了，所以楚王不如汉王，形势是显而易见的。如今大王您不与万无一失的汉王亲附，却把自己托付给面临危亡的项王，我私下为大王的行为感到困惑。我们不认为淮南的军队足以消灭楚军。大王您发兵背叛楚国，项王必定会留在齐地几个月，汉王夺取天下可以说是万无一失了。我请大王率领军队归顺汉王，汉王必定会给大王分赏土地，更何况是淮南呢？淮南必定是大王您的。所以汉王派我向你进献计策，希望大王您仔细考虑。”淮南王说：“就遵照你说的办。”于是淮南王暗地里答应背叛楚王亲附汉王，但不敢泄露消息。这时楚王的使者正在淮南，正急着要求黥布发兵。楚使者住在旅舍，随何直接坐到他的上坐，说：“九江王已经归附汉王，楚王凭什么命令他发兵？”黥布听了非常惊愕。楚王的使者起身离开。随何于是劝说黥布：“事情已经这样，只有杀了楚王的使者，不让他回去，快些归汉，与汉王一同攻打楚王。”黥布按照随何说的做了。于是杀掉楚王使者，发兵攻打楚王。

汉王到达荥阳，派韩信攻打魏王豹，俘虏了他汉王问郦生：“魏王的大将是谁？”郦生回答说：“是柏直。”汉王说：“此人乳臭未干，还不能抵挡韩信。”郦生说：“骑兵将领冯敬。”汉王说：“不能抵挡灌婴。”郦生说：“步兵将领项他。”汉王说：“不能抵挡曹参，有他们在，我就没有忧虑了。”汉王任命韩信为左丞相攻打魏王。韩信进兵，摆开船只想要渡河到晋地，魏王聚集兵力抵挡。韩信就命伏兵用木罂从夏阳渡河，偷袭安邑，俘虏了魏王豹，之后进兵攻打赵地。**汉军与楚军于是在荥阳相持。楚军包围汉军，汉王采用陈平的离间计，才得以解围**汉王急着问陈平：“你有什么计策？”陈平说：“项王手下正直的大臣像亚父、钟离末之类的，也不过几个。大王如果能拿出几万金，实行反间计，离间他们君臣，使项王对他们产生疑心。项王为人好猜忌信谗言，楚军内部必定会互相残杀。汉军乘机攻打，楚国必定会被打败。”汉王于是拿出四万斤黄金给陈平，让他恣意使用。陈平就用了很多黄金在楚军中实行反间计。他在楚军中宣扬：“像钟离末等将领为项王立下许多功劳，却最终不能裂土封王。他们想与汉王合而为一，消灭项王，分项王的土地。”项王果然对他们起了疑心，派使者到汉军。汉军为使者准备了上好的食物，向使者进献时，立即假装惊讶道：“我以为是亚父派的使者，原来是项王的使者。”于是把东西拿走，把粗劣的食物供给使者。使者回去，把情况都报告给项王。项王又对亚父起了疑心。亚父想要赶快攻打汉王，项王却不相信亚父。亚父听说项王怀疑自己，感叹道：“天下的事大致已经定形了，大王你好自为之。希望你允许我告老还乡。”项王答应了。**汉王入武关，招集士兵，想要再次向东攻打。辕生劝说汉王：“请大王向宛、叶发兵，引项王的军队南渡，让韩信等人得以在黄河北岸聚兵。”项羽果然率兵南渡，如同辕生的计策**辕生劝汉王道：“汉军与楚军在荥阳、成皋相持了几个月，汉军常常受到围困。希望大王派兵出武关，项王必会引军南渡。大王您再挖深壁垒，使荥阳、成皋两地的士兵间隔着休息。让韩信等人聚兵在黄河北岸的赵地，大王你再移军荥阳。这样，楚军就会多方防备，兵力分散，我军得到休息，再与楚军交战，必定会打败楚军。”汉王采用这个计策，发兵宛、叶。项王听说汉王在宛地驻军，果然率兵南渡，正如辕生的计策。**韩信和张耳率领几万士兵，东下井陉攻打赵国，最终攻克赵国。于是报告汉王，请求立张耳为赵王，来安抚赵国。汉王答应了他们的请求**起初，赵王与成安君陈余听说汉军到来，将要发动偷袭，于是在井陉口聚兵。广武君李佐车说：“听说汉将韩信渡过西河，俘虏魏王，擒住夏悦，最近又在阏与作战。如今加上张耳，联合攻下赵国。这是乘胜而远离故国战斗，锋芒不可抵挡。我听说千里行军缺少粮食，将士们面有饥色。采集柴草后做饭，军队就整天吃不饱。现在井陉大道上，车不能够并行，骑兵不能成列，行几百里路，粮食必定落在后面。希望大王借给我精兵三万，从小道出发偷袭敌军，截断汉军的辎重。您深挖沟渠，加高城墙，坚守营地不和汉军作战。使汉军向前不能战斗，后退不能返回。我用奇兵断绝他们的后路，使他们在野外找不到掳掠的东西。不用十天，韩信和张耳的脑袋可以拿到您的旌麾之下。希望您能考虑我的计策，不然，一定会被这两个人擒住。”成安君不听广武君的话，计策没有采用。韩信听说这事后，非常高兴，于是进兵攻打赵国，把赵国打得大败。攻打赵国前，韩信命令士兵不要杀害广武君，有能够活捉广武君的赏金一千。于是有士兵押着广武君到旌麾之下。韩信为广武君解开绳子，以事奉老师的礼节来对待他，问道：“我想要向北攻打燕地，向南攻伐齐地，怎样做才能取得成功？”广武君推辞拜谢说：“我听说打败仗的将领，不可以和他谈论勇敢；亡国的大臣，不可以和他谋划存亡。如今我只是打败仗的俘虏，怎么能够权衡大事呢？”韩信说：“我听说百里奚住在虞国而虞国灭亡，居住秦国而秦国称霸，这不是他在虞国愚笨而在秦国机智，是君主听从建议和不听从建议的原因。假使成安君听了您的计策，像韩信这样的人，也要被擒捉，我倾心听从你的计策，希望您不要推辞。”广武君说：“我听说智者考虑一千次，必定有一回失误；愚者考虑一千次，必定有一回获得。所以说狂妄人说的话，圣人有选择地听。恐怕我的计策未必有用，但愿能向您报效我的愚忠。成安君有百战百胜的计策，一旦失策，军败鄗山下，身死泜水边。如今将军你渡过西河，俘虏魏王，在阏与擒住夏说，一举攻下井陉，没多久就打败二十万赵军，诛杀了成安君，名震海内，威震天下，农夫没有不停止耕作放下耒的，妇女没有不停止织布的，准备华服美食，竖起耳朵等待您的命令，如果真是这样，这是将军你的长处。然而将士疲乏，无法再战，如今您想率领这些疲惫的士兵，驻扎在燕国坚固的城墙之下，想要战斗恐怕不能如愿，攻城不能攻下，情势出现危急，拉锯日久粮食用尽，而弱小的燕国不归服，齐军必定乘机侵犯边境显示自己的强大。与燕军、齐军相持而不能攻破，汉王、项王无法分出高下，如果真是这样，这是将军你的短处。我愚笨，私下认为这是不利的。所以善于用兵的人，不拿自己的短处攻击别人的长处，而拿自己的长处攻击别人的短处。”韩信说："既然这样该怎么办呢？"广武君说："现在为将军谋划，不如按甲休兵，镇守赵地，安抚孤弱之人，百里之内，每天都会送来牛、酒，您用它们来犒劳将领和士兵。您派兵向北据守通往燕国的要道，再派遣能言善辩的人送书信给燕国，在燕国面前展露自己的长处，燕国必定不敢不顺服。燕国顺服后，再派能言善辩的使者向东告诉齐国，齐国必定跟风顺服，即使他们国家有智者，也不知道怎么为齐国谋划了。像这样，那么就可以图谋天下了。战争前先虚张声势，然后再开战，说的就是这个道理。"韩信说："好。"听从广武君的计策，派使者到齐国和燕国，两国很快归顺了韩信。

十二月，汉王拒楚于成皋，飨师欲复战。郎中郑忠说曰："王高垒深壁，勿与战。使刘贾佐彭越入楚地[①]，焚其积聚，破楚师必矣。"项羽乃东击彭越，留曹咎[②]守成皋。时汉数困荥阳、成皋，计欲捐成皋以东，屯巩、洛以距楚。用郦生计，复守成皋郦生说曰："臣闻：知人之天者，王事可成；不知人之天者，王事不可成。王者以人为天，而人以食为天。夫敖仓，天下转输久矣，臣闻其下有藏粟甚多。楚人拔荥阳，不坚守敖仓，乃引而东，令适卒东守成皋，此乃天所以资汉也。方今楚易取而汉反却，自夺其便，臣以为过矣。且两雄不俱立，楚汉久相持不决，百姓骚动，海内摇荡，农夫释耒，工女下机，天下之心未有所定。愿足下急复进兵，收荥阳，据敖仓之粟，塞成皋之险，杜太行之路，拒飞狐之口，守白马之津，以示诸侯效实形制之势，则天下知所归矣。今燕、赵已定，唯齐未下。今田广[③]据千里之齐，田间将二十万之众，军于历城。诸田宗强，负海阻河。济南近楚，人多变诈。足下虽遣数十万师，未可以岁月破也。臣请得奉明诏说齐王，使为汉而称东藩。"上曰："善。"及从其其画，复守敖仓。而使郦生说齐王曰："王知天下之所归乎？"王曰："不知也。"曰："王知天下之所归，则齐国可得而有也。若王不知天下之归，即齐国未可得保也。"齐王曰："天下何归？"郦生曰："天下归汉。"王曰："先生何以知之？"郦生曰："汉王与项羽戮力西向击秦，约先入咸阳者王之。汉王先入咸阳，项王负约不与，而王之汉中。项羽迁杀义帝，汉王闻之，起蜀汉之兵，击三秦，出武关，而责义帝之处，收天下之兵，立诸侯之后。降城即以侯其将，得赂即以分其士，与天下同其利，英豪贤才皆乐为之用。诸侯之兵，四面而至；蜀汉之粟，万船而下。项王有背约之名，杀义帝之罪。于人之功无所记，于人之罪心不忘；战胜而不得其赏，拔城而不得其封。非项氏，莫能用事。为人刻印而不能授；攻城得赂，积财而不能赏。天下叛之，贤才怨之，而莫为用。故天下之士归于汉王，可坐而策也。夫汉王发蜀汉，定三秦；涉西河之水，授上党之兵；下井陉之路；诛成安君之罪。北破魏，举二十三城，此蚩尤之兵，非人力也，天之福也。今已据敖仓之粟，塞成皋之险，守白马之津，杜太行之坂，拒飞狐之口，而天下后服者先亡矣。王疾先下汉王，齐国社稷可得而保也；不下汉王，危亡立可待也。”田广以为然，乃听郦生说，罢历下兵守。淮阴侯乃夜渡兵平原袭齐。齐王烹郦生，引兵东走。初，郦生见沛公，沛公方倨床，使两女子洗足，而见郦生。郦生入则长揖不拜，曰：“足下欲助秦攻诸侯耶？且欲率诸侯破秦耶？”沛公骂曰：“竖儒！天下同苦秦久矣，故诸侯相率而攻秦，何谓助秦攻诸侯乎？”郦生曰：“必欲聚徒，合义兵，诛无道之秦，不宜倨见长者。”于是沛公辍洗足，起而谢之。羽初东，嘱曹咎曰：“汉即挑战，慎勿与战，勿令汉得东而已。”咎乃出战，死。汉王遂进兵取成皋汉挑曹咎战，楚军不出。使人辱之数日，咎怒，渡兵汜水上。士卒半渡，击破之，尽得楚国宝货。羽闻咎破，乃还军广武间，为高坛，置太公于其上。汉王遣侯公说羽，求太公，羽乃与汉约：中分天下，割鸿沟以西为汉、以东为楚，归汉王父母及吕后。项王解而东。汉王欲西，张良曰：“今汉有天下大半，而诸侯皆附，楚兵疲，食尽，此天亡楚之时，不如因其东而取之。”汉王乃追羽，与齐王韩信、魏相彭越期，会击楚，皆不会。用张良计，信等皆引兵羽垓下，遂灭项氏汉王问张良曰：“诸侯不从，奈何？”良曰：“楚兵且破，未有分地，其不至固宜，君王能与共天下，可立致也。齐王信之言，非君王意，信亦不自坚。彭越本定梁地，始君以魏豹故，越得拜为相国。今豹死，越亦望王，而君王不早定。今能取睢阳以北至谷城，以王彭越；从陈以东傅海，与齐王信。信家在楚，其意欲复得故邑。能出捐此地，以许两人，使各自为战，则楚易败。”于是汉王发使，使韩信、彭越、刘贾等皆引兵围羽垓下。

【注释】①刘贾：沛郡丰邑（今徐州丰县）人，汉高祖的远房堂兄，被封为荆王，淮南王英布反叛，攻打荆国，刘贾被英布乱军杀害。彭越：字仲，砀郡昌邑（今山东省菏泽市巨野县）人，秦朝末年在魏地起义，后率兵归顺刘邦，拜魏相国，封建成侯，后因“反形已具”罪名，诛灭三族，废除封国。②曹咎：西楚将领，因写信给栎阳令司马欣，抵过项梁的罪，受到项氏的信任，被项羽重用，官至大司马，封海春侯。③田广：秦末齐国狄县（今山东高青县东南）人，故齐王田氏宗族，田荣之子，田荣死后被叔叔田横立为齐王。后烹杀郦食其。被韩信打败被杀。

【译文】十二月，汉王率军在成皋与楚军相持，犒赏士卒后想继续和楚军作战。郎中郑忠进谏说：“大王您加固军垒深挖沟渠，不要和楚军作战，派刘贾辅助彭超进入楚地，焚烧他们积聚的粮草，必定能够大破楚军。”项羽正向东攻打彭越，留下曹咎防守成皋。当时汉军多次围困荥阳、成皋，正打算放弃成皋以东，驻扎在巩、洛抵抗楚军。汉王采用郦生的计策，又坚守成皋郦生说：“我听说只有知道百姓是天的人，才能成功夺取天下；不知道百姓是天的人，夺取天下就不能成功。君王以民为天，民以食为天。敖仓长久以来一直是粮食运输的枢纽，我听说那里储藏了很多粮食。楚军攻下荥阳，却不坚守敖仓，引兵向东，命令有罪而谪戍的兵卒在东面防守成皋，这是上天在帮助汉王啊。如今楚军易于攻打，而汉军反而退却，自己放弃了便利，我认为是错误的。况且两雄不能并立，楚汉两军久久相持不下，百姓骚动，天下动荡，农夫放下耒不种地，妇女下机不织布，天下百姓的心不安定，希望大王您赶紧再进兵，收复荥阳，占据敖仓的粮食，堵住成皋的险地，杜绝太行的要道，据守飞狐口，守卫白马津，向天下诸侯表明你强大的实力，那样天下人就知道政权的归属了。现在燕、赵已经被平定，只有齐地未被攻下。齐王田广拥有齐国的千里土地，大将田间率领二十万军队，在历城屯军，田氏的豪强，背靠大海，又有黄河济水阻隔，南边靠近楚地，人多善变狡诈。您即使派遣几十万军队，一年半载也攻不破。我请求捧着明诏游说齐王，使齐地成为汉的东部屏藩。”汉王说：“好！”于是听从郦生的谋划，重新守卫敖仓。又派郦生游说齐王。郦生说：“大王您知道天下的归属吗？”齐王说：“不知道。”郦生又说：“大王您知道天下的归属，齐国就可以保存，被你拥有；假如您不知道天下的归属，那么齐国就未必能保住。”齐王问：“天下会归谁？”郦生说：“天下归汉所有。”齐王问：“先生你是怎么知道的？”郦生说：“汉王和项羽并力向西攻打秦国，约定先进咸阳的为王。汉王先入咸阳，项羽背弃和约，而把汉中的土地给汉王。项羽放逐杀害义帝，汉王听说后，发蜀、汉的军队，攻打三秦，出武关，寻找义帝的坟墓，招集天下的士兵，立六国的后代为诸侯。投降的城池就用侯爵来封赏该城的将领，得到钱财就分给士卒，与天下人共享利益，英豪贤才都乐意为他出力。各诸侯的士兵从四面八方而来，蜀汉的粮食用上万只船装着送来。项王有背弃和约的名声，杀害义帝的罪过；不牢记别人的功劳，心里不忘别人的罪过；将士有功得不到封赏，攻下城池得不到封爵；不是项氏族人，就不能被任用。给人刻下印绶，却不肯封授；攻打城池得到缴获，积蓄的钱财不肯奖赏；天下人都背叛他，贤才都怨恨他，不愿意为他出力。所以天下贤士都归附汉王，汉王就可以坐着策划天下大事了。汉王从蜀汉出发，安定三秦，渡过西河，打败上党的军队，攻下井陉，诛杀成安君，向北攻打魏国，攻克三十二座城池。这是像蚩尤那样的士兵，不是人力所能办到的，是上天赐予的福气。现在汉王已拥有敖仓的粮食，堵住成皋险要，把守白马津，堵塞通往太行山的道路，据守飞狐口，天下不愿意服从汉王的必会灭亡。大王你先归附汉王，齐国社稷可以保全；不归附汉王，危险的事马上就会发生。”齐王认为郦生说得对，听从了他的劝告，撤掉历城的守兵。淮阴侯韩信于是连夜率兵渡河到平原，偷袭齐国。齐王因此烹杀郦生，领军东逃。起初，郦生进见沛公，沛公正坐在床上，让两名女子给他洗着脚来面见郦生。郦生进来，只作揖不下拜，说：“你想要帮助秦国攻打诸侯呢？还是想率领诸侯攻打秦国呢？”沛公骂道：“蠢才，天下人受秦国的压迫已经很久了，所以诸侯才相继攻打秦朝，怎么说我帮助秦国攻打诸侯呢？”郦生说：“想要聚集义兵，诛杀无道的秦国，就不应当坐在床上傲慢地接见长者。”于是沛公停止洗脚，起身向郦生谢罪。**项羽向东进军之初，嘱咐曹咎说：“汉军来挑战，千万不要和他们交战，不让汉军向东就可以了。”曹咎却率兵出战，身死。汉王于是进兵夺取成皋**汉军挑衅曹咎出战，楚军闭城不出。汉军派人侮辱了曹咎好几天，曹咎大怒，引兵渡汜水，军队刚渡了一半，汉军进攻楚军，楚军被打得大败，汉军抢走了楚国的财宝货物。**项羽听说曹咎战败，于是回军广武，建起一座高坛，把沛公的父亲刘太公放在上面。汉王派遣侯公游说项羽，请求放回太公。项羽于是和刘邦约定：平分天下，划鸿沟以西归汉王，鸿沟以东归楚王。放回汉王的父母及妻子吕氏。项王解兵东归，汉王想带兵西归，张良说：“现在汉王拥有天下的大半土地，诸侯也都归附，楚兵疲惫，粮食吃光，这是上天要灭亡楚国的时候，不如趁楚军东归而攻打它。”汉王于是追击项羽，和齐王韩信、魏相彭越约定时间合力攻击楚军，二人都没有按期来会合。汉王采用张良的计策，韩信等人领兵合力把项羽围在垓下，于是灭掉了项羽**汉王问张良说：“诸侯不听从我的命令，该怎么办？”张良说：“楚兵将要被打败，而韩信、彭越等人还没有封地，他们不来本来是应该的，大王如果能和他们共同拥有天下，他们就能立即前来。齐王韩信自立，不是大王您的本意，因而他的地位不稳固。彭越本来平定梁地，大王因为魏王豹的缘故，把他封为相国，如今魏王豹已死，彭越正期望被封王，而大王却不早下决断。如果能把睢阳以北至谷城的土地分给彭越，让他称王，把陈以东近海的土地分给齐王韩信。韩信的老家在楚地，他的意思是想得到故乡的土地。如果能拿出这些土地分封给二人，让他们为自己作战，那么楚军就容易打败了。”于是汉王派出使者，分封这些人，让韩信、彭越、刘贾等都领兵把项羽围困在垓下。

都洛阳，用娄敬①策，徙都长安娄敬说上曰：“陛下都洛，岂欲与周室并隆哉？”上曰：“然。”敬曰：“陛下取天下与周室异，周之先自后稷，尧封之于邰（tái），积德累善，十有余世。公刘②避桀居邠（bīn），太王③以戎狄故，去邠，杖马箠，居岐，国人争归之。及至文王，为西伯，断虞、芮之讼④，始受命，吕望、伯夷自海滨来归之。武王伐纣，不期而会孟津之上者八百诸侯，皆曰纣可伐矣。遂灭殷。成王即位，周公之属傅相⑤焉，乃营成周洛邑，以此为天下之中也。诸侯四方咸纳职贡，道理均矣！有德则易以王，无德则易以亡。凡居此者，欲令周务以德致人，不欲依阻险，令后世骄奢以虐人也。及周之盛时，天下和洽，四夷向风，慕义怀德，附离而并事。天下不屯一黍，不战一士，四夷大国之民莫不宾服，效其贡职。及周之衰也，分而为两，天下莫朝，周不能制。非其德薄，形势弱也。今陛下起丰沛，收卒三千人，以之径往而卷蜀汉，定三秦，与项籍战于荥阳，争成皋之口，大战七十，小战四十，使天下之民肝脑涂地，父子暴骨于中野，不可胜数，哭泣之声未绝，伤夷之卒未起，而欲比隆于成、康之时，臣窃以为不侔（móu）矣。且夫秦地被山带河，四塞以为固，卒然有急，百万之众可拒，此所谓天府也。陛下入关而都之，山东虽乱，秦之故地可全而有。夫与人斗，不扼其喉而拊其背，未能全胜也。今陛下入关而都长安，业秦之故地，此亦扼天下之喉而拊其背。”高祖以问群臣。群臣皆山东人，争言周王七百年，秦二世即灭，不如都洛阳。洛阳东有成皋，西有崤、渑，背河向伊、洛，其固亦足恃也。留侯曰：“洛阳虽有此固，其中小，不过数百里，地薄，四面受敌，此非用武之国也。夫汉中左崤、函，右陇、蜀，沃野千里，南有巴、蜀之饶，北有胡宛之利，阻三面而独守一面，东制诸侯。诸侯安定，河、渭漕挽，天下足以西给京师；诸侯有变，顺流而下，足以委输。此所谓金城千里，天府之国，娄敬说是也。”于是高祖即日驾，西都关中。有告楚王韩信反，用陈平计擒之，废为淮阴侯高帝问上将，将曰：“亟发兵坑竖子耳。”高帝默然。问陈平，平曰：“人上书言信反，人有闻知者乎？”曰：“未有。”曰：“信知之乎？”曰：“不知。”平曰：“陛下精兵孰与楚？”上曰：“不能过。”平曰：“陛下将用兵，有能敌韩信乎？”上曰：“莫及也。”平曰：“今兵不如楚精，将又不及，而举兵击之，是趣（cù）战也，窃为陛下危之。”上曰：“为之奈何？”平曰：“古者天子巡狩，会诸侯。南方有云梦，陛下第出，伪游云梦，会诸侯于陈。陈，楚之西界。信闻天子以好出游，其势必郊迎，谒而陛下因擒之，此特一力士之事。”高帝以为然，发使告诸侯。上因随行，信果迎道中。帝预具武士，见信，即执缚之。田肯贺上曰：“甚善。陛下得韩信，又治秦中。秦，形胜之国，带河阻山，悬隔千里，执戟百万，秦得十二焉。地势便利，其以下兵于诸侯，譬犹居台之上建瓴水也。夫齐，东有琅邪、即墨之饶，南有太山之固，西有浊河之限，北有渤海之利，地方二千里，持戟百万，悬隔千里之外，齐得十二焉。此东西秦也，非亲子弟，莫可使王齐者。”上曰：“善。”赐金五百斤。陈豨（xī）⑥为代相，与韩信、王黄⑦等反，豨自立为代王，上自往破之高祖赦赵代吏人为豨所诖（guà）误者，赵相奏斩常山守、尉，曰：“常山北二十五城，豨反，亡其二十城。”上问曰：“守、尉反乎？”对曰：“不反。”上曰：“是力不足也。”赦之，复以为守、尉。上既至邯郸，喜曰：“豨不南据漳水，北守邯郸，吾知其无能为也。”问周昌⑧曰：“赵亦有壮士可令为将者乎？”对曰：“见有四人。”四人谒，上谩骂曰：“竖子能为将乎？”各封之千户，以为将。左右谏曰：“从入蜀、汉，伐楚，功未遍行，今此何功而封？”上曰：“非尔所知也。陈豨反，邯郸以北皆豨有也，吾以羽檄征天下兵，未有至者，今唯独邯郸中兵耳。吾何爱四千户，不封此四人以慰赵子弟心？”皆曰：“善。”于是上曰：“陈豨将谁也？”曰：“王黄、曼丘臣⑨，皆故贾人。”上曰：“吾知之矣。”乃各以千金购黄、臣等。其黄、臣等麾下受购赏，皆生得。以故陈豨军遂败。初，韩信知汉王畏恶其能。与陈豨谋反，高帝自将击豨，信称疾不从行，欲从中起。信舍人得罪，信囚之，欲杀。舍人弟告信反状于吕后。吕后欲召，恐其党不就，乃与萧相国谋，诈令人从上所来，言豨已死矣，列侯群臣皆贺。相国诈信曰：“虽病，强入贺。”信入，吕后使武士缚信，斩之长乐宫矣。尉佗王南越，反，高祖使陆贾⑩赐尉佗印绶，为南越王，令称臣，奉汉约陆生至南越，尉佗椎髻箕踞[11]见陆生。陆生因进说曰："足下中国人，亲戚、昆弟、坟墓在真定。今足下反天性，弃冠带，欲以区区之越与天子抗衡为敌，因祸且欲及身矣。且夫秦失其政，诸侯豪杰并起，唯汉王先入关，据咸阳。项王背约，自立为西楚霸王，诸侯皆属，可谓至强。然汉王起巴蜀，鞭笞天下，制诸侯，遂诛项羽，灭之。五年间，海内平定，此非人力，天之所建也。天子闻君王南越，不助天下诛暴逆，将欲移兵而诛王，天子怜百姓新劳苦，且休之，遣臣授君王印绶，剖符通使，君王宜郊迎，北面称臣，乃欲以新造未集之越，屈强于此。汉诚闻之，掘王先人冢，夷灭王宗族，使一偏将将十万众以临越，越则杀王以降，如反覆手耳。"于是尉佗蹶然起，谢陆生。卒拜尉佗而还。初，南海尉任嚣病，且死，召龙川令赵佗谓曰："闻陈胜作乱，豪杰叛秦相立，番禺负山险，阻南海，东西数千里，颇有中国人相辅，此一州之主也，可以立国。"即以佗行南海尉事。嚣死，佗移檄告诸郡曰："盗兵即至，急绝新道，聚兵自守。"因稍以法诛秦所置长吏，以其党为假守，自立为南越武王。高祖在位十二年，崩，年六十二。

【注释】①娄敬：西汉初齐国卢人，后因刘邦赐姓改名刘敬。他劝刘邦定都长安、反对出战匈奴、主张和亲、移民关中，是刘邦的重要谋士，对西汉的稳定做出很大的贡献。②公刘：姬姓，名刘，"公"为尊称，是古代周部落的杰出首领。③太王：姬姓，名亶父，又称周太王，豳（今陕西旬邑）人。上古周部落的领袖，西伯君主，周文王祖父，周王朝的奠基人。④虞、芮之讼：虞（在今山西平陆县）、芮（在今陕西大荔县）两国之君争田，久而不决，决定让周文王审断，他们来到周地，看到周朝的情景，感到惭愧，于是两国国君让出所争之地作为间原。⑤傅相：汉代诸侯国有太傅，景帝令诸侯王不得治国，改丞相曰相，通称傅相。⑥陈豨：秦末汉初宛朐（今山东菏泽）人，汉高祖刘邦部将，任赵国相国。后在代地起兵反叛，自立代王，兵败被杀。⑦王黄：秦末汉初商人，后为韩王信的部将。韩王信被汉军斩杀后，成为陈豨的大将。公元前196年冬天，在曲逆城下被汉军斩杀。⑧周昌：沛郡人，西汉初期大臣。秦时为泗水卒史。秦末农民战争中，随刘邦入关破秦，任御史大夫，封汾阴侯。刘邦欲废太子，他直言谏止。后为赵王刘如意相，吕后杀刘如意，周昌郁闷不乐，三年后去世，谥号悼。⑨曼丘臣：上郡白土人。曼丘双姓，韩王信部将。韩王信反，败逃匈奴。他与王黄共立故赵王后裔赵利为王，复收韩王信散兵，与匈奴共谋攻汉，为高祖击破。后归陈豨，陈豨反，兵败自杀，曼丘臣被擒。⑩陆贾：汉初楚国人，西汉思想家、政治家、外交家。早年追随刘邦，因能言善辩常出使诸侯。刘邦和文帝时，两次出使南越，说服赵佗臣服汉朝，对安定汉初局势做出极大的贡献。吕后时，说服陈平、周勃等同力诛吕。著有《新语》。⑪椎髻箕踞：椎髻，将头发结成椎形的髻。箕踞，两脚张开，两膝微曲地坐着，形状像箕。这是一种不拘礼节、傲慢不敬的坐法。比喻轻慢傲视对方的姿态。

【译文】汉王准备定都洛阳，后来采用娄敬的计策，迁都长安

娄敬劝汉王说：“陛下定都洛阳，难道要和周朝的兴盛相比吗？”汉王说：“是。”娄敬说：“陛下得到天下的方法和周朝不同，周朝的祖先后稷，被尧分封在邰，积德行善十几代。公刘因为避祸夏桀，定居在豳，太王因为戎狄骚扰的缘故，离开豳地，拿着马鞭，迁居到岐地，百姓争相归附他。到周文王做西伯侯时，断虞国、芮国的诉讼，周朝才开始受命于天。吕望、伯夷等人从远方的海滨归顺。周武王伐纣，没有事先召集，在孟津聚集的就有八百诸侯，他们都说商纣可以讨伐了。于是武王灭掉殷商。周成王即位，周公等人辅佐他，营建成周的都城洛阳，把洛阳当成天下的中心。四方的诸侯都向周朝进贡述职。事理非常公平，有德的人容易称王，无德的人容易灭亡。凡是居住在洛阳的人，都希望周朝用德行治理百姓，不希望依靠洛阳险要的地势，令后代帝王骄奢残暴，虐待百姓。等到周朝全盛时，天下和睦，四方夷族仰慕周朝风俗的德义，前来依附，共同治理天下。全国不养一兵一卒，四方夷族大国的百姓没有不服从的，进贡述职，为周朝效力。等到周朝衰微，分成东、西二周，天下诸侯不来朝见，周朝也不能制约它们，这不是周朝的德行浅薄，而是势力弱小。现在大王从丰沛起兵，征集了三千士兵，带领这些人一直作战，席卷蜀汉，平定三秦，与项羽会战荥阳，争夺成皋，大战经历了七十多次，小战经历了四十多次，令天下百姓肝脑涂地，父子的尸体遍布荒野，不可计数，百姓哭泣的声音还没有断绝，受刀兵创伤的士卒还没有恢复，而您却想和成、康盛世相比，我私下认为这是不等同的。秦地群山包围，河水环绕，四面边塞坚固，突然有紧急情况发生，也可以召募到百万士兵抵抗。这就是所说的天府之地啊。陛下入武关定都长安，崤山以东即使发生叛乱，秦朝的旧地也可以保全拥有。与别人争斗，不扼住对方的咽喉而抓他的后背，不能获得全胜。如今陛下入关，定都长安，控制秦朝旧地，这就是扼住天下的咽喉并且抓住天下的脊背。”高祖拿迁都的事问群臣，群臣都是崤山以东的人，争着说周朝存在七百多年，而秦朝经过两世就灭亡，不如定都洛阳。洛阳的东面有成皋，西面有崤山、渑池，背靠黄河，前面是伊河、洛水。洛阳的坚固也值得依赖。留侯张良说：“洛阳虽有这些坚固的屏障，但洛阳小，不过几百里，土地贫瘠，四面受敌，这不是用武的地方，关中左边是崤山、函谷关，右边是陇、蜀的群山，沃野千里，南面有富饶的巴、蜀，北面有胡宛的便利，三面险阻，只需防守一面，就可以向东控制诸侯。诸侯安定，黄河、渭水的运输就能到达全国，足够供给京师；诸侯发生叛乱，顺流而下，也可以运送，这就是通常所说的‘金城千里，天府之国’，娄敬说的是正确的。”于是高祖立即起驾，建都长安。**有人告发楚王韩信谋反，高祖采用陈平的计策把他擒获，废为淮阴侯**高祖向诸将问计，诸将说：“应当赶快发兵攻打这个小子。”高祖听后不做声。高祖又问陈平，陈平说：“有人上书说韩信谋反，还有其他人知道这件事吗？”高祖说：“没有人知道。”陈平又问：“韩信知道这件事吗？”高祖说：“不知道。”陈平问：“陛下的精锐士兵与楚军相比怎么样呢？”高祖回答说：“不如楚军。”陈平又问：“陛下手下的大将，有用兵能超过韩信的吗？”高祖回答：“没有人比得上。”陈平说：“如今士兵不如楚军精良，将领又比不上韩信，发兵攻打楚军，这是催促战争啊，我私下为陛下感到处境危险。”高祖问：“那该怎么办？”陈平说：“古时候天子巡行狩猎，会盟诸侯。南方有云梦泽，陛下尽管出巡，假装游云梦泽，在陈地会盟诸侯。陈地，是楚国的西部边界。韩信听说您喜好巡行出游，一定会到郊外迎接，陛下在他拜谒时趁机擒获他，这只不过用一个力士就能做的事。”高祖认为他说得对，就派遣使者告知诸侯。高祖随后出发，韩信果然在路上迎接高祖。高祖预先准备好武士，看见韩信，就立即把他捆绑起来。田肯祝贺高祖说：“太好了！陛下抓住韩信，又治理秦中。秦，是地势险要的地方，有黄河、崤山的险阻，南北相距千里，士兵百万，秦国得了天下的十分之二。这里地势便利，发兵攻打诸侯，就好像住在高台之上倾倒盛水的瓶子一样。齐地，东有琅琊、即墨的富饶，南面有泰山的险固，西边有浊河为界，北面有渤海的便利，土地方圆二千多里，士兵百万，相隔千里，齐国得到了天下的十分之二。这相当是东西有两个秦国，不是自己的亲人子弟，不可以封为齐王。”高祖说：“对。”就赏赐给田肯五百斤黄金。**陈豨做代相，与韩信、王黄等人谋反，陈豨自立为代王，高祖亲自领军讨伐**高祖赦免赵、代两地被陈豨连累的百姓，赵相上奏请求斩杀常山的郡守和都尉，说：“常山北面有二十五座城池，陈豨谋反，丢掉了二十座城池。”高祖问：“郡守、都尉谋反了吗？”赵相回答说：“没有谋反。”高祖说：“这是他们力量不足啊。”于是赦免了他们，重新授予他们郡守、都尉之职。高祖一到邯郸，高兴地说：“陈豨南边不据守漳水，北边不防守邯郸，我知道他是无能的人了。”又问周昌：“赵地有可以拜为将军的壮士吗？”周昌回答说：“现有四个这样的人。”四个人进见，高祖谩骂道：“这些小子能做将军吗？”分别封给他们每人一千户，拜为将军。左右大臣进谏说：“自从入蜀、汉，攻打楚国，功劳没有全都行赏，如今这几个人有什么功劳可获得封赏？”高祖说：“不是你们知道的那样。陈豨谋反，邯郸以北都归他所有。我发羽檄征集天下诸侯出兵，诸侯没有出兵的，现在唯独邯郸出兵，我怎么能吝啬四千户的封邑，不封赏这四个人来安慰赵国百姓的心呢？”群臣都说：“对。”于是高祖问：“陈豨的大将是谁？”有人回答说：“是王黄、曼丘臣，都是以前的商人。”高祖说：“我知道了。”于是分别用千金悬赏王黄、曼丘臣等人。他们帐下的士兵接受悬赏，投降后都得以生还，因此陈豨的军队战败。起初，韩信知道汉王害怕自己的才能，和陈豨密谋反叛，高祖亲自领军攻打陈豨，韩信称病没有随行，想要从中起事。韩信的一个舍人得罪了韩信，韩信囚禁了他，准备把他杀掉。舍人的弟弟把韩信要谋反的事情告诉了吕后。吕后想召见韩信，又害怕他的同党不肯就范，于是与丞相萧何谋划，让人假称从高祖那里来，说陈豨已被杀死，诸侯群臣都来道贺。萧何欺骗韩信说：“即使有病，也应当勉强进宫祝贺。”韩信进宫，吕后派武士捆住韩信，在长乐宫斩杀了他。**尉佗在南越称王，高祖派陆贾赐给尉佗印绶，封他为南越王，命令他向汉朝称臣，服从汉朝的约束**陆贾到达南越，尉佗将头发结成椎形的髻，两脚张开，两膝微曲地坐着，傲慢地接见他。陆贾于是进谏说：“你是中原人，亲戚、兄弟、祖坟都在真定。现在你违反天性，脱下冠服，穿胡服，想要用小小的南越同天子为敌抗衡，祸患马上将要降临在你的身上了。秦朝残暴苛政，天下豪杰全都起兵抗秦，只有汉王先入武关，据守咸阳。项羽背弃盟约，自立为西楚霸王，诸侯都争相归附，可以说是最强大的势力了。但是汉王从巴蜀起兵，横扫天下，制约诸侯，于是诛杀项羽，灭掉项氏。五年内，国家平定，这不是人力所能达到的，是上天要让汉朝建立。汉朝天子听说大王您在南越称王，却不帮助天下人诛除残暴的秦朝，就想要出兵诛杀你。只是天子怜惜百姓辛劳，所以暂且休兵，派遣我授予你印绶，成为天子的使者，大王你应该到郊外迎接我，向北称臣。而你却想凭借新建立的羽翼未丰的南越在这里称王。汉朝如果听说这件事，就会挖掘你先人的坟墓，夷灭你的家族，派遣一名偏将领军十万兵临南越，南越人就会杀掉大王归降汉朝，就像翻覆手掌一样容易。”听到这里，尉佗赶忙起来，感谢陆贾。最后陆贾授给尉佗印绶回朝。当初，南海尉任嚣病重，快要死了，召见龙川令赵佗，对他说：“听说陈胜叛乱，英雄豪杰背叛秦朝自立，番禺有山岭的险要，南海的阻隔，东西相距几千里，如果有中原人辅佐，你就可以成为这的主人，建立国家。”于是让他处理南海尉的政事。任嚣死后，尉佗发檄文告诉诸郡说：“盗贼的兵马快要到了，赶快切断道路，招集士兵进行防守。”又一步步用律法杀了秦在南越设置的官吏，用自己的党羽为代郡守，自立为南越武王。**高祖在位十二年驾崩，终年六十二岁。**

惠帝立，吕后临政吕后时，陈平燕居深念。陆生曰：“何念之深也？”平曰：“生揣吾何念？”陆生曰：“足下位为上相，食三万户侯，可谓极富贵，无欲矣。然有忧念，不过患诸吕、少主耳。”平曰：“然。为之奈何？”陆生曰：“天下安，注意于相；天下危，注意于将。将相和，则士预附；士预附，天下虽有变，则权不分；权不分，为社稷计在两君掌握耳。何不交欢太尉，深相交结？"平用其计，竟诛诸吕。初，吕后之崩也，大臣诛诸吕。吕禄①为将北军，太尉勃不得入北军。时郦商子寄②与吕禄善。于是乃使人劫郦商，其子结吕禄。信之，故与出游，而太尉乃得入北军，诛吕氏也。景帝时，吴楚反，征平之帝使太尉周亚夫③东击吴楚，亚夫问父客邓都尉曰："策将安出？"客曰："吴兵锐，甚难争锋；楚兵轻，不能持久。方今为将军计，莫若引兵东壁昌邑，以梁喂吴，吴必尽锐攻之。将军深沟高垒，使轻兵绝淮、泗口，吴粮道绝，使吴、梁相弊，而粮食竭，乃以全制其极，破吴必矣。"条侯曰："善。"因请上曰："楚兵剽轻，难与争锋，愿以梁喂之，绝其粮道，乃可制也。"上许之。亚夫至荥阳，吴方急攻梁，梁急，请救。亚夫引兵东北走昌邑，深壁而守。梁王使使请亚夫，夫守便宜，不往，坚不出，而使弓高侯④等屯吴、楚兵后，绝其饷道。吴、楚兵乏粮，饥，欲退，数挑战，终不出。吴、楚既饿，乃引兵而去。亚夫出精兵追击，大破吴也。崩，太子彻立是为武帝。崩，子弗陵立是为昭帝。霍光辅政，上官桀害光宠，诈为帝兄燕王旦上书，称光行上林称跸（bì），又私调校尉。帝不信，而上官桀诈伪事果发，伏诛。崩，立武帝孙昌邑王贺贺，昌邑哀王髆（bó）⑤之子。即位二十七日，事有千一百二十七条，霍光废贺为海昏侯也。废，立武帝曾孙询是为宣帝。帝卫太子之孙。崩，立太子奭（shì）是为元帝。崩，立太子骜（áo）是为成帝。委政诸舅王凤⑥等，同日拜凤兄弟五人为侯，号曰："五侯。"五侯皆专政也。崩，立宣帝孙定陶恭王子欣是为哀帝。即位六年崩，无嗣。崩，立帝弟中山孝王衎（kàn）是为平帝。帝年幼，为王莽所鸩。崩，立宣帝玄孙婴是为孺子，莽废婴自立。

【注释】①吕禄：砀郡单父（今山东省单县）人，汉高祖皇后吕雉的侄子。②郦商：陈留高阳（今河南杞县西南）人，西汉初年将领，去世后谥号景侯。郦寄：字况，高阳(今河南杞县)人，汉初大臣郦商之子。③周亚夫：沛郡沛县(今江苏丰县)人，西汉名将，官至丞相，封条侯。名将绛侯周勃的次子，历仕汉文帝、汉景帝两朝，以善于治军领兵，直言持证著称。军事才华卓越，在吴楚七国之乱中，他统帅汉军，三个月平定了叛军，拯救了汉室江山。后被冤下狱，闭食自尽。④弓高侯：指韩颓当，公元前200年，韩王信逃到匈奴，后其儿子韩颓当归降汉朝，被汉文帝封为弓高侯，置弓高侯国。⑤昌邑哀王髆：即刘髆，西汉昌邑王。汉武帝第五子，母为汉武帝宠妃孝武李夫人。⑥王凤：汉元帝皇后王政君的哥哥。汉元帝即位，其父王禁被封为阳平侯。永光二年继承侯位，为卫尉侍中。外甥刘骜登基后，以王凤为大司马、大将军、领尚书事秉政。

【译文】惠帝即位，吕后临朝听政吕后执政时，陈平闲居，常常深思。陆生问："你常常深思什么呢？"陈平反问："你猜猜我在思考什么问题？"陆生说："您位居上相，食禄三万户，可以说是富贵之极，应该没有什么可想的了。假使有忧虑，也不过是担心诸吕与少主罢了。"陈平说："对。但是该怎么办呢？"陆生说："天下安定，人们就关注相；天下危急，人们就关注将。将相和睦，士人就乐意归附；士人乐意归附，天下即使发生变乱，权力也不会分散；权力不分散，那么国家社稷就掌握在将相两个人手里。你为什么不深交太尉，向他示好呢？"陈平采用陆生的计策，后来竟然诛灭诸吕。起初，吕后驾崩，大臣们想诛杀吕氏家族。吕禄担任北军将领，太尉周勃不能进入北军指挥。当时郦商的儿子郦寄与吕禄交好。陈平于是派人劫持郦商，让他的儿子郦寄去劝说吕禄。吕禄信了郦寄的活，与郦寄一起出游，太尉于是得以进入北军，诛杀吕氏。**景帝时，吴、楚两国谋反，景帝派兵出征，讨平叛乱**景帝派太尉周亚夫向东攻打吴、楚，周亚夫问父亲的门客邓都尉说："应当采用什么计策？"邓都尉回答："吴国的军队精锐，士气旺盛，很难与他们争锋；楚国的军队轻佻，不能维持作战。现在为将军设计，不如带兵向东在昌邑修建工事坚壁不出，让梁国消耗吴国，吴兵必然全力攻打梁国，将军深挖沟渠加高壁垒，派少量士兵掘开淮水、泗水的堤坝，使吴国的粮道断绝，让吴、梁两国相互攻击，等到吴国粮食枯竭，再用全力攻打吴军，必定会打败吴国。”条侯周亚夫说：“好！”于是对汉景帝说：“楚兵骠悍勇猛，难以与其争锋，希望用梁国消耗楚国，断楚国的粮道，这样才可以制服他们。”汉景帝同意了。周亚夫到达荥阳，吴国正急攻梁国，梁国情势危急，请求救援。周亚夫领军向东北到达昌邑，修筑工事防守。梁王派使者向亚夫请援，周亚夫自行决断处理，不去救援，也坚决不出战，而是派弓高侯等人屯军在吴、楚军队的后面，断了他们的粮道。吴、楚两国缺粮，士兵饥饿，想要撤军，多次挑战，周亚夫的军队始终不出战。吴、楚军中发生饥荒，于是引兵离去。周亚夫派精锐士兵追击，最终打败吴军。**汉景帝驾崩，太子刘彻即位**即汉武帝。**汉武帝驾崩，他的儿子刘弗陵即位**即汉昭帝。霍光辅佐政事，上官桀害怕霍光得宠，假称昭帝的哥哥燕王刘旦上书，说霍光行幸上林苑，却声称是帝王出行，警戒清道，又私自调校尉。汉昭帝不相信，后来上官桀谋害霍光的事被发现，上官桀等人伏法。**汉昭帝驾崩，立汉武帝的孙子昌邑王刘贺为帝**刘贺，是昌邑哀王刘髆的儿子，在位二十七天，违礼的事做了一千一百二十七条，于是霍光废刘贺为海昏侯。**废掉刘贺，立武帝的曾孙刘询为帝**即汉宣帝，是卫太子刘据的孙子。**汉宣帝驾崩，立太子刘奭为帝**即汉元帝。**汉元帝驾崩，立太子刘骜为帝**即汉成帝。汉成帝把政事托付给舅舅王凤等人，同一天封王凤兄弟五人为侯，号称五侯。五侯执掌大权。**汉成帝驾崩，立汉宣帝的孙子定陶恭王的儿子刘欣为帝**即汉哀帝。即位六年后驾崩，没有子嗣。**汉哀帝驾崩，立汉哀帝的弟弟中山孝王刘衎为帝**即汉平帝。汉平帝年幼，被王莽鸩杀。**汉平帝驾崩，王莽立汉宣帝的玄孙刘婴为帝**这就是孺子婴，后来王莽废掉刘婴，自立为帝。

伪新室王莽者，成帝舅王曼[①]之子，元帝王皇后之侄也。元帝崩，成帝即位，以元舅凤为大司马，兄弟五人皆为侯元帝皇后，魏郡王禁之女，生成帝。时，凤秉政。同日封兄弟五人为五侯。曼早卒。凤将薨，以莽托太后太后，莽之姑也，封为新都侯。五侯竞为僭，起治第舍。莽幼孤贫，独折节恭谨。当世名士，多为莽言，上由是贤之，拜为侍中[2]莽交结将相，收赡名士，赈施宾客，故虚誉隆洽，倾炽其诸父矣。时成帝废许后[3]，立赵飞燕[4]，飞燕女弟为昭仪。昭仪害后宫皇子，帝无嗣，乃立定陶王刘忻为皇太子欣者，宣帝孙，成帝弟之子。初，王祖母傅太后阴为王求为汉嗣，私事赵皇后、昭仪及帝舅王凤，故劝立之。莽以发定陵侯淳于长[5]大奸，拜为大司马初，长与许皇后姊孅（mǐ）私通，因孅赂遗长。长许，欲白上为左皇后。时王根[6]辅政，久病。长尝代根。莽心害长宠，白根曰："长与许贵人私交通，见将军久病，私喜。"根怒，令莽白长，长下狱死，时年三十八。成帝崩，哀帝即位，立皇后傅后后即帝祖母定陶恭太后从女弟也，封后父傅晏[7]为孔乡侯、帝母丁后曰恭皇太后，舅丁明[8]为安阳侯。莽乞骸骨，避丁、傅也。哀帝崩，时莽以侯在第，太皇太后令莽备佐丧事太皇太后，元帝皇后也，复为大司马，征立中山王为帝即平帝，帝名衎，为中山王，即孝王子也，太皇太后临朝，莽秉政，百官总已以听于莽附顺者拔擢，忤恨者诛灭，以王寻、王邑为腹心，甄丰、甄邯主击断，平晏典枢机，刘歆典文章，孙建为爪牙，皆以才能并任显职。莽色厉而言方，欲有所伪，征见风采，党与承意而显奏之。莽因固让，示不得已，上以感太后，下以取信于众庶。越常氏重译献白雉一，黑雉二。莽令益州讽群臣，奏言莽功德比周公，宜赐号"安汉公"。平帝崩，莽征宣帝玄孙广成侯子婴立之，年三岁。遂谋居摄，如周公故事时元帝统绝。宣帝曾孙五人，莽恶其长者，托以卜相宜吉，乃立婴也。东都太守翟义[9]反，败死义，丞相方进子也，立刘信为天子也。莽自谓威德遂盛，获天人之助，用铜匮符命，遂即真梓橦人袁安章上铜匮符命。其九年，赤眉贼起琅琊女子吕母为子报仇，党众复浸多，号赤眉贼。十四年，世祖起兵，与王匡[10]等共立刘圣公为更始皇帝[11]更始，即世祖族兄。世祖及兄伯升与新市平林兵士王匡等，合军攻棘阳。莽遣王寻、王邑击更始，二公兵败于昆阳。汉兵遂入城中，人皆降。莽走渐台，藏于室中北隅间。校尉公孙宾就斩莽，遂传首诣更始于宛。

【注释】①王曼：魏郡元城（今河北省大名县）人，西汉阳平侯王禁之子、新朝开国皇帝王莽之父。孝元皇后王政君当政后，追谥他为“新都哀侯”，王莽建立新朝时追谥他为“新都显王”。②侍中：官名，秦汉之时为少府属下中直接供皇帝指派的散职；西汉时为正规官职外的加官之一，文武大臣加上侍中之类名号可入禁中受事。西汉武帝后，地位渐高，等级超过侍郎。魏晋以后，往往成为事实上的宰相。③许后：昌邑（今山东巨野）人，汉元帝刘奭的表妹，汉成帝刘骜第一任皇后。④赵飞燕：赵氏，号飞燕，本巴郡苍溪谯里人，出身平民之家，家境贫穷，选入宫中为家人子（即宫女），后在阳阿公主处学舞，汉成帝刘骜第二任皇后。⑤淳于长：字子鸿，西汉魏郡元城（今河北省大名）人。姨娘王政君，是汉元帝刘奭的皇后，竭尽阿谀奉承之能事，讨好成帝，渐渐取得了成帝的信任，位极人臣，攫取了大量的财富。⑥王根：西汉时期权臣，太后王政君的亲族，大司马王凤的弟弟。⑦傅晏：西汉政治人物。汉哀帝祖母傅太后的叔叔傅中叔之子。官至大司马卫将军，封孔乡侯。其女为孝哀傅皇后。⑧丁明：瑕丘人，西汉外戚。其妹丁姬为定陶恭王刘康的妾，生汉哀帝刘欣，汉哀帝继位后，封丁明为阳安侯，大司马骠骑将军，辅政。⑨翟义：字文仲，汝南上蔡（今河南省新蔡县）人。西汉大臣，丞相翟方进之子。汉平帝死后，外戚王莽摄政，翟义起兵讨伐王莽，拥立刘信为帝，自号大司马、柱天大将军。移檄郡国，聚众十万。后被王莽击败，被杀，夷灭三族。⑩王匡：新朝末年荆州江夏郡新市（今湖北京山）人，绿林军首领。更始元年（23年）拥立刘玄为更始帝，后被更始帝猜忌，他投靠赤眉军，后转投刘秀，但半路上打算逃跑，东汉将领宗广把他们全部处斩。⑪更始皇帝：指刘玄，字圣公，南郡蔡阳（今湖北枣阳西南）人，自称是西汉皇裔，汉景帝刘启之子长沙定王刘发之后，东汉光武帝刘秀的族兄。

【译文】伪新朝皇帝王莽，是汉成帝舅舅王曼的儿子，汉元帝王皇后的侄子。汉元帝驾崩，汉成帝即位，任命大舅王凤为大司马，王凤兄弟五人都被封为侯汉元帝的皇后，是魏郡王禁的女儿，她生下了汉成帝。当时王凤掌权，汉成帝同一天封王凤兄弟五人为侯。王曼早逝，王凤临死之前把侄子王莽托付给太后太后，是王莽的姑姑，王莽被封为新都侯。五侯争先超越侯爵礼制，修建豪华的府第。王莽年幼，孤单贫弱，只有他屈己下人，恭敬谨慎。当时的名士都为王莽说好话，汉成帝因此认为王莽贤能，任命他为侍中王莽结识将相，收罗供养名士，对宾客赈济施恩，所以有非常好的浮名，威盛超过了他的几个叔父。当时，汉成帝废掉许皇后，立赵飞燕为后，立赵飞燕的妹妹为昭仪。昭仪谋害后宫的皇子，汉成帝没有后嗣，于是立定陶王刘欣为皇太子刘欣，是汉宣帝的孙子，汉成帝弟弟的儿子。起初，刘欣的祖母傅太后暗地为他谋求汉朝的正嗣，私下求赵皇后、昭仪和汉成帝的舅舅王凤等人，所以他们劝汉成帝立刘欣为太子。王莽因为告发定陵侯淳于长与许贵人勾结的事，被任命为大司马当初，淳于长与许皇后的姐姐许孊私通，于是许孊贿赂淳于长。淳于长许诺，要请汉成帝封许孊为左皇后。当时王根辅佐朝政，病了很久，淳于长代理王根的职务。王莽心里怕淳于长得宠，对王根说："淳于长与许贵人私下勾结，看到将军您久病，暗地里很欢喜。"王根很愤怒，命令王莽控告淳于长，淳于长被下狱身死。当时王莽三十八岁。汉成帝驾崩，汉哀帝即位，立傅后为皇后傅后就是汉哀帝的祖母定陶恭太后的侄女，封傅皇后的父亲傅晏为孔乡侯，封汉哀帝的母亲为恭皇太后，任命汉哀帝的舅舅丁明为安阳侯。王莽请求告老还乡，躲避丁、傅两家。汉哀帝驾崩，当时王莽以侯爵的身份住在家里，太皇太后命王莽主持丧事太皇太后，就是汉元帝的皇后，又封王莽为大司马。征立中山王为帝即汉平帝，汉平帝名衎，是中山孝王的儿子。太皇太后临朝听政，王莽执掌大权，文武百官听王莽指令归附顺从王莽的人就被提拔，忤逆怨恨王莽的人就被诛杀。王莽用王寻、王邑为心腹，用甄丰、甄邯主管刑罚，用平晏掌管机要，用刘歆掌管礼乐法度，用孙建做得力帮手，他们都靠自己的才能担任显要的职位。王莽外表严厉，言语正直，想要做什么，只要稍微用表情和眼色暗示，党羽就能秉承他的意思奏明汉平帝。王莽反复推让，表明自己不得已，向上感动太后，向下取信百姓。荒远之地的越常氏献上白野鸡一只，黑野鸡两只。王莽暗示益州规劝群臣，让群臣上奏，说王莽的功德堪比周公，应赐号为“安汉公”。**汉平帝驾崩，王莽征召汉宣帝的玄孙广成候的儿子刘婴，立为皇帝。刘婴当时三岁，于是王莽谋划代居其位处理政务，像周公代政那样**当时，汉元帝刘奭已经没有后嗣，宣帝还有曾孙五人。王莽恶厌汉宣帝曾孙中年长的人，假托用卜筮之法挑选合适的人，于是立刘婴为帝。**东都太守翟义反叛，事败后身死**翟义，是丞相翟方进的儿子，立刘信为天子。**王莽自己说他的威望功德更大，得到上天和百姓的帮助，于是用铜匮装着上天预示帝王受命的符兆，不久篡位称帝**梓橦人袁安章献上铜匮符命。**王莽九年，爆发赤眉军起义**琅琊女子吕母为儿子报仇，聚集众多党羽，号称赤眉贼。**王莽十四年，世祖刘秀起兵，与王匡等人拥立刘圣公为更始皇帝**更始帝是世祖的同族兄长，世祖与自己的哥哥刘伯升以及新市兵、平林兵的将领王匡等人合军攻打棘阳。**王莽派遣王寻、王邑攻打更始帝的军队。王寻、王邑在昆阳大败，汉军于是进入昆阳，城中百姓都投降了。王莽逃到渐台，藏到屋中北墙角，校尉公孙宾于是斩杀王莽，把王莽的头转交给宛地的更始皇帝。**

世祖光武皇帝讳秀，字文叔，南阳蔡阳人，高皇帝之九代孙也。王莽末，天下连岁灾蝗，寇盗蜂起莽末，南方饥馑，人民群入野泽，掘凫茈（fú cí）食，更相侵夺。新市人王匡为平理争讼，遂推为渠帅。时刘玄避吏平林。时世祖避吏新野，因卖谷宛，宛人李通①以图谶说世祖通父守，好谶记。通素闻守说云：“刘氏复兴，李氏为辅。”私尝怀之。及下江、新市兵起，通弟轶乃共计议曰：“今四方扰乱，新室且亡，汉当更兴。南阳宗室，独刘伯升兄弟泛爱容众，可与谋大事。”笑曰：“吾意也。”会世祖避事在宛，通闻之，即遣轶迎世祖，遂相约结。末，世祖与伯升、邓晨[2]俱之宛，与穰人蔡少公[3]等宴语。少公颇学图谶，言刘秀为天子。或曰："是国师刘秀乎？"世祖笑曰："何用知非仆耶？"坐者皆大笑，晨心独喜。后因谓世祖曰："王莽残暴，盛夏斩人，此天亡之时。往时之会宛语，独当应耶？"世祖笑。及汉兵起，邓晨遂往从之。世祖于是与通弟李轶[4]起于宛，兄伯升起于舂陵，邓晨起新野，会众兵击长聚。新市人王匡等立刘圣公为天子，而害伯升刘玄，字圣公，世祖族兄也。避吏于平林，王匡等立之。初，伯升自王莽篡汉帝，愤愤怀匡复社稷之虑。不事家人之居业，倾财破产，交结天下雄俊。王莽末，盗贼群起。伯升召诸豪杰计议，于是使宾客邓晨起新野，世祖、李轶起于宛，伯升发舂陵，子弟七八千人，部署宾客，自称"柱天都部"，使刘嘉[5]诱新市、平林兵王匡、陈牧等合军而进，屠长聚。诸将议立刘氏，以从人望，豪杰咸欲归伯升。而新市、平林将帅乐放纵，惮伯升威明，贪圣公懦弱，先定策立之，然后召伯升示其议。伯升曰："诸将军欲尊立宗室，德其厚焉，愚鄙之见，窃有未同。今赤眉起青、徐，众数十万，闻南阳立宗室，恐赤眉复有所立，如此，将内自争。今王莽未灭，而宗室相攻，是疑天下而自损权，非所以破莽也。且首兵唱号，鲜有能遂，陈胜、项羽即其事也，舂陵去宛三百里耳，未足为功，而遽自尊立，为天下准的，使后人承吾弊，非计善者也。今且称王以号令，若赤眉所立者贤，则相率而往从之；若无所立，破莽，除赤眉，然后举尊号，亦未晚也，愿善详思之。"诸将不从，遂立圣公。由是豪杰失望。伯升都部将刘稷[6]，勇冠三军，闻更始立，怒曰："本起兵图大事者，刘伯升兄弟也。更始何者耶？"更始君臣闻而心忌之。乃陈兵数千收稷。将诛之，伯升固争。李轶、朱鲔（wěi）[7]因劝更始并执伯升，即日害之。李轶与世祖既隙，后因冯公孙致密书，求效诚节，咸劝秘之。世祖乃班露轶书曰："李文季多诈，不信人也。今移其书告守、尉。"书既宣露，朱鲔使人杀轶也，号更始元年。更始使世祖为偏将军，徇昆阳。王莽闻汉帝立，大惧，谴大司徒王寻、大司空王邑，将兵百万，击世祖于昆阳。世祖破之初，伯升拔宛已三日，而世祖尚未知，乃伪使人持书报城中“宛下兵到”，而佯堕下其书，寻、邑得之，不喜。诸将既经屡捷，胆气益壮，无不一当百，世祖乃与敢死者三千人，从城西出，冲中坚。寻、邑阵乱，乘锐崩之，遂杀王寻。莽兵大溃，走者自相腾践，奔殪（yì）百余里，间会大雷风，雨飞如注，滍水盛溢，虎豹皆战栗，溺死者以万数，水为之不流。三辅豪杰，共诛王莽，传首诣宛。更始以世祖行大司马事，持节北渡河，镇尉州郡邓禹杖策北渡河，追世祖。世祖见禹甚欢，谓曰：“我得专封拜，先生远来，宁欲仕乎？”禹曰：“不愿也。明公威德加于四海，禹得效其尺寸，垂功名于竹帛耳。”世祖笑，因留宿禹。进说曰：“更始虽都关西，今山东未安，赤眉、青犊之属，动以万数，三辅假号，往往群聚。更始既未有所挫而不自听断。诸将皆虏人崛起，志在财帛，争用威力，朝夕自快而已。非有忠良明智、深虑远图、欲尊主安人者也。四方分崩离析，形势可见。明公虽建蕃辅之功，犹恐未可成立。于今之计，莫如延览英雄，务悦人心，立高祖之业，救万人之命，以公而虑之，天下不足定也。”世祖大悦，及从至广阿，披舆地图指示禹曰：“天下郡国如是，今始得其一。子前言以吾虑之，天下不足定，何也？”禹曰：“今海内散乱，人思明君，犹赤子之慕慈母也。古之兴者，在德厚薄，不以小大。”世祖笑悦，又冯异⑧说世祖曰：“人思汉久矣。今更始诸将，纵横暴虐，所至虏掠，百姓失望，无所依戴，今公专命方面，施行恩德。夫有桀、纣之乱，乃见汤、武之功。人久饥渴，易为充饱，宜急分遣官属，巡行郡县理冤，结布惠泽。”世祖纳之也。

【注释】①李通：字次元，南阳郡宛县（今河南省南阳市宛城区）人。世代经商，是南阳豪族。迎娶刘秀之妹刘伯姬为妻，东汉开国功臣，位列云台二十八将，深得光武帝恩宠。历任卫尉、大司农、前将军、大司空等，封为固始侯。②邓晨：字伟卿，南阳新野（今河南新野南）人，东汉初年官员、将领。公元49年去世，谥号惠侯，与妻新野长公主刘元合葬于北芒。③蔡少公：穰县（今河南邓州）人，学过图谶，曾说刘秀应当做天子。

④李轶：字季文，南阳郡宛城县（今河南省南阳市宛城区）人。出身宛城豪族，随从刘縯、刘秀兄弟起兵于春陵。后投靠更始帝刘玄，协助杀害大司徒刘縯。更始政权崩溃时，暗中投降光武帝刘秀。事情败露后被大司马朱鲔刺杀于洛阳。⑤刘嘉：字孝孙，南阳郡春陵县，刘秀的族兄，从小被刘秀的父亲收养，参加了刘秀兄弟组织的春陵起义。后归顺刘秀，受封为顺阳侯，出任千乘郡太守。⑥刘稷：新莽末年，他跟随刘縯等人率七八千人起义，号“春陵兵”。后结盟绿林军。更始政权建立后，任将军。昆阳之战后被更始帝猜忌，被杀。⑦朱鲔：字长舒，汉阳人，绿林军首领之一，拥立大汉宗室刘玄为帝。刘秀称帝后，挥兵攻打朱鲔镇守的洛阳，朱鲔坚守数月后投降，刘秀拜他为平狄将军，封扶沟侯。⑧冯异：字公孙，颍川父城（今河南省宝丰县东）人，东汉开国名将、军事家，云台二十八将之一。原为新朝颍川郡掾，后归顺刘秀，随之征战，大破赤眉、平定关中。协助刘秀建立东汉。刘秀称帝后，被封为征西大将军、阳夏侯。建武十年（34年）病逝于在军中，谥节侯。

【译文】汉世祖光武皇帝名秀，字文叔，南阳蔡阳人，是汉高祖刘邦的九代孙。王莽末年，天下连年爆发蝗灾，匪寇盗贼蜂拥而起王莽末年，南方发生饥荒，百姓都到田野、水泽挖凫茈吃，互相争抢。新市人王匡为他们调解争讼，于是人们推举王匡为渠帅。当时刘玄在平林躲避官府。**当时世祖到新野躲避官府，因到宛地卖谷子，宛人李通用图谶劝说世祖**李通的父亲李守，爱好图谶。李通经常听父亲李守说：“刘氏复兴，李氏为辅。”他暗暗记在心里。等到下江兵、新市兵起事，李通的弟弟李轶与李通商议：“现在四方大乱，王莽的新朝将要灭亡，汉朝必当再次兴起。南阳的宗室，只有刘伯升兄弟博爱，能用人，可以与他们谋划大事。”李通说：“这也是我的意思。”正好世祖在宛地躲避官府，李通听说后，立即派遣李轶迎接世祖，于是三人相约结盟。新朝末年，世祖与哥哥伯升及邓晨一同到宛，与穰地人蔡少公等欢饮交谈。蔡少公精通图谶，说刘秀会成为天子。有人问：“是国师刘秀吗？”世祖笑着说：“何以知道是不是我呢？”在坐的人也跟着大笑，只有邓晨心中暗自欢喜。后来他对世祖说："王莽残暴，盛夏就把犯人斩首，这是苍天要灭亡他了。过去在宛地集会说的话，难道要应验了吗？"世祖笑了笑。等到世祖起兵，邓晨立即追随世祖。**世祖于是和李通的弟弟李轶在宛城起兵，他的哥哥刘伯升在舂陵起兵，邓晨在新野起兵，会合各路义军攻打长聚。新市人王匡等立刘圣公为天子，而杀死了刘伯升**刘玄，字圣公，是世祖的族兄。在平林躲避官府，王匡等人拥立他为帝。起初，刘伯升自从王莽篡夺汉室江山，愤愤不平而思虑匡复汉室。他不专心经营家中的产业，而是散尽家产，结交天下英雄俊杰。王莽末年，盗贼蜂拥而起，刘伯升召集众豪杰商议，于是派遣宾客邓晨在新野起兵，世祖、李轶在宛地起兵，刘伯升在舂陵起兵，家乡子弟七八千人，安排门客统领，刘伯升自称为"柱天都部"，派遣刘嘉劝诱新市、平林兵首领王匡、陈牧等人合军前进，攻打长聚。诸将商议立刘氏子弟为首领，来顺从众将的愿望，豪杰们都想归附刘伯升，但是新市、平林的将帅做事放纵，害怕刘伯升的威严睿智，喜欢刘圣公的懦弱胆小，就先制定计划立刘圣公，然后召见刘伯升，说明他们的决议。刘伯升说："诸位将领要尊立汉朝宗室，功德深厚。以我的愚见，私下里还有不赞同的。现在赤眉军在青州、徐州起兵，拥有士兵几十万人，听说南阳立汉朝宗室，恐怕赤眉军也会自立君主。这样，义军内部将要争斗。现在王莽还未消灭，而宗室之间却相互攻打，这会使天下百姓对我们产生怀疑，自损权势，不能够打败王莽。况且最先起兵称帝的，很少有能成功的，陈胜、项羽就是这样的例子。舂陵距离宛地三百多里，没攻下几座城池，不值得作为功勋。急忙自立为帝，成为天下人的靶子，让后来起兵的人抓住我们的弊端，这不是好的计策。如今暂且称王，发布号令，如果赤眉军拥立的君主贤明，我们就一起去归顺他；如果没有拥立君主，打败王莽，清除赤眉军，然后再拥立皇帝，也不算晚。希望大家好好考虑。"诸位将领没有听从他的意见，于是立刘圣公为帝。因为这件事，天下豪杰大失所望。刘伯升的部将刘稷勇冠三军，听说刘圣公被立为更始皇帝，生气地说："本来起兵谋划天下的人是刘伯升兄弟，更始是什么人？"更始君臣听说这件事后，心里忌惮刘稷，于是列兵几千人捉住刘稷。要杀他时，刘伯升极力争辩。李轶、朱鲔于是劝说更始帝把刘伯升也抓起来，当天就杀害了他们二人。李轶与世祖于是产生间隙。后来冯公孙送秘信给世祖，请求效忠，大家都劝世祖秘密接纳他。世祖就拿李轶的信给众人看，说："李轶多诈，不能让人相信。如今把他的信告诉郡守、太尉。"书信被公开后，朱鲔就派人杀了李轶，建号更始元年。更始帝任命世祖为偏将军，攻打昆阳。王莽听说起义军拥立汉朝宗室为帝，非常害怕，派遣大司徒王寻、大司空王邑统军百万去昆阳攻打世祖，世祖打败了他们起初，刘伯升领军攻下宛地已经三天，而世祖还不知道，于是世祖派人假装到昆阳城中报信，说宛地援军到了，送信人假装摔倒，信被丢在地上，王寻、王邑得到信，读后很担心。世祖手下的各位将领屡战屡胜，胆气更壮，无不以一当百，世祖于是和敢死的三千士兵，从城西门冲出，直入敌人的中军。王寻、王邑的军阵大乱，世祖趁着锐气率军急追敌军，杀了王寻。王莽的军队大败，逃跑的人互相践踏，逃出去一百多里。正赶上打雷刮风，大雨像倾倒的水一般，滍水暴涨，溢过堤坝，虎豹都感到害怕，淹死的人数以万计，滍水都被尸体堵塞。三辅地区的豪杰共同诛杀了王莽，把他的首级送到宛地给更始帝。更始帝让世祖担任大司马，拿着符节向北渡过黄河，镇守抚慰北方的州郡邓禹骑马向北渡过黄河，追寻世祖。世祖看见邓禹非常高兴，说："我得到赐爵授官的特权，先生远来，是想在我手下出仕吗？"邓禹说："不愿意。您的威望德行施于四海，我如果能效微薄之力，将来就能名垂青史。"世祖大笑，于是留邓禹住宿。邓禹进一步劝说道："更始帝虽然定都关西，但太行山以东没有安定。赤眉、青犊等起义军动则数万，打着起义军的旗号，往往聚集在三辅。更始帝的军队还没有挫败他们，他们也不听更始帝的命令。诸位将领都是从平庸之人中崛起，志趣在获得财帛，争相使用武力起事，只是每天自寻快乐而已。没有忠良明智、深图远虑，尊立君主安定百姓的人。天下分崩离析，局势已经可以看出来了。您虽然有建立藩国和辅佐的功劳，恐怕还不能有所成就。当今之计，不如招纳英雄，取悦人心，建立高祖的大业，拯救万民的性命，您仔细考虑这些事，天下不怕不安定。"世祖听后非常高兴。等到邓禹跟随世祖到达广阿，世祖展开地图指给邓禹看，说："天下郡国这么多，我如今只得到了其中一个，你以前说我仔细考虑那些事，天下不怕不安定，为什么呢？"邓禹说："现在天下大乱，百姓思念圣明的君主，就好像婴儿思念慈祥的母亲。古时朝代的兴起，在于君主厚施德行，而不是国土的大小。”世祖欢笑喜悦。冯异劝世祖说：“百姓思念汉朝很久了。现在更始帝的将领们骄横暴虐，所到之处，抢劫掳掠，使百姓失望，又没有可以依靠拥戴的君主。现在您在北方可以不奉上命而自由行事，可以施行恩德。有桀、纣的暴乱，才能显示出商汤、周武王的功劳。现在百姓长期饥饿，很容易让他们吃饱。应当马上派遣官吏，巡行郡县，审理冤案，布施恩泽。”世祖听取了他的意见。

王郎[①]诈为成帝子子舆，立为天子，都邯郸，遣使降下郡国。世祖灭之王昌，一名王郎，赵国邯郸人也。素为卜相，常以河北有天子气，时赵缪王子林好奇数，任侠赵、魏间，而郎与之善。初，王莽篡位，长安中或称成帝子子舆者，莽杀之。郎缘是称真子舆云。更始元年，平林等率车骑数百，晨入邯郸城，立郎为天子。世祖进攻邯郸，郎少傅李立为反间，开门内汉军，遂拔邯郸，斩王郎，收文书，得人吏与郎交关，谤毁上者数十章。世祖不省，会诸将烧之，曰：“令反侧以自安也。”世祖威声日盛，更始疑虑，乃遣使立世祖为萧王，令罢兵，与诸将有功者还长安。遣苗曾为幽州牧，韦顺为上谷守，并北之郡时世祖居邯郸宫，耿弇（yǎn）[②]请间说曰：“今更始失政，君臣淫乱，诸将擅命于畿外，贵戚纵横于都内。天子之命，不出城门，所拜牧守辄自迁易，百姓不知所从，士人莫敢自安，虏掠财物，劫掠妇女，怀金玉者，至不生归。元元叩心，更思王莽。又铜马、赤眉之属数十辈，数及百万，圣公不能办也，其败不久。公首事南阳，破百万之军。今定河北，据天府之地，以义征伐，发号响应，天下可驰檄而定。天下至重，不可令他姓得之。闻使者从西方来，欲罢兵，不可从也。今吏士死亡者多，弇愿北归幽州，益发精兵，以集大计。”世祖大悦。弇归上谷，斩韦顺等。世祖辞不就征，斩苗曾等，自是始贰于更始。是时长安政乱，四方背叛，皆平之梁王刘永[③]擅命睢阳，公孙述[④]称王，巴蜀李宪[⑤]自立为淮南王，秦丰[⑥]自号为楚黎王，张步[⑦]起琅琊，董宪[⑧]起东海，岑延起汉中，田戎[⑨]起夷陵，并置将帅，侵略郡县。又有赤眉、铜马之属，不可胜计。初，铜马降世祖，犹不自安。世祖知其意，敕令各归营勒兵马，乃自乘轻骑按行步阵。降者更相语曰："萧王推赤心置人腹中，安得不投死乎！"由是悉服。世祖使耿弇讨张步，步闻之，乃使其大将费邑军历下，又分兵屯于祝阿，别于太山、钟城列营数十以待弇。弇乃渡兵，先击祝阿，自旦攻城，日未中而拔之，故开围一角，令其众得奔归钟城。钟城闻祝阿溃，大惧，遂空壁亡去。费邑分遣其弟敢守巨里。弇留兵贵巨里，使多伐树木，扬言以填塞坑堑。数日，有降者言邑闻弇欲攻巨里，谋来救之。弇乃令军中曰："后三日当悉力攻巨里城。"阴缓生口，令得亡归。归者以弇期告邑。邑至日果自将救之，弇喜谓诸将曰："吾所以修攻具者，欲诱致邑耳。今来，适所求也。"即分三千人守巨里，自引精兵上岗坂，乘高合战，临阵斩邑。既而收首级以示巨里城。城中凶惧，费敢悉众亡归张步。步时都剧，使其弟蓝守西安，诸郡太守守临淄，相去四十里。弇进军居二城之间，弇视西安城虽小而坚，临淄虽大而实易攻。乃敕诸部，后五日攻西安城。蓝闻之，晨夜警守。至期，夜半，弇敕诸将皆蓐（rù）食，会明至临淄城。出其不意，半日拔之，入据其城。张蓝惧，遂将其众亡归剧。弇乃令军中无得妄掠剧下，须张步至，乃取之，以激怒步。步闻之，大笑，至临淄攻弇。弇先出临淄水上，突骑欲纵。弇恐挫其锋，令步不敢进，故示若弱以盛其气，乃引归小城，陈兵于内。步气盛，直攻弇营，与刘歆合战，弇升王宫怀台望之，视韶锋交，及自引精兵，以横突步阵，大破之。步走，降世祖，陈俊[10]逃，弇欲招其故众，令陈俊追斩诸贼，悉平之。赤眉贼入函关，攻更始。世祖乃遣邓禹引兵而西，以乘更始赤眉之乱赤眉贼樊崇立刘盆子为天子[11]，入长安，杀更始，寇掠关中。于是诸将上尊号，乃命有司设坛于鄗（hào）南千秋亭五城陌，即皇帝位诸将上奏曰："汉遭王莽，宗庙废绝，豪杰愤怒，兆人涂炭。王与伯升首举义兵，更始因其资以据帝位，不能奉承大统，而败乱纲纪，盗贼日多，群生危蹙。大王初征昆阳，王莽自溃；后拔邯郸、北州弭定，三分天下有其二；跨州据土，带甲百万，言武力则莫之敢抗，论文德则无所与辞。臣闻帝王不可以久旷，天命不可以谦拒。惟大王以社稷为计、万姓为心。”又强华自关中奉赤伏符曰：“刘秀发兵部不道，四夷云集，龙斗于野，四七之际，火为主。”然后即皇帝位。十月，驾东幸洛阳，赤眉降大司徒邓禹、冯异、刘弘等征赤眉，异曰：“异前与战，拒华阴，经数十日，虽屡获雄将，余众尚多，可稍以恩信倾，难卒用兵破也。上今使诸将屯渑池，要其东，异以击其西，一举而取之，此万成计也。”禹、弘不从，遂大战，赤眉佯败，弃辎重走。车皆载土。以豆覆其上，兵士饥，争取之。赤眉引还击弘等，弘等军乱溃，异与禹救之。赤眉小却，异归壁，约期会战。异使壮士变服色，与赤眉同，伏于道侧。旦日，赤眉使万人攻异前部，异裁出兵救之。贼见势弱，遂悉众攻异。异乃纵兵大战。日昃（zè），贼气衰，伏兵卒起，衣服相乱，赤眉不复识，遂惊溃。赤眉君臣面缚，奉皇帝玺绶，降世祖。平隗嚣⑫，灭公孙述，天下大定，崩于南宫，时年六十三世祖初起兵，年二十八。

【注释】①王郎：又称王昌，赵国邯郸（今河北邯郸市）人，初以卜相为业，自称汉成帝之子刘子舆，西汉宗室刘林和赵郡豪族李育等人拥立王郎为皇帝，定都邯郸，史称赵汉。刘秀联军攻破邯郸，王昌事败被杀。②耿弇：字伯昭，扶风茂陵（今陕西省兴平市东北）人，东汉开国名将、军事家，云台二十八将第四位。③刘永：梁郡睢阳（今河南商丘市）人。汉朝宗室，梁孝王刘武八世孙。王莽执政后，失去梁王继承权。更始政权建立后，恢复了梁王爵位，建都睢阳。更始政权灭亡后，自立为天子，在汉梁之战中连战连败。建武三年，为部将庆吾所杀。④公孙述：字子阳，扶风茂陵（今陕西兴平）人，熟练吏事，王莽末年自称辅汉将军兼领益州牧。建武元年，称帝于蜀，国号成家（一作大成或成），年号龙兴。后吴汉攻破成都，尽诛公孙氏。⑤李宪：颍川郡许昌县人，东汉初年割据军阀。新朝时为庐江属令，新朝灭亡后，据郡自守。更始元年（公元23年），自称淮南王。建武三年（公元27年），自立为帝，建武六年（公元30年），汉军攻下舒县，李宪逃走，途中其被军士帛意追击斩杀。⑥秦丰：南郡邔县人。王莽末年，聚众起兵，割据黎丘一带，自立为楚黎王。先后联合邓奉、延岑、田戎等人共同抗拒刘秀，公元30年（建武五年），兵败投降，被汉军押回洛阳斩首。⑦张步：字文公，琅琊郡不其县（治今山东省即墨市西南）人。王莽末年割据齐地十二郡。后刘秀派大将耿弇讨伐张步，张步兵败投降。⑧董宪：徐州东海郡（今江苏省连云港市）人。东汉初期割据群雄之一。王莽灭亡后，占领东海郡割据自立，依附梁王刘永，建武六年（公元30年），兵败昌虑，为部将韩湛所害。⑨田戎：豫州汝南郡西平县人。新朝末割据南郡夷陵一带，自称扫地大将军，公元29年（建武五年）为汉军所败，投奔公孙述，公元36年（建武12年）7月，被汉军俘杀。⑩陈俊：字子昭，南阳郡西鄂县（今河南省南召县）人，云台二十八将之一。初随太常将军刘嘉，后投奔刘秀，参加剿灭河北农民军、平定关东刘永、董宪、张步等割据势力的作战。刘秀即位，历任强弩将军、泰山太守、琅琊太守，封新处侯。⑪樊崇：字细君，琅邪（今山东诸城）人，新莽末年著名农民起义领袖、赤眉军首领。英勇善战，富有谋略，军纪严明，对百姓秋毫无犯，为推翻新莽王朝做出巨大贡献。最后被刘秀所杀。刘盆子：泰山郡式县（今宁阳县华丰）人，西汉远支皇族，汉太祖高皇帝（汉高祖）刘邦之孙城阳景王刘章之后。⑫隗嚣：字季孟，天水成纪（今甘肃秦安县）人。新朝末年地方割据军阀。光武帝刘秀即位后，劝刘玄归降刘秀不成，逃回天水郡，自称西州大将军。听从马援的建议，投靠光武帝，暗中联合公孙述作乱。建武九年（33年），光武帝平定陇右，郁郁而终。

【译文】王郎诈称自己是汉成帝的儿子刘子舆，自立为天子，定都邯郸，派遣使臣让各个郡国投降，世祖灭掉了他王昌，又名王郎，赵国邯郸人。一向以占卜为业，常认为河北有天子之气。当时赵缪王的儿子刘林喜好奇异法术，在赵、魏之间扶助弱小，帮助他人，而王郎与他交好。起初王莽篡位，长安城中有称自己是汉成帝之子刘子舆的人，被王莽杀掉了。王郎于是称自己是真的刘子舆。更始元年，刘林等人率领数百战车战马，在清晨进入邯郸城，立王郎为天子。世祖进攻邯郸城，王郎的少傅李立为内应，打开城门接纳汉军，于是世祖攻下邯郸，斩杀王郎。世祖收集文书，得到官吏暗投王郎毁谤更始帝刘玄的有几十篇文书。世祖也不检查，召集众将领烧毁它们，说：“让那些反复无常的人得以自安。”**世祖的声威日盛，更始帝怀疑忧虑，于是派遣使者立世祖为萧王，命令世祖罢兵，与其他有功的将领回到长安，任命苗曾担任幽州牧，韦顺担任上谷守，管理北方州郡**当时世祖居住在邯郸宫，耿弇私下对世祖说：“如今更始帝政治混乱，君臣淫乱，将领们在京城外擅自发令，贵族国戚在京都内横行霸道，天子的命令出不了城门，朝廷任命的牧、守自己升迁改官，百姓无所适从，士人不能安心，他们掳掠财物，劫掠妇女，身怀钱财金玉的人，到了不能活着回家的地步。百姓悔恨捶胸，反而思念王莽当政的时候。另外，像铜马、赤眉这样的起义军有几十个，军队的数量达到百万，而刘圣公不能管理，他不久就会失败。您首先在南阳起事，攻破了王莽的百万大军，如今平定黄河以北，占据天府之国，凭德义来进行征战，只要您发出号令，天下云集响应，就可以通过传递檄文来平定了。刘氏得天下是最重要的，不能让外姓人得到。听说使者从西边而来，想让您罢兵，您不能听从。如今您手下的将士死伤很大，我愿意北回幽州，多发精兵，来助您成就大计。”世祖听后非常高兴。耿弇回到上谷，斩杀了韦顺等人。

世祖推辞不接受征调，斩杀了苗曾等人，从此和更始帝划清界限。当时，长安政治混乱，各地又发生叛乱，世祖平定了这些叛乱梁王刘永在睢阳擅自发布命令，公孙述在巴、蜀称王，李宪自立为淮南王，秦丰自称为楚黎王，张步在琅琊起兵，董宪在东海起兵，岑延在汉中起兵，田戎在夷陵起兵，他们都设置将帅，攻打周边郡县。又有像赤眉、铜马这样的起义军，不可计数。起初，铜马军投降世祖，投降后又内心不安分。世祖知晓了他们的意图，命令他们各归阵营约束兵马，自己骑着马按照行列布置阵型，投降的人都说：“萧王对我们推心置腹，怎么能不以死效忠呢？”因此都来归服。世祖派遣耿弇讨伐张步，张步听说后，就派大将费邑驻军历下，又分兵驻扎在祝阿，另外在太山、钟城排列了几十座阵营等待耿弇的军队。耿弇率领军队渡过黄河，先攻打祝阿。从清晨开始攻城，没等到中午就攻下了。故意打开重围的一角，让祝阿的败兵逃回钟城。钟城的守军听说祝阿的军队溃败，非常恐惧，尽出营垒弃城逃跑。费邑分派他的弟弟费敢防守巨里。耿弇留下士兵威胁巨里，派人多砍伐树木，扬言要填塞沟壑攻城。几天后，有投降的士兵对耿弇说费邑知道耿弇要攻打巨里，打算前来援救。耿弇于是在军中下令："三天后将全力攻打巨里城。"并暗中放了俘虏，让他们回到费邑军中。回来的人把耿弇攻打巨里的日期告诉了费邑。费邑果然在攻城那天亲自领军救援巨里。耿弇高兴地对诸将说："我之所以修备攻城的器具，是想引诱费邑前来。现在他来了，正是我希望的。"于是分派三千人守卫巨里，自己率领精兵登上高坡，利用高处与费邑的军队交战，在阵前斩杀费邑。不久，把费邑的首级挂起来给巨里城里的人看。城中的人害怕，费敢率军逃跑回到张步的地盘。张步当时定都剧地，派他的弟弟张蓝防守西安县，各郡太守防守临淄，两地距离四十里。耿弇进军驻扎在两个城池中间。耿弇见到西安城虽小但坚固，而临淄城虽大但实际容易攻打。于是下令五天后攻打西安城。张蓝听说后，昼夜警觉防守。到五日后的半夜，耿弇下令各位将领在寝席上吃饭，等到天亮就到了临淄城，出其不意，半天攻下城池，占据了临淄。张蓝害怕，于是带领军队逃回剧地。耿弇命令士卒不得随意在剧城抢掠，必须等张步到了，才能攻打，以此来激怒张步。张步听说后大笑，等到了临淄城攻打耿弇，耿弇先在临淄水上出兵，想用奔驰的骑兵冲击张步的军队。耿弇怕挫了张步军队的锐气，使张步不敢前进，故意示弱来壮大敌军的气焰，就带兵回到小城，在里面部署兵力。张步军队的气焰嚣张，直攻耿弇的营地，与刘歆交战。耿弇登上王宫高台向下看，见到刘歆与张步的军队交锋，就自己率领精兵，横冲到张步阵中，大败张步。张步逃跑，投降了世祖。耿弇想要招降张步的军队，于是命令陈俊追击斩杀，把张步的军队都平定了。**赤眉军进入函谷关，攻打更始帝。世祖派遣邓禹领军向西，乘着更始帝、赤眉军的混乱谋事**赤眉军首领樊崇拥立刘盆子为天子，进入长安，杀了更始帝，在关中抢劫掳掠。**于是诸将献上尊号，命有关官员在鄗南千秋亭五城陌设立祭坛，世祖即皇帝位**诸将上奏："汉朝遭受王莽之灾，宗庙祭祀废绝，天下豪杰愤怒，百姓涂炭，大王与刘伯升首先起兵，更始帝凭借资历占据帝位，他不能承袭大统，反而败坏纲纪，盗贼日益增多，百姓危迫。大王初征昆阳，王莽军队自行溃散；后来攻下邯郸，北方平定，天下三分，大王占据了二分；土地跨越州郡，拥有士兵百万。论武力，没有人敢和您抗衡；论文德，则找不到词语歌颂。我们听说国家不可以没有君主，天命不可以拒绝，希望大王以国家社稷为重，顺应百姓的心愿。”又有强华从关中捧着赤伏符说：“刘秀发兵攻打无道之人，四方的蛮夷聚集，群龙斗于郊野，汉朝建立二十八年后，火德再次为主。”然后世祖即皇帝位。**十月，摆驾东都洛阳，赤眉军投降**大司徒邓禹、冯异、刘弘等人征讨赤眉军。冯异说：“我以前拒守华阴和赤眉军作战，经过几十天，虽然多次擒获敌军的勇将，但是他们的将领还有很多，可以稍微施加恩德信义，最终很难用兵攻打。皇上派各位将军驻扎在渑池，为了让贼军向东，我带兵攻打敌军西侧，一举就可攻破，这是万无一失的计策。”邓禹、刘弘不采纳冯异的计策，于是与赤眉军展开大战。赤眉军假装溃败，丢弃辎重逃跑，车上都装着土，用豆子盖在土上，朝廷的士兵饥饿，争着抢豆子吃。赤眉军回来还击刘弘的军队，刘弘等人的军队溃败，冯异和邓禹救了他。赤眉军稍稍后退，冯异回营和赤眉军约定日期作战。冯异让士兵们改变衣服的颜色，和赤眉军军装的颜色相同，埋伏在路旁。第二天，赤眉军派一万人攻打冯异的先头部队，冯异分兵救援，敌军见冯异势力弱小，于是全军出动攻打冯异。冯异于是放任士兵大战，太阳偏西时，敌军士气衰落，路旁的伏兵突然起来，穿的衣服与赤眉军混杂，赤眉军不能辨识，于是惊慌溃散。赤眉军君臣双手反绑于背而面向前，捧着皇帝玺绶，投降世祖。**平定隗嚣，消灭公孙述，天下安定。世祖最后在南宫驾崩，时年六十三岁**世祖最初起兵时，为二十八岁。

末孙灵帝用阉人曹节①等，矫制诛太傅陈蕃②、李膺③，其党人皆禁锢。中平九年，黄巾贼起巨鹿张角④自称“大贤良师”，奉事黄老道，畜养子弟，连结郡国，期三月五日内外俱起。唐周⑤告之，角便起，皆着黄巾为标帜也。灵帝崩，太子辩即位。董卓⑥入朝，因废帝为弘农王，而立献帝，李傕⑦逼帝东迁，曹操迁帝都许。操薨，帝逊位于曹丕。

【注释】①曹节：字汉丰，南阳新野（今河南新野）人，东汉宦官。本籍魏郡，家族世代担任俸禄二千石的官职。汉顺帝初年，以西园骑之职，升任小黄门。汉桓帝时，升任中常侍、奉车都尉。因迎奉汉灵帝之功，封为长安乡侯。光和四年（181年）去世，追赠车骑将军。②陈蕃：字仲举。汝南平舆（今河南平舆北）人。东汉时期名臣，与窦武、刘淑合称“三君”。少年时便有大志，师从于胡广。灵帝即位，为太傅、录尚书事，与大将军窦武共同谋划翦除宦官，事败而死。③李膺：字元礼，颍川郡襄城县（今河南襄城县）人。东汉时期名士、官员。太尉李修之孙、赵国相李益之子。“党锢之祸”时，遭到迫害下狱，后被赦免回乡。陈蕃、窦武图谋诛杀宦官时，起用为永乐少府，二人遇害后，再被免职。“第二次党锢之祸”时主动自首，被拷打而死，终年六十岁。④张角：巨鹿人，东汉末年农民起义军“黄巾军”领袖，太平道的创始人。因得到道士于吉等人所传的《太平清领书》（即《太平经》）传道，中平元年（184），自称“天公将军”，发动黄巾起义。不久病死，起义军被汉朝镇压。⑤唐周：黄巾军成员，张角弟子，派往京城的信使，他到京城后叛变，使汉王朝有了准备的时间，张角不得不仓促起事. 直接导致黄巾起义的失败。⑥董卓：字仲颖，陇西临洮（今甘肃省岷县）人，生于颍川。东汉末年献帝时军阀、权臣，官至太师，封郿侯。于桓帝末年先后担任并州刺史、河东太守，利用汉末战乱和朝廷势弱占据京城，废少帝立汉献帝并挟持号令，东汉政权从此名存实亡。⑦李傕：字稚然。北地郡泥阳县（今陕西省耀县）人，东汉末年汉献帝时的军阀、权臣，官至大司马、车骑将军、开府、领司隶校尉、假节。

【译文】世祖的末代子孙汉灵帝任用宦官曹节等人。曹节等人矫作圣旨杀了太傅陈蕃和李膺，把两人的同党都禁锢起来。中平九年，黄巾贼兴起巨鹿人张角自称“大贤良师”，信奉黄老之道，招收弟子，连结郡国，约定在三月五日内外一起举兵。因为唐周告密，张角提前举兵，头戴黄巾作为标识。汉灵帝驾崩，太子刘辩即位。董卓入朝主政，于是废少帝刘辩为弘农王，拥立陈留王刘协为献帝。李傕逼迫汉献帝东迁，曹操把汉献帝迁往许昌定都。曹操死后，献帝被迫让位给曹丕。

魏太祖武皇帝，沛国谯人也，姓曹，讳操，字孟德，灵帝时为典农校尉。汉末，阉竖擅权，何进[①]谋诛奄官，太后不听。进乃召四方猛将，使引兵向京师，欲以恐劫太后陈琳[②]进谏曰："《易》称即鹿无虞，谚有掩目捕雀。夫物微，而尚不可欺以得志，况国之大事而可诈立乎？今将军总皇威，握兵要，龙骧虎视，高下在心，以此行事，无异于鼓洪炉而燎毛发。但当速发雷霆，行权立断，违经合道，天人顺之。而反释其利器，更征于他，大兵一聚，强者为雄，所谓倒持干戈，授人以柄，必无成功，只为乱阶。"进不纳其言。董卓至，废帝为弘农王，而立献帝。京师大乱，太祖亡出关，至陈留，散家财，合义兵于巴梧。与后将军袁术[③]、冀州牧韩馥[④]、豫州刺史孔伷（zhòu）[⑤]、兖州刺史刘岱[⑥]、渤海太守袁绍[⑦]同时俱起，众各数万，推绍为盟主设坛场，共盟誓。臧洪[⑧]操盘血而盟曰："汉室不幸，皇纲失统。贼臣董卓，乘衅纵暴，害加至尊，毒流百姓。大惧沦丧，翦覆四海。兖州刺史刘岱、豫州刺史孔伷等纠合义兵，并赴国难。凡我同盟，齐心戮力，以致臣节，殒首丧元，必无二志。有渝此盟，俾坠其命，无克遗育。皇天后土，祖宗盟灵，实皆览之。"洪慷慨，涕泗立下，闻者激扬。曹公行称奋武将军。卓闻兵起，乃徙天子都长安。卓留兵屯洛阳，司徒王允[⑨]与吕布杀卓。杨奉、韩暹（xiān）[⑩]以天子还洛阳。太祖至洛阳卫京邑，暹遁去。太祖以洛阳烧焚残破，奉天子都许。下诏责袁绍以地广兵强，专自树党，不闻勤王之师绍时并公孙瓒[⑪]，兼四州之地。绍遂攻许。太祖破之官渡，绍呕血死袁绍，字本初，汝南人也。为司隶校尉。董卓议废立，绍不听，卓怒，绍悬节于上东门，奔冀州。卓购求绍。伍琼[⑫]为卓所信，阴为绍说曰："夫废立大事，非常人所及。袁绍不达大体，恐惧出奔，非有他志。今急购之，势必为变。袁氏树恩四世[⑬]，门生故吏遍于天下，若收豪杰以聚徒众，英雄因之而起，即山东非公所有也。不如赦之，拜一郡守，绍喜于免罪，必无患矣。”卓以为然，乃遣授绍渤海太守。绍乃与孔伯等同起义，袭夺韩馥冀州，据河北。拣精卒十万，骑万匹，欲进攻曹操于许。沮授[14]进说曰：“近讨公孙，师徒历年，百姓疲弊，赋役方殷，此国之深忧也。宜先献捷天子，务农逸民，若不得通，乃表曹操隔我王命。然后进屯黎阳，渐营河南，益作舟船，缮治器械，分遣精骑，抄其边鄙，令彼不得安，我取其逸。如此，可坐定也。”郭图、审配[15]曰：“兵书之法：十围五攻，敌则能战。今以明公神武，连河朔之强众以伐曹操，其势譬如覆手。今不时取，后难图之。”授曰：“盖闻救乱诛暴，谓之义兵；恃众凭强，谓之骄兵。兵义无敌，骄者先败。曹操奉定天子，建宫许都。今举兵相向，于义则违。且庙胜之策，不在强弱。曹操法令既行，士卒精练，非公孙瓒坐受围者也。今弃万安之术，而兴无名之师，窃为公惧之。”图曰：“武王伐纣，不为不义，况兵加曹操而云无名！且公师徒精锐，将士思奋，而不及时早定大业，所谓天与不取，反受其咎，此越之所以霸、吴之所以亡也。监军之计在于持劳，而非见时知机之变也。”绍遂不用沮授之计。曹公军官渡，绍将悉众而南，田丰说绍曰：“曹公善用兵，变化无方，众虽少，未可轻也。不如以久持之。将军据山河之固，拥四州之众，外结英雄，内修农战。然后简其精锐，分为奇兵，乘虚迭实，以扰河南，救右则击其左，救左则击其右，使敌疲于奔命，人不得安业；我不劳而彼已困，不及三年，可坐克也。今释庙胜之策，而决成败于一战，若不如志，悔无及也。”绍不从，遂攻操于官渡。绍自引兵至黎阳，沮授临行，散其资财，会宗族以与之，曰：“势在威无不加，势亡则不保其身，哀哉！”其弟宗曰：“曹操士马不敌，君何惧焉？”授曰：“以曹兖州之明略，又挟天子以为资，我虽克伯珪，众实疲弊，而主骄将汰，军之破败在此举也。扬雄有言：六国嗤嗤，为嬴疲诈。殆今之谓耶！”及渡河，临舟叹曰：“上盈其志，下务其功。悠悠黄河，吾将济乎？”绍果为曹公之所取。绍进保武阳与操相持。沮授又说曰：“北兵虽众，而果劲不及南；南谷虚少，财货不及北。南利在于急战，北利于缓博，宜持以久，旷以日月。”绍不从。连营渐逼官渡。许攸进曰：“曹操兵少，而悉师拒我，许下余守，势必虚弱。若分遣轻骑，星行掩袭，许拔，则操为成擒。如其未溃，可令首尾奔命，破之必也。”绍又不能用。会攸家犯法，审配收系之。攸不得志，遂奔曹公。而说操使袭取淳于琼[16]。琼时督军，屯在乌巢，去绍军四十里。操自将急击之。时张郃[17]说绍曰：“曹公兵精，往必破琼。琼破，则将军事去矣。宜引兵救之。”郭图曰：“郃计非也，不如攻其本营，势必还，此为不救而自解也。郃曰：“曹公营固，攻之必不拔。若琼等见擒，吾属尽为虏矣。”绍但遣轻骑救琼，而以重兵攻操营，不能下。曹公破琼，焚其积聚。绍军溃散奔北，曹公遂破绍，乃威震天下也。

【注释】①何进：字遂高，南阳宛（今河南南阳）人。东汉灵帝时外戚，官至大将军，封慎侯。与袁绍等谋诛宦竖，事泄，被张让等人先下手为强，遭杀身之祸。②陈琳：字孔璋，广陵射阳人。东汉末年文学家，“建安七子”之一。原为大将军何进主簿，后避难至冀州，入袁绍幕府。袁绍失败后，被曹军俘获，署为司空军师祭酒，使与阮瑀同管记室。后又徙为丞相门下督。建安二十二年（217年），与刘桢、应玚、徐干等同染疫疾而亡。③袁术：字公路，汝南汝阳（今河南商水西南）人，袁逢之嫡次子，袁基、袁绍之弟。割据扬州，建安二年（197年）称帝，建号仲氏，先后为吕布、曹操所破，元气大伤，后于建安四年（199年）呕血而死。④韩馥：字文节，颍川郡（治今河南省禹县）人。东汉末年诸侯，冀州牧。袁绍用计夺取冀州，韩馥被迫投靠张邈，后在茅厕用刻书的小刀自杀。⑤孔伷：字公绪，东汉末年兖州陈留郡人。能清谈高论，任豫州刺史。献帝初平元年，与袁术、韩馥等起兵反董卓，屯兵于颍川，于反董联盟解散后不久病逝。⑥刘岱：字公山，东莱牟平（今山东福山西北）人，汉室宗亲，刘舆之子，刘繇之兄，汉末群雄之一，曾起兵反对董卓，官至侍中、兖州刺史。⑦袁绍：字本初，汝南汝阳（今河南省周口市商水县）人。司空袁逢之子。早年任中军校尉、司隶校尉，曾指挥诛杀宦官。初平元年（190年），与董卓对立，被推举为关东联军首领。一度统一黄河以北。建安五年(200年),在官渡之战中败于曹操。建安七年(202年),在平定冀州叛乱后病逝。⑧臧洪:字子源(一作子原),广陵郡射阳县(今江苏射阳县)人,太原太守臧旻之子。为人雄气壮节,举孝廉出身。曾为关东联军设坛盟誓,被袁绍荐为青州刺史,转东郡太守。施政有方,政绩卓越,深得百姓拥护。因袁绍不救张超,心生芥蒂。兴平二年,被袁绍所擒,慷慨赴死。⑨王允:字子师,太原祁(今山西祁县)人。东汉末年大臣,出身官宦世家。密谋刺杀董卓,董卓死后,与吕布共执朝政,董卓余党李傕、郭汜、樊稠等率军攻破长安,吕布出逃,王允被处死。⑩杨奉:东汉末年将领。初为黄巾起义军余部白波军将领,后跟随凉州军阀李傕。不久自立门户,并护送汉献帝刘协从长安东归洛阳,因此功受任车骑将军。后投奔袁术、吕布,被刘备诱杀。韩暹:东汉末年将领。初为黄巾起义军余部白波军将领,后被杨奉招纳,护卫汉献帝东归洛阳,受任大将军,领司隶校尉。后随杨奉投奔袁术、吕布,被杼秋县屯帅张宣所杀。⑪公孙瓒:字伯圭,辽西令支(今河北迁安)人,东汉末年武将、军阀。以强硬的态度对抗北方游牧民族,作战勇猛,威震边疆。与袁绍多次相争,初期占据优势,在龙凑之战后显露败相,被袁绍击败。最终困于高楼,引火自焚。⑫伍琼:字德瑜,汝南(今河南驻马店市汝南县)人。东汉末年大臣。官城门校尉,为董卓所信任。曾说董卓用袁绍为勃海太守,举韩馥、刘岱、孔伷、张咨、张邈等出宰州郡,他们任官后皆合兵讨董卓,董卓疑琼卖己,将他处死。⑬袁氏树恩四世:指汉代袁安在汉章帝刘炟时为司徒,儿子袁敞为司空,孙子袁汤为太尉,曾孙袁逢为司空,袁隗为太傅,四世居三公位,权倾天下,门生故吏遍布。⑭沮授:广平人,曾为韩馥别驾,被韩馥表为骑都尉。袁绍入主冀州后,沮授监统内外、威震三军,帮助袁绍统一河北。官渡之战中提出缓进战术,但未被采纳。袁绍大败后被俘获,拒绝投降。欲回河北,事败被杀。⑮郭图:字公则,颍川人。袁绍帐下谋士,官渡之战时力主趁机偷袭曹营,此计失败后归罪于率军偷袭曹营的张郃、高览,致使二人背袁投曹。袁绍死后效力袁绍长子袁谭,后和袁谭一同被曹操杀死。

审配：字正南，魏郡阴安（今河北清丰北）人。为人正直，曾率领弓弩手大破曹军于官渡。袁绍病死，审配等矫诏立袁尚为嗣，导致兄弟相争，被曹操各个击破。曹操围邺，死守数月，城破被擒，慷慨受死。⑯淳于琼：字仲简，颍川（治今河南禹州）人。东汉时期官吏，汉灵帝中平五年（188年）为西园右校尉。后为袁绍大将，与张郃、高览等人齐名。官渡之战时镇守乌巢，遭到曹操的偷袭而惨败，被曹操处斩。⑰张郃：字儁乂，河间鄚人，以用兵巧变、善列营阵，长于利用地形著称。初应募参加镇压黄巾起义，后属冀州牧韩馥为军司马，后率兵投归袁绍，在官渡之战中被曹洪击退，投降曹操，屡建战功。231年，领兵追击蜀军，至木门中箭亡。谥壮侯。

【译文】魏太祖武皇帝，沛国谯地人，姓曹，名操，字孟德。汉灵帝时担任曲农校尉。汉朝末年，宦官专权，何进谋划诛杀宦官，何太后不许，何进于是召集四方勇猛的将领进京，让他们领军到京师，想要以此来恐吓威胁何太后陈琳进谏说："《周易》称：进山打鹿，没有熟悉地形和鹿性的虞官帮助，就是白费气力。谚语说：遮住眼睛捉飞雀，自欺欺人。微小的东西，尚且不可以通过欺诈行为来得到，何况是国家大事，怎么可以用欺诈的行为做事呢？如今将军你总管国家大事，掌握兵权，龙骧虎视，决断由心。你那样做的话，无异于烧旺炉火燎烧毛发。应当速发雷霆之威，立即决断，虽然违反常理，但是合乎天道，上天和百姓也都会顺应你。但现在你反而放下自己的权力，而征求外部的援助，外来的士兵一旦聚集京师，兵力强大的就会称雄，所以说倒持干戈，把手柄授人，必定不会成功，只会导致祸患。"何进没有采纳陈琳的建议。**董卓领兵到京师，废汉少帝为弘农王，立汉献帝。京师大乱，太祖逃亡出关，到达陈留，散尽家财，在巴梧召集义兵汇合。太祖与后将军袁术、冀州牧韩馥、豫州刺史孔伷、兖州刺史刘岱、渤海太守袁绍等人联合起兵，众人各领军数万，推举袁绍为盟主**众人设置坛场，共同盟誓，臧洪举着盘子歃血盟誓说："汉朝宗室遭遇不幸，帝王纲纪失去正统。贼臣董卓，骄纵残暴，加害皇上，残害百姓。政事荒废，翦灭国内的异己。兖州刺史刘岱、豫州刺史孔伷等人纠集义兵，同赴国难。凡是我们的同盟，齐心协力，共效臣节，即使头掉丧命，也绝无二心。有背叛此盟誓的，断子绝孙，死无葬身之地。皇天后土，祖宗神灵，都来做个见证。”臧洪慷慨陈词，留下流泪，听到结盟誓词的人也都激动振奋，**曹操为奋武将军。董卓听说盟军起兵，于是迁移天子定都长安，留下军队屯驻洛阳。司徒王允与吕布杀了董卓。杨奉、韩暹护送天子返归洛阳。曹操率兵到洛阳防卫，韩暹逃跑了。太祖因为洛阳被焚烧、残损破败，奉请天子定都许昌。汉献帝下诏谴责袁绍倚仗地广兵强，自树党羽，不率领军队勤王**袁绍当时刚吞并了公孙瓒的势力，占有四州的土地。**袁绍于是攻打许昌，曹操在官渡大败袁绍，袁绍吐血死去**袁绍，字本初，汝南人，担任司隶校尉。董卓商议废汉少帝、立汉献帝，袁绍不同意。董卓大怒，袁绍把符节挂在东门上，逃奔冀州。董卓出重金悬赏袁绍。伍琼被董卓信任，暗地里为袁绍游说：“废立皇帝的大事，不是常人能办到的。袁绍不识大体，害怕出逃，没有其它的志向。现在着急悬赏他，形势必定会改变。袁氏家族树立四代恩德，门生故吏遍布天下，如果袁绍招纳豪杰，招募士兵，天下英雄因此起兵，那么太行山以东怕是要归他所有了。不如赦免他，让他担任郡守，袁绍对您能赦免他罪过而感到高兴，必定不会成为祸患了。”董卓认为伍琼说的对，于是派遣使者任命袁绍为渤海太守。袁绍与孔伷等人共同起义，偷袭夺取了韩馥治理的冀州，占据黄河以北。挑选十万精兵，万匹战马，想要进攻在许昌的曹操。沮授进谏道：“近来讨伐公孙瓒，军队连年征战，百姓疲乏困顿，赋税和兵役还很沉重，这是我们深重的忧患，应先向天子进献所获的俘虏，从事农业，安抚百姓。如果这样做还行不通，就向天下声明曹操阻隔天子的命令，再进军屯驻黎阳，逐渐攻取黄河以南，多制造船只，制造修理器械，分别派遣精兵，偷袭边界，让曹操不得安宁，我们以逸待劳。这样，就可以坐着平定曹操了。”郭图、审配说：“兵书上的法则，是兵力十倍于敌军就围困他们，五倍于敌军就攻打他们，力量对等就能够和他们战斗。现在您英明神武，连结河朔强大的军队讨伐曹操，形势如同翻转手掌。现在不及时攻取，以后就难以图谋了。”沮授说：“听说挽救乱局、诛灭暴乱的军队称为义兵，依仗人多强大的军队叫做骄兵。义兵无敌，而骄兵先被消灭。曹操事奉天子，在许昌修建官殿，现在起兵攻打他，违背了道义。况且克敌制胜的谋略，不在于军队的强弱。曹操的法令已经得到实行，士兵精心训练，不是像公孙瓒坐等着受围困的人。现在放弃万全的计策，发动没有正当理由的军队，我私下为您担心。”郭图说：“周武王讨伐商纣，不是不义，何况是攻打曹操，怎么说没有理由呢？而且您的士兵精锐，将士们想要奋进出战，如果不及早平定大业，正是所说的‘上天给予而不取，反而遭受灾祸’。这正是越国之所以称霸，而吴国之所以灭亡的原因。监军的计策在于保持稳定，而不能随机应变。”袁绍于是没有采纳沮授的计策。曹操在官渡驻军，袁绍率领全部士兵向南，田丰劝袁绍说：“曹操善于用兵，变化无常，他的兵虽少，也不可轻视。不如长时间和他相持。将军您占据山河的险固，拥有四州的士兵，向外结交英雄，向内发展农业，常修战备。然后挑选精兵，分成奇兵，乘对方没有设防进行进攻，来骚扰黄河以南，敌人援救右边我们就攻打左边，援救左边就攻打右边，使敌人疲于奔命，人民不得安宁；我军没有劳苦而敌军已经困乏，不用三年，可以坐等着攻克曹操了。现在放弃克敌的谋略，而在一次战斗中决定成败，如果没有成功，后悔也来不及了。”袁绍没有听从，于是在官渡攻打曹操。袁绍亲自领军到达黎阳，沮授临行前把他的财产分给同族的人，并对他们说：“势力强大声威无所不至，势力一旦衰亡则不能保全自己的性命。悲哀啊！”他的弟弟沮宗问：“曹操的兵马不敌袁绍，你担心什么呢？”沮授说：“凭曹操高明的谋略，又挟天子作为资本，我们虽然打败了公孙瓒，士兵却实在是疲劳困乏。而且袁绍骄纵，将领奢侈残暴，军队的破灭败亡在此一举了。扬雄曾说六国纷扰天下，使姬氏的周朝衰弱，嬴氏统一天下，大概说的就是现在吧！”将要渡过黄河时，沮授又临舟感叹道：“君主志大才疏，将帅贪图功劳。悠悠的黄河啊，我还能再回来吗？”袁绍果然被曹操打败。袁绍进兵守卫武阳，与曹操相持。沮授又对袁绍说：“我们的士兵虽然多，但是不如南方士兵果敢强劲，南军谷物缺乏，财物不如我们充足；速战对南军有利，缓战对我们有利。我们应当长久作战。”袁绍没有听从，又连结营寨，逐渐逼进官渡。许攸进谏说：“曹操兵少，却出动了全部兵力来回击我军，许昌留下的守卫部队必定虚弱。如果分派少量骑兵，星夜前行偷袭许昌，攻下许昌曹操就会被擒获，如果没有攻下，可以让曹军首尾奔命，必定能打败曹操。”袁绍也没有采用许攸的计策。此时许攸家族的人犯法，审配囚禁了他们。许攸在袁绍手下不得志，就奔逃了曹操。许攸说服曹操让他偷袭淳于琼。淳于琼当时督军驻扎在乌巢，距离袁绍的大军四十里。曹操亲自领兵急忙攻打乌巢。当时张颌对袁绍说："曹操的士兵精锐，必定前往攻打淳于琼。淳于琼被打败，那么将军的大事就破灭了。应当派兵救援淳于琼。"郭图说："张颌的计策不好，不如攻打曹操的大营，曹操势必返回，这样乌巢不必救援就能自己化解。"张颌说："曹操营地坚固，必定无法攻破，如果淳于琼等人被擒，我们这些人就都会变成曹操的俘虏。"袁绍只派遣少量骑兵援救淳于琼，却用重兵攻打曹操的大营，不能攻下。曹操打败淳于琼，焚烧了乌巢积聚的粮草。袁绍的军队溃败，向北逃奔，曹操最终打败袁绍，从此威震天下。

太祖讨绍子谭、尚于黎阳①，尚与熙奔辽东。太守公孙康斩尚、熙②，送其首，遂平河北初，太祖讨谭、尚于黎阳，连战数克，诸将欲乘胜攻之，郭嘉曰："袁绍爱此二子，莫适立也。有郭图、逢纪③为之谋臣，定斗其间，还相离也。急之则相持，缓之而后争心生，不如南向荆州征刘表④，以待其变。变成而后击之，可一举而定也。"太祖曰："善。"太祖方征刘表，谭果与弟尚争冀州。谭遣辛毗（pí）⑤乞降，请赦。太祖以问群臣。群臣多以为表强，宜先平之，谭不足忧也。荀攸曰："天下方有事，而表坐保江、汉间，其无四方之志可知矣。袁氏据四州之地，带甲十万。绍以宽得众，欲使二子和睦，以守其成业，则天下之难未息。今兄弟构恶，其势不两全。若有所并则力全，力全则难图也。及其乱而取之，则天下不足定也，此时不可失也。"太祖曰："善。"乃许谭和，破袁尚。太祖征刘表，会表卒，子琮降刘表，字景升，山阳高平人。初平元年，诏以表为荆州刺史，南接五岑岭，北据汉川，地方数千里，带甲十余万。曹操与袁绍相持于官渡，绍遣人求助，表许之而不至，亦不援操，且欲观天下之变。刘先⑥说表曰："今豪杰并争，两雄相持，天下之重在于将军。将军若有所为，起乘其弊可也。如其不然，固将择所宜从，岂可拥甲十万，坐观成败？求援而不能助，见贤而不能归，此两怨必集于将军，恐不得复中立矣。曹操善用兵，且贤俊多归之，其势必举袁绍，然后移兵向江汉，恐将军不能御也。今之胜计，莫若以荆州附操，操必重德将军；长享福祚（zuò），垂之后嗣。此万全之策也。”表不从。十三年，曹操自将征表，未至，表疽发背，卒。操军新野，傅巽（xùn）⑦说琮归降，琮（cóng）⑧曰：“今与诸君据全楚之地，守先君之业，以观天下，何为不可？”巽曰：“逆顺有大体，强弱有定势。以人臣拒人主，逆道也；以新造之楚而御中国，必危也；以刘备而敌曹公，不当也。三者皆短，欲以抗王师之锋，必亡之道也。将军自料何如刘备？”琮曰：“不若也。”巽曰：“诚以备不足御曹公，即虽保全，楚不能以存；诚以刘备足敌曹公，则备不能为将军也。愿将军勿疑。”琮遂举众降。时刘备奔在荆州，表不能用。闻荆州降，遂奔夏口也。关中诸将马超⑨、韩遂⑩、成宜⑪等反，曹公破之曹公与马超等夹关为界。曹公急持之，而潜遣徐晃⑫等夜渡蒲坂津，据河为营。公自潼关北渡，未济，超赴船急战。丁斐⑬放牛马以饵贼。贼乱，取牛马，公乃得渡，结营渭南。超遣信求割地、任子以和，公伪许之。韩遂请与公相见。至期，交马上，语移时，不及军事，但说京都故旧，拊（fǔ）手欢笑。既罢，超问遂何言，遂曰：“无所言。”超疑之。他日，公又与遂书，多所改灭点窜，如遂改定者，超愈疑遂。曹公乃与战，大破之。关中平。诸将问公曰：“初，贼守潼关，渭北道缺，不从河东击冯翊（píng yì），而反守潼关，引日而复北渡，何也？”公曰：“贼守潼关，若吾入河东，贼必引守诸津，则西河未可渡也，吾故盛兵向潼关；贼必悉众南守，西河之备虚，故二将得擅取西河；然后引军北渡，贼不能与吾争西河者，以有二将之军。连车树栅为通道而南者，既为不可胜，且以示弱。渡渭为坚垒，虏至而不出，所以骄之也。故贼不为营垒，而求割地。吾顺言许之，所以从其意，使自安而不为备，因蓄士卒之力，一旦击之，所谓疾雷不及掩耳，卒电不及瞑目。兵之乘变，固非一道也。”天子策命公为魏王孙权称吴王，据江东；刘备袭益州牧刘璋，据蜀。天下遂三分矣。二十五年，薨于洛阳。子丕嗣丕字子桓，武帝太子也，是为文帝。受汉禅。崩，子睿嗣睿字元仲，文帝太子也，是为明帝。

崩，子齐王芳立十五年废。废，高贵乡公髦立七年杀。废，常道乡公璜立，璜禅晋晋封为陈留王。

【注释】①谭：指袁谭，汝南汝阳人。大将军袁绍长子，曾任青州刺史。建安元年，击败田楷、孔融，完全占据青州。袁绍去世后，联合曹操共同攻打袁尚。建安十年，曹操进攻南皮，袁谭奋力抵抗，战败被杀。尚：指袁尚，字显甫，汝南汝阳人。袁绍第三子，受到袁绍的偏爱，袁绍去世后继承官位和爵位，招致长兄袁谭的怨恨。曹操所败后与二兄袁熙先后投奔乌丸首领蹋顿、辽东太守公孙康，被公孙康斩杀，献首曹操。②公孙康：辽东襄平（今辽宁辽阳）人。东汉末年辽东地区割据军阀，辽东太守公孙度子、车骑将军公孙恭之兄。建安十四年（209年），公孙康大破高句丽，陷其国都，并讨伐韩濊，设置带方郡。死后由公孙恭继任。曹丕称帝后，被追赠为大司马。熙：指袁熙，字显奕，袁绍二子，曹操平定河北之时，接纳败给曹操后前来投奔的兄弟袁尚，被公孙康杀死，献首曹操。③逢纪：字元图，南阳人。东汉末年袁绍部下谋臣。袁绍去世后，逢纪、审配私下改袁绍遗命，立袁尚继位。袁尚不给袁谭多兵，使逢纪随之。袁谭要求配兵为审配拒绝，被袁谭所杀。④刘表：字景升，山阳郡高平县（今山东微山）人。东汉末年宗室、名士、军阀，西汉鲁恭王刘余之后。⑤辛毗：字佐治，颍川阳翟人，谥肃侯。起初辛毗跟随其兄事袁绍。官渡战后，事袁绍的儿子袁谭。曹操攻下邺城，投奔曹操。⑥刘先：字始宗，零陵郡（今湖南永州）人。博闻强记，明典故。初为刘表别驾，曾劝刘表依附曹操，刘表疑虑不决。后出使许都，于大庭广众之下驳斥曹操对刘表的责难，使曹操无言以对。汉献帝时，授武陵太守，后升为尚书。魏国建立后，任尚书令。⑦傅巽：字公悌。北地泥阳（今陕西耀县东南）人。傅介子之后。汉末三国时评论家。原为刘表之臣，后劝说刘琮降曹，为曹操所任用，封关内侯。后迁任散骑常侍，曹丕即位后成为侍中、尚书。⑧琮：指刘琮，山阳高平（今山东微山两城乡）人。荆州牧刘表次子，刘琦之弟。刘表死后继承刘表官爵，曹操大军南下时，在蔡瑁等人劝说下举荆州而降，被曹操封为青州刺史，后迁谏议大夫，爵封列侯。⑨马超：字孟起，扶风茂陵人（今陕西兴平），伏波将军马援之后，卫尉马腾之子。少年成名，曹操治兵关中，马超联合关中诸侯韩遂等抵抗曹操，被曹操用离间计击败，依附汉中张鲁。刘备攻打刘璋时投降，蜀汉建立后官至骠骑将军、斄乡侯。⑩韩遂：原名韩约，后改名遂，字文约，凉州金城郡人。东汉末年军阀、将领，最初闻名于西州，后受朝廷招安，拥兵割据一方长达三十余年。曾与马腾结为异姓兄弟，依附于曹操。后反叛曹操，被曹操打败。⑪成宜：东汉末年凉州军阀之一。建安十六年，从附马超起兵反抗曹操。同年九月，曹操发动渭南大决战，成宜战死。⑫徐晃：字公明，河东杨（今山西洪洞东南）人。三国时期曹魏名将。本为杨奉帐下骑都尉，杨奉被曹操击败后转投曹操，在曹操手下多立功勋，因樊城之战中治军严整而被曹操称赞“有周亚夫之风”。曹丕称帝后，被加封为右将军。⑬丁斐：字文侯，沛国谯（今安徽亳州）人。曹魏前期大臣。为人坚毅稳重，有才干谋略，特别贪财，建安十六年（211年）与马超大战时放出牛马来诱敌抢夺，救出曹操。

【译文】曹操在黎阳讨伐袁绍的儿子袁谭、袁尚，袁尚与袁熙逃到辽东。辽东太守公孙康斩杀袁尚、袁熙，把二人的首级送给曹操，于是曹操平定了黄河以北起初，太祖在黎阳攻打袁谭、袁尚，连着几次交战都打了胜仗，众位将领想要乘胜攻击。郭嘉说：“袁绍喜爱这两个儿子，没有立一个合适的继承人，郭图、冯纪成为他们的谋臣，他们必定互相争斗、离间。如果我们紧急攻打，他们就相互扶助；如果稍缓攻打，他们又开始争权。不如向南攻打荆州的刘表，等待他们生变故。生变故再攻打，可以一举把他们平定。”太祖说：“好！”太祖刚刚征讨刘表，袁谭果然和弟弟袁尚争夺冀州。袁谭派遣辛毗向太祖请降，请求赦免以前的罪过。太祖询问群臣这件事。群臣大多认为刘表强大，应当最先征平，袁谭不值得忧虑。荀攸说：“天下刚发生大事，而刘表稳坐江、汉，可知他没有统一天下的志向。袁氏占有四州之地，拥有十万军队，袁绍因为宽厚得到众人效命，想让两个儿子和睦，守护自己创建的大业，这样天下的战乱就不会停息。现在他们兄弟结仇，势不两立。如果两人合力，那么势力就大，势力大就难以图谋了。等到他们大乱而攻打他们，那么天下就不难平定了。这个机会不可以错过。”太祖说：“好！”于是答应袁谭请和，攻破袁尚。**曹操攻打刘表，恰好刘表去世，刘表的儿子刘琮投降**刘表，字景升，山阳高平人，初平元年，朝廷下诏任命刘表为荆州刺史，管理南接五岑岭，向北占据汉水，土地方圆几千里，军队十余万。曹操和袁绍在官渡相持，袁绍派人向刘表求助，刘表允诺了却不派兵，也不支援曹操，想要坐观天下的变化。刘先劝刘表说：“如今豪杰纷争，曹操、袁绍两雄相持。天下的关键都在将军手里。将军如果想有所作为，可以乘着双方疲困起兵，如果不这样，就应该选择合适的人归从，怎能拥有十万军队而坐观成败呢？他人求援而不能相助，见到贤人又不能归顺，双方的怨恨必定集中在将军身上，恐怕不能再保持中立了。曹操善于用兵，而且贤人俊杰多归顺于他，他的势力一定会打败袁绍，然后再移兵江汉，恐怕将军不能抵御。现在取胜的计策，莫过用荆州投降曹操，曹操必定看重将军的恩德，将军可以长享富贵，延及后代子孙。这是万全的计策。”刘表没有听从。汉献帝十三年，曹操亲自领兵攻打刘表。曹军还没到，刘表背上疽发去世。曹操屯军新野，傅巽劝刘琮归降，刘琮说：“现在我与大家占据整个楚地，守护父亲的基业，坐观天下，为什么不可以？”傅巽说：“逆与顺有原则，强与弱有定势。臣子抗拒君主，大逆不道；用我们刚建立的荆州楚地来抵御中原曹操的大军，必定危险；用刘备去攻打曹操，不适宜。三方面都不行，想要抵抗君王的军队，是必定灭亡的道路。将军自认为和刘备比怎么样？”刘琮说：“不如他。”傅巽说：“假如刘备不能抵抗曹操，即使能保全荆州，荆州也不能继续存有；假如刘备能够抵抗曹操，那么刘备也不能为将军效力。希望将军不要再迟疑。”刘琮于是率军归降曹操。当时刘备逃亡到荆州，刘表不能任用他。刘备听说荆州向曹操投降，于是逃亡夏口。**关中大将马超、韩遂、成宜等人谋反，曹操打败了他们**曹操与马超等人以潼关为界。曹公守住潼关，暗地里派遣徐晃等人夜渡蒲坂津，占据渭河西边扎营，曹公从潼关向北渡过黄河，还没有过河，马超乘船急战。丁斐放牛马诱惑马超的士兵，马超的军队大乱，争着抢夺牛马，曹公才得以渡河，在渭河南岸扎营。马超给曹公送信请求割地、送人质来和解。曹公假装答应。韩遂请求与曹公相见，到约定日期，二人在马上交谈，谈了很久，没有涉及军事，只是说说京都以前的老朋友，双方拍手欢笑。交谈后，马超问韩遂与曹操说了什么，韩遂说："没说什么。"马超开始怀疑韩遂。又有一天，曹公又给韩遂一封信，信中修整改窜的地方有很多，好像是韩遂改定的。马超于是更加怀疑韩遂。曹操与马超交战，大败马超，关中被平定。诸将问曹公说："起初，马超防守潼关，渭河北岸的道路缺少据守，您不从渭河东岸攻打冯翊，反而防守潼关，拖延时日再向北渡过渭河，这是为什么？"曹操说："敌军据守潼关，如果我军进入渭河东部，敌军必定带兵防守各个渡口，那么渭河西岸的军队就不能渡河，我故意重兵攻打潼关，敌军必定全力向南防守，渭河西岸的守备空虚，所以徐晃二人可以占领渭河西岸。然后我率军向北渡过渭河，敌军不能与我军争夺渭河西岸，是因为率先被这两位将军驻守。我们连接车辆、树立栅栏，作为通道通向渭河南岸，既然不能取胜，暂且向敌军示弱。军队渡过渭河修固军垒，敌军到来我军坚守不出，因此使他们骄纵，所以敌军不修建营垒，而是请求割地。我假装答应，用来顺从他们的意思，让敌军放松警惕，不做戒备。因此我军养精蓄锐，一旦攻打敌人，这就是所谓的'疾雷不及掩耳，猝电不及瞑目'。用兵的随机应变，本来就不是唯一的。"**天子策命曹公为魏王**孙权称吴王，占据江东；刘备袭击益州牧刘璋，占据西蜀，天下于是一分为三。**献帝二十五年，曹操在洛阳去世。曹操的儿子曹丕即位**曹丕字子桓，是魏文帝，**接受汉献帝的禅让。魏文帝曹丕驾崩，他的儿子曹睿继位**曹睿字元仲，是魏文帝的太子，为魏明帝。**曹睿驾崩，他的儿子齐王曹芳即位**曹芳在位十五年被废。**曹芳被废后，高贵乡公曹髦即位**曹髦在位七年后被杀。**曹髦被杀后，常道乡公曹璜即位。曹璜禅位，晋朝开始统治**晋朝封曹璜为陈留王。

晋高祖宣皇帝名懿，字仲达，姓司马，河内温人也。仕于魏武之世，历文、明二帝，居将相之位，平孟达[①]达为新城太守，反。灭公孙度[②]度世称燕王，据辽东。擒王凌[③]凌谋立楚王为帝，兵败自杀。魏明帝崩，遗诏使帝为太尉，与大将军曹爽[4]辅少主少主，齐王芳也。帝诛曹爽爽谋为不轨，宣帝谢病避之。爽党李胜[5]为荆州别驾。帝诡为耄惛（hūn），云并州近胡，可为其备。胜退，谓爽曰："司马公尸居残气，神形已离，不足虞也。爽于是专恣，恶太后知政，迁于永宁宫。嘉平元年，天子谒高陵，爽兄弟权兵从出。宣帝乃起奏永宁宫，废爽。然后勒兵至洛水，迎天子，奏爽与其党谋反，皆诛。宣帝崩，子师代为相师字子元，是为肃宗景皇帝。镇东将军毌（guàn）丘俭[6]、扬州刺史文钦[7]反，征平之俭、钦初反也，景帝问王肃[8]曰："安国宁主，其术安在？"肃答曰："昔关羽率荆州之众降于禁于汉滨，遂有北向争天下心。后孙权取其将士家属，羽士众一旦瓦解。今淮南将士父母皆在州，但急往御之，使不得前，必有关羽土崩之势。"景王从之，遂破俭等也。景帝崩，弟昭代为相昭字子上，是为太祖文帝，辅政为司空。诸葛诞[9]据寿春反，奉诏征平之。伐蜀，擒刘禅[10]。于时政出于权臣，人君主祭而已。魏帝不能容，自勒兵攻相府。太祖用长史贾充[11]计，逆战，舍人成济[12]执杀魏帝高贵乡公也，名髦，字士彦。乃伪令皇太后下令废少帝，又委罪成济，诛其三族。太祖崩，子炎受魏禅炎字子安，文帝太子，是为世祖武皇帝。既受魏禅，用羊祜[13]、杜预[14]计，征吴平之。立二十五年崩，太子衷立字正度，是为惠帝，武帝太子。

【注释】①孟达：扶风郡郿人，本为刘璋属下，后降刘备。关羽围樊城、襄阳时因不发兵救关羽而触怒刘备，于是投奔曹魏，在魏官至散骑常侍、建武将军，封平阳亭侯。此后又欲反曹魏而归蜀汉，事败而死。②公孙度：字升济，辽东襄平（今辽宁辽阳）人，东汉末年辽东地区割据军阀。趁中原董卓乱起，自立为辽东侯、平州牧。继则东伐高句丽，西击乌桓，南取辽东半岛，越海取胶东半岛北部东莱诸县，开疆扩土。又招贤纳士，设馆开学，广招流民，威行海外，使辽东地区获得了暂时的安宁，推动了当地生产技术和封建文化的发展。③王凌：字彦云，太原祁县（今山西祁县）人，曹魏将领，东汉司徒王允之侄。嘉平三年（251年），因不满司马懿专擅朝政，联合兖州刺史令狐愚谋立楚王曹彪为帝，事泄自尽，夷灭三族。④曹爽：字昭伯，沛国谯县（今安徽亳州）人，大司马曹真长子，三国时期曹魏宗室、权臣。本谦虚谨慎，后任用私人，专权乱政，侵吞财产，一意孤行出兵伐蜀，造成国内虚耗死伤惨重，起居自比皇帝，并采用邓飏之谋将郭太后迁往永宁宫软禁。司马懿发动高平陵政变，被解除大将军的职务，不久被族诛。⑤李胜：字公昭，荆州南阳人。三国时曹魏大臣，议郎李休之子。曹芳即位后，曹爽辅政，李胜成为曹爽集团的重要成员，曾借出任荆州刺史探听司马懿病情，高平陵政变结束后还未至荆州赴任便被逮捕，随即与曹爽及其党羽一同被杀，惨遭夷族。⑥毌丘俭：复姓毌丘，字仲恭，河东闻喜（今山西闻喜县）人。魏国重要将领，武威太守毌丘兴之子。司马师废黜魏帝曹芳后，联合文钦起兵勤王，成为“淮南三叛”（王淩、毌丘俭、诸葛诞）之一，可惜准备不足，兵败身亡。⑦文钦：字仲若，谯郡（今安徽亳州）人，曹操部将文稷之子。正元二年（255年），文钦与毌丘俭等起兵勤王，讨伐司马师，兵败后投奔吴国。魏将诸葛诞起兵反抗司马氏，文钦随从吴军前往支援，与诸葛诞意见不同，被诸葛诞杀死。⑧王肃：字子雍。东海郡郯县（今山东临沂市郯城西南）人。三国时期曹魏著名经学家，司徒王朗之子、晋文帝司马昭岳父。师从大儒宋忠，曾遍注群经，对今、古文经意加以综合。又以其深厚的文化底蕴，借鉴《礼记》《左传》《国语》等，编撰《孔子家语》。其所注经学在魏晋时期被称作“王学”。⑨诸葛诞：字公休，琅邪阳都（今山东沂南）人。魏国将领，汉司隶校尉诸葛丰之后，蜀汉丞相诸葛亮的族弟。曾与司马师一同平定毌丘俭、文钦的叛乱。甘露二年（257年）起兵，并得到东吴的支援，次年被镇压，被大将军胡奋所斩，夷三族。⑩刘禅：字公嗣，小名阿斗，蜀汉怀帝，又称后主。蜀汉昭烈帝刘备之子，三国时期蜀汉第二位皇帝。在位四十一年。⑪贾充：字公闾，平阳襄陵（今山西襄汾东北）人，曹魏豫州刺史贾逵之子。西晋王朝的开国元勋。

曾参与镇压淮南二叛和弑杀魏帝曹髦，深得司马氏信任，其女儿贾褒及贾南风分别嫁予司马炎弟司马攸及次子司马衷，与司马氏结为姻亲，地位显赫。⑫成济：扬州丹杨（治今安徽宣城）人。三国后期曹魏太子舍人，被司马昭的心腹贾充指使，用戟刺死魏帝曹髦，后司马昭为平息众怒，将成倅、成济兄弟二人杀死。⑬羊祜：字叔子，泰山南城（今山东新泰市）人。魏晋时期大臣，著名战略家、政治家和文学家。⑭杜预：字元凯，京兆杜陵（今陕西西安市）人。魏晋时期著名政治家、军事家和学者，曹魏散骑常侍杜恕之子。

【译文】晋高祖宣皇帝司马懿，字仲达，姓司马，河内郡温地人。早年追随魏武帝曹操，后经魏文帝、魏明帝两朝，官居将相，平定孟达叛乱孟达为新城太守，后反叛，**消灭公孙度**公孙度世称燕王，割据辽东，**擒获王凌**王凌想立楚王曹彪为帝，兵败自杀。**魏明帝驾崩，下遗诏封司马懿为太尉，和大将军曹爽辅佐少主**少主，就是齐王曹芳。**司马懿诛杀曹爽**曹爽图谋不轨，司马懿称病躲避，曹爽的党羽李胜为荆州别驾。司马懿假装老朽昏庸，说并州靠近胡人，应作好防备。李胜告退，对曹爽说："司马懿行将就木，神情恍惚，不值得担心。"曹爽因此专横放肆，他厌恶太后主持政事，把太后迁到永宁宫。嘉平元年，天子拜祭高平陵，曹爽兄弟统兵跟着皇帝拜祭。司马懿于是到永宁宫奏明太后，废除曹爽的兵权。然后亲自领军到达洛水，迎接天子回朝，上奏曹爽及其同党谋反，都被诛杀。**司马懿死后，他的儿子司马师接替他作丞相**司马师，字子元，是肃宗景皇帝。**镇东将军毌丘俭、扬州刺史文钦反叛，被司马师平定**毌丘俭、文钦刚开始反叛时，司马师问王肃说："安定国家辅佐皇上，应该怎样做？"王肃回答说："从前关羽率领荆州的士兵在汉水边收服于禁，然后就有了向北争夺天下的雄心。后来孙权俘虏了他手下将士的家属，关羽的士兵立刻就土崩瓦解。如今毌丘俭等淮南将士的家属都在扬州，赶快用他们要挟，使毌丘俭的士兵不能靠近，他们必定会像关羽的士卒那样土崩瓦解。"司马师听从了王肃的计策，于是打败了毌丘俭等叛军。**司马师死后，他的弟弟司马昭代替他当了丞相**司马昭，字子上，是太祖文皇帝，**辅佐朝政担任司空。诸**

葛诞占据寿春，反叛，司马昭奉诏讨平叛乱。讨伐蜀国，擒获蜀后主刘禅。当时魏国的政事听从当权的司马昭，皇帝只能负责祭祀宗庙。魏帝不能容忍，亲自带兵攻打丞相府，司马昭采用长史贾充的计策迎战，舍人成济杀死了魏帝魏帝就是高贵乡公，名髦，字士彦。司马昭于是欺骗皇太后下令废掉曹髦，又归罪成济，诛杀成济三族。司马昭死后，他的儿子司马炎取得了魏国的禅让司马炎，字子安，是文帝司马昭的太子，为世祖武皇帝。司马炎接受禅让，用羊祜、杜预的计策，征讨吴国，最后平定了吴国。司马炎在位二十五年，驾崩后，太子司马衷继位司马衷，字正度，是晋惠帝，为武帝司马炎的太子。

惠帝不惠，妃贾充女为皇后。后秉权，杀杨骏[①]，废太后贾后淫妒，遇姑无礼，乃诈诬太后父杨骏反，使帝诛之，废太后于金墉城，饿杀之。诛太宰汝南王亮[②]、太保卫瓘（guàn）[③]亮、瓘并以名德执政，后意不得行，乃使帝弟楚王玮，矫诏诛亮、瓘，因又诛玮。戮楚王玮，殒太子遹（yù）贾后无子，乃诈有娠，养贾谧（mì）[④]子为子。太子遹，宫人谢氏生也，少而聪慧，贾后恶之，谮太子，废之金墉城，又遣小黄门杀太子。用赵王伦为相国，伦恶司空张华[⑤]，仆谢裴頠（wěi）[⑥]正直，矫诏诛之。伦遂篡帝位，于是齐王攸之子冏，与帝弟成都王颖等起义兵诛伦。颖于是镇邺。并州刺史东瀛公腾、安北将军王浚，又起兵讨颖。颖败，挟天子南奔洛阳。后惠帝复位，帝弟长沙王又谮冏，诛之。由是戎狄并兴，四方阻乱，遂分为三十六国刘元海[⑦]为匈奴质子，在洛阳，晋武帝与语，说之。谓王浑[⑧]曰："元海容仪机鉴，由余[⑨]、日磾（mì dī）[⑩]，无以加也。"浑对曰："元海容仪实如圣者，然其文武才干贤于二子远。陛下若任之以东南之事，吴会不足平也。"帝称善。孔恂（xún）[⑪]、杨珧（yáo）[⑫]曰："臣观元海之才，当今无比，陛下若轻其众，不足以成事；若假之威权，平吴之后，恐其不复北渡也。非我族类，其心必异，任之本部，臣窃为陛下寒心。若举天阻之固以资之，无乃不可乎？”帝默然。后秦凉覆没，帝畴咨将帅，李熹曰：“陛下诚能发匈奴五部之众，假元海一将之号，鼓行而西，指期可定也。”孔恂说：“李公之言，未尽殄患之理。元海若能平凉州、渐树机能，恐凉州方有难耳。蛟龙得云雨，非复池中物也。”帝乃止。惠帝失驭，寇贼蜂起。成都王颖镇邺，表元海行宁朔将军，监五部军事。及王浚等讨颖，元海说颖曰：“今二镇跋扈，众十余万，恐非宿卫及近郡士众所能御之，请为殿下还说五部众，以赴国难。”颖从之。元海至国，左贤王刘宣等上大单于之号，二旬之间，众已五万，遂寇平阳，陷之，入蒲。于时五胡乱中原矣。石勒[13]者，上党羯胡也，据于赵。幽州之牧王浚署置百官，勒有并吞之意，欲先发使以观之，议者佥曰：“宜如羊祜、陆抗之事[14]，亢书相闻。”时张宾[15]有疾，勒就而谋之，宾曰：“王浚假三部之力，图称南面，虽曰晋藩，实怀僭逆之志，必思协英雄，图济事业。将军威震海内，去就为存亡，所在为轻重。浚之欲将军。犹楚之招韩信也。今权谲遣使，无诚款之形，脱生猜疑，图之兆露，后虽奇略，无所设也。夫立大事，必先为之卑，当称藩推奉，尚恐不信，羊祜之事，臣未见其可也。”勒曰：“君侯之计是也。”乃遣其舍人王子春赍珍宝奉表推崇浚，浚谓子春曰：“石公一时英武，据有旧赵，成鼎峙之势，何谓称藩于孤，其可信乎？”子春曰：“石将军英才俊拔，士马盛强，实如圣者，仰唯明公，州郡贵望，累叶重光，出镇藩岳，威声播于八表。因以胡越钦风，戎夷歌德，岂唯区区小府，而敢不敛衽神阙者乎？昔陈婴[16]岂其鄙王而不王，韩信薄帝而不帝哉？但以帝王不可以勇致力争故也。石将军之拟明公，犹阴精之比太阳，江河之比洪海耳！项籍、子阳，覆车不远，是石将军之明鉴也，明公亦何怪乎？自古诚胡人而为名臣者，实有之矣，帝王则未之有也。石将军非以恶帝王而让明公也，顾取之不为天下所许也。愿公勿疑。”浚大悦，遣使报勒。勒复遣使奉表于浚，期亲诣幽州上尊号。亦修笺于枣嵩，乞并州牧、广平公，以见必信之诚。勒纂兵戎，期袭浚，而惧刘琨[17]及鲜卑为其后患，沉吟未发。张宾曰：“夫袭敌国，当出其不意，军严经日不行，岂顾有三方之虑乎？”勒曰：“然，为之奈何？”宾曰：“王彭祖之据幽州，唯仗三部，今皆离叛，还为寇仇，此则外无声援以抗我也；幽州饥俭，人皆蔬食，众叛亲离，甲旅寡弱，此内无强兵以御我也。若大军在郊，必土崩瓦解。今三方未靖，将军便能悬兵千里以征幽州也。轻军往反，不出二旬，就使三方有动，势足旋趾，宜应机电发，勿后时也。且刘琨、王浚虽同名晋藩，其实仇敌。若修笺于琨，送质请和，琨必欣于得我，喜于浚灭，终不救浚而袭我也。”勒曰：“善！”于是轻骑袭幽州，勒晨至蓟北门，叱门者，疑有伏兵，先驱牛羊数千头，声言上礼，实填诸街巷，使兵不得发。勒入，浚乃惧。勒入其厅事，令甲士执浚送于襄国市，斩之，此三十六国之大略也。

【注释】①杨骏：字文长，弘农华阴人，西晋时期权臣、外戚，东汉太尉杨震之后。女为晋武帝皇后，受晋武帝宠信，与弟杨珧、杨济势倾天下，时称三杨。贾后政变，被人杀死在马厩里。三族被诛，株连而死的共有数千人。②太宰汝南王亮：指司马亮，字子翼，河内温县（今河南温县）人，晋宣帝司马懿第四子，晋景帝司马师、晋文帝司马昭异母弟，八王之乱中的八王之一。③卫瓘：字伯玉。河东郡安邑县（今山西夏县北）人。三国曹魏后期至西晋初年重臣、书法家，曹魏尚书卫觊之子。④贾谧：字长渊，唐修《晋书》避唐高祖讳，作“长深”，西晋人。原姓韩，因外祖父贾充的儿子贾黎民早卒，过继给黎民，改姓贾。为人好学，有才思，被人称美为文采可与西汉贾谊相比。后因与贾后一起合谋陷害太子，被赵王司马伦所杀。⑤张华：字茂先。范阳方城（今河北固安）人。西晋政治家、文学家、藏书家。博学多才、记忆力极强，被比作子产；工于诗赋，词藻华丽，编纂有我国第一部博物学著作《博物志》；雅爱书籍，精通目录学，曾与荀勖等人依照刘向《别录》整理典籍。永康元年（300年），赵王司马伦发动政变，惨遭杀害，时年六十九。⑥裴頠：字逸民，河东闻喜（今山西闻喜县）人。西晋大臣、哲学家，司空裴秀之子。颇有雅量，见识高远，通古博今。坚决反对王弼和何晏的“贵无论”，提出“崇有论”。著有《崇有论》。永康元年（300年），被赵王司马伦所害，终年三十四岁。⑦刘元海：指刘渊，字元海，新兴郡（今山西忻州北）人，匈奴族。五胡十六国时期前赵开国皇帝，匈奴首领冒顿单于后代，文武双全，擅长骑射。父亲死后，接掌部属。八王之乱时，趁着西晋诸王内乱，割据并州，建立汉国，设置百官。⑧王浑：字玄冲。太原郡晋阳县（今山西太原）人。三国曹魏至西晋初年名臣，东汉代郡太守王泽之孙、曹魏司空王昶之子。曾与杜预等奉诏伐吴，率军从横江出击，屡战屡胜。⑨由余：姬姓，名由余，周武王的少子唐叔虞的十五世孙，晋鄂侯的曾孙。春秋时期晋国人，秦穆公用计拜其为上卿，帮助秦国攻伐西戎，并国十二，开地千里，称霸西戎，使秦穆公位列春秋五霸之一。⑩日磾：指金日磾，字翁叔，西汉匈奴族政治家。驻牧武威的匈奴休屠王太子，兵败被霍去病俘获。汉武帝因获休屠王祭天金人故赐其姓为金。受汉武帝嘱托与霍光辅佐太子刘弗陵。⑪孔恂：字士信，济南相孔乂子。孔子之后。西晋时为平东将军、卫尉。⑫杨珧：字文琚，弘农华阴（今陕西华阴市）人。西晋外戚大臣，东汉太尉杨震曾孙、太傅杨骏之弟。晋惠帝即位，自虑权位过盛，固请辞位，拜卫将军，策划齐王司马攸归国。贾皇后联合楚王司马玮发动政变，被杀，夷灭三族。⑬石勒：本名㔨（bèi），字世龙，上党郡武乡县（今山西榆社县）人。十六国时期后赵政权建立者，羯族部落首领周曷朱之子，我国历史上唯一一位奴隶皇帝。⑭羊祜、陆抗之事：羊祜是晋景帝司马师的妻弟，晋武帝始泰五年出镇襄阳，表面与吴将陆抗交好，暗中为伐吴做准备。羊祜屡次请求出兵，均不许，临终举荐杜预，终于灭了吴国。⑮张宾：字孟孙，河北邢台人，中山太守张瑶之子。博涉经史，胸怀大志，谋略过人。辅助石勒征战四方，建立后赵政权，订立国家制度，拜为大执法，专总朝政，位冠僚首。为官清廉，谦虚谨慎，任人唯贤，礼贤下士，深受石勒和群臣的尊重。⑯陈婴：秦末东海郡东阳县（今属江苏省盱眙县）人，初任县令史，为人诚实谨慎。东阳少年杀县令，打算立陈婴为王。陈婴之母阻止作罢。后率众投奔项梁，共立熊心为楚怀王，陈婴任上柱国，封五县；后投靠刘邦，封堂邑侯。⑰刘琨：字越石，中山魏昌（今河北无极县）人。工于诗赋，少有文名，金谷二十四友之一。晋朝政治家、文学家、音乐家和军事家，西汉中山靖王刘胜之后、光禄大夫刘蕃之子。

【译文】晋惠帝不聪明，贾充的女儿被立为皇后。贾后独揽大权，杀了杨骏，废掉太后贾后放荡善妒，不按礼法对待婆婆，并且诬陷太后的父亲杨骏谋反，怂恿晋惠帝杀死杨骏。废掉太后，把她囚禁在金墉城，让她活活饿死，又杀死太宰汝南王司马亮、太保卫瓘司马亮、卫瓘都以名望与德行执政，贾后的旨意得不到施行，于是指使晋惠帝的弟弟楚王司马玮，矫传圣旨杀死司马亮、卫瓘，又杀了司马玮。杀死楚王司马玮，害死太子司马遹贾后没有儿子，于是诈称有孕，收养了贾谧的儿子。太子司马遹，是宫女谢氏生的，从小就聪明，贾后很厌恶他，阴谋诬陷太子，让惠帝把他废掉幽禁在金墉城，又派遣小黄门杀了太子，贾后任用赵王司马伦为相国，司马伦厌恶司空张华、仆射裴頠的正直，假托圣旨杀了他们，司马伦就篡夺了帝位。这时齐王司马攸的儿子司马冏和晋惠帝的弟弟成都王司马颖等起兵杀死司马伦，司马颖于是镇守邺地。并州刺史东瀛公司马腾、安北将军王浚又起兵讨伐司马颖，司马颖败退，挟持晋惠帝向南逃到洛阳。后来惠帝复位，惠帝的弟弟长沙王司马乂诬陷司马冏，并杀死了他，从此戎狄纷纷兴起，四方割据混乱，天下分为三十六国刘元海是匈奴的人质，住在洛阳。晋武帝和他交谈，很欣赏他。晋武帝对王浑说："刘元海仪容威武，由余、金日磾都赶不上他。"王浑回应说："刘元海的相貌风度确实很像圣人，然而他的文武才干远超由余和金日磾，陛下如果让他管理东南的政务，吴国不难平定。"司马炎认为王浑说的对，孔恂、杨珧说："我观察刘元海的才能，当今无人可比，陛下如果轻视他们这些人，不足以成就大事；如果给他们权力和威势，平定吴国后，恐怕他就不会向北还师。不是我们同族的人，他的心与我们必定不同，放任他在我们军中，我私下里为陛下感到忧虑。如果把有天险的地方交给他，恐怕不行吧？”晋武帝沉默不语。以后秦、凉两地陷落，晋武帝向将帅们询问对策，李熹说：“陛下如果能发动匈奴五部的兵马，给刘元海将军的称号，擂鼓向西进军，平定敌军指日可待。”孔恂说：“李熹的话没有说清楚平定祸患的道理。刘元海如果能平定凉州，渐渐壮大，恐怕凉州才大难临头。蛟龙得到云雨，就不是池中之物了。”晋武帝于是停止任用刘元海。晋惠帝失去了对国家的控制，寇贼蜂拥而起。成都王司马颖镇守邺地，上表请封刘元海为宁朔将军，并监管匈奴五部的军事。等到王浚等人讨伐司马颖时，刘元海劝司马颖说：“如今王浚等两部跋扈，拥有士兵十多万，恐怕不是原来的守卫及城池周围的士兵所能抵御的，请让我回去劝说匈奴五部人马，和您共赴国难。”司马颖听从了他的建议。刘元海回到匈奴，左贤王刘宣献上大单于的称号，二十天之内，招募到五万多人。于是攻陷平阳，进入蒲地。从此五部胡人开始祸乱中原。石勒，是上党的羯族胡人，占据赵地。幽州牧王浚设置百官，石勒有吞并他的想法，想先派遣使者打探虚实。参与议论的人都说：“应该像羊祜、陆抗的旧事，以平等的书信礼节来往。”当时张宾正生病，石勒亲自到张宾府上商讨。张宾说：“王浚凭借匈奴三部的力量，图谋向南称王，虽然表面上是晋朝的藩属，实际上却怀着僭越谋逆的志向，必定想要招募英雄，来完成大业。将军你威振海内，你的去留可以决定存亡，你的行为举足轻重。王浚希望结交将军，好比西楚希望招揽韩信。如今假意派遣使者，而没有真诚的态度，反而使王浚怀疑，有所图谋的心思显露出来了，后面即使有奇计，也没有用处了。干大事必先表现出谦卑，臣服奉表，尚且怕不被信任，羊祜的作法，我不认为可以效仿。”石勒说：“你的计策是对的。”于是派遣舍人王子春带着珍宝向王浚假意臣服。王浚对王子春说：“石勒是当今的英豪，占据赵地，成鼎立的形势，为什么要向我称服，这可信吗？”王子春说：“石将军英明神武，兵强马壮，确实如同圣者。只是瞻仰您是州郡望族，数代名扬天下，出来镇守一方，威严的声名传播天下，因此胡、越都钦敬您的名声，戎、夷都歌颂您的德行，岂是区区小府而敢不到你门下收敛前襟称臣吗？从前陈婴难道是鄙视王侯而不称王，韩信难道是鄙视帝位而不称帝吗？只是帝王不能凭借气力争夺的缘故。石将军和您相比，犹如月亮和太阳、江河和大海！项籍和子阳失败的教训还不久远，这些都是石将军明智的借鉴，你为什么感到奇怪呢？自古胡人成为名臣的确实有，成为帝王的还没有出现过。石将军不是厌恶帝王而推让给您，而是环顾四周，觉得这样做不被天下人允许。希望您不要再怀疑。”王浚非常高兴，派遣使者回报石勒，石勒又重新派人捧着表册献给王浚，约定亲自到幽州献上尊号，又写信给王浚的女婿枣嵩，请求封他为并州牧、广平公，以此来表现自己的诚心。石勒作好出征准备，想偷袭王浚，而害怕刘琨和鲜卑人袭击自己，间断地低声自语，迟疑不决，不能发兵。张宾说：“偷袭敌国，应当出其不意，军队准备好了却几天不出发，难道有第三方的顾虑吗？”石勒说：“是的，应该怎么办呢？”张宾说：“王浚盘据在幽州，只有仰仗三部的力量，如今三部背叛离开，和他成为仇敌，这使他外无援兵来抗拒我们。幽州城内发生饥荒，人们都以蔬菜为食，众叛亲离，士兵缺少而且战斗力差，这使他内部无强兵来抵抗我们。如果我们的军队在郊外迎战，敌人一定会土崩瓦解。如今三方没有安定，将军便能奔袭千里征讨幽州，轻装的士兵往返，用不了二十天，既使三方作出反应，形势也有回旋余地。应该乘机像闪电一样出发，不要耽误战机。况且刘琨、王浚虽然名义上都是晋朝的藩属，其实是仇敌。如果写信给刘琨，送质子请和，刘琨必定高兴与我们结交，同时窃喜于王浚被灭，最终不会援救王浚而袭击我们。”石勒说：“好！”于是派轻装骑兵偷袭幽州，石勒率部早晨到了蓟的北门，呼喊看守大门的人，石勒怕有伏兵，先驱赶牛羊数千头，声称进献礼品，其实是为了用牛羊填堵各个街巷，使王浚的士兵不能行动。石勒进入城中，王浚开始感到害怕。石勒进入他的官署，命令士兵逮捕王浚押解到集市，斩杀了他。这就是三十六国的大概情况。

惠帝立十四年，崩，弟豫章王炽立字丰度，是为怀帝，都长安，为胡贼所杀后魏拓跋氏在晋怀帝永嘉三年从云中入雁门，北有沙漠，南据阴山，众数十万。至孝文，乃改拓跋为元氏，都洛阳。肃宗崩，大都督尔朱荣①谋立庄帝，荣害灵太后及王公二千人，立庄帝。帝杀尔朱荣。左仆射尔朱世隆②率荣部曲，自晋阳袭京城，执庄帝，杀之，而立恭帝，又废之。高欢乃立广平王子修，后为斛律斯椿所胁，走入关。周太祖宇文黑獭奉帝都长安，披草蔻，立朝廷，是为西魏。诏授宇文黑泰③为丞相。泰又害出帝，立南阳王宝炬，是为文帝。文帝崩，立王子朗为帝，又废之，而立恭帝，泰为太师。泰薨，子觉嗣，封周公，魏帝禅位于觉。觉，黑泰第三子，受禅，国号周。至宣帝崩，禅于隋。初，尔朱世隆之杀庄帝也，高欢为晋州刺史，起兵诛之，立魏出帝，欢为丞相。后魏既西入关，乃立清河王之子善见为帝，迁都邺，是为东魏。高欢薨，子齐王洋受东魏禅，国号齐。至温公纬，为周所灭，周又为隋所灭。隋文帝既受周禅，又南灭陈，天下一统矣。怀帝崩，立吴王晏子业，是为愍帝，亦为胡贼所杀此时胡乱中原，晋元乃迁都江左也。

【注释】①尔朱荣：字天宝，梁郡北秀容（今山西朔州）人，契胡族。北魏王朝权臣、军事家。神机明决，容颜俊美。借口丞相高阳王元雍谋反，发动河阴之变，围杀王公百官，身居外藩，安置亲信党羽，占据要职要地，遥控朝政大局。后入朝觐见皇帝，与元天穆一起被孝庄帝所杀。时年37岁。②尔朱世隆：字荣宗，北秀容人。北魏后期将领，太原王尔朱荣从弟，彭城王尔朱仲远弟。永安三年（530年），尔朱荣死后，随尔朱度律推举元晔即位于长子，不久改立前废帝元恭。中兴二年（532年），高欢信都起兵后，随从尔朱彦伯一起被杀，时年三十三岁。③宇文黑泰：即宇文泰，字黑獭（一作黑泰），代郡武川（今内蒙古武川西）人，鲜卑宇文部后裔，汉化鲜卑人，西魏杰出的军事家、改革家、统帅，西魏的实际掌权者，也是北周政权的奠基者，史称周文帝。

【译文】晋惠帝在位十四年，驾崩，他的弟弟豫章王司马炽被拥立为皇帝司马炽，字丰度，是晋怀帝，**定都长安，后被胡贼刘聪杀死**后来北魏拓跋氏在晋怀帝永嘉三年从云中进入雁门，北有沙漠，南占阴山，兵马数十万。到孝文帝时，把拓跋氏改为元氏，定都洛阳。肃宗元诩驾崩后，大都督尔朱荣谋划拥立庄帝元子攸，尔朱荣杀害了灵太后和王公大臣二千多人，拥立庄帝继位。庄帝继位后杀死尔朱荣，左仆射尔朱世隆率领尔朱荣的部下从晋阳袭击京城，抓捕庄帝，杀死他，另立恭帝元廓，又把恭帝废掉。高欢于是拥立广平王元怀的儿子元修。元修后来被斛律斯椿胁迫入关。北周太祖宇文泰辅佐元修，定都长安，披着草蔻，建立政权，这就是西魏。西魏出帝元修下诏封宇文泰为丞相，宇文泰后来又害死了出帝，立南阳王元宝炬为帝，元宝炬是文帝。文帝驾崩，立他的儿子元朗为帝，宇文泰又废掉他，重新拥立恭帝，宇文泰被封为太师。宇文泰死后，他的儿子宇文觉继承爵位，被封为周公。后来西魏恭帝元廓禅位给宇文觉。宇文觉是宇文泰的第三子，接受了恭帝的禅让，国号为周。等到北周宣帝宇文赟驾崩，把帝位禅让给隋。当初尔朱世隆杀庄帝元子攸时，高欢为晋州刺史，起兵讨伐尔朱荣，拥立北魏出帝元修，高欢被封为丞相。后来北魏向西入关，于是拥立清河王的儿子元善见为帝，迁都邺城，这就是东魏。高欢死后，他的儿子齐王高洋接受东魏皇帝的禅位，改国号为齐，到温国公高纬执政，北齐被北周灭掉，北周又被隋灭掉。隋文帝接受北周皇帝的禅位，又向南灭掉陈国，天下一统。**晋怀帝司马炽驾崩，立吴王司马晏的儿子司马业为帝，就是愍帝，愍帝后来也被胡贼刘聪杀死**当时胡人扰乱中原，晋元帝司马睿于是迁都到江东。

中宗元皇帝睿乃兴于江东睿字景文，宣帝曾孙也。元帝幼而聪敏，及中原丧乱，乃与王敦等渡江抚绥江左，甚得众心。后王敦于武昌反，至石头，帝攻之，不克，乃委政于敦。敦还镇武昌。帝在位十六年崩，太子绍立绍字道畿（jī），是为肃宗明皇帝。王敦威振内外，将谋为逆，肃宗征破之用温峤[1]等决计征之。初，敦之谋反也，温峤为其从事中郎，夙夜综其府事，伪相亲善，京兆尹缺，峤说敦曰："宜自树腹心，以间构人主。愚谓钱凤[2]可用。"敦曰："莫若君。"峤为辞让，临别之际，自峤起行酒。峤伪醉，以手板击钱凤帻，帻为之堕，乃作色曰："钱世仪何人，温太真自行酒而敢不饮？"凤不悦，以醉为解。明日，峤将发，凤说敦留之。敦曰："峤常云钱世仪精神满腹，昨小加声色，岂得以此相谗耶？"峤至都，陈敦反逆状。三年，肃宗崩。至孝武帝昌明立，简文帝第三子。羝贼苻坚[3]寇淮南。晋冠军将军谢玄[4]等大破坚于淝水苻坚以百万之众至淝水。谢玄乃选勇士八千人涉渡淝水，玄遣使谓坚曰："阻水为阵，旷日持久，请小却，与君周旋。"秦诸将闻前军唱却，谓已失利。朱序[5]之徒声云坚败。大军退，自相填籍，闻风声鹤唳，皆曰南军至也。遂大败。坚还长安苻坚因此卒亡灭也。二十一年，帝崩。自后遂干弋相继。至安帝为桓玄所篡，宋祖刘裕平玄。至恭帝，遂禅于宋。

【注释】①温峤：字泰真，一作太真，太原祁县（今山西祁县）人。东晋名将，司徒温羡之侄。出身太原温氏，聪敏博学，为人孝悌。与晋明帝为布衣之交。晋明帝即位，拜侍中，转中书令，从平王敦之乱。晋明帝病重，随王导、郗览等同受顾命，拜平南将军、江州刺史，从平苏峻之乱，拜骠骑将军，封始安郡公。②钱凤：字世仪，东晋初年王敦的部下，担任铠曹参军一职，曾多次怂恿王敦反对东晋政权。王敦病死，跑到庐州，投奔旧友周光，被周光斩杀。③苻坚：字永固，又字文玉，小名坚头，略阳临渭（今甘肃秦安县）人，氐族。十六国时期前秦政权君主，惠武帝苻洪之孙、丞相苻雄之子。④谢玄：字幼度。陈郡阳夏（今河南太康）人。东晋名将，豫州刺史谢奕之子、太傅谢安之侄。曾招募北来民众中的骁勇之士，组建训练一支精锐的"北府兵"。淝水之战中任前锋都督，先遣部将刘牢之率部夜袭洛涧，首战告捷。继而抓住战机，计诱前秦军后撤，乘势猛攻，取得以少胜多的巨大战果。⑤朱序：字次伦，义阳平氏（今河南省桐柏县）人，东晋名将，西蛮校尉、益州刺史朱焘之子。淝水之战中暗助晋军，大败前秦投归东晋。

【译文】东晋中宗元皇帝司马睿在江东兴起司马睿，字景文，晋宣帝司马懿的曾孙，元帝司马睿小时候就很聪明，等到中原时局动乱，就与王敦等人渡过长江，安抚江东的局势，深受士人拥戴，后来王敦在武昌反叛，到达石头城，元帝司马睿带兵攻打他，没有获胜，于是把政权交给王敦。王敦退兵返回武昌镇守。**元帝司马睿在位十六年驾崩，太子司马绍继位**司马绍字道畿，就是肃宗明皇帝。**王敦的权势威震朝廷内外，想要谋划反叛，肃宗率兵打败了他**肃宗用温峤等人的计策打败王敦。起初，王敦意图谋反，温峤正是王敦的从事中郎，早晚为王敦管理事务，假装和王敦亲善。京兆尹的职位空缺，温峤对王敦说："应该培养自己的心腹，来离间构陷皇上。我认为钱凤可以被任用。"王敦说："他不如你。"温峤假装辞让。临别之际，温峤起身依次敬酒，他假装喝醉，用手板打钱凤的头巾，把头巾打落，并脸上变色说道："钱世仪是什么人，我温太真亲自敬酒竟然敢不喝？"钱凤不高兴，温峤用喝醉作解释。第二天，温峤将要出发去京城，钱凤劝说王敦留下温峤。王敦说："温峤常说你富有才智，满腹经纶，昨天你们有争吵，难道就以此进谗言说他的坏话吗？"温峤回到京城，向肃宗陈述了王敦谋逆的罪状。**三年后，肃宗驾崩，到了孝武帝司马昌明继位。司马昌明是简文皇帝司马昱的第三个儿子。羝族人苻坚侵入淮南，东晋冠军将军谢玄率兵在淝水打败了苻坚**苻坚率领百万军队到达淝水，谢玄挑选勇士八千人渡过淝水，谢玄派遣使者对苻坚说："隔着淝水对阵，一时间难以分出高下，请稍稍后撤，让我军和你的军队作战。"前秦的将领们听说前边的军队大喊后退，以为已经被打败。朱序等人声言苻坚被击败，苻坚的军队退却，人马自相践踏，听到刮风的声音和鹤的鸣叫声，都以为东晋的军队杀过来了，因此被东晋打得大败。**苻坚返回长安**苻坚因此最终难逃灭亡。**孝武帝在位二十一年驾崩，他死后天下战乱不断，到安帝司马德宗的时候政权被桓玄篡夺。宋太祖刘裕平定了桓玄的叛乱，到恭帝司马德文的时候就把帝位禅让**

给刘裕。

高祖武皇帝姓刘，名裕，字德舆，彭城人。桓玄篡晋伪楚桓玄，字敬德，谯国龙亢人也，形貌瑰特。为江州刺史，袭杀荆州刺史殷仲堪[1]。会稽王世子元显[2]专政，以玄跋扈，遣军征之。玄闻见讨，即率众下至京师，杀元显。诏以玄为丞相，封楚王，遂禅位。高祖与刘毅[3]、何无忌[4]等，潜谋匡复，起兵平玄时桓玄使桓弘镇广陵，刘道规[5]为弘中军参军，令道规袭桓弘。桓修镇丹徒，高祖为修中军参军，自袭修。克期同发，刘毅、道规等既袭广陵，斩桓弘，以其众南渡；高祖、何无忌袭京师，斩桓修，率二州之众千二百人进舍竹里，移檄京师。曰："夫成败相因，理不常泰，狡焉纵虐，或值圣明。自我大晋，屡构阳九之厄[6]。隆安以来，皇家多故，贞良毙于豺狼，忠臣碎于虎口。逆臣桓玄，敢肆凌慢，阻兵荆、郢，亟暴都邑，天未亡难。凶力实繁，逾年之间，遂倾皇祚，主上播越，流幸非所，神器沉辱，七庙[7]隳坠。虽夏后之罹浞（zhuó）、殪（yì）[8]，有汉之遭莽、卓，方之于玄，未足为喻。自玄篡逆，于今历载，弥年亢旱，民不聊生。士庶病于转输，文武困于版筑。室家分析，父子乖离，岂惟《大东》[9]有杼轴之悲，《摽（biào）有梅》[10]有倾筐之怨而已哉？仰观天文，俯察人事，此而可存，孰有可亡？凡在有心，谁不扼腕？裕等所以扣心泣血，不遑启处，夕寐宵兴，思奖忠烈，潜构崎岖，过于履虎，乘机奋发，义不图全。辅国将军刘毅、广武将军何无忌等，忠烈断金，精诚贯日，投袂荷戈，志在毕命。义众既集，文武争先，咸谓不有一事，无以辑辞不获已，遂总军要，庶上凭祖宗之灵，下罄义夫之力，剪馘（guó）逋逆，荡清华夏。公侯诸君，或世树忠贞，或身宠爵禄，而并俛眉猾竖，无由自效。顾瞻周道，宁不吊乎？今日之事，良其会也。裕以虚薄，才非古人，受任于既倾之运，势接于已践之机，丹诚未宣，感愤填激，望霄汉以永怀，顾山川而增伫。投檄之日，神驰贼廷。"何无忌之辞也。桓玄使桓谦屯东陵、下范之[11]屯覆舟山。义军朝食，并其余进造覆舟山东，令羸兵登山，多张旗帜，布满山谷，高祖率众奔之，士皆殊死战，谦军一时溃走，玄挟天单舸走江陵，玄将入蜀，奔至牧四州，逢益州参军费恬之党，射杀之。奉天子反正，因居将相之任，封豫章郡公。

【注释】①殷仲堪：陈郡长平（今河南西华）人，东晋太常殷融之孙，晋陵太守殷师之子。东晋末年重要将领、大臣。官至荆州刺史，曾两度响应王恭讨伐朝臣的起事，在王恭死后与桓玄及杨佺期结盟对抗朝廷，逼令朝廷屈服。后来被桓玄袭击，逼令自杀。②元显：指司马元显，字朗君，河内温县（今河南温县西）人。东晋宗室、权臣。晋简文帝司马昱之孙，会稽文孝王司马道子之子，晋孝武帝司马曜之侄。③刘毅：字希乐，小字盘龙，沛国沛县（今江苏沛县）人。东晋末年北府兵将领。少有大志，不恤产业。曾随同刘裕、何无忌等举北府兵消灭桓玄之乱。刘裕北伐南燕时，刘毅攻打卢循，大败而回，声望大跌，请求出镇地方。内心忌妒刘裕，不肯屈居其下，被刘裕抢先讨伐，兵败自杀。④何无忌：字无忌，东海郡郯县（今山东郯城县）人。东晋末年将领，名将刘牢之外甥。少有大志，元兴三年，随同刘裕带领北府军平定桓玄之乱。义熙六年，率军讨伐卢循之乱，败于徐道覆，持节战死。⑤刘道规：字道则，彭城绥舆里（今江苏徐州市）人。东晋末年将领，宋武帝刘裕异母弟。桓玄之乱时，杀死青州刺史桓弘，响应刘裕起兵，随军收复建康，攻杀荆州刺史桓振，迎复晋安帝。镇守荆州七年，剿灭桓氏残余势力，击杀后秦将领苟林，协助刘裕平定卢循之乱，大破徐道覆。⑥阳九：古代术数家的说法，四千六百一十七岁为元，初入元一百零六岁，外有灾岁九，称为“阳九”。阳九之厄：指灾难之年或厄运。⑦七庙：指四亲（高祖、曾祖、祖、父）庙、二祧（高祖的父和祖父）庙和始祖庙。太庙居中，左三昭，右三穆。后为王朝的代称。⑧夏后之罹浞、豷：指后羿被寒浞父子杀害。浞，即寒浞。豷，浞之子。⑨《大东》：出自《诗经·小雅》，描写了西周中晚期东方各国及各部族受西周统治者惨重盘剥的情形，反映了东方各国人民的不满情绪。⑩《摽有梅》：出自《诗经·召南》，全诗三章，每章四句，是一位待嫁女子的诗。⑪卞范之：字敬祖，济阴宛句人，有悟性而聪敏，在当世显露才华。参与桓玄篡位，以元老功臣自居，居功自傲。桓玄之乱平定后，在江陵被斩杀。

【译文】宋高祖武皇帝姓刘名裕，字德舆，彭城人。桓玄篡夺东晋政权伪楚国的桓玄，字敬德，谯国龙亢人，身形和相貌都很独特。他做江州刺史时，袭击并杀死荆州刺史殷仲堪。会稽王司马道子的儿子司马元显专政，因为桓玄跋扈，派遣军队攻打他。桓玄听说要被讨伐，立即带领部下赶到京城，杀死司马元显。晋安帝司马德宗被迫下诏任命桓玄为丞相，封为楚王，后来把帝位禅让给了桓玄。**宋高祖刘裕和刘毅、何无忌等人暗地里谋划匡复东晋政权，发兵平定桓玄的叛乱**当时桓玄派桓弘镇守广陵，刘道规是桓弘的中兵参军。刘裕让刘道规袭击桓弘，桓修镇守丹徒，高祖刘裕是桓修的中兵参军，亲自袭击桓修。约定日期同时行动，刘毅、刘道规等人袭击广陵后，杀死桓弘，率领桓弘的兵马南渡。高祖刘裕、何无忌等人袭击京城，斩杀了桓修，率领二州的士兵一千二百多人驻扎在竹里，向京城发布檄文，说："成功失败互为因果，道理没有什么定数。狡猾的人施行虐政，或许正是圣明的君主该出现的时候。我们晋朝，多次遇到灾难之年。隆安以来，宫庭发生很多变故，贤德的忠臣良将被奸贼所杀。乱臣贼子桓玄竟敢肆意凌辱傲慢，聚兵在荆、郢两州，在各地施行暴政。上天不容，但是他的力量确实很强大，一年多的时间，就颠覆了晋朝的帝统，皇上流离失所，国家的权柄遭受侮辱，宗庙被破坏。即使夏代后羿遭寒浞、寒豷的算计，汉代遭到王莽、董卓的破坏，和桓玄对晋的危害进行对比，也不值得一说。自从桓玄篡夺帝位，到如今已数年，连年大旱，民不聊生。百姓苦于奔波，文臣武将困于土木营造。家室分崩，父子相离，岂止像《诗经·大东》描写的被西周统治者惨重盘剥和《诗经·摽有梅》描写的待嫁女子那样。仰观天文，俯察人事，桓玄都可以存在，还有什么人该灭亡呢？凡是有心之人，谁不扼腕叹息呢？我刘裕等人之所以叩心泣血，悲痛之极，忙于应付繁重的事务，日夜不敢放松，想奖赏忠烈，乘机奋发，不想苟活。辅国将军刘毅、广武将军何无忌等人，忠烈可以断金，精诚可以贯日，拿起武器，立志为国效命。义军已经集合，文臣武将奋勇争先，都说不恢复晋朝正统，就不放弃斗争。于是率领军民，上借祖宗的在天之灵，下尽忠勇壮士的力量，打败叛逆，荡清华夏。现在各位公侯，有的世代树立忠义的名声，有的享受国家的爵位和俸禄，但低头屈服于桓玄这奸狡的小子，不能报效国家，回头看周代人的道义，难道不可悲吗？现今要做的事，时机已经成熟，我刘裕空虚浅薄，才能不如古代贤人，在最危急的关头接受挽救国家命运的任务，把握国家更替的时机，忠诚还没宣告，心中已被感慨和愤激填满。仰望天空来长久思念，回顾山川来增加伫立的时间。发布讨伐敌人檄文的那天，心神仿佛早已进入贼人的朝廷。”这是何无忌写的。桓玄派桓谦带兵驻守在东陵，卞范之驻守在覆舟山。刘裕的义军在早晨吃饱饭后，向覆舟山东南进军。让身体差的士兵登山，多打旗帜，旗帜布满山谷。高祖刘裕率领大军奔袭，士兵都拼死作战。桓谦的军队马上溃败逃走。桓玄挟持天子乘船逃向江陵，桓玄将逃往蜀地，跑到牧四州，正遇上益州参军费恬的部下，被他们用箭射杀，**刘裕辅佐天子重新恢复帝位，刘裕因此被任命为将相，被封为豫州郡公。**

蜀贼谯纵称王，高祖遣将征平之高祖使朱龄石[①]率众二万，自江陵伐蜀。高祖诫曰：刘敬宣[②]往至广武，无功而退。今者师出，应道青衣，贼料我由出其不意，复从内水。如此，则涪城之戍必有重兵，若逼广武，正堕其计。今军自外水出，取城都，疑兵向广武，此制敌之上策。为书于函，署曰：至白帝发。诸将虽行，未知所趋。及次白帝，乃发书，书言：众军悉由外水，臧熹[③]自中水出广陵。使羸弱乘高槛千余向广武。谯纵果使谯道福重兵守涪城，朱龄石次彭模，拒成都二百里。谯纵大将侯晖等屯彭模。朱龄石谓刘钟[④]曰："天方暑热，贼今固险，攻之难拔，只困吾师，欲蓄锐息甲，徇隙而进，卿以为何如？"钟曰："不然。前扬声言大众由内水，故谯道福不敢舍涪。今重兵卒，出其不意，侯晖之徒已破胆矣。晖之阻兵，非坚壁也。因其惧而攻之，其势易克。克彭模，鼓行而前，成都不能守矣。缓兵相持，虚实将见，涪军复来，难为敌也，若进不能战，退无所资，二万余人同为蜀子虏矣。"从之。明日遂攻，皆克，斩侯晖。于是遂进，克诸城，诸城守相次瓦解，纵自缢而死。姚泓[⑤]僭（jiàn）号于西京，高祖征平之，擒泓高祖既灭秦，入长安，留子义真[⑥]镇长安，而还江南。时赫连都统万，闻之大悦，谓王买德[⑦]曰："朕将进图长安，卿试言进取之方略。"买德曰："刘裕灭秦，所谓以乱未有德政以济苍生，关中形胜之地，而以弱才小智而守之，非经远之规。狼狈而反者，欲速成篡事，无胜有意于京师。陛下以顺伐逆，义贯幽显者，以君命望陛下旗鼓，以日为岁。清泥、上洛，南师之要冲，宜置游军，断其去东之路，然后度潼关，塞崤陕，绝其水陆之道，声檄长安，申布恩泽，三辅之人皆壶浆以迎王师矣。义真独坐空城，逃窜无所，一旬之间必见缚于麾下。所谓兵不血刃，不战而自定也。"勃勃善之，南伐长安。高祖惧，召义真东镇洛阳，以朱龄石守长安，长安人逐龄石而迎勃勃，遂失关中也。鲜卑慕容超据守青州，称燕王，高祖征，擒超初，超叔父德盗有三齐，德死，超袭其位，遂寇淮北。高祖将有事中华，因其侵也，乃北伐超。大将军公孙五楼[⑧]说超曰："吴兵轻锐，难与争锋，截断大岘（xiàn），使不得入，上策也；坚壁青野，芟（shān）除粟麦，中策也；据城待战，下策也。"超曰："引使过岘，我以铁骑蹦之，成擒矣。何据青野，自取蹙（cù）弱乎？"初谋是役也，谏者曰："贼若不严守大岘，则坚壁广固，守而不出，军无所资，何能自支？"高祖曰："不然。鲜卑性贪，略不及远，既幸其胜，且爱其谷。谓我孤军，将不及久，必将引我，且示轻战，师一入岘，吾何患焉？"既逾岘，虏军未出，高祖喜曰："天赞我也。"众曰："军未克，公何悦焉？"高祖曰："师既过险，士有必死之志；余粮栖亩，军无匮乏之忧，虏堕吾计，胜可必也。"六月，慕容超使五楼据临朐（qú），赢老守广固。闻军近，超亦会焉。距临朐四十里有巨蔑水，超使五楼往据之，曰："晋军得水则难败也。"五楼驰进。前锋孟龙符[⑨]奔就，争先得据之。五楼退，大军有四千人，分为两翼，方轨徐进，未及临朐，贼骑交至。龙符等拒之，日向昃（zè），战犹酣。高祖谓檀韶[⑩]等曰："虏之精兵悉于是矣，临朐留守必将寡弱。子以潜军逾其后，往必克城，多易旗帜，此韩信所以克赵也。且吾前言兵自海道往，必声之。”韶等鼓行而进。贼望曰：“海军至。”超弃城走，遂克之。军闻城陷，惧而不敢动，高祖亲鼓，士兵咸奋，大奔崩之。超奔广固，进军围之，城陷，获超，归于京师，斩于建康市。贼卢循[11]据南海，因高祖北伐燕，乘虚下袭建业。高祖还，乃平之。刘毅据荆州，贰于高祖，高祖遣将征，诛毅裴子野[12]曰：“义旗同盟，莫有能全其功名者，何也？相与见畴日期之遄捷，不知王业之艰难。”彼则褰裳濡足，唯利是视；我则芟夷群丑，宁或负人。刘希乐、诸葛长民皆人杰也，岂其暗于天命，亦势使然欤？假其何、孟龄长，庸讵其有血食？善哉！武王之作周也，八百诸侯皆同会，曰“纣可伐矣”，尚还师于孟津，岂不知顺人行戮，恶欲速多祸也。高祖东方之师，疾则疾矣，而侥幸之衅于是乎繁。呜呼！仁义之弊至于偷薄，而况奇功哉？荆州刺史司马休之反，征之裴之野曰：“《书》称：虑善以动，动惟厥时。”若司马休之之动，非其时，天方厌晋，罔敢知去。己虽得众，能违天乎？五运推移[13]，无不亡之国。为废姓，处乱朝，贤若三仁，且犹颠沛，而况豪侠者哉？昔中原殄灭，衣冠道尽，于时四海争奉中宗，岂徒系于晋德，实大有礼义，故能遂兼南国，其兴也勃焉。至乎义熙，不欲异于是矣，而宗室交流，未忘前事，波迸越逸，祸败相寻，岂龛（kān）黎之伐[14]弘多，将咎周之徒孔炽，不达兴废，何其黯欤？

【注释】①朱龄石：字伯儿，沛郡沛县（今江苏沛县）人，东晋末年刘裕系大将，自幼轻佻好武，后随刘裕平定桓玄、卢循之乱，受命为元帅讨伐占领四川的谯蜀。后以都督关中诸军事之职北伐后秦，功成后镇守要地。胡夏南下略地关中，刘宋势力全线崩溃，因水道被断遭擒被杀。②刘敬宣：字万寿，彭城（今江苏徐州市）人。东晋末年将领，镇北将军刘牢之之子。元兴三年，从南燕归国。从伐慕容超，进围广固城，击败卢循，俱有功劳。义熙十一年，进号右军将军，被参军司马道赐所害，年四十五。③臧熹：字义和，东莞郡莒县（今山东省莒县）人。南朝宋功臣、外戚，刘裕发妻武敬皇后臧爱亲之弟。④刘钟：字世之，彭城郡彭城县人，东晋将领。历任镇北参军督护、彭城郡主簿、振武将军、广川太守、宁朔将军、给事中、右卫将军等。先后随刘裕讨伐孙恩、桓玄、卢循、刘毅，征讨广固，平灭西蜀，北伐后秦。⑤姚泓：字元子，羌族，南安赤亭（今甘肃陇西西）人，后秦文桓帝姚兴长子，十六国时期后秦最后一位皇帝。义熙十二年（416年）即位，改元永和。义熙十三年（417年），刘裕北伐后秦，姚泓投降，后秦灭亡。被押解到东晋都城建康，在闹市中被斩首，时年三十岁。⑥义真：指刘义真，字车士，彭城绥舆里（今江苏徐州市）人。宋武帝刘裕次子，宋少帝刘义符、宋文帝刘义隆异母兄弟。仪貌俊美，神情秀彻，后被徐羡之所诬，贬为庶人，死于新安郡徙所，时年十八。⑦王买德：原为后秦镇北参军，赫连勃勃崛起后前往投奔。勃勃以其为谋主，轻易袭取了关中。胡夏正式建立后，任王买德为相，设置百官、衙署、建立国家制度，恢复经济，图谋发展。赫连勃勃称其算无遗策。⑧公孙五楼：南燕权臣，历任左卫将军、武卫将军、征虏将军、屯骑校尉、侍中、尚书。专断朝政，公然卖官鬻爵，权势炙手可热，内外无不忌惮，刘裕北伐，拒战国亡身死。⑨孟龙符：湖北鄂城人，孟子二十三世后裔，东晋末战将。少好游侠，勇猛果断，力大过人。历任淮陵太守、东海太守等。后随刘裕伐广固，为先锋。在临朐破南燕军，因孤军追敌，陷入重围阵亡，追赠青州刺史。⑩檀韶：字令孙，高平金乡（今山东省金乡县）人。南朝宋开国将领。世居京口，随从刘裕征战四方，从平桓玄之乱，攻克永固城，灭亡南燕慕容超。义熙年间坐事免官。刘裕称帝后增加食邑。永初二年，卒于京邑，时年五十六。⑪卢循：字于先，小字元龙，范阳涿县（今河北涿州市）人。东汉名儒卢植之后，后赵中书监卢谌曾孙。东晋末年，随从孙恩发动天师道信徒起兵反晋，设置百官，割据岭南地区。义熙六年（10年），乘刘裕北伐南燕，发兵进犯建康，连败何无忌和刘毅的军队。刘裕凯旋回师后，发兵讨伐，兵败自杀。⑫裴子野：字几原，祖籍河东闻喜（今山西闻喜县），寓居吴兴故鄣（今浙江安吉）。南朝齐梁间著名史学家、文学家。太中大夫裴松之曾孙。官至鸿胪卿。任官十余年，默然静守，安贫乐道。晚年笃信佛教，著作甚丰。⑬五运推移：五种运势推移。五运，即金、木、水、火、土五种气，因其变化运行得名。又称五行、五德。⑭龛黎之伐：龛，古又同"戡"。此处指"西伯既戡黎"，周文王在公元前890年前后发动讨伐纣王心腹之国黎国的战争，拉开了兴周灭殷的序幕。

【译文】蜀地的贼人谯纵称王，高祖刘裕派遣将领平定了谯纵叛乱刘裕派朱龄石率领二万士兵，从江陵出发讨伐谯纵，高祖刘裕告诫说："刘敬宣以前从广武出兵，无功而返。现在军队应从青衣江出发，叛军猜想我们应出其不意，还是从内水进军。这样的话，涪城一定会有重兵把守，如果逼近广武，正好中了他们的计策，现在军队从外水出击，攻取成都，派疑兵向广武进发，这是战胜敌人的上策。"把这些写成信函，封面写道："到了白帝城再打开看。"将领们虽然出发，却不知道要去哪，到了白帝城，才打开书信，上面写到：所有的军队都从外水出击，只有臧熹率军从广汉出发，率领老弱乘千余艘高槛船向广武进军。谯纵果然派谯道福率领重兵把守涪陵城。朱龄石进驻彭模，距离成都二百多里。谯纵的大将侯晖等人驻扎在彭模。朱龄石对刘钟说："天气正值酷暑炎热，贼人占据天然险阻，很难攻打，白白让我们的军队疲劳。我想养精蓄锐停止作战，乘机攻打敌人，你以为怎么样？"刘钟说："不对。先前放出风声说大军从内水出击，所以谯道福不敢放弃涪城。现在大军出其不意，侯晖等人已经吓破胆了，侯晖手下的士兵不是牢不可破，乘他们害怕的时候攻打，很容易攻克。攻克彭模，大张旗鼓地向前进军，成都就不能坚守了。延缓出兵与之相持，我军虚实一旦被发现，涪城的敌军再来，我军就难以应对了。如果向前不能作战，退后又没有什么依靠，二万多大军就都会被谯纵俘虏。"朱龄石听从了刘钟的建议。第二天攻打彭模，一举攻下，杀死侯晖。接连攻城，都攻下了，各城的守军依次瓦解，谯纵上吊自杀。**姚泓在西京长安作乱，高祖刘裕征讨平定了叛乱，擒获姚泓**高祖已经灭掉前秦，进入长安。留下儿子刘义真镇守长安，自己带兵返回江南。当时赫连勃勃建都统万城，听到这件事后很高兴，对王买德说："我想进兵攻打长安，你试着谈谈进攻的方略？"王买德说："刘裕消灭后秦，正是以乱制乱，没有施行德政救济百姓。关中是地理形势有利的地方，刘裕却派一个才能一般的儿子防守，并不是长远的规划啊！刘裕急速赶回江南，是想马上篡夺皇位，没有时间来管理中原。陛下以正义攻打叛逆，天下人都知道您的正义，百姓等着您擂鼓前进，等一天都像在等一年。清泥、上洛，是军队南进必然要攻取的险要之地，应该派流动出击的军队，截断敌人向东逃窜的道路。然后把守潼关，堵塞崤山峡谷，断绝敌人水陆来往的道路，向长安发布檄文，施行恩惠赏赐，长安附近的人都会用壶盛着浆水来欢迎您的大军。刘义真在空城孤立无援，没有逃窜的地方，十天之内一定会被您擒获，这就是人们所说的兵不血刃，不用战斗而实现安定。”赫连勃勃认为他分析的对，于是向南攻打长安。高祖刘裕感到恐惧，召回刘义真镇守洛阳，派朱龄石守卫长安。长安百姓驱逐朱龄石而迎接赫连勃勃，于是高祖失去了关中。

鲜卑慕容超盘据在青州，自称燕王。高祖讨伐他，擒获慕容超起初，慕容超的叔父慕容德窃取三齐之地。慕容德死后，慕容超继承帝位，于是攻打淮河以北。高祖想对中华用兵，因为慕容超入侵，于是向北讨伐慕容超。大将军公孙五楼劝慕容超说：“吴地的士兵轻捷精锐，很难与他们争锋。派兵把守大岘山，使刘裕的军队不能靠近，这是上策；坚壁清野，刈除粟麦粮草，这是中策；据守城池，等待决战，这是下策。”慕容超说：“派兵引诱敌军经过大岘山，我军用铁骑践踏他们，就能擒拿敌军，为什么要坚壁清野，让自己削弱呢？”起初谋划这场战斗时，有进谏的人说：“贼人如果不严密把守大岘山，坚守广固城，不出来交战，我们的军队没有物资，如何能坚持下去？”高祖说：“不会这样，鲜卑人性情贪婪，谋略不长远，既希望打胜，也吝惜那些庄稼。他们认为我军孤军深入，不能长久坚持，必定引诱我们决战，我们假装轻敌应战，只要军队一过大岘山，我们又有什么忧患？”经过大岘山后，敌军没有出现，高祖高兴地说：“老天在帮助我们呀！”众人说：“敌人还没有被攻克，您为什么这样高兴？”高祖说：“军队已经通过险要之地，将士有拼死作战的决心；余粮存积在田亩之中，军队没有粮食缺乏的忧虑。敌人中了我们的计策，必定能打败他们。”六月，慕容超派遣公孙五楼据守临朐，老弱士兵守卫广固。听说刘裕的大军逼近，慕容超也有所领会，距离临朐四十里有条巨蔑河，慕容超派公孙五楼去据守，说：“晋军抢占巨蔑河就难以被打败了。”公孙五楼率军飞快前进。刘裕的前锋孟龙符抢在公孙五楼前占领了巨蔑河。公孙五楼退了回去。刘裕的大军四千人分成两路慢慢并行，还没到临朐，慕容超的军队就一起来到。孟龙符等人率兵抵抗。太阳偏西的时候，战斗正激烈。高祖对檀韶等人说：“敌人的精兵都在这里了，临朐留守的士兵一定孤弱。你率军偷偷绕到他们的后边，袭击临朐，一定能攻克。多更换旗帜迷惑敌人。这是韩信所以能攻克赵地的办法。况且我以前说军队从海道进发，你们一定要大加宣扬。”檀韶等人击鼓进军。敌人看见后高呼：“敌人从海道来了！”慕容超丢掉城池逃跑，于是刘裕攻下临朐。敌军听说临朐已被攻陷，因害怕而不敢行动。高祖刘裕亲自击鼓，士兵都奋勇作战，敌人奔逃溃散。慕容超逃进广固，刘裕进军包围广固，广固被攻陷，擒获了慕容超，押解回京城，在建康集市斩杀了他。**贼人卢循盘据在南海郡，乘着高祖刘裕北伐南燕，国内空虚而顺长江向下袭击建业。高祖回师后，讨平卢循。刘毅据守荆州，对高祖有二心。高祖派遣将领讨伐刘毅，杀死了他**裴子野说：“树立义旗结盟的人，很少有成就功业和名声的，为什么呢？共同目睹了从前成功的迅捷，不知道成就王业的艰难。”他们提起衣角，打湿双脚，眼中只有利益。而我消灭了敌人，宁可我负他，不能他负我。刘毅、刘希乐和诸葛长民都是人杰，难道是因为不知天命，还是形势发展使他们这样做呢？周武王缔造周朝，八百诸侯会盟，都说“纣王可以被讨伐了”，姜尚却把军队退回孟津，难道他不知道顺应民意，讨伐纣王吗？还是担心性急招致过多祸患呀！高祖派往东边的部队，快是足够快了，而因侥幸坏事却从此多了。哎！仁义之道衰落到浮薄不敦厚的地步，更何况要建立奇功了。**荆州刺史司马休之反叛，高祖讨伐他**裴子野说：“《尚书》称‘考虑周全再采取行动，行动要把握好时机’。”像司马休之那样行动，就是没有把握好时机。上天厌弃晋朝，没人敢援救，司马休之虽然深得民心，能违抗天意吗？五种运势推移，没有最终不灭亡的国家。成为衰落的姓氏，处在昏乱的朝代，即使有像商代三位大贤那样的贤人，尚且颠沛流离，况且是豪杰侠义之士呢？从前中原被践踏消灭，西晋的气数已尽。当时四海之内都争着事奉东晋中宗司马睿，难道仅仅是因为怀念晋朝恩德的缘故吗？其实中宗非常有礼义，所以才能逐渐统一南方，生机勃勃地兴起。

到晋安帝司马德宗的时候，仍旧不想改变这样的局面。然而宗室之间的交流，并没有忘记以前的辉煌，奔走逃窜，相继招致祸败，何止像周文王讨伐纣王心腹之国黎国的战争那样多了，怨恨周朝的人也很凶猛，不能做到兴废，多么黯淡啊！

晋帝加高祖位相国，总百揆（kuí），扬州牧，封十郡，为宋公。晋安帝崩，大司马琅琊王即位，征帝入辅，禅位于宋帝奉表陈让，表不获通。宋台臣劝进，犹不许。太史令骆达陈天文符应曰："安晋义熙元年至元熙元年，太白昼见经天，凡七占，曰：'太白昼经天，人更主，异姓兴。'义熙七年，五虹见于东方。占曰：'五虹见，天子黜，圣人出。'十年，镇星、岁星、太白、荧惑[①]聚于东井[②]。十三年，镇星入太微[③]。占曰：'镇星守太微，有立王，有徙王。'元熙元年，黑龙四登于天，《易传》曰：'冬龙见，天子亡社稷，大人受命。'汉建武至建安末一百九十六年而禅魏，魏自黄初至咸熙末四十六年而禅晋，晋自太始至今百五十六年。三代揖让，咸穷于六。六，亢位[④]也。"帝乃从之。永初元年六月丁卯，即帝位于南郊，设坛，柴燎告天[⑤]。礼毕，备法驾幸建康宫，临太极前殿，太赦，改元。在位三年，崩初，大渐，召太子，诫之曰："檀道济虽有干略而无远志，徐羡之与傅亮当无异图，谢晦常从征伐，颇识机变，若有同异，必此人也。可以会稽处之。"后皆如言也。立太子义符是为荥阳王。即位昏乱，司空徐羡之辅政，废为荥阳王。废，立宜都王义隆是为文帝。帝，高祖第三子。为太子劭所杀。初，劭及弟浚并多乖礼度，惧上知，乃为巫蛊咒咀。帝闻之，大怒，将废劭而杀浚，更议所立。持疑未定，以事语浚母潘淑妃。潘淑妃以告劭，劭悖凶，乃弑帝于合殿，劭即位也。弑，立武陵王骏是为孝武皇帝。文帝第三子也。劭弑帝，骏起义兵，至京诛劭。崩，立太子子业是为前废帝。帝凶悖，左右寿寂之杀之。崩，立湘东王彧（yù）是为明帝。文帝第十八子也。孝武诸子，江州刺史晋安王勋，寻阳王子房等并举兵反，皆征平之。崩，立太子昱（yù）是为后废帝。在位凶悖，常欲杀杨玉夫[⑥]，玉夫惧。是夜七夕，令玉夫伺织女渡报己。王敬则[7]先与玉夫通谋，玉夫候帝眠熟，遂斩之，送首与齐王萧道成也。崩，立顺帝准是为顺皇帝。明帝第三子也，逊位于齐萧道成，凡八代，六十年。

【注释】①镇星：指土星。岁星：指木星。太白：指金星。荧惑：指火星。②东井：即井宿，二十八宿之一。因在玉井之东，故称。东井是南方七宿之首。属于今日之双子座。③太微：指太微垣，是三垣的上垣，位居于紫微垣之下的东北方，北斗之南。④亢位：指《易·干》第六爻的爻位。《干》卦"上九"（即第六爻）的爻辞为"亢龙有悔"，故称其爻位为亢位。后因以"亢位"为前朝失位、后代受禅之兆。⑤柴燎告天：祭天的一种仪式，烧柴祭告上天。⑥杨玉夫：刘宋后废帝刘昱的侍从。⑦王敬则：南朝临淮射阳（今江苏宝应东）人，幼好刀剑，以屠狗为业，以武艺被宋前废帝选入宫。宋末转为萧道成心腹，参与杀宋后废帝。萧道成代宋，任侍中。齐武帝时，位至司空。齐明帝疑忌旧臣，害怕祸及，举兵反，兵败被杀。

【译文】晋安帝加封刘裕为相国，总领百官，任扬州牧，封赏十个郡的封地，进爵为宋公。晋安帝驾崩，大司马琅琊王司马德文继位，征刘裕进入朝廷辅佐，最终禅位给刘裕刘裕捧着表册陈辞推让，表册没有被接受。宋的谏官劝说刘裕继皇帝位，刘裕也没有答应。太史令骆达陈述天文与人事相应的征兆说："从晋安帝司马德宗义熙元年到晋恭帝司马德文元熙元年，金星白天出现在天空，一共占卜七次，卦辞说'金星白天经过天空，百姓更换君主，异姓兴起'。义熙七年，五道彩虹出现在东方，占卜的卦辞说'五道彩虹出现，皇帝被废黜，圣人出现'。义熙九年，土星、木星、金星、火星聚集在东井附近。义熙十三年，土星进入太微垣，占卜的卦辞说'土星镇守太微，有新立的君王，有流亡的君王'。元熙元年，黑龙四次升入天空，《易经》说：'冬天有龙出现，君主将丧失国家，德行高尚、志趣高远的人将接受天命。'东汉从光武帝刘秀建武元年到汉献帝刘协建安末年一共一百九十六年而把帝位禅让给魏国。魏国从魏文帝曹丕黄初元年到魏元帝曹奂咸熙末年一共四十六年，后把帝位禅让给西晋。西晋从晋武帝司马炎泰始元年到今天已经有一百五十六年。三代互相禅让，都发生在逢六的年数。逢六的年数，是前朝失位，后代受禅的年数。”刘裕于是听从了他的建议。**永初元年六月丁卯日，刘裕在南郊登上帝位，设坛，烧柴祭告上天。大典结束后，乘车临幸建康宫，到太极前殿，大赦天下，更改年号。在位三年后驾崩**刘裕病危的时候，召见太子告诫说：“檀道济虽然有才能却没有长远的志向，徐羡之和傅亮应当不会有异心反叛，谢晦经常跟着我出征讨伐，很善于随机应变，如果有叛乱，必定是他，可以安排他去会稽。”后来果然如高祖说的那样，**太子刘义符继位**就是荥阳王。刘义符即位后昏庸妄为，司空徐羡之辅佐政事，把他废为荥阳王。**后被废掉，拥立宜都王刘义隆为帝**就是宋文帝，是宋高祖的第三子，后来被太子刘劭杀死。起初，刘劭和弟弟刘浚都不遵守礼仪，怕宋文帝知道，就用巫术诅咒宋文帝。宋文帝听说后非常愤怒，想废掉刘劭杀死刘浚，重新商议太子人选。犹豫未决的时候，把这件事告诉了刘浚的母亲潘淑妃，潘淑妃又把这件事告诉刘劭。刘劭悖逆凶恶，在合殿杀死宋文帝，继承帝位。**文帝被太子刘劭杀死，刘骏又杀死刘劭，刘骏被拥立为帝**就是孝武皇帝，宋文帝的第三子，刘劭杀死宋文帝，刘骏举兵到达京师，杀死刘劭。**孝武帝驾崩，太子刘子业继位**就是前废帝。刘子业凶残悖逆，被身边的侍从寿寂之杀死。**刘子业被杀死，湘东王刘彧被拥立为帝**就是宋明帝，宋文帝的第十八个儿子。孝武帝的儿子们江州刺史晋安王刘勋、寻阳王刘子房等起兵反叛，宋明帝都征讨平定了他们。**宋明帝驾崩，太子刘昱被拥立为帝**就是后废帝，刘昱在位时凶残悖乱，常想杀死杨玉夫，杨玉夫感到害怕。七月七日晚上，刘昱让杨玉夫在织女渡河时禀告他。王敬则先和杨玉夫串通，杨玉夫等到刘昱睡熟，杀死了他，把刘昱的脑袋送给齐王萧道成。**刘彧被杀死，顺帝刘准被拥立继位**刘准就是宋顺帝，是宋明帝的第三子，**刘准后来把帝位让给萧道成。宋一共经历八个帝王，历时六十年。**

齐太祖高皇帝讳道成，姓萧氏，东海兰陵人也，为辅国将军。宋明帝初，会稽太守寻阳王子房反，在东诸郡起兵。徐州刺史薛安都①据彭城，归魏，遣从子索儿攻淮阴。晋安王勋遣临川内史张淹②自鄱阳道入三吴。帝并讨平之。使镇淮阴，七年，征还都宋明帝嫌帝非人臣相，而人间流言帝为天子，愈以为疑。帝初见征，部下劝勿就征，帝曰："主上自诛诸弟，为太子幼弱，作万岁后计，何关他族？唯应速发，缓当见疑。骨肉相残，自非灵长之运；祸患方兴，与卿等戮力也。"至，拜常侍。明帝崩，遗诏使与袁粲共掌机事。江州刺史桂阳王休范举兵反，帝讨平之初，范举兵，朝廷惶骇。帝与褚彦回③，集中书省计议，莫有言者。帝曰："昔上流谋逆，皆因淹缓以败。休范必远惩前失，轻兵急下，乘我无备，请顿新亭，以当其锋。"因索笔下议，余并注同。乃单车白服出新亭，筑垒未毕，贼骑交至，乃解衣高卧，以安众心，竟破之也。迁中领军。苍梧王④深相猜忌帝昼卧，裸袒。苍梧王率数十人直入领军府，立帝于宫内，画腹为射的，自引满射之，左右玉夫因谏曰："领军腹大，是佳射堋（péng），而一箭便死，后无复射，不如以骲（bào）箭射之。"一箭中脐，苍梧投弓于地也。常语左右杨玉夫："伺织女度报我。"是夜七夕，玉夫惧，取千牛刀杀之玉夫与王敬则通谋，杀苍梧。赍首送领军府报帝，帝乃戎服，夜入殿中。明旦，召袁粲等计议。粲欲有言，帝鬓须尽张，眼光如电。敬则拔刀跳跃，麾众曰："天下之事皆应决萧公，敢有开一言者，染敬则刀。"乃自取白纱帽加帝首，令即位。曰："事须及热。"帝正色曰："卿都不自解也。"帝乃迎立顺帝。荆州刺史沈攸之⑤反，帝讨之初，攸之称太后名，已下都，袁粲、刘秉等见帝威名日盛，不自安，与攸之通谋，举事殿内。帝命王敬则于殿内诛之。进位相国，封齐公，备九锡⑥策曰：朕以不造，夙罹旻凶。嗣君失德，书契未纪，威侮五行，虔刘九族，神歇灵泽，海水群飞，缀旒（liú）之殆，未足为譬，岂直《小宛》⑦兴刺，《黍离》⑧作歌而已哉！天赞皇宋，实启明宰，爰登寡昧，纂承大业，高勋至德，振古绝伦，虽保衡翼殷，博陆⑨匡汉，方斯蔑如也。今将授公典礼，其敬听朕命，乃者袁、刘构祸，实繁有徒。子房不臣，称兵协乱，顾瞻宫掖，将成茂草，言念邦国，剪为仇雠。当此之时，人无固志，投袂（mèi）徇难，超然奋发。登戎车而戒路，报金版而先驱。麾钺一临，凶党冰泮（pàn）。此则霸业之基，勤王之始也。安都背叛，窃据徐方，敢率犬羊，陵虐淮浦。索儿愚悖，同恶相济，天祚无象，背顺归逆，北鄙黔黎，奄坠涂炭。公受命宗社，精贯朝日，拥节军门，气逾霄汉。破釜之捷，斩馘蔽野；石梁之战，枭其渠帅；保境全人，江阳即序，此又公之功也。张淹迷昧，不顾本朝，爰自南区，志图东夏，潜军间入，窃觊不虞。于是江服未夷，皇途荐阻。公忠义奋发，在险弥亮，以寡制众，所向风偃。朝廷无东顾之忧，闽越有来苏之望，此又公之功也。匈奴野心，侵掠疆埸，丑羯侜（zhōu）张，势振彭泗。公奉辞伐罪，戒且晨征，兵车始交，氛祲时荡，吊死扶伤，弘宣皇泽，俾我淮淝，复沾盛化，此又公之功也。自兹厥后，猃狁孔炽，封豕、长蛇，重窥上国，而世故相仍，师出已老，角城高垒，指日沦陷。公眷言王事，发愤忘食，躬擐（huàn）甲胄，视险若夷，分疆划界，开创青兖，此又公之功也。桂阳负众，轻问九鼎，裂冠毁冕，拔本塞源，烈火焚于王城，飞矢集乎君屋，群后忧惶，元戎无主，公挺剑凝神，则奇谋不世；把旄（máo）指麾，则懦夫成勇，信宿之间，寅阳底定，此又公之功也。苍梧肆虐，诸夏糜沸，淫刑以逞，谁则无辜？黔首相悲，朝不谋夕，高祖之业已沦，文明之轨谁嗣？公远稽殷汉之义，近遵魏晋之典，猥以眇身，入奉宗社，七庙清谧，九区反政，此又公之功也。袁刘携贰，成此乱阶，丑图潜构，危机密发，据有石头，志犯应路，神谟内运，霜锋外举，拔弥载澄，国途悦穆，此又公之功也。沈攸包祸，岁月滋彰，蜂目豺声，阻兵安忍，乃眷西顾，缅同异域，而经纶惟始，九伐[10]未申，长恶不悛，遂逞凶逆，公杖钺出关，凝威江甸，正情与皎日同亮，明略与秋云竞爽，至义所感，人百其心，积年逋诛，一朝显戮。湘浦安流，章台顺轨，此又公之功也。公有济天下之勋，加之以明哲，道庇生灵，志匡宇宙，戮力肆心，劬（qú）劳王室，险阻艰难，备尝之矣。若乃缔构宗社之动，造物资始之泽，云布雾散，光被六戎，弼余一人，永清四海。遐方款关而慕义，荒服重译而来庭。汪哉邈乎，无得而名之也。

【注释】①薛安都：字休达，河东汾阴（今山西万荣县）人，出身于河东薛氏，早年出仕北魏，后与同族薛永宗起兵叛变，失败后投奔刘宋，宋明帝刘彧自立为帝，薛安都起兵叛乱，并拥晋安王刘子勋为帝。刘子勋之乱平定后，薛安都先遣使向宋明帝投诚，随即投降北魏，被封为镇南大将军，徐州刺史、河东公。②张淹：即张畅子，南朝宋人。与晋安王刘子勋反叛，军败被杀。③褚彦回：指褚渊，字彦回，河南阳翟（今河南禹州）人，南朝宋、齐宰相、外戚、南齐开国元勋，太常褚秀之之孙，左仆射褚湛之之子。④苍梧王：指刘宋后废帝刘昱，死后被追废为苍梧王。⑤沈攸之：字仲达，吴兴武康（今浙江德清武康镇）人，南北朝时期宋朝名将，司空沈庆之从子。萧道成弑杀后废帝，拥立宋顺帝。沈攸之起兵荆州，反抗萧道成，失利郢城。升明二年（478年），败还江陵，自缢而死，传首京师。⑥九锡：我国古代皇帝赐给诸侯、大臣有殊勋者的九种礼器，是最高礼遇的表示。一曰车马，二曰衣服，三曰乐器，四曰朱户，五曰纳陛，六曰虎贲之士百人，七曰斧钺，八曰弓矢，九曰秬鬯。⑦《小宛》：即《诗经·小雅·小宛》，是父母离世后劝告兄弟小心避祸的诗歌。⑧《黍离》：即《国风·王风·黍离》，是东周都城洛邑周边地区，有感于家国兴亡的民歌，蕴含着主人公绵绵不尽的故国之思和凄怆无已之情。⑨博陆：指霍光，汉武帝封霍光为博陆侯，封地在北海、河东两郡。⑩九伐：古代指对九种罪恶的讨伐，出自《周礼·夏官·大司马》，即冯弱犯寡则眚之；贼贤害民则伐之；暴内陵外则坛之；野荒民散则削之；负固不服则侵之；贼杀其亲则正之；放弑其君则残之；犯令陵政则杜之；外内乱、鸟兽行则灭之。后泛指征伐。

【译文】齐太祖高皇帝名道成，姓萧，东海兰陵人，是宋的辅国将军。宋明帝刘彧初年，会稽太守寻阳王刘子房谋反，在东部各郡起兵。徐州刺史薛安都盘据彭城，归降北魏，派遣义子薛索儿攻打淮阴。晋安王刘勋派临川内史张淹从鄱阳道进入三吴，萧道成一并讨伐平定了他们。宋明帝让他镇守淮阴。宋明帝七年，征召萧道成返回京城宋明帝嫌弃萧道成没有人臣的相貌，而民间又传言萧道成将成为天子，宋明帝就更加怀疑萧道成。萧道成最初被宋明帝征召的时候，部下劝他不要应召。萧道成说："皇上杀死自己的兄弟，是因为太子年幼弱小，为自己死后作打算，这关外姓人什么事？应该马上应召出发，慢了就要被怀疑。况且骨肉相残，本来就不是广远绵长的运势，祸患刚刚兴起，我将和你们共勉励。"萧道成到了京城，被任命为常侍。宋明帝驾崩，下遗诏让他和袁粲共同管理国家军政大事。江州刺史桂阳王刘休范起兵反叛，萧道成讨伐平定了他起初，刘休范起兵，朝廷惶恐害怕。萧道成和褚彦回聚集在中书省商议这件事，没有人开口讲话。萧道成说："以前地位高有权势的人谋反，都因为行动缓慢而被击败。刘休范一定会吸取前人的教训，派轻装部队急下，乘我们没有防备偷袭。现在请让我去新亭统帅部队，来阻挡刘休范的先峰。"因此找笔墨记下议论的结果，其他人都附和赞同，于是萧道成身穿白衣坐着车去新亭，新亭的堡垒还没筑好，刘休范的骑兵就到了，萧道成脱下衣服，悠闲地躺着，以此来安定军心。最终打败了刘休范的军队。萧道成被升迁为中领军。苍梧王刘昱对他非常猜忌萧道成白天躺卧睡觉，光着身子。苍梧王率领数十人径直闯入领军府，把萧道成带到宫中站立，在他肚皮上画箭靶，苍梧王拉满弓要射。左右侍从杨玉夫劝说道："中领军的肚子大，确实是很好的箭靶，然而一箭射去他就会死，以后没法再射了，不如用骨或木做箭头的箭射他。"苍梧王一箭射中萧道成的肚脐，然后把弓扔到地上。苍梧王曾对左右侍从杨玉夫说："等到织女星渡银河时，就禀告我。"这天晚上正值七夕，杨玉夫害怕了，用千牛刀杀死了苍梧王杨玉夫和王敬则勾结谋划，杀了苍梧王，把苍梧王的脑袋送到领军府报告萧道成。萧道成穿上行军打仗时的衣服，连夜入宫。第二天早晨，萧道成征召袁粲等人来商量这件事。袁粲刚想说话，萧道成大怒，头发胡须都张开，眼光像闪电般锐利。王敬则拔出刀跳出来，对众人说："天下的事情都应该由萧公裁决，敢讲话的人，就血染我王敬则手中的刀。"然后王敬则拿出白纱帽戴在萧道成的头上，请萧道成即皇帝位，说："事情应该趁热办。"萧道成严肃地说："你们都不明白呀！"萧道成于

是迎立顺帝刘准。荆州刺史沈攸之谋反。萧道成讨平了他起初，沈攸之以太后的名义反叛，已经攻下都城，袁粲、刘秉等人看到萧道成威势名声一天比一天强大，内心感到不安，就和沈攸之串通，图谋在宫殿内举事，萧道成命令王敬则在宫殿内杀死了他们。**宋顺帝升迁萧道成为相国，封齐公，赏赐九锡**表册上写道：我因为没有成就，曾经遭受不幸和艰难。继位后不讲道德，书籍文契上都不记载。我的威仪冒犯了五常，杀害刘氏家族的众多子弟，刘氏被上天厌恶，海水汹涌翻腾，危险的情形难以描绘。岂止是《诗经》中《小宛》和《黍离》描述的那样。上天资助我们宋国，赐给我们这样贤明的相国，关键时刻拯救国家的命运，功勋卓著，道德崇高，古往今来只出现过他一人。即使伊尹辅佐商朝，霍光匡救汉朝，与相国相比，也显得很渺小。现在给你举办典礼，希望你好好听从我的命令。当初袁粲、刘秉叛乱，党羽众多，刘子房不守臣节，率兵协助叛乱，皇宫中的宫殿，差点变为废墟，长满青草。那些人嘴上说是为了国家，其实全部为了剪除异己。当时，人们没有了以前坚定的志向，相国却挥袖为国殉难，奋不顾身。登上战车警戒道路，身先士卒亲率大军。兵戈所到之处，作乱的叛军像冰一样瓦解消亡，这是成就霸业的基础，起兵救援君王的开始。薛安都反叛，占据徐地，竟敢驱赶牛羊，入侵淮浦，他的义子薛索儿愚蠢悖谬，和他狼狈为奸，互相支援，天子没有复兴的迹象，天下大势背弃正义投向叛逆，北部边疆的百姓，惨遭涂炭，相国你接受祖宗社稷的安排，气贯长虹，率军出征，气壮霄汉，破釜沉舟拼死获胜，敌人的尸首遮蔽原野，石梁之战杀死叛军首领，保卫国土，安定百姓，长江以南恢复秩序，这又是你的功劳。张淹迷惑暗昧，不顾国家利益，来到南方，妄图窃取东南，悄悄派军队潜入，窥伺不属于自己的东西。当时长江流域还没有平定，东晋皇室前途未卜，你忠义前行，在国家危亡的时候越发突出，以少胜多，所向披靡，使敌人纷纷臣服，朝廷没有了对东南的担忧，闽越的百姓有明君来解脱其苦难的希望，这又是你的功劳。匈奴有野心，要侵略我们的领土，羯族气焰嚣张，势力到达彭城、泗水。你奉命出征，清早远行安抚百姓，兵器和战车相接，气氛激荡，你救死扶伤，大力宣扬皇上的恩泽，使淮河淝水重新得到宋朝的教化，这又是你的功劳。从此以后，异族的气焰更加嚣张，像封豕、长蛇般重新窥伺我们的国家，而由于种种变故，我方一出兵就处于不利地位，坚固的城池不出几天就沦陷。你时刻想着国家的利益，废寝忘食，亲自披上铠甲，置生死于不顾，重新和异族划分疆界，重新收回青州、兖州，这又是你的功劳。桂阳王仗着人多势众谋反，背弃礼法，侵犯天子领地，将战火烧到京城，箭矢射向皇宫。后宫内忧愁惶恐，军队失去了主心骨，这时你凝神挺剑，采用没有出世的奇谋妙计，手持大旗指挥作战，即使懦夫也会变成勇士，没过多久，就平息了祸乱，这又是你的功劳。苍梧王残暴，华夏世事混乱，苍梧王滥用刑罚，百姓遭殃，无辜而惨遭屠杀的人不可胜数，百姓朝不保夕，高祖的帝业已经沦丧，宋文帝、宋明帝的法度谁来继承呢？你追随殷商、汉朝的节义，遵守魏晋以来的礼仪，不顾虚弱的身体，主持宗庙政务，宗庙得以清净，天下重新安定，这又是你的功劳。袁粲、刘秉怀有二心，犯上作乱，想颠覆国家，暗中采取行动。他们占据石头城，扰乱民心，你胸有奇策，手举锋利的兵器，铲除叛军，使国家安定，这还是你的功劳。沈攸之包藏祸心，反叛之意日益暴露，他眼睛像蜂，声音像豺狼，致使国家不得安宁，还想向西进军，和异族勾结。而国家大事刚开始治理，九伐还没有实行，他长期作恶不知悔改，更加嚣张跋扈。你领兵出征，威振江甸，情怀和日月同辉，明略与秋云争爽，人们被你的道义感动，万众一心，多年来的奸贼，被你一朝平定，使湘浦安静地流动，国家重新走上正轨，这还是你的功劳。你有救济天下的功劳，再加上洞察事理，庇护百姓，平定天下，为王室尽忠尽力，艰难困苦，都深深地经历过，至于说到重新恢复宗室的功劳，拯救百姓安定、民心的恩惠，就像阳光驱散云雾一样，光辉灿烂，照耀天下。你使我重新恢复帝位，天下永远安宁，远近的百姓仰慕你的高义而归顺。你的功劳真是太大了，实在没法用言语表达。

四月，宋帝禅位于齐。甲午，即皇帝位于南郊，柴燎告天曰：

皇帝臣道成，敢用玄牡，昭告于皇皇后帝。夫肇自生灵，树以司牧，所以阐极则天，开元创物，肆涉大道，惟命不于常。昔在虞夏，受终上代；粤自汉魏，揖让中叶。咸焕诸方册，载在典谟（mó）。水德在微，仍世多故，实赖道成匡救之功，以弘济于厥

难，大造颠坠，再构区宇，诞惟天人，罔弗和会，乃仰协归运，景属与能，用集大命于兹，舜德匪嗣，至于累仍，而群公卿士，庶尹御事，爰及黎献，暨于百戎，佥（qiān）曰：皇天眷命，不可以固违；人神无统，不可以旷主。畏天之威，敢不祗顺鸿历，敬简元辰，虔奉皇符，登坛受禅，告类上天，以答人衷，式敷万国，唯明灵是飨。礼毕，备法驾幸建康宫，临太极前殿，大赦改元。建元四年崩，立太子赜（zé）是为世祖武皇帝也。崩，立太孙昭业是为郁林王。即位无道，武帝梓宫下渚，帝于端门内奉辞，辒（wēn）辌（liáng）车载入阁，即奏胡伎，高宗杀之。崩，立弟昭文废为海陵王也。废，立西昌侯鸾是为高宗明皇帝。始安贞王道生子也。即位亟行诛戮，且寝疾经年，预为梓宫之故地，高武诸子扫地无遗也。崩，立太子宝卷是为东昏侯，即位凶暴，以金花帖地，令潘妃行上，曰："此步步生莲花也。"又于苑中为市，自为市吏，以潘妃为市令。义师至，为左右所杀也。崩，立和帝宝融明帝第八子也，以位禅梁先是，文惠太子[1]与才人共赋七言诗，句后辄云愁，和帝[2]是验矣。东昏侯宫里作散叛髻，反根向后。东昏时，天下散叛矣。又立帽，褰其口而舒两翅，名曰"凤渡三桥"。裂裙向后，总而结之，名曰"反缚黄鹂"。梁武宅在三桥，而凤渡之。凤翔之验也。黄鹂者，皇离也，而反缚之，东昏戮死之应也。先是，百姓及朝士以帛填胸，名曰"假两"。假者，非正名也。储两而假之，明不得真也。东昏诛，子废为庶人，假两之意也。

【注释】①文惠太子：指萧长懋，字云乔，小字白泽，南兰陵郡兰陵（治今常州西北）人。南齐太子，齐高帝萧道成之孙，齐武帝萧赜长子，郁林王萧昭业、海陵王萧昭文之父。建元四年（482年），立为皇太子。永明十年（492年）去世，终年三十六岁，谥号文惠太子，葬于崇安陵。②和帝：指齐和帝萧宝融，字智昭，齐明帝萧鸾第八子，东昏侯萧宝卷同母弟，南朝齐最后一位皇帝。

【译文】四月，宋顺帝刘准禅位给齐国。甲午日，萧道成在南郊

即位，烧柴祭祀上天祭文写道：人间的皇帝，您的臣子萧道成，虔诚地用黑色的公牛献给天帝，并向您禀告：自从有人类以来，就建立起管理百姓的制度，来顺应天意开创人间盛世，使正道发扬光大。但天命不是固定不变的。从前有虞氏和夏后氏，从前代继承天命；自汉魏以来，中期就有这种天命的交接，这些都记录在方册经典里。现在水德已经衰落，世上仍然多变故，实在是依赖我萧道成匡救功劳，才免除了这场大的灾难，使国家重新安定，上天常把管理百姓和土地的权力交给有才能和德行的人，我多次谢绝百姓的拥戴，没有接受皇位，但是众人都说："上天让你受命，不可以违背，国家不能没有君主。"我害怕上天的威势，不敢违抗上天的命令，只有顺从上天的旨意，恭敬地挑选吉日，虔诚地捧着受命的大符，登上高坛接受禅让，把这些报告给上天，表明我自己的心情，让天下人都明白。请上天接受我的祭品。**礼仪完毕，萧道成乘坐法驾临幸建康宫，到太极前殿，大赦天下，更改年号。建元四年，萧道成驾崩。太子萧赜被拥立即位**就是世祖武皇帝。**齐武帝驾崩，萧道成的孙子萧昭业被拥立为皇帝**就是郁林王。他即位后昏庸无道，武帝的棺材下葬时，萧昭业在端门内行告别之礼向灵车告别，灵车刚穿过大门，就和胡人歌伎厮混，高宗萧鸾杀死了他。**萧昭业死后，他的弟弟萧昭文被拥立为帝**萧昭文后来被废为海陵王。**萧昭文被废，西昌侯萧鸾被拥立为帝**就是齐高宗明皇帝，始安贞王萧道生的儿子，即位后就开始屠戮宗室，因为他长年卧病，提前为自己准备好棺材，齐高祖和齐武帝的儿子们被杀得一个也没有留下。**萧鸾驾崩，太子萧宝卷被众人拥立即位**就是东昏侯。他即位后凶残暴虐，把金花铺在地上，让潘妃走在上面，说："这就是步步生莲花。"又在宫苑中建立集市，亲自担任市吏，让潘妃做市令，起义军到达后，萧宝卷被左右侍从杀死。**萧宝卷死后，萧宝融被拥立为齐和帝**萧宝融是齐明帝萧鸾的第八个儿子。**齐和帝萧宝融把帝位禅让给了梁**起初，文惠太子萧长懋和宫中的才人共同作七言诗，每句诗后面都有"愁"字，这应验在了和帝萧宝融身上。东昏侯萧宝卷宫里的人梳"散叛髻"，头发向后梳，因此东昏侯统治时，天下散乱离叛；又戴一种帽子，揭开帽子口而舒展开两个帽翅，人们称为"凤渡三桥"。把裙子向后撕开再向后系在一起，人们称为"反缚黄鹏”。梁武帝萧衍的宅院在三桥，凤凰飞向那里，政权转变就是验证。“黄鹏”，就是“皇离”的谐音，而反绑上它，东昏侯被处死就是验证。在这以前，民间的老百姓和朝中的官员都用布帛填在衣服的胸部，称为“假两”，假的意思是不正，两代君王都不正，说明他们不是真正的人主。东昏侯被杀，他的儿子被废为庶人，就是“假两”的意义。

梁高祖武皇帝名衍，姓萧氏，为巴陵王法曹，后为竟陵王子良八友①初，皇考之薨，不得志，及至郁林失德，齐明帝作辅，将为废立计，常欲助齐明，倾齐武之嗣，以雪心耻。齐明亦知之，每与帝谋。时齐明将追随王②，恐不从。又以王敬则在会稽，恐为变。以问帝，帝曰：“随王虽有美名，其实庸劣，既无智谋之士，爪牙唯仗司马垣历生③、武陵太守卞白龙耳。此并唯利是为。若啖以显职，无不载驰。齐王正须折简耳。敬则志安江东，穷其富贵，宜选美女以娱其心。”齐明曰：“吾意也。”果如其策。魏将王肃④攻司州，帝破之，以功封建康郡男。齐明帝崩，东昏即位，遗诏以帝为都督、雍州刺史东昏时，刘晅等六人更直省内，分日帖敕，世谓“六贵”。又有御刀等八人，号曰“八要”。皆口擅王言，权行国宪。帝谓张弘策⑤曰：“政出多门，乱其阶矣。当今避祸，唯有此地，勤行仁义，可坐作西伯；但诸弟在都，恐罹时患也，须与益州图之耳。”时上长兄懿罢益州还，仍行郢州州事，帝与谋，不从，懿寻被害也。长兄懿被害，帝起义召僚佐集于厅事，告以举兵，是日建牙。先是东昏以刘山阳为巴西太守，使过荆州就行事萧颖胄以袭襄阳，帝知兵谋，乃遣王天武诣江陵，遍与州府人书，论军事。天武发，帝谓弘策曰：“今日坐收天下矣。荆州得天武至，必恫惶无计，若不见同，取之如拾芥耳。断三峡，据巴蜀，分兵定湘中，便全有上流。以此威声，临九派，断彭蠡，传檄江南，风之靡草，不足比也。政小延引日月耳。江陵本惮襄阳人，加唇亡齿寒，必不孤立，宁得不见同耶？以荆、雍之兵，扫定东夏，韩、白⑥重出，不能为计，况以无算昏主，役御刀应敕之徒哉？”及山阳至巴陵，帝复令天武赍书与颖胄兄弟。

去后，帝谓张弘策曰："用兵之道，攻心为上，攻城次之；心战为上，兵战次之。今日是也。"近遣天武往州府，人皆有书，今假只有两封与行事兄弟，云："一一具天武口。"及问天武，口无所说。天武是行事心膂（lǚ），彼闻，必谓行事兄弟共隐其事，则人人生疑。山阳惑于众口，判相嫌贰，则行事进退无以自明，是驰两空函，定一州也。山阳至江安，果疑不止。颖胄乃斩天武，送山阳，信之。至荆州，驰入城，将逾阈（yù），悬门奋发，折其辕，投车而走。陈秀拔戟逐之，斩于门外。颖、胄即遣驿使传首于帝，仍以南阳王尊号之，议来告曰："时不利，当须待来年二月。"帝答曰："今坐甲十万，粮用日竭。若顿兵十旬，必生悔吝。且太白出西方，仗义而动，天时人谋，有何不利？昔武王伐纣，行逆太岁，复须待来年耶？"帝不从，乃赫然大号也。

【注释】①竟陵王子良八友：即竟陵八友，南北朝齐永明年间，一大群文士集合于竟陵王萧子良左右，形成的一个文学群体。《梁书·武帝本纪》：竟陵王子良开西邸，招文学，高祖（萧衍）与沈约、谢朓、王融、萧琛、范云、任昉、陆倕并游焉，号曰"八友"。②随王：指萧子隆，南朝齐文学家。字云兴，南兰陵（治今常州西北）人，齐武帝第八子。有文才。延兴元年（494年）转中军大将军，封随郡王，后为萧鸾所杀。③垣历生：垣荣祖从弟，下邳人，为骁骑将军，历官太子右率。性苛暴，好行鞭捶。与始安王萧遥光同反，伏诛。④王肃：字恭懿，琅邪郡临沂（今山东临沂）人。北魏名臣，东晋丞相王导后代、南齐尚书左仆射王奂之子。少而聪辩，涉猎经史，颇有大志。初仕萧赜，太和十七年，父兄并为萧赜所杀，自建业投奔北魏。孝文帝驾崩，以尚书令与咸阳王元禧等同为顾命宰辅。景明二年，卒于寿春，年三十八，追赠侍中、司空公，谥号宣简。⑤张弘策：字真简，范阳方城（今河北省固安县）人。梁武帝萧衍的从舅。自小以孝闻名。初任齐邵陵王国常侍，协助雍州刺史萧衍夺权。萧衍称帝随其西征。天监元年（502年）东昏侯余党孙文明等率数百人，私入南北掖门，烧神虎门，张弘策被杀。谥号闵侯。⑥韩、白：指韩信和白起。

【译文】梁高祖武皇帝名衍，姓萧，是巴陵王萧子伦手下主管刑法的官吏，后来成为竟陵王萧子良的八友之一起初，萧衍的父亲去世，萧衍不得志，等到郁林王丧失做皇帝的德行，齐明帝萧鸾作为辅政大臣，想废掉郁林王，萧衍经常想帮助齐明帝，打压齐武帝的后嗣，来洗雪心中的耻辱。齐明帝也知晓他的想法，经常和萧衍一起谋划。当时，齐明帝想拉拢随王萧子隆，害怕萧子隆不会听从，又因为王敬则盘据在会稽，恐怕他反叛，就拿这两件事向萧衍询问，萧衍回答说："随王虽然有美名，但其实平庸无能。既没有聪明能干的智士，他的武臣只依靠司马垣历生和武陵太守卞白龙罢了，这些人都是唯利是从的小人，如果许给他们显要的职位，他们没有不为你先后奔走的。所以说随王那里只须寄封信去就可以，王敬则志在安守江东，安享富贵，应该多赏美女让他欢愉，以此使他高兴就行了。"齐明帝萧鸾说："这也是我的想法。"后来果然和萧衍的策略一样。北魏将领王肃攻打司州，萧衍率兵打败了他，因为功劳被封为建康郡男爵。齐明帝萧鸾驾崩，东昏侯萧宝卷即位，齐明帝遗诏封萧衍为都督、雍州刺史东昏侯统治时期，刘暄等六人掌握中书省的大权，每天发布敕令，世人称他们为"六贵"；又有御刀等八个人，被称为"八要"。这些人都假传圣旨，掌握国家大权。萧衍对王弘策说："政出多门，混乱因此开始，当今能躲避祸乱的地方，只有这里，如果多行仁义，就可以坐着成为西方的霸主。但是我有很多兄弟住在京城，恐怕他们到时会遭到祸患，应该和益州的长兄共同谋划这件事。"当时萧衍的长兄萧懿被罢免益州的官职，仍然返回郢州管理政务。萧衍和他谋划反叛，萧懿不听从，不久萧懿就被杀害。萧衍的长兄萧懿被害，萧衍举兵起义萧衍在厅堂召集部下，告诉他们将要起义，并在这一天树起义旗。在这以前东昏侯任命刘山阳担任巴西太守，让他到荆州，和荆州行事萧颖胄兄弟袭击襄阳。萧衍知道了这次谋划，就派遣王天武到江陵，给州府的每个人发书信，说了这件事。王天武出发后，萧衍对王弘策说："今日可以坐着获得天下了，萧颖胄知道王天武到达荆州，必定惊慌失措。他如果不和我们一心，攻取荆州就像从地上捡起草子般容易。截断三峡通道，占据巴蜀，派兵平定湘江中游，便占有了湘江的上游地区。凭借这样的声势，兵临长江，隔断彭蠡，向江南发布檄文，风吹草伏的事，也不能比这更容易了。政令稍微延伸，可以上贯日月。江陵本来就害怕襄阳人，加上唇亡齿寒，二者不能孤立，怎么能不和我们同心协力呢？凭借荆州和雍州的士兵，平定东南，即使韩信、白起重出江湖，也没有什么办法，更何况是东昏侯那样昏庸无能的君主驱使御刀、刘暄那样的无能之人呢？”等到刘山阳到达巴陵，萧衍又让王天武把书信送给萧颖胄兄弟。王天武离开后，萧衍对张弘策说：“用兵的道理，攻破敌人的心理为上，其次才是攻打城池；心理战为上，其次才是发兵攻打。如今正是这样，最近派遣王天武去州府，给每个人都带了书信，今天却只发两封书信给萧颖胄兄弟，上面写着：都由王天武亲口陈述。等到他们问王天武，王天武什么也说不出来。王天武是萧颖胄的亲信得力之人，其他人知道这件事后，一定会说萧颖胄兄弟共同隐瞒书信的内容。那么人们就会产生猜疑。刘山阳被人们的议论迷惑，而萧氏兄弟无法向别人解释没有二心，无法辩解，就用了两个空信封而平定了一个州。”刘山阳到了江安，果然猜疑萧氏兄弟，萧颖胄于是杀死王天武，把王天武的首级送给刘山阳，刘山阳相信了他们。刘山阳到了荆州，疾驰入城，将到达城门时，门闸奋发，折断他的车辕，刘山阳就弃车而逃，陈秀拔戟去追他，把他斩杀在城门外。萧颖胄就派驿使把刘山阳的首级送给萧衍，仍然用南康王萧宝融上尊号的名义，对萧衍的传召使者说：“时机对我们不利，应当等到明年的二月。”萧衍说：“现在拥有十万大军，粮草日益减少，如果一百多天按兵不动，必定产生灾祸，况且太白星从西方出来，仗义而发，天时人和，有什么不利的？从前周武王讨伐商纣，正好犯了太岁，又何须等到来年呢？”萧衍没有听从萧颖胄的奏议，于是大发号令发兵起义。

戊申，帝发自襄阳帝留弟守襄阳城，谓曰：“当置心襄阳人腹中，推诚信之，勿疑也，天下一家，乃当相见也。”郢、鲁诸诚及诸将并降初，东昏遣吴子阳十三军救郢州，进据巴口。帝命王茂潜师袭加湖，子阳窜走，众尽溺于江。郢、鲁二城相视夺气。先是东昏使陈伯之①镇江州，为子阳声援。帝谓诸将曰：“夫征讨未必须实力，听威声耳。今加湖之败，谁不詟（zhé）服？”陈武牙，即伯之之子，狼狈奔归。彼人之情当凶惧，我谓九江可传檄而定也。因命搜所获俘囚，得伯之幢主苏隆之，厚加赏赐，使致命焉，鲁山、城郢并降。伯之及子武牙见帝至，并束甲请罪。壬午，帝镇石头，命众军围六门。卫尉张稷斩东昏，以黄油裹首送军帝召僧勒兵封府库及图籍。收潘妃，诛之。以宫女二千人分赉将士也。平京邑，齐和帝以位禅梁。帝即位。太清元年，齐司徒侯景[2]以十三州内属。侯景反，至京师，幽帝而崩天监中，释宝志[3]为诗曰："昔年三十八，今年八十三，四中复有四，城北火酣酣。"帝封记之。帝三十八克建邺，八十三遇火灾。元年四月十四日同泰寺火灾。皆如其言，此之谓也。侯景立武帝太子纲为帝，又为景所杀追尊为太宗简文皇帝也。湘东王绎于荆州，使王僧辩[4]等平侯景，传首江陵僧辩等劝进曰："今众以今月戊子总集建康，分勒武旅，百道同趋，轰然大溃，群凶四灭。伏惟陛下，咀痛茹哀，婴思愤酷。自紫庭绛阙，胡尘四起，掖垣好畤，冀马云屯，豺狼当路，非止一人，鲸鲵（ní）不枭，经五载矣。天威既振，冤耻并雪，百司岳牧，仰祈宸鉴。咸以锡圭之功。既归有道，当辟之礼，允属圣明。而优诏谦冲，杳然凝邈；飞龙可跻，而乾爻在四；帝阍（hūn）云叫，而阊阖（chāng hé）未开；讴歌再驰，是用翘首。岂可久稽群议，有旷彝则也。丙子，湘东王即位于江陵是为孝元皇帝。武帝第七子也。魏使万纽于谨[5]来攻，梁王萧詧[6]率众会之。帝见执，魏人戕帝初，武陵之平，议者欲因其舟舰迁都建邺，宗懔[7]、黄罗汉皆楚人，不愿移。曰："建邺王气已尽，渚宫洲已满百。"于是乃留，寻而岁星在井，荧惑守心。帝观之，慨然谓朝臣曰："吾观玄象，将恐有贼，但吉凶在我，运数由天，避之何益？"寻为魏军所逼，城陷见执，进土囊而殒之，古老相传云："洲满百，荆州出天子。"桓玄为荆州刺史，内怀逆意，乃遣凿破一洲，以应百数。随而崩破，竟无所成。宋文帝为宜都王，在藩，一洲自立。俄而文帝纂统。太清末，枝江扬阁浦生一洲。明年，而梁元帝立。承圣末，其洲与大岸通也。江陵既陷，王僧辩，陈霸先等议立帝子方智是为敬皇帝，元帝第九子，于江州，奉迎至建邺即位。太平二年，禅位于陈。

【注释】①陈伯之：南齐济阴睢陵（今江苏睢宁）人，幼有膂力，少小无赖，家中贫穷，以盗劫为生。后跟随同乡车骑将军王广之征讨齐安陆王萧子敬。天监四年（公元505年），梁武帝命临川王萧宏领兵北伐，陈伯之屯兵寿阳与梁军对抗，萧宏的记室丘迟写下《与陈伯之书》，被劝降。②侯景：本姓侯骨，字万景，朔州（今山西朔州市）人，羯族，南北朝时人。剽悍好武，擅长骑射，选为怀朔镇兵。北魏末年爆发六镇起义，侯景趁势而起。最初投靠尔朱荣，随平葛荣起义，后归顺东魏权臣高欢。太清元年（547年），率部投降梁朝，太清二年，起兵叛乱，进攻建康城，发动“太清之乱”，屠戮门阀世家。大宝二年（551年），篡位为帝建立汉国。后被平定，被部下所杀。③释宝志：俗姓朱，南朝梁代江苏句容人。7岁随法俭和尚出家，到南京道林寺虔诚禅业，苦守古佛青灯50多年，为释门名僧。时值齐武帝施行暴政，众生苦痛，宝志为匡正时弊，巧施智谋，运用世间因果哲理，使齐武帝尤敬典礼，“永废锥刀”酷刑。④王僧辩：字君才，太原郡祁县人。南朝梁名将，右卫将军王神念次子。出身乌丸王氏，初为湘东王萧绎中兵参军，后任平南将军、左卫将军等职。智勇兼备，所经战阵，屡获胜利。承圣元年（552年），与东扬州刺史陈霸先会师，水陆并进，攻破石头城，平定侯景之乱。承圣四年，迎立北齐扶植的贞阳侯萧渊明，被陈霸先偷袭擒杀。⑤万纽于谨：指于谨，本姓万忸于氏，字思敬，小名巨弥，河南洛阳人，鲜卑族。北朝杰出政治家、战略家，八柱国之一，镇南将军于栗磾六世孙、陇西太守于提之子。性情沉稳，胆识过人。年轻从军，参与镇压破六韩拔陵起义，后大破斛律野谷禄，单骑招降西部铁勒部酋也列河等三万余户，击败柔然，平定鲜于修礼、葛荣、邢杲、万俟丑奴起义。后兵败西投宇文泰，领军灭亡南梁，攻克江陵，杀死梁元帝，扶植萧詧为西梁皇帝。宇文觉建立北周后，进封燕国公，拜大宗伯、太傅，立为三老，参议朝政，领雍州牧。⑥萧詧：一作萧察，字理孙，梁武帝萧衍之孙，昭明太子萧统第三子，南北朝时期西梁（后梁）政权建立者。⑦宗懔：字元懔，南阳涅阳（今河南涅阳县）人。南北朝时期大臣，著名学者。少年好学，昼夜不倦，善引典故，乡里称为“小儿学士”。承圣三年，西魏攻陷江陵，遂与王褒进入关西，累拜车骑大将军、仪同三司。

【译文】戊申日，萧衍从襄阳发兵萧衍留下自己的弟弟守卫襄阳城，对弟弟说：“应当对襄阳的百姓推心置腹，不要怀疑他们，天下成为一家，那时我们再见面。”**城郢、鲁山等城池和守城将领都归降了萧衍**起初，东昏侯萧宝卷派遣吴子阳带领十三路兵马救援郢州，进攻占据巴口。萧衍命令王茂偷偷领兵袭击加湖。吴子阳逃走，手下的士兵都被淹死在江中，郢、鲁两城的守军丧失勇气，不敢出城救援。之前东昏侯让陈伯之镇守江州，声援吴子阳。萧衍对诸位将领说：“讨伐并不一定非用实力，借助声势威名也可以。如今敌人在加湖打了败仗，敌人谁敢不畏惧服从我们？陈武牙，是陈伯之的儿子，他狼狈地逃走，一定很惊慌恐惧，所以我说我们可以发布檄文而平定九江。”萧衍命令搜查俘虏，找到了陈伯之手下的幢主苏隆之，优厚地赏赐他，使他甘愿为自己效命。鲁、郢两城都归降了萧衍，陈伯之和儿子陈武牙得知萧衍到来，一起脱下铠甲请罪。**壬午日，萧衍到达石头城，命令军队围困六个城门，宫中的卫尉张稷杀死东昏侯，用黄油包裹东昏侯的脑袋送到萧衍军中**萧衍命令吕僧珍带兵封查府库和图书典籍，收捕潘妃，并杀死她，把宫女二千人赏赐给手下的将士。**萧衍平定了京邑，齐和帝萧宝融把帝位禅让给了萧衍，萧衍即位。太清元年，齐朝司徒侯景率领十三州归顺。后来侯景反叛，攻下京城，幽禁了萧衍，萧衍驾崩**梁武帝天监年间，和尚释宝志写了一首诗：“昔年三十八，今年八十三。四中复有四，城北火酣酣。”萧衍查封记录了这首诗。梁武帝萧衍三十八岁时攻克建邺，八十三岁遇到火灾。大同元年四月十四日同泰寺起火，与释宝志的诗句相同。**侯景立梁武帝的太子萧纲为帝，后来萧纲又被侯景杀死**后世追溢萧纲为太宗简文皇帝。**湘东王萧绎在荆州派王僧辩等将领讨平了侯景叛乱，把侯景的首级传送到江陵**王僧辩等人劝萧绎登基，说：“军队在这个月戊子日全部集结到建康，分兵追击残敌，凶残的贼人四散逃命，希望您能忍住悲痛和愤怒。自从混乱开始，胡尘四起，胡马践踏南方的土地，豺狼当路，不只有一个人。各种暴徒出现，已经过了五年多了。如今上天的威风再次兴起，冤仇和耻辱都被洗刷，朝廷内外都希望您能到来，都认为国家应该交给贤明圣德的人来管理。而您又谦虚地推辞，不肯登基称帝，所以再一次请求您答应我们的请求，我们希望得到您的答复，怎么能长久地不考虑我们的建议，而违背上天的旨意呢？”**丙子日，湘东王萧绎在江陵即位**就是梁元帝，是梁武帝的第七个儿子。**西魏派万纽于谨率兵攻打江陵，梁王萧詧率领军队与敌人作战，梁元帝萧绎被俘，西魏人把他杀死**起初，武陵平定后，有人建议用大船装载器物迁都建邺，因为宗懔、黄罗汉都是楚地人氏，不愿意迁移。说：“建邺的帝王气象已经耗尽，渚宫洲中的江心洲已经达到一百个。”于是把都城建在江陵。不久岁星出现在井宿，火星出现在心宿，萧绎看到后，感慨地对朝中大臣们说：“我夜观天象，恐怕将要有贼人了。然而吉凶在我，运数由天，躲避又有什么好处呢？”不久被江陵魏国的军队围困，江陵陷落后萧绎被魏军俘虏，被装进土囊中杀害，有古语相传说：“江陵附近的沙洲到达一百个的时候，荆州就会出现天子。”桓玄担任荆州刺史时，有叛逆谋反的意图，于是派人凿破一个，来凑成一百个，不久沙洲被冲毁，桓玄的反叛被平息。宋文帝刘义隆做宜都王时，在藩国，一块沙洲自己形成了，不久文帝就篡夺了政权。太清末年，枝江扬阊浦生出一块陆地，第二年，梁元帝萧绎被拥立为帝。承圣末年，这块陆地和江岸连成一片。**江陵已经被攻陷，王僧辩、陈霸先等人商议把萧绎的儿子萧方智立为皇帝**就是梁敬帝，是萧绎的第九个儿子。**把他从江州迎接到建邺即位。太平二年，萧方智把帝位禅让给了陈霸先。**

高祖武皇帝姓陈氏，名霸先，吴兴长城人也。梁武帝时为直阁将军。侯景反，高祖率所领与侯景大战。侯景败死，湘东王即位，授南徐州刺史，还镇京口。承圣三年，西魏攻陷西台，高祖与王僧辩立晋安王，进帝位。司空僧辩又与齐氏和亲，纳贞阳侯高祖叹曰："嗣主，高皇之孙，元皇之子，竟有何辜，坐见废黜，立见非次，此情可知也。"高祖以为不义，潜师袭王僧辩于石头，克之。是夜缢僧辩，贞阳侯逊位。晋安王复位。徐嗣徽北引齐师，遣萧轨等四十六将，济江至莫府山。高祖并破之，进位丞相，进爵为陈王。永定三年，梁帝禅位于陈。三年荧惑守心，人尊也，上崩时上长子衡阳王昌为质于周，乃立高祖弟，始兴列王长子蒨（qiàn）也。立弟子蒨是为世祖文皇帝也。崩，立太子伯宗是为废帝。废，立顼（xū）是为高宗宣皇帝，始兴列王第二子也。崩，立太子叔宝，是为长城公也。叔宝在东宫，好学，有文艺。及即位，耽酒色左右佞嬖（bì）珥貂①者五十人，妇人美貌丽服者千余人。常使孔贵妃等八人夹坐，江总②、孔范③等十人预宴，号曰"狎客"。先令八妇人襞彩笺，制五言诗，十客人一时继和，迟则罚酒。君臣酣饮，从昏达旦，以此为常也。

【注释】①佞嬖珥貂：宠幸的妃子。②江总：字总持，祖籍济阳郡考城县，南朝陈大臣、文学家。平定侯景之乱后，诏命江总任明威将军、始兴内史。恰逢江陵陷落，江总寄居岭南多年。陈后主陈叔宝时任宰相，他不理政务，只是每天和后主在后宫饮酒作乐，使国家日益衰败，陈朝灭亡。开皇十四年（594年）死于江都，时年七十六岁。③孔范：字法言，会稽山阴（今浙江绍兴）人。孔子的第30世孙，唐代律宗名僧文纲之父。少好学，博涉书史。陈后主即位，任都官尚书。与江总等人为狎客，容止优雅，文章赡丽。为后主文饰过失，称扬赞美。与后主宠妃孔贵人结为兄妹，宠遇优渥，举朝莫及。陈亡，被隋文帝流放。

【译文】陈高祖武皇帝姓陈，名霸先，吴兴长城人。梁武帝萧衍时担任直阁将军。侯景反叛，陈霸先率领手下士兵与侯景交战。侯景战败而死，湘东王萧绎即位，授予陈霸先南徐州刺史的职位，回去镇守京口。承圣三年，西魏的军队攻陷西台，陈霸先和王僧辩拥立晋安王萧方智继承帝位。司空王僧辩又和北齐和亲，迎接贞阳侯萧渊明为帝陈霸先感叹说："继位的晋安王，是高皇帝的孙子，元皇帝的儿子，他究竟有什么罪过要被废掉？不按次序拥立皇帝，他的居心叵测可以知道了。"陈霸先认为这样做不合道义，派兵到石头城偷袭王僧辩，并打败了他。当天晚上勒死王僧辩，贞阳侯萧渊明让位，晋安王萧方智重新被立为皇帝。徐嗣徽从北面勾结北齐的军队，派遣萧轨等四十六个将领领军渡过长江到达莫府山，陈霸先一一击破他们。陈霸先由此被封为丞相，进爵为陈王。永定三年，梁敬帝萧方智把帝位禅让给了陈霸先。三年后火星出现在心宿，君主将有祸患，陈霸先驾崩当时，陈霸先的长子衡阳王刘昌在北周做人质，于是立陈霸先弟弟始兴烈王的长子陈蒨为帝，立他弟弟的儿子陈蒨为帝就是世祖文皇帝。陈文帝陈蒨驾崩，立太子陈伯宗为帝就是陈废帝。陈伯宗被废掉，立陈顼为帝陈顼是高宗宣皇帝，始兴列王陈道谈的第二个儿子。陈宣帝陈顼驾崩，立太子陈叔宝为帝，陈叔宝就是长城公。陈叔宝在东宫做太子时，好学，有文学和艺术方面的修养，等到他即位，就沉缅酒色陈叔宝身边得宠的妃子有五十多人，衣着华丽、容貌美丽的妇人有一千多人。他常常让孔贵妃等八个女子并排坐，江总、孔范等十个人参与宴会，称他们为"狎客"。陈叔宝先让八个女子在彩纸上写好五言诗，然后十个客人和诗，写的慢的人就罚酒喝。君臣饮酒，通宵达旦，把这当成常态。

隋文帝初受周禅，甚敦邻好。宣帝崩，遣使赴吊，修敌国之礼，书称名顿首。而后主骄奢，书末云："想彼统内如宜，此宇宙清泰。"隋文帝不悦，以示朝臣。贺若弼、杨素等以为主辱，再拜请罪，并求致讨。文帝曰："我为人父母，岂可限一衣带水而不拯之乎？"命作战船人请密之，文帝曰："吾将显行天诛，何密之有？使投柿于江，若彼能改，吾又何求也。"以晋王广为元帅，督八十总管以致讨初，隋师送玺书，暴后主恶，三十万纸，遍谕江东，诸军既下，江镇戍相继奏闻，沈客卿[1]掌机密，抑而不言。隋军临江，后主曰："王气在此，齐兵三度来，周兵再度至，无不摧没。虏今来，必自败。"纵酒作诗不辍。隋军或进拔姑孰，或断曲阿之冲，乃下诏曰："犬羊凌纵，侵窃郊畿，蜂虿(chài)有毒，宜时扫定。"以萧摩诃[2]为皇畿大都督，分兵守要害，僧、尼、道士执役。隋军南北道并进，众军败绩。韩擒虎入自南掖门，文武各官皆遁出，擒后主隋师之入也，仆射袁宪[3]劝端坐殿上，正色待之。后主曰："锋刃之下，未可友当，吾自有计。"乃逃于井，隋军人以绳引之，惊其太重，乃与张贵妃、孔贵人同乘而上。隋文帝闻之大惊。鲍宏对曰："东井于天文为秦分，今王都所在。投井，其天意也。"先是江东多唱王献之《桃叶辞》，云："桃叶复桃叶，渡江不用楫。但渡无所苦，我自迎接汝。"及晋王广军于六合镇，其山名"桃叶"，果乘陈船而渡之也。晋王广入据台城，送后主于东宫。三月癸巳，后主与王公百司发自建邺，之长安。及至京师，列陈舆服，引后主及王公，使宣诏让后主，后主雀息不能对，封长城公隋文帝东巡，登芒山，后主侍饮，赋诗曰："日月光天德，山河壮帝居。太平无以报，愿上东封书。"及出，隋文帝目送之曰："此败岂不由诗酒，将作诗功夫，何如思安时事也。"至仁寿四年，终于洛阳先是，蒋山众鸟鼓翼拊膺曰："奈何帝，奈何帝。"后主在东宫时，有鸟一足，集其殿庭，以嘴画地成文。曰："独足上高台，盛草化为灰，欲知我家处，朱门当水开。"解者以为"独足"言后主独行无众，"盛草"言荒秽。隋承火运，草得火而灰。及至京师，家于都水台，所谓"高台当水"也。有会稽人史溥曾梦着朱衣人，武冠自天而下，以手执金板，溥往看，上文曰："陈氏五主，三十四年。"陈亡果如梦。梁末童谣云："可怜巴马子，一日行千里，不见马上郎，但见黄尘起，黄尘污人衣，皂荚相料理。"及僧辩灭，群臣以谣言奏，言僧辩本乘巴马击侯景。"马上郎"，"王"字也；"尘"谓"陈"也；而不解"皂荚"之谓。既而陈灭于隋，说者以为江东谓羯羊角为皂荚，隋氏姓杨，"杨"，"羊"也。言终灭于隋。北齐末，诸省官多称"省主"，主将见省也。则知兴亡之兆，尽有征云。

【注释】①沈客卿：南朝陈吴兴武康（今浙江德清）人。为人阿谀逢迎，残忍冷酷，任中书舍人，每每立异端，惟以侵害百姓为能事，由此而自进。与施文庆掌管机密，外界有表启，都由他们呈奏。二人将外界表启压住不上奏，以至败国。隋军入后，将两人斩杀于前宫。②萧摩诃：字元胤，兰陵（今山东峄县）人，南北朝时期陈朝名将。侯景之乱后，追随侯安都征战，屡立战功。后跟随吴明彻，屡破北齐军。吕梁战役中率兵突围，逃到淮南。陈宣帝死后，辅佐陈后主登基，追斩始兴王陈叔陵。陈朝灭亡后，萧摩诃随陈后主降隋，被授予开府仪同三司。③袁宪：字德章，陈郡阳夏（今河南太康）人。尚书左仆射袁枢之弟。幼聪敏好学，十四岁被召为国子《正言》生，议论常出人意表。陈后主陈叔宝时为尚书仆射。隋朝军队攻入建康宫殿，身旁大臣只剩袁宪一人。袁宪建议陈后主仿效梁武帝见侯景的先例，未被采纳。降隋后授昌州刺史。

【译文】隋文帝杨坚起初接受北周的禅让时，和周边邻国非常和睦。陈宣帝陈顼驾崩，他派遣使者前去吊唁，学习别国的礼节，书信称名时，用顿首礼。然而陈后主陈叔宝骄横奢侈，在回信的末尾写道："想要统治好你的土地应像我信中说的，这样天下就太平了。"隋文帝收到回信后不高兴，把信给朝中大臣们看，贺若弼、杨素等人看后认为隋文帝被陈后主侮辱，拜了两拜请罪，并请求讨伐陈后主。隋文帝说："我作为天下人的父母，岂能因为隔着一条衣带一样宽的河就不去拯救那里的百姓呢？"于是他下令制作战船有人请求秘密制作战船，隋文帝说："我们代替上天诛灭陈朝，为什么要秘密制作呢？把木片投入长江，如果陈后主能够悔改，我又有什么别的要求呢？"隋文帝任命晋王杨广为元帅，率领八十多位将领讨伐陈后主起初，隋朝军队把上面写着陈后主罪行的三十万张玺书，散发到江东的陈国。杨广率军顺长江而下，戍守江镇的人相继把这件事奏闻朝廷，当时沈客卿掌管机密，压下没有上奏。隋军来到长江岸边，陈后主说："王气在这里，以前北齐的军队三次到来，北周的军队也两次到来，它们没有不被我们摧毁消灭的。隋朝的军队今天到来，必定会遭受失败。”仍旧没有停下喝酒作诗。隋朝军队有的攻克姑孰，有的截断曲阿的交通要道，陈后主这才下诏说：“狗和羊欺凌放纵，侵入到京城附近，蜂和虿有毒，应该及时扫除消灭。”陈后主任命萧摩诃为皇畿大都督，分兵把守重要地方。和尚、尼姑、道士都被抓来服役。隋朝的军队从南北两路夹击，陈后主的军队战败。**韩擒虎带兵冲进南掖门，陈朝的文武百官都逃走了，陈后主被生擒**隋朝军队进入京城，陈朝仆射袁宪劝陈后主端坐在大殿上，态度严肃地等待隋军。陈后主说：“锋刃之下，不可以闹着玩，我自己有办法。”于是逃到井里，隋军士兵用绳子往上拉他，奇怪陈后主非常重，等到拉上来一看，原来是他和张贵妃、孔贵人一同上来了。隋文帝听说这件事后非常吃惊。鲍宏对隋文帝说：“东边的井宿在天文上是秦地的分野。现在是我们王都所在的地方。陈后主投井，是上天的旨意。”在此以前，江南大多唱王献之的《桃叶辞》：“桃叶复桃叶，渡江不用楫，但渡无所苦，吾自迎接汝。”等晋王杨广率军驻扎在六合镇，那里有座山叫“桃叶”，隋军果然坐着陈国的战船渡过了长江。**晋王杨广占领台城，把陈后主送到东宫。三月癸巳日，陈后主和手下的王公百司被从建邺送到长安。等到他们到达长安，隋文帝用原来陈国的衣服车马，迎接陈后主和陈国的王公。隋文帝让人宣读诏书责备陈后主，陈后主屏息不敢做声，被隋文帝封为长城公**隋文帝向东巡视，登上芒山，陈后主侍奉隋文帝饮酒，陈后主赋诗说：“日月光天德，山河壮帝居，太平无以报，愿上东封书。”等到出来后，隋文帝目送着陈后主说：“他的失败难道不是因为作诗饮酒吗？把作诗的功夫，用来思考当时安定天下的时事该多好啊。”**到了仁寿四年，陈后主在洛阳去世**先前，蒋山里的群鸟拍动翅膀发出声音好像在说：“奈何帝，奈何帝。”陈后主在东宫时，有一只一条腿的鸟儿，飞到金殿顶上，用嘴在地上写字，写道：“独足上高台，盛草化为灰，欲知吾家处，朱关当水开。”有人解释认为：“独足”是说陈后主后来形单影只，失去了众人的簇拥；“盛草”是说陈后主荒唐污秽。隋朝秉承火运，草木遇火成灰，所以陈后主被隋灭掉。等到陈后主来到长安，家住都水台，正是所谓“高台当水”。有个会稽人史溥曾经梦见一个穿着红衣戴着武士冠的人从天而降，用手拿着金板，史溥上前看，金板上面写着：“陈氏五主，三十四年。”陈朝的灭亡果然如同史溥梦见的那样。梁朝末年有童谣说：“可怜巴马子，一日行千里。不见马上郎，但见黄尘起。黄尘污人衣，皂荚相料理。”等到王僧辩被杀，群臣把这个童谣上奏，说王僧辩本来骑着巴地的马攻打侯景，“马上郎”是一个“王”字，“尘”与“陈”谐音，却不能解释“皂荚”是什么意思。不久陈被隋灭掉，人们认为江南人把羯羊角称为皂荚。隋朝皇室姓杨，“杨”与“羊”谐音，是说陈朝最终被隋朝消灭。北齐末年，诸省的主管官员都被称为“省主”，预示皇帝将要被废掉。这样可以知道，国家的兴亡都提前有征兆。

隋高祖姓杨氏，名坚。周武帝初为隋州刺史。女为太子妃。周宣帝立，拜为大司马。宣帝崩，立靖帝，进爵为隋王，遂禅位焉，改号开皇元年。九年，平陈，废太子勇为庶人，立晋王广为皇太子。高祖崩，太子即位是为炀帝。炀帝无道，盗贼蜂起。十三年幸江都，李密设坛于巩，自署为魏公密，辽东人，蒲山公宽之子也。少倜傥有大志，常有思乱之心。与杨玄感①为刎颈交，玄感以势凌之。密怒曰：“决机两阵之间，暗哑叱咤，三军披靡，邀功一时，密不如公；若涉彼长途，驱策贤俊，使各申其用，公不如密。岂可以一阶一级而轻天下士大夫耶？”及玄感反，密归之，为其谋主。后玄感败，密变姓名，奔翟让②。让立密为魏公，开幕府，置僚属，凡十余万人。梁师都③据夏州。刘武周④杀太原留守王恭，举兵反。窦建德⑤自号夏王。朱粲⑥自号楚王。刘元进⑦据吴都。炀帝闻群贼起，大惧，使冯慈明⑧征兵东都炀帝闻盗贼蜂起，召群臣问之，皆曰：“此鼠窜狗盗，何足以忧？”侍御史韦德裕曰：“今海内土崩，纲纪大坏，而内史侍郎虞世基⑨，御史大夫裴蕴⑩等，阿媚陛下，隐秘不言。所谓积薪已燃，宗庙必不血食矣。《周书》曰：‘绵绵不绝，将成江河。’陛下勿以谀言不以介意。”乃诏冯慈明诣东都征兵，将以讨密，为儌逻所获，归之李密。密闻慈明至，大悦，谓慈明曰：“皇天无亲，唯德是辅。主上毒流四海，天下咸知。密纠合苍生，思平宇内。熊罴（pí）之士，百万有余。据敖仓之粟，带成皋之险，干戈精练，甲胄坚实，决东海可西流，蹴（cù）太山可东倒，以此御敌，何敌不摧？以此攻城，何城不陷？东都危急，不日将降。幸少留意，同建功名。”慈明曰：“蒲山公策名先帝，位极朝端，明公不思造我之恩，翻怀反噬之志，弃皇隋之大德，即枭感之顽嚣，恶积祸盈，败不旋踵，网漏吞舟，至于今日。昔巨君以天下之众，弊于光武；处仲以江左之师，穷乎明帝。明公以乌合之卒，不越数千，狼顾鸱（chī）张，强梁村坞。唯德是辅，公何预焉？”密乃幽之司徒府，慈明密令人诣东都，事泄，翟让杀之，诏唐国公渊[11]镇太原。五月甲子，唐公举义兵，遥尊炀帝为太上皇，立代王侑（yòu）[12]为天子，行伊、霍故事。传檄天下，闻之响应此裴寂[13]、殷开山[14]计也，代王侑时在西京。

【注释】①杨玄感：弘农华阴（今陕西华阴市）人，隋朝大臣，司徒杨素长子。体貌雄伟，须髯漂亮。喜好读书，擅长骑射。以父荫，授柱国，袭封楚国公。为隋炀帝所猜忌，大业九年趁隋炀帝第二次出征高句丽，趁机反叛，屯兵黎阳，攻打都城洛阳，久战不克，被大将军宇文述打败，走投无路之下，命其弟杨积善将自己杀死。②翟让：东郡韦城（今河南滑县南）人，隋末农民起义中瓦岗军前期领袖。武功高强有胆略。初为东郡法曹，犯法亡命至瓦岗率众起义。收留李密，推李密为魏公，自任上柱国、司徒，封东郡公。后被李密所杀。③梁师都：朔方（今陕西横山县）人，隋朝末年地方武装起义领袖。世为豪右，初仕隋朝，拜鹰扬府郎将，大业十三年，杀死郡丞唐世宗，自称大丞相，联兵突厥共同反叛隋朝，割据称帝，国号大梁，怂恿突厥南侵中原。贞观二年，柴绍和薛万彻带领唐军压境，被堂弟梁洛仁所杀。④刘武周：河间景城（今河北交河县）人。隋朝末年割据群雄。起家马邑校尉，依附突厥部落，占据存有充足食粮和库绢的晋阳，攻陷河东大部地区，威逼关中。武德三年（620年），为秦王李世民所败，弃城北逃突厥，因欲谋归马邑，事泄被杀。⑤窦建德：贝州漳南（河北故城县）人。隋朝末年河北农民起义领袖，出身扶风窦氏，世代务农，重信然诺，出任里长。崇尚豪侠，为乡里敬重。大业七年，担任二百人长，抗拒东征高丽，举兵反叛，全家坐罪遇害。后建立夏国，称雄于河北。武德四年，为拯救郑王王世充，带兵攻打虎牢关，为秦王李世民俘虏，押解长安处死。⑥朱粲：亳州城父（今安徽亳州）人，隋末唐初割据军阀。年轻时曾任县中佐吏，后趁乱为祸，自称迦楼罗王，为人残暴。武德四年（621年），被李世民所擒，杀于洛阳。⑦刘元进：余杭（今浙江杭州）人，隋末江南农民起义领袖。少年时仗义行侠，为乡里所尊崇。大业九年，响应杨玄感起兵，朱燮、管崇推刘元进为主。隋炀帝命王世充发淮南兵攻刘元进，兵败被杀。⑧冯慈明：字无佚，信都长乐（今属河北衡水）人。北齐皇室，冯子琮之子。历仕北齐、北周，年十四为淮南王参军，入隋，位至朝请大夫，摄江都郡丞事。李密兵围东都，奉旨追击被执，不屈被杀。⑨虞世基：字懋世，会稽余姚（今浙江慈溪）人。隋朝大臣、文学家、书法家虞世南哥哥。南陈时任太子中舍人、尚书左丞。入隋后受隋炀帝器重，专典机密，参掌朝政。大业十四年，宇文化及于江都兵变，弑杀隋炀帝，同时遇害。纂有隋朝《区宇图志》，是较早的全国性区域志。⑩裴蕴：河东闻喜人。初仕陈朝，隋炀帝杨广即位后，任太常少卿，后任民部侍郎。大业十四年，右屯卫将军宇文化及与司马德戡在江都发动兵变弑君，在兵变中被杀。⑪唐国公渊：原书为“唐国公讳”，因作者为唐人，需避帝王名讳，不能直接称“渊”，改“渊”为“讳”，本书改回。⑫代王侑：指隋恭帝杨侑，隋朝第三位皇帝，隋炀帝杨广之孙，元德太子杨昭第三子。自幼聪明，气度非凡。大业十三年，李渊攻入长安，被拥立为帝，年号义宁。义宁二年，被李渊所废黜，降封希国公，闲居长安。武德二年去世，终年十五岁，葬于庄陵。⑬裴寂：字玄真，蒲州桑泉（今山西临猗）人，唐朝宰相。出身河东裴氏西眷房，隋末曾任晋阳宫副监，与唐高祖交好，后参与策划太原起兵。贞观三年受僧人法雅牵连，被免官削邑，放归原籍，后流放静州。⑭殷开山：指殷峤，字开山，雍州鄠县人，唐朝开国功臣，凌烟阁二十四功臣之一。与刘弘基屯兵故城，攻破长安，被赐爵陈郡公，迁丞相府掾。武德六年（622年）在讨伐刘黑闼的路上病死，被赠陕东道大行台右仆射，谥曰节。

【译文】隋高祖姓杨，名坚。在北周武帝宇文邕初年担任隋州刺史，他的女儿是太子妃。周宣帝宇文赟即位，杨坚被封为大司马。周宣帝驾崩，周靖帝宇文阐即位，杨坚被封为隋王，后来周靖帝禅让帝位给他，改年号为开皇。开皇九年，平定陈国，把太子杨勇废为平民，立晋王杨广为太子。杨坚驾崩后，太子杨广即位就是隋炀帝。隋炀帝杨广昏庸无道，天下的反叛者蜂拥而起。隋炀帝十三年巡视江都，李密在巩地设坛，自封为魏公李密，是辽东人，是蒲公山李宽的儿子，少年时豪爽洒脱有大志，常常有谋反的想法。他和杨玄感是生死之交，杨玄感用权势欺压他，李密生气地说："在两军交战的时候，英勇杀敌，所向披靡，功盖当世，我不如你；但是长途跋涉，率领贤才俊杰，使他们发挥自己的作用，你又不如我了。怎么可以因为自己的官衔大一点就轻视天下的士大夫呢？"等到杨玄感起兵造反，李密归附他，成为杨玄感出谋划策的主要人物。后来杨玄感兵败，李密改名换姓，投奔翟让。翟让封李密为魏公，设立幕府，设置幕僚，拥兵十多万。梁师都盘据在夏州，刘武周杀死太原留守王恭，举兵反叛。窦建德自封为夏王，朱粲自封为楚王，刘元进盘据吴都。隋炀帝听到众多反叛者兴起，非常恐惧，让冯慈明到洛阳征集军队平定叛乱隋炀帝听说反叛者蜂拥而起，召集大臣们询问对策。大臣们都说："这些都是像鼠狗那样奔窜偷盗的人，哪里值得忧虑？"侍御史韦德裕说："如今天下形势危急，纲纪败坏，而内史侍郎虞世基、御史大夫裴蕴等人都阿谀谄媚陛下，隐藏实情不上奏。正所谓堆起的柴草已经被点燃，放任下去，祖宗的宗庙就会得不到祭祀。《周书》上说：'水滴绵绵不断地流，就会成为大江大河。'陛下不要因为听信了阿谀的话就对这件事不以为意。"隋炀帝于是下诏让冯慈明到洛阳去招募军队，准备讨伐李密。冯慈明被李密的巡逻士兵抓获，押送给李密。李密听说冯慈明被抓，非常高兴，对冯慈明说："老天不近人情，只辅佐有德行的人。杨广毒害天下百姓，这是天下人都知道的。我召集百姓，想平定天下。像熊罴一样精明强干的士兵有一百多万，占据敖仓的粮食，据有成皋险要的地形，士兵精明干练，身上的甲胄坚实，挖东海就可以让它向西流，踏太山就会向东倾倒。像这样来御敌，什么敌人不能摧毁？以此来攻城，什么城池不能攻陷？洛阳危急，不久就会向我们投降，希望你能稍稍留意，和我们一起建立功名。”冯慈明回答说：“你的父亲蒲山公在先皇时做官，位极人臣。而你不念朝廷的恩德，反而有起兵造反的意向，背弃隋朝对你家的恩德，像杨玄感等人愚妄奸诈，罪恶积累，很快你就会失败。渔网有漏洞也可以吞下大船，以至于有今天。从前王莽拥有天下的百姓，却被汉光武帝打败；王敦拥有江左的士兵，却在晋明帝面前穷途末路。凭你手下不超过几千的乌合之众，凶暴嚣张，强占村庄。只有有德行的人才能得到辅佐，与你有什么相干呢？”李密于是把冯慈明幽禁在司徒府。冯慈明暗地派人去洛阳，事情泄露，翟让杀死了他。**隋炀帝杨广下诏让唐国公李渊镇守太原。五月甲子日，李渊举兵起义，遥尊杨广为“太上皇”，拥立代王杨侑为皇帝，效仿伊尹和霍光的旧事。向天下发布檄文，天下人听说后纷纷响应**这是裴寂、殷开山的计策，代王杨侑当时在西京长安。

秋七月，唐公将西图长安，仗白旗，誓众于太原之野，被甲三万。留公子元吉守太原。义师次霍邑，隋武牙郎将宋老生[1]拒义师。时连雨不霁，粮运不给，又讹言突厥将袭太原。唐公惧，命旋师。用秦王[2]谏，乃止秦王谏曰：“独夫肆虐，天下崩离，狼顾蜂飞，跨州连县。丈夫不得耕耘，女子不得纺绩。故仗剑汾晋，举旆参墟，将斩封豕以安万人，戮鲸鲵而清四海。据崤、函之固，挟天子之威，令诸侯，定天下。是以闻之响应，投赴如归。今遇小敌，便将返旆，恐义师一朝解体，大事去矣。势不可全，还守太原，则一城贼耳，恐不及旋踵，祸变仍生。”乃止也。老生背城而阵，一战斩之，平霍邑诸城皆降，唯屈突通[3]镇河东，坚守不下也。冬十月，义师次长乐宫，卫文升[4]挟代王乘城拒守。十一月，平京师，尊代王为天子，改元义宁遣使四出徇郡县。隋行宫，唐公悉罢之。后宫还其亲属。初，隋将多侵百姓，百姓患之。及义师至，秋毫无犯，皆曰：“真吾君也。”时炀帝将之丹阳，而大臣将卒皆北人，不愿南迁，咸思归。宇文化及⑤因百姓之不堪命，杀炀帝于江都。随室王侯，无少长，皆斩之。立嗣王浩为天子，化及为丞相上曾梦见青衣儿谓曰："去亦死，往亦死，不若乘船渡江水。"裴蕴、虞世基皆南人，赞成其事。将卒不愿南迁，将因会鸩之，南阳公主惧杀其婿，以谋告宇文士及。士及告其兄化及，遂反，执帝。帝曰："吾何负于天地而致此乎？"马文举⑥对曰："臣闻万姓不可无主，故立君以抚之。是知一人养万姓，非万姓养一人。高祖文皇帝粤有下国，丕隆大宝，除苛政，布恩德。南灭强陈，北灭狡虏。二十余年，河清海晏，既而弃世升遐。陛下即位，违远社稷，委弃京都，巡游行幸，略无宁岁。漕通河洛，控引江淮。丁壮倦劳苦，老弱疲转饷。高颖、贺若弼，先朝重臣，勋德俱茂；薛道衡⑦，英华冠世，经纶之才，咸被非辜，卒遭夷戮，贤哲之士退，谄佞之子升。又频年讨辽，征役不息，行者不反，国用空虚。白骨被于原野，肝胆涂于草泽。悠悠冤魂，有请上帝，将假手于人矣。及在雁门，取辱戎虏，重围既解，理须宁息。方更巡游吴越，翱翔上江。头会箕敛，以供行乐。士卒无短褐，后宫厌罗绮；士卒无糟糠，犬马贱粟肉；甲胄生虮虱，戎马不解鞍。拒谏饰非，无心反驾。遂使九县瓜分，八纮（hóng）幅裂。以天下之富、四海之贵，一旦弃之，犹曰无罪，臣窃为陛下羞之。"乃默然，缢杀之。五月戊午，天子侑逊位于别宫，禅位于唐，都长安大业末，谣曰："桃李子，洪水远，杨山宛在花园里。""李"，唐姓也；"洪水"者，唐王讳也；"杨"，隋姓也；"花"者，华不实也；"园"，"囿"也，代王名侑，"侑"与"囿"音同。言杨侑虽为帝，终于历数有归，唐王当践其位也。

【注释】①宋老生：隋朝将领，官至虎牙郎将。曾在霍邑抵挡唐军，兵败被杀。②秦王：即唐太宗李世民，陇西成纪（今甘肃省秦安）人，杰出的政治家、战略家、军事家、诗人。首倡晋阳起兵，封为敦煌郡公。进入长安后，拜为尚书令、右武候大将军，封为秦国公。平定薛仁杲、刘武周、窦建德、王世充等割据势力，为唐朝的建立与统一过程立下赫赫战功。武德九年，发动“玄武门之变”，逼父亲李渊退位，成为唐朝第二位皇帝。③屈突通：长安人，隋唐时期名将，凌烟阁二十四功臣之一，北周邛州刺史屈突长卿之子。大业年间曾平定杨玄感叛乱。高祖起兵入关，坚守潼关，兵败降唐，任兵部尚书，封蒋国公。后随李世民平定王世充，论功第一。贞观元年，改封洛州都督，进左光禄大夫。④卫文升：指卫玄，字文升，河南洛阳人。少时有器量见识，初仕北周，官至京兆尹，封兴势公。隋朝建立后，劝慰叛乱的獠人，并在东征高句丽的兵马中独军保全。大业九年，辅佐代王杨侑留守长安。同年击败杨玄感。义宁元年，太原留守李渊起兵反隋，长安城破前病死。⑤宇文化及：隋末叛军首领。祖上是匈奴人，姓破野头。代郡武川（今内蒙古武川西）人，北周上柱国宇文盛之孙，右卫大将军宇文述长子。618年发动禁卫军兵变，弑隋炀帝，后率军北归，被李密击败，退走魏县，自立为帝，国号“许”，年号“天寿”，立国半年，被窦建德击败擒杀。⑥马文举：隋朝骁果军将领，大业十四年随司马德戡等发动江都兵变。⑦薛道衡：字玄卿，河东汾阴（今山西万荣县）人，著名诗人，在隋朝诗人中艺术成就最高。六岁而孤，专精好学，与卢思道、李德林齐名。初仕北齐，授主客郎。再仕北周，拜内史、舍人。隋朝建立后，拜内史侍郎、开府仪同三司。隋炀帝时出为番州刺史，迁司隶大夫，世称薛司隶。

【译文】秋季七月，唐国公李渊想向西图谋长安，举着白旗，在太原的郊外誓师，率领着三万披甲战士出发。留下公子李元吉守卫太原。起义军队驻扎在霍邑，隋朝武牙郎将宋老生率兵抵抗李渊的义军。当时秋雨连绵，天空不放晴，粮草运输没有保障，又有人谣传突厥的军队将要偷袭太原。李渊感到害怕，命令军队返回，因为听了秦王李世民的谏言，才停止返回李世民劝谏道：“隋炀帝任意残杀，天下分崩离析，反叛的军队不断出现，男子不能耕耘，女子不能纺织。所以我们从汾晋仗剑而出，向秦地发兵，想斩杀奸邪来安定天下，杀戮叛乱来清平四海。占据崤山和函谷关的险要地势，挟持着皇帝的威名，命令诸侯，平定天下，所以天下人听说后响应我们，赴死如归。如今遇上小股敌人的阻拦，就想退缩回去，我害怕军队会一下子散了，那样就大势已去了。我们回去守卫太原，只能算是拥有一座城池的小贼，恐怕过不了多久，祸患仍然会发生。”李渊于是听从劝告停止返回。**宋老生背城结阵，唐军一战斩杀了他，平定了霍邑**其余城池都向唐军投降，只有屈突通镇守河东，坚决抵抗没被攻下。**冬季十月，唐军驻扎在长乐宫，卫文升挟持代王，坚守长安。十一月，唐军平定长安，李渊尊代王杨侑为皇帝，改年号为义宁**李渊派出使者四处视察各郡县。隋朝的行宫都被李渊查封，后宫的女子，都让亲属领回家。起初，隋朝的将领多侵乱百姓，百姓把他们当作祸患。等到李渊的起义军进驻长安，秋毫无犯，百姓都说：“真正是我们的君王啊！”**当时隋炀帝想去丹阳，而大臣和将士都是北方人，不愿南迁，都想留在北方。宇文化及因为百姓不能活命，就在江都杀死隋炀帝。隋朝的王侯，不论老小，都被斩杀。宇文化及立杨浩为皇帝，自己做了丞相**隋炀帝曾经梦见穿青衣的小孩对他说：“离开也是死，留下也是死，不如坐船渡过长江。”裴蕴、虞世基都是南方人，赞成隋炀帝去南方。而炀帝手下的将卒不愿意去南方，裴蕴和虞世基想用毒酒杀死不愿南迁的人。南阳公主害怕他们杀死她的丈夫，就把这件事告诉了宇文士及。宇文士及又告诉了他哥哥宇文化及，宇文化及于是反叛，拘禁了隋炀帝。隋炀帝说：“我做了什么对不起天地的事而落到这个结果？”马文举回答说：“我听说百姓不能没有君主，所以拥立君主来安抚他们。因此说皇帝是以一人养百姓，而不是百姓养皇帝一人。高祖文皇帝掌管天下，使国家兴旺，废除严苛的政令，施行恩德，向南讨伐强大的陈国，向北消灭了狡猾的贼虏，二十多年后，海清河晏，天下太平。不久高祖文皇帝驾崩，陛下做了皇帝，远离朝政，离开京师，巡游行幸，没有安宁的时候。开挖运河，连接黄河、洛水，贯通长江、淮水。壮丁因挖运河而困苦疲劳，老弱之人为转运粮饷而疲倦辛劳。高颖、贺若弼，都是先朝的元老重臣，功勋和品德都很突出；薛道衡，声誉冠世，是有经天纬地之才的人，他们最后都被你无辜杀害。贤能的人隐退，而阿谀谄媚的人升迁。再加上你连年讨伐辽东，征集徭役从不停息，远征的将士战死沙场不能回乡，导致国库空虚。死人的尸骨覆盖在原野，肝胆涂在草间，正是这些人的冤魂，向上帝请求，上天才借其他人的手惩罚你。你在雁门，被北方的突厥围困，解围之后，你理应就此停歇，而你却又到吴越巡游，在长江上遨游。收取苛刻繁重的赋税，用来行乐。士卒们连粗布短衣都没有，而后宫的人却连罗绮都穿厌。士卒们连糟糠都吃不上，而你养的犬马却连粟肉都吃腻了。士兵们的铠甲上生了虱子，战马从不解下马鞍。你拒听大臣们的谏言，总想着掩饰自己的过失，没有心思返回长安处理政事。于是导致九州被瓜分，天下被分裂。你把天下的富有，四海的高贵，一天之内就毁弃，还说自己无罪，我私下里为你感到羞耻。”隋炀帝沉默无言，最终被勒死。**第二年五月戊子日，天子杨侑在别宫退位，把帝位禅让给唐国公李渊，李渊定都长安**大业末年，有歌谣唱道：“桃李子，洪水远杨山，宛在花园里。”“李”，是唐代皇室的姓氏。“洪水”，指的是唐王李渊的名讳。“杨”，是隋朝皇室的姓氏。“花”，是说华而不实。“园”，就是“囿”，代王名侑，“侑”和“囿”读音相同。这首歌谣是说杨侑虽然是帝王，但是因为上天安排的隋朝命运已经结束，唐王将代替他登上皇位。

己巳，王世充[1]、段达等立越王侗[2]为皇帝于洛阳。六月，宇文化及自江都至彭城，据黎阳，称许。李密率大军，壁清淇。敦煌张守一闻密之拒化及也，说越王以讨。越王不用其策，用孟琮计，与密连和张守一说曰：“臣闻鸿鹄之翮（hé）未就，冲天之情已萌；武豹之文未备，食牛之心已成。今陛下据全周之地，背河面洛，带甲十万，粟支数十年，此霸王之资，非待翮成、文备之势也？固城自守，不以济世为心，何异夫群蚁之婴一穴乎？窃为陛下不取。”越王曰：“若之何？”对曰：“三王之兴，五伯之举，莫不由兵以成大业。故夏启有甘野之师，齐桓起召陵之众，皆以征讨不庭，伐叛威慝（tè）者也。今天下土崩，英雄竞起，为陛下腹心之患者，莫过夏、魏。夏遣师涉河，则东都非陛下之地；魏遣师逾洛，洛口之粟非陛下所有。累卵之危，无以加也。臣闻兵以正合，而以奇胜。韩信所以斩成安，子房所以降秦也。请选精锐之士二万人守洛阳，三万人循河而守，以备夏寇；陛下亲率大军出洛口，掩魏之师，魏之君臣谓陛下从天而至，仓卒之间，智者不为计矣。李密既灭，则建德慑气，备守边疆，相时而动，则文皇之业可修，世祖之基不坠。”越王曰：“朕新受命，人神未附，兵革屡兴，恐士大夫解体于我。”守一曰：“陛下以累圣之资，继二祖之业，虽夏人之思禹德，复戴少康；汉室之恋刘宗，重尊光武。以今况古，彼有惭德，况密有可伐之势者三，何则？始密与翟让同起乌合之众，大业已就，密乃杀让而夺其位。士卒初丧其主，鬼神新失其祀。人神未附，一也。地广兵众，法令不明，赏罚不信，二也。精锐之卒并拒秦王，巩、洛所留悉皆老病。乘其虚而袭之，必得志矣，三也。《志》曰：‘夺人之先。’又曰：‘天时不如地利，地利不如人和。’陛下兼此三事，又居之以先，无不克矣。”王将从之。孟琮曰：“化及率思归之众，其锋不可当；李密英雄，勇略不世，非密无以灭化及。且袭之不得，复生一化及。臣请说以利害，示以大节，使为元戎，以除凶祲，徐议其后，未为晚焉。”王曰：“善。”孟琮东说密曰：“明公以乌合之卒，密迩王城，罕慕德之人，无山泽之固，兵法所谓‘四分五裂’，特所忌焉！今东有化及之师，西有东都之众。东拒化及，则王师袭其后；备东都而不行，则化及之师日至，于是六军出洛口，化及下武牢，诚恐不暇转旋，败亡已及。今皇帝，世宗成帝之子，世祖明帝之孙也，以累世之资，当乐推之运，士马百万，据有旧都。宇文化及怀音蔑闻，亲行枭镜。主人枕戈待旦，将卒蓄力待明。将军诚能率先启行，诛锄凶暴，则有盘石之安，无累卵之危也。晋文舍斩袪，齐桓置射钩。况主上圣哲自天，宽和容众，勿以畴昔之失，过望于皇帝也。狐裘羔袖，将军择焉。”密初闻张守一之谋，大惧；及琮至，大悦。使记室李俭朝，越王大悦，拜密为太尉魏国公。

【注释】①王世充：字行满，本姓支，为西域胡人，隋朝末年起兵群雄。自小喜好经史和兵法。曾参与平定杨玄感之乱以及河南、山东的民变。后被李密战败，入据洛阳。炀帝被杀后，拥立越王杨侗为帝。不久废杨侗，自立称帝，国号郑，年号开明。后被李世民击败，被仇人独孤修德所杀。②越王侗：字仁谨，隋炀帝杨广之孙。仪表俊美，秉性宽厚，初封越王。宇文化及弑杀隋炀帝后，即位于洛阳，年号皇泰。后被迫禅位给王世充，降为潞国公，终为王世充所害，谥号恭皇帝，史称皇泰主，年仅十六岁。

【译文】己巳日，王世充、段达等人在洛阳拥立越王杨侗为帝。六月，宇文化及从江都进军到彭城，占据黎阳，建国号称“许”。李密率领大军，驻扎在清淇。郭煌的张守一听说李密抵抗宇文化及，就劝说越王讨伐李密，越王没有用他的计策，而采用了孟琮的计策，和李密联合起来张守一劝道：“我听说鸿鹄的翅膀还没有长成，冲天高飞的志向已经萌生；勇猛的豹子花纹还没有长全，想吃牛的雄心已经生成。如今陛下占据整个周朝的土地，背靠黄河，面临洛水，手下有十万穿铠甲的士兵，粮草够吃几十年，这是成就霸业的资本，难道非要等到翅膀长成、花纹具备再行动吗？据守城池，不把济世安民作为志向，和群蚁在巢穴内爬来爬去又有什么区别？我私下里不赞成您这样做。”越王说：“那么我该怎么办？”张守一说：“商汤、周文王、周武王和春秋五霸的兴起，无不是依靠军队来成就大业。所以说夏启有甘野的军队，齐恒公有召陵的军队，去征讨无道和反叛的势力。如今天下土崩瓦解，英雄竞相而起，足以成为您心腹大患的，莫过于夏和魏。夏派遣军队渡过黄河，那么东都洛阳就不是您的地盘了；魏派遣士兵渡过洛河，洛口仓的粮食就不是您的了。即使是累卵之危，也没有比这更危险的了。我听说军队要以正义发动战争，用奇谋取胜。这就是韩信之所以斩杀陈余、张良之所以使秦朝投降的原因。请你派二万精锐的部队守卫洛阳，三万人沿着黄河巡逻防守，来防止夏军。您亲自率领大部队从洛口出发，迅速攻打魏的军队。魏的君臣认为您的军队从天而降，仓促之间，智者也没有计策。李密被消灭后，那么窦建德就一定会因恐惧而屏息，迫不得已防守边疆。您找好时机出动，那么文皇帝的基业就可以恢复了，世祖炀帝的基业也就可以不坠落了。”越王说：“我刚刚登基，百姓和上天都没有亲附，这时多次发动战争，恐怕士大夫会对我人心离散。”张守一说：“陛下您是隋朝的嫡传后代，继承着文皇和世祖的基业，就像夏朝的百姓怀念大禹的德行，又拥戴他的后代少康，西汉的百姓留恋刘氏王朝，重新尊汉光武帝刘秀为帝。以如今的事来对比古时的事，您的机会更好。况且李密有三条可以被讨伐的理由，这些理由是什么呢？起初李密与翟让共同率领乌合之众起义，大业已经建立，李密却杀了翟让，夺得翟让的权位。士兵们刚丧失主公，鬼神刚失去祭祀。士兵和上天都没有归附，这是第一个理由。李密土地广阔，士兵众多，法令不明，赏罚没有信用，这是第二个理由。李密的精锐部队都去对付秦王李世民，留在巩、洛的部队都是老弱残兵，如果乘李密的兵力空虚袭击，一定能攻克洛阳，这是第三个理由。《军志》上说：‘要在战争中占据主动地位。’又说：‘天时不如地利，地利不如人和。’您这三方面的条件都具备，又占据了主动地位。将没有不能攻克的。”越王将要听从张守一的计策。孟琮说：“宇文化及率领着想回家的军队，他的锋芒不可抵挡。李密是英雄，勇武智谋冠绝当世。除非李密，没有人能消灭了宇文化及。如果袭击李密不能成功，反而又让李密成为像宇文化及那样的叛贼。我请求去用利害劝说李密，向他展示大的节义，使他成为我们的统帅，帮助我们扫平障碍。以后的事，慢慢再说也不迟。”越王说：“好。”孟琮于是向东劝李密说：“您率领着乌合之众，想秘密进攻洛阳，您没有德行的人辅佐，没有险要的山川作屏障，正如兵法上所说的“四分五裂的局面”，这是大忌。现在您的东面有宇文化及的军队，西面有洛阳朝廷的军队。向东抵抗宇文化及，那么朝廷的军队就会袭击你的后路；抵抗洛阳的军队，那么宇文化及的军队不久又会攻击你。如今洛阳的六军从洛口出发，宇文化及攻下武牢，恐怕你就来不及筹划，失败已经注定。当今皇帝，是世宗成帝的儿子，世祖明帝的孙子。凭借皇室的资本，受到天下人的拥戴。拥有兵马百万，占据旧都洛阳。宇文化及却看不到这些，忘恩负义。皇上枕着兵器，做好准备等待天明。将军您如果能率领军队提前行动，诛灭宇文化及，那么就会有垒砌石头的安稳，没有了累卵之危。晋文公不计较寺人披斩祛的旧怨，齐恒公不记较管仲射钩的前仇。况且皇上圣明，宽和容人，请你不要以以前的过失，过于责怪皇上。整体尚好，略有缺点，将军自己选择吧。”李密最初听到张守一的谋略，非常恐惧。等到孟琮到来，感到非常高兴。于是派记室李俭朝拜越王，越王非常高兴，任命李密为太尉，封魏国公。

李密无东都之虑，尽锐攻化及，破之。密自败化及，益以骄傲。越王命王充击密，密不用祖君彦[①]计，密师败绩。遂西奔京师，寻谋叛，杀之王世充之击密也，密会群僚议之。裴仁基[②]曰："世充今悉锐而至，洛下必空，但坚守其要路，无令得东而已。以锐卒三万循河曲西上，示逼东都，东都必急，世充必救。待其至洛，然后还军。如此，我有余力，彼劳奔命，兵法所谓'彼出则归，彼归则出；数战以疲之，多方以误之'也。"密曰："公知其一，不知其二。今世充之兵不可当者三：兵仗精锐，一也；决计深入，二也；食尽求战，三也。我但乘城固守，蓄力待时。彼欲战不得，求走无路。不盈十日，世充之首可致麾下。诸君以为何如？"单雄信[③]曰："以乐战之兵当思归之卒，食饱不敌，战必克矣。"祖君彦曰："不可。夫师曲为老，师正为直；曲则为饥，直则为饱。世充挟隋室之威，不可为曲；主公以逆为名，不可为直。裴光禄之谋，一时之上也；主公之策，持久之上也；单将军之谋，灭亡之下也。夫物不两大，胜无常资。故庆者在闾，吊者在门。诚恐乘于化及，必殆于世充。请按甲息兵，俟时观衅，世充志大而体强，心勇而多悍，忸（niǔ）于自伐，必有异图。不盈数年，祸将作矣。然后仗顺而举，应天顺人。嵩岳为城，洛水为池；武臣劲兵经略于外，文吏儒士守之于内。孰与邀一时之功，坠万全之业？欲取之，先与之；将弱之，必强之。欲取而不与，必受天咎；将弱而不强，必受天殃。愿王公姑与之而强之，我承其弊，以全制其后，无捷矣。"密曰："智哉。"欲不战。王伯当[④]、单雄信曰："天下安乐，百姓无事，耨文采墨，从容于庙堂，武不如文；四海沸腾，英雄竞起，角帝图王，荡清氛祲，文不如武。各有其时，不可戾也。越王淫虐之余，天厌之久矣。且天命不常，能者代之，何曲直之有？请以定乱属武臣，制治属文吏。今日不战，则大事去矣。"密遂用单雄信策。合战，密师败绩。世充乘胜趋洛口。密左长史邴元真[⑤]以仓城降。密奔武牢，不敢入。北渡河，遂奔唐。初，王伯当与单雄信、徐世勣（jì）[⑥]俱为密将，军中号为三杰。故密信之而战。大唐武德二年，王世充杀越王侗于洛阳，僭称尊号，隋氏灭矣梁时沙门宝志为书曰："牵三来就九，索虏下殿走。意欲东南游，厄在彭城口。"今兹三月，江东童谣曰："江水何冷冷，杨柳何青青。人今正好乐，已复戍彭城。""牵三就九"，十二年也；"戍"，言"输"也；吴人谓北人为虏，江都西有彭城村，村有彭城水，上引其水入西阁之下，果于此被执。初，上在江都，闻英雄竞起，皆曰："此乃狂贼，终无所成。"及闻义师起，上方卧，惊起曰："此得之矣！杨广博览多闻，而不知李渊⑦为天子，安用圣为？抚心而叹，久之复卧，曰："王者不死，天自成人也。"

【注释】①祖君彦：范阳人，北齐仆射祖孝征之子。博学强记，属辞赡速。曾被薛道衡推荐给隋文帝，不被重用。后为李密效力，署为记室。军书羽檄，皆出他手，曾作《为李密檄洛州文》。李密战败，被王世充所杀。②裴仁基：字德本，河东郡（今山西永济）人，北周骠骑大将军裴伯凤之孙，上仪同裴定之子，隋朝末年将领。曾奉命镇压占领洛口的瓦岗军时，受到监察御史萧怀静牵制，被迫投降李密。李密被王世充打败，裴仁基被俘。王世充称帝后，谋刺王世充事泄，与儿子裴行俨等人被杀。③单雄信：曹州济阴（今山东菏泽）人，隋末唐初猛将。隋末与徐世勣一起加入翟让的瓦岗义军反隋。翟让被杀，李密与王世充偃师之战时，归降王世充。与唐军在伏牛山作战被俘，拒降被杀。④王伯当：名王勇，字伯当，山西河津义唐人。初于济阳率众起义，后投奔瓦岗寨，是瓦岗寨的神射手。追随李密，伴其左右，最后与李密在熊耳山被唐军杀死。⑤邴元真：隋朝人。早年在故县担任过小吏。隋炀帝大业年间，追随翟让、单雄信等人于瓦岗城起义。李密成为瓦岗军首领后，暗中归降王世充，在洛仓开城投降，导致李密的军队士气大溃，最终被王世充彻底击败。后被李密旧将杜才干袭杀。⑥徐世勣：指李勣，原名徐世勣、李世勣，字懋功，曹州离狐（今山东省菏泽）人。唐朝初年名将，与卫国公李靖并称，是凌烟阁二十四功臣之一。出身高平北祖上房徐氏，早年投身瓦岗军，后随李密降唐。一生历事唐高祖、唐太宗、唐高宗三朝，深得朝廷信任，是唐朝开疆拓土的主要战将，被朝廷倚为长城。⑦李渊：原文为“李讳”，避帝王讳，本书改回“李渊”。

【译文】李密没有了洛阳军队袭击的顾虑，动用精锐部队攻打宇文化及，最终打败了他。李密自从打败了宇文化及，更加骄傲。越王杨侗命令王世充攻打李密。李密没有采纳祖君彦的计策，军队被打得大败。于是向西逃往长安，投奔李渊。不久图谋叛变，被李渊杀死王世充将要进攻李密时，李密召集群臣商议。裴仁基说：“王世充现在带领全部的精锐士兵攻打我们，洛阳必定空虚，只能坚守要地，不让我们向东进兵。我们派出三万精锐士兵沿黄河向西前进，逼近洛阳，洛阳必定着急，王世充必会返回救援，等到他返回洛阳，我们再率军退回。这样我们还有余力，他们却疲于奔命。这就是兵法所说的‘敌人出来我们回去，敌人回去我们出来，这样多次交战使敌人疲劳，使敌人判断失误’。”李密说：“你只知其一，不知其二。如今王世充的军队不能被抵挡的原因有三个：士兵精锐，这是第一个原因；下决心深入我方，这是第二个原因；粮食吃光，寻求速战，这是第三个原因。我们只要坚守城池，积蓄力量等待时机。敌人想交战而得不到机会，想退走又没有路，不到十天，王世充的首级就会被送到我们的营帐。诸位认为怎么样？”单雄信说：“乐意作战的士兵抵挡想回家的士卒，我军将士能吃饱，敌方的士兵不能果腹，两军交战我们一定能打败他们。”祖君彦说：“不可以。军队理亏就衰弱，正义就坚强。理亏就如同饥饿，正义就如同吃饱。王世充打着隋朝皇室的旗号，不能算是理亏；而主公被百姓当作叛逆，不能算是正义。光禄大夫裴仁基的计谋，算是速战速决的上策；主公你的计谋，是持久的上策；单雄信将军的计谋，是自取灭亡的下策。况且事物不可能永远强大，胜利的局面也不可能一直维持。俗话说：祝贺的人还没有离开，吊唁的人就已经上门。我确实害怕即使能战胜宇文化及，却被王世充打败。请您按兵不动休养生息，等待时机坐观纷争。王世充志向远大身体强壮，有勇气而强悍，却不愿意自夸其功，必定有所图谋。过不了几年，祸患就会到来。那时我们顺应天意举事攻打他。以嵩山为城，洛水为池，武将精兵在外开疆拓土，文臣儒士在内防守，肯定能打败他。和他争一时的功绩，而使万全的功业崩溃相比，哪个更好？想夺取他什么东西，就先给他什么东西；想要削弱他，必定先让他强大。

想要夺取却不给予，必定会受到上天的惩罚；想要削弱他却不先让他强大，必定会遭到上天的处罚，希望主公能先给他什么让他强大，我们抓住他的弱点，全力攻打他，没有不能获胜的。”李密说：“有智慧！”李密不打算与王世充交战。王伯当、单雄信说：“天下安定，百姓安居，舞文弄墨、主持宗庙祭祀之类的事情，武臣不如文臣；四海沸腾，英雄纷起，称王称霸，扫清战乱，文臣又不如武臣。文臣武臣各有发挥作用的时候，不可以相互替代。越王昏庸残暴，上天已经厌弃他很久了。况且天命不常在一人身上，有能力的人取代越王，有什么是非曲直呢？请把平定战乱交给武臣，将统治百姓交给文臣，如今不和王世充交战，那么大事就难成了。”李密于是用了单雄信的计策。两军交战，李密的军队被打得大败。王世充于是乘胜占领洛口。李密的左长史邴元真献仓城投降。李密逃奔武牢，不敢进城，向北渡过黄河，投奔李渊。起初，王伯当和单雄信、徐世勣都是李密的将领，在军队中被号称“三杰”，所以李密信任他们与王世充交战。**唐朝武德二年，王世充在洛阳杀害越王杨侗，自立为帝，隋朝最终灭亡**梁朝时，宝志和尚在书中写道：“牵三来就九，索虏下殿走。意欲东南游，厄在彭城口。”武德二年三月，江东有童谣唱道：“江水何冷冷，杨柳何青青，人今正好乐，已复戍彭城。”“牵三就九”，是十二年。“戍”指“输”。吴地的人称北方人为“虏”。江都的西边有个彭城村，彭城村里有一条彭城河，杨广曾经把彭城河的水引到西阁下边。杨广果然后来在这里被抓。起初，杨广在江都，听说各地起义军争相出现，手下的人都说：“这是些狂贼，最终干不成大事。”等到李渊的起义军兴起，杨广刚躺下，惊慌而起，说：“我明白了！我杨广见多识广却不知道该李渊做天子，他哪里用什么圣德？”杨广抚摸着胸口长叹，过了一会儿又躺下，说：“皇帝还没有死，上天就开始成就他人！”

论曰：干宝称：“帝王之兴，必俟天命。苟有代谢，非人事也。尧、舜内禅，体文德也；汉、魏外禅，顺大名也；汤、武革命，应天人也；高、光争伐，定功业也。各因其运而得天下，随时之义大矣哉。”范晔曰：“自古丧大业，绝宗禋（yīn），其所以致削弱祸败者，盖渐有由矣。三代以嬖（bì）色取祸，嬴氏以奢虐致灾，西京自外戚失祚，东都缘阉尹倾国。成败之来，先史商之久矣。自秦汉迄于周隋，观其兴亡，虽亦有数，然大抵得之者，皆因得贤豪，为人兴利除害；其失之也，莫不因任用群小，奢汰无度。孔子曰：'以约失之者鲜矣。'又曰：'远佞人，去僻恶。'有旨哉。"昔秦王见周之失统，丧权于诸侯，遂自恃任人，不封立诸侯，及陈胜、楚、汉咸由布衣，非封君有土而并灭秦。高祖既定天下，念项王从函谷入，而己由武关到，惟修关梁，强守御，内充实三军，外多发长戍。及王翁之夺取，乃不犯关梁，而坐得其处。王翁见以专国秉政得之，即抑重臣，收下权。及其失之，又不从大臣生焉。更始见王翁以失百姓心亡天下，既西到京师，恃人悦声，则自安乐，不纳谏臣。赤眉围其外，近臣反于城，遂以破败。由是观之，夫患害非一，何可胜为防备哉？贾谊曰："夫事有招祸，法有起奸，唯置贤良，然后无患耳！"

【译文】评论：干宝曾经说过："帝王的兴起，必定等待天命。如果有朝代更替的变化，也并非是人力所能改变的事。尧、舜时把帝位禅让给内定的人，体现了礼乐教化；汉、魏时把帝位传给外姓的人，是为了顺应时势；商汤、周武王时的变革，是顺应上天和百姓的要求；汉高祖和汉光武帝时的讨伐，是为了确立自己的功业。他们都是因为自身运道而得到了天下。这些符合时代的道义真是深奥啊！"范晔说："自古以来丧失国家大业、断绝祖先的祭祀，之所以遭到削弱灭亡的君王，是有原因的。夏、商和周三代因为喜爱女色而招致祸患，嬴氏的秦朝因为奢侈残暴而招灾，西汉因为外戚而灭亡，东汉因为宦官干政而灭国。成功和失败的原因，古代的史官已经讨论了很久了。从秦、汉到北周、隋，考察他们的兴盛和衰亡，虽然有天命的定数，然而得到天下的帝王大多因为得到贤士豪杰的辅佐，兴办对天下人都有利的事，清除对天下人有害的事；而丧失帝位的人，无不是因为大量任用小人，自己没有节制地挥霍浪费而造成的。孔子说：‘因为约束自己失去天下的君主很少。’又说：‘远离奸佞小人，除去自己的邪恶想法。’这些话说得很有道理啊！”从前秦始皇看到周朝失去正统地位，权力被诸侯获得，于是任命官员，不再分封诸侯。最后却由布衣百姓，而不是裂土封侯的陈胜、项羽、刘邦灭掉了秦朝。汉高祖刘邦平定天下，想到项羽从函谷关进军关中，自己从武关入关中，便修建关卡桥梁，加强防御，对内扩充军队，对外发动戍卒守边。等到王莽窃取西汉政权，竟然没有侵犯关卡桥梁，而是坐着就得到了天下。王莽因为自己把持朝政而得到政权，就抑制大臣们的权力。等到他失掉帝位，又不是因为大臣的专权。更始帝刘玄看到王莽因为失去民心而丢掉天下，向西占领长安后，做出表面上能让百姓喜悦的措施，而不采纳谏官的谏言。赤眉军在外包围他，近臣亲信在城内背叛他，于是又丧失了政权。因此看来，祸患的种类不唯一，怎么可能完全防备呢？贾谊说：“做事有可能招致祸患，律法会产生奸邪，只有任用贤良的人，然后才能避免祸患。”

卷五　霸纪中

七雄略第十八

臣闻天下，大器也；群生，重蓄也。器大不可以独理，蓄重不可以自守。故划野分疆，所以利建侯也；亲疏相镇，所以关盛衰也。昔周监二代，立爵五等，封国八百，同姓五十五。深根固本，为不可拔者也。故盛则周、召相其治，衰则五霸扶其弱，所以夹辅王室，左右厥世，此三圣制法之意文、武、周公为三圣。然厚下之典，弊于尾大。自幽、平[1]之后，日以陵夷，爵禄多出于陪臣，征伐不由于天子。吴并于越越王勾践败吴，欲迁吴王于甬东，与百家君之。吴王曰："孤老矣，不能事君王。"遂自刭死。越王灭吴，晋分为三晋昭公六年卒，六卿[2]欲弱公室，遂以法尽灭羊舌氏之族，而分其邑为十县，六卿各以其子为大夫。晋益弱，六卿皆大。哀公四年，赵襄子、韩康子、魏桓子共杀智伯，尽分其地。至烈公十九年，周威王赐赵、韩、魏皆命为诸侯。晋遂灭，郑兼于韩郑桓公[3]者，周厉王少子也，幽王以为司徒。问太史伯[4]曰："王室多故，予安逃死乎？"太史伯曰："独有洛之东土、河济之南可居。"公曰："何如？"对曰："地近虢、郐，虢、郐之君贪而好利，百姓不附。今公为司徒，民皆爱公，请试居之，民皆公之民也。"桓公曰："善。"竟国之。至后世君乙[5]，为韩哀侯[6]所灭，并其国，郑遂亡，鲁灭于楚鲁顷公二十四年，楚考烈王灭鲁。鲁顷公亡，迁于下邑，为家人，鲁遂绝，海内无主，四十余年而为战国矣。秦据势胜之地，骋狙诈之兵，蚕食山东，山东患之。

【注释】①幽、平：幽指周幽王姬宫涅，西周第十二任君主，前771年，犬戎攻入西周都城镐京，杀死姬宫涅，西周灭亡。平指周平王姬宜臼，周幽王之子，东周第一任君主。②六卿：春秋后期，晋国范氏、中行氏、知氏、韩氏、赵氏、魏氏六卿秉持国政，并相继改革田亩制、税制，图谋富强，相互兼并，导致晋室瓦解，最后分立为赵、韩、魏三国。③郑桓公：姬姓，郑氏，名友，周厉王姬胡少子，周宣王姬静异母弟，周朝诸侯国郑国第一任君主。④太史伯：掌管起草文告、策命诸侯、记录史事、编写史书，兼管国家典籍、天文历法等，为朝廷重臣。这里指西周宣王、幽王时的太史伯阳父。⑤君乙：战国时期最后一任郑国国君。⑥韩哀侯：战国时期韩国国君。与赵、魏分晋。攻灭陈国。

【译文】我听说天下就像是一个大容器，百姓就像是贮存在里面的财富。容器太大，一个人就管理不了；财富太多、太贵重，一个人就守不住。所以要划分疆域，要建立诸侯国；亲疏之间要互相制约，这关系到天下的盛衰。从前周王朝吸取夏、商两代的经验教训，设立五等爵位，分封八百个藩国和五十五个同姓王。这些建制根基深厚，不可动摇。因此，周朝兴盛的时候有周公、召公的辅佐治理，周朝衰败的时候有春秋五霸扶助弱小的周王室，以此共同辅助王室，掌握那个时代，这就是三位圣人当初制定分封制的本意三圣指周文王、周武王、周公旦三人。然而，厚赏臣下的制度，弊病在于臣子的势力过大，君主无法指挥调度。自周幽王、周平王之后，周王室日渐衰落，官爵和俸禄多由左右大臣来赏赐，征伐之事也不由天子决定。吴国被越国吞并越王勾践打败了吴国，想把吴王迁往甬东，给他一百户人家让他管理。吴王说："我已经老了，不能再侍奉你了。"于是自刎而死，越王灭了吴国，晋国被一分为三晋昭公六年，昭公去世。他的六个公卿想要削弱昭公亲族的势力，于是设法把羊舌氏一族灭掉，并把羊舌氏的封邑分成十个县，六个公卿各用他们的儿子为十个县的大夫。晋国因此更加衰弱，六个公卿的势力不断强大起来。哀公四年，赵襄子、韩康子、魏桓子一起杀死智伯，把晋国的土地瓜分殆尽。到烈公十九年，周威王赐赵、韩、魏三国都封为诸侯。晋国因此灭亡，**郑国被韩国兼并**郑桓公是周厉王的小儿子，周幽王时担任周朝的司徒。他问太史伯说："周王室多灾多难，我怎样才能逃过一死呢？"太史伯说："只有居住在洛水的东边，黄河、济水的南面可以逃过一死。"桓公说："为什么要到那里呢？"太史伯回答说："那个地方邻近虢、郐，虢、郐的国君贪图财利，百姓都不愿依附。如今您做司徒，百姓都爱戴您，请您试着到那里居住，那里的百姓就会都成为您的子民了。"桓公说："很好。"于是去那里建立了国家。到了后世国君君乙，被韩哀侯所灭，韩国吞并了郑国，郑国因此灭亡，**鲁国被楚国所灭**鲁顷公二十四年，楚考烈王灭掉鲁国。鲁倾公逃亡到卞邑，做了人家的仆人，鲁国因此灭亡，**天下没有一个有权威的君主，这样的状态延续了四十多年，形成"战国"时代。秦国占据形势险要之地，借助狡诈善战的军队，一点点地吞并崤山以东的各国，崤山以东的各国深以为忧。**

苏秦，洛阳人也，合诸侯之纵[①]以宾秦；张仪，魏人也，破诸侯之纵以连横[②]。此纵横之所起也。议曰：《易》称先王建万国，而亲诸侯。孔子作《春秋》为后世法，讥世卿不改制世侯。由是观之，诸侯之制，所从来上矣。荀悦曰："封建诸侯，各世其位。欲使视人如子，爱国如家，置贤卿大夫，考绩黜陟，使有分土而无分人。而王者总其一统，以御其政。故有暴于其国者，则人叛。人叛于下，诛加于上。是以计利思害，劝赏畏威，各竞其力，而无乱心。天子失道则侯伯正之，王室微弱则大国辅之。虽无道，不虐于天下，此所以辅相天地之宜，以左右人者也。"曹元首[③]曰："先王知独理之不能久，故与人共理之；知独守之不能固，故与人共守之。兼亲疏而两用，参同异而并进。轻重足以相镇，亲疏足以相卫。兼并路塞，逆节不生也。"陆士衡曰："夫为人不如厚己，利物不如图身；安上在乎悦下，为己存乎利人。夫然则南面之君，各矜其治；九服[④]之人，知有定主。上之子爱，于是乎生；下之体信，于是乎结。世治足以敦风，道衰足以御暴。强毅之国不能擅一时之势，雄俊之人无以寄霸王之志。”盖三代所以直道，四王所以垂业。夫兴衰隆弊，理所固有；教之废兴，存乎其人。愿法期于必凉，明道有时而暗。故世及之制，弊于强御；厚下之典，漏于末折。浸弱之衅，构自三季；陵夷之祸，终于“七雄”。所谓“末大必折，尾大难掉”，此建侯之弊也。

【注释】①纵：即合纵。战国时期，苏秦游说六国诸侯实行纵向联合，一起对抗强秦的政策。②连横：战国时张仪游说六国诸侯实行与秦国横向联合对抗其他国家的政策。③曹元首：即曹冏，三国时政论家。曹魏宗室，字元首。有文才。有感于曹魏政权不重用宗室、大权将会旁落外姓的危险，于是著《六代论》。论夏、商、周、秦、汉、魏六代兴亡之事，建议分封宗室子弟，授以军政实权，以抑制异姓权臣，强干弱枝，巩固曹魏统治。④九服：原指王畿以外的九等地区，后指全国各地区。

【译文】苏秦，洛阳人，联合各国诸侯一起对抗秦国；张仪，魏国人，攻破诸侯的合纵联盟，而让其他国家跟随秦国进攻弱国。这就是合纵连横的缘起。评论：《周易》称赞先代贤明的君王们建立万国而亲近诸侯。孔子创作《春秋》作为后世治国的法则，这是讥讽各代的当政者不知改换分封制，仍然世代继承王候爵位。由此看来，分封诸侯的制度，是从先代留传下来的。荀悦说：“分封诸侯，让他们各自世代继承他们的爵位。想让这些诸侯看待百姓就像看待自己的子女一样，爱国就像爱家一样，就必须任用贤能的公卿、大夫，考察他们的政绩进行罢免或提拔，使他们能得到土地的封赏但不能拥有子民，而由君王总揽天下，实行统治。因此有用残暴手段来管理国家的诸侯，下面就会有反叛的子民。在下有百姓的反叛，在上有君王处以诛杀，所以这些诸侯就会权衡利害，渴望得到君王的奖赏，而害怕君主的权威，各自争相效力，而不敢有作乱之心。天子失道则有侯、伯来纠正，王室衰微则有强大的诸侯国来辅助。所以即使君主无道也不会使天下百姓受到虐待。这就是用辅佐来顺应天道并掌握人才的道理。”三国时的曹冏说：“先代贤明的君王们知道自己一个人治理国家不能做到长治久安，所以和别人一起治理；知道一个人守护天下不能牢不可摧，所以和别人一起守护。他们亲疏并用，异同共进。使权轻与权重的人能够互相制约，亲疏之间也可互相关照。扫除政治道路上的障碍，才可以保证国家不会发生叛逆之事。”西晋的陆机说：“为别人不如厚待自己，为外物不如为自身谋算；要让上面的人安稳就在于让下面的人满意，为自己打算就得先让别人获利。那么身居尊位的君主们就会认真治理自己的国家；海内之民就会知道有值得依靠的君主。君主对百姓仁爱，百姓的诚信就会形成。这样天下大治足以正民风，世道衰微也足以抵御暴行。强盛有力的国家不能逞一时之威，有雄才大略的人也不能让称霸称王的野心得偿。”这大概就是夏、商、周三代之所以能够奉行正道，夏禹、商汤、周文王、周武王之所以能够成就功业的原因。国家的兴衰更替，有必然的道理；礼教的废兴，在于统治者的做法。治国的法则也许有时不能正确施行，真理有时被歪曲。因此世代继承爵位的制度，弊病在于发展了豪强势力；厚赏臣子的制度，过失在于下属权重，危及上级。王室日渐衰落的开端，始于夏、商、周三代的末期；衰落的祸患，到战国七雄时才结束。所谓“下属权重，危及上级；臣子的势力很大，君主无法指挥调度”，这就是分封诸侯的弊端。

苏秦初合纵，至燕周武定殷，封召公于燕，与六国并称王，说燕文侯曰：“燕东有朝鲜、辽东，北有林胡①、楼烦②，西有云中③、九原④，南有呼沲⑤、易水⑥，地方二千余里，带甲数十万，车六百乘，骑六千匹，粟支数年。南有碣石、雁门之饶，北有枣、栗之利。民虽不田作，而足于枣、栗矣。此所谓天府者也！夫安乐无事，不见覆军杀将，无过燕者。大王知其所以然乎？夫燕所以不犯寇、被甲兵者，以赵之为蔽其南也。秦、赵相毙，而王以全燕制其后，此燕之所以不犯寇也。且夫秦之攻燕也，逾云中、九原，过代、上谷今易州也，弥地数千里，虽得燕城，秦计固不能守也。秦之不能害燕亦明矣！今赵之攻燕也，发号出令，不至十日，而数十万之军，军于东垣矣。渡呼沲，涉易水，不至四五日，而距国都矣。故曰：秦之攻燕也，战于千里之外；赵之攻燕也，战于百里之内。夫不忧百里之患，而重于千里之外，计无过于此者。是故愿大王与赵从亲，天下为一，则燕国必无事矣。”燕文侯许之。乐毅献书燕王曰：“比目之鱼，不相得则不能行，故古者称之，以其合两而如一也。今山东不能合弱而如一，是山东之智不如鱼也。又譬如军士之引车也，三人不能行，索二人，五人而车因行矣。今山东三国弱而不能敌秦，索二国，因能胜秦矣。然而山东不知相索，则智固不如军士矣。胡与越人，言语不相知，志意不相通，同舟而渡波，至其相救助如一。今山东之相与也，如同舟而济，秦之兵至，不能相救助如一，智又不如胡、越之人矣。三物者，人之所能为一，山东主遂不悟，此臣之所为山东苦也，愿大王熟虑之。今韩、梁、赵三国已合矣。秦见三晋之坚也，必南伐楚。赵见秦之伐楚，必北攻燕。物固有势异而患同者，秦久伐韩，故中山民。今秦之伐楚，燕必亡。臣窃为大王计，不如以兵南合三晋，约戍韩、梁之西边。山东不能为此，此必皆亡矣。”燕果以兵南合三晋。赵将伐燕，苏代⑦为燕说赵王曰：“今者臣从外来，过水，见蚌方出曝，而鹬啄其肉，蚌合而挟其喙。鹬曰：‘今日不雨，明日不雨，必见蚌脯。’蚌亦谓鹬曰：‘今日不出，明日不出，必见死鹬。’两者不肯相舍，渔父得而并擒之。今赵且伐燕，燕、赵久相支，以弊其众，臣恐强秦之为渔父也！愿大王熟计之。”赵王乃止。齐宣王因燕衰伐燕，取十城。燕易王谓苏秦曰：“先生能为燕得侵地乎？”秦曰：“请为王取之。”遂如齐，见齐王，拜而庆，仰而吊。齐王曰：“是何庆吊相随之速也？”苏秦曰：“臣闻饥人之所以饥而不食乌喙者，为其愈充腹而与死人同患也。今燕虽小弱，即秦王之女婿也。大王利其十城而长与强秦为仇。今使弱燕为雁行，而强秦推其后，是食乌喙之类也。”齐王曰：“然则奈何？”苏秦曰：“臣闻古之善制事者，转祸而为福，因败而为功。大王诚能听臣，归燕十城，燕必大喜。秦王知以己之故而归燕之十城，亦必喜。此所谓弃仇雠而结硕友也。”齐王曰：“善。”于是归燕十城。

【注释】①林胡：又称林人、儋林，为林中胡人之简称，生活于森林中。活动地区正是鄂尔多斯高原东部，包括今伊金霍洛旗、东胜区和准格尔旗及东越黄河到晋北山地森林区。②楼烦：北狄的一支，约在春秋之际建国，其疆域大致在今山西省西北部的保德、岢岚、宁武一带。③云中：战国时期，属赵国的一部分，由赵武灵王置。④九原：本战国赵邑，秦置县，治所在九原（今包头西），辖后套及伊克昭盟北部地。秦末为匈奴所占。⑤呼沲：即滹沱河。发源于山西省繁峙县泰戏山孤山村一带，东流至河北省献县臧桥与子牙河另一支流滏阳河相汇入海。⑥易水：河流名。在河北省西部。源出易县境，入南拒马河。荆轲入秦行刺秦王，燕太子丹饯别于此。⑦苏代：战国时纵横家。东周洛阳人。苏秦族弟。初事燕王哙，又事齐愍王。还燕，遇子之之乱，复至齐、至宋，燕昭王召为上卿。

【译文】苏秦开始组织合纵联盟，先到了燕国周武王平定殷商，把召公封在燕地，和六国并称王。他游说燕文侯说：“燕国东边有朝鲜和辽东，北边有林胡和楼烦，西边有云中和九原，南边有呼沲河和易水。国土方圆二千多里，拥兵几十万，战车六百辆，战马六千匹，粮食够百姓吃几年。南边有碣石和雁门的丰饶物产，北边有枣和栗子等丰富的经济作物。百姓即使不致力田地耕作，而枣和栗子也足够他们吃饱。这就是天府之国啊！国家安乐无事，看不到损兵折将这样忧心的事，这些有利条件没有哪个国家能比得上燕国了。大王知道这是为什么吗？燕国之所以没有遭受战争的洗劫，是因为南面有赵国作屏障。秦、赵争战，双方都很疲惫，而大王保全了整个燕国，在大后方牵制他们，这就是燕国不受侵犯的原因。况且秦国如果攻打燕国，必须越过云中和九原，经过代和上谷上谷即今易州，有绵延几千里的道路，即使得到燕国的城邑，秦国也难以守住。秦国无法损害燕国也是很清楚的了！现在如果赵国进攻燕国，只要发出号令，不到十天，几十万大军就可以进驻东垣。再渡过呼沲河，越过易水，不到四五天，就能到达燕国国都了。所以说，秦国攻打燕国，需要在千里之外开战；而赵国进攻燕国，只要在百里之内开战。不忧虑百里之内的祸患，却重视千里之外与秦国的邦交，没有比这更错误的计谋了。因此希望大王与赵国合纵相亲，与天下诸侯结成同盟，那么燕国一定会平安无事了。”燕文侯认为苏秦说得对，便答应合纵抗秦。乐毅写信给燕王说：“比目鱼，两条不一起配合就不能游动，所以古人称赞它们，是因为它们能合二如一。现在峭山以东各国弱小，如果不能团结如一，这只能说明各国的统治者还不如比目鱼聪明。再比如士兵拉车，三个人不能拉动车，再找两个人，这样五个人一起用力拉，车就可以前进了。现在峭山以东其中三国弱小不能战胜秦国，如果再找两个国家联合起来就能战胜秦国了。然而峭山以东各国不知互相联合，只能说明各国的统治者还不如军士聪明。胡人和越人，语言不通，思想也不能沟通，同船渡河，却能达到互相救助，亲如一家。如今峭山以东各国之间的关系，就像同船渡河，如果秦军来攻打了，他们却做不到互相救助，亲如一家，这只能说明各国的统治者还不如胡、越那些蛮荒小族的人聪明呢。比目鱼配合游动、军士合作拉车、胡越人相助渡河这三件事，人人都能做到。而峭山以东各国的君主们却觉悟不到这一点，这是臣为峭山以东各国所忧虑的，希望大王能认真地考虑这些道理。现在韩、魏、赵三国已经联合了。秦国见这三国结成牢固的联盟，必定会向南攻打楚国。赵国见秦国攻打楚国，也一定会向北攻打燕国。万物本来有形势相异而忧患相同的情况，秦国长时间讨伐韩国，因此赵国必会灭了中山国。如果现在秦国转而攻打楚国，那么赵国必定会灭了燕国。臣私下为大王打算，不如向南与韩、赵、魏三国兵合一处，约定共同防守韩国、魏国的西部边境。峭山以东各国如果不能这样做，那么一定都会被消灭。”燕国果然派军队向南与韩、魏、赵三国联合对抗秦国。赵国准备攻打燕国，苏代替燕国去劝说赵王：“今天臣从外地来的时候，经过易水，看见河蚌正出来晒太阳，却被鹬鸟啄住蚌肉，蚌壳一合夹住了鹬鸟的嘴。鹬鸟说：‘今天不下雨，明天不下雨，你一定会成死蚌。’河蚌也对鹬鸟说：‘今天不放你走，明天不放你走，你就成了死鹬。’双方都不肯相让，渔夫看见了，就把它俩一起抓住。现在赵国将要讨伐燕国，燕、赵长久相持不下，让百姓疲惫不堪，臣担心强秦就要成为那个渔夫了。希望大王能认真地考虑这件事。”这样，赵王才停止出兵攻打燕国。齐宣王趁燕国衰弱，就出兵攻打燕国，夺取了十座城池。燕易王对苏秦说：“先生能为燕国要回被侵占的土地吗？”苏秦说：“让我为大王取回失地吧。”于是他到了齐国，见到齐王，下拜的时候向齐王祝贺，抬起头却又向齐王表示哀悼。齐王说：“为什么祝贺后紧接着就哀悼呢？”苏秦说：“臣听说饥饿的人之所以饿了也不吃乌嘴，是因为吃了乌嘴肚子越饱死得越快，人人都有这样的顾虑。如今燕国虽然弱小，但燕王却是秦国的女婿。大王虽得到了十座城池，但已经与强大的秦国结仇了。现在假设燕国是大雁在前面飞，那么强大的秦国就紧跟在后面。所以贪图燕国的城池和吃乌嘴是一类情况啊。”齐王说：“那又该怎么办呢？”苏秦说：“臣听说古代那些会办事的人能够化险为夷，转败为胜。大王如果能听从臣的意见，就把那十座城池归还给燕国，燕国一定会万分高兴。秦王知道是因为自己的缘故而让齐国把十座城池归还给了燕国，也一定会高兴的。这就是人们所说的放弃仇恨而成为好朋友。”齐王说：“好吧。”于是把燕国的十座城池归还给燕国。

苏秦如赵赵之先与秦同祖，周缪王①使造父②御，破徐偃王③，乃赐造父以赵城，赵氏世为晋卿也。说赵肃侯曰：“臣窃为君计，莫若安民无事，且无庸有事民为也。安民之本，在于择交，择交而得，则民安；择交而不得，则民终身不安。请言外患，齐、秦为两敌，而民不得安。倚秦攻齐，而民不得安。倚齐攻秦，而民不得安。君诚能听臣，燕必致毡裘狗马之地，齐必致鱼盐之海，楚必致橘柚之园，韩、魏、中山皆可使致汤沐④之俸，而贵戚父兄皆可受封侯。夫割地利邑，五伯之所以覆军擒将而求也。封侯贵戚，汤、武所以放弑而争也。今君高拱而两有之，此臣之所为君愿也。夫秦下轵道，则南阳危；劫韩苞周，则赵自销操兵；据卫取淇、卷，则齐必入朝秦。秦欲已得乎山东，则必举兵而向赵矣。秦甲渡河逾漳，据蕃吾，则兵必战于邯郸之下矣。此臣之所为君危也。当今之时，山东之建国，莫强于赵。赵地方二千余里，带甲数十万，车千乘，骑万匹，粟支数年。西有常山，南有河、漳，东有清河，北有燕。燕固弱国，不足畏也。秦之所害于天下莫如赵，然而秦不敢举兵而伐赵者，何也？畏韩、魏之议其后也。然则韩、魏，赵之南蔽也。秦之攻韩、魏也，无名山大川之险，稍稍蚕食之，傅国都而止。韩、魏不能支秦，必入臣于秦。秦无韩、魏之规，则祸必中于赵矣。此臣之所谓君患也。臣闻，尧无三夫之分，舜无咫尺之地，以有天下；禹无百人之聚，以王诸侯；汤武之士不过三千，车不过三百乘，卒不过三万，立为天子，诚得其道也。是故，明主外料其敌之强弱，内度其士卒贤不肖，不待两军相当，而胜败存亡之机，固已形于胸中矣。岂掩于众人之言，而以冥冥决事哉！臣窃以天下之地图按之，诸侯之地五倍于秦，料度诸侯之卒十倍于秦，六国并力西面而攻秦，秦必破矣。今西面而事之，见臣于秦。夫破人之与见破于人，臣之与见臣于人也，岂可同日而论哉！夫衡人者，皆欲割诸侯之地以与秦。秦成，则高台榭，美宫室，听笙竽之音，国被秦患而不与其忧。是故，衡人日夜务以秦拥恐吓诸侯，以求割地，愿大王熟计之。臣闻，明主绝疑去谗，屏流言之迹，塞朋党之门，故尊主强兵之臣，得陈忠于前矣。故窃为大王计，莫若一韩、魏、齐、楚、燕、赵从亲，以叛秦。合天下之将相，会于洹水之上，通质，刑白马而盟。约曰：秦攻楚，齐、魏各出锐师以佐之，韩绝其粮道，赵涉河、漳，燕守常山之北；秦攻韩、魏，则楚绝其后，齐出锐师以佐之，赵涉河、漳，燕守云中；秦攻齐，则楚绝其后，韩守成皋，魏塞其粮道，赵涉河、漳、博关，燕出锐师以佐之；秦攻燕，则赵守常山，楚军武关，齐涉渤海今沧州也，韩、魏皆出锐师以佐之；秦攻赵，则韩军宜阳，楚军武关，魏军河外，齐涉清河今贝州也，燕出锐师以佐之。诸侯有不如约者，以五国之兵共伐之。六国从亲以宾秦，则秦甲必不敢出于函谷，以害山东矣！如此，则霸王之业成矣。”赵王曰：“善。”秦既破赵长平军，遂围邯郸。赵人震恐，东徙。乃使苏代厚币说秦相应侯[5]曰：“武安君擒马服子乎？”曰：“然。”“又欲围邯郸乎？”曰：“然。”代曰：“赵亡则秦王矣！夫武安君所为秦战胜攻取者，七十余城，南取鄢、郢、汉中，北擒马服之军，虽周、召、吕望之功不益于此。赵亡即秦王矣。以武安君为三公，君能为之下乎？欲无为之下，固不得矣。秦攻韩，围邢丘，困上党。上党之人皆归赵，不乐为秦人之日久矣。今赵北地入燕，东地入齐，南地入韩、魏。君之所得，无虑几何。故不如因而割之，无以为武安君之功也。”于是应侯言于秦王曰：“秦兵疲劳，请许韩、赵之君割地以和。”秦既罢军，赵王使赵赦约事秦，欲割六城而与之。虞卿[6]谓王曰：“秦之攻赵也，倦而归乎？其力尚能进，爱王而弗攻乎？”王曰：“秦之攻我，无余力矣，必以倦归耳。”虞卿曰：“秦以其力攻其所不能取，倦而归，王又割其力之所不能取以送之，是助秦自攻耳。来年秦复求割地，王将与之乎？弗与，则弃前功而兆后祸也；与之，则无地以给之。语曰：强者善攻，弱者善守。今听秦，秦兵不弊而多得地，是强秦而弱赵也。以益秦之强而割逾弱，其计固不止矣。且王之地有尽而秦之求无已，以有尽之地而给无已之求，其势必无赵矣。”王计未定，楼缓[7]从秦来，王以问之。缓曰：“不如与之。”虞卿曰：“臣言勿与，非固勿与而已也。秦索六城于王，王以六城赂齐。齐，秦之深仇也，得王之六城，并力而西击秦，齐之德王，不待辞之毕也。则王失之于齐，取偿于秦。而齐、赵之深仇可以报矣，且示天下有能为也。王以此发声，兵未窥于境，秦之重赂必至于赵而反请和于王。秦既请和，韩、魏闻之，必尽重王；重王，必出重宝以一于王。则是王一举而得三国之亲，而秦益危矣。”赵王曰：“善。”即遣虞卿东见齐王，与之谋秦。虞卿未及发，而秦使者已在赵矣。楼缓闻之，亡去。秦围赵，王使平原君[8]入楚从亲而请其救。平原君之楚，见楚王说以利害，日出而言，日中不决。毛遂[9]乃按剑历阶而上，谓平原君曰：“纵之利害，两言而决耳。今日出而言，日中不决，何也？”楚王叱曰：“胡不下！吾与汝君言，汝何为者？”毛遂按剑而前曰：“王之所以叱遂者，以楚国之众也。今十步之内，王不得恃楚国之众，王之命悬于遂之手矣。吾君在前，叱者何也？且遂闻汤以七十里之地立为天子，文王以百里之壤而臣诸侯。今楚地方五千里，持戟百万，此霸王之资也。以楚之强，天下莫能比而不能当也。白起，小竖子耳，率数万之众，兴师以与楚战，一战而举鄢郢，再战而烧夷陵，三战而辱王之先人。此百代之怨，赵之所羞而王不知耻焉。今合纵者为楚不为赵也。”楚王曰：“苟如先生之言，谨奉社稷以从。”楚于是遂出兵救赵。赵孝成王时，秦围邯郸，诸侯之救兵莫敢击秦。魏王使晋鄙救赵，畏秦，止于汤阴不进。魏使客将军新垣衍[10]间入邯郸，令赵帝秦。此时鲁连适游赵，会秦围邯郸。闻魏欲令赵尊秦为帝，乃见平原君曰：“梁客新垣衍安在？吾请为君责而归之。”平原君曰：“胜请为绍介。”鲁连见新垣衍而无言。新垣衍曰：“吾视居此围城之中，皆有求于平原君也。今观先生之玉貌，非有求于平原君也，曷为久居围城之中而不去乎？”鲁连曰：“世以鲍焦[11]为无从容而死者，皆非也。众人不知为一身，彼秦者，弃礼义而上首功之国，权使其士，虏使其人。彼即肆然而为帝，过而遂政于天下，则连有蹈东海而死耳，吾不忍为之人也。所以见将军者，欲以助赵。”衍曰：“先生助之，将奈何？”鲁连曰：“吾将使梁[12]及燕助之，齐、楚则固助之矣。”衍曰：“燕则为请以从矣。若乃梁者，即吾乃梁人也，先生恶能使梁助之？”鲁连曰：“梁未睹秦称帝之害故耳。使梁睹秦称帝之害，则必助赵矣。”衍曰：“秦称帝之害何如？”连曰：“昔者，齐威王尝为仁义矣，率天下诸侯而朝周。周贫且微，诸侯莫朝，而齐独朝之。居岁余，周烈王崩，齐后往。周怒，赴于齐曰：‘天崩地坼，天子下席。东蕃之臣田婴[13]后至，则斮！’齐威王勃然怒曰：‘叱嗟！而母，婢也。’卒为天下笑。故生则朝周，死则叱之，诚不忍其求也！彼天子固然，其无足怪。”衍曰：“先生独不见夫仆乎？十人而从一人者，宁力不足而智不若耶？畏之也！”鲁连曰：“呜呼！梁之比秦，若仆耶？”衍曰：“然。”鲁连曰：“吾将使秦王烹醢（hǎi）[14]梁王。”衍愕然曰：“亦甚矣，先生之言也！先生又恶能使秦王烹醢梁王？”连曰：“固也。待吾将言之。昔者，九侯、鄂侯、文王，纣之三公也。九侯有子而好，故献之纣。纣以为丑，醢九侯。鄂侯争之强，办之疾，故脯鄂侯。文王闻之，喟然而叹，故拘之牖（yǒu）里[15]之库百日，欲令之死。曷为人俱称王，卒就脯醢之地？齐湣王将之鲁，夷维子[16]为御，执策而从，谓鲁人曰：‘子将何以待吾君？’鲁人曰：‘吾将以十太牢待子君。’夷维子曰：‘安以取礼而来？彼吾君者，天子也。天子巡狩，诸侯避舍，纳管钥，摄衽抱机，视膳于堂下，天子已食，若退而听朝也。’鲁人投其钥，不果内，不得入于鲁。将之薛，假途于邹。当是时，邹君死，湣王欲入吊，夷维子谓邹之孤曰：‘天子吊，主人必将倍殡，设几北面于南方，然后天子南面吊。’邹之群臣曰：‘必若此，将伏剑而死！’故不敢入于邹。邹、鲁之大夫，生则不得事养，死则不得赙襚，然且欲行天子之礼于邹、鲁，邹、鲁之臣不果内。今秦，万乘之国也。梁，亦万乘之国也。俱据万乘之国，交有称王之名，睹其一战而胜，遂欲从而帝之，则且变易诸侯之大臣。彼将夺其所不肖而与其所贤，夺其所憎而与其所爱，又将使其子女谗妾为诸侯妃姬，处梁之宫，梁王安得晏然？而将军又何得故宠乎？”于是，新垣衍起，再拜，谢曰：“吾请出，不敢复言帝秦！”秦将闻之，为退军五十里。

【注释】①周缪王：即周穆王姬满。周昭王之子，西周第五位君主。曾西击犬戎，俘虏五王，还东攻徐戎，在涂山会合诸侯。②造父：嬴姓。

其祖先伯益为少昊裔孙，被舜赐姓嬴。历史上著名善御者。③徐偃王：嬴姓徐氏，名诞，是西周时徐国国君。徐国统辖今淮、泗一带，建都下邳。后为楚所败。④汤沐：指汤沐邑。诸侯朝见天子，天子赐以王畿以内的、供住宿和斋戒沐浴的封邑。后指国君、皇后、公主等受封者收取赋税的私邑。⑤应侯：即范雎，字叔，魏国芮城（今山西芮城）人，著名政治家、军事谋略家，秦国宰相，因封地在应城，所以又称为“应侯”。⑥虞卿：名信，卿是他的官职，舜帝后代，卿姓的得姓始祖，赵国中牟（今河南鹤壁）人，战国时期名士。善于战略谋划，在长平之战前主张联合楚魏迫秦求和；邯郸解围后，力斥赵郝、楼缓的媚秦政策，坚持主张以赵为主联合齐魏抵抗秦国。后因拯救魏相魏齐的缘故，抛弃高官厚禄离开赵国，终困于魏都大梁。⑦楼缓：战国时赵国人，曾事赵武灵王，主张与秦、楚联合。支持赵武灵王推行胡服骑射。后入秦，事秦昭襄王。秦与赵、宋联合，谋对抗齐、魏、韩三国，由他出任秦丞相。次年三国攻入函谷关，秦求和。再次年被免去相职。长平战后，又为秦入赵，诱赵王纳城讲和，无成而去。⑧平原君：嬴姓，赵氏，名胜。赵武灵王之子，赵惠文王之弟，封于东武（今山东武城），号平原君。在赵惠文王和赵孝成王时任相，是当时著名的政治家之一，以善于养士而闻名，门下食客曾多达数千人。和齐国孟尝君田文、魏国信陵君魏无忌、楚国春申君黄歇合称战国四公子。⑨毛遂：战国时期赵国人，为赵公子平原君赵胜的门客。邯郸围急时，他自荐随同平原君出使楚国，促成楚、赵合纵，声威大振，并获得了“三寸之舌，强于百万之师”的美誉。⑩新垣衍：亦作辛垣衍，战国时期魏国将军。奉魏王之命怂恿赵王拥秦为帝，遇鲁仲连并与其辩论。⑪鲍焦：周朝时期的隐士，他因不满时政，廉洁自守，隐居深山，不向天子称臣，不于诸侯交友，整日荷担打柴，拾橡实充饥，最后抱树而死。后人多怜其忠烈。⑫梁：即魏国。战国时，魏国迁都大梁后，也称梁国。⑬田婴：妫姓，田氏，名婴，亦称婴子，齐威王少子，孟尝君田文之父，战国时期齐国宗室、大臣。初为齐将，后因马陵之战中有功，升为相，主管一国上计，弄权行私，曾威逼主上。初封彭城，继改封于薛，称薛公，号靖郭君。⑭醢：古代的一种酷刑，把人杀死后剁成肉酱。⑮牖里：监狱名。商代设置。⑯夷维子：战国时齐湣王的随从侍臣。

【译文】苏秦又到了赵国赵国和秦国属同一祖先，造父驾车日驰千里，使周穆王迅速返回镐京，及时发兵打败了徐偃王，周穆王就把赵城赐给了造父，赵氏世代都做晋国的卿。他对赵肃侯说："臣私下为大王着想，最好让百姓生活安定，不要多生战事烦扰他们。而使百姓生活安定的根本，就在于要选择交往的邻邦。选择的邦交合适，百姓就能得到安定；选择的邦交不合适，百姓就一辈子不得安定。请允许我谈谈赵国的外患，齐国和秦国是赵国的两大强敌，这是百姓不得安宁的原因所在。如果依靠秦国进攻齐国，百姓就得不到安宁；依靠齐国进攻秦国，百姓也得不到安宁。倘若大王能真正听从我的意见，那么燕国一定会给您献上盛产毛毡、裘皮、良狗、好马的土地，齐国一定会给您献上盛产鱼、盐的海域，楚国一定会给您献上盛产橘柚的果园，还有韩国、魏国、中山国都会把他们的汤沐邑送给您，这样大王的宗族亲戚都可以得到封侯。从别国分割土地，得到财物，这是春秋五霸不惜损兵折将也要追求的东西。给宗族亲戚封侯，这是商汤、周武王经过放逐并诛杀君主也要争取的东西。如今大王毫不费力，唾手可得这两个好处，这是为什么臣要向大王祝贺的原因。如果秦军沿轵道而下，南阳就会处于险境；秦国再攻掠韩国，包围周室，那么赵国随时会被削弱；秦国再占据卫国，夺取淇水、卷邑，那么齐国就一定会臣服秦国。秦国的欲望一旦在崤山以东的各国中得逞，必然会发兵攻打赵国。秦兵渡过黄河，跨过漳水，占据番吾，就可以打到赵国的邯郸城下了。这是臣替大王担忧的。如今，崤山以东的各国没有比赵国更强的了。赵国土地方圆二千多里，拥兵数十万，战车千辆，战马万匹，粮食可供百姓数年用度。西有常山，南有黄河、漳水，东有清河，北有燕国。燕国本来就是弱国，不值得畏惧。而在各个诸侯国中，秦国最害怕的就是赵国。然而，为什么秦国不敢发兵攻打赵国呢？这是因为怕韩国、魏国从后面攻打它，所以，韩、魏两国是赵国南面的屏障。倘若秦国进攻韩国、魏国，韩国、魏国没有名山大川可做屏障，只要一点点地侵吞，就能一直逼近韩魏两国的都城。如果韩、魏无力抵抗秦国，必然会臣服于秦国。秦国扫除了韩、魏这两个障碍后，没有了后顾之忧，这样祸患必然会直接落到赵国头上。这是臣为大王忧虑的。臣听说，尧一开始没有一点儿权势地位，舜一开始也没有一点儿土地，而后来都拥有了天下；禹一开始率领的不到百人，而后来却能统领诸侯；商汤、周武王的士兵不足三千，战车不足三百辆，而最终却成为了天子，这实在是因为他们都实施了正确的谋略。所以英明的君主，对外能判断敌国的强弱，对内能推测部下好还是不好，不用等到两军在战场对阵，已经对双方胜败、存亡的关键胸中有数了。他们怎么会被众人的闲言碎语所蒙蔽而糊里糊涂地做出决策呢？臣私下按照天下各国的地图加以考察，发现崤山以东六国的土地相当于秦国的五倍，崤山以东各诸侯国的兵力是秦国的十倍。如果六国集中兵力，一致向西进攻秦国，秦国必定会被攻破。可如今各国却甘愿向西事奉秦国，并向秦国称臣。击败别人与被别人击败，使别人臣服与向别人称臣，怎么可同日而语呢？那些主张连横的人，都想割让诸侯的土地与秦国讲和。如果与秦国一旦讲和成功，那些人就可以有高大的房屋，豪华的宫室，听着美妙的音乐。但一旦秦国攻来，他们却不能为君主分忧。因此，主张连横的人整天拿秦国的权势恐吓诸侯，以求得诸侯割让土地，希望大王能周密地谋划这件事。臣听说圣明的君主遇事不疑惑，并不听信谗言，抵制流言蜚语，堵塞结党营私之路。所以那些尊奉君主、具有富国强兵策略的贤能之臣才能争相效忠于君主。因此臣私下为大王着想，觉得不如联合韩、魏、齐、楚、燕、赵六国的力量对抗秦国。把各诸侯国的将相聚集到洹水之滨会盟，互相交换人质，杀白马，共订盟约。约定：如果秦国攻打楚国，齐国、魏国就各派精兵援助楚国，韩国断绝秦军粮道，赵国渡过黄河、漳水牵制秦军，燕国把守常山之北；如果秦国攻打韩、魏两国，那么楚国就断绝秦军的后路，齐国派精兵援助韩、魏两国，赵军渡过黄河、漳水，燕国把守云中；如果秦国攻打齐国，那么楚国就断绝秦军的后路，韩国把守成皋，魏国堵住秦军的粮道，赵军渡过黄河、漳水，直奔博关，燕国派精兵进行援助；如果秦国进攻燕国，那么赵军就防守常山，楚国驻兵武关，齐军渡过渤海指今沧州，韩国、魏国派出精兵进行支援；如果秦国进攻赵国，那么韩军就在宜阳驻扎，楚军在武关驻扎，魏军在黄河以南驻扎，齐军渡过清河指今贝州，燕国派出精兵进行支援。诸侯国中有不遵守盟约的，其余五国就共同讨伐它。如果六国实行合纵联盟对抗秦国，那么秦军必然不敢出兵函谷关侵害崤山以东六国了。这样，大王的霸业就成功了。”赵王说：“好！就听你的。”秦军在长平把赵军打得大败后，又包围了邯郸城。赵国人都很惊恐，纷纷迁往东边。于是赵国派苏代带着重金去游说秦国的相国应侯范雎说：“武安君白起抓住了赵奢的儿子赵括吗？”应侯回答说：“是的。”“武安君又要攻打邯郸吗？”应侯回答说：“是的。”苏代说：“一旦消灭了赵国，秦国就可以称王天下了。那武安君为秦国东征西讨，攻占了七十多座城池，向南夺取了鄢、郢、汉中，向北战胜了赵括率领的赵军，即使是周公、召公、吕尚的功绩也比不过他。赵国一旦灭亡，秦国就可以称王天下了。武安君也会位列三公，您能甘心位居他人之下吗？即使您不想位居武安君之下，也是不可能的了。秦国攻打韩国，图谋攻占邢丘，围困上党，上党的百姓都愿意归顺赵国，而天下百姓不愿意当秦国的子民也已经很久了。如果秦国灭了赵国，那赵国北方的领土就会归入燕国，东面的领土就会归入齐国，南面的领土就会归入韩国、魏国。这样一来，秦国就所得无几了，而您得到的，又会有多少呢？所以不如趁机让赵国割地给秦国讲和，不要让武安君独得这份功劳。”于是应侯向秦昭王进言说：“秦兵打仗打得已经很疲惫了，请大王准许韩、赵两国割地求和。”秦国于是撤回了军队。赵王派赵赦去秦国订立和约，打算把六座城池割让给秦国。虞卿对赵王说：“秦国攻打赵国，是因为秦兵疲惫了才退军的吗？还是秦军的力量还能够进攻，只是由于怜惜大王而不再进攻了呢?”赵王说:“秦军攻打我国,已经全力以赴了,一定是因为打得太疲惫了才退军的。”虞卿说:“秦国用全部的兵力攻打它所不能得到的赵国,最后士兵疲惫了只好退军。大王反而割让秦国无法夺取的城邑送给它,这是帮助秦国攻打自已啊。明年秦国如果又要求割地,大王还会给它呢?如果不给,那就前功尽弃而且会引来后祸;如果给它,那终会无地可给。俗话说:强者善于进攻,而弱者善于防守。现在如果听从于秦国,秦兵就可以毫不费力地得到赵国的土地,这是使秦国强大而使赵国衰弱啊。这样做只会有利于强大的秦国而削弱更衰弱的赵国,这样的策略本来就不该接受!况且大王的土地有限,秦国的欲求却无止境,以有限的土地去满足无止境的欲求,这样的结果必然会没有赵国了!”赵王还没有拿定主意,楼缓从秦国来到赵国,赵王就询问他的意见。楼缓说:“不如把六城给了秦国。”虞卿说:“臣主张不给秦国土地,并不是不割让土地给别人。既然秦国向大王索取六座城池,大王就应该把这六座城池送给齐国。齐国,是秦国的死对头,得到大王的六座城池,就可以与我们联合攻打秦国,齐王听了大王的计谋,不用等话说完,就会同意的。这样,大王虽然现在把城池送给齐国,将来却能从秦国那里得到补偿。而齐、赵两国之间的深仇可以消除,还可以向天下表明赵国是有能力做一番大事业的。大王发出号令,军队还没等望见秦国的边境,秦国的使者就会送上重礼反过来向大王求和了。秦国一旦请和,韩国、魏国听到消息,必定会敬重大王;敬重大王,就一定会送上重宝来求与大王联合。这样大王一举可以得到韩、魏、齐三国的和睦友好,而使秦国更加危险。”赵王说:“说得对。”于是派虞卿向东去求见齐王,和齐王一起谋划攻打秦国。虞卿还没有出发,秦国的使者已经到赵国求和了。楼缓听到这一消息,便逃走了。后来,秦军围攻赵都邯郸,赵王派平原君去楚国结成联盟,请求楚国出兵相救。平原君到了楚国,见到楚王,向他说明合纵的利害关系,从早晨太阳出来一直说到中午太阳当头也没有决定下来。毛遂于是手按剑柄,登阶到了堂上,对平原君说:“合纵的利害关系说两句话就可以决定了。现在从早晨一直说到中午还决定不下来,是为什么呢?”楚王厉声呵叱道:“怎么还不退下去!我是跟你的主人谈判,你来干什么?”毛遂紧握剑柄走向前说:“大王之所以敢呵叱我,不过是仗着楚国人多势众。现在咱们相距十步以内，大王是不能依仗楚国人多势众了，大王的性命掌握在我的手里。我的主人就在面前，你凭什么这样呵叱我？况且我听说商汤凭着七十里的土地最终立为天子，周文王凭着一百里大小的土地最后让天下诸侯臣服。如今楚国有方圆五千里的土地，拥兵百万，这是称霸天下的资本啊。以楚国的强大，天下没有能与之相比的，而且没有谁能抵挡得了楚国。秦国的白起，不过是个毛孩子罢了，他带领几万人的军队，发兵与楚国交战，第一战就攻下了鄢郢，第二战烧毁了夷陵，第三战攻进了楚国的宗庙，使大王的先祖受到了极大的污辱。这是楚国百世不解的怨仇，连赵国人都感到羞耻，可是大王却不觉得羞耻。如今合纵联盟是为了楚国，可不是为了赵国啊。”楚王说：“如果真像先生所说的那样，我一定竭尽全国之力执行合纵盟约。”楚王于是派兵援救赵国。赵孝成王时，秦兵再次围攻邯郸，各诸侯国派出的援兵都不敢向秦军进攻。魏王派晋鄙率兵救赵，因为害怕秦军，到了汤阴就停下不走了。魏王又派客居魏国的将军新垣衍暗中进入邯郸城，让赵国尊秦王为帝。当时鲁仲连恰好游历到赵国，碰上秦军围攻邯郸城，听说魏国想让赵国尊秦王为帝，于是去见平原君说：“魏国的客人新垣衍现在在哪里？请让我替您去骂他，让他回魏国去。”平原君说：“那就让我给您介绍一下吧。”鲁仲连见到新垣衍，一言不发。新垣衍说：“我看住在这个被围城池中的人，都有求于平原君。如今我看先生的容貌，并不像是对平原君有所求，可是为什么老呆在这围城中并不离去呢？”鲁仲连说：“世人都认为鲍焦不是从容死去的，其实这种看法并不对。现在只有没有见识的人才会仅仅为自己打算。秦国是个不讲信义、穷兵黩武的国家，用权诈之术驱使士人，又像对待奴隶一样役使它的百姓。如果秦王无所顾忌地做了皇帝，就会以暴虐的手段统治天下了，那么我只有跳东海自尽了，我决不愿做秦国驯服的子民。我之所以来见将军，是因为我想为赵国出点力啊。”新垣衍说：“先生想怎样帮助赵国呢？”鲁仲连说：“我想让魏、燕两国来援助赵国，而齐、楚本来已经在援助赵国了。”新垣衍说：“燕国，我想你应该可以想办法说服。至于魏国，我就是魏国人，先生想怎么说服魏国援助赵国呢？”鲁仲连说：“魏国想让赵国尊秦王为帝是因为魏国还没有意识到秦王称帝后的危害。如果魏国看到秦王称帝后的危害，那一定会援助赵国的。”新垣衍问：“秦国称帝会有什么样的危害呢？”鲁仲连说：“过去齐威王曾经实行仁义，倡导天下诸侯去朝见周天子。那时周王室既贫又弱，诸侯都不肯去朝见，只有齐王独自去朝见周天子。过了一年多，周烈王驾崩，诸侯都去吊丧，齐使最后才到。周王室的大臣发怒了，在给齐国的讣告中说：‘天崩地裂，周烈王驾崩，新天子罢朝守丧，东部藩国齐国的使臣田婴最后才到，应当斩首！’齐威王看了勃然大怒，说：‘呸！你娘原来只不过是个婢女。’最终成了天下笑柄。所以周烈王活着的时候，齐王愿意独自去朝见周天子，等周烈王死了，齐王就破口大骂，这实在是由于忍受不了周天子的苛求啊！秦王一旦成为天子，也会像周天子那样苛求的，这不值得认为是奇怪。”新垣衍说：“先生难道没注意过那些仆人吗？十个仆人跟从一个主人，难道是力气、才智不如主人吗？只是因为害怕主人啊！”鲁仲连说：“呜呼！魏国对于秦国，也像仆人吗？”新垣衍说：“对。”鲁仲连说：“既然这样，我将让秦王把魏王剁成肉酱。”新垣衍吃惊地说：“先生的话也太过分了吧！先生又怎能叫秦王把魏王剁成肉酱呢？”鲁仲连说：“当然能。你听我慢慢跟你说。从前，九侯、鄂侯、文王，是商纣王的三公。九侯有个女儿很漂亮，因此献给了纣王，纣王却认为她很丑，就把九侯剁成肉酱。鄂侯极力地为九侯争辩，言辞激烈，因此鄂侯也被杀死了，晒成了肉干。文王听说了这件事，只是叹了口气，因此被抓了起来关进牖里的监牢，关了一百天，想把他也杀死。为什么他们同样具有称王的条件，其中却有人最终落得被做成肉干、肉酱的下场呢？齐湣王即将要到鲁国去，夷维子负责驾车，手拿马鞭跟随愍王。到了鲁国，他问鲁国人说：‘你们准备怎样款待我们国君呢？’鲁国人说：‘我们准备用十太牢来款待你们国君。’夷维子说：‘你们是从哪儿找来这样的礼节来款待我们国君呢？我们国君，是天子的身份。天子出行，视察邦国州郡，诸侯不仅要让出自己的宫室，交出钥匙，还得像仆人一样，撩起衣襟，端着几案，站在堂下侍候天子吃饭。等到天子吃完后，他们才可以退下来临朝听政。’鲁国人一听就立即锁上城门，不让他们入境。齐湣王进不成鲁国，又准备到薛国去，路过邹国，恰好这时邹国国君刚刚去世，齐湣王想要入邹国吊丧。夷维子对邹国新君说：‘天子来吊丧，主人一定要把灵柩转个方向，陈设的几案在北面的要换到南面，然后让天子南面致吊礼。’邹国的群臣说：‘如果一定要这样，我们就自刎而死，决不受辱！’

因此齐湣王不敢进入邹国。邹国和鲁国的臣子们，活着的时候，不能到天子跟前侍奉供养，死了以后也不能按照隆重的丧礼安葬。然而齐湣王却想让邹、鲁两国用接待天子的礼节来接待自己，邹国和鲁国的臣子们当然不让他进入国境了。如今秦国和魏国都是拥有万辆战车的大国。拥有万辆战车的国家，谁都可以称王，可魏国仅仅看到秦国打了一次胜仗，就想服从秦国且尊秦王为帝。如果秦王真的称帝了，秦王一定会改变诸侯的大臣，撤换他认为无能的人，提拔他认为贤能的人；夺走他厌恶的人的钱财，而把这些钱财送给他喜欢的人。他还要把自己的女儿和那些爱说别人坏话的小妾，嫁给诸侯做妃嫔。这种人一旦进入魏王宫中，魏王怎么能安闲地生活呢？而将军又靠什么保住原来的尊贵地位呢？”于是新垣衍站起身来，对鲁仲连拜了两拜，告辞说：“请允许我先离开，再不敢提尊秦王为帝的事了！”秦国将领听说这件事后，随即退兵五十里。

苏秦如韩韩之先与周同姓，事晋，得封于韩，为韩氏。后周烈王赐韩侯，得列为诸侯也，说韩宣王曰：“韩北有巩、成皋之固，西有宜阳、商阪之塞，东有宛、穰、洧水，南有陉山。地方九百余里，带甲数十万。天下之强弓劲弩，皆从韩出。韩卒超足而射，百发不暇止，远者栝洞胸，近者镝掩心。韩之剑戟，则龙泉、太阿，皆陆断牛马，水截鹄雁。夫以韩卒之劲，与大王之贤，乃西面而事秦，交臂而服焉。羞社稷而为天下笑，无大于此者也。是故，愿大王熟计之。大王无事秦，事秦必求宜阳、成皋。今兹效之，明年又复求割地。与之，则无地以给之；不与，则弃前功而受后祸。且夫大王之地有尽，而秦之求无已。以有尽之地，而逆无已之求，此所谓市怨结祸者，不战而地已削矣。臣闻鄙谚曰：宁为鸡口，无为牛后[1]。今王西面交臂而臣事秦，何异于牛后乎？夫以大王之贤，挟强韩之兵，而有牛后之名，窃为大王羞之。”韩王勃然作色，按剑太息曰：“寡人虽不肖，不能事秦！”从之韩攻宋，秦大怒，曰：“吾爱宋，韩氏与我交，而攻我所甚爱，何也？”苏秦为韩说秦王曰：“韩氏之攻宋，所以为王也。以韩之强，辅之以宋，楚、魏必恐，恐必西面而事秦。王不折一兵，不杀一人，无事而割安邑，此韩氏之所以祷于秦也。”韩惠王闻秦好事，欲罢其人，无令东伐，乃使水工郑国②来间秦，说秦王，令凿泾水以溉田。中作而觉，欲诛郑国。郑国曰：“始臣为间，然渠成亦秦之利。臣为韩延数年命，为秦开万代之利也。”王从之。

【注释】①宁为鸡口，无为牛后：宁愿做小而洁的鸡嘴，而不愿做大而臭的牛肛门。比喻宁居小者之首，不为大者之后。②郑国：战国时期韩国卓越的水利专家。曾任韩国管理水利事务的水工，参与过治理荥泽水患以及整修鸿沟之渠等水利工程。后来被韩王派去秦国修建水利工事，从而“疲秦”，而郑国渠修建之后，关中成为天下粮仓，赢得了“天府之国”的美名。

【译文】苏秦又到了韩国韩国的祖先与周同为姬姓，曾侍奉晋国，被封于韩地，以韩为姓氏。后来周烈王赐封韩侯，韩国因此成为诸侯国之一，他劝韩宣王说：“韩国北面有巩、成皋那样坚固的边城，西面有宜阳、商阪那样险要的关塞，东面有宛地、穰地、洧水，南面有陉山。土地方圆九百多里，拥兵几十万。天下的强弓劲弩都由韩国生产。韩国士兵举足踏步发射，不一会儿就可发射百箭，远处可射中胸膛，近处可射穿心脏。韩国士兵的剑和戟，就像龙泉、太阿这样的名剑那般锋利，在陆地上都可以砍断牛马，在水上能击中天鹅和大雁。靠着韩军的强劲和大王的贤明，却要向西侍奉秦国，这根本是自缚臂膀去表示臣服。这样做使国家蒙受羞辱而被天下人耻笑，没有比这更奇耻大辱的了！因此希望大王能周密地谋划。大王不要去侍奉秦国，如果去侍奉秦国，秦国必定要求得到宜阳和成皋。如果现在就答应它的要求，第二年就会再次要求韩国割让土地。如果继续答应它割让土地的要求，终将无地可给；如果您不答应它割让土地的要求，就将前功尽弃，而且会遭受秦国进一步的侵害。况且大王的土地有限，而秦国的欲望却无穷无止。以有限的土地去迎合没有止境的欲望，这就是人们所说的自己招来怨恨，结下祸根，没有经过争斗，土地就被人夺走了。臣听俗话说：宁做鸡嘴，不做牛尾。如今大王向西拱手向秦国称臣，和做牛尾有什么区别呢？以大王的贤能，又拥有强大的韩国军队，却有了牛尾的名声，我私下替大王感到羞愧。”韩王听了因恼怒而变了脸色，手按宝剑仰天叹息说：“我虽然不贤明，也一定不去侍奉秦国！”于是韩国也加入了合纵联盟韩国攻打宋国，秦王大怒，说：“我喜欢宋国，韩国与我国交好，却又去攻打我喜欢的国家，这是为什么呢？”苏秦为韩国去劝说秦王：“韩国之所以攻打宋国，是为了大王啊。凭着韩国的强大，再加上宋国的辅助，楚国、魏国必定恐慌，一旦他们害怕，就必定会向西对秦国称臣。大王不用费一兵一卒，不用杀死一人，就能得到安邑，这就是韩国要以此来向秦国祈求的原因。”后来，韩惠王听说秦国爱兴战端，就想阻止秦军，不让他们东伐来攻打韩国，于是便派水工郑国到秦国去做内应，说服秦王，让秦国凿渠引来泾水灌溉田地。在开凿的过程中，郑国被察觉到了真实的意图，秦王就想杀死他。郑国说：“起初臣是做韩国内应的，然而把渠凿成了对秦国也是有好处的。臣为韩国延长了几年的寿命，却能遗惠秦国万代子孙。”秦王认为他说的有理，便放了他。

苏秦如魏魏之先，毕公高①之后，与周同姓。武王伐纣，封高公于毕，以为姓。毕万②事晋献公，献公封万于魏，以为大夫。后周烈王赐魏，俱得为诸侯，说魏襄王曰：“大王之地，南有鸿沟、陈、汝，东有淮、颍、煮枣，西有长城之界，北有河外、卷、衍。地方千里，地名虽小，然而田舍庐庑，曾无刍牧之地。人民之众，车马之多，日夜行不绝，輷輷（hōng hōng）殷殷，若有三军之众。魏，天下之强国也；王，天下之贤主也。今乃有意西面而事秦，称东藩，筑帝宫，受冠带，祠春秋，臣窃为大王耻之。臣闻越王勾践战弊卒三千，擒夫差于干遂；武王卒三千，革车三百乘，制纣于牧野。岂其卒众哉？诚能奋其威也！今窃闻大王之卒，武士二十万，仓头二十万，奋击二十万，厮徒十万，车六百乘，骑六千匹，此过越王勾践、武王远矣！今乃听于群臣之说，而欲臣事秦。夫事秦必割地以效实，故兵未用而国已亏矣。夫为人臣割其主之地以外交，偷取一旦之功，而不顾其后，破公家而成私门，外挟强秦之势，以内劫其主，以求割地，愿大王熟察之！《周书》曰：绵绵不绝，蔓蔓奈何。毫厘不伐，将用斧柯。前虑未定，后有大患，将奈之何？大王诚能听臣，六国从亲，专心并力，则必无强秦之患，故弊邑赵王使臣效愚计，奉明约，在大王诏之。”魏王曰：“谨奉教。”

虞卿说春申君伐燕，以定身封。春申君曰：“所道攻燕，非齐即魏。魏、齐新恶楚，楚虽欲攻燕，将何道哉？”对曰：“请令魏王可。”虞卿遂如魏，谓王曰：“夫楚亦强大矣，天下无敌，乃且攻燕。”魏王曰：“向也子云‘天下无敌’，今也子云‘乃且攻燕’者，何也？”对曰：“今谓马力多则有矣，若曰胜千钧则不然者，何也？夫千钧，非马之任也。今谓楚强大则有矣，若夫越赵、魏而关兵于燕，则岂楚之任哉？非楚之任而楚为之，是弊楚也。弊楚即强魏。其于王孰便？”魏王曰：“善。”从之。

【注释】①毕公高：姬姓，名高，周文王姬昌第十五子，周武王姬发异母弟，周武王灭商朝后，受封毕地，史称毕公高，是毕国与毕姓始祖。周成王临终时，遗命他与召公辅佐周康王继位，周康王命他治理东郊。②毕万：姬姓，毕氏，名万，毕公高之后，春秋时期晋国大臣。公元前661年，毕万因随晋献公消灭耿、霍、魏三国有功，晋献公于是将魏地赐封给毕万，并任命他为大夫。毕万死后，毕万子孙以其封地为氏，称魏氏，成为战国七雄之一的魏国先祖。

【译文】苏秦又到了魏国魏国的祖先是毕公高的后人，和周同为姬姓。周武王伐纣时，把毕这个地方赐给了高公，从此他就以毕作为姓氏。毕万侍奉晋献公，晋献公封毕万于魏地，任命他为大夫。后来周烈王又赐封魏为诸侯，魏国也因此成为诸侯之一，他劝魏襄王说："大王的土地，南面有鸿沟、陈、汝南，东面有淮水、颍水、煮枣，西面有长城为界，北面有河外、卷、衍。土地方圆千里，地方的名声虽小，然而到处都是房屋和田地，很少有割草放牧的荒地。子民众多，车马也多，日夜往来不断，轰轰隆隆，就像三军将士在行动。魏国，是天下的强国；大王，是天下贤明的君主。如今却有意向西对秦国称臣，自称为秦的东方属国，为秦王修筑宫室，接受秦王赐给的帽子与腰带，春秋两季向秦国祭祀，臣私下为大王感到羞耻。臣听说越王勾践靠着三千名疲劳不堪的士兵在干遂擒获了夫差，周武王凭着三千名士兵、三百辆战车在牧野战胜了纣王。难道是他们有很多士兵吗？实在是因为他们能振作起来，充分发挥他们自己的威力啊！如今臣听说大王有兵士二十万，民兵二十万，精兵二十万，奴仆十万，还有战车六百辆，战马六千匹，这远远超过了越王勾践和周武王的兵力！如今大王却听从群臣的意见，竟然打算臣服秦国。而臣服秦国，必定要割让土地来表示自己的诚意，因此军队还没上战场而国家就已经受损害了。而那些做臣子的，割让君主的土地以便对外勾结，窃取一时的功名而不顾及国家的后患，损失国家的土地而成全个人的私欲。他们在外依仗强秦的权势，在国内胁迫自己的君主，要求给秦国割让土地，希望大王能仔细考察！《周书》上说：草木滋长出微弱的嫩枝如果不及时拔除，长大了就难以消灭；细小的嫩枝如果不及时除掉，长大了就只能用斧子砍了。事前不当机立断，事后必酿成大祸，到那时该怎么办呢？如果大王真能听从臣的意见，六国合纵结为联盟，齐心合力，就必定不会遭到强秦的侵扰。因此我们赵王派臣进献愚拙之计，奉上盟约，听候大王的诏令。"魏王说："我听从你的意见。"虞卿劝说春申君攻打燕国，从而确定自己的封地。春申君说："进攻燕国时所经过的道路，不是归齐国就是归魏国。魏国和齐国最近与楚国结下仇怨，楚国即使要攻打燕国，该走哪条道呢？"虞卿回答说："请让我去说服魏王同意。"虞卿于是到了魏国，对魏王说："楚国也很强大，可以说是天下无敌，他们竟然准备攻打燕国。"魏王说："你先说'天下无敌'，现在又说'竟然准备攻打燕国'，这是什么意思啊？"虞卿回答说："现在比如说马的力气很大，这是对的，但如果说马的力气能驮起千钧重的东西，却不是事实，为什么呢？因为重达千钧的，不是马所能承受得住的。如今说楚国强大，这是对的，但如果说楚国可以跨越赵、魏两国而与燕国交战，楚国如何能做到呢？既然楚国不能胜任，却偏要去做，这将导致楚国衰败。楚国衰败了，就等于让魏国强大了。这两种情况对大王来说，哪一种更有利呢？"魏王说："你说得很对。"于是听从了虞卿的意见，借道给春申君攻打燕国。

苏秦如齐齐太公望，吕尚者，事周，为文、武师，谋伐纣。武王已平商，封尚父于齐营丘也，说齐宣王曰："齐，南有泰山，东有琅邪，西有清河，北有渤海，此四塞之国也。临淄甚富而实，其民无不吹竽鼓瑟，弹琴击筑，斗鸡走狗，六博、蹴鞠者也。临淄之途，车毂击，人摩肩，连衽成帷，举袂成幕，挥汗成雨。家殷人足，志高气扬。夫以大王之贤，与齐之强，天下莫能当也。今乃西面事秦，窃为大王羞之。且夫韩、魏之所以畏秦者，为与秦接境壤界也。兵出相当，不出十日，而战胜存亡之机决矣。韩、魏战而胜秦，则兵半折，四境不守；战而不胜，则国已危，亡随其后也。是故韩、魏之所以重与秦战，而轻为之臣也。今秦之攻齐则不然，陪韩、魏之地，过卫晋阳之道，经于亢父之险，车不得方轨，骑不得比行，百人守险，千人不敢过也。秦虽欲深入，则狼顾，恐韩、魏之议其后。是故洞疑虚喝，骄务而不敢进。夫不深料秦之无奈齐何也，而欲西面事之，是群臣之计过也。今无秦之名，而有强国之实，故愿大王少留意计之。"齐王曰："善。"苏秦说闵王曰："臣闻用兵而喜先者忧，约结而喜主怨者孤。夫后起者，藉也；而远怨者，时也。故语曰：骐骥之衰也，驽马先之；孟贲之倦也，女子胜之。夫驽马、女子之筋骨力劲，非贤于骐骥、孟贲[①]也，何则？后起之藉也。臣闻战攻之道，非师者，虽有百万之军，北之堂上；虽有阖闾、吴起之将，擒之户内；千丈之城，拔之樽俎（zǔ）之间；百尺之冲，折之于席上。故钟鼓竽瑟之音不绝，地可广而欲可成；和乐倡优之笑不乏，诸侯可同日而致也。故夫善为王业者，在劳天下而自佚，乱天下而自安。诸侯无成谋，则国无宿忧也。何以知其然耶？昔魏王拥土千里，带甲三十万，从十二诸侯朝天子，以西谋秦。秦恐，寝不安席，食不甘味。卫鞅谋于秦王曰：'王何不使臣见魏王，则臣必请北魏矣。'秦王许诺。卫鞅见魏王，曰：'大王之功大矣！令行于天下矣！所从十二诸侯，非宋、卫则邹、鲁、陈、蔡。此固大王之所以鞭箠使也，不足以王天下。不若北取燕，东伐齐，则赵必从矣；西取秦，南伐楚，则韩必从矣。大王有伐齐、楚之心，而从天下之志，则王业见矣。大王不如先行王服，然后图齐、楚。'魏王善之，故身广公宫，制丹衣，柱建九游，从七星之旗。此天子位也，而魏王处之。于是齐、楚怒，诸侯奔齐，齐人伐魏，杀太子，覆其十万之军。是时秦王拱手受河西之外。故卫鞅始与秦王计也，谋约不下席，而魏将已擒于齐矣；冲橹未施，而西河之外已入于秦矣。此臣之所谓北之堂上、擒将户内、拔城于樽俎之间、折冲于席上者也。"楚怀王使柱国昭阳[②]将兵伐魏，得八城，又移兵而攻齐。齐湣王患之。陈轸[③]曰："王勿忧也，请令罢之。"即往见昭阳于军，再拜，贺战胜之功，起而请曰："敢问楚之法，覆军杀将，其官爵何也？"昭阳曰："官为上柱国，爵为上执圭。"陈轸曰："贵于此者，何等也？"曰："唯有令尹耳。"轸曰："令尹贵耳，王非置两令尹也，臣窃为君譬之，可乎？楚有祠者，赐其同舍人酒一卮，舍人相谓曰：'数人饮之不足，一人饮之有余，请画地为蛇，先成者饮酒。'一人蛇先成，引酒且饮之，乃左手持卮，右手画地，曰：'吾能为之足。'足未成，一人蛇复成，夺其卮，曰：'蛇固无足，子安能为之足乎？'遂饮其酒。为蛇足者，终亡其酒。今公攻魏，破军杀将，得八城，而又移兵攻齐，齐畏公甚，以此名君足矣，冠之上非可重也。战无不胜而不知止，身且死，爵且归，犹为蛇足者也。”昭阳以为然，引军而去。

【注释】①孟贲：战时秦国人，是古代著名的武士。②柱国昭阳：柱国，战国时楚国所设官名，原为保卫国都之官。后楚国的最高武官，也称上柱国。其地位仅次于令尹。昭阳，名云，字阳，谥号“山子”。战国时楚国令尹，楚昭王后裔。原为大司马，主管楚国军事；兼领柱国，卫戍楚都郢，封上爵执珪。③陈轸：战国时期纵横家、谋士。凭借口舌之利，为齐国击退楚国大军。甚至张仪要陷害他，都被他巧妙地运用讲故事的方式化解。即便是强大的秦王，也经常听他的主意，甚至还因此大败敌国。

【译文】苏秦又到了齐国齐太公望就是吕尚，他侍奉周王室，为周文王、周武王谋划出兵讨伐商纣王。周武王灭商后，封吕尚于齐地营丘。他劝齐宣王说：“齐国南有泰山，东有琅邪山，西有清河，北有渤海，是四面都有险要关塞的国家。都城临淄非常富有，这里的百姓无不吹竽鼓瑟，弹琴击筑，斗鸡赛狗、下棋踢球的。临淄的道路上，车挨着车，人挤着人，人们连起衣襟，可以成为帷帐，举起袖子可以成为帐幕，挥洒汗水就像下雨一样。家家殷实富有，人人志气高昂。凭大王的贤明和齐国的强盛，天下无人能挡。如今却向西对秦国称臣，我私下为大王感到羞耻！至于韩、魏之所以害怕秦国，是因为他们与秦国的边境接壤。双方出兵对阵，不出十天，胜负存亡的结局就能决定了。如果韩、魏战胜秦国，他们自己也要损兵过半，四面的边境就无法防守；如果赢不了秦国，他们的国家就危险了，随即就会灭亡。正因为如此，韩、魏不敢轻易与秦国交战，而只敢向秦国屈服称臣。如今秦国如果进攻齐国就不同了，它的背面是韩、魏两国的地盘，必须经过卫国的阳晋，路过亢父的险关隘口时，车马不能并行，一百人守住险要之地，上千人到来也无法通过。秦国虽然想深入齐国境内，可总有后顾之忧，害怕韩、魏从后方突袭。所以只是虚张声势，恐吓威胁，装腔作势，又不敢前进。不深入考虑秦国对齐国无可奈何这一事实，却想要向西对秦国卑躬屈膝，这是齐国群臣谋略的过失。现在如果齐国加入合纵联盟，就可以避免背上臣服于秦国的丑名，且可以获得强国的实惠，所以我希望大王能够稍加留意，仔细考虑。”齐王说：“你说得很对。”苏秦劝说齐湣王：“臣听说喜欢首先挑起战争的人必有后患，不顾招人憎恨而缔结盟约的人必定被孤立。后发制人的人应有所凭借，远离憎恨的人必然能把握时机。所以谚语说：良马衰老时，劣马能跑到它的前面；孟贲疲倦时，女子都能胜过他。驽马、女子的筋骨力气，并不比良马、孟贲强，为什么是这个结果呢？这是因为靠着后来居上的优势。臣听说过攻战的道理，决定胜负主要不在军队，即使有百万军队，也可以用庙堂之上的计谋打败他们；即使有阖闾、吴起那样的大将，也可以通过屋内的谋划擒住他们；千丈高的城池，可以通过酒宴的应酬中夺取；百尺长的战车，也可以在枕席上战胜它。所以每天钟鼓竽瑟的声音不断，国土却可以得以扩展，且愿望可以实现；每天歌舞升平，可以让诸侯国在同一天来拜见。所以善于成就帝王霸业的，在于使天下人为自己效劳而自己能够安逸，使天下大乱而自己得到平安。如果能使各诸侯国的阴谋无法得逞，那么自己的国家就没有积久难除的忧患了。怎么能知道是这样呢？从前魏王拥有土地千里，拥兵三十万，联合十二国诸侯去朝见周天子，想向西去图谋秦国。秦王很害怕，觉都睡不安隐，饭也吃不出滋味。商鞅便与秦王谋划说：‘大王为什么不派臣去见魏王，臣一定可以让魏王失算。’秦王答应了商鞅。商鞅见到魏王说：‘大王的功业已经够大了！号令足以通行天下了！可是大王率领的十二国诸侯，不是宋国和卫国，就是邹、鲁、陈、蔡。这些本来都是大王用鞭子就可以驱使的小国，完全不配和大王共治天下。大王不如向北联合燕国，向东讨伐齐国，那么赵国必定臣服于您；向西联合秦国，向南讨伐楚国，那么韩国也必定臣服于您。大王如果有讨伐齐、楚的野心，就可以顺从天下人的心愿，那么大王的帝王霸业早晚就可以实现了。大王不如先准备好帝王的衣服，然后再去图谋齐、楚。’魏王认为商鞅说得很对，因此亲自指挥扩建宫殿，裁制红色龙袍，立起九游之柱，插好七星之旗。这是天子才有的待遇，可魏王全用上了。于是齐、楚愤怒了，各诸侯国赶来支援齐国，齐国联合各诸侯国讨伐魏国，杀了魏太子，击败了魏国十万大军。在这时，可以说秦王在举手之间就拿下了河西的土地。所以说，商鞅和秦王开始商量的时候，谋划不须走下座席，而魏国的将帅就已经被齐国抓住了；兵车战船未曾使用，而西河以外的土地就已经归入秦国的国土了。这就是臣所说的在厅堂上打败敌人，在帷幄中擒住敌将，在酒席上攻下城池，在座席上毁坏敌人的兵车啊。”楚怀王派柱国昭阳领兵讨伐魏国，拿下了八座城池，又调兵攻打齐国，齐泯王很担忧。陈轸说：“大王不必犯愁，请让臣去说服他们撤军。”于是陈轸到楚军中去见昭阳，向他拜了两拜，祝贺他打了胜仗，起身后问昭阳：“请问按照楚国的军规，击溃敌军，杀死敌将，能得到什么样的官爵？”昭阳说：“官可到上柱国，爵可到上执圭。”陈轸说：“此外还有比这更尊贵的官爵吗？”昭阳说：“只有令尹了。”陈轸说：“令尹是最尊贵的官爵了，楚王该不会设置两个令尹吧。臣私下为您打个比方，可以吗？楚国有个举行祭祀的人，赏给他手下的人一壶酒。这些人商议说：‘几个人喝这壶酒并不够，一个人喝却富富有余，让我们在地上画条蛇，谁先画成，谁就喝这壶酒。’其中有一个人先画好了，拿过酒壶准备喝。他左手端着酒壶，右手继续在地上画着说：‘我还能给蛇添上脚。’脚还没画好，另外有个人也画好了蛇，夺过那壶酒，说：‘蛇本来没有脚，你怎能替它画上脚呢？’于是把酒喝了。给蛇添上脚的人，最终没能喝上那壶酒。如今将军领兵攻打魏国，击溃魏军，杀死魏将，拿下了八座城池，现在又调兵想攻打齐国，齐国很害怕您，您因此取得了威名，也就足够了。您的官爵也不能再增加了。虽然每战必胜，但不知适可而止的人，自己将会死于战事，官爵也会归于他人，就像画蛇添足的人一样啊！”昭阳认为这话很有道理，便撤军回国了。

苏秦如楚楚之先，出自帝颛顼（zhuān xū）[①]，帝喾（kù）[②]、高辛时为火正，命曰祝融[③]。其后苗裔事周文王。当周成王[④]时，举文、武勤劳之后嗣，而封熊绎[⑤]于楚蛮，以子男之田，姓芈氏，甚得江汉间人和。至熊通[⑥]，使使随人之周，请尊其号。周不听，熊通怒，乃自立为武王，说威王曰：“楚，天下之强国也；王，天下之贤主也。西有黔中、巫郡，东有夏州、海阳，南有洞庭、苍梧，北有陉塞、郇阳。地方五千余里，带甲百万，车千乘，骑万匹，粟支十年，此霸王之资也！夫以楚之强，大王之贤，天下莫能当也。今乃西面而事秦，则诸侯莫不西面而朝章台之下矣！秦之所害，莫如楚。楚强则秦弱，秦强则楚弱。其势不两立，故为大王计，莫如从亲以孤秦。大王不从亲，秦必起两军，一军出武关，一军下黔中。则鄢郢动矣！臣闻治之其未乱也，为之其未有也。患至而后忧之，则无及也！故愿大王早熟计之。大王诚能听臣，臣请令山东之国，奉四时之献，以承大王之明诏。委社稷，奉宗庙，练士励兵，在大王所用之。故纵合则楚王，衡成则秦帝。今释霸王之业，而有事人之名，窃为大王不取也！夫秦，虎狼之国也，有吞天下之心。秦，天下之仇雠也，衡人皆欲割诸侯之地以事秦，此所谓养仇而奉雠，大逆不忠，无过此者。故从亲则诸侯割地以事楚，衡合则楚割地以事秦，此两策者相去远矣，二者大王何居焉？故敝邑赵王使臣效愚计，奉明约，在大王之诏诏之。”楚王曰：“善。谨奉社稷以从。”楚襄王⑦既与秦和，虑无秦患，乃与四子专为淫侈。庄辛⑧谏不听，辛去之赵。后秦果举鄢郢，襄王乃征辛而谢之。庄辛曰：“臣闻鄙谚曰：‘见兔而顾犬，未为晚也；亡羊而补牢，未为迟也。’臣闻汤、武以百里王，桀、纣以天下亡。今楚国虽小，绝长补短，犹以千里，岂特百里哉！王独不见夫蜻蛉乎？六足四翼，飞翔乎天地之间，挽蚊虻（méng）而食之，仰承白露而饮之，自以为无患，与人无事也。不知夫五尺童子，方将调饴胶丝，加己乎四仞之上，而下为蝼蚁之食。蜻蛉其小者也，黄雀因是以，俯啄白粒，仰栖茂树，鼓翅奋翼，自以为无患，与人无事。不知夫公子王孙，左挟弹，右摄丸，以其类为镝。昼栖乎茂树，夕调乎酸咸。黄雀其小者也，蔡圣侯因是以，南游乎高陂，北陵乎巫山，饮茹溪之流，食湘波之鱼，左枕幼妾，右拥嬖女，与之驰骋乎高蔡之中，而不以国家为事。不知夫子发方受令乎宣王，系己以朱丝而见之也。蔡圣侯事其小者也，君王因是以，左州侯，右夏侯，饭封禄之粟，而载方府之金，与之驰骋乎云梦之中，而不以天下国家为事。不知夫穰侯⑨方受命乎秦王，填黾塞之内，而投己于黾塞之外。”襄王闻之，身体战栗，乃执圭而授庄辛，与之谋秦，复取淮北之地。楚人有以弱弓微缴加归雁之上。楚襄王召问之，乃对以秦、燕、赵、卫为鸟，以激怒王，曰：“夫先王为秦所欺，而客死于外，怨莫大焉！今以匹夫尚有报万乘，子胥、白公⑩是也。今以楚之地方五千里，带甲百万，犹足以踊跃于中野。而坐受伏焉，臣窃为大王弗取。”襄王遂复为纵，约伐秦。

【注释】①颛顼：传说中炎黄联盟重要首领之一，号高阳氏，下分八个氏族。②帝喾：中华上古时期部落联盟首领，五帝之一，号高辛氏。③祝融：传说中颛顼后裔的一支。分为八姓。帝喾时，任火正，因以火施化，被奉为火神。④周成王：即姬诵，周武王姬发之子，西周王朝第二位君主。⑤熊绎：鬻熊曾孙，西周诸侯国楚国始封君。周成王时，熊绎受封南蛮之地，建立楚国。⑥熊通：春秋时期楚国君主，自立为武王。⑦楚襄王：即楚顷襄王熊横，楚怀王之子，战国时期楚国国君。⑧庄辛：战国时楚国人，为楚襄王的谋臣，曾当面直谏楚襄王，后离楚去赵。秦军攻占郢都后，襄王悔悟，又从赵国将他召至城阳。他再陈亡羊补牢之策，襄王乃收东境兵十余万，收回江南。襄王授庄辛以执圭，赐予淮北之地，封阳陵君。⑨穰侯：即魏冉，因食邑在穰，号曰穰侯。战国时秦国大臣，秦昭襄王之舅。在秦国独揽大权，一生四任秦相，党羽众多，深受宣太后宠信。⑩白公：芈姓，熊氏，名胜，号白公，楚平王之孙，太子建之子。父太子建因遭陷害，携家人出逃，逃到郑国时遭郑国人杀害。太子建死后，白公胜便从郑国逃到吴国。楚惠王时，被令尹子西召回，封为巢邑大夫。喜好用兵，礼贤下士，总想攻打郑国替父报仇。

【译文】苏秦又到了楚国楚国的祖先，是颛顼的后代，到帝喾、高辛时担任火正，被赐名为祝融。后来，他的后代曾侍奉周文王。到周成王时，提拔了文王、武王时有功之臣的后代，熊绎被封到了楚蛮，赐给他子爵、男爵应得的土地，姓芈氏，在长江、汉水一带深得民心。到了熊通这一代，曾派使者到周朝去，请求周朝给他封尊号。周天子没有答应他的请求，熊通大怒，于是自立为楚武王，他劝楚威王说："楚国是天下的强国，大王是天下的明君。楚国西面有黔中、巫郡，东面有夏州、海阳，南面有洞庭、苍梧，北面有陉塞、郇阳。土地方圆五千多里，拥兵百万，战车千辆，战马万匹，粮食可供百姓食用十年，这些都是建立霸业的资本啊！凭着楚国的强大，再加上大王的贤明，就能天下无敌了。如今楚国却打算向西对秦国称臣，那么各诸侯国也只能向西去朝拜秦国的章台之下了。秦国在各诸侯国中最担心的就是楚国，楚国强大，秦国就会衰弱，秦国强大，楚国就会衰弱，二者势不两立。所以臣替大王考虑，不如加入合纵联盟以此孤立秦国。大王如果不加入合纵联盟，秦国一定会兵发两路，一路出武关，一路下黔中。这样，楚都鄢郢就要危险了！臣听说要在祸患发生以前就开始治理，要在事故发生以前就进行预防。等祸患发生了再为之担忧，那就来不及了！因此臣希望大王对此及早谋划。大王如果真的能听从臣的意见，臣就能让崤山以东各国一年四季向楚国进献礼物，服从大王英明的诏示，他们都会把国家与宗庙之事委托给大王，并训练军队，供大王使用。所以说一旦建成合纵联盟，楚国就能称王；一旦连横成功，秦国就能称帝。如今楚国放弃了霸主的大业，却有了臣服他人的名声，臣私下认为这是大王万万不能做的！秦国，是贪婪暴戾如虎狼般的国家，有吞并天下的野心。秦国，又是天下诸侯的仇敌，主张连横的人都想割让诸侯的土地来臣服秦国，这就是人们所说的养虎为患啊。大逆不道，没有比这更过分的了。所以一旦建成合纵联盟，诸侯就会割让土地来侍奉楚国；如果连横成功，楚国就要割让土地来侍奉秦国了。这两种策略之间的差距太

大了，大王会选择哪一种呢？所以我们赵王派臣来献上愚拙之计，奉上合纵盟约，听凭大王吩咐。”楚王说：“好，请让我以国家的名义听从你的意见。”楚襄王与秦国议和后，不再担忧秦国造成的祸患，就和四个宠臣一起贪图享乐，奢侈浪费。庄辛劝谏，他不听，庄辛不得不离开楚国去了赵国。后来秦军果然攻打楚都鄢郢，楚襄王只好征召庄辛回国并向他道歉。庄辛说：“臣听俗话说：‘看到兔子，再回头招呼狗，并不算晚；羊儿丢了，再补栅栏，还不算迟。’臣还听说从前商汤和周武王靠百里的土地都能称王；夏桀和商纣拥有整个天下，结果却国破家亡。如今楚国虽小，截长补短，国土方圆还有几千里，可不止百里啊！大王难道没见过蜻蜓吗？它有六只脚，四个翅膀，在空中飞来飞去，低头啄食蚊子和苍蝇吃，仰头吸着露水喝，自以为不会有什么灾难，跟谁也没有竞争。它不知道五尺来高的小孩，正在调胶液抹丝网，要把它从两丈高的地方粘下来，丢在地上给蚂蚁吃。如果蜻蜓还算是小的，那黄雀也是这样。它低下头来啄食谷米，仰着身子在茂密的树丛里栖息，扑打翅膀，自由飞翔，自以为不会有什么灾难，跟谁也没有竞争。它不知道公子王孙左手挟弓，右手取丸，正瞄着它当靶子打呢。黄雀白天还在茂密的树丛里栖息，晚上就已经给拌上调味品了。如果黄雀还算是小的，蔡圣侯也是这样。他南游高陂，北登巫山，喝茹溪的清水，吃湘江的鲜鱼，左臂枕着年轻的妃子，右臂抱着宠爱的姬妾，跟他们驱车跃马，到高蔡去游乐，不把国家大事放在心上。他不知道子发正带着楚灵王的命令，要用红绳绑住他去见灵王。如果蔡圣侯的事还算是小的，大王的情况也是这样。您左有州侯，右有夏侯，吃得是国库中的粮食，挥霍国库中的钱财，跟他们一起骑马奔驰，到云梦之地去游乐，而不把国家大事放在心上。您却不知道穰侯正带着秦王的命令，在渑塞之内布满秦兵，要把大王赶出渑塞。”楚襄王听了这番话，浑身发抖。于是拿着圭，委重任于庄辛，和他一起谋划对付秦国，随后就把淮北之地重新夺了回来。楚国有个人用软弓轻轻一拉弓弦，就能把南归的大雁射下来。楚襄王把这个人召来询问。这个人把秦、燕、赵、魏比作鸟，从而激怒了襄王。他说：“从前怀王被秦国欺凌，客死在他国，没有比这更大的怨仇了！现在有人身为平民百姓尚且敢于向万乘之君报仇，伍子胥和白公胜就是这样的人。现在凭着楚国方圆五千里的国土，拥兵百万，完全能够在广阔的原野之中大战一番，楚国却在那里坐以待毙，臣私下为大王感到不值。”楚襄王于是再次加入合纵联盟，共同讨伐秦国。

六国既合纵，苏秦为纵约长，北报赵。赵肃侯封秦为武安君。乃投纵约书于秦，秦不敢窥兵函谷十五余年。

【译文】东方六国开始合纵，苏秦是纵约长，他把合纵的情况向北报告赵王。赵肃侯封苏秦为武安君。于是苏秦将合纵的约书送往秦国。从此，秦国十五年不敢窥伺六国，从函谷关出兵。

后张仪为秦连衡秦欲攻魏，先败韩申差[1]军，斩首八万，诸侯震恐。而仪乃来说魏王，说魏王曰秦孝公时，公孙鞅请伐魏，曰："魏居岭阨之间，西都安邑，与秦界河，而独擅山东之利。利则西侵秦，病即东收地。今以君贤圣，国赖以盛，宜及此时伐魏。魏不支秦，必东徙。东徙则据山河之固，东向以制诸侯。此帝业也。"自是之后，魏果去安邑，徙都大梁："魏地方不至千里，卒不过三十万，地四平，诸侯四通，条达辐凑，无名山大川之限。从郑至梁，二百余里，车驰人走，不待倦而至梁。南与楚境，西与韩境，北与赵境，东与齐境，卒戍西方，守亭障者不下十万。梁之地势大梁，今汴州是也，固战场也。梁南与楚，不与齐，齐攻其东；东与齐，不与赵，赵攻其北；不合于韩，则韩攻其西；不亲于楚，则楚攻其南。此所谓四分五裂之道也。且诸侯之为纵者，将以安社稷、尊主、强兵、显名也。今为纵者，一天下约为昆弟，刑白马以盟洹（huán）水[2]之上，以相坚也。而亲昆弟，同父母，尚有争钱财，而欲恃诈伪反覆苏秦之谋，其不可成亦以明矣。大王不事秦，秦下兵攻河外，据卷、衍、酸枣[3]，劫卫取晋阳，则赵不南。赵不南则梁不北，梁不北则纵道绝，纵道绝则大王之国欲无危，不可得也。秦折韩而攻梁，韩恃于秦，秦、韩为一，梁之亡立可须也。此臣之所为大王患也。为大王计，莫如事秦。事秦，则楚、韩必不敢动。无楚、韩之患，则大王高枕而卧，国必无忧矣。大王不听秦，秦下甲士而东伐，虽欲事秦，不可得也。且夫从人多奋辞而少可信。说一诸侯而成封侯之业，是故天下之游谈士，莫不日夜搤腕、瞋目、切齿，以言纵之便，以说人主。人主贤其辩而牵其说，岂得无眩哉？臣闻之：积羽沉舟，群轻折轴，众口铄金。故愿大王审计定议。”魏王于是倍纵约，而请成于秦范雎说秦昭王曰：“夫穰侯越韩、魏而攻齐刚、寿，非计也。少出师不足以伤齐，多出师则害于秦也，其于计疏矣。且齐湣王南攻楚，破军杀将，再辟地千里，而齐尺寸之地无得者，岂齐不欲得地哉？形所不能有也。诸侯见齐之罢落，兴师伐之，士辱兵顿。故齐所以大破者，以其破楚肥韩、魏也。此所谓借贼兵而资盗粮也。王不若远交而近攻，得寸则王之寸，得尺则王之尺。今释近而攻远，不亦谬乎？昔者，中山之国五百里，赵独吞之，功成名立而利附焉，天下莫之能争。今夫韩、魏，中国之处而天下之枢。王若欲霸中国而为天下枢，以威楚、赵。楚强则附赵，赵强则附楚。楚、赵皆附，齐亦惧矣。齐惧必卑辞重币以事秦。齐已附，则韩、魏因可虑也。”王曰：“善。”乃拜睢为客卿，谋兵事伐魏，拔怀及邢丘。齐、楚来伐魏，魏王使人求救于秦，冠盖相望而秦救不至。魏人有唐雎（jū）[4]者，年九十余矣，谓王曰：“老臣请西说秦王，令兵先臣出。”王再拜遣之。唐雎到秦，入见秦王，秦王曰：“丈人芒然而远至，此甚苦矣！夫魏之来求救数矣，寡人知魏之急也。”唐雎曰：“大王知魏之急而救兵不发，臣窃以为用策之臣无任矣。夫魏，万乘之国也，然所以西面而事秦、称东藩、筑帝宫、受冠带、祠春秋者，以为秦之强足以与也。今齐、楚之兵已合于魏郊，而秦救不发，亦将赖其未急也。使之而急，彼且割地而约纵，王当奚救焉？必待其急而救之，是失一东藩之魏而强二敌之齐、楚，则王何利焉？”于是秦王遽发兵救魏。

【注释】①申差：战国时期韩国将领，著名思想家申不害之子。前317年，秦惠文王派嬴疾出击修鱼，攻击韩、魏、赵联军。申差与嬴疾在浊泽展开战斗，兵败被俘。②洹水：古水名，在河南省北境，今名安阳河。源出林县，向东流经安阳市到内黄县入卫河。③酸枣：古代地名，郑邑，秦置县，故城在今河南延津县西南。④唐雎：战国时魏国著名策士。有胆有识，忠于使命，不畏强权，敢于斗争并敢于为国献身。90岁高龄时西说强秦使之不敢加兵于魏。在魏国灭亡后出使秦国，冒死与秦王抗争，粉碎秦王吞并安陵（魏国属国）的阴谋。

【译文】后来张仪为秦国组织连横秦国想攻打魏国，先打败了韩将申差的军队，斩杀了八万人。诸侯震惊害怕，而张仪来劝说魏王，张仪劝魏王说秦孝公时，公孙鞅请求攻打魏国，他说：“魏国处在山岭险要的隘口上，西边的都城安邑，与秦国的边界隔着黄河，独自占据着崤山以东的有利地形。魏国强大就会向西攻打秦国，魏国弱小就会向东收缩土地。如今因大王的贤能圣明，国家因此兴盛，应该趁此时讨伐魏国，魏国不能支撑，秦国必定可以向东发展势力，秦国向东迁移，就占据了山河坚固的地势，向东控制各诸侯。这是帝王的大业。”自此之后，魏国果然离开安邑，迁都大梁：“魏国的土地方圆不到一千里，士兵不到三十万，土地平旷，四面都有诸侯通过，就像车轮辐条集聚在车轴上，没有名山大川的阻隔。从郑国到魏国，只有二百多里，车跑人走，没有感到疲倦就到了。魏国南与楚国、西与韩国、北与赵国、东与齐国接壤。魏国的士兵戍守四方，守卫边塞要地堡垒的士兵就不少于十万。魏国的地势，本来就是战场大梁，是今天的汴州。魏国向南与楚国交好而不与齐国交好，齐国就会攻打魏国东部；魏国向东与齐国交好而不与赵国交好，赵国就会攻打魏国的北部；魏国不与韩国联合，那么韩国就会攻打魏国的西部；不和楚国亲善，那么楚国就会攻打魏国的南部。这就是所说的四分五裂的方法啊！况且合纵的诸侯，将要使国家安定、君主尊贵、兵力强盛、彰显美名。现在合纵的人，联结天下诸侯，结为兄弟之邦，在洹水之上斩杀白马会盟，来相互团结坚守。即使是同父同母的亲兄弟，尚且还争夺钱财，这些诸侯想依仗诈伪反复的苏秦的计谋，会盟不能成功已很明朗了。大王如果不去事奉秦国，秦国就会派兵攻打河外，占据卷、衍、酸枣等地，控制卫国，夺取晋阳，那么赵国就不能南下；赵国不能南下，魏国就不能北上；魏国不能北上，那么合纵的道路就会断绝；合纵的道路断绝，那么大王的魏国想不危险也不可能办到了。秦国胁迫韩国攻打魏国，韩国害怕秦国，秦国、韩国联合一体，魏国的灭亡可以立见。这是我为大王感到忧虑的原因。为大王盘算，不如事奉秦国，魏国事奉秦国，那么楚国、韩国必定不敢轻率行动；没有楚国、韩国侵扰的忧患，那么大王就可以高枕无忧，国家必定也没有了忧患。如果大王不听秦国的劝告，秦国派出士兵向东攻打魏国，那时即使想事奉秦国，也不可能办到。况且主张合纵的人大多夸大其辞而缺少诚信。说服一个诸侯成就封侯的大业，所以天下的游说之士，没有不日夜搤腕、瞋目、切齿来谈合纵的便利，去劝说各国的君主。君主被他们的论辩打动，怎么能不晕头转向呢？我听说'堆积的羽毛多了，也能让船沉掉；轻东西装得过多，也能压断车轴；众口一词，也可以熔金'。所以希望大王仔细考虑再做决定。”魏王于是违背了合纵盟约，而向秦求和范睢劝秦昭王说：“穰侯魏冉越过韩国、魏国去攻打齐国的刚、寿，这不是很好的计策。出动的兵力少，不足以杀伤齐国；出动的兵力多，又损害秦国的国力，这种计策是有疏漏的。齐湣王向南攻打楚国，打败楚军杀死楚将，又为齐国增加了千里的土地，而最后齐国却连尺寸土地都没得到，难道是齐国不想得到土地吗？只是因为形势使齐国不能拥有那些土地啊。诸侯见齐国疲弊，发动军队讨伐它，使齐国士兵受辱军队顿留。齐国之所以大受损害，是因为它打败楚国却使韩、魏两国得到便利。这就是所说的借兵给贼人、资助强盗粮食啊。大王不如结交远方国家而对邻近国家攻打，攻下一寸土地大王就能得到一寸土地，攻下一尺土地大王就能得到一尺土地。如今放弃邻近国家而去攻打远处国家，不是错了吗？从前，中山国方圆五百里，赵国全部吞并，功业名就，获利不少，天下诸侯不能和它争夺。现在的韩国、魏国，地处中原而成为天下的枢纽，大王如果想称霸，必定占有中原而掌握天下的枢纽，来威胁逼迫楚国、赵国。楚国强大就让赵国依附，赵国强大了就让楚国依附。赵国、楚国都归附了，齐国必定害怕。齐国感到害怕，必定会说着谦卑的话，带着重礼来事奉秦国。齐国已经归附，那么韩国、魏国就可想而知了。”秦王说：“好。”于是任命范睢为客卿，谋划出兵讨伐魏国的事，攻克了怀和邢丘。齐国、楚国攻打魏国。魏王派使者向秦国求救，使者的衣冠车盖一个接着一个，而秦国的救兵却没有到达。魏国有个叫唐睢的人，有九十多岁了，他对魏王说：“老臣请求向西游说秦王，让秦兵在我回国前出发。”魏王对唐睢拜了两拜派遣他出使秦国。唐睢到达秦国，入宫见到秦王。秦王说：“丈人从远地匆忙来到这里，这非常辛苦了！魏王多次派人求救，我知道魏国的形势危急了。”唐睢说：“大王知道魏国的情况紧急而不派出救兵，我私下认为给大王出谋划策的大臣失职。魏国，是拥有万辆兵车的大国，然而之所以向西事奉秦国，自称秦国的东方属国，修建帝王的宫殿，接受秦国的冠带，每年春秋送来祭祀供品，是因为认为秦国强大足以帮助魏国。如今齐国、楚国的军队已经在魏国郊外汇合，而秦国的救兵还没有出发，是认为魏国的情况还不危急。假使魏国情况紧急，将割让土地而联合齐、楚等国合纵，大王即使想救，哪里还来得及呢？必定等魏国情况危急才去援救，那就失去了一个作为东方藩篱的魏国，而且增强了齐国、楚国两个敌国的实力，这对大王又有什么好处呢？”于是秦王立即发兵救援魏国。

张仪说楚怀王曰：“秦地半天下，兵敌四国，被山带河，四塞以为固范雎说秦昭王曰：大王之国，四塞以为固，北有甘泉、谷口，南有泾、渭，右陇、蜀，左关、阪。奋击百万，战车千乘。利则出攻，不利则入守，此王者之地。民怯于私斗，勇于公战，此王者之人。王并此二者而有之，以当诸侯，譬如放韩庐而捕蹇兔①也。虎贲（bēn）②之士百有余万，车千乘，骑万匹，粟如丘山。法令既明，士卒安乐，主明以严，将智以武。虽无出甲席卷常山之险，必折天下之脊，天下后服者先亡矣！且夫为纵者，无以异驱群羊而攻猛虎。虎之与羊，不格明矣！今王不与虎而与群羊，臣窃以为大王之计过也。凡天下强国，非秦而楚，非楚而秦。两国交争，其势不两立。大王不与秦，秦下甲据宜阳，韩之上地不通；下兵河东、成皋，韩必入臣，则梁亦从风而动。秦攻楚之西，韩攻其北，社稷安得无危？臣闻‘兵不如者，勿与挑战；粟不如者，勿与持久’。秦西有巴、蜀，大船积粟，起于汶山，浮江而下，至楚三千余里。舫（fǎng）舟③载卒，一载五千人，日行三百里。里数虽多，然不费牛马之力，不至十日，而拒扞（hàn）关矣，扞关惊，则从境以东，尽城守矣。黔中、巫郡，非王之有也。秦举甲出武关，南面而伐，则北地绝。秦兵之攻楚也，危虽在三月之内。而楚待诸侯之救，在半岁之外。此其势不相及也。夫待弱国之救，忘强秦之祸，此臣为大王患也。大王尝与吴人战，五战而胜，陈卒尽矣。偏守新城，存民苦矣。臣闻‘功大者易危，而人弊者怨上’。夫守易危之功，而逆强秦之心，臣窃为大王危之。凡天下而以信约纵亲者，苏秦封为武安君也。苏秦相燕，即阴与燕王谋伐齐，破齐而分其地。乃佯为有罪，出走入齐，齐王因受而相之。居二年而觉，齐王大怒，车裂④苏秦于市。夫以一诈伪之苏秦，而欲经营天下，混一诸侯，其不可成亦明矣。今秦与楚接境壤界，固形亲之国也。大王诚能听臣，臣请使秦太子入质于楚，楚太子入质于秦，请以秦女为大王箕帚之妾，效万室之都以为汤沐之邑，长为昆弟之国，终身无相攻。臣以为计无便于此者。"楚王乃与秦从亲白起将兵来伐楚，楚襄王使黄歇说秦昭王曰："天下莫强于秦、楚，今则闻大王欲伐楚，此犹两虎相与斗，而驽犬受其弊，不如善楚。臣请言其说。臣闻之'物至则反，冬夏是也；智至则危，累棋是也'。今大国之地，半天下，有三垂，此从生人以来，万乘之地未尝有也。王若能持公守威，黜攻伐之心，肥仁义之德，则三王不足四，五霸不足六也；王若负人徒之众，挟兵革之强，欲以力臣天下之主，臣恐其有患也。《诗》云：'靡不有初，鲜克有终。'《易》曰：'狐涉水，濡其尾。'此言始之易而终之难也。何以知其然耶？智伯见伐赵之利而不知榆次之祸，吴王见伐齐之便而不知干遂之败。此二国者，非无大功也，没利于前而易患于后也。今王妒楚之不毁也，而忘毁楚之强韩、魏也。臣为王虑，而不取也。王无重世之德于韩、魏，而有累世之怨焉。夫韩、魏父兄子弟接踵而死于秦者，将十世矣。身首分离、暴骸草泽者，相望于境；系颈束手为群虏者，相望于路。故韩、魏之不亡，秦社稷之忧也。今王信之，与兵攻楚，不亦过乎？臣为王虑，莫若善楚。楚、秦合为一以临韩，韩必敛手。王施以山东之险，带以河曲之利，韩必为关内侯。若是，而王以十万戍郑、梁之人寒心，许、鄢、夷陵婴城，而上蔡、召陵不往来也。如是，魏亦为关内侯矣。王善楚，而关内侯两万乘之主，注地于齐，齐右壤可拱手而取也。然后危动燕、赵，摇荡齐、楚，此四国者不待痛而服也。"秦王曰："善。"止不伐楚。楚顷襄王谋与齐、韩连和，因欲图周。周赧（nǎn）王⑤使臣武公说楚相昭子。昭子曰："乃图周则无之，虽然，周何故不可图？"对曰："夫西周之地，绝长补短，不过百里。名为天下共主，裂其地不足以肥国，得其众不足以劲兵，虽攻之不足以尊名。然而好事之君、喜攻之臣，发号用兵，未尝不以周为终始，是何也？则祭器在焉。欲器之至而忘弑君之乱。今韩以器之在楚，臣恐天下以器仇楚。”于是，楚计辍不行。秦武王使樗里疾⑥以车百乘入周，周君迎之甚敬。楚王让周，以其重秦客也。游胜⑦为周谓楚王曰：“昔者智伯欲伐仇犹⑧，遗大钟，载以广车，因随之以兵。仇犹卒已，无备故也。齐桓公之伐蔡也，号曰‘诛楚’，其实袭蔡。今秦者，虎狼之国，有独吞天下之心，使樗里子疾以车百乘入周，周君惧焉。以蔡、仇犹为戒，故使长兵居前，强弩居后，名曰卫疾，而实囚之。周君岂能无爱国哉？恐一旦国亡而忧大王也。”楚王乃悦。楚襄王有疾，太子质于秦，不得归。黄歇说秦相应侯曰：“今楚王疾，恐不起。秦不如归太子。太子即位。其事秦必谨；若不归，则咸阳一布衣耳。楚更立太子，必不事秦，失一国而绝万乘之和，非计也。愿相国虑之。”应侯为言于秦王，王不肯。乃遁也。

【注释】①韩庐：战国时韩国名犬，色黑。蹇兔：跛足之兔。②虎贲：“贲”同“奔”，像虎一样奔跑。指军中骁楚者、勇士，后专指守卫王宫，护卫君主的专职人员。③舫舟：即方舟。两船相并之称。泛指船。④车裂：把人的头和四肢分别绑在五辆车上，套上马匹，分别向不同的方向拉，把人的身体硬撕裂为五块的刑罚。有时执行这种刑罚不用车，而直接用五条牛或马来拉，故俗称五牛分尸或五马分尸。⑤周赧王：即姬延，也称王赧，周慎靓王之子，东周最后一位君主，在位59年。在位时期周王室的影响力仅限于王畿，秦昭王基本上取代了周天子的地位。⑥樗里疾：又称樗里子、严君疾，嬴姓，赵氏，名疾，战国时期秦国宗室将领，秦孝公庶子，秦惠文王异母弟。能说会道，足智多谋，绰号“智囊”，擅长外交、军事。推动大规模对外战争，扩张秦国版图，为后来秦国统一中国打下坚实根基。⑦游胜：又作游腾。战国时周国大臣。⑧仇犹：在古文献中也作“仇由”“仇繇”“仇首”等，是白狄的一支。

【译文】**张仪对楚怀王说：“秦国的土地占有天下的一半，士兵可与四方诸侯抗衡，背靠着山，四周环绕着河，四方边塞都有险要的地势**范雎游说秦昭王说：‘大王的国家，四塞都有险固的地势，北面有甘泉、谷口，南面有泾水、渭水，右面有陇、蜀，左面有函谷关、崤山，拥有勇士百万，战车千乘，时机有利就发动进攻，时机不利就退守关隘，这是称王所需的地域。百姓害怕私斗，却能在战场上英勇作战，这是称王所需的百姓。大王这两样都具备，用它们抵挡诸侯，就像驱使良犬追逐跛足的兔子一样容易。’有英勇的战士一百多万，战车千乘，战马万匹，粮食堆积如山，法令严明，士兵安乐，君王贤明，将领睿智勇武，一旦出兵，夺得常山的险隘就像卷席那样简单，必定会折断天下的脊梁，控制诸侯的险隘，天下后臣服的国家先遭到灭亡。况且合纵的诸侯，无异于驱赶群羊去进攻猛虎。猛虎和群羊，不用决斗便能明白，现在大王不与猛虎交好，而与群羊为伍，我私下认为大王的计策是错误的。天下强盛的国家，不是秦国，就是楚国，不是楚国，就是秦国。两国相争，不相上下，水火不相容。大王不和秦国交好，秦国便会派兵占据宜阳，韩国的上党就不能通过了；秦国出兵河东、成皋，韩国必定臣服秦国，那么魏国也会跟风行动，也臣服秦国。秦国攻打楚国的西面，韩国攻打楚国的北面，楚国的江山社稷怎能没有危险？我曾听说，兵力不如人的，不要挑战敌人；粮食不足的，不要和敌人持久作战。秦国西面有巴、蜀，用大船运粮，从汶山起航，顺长江而下，到楚都有三千多里。并船运兵，一船能载五十人，每天能航行三百里。路程虽长，却不费车马之力，不到十天，就能到达扞关，与楚军对峙；扞关告警，那么从边境以东，就只能守城待援了，黔中、巫郡就不会被大王拥有了。秦国出兵攻打武关，向南进攻，则楚国北部的交通就会被切断，秦军攻打楚国，在三个月内就能达到危急的形势，而楚国等到诸侯的救援，则在半年之后了，这将无济于事。等待弱国的救援，忘记强秦的祸患，这是我为大王感到担忧的。大王曾经与吴国交战，五战三胜，阵前的兵卒已经战死，又想守住新得的城池，百姓深受其苦。我听说‘功绩大的人容易遭到危险，百姓疲惫穷困就容易抱怨君上’。追求容易遭受危险的功绩，而违背强秦的意愿，我私下里认为大王处境危险。诸侯中坚持相信合纵联盟的苏秦，被赵国封为武安君。苏秦出任燕相，就暗地里与燕王合谋讨伐齐国，攻破齐国后，瓜分齐国土地。苏秦假装在燕国获罪，逃到齐国。齐王接受了他，任命他为相国。过了两年被齐王察觉，齐王非常生气，在集市车裂了苏秦。欺诈伪装的苏秦，想经营图谋天下，混于诸侯之中，这不可能成功，也是很明显的了。如今，秦国和楚国接壤，本来应该是亲近友好的国家。大王如果能听从我的劝告，我请求让秦国太子到楚国做人质，让楚国太子到秦国做人质，让秦王的女儿做大王的侍妾，并献出万户大邑，作为大王的汤沐邑，从此秦、楚两国结为兄弟之国，永不侵犯。我认为没有比这更有利于楚国的计策了。”楚王于是和秦国建立友好关系秦将白起率兵攻打楚国，楚襄王派黄歇游说秦昭王，说：“天下强大的国家莫过于秦国、楚国，如今听说大王想要攻打楚国，这好比两虎相争，而让劣犬从它们的衰落中获益，不如与楚国好好相处。我请求详说其中的好处。我听说，事情发展到极点就要走向反面，冬夏就是这样；智慧用到极点就会出现危险，累积棋子就是这样。现在秦国几乎拥有天下一半的土地，又把守着天下的三面边陲，这是自从有了人类开始，万乘之国从未有过的领地。大王如果能保持功绩，守住已有的威势，废除攻伐之心，扩大仁义的道行，那么先代三王比不上您，春秋五霸也比不上您；大王如果仗恃人多势众，依靠武力的强大，使天下诸侯臣服，我担心会产生后患。《诗经》说：‘万事都有开头，但很少有终结。’《易经》说：‘狐狸渡河，水湿其尾。’这些话都说明开始容易而终结很难。怎么知道是这样呢？从前智伯只看到攻伐赵国的好处，而没有预见到榆次的祸患；吴王夫差只看到攻伐齐国的便利，而没有预见到干隧的失败。这两个国家，并不是没有大功绩，只是贪图眼前的利益，而不顾以后的祸患。如今大王担心楚国不灭，却忘记了灭楚会使韩国、魏国强大。我为大王考虑，这样做不可取。大王对韩国、魏国没有累世的恩德，反而有累世的怨仇。韩国、魏国的父、兄、子、弟接连死于秦国之手的人，快有十世了，身首分离，尸骸暴露在野草水泽中，满目皆是；牵颈系手成为俘虏的人，在道路上相望。所以韩国、魏国如果不灭亡，秦国的江山社稷就会有忧患。如今大王相信韩国、魏国，和他们共同发兵攻打楚国，不是错了吗？不如与楚国交好。如果秦国、楚国联合，逼迫韩国，韩国必定缩手降服。大王以崤山的险要，拥有黄河的便利，韩国就会成为秦国的‘关内侯’。如果这样，大王以十万士兵进驻韩国，魏国的人就会害怕，如果许、鄢陵围城固守，而楚国的上蔡、召陵就会和魏国断绝往来，魏国也会成为秦国的‘关内侯’。大王和楚国交好，拥有两个万乘之国的‘关内侯’，就与齐国接壤了，齐国西部的土地就可以轻易夺取。然后使燕国、赵国的统治危殆动摇，使齐国、楚国动荡不稳，这四国不用进攻就会臣服。”秦王说：“好。”于是停止，不讨伐楚国。楚顷襄王谋划和齐国、韩国联合，想共同攻打东周。周赧王派使臣武公游说楚国宰相昭子。昭子说：“没有打算攻打周的想法。虽然这样，周为什么不能攻打呢？”武公回答说：“周现在的土地，去长补短，也不过方圆百里。周天子名义上是天下的主人，瓜分他的土地也不足以扩大疆土，获得他的百姓也不足以增强军队。即使攻下周，也不足以提高名声。然而爱兴事端的诸侯，喜欢攻伐的臣子，发号施令发起战争，没有不打着替周天子讨伐的旗号，这是为什么呢？是因为祭祀的器具在周天子这里，周王是合法的君主。有些诸侯想要夺取祭器，而忘记弑君的罪名。如今韩国说祭器在楚国，我害怕天下诸侯因此而仇恨楚国。”于是，楚国攻打周的计策没有实行。秦武王派樗里疾带领一百辆战车朝见周赧王，周赧王非常恭敬地迎接他。楚王因为周赧王尊重秦国使者而责备周赧王。周臣游胜对楚王说：“从前，智伯想要攻打仇犹，送给仇犹大钟，使用大车装载，大车后面跟随着讨伐的士兵，仇犹因没有防备，最终灭国。齐恒公讨伐蔡国，号称攻打楚国，实际上却是袭击蔡国。如今秦国，是如狼似虎的国家，有独吞天下的野心，派遣樗里疾率战车百辆驶入周地，周王感到害怕。以蔡国和仇犹的教训作为前车之鉴，所以安排士兵拿着戈矛在前，拿着强弩在后，名义上是保卫樗里疾，而实际是囚禁他。周君哪能不爱自己的国家呢？他是怕一旦国亡而担忧大王您。”楚王听了感到高兴。楚襄王患了病，太子在秦国作人质，不能回来。楚国大臣黄歇游说秦国宰相应侯范雎：“如今楚王得病，恐怕将一病不起。秦国不如归还太子。太子即位，必定会恭敬地事奉秦国；如果不让他回去，那楚太子就是咸阳的一个普遍百姓罢了。如果楚国另立太子，新太子必定不会事奉秦国。秦国失去一个友好邦国，断绝和万乘大国的联系，这不是好的计策。希望相国好好考虑。”应侯把这些话告诉秦王，秦王不肯。于是楚太子悄悄逃回楚国。

张仪如韩，说韩宣王曰：“韩地险恶山居，五谷所生，非菽而麦。地方不过九百里，无二年之食。料大王之卒，悉举不过三十万，而厮徒①负养在其中矣。今秦带甲百万，车千乘，骑万匹，虎贲之士，跿跔（tú jū）科头②，贯颐奋戟③者，不可胜数。山东被甲蒙胄以会战，秦人捐甲徒裼（xī）④以趋敌，左挈人头，右挟生虏。秦逐山东之卒，犹孟贲⑤之与怯夫；以轻重相压，犹乌获⑥之与婴儿。诸侯不料地之弱、食之寡，而听纵人之甘言好辞，比周⑦以相饰，诳误其主，无过此者。大王不事秦，秦下甲据宜阳，断韩之地，东取成皋、荥阳，则鸿台之宫、桑林之苑，非王有也。夫塞成皋，绝上地，则王之国分矣。故为大王计，莫如为秦。秦之所欲弱，莫如弱楚，而能弱楚者，莫如韩。非以韩能强于楚也，其地势然也。今西面而事秦，以攻楚，秦王必喜。夫攻楚而私其地，转祸而悦秦，计无便于此者。”宣王听之范雎说秦王曰：“秦韩之地形相错如绣，秦之有韩，譬如木之有蠹，人之有腹心病也。天下无变则已，有变，其为秦患者，孰大于韩乎？王何不收韩？”王曰：“吾固欲收韩，韩不听，为之奈何？”对曰：“韩安得不听？王若下兵攻荥阳，则成皋之道不通；北断太行之道，则上党之师不下。王一兴兵而攻荥阳，则其国断而为三，韩必见危亡矣。安得不听？若听，则霸事因可虑矣。”王曰：“善。”乃从之。

【注释】①厮徒：杂役兵（从事包括军队徭役、苦力等），也指一般步兵。②跿跔：腾跳踊跃。科头：不戴冠帽，裸露头髻。③贯颐奋戟：两手捧颐而直入敌阵。形容英勇无畏。颐，下巴。④裼：脱去上衣，露出身体的一部分。⑤孟贲：战时著名的武士。⑥乌获：战国时秦国大力士。与任鄙、孟贲齐名。后用作力士的泛称。⑦比周：结党营私。

【译文】张仪到达韩国，游说韩王说："韩国的地势险恶，百姓多居住在山地，种植的粮食，不是豆子就是麦子。土地方圆不到九百里，存粮不够食用两年。料想大王的士卒，连从事军队徭役、苦力的算在内，总共不超过三十万。如今秦国有战士百万，战车千辆，战马万匹，勇猛的战士腾跳踊跃，不戴冠帽裸露头髻，两手捧颐而直入敌阵，这样的战士不计其数。山东六国的士卒作战时要穿上铠甲，戴上头盔，而秦国士卒却不穿铠甲，脱去上衣，冲向敌人，他们左手提着人头，右臂挟着俘虏。秦军和山东六国的士卒相比，就像孟贲与懦夫；秦国派重兵到达山东六国，犹如乌获对付婴儿。诸侯不估计自己的土地狭小，粮食缺少，却听信了主张合纵的游说之士的花言巧语，他们结党营私来相互掩饰，诳骗耽误君主，没有比这更厉害的了。如果大王不事奉秦国，秦国派兵占据宜阳，断绝韩国上党的交通，向东夺取成皋、荥阳，那么鸿台的宫殿、桑林的御苑，就不再为大王所有了。如果秦军堵塞成皋，断绝上党的交通，那么大王的国家就被分割了。所以为大王考虑，不如结交秦国。秦国想削弱的，莫过削弱楚国，而能削弱楚国的，只有韩国。并不是韩国比楚国强大，而是韩国的地形造成这样。如今大王向西事奉秦国，又去攻打楚国，秦王必定感到高兴。进攻楚国而占有楚地，转嫁祸患而取悦秦国，计谋没有比这更有利的了。"韩宣王听从了张仪的话范雎对秦王说："秦国、韩国的地形交错像锦绣。韩国对于秦国来说，就像树木生了蠹虫，人患了腹心病。天下不发生变故倒也罢了，一旦发生变故，韩国就会成为秦国的祸患，大王何不收服韩国？"秦王说："我本来想收服韩国，韩国不听从，该怎么办呢？"范雎说："韩国怎么能不听从？大王如果发兵攻打荥阳，那么成皋的道路就不通了；向北断绝通往太行山的道路，那么上党的军队便不能向下出兵。大王一发兵攻打荥阳，那么可将韩国分隔为三段，韩国必定会预见自己灭亡，哪有不听从的道理呢？如果韩国听从大王，那么称霸的事就可考虑了。”秦王说：“好！”于是听从了范雎的建议。

张仪说齐湣王曰：“天下强国，无过齐者。大臣、父兄殷众富乐。然为大王计者，皆为一时之说，不顾百代之利。纵人说大王者，必曰：‘齐西有强赵，南有韩、梁。齐，负海之国也，地广民众，兵强士勇，虽有百秦，将无奈齐何也！’大王贤其说，而不计其实。臣闻齐与鲁三战而鲁三胜，国以危，亡随其后。虽有战胜之名，而有破亡之实，是何也？齐大而鲁小也。今秦之与齐也，犹齐之与鲁也。今秦、楚嫁女娶妇，为昆弟之国，韩献宜阳，魏效河外，赵入朝歌、渑池，割河间以事秦。大王不事秦，秦驱韩、梁攻齐之南地，悉赵兵渡清河，指博关，临淄、即墨非王有也。国一旦见攻，虽欲事秦，不可得也。是故愿大王孰计之。”齐王许之燕攻齐，取七十余城，唯莒（jǔ）、即墨不下。齐田单[1]以即墨破燕，杀骑劫[2]。燕将惧诛而保聊城，不敢归。田单攻之岁余，聊城不下。鲁连[3]乃为书约之，以矢射城中，遗燕将军曰：“吾闻之：‘智者不倍时而弃利，勇士不怯死而灭名，忠臣不先身而后君。’今君行一韩之忿，不顾燕王之无臣，非忠也；杀身亡聊城，而威不信于齐，非勇也；功废名灭，后世无称，非智也。故智者不再计，勇者不再却。今死生、荣辱、尊卑、贵贱，此其时也。愿公详计，而无与俗同。且楚攻齐之南阳，魏攻平陆，而齐无南面之心，以为亡南阳之害小，不若得济北之利大。故定计而坚守之。今秦人下兵，魏不敢东面，横秦之势成，则楚国之形危。且前弃南阳，断右壤，存济北，计犹且为之也。今楚、魏交兵于齐，而燕救不至，以全齐之兵，无天下之规，与聊革据。期年之弊，即臣见公之不能得也。齐之必决于聊，公无再计。彼燕国大乱，上下迷惑。栗腹[4]以百万之众，五折于外。万乘之国被围于赵，壤削主困，为天下笑。国敝祸多，人无所归。今又以敝聊之人，距全齐之兵，期年不解，是墨翟之守也；食人炊骨，士无反外之心，是孙膑[⑤]、吴起[⑥]之功也，能见于天下矣！故为公计者，不如罢兵、休士，全军归报燕王，燕王必喜。士民见公如见父母，攘臂而议于世，公业可明也。意者，怼燕弃世，东游于齐乎？请裂地定封，富比乎陶、卫[⑦]，世世称孤，此亦一计也。二者，显名厚实，愿公察之，熟计而审处一焉。且吾闻之‘效小节者，不能行大威；恶小耻者，不能成荣名’。昔管仲射桓公，中其钩，篡也；遗公子纠[⑧]，不能死，怯也；束缚桎梏，辱也。此三行者，乡里不通，世主不臣。使管仲终穷有抑而不出，不免为辱人贱行，然而管子弃三行之过，据齐国之政，一匡天下，九合诸侯，名高天下，光照邻国。曹沫为鲁君将，三战而丧地千里。使曹子计不顾后，死而不生，则不免为败军擒将。曹子以一剑之任，劫桓公于坛位之上，颜色不变，辞气不悖，三战之所丧，一朝而反之，天下震动，名传后世。若此二公，非不能行小节，死小耻也。以为杀身绝世，功名不立，非智也。故去忿恚之心，而成终身之名。故业与三王争流，名与天壤相敝也。公其图之！”燕将得书曰：“敬闻命矣。”遂自刎。昔雍门周[⑨]以琴见齐孟尝君，孟尝君曰：“先生鼓琴，亦能令人悲乎？”对曰：“臣之所能令悲者，先贵而后贱，古富而今贫，摈压穷巷，不及四邻。不若身材高妙，怀质抱真，逢谗离谤，怨结而不得伸。不若交欢而结爱，无怨而生离，远赴他国，无相见期。不若幼无父母，壮无妻儿，出以野泽为都，入用窟穴为家，困于朝夕，无所假贷。若此人者，但闻雏鸟之号、秋风鸣条，则伤心矣。臣一为之援琴而长太息，未有不凄恻而涕泣者也。今足下居则广厦高堂，连闼（tà）洞房，罗帷来清风，倡优在前，谄谀在侧，扬《激楚》[⑩]，舞郑妾，流声以娱耳，彩色以淫目，水嬉则舫龙舟，建羽旗鼓，钓乎不测之渊也。野游则登乎平原，驰广囿，强弩下高鸟，勇士格猛兽，置酒设乐，沉醉忘归。方此之时，视天地曾不若一指，虽有善鼓琴，不能动足下也。”孟尝君曰：“固然。”雍门周曰：“臣窃为足下有所常悲。夫角帝而困秦者，君也；连五国而伐楚者，又君也。天下未尝无事，不纵即衡，纵成则楚王，衡成则秦帝。夫以秦、楚之强而报弱薛，犹磨萧斧而伐朝菌也。有识之士，莫不为足下寒心。天道不常盛，寒暑更进退，千秋万岁之后，宗庙必不血食，高台既已倾，曲池又已平，坟墓生荆棘，狐狸穴其中，游儿、牧竖蹢躅（zhí zhú）其足而歌其上，曰：‘夫以孟尝君之尊贵，亦犹若是乎。’”于是孟尝君喟然太息，涕泪垂睫而交下。雍门周引琴而弹之，孟尝遂歔欷（xū xī）而就之曰：“先生鼓琴，令文若亡国之人也。”

【注释】①田单：妫姓，田氏，名单，临淄人。战国时期齐国名将，齐国远房宗室。初任市掾，管理临淄市场秩序。乐毅率领五国军队，攻打齐国。危亡之际，田单坚守即墨，以火牛阵大破燕军，收复失地七十余城，拜为相国，封为安平君。后受到齐王猜忌，前往赵国出将入相，封号都平君，死后葬于安平城内。②骑劫：战国时期燕国将领。在大将乐毅逃亡之后，代替乐毅为将，将乐毅“以德服人”的政策完全颠覆，引起军队和百姓不满。前279年，田单在即墨城以火牛阵大败燕军，骑劫也在此战中阵亡。③鲁连：指鲁仲连，尊称“鲁仲连子”或“鲁连子”，战国末期齐国人。④栗腹：郕国平陆（今山东省汶上县）人。早年求学于稷下学宫。出游列国，交好剧辛、庞暖。拥立燕武成王，带兵攻打胡人，拓地千里，修筑长城，拜为相国。劝燕王喜攻打赵国，为名将廉颇所败，受俘被杀。⑤孙膑：本名孙伯灵，战国时期军事家，孙武的后代。曾与庞涓为同窗，因受庞涓迫害遭受膑刑，故称孙膑，后在齐国使者的帮助下投奔齐国，被齐威王任命为军师，辅佐齐国大将田忌两次击败庞涓，取得了桂陵之战和马陵之战的胜利，奠定了齐国的霸业。著有兵书《孙膑兵法》。⑥吴起：姜姓，吴氏，名起，卫国左氏（今山东曹县）人。战国初期军事家、政治家、改革家，兵家代表人物。一生历仕鲁、魏、楚三国，通晓兵家、法家、儒家三家思想，在内政军事上都有极高的成就。在楚国时，辅佐楚悼王主持变法，因变法得罪守旧贵族，惨遭杀害。著作有《吴子兵法》传于世，与兵圣孙武并称“孙吴”。⑦陶、卫：魏冉和商鞅的并称。魏冉，因食邑在穰，号曰穰侯，战国时秦国大臣。宣太后异父同母的长弟，秦昭襄王之舅。一生四任秦相，党羽众多，深受宣太后宠信，富比王室。商鞅，姬姓，公孙氏，名鞅，卫国顿丘人。战国时期政治家、改革家、思想家，法家代表人物，卫国国君后代。辅佐秦孝公，积极实行变法，使秦国成为富裕强大的国家。秦孝公逝世后，商鞅被公子虔指为谋反，战败死于彤地，尸身车裂，全族被杀。⑧公子纠：春秋时齐国人。齐僖公之子，齐桓公之兄。齐襄公时，政令无常，恐遭杀害，携管仲、召忽奔鲁。在鲁国支持下他返齐争位，结果出奔在莒国的公子小白（桓公）已先回齐即位。齐桓公即位后，威胁鲁国，在笙渎被处死。⑨雍门周：战国时齐国琴家，名周，他居住在齐国的首都西门，当时称“雍门”，故以为号，亦称雍门子或雍门子周。后世传说他是最早发明琴谱的人。⑩《激楚》：古代歌舞曲名，也形容音调的高亢凄清。

【译文】张仪游说齐湣王说：“天下的强国没有能超过齐国的，朝廷大臣、宗室贵族殷实势众，富裕安乐。然而为大王出谋划策的人，只看到一时的利益，而不顾百代的便利。主张合纵的人游说大王，必定会说：‘齐国西面有强大的赵国，南面有韩国、魏国。齐国，是一个靠海的国家，地广人多，兵强士勇，即使有一百个秦国，也对齐国无可奈何。’大王欣赏他们的游说之辞，而不去计较实际效果。我听说齐国与鲁国三次交战，鲁国虽然三次取胜，但是却形势危急，不久就亡国了。鲁国虽然有战胜的名声，而实际上却有亡国的事实，这是为什么呢？因为齐国大而鲁国小。如今的秦国和齐国，就犹如以前的齐国和鲁国。如今秦国嫁女，楚国娶妇，两国结为兄弟之国。韩国献出宜阳，魏国献出河外，赵国献出朝歌、渑池，割河间事奉秦国。大王如果不事奉秦国，秦国驱使韩国、魏国攻打齐国南面的土地，赵国出动士兵渡过清河，直指博关，那临淄、即墨就不是大王所有了。齐国一旦遭到进攻，即使想事奉秦国，也不能做到了。所以希望大王好好考虑。”齐王同意了张仪的建议燕国攻打齐国，夺取了七十多座城池，只有莒和即墨没有攻下。齐将田单以即墨的残兵打败燕国，杀了燕将骑劫。燕国将领害怕被杀，便退保聊城，不敢返回燕国。田单攻打聊城一年多，仍没有攻下。

鲁仲连于是给燕将写了书信，把信绑在箭上射进城中。信上对燕国将领说：“我听说，聪明的人不违背时势而放弃利益；勇敢的人不怕死去而毁掉荣誉；尽忠的臣子不先顾自己而后顾国君。如今您为了一时的激愤，不顾燕王失去您这位臣子，这不是忠诚；牺牲自己，却丢失聊城，声威并没有在齐国表现出来，这不是勇敢；战功被废灭，后世不称颂您，这不是聪明。所以聪明的人不会多计较，勇敢的人不怯懦怕死。如今生死、荣辱、尊卑、贵贱，都在于您了。希望您能好好考虑，不可与庸俗之人苟同。况且楚国攻打齐国的南阳，魏国攻打齐国的平陆，齐国已经没有向南防守之心，认为丢掉南阳的害处小，不如收回聊城的利益大，所以坚决要收回并坚守聊城。如今秦国派出援兵，魏国不敢在东面攻打齐国的平陆，齐国、秦国连横的形势形成，那么楚国的形势就危急了。再况且齐国放弃南阳，断绝平陆，坚决收回聊城，他们必要全力实现。如今楚国、魏国都在齐国退兵，而燕国的救兵未到，齐国倾全国之兵，没有天下诸侯的掣肘，和聊城同存亡。齐国、燕国已在聊城相持对峙了一年，我认为您率领的军队抵挡不了齐国。齐国必然要在聊城和您决战，您不要再做无谓的谋划。现在燕国大乱，君臣糊涂。燕将栗腹率领百万军队，已战败五次。燕国作为万乘大国，军队被围困在赵国，国土被削减，君主受困，被天下诸侯耻笑。国家疲惫，祸患增多，人心散乱，无所归附，您又以残破聊城的将士，抗拒齐国的全部大军，一年不得解围，这是和墨子一样善于防守。士兵以人为食，以骨为柴，却没有反叛之心，这是孙膑、吴起训练的士卒，这些已经被天下诸侯看到了。所以为您考虑，不如停战、休兵，保全士兵回燕国报告燕王，燕王必定感到欢喜。士兵看见您就像看见父母，捋起袖子、露出胳膊称赞您的决定，您的功业就可以显扬了。或者您怨恨燕国，远离燕国，到齐国来。我请求齐王给您封地，使您可以和魏冉、商鞅比富，世世代代做诸侯称孤，与齐国共存亡，这也是一种计划。这两者，可以显扬名声，得到实惠，希望您好好考虑，慎重地审查决断。而且我听说‘注意小节的人，不能做威望大的事；不能忍受小耻辱的人，不能建立美好的荣誉’。从前管仲箭射齐桓公，射中了他的带钩，这是篡逆；管仲不顾及公子纠的死，没有殉难，这是怯懦；之后他带上脚镣手铐，这是受辱。篡逆、怯懦、受辱这三件事，乡里的百姓不愿与他往来，诸侯也不愿意要他作臣子。如果管仲终身穷困抑郁，闭门不出，他不过是做一些丢人现眼、卑贱低下的事罢了。然而管仲放下了这三件错事，掌握齐国的政权，匡正天下，纠合诸侯，美名传于天下，光辉照耀邻国。曹沫是鲁国的将领，打了三仗，丢失了千里土地。如果曹沫不去考虑以后，只知死战不知求生，就不免战败被擒。而曹沫却只凭一口宝剑，在葵丘的会盟坛上挟持齐桓公，面不改色，义正辞严。三次战争丧失的土地，一下子全部收回，威震天下，名声传于后世。管仲、曹沫两人，并不是不能遵行小节、死于小耻辱。他们认为自杀辞世，功名还没有建立，不是聪明之举。所以能忘掉怨恨之心，成就终身之名。所以功业能与三王争高下，名声可与天地共存亡。希望您好好考虑！”燕将得到书信后，说：“谨遵先生的命令。”于是自刎而死。从前雍门周拿着琴去见齐国的孟尝君，孟尝君说：“先生鼓琴，也能令人感到悲伤吗？”雍门周回答说：“我之所以能令人感到悲伤，是因为弹奏的曲子让人觉得先富贵而后贫贱，过去富贵而如今贫贱。被排斥弃绝在冷僻简陋的小巷，比不上四周邻居。不如身材高大，胸怀质朴纯真，却逢到谗毁离间诽谤，有怨而不得伸。不如交欢而彼此相爱，没有怨恨而生生相离，远赴别国，没有相见的日期。不如年幼时没有父母，成年后没有妻子儿女，出门把野外水泽当作都城，回来时把窟穴当作家，早晚困顿，无可假贷。像这种人，即使听到雏鸟号叫、秋风吹动树条，也会感到伤心。我每次为他们弹琴就会长长叹息，听到的人没有不凄恻流泪的。如今您居住在广厦高堂里，房屋重门深邃，落下罗帷，清风徐来，倡优在前，谄谀的人在旁边，扬起《激楚》，郑妾跳舞，欢快的音乐娱乐耳朵，艳丽的色彩渐浸眼睛，在水上嬉戏有并行龙舟，树立羽毛做的旗鼓，在深渊边垂钓。野游则登上平原，在广大的园林里驾车奔驰，用强弩射高鸟，勇士与猛兽格斗，摆酒设乐，沉醉忘归。在这时，看天地只不过一个指头大小，即使有人善鼓琴，也不能感动您。”孟尝君说：“确实是这样。”雍门周说：“我私下常为您感到悲伤。角逐帝位而使秦国困窘的，是您；联结五国而讨伐楚国的，也是您。天下并不是太平无事，不是合纵就是连衡，合纵成功则楚国称王，连衡成功则秦国称帝。以秦国、楚国的强大来报复弱小的薛地，犹如磨好的萧斧砍伐旱上生长的菌子。有见识的士人，没有不为您感到寒心的。天道不会永远兴盛，寒暑更相进退。千秋万岁之后，宗庙必定不能享受血食接受祭拜，高台一定已经倾倒，曲池也已经成为平地，坟墓生长着荆棘，狐狸在其中筑巢，游玩的小儿、放牧的牧童徘徊不进在上面歌唱，说：‘以孟尝君的尊贵，也会成为这样。’”于是孟尝君大声叹息，涕泪交流。雍门周抚琴而弹，孟尝君于是悲泣而靠近他说：“先生鼓琴，让我好像成为了亡国之人啊。”

张仪说赵王曰：“敝邑秦王，使臣效愚计于大王。大王收天下以宾秦，秦兵不敢出函谷关，是大王之威，行于山东。敝邑恐惧慑伏，缮甲励兵，唯大王有意督过之也。今以大王之力，举巴、蜀，并汉中，包两周，迁九鼎，守白马之津。秦虽僻远，然而心忿含怒之日久矣。今有敝甲凋兵，军于渑池，愿渡河，据蕃吾，会战邯郸之下，以甲子合战，以征殷纣之事。故使臣先以闻于左右。凡大王之所信为纵者，恃苏秦。苏秦荧惑诸侯，以是为非，以非为是，欲反覆齐国，而自令车裂于市。夫天下之不可一混齐亦明矣。今楚与秦为昆弟之国，而韩、梁称为东藩之臣，齐献鱼盐之地，此断赵之右臂也。夫断右臂而与人斗，失其党而孤居，求欲无危，岂可得乎？今秦发三军，其一军塞午道，告齐使兴师渡河，军于邯郸之东；一军军于成皋，驱韩、梁军于河外；一军军渑池，约四国而攻赵。赵服，必四分其地。是故不敢匿意隐情，先以闻于左右。臣窃为大王计，莫如与秦王遇于渑池，面相见而口相约，请案兵无攻。愿大王之定计。”赵肃侯许之武安君破赵长平军，降其卒四十余万，皆坑之。进围邯郸，而军粮不属，乃遣卫先生言于秦昭王曰：“赵国右倍常山之险，而左带河、漳之阻，有代马车骑之利。民人气勇，好习兵战，常会诸侯而一约为之纵长，明秦不弱则六国必灭。秦所以未得志于天下者，赵为之患也。今赖大王之灵，赵军破于长平，其信臣锐卒莫不毕死。邯郸空虚，百郡震怖，士民咸怨其主。诚以此时遣转输、给足军粮，灭赵必矣！灭赵以威诸侯，天下可定，而王业成矣！”秦王欲许之，应侯妒其功，不欲使成，言于秦王曰：“秦虽破赵军，士卒死伤亦众，百姓疲于远输，国内空虚。楚、魏乘虚为变，将无以自守，宜且罢兵。”王从之。后三年，复欲将白起伐赵，起不肯。王乃使应侯责之曰：“楚地方五千里，持戟百万，君前率数万之众入楚，拔鄢、郢，焚其郊庙，楚人震恐，东徙而不敢西向。韩、魏相率兴兵甚众，君所将不能半，而破之伊阙，流血漂橹。韩、魏已服，至今称东藩。此君之功，天下莫不闻。今赵卒之死于长平者，已十七八，是以寡君愿使君将，必欲灭之。君常以寡击众，取胜如神，况以强击弱，以众击寡乎？”武安君曰：“是时楚王恃其国大，不恤其政，而群臣相妒以功，谄谀用事，良臣疏斥，百姓离心，城池不修，既无良将，又无守备。故臣得引兵深入，兵多倍城邑，发梁焚舟，以专人心；掠于郊野，以足军食。当此之时，秦之士卒，以军中为家，以将为父母，不约而亲，不谋而信。一心同力，死不旋踵。楚人自战其地，咸顾其家，各有散心，莫有斗意，是以能有功也。伊阙之战，韩顾魏，不欲先用其众；魏恃韩之锐，欲推以为锋。二军争便，其力不同。是以臣得设疑兵，以待韩阵，专军并锐，触魏之不意，魏军既败，韩军自溃。以是之故果能有功，皆计利形势自然之理，何神之有？今秦军破赵军于长平，不遂以时，乘其震惧而灭之，畏而释之，使得耕稼以益蓄积。养孤长幼以益其众，缮理兵甲以益其强，增浚城池以益其固。主折节以下其臣，臣推体以下死士。至平原之属，皆令妻妾补缝于行伍之间。臣民一心，上下同力，犹勾践困于会稽①之时也。以今伐之，赵必固守；挑其军战，必不肯出；围其国都，必不可克；攻其列城，必不可拔；掠于郊野，必无所得。兵久无功，诸侯生心，外救必至。臣见其害，未睹其利，又病不能行。”应侯惭而退。秦乃使王龁（hé）②将伐赵。楚、魏果救之也。

【注释】①会稽：古代郡名，位于长江下游江南一带。前222年秦朝设郡，郡治在吴县（今江苏苏州城区），辖春秋时长江以南的吴国、越国故地。②王龁：号信梁，战国末期秦国将领，经历三代秦王，为秦国宿将。初为白起副将，在长平之战中大败赵国。后代替王陵统军围攻赵都邯郸，数次失利。秦始皇三年去世。

【译文】张仪游说赵王说："我国秦王，派我给大王献上愚昧的计策。大王统帅天下的诸侯对抗秦国，秦国不敢向东出兵函谷关，是因为大王威震崤山以东。秦国因畏惧而屈服，修缮盔甲磨砺兵器，只担心大王会无故责备我们的过错。如今秦国仰仗大王的威名，攻下巴、蜀，兼并汉中，包纳两周，把大禹的九鼎迁到了秦国，据守白马津。秦国虽然地处僻远，但是心怀愤怒已经很久了。如今秦国有穿着破铠甲的残兵败将驻扎在渑池，希望渡过黄河，占据番吾，和赵军在甲子之日于邯郸城下会战，仿效武王讨伐纣王的旧事。所以派我先告诉您的左右侍从。大王相信合纵之策，是因为苏秦。苏秦迷惑扰乱诸侯，以是为非，以非为是，想要颠覆齐国，最终使自己被车裂在齐国的集市。天下诸侯不可能结成联盟，齐国已经知晓了。如今楚国和秦国结为兄弟之国，而韩国、魏国向秦国称臣，成为秦国东面的属国，齐国献出盛产鱼、盐的土地，这就像断了赵国的右臂。断了右臂而与人搏斗，失去朋党而孤居，要想没有危险，这怎么可能做到呢？如今秦国发动三路大军：一路大军把守午道，告诉齐国，使齐国派出军队渡过黄河，驻扎在邯郸东面；一路大军驻扎在成皋，驱使韩国、魏国的军队驻扎在河外；一路大军驻扎在渑池。约定四国共同攻打赵国。赵国屈服，四国必定四分赵地，所以我不敢隐瞒实情，先来告诉您的左右侍从。我私下为大王考虑，不如与秦王相会于渑池，当面相见亲口盟约。我请求秦王先按兵不动，希望大王决定计策。"赵肃侯同意了他的建议武安君白起在长平打败赵国的军队，俘虏了四十多万赵军，把他们全部坑杀。白起乘胜包围邯郸，可是军粮不够，于是派遣卫先生对秦昭王说："赵国右靠常山的险要，左侧有黄河、漳水的阻隔，有代地的良马组成车骑的便利。百姓豪迈勇猛，喜欢操习武艺。曾经召集天下诸侯，相约建立合纵联盟，成为合纵长，指明秦国不被削弱，那么山东六国必定灭亡。秦国之所以还没有一统天下，是因为赵国这个祸患。如今依赖大王的圣明，赵国军队在长平被打败，赵国的忠臣、精兵全都战死，邯郸城内空虚，赵国全国震惊，百姓全都怨恨他们的国君。如果能在这个时候保障运输，给足军粮，那么灭亡赵国是必然的了！灭亡赵国来威吓诸侯，那么天下就可以平定，王业就可以成功！”秦王想要答应白起的要求。应侯范雎妒忌白起的功劳，不想让攻打邯郸的事情成功，就对秦王说：“秦国虽然打败了赵军，但我们的士卒伤亡也很惨重，百姓对运送给养感到疲惫，国内空虚，一旦楚国、魏国乘虚变乱，我们将没有办法防守，应该暂且罢兵。”秦王听从了范雎的建议。三年后，秦王又准备派遣白起率兵攻打赵国，白起不肯受命。秦王于是派遣应侯范雎责备白起说：“楚地方圆五千里，持戟的士兵有百万人，您以前率领几万士兵入侵楚国，攻克楚都鄢、郢，火烧楚国的郊庙，楚国人震惊害怕，向东迁徙，不敢向西。韩国、魏国联合发重兵攻打我国，您所率领的士兵不及敌人的一半，却在伊阙打败韩、魏联军，血流成河，韩国、魏国臣服，至今在秦国东面称藩国。这都是您的功劳，天下没有不知道的。如今赵国死于长平的士兵，已达十之七八，所以君王想派遣您为将军，消灭赵国。您常常能以少胜多，用兵如神，何况是以强击弱，以多击少呢？”白起说：“当时楚王自恃国家强大，不理朝政，而群臣把嫉妒贤能当作功劳，谄谀的小人当权执政，忠臣良将被疏远排斥，百姓离心离德，城池多年不加修缮，军中既没有良将，也没有防备。所以我才能引兵深入，士兵们远离家乡，分发口粮，焚烧回去的船只，来坚定军心；到郊野劫掠，来充实军粮。在这种时候，秦国的士兵把军队当作家，把带兵的将领当作父母，彼此不约定也能互相亲近，不商量也能互相信任，团结一心视死如归。而楚军士兵在自己的国家打仗，都各顾其家，军心涣散，毫无斗志，所以能够取得成功。伊阙之战，韩国顾虑魏国，不想先让本国士兵参战；魏国倚仗韩国军队精锐，想推让韩国成为先锋。两国军队争夺便利，不能齐心协力。所以我才能设置疑兵，假装等待与韩国军队对阵，而暗地里调派精锐士兵，出其不意袭击魏军。魏军已经战败，韩军也自行溃散。就因为这个缘故，才取得了些战功，都是利用了有利的形势啊！有什么神奇的？如今秦军在长平打败赵军，不抓住时机，乘着赵国震惊害怕而消灭它，反而因畏惧而放过赵国，使赵国有时间耕种庄稼来增加粮食蓄备；扶养孤儿来增加人口；修缮甲胄、兵器来使赵国更加强大；修筑城郭、挖深护城河来增强防卫。君主能礼遇下臣，臣下能对死士推心置腹。像平原君之类的贵族，都令他们的妻、妾在军队中缝缝补补，君臣一心，上下同力，犹如勾践被困在会稽时一样。如今去攻打赵国，赵国必定固守；挑逗赵军出战，必定不肯出来；想围困赵国的都城，必定不能攻克；攻打其余城池，必定不能占领；在郊野劫掠，必定一无所得。派兵作战，久战无功，诸侯们就会产生野心，救兵必定会到来。我看见了攻打赵国的危害，却没有看见其中的好处，又因为生病，所以不能接受命令。”应侯范雎感到惭愧，起身告退。秦王于是派遣王龁为将攻打赵国，楚国、魏国果然派兵援助。

张仪说燕昭王曰：“大王之所亲信，莫如赵。昔赵襄子尝以其姊为代王妻，欲并代，约与代王遇于句注之塞[①]，乃令工人作为金斗，长其尾，令可以击人。与代王饮，阴告厨人曰：‘即酒酣乐，进热啜，反斗以击之。’于是酒酣乐，取热啜，厨人进斟，因反斗击代王，杀之，肝胁涂地。其姊闻之，因磨笄（jī）以自杀。故至今有磨笄之山，天下莫不闻至汉高祖时，陈豨（xī）以赵相国监赵、代边兵，举兵反，上自行至邯郸，喜曰：‘豨不南据漳水，北守邯郸，吾知其无能为也。’及豨败，上曰：‘代居常山北，赵乃从山南有之，远。’乃立二子为代王也。夫赵王之狼戾无亲，大王之所明见。且以赵为可亲乎？赵兴兵攻燕，再围燕都，而劫大王，大王割十城以谢。今赵王已入朝渑池，效河间以事秦。今大王不事秦，秦下甲云中、九原，驱赵而攻燕，则易水、长城非王有也。今王事秦，秦王必喜，赵不敢妄动，是西有强秦之援，南无齐、赵之患。是故，愿大王熟计之。”燕王听张仪，仪归报秦燕王使太子丹[②]入质于秦。秦欲使张唐[③]相燕，与共伐赵，以广河间地。张唐谓吕不韦[④]曰：“臣尝为昭王伐赵，赵怨臣。今之燕，必经赵，臣不可行。”不韦不快，未有以强之。其舍人甘罗⑤年十二，谓不韦曰：“臣请为君行之。”遂见张唐曰：“君之功孰与武安君？”唐曰：“武安君南挫强楚，北灭燕、赵，战胜攻取，破城隳邑，不可胜数。臣之功不如也。”甘罗曰：“应侯之用于秦，孰与文信侯专？”唐曰：“应侯不如文信侯专。”甘罗曰：“昔应侯欲伐赵，武安君难之，去咸阳十里，赐死于杜邮。今文信侯自请君相燕，而不肯行，臣不知君所死处也。”张唐惧曰：“请因孺子行。”行有日矣，甘罗又谓文信侯曰：“借臣车五乘，请为张唐先报赵。”文信侯遣之，甘罗如赵，说王曰：“王闻燕太子丹入秦乎？”曰：“闻之。”“闻张唐之相燕乎？”曰：“闻之。”甘罗曰：“燕太子丹入秦者，燕不欺秦也。张唐相燕者，秦不欺燕也。燕、秦不相欺，无异故，欲攻赵而广河间地。王不如赍臣五城，以广河间，臣请归燕太子，与强赵攻弱燕。”赵王曰：“善。”立割五城与秦。燕太子闻而归。赵乃攻燕，得二十城，令秦有其十也。

【注释】①句注之塞：指句注塞，即山西代县雁门关，是抵御北方游牧民族的重要关塞。②太子丹：姬姓，名丹，燕王喜之子，战国末期燕国太子。秦灭韩前夕，被送至秦国当人质，受辱后回到燕国。策划荆轲刺秦王，事情败露后，被燕王喜斩杀，将其头颅献秦军以求和。③张唐：战国时期秦国将领。秦昭王时多次带兵攻魏、赵，夺取大片土地，斩杀甚众，赵人恨之入骨，曾下令能得张唐者赏百里之地。秦王政时，丞相吕不韦曾命其出使燕国，联合燕国共同伐赵。本不想前往，经甘罗劝说遂行，秦、燕联合，迫使赵国献地求和。④吕不韦：姜姓，吕氏，名不韦，卫国濮阳人。战国末年商人、政治家、思想家。早年经商于阳翟，扶植秦国质子异人回国即位，成为秦庄襄王，拜为相国，封文信侯，食邑河南洛阳十万户。对秦王嬴政兼并六国的事业作出重大贡献。庄襄王去世后，迎立太子嬴政即位，拜为相邦，尊称“仲父”，权倾天下。受到嫪毐集团叛乱牵连，罢相归国，全家流放蜀郡，途中饮鸩自尽。主持编纂《吕氏春秋》，为杂家代表作。

⑤甘罗：战国末期下蔡（今颍上县甘罗乡）人。战国秦国名臣甘茂之孙，著名的少年政治家。自幼聪明过人，小小年纪便拜入秦国丞相吕不韦门下，任其少庶子。十二岁时出使赵国，使计让秦国得到十几座城池，被秦王政赐任上卿。

【译文】张仪游说燕昭王说："大王所亲近的诸侯，莫过于赵国。从前赵襄子把他的姐姐嫁给代王做妻子，想要吞并代国，他和代王约定在句注塞相逢会晤，却事先命令工匠做了一把金斗，而且把金斗的柄做长，让金斗的柄可以攻击人。赵襄子和代王宴饮，暗中告诉厨师说：'等到酒兴正浓的时候，端上热汤，翻转金斗击打代王。'当时喝到酒兴正浓，厨师端上热汤，上前倒热汤时，乘势翻转金斗打死代王，代王立刻惨死。赵襄子的姐姐听说后，把簪子磨尖自杀而死。所以至今还有个磨笄山，天下没有人不知道到了汉高祖时，陈豨以赵国丞相的身份监管赵、代边境的士兵。后来陈豨举兵反叛，高祖亲自领军来到邯郸，高兴地说：'陈豨不在南面据守漳水，在北面守卫邯郸，我知道他成就不了大事了。'等到陈豨战败，高祖说：'代地在常山以北，赵地在常山以南，距长安太远。'于是封二儿子刘恒为代王，镇守那里。赵武灵王心狠手辣，六亲不认，大王已经清楚地知道了。难道大王以为赵国可以亲近吗？赵国发兵攻打燕国，两次围困燕都，胁迫大王，让大王割十座城池给赵王赔罪。如今赵王已经到渑池朝拜秦王，献上河间来事奉秦国。现在大王不事奉秦国，秦国就会出兵攻打云中、九原，驱使赵国攻打燕国，那么易水、长城就不是大王所拥有的了。如今大王事奉秦国，秦王必定感到高兴，而赵国又不敢妄动，这样燕国西面有了强秦的援助，南面没有了齐国、赵国的祸患。所以希望大王好好考虑。"燕王听从了张仪的建议。张仪回去向秦王报告燕王喜送太子丹到秦国做人质。秦王想派张唐去燕国做相国，与燕国共同讨伐赵国，从而扩大河间的土地，张唐对吕不韦说："我曾经为昭襄王领兵攻打赵国，赵国非常怨恨我。现在到燕国必定经过赵国，我不能前行。"吕不韦听后不高兴，但也没有强迫他去。吕不韦的舍人甘罗年仅十二岁，对吕不韦说："我请求为您劝说张唐。"甘罗于是见张唐说："你的功劳和武安君白起相比怎么样？"张唐说："武安君在南面挫败了强大的楚国，在北面战胜了燕国、赵国，屡战屡胜，攻破的城邑不可胜数，我的功劳不如他。"甘罗又问："应侯范雎在秦国掌权时，相比文信侯谁的权力更大？"张唐说："应侯不如文信侯的权力大。"甘罗说："从前应侯想要攻打赵国，武安君刁难应侯，结果武安君离开咸阳十里，就被赐死在了杜邮。如今文信侯亲自请你到燕国做相国，而您不肯前行，我不知道您将死在哪里。"张唐害怕地说："那我就听你的前往燕国吧。"张唐走了一段时日，甘罗又对文信侯吕不韦说："请借给我五辆车，让我先为张唐通报赵王。"文信侯就派遣甘罗前往赵国。甘罗到了赵国，游说赵王说："大王听说燕国太子丹到秦国做人质的事了吗？"赵王说："听说了。"甘罗又问："大王听说张唐去燕国做相国的事了吗？"赵王说："听说了。"甘罗说："燕太子丹到秦国做人质，表明燕国不欺骗秦国；张唐到燕国做相国，表明秦国不欺骗燕国。秦国、燕国不互相欺骗，没有别的原因，只是想攻打赵国，增加河间的土地。大王您不如赏赐给我五座城池，来扩大秦国在河间的土地，我请求秦王放燕太子回燕，然后和强大的赵国一起讨伐弱小的燕国。"赵王说："好。"于是立刻割让五座城池给秦国。燕国太子丹听说赵国割地赂秦后就逃回燕国。赵国于是攻打燕国，得到二十座城池，分给秦国其中的十座。

于是楚人李斯、梁人尉缭说于秦王曰："秦自孝公已来，周室卑微，诸侯相兼，关东为六国。秦之乘胜侵诸侯，盖六代[①]矣。今诸侯服秦，譬若郡县。其君臣俱恐，若或合纵而出不意，此乃智伯、夫差、湣王所以亡也。愿王无爱财，赂其豪臣，以乱其谋。秦不过亡三十万金，则诸侯可尽。"秦王从其计，阴遣谋士赍金玉以游诸侯。诸侯名士，可与财者，厚遗给之；不肯者，利剑刺之。离其君臣之计，乃使良将随其后，遂并诸侯天下之士合纵相聚于赵，而欲攻秦。应侯曰："王勿忧也，请令废之。秦于天下之士，非有怨也，相聚而攻秦者，以欲富贵耳。王见王之狗乎？数千百狗为群，卧者卧，起，行者行，止者止。无相与斗者。投之一骨，则轻起相呀，何者？有争意也。今令载五千金随唐雎，并载奇乐居武安，高会相饮，散不能三千金，天下之士相与斗也。”

【注释】①六代：指秦惠文王、秦武王、秦昭襄王、秦孝文王、秦庄襄王、秦始皇六位帝王。

【译文】于是楚国人李斯、魏国人尉缭劝秦王说：“秦国自从孝公以来，周王室衰微，诸侯相互兼并，函谷关以东兼并为六国，秦国乘胜攻打诸侯，已经过了六代。如今诸侯臣服秦国，好像郡县听从中央。诸侯国的君主、臣子都感到恐惧，如果有人提出合纵，就出乎我们的意料。这是智伯、夫差、湣王失败的原因。希望大王不要吝惜钱财，拿出金银珠宝贿赂诸侯国的权豪重臣，扰乱他们的谋划，这样秦国花费的也不过是三十万金，却使诸侯国都走向了灭亡。”秦王听从了他们的计策，暗地里派遣谋士携带金银玉器游说各国。各诸侯国的知名人士，可以赠送财物的，就重金交结；不肯接受财物的，就派人用利剑刺杀。先使用计策离间六国君臣，然后派良将率领大军征讨，于是兼并诸侯，统一六国天下谋士组织合纵联盟，相聚在赵国，想要一同攻打秦国。秦相应侯范雎对秦昭王说：“大王不必担忧，请让我用计废除合纵联盟。秦国对于天下谋士来说，并没有和他们结怨，他们聚在一起攻打秦国，只是想要谋求富贵。大王见过您养的狗吗？几百几千条狗结成一群，卧着的卧着，起来，走动的走动，静止的静止。它们相安无事，不相互争斗。如果投给它们一块骨头，它们就会互相撕咬。这是为什么呢？就是为了争抢一块骨头啊。现在让唐雎带上五千金，并带着乐队，居住在武安，举行筵席，让宾客欢饮，三千金还没有散尽，天下的谋士们就会互相争斗了。”

秦既吞天下，患周之败，以为弱见夺。于是笑三代，荡灭古法孔融曰："古者，王畿①之制千里，寰（huán）②内不以封诸侯。"祭公③曰："夫先王之制，邦内④甸（diàn）服⑤，邦外⑥侯服，侯、卫宾服，夷蛮⑦要服，戎狄⑧荒服。甸服者祭⑨，侯服者祀⑩，宾服者享⑪，要服者贡⑫，荒服者王⑬。日祭、月祀、时享、岁贡、终王，先王之训也。有不祭则修意，有不祀则修言，有不享则修文，有不贡则修告，有不王则修德。序成而又不至则修刑。于是有刑不祭，伐不祀，征不享，让不贡，告不王。于是有刑罚之辟，有攻伐之兵，有征讨之备，有威让之命，有文告之辞，而又不至，则增修其德，无勤人于远，此古制也。"削去五等⑭，改为郡县，自号为皇帝，而子弟为匹夫，内无骨肉本根之辅，外无尺土蕃翼之卫。吴、陈奋其白挺白梃，木杖，刘、项随而毙之。故曰：周过其历⑮，秦不及其数，国势然也荀悦曰："古之建，国或小或大者，监前之弊，变而通之也。夏、殷之时，盖不过百里，故诸侯微而天子强。桀、纣得肆其虐害，纣脯鄂侯而醢（hǎi）鬼侯，以文王之盛德，不免于牖（yǒu）里。周承其弊，故建大国，方五百里，所以崇宠诸侯而自损也。至其末流，诸侯强大，更相侵伐，而周室卑微，祸难用作。秦承其弊，不能正其制以求其中，而遂废诸侯，改为郡县，以壹威权，以专天下，其意主以自为，非以为人也。故秦得擅海内之势，无所拘忌，肆行奢淫，暴虐于天下，然十四年而灭矣。故人主失道，则天下遍被其害；百姓一乱，则鱼烂土崩，莫之匡救。汉兴，承周、秦之弊，故杂而用之，然六王、七国之难者，诚失之于强大，非诸侯治国之咎。"

【注释】①王畿：古指直属天子王城周围千里的地域。②寰：同"王畿"，指帝王京城周围千里以内的地方。③祭公：周王室卿士、周公后人祭公谋父的省称。曾以"先王耀德不观兵"谏止周穆王伐犬戎。④邦内：国都四面近邻五百里以内的地区。⑤甸服：古制称离王城五百里的区域。泛指京城附近的地方。古代王畿外围，以五百里为一区划，由近及远分为甸服、侯服、绥服（一曰宾服）、要服、荒服，合称五服。服，服事天子之意。⑥邦外：国都四面近邻五百里以外的地区。⑦夷蛮：古代对东方和南方各族的泛称。⑧戎狄：古代对西方和北方各族的统称。⑨祭：古时祭祀天子祖父、父亲的祭礼。⑩祀：古时祭祀天子曾祖、高祖的祭礼。⑪享：古时祭祀天子始祖的祭礼。⑫贡：古时祭祀天子远祖和天地之神时贡献礼品的祭礼。⑬王：指少数民族首领承认并朝见周天子的仪式。⑭五等：指公、侯、伯、子、男五等爵位。⑮历：古代阴阳家臆测一个朝代的享国年数。

【译文】秦国一统天下后，总结周朝败落的原因，认为是因为周朝的统治力量薄弱才导致亡国。于是废除上古三代的分封旧制，改变古法孔融说："在古代，直属天子王城周围的地域范围千里，王畿内不封诸侯。"祭公谋父说："先王的制度，邦内五百里是甸服，邦外五百里是侯服，侯服外五百里是宾服，宾服外五百里的夷蛮地区是要服，要服外五百里的戎狄地区是荒服。甸服地区的人参加天子的祭礼，侯服地区的人参加天子的祀礼，宾服地区的人参加天子的享礼，要服地区的人参加天子的贡礼，荒服地区的人参加天子的王礼。每日举行祭礼、每月举行祀礼、每季举行享礼、每年举行贡礼、终生举行一次王礼，这是先王的训诫。有不参加祭礼的天子就修正思想，有不参加祀礼的天子就修正言辞，有不参加享礼的天子就修正文德教化，有不参加贡礼的天子就修正言路，有不参加王礼的天子就修正德行。五种次序都修成而还不到的天子就修正刑罚。于是对不参加祭礼的处予刑罚，对不参加祀礼的进行讨伐，对不参加享礼的进行征讨，对不参加贡礼的予以指责，对不参加王礼的实施警告。于是就有刑罚的律令条文，有攻伐的士兵，有征伐的准备，有严厉指责的诏命，有警告的文告辞言，而又不来参加，就增加德行修养，不惊动偏远地区的人，这就是古制。"**废除五等爵位，改为郡县。秦王嬴政自号为"皇帝"，把子弟视作普通百姓。朝廷内没有骨肉同胞的辅佐，朝廷外没有诸侯藩屏的护卫。吴**

广、陈胜举兵起义，刘邦、项羽随后灭亡秦朝。所以说周朝超过了阴阳家臆测的享国年数，而秦朝却远未达到，都是国家大势造成的荀悦说："古时候建立的国家，有大有小，都是参考了前朝的弊端后加以变通的结果。夏朝、商朝时，诸侯国的面积不过方圆百里，所以诸侯势微而君主势强。夏桀和商纣肆意妄为，虐害天下，商纣王把鄂侯做成肉干，把鬼侯剁成肉酱，就连以文德闻名的周文王也不能幸免，被关在牖里。周朝克服商朝的弊端，所以建立了大国，土地方圆五百里，把土地分封给诸侯，而自己的王畿却很小。到了周朝末年，诸侯国的势力强大，互相攻打，而周王室衰微，祸难常生。秦朝总结周朝的弊端，但没有修正周朝的弊政，于是废除分封制度，改为郡县制，用来统一权威，在天下实行专政，加强君主权力，不为百姓考虑。所以秦王专权擅势，无所顾忌，奢侈淫逸，暴虐天下，然而仅仅十四年就被灭亡了。所以说君主失去仁道，那么天下都要被他残害；百姓一乱，国家将土崩瓦解，不能匡救。汉朝兴起，克服周朝、秦朝的弊端，所以分封制、郡县制间杂着使用，然而也发生了六王叛乱、七国之难。确实是国家不够强大，不是诸侯治国的过错。"

汉兴之初，海内新定，同姓寡少，惩亡秦孤立之败，于是割裂疆土，立爵二等大者王，小者侯。功臣侯者，百有余邑。尊王子弟，大启九国。国大者，跨州兼郡，连城数十，可谓矫枉过正矣。然高祖创业，日不暇给，孝惠[①]向国之日浅，高后[②]女主摄位，而海内晏然，无狂狡之忧。卒折诸吕之难，成太宗[③]之基者，亦赖之于诸侯也。夫原本以末大，流滥以致溢。小者淫荒越法，大者睽孤（kuí）横逆，以害身丧国。故文帝采贾生之议，分齐、赵贾谊曰："欲天下之理安，莫若众建诸侯而少其力，力少则易使义，国小则无邪心。令天下之制，若身之使臂，臂之使指，陛下割地定制。今齐、赵、楚各为若干国，使其子孙各受祖之分地，地尽而止。天子无所利焉。”又上疏曰：“陛下即不定制，如今之势，不过一传再传，诸侯犹且人恣而不制，豪植而大强，汉法不得行矣。陛下所以为藩扞及皇太子之所恃者，唯淮阳、代二国耳。代北边匈奴，与强敌为邻，能自完则足矣；而淮阳之比大诸侯，厪（jǐn）如黑子之着面，适足以饵大国，不足以有所禁御。方今之制在陛下，而令子适足以为饵，岂可谓万代利哉？臣之愚计，愿举淮南地以益淮阳；而为梁王立后，割淮阳北边二、三列城与东郡，以益梁。不可者，可徙代王而都睢阳。梁起于新郪以北，著之河；淮阳包陈以南，捷之江。则大诸侯之有异心者，破胆而不敢谋。梁足以扞齐、赵；淮阳足以禁吴、楚。陛下高枕，终无山东之忧，此万世之利也。臣闻圣王言问其臣，而不自造事，故使人臣得毕其愚忠。唯陛下裁幸。”文帝于是从谊计，乃徙淮阳王武④为梁王，界北泰山，西至高阳，得大县四十余城；徙城阳王喜⑤为淮南王，抚其人。后七国反，不得过梁地，贾生之计也。景帝用晁错之计，削吴、楚晁错说上曰：“昔高帝初定天下，昆弟少、诸子弱，大封同姓，故孽子悼惠王⑥王齐七十二城，庶弟元王⑦王楚四十城，兄子王吴五十余城，封三庶孽，分天下半。今吴王前有太子之隙，虽称病不朝，于古法当诛。文帝不忍，因赐几杖，德至厚也。不改过自新，乃益骄恣。公即山铸钱，煮海为盐，诱天下亡人，谋作乱逆。今削之亦反，不削亦反；削之反亟祸小，不削反迟祸大。”于是汉臣庭议削吴，吴乃反矣。武帝施主父⑧之策，推恩之令主父偃说上曰：“古者诸侯不过百里，强弱之形易制。今诸侯或连城数十，地方千里，缓则骄奢，易为淫乱；急则阻其强而合纵，以逆京师。今以法割削，则逆节萌起，前日晁错是也。今诸侯子弟或十数，而嫡嗣代立，余虽骨肉，无尺地封，则仁孝之道不宣，愿陛下令诸侯得推恩，分子弟，以地侯之，彼人人喜得所愿。上以德施，实分其国，必消自弱矣。”上从其计也。景遭七国之难，抑诸侯，减黜其官。武有淮南、衡山之谋，作左官之律仕于诸侯王为左官，设附益之法封诸侯过限曰附益，诸侯唯得衣食租税，不与政事。至于哀、平之际，皆继体苗裔，亲属疏远，生于帷墙之中，不为士民所尊割削宗子，有名无实，天下旷然，复袭亡秦之轨矣。故王莽知汉中外殚微，本末俱弱，无所忌惮，生其奸心。因母后之权，假伊、周之称，专作威福，庙堂之上，不降阶序而运天下。诈谋既成，遂据南面之尊，分遣五威之吏，驰传天下，班行符命。汉诸侯王蹶角稽（qǐ）首，奉上玺绂，唯恐居后。岂不哀哉！及莽败，天下云扰隗（wěi）嚣⑨拥众天水，班彪⑩避难从之，嚣问彪曰："往者周失其驭，战国并争，天下分裂，数世乃定。意者，纵横之事复起于今乎？将承运迭兴在于一人也？愿先生试论之。"对曰："周之废兴，与汉异矣。昔周爵五等，诸侯从政，根本既微，枝叶强大。故其末流有纵横之事，势数然也。汉承秦制，改立郡县，主有专己之威，臣无百年之柄。至于成帝，假借外家，哀、平祚短，国嗣三绝。故王氏擅朝，因窃号位，危自上起，伤不及下，是以即真之后，天下莫不引领而叹。十余年间，中外骚动，远近俱发，假号云合，咸称刘氏，不谋同辞。方今雄杰带州跨城者，皆无七国世业之资，而百姓讴吟思仰汉德，可以知之。"

【注释】①孝惠：即汉惠帝刘盈，汉高祖刘邦与吕后之子，西汉第二位皇帝。即位后实施仁政，减轻赋税，废除秦时禁锢，使黄老哲学代替法家学说，使政治清明，国泰民安。但在位期间大权掌握在强势的母亲吕后手中。②高后：指吕雉，字娥姁，汉高祖刘邦的皇后。高祖死后，她开启了汉代外戚专权的先河，前后执政十六年，为后来的文景之治打下了很好的基础。③太宗：指汉文帝刘恒，汉高祖刘邦第四子，母薄姬，汉惠帝刘盈之弟，西汉第五位皇帝。④淮阳王武：指刘武，西汉梁国诸侯王，汉文帝刘恒嫡次子，汉景帝刘启同母弟。初受封代王，后改封淮阳王，又继嗣梁王。七国之乱时率兵抵御吴楚联军死守梁都睢阳，拱卫了国都长安，功劳极大，后欲继汉景帝之位，病死未果。⑤城阳王喜：指刘喜，汉朝宗室，西汉第二代城阳王。齐悼惠王刘肥之孙，城阳景王刘章之子。⑥悼惠王：指刘肥，西汉诸侯王，汉高祖刘邦的庶长子，汉惠帝刘盈异母兄。前201年受封齐王，定都临淄，统辖七十二城，成为西汉最大的诸侯国。⑦元王：指刘交，西汉诸侯王，刘太公第四子，汉高祖刘邦异母弟。⑧主父：指主父偃，汉武帝时大臣。出身贫寒，早年学长短纵横之术，后学《易》《春秋》和百家之言。后直接上书汉武帝，被拜为郎中，一年升迁四次，被汉武帝破格任用。曾建议推恩令，使诸侯王权力大减。后因贪腐被族诛。⑨隗嚣：字季孟，天水成纪（今甘肃秦安县）人。新朝末年地方割据军阀。⑩班彪：字叔皮，扶风安陵（今陕西咸阳东北）人，出身于汉代显贵和儒学之家。西汉末年，为避战乱至天水依附隗嚣，后至河西为大将军窦融从事。学博才高，专力从事于史学著述。写成《史记后传》60余篇。其子班固依《史记后传》修成《汉书》，其女班昭等又补充固所未及完成者。

【译文】汉朝刚建立，天下刚刚平定，与高祖同姓之人很少。为了不再重蹈秦朝由于孤立而败亡的覆辙，于是高祖封疆裂土，分封二等爵位功大的人封王，功小的人封侯。封侯的功臣，分到了上百个城邑。王室子弟，被封赏了九个诸侯国。大的诸侯国，跨州连郡，拥有几十座城池，这样做可以称得上矫枉过正了。然而高祖创业之初，民生凋敝，还没有时间多想。孝惠帝在位时间又很短，吕后摄政，国家安宁，没有叛乱的人。最后铲除诸吕外戚的叛乱，成就太宗刘恒的帝业，也全依赖刘姓诸侯的力量。树木的根壮实末梢才能茂盛，河流泛滥才导致水流溢出，刘姓诸侯的权力膨胀，小则淫乱荒唐，违法乱纪；大则乖戾谋反，危害自身，丧乱国家。所以汉文帝采纳了贾谊的建议，分割齐、赵等大的诸侯国的土地贾谊说：“想要安定天下，不如分封诸侯国而削弱诸侯的力量，诸侯国力量弱小就容易用大义驱使，土地狭小就没有叛逆的邪心。让国家的政治制度，就像身体指挥手臂，手臂指挥手指，陛下应该下旨，命令各诸侯国划土分疆，把齐、赵、楚各自划分成若干个小国，让他们的子孙都能享受到祖先的封地，直到将封地分完。陛下您在这件事上看起来没有获得利益，但从长远看，您会得到极大的好处。”贾谊又上奏疏说：“陛下如果不制定政策，当今的形势，不过是诸侯代代相传，他们放纵，不接受管制，豪强四立强大，汉朝的法令就不能在诸侯国施行。陛下您所倚仗的和皇太子所依靠的，只有淮阳和代两个诸侯国罢了。代国北靠匈奴，与强敌为邻，能够自我保全就很不错了。而淮阳北面大的诸侯国，又如脸上的黑子般新罗棋布，淮阳足可以引诱诸侯，但不能抵抗诸侯的攻击。如今的制度全在于陛下，让您的儿子成为诱饵，这怎么能说是千秋万代的利益呢？我有一个愚蠢的计策：希望您把淮南王的土地交给淮阳王；并为梁王指定继承人，割淮阳北部的两、三座城给东郡，以增加梁国的土地。如果这些办不到，可以让代王建都睢阳。梁国起于新郪，直抵黄河，南到陈地的南部，面临长江。这样大诸侯国即使心怀异心，吓破胆也不敢谋反。梁国足以牵制齐国、赵国，还可以控制吴国、楚国。陛下可以高枕安睡，没有山东诸侯国的担忧。这才是利在万世的计策。我听说圣明的君主有事先询问群臣，而自己先不表态，所以使臣子们畅所欲言，表现忠诚。希望陛下裁决。”汉文帝于是听从了贾谊的计策，调淮阳王刘武为梁王，使他的封地北到泰山，西到高阳，得到四十多座大的城池。调城阳王刘喜为淮南王，好言安抚。后来汉景帝时七国反叛，叛军不能通过梁国，这全是贾谊的计策。**汉景帝任用晁错的计策，削减吴国、楚国的势力**晁错对汉景帝说：“从前高祖刚刚平定天下，兄弟很少，儿子们也都幼小，于是分封同姓诸侯王，所以高祖的庶长子悼惠王刘肥管理齐地的七十二座城池，高祖庶出的弟弟元王刘交管理楚地的四十座城池，高祖兄长的儿子刘濞管理吴地的五十多座城池，分封这三个庶出的诸侯，就分了天下一半的土地。如今吴王先前和太子有间隙，就称病不来朝见，按照古法应当被诛杀。文帝不忍心，反而赐予他坐几和手杖，恩德也够优厚的了。而刘濞不改过自新，反而更加骄傲放纵，公然开山铸钱，煮海为盐，召集天下的亡命之徒图谋作乱。如今削藩他会反，不削藩他也会反。因削藩谋反的，祸患就小；不削藩诸侯国迟些时日谋反，但祸患就大了。”于是群臣在朝堂商议对吴国削藩。吴国于是起兵谋反。**汉武帝采用主父偃的计策，推行推恩令**主父偃对汉武帝说：“古代诸侯的土地不过方圆百里，不论国力是否强弱，都很容易控制。如今的诸侯国，连接几十座城池，土地方圆千里，朝廷管得松，他们就骄纵侈糜，容易淫乱；朝廷管得严，他们就合纵，对抗朝廷。如今依法削藩，他们就会萌生反念，以前的晁错就是这样。如今诸侯的子弟有的达到十几个，可只有嫡长子继承爵位，其余的儿子虽然也是骨肉至亲，却没有尺寸大小的封地，这与仁孝之道不相宜。希望陛下下令，让诸侯们实施推恩令，把自己的土地分给子弟，封诸侯的子弟们为侯，让子弟们都得偿所愿。陛下以行德政的名义，实际上却分封了诸侯的土地，诸侯必定自我削弱。”汉武帝听从了他的计策。**汉景帝时发生了七国之难，于是压制诸侯，减免罢黜诸侯的属官。汉武帝时发生了淮南王、衡山王叛乱，于是制定左官律**辅佐诸侯王的官员叫左官。**设置附益法**分封诸侯超过限度叫附益，**诸侯只能在封地享受衣食，收租纳税，不能参与政事。到了汉哀帝、汉平帝时，刘氏承继的侯王过了好几代，亲戚疏远，诸王生活在深宫内院之中，不再受到士人和百姓的尊重**削夺宗室子弟，使他们有名无实，天下放任不管，这就因循了秦国灭亡的轨迹。**所以，外戚王莽知晓汉王室内外衰微，本末孱弱，就无所忌惮，滋生奸心，借着太后的权力，假托伊尹、周公的名义，在朝堂之上作威作福，不顾官阶的次序把持政权。欺诈的计谋成功后，就占据南面称帝，分别派遣五等吏，通传全国，颁布诏令。汉朝的诸侯王叩头稽首，奉献符印，唯恐居于人后，难道不让人感到悲哀吗？等到王莽败落，天下动荡不安**隗嚣拥兵天水，班彪跟着他逃难。隗嚣问班彪说：“从前周朝不能驾驭天下，战国纷争，天下分裂，几百年才安定。我推想战国时合纵连横的旧事，又要在今天兴起吗？国家的兴起衰败，将系于一人吗？希望先生试着谈谈。”班彪回答说：“周朝的兴废与汉朝不一样。从前周朝的爵位分位五等，诸侯参加政事，本根已经衰微而枝叶茂盛，所以周朝末年才有合纵连横的旧事，这是历史的必然。汉朝承袭秦朝的体制，改立郡县，皇帝有专政的威势，臣子没有不变的权力。到了汉成帝时，开始倚重外戚，汉哀帝、汉平帝享国的时间短，皇室三代没有留下子嗣。所以王莽篡权，因为篡夺皇位，危害自上而起，伤害还没殃及百姓，王莽由摄政而正式称帝后，天下百姓无不摇头叹息。王莽在位的十多年间，国家动荡，起义频发。起义军假称刘氏后裔而起兵，没有商量就共执一词。如今跨州连城的豪杰，都没有战国七雄累世的基业，而百姓歌唱吟咏的，是思念汉朝的德行，从中就可以知道了。”

光武中兴，纂隆皇统，而犹遵覆车之遗辙，养丧家之宿疾，仅及数世，奸宄（guǐ）充斥，卒有强臣专朝，则天下风靡，一夫纵横，则城池自夷，岂不危哉？在周之衰，难兴王室也，放命者七臣，干位者三子，嗣王委其九鼎，凶族据其天邑，钲鼙（zhēng pí）震于阃（kǔn）宇，锋镝流于绛阙。然祸止畿甸，害不覃及，天下晏然。以治待乱，是以宣王兴于共和，襄、惠振于晋、郑。岂若二汉阶闼暂扰，而四海已沸；孽臣朝入，而九服[①]夕乱哉？远惟王莽篡逆之事，近览董卓擅权之际，亿兆悼心，愚智同痛，岂世乏曩时之臣，士无匡合之志欤？盖远绩屈于时异，雄心挫于卑势耳陆机曰：“或以诸侯世位不必常全，昏主暴君有时比迹，故五等所以多乱也。今之牧守，皆方庸而进，虽或失之，其得固多，故郡县易以为治也。夫德之休明，黜陟日用，长率连属，咸述其职，而淫昏之君，无所容过，何则其不治哉？故先代有以之兴矣。苟或衰陵，百度自悖。鬻官之吏，以货准才，则贪残之萌，皆群后也，安在其不乱哉？故后王有以之废矣。且要而言之：五等之君为己思治，郡县之长为利图物。何以征之？盖企及进取，仕子之常志；修己安民，良士所希及。夫进取之情锐，而安民之誉迟。是故侵百姓以利己者，在位所不惮；损实事以养名者，官长所夙夜也。君无卒岁之图，臣挟一时之志。五等则不然。知国为己土，众皆我民，民安己受其利，国伤家婴其病，故上制人欲以垂后，后嗣思其堂构。为上无苟且之心，群下思胶固之义。使其并贤居治，则功有厚薄。两愚处乱，则过有深浅。然则探八代[②]之制，几可以一理贯，秦、汉之典，殆可以一言蔽也。”

【**注释**】①九服：原指王畿以外的九等地区，后指全国各地区。②八代：指三皇五帝时代。泛指秦汉以来诸朝。

【译文】汉光武帝刘秀中兴，恢复被篡夺的汉氏国统，可是还遵照西汉留下的印记，不改正国政的弊端。仅仅经过几代，违法作乱的人充斥朝堂，最终有强臣专权，天下小人纷纷投靠；有人作乱，城池被夷为平地，这难道不危险吗？周朝衰落的时候，周王室难以兴盛，辅政大臣有七人，摄政大臣有三人，周王被迫把国政托付给他们。叛乱的人占据京师，钲鼓在京城内敲响，乱箭从皇宫上方飞过。然而祸乱也仅仅局限在京师附近，没有延及天下，天下大致安定，可以通过治理防范祸乱。所以周宣王能在国人暴动后的共和时期再兴周室，周襄王、周惠王能够借助晋国、郑国的力量重振王业。哪里像两汉，朝廷刚有扰乱，国家就如同沸水般纷乱；逆臣早晨入朝，文武百官晚上就乱套了。远有王莽篡权的事件，近有董卓专权的时候，亿万人都感到悲痛。难道世上缺乏治世能臣，士大夫没有救世之志吗？只是时代不同，雄心壮志被卑微的地位挫败罢了。陆机说："有人认为诸侯的爵位，不应世代承袭，昏主暴君，比比皆是。所以五等封爵的分封制容易产生叛乱。如今的州牧、太守，都是国君任命的，虽然有弊端，但优点也很多，所以采用郡县制容易统治。政治清明时，官吏的升迁罢免时刻警醒着官员，各级官吏，都要向上级述职，即使是荒淫昏庸的也不能容忍官吏犯错，这样他们怎么会不用心治理呢？所以过去有靠施行郡县制使国家兴盛的时候。如果国家衰落，各种制度悖乱，卖官鬻爵的官吏，用金钱财物衡量人才，那么贪污受贿就会在各级官吏中产生，国家怎么能不乱呢？所以后来有君主把这个制度废除。况且简明扼要地说，五等封爵的诸侯，治理领地是为了自己，而郡县长官的治理是为了获得更多的利益。这如何证明呢？希望自己积极进取，是仕子一向的心愿；修己安民，是良士的期望。积极进取的心志很容易办到，而安定民生的美誉却迟迟得不到。所以侵害百姓谋求私利的官员，在位时就无所忌惮；歪曲事实求取名利的官员，日夜吹嘘自己。国君没有长远打算，臣子也只顾一时之利。实行五等分封的则不是这样，诸侯知道封地是我的国土，百姓是我的子民，百姓安乐则我受到便利，国家衰败则自家遭受损失。所以诸侯治理国家，想要传给子孙，后嗣子孙思念先祖的遗志。做君主的不敢有苟且懈怠之心，做大臣的思考如何巩固政权。贤能的君臣一起治理国家，那么功劳就有大小。愚昧的君臣胡乱治理，那么过错就有深浅。然而探讨五帝三王的政治制度，几乎可以用五等封爵制来解释，秦、汉的典章，也可以用郡县制来概括。”

魏太祖武皇帝躬圣明之姿，兼神武之略，龙飞谯、沛，凤翔兖、豫，观五代①之存亡，而不用其长策；睹前车之倾覆，而不改其辙迹。子弟王空虚之地，君不使之人。权均匹夫，势齐凡庶。内无深根不拔之固，外无磐石宗盟之助，非所以安社稷，为万世之业也。且今之州牧郡守，古之方伯②诸侯，皆跨有千里之土，兼军武之任。或比国数人，或兄弟并据，而宗室子弟曾无一人间厕其间，与相维持，非所以强干弱枝，备万一之虑也。时不用其计，后遂凌夷。此周、秦、汉、魏立国之势，是以究其始终强弱之势，明鉴戒焉荀悦曰：“其后遂皆郡县治人，而绝诸侯。当时之制，亦未必百王之治也。”

【注释】①五代：指夏、商、周、秦、汉。②方伯：原指一方诸侯之长，后泛指地方长官。

【译文】魏太祖武皇帝曹操，圣明睿智，文武双全，在谯、沛兴起，在兖、豫成名，审察夏、商、周、秦、汉五代的存亡，却不能借鉴其中的长处，目睹了前朝的败亡，却不改变前朝的旧路。王室子弟的封地空有其名，没有选用有能力的人。诸侯王的权力与百姓相同，势力和普通人一样，对内没有像大树一样深根蒂固的牢固根基，对外没有坚如磐石的宗族同盟的援助，这不是安定社稷，建立万世功业的长远做法。况且当今的州牧、郡守，古代的方伯、诸侯，都跨地千地，兼有军事任命之权。或几个人结成小国，或兄弟几人割据一方，而宗室子弟没有一个人参与其中，和他们抗衡。这倒不是加强树干削弱枝叶，加强中央势力削弱地方，而是为了以备万一。事前不想好应对的计策，后来国家就遭受祸患。这是周、秦、汉、魏立国时的形势，之所以探究它们兴亡强弱的规律，是为了让今人明晓借鉴，吸取教训荀悦说："此后都采用郡县制管治百姓，而废除分封制。当时制定的制度，也未必适应各个朝代进行统治。"

论曰：周有天下八百余年，后代衰微，而诸侯纵横矣。至末孙王赧降为庶人，犹能枝叶相持，名为天下共主。当是时也，楚人问鼎，晋侯请隧，虽欲阚（kàn）周室，而见厄诸姬。夫岂无奸雄？赖诸侯以维持之也。故语曰：百足之虫，至死不僵，扶之者众。此之谓乎？及嬴氏擅场，惩周之失，废五等，立郡县，君有海内，而子弟为匹夫，功臣效勤而干城无茅土，孤制天下，独擅其利，身死之日，海内分崩。陈胜偏袒唱于前，刘季提剑兴于后，虎啸龙睇，遂亡秦族。夫刘、陈诸杰，布衣也，无吴、楚之势，立锥之地，然而驱白徒之众，得与天子争衡者，百姓思乱，无诸侯勤王之可惮也。故语曰：夫乱政虐刑，所以资英雄而自速祸也。此之谓矣。夫伐深根者难为功，摧枯朽者易为力。今五等，深根者也；郡县，枯朽者也。故自秦以下，迄于周、隋，失神器者非侵弱，得天下者非持久，国势然也。呜呼！郡县而理，则生布衣之心，五等御代，则有纵横之祸。故知法也者，皆有弊焉。非谓侯伯无可乱之符、郡县非致理之具。但经始图其多福，虑终取其少祸，故贵于五等耳。圣人知其如此，是以兢兢业业，日慎一日，修德以镇之，择贤而使之。德修贤择，黎元乐业，虽有汤、武之圣，不能兴矣，况于布衣之细，而敢偏袒大呼哉？不可不察。

【译文】周朝拥有天下八百多年，后代衰微，出现诸侯合纵连横。等到末代君主周赧王被降为庶人，仍能代代相传，名义上还是天下的主人。当时，楚王询问九鼎的大小轻重和晋王请求以天子礼安葬，想颠覆周王室，但都被各姬姓诸侯所阻止，难道世上没有奸雄吗？全赖诸侯维持罢了。俗话说："百足的虫子，虽然已死，但身体不僵，是因为支撑它的腿脚多。"说得就是这个道理。等到秦国统一天下，吸取周朝失败的教训，废除五等分封，设置郡县，君主拥有天下，而他的子弟只是普通百姓，功臣勤勉效力捍卫国家，也得不到封地。秦始皇独掌大权，专擅权力，身死之后，国家分崩离析，陈胜解衣袒露振臂高呼于前，刘邦提剑兴兵在后，以虎啸龙吟之势，就灭亡了秦朝。刘邦、陈胜等豪杰，都是平民出身，没有吴国、楚国的势力，甚至没有立锥之地，然而率领未经训练的兵卒，和天子争天下，正是因为百姓思乱，又没有诸侯起兵救援皇帝的担心。俗话说："政治混乱，严刑酷罚，所以使英雄兴起而加速国家灭亡。"说的就是这个道理。砍伐根深叶茂的大树很难，而摧折腐朽的树木却很容易。如今五等分封，就像根深叶茂的大树，而郡县制，就像腐朽的木头。所以自秦朝以来，直到北周、隋朝，失去帝位的不是自身衰弱，得天下的也不一定能持久，这是由国势决定的。呜呼！郡县制容易让百姓产生叛逆之心，五等分封世代相承，又会产生合纵连横的祸患。所以可知制度都有弊端，不是说分封诸侯就没有动乱，郡县制也不是治理天下的好制度。但是郡县制带来的好处多，带来的祸患少，所以说它要强于分封制。圣明的君主知道这个道理，所以兢兢业业，日慎一日，修德律己，选贤任用，推行德政，任用贤才，百姓安居乐业。即便是商汤、周武王那样圣明的君主，也不会成功，更何况是普通百姓，谁又敢袒露臂膀高呼造反呢？这些道理，不能不考虑啊。

卷六 霸纪下

三国权第十九

论曰：臣闻昔汉氏不纲，网漏凶狡。袁本初[1]虎视河朔，刘景升鹊起荆州，马超、韩遂雄据于关西，吕布、陈宫[2]窃命于东夏、辽河、海岱[3]，王公十数，皆阻兵百万、铁骑千群，合纵缔交，为一时之杰也。然曹操“挟天子，令诸侯”，六七年间，夷灭者十八九。唯吴、蜀蕞尔国也，以地图案之，才四州之土，不如中原之大都。人怯于公战，勇于私斗，轻走易北，不敌诸华之士。角长量大，比才称力，不若二袁、刘、吕之盛。此二雄以新造未集之国，资逆上不侔之势，然能抚剑顾眄，与曹氏争衡；跃马指麾，而利尽南海。何哉？则地利不同，势使之然耳。故《易》曰：“王侯设险以守其国。”古语曰：“一里之厚，而动千里之权者，地利也。”故曹丕[4]临江，见波涛汹涌，叹曰：“此天所以限南北。”孙资称南郑[5]为“天狱”、斜谷道[6]为“五百里石穴”。稽诸前志，皆畏其深阻矣。虽云“天道顺，地利不如人和”。若使中材守之，而延期挺命可也，岂区区艾、濬[7]得奋其长策乎？由是观之，在此不在彼。於戏！“智者之虑，必杂于利害”，故“不尽知用兵之害，则不能知用兵之利”，有自来矣。是以采摭其要，而为此权耶。夫囊括五湖，席卷全蜀，庶知害中之利，以明魏家之略焉。

【注释】①袁本初：这里指袁绍。②陈宫：字公台，东汉末年吕布帐下首席谋士。③海岱：指今山东省渤海至泰山之间的地带。④曹丕：魏文帝，字子桓，三国时期著名政治家、文学家，曹魏开国皇帝。⑤南郑：隶属于陕西省汉中市，位于陕西省西南边陲、汉中盆地西南部。⑥斜谷道：三国时期的地名，斜谷的北口在今陕西眉县西南。⑦艾、濬：艾，指邓艾，字士载，三国时期魏国杰出的军事家、将领。其人文武全才，深谙兵法，对内政也颇有建树。本名邓范，后因与同乡人同名而改名。濬，指王濬。《宋书》作王璿（王璇），字士治，小字阿童。西晋时期名将。

【译文】评论：臣听说从前东汉末年朝纲混乱，群雄四起。袁绍虎视眈眈想夺取河北，刘表在荆州起兵，马超、韩遂也雄据关西，吕布、陈宫盗用国家权柄占领东夏，辽西、渤海、山东一带，十几路诸侯倚仗拥兵百万，战马千百群，缔结盟约、互相联合，成为当时的英雄豪杰。然而当曹操“挟天子，令诸侯”，只用了六七年的时间，就将各诸侯国消灭了十有八九，只剩下吴、蜀两个小国了。依照地图上看，吴、蜀两国加起来只有四个州那么大，都比不上中原的一个大都城。那里的人都害怕为国上战场打仗，但对于私下的打斗却很是勇猛，作战时就临阵脱逃，无法与中原的军队相匹敌。较量长短大小，比较才智和力量，吴、蜀两国的军队也不如袁绍、刘表、吕布他们的军队强大。但正是刘备、孙权这两位枭雄在完全不利于自己的形势下，凭借刚刚建立的弱小国家的微薄力量，不畏强敌，敢与曹操抗衡。策马驰骋于战场，指挥战斗，在江南和西蜀尽占优势。这是为什么呢？这是因为占据了地利和形势上的优势。所以《周易》说：“王侯诸国依凭、设置险要之地来守护其国。”古语说：“在方圆一里的地方，却动用了争夺千里之地的权谋，这就是地利在起作用。”所以曹丕面对长江，看到汹涌的波涛，感叹地说："这是上天设置的南北界线啊！"孙资称南郑为"天狱"，称斜谷道为"五百里石穴"，查阅了众多的史料，都记载了这里幽深险要、令人害怕的地形。虽然说在顺应天时的情况下，人和比地利更为重要，但如果吴、蜀两国用一个中等才能的人领兵据守，是完全可以使国家继续存在，避免过早灭亡的，怎么能让小小的邓艾、王濬显示他们的威势呢？由此看出，胜败的关键在于人和，而不在地利啊。唉！智者的谋划，一定会全面权衡其中的利害得失。所以说不懂得用兵的凶险之处，就不能发挥用兵的有利作用。这是由来已久的规律啊！因此，我摘录了三国历史上关于权谋方面的精华要点，汇集成了本文，目的是让人们从统一江南、覆灭蜀国的整个过程中明白用兵中利与害的辩证关系，从而明白曹魏的谋略。

蜀

天帝[1]布政房、心，致理参、伐[2]。参、伐则益州分野，以东井、南股、距星为界，东井、南股、距星连钺者是也。觜（zī）星度在参右足，玉井所衔星是。西距星即参，中央三星，西第一星是。按《职方》[3]则雍州之境，据《禹贡》[4]则梁州之域，地方五千里，提封四十郡，实一都会也。常璩（qú）《国志》[5]云："蜀，其卦直坤，故多斑彩之章；其辰直未，故尚滋味。《诗》称文王之化，被于江、汉之域，有文王之化焉。秦、豳（bīn）同诗，秦、蜀同分，故有夏声云。"故古称"天府之国"，沃野千里，其有以矣。

【注释】①天帝：古星名，也叫帝星，北极五星中最明亮的一颗。②房、心、参、伐：均为星宿名。③《职方》：《周礼》中的一篇。④《禹贡》：《尚书》中的一篇。其地理记载囊括了对各地山川、地形、土壤、物产等情况的概述。⑤常璩：字道将，东晋史学家。《国志》：即《华阳国志》，是专门记述古代西南地区地方历史、地理、人物等的地方志著作。

【译文】天帝星施政，房、心二心宿合该治理参、伐。参、伐的分界就是益州，以东边的井星、南边的股、距二星为分界，东边的井星和南边的股、距二星连带钺星这个范围就是参星。觜星在参星的右边，玉井星所含的就是这个星。西边的距星就是参星中央三星西边第一颗星。按照《职方》记载，蜀地应在雍州境内；根据《禹贡》记载，蜀地应在梁州境内，方圆五千里，四十多个郡，其实可以算得上是一个诸侯国。常璩的《国志》称："蜀地按八卦方位论正好属坤，所以那里有五彩斑斓的修饰；按十二干支属未，所以那里的人喜好美味。《诗经》中说周文王的教化遍及长江、汉水流域，所以蜀地接受了周文王的教化。秦地和豳地有同样的诗风，秦地和蜀地是同等的，所以同有华夏的音乐。"所以，古代把蜀地称为"天府之国"，土地肥沃广阔，这其中是有原因的。

王莽末，公孙述据蜀。述字子阳，扶风茂陵人也，王莽时为导江卒正①，治临邛（qióng）。及更始立，豪杰各起其县以应汉，南阳人宗成略汉中，商人王岑亦起兵于雒（luò）县，自称定汉将军，以应成。述闻之，遣使迎成，成等至成都，掳掠暴横，述意恶之，召县中豪杰谓曰："天下同苦新室，思刘氏久矣，故闻汉将军到，驰迎道路。今百姓无辜而妇子系获，室屋烧燔（fán），此寇贼，非义兵也。吾欲保郡自守，以待真主，诸卿欲并力者即留，不欲者便去。"豪杰皆叩头愿效死。述于是使人诈称汉使者自东方来，假述辅汉将军、益州牧。乃选精兵千余人而击宗成等，破之。别遣弟恢于绵竹，击更始所置益州刺史张忠，又破之，由是威震益部者也。益部功曹李熊②说述曰："方今四海波荡，匹夫横议，将军割据千里，地什汤武，若奋发威德，以投天隙，霸王之业成矣。今山东饥馑，人民相食，兵所屠灭，城邑丘墟。蜀地沃野千里，土壤膏腴（gāo yú），果实所生，无谷而饱。女工之业，覆衣天下，名材竹干，器械之饶，不可胜用。又有鱼盐、铜铁之利，浮水转漕之便。北据汉中，杜褒斜[3]之隘（ài）；东守巴郡，拒捍关之口。地方数千里，战士不下百万。见利则出兵而略地，无利则坚守而力农。东下汉水，以窥秦地；南顺江流，以震荆扬。所谓用天因地，成功之资。今君王之声闻于天下，而位号未定，志士狐疑。宜即大位，使远人有所归依。”述曰：“帝王有命，吾何德以当之？”熊曰：“天命无常，百姓与能，能者当之。王何疑焉？”遂然之也。建武元年四月，遂自立为天子，号“成家”，色尚白。使将军侯丹开白水关，北守南郑，将军任满从阆中下江州，东据捍关，于是尽有益州之地也。

【注释】①卒正：王莽新朝官职名，职务同太守。②李熊：两汉交替之际，公孙述的心腹。③褒斜：古道路名。其南口名“褒谷”（位于汉中市城北），北口名“斜谷”（在眉县）。

【译文】王莽统治末年，公孙述占领蜀地。公孙述，字子阳，扶风茂陵人。在王莽当政时，是导江军中的卒正，负责治理临邛。等到刘玄刚建国时，各地的英雄豪杰纷纷在自己所在的县治起兵响应汉军，南阳人宗成占领了汉中，商人王岑也在雒县起兵，自称为定汉将军，以此来响应宗成。公孙述听说后，派遣使者去迎接宗成。宗成等人到达成都后烧杀抢掠，肆意横行，公孙述心中对他们十分痛恨。便召集县中的英雄豪杰，对他们说：“现在天下百姓深受王莽新政之苦，盼望刘氏汉室复兴已有太长时间了，因此听到汉将军来了，便飞奔出城迎接，宗成进城之后无恶不做，致使无辜百姓惨遭祸害，甚至连妇孺都被送进了监狱。所到之处房屋被烧毁，变成了一片废墟，这是贼寇的所为，根本不是百姓盼望的义军啊！为了保住我们郡县我想留下来守护，以等待真正的有道明君到来，各位如果有想和我同心协力保住我们郡县的就留下，不愿意的随时可以离开。”诸位英雄豪杰纷纷叩头，表示愿意跟随公孙述拼死效力。公孙述于是派人谎称是来自东方的汉朝使者，任命公孙述为辅汉将军、益州牧。公孙述随后选派一千余精兵去攻打宗成，打败宗成后，又派他的弟弟公孙恢到绵竹，打败了刘玄任命的益州刺史张忠。由此，公孙述的名声便威震益州了。**益州功曹李熊劝公孙述说："当今四海动荡，目光短浅的人只知道空空而谈，将军您割据千里之地，面积相当于当年商汤和周武王的十倍。如果能奋力而为，广施恩德，抓住上天所赐的良机，就可以成就霸王大业了。如今山东正闹饥荒，百姓互相残食，军队所过之处大肆屠戮，城邑已成一片废墟。蜀国拥有良田千里，土壤肥沃，盛产各种水果，百姓即使没有粮食也可以填饱肚子，女工制作的衣服，足够天下人穿用，名贵的竹、木以及各种器械，用之不尽。蜀地又盛产渔、盐、铜、铁，还具备水上运输的便利条件。在军事方面，向北可以据守汉中，堵住褒斜道的险阻；向东可以据守巴郡，防守住捍关要道。我们拥有方圆数千里的土地，有不下百万的军队，如果形势有利，就出兵去攻城略地；如果形势不利，就坚守城池，大力发展农业。出兵东下汉水，窥伺有利时机以夺取秦地；向南顺江而下，可以威慑荆、扬二州，这就是所说的善用天时、地利，就是成功之基。如今君王您已名扬天下，但是帝位和名号却还没有建立，有识之士尚在犹疑不定中。您应当尽快登位，使远方之人能有所依托。"**公孙述说："帝王自有天命，我何德何能去担此大任呢？"李熊说："天命无常，百姓会去拥戴有才德的人，有才德的人理应担此大任，大王您还有什么可犹豫的呢？"公孙述于是采纳了他的建议。**东汉建武元年四月，公孙述自立为天子，定国号为"成家"，以白色为贵。**派将军侯丹驻守白水关，向北镇守南郑，派遣将军任满从阆中下江州去镇守东边的捍关，于是公孙述便占领了整个益州。

自更始败后，光武方事山东，未遑西伐。关中豪杰多拥众归述。其后，平陵人荆邯[①]见东方将平，兵且西向，说述曰："兵者，帝王之大器，古今所不能废也。隗（kuí）嚣遭遇运会，割有雍州，兵强士附，威加山东。不及此时推危乘胜，以争大命，而返欲为西伯之事，偃武息戈，卑辞事汉，喟然自以文王复出也。今汉帝释关、陇之忧，专精东伐，四分天下而有其三，使西州豪杰咸居心于山东。发间使，招携贰，则五分而有其四。若举兵天水，必至沮溃。天水既定，则九分而有其八。陛下以梁州之地，内奉万乘，外给三军，百姓愁困，不堪上命，将有王氏自溃之变。臣之愚计，以为宜及天人之望未绝，豪杰尚可招诱，急以此时发国内精兵，令田戎[②]据江陵，临江南之会，倚巫山之固，筑垒坚守，传檄吴楚，长沙以南，必随风而靡；令延岑[③]出汉中，定三辅，天水、陇西拱手自服。如此海内震摇，冀有大利。”述以问群臣，博士吴柱曰：“昔武王伐纣，八百诸侯不期同辞，然犹还师以待天命，未闻无左右之助，而欲出师于千里之外，以广封疆者也。”邯曰：“今东帝无尺寸之柄，驱乌合之众，跨马陷敌，所向辄平，不亟乘时与之争功，而坐谈武王之说，是效隗嚣欲为西伯也。”范晔曰：“援旗纠族，假制明神，迹夫创图首事，有以识其风矣。终于孤立一隅，介于大国，陇坻虽隘，非有百二之势，区区两郡以御堂堂之锋，则知其道有足怀者，所以栖有四方之杰。夫功全则誉显，业谢则衅生，回成丧而为其议者，或未闻焉！若嚣命会符运，敌非天力，坐论西伯，岂多蚩也！”述不听邯计。光武乃使岑彭、吴汉伐蜀，破荆门，长驱入江关。岑彭[④]为蜀刺客所煞，吴汉并将其军，入犍（qián）为界，诸县皆城守。汉乃进军攻广都，拔之，遣轻骑烧成都，市桥、武阳以东诸小城皆降。光武戒汉曰：“成都十万众，不可轻也。但坚据广都，待其来攻，勿与争锋。若不敢来攻，转营迫之，须其力疲，乃可击也。”汉乘利将步骑二万余人进逼成都，去城十余里，阻江北为营，作浮桥。使副刘尚将万余人屯江南，相去二十余里。光武闻之，大惊，让汉曰：“贼若出兵缀公，而以大众攻尚，尚破，公即败矣！幸本无他者，急引兵还广都。”诏书未到，述果使其将谢丰攻汉，使别将劫刘尚，令不得相救。汉乃闭营，三日不出，多树幡旗，使烟火不绝。夜衔枚引兵与尚军合，丰等不觉。明日，乃分兵拒水北，自将攻江南，汉破之，斩谢丰。于是引还广都，以状闻，光武报曰："公还广都，甚得其宜，述必不敢略尚而击公也。若先攻尚，公从广都五十里悉步骑赴之，适当值其疲困，破之必矣！"自是，汉与述战于广都、成都之间，八战八克，遂军其郭中。述乃悉散金帛，募敢死士五千人，以配延岑。岑于市桥伪建旗帜，鸣鼓挑战，而潜遣奇兵出吴汉军后，袭击，破汉。汉堕水，缘马尾得出。述乃自将攻汉，三合三胜。自旦及中，军士不得食，并疲。汉因命壮士突之，述兵大败也。

【注释】①荆邯：两汉之际。军阀公孙述的谋士、部将。②田戎：新朝末至东汉初，割据南郡夷陵一带，自称扫地大将军。公元29年为汉军所败，投奔公孙述，成为公孙述的部将。公元36年，被汉军俘杀。③延岑：字叔牙。王莽末年乘乱起兵，后降于更始政权大将刘嘉。更始政权崩溃后，割据自立，自称武安王，被刘秀大将冯异击败后，先后依附于秦丰、公孙述继续对抗汉军。公孙述死后，延岑投降，被汉军大司马吴汉斩首。④岑彭：字君然，东汉中兴名将，云台二十八将之一。原是新莽棘阳县长，长期坚守宛城，抵抗绿林军。后归降刘秀，拜刺奸大将军，督察众营。刘秀称帝于河北，拜廷尉、行大将军事，封舞阴侯。讨伐蜀郡公孙述时，被公孙述派遣刺客乘夜刺死。

【译文】自从刘玄失败后，光武帝刘秀忙于山东战事，无暇顾及平定西南。关中豪杰大多归顺了公孙述。这之后，平陵人荆邯看到中原即将被刘秀平定，准备向西攻打西南，劝公孙述说："军队，是帮助帝王成就大业的关键，从古至今都不能废弃。隗嚣遇到这个大好机会，割据雍州，兵马强壮，志士争先归附，使他威震山东。不趁此时出兵，与刘秀一争天下，却想要效仿西伯侯退守西蜀，放弃武力争斗，谦卑地向刘秀臣服，感叹自己是周文王重生。如今汉王刘秀放下汉中和益州的忧患，专心致力于东征一事，天下已经被他得去了四分之三，导致西部州郡的豪杰之士都对山东的刘秀生起了归附之心。如果刘秀趁机派出离间的使者，招集怀有二心之人，那他实际上已经得到了五分之四的天下。刘秀如果发兵天水，必然会使我军溃败。天水关被占领后，那他就得到了天下的九分之八。陛下您依凭梁州之地，对内要负担各级官员的俸禄开支，对外还要供给三军粮饷，百姓愁苦困顿，无力承担君王的命令，恐怕将来会有王莽那样的内乱发生。依臣的愚计，应趁天意和民愿还没有对您彻底失望之机，招纳英雄豪杰之士，趁此时赶快征调国内精兵，命令田戎据守江陵，临近江南之地，倚仗巫山天险，固守城池，把征讨的檄文传到吴楚一带，长沙以南地区必定会闻风而归顺。再命令延岑出兵汉中，平定三辅，天水、陇西地区必定臣服。如此一来，国内形势将会发生重大变化，可望形成极为有利的局面。”公孙述询问群臣的意见，博士吴柱说：“从前周武王伐纣，八百诸侯不约而同跟随武王，但是武王仍然要回师等待天命。尚未听说没有左右的辅助，就想出兵千里之外去拓展疆土的。”荆邯说：“现今刘秀还没有足够的权力，却能指挥乌合之众，骑马杀敌，所向披靡。我们不赶快抓住时机与他争功，却在这里坐谈武王的先例，这是效仿隗嚣想要成为西伯侯那样的人啊。”范晔说：“举起旗帜纠集族人起兵，假借神明的意旨，在刚开始图谋起事的时候就已经显出他的风范了。最后终于孤立于西南一隅，生存于大国之间。陇坻虽然地方狭小、势力微弱，却能以区区两个郡去抵御刘秀大军强大的锋芒，就知道他的德政有足以让人感动的地方，所以才能聚集四方豪杰。功德圆满时名誉就会彰显，功败垂成时就会发生争端。回避成败的问题而展开讨论，这样的事情还没有听说过！如果像隗嚣一样假借符命而兴兵，却不是依靠天助，坐在这里讨论西伯侯的旧事该是多么可笑啊！”公孙述没有听从荆邯的计策。光武帝刘秀派遣岑彭、吴汉征伐蜀地，攻克荆门，长驱直入江关。岑彭被蜀国的刺客杀死后，吴汉把岑彭的军队与自己的军队合并到一起，进入犍为地界，各县都防守城邑。于是吴汉进军并攻下广都，派遣轻骑兵火烧成都，市桥、武阳以东的各小城郡都归降了吴汉。光武帝刘秀告诫吴汉说："成都有十万人口，万不可轻敌。但你可以坚守广都以待蜀军来攻，不要与他们正面硬拼。如果他们不敢来攻，就转而想办法逼迫他们，必须等他们都精疲力尽之时，才可以发起攻击。"吴汉抓住有利时机，率领步、骑兵二万余人进逼成都，离城十余里时，在江北扎营，修建浮桥。派副将刘尚率领一万余人屯驻江南，与主力部队相距二十多里。光武帝听说后，大惊失色，责备吴汉说："敌军如果出兵牵制住你，而用大军进攻刘尚，刘尚的军队一旦被攻破，你也就败了！所幸尚未发生其它意外，你赶快领兵回广都。"刘秀的诏书还未到，公孙述果然派大将谢丰攻打吴汉，另派其他将领劫击刘尚，使得刘尚、吴汉两军不能相救。吴汉就紧闭营门，三天都没有出来，在营内树立很多幡旗，并使烟火不断，营造出军队并未离开的假象。夜里，他率军悄无声息地与刘尚会合，谢丰等人丝毫没有察觉。第二天，谢丰才分兵坚守江北，亲自率兵攻打江南。吴汉打败并斩杀了谢丰。于是吴汉率兵返回广都，将具体情况报告给了光武帝。光武帝回复说："你现在返回广都，正合时机，公孙述一定不敢在分兵侵犯刘尚的同时，再来攻打你。如果公孙述先攻打刘尚，你从五十里外的广都率全部步、骑兵奔赴支援，正好赶上敌军疲惫、困顿，一定能击败他们。"从此，吴汉与公孙述在广都、成都之间展开大战，八战八胜，于是驻军城中。公孙述散尽黄金、布帛招募死士，组成了五千人的敢死队，以配合延岑作战。延岑在市桥假装树起旗帜，鸣鼓向吴汉军队挑战，暗地里却派遣奇兵从吴汉军队背后偷袭，将吴汉打得大败。吴汉堕入水中，拼命抓住马尾才得以浮出水面。于是公孙述又亲自率军攻打吴汉，三战三胜。从早上一直到中午军士们都没有进食，个个疲惫不堪。吴汉趁机命令勇士突袭公孙述，述军大败。

军至成都，述出战，兵败被刺，洞胸死，夷述妻子，焚其宫室。**光武闻之，怒以谴汉曰："城降三日，吏人服从。一旦放兵纵火，良失斩将吊人之义也。"乃下诏慰之。其忠节志义之士，并蒙旌显。李育[1]以有才干，擢用之。于是西土感悦，莫不归心焉。范晔曰："昔随他王番禺，公孙亦窃帝蜀汉，推其无他功能，而至于后亡者，将以边地处远，非王化之所先乎？不能因隙立功，以会时变，方**

乃坐饰边幅，以高深自安，昔吴起所以惭魏侯也。及其谢群臣，审废兴之命，与夫泥首衔玉[2]者，异日谈也。”

【注释】①李育：字元春。东汉初期大臣，著名经学家。②泥首衔玉：泥首，叩首至地而泥污额头，引申为谢罪。衔玉，口里衔玉，指服罪请降之礼。

【译文】吴汉的军队到达成都，公孙述出城迎战，战败被刺穿心肺而死，公孙述的妻子、儿女也都被杀死，宫室被烧毁。光武帝刘秀听说了这件事，愤怒地谴责吴汉说：“攻破城池三日后，官吏们就会归服了。第一天，你就纵容士兵放火，这完全违反了军队作战不伤及无辜的道义。”于是光武帝下诏安抚百姓。那些忠臣义士都受到了表扬。李育因为有才干，被提拔任用。于是西蜀之地民心大悦，人们都愿意归附汉。范晔说：“从前赵陀在番禺称王，公孙述也在蜀汉称帝，他们其实并没有什么功德才干，却能坚持到最后才灭亡的原因，大概是因为地处边远地区，不是君王最先想要施行教化的地方吧？公孙述却没能趁此时机建立功业，不能随机应变、审时度势，却只知道坐在那里修饰仪表，自以为谋略高深而安然自若，从前吴起愧对魏侯的情形就与之相同啊。如果那时公孙述可以不理会群臣的建议，认真审视蜀汉政权兴衰的命运，那与今天国破人亡的情景就不可相提并论了。”

至灵帝时，政理衰缺，王室多故，雄豪角逐，分裂疆宇。以刘焉[1]为益州牧[2]。焉，鲁恭王[3]后也。时四方兵寇，焉以为刺史威轻，乃建议改置牧伯，镇安方夏[4]，清选重臣以居其任，以焉为益州牧。是时，凉州贼马相聚疲役之人数千，先杀绵竹令，进攻雒县。州从事贾龙先领兵数千在犍为，遂纠合吏人攻相，破之。乃选吏迎焉，遂领益州牧也。焉死，子璋立。州大吏赵韪（wěi）等贪璋温仁，立为刺史。初，南阳、三辅人数万户流入益州，焉悉收以为众，名曰东州兵。璋性柔宽，无威略，东州人侵暴。赵韪因人情不缉，乃结州中大姓。东州人畏见诛灭，乃同心并力，为璋殊死战，斩赵韪。时张鲁⑤亦以璋懦弱，不承顺璋，遂自雄于巴蜀也。为刘备所围，遂降。备迁璋于公安，归其财宝。后以病卒。

【注释】①刘焉：字君郎，东汉末年宗室、军阀，汉末群雄之一，西汉鲁恭王刘余之后。②州牧：职官名。古时分九州，州牧为每州的最高长官。后指朝廷所委派的州郡最高行政长官。③鲁恭王：即刘余，西汉宗室大臣，汉景帝刘启之子。④方夏：方，四方；夏，华夏。古代泛指中原地区。与“四夷”相对。⑤张鲁：字公祺，东汉末年割据汉中一带的军阀。

【译文】**到了东汉灵帝时，国政衰败，王室中各种问题层出不穷，地方豪强争权夺利，致使国家四分五裂。汉灵帝任命刘焉为益州牧**。刘焉，是鲁恭王的后人。当时四方兵寇俱起，刘焉认为刺史权力太小，建议朝廷改设牧伯来治理各州，精心挑选重臣担任这个职务，于是朝廷任命刘焉为益州牧。这个时候，梁州叛贼马相聚集数千名被折磨得疲惫不堪的百姓，先杀死绵竹令，接着攻打雒县。益州从事贾龙率领数千名士兵在犍为纠结地方官吏攻打并大败马相，然后派官吏迎回刘焉，刘焉于是正式担任了益州牧。**刘焉死后，他的儿子刘璋被拥立为益州牧**。益州部将赵韪等人，因为刘璋温厚仁慈，便拥立他为刺史。起初，南阳、三辅数万户百姓流入益州，刘焉把他们全部收编，名为“东州兵”。刘璋性格温和宽厚，没有声威谋略，而东州兵却暴躁易怒。赵韪因与人不和，便纠集了州中的士族大姓作乱。东州兵害怕被赵韪所诛灭，就同心协力，为刘璋奋力作战，杀了赵韪。当时，张鲁也是因为刘璋过于懦弱，而不愿意归顺他，于是自己称雄于巴蜀。**后来，刘璋被刘备包围，于是投降了刘备**。刘备把刘璋迁到公安，归还了他的财产。后来刘璋因病而死。

初，刘备为豫州牧也。备，字玄德，涿郡涿县人也。少言语，善下人，喜怒不形于色。徐州牧陶谦①表先主为豫州牧。后谦病，使人迎先主，先主曰：“袁公路近在寿春，此君四世五公，海内所归，君以州与之。”陈登曰：“袁公路骄豪，非治乱之主。今欲为使君合步骑十万，上可以匡主济人，成五霸之业，下可以割地守境，书功于竹帛。若使君不见听，登亦未敢听使君。”孔融谓先主曰：“袁公路岂忧国忘家者耶？冢中枯骨何足介意？今日之事，百姓与能，天与不取，悔不可追。”遂领徐州。陈登遣使诣袁绍曰：“天降灾戾，祸臻鄙州，州将殂(cú)殒。士人无主，恐奸雄一旦承隙，以贻盟主日昃之忧，辄共奉平原相刘府君，以为宗主，永使百姓知有依归。方今寇难纵横，不遑释甲，谨遣下吏奔告执事。”绍答曰：“刘玄德，弘雅有信义。今徐州乐戴之，诚副所望也。”为曹公所破，走屯新野。时刘表薨，诸葛亮说攻琮，荆州可有。先主曰：“荆州临亡，托我以遗孤，吾不忍也。”荆州人多归先主，先主日行十余里。或曰：“宜速行，保江陵。”先主曰：“夫济大事者，以人为本。今人归吾，何忍弃去。”习凿齿曰：“刘主虽颠沛险难，而信义愈明；势逼事危，而言不失道；追景升之顾，则情感三军；恋赴义之士，则甘与同败。视其所以结物情，岂徒投醪(láo)②、抚寒、含蓼(liǎo)、问疾而已？其终济大业者，不亦宜乎？”

【注释】①陶谦：字恭祖。汉末群雄之一。②投醪：将酒投入河中，与士兵共饮。比喻与士兵同甘共苦。

【译文】起初，刘备任豫州牧。刘备，字玄德，涿郡涿县人。平日沉默寡言，能够礼贤下士，喜怒不形于色。徐州牧陶谦上表启奏朝廷请求任命刘备为豫州牧。后来陶谦生病，派人前去迎接刘备，刘备说：“袁术就在寿春，这个人家里世代都为朝廷重臣，天下人心都归向于他，您可以将徐州托付给他。”陈登说：“袁术为人骄横傲慢，并不是可以平定乱世的君主。现在，我愿意为您集结十万步、骑兵，使您对上可以匡扶君主、救济百姓，成就春秋五霸一样的功业；对下可以割据一方守住境土，名垂青史。如果您不肯听从我的意见，那我也不敢听命于您了。”孔融对刘备说：“袁术怎么会是忧国忧民、不计身家利益的人呢？他就像坟墓中的枯骨一样，何足挂怀？现在的情况是，百姓愿意拥戴贤能之人，老天赐与您这么好的机会您却不抓住它，到时后悔也来不及了。”刘备听从了他的建议，接受了徐州牧的官职。陈登派使者去见袁绍说："老天将降下灾难，灾祸会殃及到我们徐州，徐州将会灭亡。百姓无主，恐怕奸雄将会乘机作乱，使得盟主您日夜担忧。因此我们就共同推举平原相刘备为宗主，是想让百姓知道他们有所归依。如今战乱频繁，刘将军来不及卸下盔甲，便派下官我来把这个情况报告给您。"袁绍回答说："刘玄德宽弘雅量，讲信义。现在徐州百姓都乐于拥护他，他确实能不负众望。"**被曹操打败后，退守新野县安身**。当时，荆州刘表病死，诸葛亮劝说刘备攻打刘琮，以便趁机占取荆州。刘备说："刘表临死前向我托孤，我不忍心去夺他的荆州啊。"刘备大军南下，好多荆州百姓紧紧跟随，刘备的军队一天只能走十多里路。有人劝说刘备："应该丢下百姓，火速行军，好去保住江陵。"刘备说："凡是做大事的人，都是以人为本。现在百姓愿意归附、跟随我，我怎能忍心丢下他们不管呢？"习凿齿说："刘备虽然处在颠沛流离、危险艰难的困境中，却能更加讲究信义；情势紧迫危急，却能不失道义；追念刘表的眷顾之恩，真情感染三军将士；不忘荆州百姓的追随之情，心甘情愿与他们一同失败。观察他待人接物的做法，怎么只会是嘘寒问暖、关心疾苦而已呢？他最终能够成就一番大业，不也是理所应当的吗？"

闻诸葛亮躬耕南阳，乃三诣亮于草庐之中，屏人言曰："汉室倾颓，奸臣窃命，主上蒙尘，孤不度德量力，欲信大义行于天下，而智术浅短，遂用猖蹶，至于今日，然意犹未已。君谓计将安出？"亮答曰："自董卓已来，豪杰并起，跨州连郡者，不可胜数。曹操比于袁绍，名微而众寡，然遂能克绍。以弱为强者，非唯天时，抑亦人谋也。今操已拥百万之众，挟天子而令诸侯，《传》云：'求诸侯，莫如勤王。'此之谓也。此诚不可与争锋。孙权据有江东，已历三代，国险而民附，贤能为用，此可与为援，而不可图也。荆州北据汉、江，利尽南海，东连吴会，西通巴、蜀，此用武之国，而其主不能守，此殆天所以资将军也。益州险塞，沃野，天府之土，高祖因之以成帝业。刘璋暗弱，张鲁在北，民殷国富，而不知恤，智能之士，思得明后。将军既帝室之胄，信义著于四海，总览英雄，思贤如渴。若跨有荆益，保其岩岨，西和诸戎，南抚夷越，结好孙权，内修政理。天下有变，则命上将将荆州之军，以向宛、洛；将军身率益州之众，出于秦川，百姓孰不箪食壶浆，以迎将军者乎？诚如是，则霸业可成，汉室可兴矣。”

【译文】刘备听说诸葛亮在南阳隐居亲自耕种田地，三顾茅庐去请诸葛亮出山。在草庐中，刘备屏退随从，对诸葛亮说：“汉朝天下衰微，一些奸臣窃取了君权，使君主蒙受耻辱。我不自量力，只想为天下伸张正义，可是我智谋短浅，才能缺乏，于是失败了，弄成今天这个局面。先生有什么好的计策能告诉我吗？”诸葛亮回答说：“从董卓作乱以来，各地豪杰纷纷起兵，连州跨郡，割据一方的，数也数不过来。曹操和袁绍相比，名气弱而且兵力少，然而曹操却能击败袁绍，由弱变强，这不仅仅是天时的原因，更重要的还是因为人的谋划得当啊！如今曹操已经拥有了百万大军，挟制着天子，用天子的名义发号施令，《左传》说：想要当诸侯，最好的办法就是起兵解救王室的危难。就是这个意思。此时的确不可以与他争锋对决。孙权占据江东地区，已经经历了三代，国家地势险要，且百姓十分拥护，有才能的人能够得到重用，孙权可以援助我们，但不可图谋夺取。荆州北部有长江、汉水，南海的物产应有尽有，东部紧连吴会，西部直通巴蜀，是适用武力的战略要地。但那里的君主却没有能力守护它，这大概是上天赐给将军的礼物吧！益州关塞险要，土地广阔肥沃，素有‘天府之国’的美称，汉高祖刘邦昔日凭借它成就了帝王的霸业。益州牧刘璋为人懦弱，张鲁在益州的北面虎视眈眈。那里人口众多，物产丰富，但刘璋不懂得体恤民情，有才能的人都在盼望贤明的君主来统治那里。将军您是皇族的后代，仁义之名四海之内都知道，想招揽天下英雄，迫切地想招揽有才德的人，如果您能同时占有荆州和益州，守住险要的地方，并与西南相邻的少数民族和睦相处，对外与孙权交好，对内实行仁政。一旦天下形势有变，就可以派上将率领荆州的军队进攻宛、洛，将军您亲率益州的大军向秦川出兵，百姓谁能不拿着食物、美酒来欢迎将军的队伍呢？如果真能这样的话，那么您的霸业就可以成就了，汉室也就可以复兴了。”

时曹公破荆州，先主奔吴。先主之奔吴也，论者以孙权必杀之。程昱料曰：“曹公无敌于天下，初举荆州，威震江表。权虽有谋，不能独当也。刘备，英雄也，关羽、张飞皆万人之敌，权必资以御于我，难解势分，备资以成，不可得杀也。”权果多与备兵，以御太祖。时益州刺史刘璋闻曹公征荆州，遣别驾张松诣曹公，曹公时已定荆州，走先主。曹公不存录松，松劝璋自绝。习凿齿曰：“昔齐桓一矜其功，而叛者九国；曹操渐自骄伐，而天下三分。皆勤之于数十年之内，弃之于俯仰之顷，岂不惜乎？是以君子劳谦日昃（zè），虑以下人，功高而居之以让，势尊而守之以卑，夫然后能有其富贵，保其功业，传福百代，何骄矜之有哉？君子是以知曹操之不能遂兼天下也。”

【译文】后来，曹操攻破了荆州，刘备逃奔到东吴境内。刘备投奔东吴的时候，人们都认为孙权一定会杀了他。曹魏的谋士程昱猜想说：“曹操天下无敌，刚刚攻破荆州，威震江东。孙权虽然有谋略，也不能单独与曹操抗衡。刘备是个英雄，关羽和张飞都是能对抗万人的勇将，孙权一定会借助他们来抵御我们。等到双方的战事出现相持不下的局面时，刘备便会借此成事，孙权也杀不了他。”孙权果然借给刘备许多兵马，来抵挡曹操。当时益州刺史刘璋听说曹操正讨伐荆州，就派别驾张松去见曹操，曹操当时已经拿下了荆州，赶走了刘备。曹操没有慰抚录用张松，于是张松劝刘璋与曹操自行断绝往来。习凿齿说：“从前齐桓公居功自傲，导致九个国家都背叛他；曹操逐渐变得骄傲自大，导致了最后三分天下的局面。他们都是在数十年里潜心经营，却在顷刻之间毁弃，这难道不可惜吗？因此君子勤劳而谦恭，每日工作到很晚，礼贤下士，功劳虽高却心存礼让，权势尊贵却态度谦卑，然后才能拥有富贵，保住功业，传福百代，又有什么可骄傲自负的呢？有识之士因此可以知道曹操不能统一天下的原因了。”

备用亮计，结好孙权，共拒曹公于赤壁，破之。曹公北还，权乃以荆州业备。周瑜上疏谏曰：“刘备以枭雄之姿，而关羽、张飞熊虎之将，必非久屈为人用者。愚谓大计，宜徙置吴，盛为筑室，多其美女玩好之物，以娱其耳目。比三人，各置一方。使如瑜者，得挟与攻战，大事可定也。今猥割土地，以资业之，聚此三人俱在疆场，恐蛟龙得云雨，非复池中物也。”权以曹公在北方，当广揽英雄，故不纳也。庞统说备曰：“荆州荒殪，人物殚尽。东有吴孙，北有曹氏，鼎足之计，难以得志。今益州国富人强，户口百万，郡中兵马，所出毕具，宝货无求于外。今可权借以定大事。”备曰：“今指与吾为水火者，曹操也。操以急，吾以宽；操以暴，吾以仁；操以谲，吾以忠。每与操反，事乃可成耳。今以小故而失信义于天下者，吾所不取也。”统曰：“权变之时，固非一道所能定也。兼弱吞昧，五伯之事；逆取顺守，报之以义；各事定后，封以大国，何负于信？今日不取，终为人利耳。”备乃使关羽守荆州，欲自取蜀。时孙权遣使报备，欲共取蜀，曰：“米贼张鲁居王巴汉，为曹操耳目，规图益州，刘璋不能自守。若操得蜀，则荆州危矣。今欲先攻取璋，进讨张鲁，首尾相连，一统吴楚，虽有十操，无所忧也。”或说备宜报听许，吴终不能越荆有蜀，蜀地可有也。主薄殷观[1]曰：“若为吴先驱，进未能克蜀，返为吴所乘，则大事去矣！”备从之，拒答权曰：“益州民富国强，土地阻险，刘璋虽弱，足以自守。张鲁虚伪，未必尽忠于操。今暴师于蜀汉，转运于万里，欲使战克攻取，举不失利，此吴起不能定其规，孙武不能善其事。今曹操三分天下有其二，将饮马沧海，观兵于吴。而同盟无故自相攻伐，借枢于操，使敌乘其隙，非计也。”权知备意，乃止也。

【注释】①殷观：字孔休，宜城（今湖北宜城）人，东汉末年及三国时期蜀汉官员。在刘备担任荆州牧时任他的谋士。

【译文】刘备采用诸葛亮的计谋，与孙权结盟，联合在赤壁打败曹操。曹操退回北方后，孙权于是把荆州借给了刘备。周瑜上书劝谏孙权说：“刘备是天下的枭雄，关羽、张飞是熊虎般的猛将，一定不肯长期在人之下、为人所用。我认为当务之急，最好是把刘备留在东吴，为他大兴土木，修建府邸，多多送他美女、玩赏的奇珍异宝，使他玩物丧志，乐不思蜀。把刘备、关羽、张飞三人分开，让他们各守一方。派一个像周瑜我这样的人去挟持他们一起打仗，东吴统一天下的大业就能够奠定了。如今却委屈自己割让土地，作为他成就大业的资本，这三个人一旦在疆场上协力作战，恐怕如同蛟龙遇到云雨那样，不再是池中之物了。”孙权认为曹操雄霸北方，当下应当广招英雄豪杰共同对付曹操，因此并没有采纳周瑜的建议。庞统劝刘备说：“荆州由于战乱而土地荒废，家园残破，人口稀少，物产匮乏。东有孙权，北有曹操，三国鼎立的局面恐怕一时难以形成。如今益州国富民强，人口超过百万，郡中兵强马壮，物资丰富，应有尽有，暂不需外面的资助。我们可以暂时借过来，成就大事。”刘备说：“当今和我水火不容的是曹操。曹操从严治理，而我宽以待人；曹操对百姓残暴，而我对百姓仁爱；曹操为人狡诈，而我为人忠诚宽厚。每次和曹操相反，才能成就大事。如今因一点小事就在天下人面前失去信用，这是我不愿意做的。”庞统说：“现在是需要随机应变的时候，不能被单方面的道义所束缚。兼并弱小的国家，吞并昏君的土地，这是过去春秋五霸时的做法；用非常的手段夺取，用正当的手段守护，用仁义来回报对方。等大事已定，再赐

给他一个大国，又怎么能说是失信呢？你现在不夺取益州，恐怕将来要被别人得到好处了。”刘备于是派关羽坚守荆州，决定亲自率军夺取蜀地。这时孙权派使者去告诉刘备，想要和他一起攻取蜀地，说：“米贼张鲁在巴汉称王，是曹操的耳目，力求得到益州，刘璋没有能力自保。如果曹操得到蜀地，那么荆州就危险了。如今我想先攻打刘璋，然后讨伐张鲁，你我首尾相连，统一吴楚，到时候即使有十个曹操，也没有什么可担心的了。”有人劝刘备答应孙权，说东吴总归不能越过荆州而占领蜀地，只要攻下，蜀地就是我们的了。主薄殷观说：“假如我们做东吴的先锋，一旦攻不下蜀地，退回来又被东吴乘机攻打，那么统一大业的机会就完全断送了！”刘备听从了殷观的意见，拒绝孙权说：“益州国富民强，地势险要，刘璋虽然软弱，但完全能够自保。张鲁为人虚伪，不一定对曹操竭尽忠诚。现在把军队开赴蜀地，转战万里，想要攻无不克，战无不胜，那是连吴起和孙武也没有办法做到的事。现在曹操占领天下的三分之二，将要一举打到沧海之滨，陈兵东吴，而你我同盟之间无故互相攻伐，这会给曹操提供可乘之机，攻打我们。这不是一个好计策。”孙权知道刘备明白了他的用意，就放弃了攻打刘璋的计划。

会刘璋闻曹公向汉中讨张鲁，内怀恐惧。别驾张松说璋曰：“曹公兵强，无敌于天下。若因张鲁之资，以取蜀土，谁能御之？刘豫州，使君之宗，而曹公之深仇也。若使之讨鲁，鲁必破。鲁破则益州强，曹公虽来，无能为也。”璋然之，遣法正迎先主时黄权①谏曰：“左将军有枭名，今以部曲遇之则不满其心，以客礼待之则一国不容二君，若客有泰山之安，则主有垒卵之危。愿且闭境以待河清。”时刘巴②亦谏曰：“备，雄杰人也。入必有为，不可内也。”既入，巴又曰：“若使备讨张鲁，是放虎于山林也。”璋并不听。先主与璋会涪。璋既还成都，先主当为璋北征汉中。统复说备曰：“阴选精兵，昼夜兼道，径袭成都。璋既不武，又素无豫备，大军卒至，一举便定，此上计也。杨怀③、高沛[④]，璋之名将，各仗强兵，据守关头，闻数有笺来谏璋，使发遣将军还荆州，将军未至，遣与相闻，说荆州有急，欲还救之，并使装束，外作归形。此二子既服将军英名，又喜将军之去，必乘轻骑来见将军，因此执之，进取其兵，乃向成都，此中计也。返还白帝，连引荆州，徐还图之，此下计也。若沉吟不去，将致大困，不可久矣。”先主然其中计初，张松、法正[⑤]见备，备以私意接纳，尽其殷勤。因问蜀中兵器、府库、人马众寡及诸要害，松等具为言之，又画地图，处置山川，由是尽知益州虚实。先主北到葭萌，未即讨鲁，厚树恩德以收众心。明年，曹公征孙权，权呼先主自救。备乃从璋求万兵及资宝，欲以东行救权，璋但许兵四千，其余皆半给。备因激怒其众曰：“吾为益州征强敌，师徒勤瘁，不遑宁居，今积帑（tǎng）藏之财，而吝于赏功，望士大夫为出死力战，其可得乎？”乃召璋白水军督杨怀，责以无礼，斩之。使黄忠[⑥]等勒军向璋。先主迳至关，质诸将士卒妻子。引兵从忠等进到涪，据其城。璋所遣将皆破败也，即斩怀等，自葭萌南还取璋。

【注释】①黄权：字公衡，巴西郡阆中县（今四川阆中）人，三国时期将领，历仕刘璋、蜀汉及曹魏三个势力。②刘巴：字子初，三国时期蜀汉将领。博学多才，为刘备解决入蜀后的财政困难问题，又与诸葛亮等共制蜀汉的法律文件《蜀科》。为人简朴清高，退无私交，曹魏大臣陈群甚敬重之。③杨怀：东汉末年益州牧刘璋的属下，白水都督，后被刘备所杀。④高沛：扬州淮南成德（今安徽肥东）人，东汉末年益州牧刘璋属下，与杨怀镇守关头。刘备欲图益州，用庞统之计，诱二人至而斩之。⑤法正：字孝直，扶风郿（今陕西省眉县小法仪镇）人。东汉末年刘备帐下谋士，名士法真之孙。原为刘璋部下，刘备围成都时劝说刘璋投降，而后又与刘备进取汉中，献计将曹操大将夏侯渊斩首。善奇谋，深受刘备信任和敬重。⑥黄忠：字汉升，南阳（今河南南阳）人，东汉末年名将。本为刘表部下中郎将，后归刘备，并助刘备攻益州刘璋。刘备称汉中王后改封后将军，赐关内侯。

【译文】这时候，正好刘璋听说曹操派兵到汉中讨伐张鲁，心里十分害怕。别驾张松劝刘璋说："曹操兵强马壮，天下无人能敌。如果曹操打败张鲁夺得汉中，凭借汉中的地利来攻打益州，谁能抵挡得了？刘备是您的同宗兄弟，和曹操有深仇大恨。假如能请他讨伐张鲁，一定可以打败张鲁。张鲁一旦失败，我们取得汉中后，益州的实力就会增强，即便曹操来攻打益州，也无能为力了。"刘璋同意张松的意见，派法正去迎接刘备当时，谋士黄权劝刘璋说："刘备是天下的枭雄，如今您拿他当部下，会让他不满意的，如果您能以礼相待，那么一国容不下二君。如果刘备稳如泰山，那您的处境就十分危险了。希望您能紧闭四境，静等事态的发展。"当时，谋士刘巴也劝刘璋说："刘备是天下的英豪，一旦到了益州，必然有所图谋，不可放他进来啊。"刘备进入益州后，刘巴又说："假如让刘备去讨伐张鲁等于是放虎归山啊！"刘璋还是不听。刘备和刘璋在涪城相见。刘璋立即返回成都，刘备则去替刘璋向北征讨汉中的张鲁。庞统再次劝刘备说："暗中遣派精兵，日夜兼程，直接偷袭成都。刘璋不会打仗，平时又毫无防备，我军突然到达，一举就能夺取成都，这是上策。杨怀、高沛都是刘璋手下的名将，各自手握重兵，据守在险关要地，听说他们多次写信劝谏刘璋，要刘璋打发将军您返回荆州，在我们还没被遣返之前，可以事先说荆州军情紧急，我们打算退兵救荆州，并且让军队整装待发，表面上做出要回荆州的样子。这两个人都仰慕将军的英名，又暗喜将军要离去，必定会快马加鞭赶来见将军，我们趁机捉住他们，进而夺取他们的兵马，然后再进攻成都，这是中策。我军返回白帝城，与荆州相互策应，再等机会慢慢夺取，这是下策。如果迟疑不决而不愿离去，将会有大的麻烦，支持不了多久的。"刘备同意了他的中策起初，张松、法正来拜见刘备，刘备私下极为殷勤地接待了他们，借机询问蜀中的武器装备、库存和兵马数量等重要情况。张松等人都详细地回答了，又画了地图，把山川地势指给他看，因此刘备完全知晓了益州的虚实。刘备向北到达葭萌，没有立刻讨伐张鲁，而是广施恩德来收买人心。第二年，曹操征讨孙权，孙权向刘备求救。于是刘备向刘璋提出借一万士兵以及钱财物资，准备向东出兵救孙权。刘璋只答应借给四千士兵，其余的军需也只给一半。刘备借势激怒他的部下说："我为益州征讨强敌，大家也都非常辛苦，连个安稳觉都睡不上。现在刘璋却把钱财藏在府库里，舍不得犒劳有功之人，却希望士大夫们为他拼死作战，这怎么可能呢？"于是召来刘璋的白水军都督杨怀，责备他没有礼貌，趁机杀了他。然后派黄忠等人率军攻打刘璋。刘备直驱白水关，把各位将领和他们的部卒、妻子儿女扣作人质，然后率兵与黄忠等人进军涪城，并占领了此城。刘璋派遣的部将全部大败，很快设法杀了杨怀等人，再从葭萌关南下进攻刘璋。

时郑度[①]说璋曰："左将军袭我，兵不满万，士众未附，野谷是资。计莫若尽驱巴西、梓潼人，内涪水以西，其仓廪(lǐn)野谷，一皆烧除，高垒深沟，静以待之。彼请战不许，久无所资，不过百日，必将自走。走而击之，则必禽矣。"璋不用度计。先主遂长驱，所过必克，而有巴蜀。刘备袭蜀，丞相掾赵戬(jiǎn)[②]曰："刘备其不济乎？拙于用兵，每战必败，奔亡不暇，何以图人？蜀虽小国，险固四塞，独守之国，难卒并也。"征士[③]傅干[④]曰："刘备宽仁有度，能得人之死力；诸葛亮达理知变，正而有谋，而为之相；张飞、关羽勇而有义，皆万人之敌，而为之将。此三人者，皆人杰也，以刘备之略，三杰佐之，何为不济？"先主围成都数十日，璋出降。蜀中殷盛丰乐，先主置酒大飨士卒，取蜀城中金银分赐将士，还其谷帛。初，攻刘璋，备与士众约曰："若事定，府库百物，孤无豫焉！"及拔成都，士众皆舍干戈赴诸藏，竞取宝物。军用不足，备甚忧之，刘巴曰："易耳！但当铸直百钱，平诸物价，令吏为官市。"备从之。数月之间，府库充实。先主领益州牧，诸葛亮为股肱，法正为谋主，关羽、张飞、马超为爪牙，许靖⑤、糜竺⑥、简雍⑦为宾友。董和⑧、黄权、李严⑨等本璋之授用也；吴壹⑩、费观⑪等又璋之婚亲也；彭羕（yàng）⑫者，又璋之所排摈也；刘巴者，宿昔之所忌恨也。皆处之显任，尽其器能。有志之士无不竞劝也。

【注释】①郑度：广汉郡人。仕刘璋官至州从事。刘璋投降后，郑度隐世不仕，终于家。②赵戬：三国时人，曾任蜀汉丞相掾（丞相府的辅佐官员）。③征士：指不接受朝廷征聘的隐士。④傅干：字彦材，北地泥阳（今陕西耀县东南）人，曾为曹操的谋士。⑤许靖：字文休，汝南平舆（今河南省平舆市）人，三国时期名士。后被刘翊推举为孝廉，任尚书郎。后受益州牧刘璋邀请，相继为巴郡、广汉、蜀郡太守。刘备称汉中王时，任命他为汉中王傅。刘备称帝后，任命他为司徒，位列三公。⑥糜竺：字子仲，东海朐县（今江苏连云港西南）人。原为徐州富商，后被徐州牧陶谦辟为别驾从事。陶谦病死后，奉其遗命迎接刘备。刘备入主益州后，拜他为安汉将军，地位在诸葛亮之上，为刘备手下众臣之最。⑦简雍：字宪和。涿郡（今河北省涿州市）人。本姓耿，而幽州人将耿说成简，便改为姓简。汉末三国时刘备帐下谋士。年少时便与刘备相识，后随其奔走。擅于辩论、议事，常作为谈客，往来使命。⑧董和：字幼宰，南郡枝江（今湖北枝江）人。三国时期蜀汉大臣。曾任刘璋所署成都令、益州太守。刘备占据益州，征为掌军中郎将。⑨李严：字正方，三国时期蜀汉重臣，与诸葛亮同为刘备临终前的托孤大臣。⑩吴壹：字子远，陈留人，三国时期蜀汉名将，刘备的大舅子。官拜车骑将军，封济阳侯。⑪费观：字宾伯，江夏鄳人，为刘璋的女婿，是蜀汉四相之一费祎的族父。⑫彭羕：三国时蜀汉官吏，字永年。曾为刘璋部下小吏，后为刘备幕僚。

【译文】当时谋士郑度劝刘璋说：“刘备派兵偷袭我们，不到一万兵马，人心还没有归附，仅靠野草谷物充作军需。我们最佳的策略就是把巴西、梓潼的人全部驱赶到涪水以西，并将那里的粮仓、野谷全部烧掉，我们挖深沟、筑高墙，严阵以待。他们请战我们不理会，时间一长，一旦军需物资匮乏，不出百日，他们就会主动撤军。到时候我们再出击追赶，一定能擒获刘备。”刘璋没有采纳郑度的建议。刘备于是长驱直入，攻必克，战必胜，很快就占领了巴蜀。刘备袭击蜀地，蜀丞相的属官赵戬说：“刘备怎么可能成功呢？他不善用兵，每战必败，逃亡还自顾不暇，用什么图谋别人的土地呢？蜀虽然是个小国，但地势险要，易守难攻，他很难快速兼并。”征士傅干说：“刘备宽厚仁慈，做事很有分寸，能够让人为他尽全力；诸葛亮通达事理，随机应变，正直而又足智多谋，刘备任他为丞相；张飞、关羽忠勇而讲信义，都可力敌万人，刘备让他们担任将领。这三个人，都是才智杰出的人，靠着刘备的雄才大略，加上这三位英豪的辅佐，怎么会不成功呢？”刘备围攻了成都几十天后，刘璋出城投降。蜀中富裕，物产丰富，百姓安乐。刘备摆酒设宴犒劳将士，取出城中的金银财宝分赏给他们，把谷物、布帛还给了百姓。起初，攻打刘璋的时候，刘备和众将士约定说：“如果事情能成功，府库里的一切财物我都不要！”等到攻下成都，将士们都丢掉武器跑到府库里争着拿财宝。军中物资不足，刘备非常担忧。刘巴说：“这事很好办！铸造价值以一当百的钱币来稳定物价，让官吏去官市上做买卖就行了。”刘备听从他的建议，几个月后府库就充实了。刘备自封为益州牧，任命诸葛亮担任辅相，法正担任谋主，关羽、张飞、马超担任大将，许靖、糜竺、简雍做幕僚。董和、黄权、李严等人本是受刘璋重用的人；吴壹、费观等人又与刘璋是姻亲；彭羕从前被刘璋排挤；刘巴以前被刘璋所忌恨。这些人都被委以重任，以便尽量发挥他们的度量、才干。因此有志之士无不争相劝勉为蜀汉效力。

群臣劝先主称尊号，先主未许。诸葛亮曰：“昔吴汉、耿纯等劝世祖即帝位，世祖辞让，前后数四。耿纯[①]进言曰：‘天下英雄喁喁，冀有所望，如不从议者，士大夫各归求主，无为从公也。’世祖感纯言深至，遂然诺之。今曹氏篡汉，天下无主，大王刘氏苗族，绍世而起，即帝位，乃其宜也。士大夫久勤苦者，亦望尺寸之功名，如纯言耳。”先主于是即帝位。谯周②等劝进云：“臣父群未亡时，言西南数有黄气，直立数丈，见来积年，时时有景云祥风从璇玑③下应之。此为异瑞。又二十二年中，数有气如旗，从西竟东，中天而行。图书④曰：‘必有天子出其方。’如乃年，太白⑤、荧惑⑥、镇星⑦常从岁星⑧，相追近。汉初兴，五星⑨从岁星，其岁星主义。汉位在西，义之上方。故汉法常以岁星候人主，当有圣主起于此州，以致季兴。时许帝⑩尚存，故群下不敢漏言。顷者荧惑复追岁星，见在胃⑪、昴⑫。胃、昴为天纲。《经》曰：‘帝皇处之，众邪消亡。’愿大王应天顺人，速即洪业，以宁海内也。”

【注释】①耿纯：字伯山，东汉名将。曾先后担任过王莽、刘玄政权的官员，后投奔刘秀，参与消灭王郎、刘永等割据势力，镇压铜马、赤眉等农民军，协助刘秀建立东汉，是东汉中兴名将。②谯周：字允南，三国时期蜀汉学者、官员，著名的儒学大师和史学家。少读典籍，精研六经，颇晓天文，为蜀地大儒之一，门下有陈寿、罗宪等学生。③璇玑：即魁星。北斗七星中的前四星，即天枢、天璇、天玑、天权的总称。有时专指天枢星。④图书：根据河图制作的一种谶书，用来预测吉凶。⑤太白：即金星。我国古代也叫启明、长庚或明星等。⑥荧惑：即火星。⑦镇星：即土星。⑧岁星：即木星。⑨五星：指金、木、水、火、土五大行星。⑩许帝：指当时在许昌的汉献帝刘协。他即位时东汉政权已名存实亡，被曹操控制，并迁都许昌。曹操死后，又被曹丕控制，随后被迫传位于曹丕。⑪胃：星名。二十八宿之一，白虎七宿的第三宿。⑫昴：星名。二十八宿之一，白虎七宿的第四宿。

【译文】群臣都劝刘备称帝，刘备不答应。诸葛亮说：“过去吴汉、耿纯等人劝说世祖刘秀称帝，刘秀谦逊推让，先后四次。耿纯进言说：‘天下的英雄豪杰都希望可以有明君主政，您如果不听我们的建议，大家只能各自去寻找自己的君主，无法继续跟随您了。’刘秀被耿纯的诚意打动，于是同意登基称帝。如今曹操篡夺汉朝江山，天下没有真正的明君，大王您是皇室的后代，继承祖业登上帝位是理所应当的。我们这些人长久以来辛苦地追随您，也是希望能建功立业，就像耿纯当年的想法那样啊！”刘备于是决定登基称帝。谯周等人劝刘备说：“臣的父亲谯群还在世的时候就说过西南方曾多次出现黄气，直立几丈高，已经出现好几年了，而且常常有彩云、祥风从北斗中的璇玑星宿下与黄气相应，这是异常的吉兆。汉献帝建安二十二年时，又多次出现像旌旗一样的气体，自西向东，在天空中横贯穿行。谶书上说：‘这预示着必定会有天子出现在那个方向。’也就是在这一年，太白、荧惑、镇星经常接近岁星。汉朝刚建立的时候，五星都跟从岁星，这说明岁星执掌天命。汉室的方位在西边，是义的上方。所以，汉朝的占星术士通常认为岁星是在等待人主，说明应该有圣明的君主兴起于此州郡，来使汉室中兴。当时许都的汉献帝还在位，所以群臣不敢泄漏这些说法。不久荧惑星又接近岁星，出现在胃、昴二宿之间。胃、昴二宿代表天纲。经书说：‘帝王所在的地方，一切奸邪都会消亡。’希望大王能顺应天命，合乎人心，迅速登基称帝，以便安定四海。”

时曹公拔汉中。初，魏太祖破张鲁于汉中，刘晔[①]进计曰：“明公北破袁绍，南征刘表，九州百郡十并其八，威震天下，势慑海外。今举汉中，蜀人望风，破胆失守，推此而前，蜀可传檄而定。刘备，人杰也。有度而迟，得蜀日浅，蜀人未附，人心震恐，其势自倾。因其倾而压之，无不克也。若小缓之，诸葛孔明明于治体，关羽、张飞勇冠三军，武毅以威之，文德以抚之，据险守要，不可犯矣！今时不取，必有后忧。”太祖不从。居七日，蜀降者言蜀中惊扰，虽斩之，犹不禁。太祖又问晔曰：“蜀可伐不？”对曰：“今以小安，不可动也。”法正说先主曰：“曹操一举降张鲁、定汉中，不因此势以图巴蜀，而留夏侯渊[②]、张郃屯守，身遽北还。此非其智不逮、力不足也，将内有忧逼故耳。今算渊、郃才略，不胜国之将率，举众往讨，则必克之。克之日，广农积谷，观衅伺隙，上可以倾覆寇敌，尊奖王室；中可以蚕食雍、凉，广境拓土；下可以固守要害，为持久之计。此盖天以与我，时不可失也。”先主善其策，乃率诸将进兵汉中，正亦从行。先主由阳平南渡沔水，缘山稍前，于定军、兴势作营。渊将兵来争其地。正曰：“可击矣。”先主命黄忠乘高鼓噪，攻之，大破渊军，渊等授首，遂奄有梁、汉。时魏使夏侯楙（mào）③镇长安，蜀将魏延④就诸葛亮请兵从褒中出，循秦岭而东，当子午⑤而北，以袭长安，亮不许。《魏略》曰：“夏侯楙为安西将军，镇长安。诸葛亮于南郑与群下计议，魏延曰：‘闻夏侯楙少，主婿也，怯而无谋，今假延精兵五千，负粮五千，直从褒中出，循秦岭而东，当子午而北，不过十日，可到长安。闻延奄至，必乘船逃走，长安唯有御史、京兆太守，横门邸阁与散人谷足周食也。比东方相合聚，尚二十许日，而公从斜谷来，亦足以达。如此则一举而咸阳以西可定矣！’亮以为悬绝，不如安从阻道，可以平取陇右，万全必克而无虞，故不用延计也。延每随亮出，辄欲请兵万人与亮异道会于潼关，如韩信故事。亮制而不许。延常谓亮为怯，叹恨己才用之不尽也。”

【注释】①刘晔：字子扬，淮南成德人，是光武帝刘秀之子阜陵王刘延的后代，三国时期魏国著名的战略家。年少知名，人称有佐世之才，是曹操手下举足轻重的谋士，他屡献妙计，对天下形势的发展往往一语中的。历仕数朝，是曹魏的三朝元老。②夏侯渊：字妙才，沛国谯（今安徽亳州）人，东汉末年名将，擅长千里奔袭作战，常常出敌不意，官至征西将军，封博昌亭侯。③夏侯楙：字子林，沛国谯县（今安徽亳州）人，大将军夏侯惇之子，三国时期魏国官员、将领，其妻为曹操之女清河公主。④魏延：字文长，义阳（今河南桐柏）人，深受刘备器重。镇守汉中近十年，之后又屡次随诸葛亮北伐，功绩显著。与长史杨仪不和，诸葛亮死后，两人矛盾激化，相互争权，魏延败逃，为马岱所追斩，并被夷灭三族。⑤子午：即子午道，在陕西秦岭东部，是古代沟通关中平原和汉中平原的一条南北谷道。西汉开凿。古人以“子”为北，“午”为南，故名。

【译文】这时，曹操攻下汉中。起初，曹操在汉中打败张鲁后，刘晔进献计策说：“您向北打败了袁绍，向南征服了刘表，天下九州百郡已经占据了十分之八，您的名声足以威震天下，名扬四海。如今又攻下汉中，蜀人闻风丧胆，不敢守护自己的领地，如果我们继续向前推进，颁布征伐檄文就可以平定蜀地了。刘备，是人中豪杰，有气度但不果敢，占据蜀地的时间还不长，蜀地的百姓还没有完全归附，人心不稳，还有从内部自我颠覆的危险。我军可以乘蜀地未稳而用强兵压境，一定可以战无不胜。如果现在给他们休息的时间，诸葛亮擅长治理，关羽、张飞勇冠三军，等到他们用武力威震蜀地，用教化安抚蜀地百姓，恩威并济，再派重兵坚守险关要塞，那就不可侵犯了！现在不及时进攻，日后必定有后患。”曹操没有听从他的建议。停留了七天后，蜀地投降的人说蜀地人心浮动，即使杀了他们，也不能禁止骚乱。曹操问刘晔说：“现在能攻打蜀地吗？”刘晔回答说：“现在蜀地已经安定了，不可以进攻了。”**法正劝刘备说：“曹操一鼓作气打败张鲁，平定汉中，不借此机会进攻西蜀，而是留下夏侯渊、张郃驻守汉中，自己却急忙返回北方，这不是因为他的计谋不够、兵力不足，应该是国内出现了问题的缘故吧。现在以夏侯渊、张郃的才能谋略，远比不上我军的将帅，如果现在带兵去攻打他们，一定能战胜。战胜之后，我们广种农田，囤积谷物，同时观察形势，等待时机，上可以打败魏国，复兴汉室；中可以吞并雍州、凉州，扩大我们的国土；下可以固守要害之地，作为长久之计。这大概就是上天赐予我们的机会，这个机会可不能失去。”刘备同意了他的谋略，于是率领大军进攻汉中，法正也随军出发。刘备先从阳平往南渡过沔水，爬过大山后向前走了一段路，在定军山安营扎寨。夏侯渊率领大军来争夺营地。法正说：“可以攻打他们了。”刘备命黄忠在高处呐喊，同时进攻夏侯渊的军队，大获全胜，夏侯渊等人被杀，随后刘备就占据了整个梁州、汉中一带。当时**

魏国派夏侯楙镇守长安，蜀将魏延向诸葛亮请求带兵从褒中出击，沿着秦岭往东，到了子午谷再向北走，去偷袭长安城，诸葛亮不同意。《魏略》中说：夏侯楙当时是魏国的安西大将军，镇守长安城。诸葛亮在南郑与部下商议，魏延说："听说夏侯楙很年轻，是曹操的女婿，胆小且没有谋略，现在您借给我五千精兵，带上五千兵马的粮草，直接从褒中出发，沿着秦岭往东，到了子午谷后再向北走，不到十天，便可到达长安。他听说我急速来到，一定会坐船逃走，长安就只剩下御史、京兆太守了，剑阁和嵴谷一带，粮食也足够吃了。等到东部援军来会合的时候，也得二十多天，而您从斜谷带大军来，也完全能够到达这里了。这样我们就可以一举攻破咸阳以西了！"诸葛亮认为这样做很危险，不如安稳地从平地攻取陇右，这样有必胜的把握，且没有什么危险，因此不同意魏延的计策。魏延每次随诸葛亮出征，都想请求带一万兵马与诸葛亮分路出发而在潼关会合，就像韩信当初那样。诸葛亮制止了他。魏延经常说诸葛亮胆小怕事，叹息怨恨自己的才能不能全部发挥出来。

其后吴孙权袭关羽，取荆州。范晔曰："刘备令关羽镇守荆州。吴将吕蒙拜汉昌太守，与关羽分土接境，知羽枭雄，有兼并心，且居上流，其势难久。"蒙乃密陈计策曰："今征虏守南郡，潘璋将游兵万人循江上下，应敌所在，蒙为国家前据襄阳。如此，何忧于操？何赖于羽？"将图之，会羽讨樊，留兵将备南郡。蒙上疏曰："羽讨樊而多留备兵，必恐蒙图其后故也。蒙常有病，乞分众还建业，以治病为名，羽闻之，必撤备兵。尽赴襄阳，大军浮江，昼夜驱上，袭其空虚，则南郡可下，而羽可擒也。"遂称病笃，权乃露檄召蒙还，阴与图计。羽果信之，稍撤兵赴樊。权遂行，遣蒙在前，伏其精兵于䑸舻中，使白衣摇橹作商贾服，昼夜兼行，至羽所置江边屯候，尽缚之，是故羽不闻知。蒙入据城，尽得羽及将士家属，皆抚慰纳，约令军不得干历人家、有所求取。羽还，在道路数使人与蒙相闻，蒙辄厚遇其使。羽使人还，咸知家门无恙，见待过于平时，故羽吏士无斗心，皆委羽而降，即父子俱获。初，孙权之讨羽也，遣使报魏云："欲讨关羽自效，乞不漏露，令羽有备。"群臣咸言密之是宜。董昭[1]曰："军事尚权，期于合宜，宜露其事。羽闻权上，即当还护其城，围得速解，便获其利。可使两贼相持其弊。若密而不露，交权得志，非计之上也。"乃使射书于围中及羽屯内，羽犹豫未去。陆逊[2]至，破江陵。羽走至临沮，为吴将潘璋[3]所杀也。先主怒吴，伐之，败绩。还蜀，至永安而崩。初，魏文帝闻备东下与孙权交战，树栅连营七百余里，谓群臣曰："备不晓兵机，岂有七百里营可以距敌乎？包原隰阻险而为军者，为敌所禽，此兵忌。孙权上事今至矣！"后七日，权破备于夷陵书至。

【注释】①董昭：字公仁，济阴定陶（今山东省菏泽市定陶区）人。东汉末年曹魏谋士、重臣、开国元勋。原担任袁绍帐下参军，多有战功，因受谗言而投奔张杨，随张杨迎接汉献帝，被拜为议郎。后建议曹操将汉献帝迎接到许昌，自此成为曹操的谋士。②陆逊：本名陆议，字伯言，吴郡吴县（今江苏苏州）人，三国时期吴国政治家、军事家。跟随孙权四十余年，统领吴国军政十余年，深得孙权器重。深谋远虑，忠诚刚直。一生出将入相，被赞为"社稷之臣"。③潘璋：字文珪，东郡发干（今山东冠县东）人，三国时期吴国将领。一生为孙权东征西讨，在合肥之战、追擒关羽、夷陵之战、江陵保卫战中多次立下战功，但其为人奢侈贪财，经常设立军市，又劫杀将士以获得财物。

【译文】后来，东吴的孙权偷袭关羽，占领了荆州。范晔说："刘备命关羽据守荆州，东吴将领吕蒙被任命为汉昌太守，与关羽的辖境相邻。吕蒙知道关羽是一介枭雄，有想吞并东吴的野心，并且现在驻扎在长江上流，很难长时间保持这种和平形势。"吕蒙于是向孙权暗中献计说："现在征虏将军孙皎驻守南郡，潘璋率一万游兵沿长江上下巡逻，随时应敌，我吕蒙为国家据守襄阳。这样的话，对曹操还有什么可担心的呢？又何必要依赖关羽呢？"准备施行吕蒙计策的时候，恰逢关羽去攻打樊城，并且留下重兵防守南郡。吕蒙给孙权上书说："关羽攻打樊城却留下许多守军，一定是因为怕我吕蒙图谋他的后方。我吕蒙经常生病，人们不以为怪，请求带一部分兵马返回建业，名义上是我要回去治病。关羽听说后，一定会撤走南郡的守军，将他们全部调到襄阳。到那时，我们出动大军，昼夜兼程沿长江而上，偷袭他空虚的后方，这样南郡就可以拿下了，而关羽也会被擒获。”于是，吕蒙对外说自己病重，孙权发布公告将他召回，暗中与他商量计谋。关羽果然相信了，陆续把南郡的守军调往樊城。孙权于是立即发兵，派吕蒙担任先锋，在大船中埋伏下精兵，准备了商人的白色衣服，让士兵穿上摇浆，日夜兼程，沿途遇到关羽设置在江边的哨兵，一律捆绑起来，因此关羽什么也不知道。吕蒙进入南郡，占据了郡城，将关羽的将士及其家属全部俘获，然后挨家安抚慰问，并下达命令严令全军不得冒犯百姓、索取钱财。关羽从樊城返程时，途中多次派人来向吕蒙探听情况，吕蒙总是热情地接待关羽派来的使者。关羽派去的使者回去后说了详细情况，大家都知道家人平安无事，又看见受到的待遇比平时还好，所以将士们都丧失了斗志，纷纷离开关羽向吕蒙投降，吕蒙很快便抓获了关羽父子。起初，孙权准备攻打关羽的时候，曾派人到魏国报信说：“我准备讨伐关羽，希望不要把这个消息透露出去，让关羽有所防备。”群臣都说应该对外保密。大臣董昭说：“用兵重在权变，抓住合适的机会，现在我们应当把这个消息泄露出去。关羽听说孙权准备进兵袭击南郡，必定立即撤军，守护南郡，樊城之围就可迅速解除，我们可以从中获得好处。并且我们还可使他们双方互斗，静等他们露出可乘之机。如果对这个消息秘而不宣，让孙权的计策得逞，这对我们而言可不是上策。”于是魏国派人把孙权写的书信射进被围的樊城中和关羽的军营里。关羽犹豫不决，没有撤军。陆逊赶到南郡，攻破江陵。关羽逃到临沮，被东吴大将潘璋杀死。**刘备听到关羽被杀的消息，非常愤怒，派兵讨伐东吴，大败而回，在回蜀地的路上病死在永安。**起初，魏文帝曹丕听说刘备要东下与孙权交战，在密林中扎下七百里的连营，对群臣说：“刘备不懂兵法，怎么能在密林中用七百里的连营抗敌呢？把大军铺开驻扎在地势过于复杂的大片地方，最后被敌人抓获，这是用兵的大忌。孙权的大好机会就要来了！”七天后，孙权在夷陵大败刘备的消息就送到了魏国。

后主禅即位。下诏曰："朕闻善积者昌，祸积者丧，古今常数也。曩者汉祚中微，网漏凶慝（tè），董卓造难，震荡京畿（jī）；曹操阶祸，窃执天衡；子丕孤竖，敢寻乱阶，盗据神器，更姓改物，世济其凶。当此之时，天下无主，则我帝命殒越于下。昭烈皇帝光演文武，存复祖业，诞膺（yīng）皇纲，不坠于地。万国未竭，早世遐殂，朕以幼冲，继统鸿业，未习保傅之训，而婴祖宗之重，光戴前绪，未有攸济，朕甚惧焉。诸葛丞相，弘毅忠壮，忘身忧国，今授之以旄钺之重，付之以专命之权，统领步骑二十万众，董督元戎，龚行天罚，除患宁乱，克复旧都，在此行也。伐其元帅，吊其残人，他如诏书律令者也。"

【译文】蜀后主刘禅即位。刘禅下诏说："朕听说积累善行，国家就会繁荣昌盛，积累祸患，国家就会灭亡，这是自古以来的常理。从前汉室衰落，法网疏漏，奸邪横行法外。董卓制造祸难，使京城动荡不安。曹操趁乱起事，窃取天子的权力。他的儿子曹丕大逆不道，胆敢趁天下大乱改朝换代，其后代继承他的叛逆行为。当时天下局势动荡，天下无主，我大汉皇帝命归黄泉。我父皇昭烈皇帝光大延续文治武功，复兴了祖先的基业，承受天命，使大汉天下不至于灭亡。可惜乱世尚未肃清，先帝就不幸驾崩。朕年纪尚幼就继承大位，还没有好好接受治国之道的训导，就担负起祖宗留下的重任，一切都感谢前辈，但自己还没有办成什么大事，所以心中常感不安。诸葛丞相抱负远大，意志坚强，忠心耿耿，鞠躬尽瘁，忧国忧民。现在让他掌管军队，把治国大权交给他，让他统率二十万步兵、骑兵，统领大军奉天之命讨伐叛逆，清除祸患，平定战乱，光复旧都，就在这次行动了。讨伐敌军的统帅，慰问被残害的百姓等其它各项事务，都照诏书和律令执行。"

先是，吴主孙权请和。吴使张温①使蜀，权谓温曰："卿不宜远出，恐诸葛孔明不知吾所以与曹氏通意。故屈卿行。行人之义，受命不受辞也。"对曰："臣入无腹心之规，出无专对之用，惧无张老②延誉之功，又无子产陈事之效，然诸葛亮达见计数，必知神虑屈伸之宜，加受朝廷天覆之惠。推亮之心，必无疑贰。"温至蜀，诣阙拜章曰："昔高宗以谅暗，昌殷祚于中兴。成王以幼冲，隆周德于太平。今陛下以聪明之姿，等契往古，总百揆于良佐，参列精之炳耀，遐迩望风，莫不忻赖。吴国勤任旅力，清澄江浒，愿与有道平一宇内，委心协规，有如河水。使下臣温通致情好。陛下敦崇礼义，不便耻忽。臣自入远境，及即近郊，频蒙劳来，以荣自惧。"蜀使马良③使吴。良谓亮曰："今衔国命，协穆二家，幸为良介于孙将军。"亮曰："君试自为文。"良即草曰："寡君遣掾马良通聘继好，以绍昆吾④、豕韦⑤之勋，其人吉士。荆楚之令，鲜于造次之华，而有克终之美。愿降心存纳，以慰将命。"权大待之也。

丞相诸葛亮虑权闻先主殂，有异计，乃遣邓芝⑥修好于权。权果狐疑不时见芝，芝自表请见。权语芝曰："孤诚愿与蜀和亲，然恐蜀主幼弱，国小势逼，为魏所乘，不自保全，以此犹豫耳。"芝对曰："吴蜀二国，四州之土，大王命世之英，诸葛亮一时之杰也。蜀有重险之固，吴有三江之阻。合此二长，共为唇齿，进可兼并天下，返可鼎足而立，此理势之自然也。大王今若委质于魏，魏必上望大王之入朝，下求太子之内侍。若其不从，则奉辞伐叛，蜀必顺流，见可而进。如此，江南之地，非复大王之有也。"权默然良久曰："君言是也。"遂自绝魏，与蜀连和。

【注释】①张温：字惠恕，吴郡吴（今江苏苏州）人，三国时吴国大臣。少修节操，容貌奇伟。孙权召拜议郎、选曹尚书，徙太子太傅。②张老：指张昭，三国时吴国大臣，字子布。③马良：字季常，襄阳宜城（今湖北宜城南）人。三国时期蜀汉官员，马谡的哥哥。马良兄弟五人都有才华名气，而马良是五人中最为出色。因眉毛中有白毛，人称白眉马良。因此有"马氏五常，白眉最良"的赞誉。④昆吾：夏的同盟部落。后被商所灭。其人民善于制造陶器和铸造铜器，夏启曾命人在昆吾铸鼎。⑤豕韦：上古部落名。彭姓。生活的故地在今河南滑县境。后被商所灭。⑥邓芝：字伯苗，义阳新野（今河南新野）人，东汉名将邓禹之后，三国时蜀汉重臣。性格正直、简单，不刻意修饰情绪。他为将二十多年，赏罚明断，体恤士卒。身上的衣食取自官府，从未经营过私产。

【译文】在此以前，东吴君主孙权派使者前往蜀国求和。东吴使者张温出使蜀国之前，孙权对张温说：“你本不该远行巴蜀，但我担心诸葛亮不明白我和曹操交往的真正原因，所以才请你屈尊前往。为人臣之大义，就是要接受命令且不推辞。”张温回答说：“臣在朝中没有提出过什么贤智策谋的意见，在外又没有独立处理过外交事务，恐怕不能像张老那样传扬好名声，也不能像春秋时期郑国的子产那样有陈述事理的才能。不过诸葛亮见多识广，一定懂得把握进退、屈伸的时机，知道这对我们两国都会很有好处。推究诸葛亮的内心，一定不会因猜忌而生异心。”张温到了蜀国，赶赴朝堂，献上奏章，说：“过去殷高宗在居丧期间能使中兴时期的殷王朝更加兴盛，周成王以幼小的年纪能使太平盛世的周朝更加兴隆。如今陛下的聪明才智可与古代的明君相比，有贤良的丞相总揽朝政，又有诸多精英的显赫功绩，远近之人无不闻风归顺，希望得到陛下的保护。我们吴国上下努力奋斗，使江东呈现一派清平。希望能与有道的明君一统天下，就像大河流水一样同心协力。为此，特派下臣张温传达通好的意思。陛下您崇尚礼义，待人宽厚，万望您不要忽视这件事。臣进入蜀国，直到近郊，多次承蒙款待，大喜过望，忐忑不安。”蜀国派马良出使吴国。马良对诸葛亮说：“现在我身负国家的使命，协助吴、蜀两国实现和睦相处，希望您能把我马良好好介绍给孙将军。”诸葛亮说：“你自己试着写写吧。”马良于是写道：“我蜀国君主派下臣马良访问贵国，以示交好，效仿昆吾、豕韦互助的功劳。马良是个贤能之人，曾在荆楚为官，虽不善华丽的言辞，却具有善始善终的美德。希望您能屈尊接纳，以便让他完成使命。”孙权以隆重的礼仪接待了马良。**丞相诸葛亮考虑到孙权听到刘备去世的消息后必然有不轨的图谋，就派遣邓芝出使东吴，与孙权交好。孙权果然犹豫不定，不肯及时接见邓芝，邓芝便主动上书求见。孙权对邓芝说：“我真心愿意和蜀国交好，但是担心蜀主刘禅年幼，国家弱小且被形势所逼迫，可能会被魏国有机可乘，趁机吞并，不能**

自我保全，所以犹豫不决。”邓芝回答说：“吴、蜀两国，不过只有四个州的地盘。大王您是盖世英雄，诸葛亮也是当代的豪杰。蜀国有重重险关可以固守，东吴有长江天险作为阻挡，把这两国的优势结合在一起，结为唇齿的邻邦，进可以伺机统一天下，退可以保持三足鼎立的局面，这是理所应当的结果。大王现在如果向魏国称臣，魏国必然会要求大王去魏国朝见，或者让您的太子去魏国做人质，如果您不答应，魏国就会以此为名兴兵讨伐叛逆，蜀国也会趁机进攻。这样，江南就不再是大王您的了。”孙权想了很长时间，说：“你的话很有道理。”于是主动和魏国断绝往来，和蜀国结盟。

时司徒华歆①、司空王朗②等，与诸葛亮书，陈天命，欲使举国称蕃。亮不答书，作《正议》曰：“昔在项羽，起不由德，虽处华夏，秉帝者之势，卒就汤镬（zuò），为后来戒。魏不审鉴，今次之矣。免身为幸，灭在君子孙。而二三子多逞苏、张诡靡之说，奉进驩（huān）兜③滔天之辞，欲以诬毁唐帝，讽解禹、稷，所以徒怀文藻，烦劳翰墨，大雅君子，所不为也。又《军志》曰：‘万人必死，横行天下。’昔轩辕氏④挈（qiè）卒数万，制四帝⑤，定海内。况以数十万之众，据正道而临有罪，可得干拟者哉？”亮死后，魏令邓艾伐蜀，蜀兵败。后主用谯周策，降魏。议曰：国君为社稷死则死，为社稷亡则亡。谯周劝后主降魏，可乎？孙盛⑥曰：“《春秋》之义，国君死社稷，卿大夫死位，况称天子而辱于人乎？周谓万乘之君，偷生苟存，亡礼希利，要冀微荣，惑矣！且以事势言之，理不可尽，何者？禅虽庸主，实无桀、纣之酷，战虽屡北，未有土崩之乱，纵不能君臣固守，背城一战，自可返次东鄙，以思后图。是时罗宪⑦以重兵据白帝，霍弋⑧以强卒镇夜郎，蜀土险狭，山水峻隔，绝巘（yǎn）激湍，非步卒所涉。若悉收舟楫，保据江州，征兵南中，乞师东国，如此则姜、廖⑨五将，自然云从；吴之二师，承命电赴。何投寄之无所，而虑于必亡耶？魏师之来，搴（qiān）国大举。欲追则舟楫靡资，欲留则师老多虞，且屈伸有会，情势代起，徐因思旧之人以攻骄惰之卒，此昭王所以走阖闾、田单所以摧骑劫也。何为忿忿，遽自囚虏，不坚壁于敌人，致斫石之至恨哉？葛生有云：‘事不济即亡耳，安能复为之下？’壮哉斯言！可以立懦夫之志矣！观古燕、齐、荆、越之败，或国覆主灭，或鱼悬鸟窜，终能建功立事，康复社稷。岂曰天助，抑人谋也。向使怀苟存之计，纳谯周之言，何颓基之能构，令名之可获哉？禅既暗主，周实驽臣，方之申包胥、田单、范蠡、大夫种⑩，不亦远乎？”

【注释】①华歆：字子鱼，平原高唐人（今山东聊城高唐县）。汉末魏初时名士，曹魏重臣。曾参与汉献帝禅让帝位给曹丕的过程，在曹魏位列三公，官至司徒、太尉。②王朗：本名王严，字景兴。东海郡郯县（今山东临沂市郯城西北）人。汉末至三国曹魏时期重臣、经学家。官至司徒，进封兰陵侯。学识渊博，与其子王肃都为经学大家。③驩兜：传说中的恶人。又作欢兜或驩头，是古代传说中的三苗族首领，传说因为与共工、鲧一起作乱，而被舜流放至崇山。④轩辕氏：即黄帝。古华夏部落联盟首领，远古时代华夏民族的共主，五帝之首，被尊为中华“人文初祖”。⑤四帝：指四方的部落联盟首领，如炎帝、蚩尤等。⑥孙盛：字安国，东晋中期史学家、名士。年轻时便以博学、善清谈而闻名，但在仕途上并不顺利，先后担任陶侃、庾亮、庾翼、桓温的僚佐，也曾随桓温灭成汉、北伐收复洛阳，官至长沙太守，封吴昌县侯。晚年官至秘书监、给事中，故被后世称为“孙监”。⑦罗宪：字令则，荆州襄阳（今湖北襄阳）人。西晋开国将领，巴东太守。于蜀汉灭亡后降魏，成功抵御孙吴的入侵，守住入魏国的要冲永安。后仕晋官至冠军将军、假节，封西鄂县侯。⑧霍弋：南郡枝江（今湖北枝江）人，霍峻之子，三国蜀汉至西晋初时将领。邓艾灭蜀后，他率部降魏，被拜为南中都督。⑨姜、廖：姜指姜维，字伯约，三国时蜀汉名将，深得诸葛亮器重，官至大将军。廖指廖化，本名淳，字元俭，三国时蜀汉将领。曾为关羽主簿，关羽败亡后归入孙吴，用诈死之计回归蜀汉，刘备授任为宜都郡太守。刘备去世后，为丞相参军，后为广武都督，迁阴平郡太守，多次参与蜀汉的北伐。⑩大夫种：即春秋末越国大夫文种，字少禽，一作子禽，春秋末期著名的谋略家。越王勾践的谋臣，和范蠡一起，为勾践最终打败吴王夫差立下赫赫功劳。灭吴后，自觉功高，不听从范蠡劝告，继续留下为臣。后为勾践所不容，被勾践赐死。

【译文】当时魏国的司徒华歆、司空王朗等人，给诸葛亮写信，说魏国取代汉朝是上天的旨意，想让蜀国承认是魏国的附属国。诸葛亮没有直接回信，写了一篇《正议》说："以前西楚霸王项羽，不以仁德对待百姓，即使在华夏称王，最终还是国破身亡，被后人引以为鉴。如今魏国却不审察借鉴，反而重蹈覆辙，即使魏国国君自身幸免，他的后代子孙也必然会灭亡。你们这些人硬是要学战国时苏秦、张仪的诡辩之说，到处颠倒是非，居然献上像驩兜那样罪恶滔天的叛逆说辞，想要抵毁尧、大禹、后稷那样圣明的君主，真可是白白劳心费力，弄墨舞文，这种事是品德高尚的君子不愿做的。又在《军志》中说：'如果一万名士兵抱着必死的决心，那就可以天下无敌了。'以前黄帝率领几万士卒，制服四方首领，平定天下。何况我们有几十万兵马，是为了替天行道，讨伐有罪的人，谁还能够与我们相比呢？"诸葛亮死后，魏国派邓艾攻打蜀国，蜀国大败。后主刘禅听了谯周的计策，投降魏国。评论：国君应该和国家一同存亡，谯周劝说后主刘禅投降魏国，可以吗？孙盛说："春秋时的大义是国君应当与国家一同存亡，卿大夫应当与自己的职责一同存亡，况且被称作天子的人怎么能忍受别人的污辱呢？谯周说大国的君王不应与国家一同存亡，而应苟且偷生，这是有损礼义、贪图小利的作法，只是要追求微乎其微的荣华富贵，太糊涂了！况且，以当时的形势和事态来说，蜀国本来还不至于灭亡。为什么呢？后主刘禅虽然平庸，但还不至于像夏桀、商纣王那样残暴，虽然屡战屡败，但还没有到了不可收拾的局面，即使君臣不能死守，但在城下决一死战后，还能退到东部的边远地区，另做打算。当时，蜀将罗宪重兵把守白帝城，霍弋还带着精兵镇守夜郎。加上蜀国地势险要，山水阻隔，山峰陡峭，水流湍急，步兵不能轻易渡过。假如能收集所有的船只，在坚守江州的同时去南中积极招募士兵，且向东吴请求援助，这样，姜维、廖化等几员大将必定会积极响应，吴国的水陆二军也会迅速赶来救援，为什么会认为没有容身之所，而担心国家一定会灭亡呢？魏军远道而来用全国之力大举进攻，想追击又没有船只，想打持久战又怕将士疲惫而生出不测，且是曲是伸要因时而定，形势也会不断变化，慢慢地再召集旧部去攻打曹魏疲惫蛮横的军队，这就同从前楚昭王回避吴王阖闾的大军、田单最终打败骑劫是一样的。何必要不情不愿地投降，却不坚守城池抗击敌军，最后导致千古遗恨呢？葛生曾说过一句话：'大事不成，只有一死，怎么能再次屈于人下呢？'说得真是悲壮啊！这句话完全可以让懦弱的人增添斗志。纵观古时燕国、齐国、楚国、越国战败的情况，他们有的国破君死，有的飘泊流离，处境十分险困，却能最终建功立业，复兴社稷。这不光是依赖上天的帮助，一定也有自身的努力。如果那些人像刘禅那样心里愿意苟且偷生，采用谯周的建议，怎么能够重建颓废的基业，让美名重新获得呢？由此可见，刘禅是昏庸的君主，谯周是无能的大臣，把他对比申包胥、田单、范蠡、文种这些贤臣，不是相差得很远吗？"

晋时，李特[①]复据蜀。初，特在蜀暴横，晋乃募取特兄弟，许以重赏。未暇，宣闻，遂不藏。本特弟骧（xiāng）见书，悉改其购云："敢斩六郡人头首李、任、阎、赵等及氐侯王一人诣官，许以重赏。"六郡人见之大骇，遂并反归特。益州牧罗尚[②]遣隗伯攻李雄[③]于郫（pí）城，迭有胜负。冬十月，雄与朴泰[④]金，鞭之流血，令泰佯得罪奔尚，欲为内应。尚信之，以兵随。泰、雄内外击之，大破尚军。雄乘胜追蹑，夜至城下，因称万岁，诳尚城中云："已得郫城。"尚信之，开少城门，雄军得入。尚遂遁走，遂克成都称王也，晋桓温[⑤]灭之。至宋义熙[⑥]中，谯纵又杀益州刺史毛璩（qú）[⑦]于成都，称成都王。初，毛璩使任约赴义军，军至枝江，会刘毅[8]败，约奔桓振[9]。璩闻约奔桓振也，自将兵三千，由外水下。谯纵为之参军，使将梁州兵五百人，从内水发。梁州人不欲东，遂推纵为主，反攻涪城，克之。璩闻难作，自略阳城，步还至成都，为纵党所杀也。宋使朱龄石灭之，此蜀国形也。议曰：吴蜀唇齿之国，蜀灭则吴亡，信乎？陆士衡曰："夫蜀盖蕃援之与国，而非吴人之存亡也。"何则？其郊境之接，重山积险，陆无长毂之径，川隘流迅，水有惊波之难，虽有锐师百万，启行不过千夫；舳舻千里，前驰不过百舰。故刘氏之伐陆公，譬之长蛇，其势然也。故黄权称曰："可以往，难以返，此兵之绝地也。"古云："夫道狭路险，譬如两鼠斗于穴，将勇者胜也。"

【注释】①李特：字玄休，十六国时期成汉政权建立者李雄之父，是成汉政权的奠基人。率领因齐万年之乱受害的流民进入巴蜀，和当地刺史赵广发生冲突，之后李特便率部攻破成都，斩杀赵广。后因中了刺史罗尚的诈降计而被杀。②罗尚：字敬之。西晋后期将领，冠军将军罗宪之侄。最初被荆州刺史王戎引为参军，晋灭吴之战时与刘乔一同协助王浚进攻武昌。历任尚书郎、武陵及汝南太守，后为益州牧。李特在蜀起事，罗尚用计讨平。③李雄：字仲俊，李特第三子，十六国时期成汉开国皇帝。④朴泰：李雄部下。⑤桓温：字元子，东晋政治家、军事家、权臣，晋明帝的驸马，谯国桓氏代表人物。因溯江而上灭亡成汉政权而声名大奋，又三次出兵北伐（北伐前秦、羌族姚襄、前燕），战功累累。后独揽朝政十余年，操纵废立，有意夺取帝位，终因第三次北伐失败而令声望受损，受制于朝中王谢势力而未能如愿。⑥宋义熙：此处应为"晋义熙"，原文有误，指东晋晋安帝司马德宗的年号。⑦毛璩：字叔琏，东晋末年著名将领。担任过右将军桓豁、卫将军谢安、征虏将军谢琰和谯王司马恬的参军幕僚，参与淝水之战，率军追击前秦，把前秦苻坚赶得风声鹤唳。后担任益州刺史，在梁王司马珍之寿春起事后，联合武陵王司马遵，共同起兵反对桓玄篡位。⑧刘毅：东晋北府兵将领。字希乐，小字盘龙。曾与刘裕、何无忌等举义兵消灭桓玄，后又参与讨伐卢循的战事。后刘裕受诏讨伐，刘毅兵败，自缢于江陵。⑨桓振：字道全，东晋末年名将，谯国龙亢（今安徽省怀远县西龙亢镇北）人。桓玄败死后作为其继任者继续领导桓楚的余党对抗东晋，终因兵败战死。

【译文】晋朝时，又有李特占据了蜀地。起初，李特在蜀地横行不法，朝廷为了缉拿李特兄弟，就用重金悬赏。没过多长时间，李特兄弟就不再躲藏了。李特的弟弟李骧看到通缉令，偷偷把悬赏条款改成："有能斩六郡首领李、任、阎、赵等人和氐侯王一人的，送交官府有重赏。"六郡人见了这个布告后非常惊骇，于是一起反叛，归顺李特。益州牧罗尚派隗伯在郫城攻打李雄，互有胜负。寒冬十月，李雄奖给朴泰黄金，然后把他鞭打得浑身是血，让朴泰假装获罪，投奔罗尚，做李雄的内应。罗尚相信了朴泰，派给他士兵。朴泰、李雄内外夹击，大破罗尚的军队。李雄乘胜追击，晚上到了成都城下，便高呼"万岁"，欺骗城中的罗尚说："已经攻下郫城了。"罗尚相信了他说的话，打开了小城门，李雄的军队进入城中。罗尚匆忙逃走，于是李雄攻克成都后称王。**李雄建立的成汉后来被东晋大将桓温率军剿灭。到了东晋义熙年间，谯纵又在成都杀死了益州刺史毛璩，自立为成都王**。起初，毛璩派任约去投奔义军，军队到了枝江时，正赶上刘毅兵败，任约就投奔了桓振。毛璩听说任约投奔了桓振，就亲自带领三千士兵，由岷江东下。谯纵是毛璩的参军，毛璩派他带领五百名梁州士兵从涪江出发。梁州人不想向东走，于是推选谯纵为主帅，反攻涪城，并占领了此城。毛璩听说发生了叛乱，于是从洛城带步兵返回，到了成都，被谯纵一伙人杀死。**南朝宋武皇帝刘裕派大将朱龄石率军剿灭了谯纵。以上就是蜀国兴亡的历史情况**。评论：吴国和蜀国是唇亡齿寒的邻国，蜀国灭亡则吴国也会灭亡，的确是这样吗？陆机说："蜀国是靠藩国的援助来维持它的国家，并不依赖于吴国的存亡。"为什么呢？蜀国连接着重山峻岭，陆地险要，路径狭窄，山川阻隔，河流湍急，即使有百万人的精锐部队，同时前进也只不过是千人；船只相连千里，能同时前进的不超过百艘。所以刘备攻打东吴陆逊的阵势，被比作长蛇，这是因为蜀国地势造成的。因此黄权说："蜀国易进难退，这是兵家的绝地。"古语说："道路狭窄险要，如同两只老鼠在洞穴中争斗一样，必定是勇敢的获胜。”

吴

丑为星纪①，吴、越之分②，上应斗牛之宿，下当少阳③之位。今之会稽、九江、丹阳、豫章、庐江、广陵、六安、临淮，皆吴之分野。今苍梧、郁林、合浦、交趾、九真、日南、南海，皆越之分野。古人有言曰：“大江之南，五湖之间，其人轻心，扬州保强保，恃也。三代要服④，不及以正。国有道则后服，无道则先叛。”故《传》曰：“吴为封豕（shǐ）长蛇⑤，荐食上国，为上国之患，非一日之积也。”

【注释】①星纪：属十二星次之一，约阴历12月7日到1月5日。与十二辰相配为丑，与二十八宿相配为斗、牛、女。十二星次是我国古代天文学家对星辰的划分。以冬至日为开头，将黄赤道附近的一周天按由西向东的方向分为十二个等分。②分：即分野。③少阳：《易经》“四象”之一。乾、兑、离、震为阳，巽、坎为少阳。《易经》中也以七为少阳，八为少阴，九为老阳，六为老阴。④要服：古代王畿以外按距离分为五服，一千五百里至二千里为要服。也泛指边远地区。⑤封豕长蛇：指大猪和长蛇，比喻侵略者、贪暴者。

【译文】丑是十二星次中的星纪，吴、越的分野，上应斗、牛星宿，下当八卦中少阳的位置如今的会稽、九江、丹阳、豫章、庐江、广陵、六安、临淮都是吴的分野。如今的苍梧、郁林、合浦、交趾、九真、日南、南海都是越的分野。古人说：“生活在长江以南和五湖之间的人比较散漫。生活在扬州地区的人比较强势。尧、舜、禹三代这里属于边远地区，王风教化还没有普及。中原王朝以德治国时，这个地区则最晚臣服；中原王朝实施暴政时，这个地区又最先反叛。”因此《左传》称：吴国是贪暴者，不断吞食中原的国家。吴国成了中原国家的祸患，不是一天促成的。

汉高帝时，淮南王英布反布都六安，今寿州是也。反书闻，上召诸将，问："布反，为之奈何？"汝阴侯滕公[1]曰："臣客故楚令尹薛公[2]，有筹策，可问。"初滕公问令尹，令尹曰："是故当反。"滕公曰："上裂地而王之，疏爵而赏之，南面而立，万乘之主，其反何也？"令尹曰："往年杀彭越，前年杀韩信，此三人，同功一体之人也，自疑祸及，故反耳。"上乃召见，问薛公，薛公对曰："布反，不足怪也。使布出于上计，山东非汉之有也；出于中计，胜败之数未可知也；出于下计，陛下安枕而卧矣。"上曰："何谓上、中、下计？"令尹曰："东取吴苏州是也，西取楚荆州是也，并齐取鲁齐，青州；鲁，兖州。传檄燕、赵，固守其所，山东非汉之有也。议曰：合从山东，为持久之策，上计也。何谓中计？东取吴，西取楚，并韩取魏，据敖仓之粟，塞成皋之口，胜败之数，未可知也议曰：长驱入洛，以决一朝之战，中计也。何谓下计？东取吴，西取下蔡，归重于越，身归长沙，陛下安枕而卧，汉无事矣议曰：自广江表，无窥中原之心，下计也。"桓谭《新论》[3]曰：世有围棋之戏，或言是兵法之类也。及为之，上者遂基疏张，置以会围，因而伐之，成多得道之胜。中者则务相绝遮要，以争便求利，故胜败狐疑，须计数而定。下者则守边隅、趋作罫（guǎi），以自生于小地。然亦不如察薛公之言上计云：取吴、楚，并齐、鲁及燕赵者。此广道地之谓。中计云：取吴、楚，并韩、魏，塞成皋，据敖仓。此趋遮要争利者也。下计云：取吴、下蔡，据长沙，以临越。此守边隅，趋作罫者也。罫，音为卦反。上曰："是计将安出？"令尹对曰："出下计。"上曰："何为废上、中计而出下计？"令尹曰："布故郦山之徒[4]也，自致万乘之国，此皆为身，不顾其后为万世虑者。故曰出下计。”上曰：“善。”果如策乃封薛公千户。

【注释】①汝阴侯滕公：指夏侯婴，泗水郡沛县人（今江苏沛县）人，西汉开国功臣之一。从小与刘邦关系密切，西汉建立后被封为汝阴侯。②薛公：秦汉时期人，楚汉相争时任楚令尹。后做了夏侯婴的宾客。为汉高祖分析英布叛变的三种进攻方法，并认定英布的失败。汉高祖大喜，封其为千户侯。③桓谭：字君山，沛国相（今安徽省淮北）人。东汉哲学家、经学家、琴师、天文学家。爱好音律，善鼓琴，博学多通，遍习五经。17岁入朝，历事西汉、王莽（新）、东汉三朝。后因在刘秀面前公开批评图谶怪诞非经，几乎被下狱处死，后死于贬谪途中。著有《新论》29篇。《新论》：又称《桓子新论》，钱钟书《管锥编》极赞之，谓此书若全，堪与《论衡》伯仲。共二十九篇，早亡佚。南朝佛教文集《弘明集》中载有《新论·形神》一文。今以清代严可均（全后汉文）辑本较为完备。④郦山之徒：指被发配在骊山为秦始皇修建陵墓当劳力的人。

【译文】汉高祖刘邦掌权时，淮南王英布谋反英布建都六安，就是今天的寿州。高祖得知英布谋反的消息，召集众将问：“英布谋反，应该怎么办呢？”汝阴侯滕公夏侯婴说：“我的门客、原西楚的令尹薛公有办法，可以召来询问。”起初，滕公问令尹薛公，薛公说：“英布必定谋反。”滕公说：“君主把土地分赏给他，封他为王，赏赐给他爵位，使他在南面成为拥有万辆兵车的大国之主，他为什么还要谋反呢？”薛公说：“往年杀彭越，前年杀韩信，英布与彭越、韩信是功劳相当的人，英布怀疑灾祸将殃及自身，所以才谋反。”高祖于是召见薛公，问薛公对策。薛公说：“英布谋反，不值得奇怪，如果英布使用上计，崤山以东就不属于汉朝了；如果英布使用中计，那么胜败就不可预知；如果英布使用下计，陛下便可以高枕无忧了。”高祖说：“什么是上、中、下计？”薛公说：“向东攻取吴地就是苏州，向西攻取楚地就是荆州，兼并齐地就是青州，夺取鲁地就是兖州，号令燕、赵，据守已经攻取的地方，崤山以东就不属于汉朝了评论：联合山东诸侯，是长久之策，这是上计。**什么是中计？向东攻取吴地，向西攻取楚地，吞并韩地，攻取魏地，据守敖仓的粮食，堵住成皋的缺口，胜败就不可预知**评论：长驱直入进入河洛，与汉军决一胜负，这是中计。**什么是下计？向东攻取吴地，向西攻取下蔡，把注意力放在越地，固守长沙，这样陛下便可以高枕无忧，汉朝就能相安无事了**评论：自己在长江流域扩充势力，没有窥探中原的心思，这是下计。”桓谭在《新论》中说：世上有围棋游戏。有的人说围棋和兵法类似。当下棋的时候，上等的棋手便选择要点，从长远布局，以便会合包围，最终攻击对手，取得绝对的胜利。中等的棋手致力于拦截、阻断，获得便利，使棋路灵活。所以胜败难定，需要计算子数判定。下等的棋手固守边、角，在棋盘上走方格子，在狭小的地方求生。然而这种说法不如薛公说的好。薛公的上计说攻取吴、楚，统一齐、鲁和燕、赵，这就像下棋中重视整体布局一样。中计说攻取吴、楚，吞并韩、魏，阻断成皋要道，占据敖仓，这就像下棋时致力于阻断拦截，获得便利一样。下计说攻取吴地、下蔡，占据长沙，威胁越地，这就像下棋时固守边角一般。**高祖说：“英布会选择哪一计呢？”薛公回答说：“用下计。”高祖问：“为什么废弃上、中两计而用下计呢？”薛公说：“英布本是郦山的囚徒，成为万乘之国的君主，他只为了自身，不是为了后代子孙作长远考虑，所以说他采用下计。”高祖说：“你说得对。”结果果然如薛公的预测**于是高祖封薛公为千户侯。

是后吴王刘濞（bì）以子故而反。初发也，其大将田禄伯[①]曰：“兵屯聚而西，无他奇道，难以就功。臣愿得奇兵五万人，别循江、淮而上，收淮南、长沙，入武关，与大王会，此亦一奇也。”吴王太子谏曰：“王以反为名，此兵难以藉人，人亦且反王。”吴王不许。其少将桓将军复说吴王曰：“吴多步兵，步兵利险阻；汉多车骑，车骑利平地。愿大王所过城邑不下，宜弃去，疾西据雒阳武库，食敖仓之粟，阻山河之险，以令诸侯。虽无入关，天下固已定矣。即大王徐行，留下城邑，汉车骑至，驰入梁、楚之郊，事败矣。”王问诸老，诸老曰：“此年少摧锋之计耳，安知大虑？”吴王不从桓将军之计，乃自并将其兵。汉以太尉周亚夫击吴、楚，亚夫用其父客计，遂败吴客计在《霸纪上》。

【注释】①田禄伯：西汉景帝时人，吴王濞联合楚、赵等七国叛乱，他被任为大将军。

【译文】在这之后吴王刘濞因儿子被皇太子击杀的缘故谋反。刚谋反时，他手下的大将田禄伯说：“聚集兵马向西进发，没有办法偷袭，很难成功。我愿带领奇兵五万人，沿江、淮而上，夺取淮南、长沙，进入武关，与大王会合。这也是出人意料的奇招。”吴王太子劝谏说：“大王以谋反为名，这只奇兵就不能交给别人，不然他会带领奇兵反叛大王。”于是吴王没有准许田禄伯的请求。后来少将桓将军又劝吴王说：“吴国多步兵，步兵利于在崎岖的道路作战，汉军多是战车战马，车骑在平原地带有利。希望大王攻不下所经过的城池，就应该把它们放弃，迅速地向西占据雒阳的武库，占有敖仓的粮食，倚仗山河的险要，来号令诸侯。虽然没有入关，天下就已经平定了。假如大王缓慢进兵，在城池中停留，汉军的战车战马一到，疾驰到梁、楚的郊外，我们就会失败了。”吴王征求诸位老将的意见，老将们说：“这是年轻人挫败敌军锐气的计策罢了，哪里考虑得周全呢？”吴王于是没有听从桓将军的计策，便亲自统率他手下的士兵。汉朝派遣太尉周亚夫攻打吴、楚叛军，周亚夫采用他父亲门客的计策，于是击败吴军门客的计策在《霸纪上》这卷中记载。

淮南王刘安①怨望其父厉王长②死，谋为叛逆，问伍被（pí）③曰：“吾举兵西向，诸侯必有应者，即无，奈何？”被曰：“南收衡山衡州，以击庐江庐州，有浔阳之船，守下雉之城在江夏，县名也。结九江之浦，绝豫章之口洪州是也，强弩临江而守，以禁南郡之下，东收江都扬州也，会稽越州也，南通劲越，屈强江、淮间，犹可一举得延岁月之寿。”王曰：“善。”未得发，会事泄，诛。

【注释】①刘安：沛郡丰县（今江苏徐州丰县）人，生于淮南（今安徽淮南）。西汉时期文学家、古琴演奏家。汉高祖刘邦之孙，淮南厉王刘长之子。封淮南王。他曾招宾客方术之士数千人，编写我国思想史上划时代的学术巨著《淮南子》（亦称《鸿烈》）。②厉王长：指淮安历王刘长。汉高祖刘邦少子，汉惠帝刘盈、汉文帝刘恒异母弟。力能扛鼎。于前196年被封淮南王。文帝时骄纵跋扈，在封地自作法令。与匈奴、闽越首领联络，图谋叛乱，事泄被拘。文帝赦之，废王号，谪徙蜀郡严道邛邮（今四川雅安），途中不食而死，谥号厉王。③伍被：有才能而出名，因淮南王刘安喜欢学术，屈身礼贤，招揽英才，被任用为中郎。后来刘安谋反之事被发，到官府自首，被杀。

【译文】淮南王刘安怨恨其父厉王刘长获罪早死，想要图谋反叛。他问伍被说：“我发兵向西，必定会有诸侯响应，如果诸侯没有响应，那应该怎么办？”伍被说：“向南占据衡山衡州，率兵攻打庐江庐州，在浔阳布置船队，守卫下雉在江夏，下雉是县名，在九江口集合大军，阻断豫章就是洪州的道路，在江边设置弓箭手守卫，来防范南郡向下派兵，向东收取江都就是扬州、会稽就是越州，向南连接强大的越地，制约长江、淮河地区，还可以凭此举拖延数月的时间。”淮南王说：“好。”还没有发兵，事情就被泄露，最终被诛杀。

至后汉灵、献时，阉人擅命，天下提契，政在家门何进谋诛阉宦，太后不从。进乃召董卓诣京师，以胁迫太后。密令卓上书曰：“中常侍张让①等窃幸乘宠，浊乱海内。昔赵鞅[2]兴晋阳之甲，以逐君侧之恶。辄鸣钟，如洛阳，讨让等罪。”卓未至，进败，及卓到，遂废立，天下乱矣。议曰：家门，大夫也。时长沙太守孙坚[3]杀南阳太守张咨[4]，袁术得据其郡。坚与术合纵，欲袭夺刘表荆州，坚为流矢所中，死初，刘表据荆州也，闻江南贼盛，谓蒯（kuǎi）越[5]等曰：“吾欲征兵，恐不集，其策焉出？”对曰：“众不附者，仁不足也；附而不理者，义不足也。苟仁义之道行，百姓归之如水之趋下，何患不附？袁术勇而无谋，宗贼贪暴，为下所患，若示之以封，必以众来。君诛其无道，抚而用之，人有乐存之心，必襁负而至。兵强士附，南据江陵，北守襄阳，八郡可传檄而定，术等虽至，无能为也。”后果然。孙坚死，子策领其部曲，击扬州刺史刘繇[6]，破之，因据江都策闻袁术将欲僭号，与书谏曰：“昔董卓无道，陵虐王室，祸加太后，暴及弘农，天子播越，宫庙焚毁。是以豪杰发愤，沛然俱起。然而河北异谋于黑山，曹操毒被于东徐，刘表僭乱于荆南，公孙叛逆于朔北。正礼阻兵，玄德争盟，当谓使君与国同规，而舍是弗恤，莞然有自取之志，惧非海内企望之意。昔成汤讨桀，犹云有夏多罪；武王伐纣，曰殷有重罚。此二王者，虽有圣德，假时无失道之过，无由逼而取也。今主上非有恶于天下，徒以幼小，胁于强臣，异于汤武之时也。使君五世相承，为汉宰辅，荣宠之盛，莫与为比。宜效忠节，以报王室。”术不纳，策遂绝之也。策闻魏太祖与袁绍相持于官渡，将渡江袭许。未济，为许贡[7]客所杀初，策有是谋也，众皆惧，魏谋臣郭嘉料之曰：“策，英雄豪杰，能得人死力。然轻而无备，虽有百万之众，无异于独行中原。若刺客伏起，一人之敌耳。以吾观之，必死于匹夫之手。”果为许贡客所杀也。策死，弟权领其众时吴割据江南，席卷交广也。属曹公破袁绍，兵威日盛，乃下书责孙权，求质。张昭等会议不决。权乃独将周瑜，诣其母前定议。瑜曰：“昔楚国初封于荆山之侧，不满百里之地。继嗣贤能，广土开境，立基于郢，遂据荆、扬，至于南海，传业延祚九百余年。今将军承父兄余资，兼六郡之众，兵精粮多，将士用命。铸山为铜，煮海为盐，境内富饶，人不思乱。泛舟举帆，朝发夕到，士风劲勇，所向无前。有何逼迫，而欲送质？质子一入，不得不与曹氏，曹氏命召，不得不往，便见制于人也，岂与南面称孤同哉？不如勿与，徐观其变。若曹氏率义以正天下，将军事之未晚；若图为暴乱，兵犹火也，不戢（jí），必将自焚。韬勇枕威，以待天命，何送质之有？”权母曰：“公瑾议是也。”遂不送质策薨，权年少，初统事。太妃忧之，引见张昭、董袭[8]等，问曰：“江东可保安不？”袭对曰：“江东地势有山川之固，而讨逆明府[9]，恩德在人；讨虏[10]承基，大小用命，张昭秉众，袭等为爪牙，此地利人和之时也，万无所忧。”众皆壮其言也。

【注释】①张让：东汉宦官，颍川（今河南禹县）人。桓帝、灵帝时，历为小黄门、中常侍等职，封列侯。以搜刮暴敛、骄纵贪婪见称，深受灵帝宠信。中平六年（189年），何进谋诛宦官，事泄，和其余常侍设计伏杀何进。袁绍、袁术等人闻何进被杀，入宫杀尽宦官。走投无路，投水自尽。②赵鞅：指赵简子，春秋时期晋国赵氏的领袖，原名赵鞅，又名志父，亦称赵孟。赵氏孤儿赵武之孙。杰出的政治家，军事家，外交家，改革家。战国时代赵国基业的开创者，郡县制社会改革的积极推动者，先秦法家思想的实践者，致力于改革，为后世魏文侯李悝变法、秦孝公商鞅变法和赵武灵王改革首开先河。与其子赵无恤（即赵襄子）并称“简襄之烈”。③孙坚：字文台，吴郡富春（今浙江杭州富阳区）人。东汉末年将领、军阀，吴国的奠基人。据传为春秋时期军事家孙武的后裔。曾参与讨伐黄巾军的战役以及讨伐董卓的战役。后与刘表作战时阵亡。因官至破虏将军，又称“孙破虏”。其子孙权称帝后，追谥为武烈皇帝，庙号始祖。④张咨：字子议，颍川（今河南禹州）人，东汉末期官员，董卓掌权期间担任南阳太守。

190年（初平元年），长沙太守孙坚北上讨伐董卓，为取得粮草给养，捏造罪名，将张咨杀死。⑤蒯越：字异度，襄阳中庐（今湖北襄阳西南）人。东汉末期人物。原本是荆州牧刘表的部下，曾经在刘表初上任时帮助刘表铲除荆州一带的宗贼（以宗族、乡里关系组成的武装集团）。刘表病逝后与刘琮一同投降曹操，后来官至光禄勋。⑥刘繇：字正礼。东莱牟平（今山东牟平）人。东汉末年宗室，齐悼惠王刘肥之后，太尉刘宠之侄。初举孝廉，授郎中。任下邑长时，因拒郡守请托而弃官。后被征辟为司空掾属，除授侍御史，因战乱避居淮浦，被任命为扬州刺史。他先后与袁术、孙策交战，最终还是败归丹徒。后又击破反叛的笮融，旋即病逝。⑦许贡：东汉末官吏。先后任吴郡都尉、太守，欲送密信给曹操，要曹操注意孙策，却被孙策发现被杀。后来他的三名食客袭击并杀死孙策。⑧董袭：字元代，会稽馀姚（今浙江余姚）人。东汉末年名将。追随孙策、孙权，屡立战功。建安二十二年（217年），曹操攻濡须口时，率领五艘楼船抵达濡须口，暴风狂袭，楼船倾覆，死守船上，最终溺死。被陈寿盛赞为"江表之虎臣"。⑨讨逆：指孙策，因建安三年（198年）被朝廷任命为讨逆将军，故称。明府："明府君"的略称。汉人用为对太守的尊称。⑩讨虏：指孙权，曾被朝廷任命为讨虏将军，故称。

【译文】到了东汉灵帝、献帝时，太监把持朝政，天下被他们掌控，国家大权落在了奸臣乱贼手中何进图谋诛杀宦官，何太后不答应。何进于是诏令董卓进京，以此来胁迫太后。何进秘密指使董卓上书说："中常侍张让等人骗取皇上的宠幸，祸乱天下。从前赵鞅发动晋阳的士兵，清除君王身边的奸臣。我要鸣钟进入洛阳，讨伐张让等人的罪行。"董卓还没有赶到洛阳，何进的计谋就失败了。等到董卓率军来到洛阳，就废除少帝，另立献帝，因此天下大乱。**当时长沙太守孙坚杀了南阳太守张咨，袁术乘机占据南阳郡。孙坚与袁术联合，想要袭击夺取刘表的荆州，孙坚被乱箭射死**起初，刘表占据荆州，听说江南盗贼兴起，就对蒯越等人说："我想征兵，担心招集不够，有什么好计策？"蒯越回答说："百姓不归顺的原因是因为仁爱不足；百姓归附却无法管理的原因是因为道义不够。如果仁义之道推行，百姓就会像水往低处流一般归附。哪里还用担心百姓不肯归附呢？袁术有勇无谋，贪婪残暴，他的属下深以为患。如果示以封赏，袁术的属下必定前来归附。您诛杀其中不行正道的人，安抚并任用他们。人人都有活着的心思，百姓必定会负子携妻前来归附。兵力强大，士人归附，向南占据江陵，向北据守襄阳，周围的八郡便可用一纸文书而安定了，袁术即使率兵前来，也无能为力。”后来果真如蒯越说的那样。**孙坚死后，他的儿子孙策带领他的部下攻打扬州刺史刘繇，打败刘繇后，因此占据江东**孙策听说袁术将要冒用帝王尊号，就写信劝谏说：“从前董卓无道，欺凌王室，加害何太后，对弘农王施暴，使天子流离失所，皇宫、宗庙被烧毁。所以天下豪杰激愤，都兴兵而起。然而河北袁绍在黑山存有异心，曹操在东徐涂毒生灵，刘表在荆南犯上作乱，公孙述在朔北叛乱。你匡正礼义，阻止战乱，广播德行，争取同盟。人们都说您的行为对国家有利，但您不加体恤，还抛弃了这些做法，突然有了自己取而代之的想法，这恐怕不是天下百姓所盼望的。从前商汤讨伐夏桀，还要宣扬夏桀有很重的罪孽，周武王讨伐殷纣王，还要说殷纣王应该重罚。商汤和周武王，虽然有圣明的德行，如果当时夏桀和殷纣没有丧失德行的过错，也没有机会取而代之了。现在天子对天下没有恶行，只因为年纪小，就被强臣胁迫，这和商汤、周武王时不同。您五代相承，都是汉朝的宰辅重臣，荣耀恩宠极盛，没有人能相比。应该尽忠报国，来报答汉朝王室。”袁术没有听从孙策的话，孙策于是同他断绝交往。**孙策听说魏太祖曹操与袁绍在官渡相持，想要渡过长江袭击许昌。还没有渡江，就被许贡的门客刺杀**起初，孙策有渡江偷袭许昌的谋划，曹操手下的部众都感到恐慌。曹操的谋臣郭嘉推测说：“孙策是英雄豪杰，能让人为他效死力。但他轻敌没有戒备，即使有百万大军，也如同独自一人在中原行走。如果派刺客伏击，一个人就能和他对敌。依我观察，他一定会丧命于匹夫之手。”孙策果真被许贡的门客刺死。**孙策死后，他的弟弟孙权统领他的部众**当时孙吴已割据江南，势力席卷交州、广州。**正值曹操攻破袁绍，兵力日益兴盛，曹操于是下诏书责备孙权，索要人质。张昭等人商讨，无法决定，孙权于是单独请周瑜到孙权母亲那里商议。周瑜说：**“从前楚国最初被封在荆山旁，土地方圆不足百里。楚国的后代君主贤能，开疆拓土，在郢建立基业，后来又占据荆州、扬州，疆土到达南海，基业世代相传享国九百多年。如今将军您凭借父兄的威望，兼并了六郡，兵精粮多，将士们为您奋不顾身。可以开山炼铜，煮海为盐，境内土地富饶，民不思变。泛舟行船，朝发夕至。民风强劲英勇，所向无敌。有什么理由接受逼迫，而去送人质呢？人质一入许昌，就不得不服从曹操了，曹操下令召见，就不得不去，这样便受制于人，难道和在南面称王一样吗？不如不给他人质，静观其变。如果曹操遵循道义匡正天下，将军再归顺他也不晚；如果曹操图谋叛乱，战争犹如火势，不约束，必将引火自焚。我们应当保存实力，等待时机，为何要送人质呢？”孙权的母亲说：“公瑾说的对。”于是孙吴就不送人质给曹操孙策死的时候，孙权年纪还小，刚刚统领政事。太妃为此很担忧，就把张昭、董袭等人引见给孙权。太妃问：“江东可保平安吗？”董袭回答说：“江东有山川的险要，而讨逆将军孙策为政清明，广施恩德于百姓；讨虏将军孙权继承基业，大小群臣奋不顾身地辅佐。张昭管理全局，我等作为得力帮手，这具备了地利、人和，没有什么可忧虑的。”众人都很赞赏他的话。

后曹公入荆州，刘琮举众降初，刘表死，鲁肃进说曰：“夫荆楚与我邻接，水流顺北，外带江、汉，内阻山陵，有金城之固。沃野万里，士人殷富，若据而有之，此帝王之资也。肃请得奉命，吊表二子，并慰劳军中用事者，说刘备使抚养表众，共拒曹操。肃未到，琮已降也。曹操得其水军船步卒数十万，吴将士闻之皆恐。孙权延见群下，问以计策。议者咸曰：“曹公，豺虎也。托名汉相，挟天子以征四方，动以朝廷为辞。今日拒之，事更不顺。且将军大势可以距操者，长江也。今操得荆州，奄有其地，刘表治水军，蒙冲斗舰乃以千数，操悉以沿江，兼有步兵，水陆俱下，此为长江之险，已与我共之矣！而势力众寡，又不可论。愚谓大计，不如迎之。”周瑜曰：“不然。操虽托名汉相，其实汉贼。将军以神武之雄才，兼仗父兄之烈，割据江东，地方数千里，精兵足用，英豪乐业，尚当横行天下，为汉家除残去秽。况操自送死，而可迎之耶？请为将军筹之。今使北土已安，操无内忧，能旷日持久，来争疆场，又能与我校胜负于舟楫，可也；今北土既未安，马超、韩遂尚在关西，为操后患；且舍鞍马、仗舟楫，与吴、越争衡，本非中国所长；又今盛寒，马无蒿（hāo）草，驱中国士众，远涉江湖之间，不习水土，必生疾病。此数四者，用兵之患也，而操皆冒行之。将军擒操，宜在今日。瑜请得精兵三万人进住夏口。保为将军破之。”权曰：“老贼欲废汉自立久矣，徒忌二袁、吕布、刘表与孤耳。今数雄已灭，唯孤尚存，孤与老贼势不两立。君言当击，甚与孤合，此天以君授孤也。”时权军柴桑，刘备在樊，曹公南征刘表，会表卒，子琮举众降。先主不知曹公卒至，至宛乃闻之，遂率其众南行，为曹公所追破。刘备至夏口，诸葛亮曰：“事急矣！请奉命求救孙将军。”遂见，说曰：“将军起兵江东，刘豫州亦收众汉南，与曹操并争天下。今操芟（shān）夷大难，略已平矣，遂破荆州，威震四海，英雄无所用武，故豫州遁逃至此。将军量力而处之，若能以吴、越之众与中国争衡，不如早与之绝；若不能当，何不按兵束甲，北面而事之？今将军外托服从之名，而内怀犹豫之计，事急而不断，祸至无日矣！”权曰：“苟如君言，刘豫州何不遂事之乎？”亮曰：“田横，齐之壮士耳，犹守义不辱，况刘豫州，王室之胄，英才盖世，众士慕仰，若水之归海，若事之不济，此乃天也，安得复为人之下？”权勃然曰：“吾不能举全吴之地、十万之众，受制于人。吾计决矣！非刘豫州莫可以当曹操者。然豫州新败之后，能抗此难乎？”亮曰：“豫州军虽败于长坂，今战士还者及关羽所将精甲万人，刘琦[①]合江夏战士亦不下万人。曹操之众，远来疲弊，闻追豫州，骑一日一夜行三百里，此所谓强弩之末不能穿鲁缟者也。故兵法忌之曰：'必蹶（jué）上将军。'且北方人不习水战，又荆州之人附操者，逼兵势耳，非心服也。今将军诚命猛将统兵数万，与豫州协规同力，破操军必矣！操军破，必北还，如此则荆、吴之势强，鼎足之形成。成败之机，在于今日。"权大悦，即遣周瑜、鲁肃随亮诣先主，并力拒曹公也。

【注释】①刘琦：兖州山阳郡高平县（今山东省济宁市微山）人。荆州牧刘表的长子、谏议大夫刘琮兄。官至荆州刺史。建安十四年（209年）病逝。

【译文】后来曹操进攻荆州，刘琮率众投降起初，刘表去世，鲁肃进言说："荆、楚与我们相邻，河流连接北方，外面环绕长江、汉水，内部阻挡着山陵，像金城般坚固。沃野万里，百姓殷实富足。如果把荆楚据为己有，那就是成就帝业的资本。我请求奉命安抚刘表的两个儿子，慰劳他们手下的将领，说服刘备安抚刘表的部众，和我们共同抵抗曹操。"鲁肃还没到荆州，刘琮已经投降了曹操。曹操得到荆州水军的船只、步兵数十万，东吴将士听说后都感到害怕。孙权召见部下，询问对策。参加商讨的人都说："曹操，就像凶狠残暴的虎豹。托名为汉朝丞相，却挟持天子征伐四方，动辄以朝廷的名义为借口。如果现在抵抗，事情就会不顺利。况且将军可以对抗曹操的优势，只有长江，如今曹操夺得荆州，占有荆州全部的土地，刘表治理的水军，蒙冲斗舰，数以千计，曹操都将其沿江布置，陆地上再调动步兵，水陆齐下，这便拥有了长江天险，与我们相同。而双方兵力的多寡，又不可相提并论。按照我的愚见，不如归顺于他。"周瑜说："不是这样。曹操虽然托名为汉朝丞相，其实是汉朝的乱臣贼子。将军有着英武雄才，又依仗父兄遗留的基业，割据江东，土地方圆数千里，兵士精锐，物资充足，英雄豪杰可与共创大业，所以应当横行天下，为汉朝除去奸臣。况且曹操是自己来送死，怎么能归顺他呢？请让我为诸位将军分析。如今假使北方已经安定，曹操没有内忧，他可以旷日持久地和我们在战场上争胜，又可以和我军在水战上决胜，那么归顺是可以的。而如今北方没有平定，马超、韩遂还在关西，成为曹操南下的后患。况且舍弃鞍马，倚仗舟楫，和吴越地区的人作战争胜，本来就不是中原人所擅长的。如今又正值严寒，马无草料，驱使中原地区的战士远道而来到江湖之间，他们水土不服，必生疾病。这四个方面，都是用兵的大忌，而曹操都冒然施行。将军活捉曹操的机会就在今天。我请求率领精兵三万，进驻夏口，保证为将军攻破曹操。”孙权说：“曹操老贼早就想废汉自立了，只是顾忌袁绍、袁术、吕布、刘表和我。如今这几位豪杰都被消灭，只有我还在，我和曹操势不两立。你说应当抗击曹操，这非常符合我的心意，这是上天把你送给我呀！”当时孙权的军队驻扎在柴桑，刘备的军队驻扎在樊城。曹操南征刘表，恰好刘表病逝，刘表的儿子刘琮率部众向曹操投降。刘备不知道曹操率军突然到来，到了宛城才得知，于是率领部众向南奔逃，被曹军追杀击破。刘备跑到夏口，诸葛亮说：“事态危急，我请求奉命向孙将军求救。”于是诸葛亮见到孙权，劝孙权说：“将军在江东起兵，刘豫州也在汉南兴兵，和曹操共争天下。如今曹操铲除祸变，北方已经基本平定，于是攻破荆州，威震四海，英雄无用武之地，所以刘豫州逃到夏口。将军可以估计自己的实力再作决定。如果能凭借吴越的军队与中原的曹军抗衡，就不如早日与曹操断绝联系，如果不能抵挡，何不放下武器盔甲，向北面事奉曹操呢？如今将军表面假托服从曹操的名义，内心却犹豫不决，事态危急而不能决断，祸患不久就要临头了。”孙权说：“正如您所说，刘豫州为什么不事奉曹操呢？”诸葛亮说：“田横，是齐国的壮士，仍能坚守道义不受屈辱，何况刘豫州是皇室后裔，英才盖世，深受士人仰慕，有如江河奔向大海。如果事情不能成功，这是天意，怎么能再事奉曹操呢？”孙权因发怒而激动地说：“我不能拿着孙吴的土地、十万军队而受制于他人。我的决心已定，除了刘豫州没有可以抵挡曹操的人。然而刘豫州刚刚战败，还能发兵抗击曹操吗？”诸葛亮说：“刘豫州的军队虽然在长坂战败，如今返回的士兵连同关羽率领的精兵上万人，还有刘琦聚集的江夏士兵也不下万人。曹操的军队，远道而来，疲劳不堪，他为了追击刘豫州，轻骑一天一夜跑了三百里，这就是所说的‘力量强大的箭，到最末稍时，连鲁国的细绢都穿不透’。所以兵法忌讳这样做，说这样必定会使主帅遭受挫败。况且北方人不熟悉水战，加上荆州百姓归附曹操，受迫于武力，而非心服。如今将军确实能命令猛将领兵数万，和刘豫州齐心协力，必定能打败曹操。曹军被击破，必定返回北方，这样荆州和孙吴的势力增强，鼎足之势就形成了。成败的关键，就在今天了。”孙权非常高兴，当即派遣周瑜、鲁肃跟诸葛亮拜见刘备，共击曹操。

周瑜等水军三万，与刘备并力距曹公，用黄盖①火攻策，遂败曹公于赤壁初一日交战，曹公军破，返引次江北，瑜等在南岸。瑜部将黄盖曰：“今寇众我寡，难与持久。然观操军，方连船槛，首尾相接，可烧而走也。”乃取蒙冲斗舰数十艘，实以薪草，膏灌其中，裹以帷幕，上建牙旗。先书报曹公，欺以欲降，盖又预便走舸（gě），各系火船后，因引次俱前。曹公军吏士皆延颈观望，指言盖降。去北军二里余，同时发火。火烈风猛，船去如箭，飞埃绝焰，烧尽北船，延烧岸上营落。顷之，烟焰涨天，人马烧溺，死者甚众。瑜率轻锐寻系其后，雷鼓大进。曹公留曹仁②等守江陵，径自北归。瑜又进南郡，与仁相对，仁遂退也。曹公败，径北还，权遂虎视江表时刘璋为益州牧，外有张鲁寇侵。瑜乃诣京见权曰：“今曹操新衄（nǜ），方忧腹心，未能与将军连兵相事也。乞与奋威③俱进，取蜀，得蜀而并张鲁，留奋威固守其地，好与马超结援。瑜与将军据襄阳以蹙（cù）操，北方可图也。”权许之。会瑜卒，不果也。

【注释】①黄盖：字公覆，零陵泉陵（今湖南省永州）人。东汉末年名将，历仕孙坚、孙策、孙权三任，为人严肃，善于训练士卒，每每征讨，他的部队皆勇猛善战。早年为郡吏，赤壁之战中前往曹营诈降，并趁机以火攻大破曹操的军队，以功拜武锋中郎将。有一子黄柄。②曹仁：字子孝，沛国谯(今安徽亳州)人，曹操从弟(从祖弟)。三国曹魏名将。好弓马骑射，少时不修行检，及为大将，则严整奉法守令。赤壁之战兵败后，在襄樊之战中挡住关羽的进攻，与徐晃共攻破陈郃，进驻襄阳。曹丕代汉建魏，官拜大司马。后率兵进攻濡须口，惨败给朱桓。不久卒于军中，谥曰忠侯。③奋威：指孙瑜，字仲异，吴郡富春(今浙江富阳)人，孙坚之弟孙静的次子，孙权的堂兄。官至奋威将军、丹杨太守。初以恭义校尉的身份统领士兵，曾跟随周瑜、孙权等人征战，擅于安抚部下、招降纳顺。

【译文】周瑜等统领水军三万和刘备合力抵抗曹操，他们采用黄盖的火攻计策，于是在赤壁把曹操打得大败头一天交战，曹操的军队战败，退回到江北，周瑜的军队留在江南。周瑜的部将黄盖说：“如今敌众我寡，很难和他们长久交战。然而我观察曹操的军队，正连接战船，战船首尾相连，可以用火烧战船让曹兵逃跑。”于是周瑜抽调战船几十艘，载满柴草，把油浇在里面，用帷幕包裹，上面悬挂牙旗。黄盖先写信给曹操，欺骗他说要来投降，黄盖又准备了快船，分别系在火船后，于是火船依次向前行驶。曹操军队里的官兵都伸长脖子观望，指着说黄盖前来投降。船队距离曹军的战船二里多远，同时点火。火烈风猛，战船如离弦的箭，尘土飞扬，火焰滚滚，把曹军战船全部烧毁，又烧到了江岸上的营房，不一会，浓烟烈焰冲天，曹军中被烧死、淹死的数也数不清。周瑜率轻骑精兵跟在后面，擂鼓前进。曹操留下曹仁据守江陵，自己沿小路向北方溃逃。周瑜进攻南郡，与曹仁对战，于是曹仁弃城逃走。**曹操大败后，回到北方，孙权于是趁机夺取江表**当时刘璋担任益州牧，境外有张鲁入侵益州。周瑜于是到京口拜见孙权说：“如今曹操新败，正担心腹心之地不稳，未能与将军交战。我请求和奋威将军孙瑜一起发兵，袭取蜀地，率先夺得蜀地后再吞并张鲁，留下奋威将军坚守蜀地，以便与马超交好求援。我和将军您占据襄阳，来逼迫曹操，这样北方就可以图谋了。”孙权同意了周瑜的建议。恰好周瑜去世，这个计策没来得及实施。

初，周瑜荐鲁肃才宜佐时，权即引肃对饮曰：“今汉室倾危，四方云扰。孤承父兄遗业，思有桓、文①之功，君既惠顾，何以佐之？”肃对曰：“昔高帝②区区，欲尊事义帝而不获者，以项羽为害也。今之曹操，犹昔项羽，将军何由得为桓、文乎？肃窃料之，汉室不可复兴，犹曹操不可卒除。将军为计，唯有鼎足江东，以观天下之衅。规模如此，亦自无嫌。然后建号帝王，以图天下，此高帝之业也。”及是平一江浒，称尊号，临坛顾谓公卿曰：“昔鲁子敬尝道此，可谓明于事势矣。”议曰：陆士衡③称：“孙权执鞭鞠躬，以重陆公之威；悉委武卫，以济周瑜之师；卑官菲食，以丰功臣之赏；披怀虚己，以纳谋士之算；屏气局蹐（jí），以伺子明之疾；分滋损味，以育凌统④之孤。是以忠臣竞尽其能，志士咸得肆力，而帝业固矣。”黄石公⑤曰：“贤人之政，降人以体；圣人之政，降人以心。体降可以图始，心降可以保终。降体以体，降心以心。”由此观之，孙权“执鞭鞠躬”，降体者也；“披怀虚己”，心降者也。善终令始，不亦宜乎？黄武元年，魏使大司马曹仁步骑数万向濡（rú）须，濡须督朱桓⑥破之初，曹仁欲以兵袭取中洲，伪先扬声欲东攻羡溪，桓分兵赴羡溪。既发卒，而仁奄至。诸将业业，各有惧心。桓喻之曰：“凡两军交战，胜负在将，不在众寡。诸君闻曹仁用兵孰与桓耶？兵法所以称‘客倍而主人半’者，谓俱在平原，无城池之守，又谓士众勇怯齐等故耳。今仁既非智勇，加其士卒甚怯，又千里步涉，人马疲困。桓与诸将共据高城，南临大江，北背山陵，以逸待劳，为主制客，此百战百胜之势也。”桓因偃旗鼓，外示虚弱，以诱致仁。仁果遣子泰攻濡须城，分遣诸将袭中州。中州者，部曲妻子所在。泰等退，桓遂枭其诸将也。七年，又使大司马曹休⑦骑十万，至皖城迎周鲂（fáng）⑧。鲂欺之，无功而返吴鄱阳太守周鲂谲诱遭休。休迎鲂至皖城，知见欺，当引军还，自负众盛，邀于一战。朱桓进计于元帅陆逊曰：“休本以亲戚见任，非智勇名将也。今战必败，败必走，走道当由夹石、挂车。此两道也，皆阨（è）险，若以万兵柴路，则彼众必尽，而休可生虏。臣请将所部以断之，若蒙天威，得以休自效，便可乘胜长驱，进取寿春，割有淮南，以窥许、洛。此万代一时，不可失也。”权先与陆逊以议，逊以为不可，故计不施行也。

【注释】①桓、文：指齐桓公、晋文公。②高帝：指汉高祖刘邦。③陆士衡：指陆机，字士衡，吴郡吴县（今江苏苏州）人。西晋著名文学家、书法家。出身吴郡陆氏，为孙吴丞相陆逊之孙、大司马陆抗第四子，与其弟陆云合称“二陆”，又与顾荣、陆云并称“洛阳三俊”。少有奇才，文章冠世，诗重藻绘排偶，骈文亦佳。他的《平复帖》是中古代存世最早的名人书法真迹。④凌统：字公绩，吴郡馀杭（今浙江杭州）人，三国时期吴国名将。凌操之子。少有盛名，亲贤礼士，轻财重义，有国士之风。建安二十二年（217年），受命去接纳山中之人，颇受欢迎，得精兵万余人。事毕病卒。⑤黄石公：秦汉时道家，别称圯上老人、下邳神人，后被道教纳入神谱。后世流传有黄石公《素书》和《黄石公三略》。⑥朱桓：字休穆，吴郡吴县（今江苏苏州）人，三国时期吴国名将，骠骑将军朱据从兄、镇南将军朱异之父。为人高傲，不喜为人驱使，而又善养士卒，轻财重义，与人一见，数十年不忘。孙权统事后先为余姚长，后代替周泰为濡须督。夷陵之战后，在濡须重挫曹仁。死时部下无不哭啼。⑦曹休：字文烈，沛国谯（今安徽亳州）人。三国曹魏将领，曹操族子。曹操起兵讨伐董卓时前往投奔，被称为“千里驹”。曹操对他如亲子，使他领虎豹骑宿卫。汉中之战时，识破张飞计谋，大败吴兰。曹魏建立后，镇守曹魏东线，多次击破吴军，诱降吴将。官至大司马，封长平侯。太和二年（228年），在魏吴石亭之战中大败，不久因背上毒疮发作去世。⑧周鲂：字子鱼。吴郡阳羡县（今江苏宜兴）人。三国时期吴国将领。年少时好学，被举为孝廉。后诈降曹休，诱其率军接应，使之在石亭之战中一败涂地。因功被加职为裨将军，封关内侯。在鄱阳赏罚分明、恩威并施，于任职十三年后去世。

【译文】起初，周瑜推荐鲁肃，认为他的才能可以辅佐君王。孙权当即和鲁肃对饮，并说："现在汉室倾颓，天下大乱，我继承父兄的遗业，想建立齐桓公、晋文公那样的功业。您既然屈尊到我这里，将怎样辅佐我呢？"鲁肃回答说："从前汉高祖地位卑微，想要拥戴楚国义帝而不能如愿，是因为项羽从中破坏。如今的曹操，就像从前的项羽，将军怎么能成为齐桓公、晋文公那样的人呢？我私下认为，汉朝不会复兴，就像曹操不能一下子除掉。将军您的计策，只有占据江东，形成鼎立之势，静观天下的变化。保持住现在的规模，您也该满足了。然后建号称王，来谋取天下，这是汉高祖那样的功业啊！"等到孙权平定了长江沿岸，建立自己的尊号，登上祭坛对众公卿说："从前鲁肃曾经谈到这些，可以说是明察事情的趋势啊！"评论：陆机说："孙权以执鞭驾车、鞠躬礼敬，来增加陆逊的威仪；把兵权全部交给周瑜，来协助周瑜展开军事行动；省吃俭用，来增加对功臣的赏赐；敞开胸怀，虚心纳谏，来接纳谋士们的计谋；屏息局蹐，来探望吕蒙的病情；减少饮食开销，来抚养凌统的遗孤。所以忠臣争相发挥他们的才能，志士都竭尽全力，因此帝王的基业就稳固了。"黄石公说："贤人施政，靠身体力行降服百姓；圣人施政，靠散布德行降服百姓。君主身体力行，可开始共谋霸业；君主散布德行，可以永保基业。降服人的身体靠身体力行，降服人的内心靠散布德行。"由此看来，孙权"执鞭鞠躬"，可以招纳贤能；"披怀虚已"，可以使贤能归心。有了良好的开端，让它有始有终，不也很好吗？黄武元年，魏国派遣大司马曹仁率步兵、骑兵数万人进军濡须，濡须都督朱桓击败曹军起初，曹仁想派兵攻打中州，先是假装说要向东攻打羡溪。朱桓分兵前往羡溪。朱桓已经发兵，曹仁的大军忽然杀到。众将危惧，都很害怕。朱桓分析说："只要两军交战，胜败在于将领，而不在军队的多少。诸位说我和曹仁，在用兵上谁优谁劣？兵法上说：客方的兵力超过主方一倍，主方还可获胜，是双方都在平原，没有城池据守，又指在双方士兵斗志等同的情况下的结果。如今曹仁已经不是智勇双全的主帅，再加上他的士卒非常胆怯，又是千里步行，人困马乏。我和各位将军共同据守高城，南面是险要的长江，北靠山陵，以逸代劳，以主制客，这是百战百胜的态势。"朱桓因此偃旗息鼓，对外表示自己软弱，以此来引诱曹仁。曹仁果然派遣他的儿子曹泰进攻濡须城，分兵派将袭击中州。中州是朱桓将士家属所在的地方。曹泰等人兵败退却，朱桓于是消灭了曹仁手下的将领。**黄武七年，魏国又派遣大司马曹休统领十万骑兵到达皖城，迎接周鲂。周鲂诱骗曹休，曹休无功而返**东吴鄱阳太守周鲂，诈降引诱曹休。曹休到皖城迎接周纺，知道自己被周鲂欺骗，应当带兵退回。他却自恃兵力众多，主动要求和周纺交战。朱桓向元帅陆逊献计说：“曹休本是凭与曹操的亲戚关系而被重用，不是有智有勇的名将。如今和他作战他必定会战败，战败后必定会逃跑。逃跑时应当走夹石、挂车这两条路。这两条路地势都非常险要。如果用一万士兵阻塞道路，那么他的军队必定会全部被消灭，那么曹休也会被生擒。我请求率领本部人马拦截他，如果承蒙上天的神威，能够消灭曹休而壮大自己，就可以乘胜长驱，进兵夺取寿春，占据淮南，窥伺许、洛。这是千载难逢的机会，不能失去啊！”孙权先和陆逊商议，陆逊认为不可，所以未能施行这个计策。

至权薨，皓即位，穷极淫侈，割剥蒸人，崇信奸回，贼虐谏辅。晋世祖令杜预等伐吴，灭之议曰：昔魏武侯[①]浮西河，顾谓吴起曰：“山河之固，此魏国之宝也。”吴起对曰：“昔三苗[②]氏左洞庭而右彭蠡，德义不修，禹灭之；夏桀之君，左河、济、右太华，伊阙在其南，羊肠在其北，仁政不修，汤放之。由此观之，在德不在险。”今孙皓席父祖之资，有天阻之固，西距巫峡，东负沧海，长江判其区宇，峻山带其封域，地方几万里，荷戟将百万。而一朝弃甲，面缚于人，则在德之言为不刊之典耶？对曰：何为其然？陆机云：“《易》曰：‘汤武革命，顺乎天。’《玄》[③]曰：‘乱不极，则理不形。’言帝王之因天时不如地利。《易》曰：‘王侯设险，以守其国。’言国之恃险也。又曰：‘地利不如人和，在德不在险。’言守之由人也。吴之兴也，叁而由焉。孙卿所谓‘合其叁’者，及其亡也，恃险而已。”娄敬[④]曰：“周之衰也，分而为两，天下莫朝，周不能制。非其德薄也，形势弱也。”由此观之，国之兴亡亦资险，云：非唯在德而已矣。至晋永嘉中，中原丧乱，晋元帝复渡江，王江南。宋、齐、梁、陈，皆都焉事在《霸纪上》也。此吴国形也。

【注释】①魏武侯：姬姓，魏氏，名击，安邑（今山西夏县）人，魏文侯之子，战国初期魏国国君。三家分晋后魏国的第二代国君，在位期间将魏国的百年霸业再一次推向高峰。②三苗：传说中黄帝至尧舜禹时代的古部落名。又叫“苗民”“有苗”。有西北说，也有长江以南说。当禹的夏部落联盟跨入奴隶社会时，三苗已有阶级分化。③《玄》：即《太玄经》，也称《扬子太玄经》，简称《太玄》《玄经》。西汉末年扬雄撰，以“玄”为中心思想，相当于《老子》的“道”，《周易》的“易”。④娄敬：西汉初齐国卢人，后因刘邦赐姓改名刘敬。齐国戍卒，同乡虞将军引荐他见刘邦，力陈都城不宜建洛阳而应在关中。还建议与匈奴和亲，并徙六国后裔和强宗豪族十余万人至关中。

【译文】等到孙权死后，孙皓继位，穷奢极欲，残害百姓，崇信奸臣，迫害辅佐之臣。晋世祖司马炎命令杜预等人率兵讨伐吴国，吴国灭亡议论：从前魏武侯渡西河，对吴起说：“山河地势险要坚固，这是魏国的宝物啊。”吴起回答说：“从前三苗氏左有洞庭湖，右有彭蠡湖，而不修德义，于是禹灭掉三苗；夏朝的君主桀，左有黄河、济水，右有太华山，伊阙在它的南面，羊肠在它的北面，但他不施行仁政，因而被商汤放逐。因此可以知道，想要国家长治久安，在于施行政德，而不在于山河的险要。”如今孙皓继承父辈祖先的基业，有长江天险作为屏障，西邻巫峡，东临沧海，有长江天险作为坚固的屏障，有崇山峻岭为它封住边境，土地方圆几万里，拿着戟的士兵有上百万。然而却在一天内放下兵器，孙皓双手反绑于背，自投罗网。这样看来国家的长治久安在于施行政德的说法难道是不能改变的言论吗？这是为什么呢？陆机说：“《周易》说：‘商汤、周武王的变革，顺应了天意。’扬雄在《太玄经》中说：‘乱政不发展到极点，就不能形成治理的形势。’这是说帝王治理国家顺应天时不如凭借地利。《周易》说：

‘君王、诸侯设置险阻，来守卫他的国家。’这是说国家的长治久安可以仰仗天险。又说：‘地利不如人和，国家的长治久安在于施行政德而不在于地势险要。’这是说守卫国家在于统治国家的人。东吴的兴起，天时、地利、人和三个方面都有。这就是荀子所说的‘合其三’。等到吴国灭亡，就是只依靠自然险阻而已。”娄敬说：“周王室衰微，分为西周、东周，天下的诸侯在东周便不再朝拜，周王室不能管理。这并非周王室的政德减少，而是由于它的国力减弱。”由此可以知道，国家的兴盛和衰亡也要倚仗地势的险要，也就是说不光在施行政德啊。**到了西晋永嘉年间，中原发生战乱，晋元帝司马睿又渡过长江，在江南登基称帝。宋、齐、梁、陈都建都在建康**事情记载在《霸纪上》。**这就是吴国兴亡的大致情况。**

魏

古者天子，守在四夷。天子卑弱，守在诸侯。当汉之季，奸臣擅朝，九有[①]不澄，四郊多垒。虽复诸侯释位，以间王政，然皆包藏祸心，各图非冀。魏太祖不世出，灵武冠时，值炎精[②]幽昧之期，逢风尘无妄之世，嗔目张胆，首建义旗。时韩暹（xiān）、杨奉挟献帝自河东还洛阳灵帝崩，太子辨即位，并州牧董卓入朝，因废帝为弘农王，而立献帝，以董卓为太师，迁都长安。司徒王允诛卓，卓将郭汜（sì）[③]、李傕（jué）[④]围长安城，城陷，杀王允。后李傕与郭汜有隙，傕质天子于其家。傕将杨奉谋杀傕，事泄，叛傕，傕衰弱，天子乃得出奔。杨奉欲以天子还洛阳，郭汜追天子于弘农之曹阳。奉等败，杀公卿略尽。天子渡河，都安邑，以韩暹为征东将军，持政还洛阳。洛阳宫室烧尽，百官披荆棘。太祖迎天子都许。韩暹、奉出奔也。太祖议迎都许，或以为山东未定，不可。荀彧劝太祖曰：“昔晋文纳周襄王，而诸侯景从；高祖东伐，为义帝缟素，天下归心。自天子播越，将军首唱义兵，以山东扰乱，未能远赴关右，然犹分遣将帅，蒙险通使，虽御外难，乃心无不在王室，是将军匡天下之素志也。今车驾旋轸，义士有存本之思，百姓感旧而增哀。诚因此时奉主上以从人望，大顺也；秉至公以服雄杰，大略也；扶弘义以致英俊，大德也。天下虽有逆节，不能为累，明矣。韩暹、杨奉其敢为害？若不时定，四方生心，后虽虑之，无及。”太祖至洛阳，奉天子都许。维其弛紊，纫其赘旒（liú），俾我汉家不失旧物矣。于是运筹演谋，鞭挞宇内，北破袁绍，南虏刘琮，东举公孙康，西夷张鲁议曰：刘表诸杰，虽中间自有吞并，乃扬雄所谓“六国蚩蚩，为嬴弱姬者也”。并吞虽众，适所以为吾奉也。九州百郡，十并其八，志绩未究，中世而殒曹操，字孟德，少机警，有权数，而任侠放荡，不治行业，故世人未之奇也。唯乔玄⑤异焉，谓曰：“天下将乱，非命世之才，不能济也。能安之者，其在君乎？”太祖为东郡太守，治东武阳，军顿丘。黑山贼于毒⑥等攻东武阳，太祖引兵西入山，攻毒等本屯。诸将皆以为当还自救，太祖曰：“昔孙膑救赵而攻魏，耿弇（yǎn）欲走西安而攻临淄，使贼闻我西而还，是武阳自解也；不还，我能败虏家，虏不能败武阳，必矣！”乃行，毒闻之，弃武阳还，太祖要击，大破之。初，辽东太守公孙康恃远不服，袁尚、袁熙依之。及太祖破乌丸⑦，或说公：“遂征之，尚兄弟可擒也。”公曰：“吾方使康斩送尚、熙首，不烦兵矣。”九月，公引军自柳城还，康即斩送尚、熙首。众将问曰：“公还，而康斩送尚、熙，何也？”公曰：“彼素畏尚等，吾急之，则并力；缓之，则自相图，其势然也。”太祖攻吕布于下邳（pī），不拔，欲还，荀攸⑧曰：“布勇而无谋，今三军皆北，其锐气衰。三军以将为主，主衰则军无奋意。陈宫有智而迟。今及布气未复，宫谋之未定，进急攻之，布可拔也。”乃决沂、泗灌城，城溃，生擒布。袁绍将文丑⑨与太祖战，荀攸劝太祖以辎重饵贼，贼遂奔之，阵乱，斩文丑。太祖与袁绍相持于官渡，时公粮少，与荀彧书，议欲还许。彧曰：“绍悉众聚官渡，欲与公决胜败，公以至弱当至强，若不能制，必为所乘，是天下之大机也。且绍，布衣之雄耳，能聚人而不能用。夫以公之神武明哲，而辅以大顺，何向而不济？今军虽少，未若楚、汉在荥阳、成皋时也。是时，刘、项莫肯先返，先返者势屈。公以十分居一之众，画地而守之，扼其喉而不得进，已半年矣！情见势竭，必将有变。此用奇之时，不可失也。”又绍谋臣许攸贪财，绍不能纵，来奔，说太祖袭绍别屯，燔（fán）其粮谷。遂破绍。张绣[10]在南阳与荆州牧刘表合，太祖征之。谋臣进曰：“绣与刘表相恃为强，然绣以游军而食于表，表不能供也。急之，则并力；缓之，则自离。”太祖不从，征。表果遣兵救绣，太祖兵败。三年春，太祖还许，绣兵来追，太祖军不得进，与荀彧书曰：“贼来追吾，虽日行数里，吾策之至安众，破之必也。”果设奇伏，攻破之。公还许，荀彧问：“前何以策贼必破？”对曰：“虏遏归师，与吾死地战，吾是以知胜。”西平鞠（qū）光杀其郡守以叛，诸将欲击之。张既[11]曰：“唯光等造反，郡人未必悉同。若便以军临之，吏人、羌、胡必谓官家不别是非，更使皆相恃著，此为虎傅翼也。光等欲以羌、胡为援，今先使羌胡钞击，重其赏，所虏获者，皆以俾之。外阻其势，内离其交，必不战而定。”乃檄告谕：诸为光等所误者，原之；能斩贼师送首者，加封。于是光部党斩送光首。此九州百郡，十并其八之大略也。

【注释】①九有：九州。②炎精：火德，指汉朝。③郭汜：又名郭多，凉州张掖（今甘肃张掖西北）人，东汉末年将领、军阀，献帝时权臣。原为董卓部下。董卓被杀后，采用贾诩之谋，联兵将攻向长安，击败吕布，杀死王允等人，占领长安，把持朝廷大权。几年后被部将伍习杀死。④李傕：字稚然。北地郡泥阳县（今陕西省耀县）人，东汉末年军阀、权臣。本为董卓部将，董卓和牛辅被杀后，伙同郭汜、张济、樊稠等原董卓部曲将攻向长安。击败吕布，杀死王允等人，占领长安，把持朝廷大权。后诸将不和，汉献帝被曹操迎往许都。建安三年（198年）在黄白城被梁兴等人破斩，传首许都。⑤乔玄：又作“桥玄”，字公祖。梁国睢阳县（今河南省商丘市）人。

东汉时期名臣。性格刚强，不阿权贵，待人谦俭，屡历高官，但未有私请。为官清廉，死后竟无钱下葬。有感于国势日衰，于是称病请辞，光和七年（184年）去世。⑥于毒：今河南省鹤壁市淇县人，东汉末年黑山军首领之一。曾与曹操在东郡大战，被曹操所败。不久随张燕破邺城，杀太守栗成。后被袁绍入朝歌鹿场山苍岩谷讨伐，被围攻五日，战败被杀。⑦乌丸：也作“乌桓”，原为东胡部落联盟中的一支。公元前3世纪末，匈奴破东胡后，迁至乌桓山（又曰乌丸山），遂以山名为族号，大约活动于今西拉木伦河两岸及归喇里河西南地区。建安十二年（207年），最后一任单于蹋顿在白狼山之战中被张辽斩杀后开始散落，分别被汉、鲜卑、铁勒等同化。⑧荀攸：字公达，颍川颍阴（今河南许昌）人。荀彧之侄，东汉末年谋士。行事周密低调，计谋百出，深受曹操称赞。建安十九年（214年），荀攸在曹操伐吴途中去世。擅长灵活多变的克敌战术和军事策略，被称为曹操的“谋主”。⑨文丑：东汉末年冀州牧袁绍帐下的大将。建安五年（200年），率军于延津攻曹操，被曹操以诱敌之计大破，于此战中丧生。罗贯中在小说《三国演义》中根据此段历史描写关羽斩文丑的故事，并广泛流传于后世。⑩张绣：武威祖厉（今甘肃靖远）人。骠骑将军张济的从子。东汉末年宛城军阀。初随张济征伐，张济死后与刘表联合。后降曹操，因不满其言行而突袭曹操，复与刘表连和。官渡之战前夕，听从贾诩的建议再次投降曹操，参加官渡之战，官至破羌将军，封宣威侯。从征南皮而击破袁谭。在北征乌桓（207年）途中去世（一说为曹丕逼死），谥定侯。⑪张既：字德容，冯翊高陵（今陕西西安市）人。汉末三国时期曹魏名臣。一生以惠政闻名，征辟杨阜、胡遵等人，皆有名位。黄初四年（223年）去世。魏明帝曹叡即位后，追谥肃侯，其子张辑为关内侯。

【译文】古代的天子管理国家，守卫四方，天子的力量衰微时，就由诸侯守卫四方。等到了东汉末年，奸臣当权，九州不安，四处都是战乱。虽然诸侯参与朝政，但都包藏祸心，各有所图。魏太祖曹操谋略盖世，机智、勇武冠绝一时。正值汉朝处于昏暗动荡之时，灾祸频发，魏太祖嗔目张胆，首先举起义旗。当时韩暹、杨奉挟持着汉献帝从河东返回洛阳汉灵帝驾崩，太子刘辨即位。并州牧董卓乘乱入京，乘机把汉少帝刘辨废为弘农王，另立汉献帝刘协，自封为太师，迁都长安。司徒王允用美人计诛杀董卓，董卓的大将郭汜、李傕兵围长安。把长安攻陷后，他们杀了王允。后来，李傕与郭汜之间生了间隙，李傕把献帝当作人质关在家中。李傕的部将杨奉图谋刺杀李傕，事情泄露，背叛李傕。李傕的势力衰弱后，汉献帝才得以逃出。杨奉想带着汉献帝返回洛阳，郭汜在弘农的曹阳追上汉献帝。杨奉等人战败，郭汜把公卿大臣几乎杀尽。汉献帝渡过黄河，定都安邑，任命韩暹为征东将军，主持朝政还都洛阳。洛阳的宫室全被烧毁，文武百官没有容身之处。魏太祖曹操迎接汉献帝定都许昌。韩暹、杨奉出逃。魏太祖和谋士们商议迎接汉献帝定都许昌。有人认为山东尚未平定，不可以这样做。荀彧劝太祖说："从前晋文公迎纳周襄王，而诸侯迅速依附；汉高祖向东讨伐，为义帝戴孝，使天下归心。自从汉献帝流亡，将军首先发动义兵，在山东平讨叛乱，虽未能远赴关右，还是分遣兵将，蒙受艰险与外族通使。虽然抗御着外部的祸难，但是心思无时不在汉朝王室上，这是将军匡正天下的一贯志向。如今军队的战车突然转向，将士都有匡复汉室之心，百姓想到过去，就会深感哀伤。趁着此时，事奉汉献帝顺从众人的愿望，这是大顺；秉公处事使豪杰臣服，这是大略：弘扬仁义来招纳英雄，这是大德。天下虽然有逆贼，也不足为患，这是很容易明晓的事。韩暹、杨奉他们敢于作乱，如果不及时应对，四方产生反叛之心，再想办法，也来不及了。"太祖到达洛阳，奉迎汉献帝迁都许昌。太祖平定叛乱，迎回君主，使我汉室重新恢复旧纲。接着用筹帷幄，施用谋略，兴兵海内，在北方攻破袁绍，在南方俘虏刘琮，在东方收服公孙康，在西方平定张鲁评论：刘表等各路诸侯，虽然在其间各自吞并，却只是扬雄所说的"六国喧扰，都是在替秦朝的嬴氏削弱周朝的姬氏"的情形。吞并的地方虽然多，但恰恰是为我曹氏准备的奉礼。九州百郡，曹操已吞并了十分之八，志向没有完成，而半道殒亡曹操，字孟德。少年时机灵聪敏，懂得掌握权术。但他行侠放荡，不务正业。所以世人并不高看他，只有乔玄认为他与常人不同。乔玄对曹操说："天下将乱，不是身怀治国奇策的人，不能拯救乱世。能安定天下的人，难道是你吗？"太祖担任东郡太守，治理东武阳，驻军在顿丘。黑山贼的首领于毒等人攻打东武阳，太祖领军向西进入黑山，攻打于毒的大本营。诸位将领都认为应当回东武阳自救。太祖说："从前孙膑为救援赵国而攻打魏国，耿弇要逃往西安却攻打临淄。让贼人听到我们向西攻打黑山的消息后撤兵，那么东武阳就能自己解围了。如果贼人不撤兵，我军能够捣毁他们的巢穴，他们必定不能攻陷东武阳。于是率军向西进发。于毒听到这个消息后，放弃攻打东武阳，返回黑山。太祖在半路拦击，大败贼兵。起初，辽东太守公孙康倚仗辽东地处边远而不臣服，袁尚、袁熙也依附于他。等到曹操攻克乌丸，有人劝说太祖趁势征伐公孙康，袁尚兄弟就能被擒获了。"太祖说："我正要让公孙康送来袁尚、袁熙的首级，不用烦劳将士们了。"九月，曹操率军从柳城返回，公孙康立即斩杀袁尚、袁熙，把他们的首级送来。众将问道："您刚回师，公孙康就斩杀袁尚、袁熙，送来他们的首级，这是为什么呢？"曹操说："公孙康一向害怕袁尚等人，我逼迫他，他就会和袁氏兄弟共同抵抗我军；我放缓对他的进攻，他们就会自相残杀。这是形势必然造成的。"曹操在下邳攻打吕布，没有攻克，想要还军。荀攸说："吕布有勇无谋，如今他的三军都已败北，士兵的锐气已经衰退。三军把主将当成主公，主将衰弱那么士兵就会没有斗志。陈宫虽有智谋但性情迟缓。现在趁吕布的士气没有恢复，陈宫的计谋没有确定，迅速进军攻打，吕布就可以被打败。"曹操于是决开沂水、泗水，水淹下邳城。下邳军队溃败，曹操生擒了吕布。袁绍率领文丑等将领和太祖交战。荀攸劝说太祖用辎重引诱敌兵，袁军于是争抢军资，军阵大乱，曹军乘乱斩杀了文丑。曹操和袁绍在官渡相持，当时曹操缺少粮食，就给荀彧写信，商议返回许昌。荀彧说："袁绍把全部将士聚集在官渡，要和曹公一决胜负。您用最弱的力量抵挡最强的力量，如果不能制服对方，必定会被对方乘机制服，这是天下最关键的时刻。况且袁绍，只是匹夫之勇，能够聚拢人才但不会任用人才。凭您的神武圣明，并顺应天时，有什么不能成功？如今我们的士兵虽然少，也不像楚、汉在荥阳、成皋时那样。当时，刘邦、项羽都不肯先撤军，先撤军的气势被屈压。您用袁军十分之一的士兵，分庭抗礼，扼住袁军的咽喉要道，令袁军不能向前，已经过了半年了。眼见袁军的势头衰竭，必将发生变故。这是运用奇谋的时刻，千万不能失去！”又有袁绍的谋臣许攸，因贪图钱财，袁绍不能容他，他就前来投奔曹操。许攸劝说曹操偷袭袁绍的其它屯营，烧他的粮草。于是曹操打败了袁绍。张绣在南阳和荆州牧刘表会合，太祖前去征伐他们。谋臣进谏说：“张绣和刘表相互仰仗，自视强大。然而张绣的游兵散勇要靠刘表供养，刘表却没有能力供养。逼迫他们，他们就会并力抵抗；放缓攻击，他们就会自己分开。”太祖没有听从，依旧出征。刘表果然派遣军队救援张绣，太祖大败。初平三年春季，太祖返回许都，张绣领军前来追击，太祖的军队不能前进。曹操给荀彧写信说：“敌人来追击我，我军虽然一天只能走几里路，但我估计到了安众，必定能攻破张绣。”曹操果然设下奇兵埋伏，打败了张绣。曹操回到许都，荀彧问：“之前为什么预计敌人必能被打败呢？”曹操回答说：“敌人阻挡我们回师的军队，把我军逼到绝境作战，我因此知道我们会获胜的。”西平人麴光杀死西平郡守发动叛乱，诸将想要攻打他。张既说：“只有麴光等人造反，西平郡中的其它人未必都和麴光一样。如果派兵前往，当地的官吏和羌人、胡人必定说朝廷不辨是非，反而更使他们相互依附，这就像是给老虎增添了翅膀。麴光等人要依靠羌人、胡人作为外援，如今先让羌人、胡人包抄袭击他们，给予丰厚的奖赏。被俘虏的叛军送去充当羌人、胡人的奴婢。在外挡住叛军的势头，在内分化叛军的联合。必能不用作战而平定叛军。”于是太祖发布檄文告知追随麴光叛乱的人：“凡是被麴光迷惑了的人，都予以原谅；能斩杀贼兵首领送来首级的人，加以封赏。”于是麴光的部下杀了麴光，送来了首级。这就是九州百郡，被吞并八成的大概情况。

夫能扶天下之危者，则据天下之安；能除天下之忧者，则享天下之乐；能救天下之祸者，则得天下之福董昭[①]等欲共进曹公，九锡备物，密访于荀彧，彧不许。操心不平，遂杀之。范晔论曰：“世之言荀君通塞，或过矣。常以中贤以下，遂无求备。智算有所研踈，原始未必要终，斯理之不可全诘者也。夫以卫赐[2]之贤，一说而毙两国，彼非薄于仁而欲之，盖有全必有衰也。斯又功之不可兼者矣。方时运之屯邅（zhān），非雄才无以济其弱，功高势强，则皇器自移矣。此又时之不可并也，盖取其归正而已，亦杀身以成仁之义也。”曹氏率义拨乱，代载其功。至文帝时，天人与能矣，遂受汉禅刘若[3]劝进曰：“臣闻：符命不虚见，众心不可违。故孔子曰：‘周公其不圣乎？以天下让，是天地日月轻去其万物也。’是以舜享天下，不拜而受命。今火德气尽，炎上数终。帝迁明德，祚隆大魏，符瑞昭晰，受命既固。光天之下，神人同应。虽有虞之仪凤，周之跃鱼，方之今事，未足为喻。而陛下违天命以饰小行，逆人心以守私志，上误皇穹乃眷之旨，中忘圣人达节之数，下孤人臣翘首之望，非所以扬圣道于高衢，垂无穷之懿勋也。臣等闻：事君有献可替否之道，奉上有逆鳞固争之义。臣等敢以死请。”太史丞许芝[4]又曰：“《易传》曰：‘圣人受命而王，黄龙以戊己日见。’七月四日戊寅，黄龙见。此帝王受命之符瑞最著明也。又曰：‘圣人以德，亲比天下，仁恩洽普，麒麟以戊己日见。厥应圣人受命。’臣闻帝王者，五行之精，易姓之符，代兴之会，以七百二十年为一轨。有德者过于八百，无德者不及四百载。是以周家八百六十七年，夏家四百数十年。汉行夏政，迄今四百二十六岁。天之历数，将以尽终。斯皆帝王受命易姓之符瑞也。夫得岁者，道始兴。昔武王伐殷，岁在鹑（chún）火[5]，有周之分野也。高祖入秦，五星聚于东井[6]，有汉之分野也。今兹岁在大梁[7]，有魏之分野也。而天之瑞应，并集来臻，伏惟殿下体尧、舜之圣明，应七百之禅代，天下学士所共见也。谨以上闻。”给事中苏林[8]等又曰：“天有十二次以为分野。王公之国，各有所属。天子受命，诸侯以封。周文王受命，岁在鹑火，至武王伐纣，十三年岁星复在鹑火。故《春秋传》曰：‘武王伐纣，岁在鹑火，则我有周之分野也。’昔光和七年，岁在大梁，武王始受命为将，讨黄巾。建安元年，岁复在大梁，始拜大将军。十三年复在大梁，始拜丞相。今二十五年，复在大梁，陛下受命。此魏得岁与周文王受命相应。舜以土德承尧之火，今亦以土德承汉之火，于行运，会于尧、舜授受之次。陛下宜改正朔，易服色，正大号，天下幸甚。”

【注释】①董昭：字公仁，济阴定陶（今山东省菏泽）人。东汉末年曹魏谋士、重臣、开国元勋。曾建议曹操将汉献帝迎接到许昌。又为曹操谋划受封魏公、魏王。②卫赐：指孔子弟子子贡，孔门十哲之一，姓端木，名赐，卫国人，故称。以言语闻名，利口巧辞，善于雄辩，且有干济才，办事通达，曾任鲁国、卫国之相。还善于经商，曾经经商于曹国、鲁国两国之间，富致千金，为孔子弟子中首富。③刘若：三国曹魏重要将领，早年追随曹操起兵。在曹营众将中地位较高，与夏侯惇、刘勋等并列。建安中官任建武将军，封清苑亭侯。建安十八年与夏侯惇、刘勋、王忠、邓展、鲜于辅等众将上书劝曹操进爵魏公。后升任辅国将军，进爵清苑乡侯。延康元年，率众将一百二十人上书劝魏王曹丕称帝。④许芝：三国时魏官吏。曾荐管辂与曹操。为太史丞，向曹丕上符命，条陈魏代汉见于谶纬。联合文武官僚四十余人，逼汉献帝禅位于魏王曹丕。曹丕称帝后为太史令。曾写信给诸葛亮，让其举国称藩。⑤鹑火：将黄赤道附近的一周天按由西向东的方向分为十二个等分之一，即十二星次之一。与十二辰相配为午，与二十八宿相配为柳、星、张三宿。所在日期大致为阴历七月初七到八月初七。⑥东井：即井宿，二十八宿之一。因在玉井之东，故称。⑦大梁：十二星次之一。配十二辰为酉时，配二十八宿为胃、昴、毕三宿。约在阴历四月初五至五月初五。⑧苏林：字孝友，陈留外黄人。博学，多通古今字指。凡诸书传文间危疑，林皆训释。建安中，为五官将文学。黄初中，迁博士，给事中，封安成亭侯。官至散骑常侍，以老归第。帝每遣人就问之，且常加赐遗。

【译文】能拯救天下危难的人，就会拥有天下的安定；能消除天下忧患的人，就会享受到天下的安乐；能解救天下祸患的人，就会得到天下的福气董昭等人想让曹操进献九锡，他们秘密访求荀彧的意见。荀彧不同意。曹操心中气愤不平，于是杀了荀彧。范晔评论说：“世人都说荀彧知晓进退，说的有些过了。我常常认为中等贤能以下的人，德行道义不必追求完美。智谋算计有所疏漏，能推究开始未必能把握住结果，这是由于事理不能完全推究。凭借卫赐的贤能，一番游说便覆灭两个国家，不是他对人薄情而非要这样做，而是国家有兴盛必有衰落，这又是功业不能兼得的原因。当时天下动荡，不是雄才大略的人不能救济国势；臣子功劳高势力强，那么国家大权就会下移。这又是国家安定和英雄人物出现不能两全的情形，大约只能使统治归于正道，这也是杀身成仁的道义。”**曹操率领义军平定叛乱，他的功绩被世代传颂，到魏文帝时，顺应天意，于是接受了汉献帝的禅让**刘若上表劝曹丕称帝说：“我听说过‘上天预示帝王受命的符兆不会凭空出现，众人的心愿不可违背’，所以孔子说：‘周公难道不圣明吗？他把天下让给了周成王，如同天地、日月不吝惜万物。’所以尧禅位给舜，舜没有推辞。如今汉室气数已尽，刘汉命运将终，上天感念魏王明德，赐福给魏国，祥瑞多次出现，承受天命已成必然，光天化日之下，神人共同响应。即便有虞氏时出现的仪凤，西周时出现的跃渊之鱼，和如今的祥符瑞兆也无法相比。可是陛下违背天命而注重小节，违逆众人的心愿而贞守私志，对上忤逆了上天眷念的旨意，对中忘掉了圣人达节的教诲，对下辜负了臣子翘首以盼的愿望，这样不是在大道上宣扬圣人之道的行为，也不能把伟大的功勋传承后世。我听说事奉君主的人有进献废立君主之议的责任，事奉皇帝的臣子有逆鳞固争的义务。我们这些臣子冒死请求陛下登基。”太史丞许芝又说：“《易传》说：‘圣人顺应天命称王，黄龙会在戊巳日出现。’七月四日戊寅日，黄龙出现。这是帝王承受天命的瑞祥之兆。《易传》说：‘圣人凭借德行使天下人亲近，仁爱恩德普惠天下，麒麟会在戊巳日出现，这应验在圣人秉受天命上。’我听说帝王是五行的精华。在朝代更迭、兴衰轮回之际，以七百二十年为一个周期。施行德政的王朝享国超过八百年，不施行德政的王朝享国不到四百年。所以周朝享国八百六十七年，夏朝享国四百七十年。汉朝施行像夏朝般的统治，至今已有四百二十六年。上天给的时间，将要结束。这些都是帝王秉承天命改朝换代的征兆。得到岁星照耀的帝王，他的统治开始兴起。从前周武王讨伐殷商，岁星在鹑火，鹑火是周的分野。汉高祖进入秦地，五星聚集在东井，这对应了汉朝的分野。现在岁星在大梁，对应了魏国的分野。上天的祥瑞之兆，如今一起出现，希望陛下体察尧、舜的圣明，接受七百年的禅让兴替，这是天下有识之士的共同愿望。请把我的建议报告给陛下。”给事中苏林等人又说：“天上有十二星次，来对应地上的分野。王公之国，各有归属的星次。天子秉受天命，诸侯以此分封。周文王秉受天命，岁星在鹑火，等到周武王讨伐商纣王，这是十三年后了，岁星又出现在鹑火。所以《春秋传》说：‘周武王讨伐商纣王，岁星在鹑火，对应了我们周朝的分野。’从前光和七年，岁星在大梁，魏武王开始受命为将，征讨黄巾军。建安元年，岁星又在大梁，魏武王开始受封为大将军。十三年后，岁星又出现在大梁，魏武王开始被拜为丞相。如今过了二十五年，岁星又在大梁，陛下应该秉受天命。这是魏国被岁星照耀，和周文王秉受天命相对应。舜以土德承继尧的火德，现在您以魏的土德承继汉的火德，在五行运行中紧随尧、舜禅让之后。陛下应该更换年号和服色，建立帝号，这是天下百姓的幸运啊！”

王室虽靖，而二方未宾，乃问贾诩曰：“吾欲伐不从命，以一天下，吴、蜀何先？”对曰：“攻取者先兵权，建本者尚德化。陛下应期受禅，抚临率土，若绥之以文德，而俟其变，则平之不难矣。吴、蜀虽蕞（zuì）尔小国，依阻山水，刘备有雄才，诸葛亮善治国；孙权识虚实，陆逊见兵势，据险守要，泛舟江湖，皆难卒平也。用兵之道，先胜后战，量敌论将，故举无遗策。臣窃料群臣无权、备对，虽以天威临之，未见万全之势。昔舜舞干戚而有苗服。臣以为当今宜先文后武。”文帝不纳，后果无功三苗国，今岳州是也。蜀相诸葛亮出斜谷，屯渭南。司马宣王①距之。诏宣王：“但坚壁距守，以挫其锋。彼进不得志，退无与战，久停则粮尽，虏掠无所获，则必走矣！走而追之，以逸待劳，全胜之道。”亮送妇人衣以怒宣王，宣王将出战，辛毗（pí）②杖节不许，乃止。宣王见亮使，唯问寝食及事繁简，不及戎事。使答曰：“笞罚二十以上，皆亲览焉，啖食不至数升。”宣王曰：“亮毙矣。”寻果卒也。

【注释】①司马宣王：指司马懿，字仲达，河内郡温县孝敬里（今河南省焦作市温县）人。三国时期魏国政治家、军事谋略家，魏国权臣，西晋王朝的奠基人。次子司马昭封晋王后，被追谥为宣王。②辛毗：字佐治，颍川阳翟人。三国时期曹魏大臣。

【译文】朝廷内部虽然安定了，可是吴、蜀还没有归服。魏文帝曹丕于是问贾诩说："我想讨伐不听从命令的吴、蜀，来一统天下，吴国和蜀国先伐哪一个呢？"贾诩回答说："攻城略地的将领重视兵法权谋，建立基业的帝王崇尚道德教化。陛下应运接受禅让，治理国家，如果抚之以礼乐教化，而等待吴、蜀变乱，那么平定吴、蜀也就不困难了。吴、蜀虽然是区区小国，但都依山阻水，而且刘备有雄才，诸葛亮善于治国，孙权能明辨虚实，陆逊会用兵，他们据险防守，战船来往于江湖之间，都很难一下被平定。用兵之道，是先具备了必胜的形势然后出战，根据敌人的情况调派将领，这样才能算无遗策。我私下揣度群臣中没有人是刘备、孙权的对手，虽然凭借朝廷的天威讨伐他们，仍然看不到万无一失的情况。从前舜发动武力而有苗臣服，我认为如今应该先文后武。"文帝没有采纳贾诩的建议，后来果然攻伐无功三苗国，就是如今的岳州。西蜀丞相诸葛亮出兵斜谷，驻扎在渭南。宣王司马懿率兵抵抗他。朝廷诏令司马懿："只须坚壁防守，以挫败他们的锐气。蜀兵进不能得志，后退我军也不和他们交战，停留的时间久了则粮草耗尽。蜀兵抢虏也没有收获，必定会撤军。蜀军撤军我军就去追击，这样以逸待劳，是必然获胜的计策。"诸葛亮给司马懿送来女人的衣服想激怒他。司马懿要出战，辛毗拿着节杖制止他，司马懿于是放弃出战。司马懿接见诸葛亮的使者时，只问诸葛亮的寝食情况和公务繁简，不提打仗的事。诸葛亮的使者回答说："处罚超过二十板的事，他都亲自过问，每天吃饭不到数升。"司马懿说："诸葛亮将要死了。"不久诸葛亮果然去世。

至甘露元年，始以邓艾为镇西将军，距蜀将姜维。维军败，退守剑阁。钟会攻维，不能克，乃上言曰："今贼摧折，宜遂乘之，从阴平由邪径经汉德阳亭，趣涪出剑阁西四百里，去成都三百余里，奇兵冲其腹心，剑阁之守必还赴涪，则会方轨而进；剑阁之军不还，则应涪之兵寡矣。《军志》有之：'攻其不备，出其不意。'今掩其空虚，破之必矣。"冬十月，艾自阴平行无人之地七百余里，凿山通道，山高谷深，艾以毡自裹，推转而下。将士皆攀木缘崖，鱼贯而进。先登至江由，蜀将诸葛瞻[①]自涪还绵竹，列阵待艾，艾遣子忠等出战，大破之，斩瞻。进军到雒（luò）县，刘禅遂降后主用谯周策，奉玺书于艾曰："限以江、汉，遇值深远，阶缘蜀土。计绝一隅，干运犯冒，渐苒历载。每惟黄初中，宣温密之诏，申三好之恩，开示门户，大义炳然。而不德暗劣，贪窃遣绪，俛（fǔ）仰累纪，未率大教，天威既震，人鬼归能之数，感骇王师，神武所次，敢不革面，顺以从命？"艾大喜，报书曰："王纲失道，群英并起，龙战虎争，终归真主。此盖天命去就之道也。自古圣帝，爰建汉、魏，受命而王者，莫不在乎中土。河出图，洛出书[②]，圣人则之，以兴洪业。其不由此，未有不颠覆者矣。隗嚣凭陇而亡，公孙据蜀而灭，斯实前代覆车之鉴。圣上明哲，宰相忠贤，将比隆黄轩，侔（móu）功往代。衔命来征，思闻嘉响，果烦来使，告以德音。此非人事，乃天意也。昔微子[③]归周，实为上宾。君子豹变，义存大易。来譬谦冲，以礼举榇，此皆前哲归命之典。全国为上，破国次之。自非通明智达，何以见王者之义乎？"后主至洛阳，策命之为安乐公，曰："盖统天载物，以咸宁为大；光宅天下，以时雍为盛。乃者汉氏失统，六合[④]震扰。我太祖承运龙兴，弘济八极[⑤]。是用应天顺人，抚有区夏。于时乃考因群杰虎争，九服[⑥]不靖，乘间阻远，保据庸蜀，几将五纪[⑦]。朕永惟祖考，思在绥辑四海，爰（yuán）整六师，曜威梁、益，公恢崇德度，应机豹变，履信思顺，以左右无疆之休，岂不远欤？往钦哉！其祗服朕命，克广德心，以终乃显列。”初，晋文王欲遣钟会伐蜀。邵悌⑧曰：“今钟会十余万众伐蜀，愚谓会单身无重任，不若余人。”文王曰：“我宁当复不知此耶？若灭蜀后，如卿所虑，当何能辨？凡败军之将，不可以语勇；亡国之大夫，不可以图存。心胆已破故也。若蜀已破，遗人震恐，不足与图事。中国将士，各自思归，不肯与同也。若作恶，祇自族灭耳。”会果与姜维反，魏将士愤发，杀会及维也。至晋末，谯纵复窃蜀。宋刘裕使朱龄石伐蜀，声言从内水取成都，败衣羸老进水口。谯纵果疑其内水上也议曰：内水，涪（fú）江也，悉军新城以待之。乃配朱龄石等精锐，迳从外水议曰：外水，泜（zhī）江也。若中，今雒县水是也，直至成都，不战而擒纵事具《霸纪上》。此灭蜀形也。

【注释】①诸葛瞻：字思远，琅邪阳都（今山东沂南县）人。三国时期蜀汉大臣，丞相诸葛亮之子。魏将邓艾伐蜀，率领长子诸葛尚、将军张遵、李球、黄崇防御绵竹。不听黄崇速占险要的建议，坐失兵机，出城与邓艾决战，兵败被杀，致使绵竹失守。②河出图，洛出书：《易·系辞上》说：“河出图，洛出书，圣人则之。”传说伏羲氏时，有龙马从黄河出现，背负“河图”；有神龟从洛水出现，背负“洛书”。伏羲根据这种“图”“书”画成八卦，后来周文王又依据伏羲八卦研究成文王八卦和六十四卦，并分别写了卦辞。③微子：子姓，宋氏，名启，后世称微子、微子启、宋微子，是商王帝乙的长子、商纣王帝辛的长兄，周朝宋国的开国始祖。周朝初年被周成王封于商朝旧都商丘（今河南省商丘市），建立宋国，爵位公爵，特准其用天子礼乐奉商朝宗祀。④六合：常用于指上下和东南西北四方，泛指天地或宇宙。⑤八极：八方极远之地。八方，指东、西、南、北、东南、西南、西北、东北八个方向。⑥九服：王畿以外的九等地区，即侯服、甸服、男服、采服、卫服、蛮服、夷服、镇服、藩服。后指全国各地。⑦五纪：古代纪年单位。一纪为十二年，五纪为六十年。⑧邵悌：字元伯，阳平（治今河北大名县东）人，曹魏权臣司马昭的心腹。咸熙元年（264年），为西曹属。进言谏止司马昭派遣钟会伐蜀，没有被采纳。

【译文】甘露元年，曹魏任命邓艾为镇西将军，抵御蜀国大将姜维。姜维的军队战败，退守剑阁。钟会攻打姜维，不能攻克，于是上书说："如今敌人受到打击，应该乘胜追击。从阴平由比正道近便的小路经过汉德、阳亭去涪县，涪县在剑阁西面一百里，距离成都三百余里，发奇兵直捣蜀国腹地，剑阁的守兵必定回援涪县，那我军就车辆并行前进；如果剑阁的守军不去回援，那么救援涪县的军队就很少了。《军志》上说：攻其不备，出其不意。如今攻打蜀国的空虚之地，必定能攻破它。"冬季十月，邓艾率军从阴平七百余里的无人道路出发，凿山开路。山高谷深，邓艾用毡子裹住身体，横起身子滚下山崖，众将士都攀着树木，爬着悬崖，像游鱼一样一个跟着一个前进，先到达了江由。蜀国大将诸葛瞻从涪县还守绵竹，摆下军阵等候邓艾。邓艾派遣儿子邓忠等人出战，大败蜀军，斩杀诸葛瞻。邓艾进军到雒县，刘禅于是向邓艾请降后主刘禅采纳谯周的计策，捧着玺印降表对钟会说："因长江、汉水的阻隔，我们远离朝廷，身处蜀地，偏安一隅，不能顺天应时，已经过了数年。在黄初年间，魏主下诏，多次表示亲好，向我敞开大门，光扬大义。而我昏庸顽劣，贪图祖先遗留的事业，俯仰之间过了多年，未能接受诏命。现在天威震怒，人鬼择贤而归，朝廷的军队神威勇武，所向披靡，我们岂敢不洗心革面，顺应朝廷的诏命？"邓艾非常高兴，向刘禅回信说："朝纲失统，群雄并起，龙争虎斗，天下终究归于真龙天子。这是天命主宰兴替的规律。古代圣明的帝王，下至汉、魏的君主，秉受天命而成为君王的，无不是兴起于中原。黄河出现《河图》，洛水出现《洛书》，圣人遵循它们来振兴宏大的基业。如果不是按照这样，没有不导致动乱最终灭亡的。隗嚣占据陇山而灭亡，公孙述据守蜀险而覆灭，这些都是前车之鉴。魏主明智睿哲，丞相忠正贤能，能和黄帝轩辕氏相比，能和历代王朝比较功绩。我奉皇命前来征讨，希望听到前线的好消息，现在你们果然派出使者，告知投降的消息。这不是人谋所能干预的，而是出于天意。从前微子归顺周朝，被奉为上宾。君子地位高升显贵，是心存天下大义；降表言辞谦卑恭顺，以礼相亲，这都是前代圣哲归服天命的常典。君主保全国家为上，破灭国家次之。如果不是通达智慧的人，怎能见到王者的道义呢？”后主刘禅到了洛阳，被策封为安乐公。诏书说：“通常统治天下，以天下安宁为上；治理国家，以天下和睦为上。从前汉室失去国统，天下大乱。我朝太祖曹操秉受天命，龙兴出世，志达八方。顺天应人，抚慰天下。当时你的父亲趁着群雄相争，天下不定，伺机占据偏远的蜀地，快要六十年了。我继承祖辈的风范，志在安抚集聚天下，整饬军旅，收复梁州、益州。您发扬明德，应时机变，遵守信誉，顺应天人，前来归降，使天下远离战乱，岂不会永远受到人们的称赞吗？你敬守皇命，尽心修德，也是为了显示父亲的功业啊。”起初晋文王司马昭想要派遣钟会讨伐蜀国。邵悌说：“如今钟会率领十万兵马讨伐蜀国，我认为钟会单独出兵不能坚守重任，不如派其他人去。”晋文王说：“我难道不知道这些吗？如果蜀国被消灭后，出现像你担心的顾虑，应该怎么办呢？打败仗的将领，不能和他们谈论勇武；亡国的大夫，不能和他们商量稳固社稷。这是因为他们被吓破胆的缘故。如今蜀国被攻破，蜀人震惊害怕，不值得和他们图谋大事。中原的将士，思归心切，不愿和钟会同路。如果钟会想发动叛乱，只能是自取灭亡。”钟会果然和姜维反叛，魏国将士大怒，杀死钟会和姜维。**等到东晋末年，谯纵又占据蜀地。宋主刘裕派遣大将朱龄石讨伐谯纵，声称从内水直取成都，却把衣裳破旧的衰弱老兵派驻在内水水口。谯纵果然怀疑朱龄石是从内水发兵**内水，指涪江，**就把军队都驻扎在新城待朱龄石的进攻。而刘裕却给朱龄石精锐的士兵，经由外水发兵**外水，指泯江，大概就是流经今天洛县的水流，**直取成都，没有费力就擒获了谯纵**具体事件记载在《霸纪上》。**这就是灭亡蜀国的大致情形。**

魏嘉平中，孙权死。征南大将军王昶①、征东大将军胡遵②、镇南将军毌（guàn）丘俭③等表征吴。朝廷以三征计异，诏访尚书傅嘏（gǔ）④。嘏对曰：“昔夫差胜齐陵晋，威行中国，不能以免姑苏之祸；齐闵辟土兼国，开地千里，不足以救颠覆之败。有始者不必善终，古事之明效也。孙权自破蜀兼荆州之后，志盈欲满，凶亢已极，相国宣、文王先识取乱侮亡之义，深达宏图大举之策。今权已死，托孤于诸葛恪[5]，若矫权苛暴，蠲其虐政，民免酷烈，偷安新惠，外内齐虑，有同舟之惧，虽不能终自保完，犹足以延期挺命于深江之外矣。今议者或欲泛舟径济，横行江表；或欲倍道并进，攻其城垒；或欲大佃疆埸，观衅而动。此三者皆取贼之常计，然施之当机则功成；若苟不应节，必贻后患。自治兵以来，出入三载，非掩袭之军也。贼丧元帅，利存退守。若罗船津要，坚城清野，横行之计，其殆难捷也。贼之为寇几六十年，君臣伪立，吉凶同患。若恪蠲其弊，天夺之疾，崩溃之应，不可卒待也。今贼设罗落，又将重密，间谍不行，耳目无闻。夫军无耳目，投察未详，而举大众以临巨险，此为晞幸邀功，先战而后求胜，非全军之长策也。唯有大佃最差完牢，兵出民表，寇钞不犯，坐食积谷，不烦运士；乘衅讨袭，无远劳弊。此军之急务也。夫屯垒相逼，巧拙得用，策之而知得失之计，角之而知有余不足之处。情伪将焉所逃？夫以小敌大，则役烦力竭；以贫敌富，则敛重财匮。故敌逸能劳之，饱能饥之，此之谓也。然后盛众厉兵以振之，参惠倍赏以招之，多方广似以疑之。由不虞之道，以间其不戒。比及三年，左提右挈，虏必冰散瓦解，安受其弊，可坐算而得也。昔汉氏历世常患匈奴，朝臣谋士，早朝晏罢；介胄之将，则陈征伐；缙绅之徒，咸言和亲；勇奋之士，思展搏噬。故樊哙[6]愿以十万横行匈奴，季布面折其短；李信[7]求以二十万独举楚人，而果辱秦军。今诸将有陈越江陵之险，独步虏庭，即亦向时之类也。以陛下圣德，辅相贤智，法明士练，措计于全胜之地，振长策以御之，虏之崩溃，必然之数。故兵法曰：‘屈人之兵而非战也，拔人之城而非攻也。’若释庙胜必然之理，而行百一不全之略，诚愚臣之所虑也。故谓大佃而逼之计最长。”时不从嘏言，诏昶等征吴。吴将诸葛恪距之，大败魏军于东关。魏后陵夷禅晋，世祖即位王昶等败，朝议欲贬黜诸将。景王曰：“我不听公休以至此，我过，诸将何罪？”时雍州刺史陈泰[8]讨胡又败，景王又谢朝士曰：“此我过也，非元伯之责。”于是魏人悦睦，思报之也。

【注释】①王昶：字文舒，太原郡晋阳县（今山西太原）人。三国时期曹魏将领，东汉代郡太守王泽之子。少有名气，进入曹丕幕府。曹丕即位后，拜散骑侍郎，迁兖州刺史，撰写《治论》《兵书》。太傅司马懿掌权后，深得器重，奏请伐吴，在江陵取得重大胜利，升任征南大将军、开府仪同三司，晋爵京陵侯。正元年间，参与平定“淮南三乱”。②胡遵：安定临泾（今甘肃镇原南）人，魏国将军。景初二年（238年），奉司马懿命令击破辽东公孙渊部将卑衍、杨祚。嘉平四年（252年）冬十二月在魏吴东兴大战中被吴将丁奉击败。后随司马师讨伐毌丘俭。③毌丘俭：复姓毌丘，字仲恭，河东闻喜（今山西闻喜）人。三国时魏国将领，武威太守毌丘兴之子。效忠魏国王室，感魏明帝厚恩。司马师废黜魏帝曹芳后，联合文钦起兵勤王，成为“淮南三叛”之一，可惜准备不足，兵败身亡。④傅嘏：字兰石（一字昭先），北地郡泥阳县（今甘肃宁县）人。曹魏后期重臣。西汉义阳侯傅介子之后、曹魏尚书傅巽之侄。弱冠时便知名于世，为人才干练达，有军政见识。反对伐吴三计，朝廷不听，果然在东关之战中被诸葛恪所败。毌丘俭、文钦起兵，傅嘏及王肃劝司马师自往讨伐，最终大破淮南军。⑤诸葛恪：字元逊，琅邪阳都（今山东沂南）人。三国时东吴权臣，蜀汉丞相诸葛亮之侄，东吴大将军诸葛瑾长子。体格肥胖，幼小以神童著称。孙权病危时被任命为托孤大臣之首，掌握吴国军政大权。执政初期革新政治，率军抗击魏国，取得东兴大捷。此战之后产生轻敌之心，大举伐魏，惨遭新城之败。回朝后更加独断专权。后被孙峻联合吴主孙亮杀害在宴会上。孙休即位后，下诏平反。⑥樊哙：沛人，西汉开国元勋，大将军，左丞相，著名军事统帅，为吕后妹夫。出身寒微，早年以屠狗为业。后随刘邦平定臧荼、卢绾、陈豨、韩信等。曾在鸿门宴时出面营救汉高祖刘邦。封舞阳侯，谥武侯。⑦李信：字有成，槐里（今陕西咸阳兴平东）人，战国末期秦国著名将领。在灭燕国之战中立有大功。后领兵二十万攻打楚国，先是一路凯歌，后被楚将项燕大败。⑧陈泰：字玄伯，颍川许昌（今河南许昌东）人。三国时期魏国名将，司空陈群之子。在地方颇著政绩。高平陵之变时，劝曹爽投降，因此被司马氏信任。此后主动外出到雍州任职，多次成功防御姜维的进攻。后随司马昭两度抵御孙吴进攻，改授左仆射。魏帝曹髦遇弑，在悲恸和忧愤中死去。获赠司空，谥号“穆”。

【译文】曹魏嘉平年间，孙权去世。魏国征南大将军王昶、征东大将军胡遵、镇南将军毌丘俭等人上表请求征讨吴国。朝廷因为三位将领征讨吴国的计策不同，于是下诏请尚书傅嘏商议。傅嘏说：“从前吴王夫差战胜齐国、欺凌晋国，横行中原，也不能免除姑苏败亡的祸患；齐闵王兼并别国，扩展国土上千里，也不能挽救被颠覆的命运。事情有好的开始，未必有好的结局，古代的事例都明显地证明了这一点。自从孙权打败蜀国，兼并荆州后，他志满意得，极度凶残，相国宣王司马懿、文王司马昭最先意识到自取混乱导致灭亡的道理，深深明达国家大展宏图的策略。如今孙权已死，把国家大事托付给诸葛恪，假如能矫正孙权的严苛残暴，除去他暴虐的政策，使百姓免于残酷的统治，施行救国的政策，朝廷内外齐心协力，同舟共济，即使最终不能自我保全，也能够延长吴国在江东存在的时日。如今有人想要乘船渡过长江，在江面上交战；有人想要派军队从相反的两条路齐头并进，攻打敌人的城垒；有人想在疆场大规模地屯田，观察敌情，伺机行动。这三种计策都是攻打敌人的常规计策，如果施行的时机得当，就能够成功；如果施行的时机不当，必定留下后患。自从出兵作战，已经有三年了，但都不适合偷袭作战。敌军丧失统帅，有利的策略是撤退坚守。如果敌军把战船陈列在重要渡口，坚壁清野，我们再渡江作战，恐怕很难获胜。敌军在江东为寇将近六十年，私立君臣之位，君臣共祸难。如果诸葛恪能消除吴国的弊政，上天令其覆灭的隐患和吴国崩溃的征兆，还不能立刻等来。如今敌军设下罗网，又防守严密，间谍不能行动，探子也打听不到消息。军队中没有探子，对敌人的侦察就不能做到详细，而率领大军兵临险地，这是心怀侥幸向上邀功的做法，先进行战斗然后寻求取胜的办法，这不是保全军队的计策。只有大军在战场屯田是最稳妥的办法，按照百姓的意愿出兵，与百姓秋毫无犯，坐等食用积累的粮草，不用劳烦运输粮草的士兵；乘机偷袭敌军，没有长途跋涉的劳苦，这是军队的首要事务。修建壁垒逼迫敌军，巧妙和愚笨的计策都运用得当，计策出来就能知晓得失，战斗起来就能知晓自己的优点和不足，敌方的真伪也就一清二楚了。以寡敌众，则战斗频繁，兵力衰竭；以弱敌强，则敛赋过重，国内财物匮乏。所以敌军安逸，我军就使它疲劳；敌军粮草充足，我军就使它粮草匮乏，说的就是这个意思。然后再派精锐的军队来威慑敌人，多施恩惠加倍赏赐来招降敌人，使用多种方法来让敌军产生怀疑，再从敌人意料不到的路线在敌人不加戒备的时候攻打。等到三年后，再左右夹击，敌军必定像冰雪消融一样瓦解，我军安坐着等待敌军溃退，可坐享其成。过去汉朝历代常被匈奴侵扰，朝臣谋士，不论早朝宴罢，都在谈论这个问题。披甲之将主张征战讨伐，豪门贵戚都主张和亲联姻，奋勇的将士想与匈奴人搏斗厮杀。所以樊哙愿意率领十万大军攻打匈奴，而季布当面指出发兵的弊端；李信请求率领二十万大军专门攻打楚国，果然被楚军打败受辱。如今诸将有人陈说要带兵度过危险的江陵，孤军深入敌境，这也和当时樊哙、李信的情况一样。凭借陛下的圣明贤德，丞相的贤良智慧，法律严明，将士干练，使用万全的智谋，施展长远的计策，敌军的失败是必然的事情。所以兵书说：‘使敌军屈服而不靠战斗，攻克城池而不用攻打。’如果放弃必然战胜敌国的计策，而采用没有百分之一把握的策略，这确实是很值得忧虑的事情。所以说大军在战场屯田而逼迫敌军的计策最好。”当时朝廷不听从傅嘏的建议，下诏命王昶等人征讨吴国。吴将诸葛恪领兵抵抗，在东关大败魏军。魏国后来衰落，禅位于晋朝，晋世祖司马炎即位王昶等人兵败，朝臣提议贬黜出征的将领。景王司马师说：“我没有听傅嘏的话以至于到了这个地步，这是我的过错，诸位将军有什么罪？”当时雍州刺史陈泰征讨胡人又打败了，景王司马师又向朝臣谢罪说：“这是我的过错，不是陈泰的责任。”于是魏国人都喜悦和睦，想着报答司马师。

至世祖时即晋武帝也，羊祜（hù）①上《平吴表》曰：“先帝顺天应时，西平巴蜀，南和吴会，海内得以休息，兆庶有乐安之心。而吴复背信，使边事更兴。夫期运虽天所授，而功业必由人而成。不一大举扫灭，则众役无时得安。亦所以隆先帝之勋，成无为之化也。故尧有丹水之伐，舜有有苗之征，咸以宁静宇宙，戢兵和众者也。蜀平之后，天下皆谓吴当并亡。自此来十三年，是谓一周。平定之期，复在今日。议者常言吴、楚有道后服，无礼先强，此乃诸侯之时耳。当今一统，不得与古同论。夫适道之论，皆未应权，是故谋之虽多，而决之欲独。凡以险阻得存者，谓敌者同，力足以自固。苟其轻重不齐、强弱异势，则智士不能谋，而险阻不可保也。蜀之地，非不险也，高山寻云霓，深谷肆无景，束马悬车，然后能济。皆言一夫荷戟，千人莫当。及进兵之日，曾无藩篱之限，斩将搴旗，伏尸数万，乘胜席卷，径至成都，汉中诸城，皆鸟栖而不敢出。非皆无战心，诚力不足相抗。至刘禅降服，诸营堡者，索然俱散。今江淮之难，不过剑阁；山川之险，不过岷、汉。孙皓[2]之暴，侈于刘禅；吴越之困，甚于巴蜀。而大晋兵众，多于前世；资储器械，盛于往时。今不于此平吴，而更阻兵相守，征夫苦役，日寻干戈，经历盛衰，不可长久，宜当时定，以一四海。今若引梁、益之兵，水陆俱下；荆、楚之众，进临江陵。平南、豫州，直指夏口；徐、扬、青、兖，并向秣（mò）陵，鼓旆以疑之，多方以误之，以一隅之吴，当天下之众，势分形散，所备皆急。巴、汉奇兵，出其空虚，一处倾坏，则上下震荡。吴缘江为国，无有内地，东西数千里，以藩篱自恃。所敌者大，无有宁息。孙皓恣情任意，与下多忌；多臣重将，不复自信。是以孙秀[3]之徒，皆畏逼而至。臣疑于朝，士困于野，无有保势之计、一定之心。平常之日，犹怀去就；兵临之际，必有应者。终不能齐力致死，已可知也。其俗急速，不能持久，弓弩戟楯，不如中国，唯有水战，是其所便。一入其地，则长江非复所固，还保城池，则去长入短，而官军悬进，人有致节之志。吴人战于其地，有凭城之心。如此，军不逾时，克可必矣。”帝深纳焉。乃令王濬[4]等灭吴。

【注释】①羊祜：字叔子。泰山南城（今山东新泰）人。魏晋时期著名战略家、政治家和文学家。博学能文，清廉正直，娶夏侯霸之女为妻。曾拒绝曹爽和司马昭的多次征辟，后为朝廷公车征拜。晋代魏后，羊祜坐镇襄阳，都督荆州诸军事，十年间为伐吴做足准备。咸宁四年抱病回洛阳，十一月病故。②孙皓：即吴末帝。字元宗（一说字元景），一名彭祖，字皓宗。吴大帝孙权之孙，废太子孙和之子，三国时吴国末代皇帝。在位初期虽施行过明政，但不久即沉溺酒色，专于杀戮，变得昏庸暴虐。天纪四年，吴国被灭，投降西晋，被封为归命侯，四年后在洛阳去世。③孙秀：字彦才，吴郡富春（今浙江富阳）人。三国时孙吴宗室、将领，乌程侯孙匡之孙、长水校尉孙泰之子、吴大帝孙权侄孙，由于宗室身份，又拥兵在外地，被吴末帝孙皓忌惮。后携妻室及亲兵数百人投奔西晋，被晋武帝任命为骠骑将军、交州牧、开府仪同三司，封会稽公。④王濬：字士治，小字阿童。弘农郡湖县（今河南灵宝西）人。西晋时期名将。出身于世代二千石的官吏之家，博学多闻，美姿貌，多谋善战。太康元年（280年）自成都出发，率水陆军顺流而下，逼近吴都建业，攻入建业西石头城，接受末帝孙皓投降，实现西晋统一大业。战后因灭吴功勋卓著，纵情奢侈享受，不再俭素。

【译文】到了晋世祖时即晋武帝司马炎，羊祜上《平吴表》说："先帝顺应天时，向西平定巴、蜀，向南和东吴讲和，使天下得以休养生息，百姓安居乐业。而吴国又背信弃义，使边境再生战事，天数气运虽然是上天授予的，但是功业必须依靠人来成就，如果不一次大举灭亡吴国，那么百姓就得不到安宁。这也可以光耀先帝的功勋，成就无为而治的教化。所以尧讨伐丹水，舜征伐有苗，都是为了安定天下，平息战争，使百姓安乐。蜀国平定后，天下人都说吴国也会一并灭亡。从那时起过了十三年，是世事循环的一个周期，平定吴国的日子，又再次来临。人们常说吴、楚是政治清明才最后归服，政治衰弱最先强盛，这是春秋战国时期的诸侯争霸才会发生的事。如今天下一统，不能与古代相提并论。适合一般事务的议论，都没有顺应时宜的变化，所以计谋虽然多，但最后决断时只能任用一个。凡是依靠地势险峻得以保存的国家，只有在敌我力量相同时，才能依险自我保存，如果双方势力不均，强弱形势发生变化，那么有智慧的人也不能谋划，地势的险峻也不能使国家保全。蜀地不是不险要，山峰高耸入云，山谷幽深，不见日光，只有勒紧马缰，悬起车辆，才能通过。人们都说蜀道一夫当关，万夫莫开。等到我军攻打蜀地，连藩篱那样的抵抗也没遇到。斩将插旗，敌军死伤数万，我军乘胜追击，直逼成都。汉中各城池，都按兵不动，不是守城将领都没有抵抗之心，而是力量不足无法抵抗。等到刘禅投降归服，各城守将全都离散。如今征讨江淮的难处，没有攻打剑阁时的难；山川的险要，也不超过岷山、汉水；孙皓残暴，远超刘禅；吴、越的困境，超过了巴、蜀。而我大晋朝的士兵比以前多，储备的粮食器械也超过往时。如今不乘此时机平定吴国，而是按兵防守，战士苦于兵役，时间一长就会寻衅生事，军队就会从强盛变为衰弱，不能长久。应当早做决定，统一天下。如今如果率领梁州、益州的士兵，水陆并进；荆楚的士兵，进攻江陵；平南、豫州的士兵，直攻夏口；徐州、扬州、青州、兖州的军队，共向秣陵。擂起战鼓，竖起旌旗使吴军迷惑，多方进军让吴军误会。以偏安一隅的吴国，抵挡天下的军队，吴国的势力分散，守备吃紧，巴、汉出奇兵，乘吴军空虚出击，吴国一地失守，则朝野震荡。吴国沿江建国，没有内地，东西数千里，以江河为屏障，所要抵御的地区广大，一旦被攻击就不会安宁。孙皓恣意任性，猜忌下属，名臣大将不再信任他，所以像孙秀这样的人，都因害怕被逼迫而归顺。大臣在朝廷内被猜疑，贤士在朝廷外被排挤，没有保全国家的计策，安定天下的决心。平常的日子，还想着远离官职；敌军兵临城下，必定会投降，最终不能齐心协力共赴国难，这是可以预知的。吴军的作战风格急躁，不能够持久，他们的弓弩戟楯，不如中原的精良，只有水战，是他们的优势，我军一进入吴地，那么长江就不再是坚固的屏障，如果吴军回军保卫城池，去就是抛弃长处采用短处。我军慢慢前进，士兵有英勇奋战的志气。吴军在本土战斗，有凭借坚固城池据守的想法。像这样，军队用不了多久，必定能打败吴国。”晋世祖采纳了羊祜的建议，于是下令王濬等人率军消灭吴国。

天下书同文，车同轨矣时吴王皓有兼上国之心，使陆抗[①]为荆州牧。晋使羊祜与吴人相持。祜增修德政以怀吴。吴每与战，必克日而后合，间谋掩袭并不为，若临阵俘获，军正将斩之，祜辄曰："此等死节之臣也。"为之垂涕，亲加殡，给其家，迎丧者，必厚为之祀而归之。吴将有来者，辄任其所适。若欲返吴，便为祖道[②]。吴将有二儿，皆幼，在境上戏，为祜军所略。经月，其父谓之已死，发丧。祜亲自免劳供养，遣归。父后感其恩德，率众二千来降。于是陆抗每告其众曰："此专为义，彼专为暴，是不战而自服也。各保分界，无求细益而已。"称曰："羊叔子虽乐毅、诸葛亮，何以过之？"陆抗将死，言于吴王皓曰："西陵、建平，国之蕃表，处在上流，受敌二境。臣父逊昔垂没陈言：'西陵，国之西门。如其有虞，当举国争之。'臣愚以为，诸侯王幼冲，未掌事，乞简阅一切，以辅疆场。"晋南征大将军羊祜来朝，密陈伐吴之计，使王濬治船于蜀，方舟百余步，皆为城郭，门施楼卤[③]，首画怪兽，以惧江神。容二千余人，皆驰马往还。及柿流于吴，建平太守吾彦[④]取其流柿，以呈吴王曰："晋必有攻吴之计，宜增建平兵，建平不下，终不敢渡江。"吴王皓不从。彦乃辄为铁锁，加之锥刺，以断于江，阻于我也。濬闻之，乃为大筏，缚草为人，伏习流者，下施竹炬，以碍锁锥，乃兴师。果如濬策，弗之患也。太康元年，安东将军王浑[⑤]击横江，破之。龙骧将军王濬克建平、丹阳二城。杜预又分遣轻兵八百，乘箪船潜渡江，上乐乡岸，屯巴山，多张旗帜，起火山上，出其不意，破公安。时诸将咸谓："百年之寇，未可全克，且春水方生，难于持久，宜待来冬，更克大举。"预喻之曰："昔乐毅藉济西一战，以并强齐，今兵威已振，譬如破竹，数节之后，皆迎刃而解耳！"抗表论之，上深然焉。吴遣张悌[⑥]、沈莹[⑦]济江，莹谓悌曰："晋作战船于蜀久矣，今倾国大动，万里齐起，并悉益州之众，浮江而下，我上流诸军无有戒备，恐边江诸城莫尽能御也。晋之水军必至于此，宜畜力待来一战，若破之日，江西自清，上方虽坏，可还取也。今渡江逆战，胜不可保，若或摧丧，则大事去矣！"张悌不从，遂济江，尽众来逼，王师不扰，其众返而兵乱，晋军乘之，大破吴师。吴王皓乃降于濬，戍卒八万，方舟鼓噪，入于石头。皓面缚舆榇，濬焚榇，礼也。赐皓爵为归命侯。

【注释】①陆抗：字幼节，吴郡吴县（今江苏苏州）人。吴国丞相陆逊次子。与陆逊皆是吴国的中流砥柱，并称“逊抗”，被誉为吴国最后的名将。袭父爵为江陵侯，为建武校尉，领其父众五千人。吴凤凰元年（272年），击退晋将羊祜进攻，并攻杀叛将西陵督步阐。后拜大司马、荆州牧，卒于官，终年49岁。②祖道：古代为出行者祭祀路神和设宴送行的礼仪。③楼卤：古时军中用以侦察、防御或攻城的高台。卤，古同橹，大盾。④吾彦：字士则，吴郡吴县（今江苏苏州）人。初任吴国通江县吏，后得到大司马陆抗的提拔重用，升至建平太守。西晋攻打吴国，仍据城坚守，孙皓投降后才降。在西晋担任过二十多年的交州刺史，平定各地叛军，威名恩德显著，南方州郡得以安宁。后入朝担任大长秋，在任内逝世。⑤王浑：字玄冲。太原郡晋阳县（今山西太原）人。东汉代郡太守王泽之孙、曹魏司空王昶之子。早年为大将军曹爽帐下掾吏。西晋建立后，积极筹划伐吴方略。咸宁五年（279年），与杜预等奉诏伐吴，率军从横江出击，屡战屡胜。晋惠帝司马衷即位，加侍中衔。司马玮死后，复任司徒加录尚书事。⑥张悌：字巨先。襄阳（今湖北襄阳）人。三国时孙吴大臣。吴景帝时为屯骑校尉。孙皓时累官至丞相。天纪四年（280年），西晋伐吴。张悌明知必败，仍与沈莹、诸葛靓率军三万渡江接战，与晋军交战，大败于板桥。诸葛靓率众来迎，不肯逃命，不久遇害。⑦沈莹：三国时期吴国将领，曾担任左将军，丹阳太守。杜预进攻吴国时，随丞相张悌抵御晋军，被王浑杀死。著有《临海水土志》。

【译文】于是天下统一，书同文，车同轨当时吴王孙皓有兼并魏国的野心，任命陆抗担任荆州牧。晋国派羊祜和吴军相持。羊祜加强政德来感化吴军。吴军每次和魏军交战，必定约定日期再战，并不干离间、偷袭的事。如果临阵抓到俘虏，军中执法官将要斩杀他们，羊祜就说：“这些都是为保全节操而死的臣子。”羊祜为他们流下眼泪，亲自为他们殡葬，接济他们的家人。俘虏的家人来迎丧，必定举办隆重祭祀然后把家人送归。吴国的将领有人来投奔，就任命他们担任适合的官职。如果他们想返回吴国，就给他们祭祀路神并设宴送行。吴将某人有两个儿子，他们都很小，在边境上嬉戏，被羊祜的部下俘获。过了一个月，他们的父亲以为他们已死，便为他们发丧。羊祜亲自供养两个小孩，把他们遣送回吴国。他们的父亲后来感激羊祜的恩德，率领二千士兵前来投降。于是陆抗经常对部众说："敌人专讲道义，我们只用暴力，这样不交战我们也输了。你们各自保卫疆界，不要贪求小的利益。"陆抗称赞羊祜说："羊叔子这个人，即使是乐毅、诸葛亮，也比不过他。"陆抗临死时，对吴王孙皓说："西陵、建平，是国家的门户，处在长江上游，两面受敌。我的父亲陆逊从前在垂死时说：'西陵，是国家的西大门，如果那里发生出乎意料的事，就当用全国的兵力把它争回来。'我愚昧，认为众侯王年纪小，没有治理过国家大事，请求考察他们，让他们辅佐疆场。"西晋南征大将军羊祜回朝，秘密陈述讨伐吴国的计策，让王濬在蜀地造船。大船长百余步，上面建造城楼，城楼上修建侦察防御的高台，船头画上怪兽，来镇慑江神。大船能容纳两千多人，他们可以在船上骑马来往。王濬造船时砍削的木片漂流到东吴，建平太守吾彦捞起那些木片呈给吴王孙皓，说："晋国必定有攻打吴国的计划，应当增加建平的士兵。建平没有被攻下，晋国最终也不敢渡过长江。"吴王孙皓没有听从他的建议。吾彦就锻造铁锁，在铁锁上加上锥刺，横在江面上，来阻挡。王濬听说后，就修造大木筏，上面扎着草人，让识水性的人驾着木筏前行，木筏下有竹炬，遇到铁锁就用竹炬烧化它们。除掉铁锁后再发兵，果然如同王濬的计策，没有遭到患难。晋太康元年，安东将军王浑攻打横江，攻下了它。龙骧将军王濬攻克建平、丹阳二城。杜预又派遣八百轻兵，乘箄船偷偷渡过长江，抵达乐乡上岸，屯军巴山，悬挂许多旌旗，在山上点火，乘守军毫无防备时攻破公安。当时众将都说东吴盘踞江东百年，不能大获全胜，而且春水正起，不能长久作战，应该等到来年冬季，再大举进攻。杜预分析说："从前乐毅凭借济西一仗吞并了强大的齐国，如今我军军威已经大振，势如破竹，竹子破开数节后，其余的都可迎刃而解。"杜预上表说明的问题，晋武帝深以为然。吴国派遣张悌、沈莹渡过长江，沈莹对张悌说："晋军在蜀地建造战船已经很久了，现在倾举全国兵力出征，万里边境同时起兵。并动用益州的全部军队，沿长江而下，我军在长江上游的守军们没有防备，恐怕长江沿岸的众多城池都不能抵御晋军。晋国的水军一定会打到这里，我们应该积蓄力量，等待晋军前来交战。如果能打败晋军，长江西岸自然肃清，长江上游的关隘即使被攻破，还可以再夺回来。如今我们渡江应战，不能确保胜利，如果被打败，那么大势就失去了。”张悌没有听从。于是渡过长江，率领全部士兵进逼。晋军没有应战，吴军返回时乱了阵脚，晋军趁机攻打，大败吴军。吴王孙皓于是向王濬投降。晋军八万军卒乘着大船擂鼓呐喊，驶入石头城。孙皓两手反绑，拉着棺材来见王濬，王濬烧掉棺材，以礼相待。后来晋朝赐给孙皓归命侯的爵位。

至晋惠庸弱，胡乱中原，天子蒙尘，播迁江表。当时，天下复分裂矣。出入五代，三百余年。隋文帝受图，始谋伐陈矣。尝问高颎[①]取陈之策，颎曰：“江北地寒，田收差晚；江南土热，水田早熟。量彼收获之际，微征士马，声言掩袭，贼必屯兵坚守，足得废其农时。彼既聚兵，我便解甲，再三如此，贼以为常。后更集兵，彼必不信。犹豫之顷，我乃济师登陆而战，兵气益倍。又江南土薄，舍多竹茅，所有储积，皆非地窖，密遣行人，因风纵火。待其修立，复更烧之。不出数年，自可财力俱尽。”上行其策，陈人益弊。后发兵，以薛道衡[②]为淮南道行台尚书，兼掌文翰。及王师临江，高颎召道衡，夜坐幕下，因问曰：“今师之举，克定江东以不？君试言之。”道衡答曰：“凡论大事成败，先须以至理断之，《禹贡》所载九州，本是王者封域。后汉之季，群雄竞起，孙权兄弟，遂有吴、楚之地。晋武受命，寻即吞并。永嘉南迁，重此分割。自尔已来，战争不息，否终斯泰，天道之恒。郭璞[③]有云：‘江东偏王三百年，还与中国合。’今数将满矣。以运数而言，其必克，一也。有德者昌，无德者亡，自古兴灭，皆由此道。主上躬履恭俭，忧劳庶政，叔宝[4]峻宇雕墙，酣酒荒色，上下离心，人神同愤，其必克，二也。为国之体，在于任寄。彼之公卿，备员而已。拔小人施文庆[5]，委以政事。尚书令江总[6]，唯事诗酒，本非经略之才。萧摩诃[7]、任蛮奴[8]是其大将，一夫之用耳。其必克，三也。我有道而大，彼无德而小。量其甲士，不过十万。西自巫峡，东至沧海，分之则援悬而力弱，聚之则守此而失彼。其必克，四也。席卷之兆，其在不疑。”颎忻然曰：“君言成败，理甚分明。吾今豁然也。本以才学相期，不意筹略乃至此也。”遂进兵，虏叔宝。此灭吴形也议曰：昔三国时，蜀遣宗预[9]使吴。预谓权曰：“蜀土虽云邻国，东西相赖，吴不可无蜀，蜀不可无吴。”孙盛曰：“夫帝王之保，唯道与义，道义既建，虽小可大，殷、周是也。苟杖诈力，虽强必败，秦、项是也。况乎偏鄙之城，恃山水之固，而欲连横万里，永相资赖哉！昔九国建合纵之计，而秦人卒并六合。嚣、述营辅车之谋，而光武终兼陇、蜀。夫以九国之强，陇、汉之大，莫能相救，坐观屠覆，何者？道德之基不周，而离弱之心难一故也。而云：‘吴不可无蜀，蜀不可无吴。’岂不謟（tāo）哉！”由此观之，为国之本，唯道义而已。君若不修德，舟中之人尽敌国也。有矣夫！自隋开皇十年庚戌岁灭陈，至今开元四年丙辰岁，凡一百二十六年，天下一统。

【注释】①高颎：隋朝著名宰相、军事谋臣。一名敏，字昭玄，鲜卑名独孤颎，渤海蓨（今河北景县东）人。善于识别和推荐人才，注意保护有功之臣。为人谦逊，不居功自傲。史称其有文武才略，明达世务。为相执政近二十年，竭诚尽职，功绩卓著。②薛道衡：字玄卿，河东汾阴（今山西万荣县）人。隋朝大臣，著名诗人。有集七十卷，他和卢思道齐名，在隋代诗人中艺术成就最高。③郭璞：字景纯，河东郡闻喜县（今山西省闻喜县）人。两晋时期著名文学家、训诂学家、风水学者。为正一道教徒，除家传易学外，还承袭了道教的术数学，是两晋时代最著名的方术士，传说擅长预卜先知和诸多奇异的方术，且好古文、奇字，精天文、历算、卜筮，长于赋文，尤以“游仙诗”名重当世。④叔宝：即陈后主，字元秀，小字黄奴，陈宣帝陈顼长子，南北朝时期陈朝最后一位皇帝。在位期间不理朝政，耽于女色，被隋文帝杨坚亡国。⑤施文庆：南朝陈吴兴乌程（今浙江湖州）人。初事太子陈叔宝，拔为主书。叔宝即位，迁中书舍人，与幸臣沈客卿共掌机密。⑥江总：字总持，南朝陈大臣、文学家。出身高门，早年因文学才能被梁武帝赏识，官至太常卿。陈后主陈叔宝时，任宰相，他不理政务，只是每天和后主在后宫饮酒作乐，因此国家日益衰败，君臣昏庸腐败，以至于陈朝灭亡。⑦萧摩诃：字元胤，兰陵（今山东峄县）人，南北朝时期陈朝名将。隋军南征时，陈后主不顾他的再三建议，拒不出兵，以致错过战机。陈朝灭亡后，他随陈后主降隋，被授予开府仪同三司。⑧任蛮奴：即任忠，字奉诚，小名蛮奴，汝阴（今安徽合肥）人。梁朝时任豫宁太守、衡阳内史。陈朝时官至领军将军，加侍中，陈后主时改封梁信郡公。隋朝时，开府仪同三司。⑨宗预：字德艳，荆州南阳郡安众县（今河南省南阳市）人，三国时期蜀汉将领。为人坦率耿直，多次出使孙吴并深得孙权的敬重，为吴、汉两国同盟的巩固作出了一定的贡献。

【译文】到晋惠帝时，惠帝平庸懦弱，胡人骚扰中原，天子在外流亡，被迫迁徙到长江以南。这时，天下再次分裂。自此进入五代时期，历经三百多年。隋文帝杨坚得到图谶的指示，才谋划讨伐陈朝。文帝曾经向高颎询问攻取陈朝的计策，高颎说：“长江以北，天气寒冷，农田收割较晚；长江以南，水地温热，水田成熟较早。等到收获的季节，我们再稍微征兵买马，声言要突然袭击，敌军必定会屯兵坚守，这样完全可以让他们错过收割的好时节。敌军一聚集军队，我军便解散，多次反复，敌军必然习以为常。然后我们重新聚集军队，他们必然不会相信。在他们犹豫的时候，我军再渡江登陆作战，士气必然更加高涨。又因为江南土层薄，房屋多是用竹子、茅草建成，所有的储蓄积聚，都不是放在地窖中。我们偷偷派人顺风放火。等到他们重新将房屋修建好，就再放火烧。这样不用几年，陈朝国内财力自然会耗尽。”隋文帝采纳了高颎的计策，陈朝国内越发疲弊。然后隋文帝发兵，派薛道衡担任淮南道行台尚书，并掌管文书。等到文帝的军队兵临长江，高颎召来薛道衡，夜晚坐在大帐中，问他说：“如今兵临长江，能够平定江东吗？你试着说一说。”薛道衡回答说：“凡是探讨大事的成败，首先必须用最精深的道理去推断。《禹贡》所记载的九州，本就是君王的封地。后汉末期，群雄竞相举兵，孙权兄弟二人于是占据吴、楚之地。晋武帝承天命即位，立即吞并吴、楚之地，到了晋怀帝司马炽永嘉年间南迁时，又再次分裂。从那时以后，战争不断，世道混乱到了一定程度，就会走向太平，这是永恒的天理。郭璞曾说：‘江东偏安王朝持续三百年后，还会与中原合并。’如今运数将满。从运数上来说，这是一定会打败陈国的第一个原因。德行天下国家就会昌盛，无德国家就会灭亡，自古以来兴衰盛败都没有脱离这个规律。我们皇上亲身履行，恭敬节俭，整天为黎民百姓、国家大事操劳。陈朝后主叔宝却只知修造宫室，雕饰宫墙，沉迷酒色，君民上下不同心，人神共愤，这是陈国必然失败的第二个原因。建立国家的体制，必须任用可以托付大事的大臣，而陈朝的公卿大臣，只是滥竽充数而已。提拔小人施文庆，委以重任，执掌政事。尚书令江总只会吟诗喝酒，本就不是治国安民的人才；萧摩诃、任蛮奴是陈朝的大将，这样的人只不过是匹夫之勇，不足以担当大任。这是能大败陈国的第三个原因。我军讲道义，且力量强大；敌军不讲道义，且力量弱小。估计敌军拥有的士兵不会超过十万。陈国西起巫峡，东到沧海，如果分兵把守，力量就会薄弱，如果聚兵守一地，就会顾此失彼。这是能大败陈国的第四个原因。大军席卷江南的前提在于看清形势，不疑惑。”高颎高兴地说：“你分析作战的成败，条理很清楚，我现在豁然开朗了。我本来认为只能请教你有关才能学

问方面的问题，没想到你的谋略也达到这样高的程度了。”于是隋朝进兵江南，俘获了陈叔宝。这是吴国灭亡的大致情况评论：从前三国的时候，蜀国派宗预出使吴国。宗预对孙权说：“蜀国与吴国虽然是相邻的两个国家，但两国彼此依赖。吴国不能没有蜀国，蜀国也不能没有吴国。”孙盛说：“帝王守江山，只有仰仗道德和仁义，道德和仁义已经树立起来，即使小国也能变成大国，殷商、周朝的兴起就是这样的。假若仰仗欺诈之力，即使强大最后也会慢慢衰败，秦始皇、项羽就是这样。更何况是地处偏远的小国，依仗山水的险固，却想要连接万里之远的地方，长久相互依赖呢！过去九个诸侯国用合纵的计策对付秦国，而秦国还是最终统一了天下。隗嚣、公孙述采用联合的策略，而光武帝刘秀最终兼并了陇、蜀之地。凭借九个诸侯国的强大，陇、汉之地的广阔，都不能相互救援，各自坐视盟友被屠杀和倾覆，这到底是什么原因呢？这是因为道德的根基不牢固，分离、衰弱的人心难以统一。而宗预却说：‘吴国不能没有蜀国，蜀国不能没有吴国。’这不是很疑惑嘛！”由此看来，治理国家的根本在于道德和仁义，君王如果不重视修养德行，那么和自己坐在一条船上的人也都会成为敌国的人。是有过这样的情况啊！**从隋文帝杨坚开皇十年灭掉陈朝，到现在的唐开元四年，已经有一百二十六年了，天下一直是统一的。**

论曰：《传》称：都城过百雉[①]，国之害也。又曰：大都偶国，乱之本。古者诸侯不过百里，山海不以封，毋亲夷狄，良有以也。何者？贾生有言：“臣窃迹前事，夫诸侯大抵强者先反。淮阴王楚[②]最强，则最先反。韩信[③]倚胡，则又反。贯高[④]因赵资，则又反。陈豨（xī）兵精，则又反。彭越因梁，则又反。黥布用淮南，则又反。卢绾[⑤]最弱最后反。长沙乃在二万数千户耳，功少而最完，势疏而最忠。非独性异人也，亦形势然也。曩令樊、郦、绛、灌[⑥]据数十城而王，今虽以残亡可也。令信、越[⑦]之伦，列为彻侯而居，虽至今存可也。然则天下之大计亦可知已，欲诸侯之皆忠附，则莫若令如长沙王；欲臣子之勿葅（zū）醢，则莫若令如樊、郦等；欲天下之治安，则莫若众建诸侯而少其力。”以此观之，令专城者，皆隍封千里，有人民焉，非特百里之资也；官以才居，属非肺附，非特毋亲之疏也；吴据江湖，蜀阻天险，非特山海之利也；跨州连郡，形束壤制，非特偶国之害也。若遭万世之变，有七子之祸，则不可讳。有国者不可不察魏明帝问黄权曰：“今三国鼎峙，何方为正？”对曰：“当以天文正之。往年荧惑守心⑧，而文帝崩，吴、蜀二国主无事。由是观之，魏正统矣。”

【注释】①雉：古代计算城墙面积的单位。长三丈、高一丈为一雉。②淮阴王楚：即西汉开国功臣楚王韩信，后被降为淮阴侯。③韩信：西汉初年异姓诸侯王，战国时期韩襄王姬仓庶孙，为避免与同名的名将韩信相混，史书多称其为韩王信。西汉初年被刘邦封为韩王，后来投降匈奴。④贯高：秦末汉初赵国相国。汉高祖刘邦平灭赵国后，贯高积愤图谋报复。阴谋破露后，被收监受刑，但他大义凛然，揽罪于己，保护赵王。高祖被其感动，赦免贯高和赵王。贯高自以救助赵王的使命已经完成，就断颈自杀了。⑤卢绾：沛丰邑（今江苏丰县）人，与刘邦是同乡好友。刘邦当泗水亭长时，常随出入上下。楚汉战争中，官至太尉，刘邦建立汉朝，被封为燕王。后谋反，兵败，携家人奔走匈奴。⑥樊、郦、绛、灌：指西汉开国功臣樊哙、郦食其、周勃、灌婴。⑦信、越：指西汉开国功臣韩信、彭越。⑧荧惑守心：火星在心宿内发生“留”的现象，星占学上认为这是大不祥，象征皇帝驾崩，丞相下台。荧惑，指火星。

【译文】评论：《左传》说：诸侯国都城的城墙超过一百雉，是国家的祸害。《左传》又说：大的都城同国都一样大，是国家发生动乱的根本原因。古代的诸侯国面积不超过一百里，不分封山海，不许亲近夷狄，这是有原因的。为什么呢？贾谊曾说：“臣私下考察过去的事情，发现诸侯势力最强大的往往先谋反。淮阴侯韩信在楚地势力最强，最先谋反。韩王信依仗胡人，又谋反。贯高靠赵国的资助，又谋反。陈豨兵士精壮，又谋反。彭越靠梁国的帮助，又谋反。黥布用淮南的军队，又谋反。卢绾势力最弱，因此最后谋反。长沙王吴芮只拥有两万几千户的封赏，功劳最少却最终保全了自己，关系最远却最忠诚。这不仅是因为各人的性情不同，而是形势使然。假设过去让樊哙、郦食其、周勃、灌婴各自拥有几十个城池而称王，到现在国家可能已经灭亡了。假如让韩信、彭越这些人，位居列侯，即使到现在，他们的势力有可能还会存在。既然这样，那么治理天下的大计，也就一清二楚了。要想让诸侯都一意顺从，就不如分封给他像长沙王那样小的诸侯国；要想让臣子免受被剁成肉酱的下场，就不如让他像樊哙、郦食其等人那样没有封地；要想让天下太平，就不如多分封诸侯，削弱他们的势力。”从这里可以看出，让统治一城的地方长官，去统治千里大的地方，拥有众多的百姓，这就不仅仅是“都城过百雉”的谋反之资了；任用贤才，培植亲信，这就不仅仅是“不亲近夷狄”那样的孤立状态了；吴国占据长江、五湖，蜀国依靠天然险阻，这不仅仅是依靠山河等险阻的有利地势了；横跨州郡，展开治理，这不仅仅是城池像国都那样大所带来的祸害了。假如国家遇到重大变故，有吴楚七国之乱那样的祸患，结果就不好说了。当权的人不可不明察魏明帝曹叡问黄权说：“现在三国鼎立，哪一方是正统？”黄权回答说：“应当用天象勘验。往年荧惑星留在心宿内，而文帝驾崩，吴、蜀两国国主都平安无事。由此看来，魏国是正统。”

全注全译

長短經

（下）

[唐] 赵蕤 著
学谦 注译

團結出版社

目 录

卷九 兵权

卷七 权宜

惧诫第二十

《易》曰："汤武革命，顺乎天而应乎人。"《书》曰："抚我则后，虐我则仇。"《尸子》曰："昔周公反政，孔子非之曰：'周公其不圣乎！以天下让，不为兆人也。'"议曰：昔尧称："吾以天下授舜，则天下得其利而丹朱病；授丹朱，则天下病而丹朱得其利。吾终不以天下之病而利一人，遂禅于舜。"今周公不以天下为务，而自取其让名，非为圣达节者也，故孔子非之。董生曰："虽有继体守文之君，不害圣人之受命。"古语曰："穷鼠啮狸，匹夫奔万乘。"故黄石公曰："君不可以无德，无德则臣叛。"孙卿曰："能除患则为福，不能则为贼。"孙卿子曰："昔者天子初即位。上卿进曰：'能除患则为福，不能则为贼。'授天子一策。中卿进曰：'先事虑事谓之接，接则事优成；先患虑患谓之豫，豫则祸不生；事至而后虑者谓之后，后则事不举；患至而后虑者谓之因，因则祸不御。'授天子二策。下卿进曰：'庆者在堂，吊者在闾，祸与福邻，莫知其门。豫哉！豫哉！'授天子三策。此诫之至也。"

【译文】《周易》中说：商汤和武王的反抗，是顺应天命合乎人情的。《尚书》中说：安抚关心我的，我把他当作君王，残暴虐待我的，我把他当作仇人。《尸子》说：当初周公将国家政权还给周成王

时，孔子认为他做的不对，说：“周公难道不圣明吗？却把天下大权让给周成王，不为天下百姓着想。”评论：当初尧说：“我把天下大权交给舜，那么天下人就获得了利益，但是对丹朱就会有害；把天下大权交给丹朱，那么就是丹朱获得利益，对百姓有害。我终是不能使天下人的利益受到损害而只为了一人获利，于是就禅位给舜。”如今周公不以天下的利益作为责任，而是只顾自己获得美名，不是不拘常规而合于节义的圣人，所以孔子认为他不对。**董仲舒说：“即使有继承帝位，遵循先王法度的君王，也不妨碍圣人受命于天，取而代之。”古语说：“把老鼠逼急了也会咬猫，把百姓逼急了也会反抗。”所以黄石公说：“君王不能没有德行，没有德行就会遭到臣子的背叛。”荀子说：“能免除祸患的就能享福，不能免除祸患的就会受到伤害。”**荀子说：“当初天子刚刚登基，上卿就说：‘能够免除祸患的就能享福，不能免除祸患的就会受到伤害。’然后向天子献了一个计策。中卿说：‘在事情还没有发生的时候，先考虑到事情的发展走向，这叫做超前，超前考虑事情，事情就会获得成功；在祸患还没有发生的时候就先开始考虑，这叫做预见，有预见了就不会发生祸患了；事情发生了才开始考虑，这叫做善后；祸患到了才开始考虑，这叫做因循，因循考虑，那么祸患就不能阻挡了。’然后向天子献了第二个计策。下卿说：‘庆祝的人还在厅堂，凭吊的人就已经走到大门那里了，好事与坏事相邻，没有人知道它们在哪里。做事情前要先考虑啊。’然后向天子献了第三个计策，这的确是至理名言啊。”

何以明之？昔文王在酆（fēng），召太公曰：“商王罪杀不辜，汝尚助余忧人，今我何如？”太公曰：“王其修身、下贤、惠人，以观天道。天道无殃，不可以先唱；人道无灾，不可以先谋。必见天殃，又见人灾，乃可以谋。与民同利，同利相救，同情相成，同恶相助，同好相趋。无甲兵而胜，无衡机而攻，无渠堑而守。利人者，天下启之；害人者，天下闭之。天下非一人之天下也，取天下若逐野兽，得之而天下皆有分肉。若同舟而济，皆同其利；舟败，皆同其害。然则皆有启之，无有闭之者矣。无取于民者，取民者也；无取于国者，取国者也；无取于天下者，取天下者也。议曰：沛公之起也，虎啸丰谷，饮马秦川，财宝无所收，妇女无所取，降城则以侯其将，得赂则以分其士而已。无私焉，所私者，私于天下也。故老子曰：'夫唯不私，故能成其私。'是知无取人，乃大取也。取民者，民利之；取国者，国利之；取天下者，天下利之。故道在不可见，事在不可闻，胜在不可知。微哉！微哉！鸷鸟将击，卑身翕翼；猛兽将搏，俛耳俯伏；圣人将动，必有愚色。唯文唯德，谁为之式？弗观弗视，安知其极？今彼殷商，众口相惑。吾观其野，草茅胜谷；吾观其群，众曲胜直；吾观其吏，暴虐残贼，败法乱刑，而上不觉，此亡国之则也。"文王曰："善。"贾子曰："殷汤放桀，武王杀纣，此天下之所同闻也。为人臣而放其君，为人下而杀其上，天下之至逆也。而所以长有天下者，以其为天下开利除害，以义继之也。故声名称于天下而传于后世也。"太公曰："天下者，非一人之天下，天下人之天下也，与天下同利者，得天下；擅天下之利者，失天下。天有时，地有利，能与人共之者，仁也。仁之所在者，天下归之。免人之死、解人之难、救人之患、济人之急者，德也。德之所在，天下归之。与人同忧、同乐、同好、同恶者，义也。义之所在，天下归之。凡人恶死而乐生，好德而归利。能生利者，道也。道之所在，天下归之也。"

【译文】用什么来证明呢？当初文王在酆都，召见姜太公说："商纣王胡乱捏造罪名，滥杀无辜，你帮助我为百姓解除困扰，我如今应该怎么办呢？"姜太公说："君王您应该修习自身的品德修养，对下属礼遇，施恩于百姓，观察上天的运行规律。上天没有降下灾祸，就不可以先高呼讨伐商纣；百姓中没有发生灾祸，就不可以先行图谋。一定既要看到天灾，又要看到人祸，才可以开始图谋。您应该和百姓有相同的利益，有共同的利益才可以相互救助，有共同的感情才可以相互成全，有共同的厌恶才能够相互帮助，有共同的爱好才能使人相互走在一起。没有军队也可以胜利，没有冲车和云梯也可以攻城，没有战壕沟渠也可以守城。可以使百姓获得利益的人，天下人都会为他开启方便之门；使百姓受到损害的人，天下人都会紧闭大门。天下不是一个人的天下，夺取天下就像是追逐抓捕野兽，得到它就要天下人一起分食。就像是同做一条船过河，渡过河就都获得相同的利益；船翻了，就会都受到伤害。如果做到那样，那么夺取天下的人就都会受到百姓的欢迎，而没有人会拒绝他。不从百姓那里获取东西的人，百姓就会爱戴他；不从国家那里获得私利的人，就会获得整个国家。评论：刘邦在丰谷起事，占据秦川一带，却没有拿那里的一点财宝，也没去碰那里的妇女，攻打下来的城池都被奖赏给他的手下，得到财宝也都分给了士兵。没有藏私，但他的私心却是占据天下。所以老子说：'只有没有私心，才能实现他的私心。'由此可以知道，不向他人索取，才是想要有更大的收获。使百姓信任的人，百姓才会使他获利；使天下信任的人，天下才会使他获利。所以规律是看不见的，事情的变化是听不到的，胜败是不可预知的。妙啊！妙啊！凶猛的鸟儿打算攻击时，会低下身子，合拢翅膀；猛兽将要搏斗的时候，都会低头弯下身子；圣人将要行动的时候，一定会先韬光养晦。说到美好的德行，谁可以作为榜样呢？不能观察仔细，怎么知道他的极点呢？如今的殷商，人人感到疑惑。我观察殷商的田野，野草长得比谷物还要茂盛；我观察殷商的群臣，曲意献媚的人要比正直忠诚的人多；我观察殷商的官吏，暴虐残酷，违法乱纪，滥用刑罚，但是君王却没有察觉到，这是亡国的征兆啊。"文王说："好。"贾谊说："商汤放逐夏桀，武王杀掉纣王，这是天下人都知道的事情。作为君王的臣子却放逐自己的君王，作为君王的手下却杀掉君王，这是天底下最大的叛逆。然而他们能够长期拥有天下，是因为他们为天下人带来利益，消除祸患，坚持行仁义，所以他们被天下人赞扬并且流传于后世。”太公说：“天下，不是一个人的天下，是天下人的天下，和天下人一样的利益，就可以获得天下；独自拥有天下利益的人，就会失掉天下。上天有天时，地有地利，能与他人分享天时地利的人，就是仁爱。拥有仁义的人，天下人都会归顺于他。免除别人死罪的，解决别人困难的，解救别人祸患的，帮助人解决危急的，就是拥有德行的人，天下人都会归顺他。与别人共同忧伤、共同欢乐，拥有共同的爱好、厌恶的，就是正义。拥有正义的人，天下人都会归顺他。人都讨厌死亡喜欢生存，喜欢有德行的人而依附能带来利益的人。能够带来利益的，就是道义。拥有道义的人，天下人就会归顺于他。”

楚共王①薨，子灵王即位。群公子因群丧职之族，杀灵王，而立子干。立未定，弟弃疾又杀子干而自立弃疾，平王也。五人②皆共王子也。初，子干之入也，韩宣子③问于叔向曰：“子干其济乎？”对曰：“难。”宣子曰：“同恶相求，如市贾焉，何难？”对曰：“无与同好，谁与同恶？取国有五难：有宠而无人，一也宠须贤人而固也；有人而无主，二也虽有贤人，当须内主为应也；有主而无谋，三也谋，策谋也；有谋而无民，四也民，众也；有民而无德，五也四者既备，当以德成。子干在晋，十三年矣。晋、楚之从，不闻达者，可谓无人；族尽亲叛，可谓无主无亲族在楚；无衅而动，可谓无谋召子干时，楚未有大衅也；为羁终世，可谓无人终身羁客在晋，是谓无民；亡无爱征，可谓无德楚人无爱念之者。王虐而不忌灵王暴虐，无所畏忌，将自亡也，楚君子干，涉五难以杀旧君，谁能济之？有楚国者，其弃疾乎？君陈、蔡，城外属焉城，方城也。时穿封戌④既死，弃疾并领陈事也。苛慝不作，盗贼伏隐，私欲不违，民无怨心。先神命之，国人信之。芈姓有乱，必季实立，楚之常也。获神，一也当璧拜也；有民，二也人信之也；命德，三也无苛慝也；宠贵，四也贵妃子也；居常，五也弃疾，季也。有五利以去五难，谁能害之？子干之官，则右尹也；数其贵宠，则庶子也；以神所命，则又远之。其贵亡矣，其宠弃矣父既没矣。民无怀焉非令德也，国无与焉无内主也，将何以立？”宣子曰：“齐桓、晋文不亦是乎皆庶贱也？”对曰：“齐桓，卫姬之子也，有宠于僖，有鲍叔牙、宾须无、隰（xí）朋以为辅佐；有莒（jǔ）、卫以为外主齐桓奔莒、卫，有舅氏之助；有国、高以为内主国氏、高氏，齐上卿也；从善如流，下善齐肃齐，严。肃，敬；不藏贿清也，不从欲俭也，施舍不倦，求善不厌。以是有国，不亦宜乎？我先君文公，狐季姬之子也；有宠于献公，好学不贰，生十七年，有士五人狐偃、赵衰⑤、颠颉⑥、魏武子⑦、司空季子⑧，五士从出者也。有先大夫子余、子犯以为腹心子余，赵衰。子犯，狐偃，有魏犨（chōu）、贾佗⑨以为股肱，有齐、宋、秦、楚以为外主齐妻以女，宋赠以马，楚王飨之，秦伯纳之，有栾、郤、狐、先以为内主谓栾枝⑩、郤縠⑪、狐突⑫、先轸⑬也，亡十九年，守志弥笃。惠、怀弃民，从而与之。献无异亲，民无异望献公之子九人，惟文公在。天方相晋，将何以代之。此二君者，异于子干。共有宠子，国有奥主谓弃疾也。子干无施于民，无援于外；去晋，晋不送；归楚，楚不迎，何以冀国？”子干果不终，卒立弃疾，如叔向言。初，楚共王无冢嫡。有宠子五人，无适立焉。乃大有事于群望，而祈曰：“请神择于五人者，使主社稷。”乃遍以璧见于群望曰：“当璧而拜者，神所立也。”乃密埋璧于太室之庭，使五人齐，而长幼入拜。康王跨之，灵王肘加焉，子干、子皙皆远之。平王弱，抱而入，再拜，皆压纽。平王即弃疾也。

【注释】①楚共王：芈姓，熊氏，名审，楚庄王之子，春秋时期楚国国君。②五人：楚共王的五个儿子，即长子招（即楚康王）、次子公子围、三子子比、四子子晳、五子弃疾，五个儿子皆庶出。③韩宣子：即韩起，姬姓，韩氏，名起，谥号宣，史称韩宣子，韩献子韩厥之子，春秋时期晋国卿大夫，六卿之一，政治生命超长的政治家。④穿封戌：春秋时期楚国大夫。⑤赵衰：即赵成子。嬴姓，赵氏，字子余，一曰子馀，谋士、战略家、政治家、赵国君主的祖先，是辅佐晋文公称霸的五贤士之一。春秋时期的晋国晋文公时大夫，造父的后代。⑥颠颉：春秋时期晋国大夫。晋文公重耳出逃时，颠颉是随同者之一。⑦魏武子：魏犨，姬姓，魏氏，名犨，谥武，故又称魏武子，春秋时期晋国大夫，以勇力闻世。与狐偃、赵衰等人合称晋国"五贤士"。⑧司空季子：即胥臣，字季子，春秋时代晋国政治家、教育家。称臼季、司空季子。早年是公子重耳的老师。⑨贾佗：姬姓，贾氏，名佗，春秋时代晋国大夫，是跟随公子重耳流亡的五贤士之一，是晋国公族，见多识广而谦恭有礼，是公子重耳的股肱。⑩栾枝：姬姓，栾氏，名枝，谥贞，又被称为栾贞子，是栾共叔之子，春秋时期晋国下军将，后为上军将。⑪郤縠：姬姓，郤氏，名縠，春秋时代晋国公族，也是晋国第一任中军将。⑫狐突：姬姓，狐氏，字伯行，春秋时代晋国大夫，晋文公的外祖父。⑬先轸：曲沃（今山西闻喜）人，春秋时期晋国名将、军事家。曾辅佐晋文公、晋襄公两位霸主，屡出奇策，并以中军主将的身份指挥城濮之战、崤之战，打败强大的楚国和秦国，成为我国历史上第一位同时拥有元帅头衔和元帅战绩的军事统帅。

【译文】楚共王去世后，他的次子灵王即位。共王的其他儿子们凭借那些丧失职权的亲族们，杀死了灵王，反而立共王第三子子干为君王。登基的事情还没有平定下来，子干的弟弟弃疾又将子干杀死自立为王弃疾就是平王。康王、灵王、子干、子皙以及平王五人都是共王的儿子。

起初，子干刚刚回到楚国，韩宣子问叔向："子干他可以成功吗？"回答说："难。"宣子说："他和百姓有共同厌恶的东西可以相互寻求帮助，就像是市场中的商人做买卖一样，有什么难的呢？"叔向回答说："没有和他有相同爱好的，谁又会有与他相同厌恶的呢？夺取国家政权有五个难处：有了君王的宠爱却没有贤能的人辅佐，这是其一有了君王的宠爱，必须要有贤能的人辅佐才能巩固地位；有贤能的辅佐却没有强大的势力支持，这是其二即使是有贤能的人辅佐，也必须有国家内部强大的势力支持；有了强大的势力支持却没有谋略，这是其三谋就是谋划谋略的意思；有了谋略却没有百姓的支持，这是其四民，就是百姓；有百姓的支持却没有德行，这是其五前面四条都具备，就应当凭借德行来获得功业。子干在晋国十三年，在晋国、楚国跟随他的人中，没有听说有贤能的人，可以说是没有贤能的人辅佐；宗族中的人都已经被杀尽了，亲族中的人也都背叛了他，可以说是没有强大的势力支持子干没有亲族在楚国；没有谋划就开始行动，可以说是没有谋略召子干回国的时候，楚国没有发生什么大的事情；常年流亡在外，可以说是没有百姓支持常年流亡在晋国，可以说是没有百姓支持；在外流亡却没有被想起的迹象，可以说是没有德行楚国没有想念他的人。楚灵王暴虐且没有顾忌灵王暴虐，没有害怕畏惧的，这是自取灭亡，楚国立子干为君王，涉及这五个难处却杀掉了旧日的君王，谁能帮助他成功呢？能够拥有楚国的人，大概是弃疾吧？弃疾统治的陈、蔡这两个地方，城外也都属于他城，指方城。当时守卫陈国的将领穿封戌已经去世，弃疾就一并处理陈国的事务。这些地方没有发生暴虐邪恶的事情，盗贼也都藏匿起来，虽然有私心却没有违法的事情发生，百姓也没有怨恨之心。上天受命于他，百姓相信他。芈姓有动乱发生，一定是将最小的儿子立为国君，这在楚国是常事。能够得到神明的肯定，这是其一楚共王为了选择继承人，将玉玺埋在宗庙的玉璧下，让几个儿子一起去宗庙叩拜，只有弃疾对着玉璧下拜；有百姓的支持，这是其二百姓都信任弃疾；有好的德行，这是其三弃疾治理的地方没有暴虐邪恶的事情发生；受宠并且身份尊贵，这是其四弃疾是贵妃的儿子，身份尊贵，受共王宠爱；年纪最小，符合往常的惯例，这是其五弃疾是共王最小的儿子。弃疾凭借五项优势去解决五项难处，谁又能阻碍他？子干的官职是右尹；比较他的尊贵身份和获得的宠爱，其实子干只是一个庶子。凭借神明的保佑，他又没有。他的尊贵身份没有了，他获得的宠爱也没有了父亲已经去世，百姓中也没有想念他的人没有好的德行，国内也没有依附他的亲族在国内没有支持他的势力，他又怎么能即位为君呢？”宣子说：“齐桓公、晋文公不也是这样的吗齐桓公、晋文公都是庶出，身份卑贱？”叔向回答说：“齐桓公是卫姬的儿子，受齐僖公宠爱，有鲍叔牙、宾须无、隰朋等人辅佐他；有莒国、卫国作为外援齐桓公曾经出逃到莒国，卫国是他舅舅家；有国氏、高氏在国内作为内应国氏、高氏是齐国的上卿。听取正确的意见，接受善意的规劝，治下严明，不私下藏匿财物廉洁，不听从欲望节俭，施舍不知疲倦，一心向善不厌烦。齐桓公因为这些所以可以获得国家，难道不是应该的吗？我们的先王晋文公，是狐季姬的儿子，受晋献公宠爱。他喜爱学习，毫不懈怠，十七岁就有五位贤士在旁辅佐狐偃、赵衰、颠颉、魏武子、司空季子这五位贤士都跟随他从晋国出逃。先朝的大夫子余、子犯是他的心腹子余就是赵衰，子犯就是狐偃，魏犨、贾佗是他左右辅佐得力的大臣，有齐国、宋国、秦国、楚国作为他的外援齐国把女儿嫁给他，宋国把马匹送给他，楚王招待他，秦王接纳他，有栾氏、郤氏、狐氏、先氏作为他在国内的内应指栾枝、郤縠、狐突、先轸。在外逃亡十九年，坚守志向的决心更加坚定。晋惠公、晋怀公抛弃百姓，百姓都跟随晋文公。晋献公没有别的亲人，百姓没有其他可以指望的人献公的儿子有九个，只有文公还在世。上天还在保佑晋国，谁又能取代他呢？这两位君王，和子干不同。楚共王还有其它宠爱的儿子，国内还有深沉明睿的君王说的是弃疾，子干对百姓没有施过什么恩惠，对外也没有进行过什么援助。离开晋国，晋国的百姓也没有为他送行；回到楚国，楚国也没有人迎接，他怎么能够得到

国家呢?”子干果然不得善终,死后百姓拥立弃疾为君,就像叔向说的那样。起初,楚共王没有嫡长子,有宠爱的儿子五人,但不知道谁适合做继承人。于是向各地的神明祈求,祈祷说:“请神明在这五人中选择一个人,使他能够继承国家社稷。”于是将一块石壁展示给各地的神明说:“正对着玉璧叩拜的人,就是神明所立的君王。”然后秘密将玉璧埋在太庙的庭院中,让五个人都到齐,按长幼顺序进行叩拜。康王两脚跨在玉璧上,灵王的胳膊肘压在玉璧上,子干、子皙都离玉璧很远。平王最小,是被人抱着进来的,拜了两次,都压在玉璧的纽上。平王就是弃疾。

鲁昭公[①]薨于乾侯。赵简子[②]问于史墨[③]曰:“季氏出其君,而民服焉,诸侯与之。君死于外而莫之或罪,何也?”对曰:“物生有两、有三、有五、有陪贰。故天有三辰谓有三也,地有五行谓有五也,体有左右谓有两也,各有妃耦谓陪贰也。王有公,诸侯有卿,皆其贰也。天生季氏,以贰鲁侯,为日久矣。民之服焉,不亦宜乎!鲁君世纵其失,季氏世修其勤,民忘君矣。虽死于外,其谁矜之?社稷无常奉奉之无常,人言唯德也,君臣无常位,自古以然。故《诗》曰:‘高岸为谷,深谷为陵。’三后之姓,于今为庶,主所知也三后,虞、夏、商也。在《易》卦,雷乘乾曰“大壮”䷡乾下震上,大壮。震在上,故曰雷乘乾也,天之道也乾为天子,震为诸侯,而在乾上。君臣易位,犹人臣强壮,若天上有雷也。政在季氏,于此君也,四公矣。民不知君,何以得国?是以为君,慎器与名器,车、服也。名,爵号也,不可以假人。”议曰:刘向称:“人君莫不欲安,然而常危矣;莫不欲存,然而常亡,失御臣之术也。”夫人臣操权柄、持国政,未有不为害者也。昔晋有六卿,齐有田、崔,卫有孙、甯,鲁有季、孟,常掌国事,世执朝柄。终复,田氏取齐,六卿分晋,崔杼弑其君光,孙林父、甯殖[④]出其君衎⑤、弑其君剽⑥，季氏八佾（yì）舞于庭，三家者以雍彻，并专国政，卒逐昭公，皆阴胜而阳行，下失臣道之所致也。范雎说秦昭王曰：“夫三代所以亡国者，常纵滥驰骋弋猎，不听政事。其所授者，妒贤嫉能，取下蔽上，以成其私，不为主计，而主不觉悟，故失其国。今右秩已上至诸吏及王左右，无非相国之人者。见王独立于朝，臣窃为王恐，恐万世之后，有秦国者，非王子孙也。”由是观之，《书》称臣之有作威作福，害于而家，凶于而国。孔子曰：“禄之去公室，政逮于大夫，亡之兆也。”信哉是言也。

【注释】①鲁昭公：姬姓，名裯，一名稠、袑，鲁襄公之子，春秋时期鲁国第二十四位国君。②赵简子：即赵鞅，又名志父，亦称赵孟。杰出的政治家，军事家，外交家，改革家。战国时代赵国基业的开创者，郡县制社会改革的积极推动者，先秦法家思想的实践者，对春秋战国的历史发展起了推波助澜的作用，与其子赵无恤（即赵襄子）并称“简襄之烈”。③史墨：晋国大夫，春秋末期思想家。④甯殖：卫国大夫，又称宁惠子。宁喜之父。曾同其他诸侯国围宋、侵郑、伐许。⑤衎：即卫献公，姬姓，卫氏，名衎，卫定公之子，卫殇公之兄，春秋时期卫国第二十五任国君。⑥剽：即卫殇公，姬姓，卫氏，名秋。卫国第26代国君，是卫定公之子，卫献公之弟。

【译文】鲁昭公在晋国的乾侯去世。赵简子问史墨说：“鲁国的季氏将自己的君王赶走，但是百姓却服从他，诸侯也追随他。君王死在外面却没有人去怪罪他，这是为什么？”史墨回答说：“万物的生长，有的是两个，有的是三个，有的是五个，有的还需要陪伴。所以天有日、月、星三辰这就是所说的万物有的是三个，地有金木水火土五行这就是所说的万物有的是五个，身体有左右这就是所说的万物有两个，每个人都各有配偶这就是所说的有陪伴。君王有公，诸侯有卿，都是辅佐他们的。上天生季氏，让他辅佐鲁氏，已经很久了。百姓都服从他，这不是很正常的吗？鲁国的每一代君王都放纵没有德行，季氏每一代都修习自身品德，勤劳为民，百姓已经忘记了他们的君王。君王即使是死在外面，又有谁会怜惜他呢？国家社稷没有谁可以一直掌握国家政权没有谁可以一直掌握，人们说只有有德行的人才能掌握国家政权。君臣的地位没有一直不变的，自古以来就是这样。所以《诗经》说：高高的岸边变成了山谷，深深的山谷变成了丘陵。三后的子孙，如今都已经成为平民百姓了三后是指舜、禹、汤，君主应该都知道。从《易经》的卦象上看，雷乘乾，叫做'大壮'乾下震上，就叫做大壮，震卦在上方，所以叫'雷乘乾'，这是天道乾是天子，震是诸侯，震卦在乾卦上方，君臣的地位就会交换，如同臣子强壮，好像天上的雷一样。鲁国的国家政权在季氏手中，到鲁昭公的时候，已经是四代了。百姓不知道君王是谁，君王又怎么能得到国家政权呢？所以作为君王，应该谨慎对待器和名器指的是车马、服饰。名指的是爵位封号。不可以随意送给别人。"评论：刘向说："君王没有不想安定的，然而时常处在危险中；没有不想活下来的，然而时常灭亡，这是因为丢失了驾驭臣子的策略。"臣子操控权柄、保持朝政，没有不危害君王的。当初晋国有范氏、中行氏、智氏、韩氏、赵氏、魏氏六卿，齐国有田氏、崔氏，卫国有孙氏、甯氏，鲁国有季氏、孟氏，他们都长久地掌管着国家大事，世代执掌权柄。最终田氏夺得齐国；六卿瓜分晋国；崔杼杀了他的君主齐庄公光；孙林父、甯殖赶走了他们的君王卫献公衎，杀了他们的君王卫殇公剽；鲁国的季孙氏在家中使用只有君王才能使用的八佾舞，季孙、孟孙、叔孙三家逾越礼制使用只有天子才能使用的雍乐，并且掌握国家政权，最终他们赶走了鲁昭公，都是阴盛而阳衰，这是臣子失掉了为臣之道所导致的。范雎劝说秦昭王说："夏商周三代之所以会亡国，是因为其君王常常恣意作乐，驰骋打猎，不理政事。他们所任用的人，都是嫉贤妒能的人，欺上瞒下，只会为自己获得私利，却不为国家考虑，然而君王也不觉悟，所以才会失掉自己的国家。如今从右秩这样的小官一直到诸史这样的大官以及君王左右的随侍人员，没有一个不是相国的人。看到君王在朝堂上无人援助，臣私下里为君王担心，担心万世之后，拥有秦国的人不再是君王您的子孙了。"从这里可以看出，《尚书》称如果臣子作威作福，就会害了自己的家庭，也会对他的国家有害。

孔子说："俸禄不由君王发放，政务到了官员手中，这是灭亡的征兆。"这些话是有道理的。

孔子在卫，闻齐田常将欲为乱专齐国，有无君之心，而惮鲍、晏鲍氏、晏氏，齐之世卿大夫，因移其兵以伐鲁初，田常相齐，选国中女长七尺者三百人，以为后宫，宾客、舍人出入不禁。田常后有七十余男，因此以盗齐国也。孔子会诸弟子曰："鲁，父母之国，不忍观其受敌，将欲屈节于田常以救鲁。二三子谁使？"子贡请使，夫子许之。遂如齐，说田常曰："今子欲取功于鲁实难，若移兵于吴则可也。夫鲁，难伐之国，其城薄以卑，地狭以泄；其君愚而不仁，大臣伪而无用，其士民又恶甲兵之事，此不可与战。夫吴，城高以厚，地广以深，甲坚以新，士选以饱，重器精兵，尽在其中，又使明大夫守之，此易伐也。"田常忿然作色曰："子之所难，人之所易；子之所易，人之所难。而以教常，何也？"子贡曰："夫忧在内者攻强，忧在外者攻弱。今君忧在内矣。吾闻子三封而三不成，是则大臣不听也。今君破鲁以广齐，战胜以骄主，破国以尊臣晏等帅师，若破国则益尊，而子之功不与焉，则交日疏于主。是君上骄主心，下恣群臣，求以成大事，难矣。夫上骄则恣，臣骄则争，是君上与主有隙，下与大臣交争也。如此，则子之位危矣。故曰：不如伐吴。伐吴而不胜，民人外死，大臣内空，是君上无强臣之敌，下无民人之过，孤主制齐者，唯君也。"田常曰："善。然兵业已加鲁矣，不可更，如何？"子贡曰："子缓师。吾请救于吴，令救鲁而伐齐，子以兵迎之。"田常许诺。子贡遂南说吴王曰："王者不绝世，霸者无强敌，千钧之重加铢而移。今以万乘之齐而私千乘之鲁，与吴争强，其为患之甚。且夫救鲁，显名也；伐齐，大利也。

以抚泗上诸侯，诛暴齐以服晋，利莫大焉。名存亡鲁，实困强齐，智者不疑也。”吴王曰：“善。然吾实困越，越王今苦身养士，有报吴之心。子待吾先伐越，然后乃可。”子贡曰：“越之劲不过鲁，吴之强不过齐，而王置齐而伐越，则齐已平鲁矣。王方以存亡继绝为名，而畏强齐、伐小越，非勇也。勇者不避难，仁者不穷约，智者不失时，义者不绝世，以立其义。今存越示天下以仁，救鲁伐齐，威加晋国，诸侯相率而朝吴，霸业成矣。且王必或恶越，臣请东见越君，令出兵以从，此则实空越，而名从诸侯以伐也。吴王悦，乃使子贡之越。越王郊迎，自为子贡御，曰：“此蛮夷之国也，大夫何足俨然辱临之？”子贡曰：“今者，吾说吴王以救鲁伐齐，其志欲之而畏越，曰：‘待我伐越乃可。’如此，则破越必矣。且无报人之志而令人疑之，拙也；有报人之意使人知之，殆也；事未发而先闻，危也。三者举事之大患也。吴王为人猛暴，群臣弗堪；国家疲于数战，士卒不忍；百姓怨上，大臣内变；子胥以谏死，太宰嚭（pǐ）用事，顺君之过，以安其私：此王报吴之时也。诚能发卒佐之以激其志，而重宝以悦其心，卑辞以尊其礼，则伐齐必矣。此圣人之所谓屈节以期达者也。彼战不胜，王之福也。若胜，必以兵临晋。臣还北请见晋君，共攻之，其弱吴必也。其锐兵尽于齐，重甲困于晋，而王乘其弊，灭吴必矣。”越王许诺，乃使大夫种以三千人助吴。吴遂伐齐于郃陵，果以兵临晋，遇以黄池。越王袭吴之国，遂灭吴。孔子曰：“夫其乱齐、存鲁，吾之始愿也。若乃强晋以弊吴，使吴亡而越霸，赐之说也。美言伤信，慎言哉！”

【译文】孔子在卫国时，听说齐国的田常想要叛乱田常掌握齐国的国家大权，有取代君王的野心，但是忌惮鲍家、晏家鲍氏、晏氏是齐国世代的卿大夫，因此调动他的军队去攻打鲁国当初，田常在齐国做丞相，选择国内身高七尺的女子三百人充入后宫，他的宾客、侍从出入宫中都不会被禁止。田常后来有七十多个儿子，借此可以盗取齐国的政权。孔子将诸弟子都集合在一起说：“鲁国是我们的母国，我不忍心看到它面临敌人的攻击，想要降低身份去求田常，拯救鲁国。你们中有谁可以替我出使齐国？”子贡请求出使，孔子答应了他。于是子贡就去了齐国，劝田常说：“如今您想要用攻打鲁国的方式获得功名，这很难；如果转移目标攻打吴国，那么就可以了。鲁国是一个难以攻打的国家，它的城墙很薄而且很矮，国土狭窄并且零散；鲁国的君王愚昧并且不仁义，臣子虚伪并且无能，士兵又厌恶打仗，这些都是您不能攻打鲁国的原因。而吴国城墙高且厚，国土宽广并且深远，武器铠甲坚固且是新造的，士兵是经过挑选并且吃饱了饭，好的武器，优良的军队，都在吴国，又派了能征善战的大夫驻守在那里，这是容易攻打的。”田常发怒说：“你所认为的困难，是别人认为的容易；你所认为的容易，是别人认为的困难。你对我说这些话，是为了什么？”子贡说：“忧患在内部的国家就会去攻打强国，忧患在外部的国家就会去攻打弱国。如今您的忧患在内部。我听说您三次受封却又三次不成功，是因为大臣有反对您的啊。如今您想要用攻打鲁国来扩大齐国的土地，如果您胜利了，您的君王就会更骄傲；攻破了鲁国，带领军队的人就会受到人们的尊重晏氏等人率领军队，如果攻破鲁国，那么他们就会更加的尊贵。可是功劳却没有您的，那么您与您君王之间的感情就会日渐疏离。您攻破了鲁国，只会使您的君王更加骄傲，群臣更加放纵，想要用这件事来使您谋求的事情成功，这太难了。君王骄傲，就会放纵，臣子骄傲就会与您发生争斗。这样一来，使您对上，与君王产生嫌隙；对下，与臣子发生争斗。如果到了那个地步，那么您的地位就危险了。所以说：不如攻打吴国。攻打吴国可能无法获胜，但百姓都在外面死去，臣子出兵作战，朝内空虚。这样，您可以对上没有强大的大臣需要对抗，对下没有百姓的责备，就能孤立君王、掌控齐国了。”田常说：“好。然而我的军队已经出发攻打鲁国了，不能够更改，怎么办呢？”子贡说：“您先让军队停下来。我去向吴国求援，让吴国前来救援鲁国，然后

您再攻打吴国就行了。”田常答应了子贡。子贡于是就去南边见吴王夫差，说：“作为君王是不会让自己的诸侯属国被人消灭的，作为霸主也不容许天下有比自己还要强大的敌人出现，这就像是在天平两边都有千钧的重量，只要稍微加了些东西重心就会移动。如今强大的齐国为了与吴国争强，想要偷偷地攻打弱小的鲁国，这样做对吴国是祸患啊。况且拯救鲁国，只是表面上的名义；攻打齐国，是大有好处的。这样既可以安抚泗水一带的诸侯，又可以诛杀暴虐的齐国来使晋国臣服，再没有比这更大的好处了。表面上是去挽救鲁国的灭亡，实际上是困阻了齐国强大的军事扩张，这个道理，聪明人是不会怀疑的。”吴王说：“好。但是我实在是担心越国，越王如今不畏艰辛地训练士兵，这是有报复吴国的心思。你等我攻打越国之后，才可以去攻打齐国，拯救鲁国。”子贡说：“越国没有鲁国强大，吴国也没有齐国强大，然而君王您想先将齐国放置在一旁，反而去攻打越国，那么当君王您打下越国时，齐国已经将鲁国消灭了。君王您以拯救存亡、延续将灭的鲁国为名义，却畏惧强大的齐国，只攻打弱小的越国，这不是勇者的行为。真正勇敢的人是不会躲避困难的，有仁义的人是不会违背约定的，聪明的人是不会失掉机会的，讲义气的人是不会让一个国家灭亡的，以此来显示他们的道义。如今应该保存越国来向天下人展示您的仁德，拯救鲁国，攻打齐国，向晋国显示您的威严，到时诸侯各国必然相约而来朝拜吴国，那么您的霸业就成功了。并且如果您真的厌恶越国，那我可以替您到东面去见越王，叫他出兵追随您，这样就会使他名义上是跟随您去讨伐，实际上是使越国国内空虚。”吴王听了很高兴，就派子贡出使越国。越王在郊外迎接子贡，并亲自为子贡驾车，问子贡说：“我们越国是个落后偏僻的地方，您为什么要降低身份，郑重其事地到这里来呢？”子贡说：“如今已经劝说吴王去攻打齐国来拯救鲁国，吴王心里是愿意，只是担心越国，所以他说：‘等我打了越国之后才可以这么做。’如果真的是这样的话，那他攻打越国是必然的事了。况且如果没有报复别人的想法，却被别人怀疑，是很笨的；有报仇的想法却被别人知道，这是不安全的；如果事情还没有发生就先被别人听闻，那是危险的。这三点都是使事情成功的最大祸患。吴王这个人凶狠残暴，群臣都不堪忍受；国家对于数次的征战，已经疲惫不堪了，兵士们也不能忍受了。百姓们怨恨吴王，朝中大臣们的内部也产生了变化，伍子胥因进谏而被杀，太宰嚭掌管政事，即使是君王有错，他也只是顺从君王的意思，不纠正君王的错误，以此来获得自己的私利。这是您报复吴王的好机会，如果您真能派兵协助吴王来激发他的斗志，用重金宝物来获取他的欢心，用谦恭的言辞和礼仪来推崇他，那他一定会去攻打齐国的。这就是圣人所说的丢掉自己的节操尊严来谋求长远的打算。如果这场战役没有胜利，那是君王您的福气；如果打赢了必定会带领军队逼近晋国。到时我就去面见晋君，要他一同来攻打吴国，那么吴国的势力一定会被削弱的。等他的精锐部队都放在齐国时，军队被晋国牵制住，那么君王您就可以趁吴王此时疲于应付而去攻打他，那么吴国一定会被灭亡。”越王答应了他的计划，于是派大夫文种带领三千士兵协助吴国。吴国于是在召陵攻打齐国，之后果然带领军队去攻打晋国，两军在黄池相遇，越王袭击吴王的军队，就灭了吴国。孔子说：“扰乱齐国，拯救鲁国，这是我最初的愿望。如果让晋国变得强大，吴国变得衰败灭亡，越国成为霸主，这是子贡要的结果。花言巧语会伤害信义，说话要谨慎啊！”

秦始皇帝游会稽，至沙丘，疾甚。始皇令赵高为书赐公子扶苏，未授使者，始皇崩时始皇有二十余子。长子扶苏，使监兵上郡，蒙恬为将。少子胡亥，爱，请从，上许之。余子莫从。丞相李斯以为上在外崩，无真太子，故秘之。群臣莫知也。赵高因留所赐扶苏玺书，而谓公子胡亥曰：“上崩，无诏封王诸子而独赐长子书。长子至，即位为皇帝，而子无尺寸之地，为之奈何？”胡亥曰：“固然也。吾闻明君知臣，明父知子。父既捐命，不封诸子，何可言也！”赵高曰：“不然。方今天下之权，存亡在子与高及丞相耳，愿子图之。且夫臣人与见臣于人，制人与见制于人，岂可同日而道哉！”胡亥曰：“废兄而立弟，是不义也；不奉父诏而畏死，是不孝也；能薄而材谫，强因人之功，是不能也。三者逆德，天下不服。”高曰：“臣闻汤、武杀其主，天下称义焉，不为不忠；卫君杀其父，而卫国载其德，孔子著之，不为不孝议曰：乱臣贼子，自古有之。生而楚言，可为痛哭者，胡亥是也。夫大行不细谨，大德不辞让。乡曲各有宜，而百官不同功。故顾小而忘大，后必有害；狐疑犹豫，后必有悔。断而敢行，鬼神避之，后有成功。愿子遂之也。”胡亥喟然叹曰：“今大行未发，岂宜以此事干丞相哉！”高曰：“时乎时乎！间不及谋。赢粮跃马，唯恐后时！”胡亥既然高之言，高乃谓丞相斯曰：“上崩，赐长子书，与丧俱会咸阳，而立为嗣。书未行，今上崩，未有知者。事将何以？”斯曰：“安得亡国之言耶！”高曰：“君自料才能孰与蒙恬？功高孰与蒙恬？谋远不失孰与蒙恬？无怨于天下孰与蒙恬？长子旧而信之孰与蒙恬？”斯曰：“此五者，皆不及蒙恬，而君责之何深也！”高曰：“高故内宫之厮役也，幸得以刀笔之吏进入秦宫，管事二十余年，未尝见秦免罢丞相、功臣有封及二世者也，卒皆以诛亡。皇帝二十余子，皆君之所知。长子刚毅而武勇，信人而奋事，即位必用蒙恬为丞相，君侯终不怀通侯之印归于乡里，明矣。高受诏教习胡亥学法，仁慈笃厚，轻财重士，秦之诸子皆莫及也，可以为嗣。君计而定之。”斯曰：“斯，上蔡闾巷布衣也。上幸擢为丞相者，固将以存亡安危属臣也。岂可负哉！夫忠臣不避死而庶几，孝子不勤劳而见危，君其勿复言。”高曰：“盖闻圣人迁徙无常，龙变而从时，见末而知本，观指而睹归。物固有之，安得常法哉！方今天下之权，悬命于胡亥，高能得志焉。且夫从外制中谓之惑，从下制上谓之贼。故秋霜降者草花落，水风摇者万物作，此必然之效也。君侯何见之晚也。”斯曰：“吾闻晋易太子，三世不安；齐桓兄弟争位，身死为戮；纣残贼亲戚，不听谏者，国为丘墟。三者逆天，宗庙不血食，斯其由人哉！安足与谋！”高曰：“上下合同，可以长久；中外若一，事无表里。君听臣之计，则长有封侯，世世称孤，必有松、乔之寿，孔、墨之智。今释此而不从，祸及子孙，足为寒心。善者因败为福，君何处焉？”斯乃仰天而叹，垂涕太息曰：“既已不能死，安托命哉！”乃听高立胡亥，改赐玺书，杀扶苏、蒙恬初，李斯从荀卿学帝王之术，欲西入秦。辞于荀卿曰：“斯闻得时无怠。今万乘争时，游者主事。今秦王欲吞天下，称帝而治，此布衣驰骛之时而谈游者之秋也。故斯将西说秦王。”至秦，为吕不韦舍人，不韦贤之，任以为郎。说秦王阴遣谋士赍金玉以游说诸侯。诸侯名士，厚给遗之；不肯者，利剑刺之。离其君臣之计，遂吞天下，皆斯之谋也。

【译文】秦始皇在会稽巡视，来到沙丘时，病得很重，于是命令赵高写下遗诏给公子扶苏，遗诏写好后，还没来得及交给使者，秦始皇就驾崩了秦始皇有二十几个儿子，长子扶苏因为屡次劝谏始皇，触怒了始皇，而被派到上郡监督军队防御匈奴。当时的大将军是蒙恬。秦始皇最小的儿子胡亥，最受秦始皇宠爱，请求跟随一同出游，始皇答应了。其他的儿子都没能跟着去。丞相李斯认为皇上在外面驾崩，朝廷又没有事先选定太子，所以隐瞒消息，不发布丧事，百官都不知道这事。赵高因此留下了秦始皇给扶苏的遗诏，却对公子胡亥说：“皇上驾崩，没有留下遗诏为诸子封王却唯独赐给了长子扶苏遗诏。等长子一到，就会登基为皇帝，那么你连一点儿土地也分封不到，该怎么办呢？”胡亥说：“本来就应该这样。我听说贤明的君王都了解自己的臣子，圣明的父亲也最了解他的儿子。我父亲他当然知道哪个儿子应该继承皇位，哪个儿子不应受封。现在我父亲既然已经去世，没有分封各个儿子，那还有什么可说的呢？”赵高说：“不是这样的。如今天下的大权，都掌握在您、我和丞相李斯手中，希望您能考虑。况且是我们臣服于人还是让别人臣服于我们，是我们控制别人还是别人控制我们这两种情况又怎么能够相提并论呢？”胡亥说：“废弃长兄而拥立幼弟，是不合乎道义的；不遵从父亲的遗诏，想要登基为帝，或者害怕长兄登基以后，自己被杀，因而阴谋篡位，这都是不孝的；才能浅薄，勉强凭借他人的帮忙获得成功，这不算是有能力。这三件都是违背道德，不被天下人所臣服的。”赵高说：“我听说商汤、周武王杀了他们的君王，全天下人都称赞他们行为符合道义，不算是不忠诚。卫出公杀了他的父亲，卫国人却宣扬歌颂他的德行，孔子还记录了这件事，不能说是不孝顺评论：心怀异志的人，自古以来就有。身为秦人，却生来就说楚国话，让人感到痛心悲愤到极点的，胡亥就是这种人！做大事的人不可拘泥于小节，大的德行不推辞谦让。乡里间各有各的风俗，朝廷中百官的职能各不相同。因此凡事只顾细节却忘记大体，一定会留下祸患；遇事犹豫不决，之后一定会留下遗憾。如果做事情果敢决断，连鬼神也会躲避开，之后就一定能成功。希望您能按照我的意见去做。”胡亥感叹道：“如今父皇上去世，还没有发丧，怎么能拿这件事去打扰丞相呢？”赵高说：“时机啊！时机啊！都快来不及谋划了。就像将粮食准备充足带兵打仗，唯恐失去先机。”胡亥同意了赵高的建议。赵高就对丞相李斯说：“皇上驾崩，赐遗诏留给长子，叫他赶来咸阳参加丧礼，并且让他继承皇位。然而遗诏还没有发出，如今皇上驾崩，还没有人知道这个消息。你看这事情该怎么办？”李斯说：“怎么可以说这种大逆不道的话呢？”赵高说：“你自己估计一下自己的才能和蒙恬相比怎样？与蒙恬相比谁对国家的功劳更高？与蒙恬相比谁更能深谋远虑不致失算？与蒙恬相比谁更不会被天下人埋怨？与蒙恬相比谁更和长子扶苏有旧情且又深得信任？”李斯说：“这五样我都比不上蒙恬，但你为什么要对我责备的如此重呢？”赵高说：“我本是内宫中的一个受人驱使的奴仆，侥幸因为通晓审理断案而进入秦宫，掌管刑罚事务二十多年了，从来没有看到被秦王所罢免的丞相、功臣，是曾经受过封赏两朝为官的，这些大臣最后都是被诛杀。皇帝有二十多个儿子，他们的为人你都知道。长子扶苏刚强果断且威武勇敢，相信他人又做事勤奋。他登基为帝后，一定会任命蒙恬当丞相，如果这样，您最终就不能带着您通侯的印绶荣归故里，这是很明确的了。我接受皇上的命令，教胡亥学习法规条例。胡亥仁爱慈善，忠厚老实，轻视财物，重视读书人，秦国的那些公子都比不上他，所以可以让他继承皇位。希望您可以仔细考虑一下，立胡亥为帝。”李斯说：“我李斯原来只是上蔡的一个布衣百姓，幸亏皇上提拔我做丞相，原本是要把国家存亡安危的重担交托给我的。我怎能辜负皇帝对我的信任呢？忠臣不会逃避死亡，孝子不担心会因为勤劳侍奉双亲而被谗言陷害。所以你就不要再说了。”赵高说：“我听说圣人变化无常。一切的变化都是顺应时势的，看到事物的细微末节就能知道它的根本，看到事物的发展动向就能知道它最后的归属。事物的发展本来就是各有各的规律，怎么会有一成不变的规律呢？如今天下大权都掌握在胡亥手中，我就可以实现我的志向了。况且，在外面的人想要控制朝廷里的人，就叫做妄想；地位低的人想要控制地位高的人，就做奸臣贼子。因此当秋天霜降到来时，花草就会凋零，春天水面的冰融化时，万物就会生长，这是必然的结果。你怎么到现在还不理解这种道理呢？”李斯说：“我听说晋献公将太子申生废黜改立庶子奚齐为太子，结果导致三代政局都不安定；齐桓公和他的弟弟公子纠争夺王位，后来公子纠被杀了；商纣王残忍杀害了叔父比干，不听臣子劝谏，最后国家变成废墟。这三件都是违背天理的事情啊，使得宗庙都无人祭祀，我怎么能是那样的人呢？怎么能有那种想法呢？”赵高说：“如果上下同心协力，就可以长久地掌握朝政；如果里应外合，事情就会变得顺利。您要是按照我的计划行事，就一定会长久地拥有荣华富贵，世世相传。您一定会像王子乔和赤松子两位仙人那般的长寿，一定会有像孔子和墨子两位圣贤那样的聪明智慧。如今您如果放弃这个建议，不听从我的意见，那祸患就一定会殃及子孙，实在是寒心啊。一个善于为人处世的人能够因祸得福，您又打算怎么办呢？”李斯于是抬头望着天，流着泪叹息着说：“既然不能以死来报答皇帝的恩德，我只能听命于你了。”于是李斯就听从了赵高的计谋，改立胡亥为太子，篡改秦始皇所赐的遗诏，并杀了扶苏和蒙恬起初，李斯跟着荀子学习帝王的治国道理，学业完成后，想去西方的秦国，向荀子辞别，说：“我听说一个人如果遇到对的时机，千万不可怠惰。如今正是大国相争的时候，有谋略的游说之士主掌国家政事。如今秦王想要吞并天下，登基为帝，统治各国。这正是平民百姓发挥才能的时代，是游说之人获得富贵的时代。所以我想要到西方去游说秦王。”李斯来到秦国后，成为秦国丞相吕不韦门下的舍人，吕不韦认为他有贤能，任命他为郎官。李斯因此得到机会，游说秦王嬴政暗中派遣有谋略的游说之士，带着金玉宝物去游说诸侯。各个诸侯国内的知名人士，凡是可以用金钱财物收买归附秦国的，就馈赠丰厚的礼物来拉拢他；不肯被收买的人，就用锋利的剑把他杀掉。秦王采用李斯所献的离间诸侯君臣的计谋，终于吞并了天下。

秦二世末，陈涉起蕲，兵至陈。张耳、陈余说涉曰：“大王兴梁、楚，务在入关，未及收河北也。臣尝游赵，知其豪杰，愿请奇兵略赵地。”于是陈王许之，与卒三千。从白马渡河今滑州白马县界也，至诸郡县，说其豪杰曰：“秦为乱政虐刑，残灭天下。北为长城之役，南有五岭之戍，外内骚动，百姓罢敝，头会箕敛，以供军费，财匮力尽，重以苛法，使天下父子不相聊生。今陈王奋臂为天下唱始，莫不响应。家自为怒，各报其怨，县杀其令丞，郡杀其守尉。今已张大楚，王陈，使吴广、周文①将卒百万西击秦。于此时而不成封侯之业者，非人豪也。夫因天下之力而攻无道之君，报父兄之怨而成割地之业，此一时也。”豪杰皆然其言。乃行收兵，下赵十余城议曰：班固云：“昔《诗》《书》述虞、夏之际，舜、禹受禅，积德累仁，数十年，然后在位。殷、周之王，乃由契、稷，历十余世，然后放杀。”秦起襄公，稍蚕食六国，至于始皇，乃并天下。秦既称帝，患周之败，以为诸侯力争，以弱见夺。于是削去五等，隳城销刃，拑语烧书，内锄雄俊，外攘胡越，用一威权，以为万世安。然十余年间，强敌横发乎不虞，谪戍强于五伯，闾阎逼于戎狄，响应喑于谤议，奋臂威于甲兵。向秦之禁，适所以资豪杰，自速其毙也。由是观之，夫豪杰之资，在于虐政矣。

【注释】①周文：即周章，秦末农民起义军将领。战国末年，曾为项燕军视日，推算时辰吉凶。侍奉过春申君黄歇，自称懂得兵法。

【译文】秦二世末年，陈涉在蕲县起事，军队到达陈。张耳、陈余对陈涉劝说道：“大王在梁、楚打仗，目的是进入关中，还没来得及收复河北一带的赵国旧地。我们曾经游览过赵国，知晓那里的英雄豪杰，希望您能让我带领部队出其不意地攻入赵国。”陈涉答应了他的要求，拨给他们三千士兵。张耳、陈余他们从白马津渡河白马津在今滑州白马县的边界，到了河北各个郡县，便向当地的豪杰游说：“秦国施行暴政酷刑，残害天下百姓。在北方征集很多劳役修筑长城，在南方广召兵丁戍守五岭，国家内外骚动不堪，百姓们疲劳困敝，而官吏们却按人头征税，苛敛民财，用来供应军费，百姓财物匮乏，力气用尽，又施行严峻的历法，使天下的父子都不能相互保护。现在陈胜揭竿而起，振臂高呼，天下没有不响应的。家家都有怒火，各自报复他们的怨仇，在县里将县令、县丞都杀了，在郡中杀掉太守和郡尉。如今陈胜已经建立了大楚国，在陈地称王，又派遣吴广、周文率领百万大军向西攻打秦国。在这样的时机下，还不能封侯拜相，就不是人中豪杰了。凭借天下人的力量，去攻打无道的暴君，为父兄报仇，成就割地封侯的霸业，这是英雄豪杰们的好机会。”当地的英雄豪杰们都认为这话说得很对，于是当地的英雄豪杰们就开始纷纷行动，军队的人数开始增加，很快就占领了赵地的十城评论：班固说：“当初，《诗经》《尚书》所记叙的虞、夏之时，舜和禹接受禅位都是因为已经积累恩德仁义数十年，然后才登基为王。殷、周的王位，从殷契、后稷开始历经十几代，到商汤放逐了暴君夏桀、周武王杀了商纣王才获得的。”秦国从秦襄公开始，逐渐蚕食了齐、楚、燕、韩、赵、魏六国，到了秦始皇嬴政时期才统一天下。秦始皇登基为帝后，害怕秦朝会重蹈周朝的覆辙，他认为周王朝的灭亡是因为诸侯国的实力太过强大，周王朝的实力太微弱，所以才会灭亡。所以他废除了公、侯、伯、子、男五等爵位。毁坏城池，销毁兵器，控制言论，焚烧书籍，对内铲除英雄俊杰，对外抵御胡、越等少数民族的侵入，认为只凭借自己的威势和强权就可以使秦王朝得到万世安定。然而只是短短十几年的时间，强大的敌人突然发起攻击。在边疆守卫的士兵，力量要比春秋五霸还要强大的多；平民百姓对秦国的威胁远甚于戎、狄等少数民族对秦国的威胁；百姓们对于起义的响应比少数人对秦王朝的讥谤要强的多。起义军振臂高呼，威力比朝廷军队还大。从前秦国的禁令，正好是英雄豪杰起义的资本，加速了秦朝自己的灭亡。由此可以说，英雄豪杰起义的资本是秦朝暴虐的政治制度导致的。

韩信既平齐，为齐王。项王恐，使盱台人武涉①往说齐王，使三分天下。信不听。武涉已去，蒯（kuǎi）通②知天下权在韩信，欲为奇策而感动之，以相人说韩信曰：“仆尝受相人之术。”韩信曰：“先生相人何如？”对曰：“贵贱在于骨法，忧喜在于容色，成败在于决断。以此参之，万不失一。”信曰：“先生相寡人如何？”对曰：“愿请闲。”信曰：“左右远。”蒯通曰：“相君之面，不过封侯，又危不安。相君之背，贵乃不可言背畔，则大贵也。”韩信曰：“何谓也？”蒯通曰：“天下初发难，俊雄豪杰建号一呼，天下之士云合雾集，鱼鳞杂遝，烟至风起。当此之时，忧在亡秦而已。今楚汉分争，使天下无罪之人肝胆涂地，父子暴骸、骨肉流离于中野，不可胜数。楚人起于彭城，转斗逐北，至于荥阳，乘利席卷，威振天下。然兵困于京、索之间，迫西山而不能进者，三年于此矣。汉王将数十万之众，距巩、洛，阻山河之险，一日数战，无尺寸之功，折北不救，败荥阳，伤成皋，遂走宛、叶之间，此所谓智勇俱困者也。夫锐气挫于险塞，而粮食竭于内藏，百姓罢极，怨望容无所依倚。以臣料之，其势非天下贤圣，固不能息天下之祸。当今两主之命悬于足下。足下为汉则汉胜，与楚则楚胜。臣愿披腹心，输肝胆，效愚计，恐足下不用也。诚能听臣之计，莫若两利而俱存之，三分天下，鼎足而居，其势莫敢先动。夫以足下之贤圣，有甲兵之众，据强齐，从燕、赵，出空虚之地而制其后，因民之欲，西向为百姓请命，则天下风起而响应矣，孰敢不听！割大弱强，以立诸侯，诸侯已立，天下服听而归德于齐。国之故，有胶、泗之地，怀诸侯以德，深拱揖让，则天下之君王相率而朝于齐矣。盖闻：天与不取，反受其咎；时至不行，反受其殃。愿足下熟虑之。”韩信曰：“汉王遇我厚，载我以其车，衣我以其衣，食我以其食。吾闻之：乘人车者载人之患，衣人衣者怀人之忧，食人之食者死人之事，吾岂可以向利背义乎！”蒯生曰：“足下自以为善汉王，欲建万世之业，臣窃以为误矣。始常山王[③]、成安君[④]为布衣时，相与为刎颈之交，后争张黡、陈泽之事[⑤]，二人相怨。常山王奉项婴头，鼠窜归于汉王。汉王借兵东下，杀成安君泜水之南，头足异处，卒为天下笑。此二人相与，天下至欢。然而卒相擒者，何也？患生于多欲，人心难测也。今足下欲行忠信以交于汉王，必不能固于二君之相与也，而事多大于张黡、陈泽。故臣以为足下必汉王之不危己，亦误矣。大夫种、范蠡，存亡越、霸勾践，立功成名而身死亡。谚曰：‘野兽尽而猎狗烹，敌国破而谋臣亡。’夫以交友言之，则不如张耳之与成安君也；忠臣言之，则不过大夫种之于勾践也。此二人者，足以观矣。愿足下深虑之。且臣闻：勇略震主者身危，而功盖天下者不赏。臣请言大王功略：涉西河，虏魏王，擒夏说[6]，引兵下井陉，诛成安君，徇赵、胁燕、定齐，南摧楚人之兵二十万，东杀龙且[7]，西向以报，此所谓功无二于天下，而略不世出者也。今足下载震主之威，挟不赏之功，以归楚，楚人不信；归汉，汉人震恐；足下欲持是安归乎？夫势在人臣之位，而有震主之威，名高天下，窃为足下危之。”韩信谢曰：“先生且休矣！吾将念之。”

【注释】①武涉：秦末谋士、策士，秦末盱台（今江苏盱眙）人。曾游说韩信与刘邦、项羽三分天下，韩信不忍心背叛汉王，武涉即离去。②蒯通：本名蒯彻，范阳（今河北徐水北固镇）人，因为避汉武帝之讳而改为通。辩才无双，善于陈说利害，曾为韩信谋士，先后献灭齐之策和三分天下之计。韩信死后被刘邦捉拿后释放，后成为相国曹参的宾客。③常山王：即张耳，秦末大梁（今河南开封西北）人。④成安君：即陈余，魏国大梁（今河南开封）人。魏国名士，性格高傲，与张耳为刎颈之交。⑤张黡、陈泽之事：张耳与陈余都是赵王赵歇的部下，在巨鹿之战时，张耳、赵歇被秦将王离包围，陈余不敢进兵攻秦，后被陈泽劝服出兵五千去救巨鹿，却全军覆没。项羽大军至，解巨鹿之围。张耳再次见到陈余时，怪他背信弃义。陈一气之下将帅印交出，从此张、陈俩人绝交。⑥夏说：秦汉时期人，陈余谋士，在韩信攻赵时被擒杀。⑦龙且：楚汉之争时期人物。秦末名将，是项羽手下第一猛将，与季布、钟离昧、英布、虞子期为楚军五大将，与曹咎、周殷同为楚军大司马。韩信与龙且大战，诈败，引龙且中水淹之计。龙且力战汉诸将，被汉骑将灌婴斩杀，楚军大败。

【译文】韩信平定齐国后，被汉王刘邦立为齐王。项羽有些害怕，就派盱眙人武涉去劝说齐王韩信，让韩信和汉王刘邦、项王三分天下，韩信没有听从。说客武涉走了以后，蒯通知道如今天下大权实际掌握在韩信的手中，想要用奇策来感动他，就用相人的学说对韩信说："我曾经学过相人术。"韩信说："先生相人术的方法是怎么样的？"蒯通回答说："一个人的身份贵贱，要从他的骨头上看；一个人的心情是忧或喜，要从他的面容上看；事情的结果是成与败，要从他对事情的决断能力中看。用这三个条件来综合判断，就万无一失了！"韩信说："请先生看看我的面相怎么样？"蒯通回答说："请您让其他人退下！"韩信说："你们先退下吧！"蒯通说："从您的面相来看，您将来最高不过封侯，并且还会有危险；从您的脊背来看，您会富贵的不能用言语描述如果背叛刘邦，就会有大的富贵。"韩信说："这是为什么呢？"蒯通说："天下刚开始反抗秦朝的暴政时，英雄豪杰们振臂一呼，全天下有才能的人都聚集在一起，纷杂密集，云烟四起；在这个时候，大家所忧虑的，是如何消灭暴秦罢了！如今，是楚王项羽与汉王刘邦双方在争夺天下，使得天下无辜的百姓惨死，父死子亡，尸骨抛弃在荒野，不计其数。楚国人从彭城起义，南征北战，从无败绩，到达荥阳，趁着军事上的胜利，度卷大部分土地，威震天下，然而他的军队困在京与索二地之间，接近西部山区却不能向前推进，已经有三年了！汉王刘邦率领数十万军队，占据了巩县和洛阳，凭借山河的险要阻挡楚军的攻击，一天要经历数战，却没有获得一点成功；失败之后得不到救援，以至于造成荥阳、成皋的战败和伤亡，就逃到宛城和叶县一带，这就是所说的才智和勇气都到了困境。乘胜的锐气，都被山区的险阻所挫败；并且军队中所储存的粮食也将要耗尽，老百姓因为长期的战争，精疲力竭，没有依靠，怨声载道。按照臣的估计，在这种情势下，如果不是天底下最圣贤的人，就一定不能平息这场天下大乱。如今项王和汉王两人的命运都掌握在您的手中。您如果想要帮助汉王，那么就是汉王获得胜利；如果想要帮助楚王，那么就是楚王获得胜利。我愿意向您袒露我最真挚的心意，献上我的计策，只是担心您不会采用。如果真的能采纳我的意见，最好是保持中立，不帮任何一方，使他们同时存在，这样您就可以跟他们三分天下，像鼎的三足一样相互维持着，在这种形势下，刘、项双方谁都不敢先动手。凭借您的德行才智，拥有众多的士兵武器，占领着强大的齐国，燕国和赵国都臣服于您，再出兵去攻打刘邦、项羽兵力空虚的地方，控制他们的后方，顺应百姓的心愿，出兵向西，去为百姓们请命，那天下百姓就会闻风而动，积极响应您的号召，到了那个时候，谁敢不听从您的命令呢？分割大国的土地，削弱强国的势力，用来分封给已经失去土地的各国诸侯，各国诸侯都已经得到封地，那么天下诸侯就都会臣服于您，并且还会将恩德全部归于齐国。考察齐国故地，拥有胶河、泗水等地方，您现在用恩德来安抚感化诸侯，对他们礼遇谦让，那么天下的君王们就都会一个接着一个的来齐国朝拜！我听说上天赐予却不接受，反而会受到怪罪，祸患就会降临；时机到了却不行动，反而会受到损害。希望您能仔细考虑这件事。”韩信说：“汉王待我十分恩厚，把他的车给我乘坐，把他的衣服给我穿，把他的食物给我吃。我听说乘坐别人的车子，就要给人家分担祸患；穿别人的衣服，就要给人家分担忧愁；吃别人家的饭，就要给人家卖命，我怎么可以为了利益而背叛道义呢！”蒯通说：“您认为自己与汉王刘邦的关系很好，想要帮助他建立万世的功业，臣私底下认为您错了！当初常山王张耳和成安君陈余还是平民百姓的时候，二人的关系像生死兄弟一样，后来因为张黡、陈泽的事情相争，两人相互生怨。常山王背叛项王，捧着项王使者项婴的人头逃走，归顺汉王，汉王就借了他的部队向东进军，在泜水之南杀死了成安君，使成安君身首异处，最终被天下人耻笑。这两个人相交，他们的感情可以说是天底下最深厚的了，然而最终到了相互算计，这是为什么呢？原因在于想要的太多，人心难测。如今您想要用忠义和信任与汉王相交，一定不会比陈余、张耳之间的感情更加牢固，但是你们之间的问题，一定比陈泽、张黡的问题还要大。所以我认为您相信刘邦一定不会加害您，这也是错误的！以前大夫文种和范蠡将面临灭亡的越国重新恢复，使勾践成为霸主，功成名就之后，一个身死，一个逃亡。谚语说：'野兽都被猎人捕捉尽后，猎狗就没有用处了，就会被杀掉吃了！敌对的国家被攻破，谋臣就没有用处了，就会被杀掉。'从朋友的情义上来说，您和汉王的感情远没有张耳与陈余的感情深厚；从忠信的方面来说，最多也不过像大夫文种对于勾践那般。这两类人的结果，足够让您看清人情世故了。希望您能多加考虑。况且臣听说臣子的勇猛、谋略使君主的地位受到威胁，他的性命就危险了，功绩超过天下所有人就不会得到赏赐了。请让臣说一说您的功劳：您渡过西河，俘虏魏王，擒获夏说，带着兵通过井陉，诛杀成安君陈余，灭掉赵国，威胁燕国，平定齐国，向南打败了楚国二十万大军，又向东杀了楚将龙且，向西给汉王报捷，这就是所说的功劳在天下人中再也找不到可以与您比肩的了，并且谋略也是天下独一无二的。如今您所拥有的功劳已经足够使君王感到地位受到威胁了，拥有无法赏赐的大功；如果您去归顺楚国，楚国人不会信任您；如果您去归顺汉王，汉人也会感到震惊和恐慌，您拿着这些功劳想归顺哪位君王呢？从现在的情况看来，您还处在臣子的位子上，却又有使君王感到地位受到威胁的功劳，名声天下皆知，臣私下里认为您有危险。"韩信推辞说："先生不要再说这些话了，我会记得这些话的！"

后数日，蒯通复说曰："夫听者，事之候；计者，事之机也。听过计失而能久安者，鲜矣。听不失一二者，不可乱以言；计不失本末者，不可纷以辞。夫随厮养之役者，失万乘之权；守担石之禄者一担，一斛之余也，阙卿相之位。故智者，决之断也；疑者，事之害也。审毫厘之小计，遗天下之大数，智诚知之，决不敢行者，百事之祸也。故猛虎之犹豫，不如蜂虿之致螫；骐骥之蹢躅，不如驽马之安步；孟贲之狐疑，不如庸夫之必至也；虽有舜、禹之智，沉吟而不言，不如瘖聋之指麾也。夫功者，难成而易败；时者，难得而易失也。时不再来，愿足下详察之。"韩信犹豫不忍背汉，又自以为功多，汉王终不夺我齐，遂谢蒯生。蒯生曰："夫迫于苛细者，不可与图大事；拘于臣虏者，固无君王之意。"说不听，因去，佯狂为巫。议曰：昔齐崔杼弑庄公，晏子不死君难曰："君人者，岂以陵人？社稷是主；臣君者，岂为其口实？社稷是养。故君为社稷死则死之，为社稷亡则亡之，若为己死，而为己亡，非其亲暱，谁敢任之！"孟子谓齐宣王曰："君之视臣如手足，则臣之视君如国人；君之视臣如草芥，则臣视君如寇仇。"虽云："君，天也。天不可逃。"然臣缘君恩以为等差，自古然矣。韩信以汉王遇厚不背其德，诚足怜耳！

【译文】之后又过了几天，蒯通又劝韩信说："一个善于听取别人意见的人，可以预先发现事物的征兆；一个遇到事情会反复思考的人，才会掌握事情的正确时机。不善于听取别人意见，遇事不反复思考的人，很少有人能长久安宁。一个人如果听取十个意见，失败却只有一两次，那真是个意志坚定的人，旁人的闲言碎语是无法扰乱他的！一个人如果反复考虑问题，却不会本末倒置，一定是个胸有成竹的人，如此旁人的花言巧语是无法去搅乱他的！如果一个人甘心情愿做别人的奴仆杂役，就会失去掌握天下的权力！只满足于微薄俸禄的人，就会失去可以担任卿相的机会。因此机智聪慧的人，做事情都会很果断；做事情犹豫不决的，一定会坏事！对于一些小的事情斤斤计较，就会遗忘天下大事；聪明才智可以使人预先知道事情的发展走向，却不敢行动，这是事情会失败的原因。因此如果猛虎犹豫不决，还不如蜜蜂和虿螫伤人的威力大；千里马徘徊不前，还不如劣马缓步徐行；战国时的勇士孟贲，如果犹疑不前，还不如一个平庸的人坚持达到目的。即使有舜、禹一般的聪明才智，却迟疑不决，一言不发，还不如聋哑人打手势的效果好。再说从功业来讲，成功很难，失败却很容易；从时机来讲，很难抓住却很容易失去。机会错过了就不会再来，希望您可以仔细考虑。”韩信犹豫不决，不忍心背叛汉王，又认为自己有这么多的功勋，汉王终究不会将自己的齐国夺走，于是谢绝了蒯通的建议。蒯通说：“凡是做事情拘泥于细节的人，不可以和他图谋大事；凡是只满足于做臣子或奴仆的人，本来就没有当君王的心愿啊。”蒯通看到自己的劝说不被韩信采纳，就离开了。他又怕这件事被人察觉招来杀身之祸，就装疯冒充巫者来避祸。

评论：当初，齐国的丞相崔杼杀掉自己的君王齐庄公，晏子没有因为君主的死去殉葬，他说：“作为一个国家的君王，怎么能够仗势欺人呢？治理国家才是最主要的。做臣子的，怎么能够只是为了食物和官位呢？辅佐君王治理好国家是臣子的责任。因此君王为国家而死，臣子就可以为君王而死，如果君主为自己的私欲而死，那么就只有自己死亡，不是亲近的人，谁能担当陪葬的重任呢？”孟子对齐宣王说：“君主如果将臣子当作是自己的同胞兄弟，那么臣子就会将君王视作自己的腹心；君主将臣子视作无价值的小草，那么臣子就会将君王视作自己的仇敌。”虽说君王是天，天不能逃避。然而臣子可以根据君王给予的恩德，回报给君王同等的感恩，从古到今一直是这样。韩信因为汉王刘邦待他恩厚，而不忍心背弃汉王的恩德，结果被汉王杀害，实在是够让人怜悯的！

吴王濞以子故不朝孝文帝时，吴太子入朝，侍皇太子饮博，争道，不恭，皇太子引博局投吴太子，杀之，及削地书至，于是乃使中大夫应高[1]桃田乌反胶西王[2]，无文书，口报曰：“吴王不肖，有宿夕之忧，不敢自外，使喻其欢心。”王曰：“何以教之？”高曰：“今者主上兴于奸雄，饰于邪臣，好小善，听谗贼，擅变更律令，侵夺诸侯之地，征求滋多；诛罚良善，日以益甚。语有之曰：‘舐糠及米。’吴与胶西，知名诸侯也，一时见察，恐不得安肆矣。吴王身有内病，不能朝请二十余年，常患见疑，无以自白。今胁肩累足，犹惧不见释。窃闻大王以爵事有适直革反，所闻诸侯削地，罪不至此，此恐不得削地而已。”王曰：“然，有之。子将奈何？”高曰：“同恶相助，同好相留，同情相成，同欲相趋，同利相死。今吴王自以为与大王同忧，愿因时修理，弃驱以除患害于天下，抑亦可乎？”王瞿然骇曰：“寡人何敢如是？今主虽急，固有死耳，安得勿戴？”高曰：“御史大夫晁错，荧惑天子，侵夺诸侯，蔽忠塞贤，朝廷疾怨，诸侯皆有背叛之意，人事极矣。彗星夕出，蝗虫数起，此万世一时，而愁劳圣人之所起也。故吴王内欲以晁错为讨，外随大王后车，傍徉天下，所乡音向者降，所指者下，天下莫敢不服。大王诚幸而许之一言，则吴王帅楚王略函谷关，守荥阳敖仓之粟，距汉兵。治次舍，须大王，大王有幸而临之，则天下可并，两主分割，不亦可乎？”王曰：“善。”七国皆反，兵败伏诛。太史公曰：汉兴，孝文施大德，天下怀安。至孝景，不复忧异姓。而晁错刻削诸侯，遂使七国俱起，合从西向，诸侯大盛，而错为之不以渐也。及主父偃言之，而诸侯以弱，卒以安危之机，岂不以谋哉？

【注释】①应高：西汉人，汉景帝时期吴王刘濞的中大夫，为吴王成功策反胶西王。②胶西王：西汉时的同姓诸侯王，封国为胶西国，这里指刘印。

【译文】吴王刘濞因为儿子被皇太子杀害，称病不肯入朝汉孝文帝刘恒时，吴王刘濞的儿子进京朝拜，陪皇太子饮酒博戏，为棋路发生争执，吴王的儿子对皇太子不恭敬，皇太子就拿棋盘打他，将他打死。等到朝廷将削夺藩王封地的文书送达时，吴王于是派中大夫应高去挑拨胶西王刘印。应高没有使用文书，只用口头报告说："我们吴王不才，他因为以前的忧伤和仇怨，不敢离开封地到外面去，因此派遣我来表达他的心意。"胶西王说："有何指教？"应高说："如今君王靠奸雄起家，被奸佞的臣子蒙蔽，喜欢占小便宜，听信奸佞之臣的话，擅自更改法律条令，侵夺诸侯的封地，征收的赋税越来越多，诛杀处罚善良的人一天比一天过分。古语说：'吃完了米糠，就会吃到米粒了。'吴王和胶西王都是很有名的诸侯，同时被监视，恐怕不会得到安宁了。吴王有心病，不能上朝朝拜已经有二十多年了，常常担心被皇上怀疑，没有办法为自己辩白。如今心存敬畏，小心戒惧，还担心不能被谅解。臣私下里听说您因为买卖爵位的事情被责罚。听说有的诸侯被朝廷削夺藩地，他们的罪名还没有买卖爵位那么大，您这恐怕不只是削夺藩地了。"胶西王说："是的，有此事，那么你说该怎么办呢？"应高说："有相同的憎恶，就可以相互帮助；有相同的爱好，就可以相互留恋；有相同的情感，就会相互成全；有相同的欲望，就会相互接近；有相同的利益，就会相互效死力。如今吴王自认为与您有相同的忧患，希望凭借这个时机整顿朝纲，牺牲性命只为了替天下消除祸患，您认为这样可以吗？"胶西王惊骇地说："我怎敢这样呢？如今虽然君王对我逼迫的很急，大不了一死罢了！怎么能够不拥戴他呢？"应高说："御史大夫晁错，迷惑天子，侵夺诸侯的藩地，堵塞忠贞贤良之人的进取之路，朝廷大臣都很怨恨他，诸侯也都有背叛之意，人事已经到了困窘的极点。彗星每天都会出现，蝗灾也不断发生，这是万世才会出现一次的好时机，况且百姓忧愁辛劳，本就是圣人出现的时机。所以吴王对内想要以诛杀晁错为名，对外跟随在您的身后起事，驰骋天下，所到之地都会闻风归降，所去的地方都会被攻克，天下人没有敢不服从的。如果大王能够答应，只需一句话，吴王就率领楚王刘戊攻下函谷关，守住荥阳、敖仓的米粟，阻挡汉朝的军队。关于修建军队驻扎用的房舍，就需要大王您了。如果大王真的能够和吴王一同起兵，那么就可以夺取天下，两个君主一同治理天下，不也是可以的吗？”胶西王说：“好。”于是吴、楚、赵、胶西、济南、淄川和胶东这七国的诸侯王一同起兵谋反，最终失败，都被诛杀。太史公司马迁说：“汉朝建立以来，孝文帝广施恩德，天下安定。到了孝景帝时期，不再担心异姓诸侯王的谋反叛乱。然而晁错大肆削夺诸侯王的藩地，使得吴、楚、赵、胶西、济南、淄川和胶东这七国的诸侯王一同谋反叛乱，联合向西进攻朝廷。这是由于诸侯王的势力强盛，而晁错又没有采用循序渐进的方法。等到主父偃提出推恩令，准许诸侯王可以分封自己的子弟为侯的时候，诸侯国的势力才日益削弱，最终获得安定。国家安危的关键，难道不在于谋略吗？”

淮南王安怨望厉王死厉王长，淮南王安父也。长谋反，槛车迁蜀，至雍，死。上怜之，封其三子，以安为淮南王也，欲谋叛逆，未有因也。及削地之后，其为谋益甚。与左吴[①]等日夜按舆地图，部署兵所从入。召伍被与谋，被曰：“上宽赦大王，王复安得亡国之言乎！臣闻子胥谏吴王，吴王不用，子胥曰：‘臣今见麋鹿游于姑苏之台。’臣今亦见宫中生荆棘、雾露沾衣也。臣闻：聪者听于无声，明者见于未形。故圣人万举万全。昔文王一动，而功显于世，列为三代，此所谓因天心以化者也，故海内不期而随。此千岁之可见者。夫百年之秦，近世之吴楚，亦足以喻国家之存亡矣。臣不敢避子胥之诛，愿大王无为吴王之听。昔秦绝圣人之道，杀术士，燔《诗》《书》，弃礼仪，尚诈力，任刑罚，转负海之粟，致之西河。当是之时，男子疾耕，不足于糟糠；女子纺绩，不足以盖形。遣蒙恬筑长城，东西数千里；暴露兵师，常数十万。死者不可胜数，僵尸千里，流血顷亩，百姓力竭，故欲为乱者十家而五。又使徐福②入海求异物及延年益寿之药，还为伪辞曰：'臣见海中大神，曰：以令名振男女振，童男女也，与百工之事，即得之矣。'秦皇大悦，遣振男女三千人，资之种种百工而行。徐福得平原广泽，止王不来。于是百姓悲痛相思，欲为乱者十家而六，又使尉佗逾五岭，攻百越。尉佗知中国劳极，止王不来，使人上书，求女无夫家者三万人，以为士卒衣补。秦皇可其万五千人。于是百姓离心瓦解，欲为乱者十家而七。客谓高皇帝曰：'时可矣。'高皇帝曰：'待之。圣人当起东南间。'不一年，陈胜、吴广发矣。高皇始于丰沛一唱，天下不期而响应者，不可胜数也。此所谓蹈瑕候间，因秦之亡而动者也。百姓愿之，若旱之望雨，故起于行阵之中而立为天子，功高三王，德传无穷。今大王见高皇得天下之易也，独不观近世之吴楚乎？夫吴王赐为刘氏祭酒，授几杖而不朝，王四郡之众，地方数千里，内铸铜以为钱，东煮海以为盐，上取江陵木为船，国富人众。举兵而西，破于大梁，败于狐父，奔走而东，至于丹徒，越人擒之，身死绝祀，为天下笑。夫以吴楚之众，不能成功者，何也？诚逆天道而不知时也。方今大王之兵众不能十分吴楚之一，天下安宁又万倍于秦时，愿大王从臣之计。大王不从臣之计，今见大王事必不成而语先泄也。臣闻：微子过故国而悲，于是作《麦秀之歌》[3]；是痛纣之不用王子比干也。故孟子曰：'纣贵为天子，死曾不若匹夫。'是纣先自绝于天下久矣，非死之日而天下去之也。今臣亦窃悲大王弃千乘之君，必且赐绝命之书，为群臣先死于东宫也王时所居。"于是王气怨结而不扬，涕满眶而横流，即起，历阶而去。

【注释】①左吴：西汉武帝时期人物，淮南王刘安性好读书，更善鼓琴，也欲笼络民心，招致文士。门下食客，趋附至数千人，内有苏飞、李尚、左吴、田由、雷被、伍被、毛被、晋昌八人，最号有才，称为淮南八公。②徐福：字君房，秦朝著名方士、道家名人、曾担任秦始皇的御医，出生于战国时期的齐国。③《麦秀之歌》：商纣王叔父箕子朝周时慨愤而作的诗篇，是我国现存最早的文人诗。此诗在寥寥十数字中，将亡国惨状和亡国原因和盘托出，而且又是凄凉悲惋。后人常以之于《黍离》并举，来表示亡国之痛。

【译文】淮南王刘安因为父亲厉王的死而怨恨朝廷厉王刘长，是淮南王刘安的父亲。厉王刘长因为谋反，被孝文帝用囚车押送放逐到蜀地，到达雍县的时候，刘长去世。孝文帝怜惜厉王去世，就分封了他的三个儿子，让刘安做淮南王，想要谋反叛逆，只是没有机会。等到削地之后，他想要谋反的心思就更急迫了。日夜与左吴等人按照边疆地图，排兵部署谋反的路线，并且招来伍被与他一起筹谋造反，伍被说："皇上宽赦大王，大王怎么能再说出这样的亡国之言呢？臣听说伍子胥曾谏议吴王夫差，吴王却不采用他的建议。伍子胥说：'臣如今看到姑苏台被夷为平地，麋鹿在其中出没！'如今臣也看到国破人亡，大王宫中遍生荆棘，晨雾露水沾湿衣裳。臣听说：聪明的人可以从没有声音的地方听到声响，贤明的人可以在事情还没有发生之前便看到后来的结果，所以圣人做事情，一定是万无一失的。当初周文王一起事，功劳就世人皆知，成为三王之一，这就是所说的顺应天命而行动的人，所以天下人就会不约而同地追随他。这是千年之前就可以借鉴的事情。百年之前的秦朝，近代的吴国、楚国，也可以证明国家存亡的道理，臣不敢逃避责任，也不怕像伍子胥那样被诛杀，只希望大王不要像吴王那样不接受谏议。当初秦朝断绝了圣人之道，诛杀儒生，焚烧《诗经》《尚书》，废弃礼义制度，崇尚欺诈和暴力，任用刑罚，把海滨的粟米辗转运到西河。当时，男子即使是奋力耕种，却连糟糠都不够吃；女子即使终日纺织，自己却衣不蔽体。秦朝派遣蒙恬修筑长城，东西相距千里，数十万的军队常年在外征战，死的人不计其数，尸横遍野，流血千里，百姓的财力都耗尽了，因此想要造反作乱的，十家中就有五家。秦始皇又派遣徐福去海上寻找长生不老药以及奇珍异宝，回来后，徐福骗秦始皇说：'臣见到了海中大神，海神说：用良家的振男女振男女，指童男和童女以及各种工匠献给海神，就可以得到仙药了。'秦始皇非常高兴，派遣三千童男童女，再加上五谷以及各种工匠，让徐福带领着出发去换取仙药。徐福找到了一片平原大泽，留在那里，自立为王，再没有回来。于是百姓悲痛，思念子女，想要造反作乱的，十家中就有六家。秦始皇又派遣尉佗翻过五岭去攻打百越，尉佗知道国内已经疲敝到极点，于是留在南越称王，不再回来。尉佗派人上书给秦始皇，需要没有了丈夫的女子三万人，替士兵缝补衣服。秦始皇答应了一万五千人。于是百姓与朝廷离心，想要造反作乱的，十家中有七家。有门客对汉高祖刘邦说：'时机到了。'汉高祖说：'在等待一下，圣人应该从东南方向出现。'不到一年，陈胜、吴广就起义了。汉高祖在丰沛起事，振臂一呼，天下人都不约而同地响应。这便是所说的耐心等待对方的失误，然后抓住机会，进行攻击。趁着秦朝将要灭亡的时候起事，这是百姓所期盼的，就像是久逢大旱，期盼大雨降临，所以才能在军队中崛起，最后成为天子，功业比三王还高，德泽流传后世。如今大王您只看到了汉高祖得天下时的容易，怎么就唯独没有看见近代吴国、楚国的结局呢？吴王刘濞，被汉朝封为刘氏祭酒，又授予他几杖，准许他可以不入朝朝拜。吴王拥有东阳、鄣、吴、豫四郡的百姓，封地方圆几千里，封地内还有铜矿，可以铸造钱币，东面临海，可以煮海水提取盐，沿江而上，可以砍伐江陵的树木造船只，国家富裕，百姓众多。可是他带领军队，向西进攻，结果在大梁就被攻破，又在狐父被击败，最后只能向东逃亡，逃到丹徒，被越人捉住，国破身死，祭祀断绝，被天下人耻笑。凭借吴国、楚国的众多将士却不能取得成功，这是为什么呢？实在是违背了天意，没有顺应时机。如今大王您的兵力还没有吴国、楚国军队的十分之一，天下比秦朝时安定万倍，希望大王您能听从我的建议。如果大王您不听从我的意见，那么我预料您起事一定不会成功，并且会提前走漏消息。臣听说：箕子经过商朝故都的时候，心里感到悲伤，所以写了《麦秀之歌》，这是他痛惜商纣王没有听从王叔比干的谏言啊。所以孟子说：'商纣王虽然贵为天子，死的时候还比不上一个平民百姓。'这是纣王在很久以前先自绝于天下，并不是他死的那天，天下人才背弃他。如今，臣也私下里认为，大王您会丢掉您的这个王位，并且会被朝廷下诏书赐死，比群臣都先死在东宫东宫指淮南王当时所住的宫殿。"淮南王刘安听完，怨气郁结，泪流满面，立即起身，走下台阶离开了。

后复问伍被曰："汉廷治乱？"被曰："窃睹朝廷之政，君臣之义，父子之亲，夫妇之别，长幼之序，皆得其理，上之举措遵古之道，风俗纲纪未有所缺。南越宾服，羌僰（bó）入献，东瓯入降，广长杨塞名，开朔方，匈奴折翅伤翼，失援不振。虽不及古太平之时，然犹为治也。王欲举事，臣见其将有祸而无福也。”王怒，被谢死罪。王曰：“陈胜、吴广无立锥之地，千人之众，起于大泽，奋臂大呼而天下响应，西至于戏许宜反，而兵百万。今吾国虽小，然而胜兵者可得十余万，非直适戍之众、鐖凿棘矜也大镰谓之鐖，五哀反。或是钺矜，音其巾反，公何以言有祸无福？”被曰：“秦无道，残贼天下。与万乘之驾，作阿房音旁之宫，收太半之赋，发闾左之戍，父不宁子，兄不便弟，政苛刑峻，天下敖然若焦，民皆引领而望，倾耳而听，悲号仰天，扣心而怨上，故陈胜一呼，天下响应。当今陛下临制天下，一齐海内，泛爱蒸庶，布德施惠。口虽未言，声疾雷霆；令虽未出，化驰如神；心有所怀，威动万里；下之应上，犹影响也。而大将军材能不特章邯、杨熊[①]也。大王以陈胜、吴广喻之，被以为过。”王曰：“苟如公言，不可侥幸耶？”被曰：“被有愚计。”王曰：“奈何？”被曰：“今朔方之郡田地广，水草美，民徙者不足以实其地。可伪为丞相御使请书，徙郡国豪杰任侠及有耐罪以上轻罪不致于髡，完其耐鬓，故曰‘耐’。又曰‘律’。耐为司寇，耐为鬼薪、白粲[②]。耐，犹任也，赦令除，家产五十万已上者，皆徙其家属朔方之郡，益发甲卒，急其会日。又伪为左右都司空上林中都官诏狱，逮诸侯太子幸臣宗正[③]有左右都司空，上林有水司空，皆主囚徒官也。如此则民怨、诸侯惧，即使辨武人名随而说之，傥可侥幸，十得一乎？”王曰：“此可也。”欲如伍被计。使人伪得罪而西，事大将军、丞相；一日发兵发淮南兵，使人即刺杀大将军青，而说丞相已下，如发蒙耳。又欲令衣求盗衣，持羽檄，从东方来，呼曰：“南越兵入。”欲因以发兵。未得发，会事泄，诛。武帝时，赵人徐乐[④]上书言世务曰：臣闻天下之患，在于土崩，不在瓦解，古今一也。何谓土崩？秦之末世是也。陈涉无千乘之尊、无疆土之地，身非王公大人名族之后，乡曲之誉非有孔鲁、墨子之贤，陶朱、猗顿[5]之富也。然起穷巷，奋棘矜，偏袒大呼，而天下风从，此其故何也？由其民困而主不恤，下怨而上不知，俗乱而政不修，此三者，陈涉所以为资也。是谓之土崩。故曰：天下之患，在于土崩。何谓瓦解？曰：吴、楚、齐、赵之兵是也。七国谋为大逆，号皆乘万乘之君，带甲数十万，威足以严其境内，财足以劝其士民，然不能西攘尺寸之地，而身为擒于中原者，此其故何也？非权轻于匹夫而兵弱于陈涉也。当是之时，先帝之德泽未衰，而安土乐俗之民众，故诸侯无境外之助。此之谓瓦解。由是观之，天下诚有土崩之势，虽有布衣、穷处之士或首恶而危海内，陈涉是也；况三晋之君或存乎？天下虽未有治也。诚能无土崩之势，虽有强国劲兵，不得旋踵而身已擒矣，吴、楚、齐、赵是也；况群臣百姓，能为乱乎哉？此二体者，安危明要也，贤主之所宜留意而深察也。间者，关东五谷数不登，推数循治而观之，则人且有不安其处者矣。不安故易动，易动者，土崩之邻也。愿修之庙堂之上，销未形之患也。

【注释】①杨熊：秦将，杨熊与奉楚怀王命令进军关中的刘邦军一战白马、二战曲遇东，大败。杨熊退守荥阳，二世使使者问罪，斩杨熊。②鬼薪、白粲：鬼薪，指男犯要为祭祀鬼神而去上山砍柴；白粲，即是女犯要为祭祀鬼神择米做饭。③宗正：官名，秦至东晋朝廷掌管皇帝亲族或外戚勋贵等有关事务之官。④徐乐：西汉时期汉武帝最重要的文学侍臣之一。⑤猗顿：战国初年鲁国人，后因在猗地（今山西运城临猗县）发家致富，殁后又埋葬在猗地，故称猗顿。著名的大手工业者和商人。猗顿对山西南部地区的畜牧业和河东池盐的开发都发挥了十分重要的作用，为山西地区手工业和商业的发展做出了很大贡献。

【译文】后来淮南王刘安再次问伍被："汉朝是安定的还是混乱的？"伍被说："我私下观察朝廷的政策、君臣之间的节义、父子之间的亲情、夫妻之间的分工、长幼之间的次序，都符合常理，皇上的行为、施行的政策都符合古人留下的治国之道，社会风俗和国家的法律制度也没有缺少的。南越臣服，羌僰入朝进贡，东瓯前来投降，拓广长杨塞名，开拓朔方，将匈奴的左膀右臂折断，使其不能得到援助，不能再振作起来。目前的情形虽然比不上古代的太平时期，但还算得上是安定的。君王您如今想要举事，臣认为这只会招来祸患却没有福气。"淮南王大怒，伍被请求免去自己的死罪。淮南王说："陈胜、吴广没有安身之处，只聚集了千百个人，在大泽乡起事，振臂高呼，天下人都响应他，军队向西进发，一直到临潼和戏水，兵力就已经上升到百万了。如今我们国家虽然小，但是能够作战的士兵就有十余万，士兵不仅仅是戍守边防，武器也不仅仅是镰刀凿子和木杖，你为什么说只有祸患没有福气呢？"伍被说："秦朝无道，残害天下百姓。乘坐万乘的车子，修筑阿房宫，将百姓的大半收入纳为赋税，将平民百姓都送去戍边，使得父亲不能保全儿子，兄长不能保护弟弟，政令苛暴，刑罚严峻，使得天下人都生活在水深火热之中，百姓都伸着脖子在远处眺望，侧着耳朵倾听，仰天悲号，捶着胸口怨恨皇上，所以陈胜振臂一呼，天下人都响应他。如今皇上君临天下，统一海内，对百姓广施仁爱，遍施恩德。即使没有说话，声威却像雷霆一般，即使还没有发布命令，教化之快却像神明那样速度，心中只要有念想，声威就会震动万里；百姓响应皇上，就像是如影随形，况且大将的才能，不是章邯、杨熊能够比得上的。大王用陈胜、吴广的情况来比喻自己，臣认为是错误的。"淮南王说："如果按照你说的那样，那么就没有侥幸的机会了吗？"伍被说："臣有个计策。"淮南王问："怎么做？"伍被说："如今朔方这个地方土地宽广，水草肥美，从别处迁去的百姓还不算多，不足以充实这个地方。臣的计谋是假造丞相和御史的奏章，将各个郡国的英雄豪杰、侠客以及犯耐罪的人轻罪还没有达到剃去头发，将靠近耳朵的头发剃去，所以称作'耐'。法律中规定：耐为司寇，也为鬼薪、白粲。这里相当于承受得住的意思。赦免他们的罪行，家产有五十万以上的人，都让他们带着家属迁到朔方郡，并且多派士兵，催促他们赶快集合起程。再假造左、右司空、都司空、上林中都官的诏狱书，逮捕各地诸侯的太子和宠臣宗正寺有左右司空、都司空，上林苑有水司空，都是主掌囚徒的官员。如果这样做百姓就会生出怨恨，诸侯就会恐惧，然后派遣辨武人名去游说他们，也只有十分之一的侥幸机会！"淮南王说："这方法可行。"打算按照伍被的计划去实行，派人假装获罪，向西进入京师，侍奉大将军和丞相，一旦淮南发兵，就让人去刺杀大将军卫青，并且劝说丞相以及丞相的属下，让他们乖乖地听话，以为做这件事很容易。又计划派人穿上追捕盗贼的士兵的衣服，手拿插着鸟羽的檄文，从东方来，大声呼喊着"南越的兵打来了"，想要借这个机会发兵。结果还没有等到发兵，事情就被泄露了，淮南王等人被诛杀。汉武帝刘彻时期，赵国人徐乐向汉武帝呈上奏章谈时务说："臣听说天下的忧患，在于土崩，不在于瓦解，从古到今一直都是这样。什么叫做土崩？秦朝末年就是土崩。陈胜没有尊贵的诸侯地位，也没有一点自己的土地，也不是王公大臣、豪门贵族的后代，在乡间的声誉也没有孔子、墨子的贤名高，也没有陶朱公范蠡、猗顿富有。可是在穷乡僻壤中起兵，挥舞起武器，振臂高呼，天下人纷纷响应跟随，这是为什么呢？这是因为人民生活困窘，君主却不体恤百姓；人民怨恨君主，而君主却不知情；社会风气混乱，可是君主却不整顿朝政，这三条是陈胜起事的资本。也就是所说的土崩。所以说：天下的祸患，在于土崩。那么什么叫做瓦解呢？吴、楚、齐和赵国等七国的叛乱就是瓦解。七个诸侯国图谋发动大的叛乱，这些诸侯都是拥有万辆兵车的君主，带领的军队有几十万人，他们的威势足以震慑他们自己的诸侯国，他们的财富足够鼓励他们的士兵和百姓，可是他们却不能向西占领一点土地，最终却在中原被擒获，这是什么原因呢？并不是他们的权势比平民百姓轻，也不是兵力比陈胜弱，而是在那个时候，先帝的恩德还没衰弱，并且安居乐业的百姓还有很多，所以那些起兵谋反的诸侯得不到诸侯国之外的百姓的帮助，这就是所说的瓦解。由此可以看出，如果天下真的有土崩的趋势，即使是平民百姓、生活穷困的人，只要有人首先发难，便可以使天下落入危险之中，陈胜便是这样，更何况韩、赵、魏三国的国君有的还活着呢？天下还未能大治，如果真的能没有土崩的趋势，即使是有强兵劲军也不能得逞，他们还没有转身就已经被抓到了，吴、楚、齐、赵便是这样，况且群臣百姓又怎么能犯上作乱呢？土崩和瓦解是国家安危最简明的预兆了，贤明的国君应该仔细留意，认真考察。这几年中，关中五谷没有收成。推测运数，依照情理来观察，那么百姓就会不安于他们的处境，百姓不安定就容易生出动乱。容易产生动乱，就与土崩紧紧相邻啊！希望贤明的君主能够在朝堂上修订法规制度，消除还没有发生的祸患。”

后汉灵帝以皇甫嵩为将军，讨破黄巾，威震天下，而朝政日乱，海内虚困。故信都令阎忠来说嵩曰：“难得而易失者，时也；时至不旋踵者，机也。故圣人顺时以动，智者因机以发。今将军遭难得之运，蹈易骇之机，而践运不抚，临机不发，将何以保大名乎？”嵩曰：“何谓也？”忠曰：“天道无亲，百姓与能。今将军受钺于暮春，收功于末冬，兵动如神，谋不再计，摧强易于折枯，消坚易于汤雪。旬月之间，神兵电扫，封户刻石，南向以报德，威名震本朝，风声驰海外，虽汤武之举，未有高将军者也。今身建不赏之功，体兼高人之德，而北面庸主，何以求安乎？”嵩曰：“夙夜在公，心不忘忠，何故不安？”忠曰：“不然。议曰：《记》有之，亲母为其子扢秃出血，见者以为爱子之至。使在于继母，则过者以为�也。事之情一矣，所以从观者异耳。当今政理衰缺，王室多故，将军处继母之位，挟震主之威，虽怀至忠，恐人心自变。窃为将军危之！且吾闻之，势得容奸，伯夷可疑；苟曰无猜，盗跖可信。今拥兵百万，势得为非，握容奸之权，居可疑之地，虽竭忠信，其能谕乎？比田单解裘，所以见忌也。愿将军虑之。阎生合将此类以破其志，便引韩信喻之，实不解心不忘忠之意，谈说之机，漏于此矣。

【译文】东汉时汉灵帝任命皇甫嵩为将军，讨伐黄巾军，他的威名震慑天下，但是朝政却日渐混乱，国内的百姓生活困苦。因此信都令阎忠劝皇甫嵩说：“这个世上，难以得到却容易失去的，是时机。时机到了就要抓住，不要放过，就连旋转脚跟这样的一个瞬间也不要耽误。因此圣人顺应时机而开始自己的行动，聪明人利用时机而发起。如今将军碰到难得的好时机，但是若没有处理好，也容易遭到祸患。碰到机遇却不占用，面临机会却不行动，这样怎么能保住你的好名声呢？”皇甫嵩说：“为什么要这样说呢？”阎忠说：“天道不会亲近任何一个人，百姓却只会跟随有能力的人。如今将军您在春末时节，接受君王的命令去讨伐奸贼，在冬末的时候就得胜归来，你用兵神速，计谋周全不用反复更改，摧毁强大的敌人就好像是折断枯树枝那般容易，消除敌人坚固的堡垒就好像是融化冰雪那般容易，在数月之间，你统领的神兵就像闪电般快速消灭了敌人，取得了可以封侯立碑的功绩，面向南方报答了君王对您的恩德，你的威名震慑本朝，声誉传扬海外，既使是商汤、周武王的功绩也没有将军您的高啊。如今将军您立下了无法赏赐的战功，并且本身又具有比别人高的德行，却只能身为臣子效忠无能昏庸的君王，又怎么能够保证安全呢？”皇甫嵩说：“我每天从早到晚一直在为公事操劳，心中却始终没有忘记效忠于君王，因为什么会不安全呢？”阎忠说：“不是这样。评论：《淮南子》中有这样的记载，一位母亲给她亲生儿子治疗突起的头疮，把儿子的头弄破流出了血，看到这件事的人都认为是母亲太过疼爱儿子不小心弄伤的。假如这件事发生在继母身上，那么她就会受到别人的责备，认为她是故意虐待养子。同样的一件事情，只是旁观者所站的角度不同罢了。如今的朝廷政局衰败，皇室中多生变故，皇甫将军处在继母的位置，有着君王感到皇位收到威胁的威势，即使您心怀忠心，恐怕别人对您却有不同的看法。我私下里替皇甫将军的安危担心啊！况且我听说，一个人如果具有很高的权势地位就有涵容邪恶诈伪的可能，即使他可以像伯夷一样做的好，也会被别人误会猜疑。如果一个人处于不会被人猜忌的位置，那么即使他是像盗跖一样的盗贼，也会被别人信任。如今您拥有军队百万，权势达到足够为非作歹的地步，您手中还掌握着可以容纳邪恶诈伪的大权，处在这样容易被人猜忌的位置上，即使您能竭尽全力地效忠天子，但是别人能够理解您吗？这正是田单脱去外衣给受冻的人保暖却被齐王猜忌的原因，希望将军您能仔细考虑一下这件事。阎忠给皇甫嵩讲了很多这样的事情，想要改变他的想法。阎忠又引用韩信的故事来说明这一道理，可是他却没有考虑到皇甫将军这个人是始终不能抛弃效忠皇上的这一念头，这便是阎忠劝说皇甫嵩却没有获得成功的原因。

“昔韩信不忍一飡之遇，而弃三分之业，利剑以揣其喉，方发悔毒之叹者，机失而谋乖也。今主上势弱于刘、项，将军权重于淮阴，指挥足以振风云，叱咤可以兴雷电。赫然奋发，因危抵颓，崇恩以绥先附，振武以临后服。征冀方之士，动七州之众。羽檄先驰于前，大军响振于后。蹈流漳河，饮马孟津。诛阉官之罪，除群怨之积。虽童儿可使奋拳以致力，女子可使褰裳（qiān cháng）以用命，况厉熊罴之卒，因迅风之势哉？功业已就，天下已顺，然后请呼上帝，示以天命，混齐六合，南面称制。移宝器于将兴，推亡汉于已坠，实神机之至会，风发之良时也。夫既朽之木不雕，衰世之朝难佐。若欲辅难佐之朝，雕朽败之木，是犹逆坂走丸、迎流纵棹，岂云易哉？且今宦竖群居，同恶如市，上命不行，权归近习；昏主之下，难以久居；不赏之功，谗人侧目。如不早图，后悔无及。”嵩惧曰：“非常之谋，不施于有常之势。创图大功，岂庸才所致？黄巾细孽，敌非秦、项，新结易散，难以济业。且民未忘主，天不祐逆。若虚造不冀之功，以速朝夕之祸，孰与委忠本朝，守其臣节？虽云多谗，不过放废，犹有令名，死且不朽。反常之论，所不敢闻。”议曰：夫明暗不相为用，能否不相为使。智士不为勇将谋，勇夫不为怯将死。自古然矣。故《传》曰：“忠为令德，非其人犹不可，况不令乎？”《军势》[1]曰：“使义士不以财。故义者不为不仁者死，智者不为暗主谋。”所以伊挚去夏，不为伤德；飞廉[2]死纣，不可谓贤。今时昏道丧，九域焚如，而委忠危朝，宴安昏宠，忠不足以救世，而死不足以成义。且为智者，固若此乎？阎忠又合以此意说也。忠知说不用，因亡去。董卓擅朝政，征皇甫嵩。梁衍说令讨卓。又陶谦等共推朱儁为太师，不使受。李傕征二人，皆不从。范晔评曰：“皇甫嵩、朱儁[3]并以上将之略，受脤（shèn）仓卒之时，值弱主蒙尘，犷贼放命，斯诚叶公[4]投袂之机，翟义鞠旅之日。故梁衍献规，山东连盟，而舍格天下之大业，蹈匹妇之小谅。卒狼狈虎口，为智士笑。岂天之长斯乱也，何智勇之不终，甚乎！”议曰：楚白公胜杀子西，劫惠王。叶公闻白公为乱，率国人攻白公，白公败亡也。

【注释】①《军势》：古代军事著作《六韬》里记载的一篇文章，记录在“龙韬篇”，论述的是作战指挥的一般原则。②飞廉：商纣王时期商朝的重臣，飞廉、恶来父子俩都是后来秦国国君的先祖。③朱儁：字公伟，东汉末年名将。④叶公：即沈诸梁，芈姓，沈尹氏，名诸梁，字子高。春秋末期楚国军事家、政治家。因封地在叶邑，自称叶公，在叶地治水开田，颇具治绩。曾平定白公之乱，担任楚国宰相。因楚国封君皆称公，故称叶公。

【译文】“从前韩信因为不忍背弃刘邦给过他如一顿饭那样小的恩惠，便放弃了三分天下、自立为王的大业，直到利剑刺向咽喉时，他才悔恨不及，这正是错失机遇且谋划失误所导致的。当今皇上的权势要比刘邦和项羽要小得多，将军您的权势比淮阴侯韩信还要重得多，您只要一声令下便足以叱咤风云，您一声怒吼足以招致电闪雷鸣。将军您一旦奋发起事，趁着朝廷濒危的局势来攻击即将崩塌的朝廷，广施恩德以安抚那些先来归附您的诸侯，显扬武力来对付那些不愿服从您的人。招集冀州的士人，发动南方民众；先发布羽檄，然后大队人马开始进发。跨越水流湍急的漳河，在孟津饮马。诛杀有罪的宦官，为百姓清除多年的积怨。如果您能做到这些，那么就算是儿童也可以使得他们奋力挥舞拳头来为您尽一份微薄之力，即使是女子也可以使得她们提起衣角来为您效命，更何况您激励的是如熊罴一样英勇的士卒，依靠的是如疾风一样迅猛的形势呢？当功业成就之时，就是天下都归顺您的时候，您便可以请示天帝，以天命昭告天下之人，这样您就可以合天下之力，荣登皇帝的宝位了。在新王朝即将兴起的时候迁移传国的宝贵珍稀之器，推翻摇摇欲坠即将灭亡的汉王朝，这实在是天赐的良机，也是意气风发的大好时候啊！况且，陈旧的汉王朝已如朽木一样不可雕琢，衰败的王朝难以辅佐。如果想要辅佐难以辅佐的王朝，雕琢朽败的木头，这就如同逆着斜坡向上滚动弹丸、迎着水流划动船桨一样，怎么能说是一件容易的事呢？况且，如今朝廷中宦官小人互为朋党，恶人相互勾结，狼狈为奸，皇上的命令无法推行，大权落在皇帝亲信的小人手里。在昏庸的君主手下，想要长久为官是不可能的，取得了无法赏赐的功勋，却只会遭人冷眼。如果不及早图谋大事，那您以后想要后悔都来不及了。”皇甫嵩恐惧地说：“不合常规的谋划，不能在平常的形势下施行。开创宏图伟业，难道是我这样的庸才所能达到的吗？像黄巾军那样小小的逆党，是不能与秦王朝及楚项羽相提并论的。这支刚刚聚合起来的队伍很容易散乱，难以共图大业。况且民众没有忘记他们的君主，老天也不会保佑叛逆者。如果凭空捏造不可能实现的功

业，就会加速祸患的来临，哪里比得上尽心尽力地效忠朝廷，保持为人臣子的节操好呢？虽说这样会招来很多谗言，最多也不过被放逐罢黜，这样还能留下一个美名，就算死了也会永垂不朽。因此，那些违背常规的言论我可不敢听。”评论：明智的人与愚昧的人不能相互合作，有能力的人和无能的人不能协调共事。智者不给愚勇的将领出谋划策，勇猛的将领不会为胆小怕事的将官卖命。自古以来就是这样的。所以《左传》中说：“忠心是一种美德，但对于不值得效忠的人就没有必要忠诚于他，况且这种愚昧的效忠也算不上是一种美德吧？”《军势》中说：“任用忠义之士不能依靠钱。所以义士不会替不仁义的人卖命，明智的人也不会替愚蠢的主子出谋划策。”因此，伊尹离开夏桀归附商汤，不能说是违背道德；飞廉一心效忠于纣王，为纣王而死，不能说是贤良。当今时局昏乱，大道丧失，九州之内生灵涂炭，可是皇甫嵩却满怀忠心效命于即将危亡的朝廷，如糊涂的宠臣一样贪图安逸，他的愚忠不足以拯救天下，即使为汉朝而死也不足以成就忠义的名声。况且阎忠作为一个智者，一定要像这样去劝一个愚忠的人吗？应该用这种理论来劝说一下阎忠。**阎忠知道自己的建议不能被皇甫嵩采纳，于是悄悄逃走了。**董卓独揽朝政大权，征召皇甫嵩入朝。梁衍劝说皇甫嵩讨伐董卓。陶谦等人共同推举朱儁为太师，皇甫嵩不让他接受。李傕曾经征召皇甫嵩、朱儁二人，他们二人都没有答应。范晔评论说：皇甫嵩、朱儁都凭着上将的才略，在国家危难之时，仓卒间受命领军。这时，正逢懦弱的君主失位逃亡在外，凶悍的贼人亡命作乱，这正是叶公挥袖奋起平定白公之乱的时机，是翟义兴兵讨伐王莽的日子。所以梁衍献策规劝皇甫嵩，崤山以东的诸侯共同联合推举朱儁为太师。但皇甫嵩、朱儁舍弃称霸天下的大业，却去遵循匹夫所持的小信用，最终落到狼狈不堪的危险境地，因而被智者所取笑。这难道是上天有意要延长汉末的战乱吗？他们不具备从始至终坚持不变的智慧和勇气，真是这样啊！评论：春秋时，楚国的白公胜叛乱，杀死了大夫子西，劫持了楚惠王。叶公听说白公叛乱，率领国人攻打白公，白公失败后逃跑，最后自杀身亡。

王莽时，寇盗群发，莽遣将军廉丹①伐山东。丹辟冯衍②为掾，与俱至定陶。莽追诏丹曰："将军受国重任，不能捐身中野，无以报恩塞责。"丹惶恐，夜召衍，以书示之。衍因说丹曰："衍闻之：顺而成者，道之所大也；逆而功者，权之所贵也。是故，期于有成，不问所由；论于大体，不守小节。昔逢丑父伏轼而使其君取饮，称于诸侯；郑祭仲立突而出忽，终得复位，美于《春秋》。盖以死易生，以存易亡，君子之道也；诡于众意，宁国存身，贤者之虑也。故《易》曰：'穷则变，变则通，通则久。是以自天祐之，吉，无不利。'若夫知其不可而必为之，破军残众，无补于主，身死之日，负义于世，智者不为，勇者不行。且衍闻之：'得时无怠。'张良以五代相韩，椎秦始皇于博浪之中，勇冠乎贲、育③，名高于太山。将军之先，为汉信臣。新室之兴，英俊不附。今海内溃乱，民怀汉德，甚于诗人之思召公也。爱其甘棠，而况子孙乎！民所歌舞，天必从之。方今为将军计，莫若屯据大郡，镇抚吏士，砥砺其节。百里之内，牛酒日赐，纳雄杰之士，询忠智之谋，要将来之心，待纵横之变，兴社稷之利，除万人之害，则福禄流于无穷，功烈著于不灭。何与军覆于中原，身膏于草野，功败名丧，耻及先祖哉？圣人转祸而为福，智士因败而为功。愿将军深计而无与俗同。"丹不能从，进及睢阳，复说丹曰："盖闻：明者见于未形，智者虑于未萌。况其昭晰者乎？凡患生于所忽，祸发于细微。败不可悔，时不可失。公孙鞅曰：'有高人之行，必负非于世；有独见之虑，必见赘于民，故信庸庸之论，破金石之策，袭当世之操，失高明之德。'夫决者，智之君也；疑者，事之役也。时不再来，公勿再计。"丹不听，进及无盐，与赤眉战，死。时汝南郅恽④仰观玄象而谓友人曰："今镇、岁、荧惑⑤，并在汉分翼轸[6]之域，去而复来，汉必再受命。如有顺天发策者，必成大功。”以此说丹，丹并不用其言也。衍乃亡命河东。议曰：昔蒯通说韩信，阎忠说皇甫嵩，冯衍说廉丹，此三人，皆不从，甘就危亡，何也？对曰：“范晔曰：‘夫事苦，则矜全之情薄；生厚，故安存之虑深。登高不惧者，胥靡之人也；坐不垂堂者，千金之子也。’由此观之，夫人情，乐则思安，苦则图变，必然之势也。今三子或南面称孤，或位极将相，但图自安之术，无虑非常之功，不知势疑则衅生，力侔（móu）则乱起。势已疑矣，弗能辞势以去嫌；力已侔矣，弗能损力以招福。迟回犹豫，至于危亡，其祸在于矜全反贻其败者也。语曰：‘心死则生，幸生则死。’数公可谓幸生也。”来歙[7]说隗嚣遣子入侍，嚣将王元[8]以为天下成败未可知，不愿专心内事，遂说嚣曰：“昔更始西都，四方响应，天下喁喁（yóng），谓之太平。一旦坏败，大王几无所措。今南有子阳[9]，北有文伯[10]，江湖海岱，王公十数，而欲牵儒生之说，弃万乘之基，羁旅危国，以求万全，此循覆车之轨，计之不可者也。今天水完富，士马最强。北取西河、上郡，东收三辅之地，案秦旧迹，表里山河，元请以一丸泥为大王东封函谷关，此万代一时也。若计不及此，宜蓄糗粮、养士马，据隘自守，旷日持久，以待四方之变。图王不成，其弊犹足以霸。要之，鱼不可脱于泉，神龙失势，即还与蚯蚓同。”嚣然元计。虽已遣子入质，犹负于险阨，欲专制方面，遂背汉。贾复[11]曰：“图尧、舜之事而不能至者，汤、武是也；图汤、武之事而不能至者，桓、文是也；图桓、文之事而不能至者，六国是也；定六国之规而欲安守之而不能至者，亡六国是也。”

【注释】①廉丹：王莽新朝大司马庸部（益州）牧。绿林赤眉起义后，任更始将军，与王匡一起镇压赤眉军，奸淫烧杀无恶不作。赤眉军攻破成昌后，将廉丹斩杀。②冯衍：字敬通，幼有奇才，二十岁而博通群书。王莽时，不肯出仕。义军起，投更始帝部下；因后降刘秀，故不被重用，出为曲阳县令。因结交外戚，迁为司隶从事，然而也正因此而被免官归里，闭门自保。③贲、育：贲，指孟贲。育，指夏育。二人均为战国时著名的武士。④郅恽：字君章，东汉时期大臣，以清廉著称，历任尚书令、京兆尹等官。精通《韩诗》《严氏春秋》，明白天文历数。⑤镇、岁、荧惑：即土星、木星、火星。⑥翼、轸：二十八宿中的翼宿和轸宿。古为楚之分野。⑦来歙：字君叔，东汉名将、战略家。⑧王元：字惠孟，一字游翁，东汉初年将领。原为隗嚣部将，在隗嚣之子隗纯投降后跟随公孙述，后投降东汉将领臧官。⑨子阳：即彭修，表字子阳，东汉会稽毘陵人，素以恩德信义著称。在代理吴县县令期间，与太守一起外出讨伐贼寇，在用身体掩护太守时被流箭射死。贼寇一向听过彭修的德行，立刻用箭射死了射杀彭修的人，其余贼寇全部投降散去。⑩文伯：即卢芳，字君期。王莽时期，假称自己是汉武帝的曾孙刘文伯。王莽末年，与三水的属国羌胡共同起兵。后被更始帝刘玄征召为骑都尉，刘玄被杀后，卢芳被拥立为上将军、西平王。因部将亲信背叛，逃入匈奴。公元40年，光武帝立卢芳为代王。不久，卢芳背叛东汉，在匈奴居住十余年后病死。⑪贾复：字君文，东汉名将，云台二十八将第三位。虽然出身文士，但是临阵果敢、身先士卒，在东汉中兴功臣中以勇武见称。

【译文】王莽在位时，国内盗贼频发。王莽派遣将军廉丹讨伐崤山以东的盗贼。廉丹征召冯衍为幕僚，和他一起来到定陶。王莽派人追上廉丹，向他传达诏令说："将军身负国家重托，如果不能在战场上为国捐躯，就无法报答君恩，也就无法做到尽忠职守。"廉丹非常恐慌，连夜召来冯衍，把诏书拿给他看。冯衍于是劝说廉丹："我听说，顺势而为以成就大业，这是常道所推崇的；逆势为之而成就大业，这是权变者所重视的。因此，期望有所成就，就不要问要走什么道路；讨论事物的大体局势，就不要拘于小节。从前，齐国的逄丑父在齐、晋两国决战中，让国君齐顷公借下车取水的功夫逃走，自己倚着车前的横木假冒国君，他的行为在诸侯中得到称赞；春秋时期郑国的祭仲，由于在受挟持时，扶立公子突而使郑昭公忽被迫逃亡，后来，祭仲又冒着生命危险重新扶助郑昭公复归王位，这在《春秋》中被传为美谈。用自己的生命来换取国君的生存，用一时的妥协得以保存实力来改变灭亡的命运，这是君子所遵循的大道！没有遵循常人的思维定式，而使国家安宁并能保全自身，这是贤者的谋虑！所以，《周易》中说：'事物发展到极致就会发生变化，变化就能通达，通达就可以长久。因此，如能遵循这样的原则，就会有如天助一般，将会万事大吉，无往而不利了。'如果明知不可为却一定要为之，那样就会造成损兵折将的后果，对主上是没有一点帮助的，等到身死那天，还会落得个不忠不义的下场，像这样的事，贤者是不会去做的，勇武的人也不会去干。况且，我还听说，获得有利时机时，千万不能懈怠。张良因祖上五代都为韩相，所以曾在博浪执铁锤欲谋刺秦始皇，他的勇猛超过了孟贲、夏育，他的美名高过了泰山。将军您的祖上是汉朝的忠臣。新朝虽然出现，但是英雄豪杰并没有诚心归附。现今四海大乱，百姓都在怀念汉王朝的恩德，甚至超过周朝那些诗人对召公的思念。诗人因思念召公，连他拴过马的甘棠树都珍爱倍至，更何况对他的子孙呢？百姓载歌载舞来赞颂心里拥戴的人，老天也一定会帮助他的。现在，我为将军出谋划策，目前您不如屯兵在大的郡城，安抚官吏士卒，磨炼他们的节操。方圆百里以内的将士，每天都赏赐给他们牛肉和酒，招纳英雄豪杰，向他们请教忠诚智慧的谋略，立下长远的志向，以待天下大变，然后为国家社稷兴利除害，那么您的福禄将无穷无尽，您的功绩将永垂青史。您又何必与自己的军队一起在中原大地覆灭，使自己葬身草木之中，落得个功败名丧的下场，让您的先人跟您一同受辱呢？圣人可以转祸为福，智者能够以败求成。希望将军您能深谋远虑，千万不要与世俗的观念苟同。"廉丹没有听从冯衍的建议，进军到了睢阳，冯衍又一次劝说廉丹："我曾听说，明智之人能在事物尚未形成前就看到它的发展趋势，智者能在事情还没有萌芽前就已经考虑好解决之道。更何况是那些已经清晰明了的事情呢？但凡祸患都是由疏忽所造成的，因为祸患是由细微处逐渐发展形成的。失败后就再没有后悔的机会了，因此，机不可失。商鞅曾说：'具有比常人高的能力，就必定会遭受世人的非议；有独到的见解和谋略，一定会被人认为是多余。'因此，人们往往听信庸庸碌碌之人的言谈，破坏如金石一样珍贵的计策，承袭当下世俗的操守，丢弃高尚明智的德行。决断，是智慧的主宰；犹疑，一定会被事物所奴役。机不可失，失不再来，您就不要再犹豫了。"廉丹仍然没有听从，继续进兵到达无盐，与赤眉军展开大战，最终战死。当时，汝南太守郅恽仰观天象，对他的朋友说："如今镇星、岁星、荧惑都出现在汉楚分野的翼宿和轸宿区域之内，三颗星离去后又重新出现，这预示着汉王朝一定会再次禀受天命。如果有人能顺应天时而起事，一定能成就伟大的功业。"郅恽用这些来游说廉丹，廉丹同样没有采纳他的建议。冯衍于是逃亡到黄河以东的地区。评论：从前蒯通劝说韩信反叛汉朝，阎忠劝说皇甫嵩背弃东汉，冯衍劝说廉丹反叛王莽，这三人都没有听从建议，心甘情愿地走向危亡之地，这是为什么呢？回答是：范晔曾说："人如果处在艰难困苦之中，那么他就很少能顾虑到自己的身家性命；人如果处在富庶安逸中，那么他对自身的安危就会顾虑重重。登高却不恐惧的，是那些服劳役之人；不坐在靠近屋檐的地方，害怕因檐瓦堕落而受伤的，是富贵人家的子弟。"由此看来，人的情况大抵如此：处在快乐中时就想寻求安逸，处在困苦中时就图谋变革，这是必然的趋势。前面提到的那三人中，有的面南称孤为王，有的已经位及相位，但是他们也只是图求自己的安逸享乐，不会考虑要去建立非同寻常的功绩。他们不知道权势太高就会被人猜疑以致产生祸端，不知道自己的权势与君主相当的时候就会产生祸乱。他们的权势已经到了被猜疑的地步，却不能放下权势来避免嫌疑；他们的权势已经与君主相当了，却不能削减实力来换取福报。他们都因为徘徊、犹豫，最终走向了危亡之地，导致这样结局的祸端正是因为一心为了保全自身，反而给自己带来惨败的下场啊！俗语说："抱着必死之心，反而会存活，抱着侥幸存活之心反而必死无疑。"上面所说的韩信等人就是抱有侥幸存活之心的例子啊！刘秀的大臣来歙劝说隗嚣派遣自己的儿子入朝侍奉君主，隗嚣手下部将王元认为天下的成败尚未可知，不愿一心侍奉东汉朝廷，于是劝隗嚣说："从前更始帝刘玄定都长安，四方豪杰纷起响应，天下之人全都仰望期待，认为当时已是太平盛世。刘玄的功业一旦败落，大王您几乎没有安身之地。现今南有子阳，北有文伯称霸，四海之内，称王称公的有十几人。假如您听从儒生的劝说，放弃进取王位的大业，寄居依附在处于危亡之中的国家，以求万无一失，这只能是重蹈前人失败的覆辙，这种策略是行不通的。现在天水郡军备完备，土地富饶，兵强马壮。您如果占据此地，向北可以攻取西河郡和上郡，向东可以收复长安附近的三辅地区，按照秦国原来的疆界，以山河为屏障，固守无虞，我王元请求用一颗丸泥为大王守兵函谷关东拒刘秀，这是万世难得的好机会啊！如果这一计划不能实现，就应储备粮草、蓄养兵马，占据险要之地以自守，打持久战来拖延时间，等待四方发生变故。就算图谋王位没有成功，凭我们剩下的实力也足以称霸一方。总之，鱼是不能离开水的，龙一旦失去发挥威势的凭借，就如同蚯蚓一般了。"隗嚣同意了王元的谋略。隗嚣虽然已经遣送儿子入朝做了人质，他还是凭借险要之地想要称霸一方，于是背叛汉朝。贾复说："谋求尧帝、舜帝那样的大业，即使无法达到，也可以成就商汤、周武王那样的功业；谋求商汤、周武王那样的功业，即使无法达到，也可以成就齐桓公和晋文公那样的霸业；谋求齐桓公、晋文公那样的霸业即使无法达到，也可以成就如战国时六国割据一方的事业；划定了如六国一样的国界范围，想要安守一方以求自保，如果还是做不到的话，就只有像六国那样灭亡了。"

魏太祖与吕布战于濮阳，不利。袁绍使人说太祖连和，使太祖遣家居邺，太祖将许之。程昱见曰："窃闻将军欲遣家居邺，与袁绍连和，诚有之乎？"太祖曰："然。"昱曰："意者将军殆临事而惧，不然，何虑之不深也？夫袁绍据燕、赵之地，有并天下之心，而智不能济也。将军自度能为之下乎？将军以龙虎之威，可为韩、彭之事耶？昱愚不识大旨，以为将军之志，不如田横。田横，齐一壮士耳，犹羞为高祖之臣。今将军欲遣家往邺，将北面而事袁绍。夫以将军之聪明神武，而反不羞为袁绍之下，窃为将军耻之。今兖州虽残，尚有三城；能战之士，不下万人。若与文若、昱等收而用之，霸王之业成也。愿将军更虑之。"太祖乃止。议曰：陈寿称先主弘毅宽厚，知人待士，盖有高祖之风、英雄之器也。机权干略，不逮魏武。然折而不挠，终不为下者，抑揆彼之量必不容己，非唯竞利，且以避害。语曰："一栖不两雄，一泉无二蛟。"由此观之，若位同权均，必不容己，有自来矣。曹公欲遣家居邺，与袁绍连和，惑之甚也！

【译文】魏太祖曹操与吕布在濮阳交战，形势对曹操不利。袁绍派人劝说魏太祖与他合作，让曹操把自己的家眷迁居到邺地。魏太祖准备同意这一建议。程昱前去见魏太祖说："我私下听说将军您想要把自己的家眷都迁居到邺地，与袁绍联合，确实有这件事吗？"魏太祖说："确实是这样。"程昱说："我猜测将军您大概是遇到事时心生畏惧了吧，不然为什么考虑得这么肤浅呢？袁绍占据燕、赵之地，有吞并天下之心，只是他的才智不足以帮他达成这个愿望。将军您自己斟酌一下，您会甘居于他之下吗？将军您凭借龙虎之威，难道能做他的韩信、彭越吗？我程昱愚笨又不识大体，我认为将军您的志向还不如田横。田横，只是齐地的一个壮士罢了，却还把作为汉高祖的臣子当成一种羞辱。现在将军您想把家迁到邺地，打算面北侍奉袁绍。凭借将军您的聪明神武，反而不把居于袁绍之下当成一种羞耻，我私下都替您感到羞愧啊！如今兖州虽被攻破，可是我们仍然还有三座城池；能战斗的军士也不下万人。如果您再将荀彧和我们这些人收为己用，大家万众一心，就可以成就一番霸业。希望将军您再重新考虑一下吧。”魏太祖听了这番话，才停止迁移家眷一事。评论：《三国志》的作者陈寿赞扬先主刘备刚强坚毅而又宽容仁厚，能根据每个人的不同特点来分别对待，具有汉高祖刘邦一样的风范和英雄气度。机智权谋、才干策略虽然比不上魏武帝曹操，然而他百折不挠，终究没有归附魏武帝，也许是他估量到魏武帝的度量一定容不下自己吧，因此不只是与魏武帝争名夺利，同时也是在躲避祸害。俗语说：“同一个栖息地容不得两只雄鹰，同一处泉水容不得两只蛟龙。”由此看来，如果有人地位、权势与自己大体相同，他一定容不下自己，这样的事情由来已久了。当初，曹操想迁移自己的家眷到邺地，与袁绍联合，真是太不明智了！

袁绍为盟主，有骄色，陈留太守张邈①正义责之。绍令曹操杀邈，操不听。邈心不自安。及操东击陶谦，令其将陈宫屯东郡。宫因说邈曰：“今天下分崩，雄杰并起，君拥十万之众，当四战之地，抚剑顾眄，亦足以为人豪，而反受制于人，不亦鄙乎？今州军东征，其处空虚。吕布壮士，善战无前。若迎之，共据兖州，观天下之形势，俟时事之变通，此亦纵横之一时也。”邈从之而反曹公。议曰：曹公与邈甚相善，然邈包藏祸心者，迫于事也。故每览古今所由改趋，因缘侵辱，或起瑕衅，若韩信伤心于失楚，彭宠②积望于无异，卢绾嫌畏于已郄，英布忧迫于情漏，此事之缘也。由此观之，夫叛臣逆子未必皆不忠也。或心忿意危，或威名振主，因成大业，自古然之矣。

【注释】①张邈：字孟卓，东汉末年陈留太守，汉末群雄之一，曾参与讨伐董卓。在汴水之战后归附曹操。此前因与袁绍有隙，又曾与吕布交往，袁绍几次叫曹操杀张邈，曹操都未听从。曹操带兵讨伐陶谦时，张邈与陈宫叛曹迎吕布为兖州牧。后吕布被曹操击败，张邈跟随吕布投奔刘备，全家及弟弟张超都被曹操杀于雍丘。张邈在向袁术借兵的路上，被部下所杀。②彭宠：字伯通，王莽政权时曾任大司空士，刘玄称帝后任命他为渔阳太守。刘秀、王郎争夺河北时，彭宠归顺刘秀，并在刘秀平定河北中立下大功，后因被构陷，失去刘秀的信任，公元26年起兵反汉，自称燕王，后被家奴所杀。

【译文】袁绍成为讨伐董卓联军的盟主后，很是骄横傲慢，陈留太守张邈义正言辞地谴责了他。袁绍命令曹操杀掉张邈，曹操没有听从袁绍的命令。因此，张邈内心深感不安。等到曹操去东方攻打陶谦时，就命令他的部将陈宫率兵屯守在东郡。陈宫乘机劝张邈说："现在天下分崩离析，群雄纷起，您拥有十万大军，处于四方必争的要冲之地，你只需手抚宝剑环视四方，就足以成为人中豪杰，现在反而受制于人，不是目光太短浅了吗？现今曹操率领兖州军士东征，兖州兵力正好空虚。吕布是一位豪壮勇敢的英雄，英勇善战，所向披靡。您迎接他来，和他一起据守兖州，以观天下形势，等待时局的发展变化，这样就可以在一时之间纵横于天下了。"张邈听从陈宫的建议，背叛了曹操。评论：曹操与张邈相处得很好，但是张邈却包藏祸心，这也是由于时势所迫。因此，我每当纵览古往今来众多的变故，发现它们的产生，都是源于侵夺和凌辱，或者双方之间曾有过嫌隙、隔阂，一旦有可乘之机，便要趁机报复，挑起事端。就如韩信由于被刘邦免去楚王的封号而伤心，于是生出反叛的念头；彭宠心生异想，起兵造反，是因为他自认为有功却没有受到应有的赏赐；卢绾由于与刘邦之间有嫌隙，怕被其怀疑，所以心生畏惧，于是便投奔匈奴；英布因为看到韩信、彭越等人均被刘邦所杀，担忧自己也会有此下场，于是暗中纠集军队以防万一，后来又以为自己暗中布军的事情已泄漏，迫于形势才起兵造反。这些都是发生事变的原因。由此看来，那些叛臣逆子起初未必都是不忠之人。他们有的由于心中充满忿恨，意识里感到危机；有的由于功高盖主，就想以此成就一番大业。自古以来就是这样啊。

钟会、邓艾既破蜀，蜀主降。会拘艾，艾槛车征。会阴怀异图，厚待蜀将姜维等。维见而知其心，谓可构成扰乱，徐图克复也。乃诡说之曰："闻君自淮南以来，算无遗策，晋道克昌，皆君为之。今复定蜀，威德震世，民高其功，而主畏其谋，欲以此安归乎？夫韩信不背汉于扰攘，而见疑于既平；大夫种不从范蠡于五湖，卒伏剑而妄死。岂暗主愚臣哉？利害使之然也。今君大功既立，大德已著，何不法陶朱泛舟绝迹，全功保身，登峨眉之岭，而从赤松游乎？"会曰："君言远，我不能行。且为今之道，或未尽于此也。"维曰："其他则君智力之所能，无烦于老夫矣。"由是情好欢甚，会自称益州牧以叛，欲授维兵五万人，使为前驱。魏将士愤发，杀会及维。张华外镇，当征为尚书令。冯紞[①]疾之，侍帝，从容论魏、晋故事，因曰："臣尝谓钟会之反，颇由太祖。"帝勃然，曰："何言耶？"紞曰："臣以为夫善御者，必识六辔[②]盈缩之势；善治者，必审官方控带之宜。是故汉高八王，以宠过夷灭；光武诸将，以抑损克终。非上有仁暴之异，下有愚智之殊，盖抑扬与夺使之然。于钟会才见有限，而太祖奖诱太过，嘉其谋猷，盛其名位，授以重势，故会自谓算无遗策，功在不赏，辀张利害，遂构凶逆耳。向太祖录其小能，节以大礼，抑之以权势，纳之以轨度，则逆心无由而生，乱事无阶而成也。"世祖曰："然。"紞稽首[③]曰："陛下既然愚臣之言，思坚冰之道，无令如会之徒复致覆败。"世祖曰："当今岂有如会者乎？"紞曰："陛下谋谟之臣，总戎马之任者，皆在陛下圣思耳。"世祖默然，俄而征华免官也。

【注释】①冯紞：字少胄，西晋初期奸臣。博涉经史，识悟机辩。历任魏郡太守、步兵校尉、越骑校尉、左卫将军、御史中丞、侍中、散骑常侍等官职。②六辔：辔，缰绳。古时一车四马，马各二辔，其两边骖马之内辔系于轼前，谓之軜，御者只执六辔。③稽首：古时的一种跪拜礼，叩头至地，是九拜中最恭敬的。

【译文】钟会、邓艾攻破蜀国后，蜀主刘禅投降。钟会陷害邓艾，邓艾被关在囚车里押解回京。钟会暗中图谋反叛，便厚待蜀国降将姜维等人。姜维一看便明白了钟会的用心，认为可以利用他来造成混乱，再慢慢图谋收回失地，恢复蜀汉大业。于是假意对钟会说："听说您从淮南领兵以来，所有的谋划从未失算过，晋国国运之所以兴盛，全是您的功劳啊。如今您又平定了蜀地，威德震世，百姓们都认为您劳苦功高，而主上却对您的谋略产生了畏惧之心，您还想靠此平安而回吗？韩信在战乱的年代没有背弃汉王刘邦，却在天下太平的时候被猜疑；越国的大夫文种没有听从范蠡的建议去五湖归隐，最终却含冤自刎而死。难道他们都是昏庸的君主和愚忠的臣子吗？并不是这样，而是由于涉及自身的利害关系不得已而为之罢了。现今您已建立了大功，高尚的德行已经彰显于天下，您何不效法陶朱公泛舟于湖上，隐身而退全功保命，或者登上峨眉山跟随赤松子去四海云游呢？"钟会说："您说的太远了，我无法做到。况且从目前的情况来看，也许尚未达到这一地步吧？"姜维说："至于其他方面您的才智和能力都能达到，也就不用麻烦老夫我了。"由此，钟会与姜维的交情越来越好，言谈也甚是欢喜，钟会最终还是反叛了魏国，自称益州牧，并想授予姜维五万兵马，让他领兵作为先遣部队。魏国的将士

异常愤怒，群起杀了钟会及姜维。晋武帝司马炎时，张华在京外镇守，晋武帝想征召他回京担任尚书令。冯紞十分痛恨张华，便借在晋武帝身旁侍候的机会，从容地与晋武帝谈起了魏、晋时候的史事，然后趁机说："臣曾经说过钟会之所以谋反，很大一部分是太祖司马昭的原因。"晋武帝马上变了脸色，说："你说的这是什么话？"冯紞说："臣认为那些善于驾驭马车的人，必定懂得在六根缰绳的掌握上要急缓适度；擅长管理的人，定会明白为官之道以及如何恰当地管控下属。因此，汉高祖刘邦的八位异姓王由于过于受宠，最后都被夷灭；光武帝刘秀贬抑诸位将领，他们却因而得到善终。这并不是因为主上有仁爱、暴虐之分，臣下有愚昧、聪明之异，这大概是由于抑扬及予夺的不同才使得他们这样。对于钟会来说，他的才能、见识都很有限，但是太祖司马昭对他的奖励却有些过头，嘉许他的谋略，给予他盛名及重要职位。因而，钟会认为自己的谋划万无一失，功劳大到没办法赏赐，因此他非常强横嚣张，以致后来构成了谋反。假使当初太祖在用他的小能力时，能够用大的礼法来对他进行节制和规范，用权势来抑制他，使他的行为纳入法制范围，那么他的反叛之心就没有机会生成，叛乱之事也没有形成的基础了。"晋武帝说："确实是这样。"冯紞伏身叩头至地说："陛下您既然同意了愚臣的话，就应当想一想，坚冰的形成，并不是因为一日之寒，不要让像钟会那样的人再次颠覆国家社稷啊。"晋武帝说："当今难道还有像钟会那样的人吗？"冯紞说："为陛下出谋划策的大臣，统率兵马据守一方的将领，都在陛下您圣明的考虑范围之内啊！"晋武帝默然不语，不久便把张华召回京城，罢免了他的官职。

晋怀帝时，辽东太守庞本私憾东夷校尉李臻，鲜卑索连、木津等，为臻兴义，实因而为乱，遂攻陷诸将。大单于慕容廆（wěi）[1]之长子翰言于廆曰："臣闻：求诸侯莫如勤王。自古有为之君靡不杖此以成事业者也。今连、津跋扈，王师覆败，苍生屠鲙，岂甚此乎？竖子外以庞本为名，内实幸而为寇，辽东倾没，垂已二周，中原兵乱，州师屡败，勤王杖义，今其时也！单于宜明九伐[2]之威，救倒悬之命，数连、津之罪，合义兵以诛之。上则兴复辽邦，下则并吞二部，忠义彰于本朝，私利归于我国。此则吾鸿渐之始也，终可以得志于诸侯。”廆善之，遂诫严讨连、津，斩之，立辽东郡。议曰：古人称始祸者死，谓首乱先唱，被奸雄不逞之辈，外托义兵以除逆节，内包凶悖，因兹而起，皆勤王助顺、用时取权，廆之谓矣。

【注释】①慕容廆：前燕武宣帝，字若洛廆。公元307年，迁都大棘城，自称鲜卑大单于。修明政事，发展农耕，简拔任用人才，士民纷纷归附，镇抚扶余、宇文鲜卑、段部鲜卑和高句丽，效忠于东晋朝廷。公元321年，拜为散骑常侍、车骑将军、都督幽平二州东夷诸军事、平州牧，封辽东郡公。②九伐：古代指对九种罪恶的讨伐。后泛指征伐。

【译文】晋怀帝的时候，辽东太守庞本因私怨杀了东夷校尉李臻，鲜卑将领索连、木津等人假借为李臻报仇之名起事，实际上是以这件事为借口来造反，很快他们就攻陷了辽东许多城池。当时自封为鲜卑大单于慕容廆的长子慕容翰对父亲说：“儿臣听闻：向诸侯求助莫不如为王室尽忠。自古以来有作为的君主无不是倚仗这种方法来成就一番大业的。现在索连、木津等人飞扬跋扈，朝廷的军队屡遭惨败，天下苍生任人宰割，还有比这更深重的灾难了吗？那几个对外以讨伐庞本为名的小子，其内心的本意就是希望借此机会造反，辽东地区倾覆已近两年了，目前中原地区又遭战乱，各州的军队也屡获败绩，现在正是为王室尽忠出力、主持正义的大好时机呀！父王您应彰显九伐之威，挽救国家面临危亡的命运，历数索连、木津的罪行，并联合正义之师来讨伐他们。这样向上可以恢复辽东的郡制，向下可以吞并索连、木津二人的部众，那么我们的忠义之名就会彰显于朝廷，私下我国还可以获得一些实际的利益。这正是我们如飞鸿渐进一般趋向高位的开始啊，最终我们便可以在诸侯中脱颖而出，成为此中的佼佼者。”慕容廆对儿子的话很是赞同，于是告诫士众一定要严讨索连、木津，最终将其二人斩杀，重新恢复辽东郡。评论：古人说最初制造祸端的人一定会灭亡，说的就是第一个带头提倡作乱的人，常会遭遇到那些不得志的奸雄，他们对外打着正义之师的名号，宣称要清除那些叛逆者，暗地里却包藏祸心，想要趁此机会得以实现，这都是假借为王室尽力及辅助君王尽快扫除叛逆的名义，然后利用时机获取权力，说的就是慕容廆这类人啊！

后秦①秦王苻生②杀害忠良，秦人度于一时，如过百日。权翼③乃说东海王坚④曰：“今主上昏虐，天下离心。有德者昌，无德受殃，天之道也。”一旦有风尘之变，非君王而谁？神器业重，不可令他人取之。愿君王行汤、武之事，以从民心。”坚然之，引为谋主，遂废生，立坚为秦王。议曰：《传》云：“圣达节，次守节，下失节。”仲虺（huǐ）⑤称：“惟天生人，有欲无主乃乱。惟天生聪明时乂。有夏昏德，人坠涂炭。惟王弗迩声色，弗殖货利。推亡固存，邦乃其昌。殖有礼，覆昏暴。钦崇天道，永保天命。”许芝曰：“《春秋传》云：周公何以不之鲁？盖以为虽有继体守文之君，不害圣人受命而王。”京房作《易传》曰：“王者主之，恶者去之，弱者夺之。易姓改代，天命无常。人谋鬼谋，百姓与能。”由此观之，苻坚自立而废生，此圣人达节，以天下为度者也。

【注释】①后秦：根据后面的秦王苻生推断，此处应为前秦。②苻生：字长生，氐族，前秦景明帝苻健第三子，十六国时期前秦君主。自幼独眼，成年后可力举千斤，手格猛兽，走及奔马，击刺骑射，冠绝一时。桓温北伐时单骑冲突晋阵，斩将搴旗前后数十，晋军胆裂。即位后暴虐至极，兽性毕露，以残忍手段杀人无数，尽诛顾命大臣。后欲杀苻坚兄弟，反被苻坚先发制人杀死。③权翼：字子良，前秦大臣，汉左辅都尉权忠后代。

早年追随姚弋仲，属于重要谋士。升平元年，投向了前秦苻坚，官至司隶校尉、侍中、尚书右仆射，封安丘郡公。④东海王坚：即前秦宣昭帝苻坚，字永固，又字文玉，小名坚头，氐族。十六国时期前秦政权君主。在位前期，励精图治，实现国力强盛，接着成功统一北方，并攻占了东晋领有的蜀地，与东晋南北对峙。公元383年，发动淝水之战，意图消灭东晋，一统天下。最终兵败，导致前秦陷入混乱，各民族纷纷独立。建元二十一年，为后秦武昭帝姚苌杀害。⑤仲虺：姓任，又叫莱朱，又名中垒，奚仲的第十二世孙，是继奚仲之后又一位杰出的薛国国君，商汤时期的著名大臣。他辅佐成汤灭夏，建立商王朝，成为一代名相。据说其出生时雷声虺虺，闪电如蛇，大雨倾盆，解了家乡多年的的旱灾。于是他的父亲给儿子起名叫“虺”，并给他以赤蛇纹身。因排行老二，所以叫任仲虺。

【译文】十六国时期，前秦君主符生残害忠良，秦人个个惊恐至极，度日如年。权翼劝东海王苻坚说：“当今主上昏庸暴虐，民心离散。有德者会昌盛，无德者将会遭殃，这是天道的法则。一旦天下局势大变，如果不是您做君王还会有谁呢？国家基业关系重大，千万不能让他人获取。希望君王您能如商汤、周武王讨伐桀、纣一样，来顺从民心。”苻坚欣然同意，从此把权翼作为自己的重要谋士，最终废掉了符生，自立为秦王。评论：《左传》中说：“圣人能够洞悉、通达大众所普遍认定的事理、法规，不用墨守成规也能让自己保持节操；能力稍差一点的人完全按规则去办事，以使自己保守节操；能力最差的人随心所欲，完全失去节操。”商汤的左相仲虺说：“百姓天生就有七情六欲，如果没有圣明君主进行治理，天下就会大乱。只有天资聪颖之人，才能治理祸乱。夏桀昏庸无道，使得生灵涂炭，百姓处于水深火热之中。只有大王您不近声色，不聚敛财物。应该灭亡的，就加速它尽快灭亡，应该生存的，就帮助他巩固地位，这样，国家才会昌盛。符合礼制的，定能昌盛；昏庸残暴的，终会灭亡。因此，应该恭敬遵从天道，以永保天命。”许芝说：“《春秋传》中说：周公旦为什么不去他的封地鲁，而要留在京师辅佐周成王呢？大概他认为虽有继承先王政体并遵循法度的国君，但也不能妨害圣人受天命成就帝王之业。”京房所作的《易传》中说：“真正的王者会主宰天下，残恶的君主会被人除掉，软弱的君主会被人夺取王位。变更姓氏，改朝换代，天命从来都不是一成不变的。圣人在成就大事之前，都要先与谋士筹划，还要向鬼神卜筮，百姓只要跟随就可以了。”由此看来，苻坚废掉苻生而自立为王，这是如圣人一样能够洞悉、通达常理，而不用墨守成规也能让自己保持节操，把天下百姓的利益作为衡量的尺度。

宋孔熙先者，广州刺史默之子也，有奸才，善占星气，言：“江州分野出天子，上当见弑于骨肉。”及大将军彭城王义康[1]幽于安城郡，熙先谓为其人也，遂说王詹事范晔曰：“先君昔去广州，朝谤纷纭，藉大将军深相救解，得免艰危。曩受遗命，以死报德。今主上昏僻，殆天所弃。大将军英断聪敏，人神相属，失职南垂，天下愤怨。今人情骚动，星文舛错，时至则不可拒，此之谓乎？若顺天人之心，收慕义之士，内连宠戚，外结英豪，潜图构于表里，疾雷奋于肘腋，然后诛除异义，崇奉圣明，因人之望，以号令天下，谁敢不从！小人谁以七尺之躯，三寸之舌，立功立事而归诸君子。丈人谓为何如？”晔甚愕然。熙先重曰：“昔毛玠[2]竭节，不容于魏武；张温毕议，见逐于孙权。彼二人者，国之信臣，时之俊乂[3]，岂疵瑕暴露，言行玷缺，然后至于祸哉？皆以廉直劲正，困于邪枉；高行妙节，不得久容。丈人之于本朝，不深于二主，人间雅誉，有过于两臣。谗夫侧目，为日久矣。比肩竞逐，庸可遂乎！近者殷铁一言，而刘班碎首，彭城斥逐，徐童见疑。彼岂父母之雠，万代之怨？寻戈拔棘，自幼而然，所争不过荣名、势利、先后之闻耳。及其末也，唯恐陷之不深，发之不早。戮及百口，犹曰不厌。是岂书籍远事？可为寒心悼栗者也！今建大勋，奉贤哲，图难于易，以安易危，比之泰山而去累卵，何苦不就？且崇树圣明，至德也；身享卿相，大业也；授命幽居，鸿名也；比迹伊、周，美号也。若夫至德、大业、鸿名、美号，三王五霸所以覆军杀将而争之也。一朝包括，不亦可乎？又有过于此者，愚则未敢道。”晔曰：“何谓？”熙先曰：“丈人奕叶清华，而不得连姻帝室，国家作禽兽相处，丈人曾未耻之？”晔门无内行，故熙先以此为激。晔默然，自是情好遂密，阴谋构矣。熙先专为谋主，事露皆伏诛。裴子野曰：“夫有逸群之才，必思冲天之举；据盖俗之量，则暗常均之下。其能导之以道，将之以识，作而不失于义，行而无犯于礼，殆难为乎！若晔等忸志而贪权，矜才以徇逆，天方无衅，以欲干时。及罪暴刑行，父子相哭，累叶风素，一朝而殒。所谓智能翻为亡身之具。心逆而险，此之谓乎？”

【注释】①彭城王义康：即刘义康，字车子，南朝宋武帝刘裕第四子，曾被封为彭城王。②毛玠：字孝先，东汉末年大臣。年少时为县吏，以清廉公正著称。后投靠曹操，得到曹操的欣赏。毛玠一改当时朝中奢华风气，曹操对其大为赞赏。曹操获封魏公后，毛玠改任尚书仆射，再典选举。因人诬告，被曹操收于狱中。后来只被免职，不久在家中逝世。③俊乂：杰出贤能的人才。

【译文】南朝宋文帝时的孔熙先是广州刺史孔默之的儿子，他有歪才，擅长占星望气，曾说：“从江州的分野来看，此地要出一位天子，当今皇上要被他的亲骨肉杀害。”等到大将军彭城王刘义康被放逐到安城郡时，孔熙先说这就是那个即将成为天子的人，于是劝彭城王的詹事范晔说：“我的父亲当初去广州时，朝廷中纷纷诽谤诬蔑他，多亏大将军刘义康尽全力帮忙解救，才得以免除危难。我接受父亲的遗命，将以死回报将军的恩德。当今主上昏庸无道，大概是老天都要废弃他了。大将军英明果断、聪敏过人，百姓和神明都拥戴他，但他却被免去了职务流放到遥远的南部边陲，普天之下都为他感到愤怒。如今，天下百姓之心躁动不安，星象错乱，世人所说的时运来时挡都挡不住，说的就是这种情况吧？如果我们顺应上天及百姓的心意，招揽那些仰慕正义的贤良之士，联合朝廷中那些尊贵的内戚，对外结交天下的英雄豪杰，暗中图谋准备里应外合，以迅雷不及掩耳之势在宫内突然起兵，然后杀掉异己之徒，拥戴圣明的人为天子，借助彭城王的威名来号令天下，还有谁敢不服从！小人愿意凭借我这七尺之躯，还有这三寸不烂之舌为大将军效力，建功立业的大事就由诸位君子去做吧！老先生，您意下如何呢？”范晔大吃一惊。孔熙先又说：“从前毛玠对魏武帝曹操忠心耿耿，却不被魏武帝所容纳；张温一心为孙权谋划，却被孙权放逐。那两个人都是国家的忠臣，当时杰出贤能的人才，他们难道是因为自己的缺点暴露，或是言行不当，而招致祸患的吗？他们都是因为自己过于廉洁刚正才被曲解冤枉从而遭遇困境的；正是因为他们的高风亮节才不能被君主所容。老先生您在本朝得到的信任，不会比曹操、孙权对毛玠、张温的信任更深，可是您在民间老百姓中的美誉却远远高过那两位忠臣。想要诬陷您的人对您侧目斜视已经很久了，而您却还要同他们比肩进行平等竞争，这怎么能行得通呢？前段时期，只是因为殷铁的一句话，刘班的头就被击碎，彭城王被驱逐出京，徐童也被猜忌。他们难道是有杀父杀母之仇或是存有世代的夙怨吗？其实他们拔刀相向，视对方为眼中钉、肉中刺，已经有很长时间了。他们之间所争夺的只不过是美名、权势、利益的先后罢了。等争到最后的时候，双方都唯恐自己陷得不够深、动手不够早，甚至杀了上百人还说自己并不满足。这怎么会是书籍上所记载的遥远传说呢？这真可称得上是令人惊恐、战栗的事实啊！现在正是建立大业，尊奉贤明睿智之人来治理国家，把难办的事变得容易，用安稳代替危险，倚靠高大的泰山而远离危险累卵的关键时期，为什么不去争取呢？况且尊崇、拥立圣贤之人，这是至高无上的德行；自身享有宰相的地位，这是伟大的功业；接受王命，功成而身退，这是崇高的名声；与伊尹、周公那样贤德之人并肩齐名，这是美好的称号。像那至高无上的德行、伟大的功业、崇高的名声、美好的称号，这些是古时三王和春秋五霸之所以要冒着全军覆没、将帅被杀的危险也要争夺的东西啊！如果有朝一日，您囊括了这些，不也是理所当然的吗？对您来说，还有比这更贴切的事情，可是我却不敢说出来。”范晔说：“那是什么呢？”孔熙先说：“老先生您家世代门庭显贵清高，可是却不能与皇室联姻，朝廷内有些人甚至把您当作禽兽来对待，您难道从未觉得这是一种耻辱吗？”范晔品行不端，因此孔熙先才用这些话来激怒他。范晔默然不语，从此二人的关系愈加亲密，他们暗地里图谋反叛事宜。孔熙先成了主要谋划者，事情败露后，他们全部被杀。裴子野说：“有超常之能者，一定有着一飞冲天的理想和抱负；有超越世俗的胸怀、雅量者，不愿久居常人之下。如果让他们恪守道德规范，用礼法约束自己的行为，所做不丢弃道义，所行不违背礼法，恐怕是很难做到的事啊！像范晔等人心高气傲又贪恋权势，恃才自傲又违背常道，一心图谋反叛，当时天下本无事端，他们却因私欲违反时势。等到罪行暴露，遭受刑罚，父子相对而哭，累世留下来的清白家风被毁于一旦。他们所谓的智慧才能，反而成了使他们灭亡的工具。心存叛逆，就会面临凶险，说的就是这个吧？”

周大将军郭荣[①]奉使诣隋高祖高祖杨坚，时为定州。高祖谓荣曰：“吾雅尚山水，不好缨绂，过藉时来，遂叨名位。愿以侯归第，以保余年，何如？”荣对曰：“今主上无道，人怀危惧，天命不常，能者代有。明公德高西伯，望极国华，方据六合，以慰黎庶，反效童儿女子投坑落陷之言耶！”高祖大惊曰：“无妄言，族矣。”及高祖作相，笑谓荣曰：“前言果中。”后竟代周室。议曰：昔武王至殷，将战，纣之卒甚盛。武王惧曰："夫天下以纣为大，以周为细；以纣为众，以周为寡；以周为弱，以纣为强；以周为危，以纣为安；以周为诸侯，以纣为天子。以此五短，击彼五长，其可以济功成事乎？"太公曰："王无恐且惧。所谓大者，尽得天下之人；所谓众者，尽得天下之众；所谓强者，尽用天下之力；所谓安者，能得天下之欲；所谓天子者，天下相爱如父如子，此之谓天子。今日之为天下除残去贼也。周虽细，曾残贼一人不当乎？"武王大喜，曰："何谓残贼？"太公曰："收天下珠玉、美女、金银、彩帛，藏之不休，此谓残也；收暴虐之吏，杀无罪之人，非以法度，此谓贼也。"由此言之，苟为残贼之行，虽大，亡也。故知王者之势，不在众寡。有自来矣。

【注释】①郭荣：字长荣，北周、隋朝重要军事将领，为北周统一北方和隋朝安定地方立下了汗马功劳。

【译文】南北朝时期北周的大将军郭荣奉命来到隋高祖杨坚那里隋高祖杨坚当时正在定州。高祖杨坚对郭荣说："我素来喜好山水，不喜欢为官这些世俗之事，只因时势所迫，才不得不身居高位，只是徒有虚名罢了。我希望能在合适的时候告老还乡，安度晚年，你觉得怎么样呢？"郭荣回答说："当今主上昏庸无道，人人心怀惶恐，天命无常，贤能的人代代都会出现。明公您的德行要高过周文王，您的声望位于国内其他精英之上，您应当坐拥天下，来抚慰黎民百姓，可是您现在却反过来去效仿妇孺说出那些投坑落井的话！"高祖杨坚大惊失色，急忙说："可不能乱讲！否则是要被灭族的。"等到高祖杨坚当了宰相的时候，他笑着对郭荣说："你之前说的话果然应验了。"后来，杨坚终于取代北周建立了隋朝。评论：从前周武王率兵到了殷地，将与纣王的军队交战，而纣王的兵力非常强盛。武王有些害怕地说："整个天下都认为商朝国土广阔，周朝国土狭小；认为商朝人口众多，周朝人口稀少；认为周朝国力衰微，商朝国力强大；认为周朝处境危险，商朝处境安稳；认为西周是诸侯，商纣是天子。我们以这五项短处，去对抗商纣的五项长处，真能成就功业吗？”姜太公说：“大王您不要害怕。所谓的广大，是指能尽得天下百姓的拥护；所谓的众多，是指能尽得天下百姓的支持；所谓的强盛，是指能调动天下人的力量；所谓的安稳，是指能够满足天下人的欲望；所谓的天子，是指能使天下人都如父子般相亲相爱，这才是所谓的天子。今天我们是在替天下人铲除贪婪的强盗。周朝虽然弱小，难道为民铲除残贼，还有什么不应当的吗？”周武王大喜，说：“什么叫残贼？”姜太公回答说：“收罗天下的珠宝、玉石、美女、金银、彩帛，将之据为己有的心不知满足，这叫残；任用暴虐的官吏，杀害无罪之人，从不遵循法度，这就叫贼。”由此说来，如果做出残贼所行之事，即使再强大，最终也会灭亡。由此可知，王者的威势，并不在于拥有人数的多少。自古以来就有这样的情况。

隋高祖崩，葬于太陵。初疾也，玺书征汉王谅[①]谅时镇并州。谅闻高祖崩，流言杨素篡位，大惧，以为诈也。发兵自守，阴谋为乱，南袭蒲州，取之谅初反也，王頍[②]说谅曰：“王之将吏家属，尽在关西，若用此等，即宜长驱深入，直据京师，所谓疾雷不及掩耳。若但欲割据旧齐之地，宜任东人。”谅不从其言，故败也。司马参军[③]裴文安[④]说谅曰：“兵以拙速，不闻巧迟。今梓宫尚在仁寿，比其征兵东进，动移旬朔。若骁勇万骑，卷甲宵行，直指长安，不盈十日。不逞之徒，擢授高位，付以心膂（lǚ），共守京城，则以东府县非彼之有。然后大王鼓行而西，声势一接，天下可指麾而定也。”谅不从，乃亲率大军，屯于并、介之间。上闻之，大惧，召贺若弼议之。弼曰：“汉王，先帝之子，陛下之弟。居连率之重，总方岳之任，声名震响，为天下所服，其举事毕矣。然而进取之策有三：

长驱入关，直据京师，西拒六军，东收山东，上策也。如是，则天下未可量。顿大军于蒲州，使五千骑闭潼关，复齐旧境，据而都之，中策也。如是，以力争议曰：齐旧境，谓北齐时境土也，非今青州之齐也。若亲居太原，徒遣其将来，下策也。如是，成擒耳。”上曰：“公试为朕筹之，计将何出？”弼曰：“萧摩诃，亡国之将，不可与图大事。裴文安，少年虽贤，不被任用。余皆群小，顾恋妻孥，苟求自安，不能远涉。必遣军来攻蒲州，亲居太原，为之窟穴。臣以为必出下策。”果如弼所筹。乃以杨素为将，破之议曰：初，汉王阴谋为乱，声言讨素。司马皇甫诞⑤谏曰：“大隋据有天下二十余载，兆庶乂安，难以摇动，一矣；万姓厌乱，人思安乐，虽舜、禹更生，其望未从，二矣；太子聪明神武，名应图谶（chèn），素曾不得捧毂，庸敢生心，三矣；方今诸侯王列守州郡，表里相制，势不可举，四矣。以兹四固，镇临天下，得兴祸乱，未之前闻也。”汉王不从，故败。由此观之，天下无思乱之心，土崩之衅，虽有吴、楚之众，犹不能成，而况于么么乎？故先王貊其德音，勤恤人隐者，盖为是也。

【注释】①汉王谅：即杨谅，本名杨杰，字德章，小名益钱。隋文帝杨坚第五子，隋炀帝杨广同母弟。隋朝建立后，封汉王，官至上柱国、并州刺史、左卫大将军。后因不满隋炀帝杨广夺嫡即位，起兵造反。不久，为楚国公杨素击败，幽禁至死。②王頍：字景文，太原祁县（今山西省晋中市祁县）人。出身太原王氏，汉王杨谅的幕僚。③司马参军：隋朝时为州郡佐吏，主管兵事。在府称兵曹参军，在州称司兵参军。④裴文安：汉王杨谅谋士，曾任司兵参军。⑤皇甫诞：字玄虑，安定乌氏人。隋文帝时，任治书侍御史。后任并州总管司马，辅佐总管汉王杨谅。

【译文】隋高祖杨坚驾崩，埋葬在太陵。起初，杨坚病重的时候，曾下诏召汉王杨谅进京杨谅当时正镇守并州。杨谅听说高祖驾崩，又听到杨素要篡夺皇位的流言，非常害怕，认为召他进京的诏书是假的。于是他派遣军队，进行自我防卫，并阴谋发动叛乱，向南袭击蒲州，且占据了蒲州杨谅最初谋反的时候，王頍劝杨谅说："大王属下的将领官吏以及他们的家属都在函谷关以西，如果要用这些人，就应该长驱直入，直捣京师，这就是人们所说的迅雷不及掩耳；如果只打算割据过去北齐的地盘，就应该任用函谷关以东的人。"杨谅没有听从他的建议，所以失败了。司兵参军裴文安劝杨谅说："用兵打仗宁可用蠢笨的方法而求速胜，没有听说过卖弄机巧导致行动迟缓还能成功的。现在先皇的棺木尚且存放在仁寿宫，等到朝廷派人统兵向东进军，大军到达得需要十天、半月的时间。假如您派几万名勇猛的骑兵，披上铠甲连夜出征，直接开到长安城，用不了十天就可占领长安，然后再提拔那些不得志的人，授予他们高官厚禄，选派亲信，让他们一同防守京城，那么崤山以东的州府、郡县就不再归杨素等人所有了。然后大王您敲打战鼓向西发兵，声威气势震摄四方，那么天下就可以挥手而定了。"杨谅没有听从裴文安的建议，亲自统率大军屯据在并州和介休之间。新皇杨广听到这个消息后，非常害怕，于是召见大将军贺若弼就此事进行商议。贺若弼说："汉王是先帝的儿子，陛下您的弟弟，身居地方最高长官，担负统兵的重任，声势威名远扬，众所周之，天下人都很信服他，所以他的起事是必然的。然而他们进攻的战略只有三种：长驱直入函谷关，直捣京师，向西抵抗朝廷的六军，向东攻占崤山以东的广大地区，这是上策。如果是这样的话，那么天下归谁就不可知了。把大军屯据在蒲州，派五千骑兵封锁潼关，收复过去北齐的地盘，攻取后并在那里建都，这是中策。如果是这样的话，那么我们就可以与他们一决胜负了评论：北齐的故土，是指当时北齐占领的地盘，不是今天青州地区的齐地。假若杨谅亲自驻守在太原，只是派遣他的部下将领前来进攻，这是下策。如果是这样的话，他就一定会被我们擒获的。"隋炀帝杨广说：

"你试着为我谋划一下这件事情，他们可能使用什么样的计策呢？"贺若弼说："杨谅手下的萧摩诃是一名亡国之将，杨谅不可能与他谋划大事。裴文安虽然贤能，但很年轻，不能被重用。其余的人都是一群小人，顾念留恋自己的妻子儿女，苟求自身平安，他们绝不会远征京师，因此杨谅必定会派遣一支军队来进攻蒲州，他亲自驻守在太原，作为他的老巢。臣认为杨谅必定选下策。"后来，事情果然像贺若弼所预料的。杨广于是任用杨素为大将，打败了汉王杨谅评论：起初，汉王杨谅阴谋叛乱，扬言要讨伐杨素。司马皇甫诞劝阻他说："大隋占据天下已经二十多年了，天下百姓太平无事，民心很难动摇，这是其一；所有的百姓都厌恶战乱，人人都想过安乐的日子，既使是舜、禹重生，他们的威望也不能让百姓顺从，这是其二；太子杨广聪明神武，得到上天的庇护，杨素都不敢居于他的车毂之下，哪里还敢有什么痴心妄想，这是其三；如今各诸侯王分别镇守自己的州郡，朝廷内外相互牵制，这样的形势是不可以举事的，这是其四。朝廷凭借这四项有利的稳固形势，镇守天下，在这种形势下，兴祸作乱，还从来没有听到过这样的事。"汉王杨谅没有听从皇甫诞的劝诫，所以最终兵败。由此看来，如果天下人没有生叛乱之心，国家也没有土崩瓦解的争端，那么谋反的人既使拥有西汉时吴、楚等七国那样众多的军队，也不可能成功，况且是那些微不足道的力量呢？所以先代君王将自己的美名传布称颂，关怀百姓的疾苦，大概是要安定民心吧！

隋炀帝亲御六军伐高丽，礼部尚书、楚国公杨玄感据黎阳反。李密说玄感曰："天子远征辽左，地去幽州，悬隔千里，南有巨海之限，北有胡戎之患，中间一道，理极艰危。今公权兵，出其不意，长驱入蓟，直扼其喉。前有高丽，退无归路，不过旬月，赍粮必尽，举麾一召，其众自降，不战而克，计之上也一本云：令车驾在辽，未闻斯举。分万余人电发，捍临渝关，绝其归路，不经一月，仓廪必竭。东拒大敌，西迫我师，进无所依，退无所据，百万之众，可使为鱼。此不战而屈人，上策也；关中四塞，天府之国，有卫文升，不足为意。今若率众西入长安，天子虽还，失其襟带，据险临之，故当必克，万全之策，计之中也一本云：自上君临，天下胥怨。明公，上将之子，恩被黎元。长驱入关，中策也；若随近逐便，先向东都，顿兵坚城之下，胜负都未可知，此计之下也一本云：樊子盖①不达大体，奸谋雄断，据全周之地，恃甲兵之强，召之则不来，攻之则不陷。顿兵牢城之下，外无同力之师。攻洛阳，下策也。”玄感利洛阳宝货，曰：“公之下策，我之上计也。”遂围之。玄感失利，宵溃，王师追斩之议曰：玄感之反也，太白入南斗②。谚曰：太白入南斗，天子下殿走。由是天下持两端。故《三略》曰：放言过之。裴子野曰：“夫左道怪民，幻挟罔诞，足以动众，而未足以济功。”今以谚观之，左道可以动众者，信矣！故王者禁焉。李密乃亡，归翟让议曰：太公称：利天下者取天下，安天下者有天下，爱天下者久天下，仁天下者化天下。《吕氏春秋》曰：庖人调和而不敢食，故可以为庖人矣。若使庖人调和而食之，则不可为庖矣。霸王之君亦然。诛暴而不私，以封天下之贤者，故可以为霸王；若使霸王之君诛暴而私之，则亦不可以为霸王矣。由是观之，夫与之为取，政之宝也。今玄感利洛阳宝货，安得霸王之事哉？

【注释】①樊子盖：字华宗，庐江（治今安徽合肥）人，隋朝官员。历任枞阳太守、辰州刺史、武威太守、金紫光禄大夫、民部尚书、东都留守等职，为官清廉谨慎，不纳贿赂，治军严格，因平叛有功，封爵建安侯，后进爵为济公。②南斗：即斗宿，二十八宿之一，玄武七宿第一宿。因同北斗相对来说位置在南，故俗称南斗。

【译文】隋炀帝杨广亲自率领六军讨伐高丽，礼部尚书、楚国公杨玄感占据黎阳谋反。李密劝杨玄感说：“天子远征辽东之外，那个地方与幽州有千里之遥，南面有大海的阻挡，北面有胡人为患，中间夹着一条道路，可又极其险阻。现在您率兵出其不意，长驱直入蓟地，直接控制住了这条路的咽喉要塞。远征的隋军向前有高丽军队的抵挡，后退又没有归路，不出一个月，隋军的粮草必定消耗殆尽，您只要挥挥手，隋军自会投降，不用交战就可以击败他们，这是上策一种说法称：现在隋炀帝的车驾在辽东，还没有觉察到我们的行动。我们分派一万多名将兵迅速出发，把守住临渝关，断绝他们的归路，用不了一个月，他们的粮草必定消耗殆尽。隋军东面抵抗高丽劲敌，西面又受到我军的逼迫，前进没有依靠，后退又无可据守，这样百万军队就成了瓮中之鳖。这的确是不用交战就可以让他们屈服，是上策；关中之地四面都有要塞，是天府之国，虽然那里有大将卫文升守卫，但他不足为虑。现在假如您率领大军向西直取长安，天子即使已经从高丽返回京师，但失去了他的立足之地，我们占据险要之地据守长安，所以一定会打败他们，这是万全之策，是中策一种说法称：自炀帝杨广即位，天下民怨沸腾。您是上将的儿子，施恩广布百姓，率军长驱直入关中，这是中策；假若为了贪图方便，先去进攻东都洛阳，大军集聚在坚固的洛阳城下，谁胜谁负都还不知道，这是下策一种说法称：洛阳守将樊子盖不识大体，擅长使用奸邪的计谋，敢决断，占据北周的故地，自恃兵力强大，招降他也不会接受，打他又胜不了。我们率军屯扎在坚固的洛阳城下，又没有同心协力的外援。攻打洛阳，这是下策。”杨玄感贪图洛阳的金银财宝，说：“你的下策，对我来说正是上策。”于是率军围攻洛阳。杨玄感最终兵败，连夜逃走，朝廷的军队追击并杀死了他评论：杨玄感谋反的时候，太白星进入南斗六星宿内，有谚语说：“太白入南斗，天子下殿走。”因此天下人都怀二心，持观望态度。因此《三略》说：夸大舆论是为了声讨对手，从而激励自己队伍的士气。裴子野说：“那些旁门左道能使人们感到好奇，虚假惑乱、荒诞不经的言论，虽然可以用来蛊惑人心，可是不能靠它成就功业。”现在从那句谚语来看，旁门左道确实是可以蛊惑人心啊！因此当政者要禁止这些歪门邪道。李密只好逃走投靠翟让评论：姜太公称：能为天下人谋利的人才能获得天下，能让天下安定的人才能拥有天下，能对天下百姓爱护的人才能长久地拥有天下，能对天下百姓施予仁德的人才能感化天下。《吕氏春秋》中说：厨师烹调食物不是为了自己吃，所以才可以做厨师。如果厨师烹调食物却自己吃了，就不能用他当厨师了。想要称霸的君主也是这样。诛杀残暴的人但不是为了私吞他们的财宝，而是将财宝分给天下的贤人，所以才可以做霸主；如果想要称霸的君主诛杀残暴的人是为了私吞他们的财宝，那也就不可以做霸主了。由此看来，能够给予是取得政权的法宝。现在杨玄感贪图洛阳的金银宝物，哪能成就霸王大业呢？

隋炀帝初猜忌，唐高祖知之，常怀危惧唐公为太原留守，炀帝自辽东还，征唐公诣行在所，时遇患不瘳（chōu），未得时谒。唐公外甥王氏，充选后宫，炀帝问曰："汝舅来何迟？"甥以实对，帝曰："可得死否？"高祖知之，每怀危惧也。为太原留守，以讨击不利，恐为炀帝所谴，甚忧之。时太宗从在军中，知隋将亡，潜图义举，以安天下，乃进白曰："大人何忧之甚也？当今主上无道，百姓愁怨，城门之外，皆已为贼。独守小节，必旦暮死亡。若起义兵，实当人欲。且晋阳，用武之地，足食足兵，大人居之，此乃天授，正可因机转祸，以就功业。既天与不取，忧之何益？"高祖大惊，深拒之。太宗趋而出。明日，复进说曰："此为万全之策，以救灭族之事。今王纲弛紊，盗贼遍天下，大人受命讨捕，其可尽乎？贼既不尽，自当获罪。且又世传李氏姓膺图箓，李金才①位望隆贵，一朝族灭。大人既能平贼，即又功当不赏，以此求活，其可得乎？"高祖意少解，曰："我一夜思量，汝言大有道理。今日破家灭身亦由汝，化家为国亦由汝。"于是定计，乃命太宗与晋阳令刘文静②及门下客长孙顺德③、刘弘基④等募兵。旬日之间，众且一万。斩留守副王威[5]、高君雅[6]，以其诡请高祖祈雨于晋祠，将为不利故也。用裴寂计，准伊尹放太甲、霍光废昌邑故事，尊炀帝为太上皇，立代王侑以安隋室。传檄诸郡，以彰义举。秋七月，以精甲三万，西图关中。高祖杖白旗，誓众于太原之野，引师即路，遂亡隋族，造我区夏晋阳令刘文静尝窃观太宗，谓裴寂曰："非常人也。大度类于汉高，神武同于魏帝。年虽少，乃天纵也。"后文静为李密亲戚，被禁。太宗阴有异志，入禁所看之。文静大喜，亦觉太宗有非常之意，因叹曰："天下大乱，非有汤、武、高、光之才，不能定也。"太宗知其意，报曰："卿安知无？但恐常人不能别耳。"文静起忭曰："久知郎君乃潜龙也。今时事如此，正是腾跃之秋。素禀膺箓之资，仍怀拨乱之道，此乃生人有息肩之望，文静知攀附之所。"太宗喜曰："计将安出？"文静对曰："今李密长围洛邑，主上流播淮南。大贼连州郡，小盗阻山泽者，以千万数。但须真主驱驾取之，诚能应天顺人，举旗大呼，则四海不足定也。今并州百姓避盗贼者，皆入此城。文静为令数年，知其豪杰，一朝啸集，立地可数万人。尊公所领之兵复且数万，一言出口，谁敢不从？乘虚入关，号令天下，不盈半岁，帝业可成。"太宗笑曰："卿言善，合人意。"于是部署宾客，阴图起义。高祖乃命文静诈为炀帝敕，发太原、雁门、马邑数郡人二十已上、五十已下悉为兵，以岁暮集涿郡。由是人情大扰，思乱者益众。又令文静与裴寂诈作符敕，出宫监库物，以供留守资用。因募兵集众而起，改旗帜以彰义举。又令文静连突厥。突厥始毕[7]曰："唐公举义，欲何为也？"文静曰："文皇帝废冢嫡，传位后主，因致斯祸乱。唐公，国之懿戚，不忍坐观成败，欲废不当立者，愿与可汗兵马同入京师。人众、土地入唐公，财帛、金宝入突厥。"始毕大悦，即遣兵随文静而至，兵威益盛矣。

【注释】①李金才：即李浑，字金才，汉骑都尉陵之后，隋朝太师李穆第十子，曾官至右骁卫大将军。后为隋炀帝杨广所忌，以谋反罪处死。②刘文静：字肇仁，京兆武功（今陕西武功）人，唐朝宰相、开国功臣。原为晋阳令，后联络裴寂与李世民，协助李渊起兵反隋，并奉命出使突厥。后随军南下，击败桑显和、俘获屈突通。唐朝建立后，出任纳言，成为宰相。③长孙顺德：河南洛阳人，唐朝初年外戚、将领，文德皇后长孙氏的族叔。在隋朝时任右勋卫，为逃避高句丽战役，前往太原，投靠李渊，与刘弘基一同负责招募勇士。高祖起兵晋阳，拜统军，平霍邑、破临汾，又在桃林生擒隋主将屈突通，平定陕县，屡建战功。李渊称帝后，拜为左骁卫大将军，封薛国公。④刘弘基：雍州池阳（今陕西泾阳）人，唐初名将。为避从征高句丽，故意私宰耕牛，被捕入狱。后投奔太原，追随李渊父子。李渊起兵时，以功授右骁卫大将军。后随李世民征战，讨伐薛举，大败宋金刚，平定刘黑闼，进封任国公。贞观年间，拜卫尉卿，改封夔国公。⑤王威：隋末太原郡丞。因获知李渊欲起兵反隋，与武牙朗将高君雅密谋于晋祠诛杀李渊，结果事情败露，反被李渊诬以谋反罪而杀害。⑥高君雅：隋末武牙郎将。因获知李渊欲起兵反隋，与太原郡丞王威密谋于晋祠诛杀李渊，结果事情败露，反被李渊诬以谋反罪名而杀害。⑦始毕：姓阿史那氏，名咄吉世，启民可汗阿史那•染干之子，东突厥可汗。

【译文】隋炀帝一即位就开始猜忌唐高祖李渊，李渊知道了这件事，常常心怀忧虑恐惧当时唐公李渊是太原留守，隋炀帝从辽东回京时，召见唐公。李渊到了炀帝的驻地后，突然得病不愈，因此未能及时朝见隋炀帝。唐公李渊的外甥女王氏被选入后宫做隋炀帝的妃子，隋炀帝问她说："你舅舅当时为什么来得那么晚？"李渊的外甥女据实回答，炀帝说："得那病还不死吗？"唐高祖知道这件事后，常常心怀忧虑恐惧。李渊担任太原留守时，因为讨伐突厥，交战不利，担心被隋炀帝责罚，对此非常忧虑。当时唐太宗李世民也在军中随从，他知道隋朝将要灭亡，便秘密谋划起义举事，来安定天下。于是他向李渊进谏说："大人为什么这样忧虑呢？当今皇上荒淫无道，黎民百姓全都忧愁怨恨，城门之外到处都是乱贼。大人要是还恪守小节，我们早晚都要死了。假如我们举义起事，正好是符合百姓的愿望。况且晋阳是用兵的好地方，粮草、士兵都很充足，大人拥有此地，这实际上是上天的授予，我们正好可以借机转祸为福，以此成就功业。既然是上天赐予我们的，如果不接受，整天忧虑又有什么好处呢？”高祖非常恐惧，很严厉地拒绝了李世民的建议。李世民快步走了出去。第二天，唐太宗李世民又来劝李渊说：“这是万全的计策，可以挽救我们灭族的危机。如今朝廷的纲纪松驰紊乱，盗贼遍布天下，大人受命搜捕乱贼，能全部消灭吗？乱贼既然不能全部搜捕干净，自然朝廷会降罪于您。况且世人又都传言姓李的应验了图谶里会篡夺隋朝的预言，所以李金才地位尊贵，虽然无罪，还是在一夜之间被灭了族。即使大人能将乱贼全部剿灭，那么功劳再高也无法获得奖赏，凭这来求得存活，这怎么能得到呢？”唐高祖李渊的态度缓和了一些，说：“我想了一夜，你说的话很有道理。今天家破人亡是因为你，变家为国也是因为你。”李渊于是决定策略，命令太宗李世民与晋阳县令刘文静以及门下客长孙顺德、刘弘基等招募士兵。十来天的时间，就有一万多人来应募。李渊斩杀了太原副留守王威和高君雅，是因为他们假装请高祖去晋祠祈雨，其实是准备对高祖暗中下手。李渊采用部下裴寂的计策，仿照伊尹放逐太甲、霍光废逐昌邑王的先例，尊奉隋炀帝为太上皇，立代王杨侑为皇帝，以此安定隋王室。然后传布檄文到各郡县，向天下表明他们是正义的举事。七月的时候，李渊派三万精兵，向西攻取关中地区。唐高祖李渊手举白旗，在太原的郊外誓师起义，率兵踏上起义之路，最终灭亡了隋王朝，缔造了我们的大唐王朝晋阳县令刘文静曾暗中观察过唐太宗李世民的行为举止，他对裴寂说：“李世民不是一般人啊，他的大度如同汉高祖刘邦，神态威武如同魏武帝曹操，年纪虽轻，却是上天赋予的英才。”后来刘文静因为是李密的亲戚，被关入了监狱。唐太宗李世民暗中怀有非凡的抱负，去监狱里探望刘文静。刘文静非常高兴，也察觉到太宗有非凡的抱负，于是感慨地说："天下大乱，没有商汤、周武王、汉高祖、汉光武帝那样的人才是无法安定天下的。"太宗明白他的意思，回答说："你怎么知道没有这样的人呢？只是担心平常的人分辨不出来罢了。"文静起身高兴地说："早就知道公子是潜伏着的一条龙啊。现在这样的时势，正是纵横驰骋的大好时机。你本来就具有帝王承受符命的天资，现在仍旧怀有平定乱世的本事，这样，百姓就能有休养生息的希望，我刘文静也知道应该投靠谁了。"唐太宗高兴地说："你有什么谋划吗？"刘文静回答说："如今李密长时间包围东都洛阳，皇上却在淮南一带巡游。大股乱贼跨连州郡，小股强盗屯据在山泽之中，他们的人数可用千万来计算。但需要真命天子来驾御这些人，能够顺应天命，只要举旗一呼，那么四海完全可以平定。现在并州一带的老百姓，为躲避盗贼都进入晋阳城内。我刘文静当了好几年县令，了解其中的英雄豪杰，一旦把他们召集起来，马上就能得到几万兵马。你父亲率领的军队又有好几万人，一旦下达命令，谁敢不服从？我们乘虚入关，号令天下，用不了半年，帝王大业就可建成了。"唐太宗李世民笑着说："你的计策非常好，正合我意。"于是他开始部署宾客，暗中图谋起义。唐高祖李渊命刘文静伪造隋炀帝的诏令，以朝廷的名义征太原、雁门、马邑等几个郡年龄在二十岁以上、五十岁以下的人全部入军为兵，年底时在涿郡集结。因此人心不安，想要造反的人越来越多。李渊又派刘文静和裴寂伪造敕命文书，取出官库内的钱财物品，以此供应留守的军费开销。接着招募聚集士兵，改换旗帜来表明自己是正义的举事。李渊又派刘文静去联合突厥，突厥的始毕可汗说："唐公起义，想要做什么呢？"刘文静说："隋文帝杨坚废掉嫡长子，把帝位传给了后主杨广，所以才造成这样的祸乱。唐公是皇室的亲族，不忍心看到国家的衰败，想要废掉那个不应该当皇帝的人。因此希望与可汗的兵马一同进入京师，到那时候，百姓和土地归唐公，金银财宝、绫罗绸缎归突厥。"始毕可汗非常高兴，随即调遣兵马跟随刘文静前来援助李渊，太原起义军的威势更加壮大了。

由此观之，是知天下者，非一人之天下也，天下之天下也。

所以王者必通三统[1]，明天命所受者博，非独一姓也。昔孔子论《诗》，至于"殷士肤敏，祼将于京"，喟然叹曰："富贵无常，不如是，王公其何以诫慎，民萌其何以劝勉？"《易》曰：安不忘危，存不忘亡。是以身安而国家可保也。故知惧而思诫，乃有国之福者矣。

【注释】①三统：本指夏、商、周三代的正朔。夏正建寅为人统，商正建丑为地统，周正建子为天统。这里是指三统更替变化，指王朝兴衰更迭。

【译文】从以上事例可以看出，天下不是某一个人的天下，而是全天下人的天下。所以做帝王的一定要明白王朝更迭的道理，认清天命所授予的人很多，并不是只有一个姓氏。从前孔子在评论《诗经》时，讲到"殷朝的士人聪慧机敏，看出殷商将亡，纷纷去扶助周室"这一句时，感叹道："荣华富贵有如云烟，如果不是这样的话，王公贵族还怎么会小心谨慎，老百姓又怎么会积极进取呢？"《周易》中说：平安的时候不能忘记危难，国家生存时不可忘掉灭亡的危机。能做到这些，自身就能长保平安，国家也不会沦丧了。因此知道畏惧，就会常常心存警觉，这才是国家的福气。

时宜第二十一

夫事有趋同而势异者，非事诡也，时之变耳。何以明其然耶？昔秦末，陈涉起蕲，兵至陈。陈豪杰说涉曰："将军被坚执锐，帅士卒以诛暴秦，复立楚社稷，功德宜为王。"陈涉问陈余、张耳两人，两人对曰："将军瞋目张胆，出万死不顾一生之计，为天下除残贼。今始至陈而王之，示天下以私。愿将军无王，急引兵而西，遣人立六国后，自为树党。如此，野无交兵，诛暴秦、据咸阳，以令诸侯，则帝业成矣。今独王陈，恐天下解也！"

【译文】有些事情的发展趋势虽然看起来很相似，但实际情况却截然不同。这并不是事情本身有什么奇特诡异之处，而是由于时势变化所致。为什么这样说呢？秦朝末年，陈胜在蕲地发动起义，兵临陈地。陈地众豪杰劝说陈胜："将军您身披坚固的铠甲，手执锋利的武器，率领士卒讨伐暴秦，重新恢复了楚国的社稷，按战功和德行来看，您应当为王。"陈胜征求陈余、张耳二人的意见，二人回答说："将军您有胆有识，敢作敢当，多次踏入危险之地却不顾自身安危，一心替天下百姓清除残贼。如今刚刚攻下陈地便要急于称王，这是在向天下人显示自己有追求功名利禄的私心。希望将军您最好不要现在称王，应该急速率兵西进，派人拥立齐、楚、燕、韩、赵、魏等六国诸侯的后代，为自己树立党羽。如果能这样，我们无需在战场上与敌人拼杀，就可以诛灭残暴的秦朝，占据咸阳，来号令诸侯，那么您的帝王大业便能成就了。现在您只是在陈地为王，恐怕天下百姓的心就要散了。”

及楚、汉时，郦食其①为汉谋挠楚权，曰："昔汤伐桀，封其后于杞；武王伐纣，封其后于宋。今秦失德弃义，侵伐诸侯社稷，灭亡六国之后，使无立锥之地。陛下诚能复立六国后，此其君臣百姓必皆戴陛下德，莫不向风慕义，愿为臣妾。德义以行，陛下南面称霸，楚必敛衽而朝。”汉王曰："善。”张良曰："诚用客之谋，陛下事去矣。”汉王曰："何哉？”良因发八难，其略曰："昔者，汤伐桀，封其后于杞者，度能制桀之死命也。今陛下能制项籍之死命乎？其不可一也。武王入殷，表商容②之闾，释箕子③之囚，封比干之墓。今陛下能封圣人之墓，褒贤者之闾乎？其不可二也。发巨桥之粟，散鹿台之财，以赈贫民。今陛下能散府库以赐贫穷乎？其不可三也。殷事已毕，偃革为轩，倒载干戈，示天下不复用武。今陛下能偃武修文，不复用兵乎？其不可四也。放马华山之阳，示无所为。今陛下能放马不复用乎？其不可五也。休牛桃林之野，示天下不复输积。今陛下能乎？其不可六也。且天下游士，离亲戚、弃坟墓、去故旧、从陛下者，日夜望咫尺之地。今复六国，立韩、魏、燕、赵、齐、楚之后，余无复立者，天下游士各归事其主、从亲戚、反故旧，陛下与谁取天下乎？其不可七也。且楚唯无强，六国立者复挠而从之唯当使楚无强，强则六国从之也。陛下安得而臣之哉？其不可八也。诚用客之谋，则大事去矣。”时王方食，吐哺，骂郦生曰：“竖儒！几败我事！”趣令销印，此异形者也。荀悦曰：“夫立策决胜之术，其要有三：一曰形，二曰势，三曰情。形者，言其大体得失之数也。势者，言其临时之势、进退之机也。情者，言其心志可否之实也。故策同事等者，三术不同也。初，张耳说陈涉以复六国后，自为树党。郦生亦用此说汉王，所以说者事同，而得失异者，何哉？当陈涉之起也，天下皆欲亡秦；而楚、汉之分未有所定，今天下未必欲亡项也。且项羽力能率从六国，如秦之势，则不能矣。故立六国于陈涉，所谓多己之党，而益秦弊也。且陈涉未能专天下之土也，所谓取非其有，以德于人，行虚惠而获实福也。立六国于汉王，所谓割己之有，而以资敌，设虚名而受实祸。此事同而异形者也。”

【注释】①郦食其：秦末楚汉时人，刘邦手下，是我国历史上著名的说客。②商容：商末殷纣王时期主掌礼乐的大臣，著名贤者，因不满纣王的荒唐暴虐，多次进谏而被黜；一说他曾试图用礼乐教化纣王而失败，逃入太行山隐居。周武王胜殷之后，欲封其为三公，辞不受，武王遂表商容之间以示对忠臣贤者的尊敬。③箕子：名胥余，殷商末期人，文丁的儿子，帝乙的弟弟，纣王的叔父，官太师，封于箕，曾因劝谏纣王被囚禁。周灭商后，走之朝鲜。

【译文】等到楚、汉相争时，郦食其为汉王刘邦谋划削弱楚国的势力，说：“从前商汤讨伐夏桀成功后，把夏桀的后代分封在杞地。周武王讨伐殷纣成功后，把纣王的后代分封在宋地。现今秦朝丧失仁德，背信弃义，侵伐诸侯社稷，残害六国诸侯的后代，使他们没有安身之处。陛下您如果真能重新扶立六国诸侯的后代，那么这六国的君臣以及百姓一定会对陛下感恩戴德，都会闻风仰慕您的德义，愿意做您的臣民。您的德义一旦得以推行，陛下就可以称霸诸侯，登上帝位，楚国也一定会毕恭毕敬地来臣服了。”汉王刘邦说：“好！”

张良知道后，对刘邦说："如果真的采用郦食其的计策，那么陛下您就大势已去了。"汉王说："为什么这么说呢？"张良因此提出八条不可扶立六国后人的原因，大概是这样说的：从前，商汤讨伐夏桀，之所以把夏桀的后人封在杞地，是因为他有将夏桀置于死地的把握。现在陛下您有置项羽于死地的把握吗？这是不可以扶立的第一条原因；武王攻伐殷纣，为表示对贤者的尊敬，在进入殷地后，马上设表来表彰商容的忠贤；又释放了箕子，还去比干的坟墓上填了土。现今陛下您能去给圣人的坟墓填土、到贤者的家乡去表彰他吗？这是不可以扶立的第二条；周武王攻下商朝都城后，把殷纣存积在巨桥仓的粮食和储存在鹿台库的财物，都拿来赈济贫民。如今陛下您能打开府库，把里面的钱粮散给穷人吗？这是不可以扶立的第三条；伐殷的战事结束后，周武王下令把战车改为普通官车，把兵器调转头来放到仓库里，告示天下不再动用武力去打仗了。现在陛下您能做到偃息武备，提倡文德教化，不再用兵打仗了吗？这是不可以扶立的第四条；周朝灭商后，周武王把战马放到华山的南坡上，告示天下人天下已太平，今后不会再打仗了。现今陛下您能放马南坡而不再用它们去打仗了吗？这是不可以扶立的第五条；周武王把牛群放归桃林的山野中，向天下百姓昭示战争已经结束，不再需要用牛来运输军需粮草了。现在陛下您能够做到这些吗？这是不可以扶立的第六条；况且天下的谋士、说客，离别亲人，抛弃祖坟，告别故乡，远离朋友，前来追随您的原因，无外乎是早晚都在盼望着能得到一小块封地罢了。现在如果恢复六国旧制，重新分封韩、魏、燕、赵、齐、楚六国的后代，那么其它天下四方来的谋士、说客就得不到分封，一定会各自回归故国去侍奉他们的君主，回去与他们的亲人团聚，回到他们的朋友那里。这样，还有谁能来帮您夺取天下呢？这是不可以扶立的第七条；况且，目前楚国天下无敌，您重新分封后的六国只会再一次被它削弱，最后不得不归附楚国只有使楚国的国力变得弱小后才可以分封六国，否则，只要楚国强大，六国就一定会去归附它。陛下您又如何能使楚国前来向您臣服呢？这是不可以扶立的第八条。假如您真的用了郦食其的计谋，那么您就大势已去了！这时汉王刘邦正在吃饭，听了张良的分析，气得将吃进嘴里的食物给吐了出来，大骂郦食其："这个臭儒生，几乎坏了我的大事！"立即下达命令，销毁之前为复立六国准备的印信。这正是事情看起来很相似，但具体情况却各有不同，要针对具体情况具体分析的例子。荀悦说："确立决定胜负的策略有三个关键：一是形，二是势，三是情。所谓形，是指大体上对成功与失败、优劣、得失等情况所进行的衡量。所谓势，是指具体事件发生时，对事态发展的推断，对进退时机的把握。所谓情，是指当事者内心对事态的一个肯定或否定的真实态度。因此，尽管是策划同一类事情，功劳却往往大不相同。这是为什么呢？这是因为其中关键的三个要素是不同的。当初，张耳劝陈胜采取'重新复立六国的后代，为自己树立同党'的策略。郦食其也用同一策略劝说汉王刘邦，那为什么他们二人所说的事情相类似，可成败得失的结局却大不相同呢？当陈胜起义时，天下人都盼望暴秦灭亡；而当时楚、汉相争的局面却尚未形成。现今，天下人不一定都想项羽灭亡，况且项羽有统率六国之能，像秦朝当时那样的局势却不可能有能力统领六国。所以，对于陈胜来说，扶立六国，既增加了自己的党羽，同时又加速了暴秦的灭亡。更何况陈胜当时还没有完全占据天下的土地，这正是拿不属于自己的东西送给别人以施恩德，实际上所行的不过是名义上的恩惠，而获得的却是实实在在真正的利益。对于汉王刘邦来说，分封六国诸侯实际上是在分割自己的土地去资助敌人，虽获得了虚名却给自己带来了真正的祸端。以上说的就是事情表面上看起来相类似，而实际具体情况却大不相同的例子。"

七国时，秦王谓陈轸曰："韩、魏相攻，朞（jī）年不解。或曰救之便，或曰勿救便，寡人不能决，请为寡人决之。"轸曰："昔卞庄子①方刺虎，管竖子②止之，曰：'两虎方食牛，牛甘必争，争必斗，斗则大者伤、小者死。从伤而刺之，一举必有两虎之名。’今韩、魏相攻，朞年不解，必是大国伤、小国亡。从伤而伐之，一举必有两实。此卞庄刺虎之类也。”惠王曰：“善。”果如其言。

【注释】①卞庄子：即管庄子、卞严子、辨庄子，我国春秋时期鲁国的卞邑大夫。以勇力过人而闻名。在一次战斗中曾杀敌七十人，力战而死。②竖子：指童仆、小子，对人的蔑称。

【译文】战国时，七雄争霸，秦惠王对陈轸说：“韩国和魏国交战，战事已经一年多了，还没有结束。有人对我说出兵救援比较好，也有人告诉我不要出兵比较好。寡人也不知道该怎样做决定了，请你帮我出出主意吧。”陈轸回答说：“从前卞庄子要刺杀猛虎时，他的童仆阻止他说：‘那两只老虎正要吃牛，一会儿它们必定会为这香美的牛肉而争抢，一争抢就会引发打斗，一打斗弱小的老虎就会被咬死，那只强大的老虎也会在打斗中受伤。这时您再去刺杀那只受伤的老虎，这样就可以得到一剑刺杀双虎的美名。’如今，韩、魏两国互相攻伐，战事已历经一年还未停止。这样一定会使大国损伤，小国灭亡。那时大王再去讨伐受伤的强国，便可一举得到两个国家。这与卞庄刺虎是一样的道理啊。”秦惠王说：“好。”于是按陈轸的建议行事，结果与陈轸预料的完全一样。

初，诸侯之叛秦也，秦将章邯围赵王于钜鹿。楚怀王使项羽、宋义①等北救赵。至安阳今相州安阳县也，留不进。羽谓义曰：“今秦军围钜鹿，疾引兵渡河，楚击其外，赵应其内，破秦军必矣。”宋义曰：“不然。夫搏牛之虻，不可以破虮虻喻秦也，虮喻章邯也。喻今将兵，方欲灭秦，不可尽力与章邯即战也。今秦攻赵，战胜则兵罢，我承其弊；不胜，则我引兵鼓行而西，必举秦矣。故不如斗秦、赵。夫击轻锐，我不如公；坐运筹策，公不如我。”羽曰：“将军戮力而攻秦，久留不行，今岁饥民贫，士卒半菽士卒食蔬菜，以菽杂之半。军无见粮。乃饮酒高会，不引兵渡河，因赵食，与并力击秦，乃曰‘承其弊’。夫以秦之强，攻新造之赵，其势必举赵。赵举而秦强，何弊之承？且国兵新破，王不安席，扫境内而属将军。国家安危，在此一举。今不恤士卒而徇私，非社稷臣也。”即夜入义帐中斩义。悉兵渡河，沉舟破釜，示士卒必死，无还心，大破秦军。此异势者也荀悦曰：“宋义待秦、赵之弊，与下庄刺虎事同而势异，何也？施之战国之时，邻国相攻，无临时之急，则可也。战国之立，其来久矣，一战之胜败，未必以亡也。其势非能急于亡敌国也。进则乘利，退则自保，故蓄力待时，承弊然也。今楚、赵新起，其力与秦势不并立，安危之机，呼吸成变，进则定功，退则受祸，此事同而势异者也。”

【注释】①宋义：原为楚国令尹。秦末楚国复辟后，成为楚怀王熊心的大将军。章邯攻赵时，宋义奉楚怀王之命，统兵解救，因想坐山观虎斗，所以屯兵观望不进，项羽发动兵变，将其斩杀。

【译文】当初，各路诸侯反叛秦朝。秦朝的大将章邯率兵将赵王围困在钜鹿。楚怀王派项羽、宋义等人率兵前往北方解救赵王。兵至安阳安阳，就是今天的相州安阳县，宋义停留不前。项羽对宋义说：“现在秦军在钜鹿将赵王围住，我们应该尽快率兵渡河，楚兵在外，赵兵在内，里应外合，内外夹攻，一定能击破秦军！”宋义说：“不是这样。我们要打的是牛背上大的蛀虫，不是要打牛身上的小虱子大虻虫用来比喻秦王朝，小虱子用来比喻章邯。这是在说我们现在率领军队是要灭掉秦朝，而不是尽全力与章邯作战。现今秦军正全力围攻赵国，如果秦军取得胜利，那全军将士一定会疲惫不堪，我们正好趁他们疲惫之际攻打秦军；如果秦军失败，那么我们就率领大军擂鼓西进，这样定会一举灭秦了！所以，现在不如先让秦、赵两国互相争斗，我们坐享其成。如果说在战场上冲锋陷阵，我宋义不如你项羽；但若说运筹帷幄，你就不如我了。”项羽说：“将军您奉命率军全力攻秦，但却这么长时间都按兵不动，况且今年又闹饥荒，百姓穷困潦倒，我们士兵都是豆类蔬菜掺杂着吃士兵吃的蔬菜，其中一半掺杂着豆类。军中不见半点存粮。尽管如此，您依然邀请显要之人一起饮酒聚会，却不肯率兵渡河去赵国获取粮食，与他们合力攻打秦军，却说要等秦军疲惫时再攻打他们。凭借秦军的强大，去攻打新建立的赵国，从形势上来看，秦军一定能攻破赵国。赵国灭亡，秦朝就会更加强盛，哪里还会给我们疲惫不堪的机会可乘呢？况且，我们楚军刚打了败仗，楚怀王正坐不安席，聚集了我国境内全部兵力交给将军您统领，国家的安危，就在此一举了。现今，将军您非但不体恤士卒，竟然还让自己的儿子去齐国为相，公然徇私，哪里是能够安定社稷的臣子呢？”当天夜里，项羽便闯入宋义的帐中杀了宋义。之后，项羽便率领全军渡河。大军过河后，项羽命令将士破釜沉舟，一定要以死相争，如果失败，就没有求生的可能。因此，全体将士在没有后退之心的情况下大破秦军。上面就是事情虽然类似，但因形势和时机不同导致做法不同的例子荀悦说：“宋义想要坐等秦、赵双方交战后的疲惫不堪再进攻，这与卞庄刺虎一事看似相同，其实二者所处形势各异。为什么这么说呢？如果把卞庄刺虎的策略用在战国时期，此时相临国家相互攻伐，如果暂时没有突发的危急情况，当然可以采取卞庄刺虎的策略。战国时七国争霸的局面已经形成很久了，一次战争的失败未必会导致一个国家的灭亡。这种趋势并不能使敌对的国家马上消亡。进取则可能乘机得利，后退则可能保全自己。所以说，要趁敌人疲惫衰败之时来储存实力以等待时机。而今楚国和赵国是新建立的国家，他们的实力和秦国相比，不可相提并论，处于这样一个生死存亡的紧要关头，哪怕呼吸之间都可能发生很大的变化，进取定会取得成功，退后就会遭受其害。这就是说事情相类似，而形势和时机不同的情况啊！”

韩信伐赵，军井陉，选轻骑二千人，人持一赤帜，从间道升山而望赵军，诫曰：“赵见我走，必空壁逐我，若疾入赵壁，拔赵帜，立汉赤帜。”信乃使万人先行，出陪水阵。平旦，信建大将之旗，鼓行出井陉口。赵开壁击之，大战良久。于是信弃旗鼓，走水上军。水上军开入之，复疾战。赵空壁争汉旗鼓，逐韩信。韩信等已入水上军，军皆殊死战，不可败。信出奇兵二千骑，共候赵空壁逐利，则驰入赵壁，皆拔赵旗，立汉赤帜二千。赵军已不能得信等，欲还归，壁皆汉赤帜，而大惊，以为皆已得赵王将矣。遂乱，遁走，赵将虽斩之，不能禁也。于是汉兵乘击，大破之，虏赵军。诸将效首虏，皆贺信。因问曰：“兵法：背右山陵，前左水泽。今者反背水阵，然竟以胜，此何术也？”信曰：“兵法不曰‘陷之死地而后生，置之亡地而后存’？且信非得素抚循士大夫也，此所谓驱市人而战之，其势非置之死地，使人人自为战。今与之生地，皆走，宁尚可得而用之？”

【译文】韩信率兵攻打赵国，驻军井径。他选出两千名轻骑兵，每人手持一面红色的汉军旗帜，从小路上山，到达山顶既可埋伏又可窥视赵军的动静，并告诫他们说：“赵军看到我军败逃，定会倾巢出动追击我军，到那时，你们就快速冲入赵军营地，把赵军的旗帜拔掉，插上我们汉军的红色旗帜。”韩信于是派一万人马先行出发，出营后，背对着河水摆开了阵势。等到天亮时，韩信树起大将旗帜，擂起战鼓，率领另一路人马出了井陉口。赵军打开营门出来迎击汉军，双方大战了很久。这时，韩信突然丢下军旗和战鼓，快速退向排在水边的军阵。排列在水边的军队打开阵势，把他们迎入军中，又与赵军展开一场恶战。赵军果然倾巢而出，大军争相抢夺汉军的军旗、战鼓，追逐韩信等人。韩信率兵已与列阵在水边的军队会合，将士们个个殊死奋战，赵军一时之间无法取胜。韩信之前派出的两千轻骑，正在等候赵军倾巢出动追赶韩信，抢夺战利品，此时，他们趁机冲入赵军营地，把赵军的旗帜全部拔掉，竖起两千面汉军的红色旗帜。赵军此时无法擒获韩信等人，也没有办法击败韩信的军队，就想收兵回营，却看到满营皆是汉军的红色旗帜，大惊失色，以为汉军已经俘获了赵王的将领们了。于是赵军大乱，四处逃窜。赵将虽然斩杀了好多逃兵，却仍然无法阻止。汉军乘机攻击，大破赵军，俘虏了大批赵国将士。汉军诸将把敌人的首级和俘虏呈给韩信，然后都向韩信道贺。有人问韩信："兵法上说，排兵布阵时右边应背靠山陵，左边应面对水泽，可是今天这一仗，将军您却背水列阵，竟然反而凭此打了胜仗，这是什么战术呢？"韩信回答说："兵法上不是说'陷之死地而后生，置之亡地而后存'吗？况且我韩信统领的并不是平素受我训练过能听我指挥的将士，这正所谓'驱赶着集市上的人去打仗'！在这样的形势之下，如果不把军队置之死地，使每个人都为了保全生命而奋勇作战，那就无法取胜了。现在如果把这些将士都放置在可以随时逃跑的生地，他们早就都逃了，哪里还能用他们奋勇杀敌呢？"

又高祖劫五诸侯兵，入彭城。项羽闻之，乃引兵去齐，与汉大战睢水上，大破汉军，多杀士卒，睢水为之不流。此异情者也。荀悦曰："伐赵之役，韩信军泜水，而赵不能败。何也？彭城之难，汉王战于睢水之上，士卒赴入睢水而楚兵大胜，何也？赵兵出国近攻，见可而进，知难而退，深怀内顾之心，不为必死之计；韩信孤军立于水上，有必死之计，无生虑也，此信之所以胜也。汉王制敌入国，饮酒高会，士众逸豫，战心不同。楚以强大之威，而丧其国都，项羽自外而入，士卒皆有愤激之气，救败赴亡，以决一旦之命。此汉所以败也。且韩信选精兵以守，而赵以内顾之士攻之；项羽选精兵以攻汉，而汉王以懈怠之卒应之。此事同而情异者也。”故曰：权不可预设，变不可先图。与时迁移，应物变化，计策之机也。

【译文】再举一个例子，汉高祖刘邦率领五路诸侯兵马攻入彭城。项羽听到这一消息后，便率军离开齐国，与汉军在睢水边展开大战。楚军大破汉军，杀死很多汉兵，汉军士卒的尸体沉到睢水里，河水都被尸体堵塞而不能流动。上面说的就是，当事情相类似时，由于当事者心态不同而导致不同结果的事例。荀悦说：“在攻伐赵国的那次战役中，韩信布军在泜水边，可是赵军却不能趁机战胜汉军。这是为什么呢？彭城之役惨败，汉王率军战斗在睢水边，汉军士卒因逃跑奔入睢水中而亡的不计其数，楚军因而大获全胜，这又是为什么呢？赵军离开本国，可进则进，不可进时则知难而退，心里深埋着兵败便后退回国的心思，没有下定必死的决心；韩信率领孤军深入，背水为阵，每位将士都下定了必死的决心，没有抱着生还的希望，这就是韩信之所以取胜的原因。汉王刘邦制服敌人，攻入楚国都城彭城，设置酒宴，大会宾客，士卒们也都贪图安乐，没有统一的斗志。楚军拥有强大的威势却失掉了自己的国都，项羽率军从外面回来救援，军士们都怀着慷慨激昂的斗志，去挽救之前的失败，奔赴国难，不惜牺牲性命来与敌人决一死战，这就是汉军之所以失败的原因。况且韩信选择精锐兵力来防守，而赵国却派随时想着战败回国，怀有内顾之心的士卒去攻打韩信；项羽选派精锐兵力去攻伐汉军，而汉王却用懈怠的士卒去应付项羽的军队。这正说明事情相类似，但由于当事者的心态不同而导致了不同的结果。”所以说，权谋是不可能预先设置周全的，随机应变的策略也是不可能预先谋划的。只有根据时机、事物的发展来随机应变，才是计策的关键所在。

汉王在汉中，韩信说曰：“今士卒皆山东人，跂而望归。及其锋，东向可以争天下。”后汉光武北至蓟，闻邯郸兵到，世祖欲南归，召官属计议。耿弇曰：“今兵从南来，不可南行。渔阳太守彭宠，公之邑人；上郡太守，即弇父也。发此两郡，控弦万骑，邯郸不足虑也。”世祖官属不从，遂南驰，官属各分散。议曰：归师一也，或败或成，何也？对曰：孙子云：“归师勿遏。”项王使三王之秦，遏汉王归路，故锋不可当。又孙子称：“诸侯自战其地，为散地。”光武兵从南来，南行入散地，所以无斗志而分散也。故归师一也，而一成一败也。

【译文】汉王刘邦在汉中的时候，韩信劝他说：“现今您的士卒都是来自崤山以东，他们每天都踮着脚向东张望，盼望能回归故乡。您应该趁着这股不可抵挡的锋锐气势，率军东进以夺取天下。”东汉光武帝刘秀率兵向北行进到蓟地，听说邯郸方面的军队来到，刘秀就想撤兵南归，他召集属下商量此事。耿弇说：“现今，我们的队伍从南边开来，是不可以再掉头南归的。渔阳太守彭宠是您的同乡，上郡太守是我的父亲。您可以将这两郡的兵马派出，就可以有上万骑兵，那么邯郸来攻的军队就没有什么可以担心的了。”刘秀的官属们都不同意这一建议，于是刘秀便率兵南回，而官属们也都各自散去。评论：撤军回师是一样的，但有的军队因此失败，有的却因此而成功，这是为什么呢？回答说：孙子说：“不要阻挡正撤军回国的敌军。”项羽派章邯、司马欣、董翳三人到秦地去阻拦汉王刘邦的归路，所以汉军回师的士气锐不可挡。孙武又说：“诸侯在自己的封地上与敌人作战，这个地区称为散地。”光武帝刘秀的兵马原本从南方北上，却又回师南方，这就是进入了散地，将士们因此都没了斗志，最终各自逃散。所以，撤军回师看似相同的事情，却是一个成功，一个却失败了。

后汉李傕等追困天子于曹阳。沮授①说袁绍曰："将军累叶台辅②，世济忠义。今朝廷播越，宗庙残毁。观诸州郡，虽外托义兵，内实相图，未有忧在社稷、恤人之意！且今州城粗定，兵强士附。西迎大驾，即宫邺都，挟天子而令诸侯，畜士马以讨不庭，谁能御之？若不早定，必有先之者。夫权不失机，功不厌速，愿其图之。"绍不从。魏武果迎汉帝，绍遂败。

【注释】①沮授：东汉末年袁绍帐下谋士。史载他"少有大志，擅于谋略"。袁绍入主冀州后，沮授监统内外、威震三军，助袁绍夺取青州、并州、幽州而统一河北。沮授曾对袁绍提出奉迎天子、反对诸子分立、三年疲曹的战略，袁绍没有听从。在官渡之战中，沮授提出缓进战术，不被采纳。袁绍大败后，沮授被俘，拒绝投降。后来，沮授欲回河北，事败被杀。②台辅：三公、宰相之称。

【译文】东汉末年，李傕等人追赶汉献帝，把他围困在曹阳。沮授劝袁绍说："将军您祖上先后几代都位居三公之职，世代奉行忠信仁义的美德。现今天子被迫四处流亡，国家宗庙遭摧残而毁坏。再看各州、郡的军阀豪强，虽然对外都假托自己是义兵，其实各自心中都有所图谋，并没有忧国忧民的理想和抱负。况且现在冀州地区已基本被将军平定，兵力强盛，人心归附。您可以率军向西恭迎皇上圣驾，然后可以把国都定在邺城，挟天子以令诸侯，招兵买马来讨伐那些反抗朝廷的叛逆，如果这样做的话，还有谁能抵挡得了您呢？假如您不及早定夺，一定会有人抢在您前面去做。实施策略决不能错过时机，建立功勋要贵在神速。希望您尽早采取行动。"袁绍没有听从沮授的建议。后来，魏武帝曹操果然迎接汉献帝并定都许昌，袁绍因此而失败。

梁武帝萧衍初起义，杜思冲劝帝迎南康王，都襄阳，正尊号，帝不从。张弘策曰：“今以南康置人手中，彼挟天子以令诸侯，节下前去，为人所使。此使岁寒之计耶？”帝曰：“若前途大事不捷，故当兰艾同焚；若功业克建，谁敢不从？岂是碌碌受人处分于江南，立新野郡以集新附哉？”不从。遂进兵，克建邺而有江左。议曰：挟天子而令诸侯，其事一也，有以之成，有以之败，何也？对曰：天下者，非一人之天下也。肆行凶暴，继体不足以自存；人望所归，匹夫可以成洪业。夫天命底止，唯乐推，有自来矣。当火德不竞，群豪虎争，汉祚虽衰，人望未改，故魏武奉天子以从人欲，杖大顺以令宇内，使天下之士委忠霸图。《传》曰：“求诸侯莫如勤王。”斯之谓矣。齐时则不然，溥天思乱，海水群飞，当百姓与能之秋，属三灵改卜之日，若挟旧主，不亦违乎？故《传》讥苌弘[①]欲与天之所怀，而美蔡墨[②]雷乘乾之说。是以其事一也，有以之成，有以之败也。此情与形、势之异者也。随时变通，不可矣。诸葛亮曰：“范蠡以去贵为高，虞卿以舍相为功；太伯[③]以三让为仁，燕哙[④]以辞国为祸；尧、舜以禅位为圣，孝哀以授董为愚；武王以取殷为义，王莽以夺汉为篡；桓公以管仲为霸，秦皇以赵高丧国。此皆趣同而事异也。明者以兴治，暗者以辱乱也。”

【注释】①苌弘：亦作苌宏。字叔，又称苌叔。周景王、周敬王的大臣刘文公所属大夫。传说苌弘被周人杀死三年后，其心化为红玉，其血化为碧玉，故有“苌弘化碧”“碧血丹心”之说，以喻忠诚正义。②蔡墨：又叫蔡史墨、史黯。春秋时晋国大夫，春秋末期思想家。长于天文星象、五行术数与筮占，熟悉各诸侯国内政。③太伯：又称泰伯，吴国第一代君主，东吴文化的宗祖。姬姓，父亲为周部落首领古公亶父，兄弟三人，排行老大，两个弟弟是仲雍和季历。父亲传位于季历及其子姬昌，太伯和仲雍避让，迁居江东，建国勾吴。④燕哙：即燕王哙，战国时燕国第三十八任国君，燕易王之子。公元前321年，燕王哙正式继位后组织四国联军攻打秦国，未能成功。重用国相子之改革，后禅位于子之，导致太子姬平联合将军市被发动内乱。国相子之平息内乱。公元前314年，齐国趁机入侵，燕王哙被杀，国相子之成擒。燕昭王在赵武灵王护送下，回国继位。

【译文】南北朝时，梁武帝萧衍发动义兵举事，杜思冲劝萧衍前去恭迎南康王，然后定都襄阳，以使尊号名正言顺，梁武帝没有听从杜思冲的建议。张弘策说："现在如果南康王落入他人手中，那个人就可以挟天子以令诸侯，那么将军您就要前去称臣，听别人的命令了。这难道是处于乱世的一时之计吗？"梁武帝说："假如我们的前途大业不能成功，就应当与敌人同归于尽；假如我们一举成功，又有谁敢不听从我们呢？难道只是碌碌无为地在江南听任指使，占据新野郡来聚集新来归附的人吗？"萧衍没有听从张弘策的建议。于是发兵，一举攻克了建邺，从而占据长江以南的广大地区。评论：都是挟天子以令诸侯，事情虽然都类似，但却有因此成功，也有因此而失败的，这是为什么呢？回答说：天下，并不属于某一个人的天下。统治者如果肆意而行又凶狠残暴，即使应该由他来继位称帝，他也无法自保；如果这个人众望所归，那么即使是很普通的百姓也可以成就帝王之业。天命对于某个帝王的终点，就是出现百姓乐意拥戴的人来成就帝业，自古以来就是这样的。当年汉王室无法延续下去时，群雄如猛虎一般争夺天下，汉朝皇帝的地位虽已衰微，但在百姓心中的威望却没有改变，因此魏武帝曹操尊奉天子汉献帝来顺从百姓之意，仰仗顺乎伦常的天道来号令天下，使得天下之士都来投靠尽忠，魏武帝因此而成就了一番霸业。《左传》上说："向诸侯求助莫不如为王室尽力。"说的正是这个道理啊。南齐的情况却不是这样，天下人都在思考着如何谋反作乱，四海翻腾，这正是百姓想要归附贤者，天、地、人三灵重新选择人君的时候，假如还是挟持原来的君主，不也是违备了天意和人愿吗？所以《左传》中讥讽苌弘想要重新恢复周天子的地位是错误的，却赞美蔡墨用龟筮占卜的方法来展示雷乘乾卦象所说明的道理。所以说"挟天子以令诸侯"这个看似相同的事件，但却有因此成功，也有因此而失败的。**上面所说的，是情与形、势在看似相同的事件中结果却各不相同的情况。所以说，要随机应变，与时俱进，不能执于一端而不知变通！**诸葛亮曾说：“范蠡因能抛弃富贵而显其高明，虞卿因舍弃相印而成就著书立说的功绩；吴太伯由于三次让位被视为仁义，战国时燕王哙由于把国家的大权禅让给相国子之而遭致祸乱；尧、舜二帝由于禅让而被人们尊为圣人，汉孝哀帝由于想授帝位给董贤而被人们视为愚蠢；周武王由于推翻殷商的统治被称为正义之举，王莽由于夺取西汉政权而被认为是篡权夺位；齐桓公由于任用管仲而称霸，秦二世因为重用赵高而丧国。这些例子都是说一些事情表面看来很相似，但本质却截然不同。明智的人能靠它兴盛安定，愚蠢的人只能招来屈辱和祸乱。”

卷八 杂说

钓情第二十二

孔子曰：“未见颜色而言，谓之瞽。”又曰：“未信，则以为谤己[①]。”孙卿曰：“语而当，智也；默而当，知也。”尸子曰：“听言，耳目不惧，视听不深，则善言不往焉。”是知将语者，必先钓于人情，自古然矣。

【注释】①未信，则以为谤己：此话应为孔子的弟子子夏所说，非孔子所说。原文出自《论语·子张》。

【译文】孔子说：“不看对方脸色就贸然开口说话，这样的人就如瞎子一样。”他又说：“还没取得对方的信任，就贸然提出意见，会被对方认为是毁谤自己。”荀子说：“该说话的时候，说得恰到好处，这是智慧，不该说话的时候就保持沉默，这也是智慧。”尸子说：“听他人说话的时候，眼耳不专注，看到和听到的就不深刻，这时，就不要跟他讲什么有益之言了。”从这些先贤智者的话中，我们会明白一个道理，就是凡要游说劝说君主的人，一定要先掌握对方的情况和态度，自古以来游说成功的人都是这样做的。

故韩子曰：“夫说之难也，在知所说之心，可以吾说当之。说之以厚利，则见下节而遇卑贱，必弃远矣所说实为厚利，则阴用其言，而显弃其身，此不可不知也；说之以名高，则见无心而远事情，必不收矣所说实为名高，则阳收其身，而实疏之。此不可不知。事以密成，语以泄败，未必其身泄之也，而说及其所匿之事，如是者身危周泽未渥也，而语极知，说行而有功则德亡，说不行而有败则见疑，如是者身危。贵人有过端，而说者明言善议，以推其恶者，身危。贵人得计而欲自以为功，说者与知焉，则身危。强之以其所不为，止之以其所不能已者，身危。”又曰：“与之论大人，则以为间己；与之论细人，则以为粥权。论其所爱，则以为借资；论其所憎，则以为尝己；顺事陈意，则曰怯懦而不尽；虑事广肆，则曰草野而倨侮。此不可不知也。彼自知其计，则无以其失穷之；自勇其断，则无以其敌怒之凡说须旷日弥久，而周泽既渥，深计而不疑，交争而不罪，乃明计利害，以致其功。直指是非，以饰其身。以此相持，此说之成也。”

【译文】韩非子曾说过：“游说的困难，在于要了解所要游说对象的心理状况，然后才可以用我的话去顺应他。如果用丰厚的利益去游说他，就会被认为是志节低下，那他就会用对待卑贱之人的待遇来对待你，你必然会被弃掷一旁而受到疏远其实，你游说的对象暗地里是贪图厚利的，只是为了掩饰自己的贪婪，虽然在暗中采纳了你的建议却在明显的公开场合疏远你，这些不能不知道；如果你用清高的名声去游说他，就会被认为是糊涂迂腐，不懂人情事故，必定不会采纳你的意见你游说的对象如果真是贪图厚利，却还想获得清高的名声，就会在表面上对你很亲近，实际上却在疏远你，这些是不能不知道的。事情在保守机密的情况下才能成功，而游说者往往在言语上由于泄露了君主的机密而失败。这倒未必是他有意而为，而是在无意间触碰、泄露了君主的隐秘之事，像这样，就会有生命危险了这是由于君主对游说者的恩宠还未达到亲密的程度，而游说者却要尽其所能地把知道的都要讲出来，即使意见被采纳实施并且收到良好的成效，他也不会认为这是你的功劳，如果你的意见不被采纳，或者即使采纳了而事情却没有办成功，你就会被猜疑，这样也就会有生命危险了。贵人有了过失，你却用是非分明的话来侃侃而谈推究他的过错，这样也会有生命危险；贵人自认为有好的计策而想自建其功，游说者却事先就知道了贵人的那个计谋，就会有生命危险；勉强君主做他不愿做的事，制止君主正在做又不想停止的事，也会有生命危险。”韩非子还说：“如果与君主讨论他的大臣，他就会认为你是在背后说大臣的闲言碎语，以离间他们的君臣关系；如果与君主讨论他身边的亲信小人，他就会怀疑你在炫耀权势。讨论他所爱的人，会被认为要倚仗他的权势做靠山；讨论他所怜惜的人，就会被认为是试探他的态度。如果随顺君主的意图来陈说己见，会被认为胆小懦弱没有主见，不敢全面进言而有所保留。但如果全面综合，考虑高远，毫不保留地放言直陈己见，又被认为是粗俗鄙陋。这也是不能不知道的。如果他认为自己很聪明，深谋远虑，就不要指责他的过失，使他感到窘迫；如果他为自己的勇敢果断而自负时，就不能指责他的过错，让他把你当成敌人而发怒凡是游说君主，须旷日弥久，等到恩宠已经深厚之后，即使讨论得再深入也不会遭到猜疑，互相争论也不会被治罪，这时才能清晰地阐述利害关系，以达到成功的目的。直言指出他的是非对错，来完善他的修养。有了这些依凭之后才会游说成功。”

荀悦曰：“夫臣下之所以难言者，何也？言出乎身则咎悔及之矣。”故曰：举过揭非，则有干忤之咎；劝励教诲，则有侠上之讥。言而当，则耻其胜己也；言而不当，则贱其愚也。先己而同，则恶其夺己明也；后己而同，则以为顺从也。违下从上，则以为谄谀也；违上从下，则以为雷同也。与众共言，则以为顺负也；违众独言，则以为专美也。言而浅露，则简而薄之；深妙弘远，则不知而非之。特见独智，则众恶其盖之也，虽是而不见称；与众同智，则以为附随也，虽得之不以为功。谦让不争，则以为易穷；言而不尽，则以为怀隐；进说竭情，则以为不知量。言而不效，则受其怨责；言而事效，则以为固当。利于上不利于下，或便于左则不便于右，或合于前而忤于后，此下情所以常不通。仲尼发愤，称“予欲无言”者，盖为语之难也。何以明其难耶？

【译文】荀悦说：“作为臣子难以向君主进言的原因是什么呢？因为话一出口，灾祸便随之而来。”所以说，指出君主的过失，揭露君主的错误，就会有触犯龙颜之罪；劝勉教诲君主，便会受到要挟、威逼君主的责难。你的话正确，他就会因你胜过他而感到羞耻；你说的不恰当，他就会认为你愚蠢而轻视你。同一个看法，你比他说得早，他会认为你有意显示自己而厌恶你；而你如果在他之后发表相同的看法，他又会认为你毫无主见，跟风而行。不听下级的意见而顺从上级，会被认为是阿谀奉承；违背上级而顺从下级，又会被认为是附合众人与其雷同。与众人说一样的话，就会被看作是随大流；发表与众不同的独特见解，又会被认为是企图独占美名。话说得浅显直白，就被认为是简单浅薄而受到轻视；说些玄妙精深而又弘远的道理，就会因听不明白而为难你。你有特别的见解和独到的智慧，众人就会因你超过了他们而怨恨你，即使他们认为你说的正确也绝不会称赞你；与大家见解相同又智慧相当，就会被认为是随众从俗，即使有成效也不认为有功劳。言语谦让不与人争，则被认为是没有什么新点子；言而不尽，被认为是在显示自己知无不言，言无不尽；而你若说的尽心尽力，又被认为是不自量力。话说出去却不见成效，就会受到怨恨责难；言而有效，则又认为本应如此。有利于上的话便不利于下，有利于左的便不利于右，与前边的利益相应就会与后边的利益相违，这就是臣下之情难以上达君主的原因啊！孔子曾经激愤地说“我打算什么都不再说了”，就是针对游说者这种话语之难而说的。怎么知道这里面的难处呢？

昔宋有富人，天雨墙坏，其子曰：“不筑，且有盗。”其邻人亦云。暮而果大亡，其家智其子而疑邻人之父。郑武公[①]欲伐胡，乃以其子妻之，因问群臣：“吾欲用兵，谁可伐者？”关其思[②]曰：“胡可。”乃戮关其思，曰：“胡，兄弟之国也，子言伐之，何也？”胡君闻之，以郑为亲已而不备郑，郑人袭胡，取之。此二说者，其智皆当矣，然而甚者为戮，薄者见疑，非智之难也，处智则难。

【注释】①郑武公：姬姓，郑氏，名掘突，春秋时期郑国第二任国君。②关其思：郑武公时期的谋士，时称大士，一直是郑武公最宠幸的大臣。

【译文】从前，宋国有一位富人，因为连降大雨而冲坏了院墙，他的儿子说：“如果不赶快把墙筑起来，就会有盗贼来行窃。”他家的邻居也这样说。夜里，富人家果然被盗，丢了很多财物，损失惨重，富人的家人认为他家的儿子很聪明，却怀疑邻居的父亲是盗贼。郑武公要讨伐胡人，却把自己的女儿嫁给胡人首领为妻，并故意问群臣：“我想用兵，你们说应该讨伐哪个国家？”大臣关其思说：“可以讨伐胡人。”郑武公杀了关其思，说：“胡人，乃是我们的兄弟之邦，你却说要讨伐它，到底是什么意思呢？”胡人的国君听到这个消息后，认为郑国与自己国家很亲近，因而不再防备郑国，郑国的军队便对胡人发动突袭，夺取了他们的国家。富人的邻居与关其思的话都没有错，可是严重的后果是被杀掉，轻微的后果是遭受怀疑，可见使人感到为难的并不是有没有智慧，而是如何运用这种智慧。

卫人迎新妇，妇上车，问："骖马[①]，谁马也？"御曰："籍之。"新妇谓仆曰："拊骖，无苦服[②]。"车至门，拔教："逆母灭橹，将失火。"入室，见臼，曰："徙牖下，妨往来者。"主人大笑之。此三言，皆要言也，然而不免为笑者，早晚之时失矣。此说之难也。

【注释】①骖马：驾在车前两侧的马。②服：即服马。古时四匹马并排拉车时，中间的两匹马称为"服马"。

【译文】卫国有人迎娶新妇，新娘子上车后问仆人说："车辕两边的马，是谁家的？"赶车人回答说："是借来的。"新娘子便对仆人说："抽打那两边的骖马，不要累坏中间的服马。"车来到夫家的门口，将其扶出。她催促人说："接婆母出来，赶快灭掉灶里的火，防止发生火灾。"进入新房后，看到舂米石臼，就说："把它移到窗子下边，在这里会妨碍人行走。"新郎家里的人听到后都大笑。新娘子的三句话都是精妙之言，却不免被家人嘲笑，原因就是没有选择恰当的时机。这就是劝说的难处。

说者知其难也，故语必有钓，以取人情。何以明之？昔齐王[①]后死，欲置后而未定，使群臣议。薛公田婴欲中王之意，因献十珥[②]而美其一。旦日，因问美珥所在，因劝立以为王后。齐王大悦，遂重薛公。此情可以物钓也。

【注释】①齐王：即齐威王，妫姓，田氏，名因齐，战国时期齐国（田齐）的第四代国君。②珥：用珠子或玉石做的耳环。

【译文】游说者知道这其中的难处，所以在说话前一定要先行试探，以了解对方的态度和心理。怎么知道是这样呢？从前，齐威王的王后死了，他打算册立新的王后，但还没拿定主意要册立哪一位，便让大臣们一起商议此事。薛公田婴想要迎合威王的心意，便借机献上十副耳环，其中有一副特别精美。第二天，田婴先是暗中了解这副精美的耳环被赐给了哪位妃子，便建议威王立这位妃子为王后。齐威王特别高兴，于是开始重用薛公田婴。这说明可以拿物品来试探对方的隐情。

申不害始合于韩王，然未知王之所欲也，恐言而未必中于王也。王问申子曰："吾谁与而可？"对曰："此安危之要，国家之大事也。臣请深惟而苦思之。"乃微谓赵卓、韩晁[①]曰："子皆国之辩士也，夫为人臣者，言何必用，尽忠而已矣。"二人各进议于王以事。申子微视王之所说，以言于王。王大说之。此情可以言钓也。

【注释】①赵卓、韩晁：二人均为战国时韩国能言善辩的大臣。

【译文】申不害刚与韩王交往的时候，还未弄清韩王的真实喜好，怕所言未必能合韩王的心意。韩王问申不害："我们与哪个国家结盟会好一些呢？"申不害回答说："这是关系到国家安危存亡的大事，请允许臣深思熟虑之后再回禀大王。"于是私下悄悄对韩国著名辩士赵卓、韩晁说："你们二位先生都是韩国的能言善辩之士，但作为臣子，所说的为什么一定要与君主的意见一致呢？只要尽到自己的忠心就可以了。”二人于是就把与哪个国家结盟的问题分别向韩王陈述了自己的意见。申不害在暗中观察韩王听了哪个人的意见感到高兴，然后就拿这个意见向韩王进言。韩王听了非常满意。这说明话语可以试探出对方的隐情。

吴伐越，越棲于会稽。勾践喟然叹曰：“吾终此乎？”大夫种曰：“汤系夏台①，文王囚羑（yǒu）里②，重耳③奔翟，齐小白④奔莒，其霸王。由是观之，何遽不为福乎？”勾践及得免，务报吴。大夫种曰：“臣观吴王政骄矣，请尝之。”乃贷粟以卜其事。子胥谏勿与，王遂与之。子胥曰：“王不听谏，后三年吴其墟矣。”太宰嚭（pǐ）⑤闻之，谗曰：“伍员貌忠而实忍人。”吴遂杀子胥，此情可以事钧也。

【注释】①夏台：夏王朝监狱，又称钧台，今河南禹州。商汤曾被夏桀囚禁于此。②羑里：地名。在今河南省汤阴县北，为商纣囚禁周文王的地方。③重耳：即晋文公姬重耳。④齐小白：即齐桓公姜小白。⑤太宰嚭：即伯嚭，春秋时期吴国大臣，吴王夫差时期太宰。吴王宠臣，陷害伍子胥，使其被迫自刎而死。

【译文】吴国讨伐越国，越王勾践被困于都城会稽。勾践喟然长叹说：“我真的要命丧于此了吗？”大夫文种安慰他说：“当年商汤被夏桀囚禁在夏台，周文王被商纣囚禁在羑里，晋文公重耳年轻为公子时受谗害也曾逃到戎狄，齐桓公为公子时也曾到莒地避难，他们最后都成就了霸王之业。由此看来，大王您今天的处境，怎知不是将来转祸为福的开始呢？”勾践被吴王夫差赦免后，下定决心要向吴国报仇雪恨。大夫文种说：“据臣观察，吴王在治国上已经非常骄横了，请让我去试探一下。”于是就以向吴国借粮来试探吴王夫差的态度。

伍子胥劝吴王不同意借粮，吴王不听，执意要借给越国粮食。伍子胥说："大王不听我的劝谏，不出三年，吴国就要变成一片废墟了。"吴国太宰伯嚭听了这话后，便向吴王进谗言说："伍子胥外表看起来忠厚老实，实际上却是个残忍的人。"吴王听信了太宰伯嚭的话，便杀了伍子胥。这说明以某些事端可以试探出对方的隐情。

客以淳于髡见梁惠王，惠王屏左右，再见之，终无言。惠王怪之，让客。客谓淳于髡，髡曰："吾前见王，王志在驰逐；后复见王，王志在音声。是以默然。"客具以报王，王大骇曰："淳于先生，诚圣人也。前有献善马，寡人未及试，会生来；后有献讴者，未及试，又会生至。寡人虽屏人，然私心在彼。"此情可以志钓也。

【译文】战国时，有人把淳于髡推荐给梁惠王，梁惠王屏退左右随从，单独接见了淳于髡两次，但淳于髡始终没说一句话。梁惠王感到很奇怪，就责备推荐淳于髡的那个人。那人把这事转告给了淳于髡，淳于髡说："我第一次见大王，大王一心想着骑马驰骋；第二次见大王，大王的心思全在欣赏音乐上，所以我才沉默不语。"那人把淳于髡的话据实报给梁惠王，梁惠王大吃一惊地说："淳于先生确实是圣人啊！第一次接见他的时候，恰好有人来进献宝马，我还未来得及试骑，淳于先生就来了；第二次接见他的时候，恰好又有来献歌者，我还没来得及试听，淳于先生又到了。我当时虽然屏退了左右亲信，然而心思确实不在这里。"这说明通过兴趣可以观察出对方的隐情。

智伯从韩、魏之君伐赵，韩、魏用赵臣张孟谈之计，阴谋叛智伯。张孟谈[①]因朝智伯，遇智果于辕门[②]之外。智果入见智伯，曰："二主殆将有变，臣遇张孟谈，察其志矜而行高，见二君色动而变，必背君矣。"智伯不从。智果出，遂更其姓为辅氏。张孟谈入见赵襄子曰："臣遇智果于辕门之外，其视有疑臣之心。入见智伯而更其族，今暮不击，必后之矣。"襄子曰："诺！"因与韩、魏杀守隄之吏，决水灌智伯军。此情可以视钓也。

【注释】①张孟谈：姬姓，张氏，名孟谈。汉代司马迁为避其父司马谈讳作"张孟同"。战国初赵襄子的家臣。②辕门：古时军营的门或官署的外门。

【译文】春秋时，晋国权臣智伯率领韩、魏两家讨伐赵襄子。韩、魏听从了赵襄子的家臣张孟谈的策反之计，暗地里图谋背叛智伯。张孟谈借机要面见智伯，在辕门外遇到智果。智果进去拜见智伯说："韩、魏两家恐怕有背叛的可能。我刚才遇到张孟谈，见他态度傲慢，趾高气扬，见韩、魏两家君主神色也与往日不同，一定是要背叛您。"智伯不听智果的劝告。智果出来后，便将智姓改为辅氏。张孟谈去见赵襄子，说："我在辕门外遇到智果，看他的眼神，已经有了怀疑我的心思。他进去见过智伯后就更改了他的族姓，今夜如果不发动进攻，就来不及了。"赵襄子说："好！"于是与韩、魏两家一起杀掉守卫堤防的军官，放水冲灌智伯的军队。这说明通过神情可以观察出隐情。

殷浩[①]仕晋，有盛名，时人观其出处，以卜江左兴亡。此情可以贤钓也。《吕氏春秋》曰："夫国之将亡，有道者先去。"

【注释】①殷浩：字深源，东晋时期大臣、将领、清谈家。

【译文】殷浩在东晋为官，名声很大。当时人们通过观察他是出来做官还是辞官隐居来预测东晋的兴亡。这说明通过智者的行为可以推断出一个国家的隐情。《吕氏春秋》说："国家将要灭亡时，有德行的人就会事先离去。"

《黔经》曰："喜色洒然以出；怒色麃（biāo）然以侮；欲色炠（ōu）然以愉；惧色惮然以下；忧色惧然以静。"此情可以色钓也。《易》曰："将叛者，其辞惭；中心疑者，其辞枝。吉人之辞寡，躁人之辞多。诬善之人，其辞游；失其守者，其辞屈。"《周礼》五听：一曰辞听，辞不直则烦；二曰色听，色不直则赧；三曰气听，气不直则喘；四曰耳听，耳不直则惑；五曰目听，目不直则眊然。

【译文】《素书》上说："内心高兴，脸色就显得怡然自得；心中生气，脸色就变得蛮横轻慢；心存私欲，脸色就露出燥动苟且；心怀恐惧，脸色就显出胆小畏缩；心有忧虑，脸色就现出寂然沉默。"这说明通过一个人脸上的神色可以推断出隐情。《易经》说："即将背叛的人，他的话语中必会流露出惭愧之意；内心犹疑不定的人，他的话语必定如闲枝末节一样杂乱无章；有德之人话少，浮躁之人话多；诬陷好人的人，说话一定浮游不定；失去操守的人，他的话必定理屈词穷。"《周礼》中关于断案有"五听"的说法：一是"听"他的言辞来判断，说话时不能理直气壮，言语必然烦乱；二是"听"神色来判断，神色不正必会脸红羞愧；三是"听"呼吸来判断，呼吸不匀称、不正常就会气喘；四是"听"对方在听人说话时能否专注来判断，精力不集中就会对他人的话听不清楚；五是"听"对方的眼神来判断，眼神不正，就会飘移散乱。

由是观之，夫人情必见于物。昔晋王好色，骊姬乘色以壅之。吴王好广地，太宰陈伐以壅之。桓公好味，易牙[①]蒸子以壅之。沉冥无端，甚可畏也。故知人主之好恶，不可见于外。所好恶见于外，则臣妾乘其所好恶以行壅制焉。故曰：人君无见其意，将为下饵。此之谓也。能知此者，可以纳说于人主矣。

【注释】①易牙：春秋时著名的厨师，也有写成狄牙的，被厨师们称作祖师。齐桓公所宠幸的近臣，用为雍人。齐桓公重病之时，易牙等乘机作乱，致使桓公饿死。

【译文】由此看来，人的隐情一定会通过外在的事物显现出来。从前，晋献公好色，骊姬就凭借其美貌来蒙蔽他；吴王夫差喜欢扩张土地，太宰伯嚭就建议发动战争来蒙蔽他；齐桓公喜欢美味，易牙就把自己的儿子蒸熟供给他享用来蒙蔽他。人臣蒙蔽君主的手段真可谓隐晦至深，奇诡无比，变化多端，令人毛骨悚然。因此可知，君主的好恶不可流露在外，如果好恶流露于外，那么臣子妻妾就会因其好恶来蒙蔽、挟制君主。所以说，君主无意中显露出来的好恶，就会成为臣子蒙蔽、挟制君主的钓饵。说的就是这种情况。能够明白这些的人，就可以对君主进行游说了。

诡信第二十三

议曰：代有诡诈反为忠信者也。抑亦通变适时，所谓见机而作，不俟终日者。

【译文】评论：世上有一种诡诈，反而被认为是忠实诚信。或许这就是通晓变化之理，适时而动。就是所谓的见机行事，而不是那些明日复明日而最终却无所成者。

孔子曰："君子贞而不谅。"又曰："信近于义，言可覆也①。"由是言之，唯义所在，不必信也。议曰：微哉，微哉！天下之事也，不有所废则无以兴。若忠于斯，必不诚于彼，自然之理矣。由是观之，则吾之所谓忠，则彼之所谓诈。然则忠之与诈，将何而取定哉？抑吾闻之，夫臣主有大义，上下有定分，此百代不易之道也。故欲行忠，观臣主之义定；欲行信，顾上下之分明。苟分、义不愆于躬，虽谲而不正可也。何以明之？

【注释】①信近于义，言可覆也：这句话出自《论语·学而》篇，原文是：有子曰："信近于义，言可复也。"非孔子所言。

【译文】孔子说："君子讲大信，却不拘泥于守小信。"还说："所守的诺言如果符合道义，那么就可以去履行。"由此说来，是否守信的标准只看是不是符合道义就可以了，不一定非要信守诺言。评论：微妙啊，真是微妙啊！这天下的事情，如果该废除的不废除，那么该兴盛的也就无法兴盛了。如果你忠于这一方，就一定对那一方不忠诚，这是很自然的道理。由此看来，从这个人的角度看是忠诚，从那个人的角度看就是伪诈。那么，忠诚与伪诈又该如何界定和区分呢？我听说，臣子与君主之间有公认的大义，上下级之间有明确的职分，这是百世不变的道理。所以，要行忠义，就看是否符合君臣之间的大义来定；要讲诚信，就看是否符合上下级之间明确的职分来定。如果能够身体力行，在职分和大义上没有亏欠，即使使用不那么正大光明的诡诈手段也是可以的。怎么能说明这个道理呢？

叶公问孔子曰：“吾党①有直躬者②，其父攘羊而子证之。”孔子曰：“吾党有直躬者异于是，父为子隐，子为父隐，直在其中矣。”

【注释】①党：古代地方组织，以五百家为一党。②直躬者：以正直之道持身的人。

【译文】春秋时楚国的叶公曾对孔子说：“我的乡里有个以正直著称的人，他的父亲偷了人家的羊，他便去告发了父亲。”孔子说：“我的乡里也有个以正直著称的人，但他的做法和你乡里那个人不一样。父亲为儿子隐瞒，儿子替父亲隐瞒，正直已经在其中了。”

楚子围宋，宋求救于晋。晋侯使解（xiè）扬①如宋，使无降楚。曰：“晋师悉起，将至矣。”郑人囚而献诸楚，楚子厚赂之，使反其言。许之。登诸楼车②，使呼宋人而告之，遂致其君命。楚子将杀之，使与之言曰：“尔既许不穀而反之，何故？非我无信，汝则弃之，速即尔刑！”对曰：“臣闻之：君能制命为义，臣能承命为信。信载义而行之为利。谋不失利，以卫社稷，民之主也。义无二信，信无二命。君之赂臣，不知命也。受命以出，有死无霣，又何赂乎？臣之许君，以成命也。死而成命，臣之禄也！寡君有信臣，下臣获考，考，成也。死又何求！”楚子舍之以归。韩子曰：“楚有直躬者，其父窃羊而讦之吏。令尹曰：‘必杀之！’以为直于君而曲于父，执其子而罪之。以是观之，夫君之直臣，父之暴子也。鲁人从君战，三战三北。仲尼问其故，对曰：‘吾有老父，死莫之养也。’仲尼以为孝，举而用之。以是观之，夫父之孝子，君之北人也。故令尹诛，而楚奸不上；闻仲尼赏之，鲁人易降北。上下之利，若是其异也，而人主兼举匹夫之行，而求致社稷之福，必不几矣。”

【注释】①解扬：字子虎，原籍是晋国霍邑（今山西繁峙县）人，所以人称霍虎。史载有“解扬守信”的故事。②楼车：古代攻城的用具。形似云梯，上设有望楼，可以下瞰敌情。

【译文】春秋时，楚庄王领兵围攻宋国，宋国向晋国求救。晋侯派解扬出使宋国，让宋国不要投降楚国，告诉宋国：“晋国的军队已全军出动，马上就要赶到了。”解扬途经郑国时被俘，郑国把他献给了楚国，楚庄王用丰厚的财物贿赂、收买解扬，让他对宋国传达相反的话。解扬答应了。等到解扬登上攻城的楼车，唤出宋国人后，向他们传告的却仍然是晋国国君命令他说的“不要投降楚国”的话。楚庄王要杀他，派使者对他说：“你已经许诺了我，却又背叛诺言，这是什么原因呢？不是我不讲信用，是你先背弃了诺言，只好立刻让你去受死了。”解扬回答说：“臣听说：君王以能制定并发布正确的命令为义，臣子以承担并执行君主的命令为信。臣子的信必须以承载君主的义为前提，以此行事才能对国家有利。所以臣子的一切谋划，都不能损害国家的利益，以此来捍卫自己的国家，这是为人臣子的本分。国君不能发布互相矛盾的命令，臣下也不能执行两种互相矛盾的命令。您用财物来贿赂、收买我，说明您不懂这个道理。我接受自己国家君主的命令来出使宋国，一心想着以死报国，决不会让君命毁在我的手里，又怎么可能被您贿赂、收买呢？我之所以假意答应你，是为了完成我们晋国国君的命令。以牺牲自己来完成使命，这是做臣子的福份！我们君主能有诚信之臣，我作为臣下能完成使命，也算是死得其所，死而无憾了！”楚王便放了解扬，让他回晋国去了。韩非子说：“楚国有个正直的人，他的父亲偷了人家的羊，他去向官吏告发了自己的父亲，令尹说：‘一定要杀了他！’认为他是对国君忠诚却背叛了自己的父亲，因而把那个儿子抓起来治了罪。由此看来，一方面是国君的忠臣，另一方面却是父亲的逆子。鲁国有一个人跟随国君去打仗，打了三次，每次战败逃跑。孔子问他为什么逃跑，他回答说：‘我家中有老父亲，我要是死了，就再没人养活他了。’孔子认为他是个孝子，便向国君举荐他，此人因此受到重用。由此看来，一方面是父亲的孝子，另一方面又是国君的逃兵。所以令尹杀了告发父亲的人，楚国的坏人不但未见减少，反而越来越多；听到孔子赞赏那个孝顺的逃兵，而鲁国人就更容易投降了。国君与下层百姓的利益，竟然有如此大的差异。因而，国君既要推举百姓的利己之行，又企图求得国家社稷的安康，是必然不能实现的。”

颜率[①]欲见公仲[②]，公仲不见。颜率谓公仲之谒者曰：“公仲必以率为伪也，故不见率。公仲好内，率曰好士；公仲啬于财，率曰散施；公仲无行，率曰好义。自今以来，率且正言之而已矣。”公仲之谒者以告公仲，公仲遽起而见之。议曰：语称：“恶讦以为直者。”《易》曰：“君子以遏恶扬善。”若使颜率忠正，则公仲之恶露。故颜率诈伪，则公仲之福。

【注释】①颜率：战国时周王的谋士，曾为周王保住九鼎。②公仲：即公仲侈，姓公仲，名侈，一名公仲朋。战国时韩国的相国，连横家。

【译文】颜率想见公仲，公仲不愿意见他。颜率便对公仲的近侍说："公仲一定认为我颜率是一个不诚实的人，所以才不愿意见我。公仲好色，我却说他好士；公仲在财物上很吝啬，我却说他仗义疏财；公仲品行不好，我却说他正直又有大义。从今以后，我对他的事情只能实话实说了。"公仲的近侍把颜率这番话告诉公仲，公仲立刻出来，接见了颜率。评论：《论语》上讲过："厌恶那些以揭发别人来显示自己正直的人。"《易经》上说："有道德的人，要遏制恶行、弘扬善举。"假使颜率忠诚正直，那么公仲的恶行就会暴露于外。所以颜率的虚伪狡诈，恰恰成了公仲的福分。

齐伐燕，得十城。燕王使苏秦说齐，齐归燕十城。苏秦还燕，人或毁之曰："苏秦左右卖国，反复臣也，将作乱。"燕王意疎之，舍而不用。苏秦恐被罪，入见王曰："臣，东周之鄙人也，无尺寸之功，而王亲拜之于庙，礼之于庭。今臣为王却齐之兵，而功得十城，宜以益亲。今来而王不官臣者，人必有以不信伤臣于王者。且臣之不信，王之福也。燕王亦尝谓苏代曰：'寡人甚不喜訑（dàn）者言也。'代对曰：'周地贱媒，为其两誉也。之男家曰女美，之女家曰男富。然周之俗，不自为娶妻。且夫处女无媒，老且不嫁，舍媒而自炫，弊而不售，顺而无毁，则售而不弊者，唯媒耳。且事非权不立，非势不成。夫使人坐受成事者，唯訑耳。'訑音土和反。使臣信如尾生，廉如伯夷，孝如曾参，三者天下之高行，而以事王，可乎？"燕王曰："可也。"苏秦曰："有此臣亦不事王矣。孝如曾参，义不离其亲宿昔于外，王又安能使之步行千里而事弱燕之危王哉？廉如伯夷，义不为孤竹君之嗣，不肯为武王之臣，不受封侯而饿死于首阳之下。有廉如此者，王又安能使之步行千里而进取于齐哉？信如尾生，与女子期于梁柱之下，女子不来，水至不去，抱梁柱而死。有信如此，何肯扬燕、秦之威，却齐之强兵哉？韩子曰：‘夫许由、续牙、卞随、务光、伯夷、叔齐[①]，此数人者，皆见利不喜，临难不恐。夫见利不喜，虽厚赏无以劝之；临难不恐，虽严刑无以威之。此谓不令之人，先古圣王，皆不能臣。当今之代，将安用之？’且夫信行者，所以自为也，非所以为人也，皆自覆之术，非进取之道也。且三王代兴，五霸迭盛，皆不自覆。君以自覆为可乎？则齐不益于营丘[②]，足下不窥于边城之外。昔郑子产献入陈之捷于晋，晋人问曰：‘何故侵小？’对曰：‘先王之命，惟罪所在，各致其辟。且昔天子之地一圻，列国一同。自是以衰，今大国多数圻矣。若无侵小，何以至大焉？’晋人不能诘也。且臣之有老母于东周，离老母而事足下，去自覆之术，而行进取之道。臣之趋固不与足下合者。足下皆自覆之君也，仆者进取之臣也。臣所谓以忠信得罪于君也。”燕王曰：“夫忠信又何罪之有也？”对曰：“足下不知也。臣邻家有远为吏者，其妻私人。其夫且归，其私者忧之。其妻曰：‘公勿忧也。吾以为药酒待之矣。’后二日，夫至，妻使妾奉卮酒进之。妾知其药酒也，进之则杀主父，言之则逐主母，乃佯僵弃酒，主父大怒而笞之。妾之弃酒，上以活主父，下以存主母。忠至如此，然不免于笞。此以忠信得罪也。臣之事，适不幸而类妾之弃酒也。且臣之事足下，亢义益国，今乃得罪，臣恐天下后事足下者，莫敢自必也。且臣之说齐，曾不欺之也。后之说齐者，莫如臣之言，虽尧、舜之智，不敢取之。”燕王曰：“善！”复厚遇之。

【注释】①许由：尧舜时代的贤人，许氏的开姓始祖。尧曾想禅位给他，坚辞不就。续牙：帝喾庶子，后为舜帝七贤友之一。卞随：古代隐士。相传商汤欲伐夏桀，曾和卞随商量，卞随拒不回答。汤战胜夏桀后，要让天下给卞随，卞随认为受辱，自投稠水（一说颍水）而死。务光：古代隐士。相传汤建立商朝后，想让位给务光，推辞不受，并因觉羞耻而负石自沉于庐水。②营丘：今山东省临淄，当时为齐国都城。

【译文】齐国讨伐燕国，夺取了燕国十座城邑。燕王派苏秦出使齐国去游说齐王，齐国归还了燕国的十座城邑。苏秦回到燕国后，有人在燕王面前诋毁苏秦，说："苏秦是一个左右逢迎的卖国贼，是一个反复无常的奸臣，恐怕日后会作乱。"燕王于是开始有意疏远他，想把他弃之不用。苏秦担心被加罪，就去拜见燕王，说："臣本是东周王城郊外的鄙陋之人，并无半点功劳，可是大王却在宗庙之内隆重地为我授予官职，在朝堂内给予我很高的礼遇。如今臣为大王退去了齐国的军队，收回了十座城邑，大王您本应更加亲近、信任我。如今我回来后，大王却没为我加官进爵，究其原因，必然有人用不诚信的罪名在大王面前中伤臣。然而，臣的不诚信，正是大王您的福分啊！燕王也曾对苏代说：'我非常不喜欢不讲诚信、欺诈的话。'苏代回答说：'东周民间的风俗是看不起媒人，因为他们两头说好话。到了男方家中就说：那家的姑娘长得非常美！到了女方家中又说：男方家里十分富有。然而，东周的风俗又不能不经过媒人而自己娶妻。而且，如果没有媒人给说媒，姑娘到老都嫁不出去。如果不用媒人，自己到处去自夸自炫，就会带来无穷的弊端，更嫁不出去了。只有顺从这种风俗，才能不引来诋毁。要做到既能把姑娘嫁出去，又不招人诋毁、引来弊端，就只有媒人能做到了。而且，如果做事不知变通，事情就无法办好，如果不懂顺势而为，事情就不能成功。能让人坐享其成的，只有那些欺诈之人了！'假使臣如尾生一样守信用，如伯夷那样廉洁，如曾参那样孝顺，用这三种高尚品行来侍奉大王，您认为可以吗？"燕王说："当然可以啦！"

苏秦说：“有这样品行的臣子，就不会来侍奉大王您了。如曾参一样孝顺父母的人，因为要坚守孝顺父母的道义就不会离开他的双亲，连在外很短的时间都不肯，您又怎能让他不畏路途遥远，步行千里来到弱小的燕国，来侍奉尚处危境之中地位并不稳固的大王您呢？如伯夷一样廉洁自好的人，为了大义，不愿成为孤竹国国君的继承人，不肯做周武王的臣子，不接受封侯，最终饿死在首阳山下。廉洁如他的人，您又怎能让他为了建功立业、博取功名而步行千里到齐国去游说呢？如尾生一样守信用的人，在桥梁下的柱子边与女子约会，女子未能按时赴约，大水涨上来时，他也不离开，最后竟然抱着柱子被淹死。像这样守信的人，他又怎么肯极力吹捧燕、秦两国的威名而以此吓退齐国的强军呢？韩非子说：‘许由、续牙、卞随、务光、伯夷、叔齐这几个人，都是见利不喜、临危不惧的人。如果见到厚利也不心生欢喜，那么赏赐再重对他也不会起到作用；临危不惧，即使用严刑峻法也无法威胁到他。这就是人们所说的无法任用的人。古时的圣明之君都无法任用他们为臣子，当今之世，谁又能用得了他们呢？’再者说，讲信义，是用来完善自身的德行，而不是以此为别人服务效力的，是自我保存之术，而不是为建功立业争取功名富贵的。然而夏、商、周三代圣王相继而起，春秋五霸相继兴盛，都不是为自我保存。大王您认为能做到自我保存就可以了吗？那么齐王远在都城营丘就足以使您不敢窥视边城以外的地方了。过去郑国的子产向晋国报告入侵陈国胜利的消息，晋国国君问他：‘为什么要侵略小国？’子产回答说：‘根据先王的遗命，只看罪过在哪里，而不管它是大国还是小国，都要给予惩罚。况且，过去天子的领地方圆千里，诸侯的领地方圆百里，往下依次递减。如今多数大诸侯国的领地都已方圆数千里了。假如不侵略那些弱小的国家，领土范围怎么会那么大呢？’晋国国君想不出什么恰当的语言来责难他。况且，臣还有老母亲远在故乡东周，我离开老母亲来侍奉大王您，抛开自我保全之道来求取功名，臣所追求的，本来就不符合大王您的意愿。大王您是只求自保的君主，而我却是想要进取的臣子。臣就是人们所说的因为忠信才得罪了君主的人啊。”燕王说：“忠信又有什么过错呢？”苏秦回答说：“大王您是不知道啊！臣有个邻居，他家的男主人远出做官，他的妻子与人私通。男主人即将回家之际，那个情夫很是担忧。妻子却说：‘你不用为此担心，我已经准备好药酒等着他了。’过了两天，丈夫回到家里，妻子就让侍妾端着一杯药酒给他喝。侍妾心里知道这是药酒，如果给男主人喝下去，就会毒死他；如果直接说出真相，女主人就会被赶出家门。于是假装跌倒，把药酒洒了一地。男主人大怒，用鞭子抽打侍妾。侍妾泼掉药酒，对上保护了男主人的生命，对下保全了女主人的地位。忠心到如此地步，仍免不了被主人鞭打。这就是忠信所招致的罪过啊！臣所做的事，不幸恰好与那侍妾倒掉药酒相类似。况且，臣侍奉大王您，是讲求大义，要做有益于国的事，如今却因此而招来诽谤，臣担心以后来侍奉大王的人，再没有敢坚守大义的了。况且，臣游说齐王的时候，并不曾欺骗他。今后再去为您游说齐王的人，恐怕再也不会说出如我那样恳切的话了，即使有尧、舜那样的智慧，也不敢去为大王要回那十座城池了。”燕王说：“你说得对。”于是又重新厚待苏秦。

由此观之，故知谲（jué）即信也，诡即忠也。夫诡谲之行，乃忠信之本焉。

【译文】由此看来，从某方面来说，欺骗就是诚信，诡诈就是忠实。欺骗诡诈的行为就是忠实诚信的根本了。

忠疑第二十四

夫毁誉是非不可定矣。以汉高之略，而陈平之谋，毁之则疎，誉之则亲。以文帝之明，而魏尚[1]之忠，绳之以法则为罪，施之以德则为功。知世之听者，多有所尤，多有尤节，听必悖矣尤，过。何以知其然耶？

【注释】①魏尚：西汉槐里（今兴平县）人。汉文帝时为云中太守。他镇守边陲，防御匈奴，作战有功。后因上报朝廷的杀敌数字与实际不符，只差六颗头颅，被削职查办。郎中署长冯唐认为对魏尚的处理不当，当面向皇上直谏，文帝派冯唐手持符节去云中赦免魏尚的罪过，恢复了他云中太守的官职。

【译文】毁谤与赞誉，肯定与否定，不可能有一个固定的标准。以汉高祖刘邦那样的雄才大略，汉丞相陈平那样的足智多谋，当有人在刘邦面前毁谤陈平时，汉高祖刘邦就疏远了他，而有人在刘邦面前赞誉陈平时，汉高祖又亲近他。以汉文帝那样的英明，云中太守魏尚那样的忠诚，只因呈报战绩时，差了六颗首级，便被绳之以法，免职查办，判为有罪；经冯唐在文帝面前为他辩解、宣扬他的德行后，文帝才认为他是有功之臣，被法外施恩，重新任用，又成了功臣。由此可知，人们在做出判断时，只是听人说，往往会出现错误。判断出现错误，听到的和实际情况必然会有很大差距。如何知道这个道理的呢？

《吕氏春秋》云：人有亡斧者，意其邻之子，视其行步、颜色、言语、动作、态度无为而不窃斧者也。窃掘其谷而得其斧。谷，坑也。他日复见其邻之子，动作、态度无似窃斧者也。其邻子非变也，己则变之。变之者无他，有所尤矣。

【译文】《吕氏春秋》里有这样一个故事：有一个人丢了铡刀，怀疑是邻居的儿子偷的，因而看邻居儿子走路的样子、神色、言语、动作、态度，没有一样不像是偷铡刀的人。这人在一次私下挖坑时，无意中找到了自家的铡刀。过几天再看邻居儿子的动作、态度，再没有一点儿偷铡刀的样子了。邻居的儿子其实并没有什么改变，而是他自己的看法变了。改变的原因没有别的，只是当初判断错了。

郝之故，为甲裳①以帛以帛缀甲。公息忌②谓郝之君曰："不若以组。"郝君曰："善！"下令令官为甲必以组。公息忌因令其家皆为组。人有伤之者伤，败也，曰："公息忌之所以欲用组者，其家为甲裳多为组也。"郝君不悦，于是乎止，无以组。郝君有所尤也。郝之故为甲以组而便也，公息忌虽多为组，何伤？以组不便，公息忌虽无以为组，亦何益？为组与不为组，不足以累公息忌之说也累，辱也。凡听言不可不察。

【注释】①甲裳：皮革制的战袍。腰以上谓之甲衣，腰以下谓之甲裳。②公息忌：春秋时期郝国的大臣。

【译文】郲国过去缝制甲裳用丝帛进行连缀，公息忌对郲国的国君说："不如改用丝带。"郲国国君说："好！"于是下令制作甲裳时必须使用丝带。公息忌因此让自己的家人都去织丝带。有人在国君面前中伤他，说："公息忌之所以建议缝制甲裳要用丝带，是因为他家编织丝带。"郲国国君听了很不高兴，于是下令不准再用丝带连缀甲裳。这是郲国国君的判断有误。如果郲国缝制甲裳用丝带很方便，公息忌家编织再多丝带又有什么妨害呢？如果用丝带缝制甲裳很不方便，公息忌家即使编织再多丝带又有什么益处呢？无论公息忌家是否编织丝带，都不足以影响公息忌的建议是否可用。所以凡是听别人说话，不能不仔细思考辨别就贸然相信。

楼缓①曰："公父文伯②仕于鲁，病而死，女子为自杀于房中者二人。其母闻之，弗哭。其相室③曰：'焉有子死而弗哭乎？'其母曰：'孔子，贤人也，逐于鲁，而是人弗随之。今死，妇人为自杀。若是者，必其于长者薄而于妇人厚。'故从母言之，是为贤母；从妻言之，是不免于妒妻也。故其言一也，言者异则人心变矣。"

【注释】①楼缓：战国时赵国人，赵武灵王的大臣。②公父文伯：春秋末期鲁国的贵族。姬姓，名歜，鲁国三桓季悼子之孙，公父穆伯的儿子。③相室：古代为卿大夫管理家务的人。男称家老，女称傅母，通称家臣。

【译文】楼缓说："有一个叫公父文伯的人，在鲁国做官，生病而死，有两名女子为他在家中自杀。公父文伯的母亲听到这个消息后并没有哭泣。他家的相室说：'哪里有儿子死了，当母亲的却不哭的？'公父文伯的母亲说：'孔子是个非常贤德的人，被鲁国弃置不用而去周游列国，我这个儿子却不去追随孔子。如今他死了，妇人却为他自杀。由此可见，他必定是对长者很刻薄，却对女人过分宠爱厚待。’这话出自母亲之口，人们就认为这是一位贤德的母亲；可是这话如果出自妻子之口，人们就不免会认为这是一位善妒的妻子。所以同样的话，说话的人不同，人们评价时的心态就不一样。”

乐羊[1]为魏将而攻中山，其子在中山。中山之君烹其子而遗之羹，乐羊尽啜之。文侯曰：“乐羊以我故，食其子之肉。”堵师赞曰：“其子且食之，其谁不食？”乐羊罢中山，文侯赏其功而疑其心。

【注释】①乐羊：魏国安邑（今山西夏县）人，乐毅先祖，战国时期魏国将领。乐羊初为魏相翟璜门客，后因大败中山国而成名。

【译文】春秋时，魏国的大将乐羊率军攻打中山国，而他的儿子此时正在中山国中。中山国的国君把他儿子煮了做成羹汤送给乐羊，乐羊毫不犹豫把羹汤全吃光了。魏文侯知道后感动地说：“乐羊是因为我的缘故，才吃自己儿子肉的。”而堵师赞却说：“连自己儿子的肉都能吃的人，又有谁的肉他不敢吃呢？”乐羊灭掉中山国后，魏文侯虽然奖赏了他的功劳，却从此怀疑他是个心肠狠毒的人了。

《淮南子》曰：“亲母为其子扢（gǔ）秃[1]，出血至耳，见者以为爱子之至也。使在于继母，则过者以为悷也。”事之情一也，所从观者异耳。

【注释】①扢秃：突起的头疮。扢，通“疙”。

【译文】《淮南子》里有则故事说：“亲生母亲为儿子治头疮，疮上的血流到耳朵上，看见的人都说这是母亲爱儿子到了极点。如果标准。世人实际各有自己的标准，符合自己的标准就认为是对的，不符合自己的标准就认为是错的。如今我要选择正确的方面来立身行事，把那些错误的地方全都摒弃掉，只是不知道世人的是非对错标准和我的标准，哪个是对的，哪个是错的呢？评论：如果忘记小家而以身殉国，就会有人认为你连自己的父母都不能关心，怎么能爱国君呢？卫国的公子开方、吴起和乐羊这三个人都有过这样的经历。如果你真的舍不得离开父母，就又会有人说："大将在接受任命的那天起，就应该忘掉自己的小家；到军队担负起指挥责任那一刻起，就该忘掉自己的父母；等到拿起鼓槌，敲响进军的战鼓时，就要忘掉自身的安危，全力投入战斗。"司马穰苴就是以这个理由杀掉庄贾的。所以《左传》说："欲加之罪，何患无辞？"要判断是非对错，只要看看上面这些事例，就全明白了。正是因为世事如此错综复杂，才会有忠心耿耿却被怀疑的情况出现。这个道理，是不能不详细体察的。

用无用第二十五

古人有言曰："得鸟者，罗之一目。然张一目之罗，终不能得鸟矣。鸟所以能远飞者，六翮（hé）[①]之力也，然无众毛之助，则飞不能远矣。"以是推之，无用之为用也大矣。

【注释】①六翮：谓鸟类双翅中的正羽。用以指鸟的两翼。

【译文】古人曾说："捕获鸟的，只是罗网上的一个网眼。然而只张开一个网眼的罗网，是永远捕不到鸟的。鸟之所以能飞得远，是靠双翅中大的正羽的力量，然而如果只有正羽而无其它羽毛的辅助，鸟是飞不远的。"以此推论，看似无用的东西，实际上可能会有很大的作用。

故惠子[①]谓庄子曰："子言无用矣。"庄子曰："知无用而始可与言用矣。夫天地非不广且大也，人之所用，容足耳。然则削足而垫之至黄泉，人尚有用乎？"惠子曰："无用。"庄子曰："然则无用之为用也，亦明矣。"

【注释】①惠子：即惠施，战国中期宋国人。著名的政治家、哲学家，是名家学派的开山鼻祖和主要代表人物，也是文哲大师庄子的至交好友。

【译文】所以，当惠子对庄子说“你的学问都是没有用的空话”时，庄子说：“明白了无用的道理，才能跟他谈有用的问题。世界不是不广阔，可是人们占用的，只要能容下双脚就可以了。然而如果把脚下双足以外看似无用的土都铲削掉，直到阴曹地府，那仅可供人立足的地方还有用吗？”惠子说：“没用了。”庄子说：“既然这样，就可以知道无用就是有用。这个道理不是很明显吗？”

昔陈平智有余而见疑，周勃质朴，忠而见信。夫仁义不足相怀，则智者以有余见疑，而朴者以不足取信矣。

【译文】从前陈平足智多谋却被刘邦猜疑，周勃为人质朴，因此被刘邦认为忠诚而受到信任。在仁义不足以使人们互相信任的时候，智者就会因足智多谋而被猜疑，而质朴的人却因智谋不足而取得了信任。

汉征处士樊英、杨厚①，朝廷若待神明。至，竟无他异。李固、朱穆②以为处士纯盗虚名，无益于用。然而后进希之以成器，世主礼之以得众。孔子称：“举逸人，天下之人归心焉。”燕昭尊郭隗③，以致剧、乐④；齐桓礼九九之术，以招英俊之类也。

【注释】①樊英：东汉安、顺帝时期易学家、术数名家，字季齐。杨厚：字仲桓，四川广汉新都人。公元127年，汉顺帝遣使将其特征到长安，拜议郎。累官侍中。每有灾异，都会献上消救之法。然而当时阉宦专政，言不得信。称疾退归后教授门徒，多至三千余人。②李固：字子坚。汉中城固（今属陕西）人。东汉中期名臣，对朝廷屡有谏言。历任将作大匠、大司农、太尉，后遭梁冀诬告杀害。朱穆：字公叔，一字文元，东汉南阳郡宛（今河南南阳市）人。汉顺帝末年，大将军梁冀任命他为典兵事。桓帝时任侍御史。永兴初年，出任冀州刺史。复拜尚书后，上书请除宦官未成，以至忧愤而死。③郭隗：战国中期燕国大臣、贤者。燕昭王为报齐灭燕之仇并复兴燕国，向郭隗求计问策。郭隗以古人千金买骨为例，使昭王广纳社会贤才，建筑“黄金台”，昭王尊郭隗为师。此举使乐毅、邹衍、剧辛等有才能的人皆来归附燕国，燕国因此强大起来。④剧、乐：即剧辛、乐毅。剧辛，战国时期燕国将领，兵家代表人物，著有《剧子》九篇。

【译文】东汉时，皇帝征召隐士樊英、杨厚入朝为官，朝廷就像期盼神明一样期盼他们的到来。可是他们来到朝堂之后，并没有展示什么过人之处。李固、朱穆认为这些隐士纯属欺世盗名之辈，对国家一无用处。然而那些晚辈们都因仰慕他们的名声而来，以他们为榜样而成了大器，皇帝因礼遇他们而招揽了更多的人才。孔子说：“把那些隐士都推举出来为官，天下之人都会归心于你了。燕昭王尊郭隗为师，对其礼遇，以至剧辛、乐毅这样的英杰都随之而来。齐桓公尊崇那位会九九之术的人，也是为了招揽天下的贤士。”

原其无用，亦所以为用也。而惑者忽不践之地，赊无用之功，至乃诮谚远术，贱斥国华①。不亦过乎？

【注释】①国华：国家的菁英、杰出人物。

【译文】推究起来，无用其实就是有用。不懂得这个道理的人就会忽视没有踩在脚下的那些看似无用之地，看不到那些无用之物的长远作用，甚至会愤怒地嘲笑这一理论是迂腐的空谈，轻视排斥国家的英才。这不是太过分了吗？

恩生怨第二十六

《传》称：谚曰：非所怨，勿怨，寡人怨矣。是知凡怨者，不怨于所疏，必怨于亲密。何以明之？

【译文】《左传》引用了这样一句谚语：不该怨恨的就不要怨恨，那就很少有人是你怨恨的了。由此可以知道，凡是有怨恨的人，不是怨恨他所疏远的人，一定是怨恨他所亲近的人。怎么能明白这个道理呢？

高子①曰："《小弁》②，小人之诗也。"孟子曰："何以言之？"高子曰："怨乎。"孟子曰："固哉，夫高叟之为诗也。有越人于此，关弓而射我，我则谈笑而道之。无他，疏之也。兄弟关弓而射我，我则泣涕而道之。无他，戚之也。然则《小弁》之怨，亲亲也。亲亲，仁也《小弁》，刺幽王也。太子之傅作焉。"

【注释】①高子：即高傒，姜姓，字祖望，谥号敬仲，春秋齐国大夫，在卿大夫中声望最高。公元前686年，公孙无知等作乱，杀齐襄公自立，高傒和国懿仲等用计诛除乱党，并拥立公子小白为国君，即齐桓公。②《小弁》：出自《诗经·小雅》，是一首充满忧愤情绪的哀怨诗。

【译文】高子说："《诗经》中的《小弁》一诗是小人所作。"孟子说："为什么这么说呢？"高子说："这首诗充满怨愤的情绪。"孟子说："真是鄙陋啊！高子竟是这样来研究《诗经》的。假如有一个越国人在这里，张满弓准备射我，我可以谈笑风生地说起这件事。没有别的原因，只因我和他素不相识。可是如果是我的兄弟用箭射我，我就会痛哭流涕地讲诉这件事情。没有别的原因，只因为他和我是亲人。然而《小弁》这首诗里的怨恨情绪，正是热爱亲人的表现。热爱亲人，这就是仁啊！《小弁》这首诗是讽刺周幽王的，是太子的老师所作。"

晋使韩简子①视秦师，云："师少于我，斗士倍我。"公曰："何故？"对曰："出因其资，入用其宠，饥食其粟，三施而不报，所以来也观秦怒而来，则知至恩必有至怨矣。"

【注释】①韩简子：名不信，春秋时期晋国韩氏的领袖，韩贞子韩须之子。承袭父亲韩贞子担任韩氏领袖，仕晋出公。

【译文】秦、晋两国交战，晋惠公派韩简子去察看秦军阵容。韩简子说："秦军比我军人数少，但是斗士却比我们多一倍。"晋惠公问："这是为什么呢？"韩简子回答说："我们在外流亡时，得到秦国的资助，回国时又受到了秦国的护送，国内发生饥荒时，秦国又给予我们粮食上的救济。三次接受人家的恩惠却不去报答，所以秦军才来攻打我们从秦军怀恨而来讨伐晋国的事情就可以看出，给予的恩德越多，产生的怨恨就越大。"

杜邺说王音①曰："邺闻，人情恩深者，其养谨；爱至者，其求谨。夫戚而不见异，亲而不见殊戚，近也。殊，谓异于疏者也。孰能无怨？此《棠棣》《角弓》②之所作也。”

【注释】①杜邺：字子夏，西汉大臣。为人宽厚，平易近人，善于辞令，尤工古文。留有文集五卷，均受当时人的赞誉。王音：西汉大臣，深得其堂兄王凤信任。王凤死前荐王音代替自己的职位。王音于是被拜为大司马、车骑将军，领尚书事，封安阳侯，辅政八年后去世，谥号“敬侯”。②《棠棣》：出自《诗经·小雅》，是周人宴会兄弟时，歌唱兄弟亲情的诗。《角弓》：出自《诗经·小雅》，是劝告周王不要疏远兄弟亲戚而亲近小人的诗。

【译文】杜邺在游说王音时说：“我听说过这样的道理，按人之常情，一般是对恩情深重的人，对他的供养反而特别谨慎；对至爱的人，要求的就更为细致严谨。关系亲近却看不出与关系疏远的人有什么不同，没有一点特殊的礼遇，怎么能不让人有怨气呢？这就是《诗经》中《棠棣》《角弓》两首诗出现的原因吧。”

由此观之，故知怨也者，亲之也；恩也者，怨之所生也。不可不察。

【译文】由此看来，就能知道越是亲近反而更容易产生怨恨；恩情，正是怨恨所产生的根源。不能不明察啊！

诡顺第二十七

赵子[1]曰："夫云雷世屯，瞻乌[2]未定，当此时也，在君为君，委质治人，各为其主用职耳。故高祖赏季布之罪，晋文嘉寺人之过，虽前窘莫之怨也，可谓通于大体矣。"

【注释】①赵子：即赵蕤，作者的自称。②瞻乌：本指乌鸦聚集于在位的小人之屋，人民当求明君而归服。语出《诗经·小雅·正月》："瞻乌爰止，于谁之屋？"后用以比喻因乱世而无所归依的人民。

【译文】赵子说："在风雷激荡、时局不明、天下未定之时，做哪位帝王的臣属，就为哪位帝王服务，尽职尽责地为君主效力，这是作臣子的本分。所以汉高祖刘邦能够赦免原为项羽部将的季布曾经事敌攻打自己的罪过，晋文公重耳能够原谅寺人披曾追杀过自己的过错，虽然过去遭受过他们的羞辱，却没有怨恨他们。可以说，这些都是识大体之人。"

昔晋文公初出亡，献公使寺人[1]披攻之蒲城，披斩其袪。及反国，郤、吕[2]畏逼，将焚公宫而杀之。寺人披请见，公使让之曰："蒲城之役，君命一宿，汝即至。其后，余从狄君以田渭滨，汝为惠公来，求杀余，命汝三宿，汝中宿至。虽有君命，何其速也？”对曰：“臣谓君之入也，其知之矣。若犹未也，又将及难。君命无二，古之制也。除君之恶，惟力是视。蒲人、狄人，余何有焉？今君即位，其无蒲、狄乎？齐桓公置射钩而使管仲相，君若易之，何辱命焉？行者甚众，岂唯刑臣③！国君而仇匹夫，惧者甚众也。”公见之，以难告，得免吕、郤之难。韩子曰：“齐、晋绝嗣，不亦宜乎？桓公能用管仲之功，而忘射钩之怨；文公能听寺人之言，而弃斩祛之罪。桓公、文君能容二子也。后世之君，明不能及二公；后世之臣，贤不如二子。以不忠之臣，以事不明之君。君不知，则有子罕④、田常之劫；知之，则因以管仲、寺人自解。君必不诛，而自以为有桓、文之德，是臣其仇而明不能烛，多假之资，自以为贤而不惑，则虽无后嗣，不亦可乎？”

【注释】①寺人：古称宫内供使令的小臣。即后世所称的宦官、太监。②郤、吕：指郤芮、吕甥。郤芮，春秋时期晋国大夫。与吕甥拥立晋惠公为君，重耳回国时又倒戈。后怕被晋文公惩罚，又与吕甥密谋烧掉晋文公寝宫以谋杀晋文公。计划失败后，二人逃亡秦国，后被秦穆公诱杀。吕甥，又作吕省，春秋时期晋国大夫。③刑臣：宦官、太监。④子罕：即乐喜，字子罕，春秋时期宋国贤臣。在宋平公时任司城，位列六卿。

【译文】过去，晋文公重耳刚从晋国逃出来时，他父亲晋献公就派寺人披前往蒲城追击他，结果披斩去了重耳的一只袖子。等到重耳返回晋国成为晋文公后，郤芮、吕甥等人怕重耳报复他们，就筹划焚毁重耳的宫室来杀掉重耳。寺人披得知这一阴谋后，请求进见重耳。晋文公派人指责他说：“蒲城那次战役，献公命你一夜赶到，你不到一夜就迅速赶到了。这之后，我与狄国国君在渭水边打猎，你为惠公来杀我，惠公命你三夜赶到，你第二夜就赶到了。虽然说君命不可违，可是你为什么那么迫切地想要杀掉我呢？”寺人披回答说：“臣原以为，您这次回国，应该知道如何做国君了。如果您现在还未弄明白这件事，就又会有危险了。执行君主的命令，是不能怀有二心的，这是自古就流传下来的法则。除掉国君所痛恨、仇视的人，只需自己全力以赴，至于要除掉的是蒲城人还是狄国人，那与我有什么关系呢？如今，您登上了国君之位，难道就没有痛恨、仇视的人了吗？之前，管仲为公子纠效力时曾射中齐桓公的衣带钩，齐桓公能把这些过去的仇怨都放下，反而任用管仲为相国，您如果不能有齐桓公的雅量，又何必派人来指责我呢？想要逃走的人有太多了，岂止我这一个宦官呢？身为一国之君却记恨臣民，担心受迫害的人就太多了。”晋文公于是接见了披，披把郤芮、吕甥即将谋反的事告诉了晋文公，使晋文公避免了一场大难。韩非子说：“齐、晋两国都被异姓之臣所取代，宗嗣被断绝，不是理所当然的事吗？齐桓公能重用管仲的才能，而把他射中自己带钩的仇怨忘掉；晋文公能听进寺人披的良言而不再追究斩断自己衣袖的罪过。这是齐桓公、晋文公有能容管仲和寺人披的雅量。后世的君主，英明不及桓公、文公；后世的臣子，贤能不及管仲和寺人披。以不忠之臣来侍奉昏庸不明的君主，君主不知臣子不忠，就会有子罕弑宋君、田常弑齐简公那样的劫难；君主如果知道臣子不忠，臣子就会用管仲、寺人披的例子来为自己辩解。国君一定不会杀他们而自认为这样做就是有齐桓公、晋文公那样的品行。这就是任用仇人作臣子而自己的智慧又不能明察臣子的阴谋，还为他们提供很多便利条件，自以为有齐桓公和晋文公那样的贤德，遇事能明辨不疑，最终却导致灭亡，这不也是理所当然的吗？”

陈轸与张仪俱事秦惠王，惠王皆重之。二人争宠，仪恶轸于王曰：“轸重币轻使秦、楚之间，将为交也。今楚不善于秦而善于轸，轸为楚厚而为秦薄也。轸欲去秦而之楚，王何不听之？”王乃召轸而问之。轸曰：“臣愿之楚。臣出必故之楚，且明臣为楚与不也。昔楚有两妻者，王闻之乎？”王曰：“弗闻。”轸曰：“楚有两妻者，人挑其长者，长者詈之；挑其少者，少者复挑之。居无几何，有两妻者死，客谓挑者曰：‘为汝娶少者乎？长者乎？’挑者曰：‘娶长者。’客曰：‘长者骂汝，少者复挑汝。汝何故娶长者？’挑者曰：‘居人之所，则欲其挑我；为我之妻，则欲其骂人。’今楚王明主，昭阳贤相。使轸为臣，常以国情输楚，楚王将不留臣，昭阳将不与臣从事矣。臣何故之楚？臣出，必故之楚，足以明臣为楚与不也。”轸出，仪入问王曰：“轸果欲之楚不？”王曰：“然。”仪曰：“轸不为楚，楚王何为欲之？”王复以仪言谓轸，轸曰：“然。”王曰：“仪之言果信矣。”轸曰：“非独仪知之，行道之人尽知之矣。子胥忠于君，而天下皆争以为臣；曾参、孝己爱于亲，而天下皆愿以为子。故卖仆妾不出闾巷售者，良仆妾也；出妇嫁于乡曲者，必善妇也。今轸若不忠于君，楚亦何以为臣乎？忠且见弃，轸不之楚，将何归乎？”王以其言为然，遂厚待之。惠王终相张仪，轸遂奔楚。张仪初恶陈轸于魏王曰：“轸犹善楚，为求地甚力。”左爽谓陈轸曰：“仪善于魏王，魏王甚信之，公虽百说，犹不听也。公不如以仪之言为质，而得复楚。”轸曰：“善。”因使人以张仪之言闻于楚王。楚王喜，欲复之，轸乃奔楚也。

【译文】陈轸和张仪共同侍奉秦惠王，秦惠王对两个人都很器重。二人常在秦惠王面前争宠，张仪便在秦惠王面前毁谤陈轸，说：“陈轸带着重金，轻易往来出使秦、楚两国之间，为的是秦、楚两国的友好交往。而如今，楚国对秦国并不友好，而对陈轸个人却很友好，这说明陈轸为楚国的利益考虑得多而为秦国利益考虑得少啊！陈轸打算离开秦国前往楚国，大王您何不随他去呢？”秦惠王于是召来陈轸，询问他是否有这个事，陈轸说：“臣愿意到楚国去。臣之所以离开秦国一定前往楚国，是为了表明臣是否私下投靠了楚国。过去楚国有一个人娶了两个妻子，大王您听过这个故事吗？”秦惠王说：“没听过。”陈轸说：“楚国有人娶了两个妻子，有个人去勾引那位年龄大一点儿的，结果被骂了一顿；又去勾引那个年轻的，她也反过来勾引他。过了不久，那个娶了两位妻子的人死了，有人问曾勾引过两位妻子的人：‘要是让你从两个妻子中挑选一个的话，你要娶哪一个呢？’那人说：‘娶那个年龄大点儿的。’问话的人很是不解，说：‘年龄大的骂你，年轻的反过来勾引你。你为何反而还要娶年龄大的呢？’那人回答说：‘当她是别人妻子时，我作为一个外人当然希望她来勾引我；但要成为我的妻子，我就希望她能拒绝、责骂勾引她的外人。’如今，楚王是圣明的君主，昭阳是贤德的丞相。假如我陈轸作为秦国的臣子却经常把秦国的国情传报给楚国，楚王将不会收留我，昭阳也不会愿意与我共事。臣为什么要前往楚国呢？臣出去后一定会前往楚国，这是为了证明臣在私下是不是投靠了楚国。”陈轸出去后，张仪进来问秦惠王说：“陈轸是不是真的要去楚国了？”秦惠王说：“是的。”张仪说：“如果陈轸私下没为楚国效力，楚王为什么要接纳他呢？”秦惠王又把张仪的话对陈轸讲了，陈轸说：“是这样的。”秦惠王说：“那么张仪说的话果然是真的了。”陈轸说：“不仅是张仪明白这个道理，随便一个路人都明白这个道理。伍子胥忠于君主，于是天下的君主都争着招纳他为自己的臣子；曾参、孝己都很爱自己的双亲，而天下父母都愿意让曾参、孝己做自己的儿子。所以，卖婢妾，如果没出巷子就卖出去的，那一定是非常好的婢妾；被休掉的媳妇如果又嫁给了本乡本土的人家，那一定是个好媳妇。臣假如对自己的国君不忠，楚王又怎会让我作他的臣子呢？忠心耿耿反而被弃置不用，我不去楚国又该去向哪里呢？”秦惠王认为他的话很有道理，于是重新厚待陈轸。但最终秦惠王还是重用了张仪，任命他为相国，陈轸便投奔了楚国。张仪起初在魏王面前中伤陈轸时说：“陈轸还是对楚国更好，尽心尽力地为楚国求取土地。”左爽对陈轸说：“张仪与魏王关系很好，魏王特别信任他。你即使千方百计地解释这件事，魏王也不会听从的。你不如把张仪的话作为凭证，从而使你能重新回到楚国去。”陈轸说：“好。”便派人将张仪的话说给楚王听，楚王很高兴，想让陈轸重新回到楚国。于是陈轸便投奔了楚国。

韩信初为齐王时，蒯通说使三分天下，信不听。后知汉畏恶其能，乃与陈豨谋反。事泄，吕太后以计擒之。方斩，曰：“吾悔不听蒯通之计，乃为儿女子所诈。岂非天哉！”高祖自将，伐陈豨于钜鹿，信称病不从，欲于中起。信舍人得罪于信，信囚欲杀之。舍人弟上变告信欲反状于吕后，吕后欲召，恐其党不就，乃与萧相国谋，诈令人从上所来，言豨已得死，列侯群臣皆贺。相国诈信曰：“虽病，强入贺！”信入，吕后使武士缚信，斩之也。高祖归，乃诏齐捕通。通至，上曰：“若教淮阴侯反耶？”曰：“然。臣固教之。竖子不用臣之策，故今自夷于此。如彼竖子用臣之计，陛下安得夷之乎？”上怒曰：“烹之！”通曰：“嗟乎！冤哉，烹也。”上曰：“若教韩信反，何冤？”对曰：“秦之纲弛而维绝，山东大扰，异姓并起，英俊乌聚。秦失其鹿，天下共逐之，于是高材疾走者先得焉。跖之枸吠尧，尧非不仁，狗固吠非其主。当是时，臣独知韩信，非知陛下也。且天下锐精持锋，欲为陛下所求者甚众，故力不能耳，又可尽烹耶？”高帝曰：“置之！”乃释通之罪也。豹勃常恶田单，曰：“安平君[①]，小人也。”安平君闻之，故为酒而召豹勃，曰：“单何以得罪于先生？故常见誉于朝。”豹勃曰：“跖之狗吠尧，非贵跖而贱尧也，狗固吠非其人也。且今使公孙子贤，而徐子不肖，然而使公孙子与徐子斗，徐子之狗因攫公孙子之腓而噬之。若乃得去不肖者而为贤者，狗岂恃攫其腓而噬之哉？”安平君曰：“敬闻命矣。”任之于王。后田单得免九子之谗，豹勃之力也。

【注释】①安平君：田单的封号。

【译文】韩信当初被封为齐王时，蒯通游说韩信，让他与西楚项羽、汉王刘邦三分天下，韩信没有听从蒯通的劝告。后来听说汉王刘邦畏惧、憎恶他的才能，于是便与陈豨合谋叛乱。事情泄露后，吕后用计谋抓住了韩信。将要问斩之际，韩信说："我后悔没有听从蒯通的计策，才被妇孺之辈所欺骗，这难道不是天意吗？"汉高祖刘邦亲率大军前往钜鹿讨伐陈豨，韩信假称有病，没有随同前往，想要从中起事。韩信的舍人得罪了韩信，韩信把他囚禁起来准备要杀他。舍人的弟弟上书将韩信要谋反的事情告诉给吕后。吕后打算召韩信进宫，又怕韩信的党羽不肯就范。于是与相国萧何商议，假称有使者从高祖那里回来，说陈豨已经被杀，列侯和群臣全都来朝廷祝贺。相国萧何欺骗韩信说："虽说你身体不好，可还是要勉为其难地走上一遭，去祝贺一下才好。"韩信听从了他的话来到宫里，吕后便命武士把韩信绑起来杀了。汉高祖回朝后，就下诏命令齐国逮捕蒯通。蒯通被押到长安，汉高祖刘邦问："是你教唆淮阴侯韩信谋反吗？"蒯通回答说："是的！我本来是那样教导他的，只是那小子没有采用我的计策，才使他自己落到被杀的地步。如果那小子听从了我的计策，陛下您又怎么能杀得了他呢？"汉高祖刘邦大怒，说："烹了他！"蒯通说："哎呀，烹了我真是天大的冤枉啊！"高祖刘邦说："你教唆韩信谋反，还有什么可冤枉的？"蒯通回答说："秦朝纲纪废驰，法度败坏，山东六国大乱，各家诸侯同时兴起，天下群雄如乌鸦般聚集在一起。秦国的帝位就如走失的小鹿一样，天下英杰都去追逐，只有身材高大、行动迅速的人才能先得到它。盗跖的狗朝着尧狂吠，并不是因为尧不仁，只因尧不是它的主人，所以狗才叫罢了。当初为韩信出谋划策时，臣只知道有韩信，并不知道还有陛下您。再者说，天下豪杰手持锋利的武器，打算如您一样争夺天下的人太多了，只是实力达不到罢了，您能把他们烹得尽吗？"高祖说："放了他吧。"于是赦免了蒯通的罪行。

战国后期齐国的豹勃常常中伤田单，说："安平君是个小人。"田单听到后，特意置办了酒席邀请豹勃，说："我什么地方得罪了先生呢？我还常常在朝廷上称誉您啊。"豹勃说："盗跖的狗朝着尧狂吠，并不是认为盗跖尊贵而尧卑贱，狗只是知道向不是他主人的人狂吠罢了。我们现在来打个比方，比如这里有两个人，公孙子是个贤能的人，而徐子却不贤，如果让他们两人打斗，徐子的狗必然会扑上去用爪子抓住公孙子并且咬他的腿肚子。如果让这狗离开不贤之人而成为贤明之人的狗，再遇到这种情况时，这条狗还会扑向贤明的人，抓住他而咬他的腿肚子吗？"安平君田单说："恭敬地受教了。"于是向齐王推荐豹勃，豹勃得以被任用。后来田单免于九子谗言之害，豹勃功不可没。

初，吴王濞与七国谋反，及发，济北王[①]欲自杀。齐人公孙玃[②]俱碧反谓济北王曰："臣请试为大王明说梁王，通意天子。说而不用，死未晚也。"公孙玃遂见梁王，曰："夫济北之地，东接强齐，南牵吴、越，北胁燕、赵，此四分五裂之国。权不足以自守，劲不足以扞寇，又非有奇佐之士以待难也。虽坠坠，失也。言于吴，非其正计也。昔郑祭仲许宋人立公子突，以活其君，非义也。《春秋》记之，为其以生易死，以存易亡也。向使济北见情实，示不从之端，则吴必先历齐，毕济北，招燕、赵而总之。如此，则山东之从结而无隙矣。今吴、楚之王练诸侯之兵，驱白徒[③]之众，西与天子争衡，济北独底节坚守不下，使吴失与而无助，跬行独进，瓦解土崩，破败而不救者，未必非济北之力也。夫以区区之济北，而与诸侯争强，是以羔犊之弱，而捍虎狼之敌也。守职不挠，可谓诚一矣。功义如此，尚见疑于上，胁肩低首[④]，累足抚襟，使有自悔不前之心悔不与吴西也，非社稷之利也。臣恐藩臣守职者疑之。臣窃料之，能历西山，径长乐，抵未央，攘袂[⑤]

而正议者，独大王耳。上有全亡之功，下有安百姓之名，德沦于骨髓，恩加于无穷，愿大王留意详惟之。”孝王大说，使人驰以闻，济北王得不坐，徙封于菑川。

【注释】①济北王：即刘志，西汉的诸侯王，西汉齐悼惠王刘肥之子。②公孙玃：西汉济北王刘志的幕僚。③白徒：未经训练的兵卒；临时征集的壮丁。④胁肩低首：形容在人面前卑下的神情。同“胁肩低眉”。⑤攘袂：捋胳膊，捲衣袖。形容振奋而起。

【译文】起初，吴王刘濞与七国共同谋反，等到事情败露后，济北王想要自杀。齐地人公孙玃对济北王说：“请大王允许臣去替您游说梁王，让梁王向天子说一说我们的苦衷，表达一下我们的想法。如果我的游说没有成功，您再死也不迟。”公孙玃便去见梁王，说：“济北这个地方，东边挨着强大的齐国，南边被吴、越等国牵制，北边受到燕、赵等国的胁迫，这是个四分五裂的国家，它的形势根本无法自守，力量也难以抵御强敌，又没有奇谋之士作为辅佐，很难应对所面临的困境。虽然济北王一时失言，对吴王说了不该说的话，但那不是济北王真正的本意。过去郑国的祭仲被迫答应宋国立宋女所生的公子突为国君，是为了保全郑国国君郑昭公的性命。尽管这种作法并不符合臣子之义，但是《春秋》还是把他的事情记载下来，就是因为这样才使郑昭公保全了性命，又使郑国免遭灭亡之祸。假如当初济北王直接表露自己的真实想法，明确表示不服从吴王的意思，那么吴王必定会先屠戮济北，招集燕、赵两国的军队归他统一指挥。这样一来，山东各诸侯国就会结成合纵联盟，而且无隙可击了。如今吴王、楚王指挥七国诸侯的军队，驱逐那些未经训练的乌合之众，向西进攻与天子抗衡，济北国则独自抵抗坚守不降，使吴军失去援助，只能独自踽踽独行，最终土崩瓦解，遭致无可挽回的失败，这未必不是济北王的功劳啊。当初，如果以区区一个济北小国去与吴楚等七个强大的诸侯国争强斗胜，那就相当于用柔弱的羔羊、牛犊之力，去对抗如豺狼、猛虎一般凶捍的敌人啊。济北王不屈不挠地忠于职守，对皇上可以说是忠贞不二了。有这样的功劳和忠心，尚且被皇上猜疑，只能缩着肩膀，垂着脑袋，叠着双脚，抚弄着衣襟，诚惶诚恐地等待处置，那济北王就会后悔当时为什么没有勇往直前的心没有与吴国一起向西与皇上作战，这对国家社稷是没有益处的。臣担心其它那些尽忠职守的诸侯王们也会怀疑自己会如济北王一样的命运。我私下猜想，能够路过西山，到达长安，通过太后而向皇帝慷慨激昂忠言直谏、主持公道的人，也只有大王您了。如果成功，大王您对上有保全天下、免于灭亡的功劳，对下有使百姓安居乐业的好名声，您的恩德将使人刻骨铭心，永世不忘。希望大王您能留意一下这个事情，仔细想一想。”梁王听了非常高兴，派人快马奔赴长安将上述情况报告给皇帝，济北王才得以不被牵连治罪，改封为菑川王。

陈琳典袁绍文章，袁氏败，琳归太祖。太祖谓曰：“卿昔为本初移书①，但可罪状孤而已，恶止其身，何乃上及祖父耶？”琳谢曰：“楚、汉未分，蒯通进策于韩信。乾时②之战，管仲肆力于子纠。唯欲效计其主，取福一时。故跖之客可以刺由，桀之狗可使吠尧也。今明公必能进贤于忿后，弃愚于爱前。四方革面，英豪宅心矣。唯明公裁之。”太祖曰：“善！”厚待之。

【注释】①本初：即袁绍，字本初。移书：发送公文；布告。②乾时：春秋时地名，齐地，在今山东青州。

【译文】三国时，陈琳负责为袁绍起草文书，袁绍失败后，陈琳归附了魏太祖曹操。曹操对陈琳说：“你过去为袁绍写檄文声讨我，只需要历数我的罪状就可以了，因为罪恶只是我自身所犯下的，为什么还要骂起我的祖父呢？”陈琳谢罪后说：“当楚、汉尚未分出胜负的时候，蒯通向韩信献计，劝韩信与项羽、刘邦三分天下；齐鲁乾时之战时，管仲竭尽全力效命于公子纠，射中了齐桓公的衣带钩。这都是只想为他们的主人效力，帮助他们的主人获取一时之福。所以，盗跖的门客可以去刺杀许由，夏桀的狗可以向尧狂吠。现在，您必定能摒弃前嫌，重用那些曾与您有嫌隙甚至让您产生怨恨的贤明之士；对于那些平庸之辈，即使与您亲厚也会罢黜他。那么四方英豪都会改变之前的态度，就会天下归心了。只是希望您能公正地裁决这个问题。”曹操说：“说得好啊！”于是厚待陈琳。

由是观之，是知晋侯杀里克[①]，汉祖戮丁公[②]，石勒诛枣嵩[③]，刘备薄许靖[④]，良有以也。故范晔曰：“夫人守义于故主，斯可以事新主；耻以其众受宠，斯可以受大宠。”若乃言之者虽诚，而闻之者未譬，岂苟进之悦，易以情纳，持正之忤，难以理求？诚能释利以循道，居方以从义，君子之概也。

【注释】①里克：春秋前期晋国卿大夫，晋献公的股肱之臣，太子申生的坚决拥护者，能征善战的统帅。“骊姬之乱”中曾杀死先后为晋国君主的骊姬之子奚齐、卓子。晋惠公即位后，对里克多方猜疑，后来派郤芮带兵，包围里克家。里克自尽而亡。②丁公：即丁固。秦朝末年薛县人，西楚霸王项羽的武将。丁固因泄露了刘邦狼狈的过去，被刘邦以“丁公为项王臣不忠，使项王失天下者，乃丁公也”为借口杀掉。③枣嵩：字台产，颍川长社人，枣腆之弟，西晋幽州刺史王浚的女婿。才艺尤美，多有著述。官散骑常侍。被石勒所杀。④许靖：字文休。汝南郡平舆县（今河南省平舆县）人。汉末至三国蜀汉时期重臣、名士、评论家。

【译文】由此看来，晋惠公杀掉不忠于怀公的里克，汉高祖杀掉不忠于项羽的丁公，石勒杀掉不忠于西晋并连累其岳父的枣嵩，刘备看不起不忠于刘璋的许靖，确实是有道理的。所以范晔说："人只有忠于旧主，才能以忠心侍奉新主；只有以因人云亦云、随声附和而受到宠信为耻辱，才可以得到盛大的恩宠。"假如进言者虽然怀着赤诚之心，但听者却听而不闻，这岂不是因为苟且求进而说的奉承取悦的话容易被接受，而坚持正义却多有冒犯的逆耳忠言就难以寻求了吗？如果确实能放弃功利而遵循正道，处事遵循道义的原则，那才是君子的气度风范。

难必第二十八

夫忠为事君之首，龙逢斩、比干诛；孝称德行之先，孝己忧而曾参泣。遇好文之主，贾谊被谪于长沙；当用武之时，李广无封侯之爵。又云：意合，异类生爱；意不合，至亲交兵。

【译文】忠诚，是臣子侍奉君主的首要条件，可是忠于夏桀的关龙逢却被处斩，忠于商纣的比干也被剖心。是否行孝道，是衡量一个人道德品行最重要的标准，可是殷高宗的儿子孝己那样的至孝之子，还是会担心后母进谗言害自己，有名的孝子曾参，也因得不到父母的信任而悲伤哭泣。生逢爱好文学的汉文帝之时，以善文著称的贾谊却被贬谪长沙；正当抗击匈奴的用兵之际，英勇善战、功高盖世的名将李广却终生未得封侯。所以，又有这样的说法：如果意气相投，即使不是同类人也会产生友爱之情；若是心思不合，就算最亲近的父子兄弟也会刀兵相见。

夫人主莫不欲其臣之忠，而忠未必信，故伍员流于江、苌弘死于蜀，其血三年而化为碧。凡人亲莫不欲其子之孝，而孝未必爱，故孝己忧而曾参悲。此难必者也。

【译文】作为君主，没有不希望自己的臣子是忠诚的，可是臣子忠诚却未必能获得君主的信任，所以忠于吴王阖闾的伍子胥却被沉入钱塘江，忠于周敬王的苌弘，却被流放蜀地，剖腹刳肠而死，他的血藏了三年之后，化为碧玉。凡为人父母者没有不希望孩子孝顺的，然而孝子却未必能得到父母的疼爱，所以孝己尽管对父亲非常孝敬，却担心后母的谗言加害而日日忧虑，孝子曾参也因不被父母喜爱而悲泣。这说明凡事难以有定准。

何以言之？语曰：羿关弧[①]则越人之行自若；弱子关弧则慈母入室闭户。故可必则越人不疑羿，不可必则慈母逃弱子也。

【注释】①关弧：弯弓。关，通“弯”。

【译文】为什么这样说呢？有这样一句古语：后羿张弓要射箭，越国人却可以神色自若地边走边与别人说起这件事，幼小的儿子弯弓欲射时，连慈母都会躲进屋子并关上房门。所以说，可以肯定没有危险时，越人可以不怀疑后羿；不能肯定没有危险时，慈母也会逃避自己的儿子。

魏文侯问狐卷子曰：“父子、兄弟、君臣之贤足恃乎？”对曰：“不足恃也。何者？父贤不过尧，而丹朱放；子贤不过舜，而瞽叟拘；兄贤不过舜，而象敖；弟贤不过周公，而管叔诛；臣贤不过汤、武，而桀、纣伐。望人者不至，恃人者不久。君欲理，亦从身始，人何可恃乎？”

【译文】魏文侯问狐卷子说：“父子、兄弟、君臣之间，可以依恃对方的贤德吗？”狐卷子回答说：“不可以。为什么呢？要说做父亲的贤德，没有人能比得上尧，可是尧的儿子丹朱却被父亲放逐；要说做儿子的贤德，没有人能比得上舜，可是舜的父亲瞽叟却愚钝无比，把他囚拘甚至陷害；要说做哥哥的贤德，没有人能比得上舜，可是舜的弟弟象却游手好闲又傲慢无礼；要说做弟弟的贤德，没有人能比得过周公，可是周公的哥哥管叔却被周公诛杀；要说做臣子的贤德，没有人能比得上商汤和周武王，可是夏桀、商纣两位君主正是被商汤和周武王这两位臣子所灭。所以，期望某人时那人偏偏不来，依赖别人的人不可能长久。君主若要治理天下，就要从自身做起，又怎么能依赖他人呢？”

汉时，梁孝王藏匿羊胜、公孙诡①，韩安国②泣说梁孝王曰：“大王自度于皇帝皇帝，景帝也。是梁孝王兄。孰与太上皇之与高皇帝及皇帝之与临江王亲临江王，景帝太子也？”孝王曰：“弗如也。”安国曰：“夫太上、临江，亲父子间，然而高帝曰：‘提三尺剑取天下者，朕也！’故太上终不得制事，居栎阳。临江王，嫡长太子也，以言过废王临江景尝属诸姬，太子母栗姬言不逊，由是废太子，栗姬忧死也。用宫垣事，卒自杀中尉府。何者？治天下终不以私害公。语曰：虽有亲父，安知其不为虎？虽有亲兄，安知其不为狼？今大王列在诸侯，说一邪臣浮说，犯上禁，挠明法。天子以太后故，不忍致法于王。太后日夜泣涕，幸大王自改，大王终不觉悟。又如太后宫车即晏驾③，大王尚谁攀乎？”语未卒，孝王出羊胜等。景帝弟梁孝王用羊胜、公孙诡之计，求为汉太子，恐大臣不听，乃阴使人刺汉用事谋臣袁盎。帝闻诡、胜计，遣使十辈，举国大索，捕诡、胜，不得。内史韩安国闻诡、胜匿孝王所，入见王，说之。王出诡、胜，诡、胜自杀也。

【注释】①梁孝王：即刘武，西汉梁国诸侯王，汉文帝刘恒嫡次子，汉景帝刘启同母弟。羊胜、公孙诡：均为西汉文士，齐人。吴楚七国乱后，梁孝王招延四方文士，二人皆游于梁。孝王怨袁盎等阻景帝立己为嗣，与二人合谋，刺杀袁盎等议臣十余人，后景帝遣使至梁捕之，二人被迫自杀。②韩安国：西汉时期名臣、将领。自幼博览群书，成为远近闻名的辩士与学问家，后来成为梁孝王身边的得力谋士，帮梁孝王和汉政权化解了几次危机，深得汉景帝信任。汉武帝时，提倡与匈奴和亲，使汉王朝北方多年无战事。③宫车即晏驾：即宫车晏驾，宫车迟出。旧为帝王死亡的讳辞。喻指皇帝死亡。晏，迟。

【译文】西汉时，梁孝王把朝廷通缉的罪犯羊胜、公孙诡藏在自己的王宫里，梁孝王身边的得力谋士韩安国哭着劝梁孝王说："大王您自己思量一下，您和当今皇帝皇帝，即汉景帝，是梁孝王的哥哥的关系与当年太上皇与高祖皇帝的关系以及当今皇帝与临江王临江王是汉景帝的太子的关系相比，哪种关系更亲密呢？"梁孝王说："我与当今皇帝是兄弟关系，比不上太上皇与高祖皇帝以及当今皇帝与临江王的父子关系。"韩安国说："太上皇与高祖皇帝，当今皇帝与临江王，是亲生父子关系，然而高祖皇帝却说：'手提三尺宝剑夺取天下的，是我！'所以太上皇最终也不能临朝治理天下，只能闲居在栎阳的宫殿里。临江王是当今皇帝的嫡长太子，由于母亲说话不谨慎就被废掉了太子改为临江王汉景帝曾经对他的嫔妃们说：'太子的母亲栗姬出言不逊，于是我才废掉了太子。'栗姬因此忧郁而死。由于宫廷内部的家事而在中尉府中自杀。为什么会这样呢？治理天下的君主，绝对不能因为家事而妨害了国家大事。古语说：虽然是亲生父亲，怎么能知道他不是凶猛的老虎？虽说是亲哥哥，怎么能知道他不是凶狠的豺狼？如今大王您位列诸侯，喜欢听一干奸佞之臣不负责任的无稽之谈，冒犯皇帝的禁令，违背、扰乱国家法制。当今皇帝因为太后宠爱您的缘故，不忍利用法律手段来制裁您。太后日夜痛哭流涕，盼望您能自行改过，可是您却始终没有觉悟。况且，假如有一天太后薨逝，大王您还能依附谁呢？"韩安国的话还没有说完，梁孝王便把羊胜等人交了出来。汉景帝的弟弟梁孝王采用羊胜、公孙诡的计策，一心想谋得汉太子之位，恐怕汉朝的大臣们不同意，便暗中派人阴谋刺杀掌握朝政大权的重臣袁盎。汉景帝知道了公孙诡、羊胜的诡计，便派了十个人在全国范围内展开大肆搜捕，未能抓获。韩安国听说公孙诡、羊胜躲藏在梁孝王的宫里，便来见梁孝王，劝说他交出公孙诡、羊胜。梁孝王听从韩安国的劝告，交出了公孙诡及羊胜，二人被迫自杀。

由是观之，安在其可必哉！语曰："以权利合者，权利尽而交疏。"又曰："以色事人者，色衰则爱绝。"此言财色不可必也。墨子曰："虽有慈父，不爱无益之子。"黄石公曰："主不可以无德，无德则臣叛。"此言臣子不可必也。《诗》云：自求伊祐。有旨哉，有旨哉！

【译文】由此看来，事情哪里有定准而可以依恃呢？古语说："因为权势和利益而结合的，当权势和利益失去之时，交情也会随之疏远。"又说："靠美色取悦别人的，一旦容貌衰老，宠爱也会随之断绝。"这是说钱财和美色由于没有定准，所以不可依恃。墨子说："即使有慈爱的父亲，但他决不会疼爱没用的儿子。"黄石公说："君主不能没有仁德，没有仁德，臣子就会叛离。"这是说臣下和子女没有定准可以依恃。《诗经》上说："力求自己保佑自己吧！"这话真是太有意义了！真是太有意义了！

运命第二十九

《易》曰："精气为物，游魂为变。"夫人之爱生，貌异音殊，苦乐愚智，尊卑寿夭，无非三世业理使之然。

【译文】《易经》上说："人的精神元气是实有之物，而游魂是变化不定的。"人自从降生为人，相貌各异，声音不同，有苦有乐，有愚笨有聪明，或尊贵或卑贱，或长寿或短命。这都是三世所种下的因决定的啊！

夫天道性命，圣人所稀言也。虽有其旨，难得而详。然按之古今，错综其纪，乘乎三势，亦可以仿佛其略。

【译文】天道、天性、命运等问题，圣人很少谈及。虽然能掌握其中的要领，但却很难说得明白具体。然而考察古今关于这个问题错综复杂的记载，凭借"三势"的分析，也可以知道个大概。

何以言之？荀悦云："凡三光议曰：三光，日月星也，精气变异，此皆阴阳之精也。其本在地，而上发于天。政失于此，而变见于彼，不其然乎文王问太公曰：'人主动作举事，有祸殃之应，鬼神之福无？'太公曰：'有之。人主好重赋敛，大宫室，则人多病温，霜露杀五谷；

人主好畋猎，不避时禁，则岁多大风，禾谷不实；人主好破坏名山，壅塞大川，决通名水，则岁多大水伤人，五谷不滋；人主好武事，兵革不息，则日月薄蚀，太白失行。’文王曰：‘诚哉！’今称《洪范》咎征，则有尧、汤水旱之灾；称消灾复异，则有周宣《云汉》[①]‘宁莫我听’；《易》称‘积善余庆’，则有颜、冉[②]短折之凶。善恶之报，类变万端，不可齐一，故视听者惑焉。太史公曰：‘《书》称：天道无亲，常与善人。七十子之徒，仲尼最独荐颜回为好学，然回也屡空，糟糠不餍而早夭。天之报施善人，何如哉？盗跖日杀不辜，肝人之肉，暴戾恣睢，聚党数千人，横行天下，竟以寿终，是遵何德哉？余甚惑焉！’常试言之：孔子曰：‘死生有命。’又曰：‘不得其死。’又曰：‘幸而免者。’夫死生有命，其正理也。不得其死者，未可以死而死也。幸而免者，可以死而不死也。此皆性命三势之理也。”昔虢太子死，扁鹊治而生之，扁鹊曰：“我非能生死人者，我能治可生者耳。”然不遇扁鹊，亦不生矣。若夫膏肓之病，虽医和[③]弗能治矣。故曰：死生有命，其正理也。不得其死者，未可以死而死也。幸而免者，可以死而不死也。此荀悦论性命三势之理。扬子《法言》云：或问：“寿可益乎？”曰：“德。”或问：“回、牛之行，德矣！曷寿之不益也？”曰：“德故尔。如回之残，牛之贼，焉得尔？”曰：“残贼或寿。”曰：“彼妄也，君子不妄也。”

【注释】①《云汉》：出自《诗经·大雅·荡之什》。这是一首禳灾诗。周宣王时，连年旱灾，周宣王作此诗求神祈雨，抒写为旱灾愁苦的心情。②颜、冉：指孔子的弟子颜回及冉伯牛。③医和：春秋时秦国良医。医为职业称谓，和是名字。据《左传·昭公元年》载，他曾倡论阴、阳、风、雨、晦、明为“六气”，谓“六气”太过，可引起不同疾病。后借指良医。

【译文】为什么这么说呢？东汉荀悦曾说：“凡是三光评论：三光，

指日、月、星，精气的变异，这都是阴阳之气的精华。它的根本是在地面，向上生发而达至天空。如果一个国家的政治有所缺失，就会在天地间出现异常的变化，难道不是这样吗？周文王曾问姜太公：‘君主的言行举止或要做什么大的事情，有灾祸的应验和鬼神的福佑吗？’姜太公回答说：‘有的。君主如果喜欢横征暴敛，大兴土木修建宫室，那么就会有疾病流行，霜露就会冻死五谷；君主如果喜欢打猎，不避农时，那么这一年就会多刮大风的天气，庄稼谷粒就不饱满；君主如果喜好破坏名山、堵塞大河、挖开名水，那么这一年就会有洪水伤人，五谷不丰；君主如果喜好用兵，战事不息，就会出现日蚀、月蚀，太白星的运行也会偏离轨道。’文王说：‘的确是这样啊。’现在人们说到《尚书·洪范》篇，谈到恶行的应验时，就要说一说帝尧和商汤时的水旱之灾。消除灾难恢复正常，则有《诗经》中《云汉》篇里记载的周宣王祈雨时的慨叹：‘上天难道听不到我的祷告吗？’《易经》说：‘积善之家，必有余庆。’可是却有孔子的弟子颜回、冉伯牛遭遇短寿而死那样不幸的事情。善恶的报应千变万化，无法用统一的标准去衡量，所以无论是自己看到的还是听到的都可能让人感到迷惑不解。司马迁在《史记》中说：‘天道不分亲疏远近，总是保佑善良的人。孔子的七十二个有名的弟子中，他单单推崇颜回的好学，可是颜回却屡次陷入穷困的境地，以至连饱腹的糟糠都无以为继，而且早早就死去了。上天对好人的回报就是这样吗？盗跖每天都滥杀无辜，甚至吃人肉，残暴凶狠，胡作非为，聚集数千党羽，横行天下，竟然高寿而死。这又是遵循的什么道理呢？我真是大惑不解了。’对此，我试着分析一下：孔子曾说‘死生有命’，还说‘不得其死’，又说‘幸而免者’。‘死生有命’是普遍适用的规则；‘不得其死’是本不该死的却死了；‘幸而免者’是原本该死却没有死，这都是性命三种态势之理。”过去，虢国太子看上去已经死了，却在名医扁鹊的医治下活了过来。扁鹊说：“我并不能起死回生，只是能治那些还可以活的人罢了。”然而如果虢国太子没有遇上扁鹊，也是无法活过来的。如果已经病入膏肓，就是医和那样的神医在世也是无法治活的。所以说，“死生有命”是普遍适用的道理。“不得其死”是本来不该死的却死了。“幸而免者”是本来应该死的却没有死。这就是荀悦所说的性命三势之理。扬雄在《法言》中说：有人问：“人可以延年益寿吗？”扬雄回答说：“有德之人，寿命就可以延长。”又有人问：“颜回、冉伯牛的品德已经很高尚了，为什么寿命却不能延长呢？”扬雄回答说：“他们的高尚品德已经让他们延长了寿命。假若颜回不仁，冉伯牛不义，那么他们怎么会活到现在的岁数呢？”有人又说：“可是有些品行很差不讲仁义之人也有长寿的。”扬雄回答：“那是他们侥幸而已，可君子却不会虚妄啊！”

推此以及教化则亦如之。人有不教化而自成者，有待教化而后成者，有虽加教化而终不成者。故上智与下愚不移，至于中人则可上可下。议曰：《传》云：“能者养之以福，不能者败之以取祸。”此可上可下者。推此以及天道，则亦如之。灾祥之应，无所疑焉。故尧、汤水旱，天数也。议曰：夫阴静阳动，天回地游，太一算周成百六之厄，太岁数极，为一元之灾。必然之符，不可移也。故《传》曰：“美恶周必复。”又曰：“天灾流行，国家代有。”言必定也。故曰天数。汉时，公孙弘则不然，以为尧遭洪水，使禹治之，未闻禹之有水也。若汤之旱，则桀余烈。桀、纣行恶，受天之罚。禹汤积德，以王天下。因此观之，天无私亲。顺之和起，逆之害生。此天文、地理、人事之纪。观公孙弘所言，以为德感水旱，非天数也。一家之谈，非为正论。《洪范》咎征，人事也。议曰：《传》云：“祸福无门，唯人所召。”谓五事以应休咎，故曰人事。鲁僖霪雨，可救之应也。周宣旱甚，难变之势也。议曰：孔子云：“祭如在。”言祭法在精诚也。语曰：“应天以实，不以文。”言上天不以伪动也。《易》曰：“善不积，不足以成名。”古语曰：“土性胜水，掬壤不可以塞河；金性胜木，寸刃不可以残林。”《传》曰：“小惠未孚，神弗福也。”此言善少不足以感物也。今雩祭是同而感应异者，或谓仁甚少，而求福甚多。或徒设空文，精诚不至。故不同也。颜、冉之凶，性命之本也。议曰：秦伯问于士鞅[1]曰："晋大夫其谁先亡？"对曰："其栾氏乎。"秦伯曰："以其汰乎？"对曰："然。栾黡（yǎn）[2]汰虐已甚，犹可以免。其在盈乎！"秦伯曰："何故？"对曰："武子之德在人，如周人之思邵公[3]焉！爱其甘棠，况其子乎？栾黡死，盈之善未能及人，武子所施没矣，而黡之怨实彰，将于是乎在？"后九年，晋灭栾氏。由是观之，黡虽汰虐，以其父武子之德，身受其福；盈虽贤智，以其父黡之汰虐，遂遇于祸。然则祸之与福，不在我之贤虐矣。范晔曰："陈平多阴谋，而知其后必废；邴吉[4]有阴德，夏侯胜识其当封及其子孙。终陈掌[5]失侯，而邴昌绍国。邹有不类，未可致诘。其大致归于有德矣。袁安[6]、窦氏之间乃精帝室，引义惟正，可谓王臣之烈。及其理楚狱，未尝鞫人于赃罪。其仁心足覃乎后昆。子孙之盛，不亦宜乎？"由是观之，夫陈平、邴吉及袁安之后，衰与盛乃在先人之德，又不在我之得失矣。虞南曰："夫释教有布施、持戒、忍辱、精进、禅定、智惠，与夫仁、义、礼、智、信，亦何殊哉？盖以所修为因，其果为报。人修此六行，皆多不全，有一阙焉，果亦随灭。"是以鬷（zōng）明[7]丑于貌而惠于心。赵壹[8]高于才而下于位，罗裒（póu）[9]富而无义，原宪[10]贫而有道，其不同也，如斯悬绝。兴衰得失，咸必由之。由是言之，夫行己不周则诸福不备，故吉凶祸福不得齐也。故世人有操行不轨而富寿者矣，有积仁洁行而凶夭者矣。今下士庸夫，见比干之剖心，以为忠贞不足为也；闻偃王[11]之亡国，以为仁义不足法也。不亦过乎？

【注释】①秦伯：即秦景公。嬴姓，赵氏，名石，秦桓公之子，春秋时期秦国国君。景公治理秦国长达39年，将秦国势力不断推向中原。士鞅：春秋后期晋国才干卓越的政治家，外交家。士鞅的贪得无厌使得晋国霸权在他手上彻底崩塌。②栾黡：春秋时期晋国政治人物、将军。栾氏，名黡，谥桓，故称栾桓子。因其弟栾针之死与范宣子、士鞅父子交恶。③武子：即栾武子，栾黡的父亲。姬姓，栾氏，谥曰武，人称栾武子，晋景公、晋厉公时期执政大臣、统帅。邵公：即姬奭，又称召公、召伯、召康公、召公奭，西周宗室，与周武王、周公旦同辈。④邴吉：字少卿，西汉名臣。夏侯胜：字长公，宁阳侯国人（今山东宁阳）。西汉著名学者，“大夏侯学”的开创者。⑤陈掌：西汉武帝朝詹事，西汉开国功臣、曲逆侯陈平之后。⑥袁安：字邵公（一作召公），汝南郡汝阳县（今河南商水西南）人。东汉名臣。在和帝时与外戚窦氏抗衡。⑦鬷明：即然明，鬷氏，名蔑，字然明，又称鬷明。春秋时期郑国大夫，智者。⑧赵壹：本名懿，因后汉书作于晋朝，避司马懿名讳，故作“壹”，嬴姓，赵氏。字元叔，汉阳郡西县（今甘肃天水市西南）人。东汉辞赋家。⑨罗裒：西汉成都（今属四川）人。大商人兼高利贷主。⑩原宪：字子思，春秋末年宋国商丘人。孔门七十二贤之一。出身贫寒，个性狷介，一生安贫乐道，不肯与世俗合流。唐玄宗开元二十七年封原宪为“原伯”。北宋真宗大中祥符二年又追封“任城侯”。明嘉靖九年，改称为先贤原子。⑪偃王：即徐偃王，嬴姓徐氏，名诞，是西周时徐国国君，徐国文明史的奠基人、开拓者和领袖人物。

【译文】把这个道理，类推到教化百姓的问题上，也是如此。人有不用教化就可以自然成为善良之人的；有必须经过教化才能成为善良之人的；也有虽经教化，却最终不能成为善良之人的。所以孔子才说，唯有“上智”和“下愚”这两种人是不能改变的，至于处在中间位置的普通人则是既可经教化而成为善人，也可能因教化引导不当而变成恶人。评论：《左传》上说：“能向善的人经过不断教导，必然得到福佑；不能向善的人必然遭遇祸患以至于走向败亡。”这就是可以向上为善，也可向下为恶的意思。**把这个道理类推到天道的问题上，也同样如此。灾害和吉祥的感应，是不应怀疑的。所以，帝尧和商汤时的水旱灾害，可以说是天道。**评论：阴阳之气一静一动，影响天地的运行，在天地宇宙中运转一周是三百六十度，称作一周天。一周天的运行中总会遇到灾厄。计算一周天时，以木星为准，所以木星称为太岁。由于每一周天都会遇到灾厄，所以把它称为一元之灾，太岁因此也就被视为灾星了。其实它是自然界的必然规律，无法随意改变。所以《左传》上说："无论你是赞美还是厌恶，这些自然规律都是周而复始的。"又说："天灾流行，无论哪个国家、哪个朝代都会有。"这是说天灾流行是自然界的必然规律，所以才叫天数。汉代的公孙弘则不这样认为。他认为尧时遭受洪水，让禹来治水，却没听说在禹为天子的时代有洪水。至于商汤时的大旱之灾，却是夏桀作恶的遗患。所以夏桀、商纣恶行累累，必然受到天道的惩罚，夏禹和商汤积德行善，才得以统治天下。由此看来，上天对人并无偏私。顺应天意就会天下太平，逆天行事的就会天灾横生。这是天文、地理、人事的根本。从公孙弘说的这些来看，他认为人的德行与水旱之灾的感应关系，并不是必然规律。这只是一家之言，不是正论。**《洪范》篇中所说天灾的征验，指的是人事**。评论：《左传》说："祸福无门，唯人自召。"也就是说，在貌、言、视、听、思等五个方面不同的修身处事方式，就会有吉凶、祸福等不同的命运。所以说命运在于人事。**鲁僖公时，久雨不停的天气经祈祷而止，这是灾害可救的应验；周宣王时大旱严重，祈祷也没有效果，说明那灾难本来具有难以改变之势**。评论：孔子说："祭祀祖先的时候，就好象祖先就在面前一样。"是讲祭祀的根本在于至诚之心。古语说："对上天要有诚实的态度，不能虚浮、矫饰。"是说上天不会被虚情假意所打动。《易经》上说："不积累善行，就不会成就你的好名声。"古语说："土能治水，但是捧起一把土，是不能堵住黄河的决口的；铁能锯断树木，可是用一寸的刀刃却无法毁灭森林。"《左传》上说："小恩小惠，不足以取得人们的信任，神灵也不会赐福给他。"这是说善行太少，感化不了他物。现在求雨的祭典虽然相同，得到的感应却不同，原因就在于或者说缺少仁德可是希求神明的赐福却很多；或是只讲一些华丽好听的空话，却没有至诚之心。所以祈祷的效果才会不同啊！**颜回、冉伯牛的英年早逝，那是性命自身决定的**。评论：秦景公曾问士鞅："晋国的哪家大夫会最先灭亡？"士鞅说："那一定是栾氏了。"秦景公说："是因为栾氏太骄奢了吗？"士鞅说："是的。栾黡骄奢暴虐得太过分了！不过他可能还会侥幸逃过灭亡这一命运，要亡也许会亡在他儿子栾盈的手里。"秦景公问："为什么这么说呢？"士鞅说："栾武子的德政对于晋国百姓来说，就像周朝人怀念邵公一样。由于怀念邵公，连他拴过马、乘过凉的棠树都用心爱护，更何况是他的儿子呢！栾黡死后，他的儿子栾盈的善德不能及于百姓，他的祖父栾武子对百姓所施的恩德又早已不在了，可百姓对他父亲栾黡的怨恨却一天比一天强烈明显，所以栾氏的灭亡将会在这个时候吧？”后来九年后，晋国灭掉了栾氏。由此看来，栾黡虽然骄奢暴虐，但由于他父亲栾武子对百姓的恩德使他身受其福；栾盈虽有贤德智慧，但由于父亲栾黡的骄奢暴虐，最终身逢祸患。由此可见，是祸还是福并不在于自身的贤德或暴虐。范晔曾说：“陈平多阴谋诡计，因而自知后代必然遭到废灭；邴吉多积阴德，夏侯胜认为他的德行必然荫及子孙。最终陈平的孙子陈掌失去了侯位；而邴吉家族到了邴昌这一代，被封为列侯。虽然报应也有不像这样明显的，却难以推究清楚了。大体说来，可以归于是否有德。袁安处在外戚窦宪专权的时期，却忠于皇室而没有依附窦氏。引用义理，公正无私，可以说是忠臣中的显赫之人了。他审理楚王刘英反叛一案时，未曾严刑审讯，强加罪名。他的仁爱之心足以延及他的后代子孙。他的子孙能够兴盛，不是理所应当的吗？”由此看来，陈平、邴吉以及袁安后代的兴衰，取决于他们的祖先德行如何，而不是他们自身的德行。虞南说：“佛教教义中有布施、持戒、忍辱、精进、禅定、智慧等六度菩萨行，这与儒学中的仁、义、礼、智、信有什么不同呢？大概说来，是以修持的六行为因，其果是对修持的回报。人在修持此六度菩萨行时，往往不能完全圆满。如果其中有一项缺失，果报也会随之而消失。”所以，鬷明虽然外貌丑陋但内心聪慧，赵壹才高却身处下位，罗裒富而无义，原宪贫而有道。他们的不同是如此悬殊。兴丧得失，都必然出自于此。从这一点来说，如果自己的品行不完善，就不会有完备的福报。所以说吉、凶、祸、福不能达到一致。因此世人就有了品行不轨却反而富裕而长寿的，有积累仁德、品行高洁却反而死丧夭亡的。现在有些浅俗的平庸之辈，看到比干被剖心，就认为忠贞的事不值得去做；听到徐偃王亡了国，就认为仁义之道不值得去效法。这不也是一种错误的看法吗？

《易》曰：“有天道焉，有地道焉，有人道焉。”言其异也；

“兼三才[①]而两之。”言其同也。故天人之道，有同有异。据其所以异，而责其所以同，斯则惑矣。守其所以同，而求其所以异，则取弊矣。迟速、深浅，变化错乎其中，是故参差难得而均也。天地人物之理莫不同之。故君子尽心焉、尽力焉，以邀命也。议曰：孙卿云：“天行有常，不为尧存，不为桀亡。应之以理则吉，应之以乱则凶。强本而节用，则天不能贫；养备而动时，则天不能病；循道而不惑，则天不能祸；背道而妄行，则天不能吉。故明于天人之分，则可谓至人矣。若星坠、木鸣，天地之变，怪之，可也；畏之，非也。唯人妖，乃可畏矣。何者？政险失人，田荒稼恶，籴贵人饥，道有死人，夫是之谓人妖也。政令不明，举措不时，本事不理，夫是之谓人妖也。礼义不修，外内无别，男女淫乱，父子相疑，上下乖离，寇难日至，夫是之谓人妖也。三者错乱，无安国矣。”其说甚尔，其灾甚惨。《传》曰：“万物之怪，书不说。无用之辩，不急之察，弃而不治也。”墨翟曰：“古之圣王，举孝子而劝之事亲，尊贤良而劝之为善；发宪令以教诲，明赏罚以沮劝。若此，则乱者可使理，而危者可使安矣。若以为不然，昔者桀之所乱，汤理之；纣之所乱，武王理之。此世不渝而人不改，上变正而人易教。则安危治乱，在上之发政也。岂可谓有命哉？”昔梁惠王问尉缭曰：“吾闻黄帝有刑德，可以百战百胜，其有之乎？”尉缭曰：“不然。黄帝所谓刑德者，以刑伐之，以德守之，非世之所谓刑德也。世之所谓刑德者，天官、时日、阴阳、向背者也。黄帝者，人事而已矣。何以言之？今有城于此，从其东西攻之，不能取；从其南北攻之，不能取。此四者，岂不得顺时乘利者哉？然不能取者，何也？城高池深，兵战备具，谋而守之也。由是观之，天官、时日不若人事也。天官之阵曰：背水阵者，为绝军；向阪阵者，为废军。武王之伐纣也，背漳水，向山之阪，以万二千击纣之亿有八万，断纣头，悬之白旗。纣岂不得天官之阵哉？然而不胜者，何也？

人事不得也。黄帝曰：‘先稽己智者，谓之天子。’以是观之，人事而已矣。”按：孙卿、墨翟、尉缭之说，言吉凶祸福在于人矣。周公诫成王曰：“昔殷王中宗，治人祇（zhī）惧，弗敢荒宁，享国七十年。其在高宗，嘉靖殷邦，至于小大，无时或怨，享国五十九年。其在祖甲，爰知小人之衣食，能保惠于庶人，弗侮鳏寡，享国卅有三年。自时厥后，立王则逸，惟耽乐之从，亦罔或克寿。或十年，或七八年，或三四年。呜呼！嗣王其鉴于兹。”《史记·陈世家》曰：“陈，舜后也。周武王封之陈。太史公云：舜之德，至矣。禅于夏，而后世血食者，历三代。及楚灭陈，而田氏得政于齐，卒为建国，百世不绝。”又《南越传》云：“越虽蛮夷，其先岂尝有大功德于人哉，何其久也？历数代尝为君主，勾践一称伯，盖禹之余烈也。”又曰：“郑桓公友者，周厉王之少子也，幽王以为司徒。问于太史伯曰：‘王室多故，予安逃死乎，吾欲南之江上，何如？’对曰：‘昔祝融[②]为高辛火正，其功大矣。而其于周，未有兴者。楚，其后也。周衰，楚必兴，兴非郑之利也。’公曰：‘周衰，何国兴？’对曰：‘齐、秦、晋、楚乎！夫齐，姜姓，伯夷之后也。伯夷佐尧典礼。秦，嬴姓，伯翳[③]之后也。伯翳佐舜，怀柔百物。及楚之先，皆尝有功于天下。而成王封叔虞于唐，其地阻险，以此有德。若周衰，并必兴矣。’”按：周公、马迁、太史伯之谈，言兴亡、长短必依德矣。此略言其本而不语其详。尝试论之曰：命也者，天之授也；德也者，命之本也。皇灵虽阴骘下人，定于冥兆[④]。然兴亡、长短以德为准。若德循于曩，则命定于今。然则今之定命，皆曩之德也，明矣。夫命之在德，则吉凶祸福不由天也；命定于今，则贤圣、鬼神不能移也。故君子尽心焉、尽力焉，以邀命也。此运命之至也。《易》曰：“穷理尽性，以至于命。”此之谓矣。议曰：夫吉凶由人，兴亡在德。稽于前载，其在德必矣。今论者以尧、舜无嗣，以为在命，此谬矣。何者？夫佐命功臣，必有兴者，若使传子，则功臣之德废。何以言之？昔郑桓公问太史伯曰：“周衰，何国兴？”对曰：“昔祝融为高辛火正，其功大矣。而其于周，未有兴者。楚，其后也。周衰，楚必兴。齐，姜姓，伯夷之后。伯夷佐尧典礼。秦，嬴氏，伯翳之后。伯翳佐舜，怀柔百物。若周衰，并必兴矣。”是以班固《典引》云：“陶唐[5]舍胤而禅有虞，有虞[6]亦命夏后[7]，稷、契熙载，越成汤、武，股肱既周，天乃归功元首，将授汉刘。”由此言之，安在其无嗣哉！又曰：“楚师屠汉卒，睢水鲠其流；秦人坑赵士，沸声若雷震。虽游、夏[8]之英才，伊、颜[9]之殆庶，焉能抗之哉！”此其弊也。对曰：宋景公之时，荧惑在心。公惧，问子韦，子韦曰：“心者，宋分野也，祸当在君。虽然，可移于人。”据此言，则君有祸，人当受之。若当君厄会之时，则生人涂炭。虽伊、颜、游、夏，何所抗哉？故庄子曰：“当尧、舜，天下无穷人，非智得也；当桀、纣，天下无通人，非智失也。时势适然。”此之谓矣。又曰：“彼戎狄者，人面兽心，宴安鸩毒[10]，以诛杀为道德，蒸报[11]为仁义。自金行不竞，天地版荡，遂覆瀍洛，倾五都。呜呼！福善祸淫，徒虚言耳。”据此论，以戎狄内侵，便谓由命，此所谓不量于德者也。何则？昔秦穆公问戎人由余曰：“中国以诗、书、礼、乐、法度为政，然尚时乱，今戎夷无此，何以为理乎？”由余笑曰：“乃中国所以乱也。夫自上圣黄帝作为礼乐法度，身以先之，仅可小理。及其后世，日以骄淫，沮法度之盛，以责督于下；下罢极，则以仁义怨望于上。上下交争怨而相篡杀，至于灭宗，皆此类也。夫戎夷则不然，上含淳德，以遇于下；下怀忠信，以事其上。一国之政，犹一身之治。不知所以治，此真圣人之治。夫戎狄之德有如是者。”今晋之兴也，宗子无维城之助，而阏伯、实沈之隙岁构；师尹[12]无具瞻之贵，而颠坠戮辱之祸日有。宣、景[13]遭多难之时，务伐兵雄，诛庶桀以便事。其倾覆屠脍，非止于诛杀也。风俗淫僻，廉耻并失。先时而昏，任情而动，皆不耻淫逸之过。不拘妒忌之恶，有逆于舅姑。有反易刚柔，有杀戮妾媵，有黩乱上下，其淫乱凶逆，非止于蒸报也。由是观之，晋家之德，安胜于匈奴哉！今见戎狄乱华，便以为在命不在德，是何言之过欤！

【注释】①三才：天、地、人。②祝融：三皇五帝时夏官火正的官名，与大司马是同义词。后人尊其为火神。③伯翳：又称伯益，一作柏益，又称大费，嬴姓的始祖，是黄帝的后裔。④阴骘：原指上苍默默地安定下民，转指阴德。冥兆：指天意神旨注定之初而尚未明白显示的时候。⑤陶唐：即唐尧。帝喾之子，姓伊祁，名放勋。初封于陶，后徙于唐。⑥有虞：即舜。舜为有虞氏部落始祖虞幕的后裔，当时以孝悌闻名于世。后来成为有虞氏部落首领，接受尧帝的禅让，成为中原华夏部落联盟首领。史称虞舜帝，为中华远古三皇五帝之一。⑦夏后：即禹，姒姓，原为夏后氏部落领袖，奉舜命治水有功被舜选为继承人。⑧游、夏：游，即子游。春秋末吴国人，孔子的著名弟子，“孔门十哲”之一，曾为武城宰。夏，即子夏。姬姓，卜氏，名商，字子夏，尊称卜子（夏）。春秋末期思想家、教育家，孔门十哲之一。⑨伊、颜：即伊尹和颜回。⑩晏安鸩毒：贪图安逸享乐如同饮毒酒自杀一样致命、有害。比喻耽于逸乐而杀身。⑪蒸报：谓与母辈或晚辈亲属淫乱。⑫师尹：各属官之长。⑬宣、景：宣，即晋宣帝司马懿，字仲达，三国时期魏国政治家、军事谋略家，魏国权臣，西晋王朝的奠基人。景，即晋景帝司马师，字子元，三国时期曹魏权臣，西晋的奠基人之一。

【译文】《易经》上说：“有天道，有地道，有人道。”这是讲道的不同。又说：“综合天、地、人三道的规律，他们之间都存在着对立的两个方面。”这是说道的相同共性。所以，天道和人道有相通也有不同之处。根据道的不同去否定道的相同之处，这就是糊涂。如果固守道的相同而否定道的不同之处，那也是以偏概全取其弊端。快慢、深浅以及各种变化错综复杂地存在于大道之中，所以表现出参差不齐、无法均衡的状貌。天、地、人、物之间互相影响的道理

无不与此相同。所以君子尽心尽力地去积德行善，以求掌握自己的命运。评论：荀子说："天道运行有它恒常的规律，这种规律，不因尧而存在，也不因桀而消亡。用合理的行动去顺应天道，就会出现吉祥，用悖乱之行去顺应天道，就会出现灾殃。重视农业、节约用度，那么上天也不会让你贫穷；注重养生之道，又能适时而动，那么上天也不能让你患病；遵循事物的规律而不迷惑，那么上天也不能给你带来灾祸；违背事物的规律而任意妄为，那么上天也不能带给你吉祥。所以，明白自然界与人类各自的本分，就可以称得上是圣人了。如果有星辰坠落，树木无故发出奇怪的声音，天地出现反常的变化，对此感到奇怪，是可以理解的；对此感到害怕畏惧，却是错误的。只有人事上的反常现象是可怕的。为什么这么说呢？政治险恶，失去人心，田地荒芜，庄稼长势不好，米价昂贵，人民填不饱肚子，路边都是饿死的饥民，这就是人事上的反常现象。政令混乱，大的举措违背农时，对于国家根本的农业不理不问，这就是人事上的反常现象。不修礼义，内外没有分别，男女淫乱放纵，父子之间相互猜疑，上下级之间离心离德，内乱外患所造成的灾难每天都会发生，这就是人事上的反常现象。这三种情况错乱交杂，国家就没有安宁之日了。"荀子的说法非常贴切，这种灾难真是太惨烈了。《左传》说："万物的怪异现象,经典里是不予记载的。对于无用的争辩，不是急于解决的问题，可以放在一边，不去研究它。"墨子说："古代的圣王，把孝子推举出来，是为了劝勉人们孝敬父母；尊重贤良之人，是为了劝勉人们都去行善。发布法令是为了教诲人民，明定赏罚是为了阻止恶行，勉励善事。像这样去做，那么混乱的政治可以得到治理，面临危亡的国家可以获得安定。如果认为不是这样，那过去被夏桀弄得混乱的国家，到了商汤那里却被治理得很好；被商纣弄得混乱的国家，到了周武王那里就被治理得很好。这就是世道如果不发生改变，那么人民就不会改变。处在上位的统治者如果都走向正轨，那么百姓也就容易教化了。所以国家的安危和治乱都取决于处于上位的统治者所发布的政令，怎么能说由天命来决定呢？"从前梁惠王问尉缭："我听说黄帝由于既有刑罚又有恩赏，因而百战而胜，是这样吗？"尉缭回答说："不是这样的。黄帝所谓的刑德，是用武力来讨伐敌人，而用仁德来守护天下。那并不是世俗所说的刑德啊。世俗所说的刑德，指的是天象、时日以及阴阳向背等神秘之说。而黄帝的刑德，说的就是人事罢了。为什么这样说呢？假如现在这里有一座城池，从它的东西南北四个方向都无法攻取。这四个方位，难道都不能顺应天时，凭借地利吗？然而仍然攻不下来这座城池的原因是什么呢？是因为城墙太高，护城河太深，加上兵力、武器、装备一应俱全，又有深谋远虑及守城者的坚守。由此看来，天道的运行与吉凶不如人的谋划啊。天官阵法说：有一种背水阵法，如果布出这种阵法会使全军覆没；有一种向扳阵法，使用这种阵法会使全军劳而无功。可是武王伐纣的时候，背靠漳水，面向山坡，把背水阵与向坂阵结合在了一起，用一万二千军士去进攻商纣王的十八万大军，斩下商纣的头颅，悬挂在白旗上示众。商纣难道不懂天官阵法吗？然而却没有取胜，这是什么原因呢？是由于不得人心的缘故啊！黄帝说：'首先要考察自己是否有智谋，有智谋的才能称为天子。'由此看来，能够决定命运的只有人事啊。"按照荀子、墨子、尉缭的说法，吉凶祸福全在于人。周公告诫周成王说："过去殷中宗治理天下时，心怀敬惧、小心谨慎，不敢有一些荒废懈怠、贪图安逸之心，因此坐享天下七十年。到了殷高宗时，以美好的教化使国家安定、祥和、强大，那些附属的邦国，不管大小，在任何时候对殷商没有一点怨恨，殷高宗因此安享天下五十九年。到了祖甲时，能体察民情，了解普通百姓的衣食问题，能关爱并对百姓施以恩惠，不使鳏寡孤独之人受到欺侮，因此坐享天下三十三年。自从朝廷治理混乱后即位的君王，从出生起就过着安逸的生活，每天所想的都是怎样尽情享乐，因而他们都不长寿，坐享天下的时间也都不长。有的十年，有的七、八年，有的才三、四年。可悲啊！继承王位的人要引以为鉴啊！"《史记·陈世家》说："陈国，是舜的后裔，周武王把他们封在陈地。司马迁说：舜的德行，可以说完美之至了。后来禅位给夏禹，后代都享受王者祭祀，历经夏、商、周三代，直到陈国被楚国灭掉。而田氏从齐国夺取了政权，最终建立的国家传了很多代。"又有《南越传》上说："越国虽然是未开化的蛮夷之地，他们的祖先对百姓哪里有什么大的功德，可是为什么能传国那么久呢？经历了数代，都曾为君主，到了勾践时甚至夺得了天下霸主之位，这大概是大禹遗留下来的功业吧？"又说："郑桓公郑友，本是周厉王的小儿子，周幽王任命他为司徒。郑友问太史伯说：'周王室多遭变故，我又怎么能逃得掉死亡的命运呢？我打算南游到长江，您看怎么样？’太史伯回答说：‘过去祝融担任帝喾的火正官，他的功劳已经很大了。但在周朝，祝融的后裔却没有兴盛的。楚国是他的后裔，周朝衰落之后，楚国必定会兴盛起来。楚国如果兴盛，那对郑国可是不利的事儿啊。’郑桓公说：‘周朝衰落之后，哪些国家会兴盛呢？’太史伯回答：‘齐、秦、晋、楚这几个国家大概会兴盛吧。齐国姓姜，本是伯夷的后代。伯夷曾辅佐帝尧掌管礼仪。秦，嬴姓，本是伯翳的后代。伯翳曾辅佐舜，用文德教化百姓。楚国的先祖都曾有功于天下。周成王把弟弟叔虞封在唐地，即晋国，那里地势险阻，因此得以长久延续。如果周朝衰落，这四个国家必然一起兴起。’”按周公、司马迁、太史伯的说法，一个国家的兴衰存亡和国运的长短，必由德行决定。这是概括地讲些根本之道，并没有详细论述。我曾尝试对此加以论述：所谓命，那是上天所授予；所谓德，是命的根本。祖先虽然默默无闻地暗中保佑着后人，那也是玄远而又未加明示的。然而，国家的兴盛衰亡、国运的长短是由德行决定的。如果德行是过去积累的，那命中注定就是现在的结果。所以现在命中的定数，都是由于过去之德累积而来。这是显而易见的道理。命既然是由德所决定的，那么吉凶祸福就不由天定了。现在命中的定数，就连圣贤、鬼神都无法改变。所以君子只要尽心尽力修养德行，以求得到更好的命运。这就是对命运最深刻的理解。《易经》说：“探究事物的理致和万物的本性，尽自己之所能，来创造最好的命运。”说的就是这个意思啊。评论：吉凶在人，兴亡在德。考察前面的种种记载，命运由德行决定是必定无疑的了。如今有些论者，因为尧、舜的后代未能承继帝位，就认为这是由命决定而不是由德决定的，这就太荒谬了。为什么这么说呢？因为尧、舜身边那些辅佐的功臣，一定会有兴盛起来的。如果尧、舜把帝位传给儿子，那么功臣的德行便得不到展现与回报。为什么这么说呢？以前郑桓公问太史伯：“周朝衰落后，哪些国家会兴盛起来？”太史伯回答说：“以前祝融为高辛氏的火正官，他的功德已经很大了，但在周朝，祝融的后裔却没有兴盛的。楚国是他的后裔，周朝衰落后，楚国一定会兴盛起来。齐国姓姜，本是伯夷的后代。伯夷曾辅佐帝尧掌管礼仪。秦国，嬴姓，本是伯翳的后代。伯翳曾辅佐舜，以文德教化百姓。如果周朝衰落，这些国家必然一起兴起。”所以，班固在《典引》中说：“帝尧（陶唐氏）没把帝位传给儿子丹朱却禅让给了帝舜（有虞氏），帝舜没把帝位传给儿子商均却传给了奉命为其治水的夏禹。周的先祖稷和商的先祖契也都是在辅佐帝舜的时候弘扬功业的，因此才奠定了商汤和周武王的基业。由于辅佐朝政的功臣太多，上天就把功业归于元首，终将授给汉代刘氏。”由此说来，怎么能说尧、舜有厚德却没有继承之人呢？《典引》又说：“西楚霸王项羽的军队屠戮汉军士卒，士兵的尸体堆积在睢水里，都阻碍了河水的流淌；秦将白起坑杀投降的四十万赵军，致使天下沸腾的怨愤、舆论之声如雷贯耳。即使有子游、子夏那样的英才，或伊尹、颜渊那样的贤者，又如何能抗拒呢？”于是有人就认为命运在于德行的说法有弊病。对于这一见解，可以这样回答：宋景公在位的时候，火星向心宿迫近，宋景公特别恐惧，以为灾祸即将来临。于是就问子韦有什么办法，子韦说：“心宿是宋国的分野，灾祸将要降临在国君身上。尽管如此，还是可以把灾祸转移到百姓身上。”根据这种说法，国君有祸患时，百姓就会遭殃。假如各种厄运一起降临到国君身上，而国君又将厄运转移给百姓，那么就会生灵涂炭了。虽有伊尹、颜渊、子游、子夏那样的贤德之人，又怎么能抗拒得了呢？所以庄子说：“在尧、舜的时代，天下没有不得志的人，并不是因为那时的人都很聪明；在桀、纣的时代，天下没有学识渊博通达的人，并不是那时的人都愚笨。这是时势使然。”说的就是这个道理。《典引》还说：“北方戎狄民族，人面兽心，贪图逸乐，把杀戮当作道德，把淫乱当作仁义。当太白星运行偏离轨道，天下动荡不安时，便伺机入侵中原，毁灭五大都市。呜呼！为善得福做恶招祸，只不过是一句空话罢了。”根据这种论述，就认为狄戎的内侵，全是命运的安排。这真是不知道什么才是真正的德啊！为什么这么说呢？以前秦穆公曾问戎狄人由余说：“中原的国家，用诗、书，礼、乐、法度等来治理天下，然而还是时常发生动乱，而今戎狄并没有这些，那要依靠什么才能把国家治理好呢？”由余笑着回答：“这就是中原国家之所以发生动乱的原因。自从上古圣贤黄帝制定礼乐法度，他自己率先垂范，也仅是获得一时的安定。等到后世君王即位，日益骄奢淫逸，依恃名目繁多的法律条令来责罚、督察百姓；百姓困苦、疲惫之极，就埋怨并寄希望于能有一个仁义的君主。这样上下争相怨恨而相互篡夺、杀戮，以至于宗族被夷灭，根源就在此。戎狄则不是这样。君主用淳厚的德行来对待臣民；臣民则心怀忠信来侍奉君主。这样治理一个国家就像一个人管理自身那样容易。可是他们又不知道国家为什么会治理得那样好，这才是真正的圣人之治。戎狄之德是这样的。”如今晋国兴起后，嫡长子得不到兄弟们的连城相助，而如阏伯与实沈兄弟之间的怨恨和争斗却日甚一日；那些师尹又不具备被敬佩的高贵品格，可是覆灭、衰亡、杀戮、侮辱的灾祸却每天都有。晋宣帝司马懿、景帝司马师正逢多难之秋，全力讨伐各路英雄，杀戮豪杰之士，以便颠覆曹魏政权。倾覆屠戮的惨状，不只是诛杀二字就可以概括的。等到后来，皇室风俗放荡淫乱，不再有廉耻。天还未到黄昏，便放纵情欲，开始了淫乱生活，并且不以淫乱放逸为耻，不以妒忌为恶。做媳妇的敢公然忤逆公婆，做妻子的敢凌虐丈夫，有杀戮妾室的，有长辈或晚辈之间的伦常关系紊乱的，那种淫乱、凶恶、忤逆不止于乱伦的范围了。由此看来，晋朝之德，怎么能胜过匈奴呢！如今看到戎狄侵扰、祸乱华夏，便认为在于命而不取决于德，这种说法是多么荒谬错误啊！

大私第三十

《管子》[1]曰：“知与之为取，政之宝也。”《周书》[2]曰：“将欲取之，必故与之。”

【注释】①《管子》：我国古代学术典籍之一，先秦诸子时代百科全书式的巨著。是一部由齐相管仲的继承者、学生，收编、记录管仲生前思想、言论的总集。内容庞杂，涉及政治、经济、法律、军事、哲学、伦理道德等各个方面。②《周书》：《尚书》的组成部分之一，今存《牧誓》等共三十二篇。为记载周代史事之书。

【译文】《管子》上说：“懂得给予就是获取的道理，那是为政的法宝啊！”《周书》说：“将要有所获取，一定要先行给予。”

何以征其然耶？黄石公曰：“得而勿有，立而勿取，为者则已，有者则士，焉知利之所在人多务功，鲜有让者。唯天子不与下争功名耳。故曰：有者则士，焉知利之所在乎？”彼为诸侯，己为天子天子不收功于万物，故能成其高；王不竞名于众庶，故能成其大也。使城自保，令士自取尽与敌城之财，令自取之。所谓使贪、使愚者也，王者之道也。

【译文】如何才能证明这个道理是正确的呢？黄石公说："已经得到的东西却不占有它，即使建功立业，也不求取虚名，自己只要尽力而为就可以了，功劳可以让给士大夫们，君主又何必知道功名利禄在哪里可以获取呢人们大多喜欢追求功名，却很少有谦让的，只有天子不与臣下争功名罢了。所以说：拥有功名是士大夫的事情，作为天子何必要知道功名利禄从哪里可以获取这些事情呢？"他人为诸侯，自己为天子天子不从万物那里获得功名，所以才能成就自己至高无上的地位；称王的人不与庶民百姓争夺名位，所以才能成就其广博、高远的名声。要让城中的人自动自发地保卫自己的城池，要让将士心甘情愿地攻取敌人的城池把敌城中的财物全部给予攻城之士，他们就会拼尽全力攻取敌人的城池。这就是利用人的贪婪和愚昧来成就大事。这才是王者之道。

尸子曰："尧养无告[①]，禹爱辜人，此先王之所以安危而怀远也。圣人于大私之中也为无私。"汤曰："朕身有罪，无及万方；万方有罪，朕身受之。"汤不私其身而私万方。文王曰："苟有仁人，何必周亲[②]！"文王不私其亲而私万国。先王非无私也，所私者与人不同，此知大私者也。由是言之，夫唯不私，故能成其私；不利而利之，乃利之大者矣。

【注释】①无告：有疾苦而无处诉说的人。②周亲：至亲。

【译文】尸子说："尧供养那些孤苦无告的穷人，禹爱护那些罪人。这是说古代的先王能够安抚身处危难中的人，关怀边远地区的人。圣人在最大的私情里表现出来的却是无私。"商汤说："我一个人有罪，请不要波及、连累天下的百姓；天下百姓有罪，请让我一个人来承担。"商汤不偏爱一己之身而爱天下的百姓。周文王说："如果有仁人，又何必非得是至亲呢？"周文王不偏爱他的亲族却爱万国之民。古代的圣王并非无私，只是他的私心与一般人不同，这才是明白什么是大私的道理。由此说来，只有无私，才能成就其最大的私；只有不贪图小利而利益众人，才会获取最大的利益。

败功第三十一

《文子》曰：“有功离仁义者，即见疑；有罪不失仁心者，必见信。”故仁义者，天下之尊爵也。何以言之？昔者楚恭王有疾，召其大夫曰：“不穀不德，少主社稷，失先君之绪，覆楚国之师，不穀之罪也。若以宗庙之灵，得保首领以没，请为灵若厉。”大夫许诺。及其卒也，子囊[①]曰：“不然！夫事君者从其善，不从其过。赫赫楚国而君临之，抚征南海，训及诸夏，其宠大矣。有是宠也，而知其过，可不谓恭乎？”大夫从之。此因过以为功者也。

【注释】①子囊：芈姓，熊氏，名贞，字子囊。楚庄王之子，春秋时期楚国令尹。

【译文】《文子》上说：“一个人即使有功，但是却背离了仁义，也一定会被猜疑；一个人即使有罪，但能不失民心，也一定会受到信任。”所以说，仁义是天下最尊贵之物。为什么这么说呢？过去楚恭王患病时，把他的大夫们召集到身边，说：“我缺少德行，年纪很小就开始主持国政，却没能好好继承先代君王未竟之业，使楚国军队连打败仗，这都是我的罪过啊。如果在祖宗的护佑下，使我能保住性命，得以寿终正寝，就请你们给我加上‘灵’或者‘厉’这样不好的谥号。”大夫们同意了楚恭王的请求。等到楚恭王死了之后，大夫子囊说：“不能按大王的遗命来加谥号。侍奉君主的人要服从君主正确的命令，而对于他错误的命令却不能执行。我们威名赫赫的楚国，自从大王临政后，既对南方诸国进行安抚或讨伐，又对中原华夏诸国加以训教，可见上天对君王极为恩宠。有这么大的恩宠，却能自省己过，难道不可以谥为‘恭’吗？”大夫们采纳了子囊的意见。这就是有了过错反而有功受尊敬的例子。

魏将王昶、陈泰兵败，大将军以为己过魏人感将军引过，皆悦，思报之。习凿齿论曰：“司马大将军引二败以为己过，过销而业昌，可谓智矣。夫忘其败而下思其报，虽欲勿康，其可得乎？若乃讳败推过，归咎万物，上下离心，贤愚释体，是楚再败而晋再克，谬之甚矣。夫人君苟统斯理，行虽失而名扬，兵虽挫而战胜，百败犹可，况再败乎？”此因败以为功也。

【译文】三国时曹魏的将军王昶、陈泰兵败，大将军司马师却把责任自己承担下来魏国人感动于大将军主动承担责任，对其心悦诚服，都想为他效力来报答他。习凿齿在《汉晋春秋》上说：“司马大将军把两次失败的责任都主动承担过来，这样做实际上不只消除了过错，而且使事业更加昌盛，可以说是智者了。百姓忘掉了他的失败却想着为他效力来报答他，即使司马将军并未想过事业如何发达昌盛，又怎么能不昌盛呢？假如他讳言失败、推脱责任，把错误归咎于各种因素，就会使上下异心，众叛亲离，这就会像当年城濮之战楚国再次失败，而晋国再次胜利一样，那错误就更大了。假如为人君主的能明白这其中的道理，即使行动失败了，但却可以扬名天下，在军事上虽然遭受挫折，但在战略上却取得了胜利。这样即使打了上百次败仗又有什么关系，更何况还只是打了两次败仗呢？”这就是因为失败反而成功的事例。

故知智者之举事也，因祸为福，转败为功，自古然矣。议曰：白起为秦坑赵降卒四十余万，使诸侯曲秦而合纵。夫坑赵降卒，非胜也，乃败秦之机。商君诈魏，虏公子卬[①]，使秦信不行于天下，乃自败之兆，非霸业也。乐毅杖义，以下齐城，败于即墨，非败也，乃是吞天下之势。刘备怜归义之人，日行十数里，败于长坂，虽奔亡不暇，乃霸王之始。故知非霸者不能用败。齐人以紫败素，而其价十倍。此言虽小，可以喻大也。

【注释】①公子卬：又称作“魏卬”，战国初期魏国公子，秦相商鞅旧友。商鞅攻魏时公子卬于河西迎战，最终受骗被俘。

【译文】由此可知智者做事，常会因祸得福，转败为胜，自古以来就是这样啊！评论：白起为秦国坑杀赵国四十多万降兵，从而使各诸侯国认为秦国残暴，而结成了合纵联盟一致对抗秦国。大肆坑杀赵国降卒，并不是秦国的胜利，而是为各诸侯国创造了一个打败秦国的机会。商鞅用欺诈的手段，俘虏了公子卬，使秦国失信于天下，这是自求失败的先兆，不是建立霸业的方法。乐毅凭借信义攻下了齐国七十余座城池，最后却在即墨被齐兵打败。这并不是失败，而是显示出一统天下的态势。刘备怜悯那些归顺了自己的百姓，带着他们一起逃跑，每天只能走十几里路，后来在长坂这个地方吃了败仗，尽管逃亡的紧要关头无暇他顾，却没有抛弃百姓，这是称霸西蜀的开始。由此可知，不能成就霸业之人就不会利用败势作为转机来取胜。齐国人把紫色绢的价格降到素色绢的价格以下，反而得到了十倍的利润。这里说的虽然是小事，却可以从中悟出大的道理来。

昏智第三十二

夫神者，智之渊也，神清则智明；智者，心之符也，智公则心平此出《文子》。今士有神清智明而暗于成败者，非愚也，以声色、势利、怒爱昏其智矣。何以言之？

【译文】精神是智慧的渊源，神清气爽就会智慧明达；智慧是心灵的标志，公正无私就会心平气和这话出自于《文子》。现在的士人中有看似神清智明却往往不明白成败的道理，这不是因为愚笨，而是因为声色、权势、利益、愤怒或偏爱把他的智慧弄得昏暗不明了。为什么这么说呢？

昔孔子摄鲁相，齐景公闻而惧，曰："孔子为政，鲁必霸。霸则吾地近焉，我之为先并矣。"犁且曰："去仲尼犹吹毛耳。君何不延之以重禄，遗哀公以女乐[①]？哀公亲乐之必怠于政，仲尼必谏。谏不听，必轻绝鲁。"于是选齐国中女子好者八十人，皆衣文绣之衣而舞康乐，遗鲁君。鲁君受齐女乐，怠于事，三日不听政。孔子曰："彼妇人之口，可以出走。"遂适卫。此昏于声色者也。戎王使由余观秦。秦缪公以由余贤圣，问内史廖曰："孤闻邻国有圣人，敌国之忧也。今由余，寡人之害，将奈何？"内史廖曰："戎王处僻匿，未尝闻中国之声，君试遗其女乐，以夺其志；为由余请，以疏其间；留而莫遣，以失其期。戎王怪之，必疑由余。且戎王好乐，必怠于政。”缪公曰：“善！”以女乐二八遗戎王，戎王受而悦之，终年不迁。由余谏，不听。缪公使人间要由余，由余遂降秦。梁王觞诸侯于苑台，鲁君曰：“昔者帝女仪狄[②]作酒而美，进之禹。禹饮而甘，遂疏仪狄，绝旨酒。曰：‘后世必有以酒亡其国者也。’齐桓公夜半不嗛，易牙乃煎、熬、燔、炙，和调五味而进之。桓公食而饱，曰：‘后世必有以味亡其国者也。’晋文公得南之威，三日不听朝，遂推南之威而远之，曰：‘后世必有以色亡其国者也。’楚王登强台而望崩山，左江而右湖，其乐忘死，遂弗登，曰：‘后世必有以高台陂池亡其国者也。’今主君之樽，仪狄之酒也；主君之味，易牙之调也；左白台而右闾须，南威之美也；前夹林而后兰台，强台之乐也。人有一于此，足以亡国。今主君兼此四者，可无诫欤？”梁王称善相属。由此言之，昏智者，非一途矣。

【注释】①女乐：即乐舞奴隶，她们是继巫而起的真正专业歌舞艺人。据说夏朝开国之君启，即已在宫殿中“万舞翼翼”，到桀时已有“女乐三万人”。到商殷末世，乐舞享受的规模更大，女乐充盈宫室，经常在“酒池肉林”中，作“北里之舞，靡靡之乐”。②仪狄：夏禹时代司掌造酒的官员，相传是我国最早的酿酒人，虞舜的后人。

【译文】过去，孔子曾代理鲁国的国相，齐景公听到这件事后很害怕，说：“孔子当政，鲁国必然会成为霸主。鲁国一旦成为霸主，我国离它最近，一定会最先被它吞并。”犁且说：“除去孔子就像吹起一根羽毛那么容易。您何不把重金送给鲁哀公，再选送女乐给他呢？鲁哀公沉溺于女乐中，必然会荒废国事，这时孔子必定会劝谏他。哀公不听劝谏，孔子就会很容易地离开鲁国了。”于是齐景公便在齐国选出八十多位美女，全部穿上漂亮的锦绣衣，教会她们康乐舞后送给鲁哀公。鲁哀公接受齐国的女乐后果然荒于国事，三天没有临朝听政。孔子说："有那些妇人在这里唱歌就够了，我也没什么用武之地，可以离开鲁国了。"于是便前往卫国。这就是被声色所迷，而失去智慧的例子。西戎王派由余到秦国考察，秦穆公认为由余德才兼备，就问内史廖说："我听说邻国有圣人，就是敌国的忧患。现在的贤者由余，就是我的心头大患，该怎么办呢？"内史廖回答说："戎王身处偏僻闭塞之地，未曾听过中原的音乐。您何不试着送给他一些女乐来瓦解他的意志；然后在戎王面前替由余说好话为他邀功，以此离间、疏远他与由余的关系；接着挽留由余，不让他按时回国。戎王定会怪罪由余，从而怀疑由余的忠诚。况且，戎王喜爱女乐就一定会荒废国事的。"穆公说："这个主意太好了！"于是秦穆公把十六部女乐赠给了戎王，戎王接受后非常喜欢这些女乐，终年沉溺其中。由余劝谏，戎王根本不听。秦穆公派人暗中邀请由余，由余便归降了秦国。梁王在范台宴请各国诸侯。鲁国的国君说："过去尧帝之女命仪狄作酒，作出的酒异常甘美，仪狄把酒进献给禹。禹饮了之后觉得很甜美，于是便疏远了仪狄，戒掉了美酒，说：'后世一定有因为纵酒而亡国的。'齐桓公半夜感到饥饿，易牙便煎、熬、烧、烤，调合五味，然后进献给齐桓公。桓公吃饱后说：'后世必然会有因贪图美味而亡国的。'晋文公得到南之威作妃子，接连三天没有临朝听政，于是便疏远了南之威，说：'后世必然有因贪图美色而亡国的。'楚王登上强台，眺望崩山。左边为江，右边是湖，高兴得忘记了生死，于是再也没登强台，说：'后世必然会有因贪恋高台流水而亡国的。'如今君主您的樽中装的是像仪狄酿的那种美酒；食用的就如易牙烹调的美味；左边拥着白台，右边揽着闾须，都是如南之威一样的美色；前面有夹林，后面是兰台，就如楚国强台一样的美景。人君如果贪求其中的一种都足以亡国，何况您这四种全占了，怎么能不心生警惕呢？"梁王听了，连声赞叹。由此说来，使人智慧昏暗不明的，并不是只有一种途径啊！

太史公曰："平原君，翩翩浊代之佳公子也，然不睹大体。语曰：'利令智昏。'平原君贪冯亭①邪说，使赵陷长平四十余万，邯郸几亡。”此昏于利者也。《人物志》曰：夫仁出于慈，有慈而不仁者。仁者有恤，有仁而不恤者。厉者有刚，有厉而不刚者。若夫见可怜则流涕，将分与则吝啬，是有慈而不仁者。睹危急则隐，将赴救则畏患，是有仁而不恤者。处虚义则色厉，顾利欲则内荏，是有厉而不刚者。然则慈而不仁，则吝夺之也；仁而不恤，则惧夺之也；厉而不刚，则欲夺之也。

【注释】①冯亭：战国时期韩国长平人，任上党郡守。公元前262年，秦国白起伐韩，取野王邑。上党与韩国本土的道路被断绝。韩国决定割让上党与秦，冯亭不肯，率上党郡降赵，引发长平之战。冯亭也在此战中阵亡。

【译文】司马迁说：“平原君确实是一位身处乱世中的翩翩佳公子，但是他不识大体。古语说：‘利令智昏。’平原君因被冯亭的邪说所迷惑，致使赵国失陷长平，四十余万士卒被秦国坑杀，都城邯郸险些被毁灭。”这是利令智昏的例子。《人物志》上说：仁爱出于慈悲之心，但也有心存慈悲却不具备仁爱的。仁爱的人能体恤帮助处在困境中的人，但也有心存仁爱却不去体恤帮助他人的。严厉的人有刚烈的性格，但也有为人严厉却并不刚烈的。如那种看到别人可怜，便涕泪横流，将要把他的东西赠与需要帮助的人时就满心吝啬，这是慈悲但不仁爱之人。看到别人处境危急，就产生恻隐之心，真要让他前去拯救便害怕招来灾患，这是虽有仁爱之心却不能体恤、帮助别人的人。无事虚谈道义时声色俱厉，一旦触及自身利益及欲望时，便怯懦起来，这是看似严厉却并不刚烈之人。心怀慈悲但并不仁爱的，是吝啬所致；心存仁爱却不去体恤拯救他人的，是恐惧所致；外表严厉而内在并不刚烈的，是私欲所致。

《后汉书·班固传》评曰：“昔班固伤司马迁云：‘迁博物洽闻，不能以智免极刑。’然固身亦自陷大戮班固附窦氏势，窦氏败，固坐之，死洛阳狱中也。可谓智及之而不能守。古人所以致论于目瞎耶？”此昏于势者。议曰：夫班固伤迁，公论也。自陷大戮，挟私也。夫心有私，则智不能守矣。

【译文】《后汉书·班固传》评论说：“过去班固慨叹司马迁的遭遇时说：‘司马迁见识广博，却不能运用智慧为自己避免极刑。’可是班固自己也身陷大狱而死班固依附外戚窦氏，窦氏失败后，班固因受牵连坐罪，死在洛阳监狱中。这可以说是智慧已经能够洞明世事，但在行动上却不能遵循事理行事。这就是古人之所以反复慨叹人对世事能明察秋毫，但轮到自身时却目不见睫吧？”这是被权势蒙蔽了自己智慧的双眼的事例。评论：班固虽然慨叹司马迁的不幸，这是公正之论。但自己身陷大戮，却是由于存有私心。人一旦有了私心，就是充满智慧也无法自保了。

《尸子》曰：夫吴、越之国，以臣妾为殉，中国闻而非之。及怒，则以亲戚殉一言。夫智在公则爱吴、越之臣妾，在私则忘其亲戚。非智损也，怒弇（yǎn）之也此昏于怒者也。好亦然矣。语曰：莫知其子之恶。非智损也，爱弇之也此昏于爱者也。

【译文】《尸子》上说：吴、越等国的风俗，用臣妾为君主殉葬，中原地区的国君听了很不以为然，认为这不合法度。但是他们自己一旦发怒，却会因为一句话而杀掉自己的亲戚。如果智在公允，就会爱及吴、越等国的臣妾，如果私心蒙蔽了智慧，就会忘了被杀的人是自己的亲戚。这并不是智力消退了，而是被怒气遮蔽了智慧这是被怒气遮蔽了智慧的例子。爱好也是如此。有这样的俗语说：人们都看不到自己儿子的过恶。这并不是智慧不够，而是被爱遮蔽了智慧这是被爱遮蔽了智慧的例子。

是故，论贵贱、辩是非者，必且自公心言之，自公心听之，而后可知也。故范晔曰："夫利不在身，以之谋事则智；虑不私己，以之断义则厉。诚能回观物之智，而为反身之察，则能恕而自鉴。"议曰：孔子曰："吾未见刚者。"或对曰："申枨（chéng）①。"子曰："枨也欲，焉得刚？"由此言之，心苟有私，则失其本性矣。《尸子》曰："鸿鹄在上，彀弩以待之，若发若否，问二五，曰：'不知也。'非二五难计，欲鸿之心乱也。"是知情注于利，则本心乱矣。

【注释】①申枨：字周，春秋时鲁国人，精通六艺，孔子弟子中七十二贤之一。

【译文】因此，评论贵贱，辩论是非时，必须出自公心来说话，出自公心来倾听，然后才能弄清真相。所以范晔说："人在不涉及自身利益时，与他谋划事情，就会很明智；考虑问题没有私心，判断是否合乎道义时就果断正确。如果确实能遍观其它人的智慧受到各种因素影响的情形，然后反过来省察自己，就能拓展心量宽容别人，也就能正确认识自己，使自己引以为鉴了。"评论：孔子说："我还没见过刚直的人。"有人说："申枨就是个刚直的人啊！"孔子说："申枨这个人的欲望那么多，怎么会刚直呢？"由此说来，假如内心怀有私欲，就会丧失他的本性。《尸子》称："鸿雁在天上飞，有人张弓搭箭等待射下鸿雁，在他将射未射时，如果有人问他二乘五等于多少？他必然回答：'不知道。'并不是二乘五有多么难于计算，而是想得到鸿雁的心已经乱了。"由此可知，人一旦把心专注在利益上的时候，他的本心就会迷乱。

卑政第三十三

刘厉云："日月至光至大，而有所不遍者，以其高于万物之上也。灯烛至微至小，而世不可乏者，以其明之下，能照日月之四蔽。"由是观之，政之贵卑也久矣。是以先生设官，分职而共治也。

【译文】刘厉说："太阳、月亮是最光明、最伟大的，然而却仍有它们照不到的地方，这是因为它们都高悬在万物之上。油灯和蜡烛虽然特别微小，但世人却不能缺少它们，因为它们处在下方的位置，光亮能照到太阳、月亮所照不到的被遮蔽的地方。"由此看来，为政、治国的各类政策要以能普遍实行为贵，这是由来以久的道理。所以古代圣明的君王在设置官吏时，都会让他们各司其职，从而达到互相合作共同治理国家的目的。

《淮南子》曰："济溺人以金玉，不如寻常之纆（mò）。"韩子曰："百日不食，以待粱肉，饿者不肯。"故曰：疗饥不期于鼎食，拯溺无待于规行也。此言政贵卑以济事者也。何以言之？

【译文】《淮南子》上说："与其用金玉等珍宝去救助溺水的人，还不如给他一根普通的绳子。"韩非子说："好多天都没有吃东西的人，让他等有了精美的饭食后再进食，他一定不同意。"所以说治疗饥饿，不期望于列鼎而食；拯救溺水的人不能等待那些循规蹈矩的人。**这就是说，治理国家以浅近易行为贵，才能把事情办好。为什么这样说呢？**

韩非曰："所谓知者微妙之言，上知之所难也。今为众人法，而以为上知之所难也，则人无从识之矣。故糟糠不厌者，不待粱肉而饱；短褐不完者，不须文绣而好。以是言之，夫治世之事，急者不得，则缓者非务也。今所治之政，人间之事。夫妇之所明知者不用，而慕上知之所难论，则其于人过远矣。是知微妙之言，非人务也。"又曰："世之所谓列士者，离众独行，取异于人。为恬淡之学，而理恍惚之言。臣以为，恬淡，无用之教也；恍惚，无法之言也。夫人生必事君养亲，事君养亲，不可以恬淡之人，必以言论忠信，言论忠信不可以恍惚之言。然则恍惚之言、恬淡之学，天下之惑术也。"又曰："察士而后能知之，不可以为智全也。夫人未尽察之也，唯贤者而后能行之，不可以为法也。"

【译文】韩非子说："人们所说的有智慧的人讲的微妙高深的言论，就是特别聪明的人都感到难以理解。现在为普通百姓立法，却制定一些连特别聪明的人都难以明白的条文法典，那普通人就更无从弄懂了。所以，那些连糟糠都无法饱腹的人，是不会等有了精美的饭食再去吃饱饭的；连粗布短衣都穿不上的人，是不会要求必须有了漂亮的锦绣衣服才去穿的。由此说来，治理国家这方面的事情，紧急的事情还没有解决，可以缓一步的事情就更加不要急着去做了。现今所需治理的政务，都是民间百姓的寻常之事。如果不用百姓都能看懂的条文，却去推行那些连特别聪明的人都难以看懂的理论，这就离百姓越来越远了。由此可知，那些深奥精微的言论，是不能在

百姓中推广的。”韩非子还说：“现在人们所说的有声望的人都是些与众不同、特立独行的人。他们标榜自己所作的是恬淡之学，梳理、讲解那些恍惚难懂的道理。臣以为，恬淡之学，本是无用的教法；恍惚之言，是无章法、无原则的言论。人生活在这个世界上，一定要侍奉君主，孝养父母。事君养亲，是不能用恬淡无为之人的，必须用那些讲求忠信的人。而讲究忠信，就不能满嘴恍惚、难懂的道理。可见恍惚的言论、恬淡的学问，都是迷惑人的幻术。”韩非子又说：“一定要考察过其他人的做法才能了解一个人，那他的智慧就不是全面的。因为人是不能全部考察完的，只有贤者才能做到的事，是不能作为判断人的标准的。”

故《尹文子》曰：凡有理而无益于治者，君子不言；有能而无益于事者，君子不为。故君子所言者，不出于名法、权术；所为者，不出于农稼、军阵，周务而已故曰：小人所言者，极于儒、墨是非之辩；所为者，极于坚伪偏抗之行。求名而已，故明主诛之也。今世之人，行欲独贤，事欲独能，辩欲出群，勇欲绝众。夫独行之贤，不足以成化；独能之事，不足以周务；出群之辩，不可为户说；绝众之勇，不可与正阵。凡此四者，乱之所由生也故曰：为善者，使人不能得从；为巧者，使人不能得为。此独善、独巧者也，未尽巧善之理。故所贵圣人之理，不贵其独治，贵其能与众共治也。所贵工倕①之巧者，不贵其独巧，贵其能与众共巧也。《文子》曰：夫先知远见，人材之盛也，而治世不以贵于人。博闻强志，口辩辞给，人智之溢也，而明主不以求于下。傲世贱物，不污于俗，士之抗行也，而治世不以为人化。故高不可及者，不以为人量；行不可逮者，不以为国俗。故国治可与愚守，而军旅可与怯同。不待古之英俊而人自足者，因其所有而并用之也。议曰：据文子此言，以为圣人不可用先知远见、博闻强志、傲世贱物三事，化天下百姓，使皆行此道，用为风俗。今但任其风土，化以农稼、军阵，曲成于物，而俯同于俗耳，非贵于独能、独勇者也。故圣人任道，以通其险《淮南子》曰：体道者逸而不穷，任数者劳而无功。离朱之明[2]，察针末百步之外，而不能见泉中之鱼。师旷[3]之聪，合八风之调，而不能听十里之外。故任一人之能，不足以理三亩之宅；循道理之数，因天地之自然，则六合不足均也。此任道以通其崄（xiǎn）也。立法以理其差《文子》曰：农、士、商、工，乡别州异。农与农言藏，士与士言行，工与工言巧，商与商言数。是以，士无遗行，工无苦事，农无废功，商无折货。各安其性。此立法以理其差也。使贤愚不相弃，能鄙不相遗，此至理之术。

【注释】①工倕：人名。相传是尧时的巧匠。②离朱之明：离朱，上古时期神话传说人物。黄帝游赤水之北，登昆仑之丘，丢失了玄珠，就命离朱去寻找。因为他“能视于百步之外，见秋毫之末”“察针于百步之外”。③师旷：字子野，春秋时晋国乐师，以善辨音律著名。

【译文】所以《尹文子》说：凡是有些道理但对治国却没有帮助的，君子不去谈论它；虽然有能力但对于具体事情却没什么益处的，君子不会去做。所以君子所谈论的，不外乎名家、法家的内容再加上一些权术；君子所做的，不外乎农事生产、行军布阵等。总之就是做些有价值的事情所以说，小人说的最多的都是一些关于儒家、墨家孰是孰非的争论；所做最多的都是些固执、虚伪、偏激的行为。这不过是追求名声而已，所以英明的君主会诛杀他们。现在世上有些人，在品行上想比所有人都高，办事上想比所有人都强，想以能言善辩而超群，勇力上又想出众。但是，贤能的品行却并不能去教化百姓；超强的办事能力并不能实际应用；杰出的口才也不能挨门逐户地到人家里去游说；过人之勇，却不能到真正的战场上和大家一起行军打仗。以上所说的这四种超众的能力，是产生祸乱的根源所以说，行善的，使人无法追随；善巧的，使人无法插手。这些独善、独巧的人，其实是没有完全弄明白巧善的道理。所以应该以圣人之理为贵，不以一人所能为贵，以能与大家一起协同合作、共同治理为贵。应以工倕的巧技为贵，不应以一人独巧为贵，所贵之处在于能与众人一起共享这样的巧技。《文子》说：能有先知先觉的远见，这是人的才华出众之处，但身处太平盛世，不能把这当作比别人高贵的本领。见闻广博，记忆力超强，辩才无碍，这是一个人智慧的流淌，但是英明的君主并不把这当作要求臣子的标准。恃才傲物，不与世俗同流合污，这是士大夫的高尚品行，但太平盛世不把这作为教化百姓的标准。所以，那些高不可攀的行为，不能作为衡量一般百姓的标准；那些一般人达不到的高贵品行，不可作为一国的风俗。所以，在国家太平时，可以和愚人一起守护；而在军队中，也可以和胆小、怯懦的人一起并肩作战。不用等到古代英雄豪杰出现，人们就可自我完善的原因，就是把他们现有的品质与能力进行融会贯通而已。评论：根据《文子》的这些话，是认为圣人不可用先知远见、博闻强志、傲世贱物这三事来教化天下的百姓。假如让百姓都把这些作为日常的行为规范并形成风俗习惯那是行不通的。现如今只需根据当地的风土人情，以务农耕稼、行军作战来教化百姓，逐渐促进事物发展，入乡随俗地去做就可以了。而不是以个人具备多少能力和勇猛为贵啊！**所以古代圣人以随顺大道来战胜、通过险阻**《淮南子》说：能够体悟大道的人就会身处安逸而不会步入穷途末路；只是凭借一己之巧的人必定劳而无功。有离朱那样明亮的眼睛，能看清百步之外的细针，却看不到泉水中的游鱼。有师旷那样能分辨各种音律的耳朵，却听不到十里之外的声音。所以，只是凭借一个人的能力，不能把三亩大的宅院治理好；遵从大道的规律，依循天地的自然法则，将宇宙六合治理得均衡公正也不是什么难事。这就是顺随大道以通过险阻的意思，**建立法度来理顺各种差别**《文子》说：农民、士大夫、商人、工匠，处在不同的乡村和州县。农民之间谈论如何收藏；士大大之间谈论为人所需的品行；工匠之间谈论巧技；商人之间谈论利润、收入。因此，士大夫不会失去德行；工匠不会有绞尽脑汁也做不出的活计；农民不会做无用之功；商人不会做折本的生意。每个行业都安于自己的本位。这就是利用各安其位的办法来理顺各种差别。**使聪明和愚笨的人不互相轻视，能干和粗鄙的人不互相嫌弃，这是治理国家最好的办法。**

故叔孙通欲起礼，汉高帝曰："得无难乎？"对曰："夫礼者，因时世人情而为之节文者也。"张释之言便宜事，文帝曰："卑之！无甚高论，令今可施行。"

【译文】所以，叔孙通想要制定礼制时，汉高祖说："这个礼制要实行起来不会很难吧？"叔孙通回答说："礼制，是随顺世事人情来制定的礼节条文。"张释之与汉文帝谈论治国之道，文帝说："说得浅显一些，不要有那些高谈阔论的大道理，只要现在能够施行就好。"

由是言之，夫理者，不因时俗之务而贵奇异，是饿者百日以待粱肉，假人金玉以救溺子之说矣。议曰：昔楚之公输、宋之墨翟，能使木鸢自飞，无益于用。汉之张衡①，能使参轮自转；魏之马钧②，能使木人吹箫，苟无益于用而为之，则费功损力，其害多矣。《庄子》曰："朱汻漫学屠龙于支离益，殚千金，伎成，无所用其巧。"《文子》曰："夫治国在仁义礼乐、名法刑赏，过此而往，虽弥纶天地，缠络万品，治道之外，非群生所飧挹，圣人措而不言也。"由是观之，事在于适时，无贵于远功，有自来矣。

【注释】①张衡：字子平，南阳五圣之一，与司马相如、扬雄、班固并称汉赋四大家。东汉时期伟大的天文学家、数学家、发明家、地理学家、文学家。为我国天文学、机械技术、地震学的发展作出了杰出贡献，发明了浑天仪、地动仪，是东汉中期浑天说的代表人物之一。②马钧：字德衡，三国时期魏国扶风人，是我国古代科技史上最负盛名的机械发明家之一。

【译文】由此看来，治理国家如果不重视实用，以奇异为贵，不先做时俗急需的事，那就如让饿了多日的人等到精美的饭食上来再食用，给人金玉珍宝去拯救溺水者一样。评论：过去，楚国的公输般、宋国的墨翟，能使木鸢自己飞上天，但却并无实用价值。汉代的张衡能使车的三个轮子不需马拉就自己运转。魏国的马钧能制出会吹萧的木人。假如没有实际用途而做这些东西，那就是废时废力、劳民伤财，它的害处就太多了。《庄子》说：“朱汗漫向支离益学习杀龙的技术，耗尽千金学费，但学成之后，却无用武之地。”《文子》说：“治国的根本在于仁义、礼乐、名法、刑赏，超出这些范围而把精力用在其它方面，即使能包罗天地万物，也属于治国以外的事情，对百姓来说，既不能吃，又不能用。所以古代圣人对此不置一词。”由此看来，做事贵在适时适用，不应好高骛远，这是自古以来就存在的道理啊！

善亡第三十四

议曰：世有行善而反亡者。

【译文】评论：世上有行善却没有得到善报的。

《易》曰：“积善之家，必有余庆。”又曰：“善不积，不足以成名。”何以征其然耶？

【译文】《易经》上说：“积德行善之家，恩泽会及于子孙。”又说：“不积累善行，就不能拥有卓著的声名。”怎么能证明这种说法呢？

孟子云：“仁之胜不仁也，犹水之胜火也。今为仁者，犹以一杯水救一车薪之火。火不息则谓水不胜火，此又与于不仁之甚者也。又，五谷种之美者，苟为不熟，不如稊稗（tí bài）①。夫仁亦在熟之而已矣熟，成也。”

【注释】①稊稗：两种一年生的草本植物。稗生于水田湿地，茎粗大，高约一、二公尺，苗叶似穇子，细长而渐尖，边缘有细锯齿。初秋开花，壳上有芒，为绿色或紫色。子如黍粒大小，茶褐色。可磨做面食，或为家畜饲料。稊类似稗，穗像粟，生于荒地。

【译文】孟子说："仁者战胜不仁之人，就如水能灭火一样。如今为仁者就如用一杯水去熄灭一车干柴燃起的烈火，火没被熄灭就说水不能灭火。这又与用微小的仁爱之心去消除不仁到极点的社会现象是一样的道理。又如五谷的品种无论多么好，假如没有成熟，那还不如稊稗。所以，讲求仁爱也在于要具备成功的时机啊！"

《尸子》曰："食所以为肥也，一饭而问人曰：'奚若？'则皆笑之。夫治天下，大事也。譬今人皆以一饭而问人'奚若'者也。"议曰：此善少不足以成名也。恶亦如之。何以明其然耶？《书》曰："商罪贯盈，天命诛之。今弗顺天，厥罪惟均。"由是观之，夫罪未盈，假令中有罪恶未灭也，今人见恶即未灭，以为恶不足惧，是以亡灭者继踵于世。故曰：恶不积，不足以灭身。此圣人之诫。

【译文】《尸子》说："吃饭是为了长得胖一些，如果才吃一顿饭，就问别人：'我胖了吗？'那么大家都会取笑他。治理天下，是长远的大事。如果急功近利，就如吃了一顿饭就去问别人'我胖了吗'一样可笑。"评论：这是善行积累的太少，还不能达到成名的程度啊！恶也是这样。为什么这样说呢？《尚书》上说："商纣王恶贯满盈，上天命周武王诛灭他。其余没有顺天而行的人，会等到其它的罪行达到一定程度了合在一起进行惩处。"由此看来，只是没有达到恶贯满盈而已。假如其中有些罪恶之人尚未被灭亡，现代的人看到这个情况，就抱着侥幸心理，认为有罪也没什么可怕的，将会导致这世上的灭亡者接踵而至。所以说，罪恶没有积累到一定程度，暂时是不会灭亡的。这是圣人的告诫啊。

由是观之，故知善也者，在积而已。今人见徐偃亡国，谓仁义不足杖也；见承桑失统，谓文德不足恃也承桑氏之君，循德废武，以灭其国也。是犹杯水救火、一饭问肥之说，惑亦甚矣。

【译文】由此看来，就会知道善在于一点一滴的积累。如今人们看到周朝的徐偃行仁义却亡了国，就会说仁义不值得依恃；看到古时承桑国的国君以文德治国却亡了国，就会认为文德不值得依恃承桑氏的君主遵循文德治国，废弃武治，因而导致国家灭亡。这就如用一杯水去救火，吃一顿饭就问人"我胖了吗"是一样的道理，真是太糊涂了。

诡俗第三十五

夫事有顺之而为失义，有爱之而为害，有恶于己而为美，有利于身而损于国者。何以言之？

【译文】事情有顺势而为却不合道义的，有原本出于爱却反而害了对方的，有令自己厌恶却对自己有好处的，有利于自身却有损于国家利益的。为什么这么说呢？

刘梁[①]曰："昔楚灵王骄淫，暴虐无度。芋尹申亥[②]从王之欲，以殡于乾溪[③]，殉之以二女。"此顺之而失义者也。议曰：夫君正臣从，谓之顺；今君失义而臣下从之，非所谓顺也。鄢陵之役，晋、楚对战，穀阳献酒[④]，子反以毙，此爱之而害者也。汉文帝幸慎夫人[⑤]，其在禁中，尝与后同席。及幸上林，郎署长布席，慎夫人席与后同席。袁盎[⑥]引慎夫人座。上大怒，袁盎前说曰："臣闻：尊卑有序，上下乃和。今陛下既已立后，慎夫人乃妾耳。妾、主岂可同坐哉？且陛下幸之，即厚赐之。陛下以为慎夫人，适所以祸之。陛下独不见人豕乎？"上乃悦。由是言之，夫爱之为害，有自来矣。臧武仲[⑦]曰："孟孙恶我，药石也；季孙之爱我，美疢也。疢毒滋厚，药石犹生我。"此恶之而为美者也。孙卿曰：

“非我而当者，吾师也；是我而当者，吾友也；谄谀我者，吾贼也。”商君曰：“貌言，华也；至言，实也；苦言，药也；甘言，疾也。”

【注释】①刘梁：一名岑，字曼山，梁国宗氏子孙，东汉大臣，官拜尚书令、野王令。后人辑其集为三卷《隋书经籍志注》传于世。②芋尹申亥：芋尹，春秋时楚国官名。申亥，楚国大夫，曾事楚灵王。③乾溪：春秋时属楚。在今安徽省亳县东南。④穀阳献酒：晋楚鄢陵之战中，楚国司马子反禁不住部下穀阳的怂恿，以酒解渴，结果贻误战机而被处死。⑤慎夫人：邯郸人，汉文帝刘恒的宠妃，当时，慎夫人甚至可以与孝文窦皇后同席而坐。有美色，能歌舞，擅鼓瑟。⑥袁盎：汉初楚国人，西汉大臣，个性刚直，有才干，以胆识与见解为汉文帝所赏识。为人敢言直谏，后因此触犯汉文帝，被调任陇西都尉，后迁徙做吴相。汉景帝即位，吴楚七国叛乱，袁盎奏请斩晁错以平众怒，官拜太常，出使吴国。叛乱平定后，封为楚相。后因反对立梁王刘武为储君，遭梁王忌恨，为刺客所杀。⑦臧武仲：即臧孙纥，又称臧孙、臧纥，谥“武”，春秋时期鲁国政治人物，矮小多智，号称“圣人”。

【译文】东汉的刘梁说：“从前楚灵王骄奢淫逸，暴虐无度，芋尹申亥遵循楚灵王的意愿，将他葬在乾溪，用两个女子为其殉葬。”这是随顺君王的旨意行事却违背道义的例子。评论：国君的旨令正确，臣子才服从，这叫做顺；而如今国君违背道义，臣子却服从于他，并不是什么所谓的顺。鄢陵之战，晋楚两国交兵，楚国统帅子反的部下穀阳以酒代水献给他解渴，子反喝醉后因贻误战机而被处死。这就是因为爱他，反而害了他的事例。汉文帝宠爱慎夫人，在后宫时，慎夫人常与皇后同席而坐。等到汉文帝游上林苑，郎署长安排座位时，又安排慎夫人与皇后同席，袁盎便把慎夫人引领到另一座位坐下。汉文帝大怒，袁盎上前劝说：“臣听说尊卑有序，上下才能融洽和睦。如今陛下既然已经册立了皇后，慎夫人就是侍妾，侍妾与女主人怎能在同一席上平起平坐呢？如今陛下您宠爱慎夫人，多给她些赏赐就好了。您以为让她与皇后同席是宠爱她，其实这恰恰会给她日后带来祸端啊！您难道忘了高皇帝刘邦的宠妃戚姬最后沦为‘人彘’的下场了吗？”文帝这才高兴地接受了袁盎的意见。由此说来，爱他反而是害他，是早就有这样的现象了啊。臧武仲说：“孟孙讨厌我，但他对于我就像是苦口的良药；季孙喜欢我，但他对于我就像美丽的病毒。病毒滋生蔓延，越来越严重，这时还有苦口的良药可以把我救活。”这就是厌恶他却反而对他有益的事例。荀子说：“批评我而又批评得正确恰当的，那就是我的老师；肯定、称赞我，而又称赞得对的，那就是我的朋友；阿谀奉承我的，一定是我的敌人。”商鞅说：“虚伪文饰的话，就像是花朵；真实的话，就像是果实；逆耳的忠言，就像是良药；甜言蜜语，就像是疾病。”

韩子曰：“为故人行私，谓之不弃；以公财分施，谓之仁人；轻禄重身，谓之君子；枉法曲亲，谓之有行；弃官宠交，谓之有侠；离俗遁世，谓之高悫（què）；交争逆令，谓之刚材；行惠取众，谓之得人。不弃者，吏有奸也；仁人者，公财损也；君子者，人难使也；有行者，法制毁也；有侠者，官职旷也；高悫者，人不事也；刚材者，令不行也；得人者，君上孤也。此八者，匹夫之私誉，而人主之大败也人主不察社稷之利害，而用匹夫之私誉，家国无危乱，不可得也。”由是观之，夫俗之好恶，与事相诡，唯明者能察之韩子曰：“君臣之利异，故人臣莫忠，故臣利立而主利灭。”此之谓异利者也。

【译文】韩非子说：“为了老朋友可以循私枉法，被认为是看重友情；把公家的财物分给他人，被认为是有爱心；轻视公职而以个人喜好为重，被称为君子；不顾法律规定而庇护违法的亲人，被称为有德行；为私人交情而抛弃官职，被称为侠肝义胆；遁世隐居被称为清高诚谨；互相争斗，违抗命令，被称为刚烈；施与恩惠，收买人心，被称为得民心。但是，这所谓的看重友情，一定是为官者有奸私；所谓有爱心，却使公家的财物受到了损失；所谓的君子，人们却很难得到他的帮助；所谓的有德行，却使国家法制遭到破坏；所谓的有侠肝义胆，却会使官位出现空缺；所谓的清高诚谨，却会使人不愿意侍奉上级；所谓的刚烈，却会使政令无法执行；所谓得民心，却会使君主处于完全被孤立的地位。这八种称誉实际上只是满足了个人的私誉，但是对君主的利益却是极大的破坏君主如果不能明察国家利害得失，却一味盲目地相信个人的私誉，要想使国家不陷入危险、混乱的局面，那是不可能的。”由此看来，世俗的好恶往往与事理相反，只有明智的人才能觉察、看清这一点。韩非子说：“君臣之间的利益是不同的，所以有臣子不忠于君主的，臣子的利益一旦得到满足，君主的利益就会随之消失、破灭。”这说的就是君臣利益不同的道理。

息辩第三十六

议曰：夫人行皆著于迹，以本行而征其迹，则善恶无所隐矣。夫辩者焉能逃其诈乎？

【译文】评论：人的品行都会有痕迹表露出来，根据一个人本有的德行并参考他的行为迹象，那么是善是恶就无法隐藏了。即使是那些能言善辩之人，又怎能再用诡诈的手段来掩饰他不善的本质呢？

《中论》曰："水之寒也，火之热也，金石之坚刚也。彼数物未尝有言，而人莫不知其然者，信著乎其体。"故曰：使吾所行之信，如彼数物，谁其疑之？今不信吾之所行，而怨人之不信己，惑亦甚矣。故知行有本，事有迹。审观其体，则无所窜情。

【译文】《中论》上说："水是冷的，火是热的，金石是坚硬的。这几种物品并未自己标榜性能，可是人们没有不了解其属性的，这是因为它们的信息已显现在本体上了。"所以说，假如我的行为也如那几种物品一样都如其所是地真实显现，那还有谁会怀疑我的品行呢？如今人们不相信我的品行，我却埋怨别人不相信自己，真是太糊涂了。由此可知，品行有其根本可察，做事有其踪迹可寻。只要仔细观察，那么任谁都无法掩盖事情的真相。

何谓行本？孔子曰：“立身有义矣，而孝为本；丧纪有礼矣，而哀为本；战阵有列矣，而勇为本。”太公曰：“人不尽力，非吾人也；吏不平洁爱人，非吾吏也。宰相不能富国强兵，调和阴阳，安万乘之主，简练群臣，定其名实，明其赏罚，非吾宰相。”此行本者也。

【译文】什么是品行的根本呢？孔子说：“立身处世有一定的准则，而孝敬父母是其根本；丧葬有一定的礼仪，而哀伤是其根本；战阵有一定的排列组合方式，而勇敢是其根本。”姜太公说：“百姓不尽心尽力为国，就不是我的百姓；官吏不公正廉洁、爱民如子，就不是我的官吏；宰相不能富国强兵，调合四时阴阳，使国君心安，不能选拔、训练群臣，使其名实相符，严明法令、赏罚得当，就不是我的宰相。”这就是品行的根本。

何谓事迹？昔齐威王召即墨大夫而语之曰：“自子之居即墨也，毁日至，然吾使人视即墨，田野辟，人民给，官无留事，东方以宁。是子不事吾左右以求誉也。”封之万家。召阿大夫而语之曰：“自夫子之守阿也，誉日闻。然吾使人视阿，田野不辟，人贫苦。赵攻甄，子不能救。卫取薛陵，子不能知。是子常以币事吾左右以求誉也。”是日烹阿大夫及左右常誉之者，齐国大理。

【译文】什么是做事的迹象呢？从前齐威王召见即墨大夫，对他说：“自从你到即墨任职后，每天都有到我这来诋毁你的人。可是我派人去即墨巡视，看到的却是荒野都已开垦，人民自给自足，官府没有存留、积压的事务，东方地区得以安定。这是你没有收买我身边的亲信来求得荣誉啊！”因此将万户之地封给即墨大夫做封邑。又召见东阿大夫，对他说：“自从先生做了东阿太守后，我每天都能听到赞美你的好话。然而我派人到东阿巡视，只见满目荒芜，百姓贫困不堪。赵国攻打甄城，你没有出兵救助；卫国攻取薛陵，你竟然不知道。这是你常用钱财贿赂我身边的亲信，才求得的荣誉啊。”当天，齐威王便下令烹杀了东阿大夫和身边亲信中常为东阿大夫说好话的人。齐国从此举国大治。

汉元帝时，石显专权。京房宴见，问上曰：“幽、厉之君何以危？所任者，何人也。”上曰：“君不明而所任巧佞。”房曰：“知其巧佞而用之也，将以为贤？”上曰：“贤之。”房曰：“然则今何以知其不贤也？”上曰：“以其时乱而君危知之。”房曰：“齐桓公、秦二世亦尝闻此君而非笑之。然则任竖刁[1]、赵高，政治日乱，盗贼满山。何不以幽、厉卜之而觉悟乎？”上曰：“唯有道者，能以往知来耳。”房曰：“陛下视今为治也？乱也？”上曰：“亦极乱耳。”房曰：“今所任用者谁欤？”上曰：“然幸其愈于彼，又以为不在此人也。”房曰：“夫前世二君，亦皆然耳。臣恐后之视今，如今之视前也。”此事迹者也。

【注释】①竖刁：春秋时齐国奸臣，负责掌管内侍及女官的戒令。竖刁以善于揣摩人的心理，很会阿谀奉承深得齐桓公宠爱。齐桓公病危时竖刁作乱，最终被埋伏的兵甲杀死。

【译文】汉元帝时，石显专权，京房闲暇时私下进见皇帝，问汉元帝说：“周幽王和周厉王时，国家是如何陷入险境的呢？他们所信任的都是些什么人呢？”汉元帝说：“因为君主不英明，所以信任的都是些奸佞、巧诈的小人。”京房说：“两位君主是明知这些人是奸佞、巧诈的小人还任用他们呢？还是确实认为他们很贤能呢？”汉元帝说：“是认为他们贤能。”京房说：“那现如今是如何知道他们不贤的呢？”汉元帝回答说：“这是根据当时时局混乱，而君主陷入险境知道的。”京房说：“齐桓公、秦二世也曾听到过这两位君王的事情，他们也曾嘲笑幽王、厉王的糊涂。但是他们仍然任用了竖刁、赵高这样的奸佞之臣，结果导致国政日益混乱，漫山遍野都是盗贼。他们为什么不能把幽王、厉王作为前车之鉴，从而觉悟到自己所用非人呢？”汉元帝说：“只有懂得大道的人，才能借鉴过去了知未来啊。”京房说：“陛下看现在我们是治世还是乱世呢？”元帝说：“也是很乱的。”京房说：“如今受任用的都是些什么人呢？”元帝说：“所幸现在任用的石显要比竖刁、赵高他们好。我认为朝政混乱的责任不在他身上。”京房说：“前世的齐桓公、秦二世这两位君主也是这样认为的。臣恐怕将来的人看现在的情形，就如同我们看以前的情形是一样的。”这就是凡事必有迹可寻的事例。

由是言之，夫立身从政，皆有本矣；理乱能否，皆有迹矣。若操其本行，以事迹绳之，譬如水之寒、火之热，则善恶无所逃矣。

【译文】由此说来，无论是立身处事，还是为官从政，都有一个根本准则；政治清明或混乱，所用之人是否贤能也都有迹可循。如果能把握住根本，以行事的迹象来考核他，那就如我们看到水是冷的、火是热的一样，人的善恶就无从掩饰了。

量过第三十七

议曰：杨恽[①]书云："明明求仁义，常恐不能化人者，士大夫之行也。遑遑求财利，常恐遗乏者，庶人之行也。今奈何以士大夫之行而责仆哉？"此量过者也。

【注释】①杨恽：西汉政治家，字子幼，其母为司马迁之女。汉宣帝时曾任左曹，后因告发霍氏谋反有功，封平通侯，迁中郎将。后因过被贬为庶人，在与友人的书信中有不满情绪流露被腰斩。

【译文】评论：杨恽在信中写道："努力追求仁义，却常担心不能教化百姓，这是士大夫的事；匆匆忙忙追求财富，却常担心穷困匮乏，那是老百姓的事。现今您为什么用士大夫的行为标准来指责我呢？"这就是衡量不同过错要有不同标准的道理。

孔子曰："人之过也，各于其党。观过，斯知人矣党，党类也。小人不能为君子之行，非小人之过，当恕而勿责之也。"何以言之？太史公云："昔管仲相齐，九合诸侯，一匡天下。然孔子小之曰：'管仲之器小哉！岂不以周道衰，桓公既贤，而不勉之至王，乃称霸哉？'"议曰：夔、龙、稷、契，王者佐也；狐偃、咎犯，霸者佐也。孔子称："微管仲！吾其被发左衽[①]矣。"是奇管仲有王佐之材矣。夫有王佐之材，而为霸者之政，非小器而何？由是观之，孔子以管仲为夔、龙、稷、契之党而观过也。

【注释】①被发左衽：形容头发散乱，穿衣服开左边的文化落后民族。被发，头发散乱。衽，衣襟。

【译文】孔子说：“人们所犯的错误是各种各样的。什么样的人就会犯什么样的错误。仔细考察这个人所犯的错误，就会知道他是什么样的人了小人做不了君子所做的事，这并不是小人的过错，应该原谅而不该责备他。”为什么这样说呢？司马迁说：“从前管仲任齐国相国辅佐齐桓公，曾经九次主持诸侯会盟，一举匡正天下。然而孔子还是小看他，曾说：‘管仲的器量很小啊！’为什么不利用周王朝衰落之势，依凭齐桓公的贤德，努力辅佐齐桓公成就王业，却只是让桓公在诸侯中称霸呢？”评论：夔、龙、稷、契，都是王者的佐臣；晋文公重耳的臣子狐偃、咎犯，是霸主的辅佐。孔子曾赞管仲说：“如果没有管仲，我们也许早被夷狄之国给吞并，成了整天披散着头发、穿着衣襟左开衣服的野蛮人了。”这是孔子认为管仲原本是一位可以辅佐帝王的奇才，却只辅佐齐桓公成就了霸业，不是器量小又是什么呢？由此看来，孔子是把管仲当作辅佐帝王的夔、龙、稷、契一类人来看待，才批评他器量小的。

虞卿说魏王曰虞卿说楚春申君伐燕，以定身封，然楚之伐燕，路由于魏，恐魏不听，虞卿乃为春申君说魏君假道也：“夫楚亦强大矣，天下无敌，乃且攻燕。”魏王曰：“向也子云‘天下无敌’，今也子云‘乃且攻燕’者，何也？”对曰：“今谓马多力则有之矣，若曰胜千钧则不然者，何也？夫千钧，非马之任也。今谓楚强大则有矣，若夫越赵、魏而开兵于燕，则岂楚之任哉？”

【译文】虞卿在游说魏王时说虞卿本来是先游说楚国春申君攻打燕国，以求取自身的功名。然而楚国如果讨伐燕国，就要途经魏国。虞卿害怕魏国不让楚军借路通过，于是去为春申君游说魏王向其借路：“楚国也是很强大的，可以称得上天下无敌，现在他们即将攻打燕国。”魏王说：“你刚才说楚国‘天下无敌’，现在又说‘即将攻打燕国’，这是什么意思呢？”虞卿回答说：“现在如果有人说马很有力气，这话没错，但是如果说马能驮动千钧的重量，那就不对了。为什么这么说呢？因为千钧之重，不是马能驮得起来的。现在说楚国强大是对的，但是如果说楚国能越过赵国和魏国去攻打燕国，那可不是楚国能做到的！”

由是观之，夫管仲九合诸侯，一匡天下，而孔子小之；楚人不能伐燕，虞卿反以为强大，天下无敌。非诡议也，各从其党言之耳。不可不察。

【译文】由此看来，管仲九次主持诸侯会盟，一举匡正天下，而孔子还是小看他；楚国不能越过魏国去讨伐燕国，虞卿反而认为楚国强大，天下无敌。这并不是不负责任的诡辩，而是根据他们各从其类来说的。这个一定要弄清楚。

势运第三十八

百六之运，推迁改移，不为尧存，不为桀亡。君子小人，无贤不肖，至人无可奈何。知其不由智力也。

【译文】天地宇宙间不断循环变化的运数，随着时间的推移在不断地变迁流转，既不会因尧贤明而停滞不前，也不会因桀昏庸无道而消亡。无论君子、小人，还是不贤无能，都没什么一成不变的准则，这是圣人也无可奈何的事情。由此可知，一个人的运数，并不完全由他的智力决定。

夫天下有君子焉，有小人焉，有礼让焉。此数事者，未必其性也，未必其行也，皆势运之耳。何以言之？

【译文】天下有贤德的君子，有卑下的小人，也有礼让之风。但这些情况，未必出于人的本性，未必出于人的真心所行，都是大势所趋罢了。为什么这么说呢？

《文子》曰："夫人有余则让，不足则争。让则礼义生，争则暴乱起。物多则欲省，求赡则争止。"议曰：《管子》云："衣食足，知荣辱。"此有余则让者也。《汉书》曰："韩信为布衣时，贫无行，不得推择为吏。及在汉中，萧何言于高祖曰：‘韩信者，国士无双。’”此不足则争者也。故《傅子》[1]曰：“夫授夷、叔[2]以事而薄其禄，父母饿于前，妻子喂于后，能守志不移者，鲜矣。”

【注释】①《傅子》：魏晋时期哲学家、文学家傅玄的著作。全书主要以宣扬儒家思想为主，同时也夹杂道家思想。②夷、叔：指商末孤竹君的两个儿子伯夷与叔齐。相传孤竹君遗命立次子叔齐为继承人。孤竹君死后，叔齐让位给伯夷，伯夷不受，叔齐也不愿登位，二人先后逃到周国。周武王伐纣，二人叩马谏阻。武王灭商后，二人耻食周粟，采薇而食，饿死在首阳山。封建社会里常把他们当成抱节守志的典范。

【译文】《文子》上说：“人们有富余时才会礼让，不足时便会争斗。礼让就产生了礼义，争斗就会发生暴乱。财富多了欲望就会相应减少，获取的丰足了争斗自然就会停止。”评论：《管子》上说：“丰衣足食之后，才会有荣辱的观念。”这是说有富余时才会有礼让的情况出现。《汉书》上说：“韩信为普通百姓的时候，贫困潦倒，品行不端，没有机会被推举为官。等到在汉中投奔刘邦，萧何向刘邦举荐他时说：‘韩信在士人中是一位举世无双的难得之才。’”这是说所需不足时就会出现争夺的情况。所以《傅子》上说：“如果让伯夷、叔齐担任小的官职，只给他们微薄的俸禄，先是父母挨饿，接着是妻子、孩子吃不上饭，这种情况下还能做到矢志不移的人，简直太少了！”

《淮南子》曰：“游者不能拯溺，手足有所争急也；灼者不能救火，身体有所痛也。林中不卖薪，湖上不鬻鱼者，有所余也。”故世治则小人守正，而利不能诱也；世乱则君子为奸，而刑不能禁也。《慎子》曰：“桀、纣之有天下也，四海之内皆乱。关龙逢、王子比干不与焉，而谓之皆乱，其乱者众也。尧、舜之有天下也，四海之内皆治，而丹朱、商均[1]不与焉，而谓之皆治，其治者众也。”

【注释】①商均：舜和娥皇女英的儿子，外公是尧，舅舅是丹朱。虞舜二十九年，帝舜封义钧于商，是谓商均。商均继承有虞氏之号后，将所封的这片“商”地改称“虞国”，建都虞城。

【译文】《淮南子》上说：“正在游泳的人不能拯救溺水的人，是因为他自己的手脚在忙乱中抽不出空来去救别人；在大火中被烧伤的人不能救火，因为他自己的身体还在因为烧伤而疼痛难忍。在林中没有卖柴的，在湖上没有卖鱼的，因为没有人缺少这些东西。”所以身处太平盛世，即使是小人也会奉公守法，利益也诱惑不了他们；如果身处乱世，就是君子也会作奸犯科，就算严苛的律法也无法禁止这些行为。《慎子》上说：“夏桀、商纣一统天下时，天下大乱。关龙逢、王子比干虽然是贤者，但人们还是称那个时期为乱世，就是因为作乱的人太多了。尧、舜一统天下时，天下太平，虽然丹朱、商均作乱，但人们还是把那个时期称为太平盛世，就是因为当时遵纪守法的人多啊。”

故《庄子》曰：“当尧、舜而天下无穷人，非智得也；当桀、纣而天下无通人，非智失也。时势逼然。”

【译文】所以《庄子》上说：“在尧、舜的时代，天下没有不得志的人，并不是说那个时代的人都聪明；在桀、纣的时代，天下没有渊博通达的人，并不是因为那个时代的人都愚笨。这都是时势造成的。”

《新语》曰：“近河之地湿，近山之木长者，以类相及也。四渎①东流，则百川无西行者，小象大而少从多也。”

【注释】①四渎：我国古代对四条独流入海的大河的称呼，即“江（长江）、河（黄河）、淮（淮河）、济（济水）”。

【译文】《新语》上说：“靠近河边的土地总是潮湿的，靠近山边的树木都长得很高，那是因为同类互相影响的原因。长江、黄河、淮河、济水这四大河流都是东流入海的，所以众多的小河也没有向西流的，这是同类中小的效仿大的，少的追随多的原因啊。”

是知世之君子，未必君子议曰：匡衡云：“循礼恭让，则人不争；好仁乐施，则下不暴；尚义高节，则人兴行；宽柔惠和，则众相爱。此四者，明王之所以不严而成化也。”由是言之，夫世之君子，乃由上之所化矣；世之小人，未必小人议曰：《尚书》云：“殷罔弗小大，好草窃奸宄。卿士师师，非度罔获。”此言殷之季世，卿士君子并为非法，无得其中，皆从上化耳。故知世之小人，未必小人；世之礼让，未必礼让议曰：《左传》云：“范宣子好让，其下皆让；栾黡为汰，弗敢违也。晋国以平，数世赖之，刑善也。夫周之兴也，其诗曰：‘仪刑文王，万邦作孚。’言形善也。及其衰也，其诗曰：‘大夫不均，我从事独贤。’言不让也。”由此言之，夫栾黡之让，势运之耳。故知世之礼让，未必礼让也。夫势运者，不可不察议曰：《政论》云：“虽有素富骨清者，不能百一，不可为天下通变。”故知君子、小人本无定质，盖随势运者多矣。

【译文】由此可知，世上的君子，未必就是真正本质上的君子评论：匡衡曾经说过：“圣明的君主遵循礼义，谦恭敬让，那么百姓就不会互相争斗；君主喜好仁德，乐善好施，那下面的百姓也就不会残暴；君主推崇道义具备高尚的品德，百姓也会受感发而随之而行；君主宽厚、慈爱、和顺，百姓也会互相关爱。具备了这四点，圣明的君王不用依靠严刑峻法也能教化百姓，使天下成为太平盛世。”由此说来，世上的君子，都是圣明的君主化导的结果；**世上的小人，未必就是真正本质上的小人**评论：《尚书》上说：“殷商的法律并不是不严苛，然而社会风气却极其败坏，各地盗贼横行，作乱成风，朝廷内外，士大夫相互勾结，狼狈为奸，上行下效，法律也治裁不了。”这是说殷商的末世，士大夫、君子们不遵纪守法，同流合污，做一些非法的事，这都是在上位的君主化导的结果。因此可知，世上的小人，未必本质上就是真正的小人；**世上的礼让，也未必出于人们的真心本性**评论：《左传》上说：“晋国的范宣子执政时，推行礼让之风，他的臣属百姓也都相互礼让。栾黡虽然骄奢横暴，也不敢违背这种礼让之风。晋国因此得以安定，几代人都仰仗这种礼让之风得以安稳生活。这是有一个好的榜样。在周朝开始兴盛的时候，当时的诗中唱道：‘效仿文王，以他为榜样，万国都讲诚信。’这就是有一个好的榜样。等到周朝衰落时，那时的诗中唱道：‘大夫办事不公平，让我做的事比别人都多。’这就是已经没有礼让了。”由此说来，栾黡的礼让，只是时势造成的。因此可知，世人的礼让，未必出于人们的真心本性。**所以，时势对人的影响，是不能不认真详察的**评论：《政论》上说：“世上虽有生来就品质高洁的人，但百人当中也难得挑出一个，不能作为天下普遍的标准。”因此可知，君子、小人本来没有固定不变的品质，大都是随着时势的推移运转而变化的。

傲礼第三十九

《左传》曰:“无傲礼。”《曲礼》[1]曰:“无不敬。”然古人以傲为礼,其故何也?欲彰于人德者耳。何以言之?

【注释】①《曲礼》:《礼记》的一部分。《礼记》是我国古代一部重要的典章制度书籍。曲为细小的杂事,曲礼是指具体细小的礼仪规范。

【译文】《左传》上说:“没有把傲慢作为礼的。”《曲礼》上说:“对万事万物没有不尊敬的。”然而古人确实有以傲慢为礼的,这是什么原因呢?是想让对方的品德彰显于世。为什么这样说呢?

昔侯嬴为大梁夷门监[1],魏公子[2]闻之,乃置酒大会宾客。坐定,公子从车骑,虚左,自迎夷门侯生。侯生引公子过市,及至家,以为上客。侯生谓公子曰:“今日嬴之为公子亦足矣。嬴乃夷门抱关者也,而公子亲枉车骑。稠人广众之中,不宜有所过,今公子故过之。然嬴欲就公子之名,故久立公子车骑市中,以观公子,公子愈恭。市人皆以嬴为小人,而以公子为长者,能下士也。”初,公子迎侯生,侯生曰:“臣有客在市屠中,愿枉车骑过之。”侯生下见其客朱亥[3],与之语,微察公子,公子色愈和。市人皆观,从骑窃骂侯生。侯生视公子色终不变,乃谢客就车也。

【注释】①侯嬴：战国时魏国人。家贫，年老时始为大梁监门小吏。信陵君慕名往访，亲自执辔御车，迎为上客。公元前257年，秦急攻赵，围邯郸，赵请救于魏。魏王命将军晋鄙领兵十万救赵，中途停兵不前。侯嬴献计窃得兵符，夺权代将，救赵却秦。因自感对魏君不忠，自刭而死。夷门：战国时魏国都城大梁的东门。②魏公子：魏无忌，即信陵君，魏国公子，"战国四公子"之一。战国时期魏国著名的军事家、政治家。公元前276年，被封于信陵，所以后世皆称其为信陵君。③朱亥：战国时魏国人，曾隐居市井之中，有勇力，早年以屠夫为业。后在侯嬴推荐下，成了信陵君的上宾。曾在退秦、救赵、存魏的战役中立下汗马功劳。

【译文】从前有个隐士侯嬴，是魏国都城大梁东门的守门人。魏公子信陵君听说侯嬴是位贤德的隐士，便专门为他置办了一次盛大的酒宴，大会宾客。等到宾客们都坐好后，信陵君带领一队车马，空出车上左边的位置，亲自去迎接守卫东门的侯嬴。侯嬴引领公子穿过集市，等到了信陵君家里，侯嬴被当作最尊贵的上宾。侯嬴对信陵君说："今天，我该为公子做的，都已经做到了。我只是一个看守国都东大门的人，而公子您却屈尊亲自执辔御车来迎接我。而且在大庭广众之下，本不应从集市穿过，可是我却故意让您从那里穿了过去。我这是想要成就公子您礼贤下士的美名啊，所以才故意让您的车马在集市中停留那么长的时间来观察公子，您的态度却更加谦恭了。集市上的人都认为我是个小人，而认为公子您是个有德行的人，能礼贤下士。"起初，信陵君去迎接侯嬴时，侯嬴说："我有个朋友在集市上做屠夫，想劳烦您的车驾带我去拜访他。"侯嬴下车去见他的朋友朱亥，和朱亥聊天时暗中观察信陵君，发现信陵君的脸上不但没有不耐烦的神色，反而更加谦和了。集市上的人都在一旁观看，跟随信陵君驾车的人都暗中责骂侯嬴。侯嬴看信陵君面色始终没有变化，依然那么谦和，这才辞别朋友上了车。

张释之居廷中，三公九卿尽会立。王生老人曰："吾袜解。"顾谓张廷尉："为我结袜。"人或谓王生曰："独奈何廷辱张廷尉？"王生曰："吾老且贱，自度终无益于张廷尉。张廷尉，方今天下名臣。吾故聊廷，使跪结袜，欲以重之。"诸公闻之，贤王生而重张廷尉。汲黯常与大将军抗礼，或谗黯曰："自天子常欲群臣下大将军，君不可以不拜。"黯曰："夫以大将军有揖客，反不重耶？"大将军闻之，愈贤黯也。

【译文】汉朝的廷尉张释之在朝堂上等待朝见皇帝，当时三公九卿等达官显贵都在场，有位老人王生说："我的袜带松了。"回头对张廷尉说："替我把袜带系上！"有人对王生说："在大庭广众之下，为什么单单要侮辱张廷尉呢？"王生说："我一个又老地位又低的人，自己琢磨着以后对张廷尉再也没有什么帮助了。张廷尉，是当今天下的名臣。我故意在大庭广众之下侮辱廷尉，让他跪着给我系袜带，就是想让张廷尉更能得到世人的尊敬和重视啊。"那些达官显贵听了，都认为王生是个贤德的人，也因此更加尊重张廷尉了。西汉的汲黯，见了大将军卫青常常不行跪拜礼，只是简单地行个平揖礼。有喜欢进谗言的人私下对汲黯说："皇帝打算让群臣都以下级的礼节拜见大将军，你见大将军时不能不行跪拜礼了。"汲黯说："以大将军那样尊贵的身份，却还有可以平等相待行揖礼的朋友，不是反而更被世人看重吗？"大将军听了这话，越发认为汲黯是个贤德之人了。

由是观之，以傲为礼，可以重人矣。议曰：《老子》云："国家昏乱有忠臣，六亲不和有孝慈。"此言忠臣、孝子因不和、昏乱乃见其节。向使侯生不傲，则市人不知公子能下士也。使王生不倨，则三公不知廷尉能折节也。故曰：不善人者，善人之资。信矣夫！

【译文】由此看来，以傲为礼，可以使他人更受尊重。评论：《老子》上说："国家昏乱就会显出忠臣，六亲不和就会显出父母的慈爱和子女的孝顺。"这是说忠臣、孝子因六亲不和、世道昏乱而显现其高尚的节操。如果当时侯嬴对信陵君不傲慢，那么集市上的人就不会了解信陵君还有礼贤下士的风范。如果王生对张廷尉不倨傲，那么三公九卿们就不会知道张廷尉能放低身份，屈己下人。所以说，不善之人，是善人得以显示的凭借和参照。确实是这样啊！

定名第四十

夫理得于心，非言不畅；物定于彼，非名不辩。言不畅志，则无以相接；名不辩物，则识鉴不显。原其所以，本其所由，非物有自然之名、理有必定之称也。欲辩其实，则殊其名；欲宣其志，则立其称。故称之曰：道、德、仁、义、礼、智、信。

【译文】内心虽然明白了某些道理，但若不借助语言，就不能把这些道理畅快地表述出来；给事物设定一定的名称，但若是不借助语言，就无法将它与其它事物区分开来。不借助语言畅快淋漓地表达自己内心的思想，就无法与别人交流沟通；不借助名称来区分事物，就无法显现你对事物本质的识辨。但如追本溯源，就会发现，事物并非生来就有名字称谓，道理也并非自来就有特定的概念范畴。想要辨别事物的本质，就必须以不同的名字为它们命名；要表达你的思想和情志，就必须确立一定的概念范畴。所以才有道、德、仁、义、礼、智、信等概念。

夫道者，人之所蹈也。居知所为，行知所之，事知所乘，动知所止，谓之道。又曰："道者，谓人之所蹈，使万物不失其所由也。"德者，人之所得也。使人各得其所欲，谓之德。仁者，爱也。致利除害，兼爱无私，谓之仁。又曰：“仁者，人之所亲，有慈悲恻隐之心，遂其生成。”义者，宜也。明是非，立可否，谓之义。又曰：“义者，人之所宜。赏善罚恶，以建功立事也。”礼者，履也。进退有度，尊卑有分，谓之礼。又曰：“礼者，人之所履，夙兴夜寐，以成人君之序也。”又曰：“立善防恶，谓之礼也。”智者，人之所知也。以定乎得失是非之情，谓之智。信者，人之所承也。发号施令，以一人心，谓之信。见本而知末，执一而应万，谓之术。又曰：“擅杀生之柄，通壅塞之途，权轻重之数，论得失之道，使远近情伪必见于上，谓之术。”

【译文】所谓道，就是人们必须遵循的规律。坐在那里，知道自己要做什么；出行时，知道要去往哪里；办事时，知道可依凭的条件；行动时，知道什么时候应该停止，这就是道。还有一种说法：道，就是人们必须遵循的规律，使万物不失去它的根本法则。所谓德，就是人们所能得到的，它能够使每个人都各得其所，这就是德。所谓仁，就是爱。趋利避害，博爱无私，这就是仁。还有一种说法：仁，就是爱心。有慈悲恻隐之心，才能产生仁。所谓义，就是适宜。明辨是非，确定可为与不可为的界线，这就是义。还有一种说法：义，就是人们所做的一切都合时宜。有善必赏、有恶必罚，以此来建立功业，这就是义。所谓礼，就是人们必须要履行的。进退有度，尊卑有分，这就是礼。还有一种说法：礼，就是人必须履行的。早起晚睡，来帮助国君建立有序的国家。还有一种说法：弘扬善行，防止过恶，这就是礼。所谓智，就是人们的知识。用来判断得失、是非的能力，这就是智。所谓信，就是人们的承诺，发号施令时，都以最高指挥者一人的意志为准，这就是信。看到事物根本，就能预知它的发展结果，以不变应万变，这就是术。还有一种说法：掌握生杀大权，打通壅塞之路，论述得失之道，能使远近、真假的情况毫无隐藏地呈现在君主面前，这就是术。

《说苑》曰："从命利君，谓之顺又曰：君正臣从，谓之顺也；从命病君，谓之谀又曰：应言而不言，谓之隐；应谏而不谏，谓之谀。又曰：君僻臣从，谓之逆也；逆命利君，谓之忠又曰：分人以财，谓之惠；教人以善，谓之忠。孙卿曰：以德覆君而化之，大忠也；以德调君而补之，次忠也；以是谏非而怒之，下忠也；逆命病君，谓之乱又曰：赏无功，谓之乱。君有过失，将危国家，有能尽言于君。用则留，不用则去，谓之谏；用则可，不用则死，谓之诤。能率群下以谏于君，解国之大患，除国之大害，谓之辅。抗君之命，反君之事，安国之危，除主之辱，谓之弼故谏、诤、辅、弼者，可谓社稷之臣，明君之所贵也。"

【译文】西汉刘向编著的《说苑》上说："顺从有利于君主的命令，就是顺又说：君主的命令正确，臣下服从，这就是顺；顺从对君主不利的命令，就是谀又说：应该进言时不说，这就是隐；该劝谏时不去劝谏，这就是谀。又说：君主的命令不正确，臣下却顺从，这就是逆；违背君主的命令，却对君主有利，这就是忠还说：把财物分给他人，这就是惠；以善来教导人，这就是忠。荀子说：'用高尚的德行影响并感化君主，这是大忠；用高尚的品德来调整君主的行为，弥补君主的错误，这是次忠；以正确的意见劝谏君主改正错误的做法，却激怒了他，这是下忠。'违逆上命，且不利于君主，这就是乱还说：奖赏没有功劳的人，这就是乱。君主有过失，而且即将危及国家，有能力的臣子一定要把自己所知道的全部进言给君主。君主采纳自己的意见，便留下来继续为官，不采纳便辞官而去，这是谏臣；君主采纳自己的意见就好，如果没有采纳自己的意见，便以死明志，这是诤臣；能率领群臣向君主进谏，解除国家忧患，消灭国家的大害，这是辅臣。违抗君主错误的命令，反对君主错误的行事，使国家解除危难，安定下来，避免君主受辱，这是弼臣所以说，谏、诤、辅、弼之臣，可称得上是肩负国家重任的忠臣，他们是圣明君主的宝贵财富。”

《庄子》曰：“莫之顾而进，谓之佞。俙意导言，谓之谄。不择是非而言，谓之谀。好言人恶，谓之谗。称誉诈伪，以败恶人，谓之慝。不择善否，两容颜适，偷拔其所欲，谓之险。”

【译文】《庄子》说：“什么都不管不顾，一心只想冒进、往上爬，称为佞；对君主察言观色，然后再迎合君主的意图说话，称为谄；说话是非不辨、一味顺从，就是谀；好说他人坏话，就是谗。表面上称赞别人，而实际心里却希望他人倒霉，就是慝；善恶不分，无论善恶都表现出和颜悦色的样子，暗中却偷取自己想要的东西，就是险。”

古语曰：“以可济否，谓之和；好恶不殊，谓之同；以贤代贤，谓之夺；以不肖代贤，谓之伐；缓令急诛，谓之暴；取善自与，谓之盗；罪不知惩，谓之虐；敬不中礼，谓之野；禁而不止，谓之逆又曰：恭不中礼，谓之逆。又曰：令而不行，谓之障；禁非立是，谓之法；知善不行，谓之狂；知恶不改，谓之惑。”

【译文】古语说：“以可行的方法补救不可行的方法，称为和；无论自己喜欢还是厌恶的，都不表示反对意见，称为同；用贤者取代贤者，就是夺；用不贤者取代贤者，就是伐；法令原本宽缓，可是定罪却很急苛，称为暴；把好的都窃为己有，就是盗；自己有罪却不知悔改，就是虐；态度恭敬却不合礼数，称为野；有令不止，就是逆又有一种说法：勇猛却不合礼数，就是逆。还有一种说法：有令不行，就是障；禁止错误的，树立正确的，就是法；知善不行，就是狂；知恶不改，就是惑。”

太公曰：“收天下珠玉、美女、金银、彩帛，谓之残；收暴虐之吏，杀无罪之人，非以法度，谓之贼；《庄子》曰：‘析交离亲①，谓之贼。’孙卿曰：‘不恤君之荣辱，不恤国之臧否，偷合苟容②，以持禄养交，国之贼也。’贤人不至，谓之蔽；忠臣不至，谓之塞；色取人而实违之，谓之虚；不以诚待其臣，而望其臣以诚事己，谓之愚；分于道，谓之性；分，谓始得为人。形于一，谓之命；受阴阳刚柔之性，故曰：形于一也。凡人函五常之性，而刚柔、缓急、音声不同，系水土之气，谓之风；好恶、取舍、动静无常，随君上之情欲，谓之俗。”

【注释】①析交离亲：指离间亲友。②偷合苟容：奉承迎合别人，使自己能苟且地生活下去。偷，苟且。

【译文】姜太公说：“收刮、聚敛天下的珠宝、玉石、美女、金银、彩缎，就叫残；任用暴虐的官吏，滥杀无辜之人，完全不按法度行事，就叫贼；《庄子》上说：‘离间亲友，就叫贼。’荀子说：‘不担忧国君的荣辱，不顾及国家的得失，奉承迎合别人，使自己能苟且地生活下去，拿国家的俸禄去供养自己的朋友，就是国贼。’贤人不来报效朝廷，就叫蔽；忠臣不来朝廷效力，就是塞；表面上看起来充满仁爱而实际上却与之相背，就叫虚伪；对待臣属不能做到以诚相待却指望臣子以诚心对待自己，就叫愚；从混沌的自然状态中分离出来成为人，就是性；分，是说人类进化成人的开始。秉承天地之性，就是命；兼具阴阳刚柔之性集于一身，所以叫形于一。凡是人都有金、木、水、火、土等五种常见的秉性，但不同的人却有刚、柔、缓、急、音、声等方面的不同，这与水土之气有关，就叫风。好恶、取舍、动静都没有恒常不变的法则，而是随顺着当今主上的兴趣和爱好，这就叫俗。”

或曰：“乐与音同乎？”对曰：“昔魏文侯问子夏曰：‘吾端冕而听古乐，唯恐卧；听郑、卫之音，则不知倦。敢问古乐之如彼，新乐之如此，何也？’子夏曰：‘今君之所问者，乐也。所好者，音也。夫乐者，与音相近而不同。’文侯曰：‘敢问何如？’子夏曰：‘夫古乐者，天地顺而四时当，民有德而五谷昌，疾疫不作而无妖祥，此之谓大当。然后圣人为父子君臣，以为之纪纲。纪纲既正，天下大定；天下大定，然后正六律①、和五声②，弦歌诗颂，此之谓德音，德音之谓乐。《诗》云：莫其德音，其德克明。克明克类，克长克君。王此大邦，克顺克比。比于文王，其德靡悔。既受帝祉，施于孙子。此之谓也。今君之所好者，溺音乎？郑音好滥，淫志也；宋音燕安，溺志也；卫音趋数，烦志也；齐音傲僻，骄志也。四者皆淫于色而害于德，是以祭祀弗用。’此音、乐之异也。”董生曰：“古者未作乐之时，乃用先王之乐宜于时者，而以深入教化于人，然后功成作乐。乐其德也。故国风淫俗，在于管弦。”《乐书》曰：“知声而不知音者，禽兽是也；知音而不知乐者，众庶是也。唯君子为能知乐。是故，审声以知音，审音以知乐，审乐以知正，而理道备矣。”此又音、声之异也。

【注释】①六律：古代乐律中的六律，指黄钟、太簇、姑洗、蕤宾、夷则、无射。②五声：古代音乐中的五种音阶，指宫、商、角、徵、羽。

【译文】有人问：“乐和音相同吗？”回答说：“从前魏文侯曾问子夏说：‘我身着玄衣，头戴大冠恭敬地来听古乐，唯恐打瞌睡。而听郑、卫之音时，却一点也不感到疲倦。请问，听古乐时常要打瞌睡，听新乐时又这么精神，这是怎么回事呢？’子夏回答说：‘现在您问的是乐的问题，而您所喜好的却是音。乐与音虽然有相近之处，但是本质却不一样啊。’文侯说：‘请问有何不同呢？’子夏说：‘古乐，是在天地正常运行，春夏秋冬四时有序交替，百姓重视德行，五谷丰登，没有疾疫流行，也没有什么显现灾异的征兆出现时，可称为无所不当的时代。然后圣人制定了父子、君臣之间的关系准则来作为治理天下的纪纲。纪纲端正之后，天下也就安定太平了；天下安定太平之后，才开始校正六律，调和五声，然后以琴瑟相配，歌唱《诗》和《颂》，这就是德音，只有德音才能称作乐。《诗经》上说：将他的美名传播称颂，他的品德清正廉明。孰是孰非明察眼中，师长国君一身兼容。统领如此泱泱大国，万民亲附百姓依从。等到文王依然如此，他的德行永放光明。已经接受天帝福佑，荫及子孙福享无穷。说的就是这个意思。而如今您所喜好的，是沉溺在音里了吧？郑音太滥，会迷惑人的心志；宋音安适，容易使人心志沉迷；卫音急促，容易使人心志烦乱；齐音狂傲怪僻，容易使人心志骄狂。这四国之音都会令人沉溺声色，而有害于德行。所以祭祀时都不用它们。’这就是音与乐的区别。”董仲舒说：“古时在还没有制礼作乐的年代，便使用先王流传下来适合当时的古乐，用以深入教化百姓。达到教化百姓的目的之后才制礼作乐。乐，就是乐于圣人之德。所以，国风散漫不正的风气盛行，都是由于所配的管弦等乐调的作用啊！”《乐书》上说：“懂得声却不懂得音的，是禽兽；懂得音而不懂得乐的，是普通庶民；只有君子才能懂得乐。所以辨析声便能懂得音；辨析音便能懂得乐；辨析乐便能懂得政治。懂得了这些，那治理国家的大道也就齐备了。”这又是声和音的区别。

或曰：“音与乐，既闻命矣。敢问仪与礼同乎？”对曰：“昔赵简子问揖让周旋之礼于子太叔[1]，太叔曰：‘是仪也，非礼也。’吉也闻诸先大夫子产曰：‘夫礼，天之经也经者，道之常也，地之义也义者，利之宜也，民之行也行者，人所履也。天地之经，民实则天之明日月星辰，天之明也，因地之性高下刚柔，地之性也，生其六气谓阴、阳、风、雨、晦、明也，用其五行金、木、水、火、土也，气为五味酸、咸、辛、甘、苦也，发为五色青、黄、赤、白、黑，发见于是非分别也，章为五声宫、商、角、徵、羽也。淫则昏乱，民失其性滋味声色，过则伤性，是故，为礼以奉之制礼以奉其性也。人有好恶、喜怒、哀乐，生于六气此六者，皆禀阴、阳、风、雨、晦、明之气也，是故审则宜类，以制六志为礼以制好恶、喜怒、哀乐六志，使不过节也。哀有哭泣，乐有歌舞，喜有施舍，怒有战斗。哀乐不失，乃能协于天地之性，是以长久协，和也。’故人能曲直以从礼者，谓之成人。”

【注释】①子太叔：即游吉，字子太叔（一作子大叔），又称“世叔”，春秋时期郑国正卿，郑定公八年（前522年）接替子产担任郑国的执政。

【译文】或者有人说：“听了您的教导后，音与乐的问题我基本明白了。还想请问您，仪和礼相同吗？”回答说：“从前，赵简子向太叔请问揖让以及应酬宾客的礼节，太叔回答说：‘您问的是仪而不是礼。’我曾听从前郑国大夫子产说过：‘礼是天之经经，是恒久不变的规律，地之义义，是恰如其分的利益，民之行行，是人们所必须遵循的准则。天地之间恒常不变的规律，百姓确实应该当作法则来遵循。以天的光明为法则日、月、星、辰为天的光明，依据地的高低、刚柔之性为法则地的高低、刚柔，是地的性，生成六气六气指阴、阳、风、雨、晦、明，运用五行五行指金、木、水、火、土，散发五味五味指酸、咸、辛、甘、苦，化作五色五色指青、黄、赤、白、黑，**彰显为五声**五声为官、商、角、徵、羽。**六气、五行、五色、五味、五声一旦过分，就会产生混乱，百姓也会因此而迷失本性**对滋味、声色的过度追求，就会伤害、迷失人的本性。**所以制礼是为了使民众秉持自己的本性**制礼是为了让民众能保持自己的本性。**人有好、恶、喜、怒、哀、乐六种感情，这些都源于六气**这六种感情，是禀受于阴、阳、风、雨、晦、明之气而生发的。**因此，要研究六气来制定礼制，以约束这六种感情**制礼来约束好、恶、喜、怒、哀、乐这六种心志，**使其不过分。悲哀时就会哭泣，欢乐时就会歌舞，喜欢就会施予，愤怒就会发生争斗。悲哀、欢乐都不失其常，才能与天地之性相协调，因此才会长久。'所以，如果人能约束自己，屈伸自如地顺从礼的规定，就可以称其为成人了。"**

或曰："然则何谓为仪？"对曰："养国子，教之六仪：祭祀之容，穆穆皇皇；宾客之容，俨恪矜庄；朝廷之容，济济跄跄[①]；丧纪之容，累累颠颠[②]累，音力追反；颠，音田，忧思之貌；军旅之容，暨暨詻詻（è）[③]詻，音额，教令之貌也；车马之容，骓骓（fēi）翼翼[④]。"此礼仪之异也。

【注释】①济济跄跄：形容队列整齐庄严，行动合乎礼仪。②累累颠颠：累累，瘦弱、疲惫的样子。颠颠，忧思的样子。③暨暨詻詻：暨暨，坚毅果断的样子。詻詻，恭谨、严肃的样子。④骓骓翼翼：骓骓，马不停蹄，向前急行的样子。翼翼，整齐有秩序的样子。

【译文】或者有人问："到底什么才是仪呢？"回答说："教养公卿大夫的子弟，教给他们六仪：祭祀时的仪容要肃穆、庄重；接待宾客时的仪容要端庄、恭敬；在朝廷时的仪容要整齐庄严、多而不乱；在丧礼上的仪容要疲惫、悲哀；在军队中的仪容要刚毅、果敢、恭谨、严肃；车马的仪容要整齐壮观。”这就是礼和仪的区别。

夫定名之弊，在于钩鈲析辞鈲，音普觅反。苟无其弊，则定名之妙也。

【译文】确定名称的弊端，在于过分咬文嚼字，假如没有这种弊端，那么确定名称就是一种妙法。

论曰：班固九流①，其九曰杂家②，兼儒墨，合名法。《傅子》九品③，其九曰杂才，以长讽议。由是观之，杂说之益，有自来矣。故著此篇，盖立理叙事，以示将来君子矣。

【注释】①九流：先秦至汉初的九大学术流派。包括儒家、道家、阴阳家、法家、名家、墨家、纵横家、杂家、农家等。②杂家：先秦时期的一个思想流派，以吕不韦为代表，融会各家学说，内容比较庞杂。③《傅子》九品：西晋时傅玄的《傅子》把应培养的人才分为九个方面，以便于量才而用。即凡品才有九：一曰德才，以立道本；二曰理才，以研事几；三曰政才，以经治体；四曰学才，以综典文；五曰武才，以御军旅；六曰农才，以教耕稼；七曰工才，以作器用；八曰商才，以兴国利；九曰杂才，以长讽议。

【译文】评论：班固在《汉书·艺文志》中，把学术流派分为九流，其中第九是杂家。他认为杂家兼取儒、墨两家之长，融会名家、法家于一身。傅玄在《傅子》上曾以九品论人，其中第九品被称为是杂才，指的是那些擅长讽谏议论的人。由此看来，杂取各家之说的益处，古人早就知道了。所以特别撰写了此篇文章，用杂家的思想来阐释道理，叙述史事，希望能对将来的君子有所启发。

卷九 兵权

引 言

孙子曰："《诗》云'允文允武'。《书》称'乃武乃文'。"孔子曰："君子有文事，必有武备。"《传》曰："天生五才[①]，民并用之，废一不可，谁能去兵？"黄帝与蚩尤战[②]，颛顼与共工争[③]，尧伐骊兜[④]，舜伐有苗[⑤]，启伐有扈[⑥]，汤伐有夏，文王伐崇[⑦]，武王伐纣。汉高有京、索之战，光武兴昆阳之师，魏动官渡之军，晋举平吴之役，故《吕氏春秋》曰："圣王有仁义之兵，而无偃兵。"《淮南子》曰："以废不义而授有德者也。"是知取威定霸，何莫由斯！自古兵书，殆将千计，若不知合变，虽多，亦奚以为？故曰少则得，多则惑。所以举体要而作"兵权"云。

【注释】①五才：亦作"五材"。指五种物质，即金、木、水、火、土。②黄帝与蚩尤战：蚩尤，相传为上古时代九黎氏族部落联盟的首领，骁勇善战，有兄弟八十一人，个个本领非凡。黄帝打败炎帝后，与蚩尤在涿鹿展开大战。蚩尤战败被杀，东夷、九黎等部族并入炎黄部族，奠定了华夏民族的基础。③颛顼与共工争：颛顼是黄帝的孙子，共工是我国古代神话中的天神。4500年前，在炎黄部落联盟内部，发生了由颛顼和共工争夺最高领导权的战争。在战争中，共工用水攻之计，造成洪水泛滥，因此而失道寡助，反而是颛项获得了最后的胜利。战后，颛项成了炎黄部落联盟的最高领袖，历史上的五帝之一。④尧伐驩兜：传说驩兜是三苗族中一个以修蛇为图腾的部落首领。尧之时，他率部族从丹水下游向上游发展，威胁尧部落的安全，尧与驩兜在丹水展开大战，最后以驩兜族的失败而告终。⑤舜伐有苗：有苗，即三苗，古族名。讨伐三苗的战争在尧时便拉开了序幕。尧以后，舜继续与三苗作斗争。鉴于三苗的强大，舜采取了大修武事、文教的两手策略，一方面用战争手段，如文献所载“舜伐三苗”“杀三苗于三危”等；另一方面积蓄力量，推动中原文化的南渐，加强对三苗文化的影响渗透，为后来禹继续伐三苗奠定了基础。⑥启伐有扈：禹传位于儿子启，建立起我国历史上第一个王朝夏，结束了“禅让”时代。有扈氏不服，启便与有扈大战于甘之野。⑦文王伐崇：文王在位期间，加紧扩张势力，在征服犬戎、密须、黎等诸部族后，又组织伐崇。崇为殷商西部重镇，以筑有高城著称。文王率师攻城，三旬而崇军不降。文王退兵，重修教化，操练士卒，借助先前所构的战垒，重新攻城，崇陷军降。文王得崇后，便使周有了“三分天下而有二”的大势。

【译文】孙子说：“《诗经》上说‘既有文才，又晓武事’，《尚书》上说‘既有武功又有文德’。”孔子说：“君子有文德之事，必定有武备之事。”《左传》说：“天生金、木、水、火、土五材，百姓一并使用它们，缺一不可。谁又能离开用兵作战呢？”黄帝曾与蚩尤大战，颛项曾与共工争夺天下，尧讨伐驩兜，舜讨伐有苗，启讨伐有扈，汤讨伐有夏，文王讨伐崇，武王讨伐纣。汉高祖曾指挥京、索之战，光武帝在昆阳之战中以少胜多，三国时曹操在官渡之战时打败袁绍，晋国曾发动平定东吴的战役。所以《吕氏春秋》说：“圣德的君王为仁义而出兵，是不会止息的。”《淮南子》说：“应当废掉不义之人的权力，将它授给有德之人。”由此可知，要想取得威权，确立霸主地位，哪有不动用武力就能实现的呢？自古以来，兵书多达上千种，但如果不懂得如何融会变通，就是有再多的兵书又有什么用呢？所以说，看兵书要精当，杂乱反倒会让人迷惑。因此，这正是列举其大体与纲要而作“兵权”这一章的原因。

出军第一

夫兵者，凶器也；战者，危事也。兵战之场，立尸之所，帝王不得已而用之矣。凡天有白云如匹布经丑、未者，天下多兵，赤者尤甚。或有云如匹布竟天，或有云如胡人行列阵，皆天下多兵。或壬子日四望无云，独见赤云如旌旗，天下兵起。若遍四方者，天下尽兵。或四望无云，独见黑云极天，亦天下兵起。三日内有雨，灾解。或有赤云赫然者，所见之地，兵大起。凡有白云如仙人衣，千万连结，部队相逐，罢而复兴，当有千里兵。或有如人持刀楯，此暴兵气也。或有白气广六丈，东西竟天者，亦兵起也。青者，有大丧也。故曰救乱诛暴，谓之义兵，兵义者王。敌加于己，不得已而用之，谓之应兵，应兵者胜。争恨小故，不胜愤怒者，谓之忿兵，兵忿者败。利人土地宝货者，谓之贪兵，兵贪者破。恃国之大，矜人之众，欲见威于敌，谓之骄兵，兵骄者灭。夫禁暴救乱，曰义兵，可以礼服；恃众以伐，曰强兵，可以谦服；因怒兴师，曰刚兵，可以辞服；弃礼贪利，曰暴兵，可以诈服；国危人疲，举事动众，曰逆兵，可以权服。是知圣人之用兵也，非好乐之，将以诛暴讨乱。夫以义而诛不义，若决江河而溉萤火，临不测之渊而欲堕之，其克之必也。所以必优游恬泊者何？重伤人物。故曰远人不服，则修文德以来之。不以德来，然后命将出师矣。

【译文】武器，是凶器；战争，是危险的事；战场，是尸体横陈之地。帝王只有在不得已的情况下才会发动战争，动用武力。凡是天上有白云如布匹一样经过丑、未，天下多战事，如有赤色云经过，战事就会更多。有时，云像布匹一样布满天空，有时，云如胡人的行军布阵，都是天下多战事的征兆。有时在壬子日四望无云，只看见红云如旌旗招展，天下会有战争兴起。如果红云遍布四方，那么天下到处都会战事不断。有时四望无云，只有黑云挂在天边，也是天下将要发生战事的征兆。三日内如果下雨，那么战事可以化解。有时天上红云灿烂，在看见红云的地方，会有大的战事发生。凡是有白云如仙人的衣裳千万片连缀一起，战斗双方的军队将会互相追逐，疲惫后仍会再次奋起，此时将会有连绵千里的战争。有时云的形状有如人手持刀、盾，这是有不义之战将要发生的征兆。有时有宽广近六丈的白色云气，从东向西铺向天空，这也是即将发生战事的征兆。如有青色云气现于天空，则是有大丧的征兆。所以说，拯救乱世，诛伐残虐的，称之为“义兵”，统帅正义之师的人可以称王。敌人侵犯我，不得已而奋起抵抗的，称之为“应兵”，这种反抗外来侵略的军队一定能够获胜。因小的原因产生争夺愤恨之心，无法忍受愤怒而起兵的，称为“忿兵”，士兵心怀怨恨就会失败。贪图他国的土地、财物的，称之为“贪兵”，士兵贪婪，必然大败。依恃国大人多，想向对方展示威风的，称为“骄兵”，骄兵必败。禁止暴虐，拯救纷乱的，称为“义兵”，对他们要以礼相待才能使其顺服；依仗人多势众肆意征伐的，称为“强兵”，对他们要以谦德感化使其顺服；因为愤怒而兴师起兵的，称为“刚兵”，对他们要以言辞使其顺服；背弃礼义、贪图利益而起兵的，称为“暴兵”，要以欺诈的计谋使其顺服；国家危险、百姓疲惫，趁机起兵作乱的，称为“逆兵”，对他们可以借助威权使其顺服。由此可知，圣人用兵打仗，并不是自己喜欢这样做，而是以此来诛杀暴虐、讨伐叛乱。以仁义之师讨伐不义之师，就如同让江河决堤去浇熄萤火一样，像自己位于有利地形，可以随手就将敌人推入无法测量的万丈深渊一样，那是必定会成功的。所以，那些胸怀宽广、从容恬淡的人，是不看重战场上伤了多少人的。因此说，居住在偏远之处的人如果不顺服，那么就要推行文教德化使他们归顺。如果文教德化完善后，他们还不肯归顺，那就要命令将帅出兵，以武力使他们归服。

夫将者，国之辅也，人之司命也。故曰将不知兵，以其主与敌也；君不择将，以其国与敌也。将既知兵，主既择将，天子居正殿而召之，曰："社稷安危，一在将军。今某国不臣，愿烦将军应之。"乃使太史卜斋择日，授以釜钺。君入太庙，西面而立，将军北面而立。君亲操钺，持其首，授其柄，曰："从是以上至天者，将军制之。"乃复操柄，授与刃，曰："从是以下至渊者，将军制之。"将既受命，拜而报曰："臣闻：国不可从外理，军不可从中御。二心不可以事君，疑志不可以应敌。臣既受命，专釜钺之威，臣不敢还诸。"乃辞而行，凿凶门①而出。故《司马法》曰："进退唯时，无曰寡人。"《孙子》曰："将在军，君命有所不受。"古语曰："阃以内，寡人制之；阃以外，将军制之。"《汉书》曰："唯闻将军之命，不闻天子之诏。"故知合军聚众，任于阃外，受推毂②之寄，当秉旌③之重。无天于上，无地于下，无敌于前，无君于后，乃可成大业矣。故曰将能而君不御者胜。此之谓也。

【注释】①凶门：古代将军出阵时，从北门出发，并以丧礼处之，以示必死的决心。故后称北门为"凶门"。②推毂：指推车前进，古代帝王任命将帅时的隆重礼遇。③秉旌：持握旌旗。借指掌握兵权。

【译文】将帅，是国家的辅佐，负有保护百姓生命的职责。所以说，作为将领的如果不了解士兵，就相当于把自己的君主交给了敌人；作为君主的如果不懂得选择将领，就等于把自己的国家交给了敌人。将帅已经了解了士兵，君主也已选好了将帅，天子在正殿召见准备任命的大将，说："我们国家的安危，都寄托在将军您的身上了。现在某国不愿意臣服，还要烦劳将军前去讨伐。"于是命令太史占卜、斋戒，选择吉日，把斧钺授给将军。君主进入太庙，面西而立，将军面北而立。这时，君主亲手拿起斧钺，持着斧钺的首端，而将柄端交给将军，说："从这里往上直到天宇，都由将军管理。"接着又拿起斧柄，将斧刃授予将军，说："从这里往下直到深渊，都由将军您管理。"将军接受任命，向君主拜谢说："臣听说国家大事，要靠君王全权处理，不能受外面的干扰；军队中的事务，变化多端，要将领决断、处理，君王不能坐在朝堂上控制将军作战。如果臣下怀有二心，就不能报效君王；如果臣下犹豫不决，便不能迎敌应战。臣既已接受任命，专门负责指挥此次战事，臣不敢无功而活着回来。"于是，辞别君主上路，凿通凶门出发。所以兵书《司马法》上说："进攻退守要看时机，不能总是考虑君主的意见。"《孙子》上说："将在外，君主的命令可以不听。"古语说："城门以内，由君主控制；城门以外，由将军控制。"《汉书》说："只听将军的命令，不必在意天子的诏令如何。"由此可知，集结军队，负责城外战事，接受君主的隆重任命，手握兵权，定当不负君主和百姓的重托。在此，全军将士要一致做到上不受天时所限，下不受地势所阻，前不拒敌军阻挡，后没有君王牵制，只是唯军令是从，一无反顾，这样，才可以成就大业。所以说，任凭将军自由地发挥自己的才能，而国君不去随意干涉，这样才能取得胜利。说的就是这个意思。

练士第二

夫王者帅师，必简练英雄，知士高下，因能授职。各取所长，为其股肱羽翼，以成威神，然后万事毕矣。

【译文】 让有帝王之德的人统帅军队，一定是精心挑选、训练人才，善于了解将士能力的高下，并按其所能授予相应职位。取人之所长，让他成为自己不可或缺的得力之才，以成就神威。这样，就万事具备了。

腹心一人主赞谋应卒，揆天消变，总揽计谋，保国全命者也，谋士五人主图安危，豫虑未然，论才能，明赏罚，授官位，决嫌疑，定可否者也，天文三人主占星历，候风气，理时日，考符验，效灾异，知天心去就者也，地形三人主军行止，形势利害，远近险易，水涸山阻，不失地理者也，兵法九人主讲论异同，行事成败，简练兵器，凡军阵所用，刺举非法者也，通粮四人主广饮食，密畜积，通粮道，致五谷，令三军不困乏食者也，奋威四人主择材士，论兵马，风驰电击，不失所由，奇状也，鼓旗三人主佐鼓旗、符节、号令，倏忽往来，出入若神，股肱四人主出旌杆，任重持难，修沟堑，治壁垒，四转守御者也，通材三人主拾遗补过、集会、术数，周流并会，应偶宾客，议论谈语，消息结解，权士三人主奇谲殊异，非人所识，行无穷之变也，耳目七人主往来听言语，览视四方之事，军中之情伪，日列于前也，爪牙五人主扬威武，激厉三军，昌难锐攻，令三军勇猛也，羽翼四人主飞名誉，震远近，动移四境，以弱敌心者，游士八人主相征祥，候开阖，视敌人为谋者也，术士二人主为谲诈，依托鬼神，以惑敌心，法算二人主计会三军，领理万物也，方士二人主为药，以全伤病也。

【译文】军中要挑选心腹一人主要负责帮助主帅出谋划策，应付突发事变，观察天象，消除灾变，负责计谋的总体实施，保卫国家及民众的生命安全，**选取谋士五人**主要负责对军队安危进行长远谋划，防患于未然，评定人才，明确赏罚条例，授予官职，决断嫌疑，决定军令是否可行，**挑选主管天文气象的三人**主要负责天文、历法、节候，考察符瑞是否应验，总结灾变原因，掌握气候的变化规律，根据天意决定去留，**挑选懂地理的三人**主要负责决定军队的前进或停止，通过勘查地形，判断利害关系，以及远近、险易、水势、山形，使部队不会在地理上失势，**挑选通晓兵法的九人**主要负责分析敌我双方作战形势的异同以及作战成败的原因，精选武器及一切军队所需，检举不按军法办事的人，**挑选管理粮草的四人**主要负责计算饮食所需，储备积蓄足够的粮食和物资，开通运粮道路，运送五谷，使三军在饮食上不出现困乏，**挑选能够振奋军威的四人**主要负责选拔能人，研讨兵马战术，力求使部队做到如风驰电击般迅猛，让敌人摸不清军队的动向，以致于出奇致胜，**挑选执掌鼓旗的三人**主要负责利用旗鼓、符节准确地传达号令，在倏忽往来间达到出神入化的境地，以迷惑、欺瞒敌军，**挑选得力的肱股之将四人**主要负责保护帅旗，肩负重大任务，应对难以处理的事情，修挖壕沟，建筑防御工事，筹备防御物资，**挑选学识渊博的通材三人**主要负责补漏纠过、集会、术数，周游各地，会见使者，应对宾客，评论对错，除疑解惑，**挑选懂得权术的三人**主要负责策划推出各类奇思妙想，使常人难以识破，从而使军队在无穷的变化中迷惑敌人，**挑选收集情报的耳目七人**

主要负责往来于敌我之间探听消息，观察四方变化，每日列出军中情况的真假，将其呈给主帅，**挑选爪牙五人**主要负责鼓舞士气，激励三军将士，使三军勇猛冲杀，冒死攻击敌人精锐部队，**挑选羽翼四人**主要负责传播军队美名，使我军声誉威震四方，并四处散播流言，来瓦解敌军的军心，**挑选游走四方之士八人**主要负责刺探敌人动向，等候时机策动，随时观察敌人动态及计谋实施情况，**挑选术士二人**主要负责谋划欺诈之计，依托鬼神，用以迷惑敌军，**挑选财务管理二人**主要负责军中会计并对各种物资进行管理，**挑选方士二人**主要负责医药，救治伤病士兵。

军中有大勇、敢死、乐伤者，聚为一卒名曰冒刃之士；有勃气、壮勇、暴强者，聚为一卒名曰陷阵之士；有学于奇正[①]、长剑琱（diāo）弧[②]，接武齐列者，聚为一卒名曰锐骑之士；有破格舒钩[③]，强梁多力，能溃破金鼓，绝灭旌旗者，聚为一卒名曰勇力之士；有能逾高超远，轻足善走者，聚为一卒名曰冠兵之士；有故王臣失势，欲复见其功者，聚为一卒名曰死斗之士；有死将之人，昆弟为其将报仇者，聚为一卒名曰死愤之士；有贫穷忿怒，将快其志者，聚为一卒名曰必死之士；有故赘婿人虏，欲昭迹扬名者，聚为一卒名曰厉顿之士；有辩言巧辞，善毁誉者，聚为一卒名曰间谍飞言弱敌之士；有故胥靡[④]免罪之人，欲逃其耻者，聚为一卒名曰幸用之士；有材伎过人，能负重行数百里者，聚为一卒名曰待令之士。

【注释】①奇正：古时兵法术语。古代作战以对阵交锋为正，设伏掩袭等为奇。②长剑琱弧：擅长用剑及箭法。③破格舒钩：擅长跳跃，擅长使用挠钩，可以打破常规作战。④胥靡：古代服劳役的囚犯。

【译文】要把军中特别勇敢、敢于奔赴死地、不怕受伤的士兵编为一队名为“冒刃之士”；把有朝气、强壮勇敢、勇于面对强敌的士兵编为一队名为“陷阵之士”；把熟悉兵书、剑法、箭术并能排列整齐的士兵编为一队名为“锐骑之士”；把擅长跳跃，擅长使用挠钩并能打破常规作战，强悍有力，能击破敌人金鼓，拔掉敌人旌旗的士兵编为一队名为“勇力之士”；把能跋山涉水，善于远途奔走的士兵编为一队名为“冠兵之士”；在已经失去往日威势的王臣中，寻找想再次建立功业的编为一队名为“死斗之士”；把家里有阵亡将士，其兄弟要上战场杀敌为亲人报仇的编为一队名为“死愤之士”；把因家里贫穷而愤愤不平，内心郁闷，想大快其意的编为一队名为“必死之士”；把因家里男子被虏走作人质而招婿上门，想以此扬名来掩盖耻辱的编为一队名为“厉顿之士”；把能言善辩，善于诋毁他人的编为一队名为“间谍飞言弱敌之士”；把曾为囚犯，现在被免罪又想洗涮耻辱的编为一队名为“幸用之士”；把才技过人，能负重行走数百里的编为一队名为“侍令之士”。

夫卒强将弱，曰弛；吏强卒弱，曰陷；兵无选锋①，曰北。必然之数矣。故曰兵众孰强？士卒孰练？知之者胜，不知之者不胜，不可忽也。

【注释】①选锋：古代指挑选精锐士兵组成的突击队。

【译文】士兵强悍而将军懦弱的军队，称为“弛军”；官吏强悍而士兵懦弱的军队，称为“陷军”；没有精锐部队作先锋的军队，称为“北军”。这三种类型的军队必然都会面临失败。所以说，士兵中哪些人强悍，哪些人干练，对这些情况都了如指掌的人才会胜利，不了解的就会面临失败。这是万万不容忽视的问题。

结营第三

太公曰："出军征战，安营置阵，以六为法六者，谓六百步，亦可六十步，量人地之宜，置表十二辰也。将军自居九天之上青龙亦为九天，若行止顿宿，居玉帐下。凡月建[1]前三辰为玉帐，假令正月，巳地是也，竟一旬复徙，开牙门[2]，常背建向破不向太岁、太阴，不饮死水，不居死地，不居地柱，不居地狱。无休天灶，无当龙首死水者，不流水也；死地者，丘墓之间；地柱者，下中之高；地狱者，高中之下；天灶者，谷口也；龙首者，山端也。"故曰凡结营安阵，将军居青龙[3]，军鼓居逢星，士卒居明堂，伏兵于太阴，军门居天门，小将居地户，斩断居天狱，治罪居天庭，军粮居天牢，军器居天藏。此谓法天结营，物莫能害者也假令甲子旬中，子为青龙，丑为逢星，寅为明堂，卯为太阴，辰为天门，巳为地户，午为天狱，未为天庭，申为天牢，酉为天藏。甲戌旬中，戌为青龙，亥为逢星，子为明堂，丑为太阴，寅为天门，卯为地户，辰为天狱，巳为天庭，午为天牢，未为天藏。甲申旬中，申为青龙，酉为逢星，戌为明堂，亥为太阴，子为天门，丑为地户，寅为天狱，卯为天庭，辰为天牢，巳为天藏。甲午旬中，午为青龙，未为逢星，申为明堂，酉为太阴，戌为天门，亥为地户，子为天狱，丑为天庭，寅为天牢，卯为天藏。甲辰旬中，辰为青龙，巳为逢星，午为明堂，未为太阴，申为天门，酉为地户，戌为天狱，亥为天庭，子为天牢，丑为天藏。甲寅旬中，寅为青龙，卯为逢星，辰为明堂，巳为太阴，午为天门，未为地户，申为天狱，酉为天庭，戌为天牢，亥为天藏。

【注释】①月建：阴历每月所建之辰。古代以北斗七星斗柄的运转作为定季节的标准，将十二地支和十二个月分相配，用以纪月，通常冬至所在的十一月配子，称为“建子之日”。依此类推，十二月建丑、正月建寅、二月建卯，直到十月建亥，如此周而复始。②牙门：古时行军扎营，立牙旗以为军门，称为“牙门”。③青龙：我国古代神话中的天之四灵之一，源于远古星宿崇拜，是代表太昊与东方七宿的东方之神，于八卦为震、巽，于五行主木，象征四象中的少阳，四季中的春季。

【译文】姜太公说：“出军征战，安营扎寨，排兵布阵，应当以六为法度六，指六百步，也可说是六十步，用来衡量人、地之间最适合的距离，放置用来测量时间的标杆以计十二时辰。将军身居九天之上青龙也是九天，如行军或宿营，居住在主帅所居的营帐下，要在月建前三个时辰搭建主帅的营帐，假设正当正月，那巳地就是了。等满了一旬要再迁走，这时敞开牙门，常要背建向敌不能向着太岁和太阴。不饮用不流动的滞存之水，不在坟墓间设帐，不在下中之高处、高中之下处设帐。不在谷口休息，不在正对着山峰的顶端停留死水，就是不流动的水；死地，就是坟墓间的地方；地柱，就是下中的高处；地狱，就是高中的下处；天灶，就是谷口；龙首，就是山峰的顶端。”所以说，凡是结营布阵，将军的营帐要处在青龙位，军鼓要放置在逢星位，士兵要居于明堂位，伏兵要设在太阴位，军门设在天门位，职位较低的将领居于地户位，斩断设在天狱位，治罪设在天庭位，军粮放在天牢位，军械武器放在天藏位。这是效法天道来安营扎寨，这样，外部的自然条件就不能侵害到军队了如果安营的时间是在甲子旬中，那么以十二地支的方位，正北方的子位就是青龙的位置，按顺时针方向，依次是丑为逢星位，寅为明堂位，卯为太阴位，辰为天门位，巳为地户位，午为天狱位，未为天庭位，申为天牢位，酉为天藏位。如果安营的时间是在甲戌旬中，那么戌为青龙位，亥为逢星位，子为明堂位，丑为太阴位，寅为天门位，卯为地户位，辰为天狱位，巳为天庭位，午为天牢位，未为天藏位。如果安营的时间是在甲申旬中，那么申为青龙位，酉为逢星位，戌为明堂位，亥为太阴位，子为天门位，丑为地户位，寅为天狱位，卯为天庭位，辰为天牢位，巳为天藏位。如果安营的时间为甲午旬中，那么午为青龙位，未为逢星位，申为明堂位，酉为太阴位，戌为天门位，亥为地户位，子为天狱位，丑为天庭位，寅为天牢位，卯为天藏位。如果安营的时间为甲辰旬中，那么辰为青龙位，巳为逢星位，午为明堂位，未为太阴位，申为天门位，酉为地户位，戌为天狱位，亥为天庭位，子为天牢位，丑为天藏位。如果安营时间为甲寅旬中，那么寅为青龙位，卯为逢星位，辰为明堂位，巳为太阴位，午为天门位，未为地户位，申为天狱位，酉为天庭位，戌为天牢位，亥为天藏位。

道德第四

夫兵不可出者三：不和于国，不可以出军；不和于军，不可以出阵；不和于阵，不可以出战。故孙子曰："一曰道。道者，令人与上同意者也。故可与之死，可与之生，而人不畏危危，疑也。言主上素有仁施于下，则士能致前赴敌，故与处存亡之难，不畏倾危之败。若晋阳之围，沉灶生蛙①，而民无叛疑也。"

【注释】①沉灶生蛙：灶没入水中，产生青蛙。形容水患严重。

【译文】不可以出兵的情况有三种：国中不和睦，不可以出军；军中不和睦，不可以出阵；阵中不和睦，不可以出战。所以孙子说："用兵最重要的是'道'。所谓'道'，就是使民众与君主上下一心，意愿一致。这样，民众在战争中才可以为君主出生入死而不惧危险这句话是说主上平素对下级施行仁义，那么士卒就能勇往直前奔赴战场，与主上共赴生死存亡的危难之境，即使有倾覆之败，也无所惧。就如当年赵襄子败走晋阳，被晋军围困，晋军引晋水灌晋阳城，沉于水中的炉灶，日久都生出了青蛙，但是老百姓却没有一个背叛、动摇的。"

黄石公曰："军井未达，将不言渴；军幕未办，将不言倦。冬不服裘，夏不操扇，是谓礼。将与之安，与之危，故其众可合而不可离，可用而不可疲。接之以礼，励之以辞厉士以见危授命之辞也，则士死之。”

【译文】黄石公说：“军井还没有凿好，为将者不说口渴；军中帐幕还没有搭好，为将者不说疲惫。冬天不穿皮衣，夏天不用扇子，这就是为将者所要遵循的礼法。只要将帅能做到与士卒同甘共苦，安危与共，那士卒就会与将帅团结一心，不可分离，这支队伍就是可用之师，会不辞辛苦，勇往直前。将帅如果对士兵以礼相待，以正向的言辞对他们进行激励用言辞激励士卒，告诉他们要做到临危受命，那么士兵就会感念这份知遇之恩，死而无憾了！”

是以含蓼问疾[①]，越王霸于诸侯；吮疽[②]恤士，吴起凌于敌国。阳门恸哭[③]，胜三晋之兵；单醪投河，感一军之士。勇者为之斗，智者为之忧。视死若归，计不旋踵[④]者，以其恩养素畜，策谋和同也。故曰畜恩不倦，以一取万。语曰：“积恩不已，天下可使。”此道德之略也。

【注释】①含蓼问疾：指不顾辛苦，慰问疾病。旧时比喻君主安抚军民，跟百姓同甘共苦。春秋时期，吴王夫差打败越王勾践，将其囚禁三年。勾践回国后，为了复仇，对内不顾辛苦，卧薪尝胆，夜以继日地拼命工作，眼睛疲倦了就口含辛辣的蓼草；对外慰问百姓疾苦，抚慰百姓，终于使国家强大并消灭了吴国。蓼，一种苦味水草。②吮疽：战国时卫国人吴起，在魏国当将领，同士兵同衣同食，睡觉不垫席，走路不骑马，同士兵共劳苦。兵中有病疽的，他就用嘴为其吸出脓血。③阳门恸哭：阳门，春秋时宋国的城门名称。典出《礼记·檀弓下》：“阳门之介夫死，司城子罕入而哭之哀。”④计不旋踵：指在极短的时间内打定主意后，即勇往直前，绝不观望徘徊。旋踵，旋转脚跟。

【译文】因此，越王勾践为了复仇，含蓼问疾，最终称霸于诸侯；吴起体恤士卒，为生有病疽的士兵吸吮脓血，最终凌驾于敌国之上。看守宋国阳门的士卒死了，子罕入城痛哭，感动全城百姓，致使晋国不敢再出兵讨伐；楚庄王有酒不独自饮用，而是把它投入河水中，令军士迎着水流共同饮用，全军将士为之感动。这样，勇敢的人愿意为他战斗，有智慧的人愿意为他分忧。将士们在战场上视死如归，毫不犹豫，坚决不退缩的原因，就是因为上级平日里一直对自己有恩，计谋与自己的心愿一致。所以说，平时对士卒不断地积蓄恩德，在战场上就可以取得“以一破万”的效果。俗语说：“积蓄恩德永不停止，整个天下都供你驱使。”这就是运用“道德”的谋略。

禁令第五

孙子曰："卒未专亲而罚之，则不服，不服则难用。卒已专亲而罚不行，则不可用矣。"故曰视卒如婴儿，故可与之赴深溪；视卒如爱子，故可与之俱死。厚而不能使，爱而不能令，乱而不知理，譬若骄子，不可用也。

【译文】孙子说："如果士卒对将帅没有发自内心深处的信服前就处罚他，士卒就不会服气。不服气，就难以用他。士卒已经发自内心地信服将帅，却仍不执行军令，这样的士卒也不能用。"所以说，将帅对士卒如果能像对待婴儿一样体贴、呵护，士卒就可以跟随将帅一起赴汤蹈火；将帅对士卒能像对待自己的爱子一样真心关爱，士卒就可以与将帅同生共死。但是，如果对士卒过分厚待却不用他们，一味溺爱而不以军法约束他们，违犯了军法却不进行严肃处置，这样的士卒就如骄子一样，到关键时刻也是不可用的。

《经》曰："兵以赏为表，以罚为里。"又曰："令之以文文，惠也。齐之以武，武，法。是谓必取。"故武侯[1]之军禁有七孙子曰："施无法之赏，悬无政之令。"《司马法》曰："见敌作誓，赡功作赏，此盖围急之时，不可格以常制。"其敌国理戎，周旋中野，机要纲目，不得不预令矣：一曰轻，二曰慢，三曰盗，四曰欺，五曰背，六曰乱，七曰误，此治军之禁也。

【注释】①武侯：即诸葛亮，曾被封为武乡侯，刘禅追谥其“忠武侯”，后人尊称其“武侯”或“诸葛武侯”。

【译文】经书上说：“士兵以奖赏为表，以惩罚为里。”又说：“用恩惠号令士兵，用军纪约束士兵，这样就一定能取得胜利。”所以，诸葛武侯治理军队有七条禁令孙子说：“在深入敌军重地、处于危难情况时要施行超出法度之外的奖赏，颁发打破常规的号令。”《司马法》说：“与敌军对阵时发誓要给立功者重赏，这是被围困危急情况下的做法，不可以用常规来限制。”敌国入侵，与之在原野上周旋，治军的要领，是无法事先制定的：一是“轻”，二是“慢”，三是“盗”，四是“欺”，五是“背”，六是“乱”，七是“误”。这七种情况是治军的大禁。

若期会不到，闻鼓不行，乘宽自留，回避务止，初近而后远，唤名而不应，军甲不具，兵器不备，此谓“轻军”有此者，斩之。受令不传，传之不审，以惑吏士。金鼓①不闻，旌旗不睹，此谓“慢军”有此者，斩之。食不廪粮，军不部兵，赋赐不均，阿私所亲，取非其物，借贷不还，夺人头首，以获功名，此谓“盗军”有此者，斩之。若变易姓名，衣服不鲜，金鼓不具，兵刃不磨，器仗不坚，矢不著羽，弓弩无弦，主者吏士，法令不从，此谓“欺军”有此者，斩之。闻鼓不行，叩金不止，按旗不伏，举旗不起，指麾不随，避前在后，纵发乱行，折兵弩之势，却退不斗。或左或右，扶伤舆死，因托归还，此谓“背军”有此者，斩之。出军行将，士卒争先，纷纷扰扰，军骑相连，咽塞道路，后不得前，呼唤喧哗，无所听闻，失行乱次，兵刃中伤，长将不理，上下纵横，此谓“乱军”有此者，斩之。屯营所止，问其乡里，亲近相随，共食相保，呼召不得，越入他位，干误次第，不可呵止。度营出入，不由门户，不自启白。奸邪所起，知者不告，罪同一等。合人饮食，阿私所受，大言惊语，疑惑吏士，此谓“误军”有此者，斩之。

【注释】①金鼓：古时作战壮声势的器具。击鼓则表示进军，鸣金则示意收兵。

【译文】如果已经约定了时间却没有如约而至，听到鼓声却不马上进攻，找机会滞留，遇到困难就回避并且止步不前。开始时在队伍的前面，后来便落后掉队，叫到名字时不予回应，盔甲不全，兵器也不齐备，这就是“轻军”有这些行为的，要斩首。接受命令却不往下传达，即使传达也不审慎、细心，致使吏士疑惑。进退不听金鼓的号令，不看旌旗的指挥，这就是“慢军”有这些行为的，要斩首。士兵要吃饭却不储备粮食，军队驻扎却不部署士兵，分配、赏赐不公，偏袒亲信，夺取不属于自己的财物，借贷不还，抢夺他人获得的首级来邀功，这就是“盗军”有这些行为的，要斩首。又如改名换姓，衣服不整，金鼓不备，兵刃不磨，器械不坚固，箭不插羽毛，弓弩没有弓弦，从上到下均不听从法令，这就是“欺军”有这些行为的，要斩首。听到击鼓不前行，听到鸣金不收兵，挥下旗帜不卧倒，举起旗帜不起立，看到发号施令却不跟从，避开前锋躲在后面。随意放箭，胡乱行动，折损兵弩威势，却退而不敢战斗。忽左忽右，有时借着扶助伤员、运送死者的机会，趁机逃回去，这就是“背军”有这些行为的，要斩首。军行将出之时，士卒却争先恐后，纷纷扰扰，异常混乱。骑兵相互勾连不断，堵塞道路，后面的部队无法向前，呼喊喧哗，一片嘈杂，致使军中听不清任何指令，失去行列，次序混乱，手持兵刃互相误伤，长官将领却置之不理，上下纷乱纵横，这就是“乱军”有这些行为的，要斩首。每到屯兵宿营时，就四处打听哪个与自己是同乡，亲近的就彼此相随，一起进食，相互保护，传唤不到位，擅自进入他人区域，破坏秩序，不听他人制止。不从大门出入军营，不主动向上级请假报告。有奸邪之事发生时，知情者不报告，与犯罪者同罪。聚众吃喝，私下收受他人财物，故作惊人之语，使吏士疑惑，这就是“误军”有这些行为的，要斩首。

斩断之后，万事乃理。所以乡人盗笠，吕蒙先涕而后斩。马逸犯麦，曹公割发而自刑。故太公曰：“刑上极，赏下通。”孙子曰：“法令孰行？赏罚孰明？吾以此知胜。”此之谓也。

【译文】把这些违反禁令的人都处决后，军中的各项事务才会被治理好。吴国大将吕蒙的同乡擅自拿民间斗笠来遮蔽军队的铠甲，吕蒙悲涕之后忍痛将他斩杀；曹操的战马突然受惊踩坏了麦田，曹操为严守军纪，割下头发来自罚。所以姜太公说：“如果刑罚、奖赏对上下都能做到一视同仁，那么一切就都畅通无阻了。”孙子说：“只要看谁对法令执行的好，谁能做到赏罚分明，就能知道谁会获胜了。”说的就是这个道理！

教战第六

孔子曰："不教人战，是谓弃之。"故知卒不服习，起居不精，前击后解，与金鼓之指相失，百不当一，此弃之者也。故领三军，教之战者，必有金鼓约令，所以整齐士卒也。教令操兵起居，旌旗指麾之变。故教使一人学战，教成合之十人。十人学战，教成合之百人。渐至三军之众。大战之法，为其校阵，各有其道。左校青龙，右校白虎，前校朱雀，后校玄武，中校轩辕。大将之所处，左锋右戟，前楯后弩，中央鼓旗，兴动俱起。闻鼓则进，闻金则止。随其指麾，五阵乃理。夫五阵之法，鼓旗为主。一鼓举青旗，则为曲阵；二鼓举赤旗，则为锐阵；三鼓举黄旗，则为员阵；四鼓举白旗，则为方阵；五鼓举黑旗，则为直阵。曲阵者，木也；锐阵者，火也；员阵者，土也；方阵者，金也；直阵者，水也。此五行之阵，展转相生，以为胜负。凡结五阵之法，五五相保，五人为一长，五长为一师，五师为一帅，五帅为一校，五校为一火，五火为一幢，五幢为一军，则事备矣。夫兵之便，务知节度。短者持旌旗，勇者持金鼓，弱者给粮牧，智者为谋主。乡里相比，五五相保。一鼓正立，二鼓起食，三鼓严办，四鼓就行。间闻听令，然后举旗出兵，随幡所至。

【译文】孔子说："不教会士兵如何学会打仗就派他上战场，这就等于把他直接丢弃，让他去送死一样。"由此可知，士卒如果不清楚战事，对战斗时的饮食起居也不熟悉，前面遭遇攻击时后面便已瓦解，行动与金鼓之令相背，一百个人也抵不上一个，这就是丢弃他，让他去送死的意思。所以统领三军，教导士兵习武打仗，一定要教会他们听从金鼓之令的约定，以统一士卒们的行动。教导、操练部队的起居行动，严格按照旌旗的指挥来作出改变。教一个人学习作战之道，教成后就可以再教另外十个人。十个人学会之后，就可以再教一百人。由此逐渐扩展到三军将士。大战的方法，首先要懂得布阵。布阵各有方法。左边校官的青龙旗指示东方，右边校官的白虎旗指示西方，前方校官的朱雀旗指示南方，后方校官的玄武旗指示北方，中间校官的轩辕旗居于中央。大将所处之地，左面有矛，右面有戟，前面有盾，后面有弩，正中央为鼓与旗，整个阵势，都随鼓旗的指挥而统一行动。士兵听到击鼓就进攻，听到鸣金就收兵。只有跟随将帅的指挥行动，五阵才能做到有条不紊。五阵的方法，以战鼓和旌旗为主。第一次击鼓举青旗，就是"曲阵"；第二次击鼓举赤旗，就是"锐阵"；第三次击鼓举黄旗，就是"员阵"；第四次击鼓举白旗，就是"方阵"；第五次击鼓举黑旗，就是"直阵"。曲阵属木；锐阵属火；员阵属土；方阵属金；直阵属水。这种依据五行所布之阵，变化相生，以此来决定胜负。大凡布置五阵的方法，以五五为其基本格局：五人为一长，五长为一师，五师为一帅，五帅为一校，五校为一火，五火为一橦，五橦为一军。这样，五阵就算完备了。带兵的要旨，是务必要懂得节制、调度。个子矮小的可以持旌旗，勇猛的可以持金鼓，柔弱的可以负责供给粮草，有智慧的可以负责出谋划策。乡里之间互相联合，五五相保。第一次击鼓起身正立，第二次击鼓开始进食，第三次击鼓细致准备，第四次击鼓将要出兵，要不断注意听令，然后举旗出发，跟随幡旗所指行进。

故曰治众如治寡，分数是也部曲为分，什伍为数；斗众如斗少，形名是也旌旗曰形，金鼓曰名。言不相闻，故为鼓铎；视不相见，故为旌旗。夫金鼓旌旗，所以一人耳目也夜战多火鼓，昼战多旌旗。所以变人耳目。是知鼓鞞（pí）金铎，所以威耳；旌旗麾帜，所以威目；禁令刑罚，所以威心。耳威于声，不可不清；目威于色，不可不明；心威于罚，不可不严。三者不立，虽胜必败。故曰将之所麾，莫不从移；将之所指，莫不前死。纷纷纭纭，斗乱而不可乱；混混沌沌，形圆而不可败，此用众之法也。卒服习矣，器用利矣，将军乃秉旄麾众而誓之有虞氏诫于国，夏后氏誓于军，殷誓于军门之外，周将交刃而誓之，所誓不同，吾从周，誓之曰："呜呼！溥天之下，莫非王土；率土之滨，莫非王臣。今某国威侮五行，怠弃三正，俾我有众，龚行天讨。用命者，赏不逾时；逗挠者，诛不迁列。死生富贵，在此一举。嗟尔庶士，各勉乃心也。"于是气励青云，虽赴汤蹈火，可也。此教战之法也。

【译文】所以，带领百万雄兵与治理小部队的原则是相同的，只需把部队以五为基数分配合理部曲为分，什伍为数；与大部队的敌军作战与小部队的作战原则也是相同的，只要听从旌旗和金鼓的号令就可以了旌旗为"形"，金鼓为"名"。作战时，前后相隔太远，言语不能听清，所以要有鼓、铎来传递命令；首尾不能相见，所以要用旌旗作为信号。金鼓、旌旗，就如做战人的耳目一样，用来统一作战行动夜晚作战多用火鼓，白天作战多用旌旗。这是根据听觉和视觉在白天、夜晚时的不同特点来改变的。因此，战鼓、金铎，是用来威摄耳朵，以使战士能听得更清楚；旌旗麾帜，是用来威摄眼睛，以使人们看得更清楚；禁令刑罚，是用来威摄人心。将士们的耳朵被声音所振奋，所以战鼓、金铎之声不能不清晰；眼睛被颜色所刺激，所以旌旗的色彩不能不鲜明；军心要靠刑罚来约束，所以军纪不能不严格。这三者的威望如果不确立，即使暂时胜利，最终也要失败。所以说，将帅的旌旗一挥，军士就要跟随其动；将帅指向哪里，军士就要拼死奔赴那里。在战场阵势纷乱，士兵耳中只有一片喧嚣、哗乱的情况下，队伍却不会乱；战场上虽然一片混沌，但是阵形周密，就不会被攻破。这就是指挥大军作战的方法。士卒们既已熟悉了战法，武器又磨得锋利，将军便可以手执帅旗在众人面前誓师出征了有虞氏在国内告诫，夏后氏在军前誓师，殷商则在军门外誓师，周朝在即将交战时誓师，各军誓师的形式各不相同，我赞成周朝的誓师形式。周的誓言说："呜呼！普天之下，没有不是大王的土地；四海之内，没有不是大王的臣子。现在某国以武力践踏仁、义、礼、智、信这五种德行，抛弃天、地、人的正道。今天，我有此大军，要奉天命去讨伐它。听命效力的将士，会得到及时奖赏；临阵逃脱的，就地诛杀。生死富贵，在此一举。希望各位都能尽心尽力。"此时，将士们气冲云霄，即使是赴汤蹈火，也在所不辞。这就是训练兵士的方法。

天时第七

孙子曰："二曰天时。天时者，阴阳、寒暑，时节制也。"《司马法》曰："冬夏不兴师，所以兼爱吾人。"太公曰："天文三人，主占风气，知天心去就。"故《经》曰："能知三生，临刀勿惊，从孤击虚，一女当五丈夫。"故行军必背太阴、向太阳，察五纬①之光芒，观二曜之薄蚀，必当以太白为主，辰星为候。合宿②，有必斗之期；格出，明不战之势。避以日耗，背以月刑。以王击囚，以生击死，是知用天之道，顺天行诛，非一日也。若细雨沐军，临机必有捷；回风相触，道还而无功。云类群羊，必走之道；气如惊鹿，必败之势。黑云出垒，赤气临军，六穷③起风，三刑④生雾，此皆见师之出而不见其入也。若烟非烟，此庆云也；若星非星，此归邪也；若雾非雾，此泣军也；若雷非雷，此天鼓也。庆云开，有德；归邪，有降人；泣军，多杀将；天鼓，多败军。是知风云之占，岁月之候，其来久矣。

【注释】①五纬：亦称五星，是我国古时将太白、岁星、辰星、荧惑、镇星这五颗行星合起来的称呼，五星与日、月合称七曜。五星即金、木、水、火、土星。②合宿：太白星与辰星出现在相同位置。③六穷：即六甲穷日。古代以干支纪日，干支末一天为癸亥，称“六甲穷日”。古人迷信，认为这一日不吉利。④三刑：古代星相家将十二支与五行四方相配，据其生克之理以推凶吉。子卯为一刑，寅巳申为二刑，丑戌未为三刑。凡逢三刑之地则凶。

【译文】孙子说：“第二要看天时。所谓天时，是指阴阳、寒暑、时节等气候的变化情况。”《司马法》说：“寒冬、盛夏不举兵，是因为爱护我们的士兵。”姜太公说：“军队在天文方面要选用三人，负责观测风土、气候，根据天意决定是否出兵。”所以兵书上说：“能知过去、现在、未来这三生的关系，即使面临刀架在脖子上的境地也不会惊恐，从孤击虚，一个女子能顶五个男子。”所以行军一定要背向太阴、面向太阳，详察金、木、水、火、土五纬的光芒，细观日、月二曜的亏蚀，一定要以太白星为主，辰星为候。如果太白星与辰星出现在相同的位置，必定有战斗；如果太白星与辰星出现在不同的位置，就是不战之势。作战要避免烈日下的消耗以及夜间寒气对人的侵袭。以旺盛的精力对付困乏的敌军，以勃勃生机攻击死气沉沉的敌人。由此知道，用天之道、顺天之意去诛伐的理论早已存在了。如果细雨淋在出兵的军士身上，一旦交战必定捷报频传；有回旋之风阻挡军队前行，军队会在中途返回并且劳而无功。天上云朵状如群羊，是必然逃走的预示；云气如惊鹿一般，是必败的征兆。黑云从营垒上升起，红色云气临降在军队的上空，六穷之日狂风怒起，三刑之地大雾弥漫，这些都是只见军队出师不见军队还朝的征兆。像烟又不是烟的，是“庆云”；像星又不是星的，是“归邪”；像雾又不是雾的，是“泣军”；像雷又不是雷的，是“天鼓”。“庆云”舒展，是有德之师的标志；“归邪”出现，预示有投降之人；“泣军”出现，多是大将被杀的征兆；出现“天鼓”，多是军队会战败的征兆。由此可知，以观风云之变，察岁月流转来推测战事的结果，已经由来已久了。

故古者初立将，始出门首建牙[①]之时，必观风气之气。诸谋立武事，征伐四方，兴兵动众，忌大风雷雨，阴不见日。辰、午、酉、亥，自刑[②]之日。夫牙旗[③]者，将军之精。凡竖牙旗，必以制日。制日者，谓上克下也。初立牙门，祃（mà）[④]之曰：“两仪有正，四海有王，宝命在天，世德弥光。蕞（zuì）尔凶狡，敢谋乱常，天子命我，秉钺专征。爰整其旅，讨兹不庭。夫天道助顺，神祇害倾，使凶丑时歼，方隅聿清。兵不血刃，凯归上京。神器增辉，永观厥成。实正直之赖，凡乃神之灵，急急如律令。”凡气初出如甑上气，勃勃上升，气积为雾，雾为阴，阴气结为虹蜺，晕珥[⑤]之属。凡气不积不结，散漫一方，不能为灾。必和杂杀气，森森然疾起，乃可论占，常以平旦[⑥]、下晡[⑦]、日出没时候之，期内有风雨，灾不成也。若风不旁勃，旌旗晕晕，顺风而扬举，或向敌终日，军行有功，胜候也。凡敌军上气如山堤上林木，不可与战。在吾军，大胜。或如火光，亦大胜。或敌上白气粉拂如楼，缘以赤气者，兵劲，不可击。在吾军，必大胜。或敌上气黄白厚润而重者，勿与战。或有云广如三匹帛，前后大军，行好。遥望军上，云如斗鸡，赤白相随，在气中得天助，不可击。两军相当，上有气如蛇，举头向敌者，战必胜。凡军营上有五色气，上与天连，此应天之军，不可击。有赤黄气干天，亦不可攻。或有云如日月，而赤气绕之，如日晕状，有光者，所见之地大胜，不可攻。敌上气如虎状，其军不可攻。此皆胜气也。若逆风来应，气旁勃，牙扛折，阴不见日，旌幡激扬，败候也。若云气从敌所来，终日不止，军不可出，出则不利。若风气俱来，此为败候，在急击也。凡敌上气色如马肝，如死灰，或类偃盖，皆败征也。或黑气如坏山，堕军上者，军必败。或军上气昏发，连夜照人，则军事散乱。或军上气半，而一绝一败，再绝再败。在东发白气者，灾深。或军上气五色杂乱，东西南北不定者，其军欲败。或军上有赤气炎炎降天，将死众乱。或军上有黑气如牛马形，从气雾中下，渐入军，名曰天狗下食血，败军也。或有云气盖道、蒙蔽昼冥者，释炊不暇，熟急去。此皆败候也。若下轻其将，妖怪并作，众口相惑，当修德审令，缮砺锋甲，勤诚誓士，以避天怒。然后复择吉日，祭牙旗，具太牢之馔，震鼓铎之音，诚心启请，以备天问，观其祥应，以占吉凶。若人马喜跃，旌旗皆前指高陵，金铎之声扬以清，鞞鼓之音宛以鸣，此得神明之助，持以安于众心，乃可用矣。

【注释】①建牙：古谓出师前树立军旗。②自刑：是指十二地支自我相刑。③牙旗：天子或将军所立于军营前的大旗，因竿上以象牙为饰，故称“牙旗”。④祃：古代行军在军队驻扎的地方举行的祭礼。⑤晕珥：太阳两旁的光气。⑥平旦：天亮的时候。古人根据天色把夜半以后分为鸡鸣、昧旦、平旦三阶段。昧旦指天将亮而未亮的时间，平旦指天亮的时间。⑦下晡：申后五刻，即下午五时三刻。

【译文】因此，古代刚一任命大将，在军队开始出门，将要竖起军旗之时，一定会观测风云之气。准备发动战争，讨伐四方，兴师动众之时，忌讳出现大风、雷雨，或者阴霾不见天日的天气。辰、午、酉、亥，是自刑的日子，不宜出征。牙旗，是将军的精神所在。大凡竖立牙旗，一定要选择制日。所谓制日，就是上克下的日子。大旗刚在牙门竖立好时，就要祭旗，说：“天地有正，四海有王。天命在上，世德更加光耀四方。无知的小子凶残狡诈，居然敢图谋扰乱天常。天子特别任命我领兵出征。于是整顿部队，讨伐这些叛逆无道之人。天道扶助正义之师，神祇降灾惩罚这些无道的叛逆，使凶逆丑恶及时被歼灭，四海之内不久就会重现光明。兵不血刃，就能凯旋回京。为国家的祥瑞增添光辉，永远看着它的成功。这是仰仗正直之举，所有的神灵，请速来佑护我军。”凡是云气刚出现时，就如瓦甑上的热气，勃勃上升，云气积聚成雾，雾又凝结为阴气，阴气又结为虹霓，好像太阳两边的光晕。凡是云气不聚积凝结，散漫一方的，都不能成为灾祸。必须是加杂着肃杀之气，阴森森地急速升起，这时才可以进行占卜，经常是在早晨天刚亮或申后五刻，太阳出没之时，这个期间，如果有风雨出现，灾害就不会形成。**如果风没有向旁边吹，旌旗四周有光晕向四周散开，顺风向上飘升，或者终日向敌军的方向飘扬，这是军队即将建立大功、大获全胜的征兆**。凡是敌军上空的云气如山中及堤岸上的林木时，不可与之交战。如果云气在我军上空，将会大获全胜。或者，我军上空的云气如火光闪亮，也可大获全胜。或者敌军上空白色的云气像粉白色的高楼，又与红色云气相接，这预示着敌人兵力强劲，不可发动攻击。如果此云气出现在我军上方，我军一定会大获全胜。或者敌军上空有黄白色厚润而浓重的云气，不能与其交战。或有云气广阔如三匹布帛，前面勇往直前，后面博大宽广，说明我军行进顺畅。遥望敌军上空，云气形如斗鸡，赤、白两色紧紧相随，这是敌军获得天助的预示，不可发起进攻。两军实力相当时，天空如有像蛇一样的云气，抬头面向敌军方向时，此战我军一定大胜。凡敌军上空有五色云气，向上与天相接，说明敌军是顺应天时之军，不可攻击。敌军上空有赤黄色云气直冲天空，也不可攻击。或者有云气如日月一样灿烂，并有红色云气围绕，如日晕的形状，并有光芒闪烁，这种云气笼罩的军队所战必胜，不可向它发起攻击。敌军上空云气如虎状，其军不可进攻。这都是预示胜利之气。**如果逆风吹来，云气向旁勃然兴起，牙旗的旗杆被吹折，天气阴沉不见太阳，旌幡激烈飘扬，这是失败的征兆**。如果云气从敌方飘来，终日不止，我军不可出征，出征则不利。如果风与云气一起从敌方飘来，这是战败的征兆，要迅速进攻。凡是敌军上空云气的颜色如马肝、如死灰，或状如人在躺卧，都是战败的征兆。或者黑色云气如倒塌的大山倾覆在军队上空，其军必败。或者军队上空的云气在傍晚升发，彻夜光明照人，则预示军士散乱无序。或者军队上空云气微弱易断，断一次则败一仗，再断一次再败一仗。在东方有白气出现，预示灾难深重。或者军队上空出现五色杂乱的云气，东、西、南、北飘忽不定，其军将败。或者军队上空有炽热的赤色云气，从天而降，这是将帅将死、军队大乱的征兆。或者军队上空有黑色云气，如牛马的形状从气雾中落下，渐渐进入军中，这叫天狗下来食血，是败军的征兆。或者有云气遮盖道路，蒙蔽日光，一片昏暗，军队连饭都来不及吃，甚至来不及生火做饭，那就要赶快撤退，这是战败的征兆。**如**

果下面的士兵不尊重主将，谈论的都是妖言怪事，互相迷惑。在这种情况下，应当修养德行，完善法令，磨砺武器，修缮盔甲，勤于军务，虔诚地向士兵宣誓，以避免引起天怒。然后再选择吉日，祭祀牙旗，备好猪、牛、羊等太牢，敲响鼓铎，诚心启请，准备回答上天的责问，观察上天有何吉祥的应验，以占卜吉凶。如果人人欢喜，战马腾跃，旌旗都向前指向高陵，金铎的声音激昂清亮，鞞鼓的声音宛转鸣响，这就说明得到了神明的助佑，以此征兆安抚军心，军队就可以出征了。

虽云任贤使能，则不占而事利；令明法审，则不筮而计成；封功赏劳，则不祷而福从；共苦同甘，则犯逆而功就。然而临机制用，有五助焉：一曰助谋，二曰助势，三曰助怯，四曰助疑，五曰助地。此五者，助胜之术。故曰知地知天，胜乃可全。不可不审察也。

【译文】当然，如果能任贤使能，那么不用占卜事情也会很顺利；法令严明、周密，即使不卜筮计谋也能成功；对有功之人进行封赏，那么不用祷告福气也会随之而来；如果能与士兵同甘共苦，讨伐叛逆就会成功。在指挥作战时，还有“五助”可以灵活运用：一是助谋，二是助势，三是助怯，四是助疑，五是助地。这五助，是帮助取胜的方法。所以说，知地知天，才有全胜的把握。这些道理不能不仔细研究啊！

地形第八

孙子曰："三曰地利。地利者，远近、险易、广狭、死生也。"故不知山林、险阻、沮泽之形者，不能行军；不用乡导，不能得地利。

【译文】孙武说："第三为地利。所谓地利，是指路途的远近、地势的险易、地域的广狭以及是否利于进退、攻守等。"所以，不了解山林、险阻、沼泽等地形，就不能行军；不用向导，就不能获得有利地形。

故用兵有散地、有轻地、有争地、有交地、有衢地、有重地、有汜地、有围地、有死地九地之名。

【译文】所以用兵有九地之分，即：散地、轻地、争地、交地、衢地、重地、汜地、围地、死地以上是九种地势的名称。

诸侯自战其地，为散地。战其境内之地，士卒意不专，有自溃之心也。故《经》曰："散地，吾将一其志也。"入人之地而不深者，为轻地。入人之地未深，士卒意尚未专，而轻走也。故《经》曰："轻地，吾将使之属也。”我得则利，彼得亦利者，为争地。可以少胜众、弱胜强，谓山水阨口，有险固之利，两敌所争。故《经》曰：“争地，吾将趣其后也。”我可以往，彼可以来，为交地。道上相交错，平地有数道，往来交通，无可绝也。故《经》曰：“交地，吾将固其结。”诸侯之地三属。我与敌相对，而旁有他国也。先至而得天下之众者，为衢地。先至其地，可交结诸侯之众为助也。故《经》曰：“衢地，吾将谨其守也。”入人难反之地深，倍城邑多者，为重地。远去已城廓，深入敌地，专心意，故谓之重地。故《经》曰：“重地，吾将继其食也。”行山林、险阻、沮泽，凡难行之道者，为圮地。圮，浸洳（rù）之地。故《经》曰：“圮地，我将进其途也。”所由入者隘，所从归者迂，彼寡可以击吾众者，为围地。所欲从入阨险，欲归道远也，持久则粮乏，故敌可以少击吾众者为围地。故《经》曰：“围地，吾将塞其阙也。”疾战则存，不疾则亡者，为死地。前有高山，后有大水，进则不得，退复有碍，又粮乏绝，故为死地。在死地者，当及士卒尚饱，强志殊死，故可以俱死。故《经》曰：“死地，吾将示之以不活也。”是故，散地则无战，士卒顾家，不可以战；轻地则无止，入敌地浅，士意尚未坚，不可以遇敌，自当坚其心也；争地则无攻，三道攻，当先主利地也，先得其地者，不可攻也；交地则无绝，相及属也。交地者，俱可进退，不以兵绝之；衢地则合交，佐诸侯也，当结交于诸侯；重地则掠，蓄粮食也。入深，士卒坚固，则可掠取财物；圮地则行，可不止也；围地则谋，击其谋也。则当权谋奇谲，可以免难；死地则战。殊死战也。未战先励之曰：“无虑愚戆，用军不明，乃随围阨之地，益士大夫之忧也，皆将之罪也。今日之事，在此一举。若不用力，身当膏野草，为虫兽食，妻子无所求索。克则身荣，赏禄在焉，可不勉哉。”

【译文】诸侯在自己的领地上作战，称为“散地”在自己境内作战，士卒不能专心，容易生出自我溃败之心。因此兵书上说：“在散地作战，一定要让士卒的心意专一。”**进入敌境不算深入的区域，称为“轻地”**进入敌境不算深入的地区，士卒的心意还没有坚定，因而容易逃跑。兵书上说：“在轻地，要使各将士互相督促、制约。”**我方先占领则对我方有利，敌方先占领就对敌方有利的地区，称为“争地”**在可以以少胜多、以弱胜强的地区，比如说山水的隘口，有险要、坚不可摧的地利，是敌我双方互争之地。兵书上说：“对于争地，一定要迅速赶在敌军前面占领它。”**我军可以去，敌军可以来的地区，称为“交地”**交地的道路相互交错，平地上有数条道路可以往来交通，非常方便，无法阻绝。兵书上说：“对于交地，一定要固守它的交汇处。”**战争双方与其它诸侯国相互接壤的地区**三属是指敌我双方对峙时，旁边还有其他诸侯国。**先到达就可以结交诸侯国并获得援助的，称为“衢地”**先到三属之地的，就可以结交诸侯并获得他们的援助。兵书上说：“对于衢地，我要小心谨慎地守护。”**深入路险难返的地区，背后又有众多城镇，这称为“重地”**远离自己的城郭，深入敌人腹地，士卒会一心一意作战，所以称之为“重地”。因此，兵书上说：“在重地，要不断地为士卒做好粮草等后勤给养工作。”**行走在山林、险阻、沼泽等这些道路难行的地区，叫“圮地”**圮，低湿之地。兵书上说：“到了圮地，要迅速挺进并穿过它。”**进入时道路狭窄，退出时道路既遥远又迂回曲折，敌人只需少数兵力就能击败我们的众兵，这样的地区，叫“围地”**想要继续深入，道路太险恶，想要返回，归途又太遥远，要打持久战就会缺少粮草。所以敌军可以以少胜多，这样的地区就是围地。因此，兵书上说：“在围地，一定要扼住隘口。”**迅猛出击可以生存，否则就会被消灭，这样的地区称为“死地”**前有高山，后有大水，前进不能，后退又有阻碍，加上粮草缺乏殆尽，所以称之为“死地”。在死地作战，要趁士卒尚能吃饱，体力还好时，鼓舞士气，与敌人进行殊死一决，甚至同归于尽。兵书上说：“在死地作战，一定要告诉将士已无退路，要有必死的决心。”**因此，在“散地”不要作战**因士卒顾念家乡，无心恋战；**在“轻地”不要停歇**进入敌境不深，将士的意志还不坚定，不要轻易与敌人交战，应当先坚定士卒的斗志；**遇到“争地”不要强攻**三路进攻，要先占得地利优势，如果地利已被人占据，就不要强攻；**在“交地”要首尾互相衔接，以防敌人切断连接**要互相连接，首尾不断。在“交地”，敌我双方都可以进退，不能让军士被阻隔，失去联络；**在“衢地”应结交、联合邻国**想求得邻国的佐助，就要与诸侯结交；**在“重地”就要奋力夺取物资，以充实补给**蓄积粮食。深入敌境，士卒意志坚定，可在此时夺取财物；**在“圮地”就要迅速通过**不可以停止；**在“围地”就要巧用奇谋**攻击敌军要用谋略，应当巧设奇谋，可以幸免于难；**在“死地”就要迅猛出击，决一死战**要殊死一战。在战前要先激励将士：“由于我的愚钝、鲁莽，导致用兵不明，才使我军跟随进入被包围的危险之地，加重了士大夫们的忧虑，这都是我的过错。今日之事，生死成败在此一举。若不拼尽全力作战，我们就会被抛尸荒野，身体被虫兽所食，家中的妻子儿女也将失去依靠。如果此战胜利，不但我们自身荣显，厚禄奖赏也都可得到。我们一定要奋勇向前啊！”

又有六地：有通，有挂，有支，有隘，有险，有远六地名也。我可以往，彼可以来，曰通谓俱在平陆，往来通利也。居通地，先处其高阳，利粮道，以战则利宁致于人，无至于人。已先处高地，分为屯守于归来之路，不使敌绝己粮道也。可以往，难以反，曰挂挂，相挂牵也。挂形曰：敌无备，出而胜之；敌有备，出而不胜，难以反，不利敌无备而出攻之，胜可也；有备，不得胜之，则难还反也。我出而不利，彼出而不利，曰支支，久也。俱不便久相持也。支形曰：敌虽利我，我无出，引而去也，令敌半出而击之，利利我也，佯背我去，无出逐，待其引而击之，可败也。隘形曰：我先居之，必盈之而待敌盈，满也。以兵阵满阨形名，使敌不得进退；若敌先居之，盈而勿从也，不盈而从之隘形者，两山之间通谷也。敌怒，势不饶我也。居之，必前齐阨口，阵而守之，以奇也。敌即先居此地，齐口阵，勿从也。即半隘阵者，从而与敌，共此利也。险形曰：我先居之，必居高阳以待敌居高阳之地，以待敌人。敌人从其下阴来，击之，胜也；若敌先居，则引而去之，勿从也地险，先不可至于人也。夫远形，均势，难以挑，战而不利挑，迎敌也。远形，去国远也。地均等，无独便利，先挑之战，不利。凡此六者，地之道也。皆将之至任，不可不察。

【译文】又有六种地形，可分为：通、挂、支、隘、险、远等六种地形的名称。凡是我可以去，敌人可以来的，称作“通”指的是都处在平坦的陆地，往来交通便利。处在“通”地，要抢先占据地势高又向阳的地方，保证粮道畅通无阻，这样与敌交战时就会处于优势宁可招引敌人前来，也不要我方去主动接近敌人。已经先占据了高地，就要在返回的路上分兵屯守，不要让敌军切断了我军的粮道。容易进入但难以返回的地方，称为“挂”挂，互相挂牵的意思。在挂形地区，如果敌军没有防备，出击就会战胜它；如果敌军有防备，出击便不能取胜，又难以返回，这就对我方不利敌军没有防备，出击就可以取胜；敌人有防备，不但不能取胜，还会难以返回。凡是我方出击不利，敌方出击也不利的地方，称为“支”支，是持久的意思。是说这个地方对敌我双方来说，都不便长久相持。在支形地区，敌人即使引诱我军，我军也不能出击，最好是带领部队假意离去，当敌军出动一半时，我方再发起攻击，这样对我军有利对我军有利。如果敌军佯作离我而去，不要出兵追击，要等敌军真正领兵离开时，再攻击，就可以打败敌军。在隘形地区，我方如果先抢占隘形之地，就要用重兵把守隘口，等待敌人到来用重兵堵塞险要地形，使敌人进退不得；如果敌军先占据隘口并布满重兵，那就不要进攻。如果敌军没设重兵，就要迅速抢占隘口占据隘形的敌军如果发怒，势必不会放过我军。如果先占据了它，一定要陈兵谷口，以出奇制胜。敌军如果先占据了谷口并列阵以待，就不要进攻。如果敌军只是占领了一半隘地，就要进攻，以便与敌军共享这一有利地形。**在险形之地，如我军先占领此地，要占据地势高而向阳的地方来等待攻击敌人**占据地势高而向阳的地形等待敌人来攻。敌军如果从下面的背阴处来，攻击它就可以取胜；**如果敌人已先行占领此地，那就主动带领军队撤退，不要强行进攻**地势险要，一定要先行占据，不能受制于敌。**在远形之地，如果双方势均力敌，不宜挑战，如果勉强为之，战事会对我方不利**挑，是迎敌的意思。远形，是指离本国较远。地势与兵力均等，没有什么独有的便利条件。先行挑战，会对我军不利。**凡以上六个方面，是关于利用地形作战的原则，了解并掌握这些，是为将帅者至关重要的责任，不能不认真研究。**

故曰深草蓊（wěng）秽[①]者，所以遁逃也；深谷阻险者，所以止御车骑也；隘塞山林者，所以少击众也众少可以夜击敌也；沛泽杳冥者，所以匿其形也。

【注释】①蓊秽：草木茂盛貌。

【译文】所以说，草木繁茂的地形，方便遁逃；有深谷阻碍而又险要的地形，可以阻挡战车骑兵；隘口、要塞以及山林，可以以少击多兵力少可以趁夜晚攻击敌军；草木丛生的水泽深远幽暗，是士兵藏身的有利之地。

丈五之沟，渐车之水渐，浸也。音子廉反，山林、石径，泾川、丘阜泾川，常流之川，草木所在，此步兵之地，车骑二不当一。丘陵漫衍相属漫衍，犹联延也。属，续也，音之欲反，平原广野，此车骑之地，步兵十不当一。平原相远远，离也，仰高临下，此弓弩之地，短兵十不当一。两阵相近，平地浅草，可前可后，此长戟之地，剑楯三不当一。萑（guàn）苇竹萧萧，蒿也，草木蒙笼，枝叶茂接，此矛铤之地，长戟二不当一。曲道相伏，险阨相薄，此剑楯之地，弓弩三不当一。故曰地形者，兵之助。又曰：用兵之道，地利为宝。赵奢趋山，秦师所以覆败；韩信背水，汉兵由其克胜。此用地利之略也。

【译文】有一丈五尺宽的沟渠，浸漫战车的渠水，山林、石径、泾川、山丘泾川，指常年流动的河川，草木郁郁葱葱，适合步兵作战，在这种地形，战车、骑兵两个也抵不上一个步兵。丘陵绵延相连，平原旷野，这是适合战车、骑兵作战的地方，在这样的地方，十个步兵也敌不过一个骑兵。远离平原，居高临下，适合弓弩手作战，在这种地方，十个使用短兵器的士兵也抵挡不了一个弓弩手。两军阵地相距很近，在平原浅草处，可以前进又可以后退的地方，适于使用长戟作战，在这种地方，三个使用剑盾的也敌不过一个使戟的。芦苇竹蒿丛生，草木葱笼，枝叶繁茂，林莽相接，适于使用长矛作战，在这种地方，两个使长戟的也抵挡不住一个使长矛的。曲折的道路此起彼伏，险要的隘口接连不断，这是适于剑、盾作战之地，在这里，三个弓弩手也抵不过一个使用剑、盾的。所以说，有利地形是用兵作战的重要辅助。又说：用兵之道，地利非常重要。当年秦兵围困赵国的阏与，赵奢前去救援，迅速占领了北山，秦军失去地利后大败。韩信背水列阵，汉军在大敌当前，后退无路的情况下，拼死一搏，最后取得了胜利。这都是善于利用地利的例子。

水火第九

《经》曰："以水佐攻者强，以火佐攻者明。"是知水火者，兵之助也。

【译文】经书上说："用水来辅助进攻，威力强大；用火来辅助进攻，效果明显。"由此而知，水与火，是用兵作战的强大助力。

故火攻有五：一曰火人敌傍近草，因风烧之，二曰火积烧其积蓄，三曰火辎烧其缁重，四曰火库当使间人之敌营，烧其兵库，五曰火燧燧，堕也。以火堕敌人营中也。火头之法：以铁盈火，着箭头，强弩射敌之营中，烧绝粮道也。

【译文】火攻的方法有五种：一是火人敌军靠近草丛，于是借风势焚烧他们；二是火积焚烧敌军的粮草积蓄；三是火辎焚烧敌军的辎重；四是火库派遣密探，偷偷潜入敌营，焚烧他们的兵库；五是火燧燧，是堕的意思。把火头堕入敌人阵营中。制作火头的方法是用铁器装满火，把它绑在箭头上，用强弩将其射入敌营中，烧绝敌军的粮库。

行火必有因因奸人也，烟火素具。发火有时，起火有日。时者，天之燥也；日者，宿在箕、壁、参、轸也。凡此四宿者，风起之日也。萧世诚[①]云："春丙丁、夏戊己、秋壬癸、冬甲乙，此日有疾风猛雨也。居勘太一[②]，中有飞鸟十精，知风雨期，五子元运式，各候其时，可用火。"故曰以火佐攻者明。何以言之？昔杨璇[③]与桂阳贼相会，璇以皮作大排囊，以石灰内囊中，置车上，作火燧，系马尾，因从上风，鼓排囊吹灰，群贼眯目，因烧马尾，奔突贼阵，众贼奔溃，此用火之势也。殷浩[④]北伐，长史江逌（yōu）[⑤]取数百鸡，以长绳连之，脚皆系火。一时驱放，群鸡飞散羌营，营皆燃，因击之，姚襄[⑥]退走，此用火之势。李陵[⑦]在大泽草中，虏从上风纵火，陵从下风纵火，以此火解火势也。吾闻敌烧门，恐火灭门开，当更积薪助火，使火势不灭，亦解火之法也。

【注释】①萧世诚：南北朝时期南朝梁皇帝，即梁元帝萧绎。字世诚，小字七符，自号金楼子。②太一：星名。在紫微宫中，天一星之南，古代曾以之为北极星。③杨璇：字机平，东汉大臣，最初被举为孝廉，汉灵帝时任零陵太守，智破境内叛兵，却反被荆州刺史赵凯诬陷，他以血衣诉冤，被赦免，任议郎。后出任渤海太守，又被荐为尚书仆射。④殷浩：字深源，东晋时期大臣、将领、清谈家。⑤江逌：字道载，东晋时期官吏。⑥姚襄：字景国，后秦宗室大臣，羌族首领姚弋仲第五子。明察是非，善于笼络人心。初随父归顺后赵，父死后归顺东晋。受殷浩排挤，率部北归，为大司马桓温击破。后在追杀前秦部将邓羌时，身中埋伏，兵败被杀。其弟姚苌称帝后，追封其为魏王，谥号为武。⑦李陵：字少卿，西汉名将，匈奴名将，飞将军李广长孙。天汉二年，奉汉武帝之命出征匈奴，兵败投降。汉武帝误听讹传，夷李陵三族，母弟妻子皆被诛杀，致使李陵彻底与汉朝断绝关系。

【译文】实施火攻必须具备一定的条件如借助内应，引火器具平日里就要准备好。发火要选择有利时机，起火要选定有利日期。所谓有利时机，是指天干物燥；所谓有利日期，是指月亮运行到箕、壁、参、轸四个星宿的位置。凡是月亮运行到这四个星宿的位置时，就是起风的日子。萧世诚说："春季的丙丁、夏季的戊己、秋季的壬癸、冬季的甲乙，这些日子常有疾风骤雨。闲居时观察太一星，中间有十只飞鸟，能够精确地知道风雨来临的日期，再用五子元遁法查看运式，各自等候时机，可以用火攻。"所以说，用火来帮助进攻，效果非常显著。为什么这么说呢？当年杨璇与桂阳的叛贼相遇，杨璇用皮革制成大排囊，把石灰装在里边，再把风囊放在车上。又制作火燧，把它系在马尾上，凭借上风来鼓动排囊，吹出石灰，众叛贼都被石灰迷了双眼，再点燃系在马尾上的火燧，马群受惊飞奔向叛军阵营，众叛贼四散而逃，这就是用火攻的威势。殷浩北伐时，长史江逌找来数百只鸡，用长绳把鸡连起来，鸡脚上都绑着火种，然后同时把它们放出去，群鸡飞散到羌营中，羌营四处火起，于是趁机攻击敌人，姚襄败退逃跑，这也是用火攻的威势。西汉名将李陵奉命讨伐匈奴，在大泽高草中与匈奴交战，匈奴在上风头放火，李陵在下风头放火，这是用此火消解彼火的方法。我听说，敌军用火焚烧城门时，如果担心火灭后敌军会把城门攻破，那就要在已有的火上多加柴草来助长火势，使火不灭，这也是消解火势的一种方法。

太公曰："强弩长兵，所以逾水战。"孙子曰："水可以绝。"谓灌城也。又曰："绝水，必远水引敌使渡也。客绝水而来，迎之于水内，令敌半渡而击之，利。欲战，无附于水而迎客也。"谓处水上之军。故曰以水佐攻者强。何以言之？

【译文】姜太公说："弓弩强劲，是可以射到远处的兵器，因此可用于水战。"孙子说："可以让河水绝堤。"这是说以绝堤之水来淹灌敌城。又说："绝堤放水，一定要让大军远离河水可以引诱敌军渡河。如果敌军渡水来攻，在水中迎击时要等到敌人只渡过一半时就发动攻击，这样对我方有利。如果要与已经渡河的敌军交战，那就不要在近水处迎击敌军。”这是水上作战的原则。所以说，用水来辅助进攻，威势强大。为什么这么说呢？

昔韩信定临淄，走齐王田广，楚使龙且来救齐。齐王广、龙且并军，与信合战人或说龙且曰：“汉兵远斗穷战，其锋不可当，齐、楚自居其地战，兵易败散。不如深壁，令齐王使其信臣，招所亡城，城闻其王在，楚来救，必反汉。汉兵二千里客居，齐城皆反之，其势无所得食，可无战而降也。”龙且曰：“吾平生知韩信为人，易与耳。且夫不战而降之，吾何功？”遂战，败。吾闻古之所谓善战者，胜易胜者。故善战者之胜也，无知名，无勇攻。故其战胜不武，不武者，其所错胜，胜已败者也。龙且不用客之计，欲求赫赫之功，昧矣，夹潍音唯水阵，韩信乃夜令人为万余囊，盛沙壅水上流，引军半渡，击龙且，佯不胜，还走。龙且果喜曰：“固知信怯也。”遂追信渡水，信使决壅囊，水大至。龙且军太半不得渡，即急击之，杀龙且。龙且水军东散走。此反半渡之势。吾闻兵法：绝水，必远水。令敌半渡而击之，利。韩信半渡，军佯入害地，令龙且击之，然后决壅水。此所谓“杂于利而务可伸，杂于害而患可解”也。皆反兵而用兵法。微哉！微哉！

【译文】从前，韩信平定临淄，齐王田广败走，楚国派大将龙且前来营救。齐王田广、龙且合军一处与韩信作战有人劝说龙且：“汉军远离家乡，将士们都拼死战斗，势不可挡。齐、楚在自己的土地上作战，士兵容易因松散、懈怠而溃败。不如深壁高垒，严防死守，然后让齐王派自己信任的大臣，招抚被占领的齐城。齐城百姓听到齐王还在，楚国又来救援的消息，一定会奋起反抗汉军。汉军从二千里外来到此地，粮草紧缺，齐城的人都起来反抗，这种形势下，汉军就不会得到一点粮食，到那时汉军就会不战而降。”龙且说：“我平素了解韩信的为人，太容易对付了。况且没有交战就使韩信投降，我还有什么功劳可言？”于是开战，龙且大败。我听说，古人所说的善战者，战胜的都是容易战胜的对手。所以善战者胜利后，既不求扬名，也不显示自己勇武的战功。因为善战者的胜利是意料之中的，既然在意料之中，那他的胜利就是错胜，不过是战胜了已经失败的敌人罢了。龙且没有采用门客的计策，一心求取赫赫战功，真是愚昧啊！龙且与韩信在潍水两岸列阵，韩信在夜里命令士兵制作上万条口袋，装上沙子堵在潍水上游。带领军队渡河，渡到一半时主动攻击龙且，然后佯装不能取胜，撤退逃走。龙且果然大喜过望，说：“我就知道韩信这人胆子小。”于是率领士兵横渡潍水追击韩信。韩信让人移开用于堵塞河水的沙袋，河水汹涌而来。龙且的军队大半没能上岸，韩信立刻带兵反击，杀掉了龙且。潍水东面的龙且军队四散逃走。这就是反用“半渡之势”的战例。我听闻兵法上说：决堤放水，一定要远离水。等到敌军渡河到达一半时再攻击他们，这对我军有利。韩信的军队渡河只渡过一半时，佯装进入了危险境地，引诱龙且来攻击自己，然后把堵截的河水放开。这正是“处在有利情况下考虑到不利因素，事情就能顺利；在不利情况下考虑到有利因素，祸患就可以解除”。这都是不按常规使用兵法，真是妙啊！真是妙啊！

卢绾佐彭越攻下梁地十余城。项羽闻之，谓其大司马曹咎曰：“谨守城皋，即汉挑战，慎勿与战。”汉果挑楚军，楚军不出，使人辱之孙子曰：“廉洁，可辱也。”大司马怒，渡汜音凡水。卒半渡，汉击，大破之。此欲战无附于水势也。

【译文】卢绾辅佐彭越，攻下梁地十余座城池。项羽听说后，对大司马曹咎说：“小心把守城皋，即使汉军来挑战，也要慎重，千万不要和他们交战。”汉军果然来挑战，楚军坚守不出。汉军便派人去羞辱曹咎孙子说：“对付廉洁的人，可用羞辱的方法去激怒他。”曹咎大怒，便率军横渡汜水。士兵刚渡过一半，汉军便发起攻击，大败楚军。这就是准备迎战时不要靠近河水的作战原则。

故知水火之变，可以制胜，其来久矣。秦人毒泾上流，晋军多死；荆王烧楚积聚，项氏以擒；曹公决泗于下邳，吕布就戮；黄盖火攻于赤壁，魏祖奔衄。此将之至任，盖军中尤急者矣，不可不察。

【译文】所以在战争中能够了解水、火的变化，就可以出奇制胜，这个道理由来已久了。秦人在泾水上游投毒，晋军中很多将士被毒死；荆王焚烧楚军积聚的粮草，项氏因此被擒；曹操在下邳决开泗水，吕布因此被杀；黄盖在赤壁采用火攻，魏太祖曹操被迫奔逃。懂得利用水、火辅助作战，是将帅至关重要的责任，也是灵活指挥作战的重要手段，不能不仔细研究啊！

五间第十

《周礼》①曰："巡国传谍者，反间也。"吕望云："间构飞言，聚为一卒。"是知用间之道，非一日也。凡有白气群行，徘徊结阵来者，为他国人来欲图人，不可应，视其所往，随而击之，可得也。或有黑气临我军上，如车轮行，敌人深入，谋乱我国臣。或有黑气游行，中含五色，临我军上，敌必谋合诸侯而罚我国，诸侯反谋军，军自败。或有黑气如幢，出于营中，上黑下黄，敌欲来求战。无诚实，言信相反，九日内必觉，备之，吉。或日月阴沉无光，不雨，或十日昼夜不见日月，名曰"蒙"，臣谋主。故曰：久阴不雨，臣谋主也。

【注释】①《周礼》：是我国古代关于政治经济制度的一部著作，儒家主要经典之一。相传为西周时期著名政治家、思想家、文学家、军事家周公旦所著。包括天官、地官、春官、夏官、秋官、冬官等六篇，故本名《周官》，又称《周官经》。

【译文】《周礼》说："巡邦国，传谍贼的，就是反间。"吕望说："辩言巧辞、善毁善誉的人，可以组成一支独立的队伍。"由此可知，使用间谍之道，已经由来已久了。凡有白色云气群行，徘徊连结如兵阵而来的，是敌军有奸人前来想要有所图谋的征兆，先不要让来人关注到你，而是要看他到什么地方去，然后跟随并袭击他，便可以捉到他。或者有黑气降临在我军上空，如车轮在前行，这是敌人深入，企图想要扰乱我国的征兆。或者有黑气游走，里面夹杂着五种颜色，降临在我军上空，敌人一定是图谋联合诸侯一起征讨我国，诸侯如果起来反对谋乱之军，敌军自会失败。或者有黑气如旗帜，从军营中飘出，上面是黑色下面是黄色，这是敌人要来求战的征兆。但敌人却不诚实，言行不一致，在九天内必然会被察觉。如果能及时做好防备，就会吉利。或者日月阴沉无光，又不下雨，或者十天内白天不见太阳、夜晚不见月亮，这叫作“蒙”，是臣下图谋害主的征兆。所以说，久阴不雨，预示着臣下要图谋害主。

故间有五间：有因间，有内间，有反间，有生间，有死间。五间俱起，莫知其道。因间者，因其乡人而用之者也言敌乡邑之人，知敌表里虚实，可使伺候听察，通辞致言。故曰：因之用，赏禄为先也；内间者，因其官人而用之者也因其在官失职者，若刑诛之子孙与受罚之家也。因其有隙，就而用之；反间者，因敌间而用之者也曹公曰：“敌使间来视我，我知之。因厚赂重许，反使为我间，故曰反间。”萧世诚曰：“言敌使人来候我，我佯不知而示以虚事，前却期会，使归相语，故曰反间也。”生间者，反报者也择己有贤才智谋，能自开通于敌之亲贵，察其动静，知其事计，所为，已知其实，还报，故曰生间也；死间者，为诳事于外，令吾间知之，而传于敌国者也作诈诳之事于外，佯漏泄之，使吾间知之。吾间至敌中，为敌所得，必以诳事输敌，敌从而备之，吾所行不然也，间则死矣。又一云：“敌间来在营，间我诳事而持归，然皆非吾所图也。”二间皆不能知幽隐，故曰死间。萧世诚云：“所获敌人及己军士有重罪系者，故为免，相敕勿泄，佯不秘密，令拘者窃闻之。因缓之，使亡，亡必归敌，以所闻告之，敌必信焉，往必死，故曰死间者也。”

【译文】间谍有五种：有“因间”，有“内间”，有“反间”，有

“生间”，有“死间”。五种间谍如果一并加以使用，就会使敌人因摸不着头绪而无所适从。所谓“因间”，是指利用敌国的同乡做间谍是说敌国乡里的人，了解敌人的表里虚实，可以让他伺机探听敌方消息，再传递给我方。所以说，使用敌国同乡做间谍，要先给予赏禄；**所谓“内间”，是指利用敌国的官吏做间谍**利用敌国那些曾经为官现在失掉官职的人，如受刑诛之人的子孙与受处罚的家庭，趁着他们与所在国家有嫌隙而利用他们；**所谓“反间”，是指利用敌方派来的间谍为我方效力**曹操说：“敌方派间谍来窥探我方，我方已经知晓，利用重金贿赂并许下重诺，诱使敌方间谍来为我方效命，所以称为反间。”萧世诚说：“敌方派间谍来打探我方情况，我方佯装不知，故意为他提供虚假情报，以及那些早已过时的约期聚会，让他回去传达、汇报，因此称为反间。”**所谓“生间”，是指那些派往敌方进行侦察后，能活着回来汇报敌情的人**选择那些贤才、智谋之士，他们能与敌方亲信显贵建立友好交往关系，以此来侦察敌方的动静，了解敌方的要事谋划以及所作所为。探明敌方的真实动向后，再活着回来报告，所以称为生间；**所谓“死间”，是指故意对外散布虚假信息，让我方间谍知道而传给敌方**对外散布虚假信息，故意泄漏，让我方间谍知道。我方间谍来到敌方，被敌人捕获，一定会将他知道的那些虚假信息告诉敌人，敌人根据他说的情况开始防备。我方的实际行动却并非如此，那么我方间谍就会被处死。还有一种说法是：敌方间谍来到我方军营中，携带我方故意散布的虚假消息回去报告，然而带回去的却不是我方的真实意图。以上两种间谍都不了解这里面的隐晦，所以称作死间。萧世诚说：“故意赦免俘获的敌人及我方犯有重罪被关押的军士，有意让他们听到一些所谓的秘密后，再郑重其事地叮嘱他们千万不要泄露给敌方。然后放松对他们的看管，为他们逃跑创造机会。他们逃跑后必定会去敌方那里，把自己所听到的告诉给敌人，敌人必定会相信，等到敌人明白实际情况并非如此后，就会处死他们。所以称为死间。”

昔汉西域都护班超①，初为将兵长史，悉发诸国步骑二万五千击莎车，莎车求救龟兹。龟兹王遣左将军发温宿、姑墨、尉头，合五万人助之。超召部曲及于阗、疏勒王议曰："兵少不敌，计莫如各解散去。于阗从此东，长史亦从此西归，夜半闻鼓声便发。"众皆以为然。乃阴缓擒得生口，生口归，以超言告龟兹。龟兹闻之，喜，使左将军将万骑于西界遮超，温宿王将八千骑于东界遮于阗王。人定后，超密令诸司马，勒兵励士。至鸡鸣，驰赴莎车军营，掩覆之，胡皆惊走，斩首五千级，莎车遂降。又，耿弇讨张步，步闻之，乃使其大将费邑军历下，又分兵屯祝阿，别于太山、钟城列营数十以待弇。昔刘备东下与孙权交战，魏文帝闻备树栅连营七百余里，谓群臣曰："备不晓兵权，岂有七百里营可以拒敌者乎？包原隰险阻[2]而为军者，为敌所擒，此兵忌也。"后七日，权破备书到。今张步列营数十，缓急不能相救。又一军溃，则众心难固。此黥布所以走荆王也。步非计也，败其宜也。弇渡河，先击祝阿，拔之，故开围一角，令其众得奔钟城。钟城人闻祝阿已溃，大惧，遂空壁亡去。孙子曰："三军可夺气，将军可夺心。"耿弇开祝阿之围，令其众奔钟城，以震怖之，亦夺气、夺心计也。妙矣夫。费邑分遣其弟敢守巨里。弇进兵，先胁巨里，多伐树木，扬言以填塞坑堑。数日，有降者言邑闻弇欲攻巨里，谋来救之。弇乃严令军中趣治攻具，后三日当悉攻巨里。阴缓生口，令得亡归，归者以弇期告邑。邑至日果自将来救之。弇喜，谓诸将曰："吾所修攻具者，欲诱致邑耳。今来，适吾所求也。"即分三千人守巨里，自引精兵止岗坂，乘高合战，大破之，临阵斩邑。或问孙子曰："敌众而整，将来，待之若何？"曰："先夺其所爱，则听矣。"又曰："善战者，致人而不致于人。"弇扬言攻巨里也，亦夺其所爱，令自致之计也。此用因间之势也。

【注释】①班超：字仲升。东汉时期著名军事家、外交家。②包原隰险阻：地势特别复杂的大片之地。包，通“苞”，草木丛生的地方。原隰，广大平坦和低洼潮湿的地方。

【译文】从前，汉朝西域都护班超，初任将兵长史时，将手下的步兵、骑兵总计二万五千人全都派去攻打莎车国，莎车国向龟兹国求救。龟兹王派遣左将军把温宿王、姑墨王、尉头王等率领的五万人联合起来帮助莎车国。班超召集部下及于阗、疏勒两国国王商议，说：“我军兵力少不能与敌军对抗，当下之计莫不如先让各部解散撤离。于阗王从这里向东，我也从这里西归。等到半夜听到鼓声就出发。”大家对此都表示同意。班超暗中放松了对捉来俘虏的看管，使他们得以逃回。俘虏回去后把班超的话告诉了龟兹王。龟兹王听后大喜，派左将军率领一万名骑兵在西面伏击班超，温宿王率领八千名骑兵在东面伏击于阗王。夜深人静后，班超却秘密命令各部司马整治、指挥军队，激励士兵，准备行动。到了鸡鸣时，大军急驰奔赴莎车军营，将其包围起来，胡兵都仓皇逃跑。班超的军队共斩杀了五千多敌人，莎车国被迫投降。类似的例子还有，耿弇讨伐张步，张步听说后，便派大将费邑驻军历下，又分兵屯守祝阿，另外还在太山、钟城布下数十个兵营等待耿弇。从前刘备东下与孙权交战，魏文帝曹丕听说刘备竖起栅栏，扎营相连七百余里，就对自己的群臣说：“刘备不懂得兵法，哪有把军营连成七百里来抵抗敌人的？把大军驻扎在地势特别复杂的大片之地，就会被敌人所擒，这是用兵的大忌。”七天之后，孙权大败刘备的书信就到了。现在张步也是这样，扎营数十个，有了紧急情况之后不能相互援救。再则，一军崩溃，众心就难以稳固，这是黥布之所以会打败荆王的原因。张步不懂得用兵之计，他的失败也是自然的了。耿弇渡过黄河，先围攻、拿下了祝阿，然后故意打开包围圈的一角，让被围的祝阿士兵能得以逃奔钟城。钟城的守军听说祝阿已经溃败，非常惊恐，于是集体弃城而逃。孙子说：“对付三军可以夺其士气，对付将军可以动摇其心志。”耿弇故意打开祝阿的包围圈，让祝阿的众多士兵逃奔到钟城，以此来震慑、威吓钟城的守军，也是在运用“夺气”“夺心”的计谋。真是妙啊！费邑派遣自己的弟弟费敢守卫巨里。耿弇进兵，首先威胁巨里，并大量砍伐树木，扬言要把坑堑填平，以进攻巨里。数日后，有来投降的人说：“费邑听说耿弇要进攻巨里，打算前来营救。”耿弇于是严令军中赶快准备进攻用的装备、器具，准备三天后全力进攻巨里。暗地里又令人放松对投降者的看守，让他们找机会逃回去。投降者回去后便将耿弇将要进攻巨里的日期告诉了费邑。到了那天，费邑果然亲自率军来援救巨里。耿弇大喜，对诸将说：“我之所以要让你们准备攻城器械，就是要把费邑引到巨里来啊。现在他来了，正是我所希求的。”立即分派三千人把守巨里，自己引领精兵驻扎在高岗、山坡，占据高地与费邑展开大战，大败费邑并在阵前将其斩杀。有人问孙子：“即将来攻打我们的敌兵人数众多而又阵容严整，这时我们该怎么办呢？”孙子回答说：“先攻夺敌人最重视的要害之处，敌人自然就听从我指挥了。”又说：“对于善长作战的人来说，要诱引敌人前来，而不是被人引诱过去。”耿弇扬言要进攻巨里，也是夺其所爱，引诱费邑前来的计谋。这是使用“因间”所产生的情形。

晋时，益州牧罗尚遣隗伯攻李雄于郫城，迭有胜负。雄乃募武都人朴泰，鞭之见血，使谲罗尚，欲为内应，以火为期。尚信之，悉出精兵，遣隗伯等率兵从泰。李雄先使李骧于道设伏，泰以长梯倚城而举火，伯军见火起，皆争缘梯。泰又以绳汲上尚军百余人，皆斩之。雄因放兵，内外击之，大破尚军。此用内间之势也。

【译文】东晋时，益州牧罗尚派隗伯前往郫城攻打李雄，交战中彼此各有胜负。李雄于是招募武都人朴泰，把朴泰鞭打得鲜血淋漓，然后让他假意投奔罗尚，诡称在罗尚进攻时为其做内应，以举火作为信号。罗尚相信了朴泰，派隗伯等率领全部精兵跟随朴泰去攻打郫城。李雄先派李骧在道路上埋伏，朴泰置长梯倚在城墙外，自己在城墙上举起火把，隗伯的军队看见火把，都争着攀梯而上。朴泰又用绳子把百余名罗尚的士兵拽了上来，全都斩杀了。李雄乘机把士兵放出城，内外夹击，大败罗尚军。这是使用“内间”所发生的情形。

郑武公欲伐胡，先以其子妻胡。因问群臣曰：“我欲用兵，谁可伐者？”大夫关期思曰：“胡可伐。”武公怒而戮之，曰：“胡，兄弟之国。子言伐之，何也？”胡君闻之，以郑为亲己而不备郑。郑袭胡，取之。汉使郦生说齐王田广，广罢兵，与郦生纵酒。汉将韩信因齐无备，袭齐，破之。田广烹郦生，郦生偶成韩信死间。唐李靖[1]伐匈奴，以唐俭[2]先和亲，而己以兵乘其不备，破之。此靖以唐俭为死间也。此用死间之势也。

【注释】①李靖：字药师，唐朝杰出的军事家。善于用兵，长于谋略。为唐王朝的建立及发展立下赫赫战功，成为凌烟阁二十四功臣之一。历任检校中书令、兵部尚书，拜尚书右仆射，封卫国公，世称李卫公。著有《李靖六军镜》等多部兵书，今多已失传。②唐俭：字茂约，唐朝大臣，凌烟阁二十四功臣之一。

【译文】郑武公准备讨伐胡人，先把自己的女儿嫁给了胡人首领，然后询问群臣：“我想要出兵，你们说谁是可以讨伐的对象呢？”大夫关期思说：“胡人可以讨伐。”郑武公大怒说：“胡，是我们的兄弟之国，你却说可以讨伐，是何用意呢？”于是下令杀掉了关期思。胡人的君主听说后，认为郑国和自己国家关系友好，因此不再防备郑国。郑国乘机袭击胡人，夺取了胡地。汉朝派郦食其去劝说齐王田广停战，田广听从了郦食其的劝告，并与郦食其开怀畅饮。汉将韩信趁其不备，突袭齐地，攻破了齐城。田广大怒，烹了郦食其。郦食其因一个偶然的原因变成了韩信的“死间”。唐朝李靖讨伐匈奴，派唐俭先去与匈奴和亲，而李靖自己却乘匈奴没有防备，大败匈奴。这是李靖让唐俭做了“死间”。这是使用“死间”所发生的情形。

陈平以金纵反间于楚军，间范增，楚王疑之。此用反间者也事具《霸纪》。

【译文】西汉陈平用重金在楚军中大行“反间”计，离间范增与楚霸王项羽的关系，楚霸王因此开始怀疑范增。这是使用“反间”计的情形事情详见《霸纪》。

故知三军之亲莫亲于间，赏莫厚于间，事莫密于间。非圣智莫能用间，非密微莫能得间之实。此三军之要，唯贤将之所留意也。

【译文】由此可知，三军中的亲信，没有比间谍更亲近的了，给予的赏赐没有比间谍更优厚的了，所做的事情没有比间谍更机密的了。没有过人才智的将帅是不能使用间谍的，不是心思缜密、手段奇巧的将帅是无法得知间谍所带回的真实情报的。这是三军的要害所在，是贤能的将帅所要格外留意的。

将体第十一

《万机论》[①]曰："虽有百万之师，临时吞敌，在将也。"《吴子》曰："凡人之论将，恒观之于勇。勇之于将，乃万分之一耳。"故《六韬》曰："将不仁，则三军不亲；将不勇，则三军不为动。"《孙子》曰："将者，勇、智、仁、信、必也。"勇，则不可犯；智，则不可乱；仁，则爱人；信，则不欺人；必，则无二心。此所谓"五才"者也。

【注释】①《万机论》：东汉末年蒋济所著。共有八卷，此书"纯以推极利弊为主，不尚华词"。原书已散佚，清朝严可均《全三国文》辑有一卷。

【译文】《万机论》上说："即使有百万之军，在临战时想要打败敌人，关键还在于将领。"《吴子》上说："常人在评论将领时，常看这个将领是否足够勇猛。其实，勇猛对于一个将领来说，只占他总体素质的万分之一罢了。"所以《六韬》上说："为将者如果不仁爱，三军就不会亲和；为将者如果不勇猛，三军就不会为他主动向前。"《孙子》上说："为将者，要具备勇、智、仁、信、必五种品德。"具备勇，就不可侵犯；具备智，就不会迷乱；具备仁，就知道爱人；具备信，就不会欺骗他人；具备必，就不会有二心。这就是所说的“五才”。

三军之众，百万之师，张设轻重，在于一人，谓之气机。道狭路险，名山大塞，十人所守，千人不过，是谓地机。善行间谍，分散其众，使君臣相怨，是谓事机。车坚舟利，士马闲习，是谓力机。此所谓“四机”者也。

【译文】浩浩三军，百万之师，安排布置，权衡轻重，全在统帅一人，这就是关系到整个三军士气的“气机”。道路狭窄危险，名山大塞阻隔，十人把守，千人无法通过，这就是能否善用地形的“地机”。善用间谍，离散众心，使敌国君臣互相怨恨，这就是陷敌于不战自乱的“事机”。战车坚固、舟船轻快，兵马久经训练，战术娴熟，这些是充分发挥战斗力的“力机”。这就是所说的“四机”。

夫将可乐而不可忧，谋可深而不可疑。将忧则内疑将有忧色，则内外相疑。故曰不相信也，谋疑则敌国奋多疑则计乱，乱则令敌国奋威。以此征伐，则可致乱。故将，能清，能静廉财曰清，不扰曰静。老子曰：“重为轻根，静为躁君也。”能平，能整，能受谏，能听讼，能纳人受贤于群英之中，若越纳范蠡、齐纳甯戚之类也，能采善言，能知国俗，能图山川，能裁阨难险、难、阨皆患明之，能制军权。危者安之，惧者欢之，叛者还之将有不合去者，慰诱还之，若萧何追韩信，冤者原之，诉者察之，卑者贵之士卒若卑贱者，贵之。昔吴起下与士卒同衣食是也，强者抑之，敌者残之卑中有贱，而敌贵者，乱上下之礼，残杀之，贪者丰之悬赏以丰其心，所以使贪，欲者使之临敌将战，有欲立功名，有欲利敌人者，皆许而使之，所谓使勇、使贪，畏者隐之士卒有所畏惧者，隐蔽于后，勿使为军锋，军败由锋怯，谋者近之，谗者覆之有谗斗者，覆信之，毁者复之官职有毁废者，则修而复之，反者废之，横者挫之，服者活之首服罪者，活之，降者说之说，舍。获城者割之赏功臣也，获地者裂之赐功荣者，获国者守之得其国，必封贤以守之。昔吴伐越，得而不守，所以终败也，获阨塞之，获难屯之，获财散之。敌动伺之，敌强下之敌阵强则下之，勿与战。若齐师伐鲁，鼓之，曹刿不动。三鼓，破齐，下之，敌凌待之敌之威势凌我而来，宜持重以待之，勿与战。楚凌汉，求战一决，汉祖知弱，不许之，是也，敌暴安之敌人为暴虐之行，则安之劝之，所以怒我众也。昔燕伐齐田单，不下，燕师掘齐人冢墓，田单安、劝之，敌勃①义之敌为勃乱之事，则随有义以待之，彼勃我义，故克之，敌睦携之，顺举挫之举顺以挫逆也，因势破之，放言过之放过恶言，以诬诈敌人，以怒己众也，四网罗之。此为将之道也。

【注释】①勃：通“悖”，以下几处与此相同。

【译文】为将者要乐观，不可忧愁，要有深远的谋略但不可犹疑。为将者如果忧愁，军队内部就会产生疑虑为将者面有忧色，军内军外就会互相猜疑。所以说互相猜疑就会互不信任；制定谋略时迟疑不定，敌国就会人心振奋多疑就会使计谋混乱，计谋混乱就会让敌人军心振奋，士气大长。在这种情况下作战，就会导致纷乱失败。所以为将者要清，要静廉洁清正叫“清”，不受外界干扰叫“静”。老子说：“重是轻的根本，静是躁的君主。”能公平处事，能严谨待人，能虚心受谏，能明断是非，能广纳贤才在众多英才之中广纳贤能之人，就如当年越国接纳范蠡、齐国接纳甯戚那样，能采纳好的建议，能了解国家的风俗，能描绘山川地形，能判断艰难险阻对艰难、险阻、困厄等诸多情况，都非常了解，能掌握军权。能使危难者感到安全，能使恐惧者感到欢乐，能使叛逃者安心返回有与将领不合而离开军队的，要对他们安慰、劝导，使他们返回，就如当年萧何月下追韩信一样，对有冤的要为其平反，有申诉的要明察，地位卑微的要尊重他对地位卑贱的士卒，要尊重他们。从前，吴起与士兵同衣共食就是这样的例子，强横的要抑制，敌对的要杀掉地位卑下的与尊贵者对抗，扰乱上下礼数，就要杀掉他。贪婪的要给予丰厚的赏赐以丰厚的悬赏来满足他贪婪的欲望，这就是利用他的贪心来驱使他，想立功的要激励他面对敌人即将交战之时，有想建立功名的，有想痛击敌人的，都要给他们机会，以调动他们的积极性，这就是所谓的使勇、使贪，胆小怕事的，要把他们安排到队伍的后面士卒中有胆小怕事的，就要把他隐蔽在队伍的后面。不要让他当前锋，一军的失败常常是由于前锋的胆怯，有谋略的亲近他，喜欢进谗言的要除掉他有进谗言离间的，要除掉，有缺损的官职要及时补上官职有缺损、弃置的，要及时补缺整改，反叛者要废黜，骄横者要打击，服法者要让他活下来最先服罪的，要给他一条活路，投降者要给予很好的安置，攻取城池的要拿出一部分来奖赏他奖赏有功之臣，获取土地的要划出一块地赏赐给他赏赐有功勋荣耀的人，获取敌国后要派贤能之士守卫它占领了敌国，一定要封赏给贤能之人去守卫。当初吴国讨伐越国，得到后却没有派贤能之人去守卫，所以最终导致了失败，夺取了险要关塞，就要派兵把守；夺取难以攻取之地，就要屯兵守护；夺取了财物，就要分散给众人。仔细观察敌人的动静，敌人士气强盛，就要想办法削弱他们的士气敌军士气强盛，就想办法削弱敌人的士气，先不要和他作战。就如当初齐军攻伐鲁国，击鼓进攻，曹刿按兵不动。等到齐国击鼓三次后，曹刿才下令进攻，大败齐军，这就是削弱敌军士气的例子。敌人攻势凌利，就要避开他的锋芒敌人来势汹汹，我方就要沉稳应对，应该避其锋芒，不要马上和他交战。当初楚军威势凌利地攻伐汉军，要和汉军决一死战，汉高祖刘邦知道自己的军队处于弱势，没有答应，就是这种情况。敌人越是暴虐，就越要安抚我军将士敌人有暴虐之行时，要安抚、劝慰我军将士，这样会使我军将士更加激愤。如当初燕国讨伐齐国的田单，久攻不下，燕国军队就掘开齐人的祖坟，田单便安慰、劝勉齐军。**敌人悖乱逆行，我军就要有义举**敌人行悖乱之事，我军就要以义对之，敌人悖逆，我军仁义，最终必将攻克敌人。**敌人和睦，要想方设法离间他们，借着敌军的举动来挫败他**这就是顺着敌军的举动来挫败他们。**要善用有利条件打败敌人，要大造舆论来放大敌人的过错**夸大恶言，来诬诈敌人，以此来激怒自己的军队，**张开天罗地网，将敌人一网打尽。这就是作为一名将领所必须具备的能力。**

故将拒谏，则英雄散；策不从，则谋士叛；善恶同，则功臣倦赏罚不明，善恶无异，则有功之臣皆懈倦也，将专己，则下归咎专己自任，不与下谋，众皆归罪于将而责之，将自臧，则下少功臧，善也。将自伐勋，忘下自用者，故曰少功也，将受谗，则下有离心；将贪财，则奸不禁上贪，则下盗也，将内顾，则士卒淫内顾，思妻妾也。将有一，则众不服；有二，则军无试试，法也，有三，则军乖背；有四，则祸及国。

【译文】所以说，将领如果不听从他人的劝谏，那么英雄就会离他而去；有好的计策不采纳，谋士就会背叛他；善恶不分，有功之臣就会厌倦，从而失去为国效力的动力赏罚不明，善恶不分，那么有功之臣就会懈怠、厌倦；**为将者独断专行，下级就会心生怨恨**一人独断专行，不与部下商讨，众人就会归罪于他并且怨恨、责怪他；**将领独占功劳，下级就不愿再积极立功**为将者自占功劳，忘记了下属的辛苦，下属就不愿再多立战功了。**为将者听信谗言，下属就会产生背离之心；为将者贪图钱财，奸佞之事就无法禁止**上级贪婪，那下属就会更加厉害，甚至会做出偷盗一类的事；**为将者眷恋妻妾，士卒就会淫乱无度**内顾，是思念妻妾的意思。**以上几种，为将者只要占了其中一种，士卒就会不服；占了其中两种，军法就无法**

执行；占了其中三种，军队就会背叛作乱；占了其中四种，祸乱就要危及国家了。

《军志》曰：将谋欲密，士众欲一将、众如一体也，攻敌欲疾。将谋密，则奸心闭；士众一，则群心结结，如一也，攻敌疾，则诈不及设。军有此三者，则计不夺。将谋泄，则军无势；以外窥内，则祸不制窥，见也。谋泄，则外见己情之虚实，其祸不可制也；财入营，则众奸会凡为军，使外人以财货入营内，则奸谋奄集其中心。将有此三者，军必败。将无虑，则谋士去将无防虑，不能从谋，故去之；将无勇，则吏士恐将怯，则下无所恃，故恐也；将迁怒，则军士惧。虑也，谋也，将之所重；勇也，怒也，将之所用意。故曰：必死，可杀也；必生，可虏也；忿速，可侮也；廉洁，可辱也；爱人，可烦也。此五者，将军之过，用兵之灾。

【译文】《军志》上说：将领的谋略要周密，全军将士要团结一致将士就如一个整体，攻击敌人要迅速。将领的谋略如果周密，那么奸心就无机可逞；全军上下团结一致，就会万众一心，众志成城结，就是团结如一的意思；攻敌迅速，狡诈的奸计就来不及布设。军中如果能实行这三条，计划就不会失败。将领的谋略如果被泄漏，军队就无优势可言；敌军从外面就能刺探到我军内部的情况，祸患将无法制止计谋如果泄漏，那么敌人对我军的虚实就会了如指掌，祸患就无法制止了；非法财物进入军营，那些奸佞之人就会结党营私大凡治军，如果让外人把财物带到军营内，那么奸谋就会随之隐藏其中了。将领如果有这三种行为，军队一定会溃败。将领没有深谋远虑，谋士就会离去将领没有深谋远虑，不能听从谋划，谋士就会离开；将领没有勇气，军士就会惊恐将领如果胆怯，下面的军士就会失去依靠，所以会惊恐；将领喜欢迁怒于人，军士就会惧怕。深谋远虑，是将领所要倚重的；勇气、怒气，是将领所要巧妙运用的。所以说，有勇无谋，只知拼死战斗，就可能被敌人诱杀；临阵畏缩，贪生怕死，就可能被敌军俘获；急躁易怒，盲目冒进，就可能被敌人凌侮而轻举妄动；廉洁自爱，看重名声，就可能被敌人污辱而失去理智；一心只知爱护军士，就可能被烦扰而陷于被动之地。以上五点，是将领容易犯的过错，是用兵的祸患。

故凡战之要，先占其将而察其才。因刑用权，则不劳而功兴也。其将愚而信人，可谋而诈；贪而忽名，可货而赂；轻变，可劳而困；上富而骄，下贫而磔，可离而间；将怠士懈，可潜而袭。智而心缓者，可迫也；勇而轻死者，可暴也；急而心速者，可诱也；贪而喜利者，可袭也、可遗也。仁而不忍于人者，可劳也；智而心缓者，可惊也；信而喜信于人者，可诳也；廉洁而不爱人者，可侮也；刚毅而自用者，可事也；懦心喜用于人者，可使人欺也。此皆用兵之要，为将之略也。

【译文】所以说作战最重要的，首先要了解对方将领并考察他的才能。根据不同将领的特点采取不同的权术方法，就会不劳而功成。如果敌军将领愚钝又容易轻信他人，可用计谋对他进行欺诈；如果敌军将领贪婪又不重视名声，可用财物贿赂他；如果敌军将领不能深谋远虑，常常轻举妄动，就想办法让他疲劳困顿；如果敌军将领富贵骄横，下层兵士贫穷桀骜又有异心，就可以离间他们；如果敌军将领懈怠、士卒松散，就可以对他们偷袭。如果敌军将领虽有智谋却反应迟缓，就要使他急迫；如果敌军将领勇猛又不怕死，就要想办法激怒他；如果敌军将军急躁又想速战速决，就要想办法引诱他；如果敌军将领喜欢贪功好利，可以袭击、贿赂他。如果敌军将领有仁爱之心不忍属下受到伤害，就要想办法烦扰他；如果敌军将领廉洁却不知爱人，就要凌侮他；如果敌军将领喜欢刚愎自用，就要想办法假意顺从并恭维他；如果内心怯懦，喜欢依赖他人以至被人驱使，就要派人去欺诈他。以上所说的这些，都是用兵的要旨，是为将者所必须了解并掌握的谋略。

料敌第十二

夫两国治戎，交和而舍，不以冥冥决事，必先探于敌情。故孙子曰：“胜兵先胜而后战。”又曰：“策之而知得失之计，候之而知动静之理，因形而作胜于众。”用兵之要也。

【译文】两国发生战争，双方军队相对驻扎，此时形势尚不明朗，不能随意做出决定，一定要先探明敌情。所以孙子说：“取得胜利的军队，首先是在刺探对方军情方面取胜，而后才与敌人交战。”又说：“认真分析，可知敌军作战谋略的得失；仔细观察，以便了解敌人的活动规律，根据敌情变化而灵活运用作战方法，就能以少胜多。”这是用兵的要旨。

若欲先知敌将，当令贱而勇者，将轻锐以当之。观敌之来，一起一坐，其政以理。其追北，佯为不及；其见利，佯为不知。如此者，将必有智，勿与轻战。凡敌上气黄白润泽者，将有威德。或军上气发，渐渐如云，变作山形，将有深谋。或敌上气外黑中赤在前者，将精悍，皆不可击。凡气上与天连，军中将贤良。凡有气如龙如虎在杀中，或如火烟之形，或如火光之状，或如山林，或如尘埃，头大而卑，或气紫黑，如门上楼，或如白粉沸，皆猛将之气也。若其众欢旗乱，其卒自止自行，其兵或纵或横，其追北恐不及，见利恐不得。如此者，将必无谋，虽众可获。凡敌上气青而疏散者，将怯弱。前大后小，将性不明也。

【译文】如果想要事先了解敌军将领的情况，应当让军中地位低下而又勇敢的人，率领轻锐人马去尝试着观察敌情。观察敌军初来之时，在一起一坐中如果很有规矩，就说明敌军将领治军条理分明。如果敌军在追逐战败者时，假装赶不上；看见财利时，假装不知道。这种军队的将领一定非常有智慧，不可以轻易与之交战。凡是敌军上空有黄白润泽的云气缭绕，其将一定有威德。或者敌军上空有气体升发，渐渐形成云状，变作山形，其将必有深谋远虑。或者敌军上空的云气，外面黑色中间呈现赤色，在前面游荡，其将必定精悍，遇到上述这些情况，都不能攻击。凡是云气向上与天相连，军中将领必为贤良之士。凡是云气如龙、虎相互搏杀，或呈火烟之形，或如火光之状，或如山林，或如尘埃，前头大而低，或云气紫黑如门楼，或如白粉沸腾，这都是猛将之气。如敌军大声喧哗，旌旗散乱，士卒行动散漫、随便，纵横无序，在追击败军时，唯恐赶不上，看见财物，唯恐得不到。这样的军队，其将领一定没有智谋，即使军中人数众多，与之交战，我军也可以取胜。凡是敌军上空云气清淡、稀疏且四处散开的，其将多胆小怯弱。云气前大而后小，其将怯弱且不明智。

故曰：敌近而静者，恃其险也；敌远而挑人者，欲人之进也；众树动者，来也；众草多障者，疑也稠草中多障蔽者，必逃去，恐吾追及，多作障蔽，使吾疑其间有伏兵也；鸟起者，伏也凡军上气浑浑圆长，赤气在其中，或有气如赤杵在黑云中，皆亦有伏兵。或两军相当，有赤气在军前后左右者，有伏兵，随气所在防之。或有云绞绞绵绵，此以车骑为伏兵。或有云如布席之状，此以步卒为伏兵。或有云如山岳在外，为伏兵，不可不审察也；兽骇者，覆也；尘卑而广者，徒来也；散而条达者，薪来也；少而往来者，营军也少，尘少也，辞卑而益备者，进也敌增备也；辞强而进驱者，退也。无约而请和者，谋也；半进半退者，诱也；杖而立者，饥也；汲而先饮者，渴也；见利不进者，劳也；鸟集者，虚也；夜呼者，恐也；军扰者，将不重也；旗动者，乱也；吏怒者，倦也；粟马食肉，军无悬渑音唾，一箪之食也，不及其舍者，穷寇也；谆谆翕翕，徐言入人者，失其众也此将失其众之意也；数赏者，窘也；数罚者，困也；数顾者，失其群也；来委谢者，欲休息也。兵怒而相迎，久而不合，又不相去，必谨察之。

【译文】所以说，敌军靠近我军但却很安静的，是有险峻地势可以依凭；敌军远道而来却向我军挑战的，是想引诱我军前进；大面积的树丛开始摇动，说明敌军来的是大部队；草丛中多处设置障碍的，是为了使我军疑惑稠密的草丛中多处设置障碍，一定是敌军在逃离时担心我军追上，所以设置了很多障碍，让我军怀疑草丛中有伏兵；众鸟惊飞，说明有埋伏凡是军队上空云气一片混沌，呈圆长形，赤色之气蕴含其中，或有赤色云气如木杵一样立于黑云中，这都是有伏兵的表现。或两军相对，有赤色云气在军阵前后左右飘浮，这是有伏兵的征兆，要随云气所在之处进行设防。或有云气缠绕绵延，这是以车骑为伏兵的征兆。或云气如布帛席卷之状，这是以步卒为伏兵的征兆。或有云气如山岳在外，也是有伏兵的征兆，不能不仔细观察；禽兽惊骇，是有敌军大举来犯；尘土低扬而广阔，是有敌军徒步来袭；尘土呈分散断续状，这是敌军在运送粮草；尘土很少却来回飘移，是敌军在安营扎寨少，是指尘土少。敌军言辞谦卑却在加强防备，是要进攻的表现；敌人在增强战备。敌军言辞强硬看起来像要长驱直入，这是要撤退的表现。没有事先约定，敌军无故来请求讲和，其中必有阴谋；敌军呈半进半退之势，是在引诱我军向前；敌军手持武器站立，是饥饿之师；敌军打上水后争相饮用，是饥渴之师；敌军见到财物却不前进，是过度劳困之师；敌营鸟雀集聚，说明军营已空；敌人在夜间传出惊呼声，说明内心惊恐至极；敌军营内躁动不安，是将领没有威严；敌军旌旗摇动，是军中发生混乱；敌军军吏时常暴怒，是由于过度疲惫；敌军以粮食喂马，杀牲口吃肉，说明营中已无余粮；敌军将士都不回营舍，说明已是穷途末路之兵。敌军拾起炊具不再返回营地，是准备决一死战；敌军将领面带恭敬，低声下气地和士兵说话，说明将领不得人心这是将领失去军心的意思；敌军将领多次犒赏军士，说明已经无计可施；敌军将领再三惩罚下属，说明已经陷于窘困之境；敌人行军时再三环顾，说明与大军失去了联系；敌军派使者来委婉谢罪，想要和谈，说明他们是想休兵息战。敌军盛怒前来迎战，却久不交战，又不撤离，这就要谨慎观察他们的意图。

敌远来新到，行阵未定，可击也；阵虽定，人马未食，可击也。涉长道，后行未息，可击也。行坂涉险，半隐半出，可击也。涉水半渡，可击也。险道狭路，可击也。旌旗乱动，可击也。阵数动移，可击也。人马数顾，可击也。凡见此者，击之而勿疑。然兵者，诡道也。能而示之不能，用而示之不用。故匈奴示弱，汉祖有平城之围；石勒藏锋，王浚有幽州之陷。即其效也，可不慎哉？

【译文】敌军刚刚远道而来，行阵还未布列妥当，可以攻击；行阵虽已布置完毕，但人马还未来得及进食，可以攻击；敌军长途跋涉，后到的部队还未来得及休息，可以攻击；敌军一路艰难险阻，处在半隐半显的状态，可以攻击；敌军横渡江河正渡过一半时，可以攻击；敌军正在危险狭窄的道路上行进，可以攻击；敌军旌旗乱动，可以攻击；敌军阵营多次频繁移动，可以攻击；敌军人马再三环顾，可以攻击。凡见上述情况，果断攻击不要迟疑。然而，用兵打仗，是一种诡秘之术。有能力进攻却显出没有能力的样子，要进攻却要装出不想进攻的样子。所以，匈奴故意示弱，汉高祖不了解真情，才会上当，因而有了平城之围；石勒故意隐藏锋芒，王浚不了解实情，才有了幽州之陷。这些都是前车之鉴啊，怎能不谨慎呢？

势略第十三

孙子曰:“勇怯,势也;强弱,形也。”又曰:“水之弱,至于漂石者,势也。”何以明之?

【译文】孙子说:“勇敢与怯懦,是由气势造成的;强大与微弱,是由军事实力决定的。”又说:“水本来是非常柔弱的,却能把石头冲走,这是由于流水汇聚一起就会形成强大的水势。”为什么这样说呢?

昔曹公征张鲁,定汉中,刘晔[1]说曰:“明公以步卒五千,讨诛董卓,北破袁绍,南征刘表。九州百郡,十并其八,威震天下,势慑海外。今举汉中,蜀人望风破胆失守,推此而前,蜀可传檄而定[2]也。刘备,人杰也,有智而迟,得蜀日浅,蜀人未附。今破汉中,蜀人震恐,其势自倾。以公之神明,因其倾而压之乌甲切。无不克也。若小缓之,诸葛亮明于理而为相,关羽、张飞勇冠三军而为将,蜀人既定,据险守要,则不可犯也。今不取,必为后忧。”曹公不从。居七日,蜀降者说:“蜀中一日数十惊,备斩之而不能禁也。”曹公延问晔曰:“今尚可击否?”晔曰:“今已小定，未可击也。”又，太祖征吕布，至下邳。布败，固守城，攻不拔，太祖欲还，荀攸曰：“吕布，勇而无谋。今三军皆北，其锐气衰。三军以将为主，主衰则军无奋意。夫陈宫有智而迟，今及布气之未复，宫之谋未定，进急攻之，布可拔也。”乃引沂、泗灌城，城溃，生擒布。以此观之，当是时，虽诸葛之智，陈宫之谋，吕布之勇，关、张之劲，无所用矣。此谓“勇怯，势也；强弱，形也”。

【注释】①刘晔：字子扬，三国时期魏国著名的战略家，曹操手下举足轻重的谋士，历仕数朝，是曹魏的三朝元老。②传檄而定：发布晓喻的文书即可平定其地。形容威势强大，不需交战就能使对方屈服。

【译文】三国时，曹操征伐张鲁，平定汉中，刘晔曾劝说曹操：“您以五千步兵讨伐董卓，向北攻破袁绍，向南征服刘表。天下九州百郡，十分之八已被您兼并，您因此而威震天下，名扬海外。如今您一举占领汉中，蜀人望风丧胆，城池失陷，像这样不断向前推进，只需向蜀地发布一纸檄文就能将其平定。刘备，是人中豪杰，虽然有智慧但做决定比较慢，得到蜀地的时间很短，蜀人还未完全依附他。如今攻破汉中，蜀人得知后万分惊恐，蜀地的形势随时有自我倾覆的危险。以您的英明，如果趁其处于倾覆之势而对其加紧攻伐，将会战无不胜。如果让刘备稍微缓过气来，他有明察事理的诸葛亮为相，有勇冠三军的关羽、张飞为将，蜀人一旦安定下来，据守住险要之地，那就再也不能轻易侵犯了。今日如果不将其攻取下来，一定会成为后患的。”曹操没有听从。过了七天，降魏的蜀人说：“蜀中一天之内就有数十次惊扰，刘备下令斩杀闹事之人却屡禁不止。”这时，曹操向刘晔请教说：“您看现在还可以进攻吗？”刘晔说：“现今蜀地已初步平定，不可以进攻了。”又如，曹操征伐吕布，到了下邳。吕布战败却坚守城池，曹操无法攻取。曹操准备撤军回返，荀攸说："吕布有勇无谋。现如今他的各路军队都失败了，他已锐气大减。三军以将帅为主，将帅如果锐气衰减，那他的军队必然失去斗志。吕布的谋士陈宫虽然很有智谋，但却常常迟疑不决，现在可以趁吕布的元气尚未恢复，陈宫的计谋尚未确定，马上进攻，就能打败吕布。"曹操采纳了荀攸的建议，引来沂水、泗水灌入下邳城，冲毁城墙，吕布被活捉。由此看来，在那种情况下，就是有诸葛亮的智慧，陈宫的谋略，吕布的英勇，关羽、张飞的强劲，也没有用啊！这就是所谓的"勇敢与怯懦，是由气势造成的；强大与微弱，是由军事实力决定的"。

故兵有三势夫兵有三势：一曰气势，二曰地势，三曰因势。若将勇轻敌，士卒乐战，三军之众，志励青云，气等飘风，声如雷霆，此所谓气势也。若关山狭路，大阜深涧，龙蛇蟠磴，羊肠狗门，一夫守险，千人不过，此所谓地势也。若因敌怠慢，劳役饥渴，风波惊扰，将吏纵横，前营未舍，后军夹涉，所谓因势者也，善战者，恒求之于势。势之来也，食其缓颊，下齐七十余城；谢石[①]渡淝，摧秦百万之众。势之去也，项羽有拔山之力，空泣虞姬[②]；田横有负海之强，终然刎颈。故曰：战胜之威，人百其倍；败兵之卒，没世不复永挫折也。言人气伤，虽有百万之众，无益于用也。故"水之弱，至于漂石"，此势略之要也。

【注释】①谢石：字石奴，东晋将领。前秦苻坚南侵时，谢石以征虏将军兼假节、征讨大都督，统领谢玄等在淝水之战中大破前秦军。②虞姬：楚汉之争时西楚霸王项羽的美人，名虞，一说姓虞，曾在四面楚歌的困境下一直陪伴在项羽身边，项羽为其作《垓下歌》。相传虞姬容颜倾城，才艺并重，舞姿美艳，并有"虞美人"之称。

【译文】所以说，用兵打仗有“三势”用兵打仗有“三势”：一是“气势”，二是“地势”，三是“因势”。如果将领勇猛而不把敌人放在眼里，士卒全都奋勇向前，三军将士，壮志凌云，气如飘风，声如雷霆，这就是所谓的“气势”。如关山阻隔，长路狭险，涧深峰高，如龙蛇一样弯曲环绕的石磴，如羊肠一般狭窄的山路，如狗洞一样狭小的山门，一夫当关，万夫莫开，这就是所说的“地势”。如果敌军疲惫不堪，行动迟缓，劳顿饥渴，被风波惊扰，将吏肆意纵横，无所忌惮，前面的军队尚未安营扎寨，后面的军队仍在涉水渡河，这就是所谓的“因势”，善于用兵之人，常会求取有利于自己的形势。有利之势来到之时，郦食其只需动动嘴，劝说一下田广，就拿下了齐国七十余座城池；谢石在淝水之战中，摧毁了前秦的百万大军。如果大势已去，纵使项羽有拔山之力，也只能与虞姬相对而泣；田横纵有居于小岛、四面环海的优势，最终还是自刎而死。所以说，胜利所带来的威势，会让将士的斗志增加百倍；而败军之卒，就再也难以振奋士气指长久有挫败之感。是说元气已伤，即使有百万大军，也无济于事。所以说“水本来是至柔至弱的，却能冲走石块”。这就是“势略”的要旨。

攻心第十四

孙子曰："攻心为上，攻城为下。"何以明之？

【译文】孙子说："以攻心为上策，以攻城为下策。"为什么这样说呢？

战国时，有说齐王曰："凡伐国之道：攻心为上，攻城为下；心胜为上，兵胜为下。是故，圣人之伐国攻敌也，务在先服其心。何谓攻其心？绝其所恃，是谓攻其心也。今秦之所恃为心者，燕、赵也，当收燕、赵之权。今说燕、赵之君，勿虚言空辞，必将以实利，以回其心，所谓攻其心者也。"

【译文】战国时，有人劝说齐王："大凡讨伐其它国家的方法：以攻心为上策，以攻城为下策。以在心理上战胜为上策，以武力出兵战胜为下策。因此，圣人讨伐他国，攻打敌人，最要紧的是先征服其心。什么叫攻其心呢？断绝他的心理依恃就是'攻其心'。现今秦国的心理依恃就是燕国和赵国，应当收回秦国在燕、赵两国的权力，增加我国在燕、赵的影响力。如今劝说燕、赵两国的国君，不能只谈一些虚辞和空话，一定要给他们实际的利益，来使他们回心转意，这就是所谓的攻其心。”

沛公西入武关，欲以二万人击秦峣音尧关下军。张良曰：“秦兵尚强，未可轻也。臣闻其将屠子贾竖，易动以利。愿沛公且留壁①，使人先行，为五万人具食，益张旗帜诸山之上，为疑兵，令郦食其持重宝啗②秦将贪而忽名，可货以赂。”秦将果欲连和，俱西袭咸阳，沛公欲听之。良曰：“此独其将欲叛，士卒恐不从。不从，必危，不如因其懈击之。”沛公乃引兵击秦军，大破之诸葛亮擒孟获③，七纵七擒之，南方终亮之世，不敢背叛。又，四面楚歌而项羽走，刘琨吹葭④胡人散。攻心之计，非一途也。此攻心者也。

【注释】①留壁：指驻军设防。壁，军垒。②啗：同“啖”。③孟获：三国时期南中地区少数民族的首领，公元225年起兵反叛蜀汉，被诸葛亮率领大军七擒七纵后降服，此后不再叛乱。④刘琨吹葭：刘琨，字越石，晋朝政治家、文学家、音乐家和军事家。刘琨善吹胡笳。曾有数万匈奴兵围困晋阳，七日后城内粮草不济，援军未到。刘琨登上城楼，让会吹卷叶胡笳的军士组成胡笳乐队，朝着敌营吹起了《胡笳五弄》。胡茄声既哀伤、又凄婉，匈奴兵听了军心躁动。半夜时分，再次吹起这支乐曲，匈奴兵怀念家乡，皆泣泪而回。

【译文】沛公刘邦向西进入武关，想用两万人攻打秦驻峣关的守军。张良说：“秦兵还很强盛，不可以轻敌。臣听说峣关的将官是屠户的儿子，商贩出身的人容易被利益引诱。希望您暂且驻军设防，派人先行，准备五万人的饭食，在那些山上布满旗帜，作为疑兵，让郦食其带着珍贵的财宝去贿赂秦军的将领贪婪的人不会在意名声，可以拿财物去贿赂他。”秦军将领果然要求联合起来向西袭击咸阳。沛公准备接受秦将的请求，张良说：“这只是秦将想要反叛，底下的士卒恐怕不会听从。部下如果不听从，一定会有危险，不如乘其懈怠之机发起进攻。”沛公于是领兵攻击并大破秦军当初诸葛亮擒拿孟获，七擒七纵，因此蜀国南部在诸葛亮在世时，一直不敢背叛。又如，四面楚歌，使项羽败逃；刘琨吹笳，胡人泣泪散去。攻心的计谋，并非只有一种方法。这就是攻心的例子。

伐交第十五

孙子曰："善用兵者，使交不得合。"何以明之？

【译文】孙子说："善于用兵的人，能影响到其它国家，使其无法与敌国结盟。"为什么这样说呢？

昔楚莫敖[①]将明贰、轸贰、轸，二国名也，郧人军于蒲骚[②]，将以随、绞、州、蓼伐楚师，莫敖患之。斗廉[③]曰："郧人军于其郊，必不诫，且日虞四邑之至虞，度也。四邑，随、绞、州、蓼也。君次于郊郢[④]，以御四邑。我以锐师宵加于郧，郧有虞心而恃其城，莫有斗志。若败郧师，四邑必离。"莫敖从之，遂败郧师于蒲骚。

【注释】①莫敖：楚国官名，一作"莫嚣"。原为楚国最高官职，后降至左司马之下。②蒲骚：湖北省应城市的古称。③斗廉：字射师，春秋初期楚国大夫。为楚国早期的军事扩张立下了汗马功劳。④郊郢：春秋战国时期楚国的别邑，系楚国陪都，在今湖北省钟祥市郢中镇，曾孕育了光辉灿烂的楚文化。

【译文】从前，楚国的莫敖屈瑕要与贰、轸两国结盟贰、轸，是两个国家的名字。郧人在蒲骚埋伏军队，将和随、绞、州、蓼四城联合起来攻伐楚军，莫敖为此非常担扰。斗廉说："郧人在城郊驻军，一定缺少戒备，况且每天都在盼望着四城的军队到来四城，指随、绞、州、蓼。您在郊郢驻军，以抵御四城的军队。我率领精锐部队趁夜攻打郧人，郧人心怀忧虑就会依凭其城，因此不会有斗志。如果能打败郧国的军队，随、绞、州、蓼等四城就会远离郧国。"莫敖听从了这个建议，于是在蒲骚打败了郧军。

汉宣帝时，先零①与罕、开羌②解仇，合党为寇。帝命赵充国③先诛罕、开，充国守便宜，不从，上书曰："先零羌虏，欲为背叛，故与罕、开解仇，然其私心不能忘，恐汉兵至而罕、开背之也。臣愚以为，其计当欲赴罕、开之急，以坚其约。先击罕羌，先零必助之。今虏马肥粮方饶，击之，恐不能伤害，适使先零得施德于罕羌也，坚其约，合其党，虏交坚党合，诛之用力数倍，臣恐国家忧累，由十数年，不一二岁而已。先诛先零，则罕、开之属，不烦兵服矣。"帝从之，果如策。

【注释】①先零：汉时羌族的一支。在今甘肃省导河以西至青海省境。后渐与西北各族融合。②罕、开羌：古族称。均为羌族的分支。③赵充国：字翁孙，西汉著名将领。为人有勇略，熟悉匈奴和氐羌的习性。汉武帝时，随军出击匈奴，率百壮士突围，被拜为中郎，历任车骑将军长史、大将军都尉、中郎将、水衡都尉、后将军等职。他率军击败武都氐族叛乱，并出击匈奴，俘虏西祁王。公元前61年，计定羌人叛乱，并开展屯田。

【译文】汉宣帝时，羌族的先零部落与罕、开两部落化解了仇怨，联合为寇。汉宣帝命令赵充国先去讨伐罕、开部落，赵充国出于对国家的考虑，没有服从汉宣帝的命令，上书给汉宣帝说："先零，是羌族部落的一支，想要背叛，所以和罕、开化解仇怨，然而他内心却放不下心，担心汉朝军队到来时，罕、开部落会背叛它。臣以为，先零是打算要为罕、开解急解难，使他们都能紧守其约。如果先攻击罕羌，先零一定会来协助他们。现在敌人正处在马肥粮足之时，现在攻击它，恐怕不能给罕羌以致命打击，反倒使先零有机会施恩于罕羌，使他们的盟约更加坚固，合兵一处后会团结得更加紧密。这样再想打败他们，就得花费数倍的力量了。臣担心国家会因此出现困顿，这个时间可能长达十多年，而不是一、两年的事情。如果先讨伐先零，那么罕、开等部落无需我们发兵，就会顺服。”汉宣帝听从了赵充国的建议，结局果然如他预料的那样。

魏太祖初伐关中贼，每一部到，太祖辄喜。贼破之后，诸将问其故。太祖曰：“关中道远，若各依险阻，征之，不一二年不可定也。今皆来集，众虽多，莫相归服，军无适主，一举可灭，为攻差易，吾是以喜。”语曰：“连鸡不俱栖，可离而解。”曹公得之矣。此伐交者也。

【译文】魏太祖曹操当初讨伐关中贼寇时，每当一个地方的贼寇到来，太祖就非常高兴。贼寇被消灭之后，各路将领问魏太祖高兴的原因，太祖说：“关中路途遥远，如果贼寇都依凭险阻之地来抵抗，要讨伐他们，没有一两年的时间是不能平定的。现在他们都主动聚集前来，人数虽然众多，但互相之间都不服气，使大军没有统一的指挥，这样就可以将他们一举歼灭，比挨个攻打容易多了，我因此而高兴。”俗语说：“用绳子连在一起的鸡是不能一起上架栖息的，可以把它们一个个分离开来，这个问题就解决了。”曹操是深谙此中道理的。这就是所谓的“伐交”。

格形第十六

孙子曰："安能动之？"又曰："攻其所必趋。"何以明之？

【译文】孙子说："怎样才能使敌军移动呢？"又说："那就去攻击他必须要去救援的地方。"为什么这样说呢？

昔楚子围宋，宋公使如晋告急。晋狐偃曰："楚始得曹，而新婚于卫，若伐曹、卫，楚必救之，则齐、宋免矣前年，楚戍谷以逼齐。"果如其计。

【译文】从前，楚国国君派兵围攻宋国，宋国国君派使者到晋国求救。晋国的狐偃说："楚国刚刚得到曹国，而且新近又与卫国联姻，如果攻打曹、卫两国，楚军一定会前去救援，这样齐、宋两国就可以解围了前年，楚军戍防谷地以逼迫齐国。"结果确实如狐偃所料。

魏伐赵，赵急请救于齐。齐威王以田忌①为将，以孙膑为师，居辎车中为计谋。田忌欲引兵之赵，孙子曰："夫解杂乱纷纠者，不控拳；救斗者，不搏戟。批亢捣虚，形格势禁②，则自为解耳。今梁、赵相攻，轻兵锐卒必竭于外，老弱疲于内。君不若引兵疾走大梁，据其街路，冲其方虚，彼必释赵而自救，是我一举解赵之围，而弊于魏也。”田忌从之，魏果去邯郸。

【注释】①田忌：妫姓，田氏（亦作陈氏），名忌，字期，又曰期思，封于徐州（今山东滕州南），故又称徐州子期。战国时齐国名将。②批亢捣虚：比喻抓住敌人的要害乘虚而入。批，用手击；亢，咽喉，比喻要害；捣，攻击；虚，空虚。形格势禁：指受形势的阻碍或限制。

【译文】魏国攻打赵国，赵国向齐国求救。齐威王让田忌为将，孙膑为军师，两人在辎车中商量救赵的计谋。田忌打算领兵直接去解救赵国。孙膑说：“解开杂乱纠纷的丝线，不能用拳头；劝人停止殴斗，不能伸手揪住。只要抓住要害，乘虚而入，形成一种阻碍、限制的形势，纷争自己就化解了。现在魏国正在攻打赵国，它的精锐部队必定全部在外征战，年老体弱的士兵在国内留守。您不如赶紧带兵直奔大梁，占据魏都的街路，攻击它空虚的后方。这样，魏军一定会放弃攻击赵国返回来自救。这样一来，我们既救了赵国，又击败了魏国，可说是一举两得。”田忌听从了孙膑的建议，带兵急奔大梁，魏军果然撤离了邯郸。

又，曹操为东郡太守东郡，今魏州是，治东武阳，军顿丘。黑山贼黑山，今卫州界也于毒等攻东武阳，太祖欲引兵西入山，攻毒本屯，诸将皆以为当还自救，曹操曰：“昔孙膑救赵而攻魏，耿弇欲走西安攻临淄。使贼闻我西而还，则武阳自解。不还，我能败虏家，虏不能拔武阳，必矣。”乃行，毒闻之，果弃武阳还，曹操要击，大破之。

【译文】又如，东汉末年，曹操担任东郡太守东郡，就是现在的魏州，治所在东武阳，驻兵顿丘。黑山的贼寇黑山，现在的卫州地界于毒等攻打东武阳。曹操打算领兵从西面入山，攻打于毒的大本营，但各部将领都认为应返回东武阳自救。曹操说："当年孙膑围魏救赵，耿弇想奔西安却去攻打临淄。如果让贼寇听到我向西攻打他的大本营而撤退，那么东武阳的危急就可以解决了。如果贼寇不撤退，我能攻破他的老巢，而他却不能攻取东武阳，这是必然的事情。"于是发兵去攻打于毒的老巢，于毒听说后，果然放弃东武阳西还，曹操在半路设伏兵拦截，大败于毒。

初，关羽围樊、襄阳，曹操以汉帝在许，近贼，欲徙都。司马宣王及蒋济①说曹操曰："刘备、孙权，外亲内疏②。关羽得志，权必不愿也。可遣人劝权蹑其后，许割江南以封权，则楚围自解。"曹操从之，羽遂见擒。

【注释】①蒋济：字子通，楚国平阿人。三国后期曹魏名臣，历仕曹操、曹丕、曹睿、曹芳四朝。②外亲内疏：外表亲密无间，内心冷若冰霜。形容表里不一。

【译文】当初，关羽围困樊城、襄阳，曹操因为汉献帝在许都，靠近贼寇，就打算迁都。司马宣王、蒋济都劝说曹操："刘备和孙权外表上虽然看起来亲密无间，内心却是相互疏远。关羽得志，孙权心里一定不痛快。可以派人劝说孙权紧随关羽之后攻击他，许诺割取江南给孙权，这样襄阳之困就可以自行解除了。"曹操听从了这个建议，关羽果然被孙权擒获。

此言攻其所爱，则动矣。是以善战者，无知名，无勇功。不争白刃之前，不备已失之后。此之谓矣。

【译文】以上说的是如果进攻敌人所重视的要害之处，那么敌人肯定陷于被动之地，就要有所行动。所以，善于用兵打仗的人，他取得胜利，既不想名闻天下，也不想显示勇武之功。不在白刃搏杀之前争一时之斗，也不在机会已经失去后才去防备。说的就是这个道理。

蛇势第十七

语曰："投兵散地[1]，则六亲不能相保；同舟而济，胡、越何患乎异心？"孙子曰："善用兵者，譬如率然[2]。"何以明之？

【注释】①散地：士卒易于逃散的地方。②率然：古代传说中一种首尾能相救的常山之蛇。亦比喻前后相呼应。

【译文】俗语说："把士兵放在易于逃散的地方作战，在危急时刻，即使是六亲之间也不能彼此相保；同舟共济，即使是曾经相互仇视的胡人和越人，也不用担心他们在此时会存有异心。"孙子说："善于用兵打仗的人，就像能首尾相救的常山蛇'率然'一样。"为什么这样说呢？

汉宣帝时，先零为寇，帝命赵充国征之。引兵至先零所在，虏久屯聚，解弛，望见大军，弃车重，欲渡湟水，道阨狭，充国徐行驱之。或曰："逐利行迟。"充国曰："此穷寇，不可迫也。缓之，则走不顾；急之，则还致死。"诸将校皆曰："善。"虏果赴水，溺死者数百，于是破之。

【译文】汉宣帝时，羌族先零部落反叛，汉宣帝命令赵充国前去征讨。赵充国领兵到先零兵所在地，先零部落已在此屯聚了很长时间，早已养成了散漫、懈怠的习惯，看到汉军逼近，慌忙丢弃辎重车辆，想要渡过湟水逃走。先零兵逃跑的道路非常险狭，赵充国在后面不疾不徐地驱赶他们。有人说："如果加快速度追赶会对我们有利。"赵充国说："这是穷寇，不能把他们逼得太紧。缓慢追逐，他们逃跑了就不会再回头；如果把他们逼急了，他们就会拼死一搏。"听了赵允国的话，部将们都说："确实是这样。"先零兵果然一心逃跑，在仓促渡过湟水时就有数百人溺水而死，于是汉军大败先零兵。

袁尚既败，遂奔辽东，众有数千。初，辽东太守公孙康恃远不服，曹公既破乌丸，或说公遂征之，尚兄弟可擒也。公曰："吾方使康斩送尚、熙首，不烦兵矣。"公引兵还。康果斩送尚、熙，传其首。诸将或问曰："公还而康斩尚、熙，何也？"公曰："彼素畏尚、熙，吾急之，则并力；缓之，则自相图，其势然也。"

【译文】三国时，袁尚失败后逃奔辽东，这时部众仍有数千人。当初，辽东太守公孙康依恃自己处于偏远之地，没有归顺曹魏。曹操打败乌丸后，有人劝曹操去征讨辽东，说这样就可以擒获袁尚兄弟。曹操说："我正要让公孙康自己斩下袁尚、袁熙兄弟的首级送过来，不需劳烦动兵了。"曹操领兵回来后，公孙康果然斩杀了袁尚兄弟，并送来了他们的首级。将领中有人问曹操："您已领兵返回，公孙康却还是杀了袁熙、袁尚两兄弟，这是为什么呢？"曹操说："公孙康平素就害怕袁尚、袁熙兄弟。我如果逼得急了，他就会和袁尚兄弟合力对抗我们；如果给他时间，让他松缓一下，他们就会自相残杀。这是形势所决定的。"

曹公征张绣，荀攸曰："绣与刘表相恃为强，然绣以游军仰食于表，表不能供也，其势必离。不如缓军以待之，可诱而致也。若急之，则必相救。"曹操不从，进至穰，与绣战。表果救之，军不利矣。

【译文】曹操要征讨张绣，荀攸劝曹操说："张绣与刘表相互依恃，而使双方力量逐渐加强，然而张绣率领的是散兵游勇，需要仰仗刘表供给粮食。如果刘表不再为其提供粮草，最终两人定会各奔东西。我们不如暂缓征讨，等待时机来临，引诱张绣前来。如果现在把他们逼急了，他们一定会互相援救。"曹操没有听从荀攸的劝谏，一路进军到了穰地，与张绣作战。刘表果然前来援救张绣，曹军大败。

故孙子曰："善用兵者，譬如率然。率然者，常山之蛇。击其头则尾至，击其尾则首至，击其中则首尾俱至。"或曰："敢问可使如率然乎？"孙子曰："可矣。夫吴人之与越人相恶，当其同舟而济，则救如左右手。是故，放马埋轮，不足恃也；齐勇若一，政之道也。"此之谓矣。

【译文】所以，孙子说："善于用兵打仗的人，就如'率然'一样。'率然'是常山的一种蛇，击打它的头部，尾部就会来救应；击打它的尾部，头部就会来救应；击打它的中部，头和尾都会来救应。"有人说："请问可以使军队也如'率然'一样吗？"孙子回答说："可以。吴国人与越国人虽然相互仇视，可是，当他们同舟渡河时，如果遇到危险，就会如左右手一样相互援救。因此，想用系住战马、埋住车轮的方法来稳定军队，那是靠不住的；要使将士齐心协力，奋勇杀敌，在组织、指挥上就要得法。”说的正是这个道理。

先胜第十八

孙子曰："善用兵者，先为不可胜，以待敌之可胜。"何以明之？

【译文】孙子说："善于用兵打仗的人，首先要创造条件，让自己不被敌人战胜，然后等待并寻找可以战胜敌人的时机。"为什么这样说呢？

梁州贼王国围陈仓。乃拜皇甫嵩、董卓，各率二万人拒之。卓欲速进赴陈仓，嵩不听。卓曰："智者不后时，勇者不留决。速战则城全，不救则城灭。全灭之势，在于此也。"嵩曰："不然。百战百胜，不如不战而屈人之兵。是以先为不可胜，以待敌之可胜。不可胜在此，可胜在彼范蠡曰：'时不至，不可强生；事不究，不可强成。'此之谓也。彼守不足，我攻有余。有余者，动于九天之上；不足者，陷于九地之下。今陈仓虽小，城守固备，非九地之陷也；王国虽强，而攻我之所不救，非九天之势也。夫势非九天，攻者受害；陷非九地，守者不拔。国今已陷受害之地，而陈仓保不拔之城。我可不烦兵动众，而取全胜之功，将何救焉？”遂不听。王国围陈仓，自冬迄春八十余日，城坚守固，竟不能拔。贼众疲弊，果自解去。嵩进兵击之，卓曰：“不可。兵法：‘穷寇勿迫，归众勿追。’今我追国，是迫归众、追穷寇也。困兽犹斗，蜂虿有毒，况大众乎？”嵩曰：“不然。吾前不击，避其锐也实而备之，强而避之，锐卒勿攻，兵之机也；今而击之，待其衰也。所击疲师，非归师也。国众且走，莫有斗志。以整击乱，非穷寇也。”遂独进兵击之，使卓为后拒。连战，大破。国走而死。卓大惭恨。孙子曰：“怒而挠之。”言待其衰也。又曰：“卑而骄之。”言敌怒而进兵，则当外示屈弱，以高其志，待其归，随而击之。又曰：“引而劳之。”言因其进退以观其变，然后攻其不备，出其不意。此兵家之胜，不可传也。

【译文】梁州贼寇王国包围陈仓，皇帝于是拜皇甫嵩、董卓为大将，让他们各自率领两万人前去平定叛乱。董卓想迅速率领军队奔赴陈仓，皇甫嵩不同意。董卓说：“智者不会错过时机，勇者不会迟疑不决。速战就能保全陈仓城，不快速前去援救，陈仓城就会被占领了。陈仓城被保全或是被攻占，就在此一举了。”皇甫嵩说：“不是这样的。百战百胜，也不如不战就使敌人屈服。所以首先要创造条件，使自己立于不败之地，然后等待和寻找可以战胜敌人的时机。不被敌人战胜，主动权在自己；战胜敌人，在于敌人有可乘之机范蠡说：‘时令不到，不可以勉强让植物生长；事理没有探究清楚，不能强求成功。’说的就是这个道理。敌人采取守势，是因为取胜的条件还不成熟；我方采取攻势，是因为取胜的条件已经绰绰有余。取胜条件有余的，如在高不可测的九天之上自由行动；取胜条件不足的，就如陷在大地的最深处一样。现在，陈仓城虽小，但城池牢固，守备严密，尚未陷入九地的困境；王国的叛军虽然强盛，但要进攻我军不打算去援救的地方，也不具备九天之势。如果不具备九天之势，那么进攻者就会受到伤害；如果还没到九地之陷的困境，那么陈仓就不会陷落。王国现在已陷于受害之地，陈仓也可以保住而不被攻破。这样，我军不用劳烦兴师动众，就可以大获全胜，又为何一定要急速前去救援呢？”皇甫嵩没有听从董卓的建议。王国将陈仓城从冬到春围困了八十余天，但陈仓城依然防守坚固，不能攻破。长久作战而无法取胜，致使王国的叛军疲惫不堪，最终还是自行撤退了。皇甫嵩准备趁机进兵追击王国。董卓说：“不可以。兵法上说：‘对处于穷途末路的敌寇不要逼迫，对撤退的军队不要追赶。’现在我们追击王国，就是在迫归众、追穷寇啊！困境中的野兽尚且还要搏斗，马蜂、蝎子是有毒的，更何况是这么多的兵马呢？”皇甫嵩说：“你的说法不对。以前我没有攻击王国，是要避开他的锋锐对方有实力就要多加防备，强盛就要避开，精锐之师不要轻易进攻，这都是用兵打仗的重要策略；现在进攻他，是因他已呈衰颓之势。我们现在进攻的是疲乏之师，而不是归师。王国的人马虽然众多，但却都想逃走，没有斗志。我们以严整之师攻击衰败之师，并非在追击穷寇。”皇甫嵩于是单独领兵攻击王国，让董卓在后防守。皇甫嵩连战连胜，大败敌军，王国死在了逃跑路上。董卓为此大感惭愧，同时也对皇甫嵩怀恨在心。孙子说：“对于易怒的敌人，要想方设法激怒他。”是说要等到他出现衰颓之势。又说：“对于轻视我方的敌人，要使他更加骄慢。”这是说敌人被激怒后要进兵，那么我军就要从外表上显出屈服软弱的样子，来助长敌军的骄慢之气，等到敌人回去时，就紧随其后并迅速攻击他。又说：“要引诱敌军，使其劳顿。”是说要在敌军的进退中观察敌人的变化，然后出其不意，攻其不备。这都是兵家取胜的妙意所在，是无法在事先加以传授的。

青州黄巾众百余万入东平，刘岱[①]欲击之。鲍信[②]谏曰："今贼众百万，百姓皆震恐，士卒无斗志，不可敌也。观贼众，群辈相随，军无辎重，唯以抄掠为资。今若畜士众之力，先为固守，彼欲战不得，攻则不能，其势必离散。然后选精锐，据其要害，击之，可破也。"岱不从，果为贼所败。

【注释】①刘岱：字公山，汉室宗亲，东汉末年群雄之一，官至侍中、兖州刺史。②鲍信：原文为鲍永，但据文意及相关典籍，此处应为鲍信。鲍信，字允诚，东汉末年济北相，讨伐董卓的诸路人马之一。

【译文】东汉末年，青州一百多万黄巾起义军进入东平境内，东平的刘岱打算对其发起进攻。鲍信劝谏说："现在贼兵有百万之众，百姓都惊恐万分，士兵也没有斗志，这样是不可能战胜敌人的。现在看来，贼兵众多，聚众相随，军中又无辎重物质，只能靠四处抢掠作为物资来源。我们如果积蓄众将士之力，先稳固防守，贼兵想交战也没有机会，想进攻也不可能，他的士气必然会逐渐丧失。然后我们再选择精锐部队，占据险要地势来攻击它，就可以战胜敌人。"刘岱没有听从鲍信的建议，依旧强行进攻，果然被贼兵打败。

晋代王开攻燕邺城，慕容德[①]拒战，代师败绩。德又欲攻之，别驾韩潭进曰："昔汉高祖云：'吾宁斗智，不能斗力。'是以古人先胜庙堂，然后攻战。今代不可击者四，燕不宜动者三：代悬军[②]远入，利在野战，一不可击也；深适近畿，顿兵死地，二不可击也；前锋既败，后军方固，三不可击也；彼众我寡，四不可击也。官军自战其地，一不宜动；动而不胜，众心难固，二不宜动；隍池未修，敌来无备，三不宜动。此皆兵机也。深沟高垒，以逸待劳。彼千里馈粮，野无所掠，久则三军靡费，攻则众旅多弊，师老衅生，详而图之，可以捷也。”德曰：“韩别驾之言，良、平之策也。”孙子曰：“以近待远，以逸待劳，以饱待饥，此治力者。”此先胜而后战者也。

【注释】①慕容德：后改名慕容备德，字玄明，前燕文明帝慕容皝幼子，五胡十六国时期南燕开国皇帝。②悬军：深入敌方阵地，孤立无援的军队。

【译文】东晋代王开攻打燕国的邺城，慕容德领兵抵抗，大败代王军队。慕容德还想继续进攻，别驾韩潭进言说：“当年汉高祖说：‘我宁愿去斗智，也不愿斗勇。’因此古人先在庙堂上做好谋划，然后才发起进攻。现在代王不可以攻击的原因有四个，燕国不宜采取行动的原因有三个。代王孤军深入，有利于在旷野作战，这是第一个不可攻击的原因；代王军队深入到我们京城附近，屯兵死地，这是第二个不可进攻的原因；代王的前锋部队虽然失败，但后面阵地却仍然稳固，这是第三个不可进攻的原因；敌众我寡，这是第四个不可进攻的原因。我军在自己的地域作战，居散地而出兵对我军不利，这是不能行动的第一个原因；出兵却不能取胜，军心将难以稳定，这是不能行动的第二个原因；城池的防御工事还没有修整，敌人一旦来进攻我军将无法防备，这是不能行动的第三个原因。这些都是用兵的关键。不如深挖沟，高筑墙，以逸待劳。敌人需要从千里之外运送粮食，田野里又没有可以掠夺的食物，时间一长敌军消耗巨大，进攻则多有不便，就会出现军士疲乏争端重重的局面。我们现在只需详细策划就可取胜。”慕容德说：“韩别驾的一番话，就如当年张良、陈平想出来的计策啊。”孙子说：“以临近战场的优势来对待长途跋涉的敌人，以自己的从容闲适来对待敌人的疲于奔走，以自己的粮足兵饱来对待敌人的粮尽兵饥。这就是治理军力的方法。”**以上就是先稳操胜券，然后再出兵作战的方法。**

围师第十九

孙子曰："围师必阙。"何以明之？

【译文】孙子说："包围敌军，一定要留有缺口。"为什么这样说呢？

黄巾贼韩忠[①]据宛，朱儁[②]、张超[③]围之。结垒起土山以临城，因鸣鼓攻其西南，贼悉众赴之，乃掩其东北，乘城而入。忠退保小城，乞降，诸将欲听之。儁曰："兵有形同而势异者。昔秦、项之际，民无定主，故赏附以劝来耳。今海内一统，唯黄巾造寇，纳降无以劝善，讨之足以惩恶。今若受之，更开逆意。贼利则进战，钝则乞降，纵敌长寇，非良计也。"因急攻之，不克。儁登土山，顾谓张超曰："吾知之矣。贼今外围周固，连营逼急，乞降不受，欲出不得，所以死战也。万人一心，犹不可当，况十万乎？其害甚矣！不如撤围，并兵入城，忠见解围，势必自出，出则意散，易破之道也。"既而解围，忠果出战，遂破忠等。

【注释】①韩忠：东汉末年黄巾之乱时南阳黄巾军领导者之一。原本为南阳黄巾渠帅张曼成的手下，张曼成被击毙后，继续拥立赵弘为帅，但赵弘随即被朱儁再次剿灭。韩忠率领余部占据宛城，与朱儁相持，后被朱儁击败而投降，但却被南阳太守秦颉所杀。②朱儁：字公伟，东汉末年名将。曾与皇甫嵩等平定黄巾之乱；破梁龙，退张燕。③张超：字孟高，东汉末年大臣。初为广陵太守，参与讨伐董卓。张超兄弟曾为救徐州，联合陈宫，共荐吕布为兖州牧，攻打曹操根据地兖州。195年春，吕布渐处劣势，张超遂率领家族镇守雍丘笼城，抵抗曹操。雍丘陷落后，张超兄弟为曹操斩杀，夷灭三族。

【译文】黄巾军首领韩忠占据宛城，朱儁、张超将其包围。朱儁等垒土成山直逼宛城，鸣鼓佯攻宛城西南，敌人便都向西南奔赴，朱儁、张超趁机进攻宛城东北，攀爬上城墙进入城中。韩忠退到小城中以求自保，要求投降，将领们想要答应他的求降。朱儁说："用兵有表面相同而实质却不同的。当初秦朝暴虐无道、项羽起兵之际，百姓没有一个众望所归的君主，所以用奖赏归附的办法来笼络民心。如今天下一统，只有黄巾军造反，如果同意黄忠投降就不能劝人从善，讨伐韩忠就足以达到惩恶的目的。现在如果接受了韩忠的投降，就再次助长了叛贼的气焰。叛贼看形势有利就展开进攻，看形势不利便乞求投降，这就纵容了敌寇长期作乱，并非良策。"于是加紧了对韩忠的进攻，却未能取胜。朱儁登上土山，回头看着张超说："我知道叛贼拼死抵抗的原因了。他们现在四面被牢牢围住、内营又相逼太急，乞求投降还不被接受，想出逃又出不来，所以才会拼死抵抗。万众一心，尚且无法抵挡，更何况是十万人同心呢？这样下去危害太大了！不如撤去包围，合兵入城。韩忠看见包围圈已解散，一定会自己出来，乱贼出来后士气就会减弱，这是容易打败叛贼的途径。"解围之后，韩忠果然从小城出来作战，结果大败。

魏太祖围壶关，下令曰："城拔皆坑之。"连月不下，曹仁言于太祖曰："围城必示之门，所以开其生路也。今公许之必死，将人人自为守，且城固而粮多，攻之则士卒伤，守则引日持久，今顿兵坚城之下，以攻必死之虏，非良计也。"太祖从之，城降。凡降人之气，如人十十五五①，皆叉手低头。又，云相向，或有气上黄下白，名曰善气。所临之军，欲求和退。凡城中有白气如旗者，不可拔。或有黄云临城，有大喜庆。或有青色如牛头触人者，城不可屠。或城中气出东方，其色黄，此天钺也，不可伐，伐者死。或城上气如火烟，主人欲出战，其气无极者，不可攻。或有气如杵形，从城中向外者，内兵欲突出，主人胜，不可攻。或城上有云，分为两彗状者，攻不可得。或有濛气绕城不入者，外兵不得入。凡攻城，有诸气从城中出入吾军上者，敌气也。凡攻城围邑，过旬不雷雨者，城有辅，疾去之，勿攻也。此皆胜气也。凡攻城围邑，赤气在城上，黄气四面绕之，城中有大将死，城降。或城上有赤气如飞鸟，急攻之，可破。或有气出入者，人欲逃。或有气如灰，气出而覆其军上者，士多病，城屠。或城上无云气，士卒散。或城营上有赤气如众人头，下多死丧流血。攻城有白气绕城而入者，急攻可得。若有屈虹从城外入城者，三日内城屠。此皆败气也。此围师之道也。

【注释】①十十五五：形容分别聚合，多少不等。谓十个一群，五个一组。形容错乱不齐。

【译文】魏太祖曹操包围壶关，下令说："如果攻取壶关城，就把城里的人都给活埋了。"结果接连几个月都无法攻克。曹仁对曹操说："围城时一定要让被围的人知道逃跑的缺口在什么地方，这是给城里的人打开一条生路。现在您扬言要让全城的人都死掉，这必定会使城中人人坚守。况且壶关城池坚固，粮草充足，如果我军强攻，将会造成将士很大的伤亡；敌军固守不出则使战争变得旷日持久。

现今我们屯兵在坚固的城墙下，去进攻抱着必死之心的敌人，这不是良策。”曹操听从了曹仁的建议，给守城将士开了一条生路，壶关城里的守军便投降了。大凡敌军想要投降，就会有人形一样的云气，十个一群，五个一组，错乱不齐，全都叉手低头。又有，云和云相对，或者有云气上黄下白，名为善气。被这种云气笼罩的军队有想求和并撤退的想法。凡是城中有如旗子一样的白气，此城不能攻破。或者有黄云降临城池上空，会有大的喜庆之事将要发生。或有青云如牛头触人的云气出现在城池上空，不可做屠城之事。或者城中有黄色云气从东方升发，这是天钺，此城不能讨伐，讨伐者将会败亡。或者城上云气如火烟，这说明守城之军要出战；如果城上的云气无边无际，此城不能攻伐。或者云气如杵状，从城中向外涌出，这是城内军队要突围将取得胜利的征兆，这样的城池不能攻打。或者城上有云气分成两个慧星的形状，攻伐不会胜利。或者有濛濛的云气环绕城池却不进入，表示城外的军队无法攻入。凡攻城时有各种云气从城中飘出，飘到我军阵地上空的，是敌气。凡是攻城围邑，过了十天还没有雷雨天气的，就预示着此城有得力之助，要快速离去，不可进攻。这些都是对敌有利的胜气。凡是攻城围邑，有赤气飘浮城上，并有黄气四面环绕的，表示城中会有大将死掉，城中军队将会投降。或者城池上空有如飞鸟一样的赤气，就要加紧进攻，此城可以攻破。或者城中有云气出入的，预示城中军队要出逃。或有云气如灰尘一般覆盖在军营上空的，表示士卒多生病，城将被屠。如果城上没有云气，这是士卒多逃散的预兆。或者城内营地上有如众多人头一样的赤云，表示下面多有死丧流血之灾。攻城时如果有白色云气绕城而入的，加紧攻打即可攻破此城。如果有像弯曲的彩虹一样的云气从城外进入的，预示此城在三日内将被屠城。以上都是对敌人不利的败气。**以上就是围困敌军所应采取的作战之道。**

变通第二十

孙子曰："善动敌者，形之，敌必从之。"何以明之？

【译文】孙子说："善于调动敌人的，就要学会制造假象来欺骗敌人，敌人一定会上当。"为什么这么说呢？

魏与赵攻韩，齐田忌为将而救之，直走大梁。魏将庞涓①去韩而归，齐军已过而西矣。孙膑谓田忌曰："彼三晋之兵，素悍勇而轻齐，齐号为怯。善用兵者，因其势而利导之。兵法曰：'百里而趋利者，蹶其将军。'使齐军入魏地为十万灶，明日为五万灶，明日为二万灶。"涓喜曰："我固知齐卒怯也。入吾地三日，士卒亡已过半。"乃弃其步兵，与轻锐倍日并行逐之。膑度其暮至，马陵道狭而多险，可伏兵。乃斫大树白书之曰："庞涓死此树下。"令善射者万弩侠道而伏，期曰："见火举而发。"涓夜至斫木下，见白书，乃钻火烛之，读书。齐军万弩俱发，魏军大乱，涓乃自刭，曰："果成竖子之名也。"

【注释】①庞涓：战国初期魏国名将。相传与孙膑同拜于隐士鬼谷子门下，因嫉妒孙膑的才能，恐其贤于己，因而设计把他的膝盖骨刮去。

【译文】 魏国与赵国一起攻打韩国，齐国田忌为大将率兵直奔魏国都城大梁。魏国大将庞涓得知这个消息后，离开韩国，赶回魏国。这时，齐国的军队已经越过西边的边境进入魏国了。孙膑对田忌说："三晋的战士，素来勇猛凶悍又轻视齐国，而齐国的军队一向被认为怯懦。善于用兵的人，要会因势利导。兵法上说：'急行百里去与敌人争利的，会使领兵的将军受挫。'可以让我们的军队，在进入魏国境内的第一天，筑十万个灶台；第二天筑五万个灶台，第三天只筑两万个灶台。"庞涓听说此事后大喜过望，说："我原本就知道齐军怯懦，进入我国境内仅三天，士卒逃跑的就有一多半了。"庞涓于是抛下行进速度缓慢的步兵，带着精锐的轻骑部队，日夜兼程，追逐齐军。孙膑按庞涓的行军速度估量，庞涓大概会在天黑的时候赶到马陵。马陵道路狭窄又多险要之地，可以埋伏军队。孙膑于是把庞涓必经路上的一棵大树的树皮砍下一块，露出白色的树干，在上面写下"庞涓死于此树下"的字样。又命令一万名善射者，埋伏在道路两边，与他们约定说："晚上看见点火，就一起放箭。"庞涓果然在夜里来到了这棵树下，看见白色树干上的字迹，就点上火照亮树干去看上面的字。这时，齐军万箭齐发，魏军大乱。庞涓知道大势已去，自刎而死。临死前说："这一仗果然成就了孙膑那小子的名声。"

虞诩[①]为武都郡，羌率众遮诩于陈仓、崤谷，诩令吏士各作两灶，日增倍之，羌不敢逼。或问曰："孙子减灶而君增之。兵法：'日行三十里，以戒不虞。'今且行二百里，何也？"诩曰："虏众既多，吾徐行则易为所及，疾行则彼不测之。且虏见吾灶多，谓郡兵来至。孙子见弱，吾示强，势不同也。"昔王濬在蜀，作船欲伐吴，预流柹（fèi）江中以威之。及至唐将李靖欲伐荆州，袭萧铣[②]，乃投梯于江中，使萧铣见之，靖寻以兵随梯而下，萧铣不备，遂虏之，平荆州。夫兵法变通，不可执一，诸君得之矣。故曰：料敌在心，察机在目，因形而作胜于众，善之善者矣。此变通之理也。

【注释】①虞诩：字升卿，小字定安。东汉时期名将。最初被太尉张禹召为郎中，历任朝歌县长、怀县令，平定朝歌叛乱。任武都太守，以增灶计大破羌军，深受百姓爱戴。后任司隶校尉、尚书仆射、尚书令等职，为官清正廉明，刚正不阿。②萧铣：隋末唐初地方割据军阀，梁武帝萧衍六世孙。

【译文】东汉时，虞诩被举荐为武都郡守，羌族首领率领大军在陈仓、崤谷拦截虞诩。虞诩让手下兵士每人各筑两个灶台，一天增加一倍。羌兵看到虞诩军中日渐增多的灶台，不敢向前逼近。有人问虞诩说："孙膑当年是每天减少灶台，而您却是每天增加。兵法上说：'每天最好行进三十里，以防不测。'而现今我们却行进了二百里，这是为什么呢？"虞诩说："敌军人数众多，我军如果行军缓慢，就容易被追赶上，疾速行军的话，敌军就难以预测我军的下一步行动。况且敌人看到我们的灶台每天在不断增多，就会认为有大兵来援。孙膑是故意示弱，我是故意显强，形势各有不同。"当年，王濬在蜀地造船，准备攻打吴国，故意把造船砍下来的碎木片扔到江中，用来威吓吴国。到了唐朝，大将李靖要攻打荆州，袭击萧铣，故意把碎木片投到江中，让萧铣看到。李靖随即领兵随着木片顺流而下，在萧铣没有防备的情况下俘虏了他，一举平定了荆州。兵法贵在变通，不可偏执一端。上述战例中的胜利者，都是掌握了兵法变通之术的人。所以说，要用心估量敌人，用眼观察时机，然后根据不同的形势制定不同的策略，这样就可以做到以少胜多，这是善于用兵者中最厉害的。以上就是变通的道理。

利害第二十一

孙子曰:“陷之死地而后生,投之亡地而后存。”又曰:“杂于利而务可伸,杂于害而患可解。”何以明之?

【译文】孙子说:“让士兵陷入死地,他们就会主动求生;把士兵投入危亡之地,他们反而能够存活下来。”又说:“在不利的情况下考虑到有利因素,战事就可顺利进行;在有利的情况下考虑到不利因素,祸患就可以解除。”为什么这样说呢?

汉将韩信攻赵,赵盛兵井陉口。信乃引兵未至井陉口三十里,止舍。夜半传发,选轻骑二千人,人持一赤帜,从间道萆山音蔽而望见赵军。诫之曰:“赵见我走,必空壁逐我,若疾入赵壁,拔赵帜,立汉赤帜。”令其裨将传飧,曰:“今日破赵会食。”诸将皆莫信,佯应曰:“诺。”信谓军吏曰:“赵已先据便地为壁,且彼未见吾大将旗鼓,未肯击前行,恐吾至阻险而还。”信乃使万人行,出倍水阵。赵军望见,大笑之。太公曰:“智与众同,非人师也;伎与众同,非国工也。动莫神于不意,胜莫大于不识。”使赵军识韩信之势,安得败哉?故笑之而败也。平旦,信建大将之旗鼓,鼓行出井陉口。赵开壁击之，大战良久。于是信与张耳弃旗鼓，走水上。水上军开壁入之，复疾战。赵空壁争汉鼓旗，逐韩信、张耳。韩信、张耳已入水上军。军皆殊死战，不可败。信所出奇兵二千骑，共候赵空壁逐利，则驰入赵壁，皆拔赵帜，立汉赤帜两千。赵军不得信等，欲还归壁，壁皆汉赤帜，而大惊，太公曰："夫两阵之间，出甲陈兵。纵卒乱行者，所以为变。"此之谓矣。以为汉皆已得赵主将矣。遂乱，遁走，赵将虽击斩之，不能禁也。孙子曰："以治待乱，以静待哗，此治心者。"夫众心已乱，虽有良将，亦不能为之计矣。于是汉兵夹击，大破之，斩成安君泜水上，擒赵王歇。诸将效首虏，留贺，因问信曰："兵法：右背山陵，前左水泽。今者将军令臣等反背水阵，曰：'破赵会食。'时臣等不服。然竟以胜，此何术也？"信曰："此在兵法中，顾诸君不察耳。兵法不曰：'陷之死地而后生，置之亡地而后存？'夫处死地者，谓力均势敌，以死地取胜可也。若以至弱当至强，投弱兵于死地，自贻陷矣。故孙膑曰：'兵恐，不可救。'又《经》曰：'大众陷于害，然后能为胜败。'是知死地之机，必用大众矣。且信非得素抚循士大夫也，所谓驱市人而战，其势非置之死地，使人人自为战，今与之生地，皆走，宁尚可得而用之乎？"诸将曰："善。非所及也。"孙子曰："兵甚陷则不惧，不得已则斗。是故，其兵不修而戒，不求而得，不约而亲，不令而信。投之无往者，诸将之勇也。"此之谓矣。

【译文】汉朝大将韩信攻打赵国，赵国在井陉口集结重兵。韩信于是率军在距离井陉口三十里的地方停下来安营扎寨。到了半夜，突然下达准备出发的命令。韩信挑选两千名轻骑兵，让他们每人手持一面旗帜，从小道上山，隐蔽在山中，窥视赵军。他告诫说：“赵军如果看见我军逃走，一定会全军出动来追赶我军，这时，你们要迅速进入赵军营地，拔掉他们的旗帜，把我们汉军的红旗插上。”他又让自己的副将给战士们送去晚饭，说：“今天我们打败赵军后再聚到一起好好地吃上一顿。”各部将领都不相信可以轻易取胜，假意答应说：“好。”韩信对军吏说：“赵军已经抢先占据了有利地形，并修筑了壁垒。他们在没有看见我军主帅的大旗、听到我军主帅的战鼓声之前，是不会攻击我军先遣部队的，他们是害怕我军行进到险阻的地方就撤回。”韩信派一万士兵先行出发，背水列阵。赵军望见，大笑汉军。姜太公说：“智慧与大众相同，不能做众人的老师；技艺与大众相同，无法成为国家级的工匠。最神奇的行动莫过于出人意料，最大的胜利莫过于让人难以识破。”假使赵军识破了韩信的计谋，又怎会失败呢？所以赵军嘲笑韩信，最终却导致了自己的失败。等到天明，韩信树起了汉军主帅的大旗，击起了主帅的战鼓，在鼓声中率领大军出了井陉口。赵军这才出营迎击韩信，双方大战良久。这时，韩信与张耳假意不敌，故意丢弃旗鼓，逃往背水列阵的汉军营地。背水列阵的汉军打开营门让韩信、张耳进入。双方又展开了激烈的战斗。赵军全军出动，争着抢夺汉军的旗鼓，追赶韩信与张耳。韩信与张耳已经进入背水列阵的军营中，汉军全体官兵与敌人展开了殊死搏杀，不可战胜。韩信之前派出的两千骑兵，趁赵军倾巢而出争功夺利之时，迅速攻入赵营，把赵军的旗帜全部拔掉，树起两千面汉军的红旗。赵军没有抓住韩信等人，就想退回自己的营地，到营前一看，营地上插的都是汉军的红旗，大惊失色。姜太公说：“两阵之间，脱下铠甲、放下武器。放纵士兵四处乱行，这就出现了变的阵势。”说的就是这种情况，都以为汉军已经把赵国君主及其身边的护将擒获了。于是赵军大乱，纷纷逃走。赵军的将领虽然斩杀了几个逃兵，却也不能制止其它士兵继续逃窜。孙子说：“以我方的严整来对待敌方的混乱，以我方的镇静来对待敌方的喧哗，这是稳定军心的方法。”如果军心已乱，即使有良将，也不会有什么好的办法了。于是，汉军两路夹攻，大败赵军，在泜水河边斩杀了成安君，擒获了赵王歇。各部将领纷纷呈上敌人的首级及俘虏，留下来祝贺胜利，有人问韩信说："按兵法上说：陈兵列阵要右背山陵，前面左方有水泽为屏障。现在将军您却命令我们背水列阵，还说'等打败赵军后聚餐庆祝'，当时我们心中都不相信。没想到竟然真的胜利了，这是使用的什么战术啊？"韩信说："这种战术在兵法上是有的，只是各位没有留意罢了。兵法上不是说'陷之死地而后生，置之亡地而后存'吗？陷之死地的，是说双方势均力敌的情况下，将士卒置于死地的一方可以取胜。如果强弱相差悬殊，把特别弱的当成特别强的来对待，把弱兵投向死地，那就是自寻失败。所以孙膑说：'士兵一旦恐惧，就难以救助了。'又如兵书上也说：'把大部队放到险要之地，然后才能决出胜败。'因此可知，死地的战术，必须用在大队人马上面。况且我韩信一向就不是善于做安抚、慰问工作的士大夫，所谓的引领市井百姓去作战，这个形势下不是置之死地，而是让人人各自为战。现在如果把士卒放在可以逃生之地，遇到威胁时，他们都会逃走。我哪里还能用得上他们上阵打仗呢？"将领们说："真是高明。我们真是自愧不如啊。"孙子说："军队如果陷入不战则亡的境地，就不会恐惧了。因为在迫不得已的情况下，必须战斗。所以，这样的军队无需整治自己就会加强戒备，不用要求就能完成任务，不用约束就能相亲相助，不用严苛的命令也能信守军纪。无论把他们放到哪里都能令其无往而不前的，是需要具有超凡勇气的将领。"说的就是这个道理。

魏太祖征张绣，一朝引军退，绣自追之。贾诩曰："不可追也。"绣不从，果败而还。诩谓绣曰："促更追之，战必胜。"绣收散卒，赴追太祖，战果胜。还，问诩曰："绣以精兵追退军，而公曰必败；退以败卒击胜兵，而公曰必克。皆如公之言，何其反而皆验也？”诩曰：“此易知耳。军势百途，事不一也。将军虽善用兵，非曹公敌也。魏军新退，曹公必自断其后。追兵虽精，将既不敌，彼士亦锐，故知必败。曹公攻将军无失策，力未尽而还，必国内有故也。既破将军，必轻军速进，留诸将断后，诸将虽勇，亦非将军敌也。故虽用败兵而胜也。”绣乃服其能。此利害之变，故曰：陷之死地而后生，杂于害而患可解。此之谓也。

【译文】三国时期，魏太祖曹操讨伐张绣，一天，曹操忽然领兵撤退，张绣打算亲自率兵前去追击。贾诩说：“不可追击。”张绣没有听从，果然大败而还。贾诩对张绣说：“现在赶快再去追击，肯定能取胜。”张绣于是将散乱士卒集合起来，再次去追击曹操，这次果然取胜。张绣回来后问贾诩：“第一次我率精兵追击曹操的退军，而您却说必会失败；我败退回来后，您却让我率领打了败仗的散兵再去追击曹操的胜兵，还说必能取胜。而这两次的结果都应了您的话，为什么这两次不合常理的追击却都应验了呢？”贾诩说：“这个容易解释。军事形势变化多端，具体情况也各不相同。将军虽然善于用兵，但却不是曹操的对手。魏军刚刚撤退，曹操必定自断其后。您的追兵虽然精锐，但为将者不是对方的对手，何况对方的士卒也非常精锐，因此我知道您一定会失败。曹操进攻您的时候并没有失策，可是还没有尽全力就撤退了，一定是他的国内发生了什么变故。曹操既已打败了您，一定会轻军快进，留下手下将领断后。断后的将领虽然勇猛，但却不是您的对手。所以即使用败兵追击也能取胜。”张绣因此而佩服贾诩的才能。这就是利与害的相互转变。所以说，陷之死地而后生，杂于害而患可解。说的正是这个道理。

奇正第二十二

太公曰："不能分移，不可语奇。"孙子曰："兵以正合，事以奇胜。"何以明之？

【译文】姜太公说："作战时不能分别调用军队，就不能说是出奇制胜。"孙子说："但凡作战，把正兵安排好与敌人作战后，还要埋伏一支奇兵，打乱敌人的布署，成为致胜的关键。"为什么这样说呢？

魏王豹反汉，汉王以韩信为左丞相击魏。魏王盛兵蒲坂，塞临晋。信乃益为疑兵，陈船欲渡临晋，而伏兵从夏阳以木罂①渡军，袭安邑。孙子曰："近而示之远，远而示之近。"此之谓也。魏王豹惊，引兵迎信，信遂虏豹，定魏为河东郡。是知奇正者，兵之要也。《经》曰："战胜不过奇正。奇正之变，不可胜穷，如环之无端，孰能穷之？"此之谓矣。

【注释】①木罂：木制的盛流质容器。

【译文】魏王豹反叛汉军，汉王刘邦让韩信担任左丞相去攻击魏王豹。魏王豹在蒲坂集结重兵，堵塞了通往临晋的道路。韩信于是加设了很多疑兵，假意要乘船渡河到临晋，同时安排伏兵用木罂为工具，从夏阳渡河，偷袭安邑。孙子说：“本来想要攻打近处，却要故意显出攻打远处的样子；本来想要攻打远处，却要故意显出攻打近处的样子。”说的正是这个道理。魏王豹惊恐万分，于是率军迎战韩信，韩信俘虏了魏王豹，把他所占据的魏地定为河东郡。由此可知，熟练掌握、运用奇、正之法，是用兵打仗的要旨。兵书上说：“战争中取胜，离不开奇、正之法。然而奇、正的变化，却是无穷的，就如圆环一样既无起点也无终点，又有谁能穷尽它呢？”说的就是这个道理。

掩发第二十三

孙子曰："善战者，其势险，其节短。以利动之，以卒待之。"又曰："善动敌者，形之，敌必从之。"何以明其然耶？

【译文】孙子说："善于指挥作战者，他所造成的态势是险峻的，他所进攻的节奏是短促而猛烈的。他会以利来引诱、调动敌人，以伏兵等待时机袭击敌人。"又说："善于调动敌人的，会制造假象蒙骗敌人，敌人必定会上当。"怎么知道是这样呢？

燕平齐，围即墨城。即墨城中推田单为将以拒燕。田单欲激怒其卒，乃宣言曰："吾唯恐燕将劓（yì）[①]所得齐卒，及掘城外坟墓。僇先人，可为寒心。"燕将如其言，即墨人皆涕泣，共欲出战，怒皆十倍。单乃收人金，得千镒，令即墨富豪遗燕将，书曰："即墨即降，愿不虏吾家族。"燕将大喜，益懈。乃收牛得千头，束苇于尾，烧其端，凿城数十穴，夜纵牛出。以壮士五千人随其后，牛尾热而奔燕，燕军大惊，所随五千因衔枚[②]击之，燕军大败，杀其将骑劫，复齐七十余城。

【注释】①劓：古代割掉鼻子的一种酷刑。②衔枚：古代军队秘密行动时，让兵士口中横衔着枚（像筷子的东西），防止说话，以免敌人发觉。

【译文】战国时，燕国进攻齐国，包围了即墨城。即墨城中的百姓推举田单作为将领率众抗击燕军。田单想以激起士卒愤怒的方式来鼓舞士气，于是故意放出话说："我只怕燕军会割去我们齐国被俘士卒的鼻子，还要挖开城外我们即墨人的祖坟，凌辱我们已经去世的先人，这是最让人寒心的事了。"燕军将领听到这话后，果然如此做了，即墨人都悲泣不止，全都想要与燕军决一死战，愤怒之情超过了平时的十倍。田单又收集了千镒黄金，让城中豪富送给燕国将领，同时附上一封书信，上面写道："即墨就要投降了，只是希望你们进城之后不要抢掠我们的亲人。"燕将大喜，更加放松了警惕。田单于是征集了一千头牛，在牛尾系上芦苇，把苇草的一头儿点燃，在城墙上凿出几十个洞穴，夜里将牛放出，并让五千壮士紧随牛后，点燃的苇草烧到了牛尾，牛痛得发疯般冲向燕军，燕军大惊失色，紧随牛后的五千名壮士口内衔枚，悄无声息地击杀燕军，燕军大败。即墨人杀了燕将骑劫，收复了被燕军占领的七十余座城池。

吕蒙西屯陆口，关羽讨樊，留兵备公安、南郡。蒙上疏曰："关羽讨樊而多留备兵，必恐蒙图其后故也。蒙常有病，乞分众还建邺，以治病为名。羽闻之，必撤备兵，尽赴襄阳。大军浮江，昼夜驰上，袭其空虚，则南郡可取，而羽可擒之。"遂称病笃，权乃露檄召蒙，羽果信之。稍撤兵赴樊，权闻之，遂行。先遣蒙在前，伏其精兵于𦪇𦨴中，使白衣摇橹，作商贾服，昼夜兼行，至羽所置江边屯候，尽收缚之。是故羽不闻知。太公曰："伪称使者，所以绝粮食；谬号令、与敌同服者，所以备走北也。"由此言之，衣服、号令之中，不可不审也。遂到南郡，士仁[①]、糜芳[②]皆降。蒙入据城，尽得羽将士家属，皆抚慰，约令军中不得干历人家，道不拾遗。昔秦伯见袭郑之利，不顾崤、函之败；吴王矜伐齐之功，而忘姑苏之祸。故曰：不能尽知用兵之害者，则不能尽知用兵之利。此之谓矣。《经》曰："役诸侯者以业。"语曰："因其强而强之，敌乃可折。"关羽讨樊，虽不被人计，亦自役自强者也。羽还，在道路，数使人与蒙相闻，蒙厚遇其使，使周旋城中，家家致问，或手书示信。羽使人还，私相参讯，咸知家间无恙，见待过于平时，故羽士卒无斗心。权至，获羽，遂定荆州。

【注释】①士仁：即傅士仁，三国时期蜀国将领。受到关羽的重用，但被关羽轻慢。在吕蒙袭击荆州时，与糜芳一同不战而降，间接导致关羽被俘身亡。②糜芳：字子方，三国时人。本为徐州牧陶谦部下，后追随刘备，但受到关羽的轻慢。在看到傅士仁投降孙权后，也选择了投降，导致关羽兵败被杀。此后，在吴国担任将军，并且为吴征战。

【译文】三国时，东吴吕蒙在西面屯兵于陆口。关羽去讨伐樊城，留下部分兵马防守公安和南郡。吕蒙上书给孙权说："关羽去征讨樊城，却又留下许多兵马防守，一定是害怕我会突袭他的后方。我平日时常有病，希望您准许我以治病为名，让我率领一部分队伍回建邺。关羽听到这一消息，一定会撤掉守备兵力，全力进攻襄阳。这时，我军就可以乘船渡江，昼夜兼程一路西上，袭击蜀国防守空虚的地界，那么南郡就可攻取，关羽也可以擒获了。"孙权同意吕蒙的计策后，吕蒙便谎称病得很重，孙权于是发布公告传令召回吕蒙，关羽果然相信，逐步调出防守南郡的部队奔赴樊城。孙权听说后，立即出发，先派吕蒙在前，把精兵埋伏在船中，让小吏摇橹，其他人穿上商人服饰，扮作商人昼夜兼程，到关羽设置在长江边上的关卡处屯守，伺机行动，把守卫关卡的兵士都捆绑起来。这些事情，关羽一概不知。姜太公说："假称是敌军的使者，是为了断绝对方的粮食；假传号令，与敌人穿同样服装，是为失败后逃跑作准备。"由此说来，对于衣服、号令，不能不细心。吕蒙领兵顺利到达南郡，守城的傅士仁、糜芳等人均投降。吕蒙入城占据南郡，俘获了关羽的将士及其家属，对他们多加抚慰，并下令军队不准去骚扰百姓，军纪严明，路不拾遗。从前，秦穆公只看到袭击郑国所能得到的利益，却不顾在崤山、函谷关等地的失败；吴王夫差为讨伐齐国成功而沾沾自喜，却忘记了在姑苏城的祸患。所以说，不能完全了解用兵的害处，就不能完全了解用兵的益处。说的正是这种情况。兵书上说："要使诸侯疲于应付，就要让他做不得不做的事情。"古语说："让强敌自恃强大，才能将其摧毁。"关羽伐樊，虽然未被人算计，却也是自恃强大才导致了失败。关羽从樊城返回，还在路上时就多次派使者与吕蒙联系，吕蒙厚待使者，让他在南郡城中四处走动察看，到家家户户去慰问，有的还让使者捎去亲手写的书信证明这一切都是真实可信的。关羽的使者回来后，军士私下里都向他探询家中情况，当他们了解到家中一切安好，甚至待遇比平时还好后，将士们都没了斗志。孙权率兵来到，最终俘获了关羽，平定荆州。

此掩发之变。故曰：始如处女，敌人开户；后如脱兔，敌不及距。此之谓矣。

【译文】这就是"掩"与"发"的相互转变。所以说，开始时要如处女一样沉静，使敌人放松警惕，大开门户；然后如脱兔一样敏捷、迅速，使敌人来不及抵抗。说的正是这个道理。

还师第二十四

孙子曰："兴师百万，日费千金。"王子曰："四人[1]用虚，国家无储。"故曰：运粮百里，无一年之食；二百里，无二年之食；三百里，无三年之食。是谓虚国。国虚则人贫，人贫则上下不相亲。上无以树其恩，下无以活其身，则离叛之心生。此为战胜而自败。

【注释】①四人：指四民，旧称士、农、工、商为"四民"。

【译文】孙子说："如果要出动百万之师，一日就要耗费千金的巨资。"王子说："一个国家如果四民贫困，那这个国家就没有多少储备。"所以说，运送粮食供给百里之外的军队，国家就会在一年里缺粮；供给二百里外的军队，国家就会在两年之内缺粮；供给三百里外的军队，国家就会在三年里缺粮。这就是国家空虚。国家空虚，就会导致百姓贫穷；百姓贫穷，上下就不会相亲。在上位的国君没有储备来树立恩德，在下位的百姓没有财物来养活自己，就会滋生离异叛逆之心。在这样的情况下用兵打仗，虽胜犹败。

故虽破敌于外，立功于内，然而战胜者，以丧礼处之。将军缟素，请罪于君。君曰："兵之所加，无道国也。擒敌制胜，将无咎殃。”乃尊其官，以夺其势。故曰：高鸟死，良弓藏；敌国灭，谋臣亡。亡者非丧其身，谓沉之于渊。沉之于渊者，谓夺其威、废其权，封之于朝，极人臣之位，以显其功。中州善国，以富其心。仁者之众，可合而不可离；威权可与而难卒移。是故，还军罢师，存亡之阶尉他、章邯是也。故弱之以位，夺之以国。故霸者之佐，其论驳也驳，不纯道也。人主深晓此道，则能御臣将汉祖袭夺齐军之类；人臣深晓此道，则能全功保首张良学辟谷[1]，弃恩人间事之类者。此还师之述也。

【注释】①辟谷：源自道家养生中的“不食五谷”，是古人常用的一种养生方式。它源于先秦，流行于唐朝，又称却谷、去谷、绝谷、绝粒、却粒、休粮等。

【译文】所以说，虽然在外打败了敌人，在内建立了功勋，然而作为胜利者，仍要像举行丧礼一样，将军身着白色丧服，向国君请罪。国君说：“我们所要讨伐的是无道之国，擒获敌人，夺取胜利，作为将领没有罪过。”于是为有功勋的将领加官进爵，同时削弱他的兵权，以去除他的威势。所以说，鸟尽弓藏。敌国被灭掉时，谋臣也该亡了。所谓的亡，并不是要杀掉他，而是把他沉到深渊之中。所谓把他沉在深渊之中，是指夺去他的威势，废掉他的权力，在朝廷上封赏他，让他位极人臣，来彰显他的功劳。划分中原地区的土地给他作封邑，使他的家族更加富庶，赐给他美色珍玩让他赏心悦目。仁爱者对于下属应大加笼络，让他们同心同德互不离弃；威重之权可以给予却难以转移。因此，战争结束，军队还师于朝的时候，也是存亡的关键时期尉他、章邯就是这样。所以要用无实权的官位来削弱将领的权力，要用封邑赏赐的方式来去掉将领的威势。因此，对称霸者的佐臣，向来的评价都是众说纷纭驳，不只是一种方法。作为人主如能深明此道，就能驾御大臣、将领如汉高祖突袭夺取齐军之类；为人臣子的如果深明此道，就能保全其功劳和性命如张良学习道家的辟谷之术，放弃、远离凡尘俗事一类。这就是还师的相关论述。

论曰：奇正之机，五间之要，天地之变，水火之道，如声不过五声，五声之变，不可胜听；色不过五色，五色之变，不可胜观。在乎因机而用权矣，不可执一也。故略举其体之要此皆诸兵书中语也。

【译文】评论：奇与正变化的机谋，五种间谍的使用关键，天时、地利的变化，水、火对用兵的帮助，上述种种，如同声音只有五音，但是五音只要不断交互变化，就能形成无穷无尽的优美乐曲；基本颜色不过五种，然而五种颜色互相调配、变化，就会产生观之不尽的美丽之色。这其中的关键就在于抓住时机，然后随机应变，不可偏执一端。因此，在这里只是大略地列举了一些用兵的方法和原则这些都是各种兵书中的论述。

图书在版编目（CIP）数据

长短经 / (唐) 赵蕤撰 ; 学谦译注. — 北京 : 团结出版社, 2019.11

ISBN 978-7-5126-7426-4

Ⅰ. ①长… Ⅱ. ①赵… ②学… Ⅲ. ①政治—谋略—中国—古代 ②《反经》—译文③《反经》—注释 Ⅳ. ①D691

中国版本图书馆CIP数据核字(2019)第225857号

出版：团结出版社

（北京市东城区东皇城根南街84号 邮编：100006）

电话：（010）65228880 65244790 (传真)

网址：www.tjpress.com

Email：zb65244790@vip.163.com

经销：全国新华书店

印刷：大厂回族自治县德诚印务有限公司

开本：145×210 1/32

印张：32.5

字数：300千字

版次：2020年5月 第1版

印次：2023年8月 第4次印刷

书号：978-7-5126-7426-4

定价：108.00元（全3册）